제3판

# 현대임상심리학

제3판

# 현대임상심리학

Thomas G. Plante 지음 ┃ 손정락 옮김

Σ 시그마프레스

# 현대임상심리학 제3판

발행일 | 2012년 3월 2일 1쇄 발행
　　　　 2013년 1월 10일 2쇄 발행

저자 | Thomas G. Plante
역자 | 손정락
발행인 | 강학경
발행처 | (주)시그마프레스
편집 | 김경임
교정·교열 | 백주옥

등록번호 | 제10-2642호
주소 | 서울특별시 영등포구 양평로 22길 21 선유도코오롱디지털타워 A401~403호
전자우편 | sigma@spress.co.kr
홈페이지 | http://www.sigmapress.co.kr
전화 | (02)323-4845, (02)2062-5184~8
팩스 | (02)323-4197

ISBN | 978-89-5832-343-3

## Contemporary Clinical Psychology, 3th Edition, Plante

※ 책값은 책 뒤표지에 있습니다.

하루살이는 밤과 새벽을 모르고, 매미는 봄과 가을을 모른다.
– 장자

어느 날 하루살이와 매미가 격렬한 논쟁이 붙어 끝날 기미가 보이지 않게 되자, 매미가 하루살이에게 말하였다. "오늘 밤
잠을 자고 난 후에 내일 아침에 다시 시작하면 어떨까?"

"……."

어느 날 매미와 메뚜기가 논쟁이 붙어서 마찬가지로 끝이 보이지 않자, 메뚜기가 말하였다.

"너무 더우니 이 뜨거운 여름이 지나고, 서늘한 가을에 다시 얘기해보는 것이 어떨까?"

"……."

어느 날 메뚜기와 참새가 뜨거운 논쟁을 하게 되었다. 또한 너무나 격렬하여 참새가 제안하였다.

"저 황금들판의 벼가 추수되고, 그 논에 얼음도 얼고, 흰 눈도 내리는 겨울이 지나고,

다시 봄이 되어 만물이 생동하고 새싹이 파릇파릇 날 때 다시 우리의 논쟁을 시작하면 어떨까?"

"……."

장자의 글을 위와 같이 우화로 옮겨 보았습니다. 물론 이 얘기는 인간의 지식이나 판단차원은 상대적이므로 하루살이의 차원일 수도, 매미의 차원일 수도, 또는 그 어떤 차원일 수도 있다는 것을 깨달아야 한다는 것을 시사하고 있습니다. 임상심리학은 다양하고 상이한 판단차원을 가지고 있는 개인들의 '건강, 행복 및 삶의 질'을 향상시키는 것이 최종 목표라고 할 수 있습니다. 임상심리학은 이제 학부나 대학원에서의 전공으로서도, 일반 대중의 관심으로서도, 사회의 여러 문제에 대한 수요로서도 그 영향력이 점점 더 높아지고 있습니다. 임상심리학은 '심리학의 꽃'으로서의 자기 책무를 다하고자 노력하고 있습니다. 이러한 때에 이번 3판은 이에 잘 부응하는 책이라고 하겠습니다.

이 책은 Thomas G. Plante 박사의 『Contemporary Clinical Psychology』(2011, 제3판, John Wiley &

Sons)를 완역한 것입니다. 이 책을 번역한 동기는 무엇보다도 미래의 훌륭한 임상심리학자가 될 학생들에게 알찬 내용과 더불어 최신정보를 모두 담고 있는 최적의 임상심리학 교과서를 제공할 필요가 있었기 때문입니다. 이 제3판에 대한 amazon.com의 리뷰를 2개만 인용해봅니다:

이 새로운 제3판은 독자들에게 임상심리학의 가장 최신의 발달을 잘 보여주고 있다. 임상심리학 지식을 충분히 잘 갖춘 수요자가 되도록 학생들에게 소개하고 동기를 불러일으키는 탁월한 교과서. 각 단원은 정신건강 전공 학생들이 전문분야를 입문하는 데 가치 있고 유익한 정보를 제공하고 있다.

_ Geredo D. Canul, PhD, Clinical Psychologist and Lecturer, University of California, Irrine, Visiting Faculty, Graduate School of Psychology and Education Peperdine University

이 책은 임상심리학 분야에 관한 뛰어난 종합 설명서라고 할 수 있다. 적용범위의 넓이와 깊이 모두를 잘 아우르고 있으며, 잘 쓰였을 뿐만 아니라 잘 짜여져 있다.

_ Paul L. Wachtel, PhD, CUNY Distinguished Professor Doctoral Program in Clinical Psychology, City College of CUNY

이 책은 전체 3부(15장)로 구성되어 있으며, 제1부는 임상심리학의 창설기반을 다루고 있는데, 현대 임상심리학의 소개, 창설과 초기 역사, 최근 역사, 주요 이론적 모형들, 그리고 임상심리학의 통합적인 생물심리사회적 접근을 보여주고 있습니다. 제2부는 임상심리학의 역할과 책임을 다루고 있습니다. 여기에는 현대의 심리 평가, 심리치료 중재, 심리치료의 쟁점, 전문영역, 자문·교육 및 행정 역할 그리고 윤리 기준

이 수록되어 있습니다. 제3부는 "임상심리학은 어디로 가고 있으며, 나도 함께 가야 할까?"라는 제목으로 현재와 미래의 임상심리학의 경향과 도전과제, 그리고 임상심리학자 되는 길을 상세하게 안내하고 있습니다. 이 책에 관한 더 자세한 소개는 Plante 박사의 저자 서문과 책 뒤표지에 나와 있으나, 그 특징은 임상심리학의 최신 패러다임인 통합적인 생물심리사회적 조망으로 생생한 임상현장, 풍부한 사례 연구, 과학적이면서 실무적인 모형 강조, 가장 최신 쟁점들에 관한 스포트라이트, 주목받는 다양한 임상심리학자의 자세한 소개, 임상심리학에 대한 큰 그림, 요점, 핵심용어, 실제학생들의 생생한 질문, 최신 윤리기준 소개 그리고 웹 자료들로써 흥미를 불러일으키면서 알찬 내용으로 접근해가고 있습니다. 또한 증거-기반 실무와 경험적으로 지지된 치료, 심리검사 도구들의 최신판(예, WAIS-IV, MMPI-2-RF 등), 건강진료 관리(보험), 전형적인 심리학적 서비스 동의서(심리학자-환자 서비스 계약서)에 대한 상세한 예시, ACT와 같은 새로운 인지행동치료에 대한 최신 논의 및 예방을 강조하고 있기도 합니다. 그러므로 이 책은 '흥미롭고 매혹적이며, 항상 변화하고 있는 임상심리학의 세계'를 훌륭하게 그려내고 있습니다. 따라서 이번 제3판은 "임상심리학이란 무엇인가?"라는 물음에 속 시원한 대답을 해주고 있습니다. 이 책은 또한 심리학을 전공하고 있는 사람들뿐만 아니라 다른 분야의 전공자들에게도 매우 좋은 길잡이가 될 수 있다고 확신합니다.

이 책을 완역하면서 몇 가지를 염두에 두었습니다. 첫째, 충실하게 직역을 하여 원문의 의도에 가깝게 번역하고, 그 다음에 우리말로 다듬는 작업을 하였습니다. 보다 매끄러운 표현이 되도록 독자들의 많은 관심과 조언을 기대합니다. 둘째, 핵심용어와 용어해설에

는 영문을 함께 표기하여 영어원서를 읽을 때에 도움이 되도록 하였습니다. 셋째, 시작하는 단락은 들여쓰기를 하지 않았습니다. 들여쓰기의 목적은 단락을 구별하기 위한 것입니다. 그런데, 이제껏 우리나라에서는 시작하는 단락도 들여쓰기를 해왔었습니다. 이 책에서는 이를 바꾸어 보려고 하였습니다. 넷째, 우리말 전문용어는 현재 한국에서 많이 사용되고 있거나 최적의 것을 쓰고자 하였다. 이 우리말 전문용어는 앞으로도 많은 의견 수렴이 있어야 할 것으로 봅니다. 예를 들어, 철저하게 처리하기(working through), 추적(follow-up), 효능촉진 회기(booster session) 등의 용어를 써보았습니다. 다섯째, 부록의 윤리규약은 미국심리학회(APA)의 2010 개정 심리학자의 윤리원칙 및 행동규약을 번역 수록하였습니다. 여섯째, 이 책의 저자를 특히 소개하였습니다. 그는 과학자-임상가 모형의 표준적인 인물이라고 볼 수 있기 때문입니다. 이론과 실무를 모두 겸비하고 있는 임상심리학자이기 때문에 책 전반을 통해 그 특징이 반영되고 있습니다. 끝으로, 강의용 지침서는 온라인으로 이용 가능하므로 강의용과 학생용으로 각각 강의선생님들과 학생들에게 유익할 것입니다.

이번 제3판이 나오는 데 많은 사람들이 물심양면으로 도와주었습니다. 이들의 지원은 큰 축복이며, 항상 고맙고 감사하게 생각하고 있습니다. 늘 그래왔지만, 이번에도 역자의 임상심리학 전공 대학원생들이 큰 힘이 되었습니다. 이들은 자신의 바쁜 스케줄에도 불구하고 초고 입력과 문장을 다듬는 작업을 하는데, 교대로 컴퓨터 앞에서 거의 매일 역자와 함께 끈질긴 작업을 하였습니다. 교정작업도 매한가지였습니다. 이렇게 도와준 이전의 임상심리학 전공 대학원생들은 다양한 곳에서 활발히 임상심리학 업무를 잘 수행하고 있습니다. 지금의 임상심리학 전공 대학원 학생들도 모두 나중에는 '심히 창대하여' 인류와 사회를 위한 훌륭한 임상심리학자가 될 것으로 믿습니다. 이 책으로 임상심리학을 수강하는 모든 학생들에게 고마움을 전하며, 강의하시는 선생님들께 거듭 감사를 드립니다. 이번 제3판도 보다 더 유익할 것입니다.

이 제3판의 출간에 많은 관심을 기울여주신 강학경 사장님과 세심한 편집으로 성의를 다해주신 백주옥 과장님과 편집진 여러분들과 출판에 관여하신 모든 분들께 감사를 드립니다.

2012년 2월
역자 손정락
jrson@jbnu.ac.kr

# 저자 서문

현대 임상심리학의 목표, 활동 및 공헌은 인간행동과 인간관계에 매료된 많은 사람들에게 매우 호소력이 있다. 학부전공으로서의 심리학의 인기; 직업선택으로서의 임상심리학의 인기; 그리고 인기 있는 심리학 서적, 영화, TV쇼, 웹사이트 및 블로그의 대단한 인기는 최상과 최악의 상태에서 임상심리학과 인간 행동에 대해 내재된 관심에 대한 증거이다. 임상심리학의 목표는 숭고하다: 건강, 행복, 자기와 타인에 대한 만족과 향상 및 삶의 질을 고양시키기 위하여 심리학의 원리와 인간행동에 대한 우리의 이해를 활용하는 목표를 가지고 있기 때문이다.

많은 다른 전문 분야들처럼, 현대 임상심리학은 빠른 속도로 변화하고 있고 성장해나가고 있다. 변화하고 있는 다문화 사회의 욕구, 기술적인 진보와 기타 과학적인 진보, 변화하고 있는 건강진료 및 정신건강 진료 전망뿐만 아니라 현대 문화의 복합적인 문제는 과학적이면서 실무적인 현대 임상심리학에 아주 큰 영향을 미치고 있다. 이러한 변화들 중 어떤 것은 매우 긍정적인데; 어떤 것은 부정적이다. 임상심리학이 당면하고 있는 변화에도 불구하고, 이 분야는 개인, 집단 및 사회를 돕기 위하여 엄청난 잠재력으로써 매혹적이고 감동적인 노력을 계속해 나갈 것이다.

행동에 영향을 미치는 생물학적, 심리적 및 사회적 상호작용에 관하여 더 많은 연구 증거가 나옴에 따라, 현대 임상심리학자들은 다른 사람들을 이해하고 도와주려는 노력에서 더 나은 적용을 발전시키기 위해서 새로운 지식을 통합해야만 한다. 여러 면에서 생물심리사회적 통합은 현대 임상심리학을 가장 잘 반영하고 그 노력의 범위와 유용성을 확장해 나가고 있다.

이 책은 통합적인 생물심리사회적 조망으로 현대 임상심리학에 대한 개관을 학생들에게 제공하고 있다. 이 책은 현대 임상심리학자들의 다양한 활동, 역할 및 책임을 조명해 볼 뿐만 아니라 임상심리학의 역사, 과학적 토대 및 이론적 지향을 상세하게 검토함으로써 이 학문 분야의 토대를 제공하고 있다. 임상심리학의 현대적인 쟁점에 대한 이러한 개관은 임상심리학을 직업으로 선택하는 데 관심이 있는 사람들을 위한 길라잡이로서 역할을 하고 있다.

각 장은 주목받는 현대 임상심리학자를 포함하고 있는데, 여기서 심리학자들은 현대 임상심리학의 장점 및 단점에 대한 솔직한 의견뿐만 아니라 임상 분야의 미래에 대한 자신의 견해를 피력하고 있다. 또한 이 심리학자의 전형적인 일과가 소개되고 있기 때문에, 독자는 현대 임상심리학자의 생활에서 하루 일과가 어떠할 것인지에 대해서도 이해할 수 있게 된다. 이 심리학자들은 임상심리학자들이 광범위하고 다양한 곳에서 일하고 있다는 것을 보여주기 위해 선택되었다. 이 심리학자들 중 어떤 사람들은 잘 알려져 있는데 비해, 어떤 사람들은 그렇지 않다. 몇몇 사람들은 대학이나 대학교에서 연구를 수행하고 강의를 한다. 몇몇은 단독 개인 개업이나 집단 개인 개업을 하고 있다. 어떤 사람들은 병원, 정부기관 또는 대학교 상담 진료소에서 일하고 있다. 한 사람은 미국 상원의회에서 일한다. 어떤 사람들은 해외에서 일한다. 어떤 사람들은 여러 다양한 장면에서 연합해서 일한다. 어떤 사람들은 가족을 부양하면서 시간제로 일한다. 다양한 수련 프로그램을 받은 심리학자들, 양쪽 성별의 심리학자들, 다양한 인종집단 출신의 심리학자들, 미국 전역뿐만 아니라 여러 지역출신의 심리학자들 그리고 핸디캡을 가진 심리학자들도 소개된다. 이들 심리학자들의 활동, 역할 및 책임의 범위는 현대 임상심리학자들에게 다양한 직업이 개방되어있다는 것을 반영하고 있다.

각 장은 이해를 높여주기 위해서 요점과 핵심 용어에 대한 상세한 목록을 제공하고 있다. 큰 그림은, 그 장의 결론적인 것 혹은 '핵심' 요약을 제공할 뿐만 아니라 그 특정한 장에서 망라하고 있는 주제의 미래를 전망해 볼 수 있게도 해준다. 각 장은 또한 각 장을 읽고 난 후에 독자들이 내놓은 여러 개의 질문을 포함시키고 있다. 대부분의 장은 임상심리학에서 현대적 쟁점들에 관한 한 가지 이상의 스포트라이트를 포함하고 있다. 상당히 풍부한 임상 사례들이 또한 책 전반에 걸쳐서 제시되어있다. 공황 발작을 오랫동안 겪고 있는 65세 여성 Mary와 같은 여러 사례들은 독자가 어느 정도 상세하게 한 사례에 대한 이론적인 개념화, 평가 및 치료를 살펴볼 수 있도록 여러 장에 걸쳐 논의하고 있다. 여기에 제시되어있는 모든 환자들은 실제 임상 사례들에 토대를 두고 있다. 모든 검사, 치료, 자문 및 윤리 규약 사례들도 실제 사례들에 기반을 두고 있다. 그렇지만 자세한 사항들은 환자와 심리학자의 비밀보장을 위해서 변경되었음은 물론이다.

이 책은 전반적으로 통합적인 생물심리사회적 접근을 취하고 있다. 이 접근법은 대부분의 현대 임상심리학자들의 조망을 가장 잘 반영하고 있다. 행동주의 접근법, 정신역동 접근법 및 인본주의 접근법과 같은 전통적인 이론적 모형에는 강조점을 덜 두고 있는데, 대부분의 현대 임상심리학자들은 배타적으로 한 가지 접근법만을 취하기보다는 이들 접근법들과 다른 접근법들 및 지향들을 통합하고 있기 때문이다. 한 가지 강조점이 현실세계의 임상심리학에 두어졌는데, 과학 및 실무의 임상심리학이 실제로 어떻게 수행되고 있는지를 내다보는 창을 제공해 주려는 것이다. 저자는 많은 다양한 상이한 장면에서 현대 임상심리학 분야의 현실적이고, 실무적이며 현대적인 묘사를 제공하려고 노력 하였다. 끝으로, 이 책은 윤리 규약에 관한 개별적인 장과 임상심리학자의 자문, 행정 및 교육 책임성에 관한 개별적 장을 두고 있다. 다양성, 경험적으로 지지되고 근거에 기반을 둔 치료, 건강 진료 관리 및 건강진료 개혁 그리고 기타 뜨거운 주제들과 같은 임상심리학의 현대적인 쟁점들에 강조점을 두고 있다.

필자는 제2판이 출판되었을 때인 2005년 이후로 출간된 수백 가지의 새로운 참고문헌을 추가하여 이 세 번째 판을 개정하였다. 증거-기반 실무와 경험적으로 지지된 치료에 관한 절은 신경심리학 절과 마찬가지로 확대되었다. 평가에 대한 장들은 일반적인 심리 검사 도구들의 가장 최신판을 포함시켜서 개정되었다(예, WAIS-Ⅳ, MMPI-2-RF, Roberts-2). 학생들이 이 책을 더 접근하기 쉽고 더 희망적으로 흥미를 갖게 하기 위해서, 장들에서 조명된 어떤 심리학자들은 더 다양한 배경, 해외 경력 및 대학 캠퍼스의 상 담 센터에서 일하는 다른 심리학자들로 대치되었다.

이 책은 학생들이 이미 학부과정의 심리학 개론이나 이상심리학을 이수하였을 것이라고 가정하고 있다. 이 책은 심리학 전공 상급학년이나 임상심리학전공 대학원 1년차 학생들에게 적합하도록 쓰였다. 이 책은 또한 직업으로서의 심리학 또는 관련분야에 관심이 있는 학생들을 위해서 직업지도를 하는 사람들에게 유용한 참고문헌이 될 수도 있을 것이다.

이 책에 딸린 강의용 지침은 상세한 책의 개요, 선다형 및 논술 시험 질문, 강의실에서 사용하기 위한 파워포인트 슬라이드, 참고문헌 목록, 웹사이트, 인기 있고 교육적인 영화, 강의실 활동 및 강의 계획서 샘플을 교수들에게 제공하고 있다. 강의용 지침은 온라인으로도 이용 가능하다.

저자는 이 책에 관한 학생들과 교수들의 논평을 환영한다. 이러한 논평은 앞으로 보다 나은 개정판이 나오는데 매우 유용할 것이다. 사실, 이번 제3판에서 이루어진 많은 변화는 이 책을 사용한 교수와 학생들로부터 저자에게 제공된 논평을 기반으로 하였다.

tplante@scu.edu로 저자와 연락을 할 수 있고, 저자의 웹 사이트 www.scu.edu/tplante에서도 연결될 수 있습니다.

이 책을 읽어주셔서 감사드리며, 또한 흥미를 북돋우며, 매혹적이며, 늘 변화하고 있는 현대 임상심리학의 세계로 오신 것을 환영합니다.

## 감사의 글

저자 외의 수많은 사람들이 책을 발전시키고, 완성하는데 도움을 주었다. 어떤 사람들은 직접적이고 구체적인 방식으로, 어떤 사람들은 덜 구체적이지만 더 지지적인 방법으로 도와주었다. 저자는 어떤 방식으로든 도와주고, 이 책과 저자의 발전에 기여해준 많은 사람들에게 감사를 드린다.

첫 번째, 저자는 이 책을 출판하기 위하여 열정적으로 작업한 John Wiley & Sons의 훌륭한 많은 사람들에게 감사를 드리고 싶다. 저자의 편집자, Patricia Rossi와 그의 보조 Fiona Brown, 그들의 높은 수준의 전문가 정신과 관심, 헌신 및 열정에 감사드린다. 나는 또한 제작 스탭에게도 감사를 드린다. 저자는 그들의 인생경험과 도전이 다른 사람을 위한 학습 수단이 될 수 있도록 이 책에 언급된 익명의 환자들에게도 감사를 드린다. 저자는 이 책의 이전 판에서 도움이 되는 시사점과 조망을 제공해준 평론자들에게 감사를 드리며, 이러한 평론들은 이번 3판에 통합되었다.

저자는 또한 학생들이 학습하기에 무엇이 유용하며, 흥미가 있으며, 그리고 도움이 되는지를 저자에게 더 잘 이해할 수 있도록 해주었으며 저자를 고무시켜준 저자의 많은 학생들에게 감사하고 싶다. 임상심리학에 대한 그들의 열정과 호기심이 자극이 되고 있다. 나는 각 장의 끝에 있는 '학생들의 실제 질문' 절에서 질문을 제공해준 학생들에게 특히 감사한다. 끝으로 나는 사랑과 지지 그리고 모든 것을 보람이 있으며 의미가 있는 일로 만들어준 나의 아내 Lori와 아들 Zach에게 고마움을 전한다. 덧붙이면, 나의 아들은 이번 판에서 많은 새로운 사진들을 제공해주었다.

Thomas G. Plante 박사는 Santa Clara대학교 심리학과 교수이며 영성 및 건강 연구소의 소장이다. 그는 또한 Stanford 대학교 의과대학의 정신과의 겸임 임상 교수이다. 그는 Santa Clara에서 심리학 개론, 이상심리학, 임상심리학, 윤리 및 건강심리학을 학부과정에서 강의할 뿐만 아니라 Stanford에서 임상심리학 인턴과 박사 후 펠로우를 위한 전문가 쟁점과 윤리를 강의한다. 그는 California 주의 면허 심리학자이며 임상심리학분야에서 ABPP 전문자격증을 가지고 있으며 또한 개인 개업을 하고 있다. 그는 Academy of Clinical Psychology, American Psychological Association(제12, 36, 38 ,46 및 47 분과) 및 Society of Behavior Medicine의 펠로우이다. 그는 최근에 미국 가톨릭 주교 회의의 아동과 청소년 보호를 위한 국가적 검토 이사회의 부의장으로 봉사하고 있으며, 미국심리학회 제36분과(심리학과 종교)의 회장이다.

Plante 박사는 Rhode Island에서 태어나고 성장했으며 Brown대학교에서 심리학 ScB 학위를 받았고, Kansas대학교에서 임상심리학 MA와 Phd 학위를 받았으며, Yale대학교에서 임상 및 건강심리학 임상 인턴쉽과 박사 후 펠로우쉽을 받았다. 그는 Stanford대학교 병원의 이전 스탭 심리학자이자 의료 스탭진이었을 뿐만 아니라, Children's Health Council의 이전 수석 심리학자이자 정신건강 소장이다.

그는 임상심리학 수련 및 전문가 쟁점, 운동의 심리적 이점, 성격과 스트레스, 영성과 건강 그리고 가톨릭 사제의 심리적 쟁점과 같은 주제들에서 150편 이상의 전문 학술지 논문과 책의 단원들을 출판하였다. 그는 14권의 저서를 출판하였는데, 여기에는 『Faith and Health : Psychological Perspectives』(2001, Guilford), 『Do the Right Thing: Living Ethically in an Unethical World』(2004, New Harbinger), 『Mental Disorders of the New Millennium(Vols. I, II, and III)』(2006, Greenwood), 『Spirit, Science and Health: How the Spritual Mind Fuels Physical Wellness』(2007, Greenwood)가 있으며, 가장 최근에는 『Spiritual Practices in Psychotherapy : Thirteen Tools for Enhancing Psychological Health』(2009, American Psychological Association) 및 『Contemplative Practices in Action : Spirituality, Meditation, and Health』(2010, Greenwood)가 있다.

그는 Time 잡지, CNN, NBC Nightly News, The PBS News Hour, New York Times, USA Today, British Broadcasting Company 및 National

*Public Radio*를 포함하여 다수의 미디어에 출현했다. 그는 600명 이상의 사제들 및 사제직과 부사제 지원자들을 평가하고 치료하였으며, 수많은 로마 가톨릭 및 주교좌 교회 교구 그리고 수도회의 자문가로 봉사하였다. *Time* 잡지는 그를 '세 명의 선도적인 (미국)가톨릭 신자' 중의 한 사람이라고 불렀다(2002년 4월 1일).

# 차례

## 제2부 역할과 책임

**제3부** 임상심리학은 어디로 가고 있으며, 나도 함께 가야 할까?

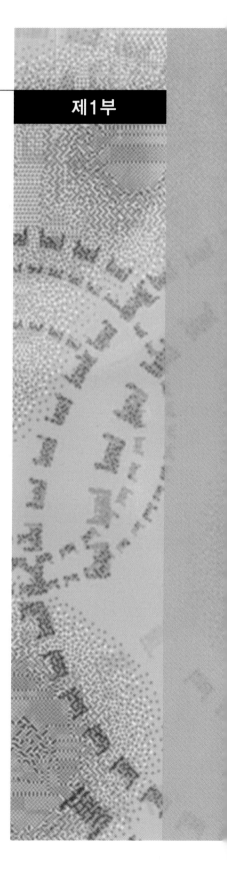

# 창설과 기초

사진 : Zach Plante 제공.

# 현대 임상심리학이란 무엇인가?

## 이 장의 목표

1. 임상심리학을 정의하기
2. 이 분야에 대한 간략한 역사를 제공하고, 유사한 분야 및 직업과 관련된 맥락에서 이해하기
3. 임상심리학자들의 다양한 활동, 역할 및 고용 장면을 이해하기

## 이 장의 개요

## 사례 연구 　　　　　　　　　　Carlos

Carlos는 우울증, 물질 남용, 주의력 문제, 학습 장애, 당뇨병 및 가족 스트레스를 겪고 있다.

　남미계와 백인계 혼혈아인 Carlos는 14세 소년으로 고립감과 우울감 그리고 절망감에 빠져있다. 그는 친구도 거의 없고, 학업 성적도 부진하며, 대부분이 백인계 학생들인 고등학교에서 불편함을 느끼고 있다. 그는 최근 다른 주에서 새로운 도시로 이사와서 학교가 낯설다. 그는 학교에 적응하지 못한다고 호소하고 있으며, 남미계와 흑인 학생들이 대부분이었던 이전 중학교를 그리워하고 있다. 9살 때 학교에서 심리학자에 의해

평가를 받은 결과, Carlos는 읽기곤란을 일으키는 학습 장애는 물론 주의력 문제를 가지고 있는 것으로 밝혀졌다. 그는 주의력 문제 때문에 약물치료를 받은 적이 있었고, 당뇨 때문에 인슐린을 처방받고 있다.

　지역병원에서 사회사업가로 일하고 있는 Carlos의 어머니는 남미계 여성으로 최근에 유방암 진단을 받았고, 아버지는 독일에서 이주해온 백인계로 큰 컴퓨터 회사의 사원으로 근무하고 있다. 어머니는 천주교 신자로 교회활동에 적극적인 반면, 아버지는 루터교 신자로 자랐지만 현재는 스스로 무신론자

라고 말하고 있다. Carlos의 아버지는 오래 전부터 알코올 문제와 우울증을 겪고 있으며, 알코올 문제와 기질 때문에 여러 직장에서 해고된 적이 있었다. 또한 학창시절에는 주의력과 집중력 문제가 있었지만, 이런 문제들을 잘 극복하고 지역대학(community college)을 우수한 성적으로 졸업하였다.

Carlos의 부모는 심한 부부 갈등을 겪어왔고, 몇 번씩이나 별거하기도 하였다. Carlos 부모의 인종적 배경, 재정적 관심에 있어서의 차이, 아버지의 알코올 남용, 우울 및 기질은 가족에게 큰 희생을 강요해왔다. Carlos의 여동생은 학교에서 '인기 있는(star)' 학생으로, 친구가 많으며, 가족의 스트레스를 매우 잘 극복하는 것으로 보인다. Carlos는 항상 여동생이 자신을 '못나 보이게' 만든다고 느끼고 있다.

Carlos의 어머니는 Carlos의 우울한 기분에 대해 임상심리학자에게 진단을 받아야 한다고 생각하였다. 그녀가 가입한 진료관리건강보험에 의하면 Carlos와 그의 가족은 보험회사가 지정한 지역 임상심리학자에게 최대 6회기까지 치료를 받을

수 있다. Carlos는 기꺼이 치료를 받겠다고 동의했지만, 그를 도와줄 사람은 거의 없다고 느낀다. 그는 또한 부모에게 자신의 성적이나 알코올 및 약물 사용을 알리고 싶지 않았기 때문에 치료의 비밀보장에 관해 염려하고 있다. 또한 그는 남미계 심리학자를 원했지만 보험회사의 그 지역 목록에는 그런 조건의 심리학자가 없었다.

만일 당신이 Carlos와 그 가족의 임상심리학자라면, 6회기 동안 당신은 어떻게 그들을 돕겠는가? 어떤 방법으로 그 가족을 좀 더 세밀하게 평가하겠는가? 그들이 자신과 서로를 돕게 하기 위하여 무엇을 제안하겠는가? 어떻게 비밀보장을 하겠는가? 당신의 업무에 지침을 제공해주는 연구 자료는 얼마나 얻을 수 있는가? 6회기로 어느 정도의 성과를 달성할 수 있는가? 만일 6회기 이후에도 Carlos와 그의 가족들이 계속해서 치료를 원한다면 어떻게 할 것인가? 만일 치료가 도움이 되었다면, 그것을 어떻게 평가할 것인가? 또한 만일 Carlos가 자신을 해칠 위험에 처해 있다면 어떻게 할 것인가?

이예로부터 알 수 있듯이, 임상심리학은 인간 행동 및 감정의 복잡성과 상응하는 복잡한 분야이다. 우리 자신이 혈액과 조직, 감정과 생각 또는 다른 사람과의 관계만으로 정의될 수 없는 것과 마찬가지로, 임상심리학 분야에서도 우리의 매 '순간'을 만드는 생물·심리·사회적 요인들의 상호작용을 이해하기 위하여 필연적으로 통합적인 관점을 취해야 한다. 더욱이, 현대 임상심리학은 우리 모두의 삶에 영향을 주는 현 시대의 쟁점들에 관해서도 주의를 기울여야 한다. 예를 들어, 현대의 쟁점들이 경제학, 과학기술, 윤리학 및 대중 문화에 관련되는 것과 마찬가지로 오늘날 사회의 민족, 문화 및 성의 중요성이 임상심리학 분야에 토대를 제공하고 그 내용을 풍부하게 한다.

의학이나 다른 분야와 마찬가지로, 임상심리학의 뿌리는 현재 단순하고 좁은 의미로 받아들여지고 있다. 그렇지만 다양한 분야와 여러 학파 간의 과학적 진보와 협력으로, 현대 임상심리학은 최적의 치료, 평가, 자문 및 연구를 위해 이러한 모델들 중 최선의 것을 함께 이끌어내어 정교하게 통합한다.

임상심리학이 현대의 형태로 발전하게 된 역사적 진보를 기술하기 전에, 이 장에서는 임상심리학과 현대 임상심리학자의 다양한 역할과 활동에 대해 정의할 것이다. 이에 덧붙여, 현대 임상심리학의 통합적이고 증거기반 특성을 조명할 것이다. 이 장의 목적은 정확히 임상심리학이 무엇인지를 검토하는 것이다. 필자는 임상심리학에 대하여 정의하는 것은 물론 임상심리학자가 되기 위한 교육과정을 개관하고, 임상

심리학자 특유의 역할과 전문적 활동에 대해 세부적으로 설명할 것이다. 또한 일반적인 취업 장면과 임상심리학 내에서의 다양한 하위전문영역, 임상심리학 전문 기구 및 임상심리학과 관련 분야와의 유사점과 차이점에 대해 열거할 것이다. 이후의 장에서는 이러한 주제들과 다른 주제들에 관해 더 자세하게 알아볼 것이다. 그렇게 함으로써, 임상심리학 분야의 포괄적이고 실제적인 관점이 제시될 것이다.

필자는 이 책 전반에 걸쳐 미국에서 이해되고 있고, 실행되고 있는 임상심리학 분야를 논의할 것이다. 그렇지만 임상심리학은 전 세계에 걸쳐 수많은 나라에서 인정되고 또한 실행되고 있다. 예를 들어, 미국심리학회(APA), 캐나다심리학회 및 영국심리학회 차이점보다는 유사점이 더 많을 뿐만 아니라, 종종 연합모임과 기타 전문적 활동도 같이 주최한다. 박사학위는 미국, 캐나다 및 영국에서 심리학자들을 위한 기대되는 훈련 수준이 있다. 많은 유럽과 다른 곳에서는 임상심리학자를 위한 박사학위 훈련을 요구하지 않는다. 안타깝게도, 전 세계에 걸친 임상심리학자의 훈련과정, 역사 및 활동에 대해 자세히 다루는 것은 이 책의 범위를 벗어난 것이다. 그렇지만 여기에 제시된 많은 정보는 전반적으로 임상심리학자들과 관련이 있다.

## ▌정의와 고유의 관심사

모든 복잡성 중에서 무엇이 인간행동 및 대인관계보다 더 흥미를 자아낼 수 있는가? 대형 서점에 가보거나 구글에서 '심리학'을 검색해보면 임상심리학이나 자기조력(self-help) 및 우리의 삶을 이해하기 위한 심리학 원리들의 일반적인 활용 주제들이 굉장한 인기를 모으고 있고, 그러한 인기가 광범위한 현상인 것을 발견할 수 있다. 인간 행동을 더 잘 이해하는 방법에 초점을 둔 수많은 책들이 출판되는데, 이러한 책들은 신체적 안녕, 정서 및 대인관계와 상호작용하는 심리적 기능 향상을 위한 방법들로 가득 차 있다. 게다가 〈The Dr. Phil Show〉는 최근 몇 년 동안 인기 있는 TV 프로그램이었고, 임상심리학자가 자발적인 참가자와 전국 청중을 위해 다양하고 광범위한 주제로 조언을 한다.

심리학이 독립된 분야가 된 지 이제 겨우 100여 년밖에 안 되었지만, 대부분의 대학 및 대학교에서 현재 가장 인기 있는 학부 과목 중의 하나이다. 더욱이, 임상심리학은 심리학 내에서 가장 인기 있는 전문분야이다(APA, 2009a, b; Norcross, Sayette, & Mayne, 2008). 미국에서 수여되는 박사학위 중 심리학 관련 학위가 가장 많으며, 또한 심리학 박사학위 중 대부분이 임상심리학 학위들이다(APA, 2009a, b; Norcross et al., 2008). 미국심리학회(APA) 회원 중 대다수가 자신의 전문 영역을 임상심리학이라고 밝히고 있다(APA, 2010a). 게다가 임상심리학자는 「*Money*」와 기타 인기 있는 지역 출판물에서 '가장 인기 있는 직업'의 최신 목록에 올려져 있다.

임상심리학은 어떻게 정의되는가? 임상심리학은 심리 · 행동 문제와 장애에 대한 **평가**, **치료** 및 이해에 초점을 두고 있다. 사실, 임상심리학은 인간 정신(psyche)이 건강 및 역기능의 신체 · 정서 · 사회적 측면과 상호작용하는 방식에 초점을 두고 있다. 미국심리학회에 따르면, **임상심리학**(clinical psychology)은 '인간 기능의 지적, 정서적, 생물학적, 심리적, 사회적 및 행동적 측면'을 더 잘 이해하고, 예견하며, 경감시키기 위해 심리학의 원리를 이용하려 시도한다(APA, 2009a). 임상심리학은 "인간의 심리적 장애의 분석, 치료 및 예방 그리고 개인적 적응 및 효능성의 증진에 대한 심리과학과 실무의 측면이다"(Rodnick, 1985, p. 1929). 따라서 임상심리학은 생활과정에서 겪게 되는 관계, 감정 및 신체적 자기의 측면에서 수많은 문제들과 걱정들을 지닌 사람을 도와주기 위해 인간 행동의 원리에 관해 알려진 지식을 활용한다. 예를 들어, 임상심리학자는 학교에서의 저조한 수행의 원인이 될 수도 있는 학습 무능력이나 학습문제를 아동이 지니고 있는지 알아보기 위해 지능검사와 교육검사를 사용하여 그 아동을 평가할 수도 있다. 또한, 임상심리학자는 최근의 이혼으로 인해 심각한 우울증을 겪고 있는 성인을 치료할 수도 있다. 알코올 중독이나 환각, 충동적 섭식, 성기능 장애, 신체적 학대, 자살 충동 또는 두부 손상을 가지고 있는 사람들의 문제도 임상심리학자가 관심을 가지고 있는 다양한 문제 영역 중 하나이다.

임상심리학자란 누구인가? 상이한 유형의 수련과 경험을 가지고 있는 많은 사람들이 살아가는 데 있어서 문제를 가지고 있는 사람들을 이해하고, 평가하고, 치료하는 데 관여하고 있다. 상담가, 간호사, 정신과 의사, 동료 조력자 및 기타 사람들이 앞에서 열거한 문제 영역에 관여한다. 임상심리학자들은 '심리학과에서 조직적이고 체계적인 임상심리 프로그램을 제공하고 있는 지역적으로 인증된 대학교나 전문대학원에서 취득한 박사학위'(APA, 1981, p. 641)를 가지고 있다. 비록 많은 대학교들이 임상심리학 석사학위 프로그램을 제공하고 있지만, 박사학위는 임상심리학자가 되기 위한 최소한의 수련 수준으로 여겨진다. 임상심리학은 심리학과 많이 동떨어진 전문분야가 아니라, 정서 및 행동 문제 영역에 대한 더 독특한 응용심리학 분야이다(APA 1987a, 2009a; Matarazzo, 1987; Norcross et al., 2008).

## 조망과 철학

임상심리학은 행동, 정서, 사고, 관계 및 건강에 있어서의 인간문제에 접근하고 이해하기 위해 과학적 방법을 사용한다. 평가 및 치료적 접근들과 활동들을 선정하고 평가하기 위해 엄격한 과학적 탐구가 사용된다. 치료 성과 연구는 특정 임상 문제로 도움을 구하는 사람에게 어떤 치료가 가장 효과적일 것인지 밝혀준다. 그렇지만 임상심리학은 과학이면서 동시에 예술이다. 과학적 연구에서 얻어낸 결과들은 개인, 집단, 또는 조직의 독특하고 특수한 요구에 적용되어야만 한다. 두 사람이 똑같은 진단명 또는 문제를 가지고 있다고 하더라도, 어떤 사람에게는 효과적인 치료법이 다른 사람에게는 그렇지 않을 수도 있다. 과학으로서의 임상심리학은 예술의 특징이 있고, 예술로서의 심리학 또한 과학의 특징이 있다. 예를 들어, 심리치료 성과에 대한 연구 발견들은 우울을 겪고 있는 사람에게 어떤 심리치료 유형이 가장 효과적인지를 밝혀주는 데 사용되고 있는 반면, 우울과 싸우고 있는 사람들과의 작업에서 나온 임상적 경험은 더 나은 심리치료 성과 연구의 설계와 실시에 도움을 줄 수도 있다.

현대 임상심리학은 인간 행동의 문제를 이해하고 다루기 위하여 통합적인 증거 기반 접근법을 활용한다. 풍부한 개별 조망들은 인간 행동의 곤혹스러운 점들을 이해하는 데 중요한 단편적인 정보를 제공하는 반면, 가장 완전하고 전체적인 조망을 제공하기 위하여 이러한 단편적인 자료들이 새로운 방식들로 결합되어야 할 것이다. 예를 들어, 생물학의 진보는 우울증에서 신경전달물질의 역할에 관한 중요한 지식을 제공해 주었다. 유사하게, 우울증에 있어서 빈곤, 차별 및 공동체 지지와 같은 사회문화적 요인뿐만 아니라, 상실과 외상의 내력과 같은 개인적 변인들도 잘 고려되고 있다. 궁극적으로, 생물·심리·사회적 요인의 현명한 결합은 우울한 개인들의 복잡한 욕구를 가장 잘 다루는 중재 전략을 이끈다. 그러므로 이 책은 인간행동을 설명하기 위한 통합적 노력들을 강조할 것인데, 이러한 통합적 노력들은 이 책 전반을 통해 생물심리사회적 요인이라 언급될 것이다.

비록 개별 임상심리학자들이 인간행동에 관한 특정한 이론적 조망에 밀접하게 관련되어있지만, 대부분의 현대 임상심리학자들은 또한 건강과 질병에 있어서의 생물심리사회적 요인의 통합적 역할을 고려하고 있다. 통합적 접근의 한 예인 생물심리사회적 조망은 제6장에서 더 상세하게 기술될 것이다. 심리학의 뿌리와 그것들이 통합적 접근으로서 현재의 형태로 점진적으로 발달해왔다는 것을 이해하기 위해 생물심리사회적 쟁점들의 영향을 단순히 인간행동에 관련된 생물학적, 심리적 및 사회적 요인의 상호작용이라고 생각하는 것이 중요하다.

문제들을 이해하고 치료하는 데 있어서의 특정 접근법은 특정 사람과 특정 문제에 특히 유용할 수 있는 반면, 어떤 접근법들은 다른 사람이나 문제에 가장 도움이 될 수 있다는 사실이 임상심리학에서의 연구와 실무를 통해 밝혀졌다. 예를 들어, 어떤 우울증 환자들은 약물치료에 잘 반응하는 반면, 어떤 환자들은 인지-행동치료에 더 잘 반응한다. 어떤 환자들은 인본주의 접근과 같은 지지적 치료에 잘 반응한다. 또한 또 다른 환자들은 이러한 접근법과 기타 접근법의 조합에 더 잘 반응한다. 비록 우울증 환자를 치료하는 데 약물치료가 효과적일 수 있지만, 가족치료, 직업상담 및 집단 사회기술 훈련도 치료의 성공을 향상시킬 수 있다.

임상심리학자의 서비스를 원하는 많은 사람들은 흔히 동시에 발생하는 여러 가지 문제나 진단을 받고 있다. 예를 들어, 우울증을 겪고 있는 사람은 또한 만성질병, 성격 장애, 학습 장애, 알코올 문제 및 결혼불화를 겪고 있을 수도 있다. 더욱이, 스트레스를 주는 생활사상, 지적 기능, 인종적 배경, 종교적 지향 및 기타 요인들이 우울 장애나 기타 문제들의 표출에 기여한다. 하나의 이론적 지향만으로는 도움을 구하는 개인의 복합성을 다루지 못할 수도 있다. 비록 다양한 임상심리학자들이 하나의 특정한 이론적 또는 철학적 지향에 밀접히 연관되어있지만 대부분의 현대 임상심리학자들은 인간 행동의 문제들이 다차원적이라고 믿고 있다. 이들은 상호작용하는 인과적 요인들이 일반적으로 인간문제에 기여하고, 또한 이런 쟁점을 해결하기 위해서는 일반적으로 다차원적 접근의 필요성을 제안하는 통합적이고 증거기반적인 접근을 사용한다. 따라서 많은 요인들이 인간문제에 기여할 수 있으므로, 이러한 관심사들을 경감시켜주기 위해 선택적 요인들이 활용되어야 한다. 오늘날 많은 임상심리학자들은 생물심리사회적 지향을 주장하는 통합적인 증거기반 관점을 사용한다.

**생물심리사회적 조망**(biopsycholosocial perspective)은 행동과 심리적 기능에 있어서의 생물학적, 심리적 및 사회적 영향의 상호작용을 강조한다. 인간행동의 복잡성을 가장 잘 이해하고, 가장 효과적인 중재 수단을 수립하기 위하여, 이들 각각의 요인들이 주의 깊게 고려되어야 하며, 개인은 더 넓은 생물심리사회적 맥락에서 관찰되어야만 한다(Borrell-Carrió, Suchman, & Epstein, 2004; Engel, 1977, 1980; N. Johnson, 2003; G. E. Schwartz, 1982, 1984). 임상심리학자들이 생물학적, 심리적 및 사회적 수준 모두에 개입할 수는 없겠지만 서비스를 원하는 사람들을 이해하고 치료하는 데 있어서 이러한 영향 요인들을 고려해야만 한다. 예를 들어, 심리학자들은 환자들에게 약물치료 처방을 내릴 수도 없고, 신체검사를 할 수도 없으며, 수술을 제공할 수도 없다. 심리학자는 인종적, 종교적, 사회경제적 및 문화적 배경을 변경시킬 수도 없다. 그렇지만 임상심리학자는 행동 및 임상적 문제에 대한 이들 요인들의 영향을 이해하기 위하여 작업할 수 있으며, 약물치료 관리나 수술 및 정신적이고 종교적 지향 같은 다른 부가적인 서비스를 제공하는 사람들의 자문을 구할 수 있다.

생물심리사회적 접근은 체계적 조망이다(Borrell-Carrió et al., 2004; Schwartz, 1982, 1984); 즉, 한 기능 영역에서의 변화가 다른 영역의 기능에 영향을 준다는 점이다. 생물심리사회적 접근의 유동적이고 체계적인 속성은 각 체계가 다른 체계와 상호의존적이라는 사실을 강조한다. 예를 들어, 우울한 기분은 뇌의 신경전달물질, 대인갈등, 삶에서의 실망, 가정과 직장에서의 스트레스, 비현실적 기대, 문화적 맥락 및 기타 여러 가지 상호작용하는 요인과 연관되어 일어날 수 있다. 어떤 사람은 뇌의 화학적 작용 때문에 우울증에 대하여 유전적으로 또는 생물학적으로 취약할 수도 있다. 이혼, 질병 또는 실직과 같은 스트레스를 주는 생활 사건들이 우울삽화를 촉발시킬 수도 있다. 우울한 기분은 빈약한 작업 수행, 사회적 고립, 무희망감 및 낮은 자존감을 가져올 수 있고, 이것은 뇌화학물질의 변화를 촉발시킬 뿐만 아니라, 우울증을 더 심화시킬 수도 있고, 다시 이것들로 인해 우울증이 더 악화될 수도 있다. 우울증 환자들에게 어떤 치료를 실시하든지 간에 교육적, 문화적, 사회경제적 및 기타 요인들이 치료에 영향을 미칠 수 있다. 치료의 성공은 환자와 치료자 모두의 동기, 기대 또는 치료계획에 대한 편안함 등에 의해 영향받을 수 있다. 생물심리사회적 모형이 APA(Borrell-Carrió et al., 2004; Fava & Sonino, 2008; Johnson, 2003)와 기타 조직(Institute for the Future, 2000)의 건강 관련 문제들과 이슈를 이해하고 치료하기 위한 선호하는 접근으로 지지를 얻고 있다.

이론적 지향과 생물심리사회적 조망의 세부적인 사항은 제5장과 제6장에서 더 자세하게 논의될 것이다.

## 교육과 수련

임상심리학자가 되는 데 필요한 길고도 집중적인 수련과정에 대해 알고 있는 사람들은 거의 없다. 대부분의 사람들은 이러한 수련과정에 심리검사와 심리치료에서의 임상적 수련뿐만 아니라, 실험 연구도 포함된다는 사실을 알지 못한다. 많은 사람들은 기타 응용심리학 영역(예, 학교심리학)뿐만 아니라, 임상심리학에서도 석사학위가 수여되지만, 임상심리학자가 되기 위한 최소한의 교육 요건은 박사학위라는 사실(APA, 1987b)을 알지 못한다. 끝으로, 많은 사람들은 의무적인 수련이 박사학위 이후에도 계속됨을 알지 못한다. 임상심리학자가 되는 길은 대학, 대학원, 임상 인턴과정, 박사 후 펠로우쉽, 먼허 취득 및 최종적인 취업, 계속적인 교육 및 전문자격증 취득을 포함하는 많은 명확한 단계들과 시기들로 나뉘는 긴 과정이다. 비록 수련과정에 대한 간략한 개관이 여기에 제시되긴 하지만, 임상심리학 수련에 대한 세부 사항은 제15장에서 서술할 것이다.

임상심리학자가 되는 데 관심이 있고 수준 높은 대학원 프로그램에 입학할 수 있는 자격을 얻는 데 관심이 있는 학생들은 대학과정을 매우 신중히 이수해야 한다. 우수한 학점, 대학원 입학 자격시험(Graduate Record Examination, GRE) 점수 및 학부에서의 수준 높은 연구와 임상경험뿐만 아니라 심리학, 실험설계 및 통계학 과정을 이수하는 것 등이 획득해야 할

## 스포트라이트

### Dr. Phil, Dr. Laura, Dr. Drew 및 기타 '심리학' 유명인

Phillip McGraw(Phil 박사로 알려진)는 매우 히트한 그의 TV 쇼 때문에 지난 10년 동안에 엄청난 관심을 받았다. 2002년 9월 시작한 쇼는 16년 동안 빠르게 최고 높은 평점의 신디케이트(새로운 독립 방송국에 직접 판매하는) TV 쇼 프로그램이 되었다. 〈The Dr. Phil Show〉 이전에 그는 관계, 인생 전략 및 행동 전문가로서 활동하면서 1998년에 시작한 〈Oprah Winfrey Show〉에 정기적으로 출현했다. Dr. Laura(Schlessinger), Dr. John Gray 및 Dr. Drew(Pinsky)와 같이 매우 잘 알려진 다른 '심리학' 유명인과 달리 Phil 박사는 Texas에서 심리학자로 면허를 받은 임상심리학자이다. 그는 North Texas 대학교에서 임상심리학 PhD를 받았고, 1979년에 임상 실무를 시작했다. Phil 박사는 그의 인기 있는 TV 쇼 진행을 위해 그의 전문적인 훈련과 기술을 사용하고, 관계 문제, 체중 감량 등에 관한 인기 있는 책을 저술한 임상심리학자이다.

Phil 박사와는 달리 Laura 박사(Laura Schlessinger)는 임상심리학자이거나 심리학자가 아니다. 그녀는 Columbia 대학교로부터 생리학 분야의 PhD 학위를 받았다. 그녀가 Southern California 대학교에서 결혼과 가족 치료사로 훈련을 받았을지라도, 그녀는 심리학자로 면허를 받지 않았다. John Gray 박사도 마찬가지이다. 그는 하퍼콜린스에서 출판한 인기 있는 책『화성에서 온 남자 금성에서 온 여자』의 저자로 잘 알려져 있다. 그는 임상심리학자도 면허가 있는 심리학자도 아니다. Drew Pinsky 박사는 내과 의사(심리학자도 정신과 의사도 아니다)이며, 종종 TV 뉴스와 예능 쇼의 게스트일 뿐만 아니라 인기 있는 쇼 〈Celebrity Rehab with Dr. Drew〉와 라디오 및 TV 조언 쇼 〈Loveline〉에서 진행을 한다. Cooper Lawrence나 Dr. Jenn Berman처럼 종종 TV와 인쇄 매체에서 볼 수 있는 많은 다른 '심리학' 유명인들도 또한 면허를 가진 심리학자도 임상심리학자도 아니다.

당신이 이러한 잘 알려진 심리학 유명인에 관하여 어떻게 생각하는지와 상관없이, 그들의 대중성은 일반 대중들이 생활 문제를 해결하고, 관계를 향상시키고, 더 좋은 삶을 살기 위해 이용한 응용심리학에 대해 가지는 놀라운 관심에 대해 언급한다.

중요한 사항이다.

임상심리학 대학원 수련에는 임상과 연구경험 및 수련뿐만 아니라 과정이수도 포함된다. 임상심리학 대학원 과정을 이수하기 위해서는 1년의 임상 인턴과정을 포함해 최소한 5년이 걸린다. 그렇지만 많은 학생들이 대학원 교육을 이수하는 데 5년 이상이 필요하다. 학위논문 연구와 기타 요인들이 흔히 수련과정을 평균 6년에서 8년까지 연장시킨다. 임상심리학에서 박사학위를 취득하는 데 관심 있는 학생은 전통적인 **PhD**(Doctor of Philosophy)나 **PsyD**(Doctor of Psychology) 중 하나의 학위 유형을 선택할 수 있다. 비록 미국심리학회에서 핵심 교과과정과 활동들을 권고하고 있기는 하지만(APA, 1987b, 2009a ; Norcross et al., 2008), 각 프로그램은 교수진과 프로그램의 전통에 기반하여 독특한 지향을 가지고 있다. 대학원 프로그램을 조사해 보면, 각 프로그램이 인간행동에서의 생물학적, 심리적 및 사회적 요인의 역할을 강조하는 데 있어서 독특한 균형점을 가지고 있음을 발견할 수 있을 것이다.

거의 모든 임상심리학 대학원 수련 프로그램은 학생들에게 박사학위를 받기 전 1년의 전일제(시간제일 경우에는 2년) 임상 인턴쉽을 이수하도록 요구하고 있다. 인턴쉽은 대학원 수련 과정에서 일반적으로 거치게 되는 가장 집중적인 임상수련 경험이다. 수련은 일반적으로 미국과 캐나다 전역에 걸쳐 있는 병원, 진료소 또는 다양한 임상장면에서 받을 수 있다. 임상 인턴쉽 과정 동안의 활동들은 다양한 환자 또는 내담자들에 대한 심리치료, 심리검사 및 자문 활동 실무와 같은 임상수련에 특히 집중되어있다.

대부분의 주들은 국가 또는 주 면허 시험을 보기 위해 1년에서 2년의 박사 후 수련 및 지도감독을 요구한다. 하지만 9개 주(예, Washington, Ohio, Arizona, Connecticut)들은 박사학위 후 펠로우쉽 없이 그들의 면허를 얻기 위해 이미 확실한 2년간의 감독 훈련을 받은 학생들을 허락한다. 박사 후 수련은 병원, 진료소, 상담센터, 대학교 또는 심지어 개인 개업과 같은 다양한 장면에서 받을 수 있다. 또한 박사 후 수련에는 임상업무뿐만 아니라 연구, 교육 및 기타 전문적 활동이 포함될 수 있다.

각 주는 적절하게 수련받은 심리학자들이 일반 대중에게 심리학 실무와 전문적 서비스를 제공할 수 있는 면허를 취득할 기회를 제공한다. 면허 제도는 수련받지 못했거나 비윤리적인 실무자들로부터 일반 대중을 보호하고, 치료에 대한 최소한의 기준을 제공함으로써 성실한 전문가를 보호하기 위한 시도이다. 모든 주는 면허 취득을 위한 동일한 국가필기시험(즉, Examination for Professional Practice in Psychology, EPPP)을 시행하고 있다. 필기시험을 성공적으로 통과하면, 많은 주들에서 면허 취득 전에 구술(때로는 논술)시험을 요구한다. 면허 취득 후에 대부분의 주들은 심리학 면허를 갱신하기 위한 지속적인 교육을 요구한다.

박사학위 취득 후에야 임상심리학자는 **전문가 자격증**(diplomate), 즉 고급 수준의 전문 자격증을 받을 자격이 있게 된다. 이 전문 자격증은 하위전문영역 실무에서의 고급능력을 반영하는 선택적인 후속-자격 인증서이다. 미국전문심리학이사회(American Board of Professional Psychology, ABPP)는 다양한 전문영역(예, 임상심리학, 상담심리학, 신경심리학, 학교심리학, 건강심리학)에서 심리학 전문 자격증을 위한 인증기관으로서 역할을 한다.

## 활동

임상심리학자들은 개인적 문제로 고통받는 사람들에게 얘기하는 것 이상으로 많은 것을 행한다. 임상심리학자들은 흔히 강의에서부터 심리치료 그리고 실험실 실험에 이르기까지 아주 상이한 유형의 활동을 하고 있다.

임상심리학자들은 또한 대학이나 대학교 수준의 강의, 독립적인 연구 수행이나 공동 연구 수행, 다양한 전문가와 조직체에 자문 제공, 심리치료 수행 그리고 심리평가 및 진단 서비스 제공과 같은 광범위한 전문적 활동에 관여할 수도 있다. 임상심리학자들은 대학교, 병원, 진료소, 학교, 회사, 정부기관, 군대 연구소 및 개인 개업이나 집단 개업과 같은 다양한 장면에서 일한다. 이러한 다양한 역할들과 장면들은 흔히 임상심리학자가 다면적 요인들을 이해하고 자신의 업무 속에 핵심적인 접근들을 통합시키는 데 도움을 준다.

### 연구

연구는 모든 임상심리학 활동의 토대가 된다. 심리학자들이나 기타 행동과학 영역의 과학자들에 의해 수행된 연구는 모든 전문적 활동의 기초가 되고, 또한 방향을 제시해준다. 임상심리학자들은 흔히 광범위하고 다양한 연구들을 수행하고 출판한다. **연구 프로그램**은 우울, 불안, 섭식 장애 또는 물질 남용과 같은 특정한 임상문제에 어떤 평가 또는 치료 접근이 가장 효과적인지를 밝혀줄 수 있다. 프로젝트들은 특정 심리문제 발병위험이 있는 사람들을 규명하게 해 줄 수도 있다. 어떤 프로젝트들은 더 좋은 임상 진단을 내리기 위한 방법들을 평가할 수도 있다. 임상심리학자가 수행하는 연구활동의 유형은 매우 다양하다.

연구에 활발하게 참여하고 있는 대부분의 심리학자들은 대학, 대학교 또는 의과대학의 교수진들이다. 기타 학문분야의 교수들과 마찬가지로, 이들은 광범위한 주제영역에 관해 연구를 수행하고, 전문학술지에 그들의 발견을 출판하며, 국제, 전국 및 지역 전문학술대회에서 자신들의 연구 결과를 발표한다. 대학이나 대학교의 교수진이 아닌 심리학자들 또한 그들이 속한 병원, 진료소, 정부기관[예, 국립 정신건강 연구소(National Institute of Mental Health, NIMH)], 산업체(예, 제약회사, 심리검사 회사, 관리진료 보험회사) 또는 개인 개업장면에서 연구를 수행할 수도 있다. 임상심리학에서의 연구는 신경 영상 기법을 조사하는 연구로부터 고혈압에서의 인종적 요인 또는 사랑과 친밀감의 영적 측면에 대한 연구에 이르기까지 인간행동의 생물학적, 심리적 및 사회적 측면을 망라한다.

비록 모든 임상심리학자들이 연구를 수행하거나 출판하는 것은 아니지만, 전문적 활동에 필요한 정보를 제공받기 위해 모든 임상심리학자들은 연구의 지속적인 소비자가 될 것이 기대된다. 임상심리학자들은 자신들의 임상 실무 활동들을 향상시키기 위해 다른 사람들의 연구결과들을 이해할 수 있어야만 한다. 많은 임상심리학자들은 특별히 관심 있는 주제를 다루고 있는 전문학술지를 정기적으로 구독한다.

## 평가

많은 임상심리학자들은 다양한 정신과적 쟁점들(예, 우울증, 정신증, 성격 장애, 치매)뿐만 아니라 비정신과적 쟁점들(예, 관계 갈등, 학습 차이, 교육 잠재력, 직업 관심 및 기술)을 평가하거나 진단하기 위해 심리검사와 절차들을 사용한다. 일반적으로 심리학자들은 심리검사를 실시하는 유일한 정신건강 전문가이다. 사실, 임상심리학자들은 지적 기능, 교육적 기능, 성격 및 신경심리적 기능을 평가하기 위해 개인에게 심리평가를 수행할 뿐만 아니라 집단(예, 가족들)과 심지어 조직체를 평가하기도 한다.

심리 **평가**에는 인지적 측정, 성격 측정, 행동 측정, 신경심리 측정 및 관찰 측정을 포함하는 수많은 요소들이 있다. 예를 들어, 신경심리학자는 흔히 충동적 행동 및 공격성과 관련이 있는 측두엽 간질이 있는, 도시에 사는 라틴계 청소년을 평가하도록 요청받을 수도 있다. 측두엽 간질에 대한 인과적 요인으로서 외상과 같은 성격적 요인 또는 환경적 요인들을 배제하기 위해 발달내력뿐만 아니라 의사가 수행한 신경영상기법들이 그 발견들에 포함될 수 있다. 따라서 신경심리학적 측정에 초점을 맞추면서, '발작과 유사한' 증후학에 기여하거나, 설명할 수 있는 의학적, 심리적 및 사회적 요인들을 예리하게 자각할 필요가 있다.

평가에서의 통합은 제7장과 제8장에서 그 구성요소들과 더불어 더 자세하게 다뤄질 것이다. 매우 도전적이고 흥미로운 임상심리학의 영역인 평가는 심리학자가 생물학적, 심리적 및 사회문화적 요인들의 맥락에서 미묘한, 그리고 흔히 감춰진 문제들과 증후군들을 밝혀내기 위해 다양한 도구들을 활용하는 심리학적 탐정과 같은 존재가 될 것을 요구한다.

# 테러와 그 여파

2001년 9월 11일 미국의 끔찍한 테러 사건은 대략 3,000명의 사람들의 삶이 미국과 그 밖의 지역에서 죽을 때까지 막대한 충격을 가져왔다고 주장하였다. 여러 가지 면에서, 미국에서의 삶은 그 운명의 날 이전보다 9월 11일 이후에 매우 달라졌다. 새로운 미국국토안보부와 의회는 미국의 외국 학생과 방문객을 심사하고, 평가하는 것으로 방법을 변경했다. 보안을 증가시키기 위해 법과 교통정책 및 절차를 가장 크게 변경시켰다. 예를 들면 항공기 여행 보안 절차는 9월 11일 이후에 가장 극적으로 변화되었다. Afghanistan과 Iraq에서의 전쟁은 해외로 수송되는 수천 명의 군인들에서 시작되었는데, 비극적으로 다수는 귀향하지 못하였다. 이슬람 국가나 종교적 전통으로 많은 사람들이 편견과 의심을 경험했다.

임상심리학은 다른 여러 가지 방법으로 미국의 테러리즘에 대한 반응에 관여하고 있다. 테러 사건 바로 다음과 그 이후로, 심리학자는 사랑하는 사람을 잃은 비극뿐만 아니라 그 사건에 의해 테러 스트레스를 받은 사람들을 상담하였다. 예를 들면, 비행기 공포증은 임상심리학자들에 의해 항상 치료되어왔다. 그런데도, 테러 사건 이후에는, 이러한 전문화된 상담 유형의 필요성은 매우 증가하였다. New York과 Washington 지역(그 밖의 지역도 마찬가지)에서 아동과 기타 사람들은 불안과 수면 장애와 같은 외상 후 스트레스 증상을 경험하였고, 치료와 자문을 필요로 했다(Cormer & Kendall, 2007). 게다가, 임상심리학자들과 다른 사람들은 테러리스트의 행동에 대한 원인과 위험 요소를 더 잘 이해하는 것뿐만 아니라 이러한 사건으로 인한 충격의 심리적 결과를 잘 이해하도록 돕기 위한 연구에 관여하였다(예, Eidelson & Eidelson, 2003; La Greca, 2007; Moghaddam & Marsella, 2004; Post, 2007; Pyszczynski, Solomon, & Greenberg, 2003).

예를 들면, Eidelson과 Eidelson(2003)은 무엇이 갈등과 폭력으로 집단을 나아가게 하는가와 테러리즘을 이해하고 희망적으로 예방하기 위한 많은 유용한 시사점은 무엇인가에 대해 연구하였다. 그들은 갈등과 폭력에 대한 위험

(계속)

## 치료

현대의 심리학적 중재는 다양한 접근들을 통해 놀라울 정도로 광범위한 인간 문제들을 다룬다. 심리치료에는 개인, 커플, 가족 및 집단이 포함될 수도 있고 끝없는 행렬의 표적 문제들을 다룰 수도 있다. 불안, 공포, 우울, 수줍음, 신체적 질병, 상실, 외상, 약물중독, 섭식 곤란, 성적 문제, 환각, 관계문제 및 직무 곤란들은 모두 개인이 심리학적 **치료**를 찾도록 촉구한다. 더욱이 심리학자들이 내담자를 치료하는 데 있어서, 오늘날의 모자이크 사회를 이루는 전체적인 개인차 스펙트럼(예, 성적 선호, 종교적 신념, 장애, 경제적 상태)뿐만 아니라 문화적 요인들에 관해서도 교육받아야 하고 민감해질 것을 점점 더 요구하고 있다. 다양한 치료 접근들과 이론적 모형들이 심리적 문제들과 행동 문제들을 치료하기 위해 활용된다. 대부분의 심리학자들은 절충적 전략을 사용하는데, 이는 다양한 조망들과 임상 접근들을 치료에 통합시키는 것으로 정의된다(Norcross, 2009; Norcross & Goldfried, 2005; Norcross, Karg, & Prochaska, 1997a, b; Weston, 2000). 어떤 심리학자들은 다양한 치료 접근들 중에서 정신분석, 가족치료 또는 최면치료와 같은 하나의 치료 접근에 전문화되어있는 경향이 있다. 심리학에서의 주요 이론 학파들에는 정신분석 체계, 인지행동 체계, 인본주의/실존주의 체계 및 가족 체

요인의 역할로 다섯 가지, 즉 '우월성, 불평등, 취약성, 불신, 무력감[을 포함하는] 위험한 생각'(p. 182)에 주목하였다.

**우월성**(superiority)은 개인이나 집단이 여러 가지 중요한 방식에서 다른 사람보다 더 낫다는 신념과 확신으로 언급된다. 예를 들면, 어떤 사람은 그들이나 그들의 집단이 신의 뜻과 계획을 명확하게 이해하는 유일한 사람이라고 믿을지도 모른다. 이러한 신념은 확실히 수천 년 동안 전쟁, 테러, 대학살 및 기타 등등의 원인이 되었다. 이 관점은 어떤 사람이나 집단이 그들이 다른 사람들은 가지고 있지 않거나 접근할 수 없는 특정한 정보, 자격부여 혹은 재능을 가지고 있다고 믿는다는 점에서 더 자기도취적이다. **불평등**(injustice)과 희생은 개인이나 집단이 일반적으로 특정 사람들이나 세상에 의해 심하게 학대받고 있다는 신념으로 언급된다. 불평등과 희생이 시간이 시작된 이후로 공통적인 인간의 경험이었을지라도, 이러한 관점은 다른 사람에 대한 보복 행위와 분노로 이어질 수 있다(이끌었다). **취약성**(vulnerability)은 개인이나 집단이 큰 위험이나 추가 희생을 경험할 수 있다는 생각과 과잉경계와 우선적인 행동이 추가 손해 위험을 감소시켜야 한다는 생각으로 언급된다. **불신**(distrust)은 매우 소수의 사람들이 믿을 수 있게 되고, 핵심층의 광신자들만이 적절하고 믿을 수 있는 집단 구성원으로 간주될 수 있다는 신념을 말한다. 이 관점은 적대적이고 악의 있는 것으로 타인을 탓하여 편집증과 잠재적 오해로 이어진다. 끝으로, **무력감**(helplessness)은 지나치게 비관적이고 부정적으로 무력함과 의존성을 느끼는 것을 말한다. 이 관점은 더 강력하고 무엇이든 할 수 있다고 느끼도록 돕는 극단적인 조치로 이어질 수 있다. 이러한 다섯 가지 위험한 신념은 국가와 사람들 사이에서 많은 갈등 행위로 적용될 수 있을 뿐만 아니라 2001년 9월 11일 미국과 그 밖의 지역에서 발생한 테러리즘으로 적용될 수 있다. 많은 국가들은 오랫동안 테러를 다루어왔다. 예를 들면, 아일랜드, 영국, 이스라엘 및 세계의 많은 다른 지역에서 정기적으로 여러 해 동안 테러리즘을 다루었다. 이들 국가에서 얻은 교훈들을 미국의 현재 문제에 적용할 수 있다. 다른 지역에 있는 심리학자들은 여러 해 동안 테러리즘에 의한 영향들을 연구하고 상담해왔다.

임상심리학은 테러리즘에 관련된 사람들을 도울 뿐만 아니라 그들에 대항하여 동일하게 끔찍한 폭력을 저지르는 데 기여하는 요인을 더 잘 이해하도록 돕기 위한 노력을 더 많이 제공해야 한다(Cormer & Kendall, 2007).

계가 있다. 이 이론적 지향들 또는 조망들 각각은 통합적 모형에 대한 우리의 현재 이해를 이끄는데, 제4장에서 자세하게 논의될 것이다.

구조화된 치료를 제공해줌으로써 임상가들과 연구자들을 조력하기 위한 **경험적으로 타당화된** 또는 **증거에 기반한** 치료를 개발하려는 노력들과 치료 성과 연구 발견들에 기반한 치료 매뉴얼의 사용은 미국 심리학회와 기타 기구로부터 막대한 관심과 지지를 받아왔다(Addis, 2002; APA Presidential Task Force on Evidence-Based Practice, 2006; Becker, Stice, Shaw, & Woda, 2009; Chambless & Ollendick, 2001; Crits-Christoph, Chambless, Brody, & Karp, 1995; Lamberg, 2008; Sanderson & Woody, 1995). 경험적으로 지지된 치료는 심리학적 치료 접근들이 항상 견고한 연구 자료에 기반해야 하고, APA(APA Presidential Task Force on Evidence-Based Practice, 2006; Chambless & Hollon, 1998) 같은 전문 기구에 의해 지지받아야 한다는 데 요점을 두고 있다. 경험적으로 지지된 치료 접근들은 우울증(Cornes & Frank, 1994; Cuipers, van Straten, & Warmerdam, 2007; Hollon & Beck, 1994; Lamberg, 2008), 불안(Landon & Barlow, 2004; Newman & Borkovec, 1995) 및 품행 장애 아동들(Feldman &

Kazdin 1995; Schmidt & Taylor, 2002) 및 통증 조절(Chou & Huffman, 2007; Hawkins, 2001)과 같은 다양한 임상 문제들을 위해 개발되어왔다. 미국 심리학회(APA)의 임상심리학 분과(임상심리학회, 제12분과)는 경험적으로 지지된 최신의 치료에 대한 임상 및 연구 참고 문헌을 포함하여 업데이트된 정보를 담고 있는 웹 사이트(www.PsychologyTreatments. org)를 유지하고 있다. 예를 들어, 인지 심리치료와 대인 심리치료는 우울증과 폭식증 모두를 위한 경험적으로 타당화된 치료임이 밝혀진 반면, 노출과 반응 예방은 강박 장애를 위한 경험적으로 타당화된 치료

임이 밝혀졌다(APA Presidential Task Force on Evidence-Based Practice, 2006; Chambless & Ollendick, 2001; Crits-Christoph et al., 1995). 많은 치료 접근들이 연구 지지에 기반하고 있기는 하지만, 경험적으로 지지된 치료의 개념은 주의깊게 연구된 전집과 문제들에 대한 체계화된 서비스를 제공하기 위한 가장 최근의 노력이다(APA Presidential Task Force on Evidence-Based Practice, 2006; Chambless & Hollon, 1998; Nathan & Gorman, 2007). 비평가들이 복잡한 임상적 상황에 적용하는 연구결과들의 일반적인 도전을 강조하면서, 다양한

주목받는 현대 임상심리학자

사진 : Patrick H. DeLeon
제공

# Patrick H. DeLeon, PhD, ABPP

Leon 박사는 미국 국회에 근무하면서 그가 받은 임상심리학자로서의 수련과 기술을 응용하고 있다. 그는 임상심리학의 과학과 응용 모두를 가장 잘 반영하는 정책과 법안 수립에 힘쓰고 있다. 그는 미국심리학회의 전 회장이다.

**생년월일** : 1943년 1월 6일

**대학교** : 1964년 Amherst대학(인문학부, BA)

**대학원 프로그램** : 1966년 Purdue대학교(심리학, MS), 1969년 Purdue대학교(임상심리학, PhD), 1973년 Hawaii 대학교(보건행정, MPH), 1980년 Catholic대학교 Columbus 법과대학원(JD)

**임상 인턴쉽** : Colorado 주 Denver 시 Fort Logan 정신건강센터

**현재의 직업** : 미국 상원의원 D. K. Inouye의 행정 보좌관(수석 보좌관)

**임상심리학자가 되는 것의 장점과 단점** :

**장점** : "인간, 제도, 건강관리 등에 관한 실제적인 지식"

**단점** : "대부분의 심리학자들이나 심리학 동료들은 자신들이 공공정책과 국가경향에 대해 얼마나 무지한지를 잘 인식하지 못하고 있다."

**임상심리학의 미래** : "지식기반은 계속해서 확장될 것이다; 서비스가 심리학자나 다른 전문인에 의해 제공

(계속)

임상적 문제들에 대한 '인증된' 치료 접근들의 개발에 관한 논쟁들이 존재한다(APA Presidential Task Force on Evidence-Based Practice, 2006; Cooper, 2003; Ingram, Hayes, & Scott, 2000; Messer, 2004). 복잡한 임상적 장면에 적용된 연구 결과의 이 쟁점들은 제14장에서 더 자세하게 논의될 것이다.

## 교육

임상심리학자들은 다양한 장면에서 가르치고 있다. 어떤 임상심리학자들은 미국과 그 밖의 곳에 있는 대학과 대학교의 전임교수이다. 이 전문가들은 학부생, 대학원생 및 박사 후 학생들을 가르친다. 어떤 임상심리학자들은 겸임교수나 강사로서 지역대학이나 대학교에서 시간제로 강의하기도 있다. 또한 어떤 임상심리학자들은 대학원생, 인턴 또는 박사 후 펠로우들에게 일 대 일 임상 지도감독을 제공하기도 한다. 지도감독을 할 때, 심리학자들은 수련생들이 심리치료 또는 심리검사 기술들을 학습할 때, 치료 지침을 제공해주는 동시에 수련생들의 임상사례를 심층적으로 논의한다. **교육**은 병원, 진료소 또는 회사 환경에서 일어날 수도 있다. 예를 들어, 임상심리학자는 스트레스를 받는 변호사, 회사 중역, 간호사, 성직자, 경찰관 등과 같은 사람들을 위해 스트레스 관리 과정을 제공할 수도 있다. 어떤 심리학자는 또한 곧 결혼할 젊은 커플에게 친밀한 관계에 관한 워크숍 교육을 할 수도

---

될지는 미지수이다. 심리학은 자신의 운명을 통제하고 있다-새로운 정책을 찾지 않고 사회에 도움을 주지 않는다면, 심리학자는 다른 전문가들에 의해 대체될 것이다."

**과거 5년에서 7년 동안의 변화 :** "우리는 상당히 광범위한 관심의 초점을 발달시켜왔고, 따라서 특히 포괄적인 의료서비스 분야 내에서 더 넓은 범위의 활동에 대한 행동과학을 가져왔다. 우리의 수가 증가한 것처럼, 우리는 질적진료와 건강진료 우선순위를 규정하는 것에 더 큰 존재감(예, 영향)을 발달시켰다. 상당히 많은 동료들이 현재 개인적으로 공공정책과 정치과정에 참여하고 있으며, 따라서 심리학자의 목소리(와 가치)에 주의를 기울여 들을 것이다. 박사학위 취득 후 훈련 지위의 성장은 의료서비스의 심리사회적 측면의 중요성에 대해 더 큰 가치 상승을 일으키는 사회가 되었다. 명백히 처방전 특권 의제와 의사소통 기술에서의 진보는 모든 종류의 정신건강 진료서비스 전달에 대혁신을 일으킬 것이다."

**당신은 이후 몇 년 동안 임상심리학에서 어떤 주요한 변화가 있으리라고 생각하십니까?** "처방전 특권 의제는 계속에서 확대될 것이고, 그렇게 함으로써 양질의 정신 의료서비스가 틀림없이 다시 정의될 것이다. 기술의 진보와 의사소통 분야는 의료서비스에 직접적인 적용가능성을 갖게 될 것이고 심리학은 이러한 도전을 다루는 데 주요한 역할을 수행할 것이다. 의료서비스는 사실상 더욱 환자 중심이 되고 학제 간 통합이 될 것이다. 더 이상 어떤 건강 진료전문가들도 고립되거나 '사일로-지향' 훈련 모듈의 발전을 용납하지 않을 것이다. 이 분야에서 현재 여성의 비율은 계속해서 증가하고 있다. 그리고 임상적 프로토콜은 특정한 전집(노인, 아동, 그리고 다양한 소수민족 내담자와 같은)에 집중적으로 초점을 맞추고 있다. 건강진료는 더욱 책임감이 커지고, 자료에 따라 처리하게 되었다. 원격 학습과 가상 훈련 프로그램은 일반적인 것이 될 것이다."

**전형적인 일과 :** "매일 새롭고 예상치 못한 도전과 기회가 온다. 매일 위원회 사람이나 상원의원이나 행정관료와 함께 누군가를 방문하고자 노력한다. 입법 성공의 핵심은 누군가의 비전을 다루는 조항을 만드는 데 관련된 위원회 직원(백악관 보좌관을 포함한 행정부)을 설득하고, 법안이 그들이 행동하기 훨씬 전에 제안될 것인가를 예상하는 것이다. 하와이 주민과 전문 로비스트와 상호작용하는 것은 입법 의제를 진전시킬 수 있는 훌륭한 기회를 제공한다. 하와이를 위한 연방 정부 인가 지역 건강센터의 재원 확장은 심리학의 의제 확장을 위한 훌륭한 수단을 제공할 것이다.

있다. 또 어떤 심리학자는 의사나 성직자와 같은 기타 전문가들에게 그들이 상담해주고 있는 사람들과 전문적인 경계를 더 잘 유지하는 방법과 정신병리를 더 잘 이해하는 방법에 관해 교육할 수도 있다. 심리치료 시설들에서와 같이, 광범위하고 다양한 전문 장면에서 심리학자들이 교육할 수 있는 수많은 예와 기회가 있다.

## 자문

많은 임상심리학자들은 건강 진료 전문가들, 실업가들, 학교, 법률가, 조직체 및 심지어 기타 정신건강 전문가들에게 **자문**(consultation)을 제공한다. 자문에는 비공식적 토론, 간단한 보고서 또는 진행 중인 공식적인 자문 계획이 있을 수 있다. 예를 들면, 회사들은 동료-작업자와의 갈등을 감소시켜주기 위해 또는 회사 중역, 소방관, 경찰관, 교도관과 같이 스트레스를 많이 받는 피고용인들에 대한 스트레스 관리 전략을 제공하기 위하여 심리학자에게 자문을 의뢰할 수도 있다. 자문에는 유쾌하지 않은 의학적 절차들을 잘 따르지 않는 환자들을 더 잘 다루도록 의사들을 도와주는 것이 포함될 수도 있으며, 수도회에 들어가기를 원하는 지원자들을 더 잘 선발하는 것을 도와주기 위해 수도원장과 작업하는 것이 포함될 수 있다. 많은 임상심리학자들은 일련의 기법들을 사용하여 광범위하고 다양한 장면에서 전문적 자문을 제공하며, 또한 평가, 교육, 연구 및 간단한 심리치료 활동들이 포함될 수도 있다.

## 행정

많은 임상심리학자들은 자신들이 (의도적이거나 비의도적으로) 행정직에 있음을 발견한다. 행정적 의무들에 심리학과장이나 단과대학 학장 또는 부총장이나 심지어 대학 또는 대학교 총장으로 봉사하는 것이 포함될 수 있다. 어떤 심리학자들은 병원, 정신건강 진료소 또는 기타 기관에서 행정직을 담당할 수도 있다. 이들은 정신과 병원 병동을 감독하는 병동장의 역할을 하거나 또는 지역사회 정신건강 진료소에서 정신건강 서비스를 지휘할 수도 있다. 이들은 수많은 임상 장면에서 수련 감독자로서 활동할 수도 있다. 일부 심리학자들은 의회의 구성원, 심지어 주지사가 되었다(예, 오하이오 주의 Ted Strickland). 이 심리학자들은 **행정**(administration)에서 일반적으로 예산을 관리하고 다학문간 전문인과 지원 스탭들을 지휘하고, 고용이나 해고 결정을 내리고, 임상업무나 연구 또는 기타 기관 및 Ohio와 같은 규모가 크고 인구가 많은 주를 관리하기 위한 정책과 절차를 개발한다.

## 고용 장면

임상심리학자들은 병원, 의과대학, 외래환자 진료소, 대학 및 대학교, 회사 및 산업체, 그리고 개인 개업 또는 집단 개업을 포함하는 많은 상이한 고용 장면들에서 일하고 있다. 또한 많은 임상심리학자들은 여러 유형의 시간제 또는 전일제 개인 개업을 하고 있다(Norcross et al., 2008; Norcross, Hedges, & Castle, 2002). 임상심리학자들은 개인 개업 다음으로, 대학이나 대학교에서 강의하는 것을 직업으로 두 번째로 가장 흔하게 선택한다(APA, 2002a, 2009b, 2010a, b; Norcross et al., 2002, 2008). 많은 심리학자들은 한 장면 이상에서 일하므로 다양한 직책과 활동들을 겸하고 있다. 예를 들어, 임상심리학자가 병원이나 진료소에서 주당 며칠씩 일하고, 지역대학이나 대학교에서 한두 강좌를 강의하며, 매주 하루 이상의 개인 개업을 수행하는 것은 일반적이다. 임상심리학자는 강의하고 연구를 수행하는 전임제 교수이면서 동시에 조그마한 개인 개업을 운영할 수도 있고, 다양한 진료소, 병원 또는 회사에 자문을 제공할 수도 있다. 심리학자들에게 이용 가능한 경험의 다양성은 상당히 매력적이고 엄청난 유용성과 선택사항들을 제공해준다.

### 개인 개업 또는 집단 개업

임상심리학자들 중 약 35%가 주로 단독으로 또는 집단으로 개인 개업을 하고 있다(APA, 2010a, b; Norcross et al., 2008; Norcross, Karpiak, & Santoro, 2005; Norcross, Prochaska & Gallagher, 1989). 개인 개업 장면의 전문가들은 단독으로 개업을 하거나 정신건강 관리 또는 다학문 분야의 건강 관리 실무자들과 함께 임상 서비스를 제공할 수도 있다. 그렇지만 심리치료 서비스를 제공하는 임상심리학자들은 개인 개업 환경에서 그렇게 하는 경향이 있다(Norcross et al., 2005, 2008). 많은 심리학자들은 자신들의 환자들과 내담자들에게 독립적으로 임상 서비스, 자문 및 기타 전문 서비스를 직접 제공해주고 싶어 하며, 자신이 장이 되어 시간이나 정책을 스스로 설정할 수 있는 즐거움을 누리고 싶어 한다. 사실 개인 개업가들은 학교와 같은 기타 장면에 고용된 심리학자들보다 더 많이 직업에 만족하는데(Norcross et al., 1997, 2005, 2008; Norcross & Prochaska, 1988), 대학과 같은 다른 장면에 고용된 심리학자들보다 직업 스트레스를 더 적게 받는다고 보고한다(예, Boice & Myers, 1987). 그렇지만 심리학적 서비스에 대한 건강진료 관리와 보험 상황에서의 중요한 변화들은 미래에 많은 전문가들에게 개인 개업에 대한 장밋빛 전망을 변경시킬 가능성이 있다.

개업한 정신건강 및 건강진료 전문가들과 함께 많은 개인 개업 심리학자들은 변화하고 있는 건강진료 산업의 결과로 이윤과 자유의 감소를 겪고 있다.

사실 몇몇 저자들은 앞으로 몇 년 안에 단독 개인개업이 더 이상 존재하지 않을 것이라고 예측하였다(Cummings, 1995). Cummings는 이 임상가들이 건강 유지 기구(Health Maintenance Organization, HMO) 또는 매우 거대하고 종합적인 의료 집단 개업과 같은 다학문 분야 건강 장면에 주요하게 고용될 것이라고 예견하였다. 어떤 사람들은 진료관리가 개인 개업가들에 의해 수집된 소수의 진료비를 설명한다고 진술하면서 개인 개업의 미래와 관련된 Cumings의 비관적인 견해에 동의하지 않는다. 더욱이, 2010년 현재 기록이, 최소한의 시간제 개인 개업에 고용된 심리학자의 비율은 관리된 건강관리의 시작 후, 몇 십 년이 지나도 감소하지 않았고, 기타 건강관리가 변화되며, 개인 개업은 많은 전문가들을 위해 여전히 존재하고 있다(APA, 2000a, 2009b, 2010a, b; Norcross et al., 2002, 2005, 2008).

### 대학과 대학교

임상심리학자들 중 약 20%는 학구적 환경에 고용되어 있다(APA, 1993a, 1997, 2000a, 2010a, b; Norcross et al., 1997a, b, 2002, 2005, 2008). 대부분의 이러한 심리학자들은 미국과 캐나다 전역에 걸친 대학과 대학교에서 교수로 재직하고 있다. 이들은 일반적으로 심리학 과목을 강의하고, 심리학과 학생들의 임상 및 연구 업무를 지도감독하고 독립적 또는 협력적 연구를 수행한다. 이들은 또한 전형적으로 다양한 대학 또는 대학교 위원회 일을 하며 학구적 공동체에 리더쉽과 조력을 제공한다. 어떤 임상심리학자들은 학생 상담센터와 같은 학교 임상 장면에서 학생들에게 직접적인 임상 서비스를 제공한다.

## 병원

많은 임상심리학자들이 병원에서 근무한다(APA, 2009b, 2010). 이들은 심리검사를 실시할 수도 있고, 개인, 가족 또는 집단 심리치료를 제공할 수도 있으며, 정신과 병동이나 종합병원 병동에서 기타 정신건강 전문가나 의료 전문가들을 대상으로 자문할 수도 있고, 정신과 병동의 병동장과 같은 행정적 역할을 담당할 수도 있다. 많은 주들이 현재 심리학자들이 병원의 전임 의료 스탭이 될 수 있도록 허용하고 있다. 예를 들어, California 주에서 CAPP 대 Rank 판결은 적합한 California 주 병원들에서 심리학자가 입원, 퇴원 및 치료에 대한 특권을 갖도록 허용하였다. 전임 의료 스탭으로서의 특권은 환자가 입원했을 때 심리학자들이 치료할 수 있도록 해주며, 병원위원회에 심리학자들이 참여하는 것을 허용해주고 있는데, 여기에는 선출직이 포함되어있다. 병원에서 일하고 있는 대다수 심리학자들이 재향군인회(Veteran Administration, VA) 병원에 소속되어있다. 사실 인턴 수련 기관은 대부분 재향군인 병원들에 있다(Association of Psychology Postdoctoral and Internship Centers, 2009).

## 의과대학

어떤 병원 및 의료 센터들은 의과대학에 소속되어있다. 앞에서 언급한 전문 병원 활동에 더해서, 임상심리학자들은 많은 의과대학의 교수진으로 재직하고 있다. 이들은 전형적으로 '임상 교수진'으로 활동하는데, 여기에는 일반적으로 일주일에 몇 시간(즉, 2~4시간)씩 의료 센터 수련생들을 수련시키는 활동이 포함된다. 이 수련생들은 정신과 레지던트, 기타 의료 레지던트 및 펠로우(예, 소아과 레지던트), 의과대학 학생, 간호학과 학생 또는 심리학 인턴이나 박사 후 펠로우, 사회사업학 인턴 또는 수련 사제와 같은 비의학 분야의 병원 수련생일 수도 있다. 심리학자들은 세미나에서 강의를 하거나 개별 사례 지도감독 및 자문을 제공할 수도 있다. 또한 심리학자들은 의과대학의 교수나 연구 교수로 재직할 수도 있다. 실제로 대략 3,000명의 심리학자들이 의과대학의 교수진으로 재직하고 있다(APA, 2009b; Pate, 2004; Sweet, Rozensky, & Tovian, 1991). 이 심리학자들은 주로 연구를 수행하고 국가 연구기금(예, 국립 정신건강연구소, 국립과학재단, 미국심장학회)으로부터 흔히 연구비를 지원받는다. 끝으로 의과대학에 고용되어있는 많은 임상심리학자들은 환자 진료에 대해 평가하고 치료하며, 자문 및 의과대학 학생과 비의과대학 학생 모두에게 기타 교육과 훈련을 한다.

## 외래환자 진료소

많은 임상심리학자들이 지역사회 정신건강센터와 같은 다양한 외래환자 진료소에서 근무한다(APA, 2009b). 이 심리학자들은 흔히 다른 전문가들과 기관에 광범위한 임상 서비스를 제공한다. 예를 들어, 이 심리학자들은 학대받은 아동들을 위한 심리치료를 할 수도 있고 또는 물질 남용 성인을 위한 집단 심리치료를 할 수도 있다. 이들은 또한 부모 교육 강의를 할 수도 있다. 이러한 장면에 있는 심리학자들도 연구를 수행하지만, 흔히 주요 활동과 우선적인 업무는 직접적인 임상 서비스이다.

## 회사와 산업체

회사와 산업체에서 근무하는 많은 임상심리학자들은 피고용인들에게 관리, 평가 및 단기 심리치료에 대한 자문 서비스를 제공하고, 회사의 기능과 수행에 중요한 다양한 심리사회적 쟁점들에 관한 연구를 수행한다(APA, 2009b). 예를 들어, 이 심리학자들은 인력자원부서에 자문을 제공할 수도 있고, 스트레스 관리 워크숍을 제공할 수도 있으며 대인기술 형성 워크숍을 실시할 수도 있다. 심리학자들은 관리자가 피고용인들을 동기화시키고 지도감독하는 능력을 향상시키도록 학습시킬 수도 있다. 이들은 또한 취업 응시자들을 면접하고 고용하는 전략을 개발하는 데 도움을 줄 수도 있다. 그들은 집단이 임무, 가치 및 전략적 계획을 개발하는 것을 도울 수 있다.

### 군대

많은 임상심리학자들이 해군, 공군 또는 육군과 같은 미국 군대의 한 분야에 고용되어있다(APA, 2009b). 이들은 흔히 직접적인 임상서비스를 제공한다. 어떤 임상심리학자들은 연구를 수행하는 반면, 어떤 임상심리학자들은 군대 병원이나 진료소에서 행정가로 활동한다. 전형적으로 군대에서 근무하는 심리학자들은 대위와 같은 장교 계급으로 근무한다. 기타 심리학자들은 재향군인(VA) 병원과 같은 군대 병원에서 일하는 군무원들이다. 사실, 제2차 세계대전 이래로 VA 병원들은 임상심리학자들의 가장 큰 고용주가 되어왔다.

### 기타 장면

임상심리학자들은 또한 경찰청, 교도소, 소년원, 장애아동 및 성인을 위한 재활센터, 물질 남용 및 정신질환 중간 주택, 매 맞는 아내의 쉼터 및 많은 기타 근무환경과 같은 다양한 장면들에 고용되어있다. 이러한 심리학자들은 심리평가, 자문 및 상담과 같은 광범위한 전문 서비스를 제공한다.

## 하위전문영역

대부분의 임상심리학자들은 다양한 내담자 전집과 관련된 다양한 임상적 쟁점들에 대한 연구, 평가 및 치료에 관한 수련을 받는다. 모든 임상심리학자들의 핵심 교과목에는 연구, 통계학, 윤리학, 평가 및 치료에 관한 강의뿐만 아니라, 행동에 대한 생물학적, 사회적, 인지적 및 개인적 영향들에 관한 과정이 있다. 핵심 교과목은 그 다음에 부가적인 전문 수련과 함께 아동 및 성인과 같은 다양한 전집들에 응용된다. 더 깊은 수련이 많은 상이한 하위전문영역에서 제공될 수 있다. 비록 유능성이 모든 임상심리학자들에게 기대되긴 하지만, 모든 임상심리학자들이 똑같이 수련받는 것은 아니다. 많은 임상심리학자들은 궁극적으로 하나 이상의 연구영역이나 실무영역에 전문화된다. 의학이 의사들에게 소아과, 종양학, 정신과, 내과 및 심장과와 같은 다양한 전문영역을 제공해주는 것과 마찬가지로, 임상심리학에도 많은 하위전문영역이 있다. 가장 일반적인 전문영역에는 아동 임상심리학, 임상 건강심리학, 임상신경심리학, 법정심리학 및 노인심리학이 있다. 더욱이 각 전문영역 내에는 다양한 하위전문영역들이 있다. 예를 들어, 아동 임상심리학자들은 매우 어린 아동들이나 청소년들을 대상으로 일하는 데 전문화될 수도 있다. 임상건강심리학자들은 섭식 장애, 불안 장애 또는 통증 장애를 전문영역으로 선택할 수도 있다.

### 아동 임상심리학

3억 7백만 미국인 중 18세 이하 아동은 7천 4백만 명이다(U.S. Census Bureau, 2009). 이러한 많은 아동과 가족은 이 인구와 함께 일하도록 특별히 훈련받은 심리학자가 제공하는 전문적 서비스를 필요로 한다. 아동 임상심리학자들은 아동들과 가족들 모두를 대상으로 일하는 데 전문화되어있다. 미국 심리학회에 의한 최근의 조사는 약 2,000명의 APA 회원들(약 3%)이 자신들이 **아동 임상심리학**(child clinical psycholology)에 전문화되어있다고 밝혔음을 보여준다(APA, 2010a, b). 임상수련에서의 아동과 가족에 대한 초점은 대학원 수련 프로그램에서 굉장히 인기 있게 되었다(Norcross et al., 2008). 이 심리학자들은 일반 임상심리학에서의 표준 수련뿐만 아니라, 발달심리학과 아동 평가(예, 행동 장애, 학습무능 및 운동발달 지연) 및 치료(예, 가족치료, 부모 자문)에 관해 심층적인 수련을 받는다. 이들은 일반적으로 학교, 어린이 병원, 지역사회 정신건강 진료소 및 개인 개업에서 일하고 있다. 아동 임상심리학자들은 신체적 및 성적으로 학대를 당한 아동들을 대상으로 일할 수도 있으며 또는 주의력 결핍 과잉행동 장애, 품행 장애, 자폐증, 야뇨증, 학습무능, 심각한 의료적 질병, 학교 공포증, 외상 후 스트레스 장애 또는 기타 정서적, 행동적 또는 의료적 문제를 가지고 있는 아동들을 대상으로 일할 수도 있다. 이 심리학자들은 교사, 학교 상담원, 소아과 의사, 탁아소 근무자, 부모 및 기타 사람들에게 자문을 제공할 수도 있다. 이들은 교실 행동 관리에 관해 교사들을 도와줄 수도 있고, 혹은 더 나은 양육 기술을 발달시키는 데 부모들을 도와줄 수도 있다.

소아심리학자들은 일반적으로 병원장면에서 주요한 의학적 장애를 가지고 있는 아동들과 가족들을 대상으로 일하는 아동 임상심리학자들이다(Brown, 2003). 이 의학적 문제들에는 암, 간질, 당뇨, 낭포성 섬유증 및 신경학적 장애와 질병들이 있다. 소아심리학자는 아동에게 통증관리 전략들을 제공해주는 동시에, 그 가족에게 그 문제에 관해 더 효과적으로 대처하도록 도와줄 수도 있으며, 지역사회 자원을 활용할 수 있게 해준다. 이들은 아동의 심각한 의학적 질병으로 인한 정서적 결과와 행동적 결과들을 다루는 의사, 간호사 및 기타 사람들을 도와주기 위해 다양한 의료병동이나 의국에서 자문가로 활동할 수도 있다. 예를 들어, 어떤 소아심리학자는 또래들과 다르게 되는 것에 대한 걱정 때문에 자신의 혈당 수준을 탐지하기를 거부하는 당뇨가 있는 청소년에 관해 의사에게 자문할 수도 있다. 어떤 소아심리학자는 낭포성 섬유증으로 입원해 있으면서 상당한 우울 및 사회적 고립과 싸우고 있는 아동에 관해 간호사에게 자문할 수도 있다.

## 임상 건강심리학

**임상 건강심리학**(health psychology) 분야는 공식적으로 1980년경에 시작되었으며(Matarazzo, 1980), 다음과 같이 정의된다.

> …건강의 증진과 유지, 질병의 예방과 치료, 건강 질병 및 이와 관련된 기능 장애에 대한 병인학적, 진단적 상호관련에 대한 규명, 그리고 건강보호 체계와 건강정책 수립의 분석 및 개선을 위하여 특별한 교육적, 과학적, 전문적 공헌을 하는 심리학 분야의 집합체 (Matarazzo, 1982, p. 4)

1980년 초기에 태동된 이래로, 건강심리학은 임상심리학의 가장 빠르게 성장하는 영역 중 하나가 되었으며, 대학원 수련 프로그램에서 가장 인기 있는 연구영역이 되어왔다(Norcross et al., 2008). 이 하위전문영역은 임상심리학 분야에서 훌륭한 통합적 경향의 예를 보여준다(Johnson, 2003; Taylor, 2009).

전체 사망률 중 50%가 흡연, 너무 많은 양의 음주, 고지방 식품의 섭취, 운동하지 않음 및 안전벨트 착용

소홀과 같은 생활양식 요인에 의해 야기되는 것으로 추정되고 있다(Centers for Disease Control, 2009). 더욱이 국민 총생산의 15% 이상이 건강 진료에 사용되고 있다(Centers for Disease Control, 2009). 건강심리학자들은 건강한 사람들은 건강을 유지하도록 도와주고, 다양한 질병이나 위험요인이 있는 사람들은 그 증상들에 더 효과적으로 대처하도록 도와주는 일을 한다. 건강심리학자들은 사람들이 건강 증진 생활양식을 발달시키도록 도와주는 일을 하는데, 이것은 놀라울 정도로 어려운 과제가 될 수 있다. 예를 들어, 체중을 감량시킨 사람들 중 약 95%는 5년 안에 감량시켰던 모든 체중이 다시 돌아오게 되는 경향이 있다(Brownell, 1993; Wadden, Stemberg, Letizia, Stunkard, & Foster, 1989). 운동 프로그램을 시작한 사람들 중 50% 이상이 6개월 이내에 그리고 75%의 사람들이 9개월 이내에 운동 프로그램을 그만둔다(Dishman, 1982). 매년 미국의 약 50만 명의 사람들이 흡연 때문에 사망한다(Centers for Disease Control, 2008). 건강심리학자들은 건강증진 행동들(예, 운동, 저지방 음식 섭취, 금연)을 최대화시키고, 건강을 해치는 행동들(예, 흡연, 스트레스, 음주)을 최소화시키기 위하여 개인 및 집단을 대상으로 일한다. 이들은 또한 만성 통증, 공황 장애, 편두통, 그리고 현저한 생물심리사회적 특징이 있는 기타 신체적인 상태의 치료를 도와준다(S. Taylor, 2009).

건강심리학자들은 흔히 임상심리학, 상담심리학, 사회심리학 또는 아동 임상심리학에서 수련을 받지만 건강-관련 문제들과 중재에 전문화되어있다. 건강심리학자들은 전형적으로 병원 장면에서 근무하지만, 많은 사람들이 학구적 장면, 회사 및 외래환자 진료소에서 근무한다. 건강심리학자들은 흔히 전반적인 치료과정에서 일반 심리치료뿐만 아니라 바이오 피드백, 최면, 이완훈련 및 자기-관리 전략과 같은 전문화된 기법들을 활용한다.

## 임상 신경심리학

**신경심리학**(neuropsychology)은 뇌-행동 관계에 초점을 둔다. 이것은 뇌 기능이 행동과 행동문제에 어떻게 영향을 주는가로 정의된다. 신경심리학자들은 뇌와 행동 기능을 평가하고 치매, 두부손상, 종양, 뇌졸중, AIDS, 알츠하이머병, 간질 그리고 인지적 및 신경학적 기능 장애를 가져오는 기타 문제들과 같은 광범위한 문제들로 인한 뇌손상으로 고통받고 있는 환자를 위한 전략을 제공해준다. 신경심리학자들은 실행기능이나 고등 인지기능(즉, 계획, 판단, 문제 해결)을 포함하는 인지능력, 감각 및 운동기능, 기억 기술 및 추상적 추론을 평가하는 데 잘 수련되어있으며, 이러한 뇌-행동 관계를 평가하기 위하여 다양한 전문 검사를 사용한다. 신경심리학에 전문화된 많은 심리학자들은 흔히 임상심리학자나 상담심리학자로 수련받거나 또는 인지과학이나 신경과학에서 수련받을 수도 있다. 대부분의 신경심리학자들은 병원, 재활장면 또는 진료소에서 근무한다. 어떤 신경심리학자들은 아동을 대상으로 일하는 데 전문화되어있다. 많은 신경심리학자들은 또한 개인 또는 집단 개업환경에서 근무한다.

## 법정심리학

**법정심리학**(forensic psychology)은 일반적으로 '법률적인 쟁점에 대한 심리학의 응용'(Cooke, 1984, p. 29)으로 정의된다. 법정심리학자들은 인간행동의 원리들을 재판 제도나 법률 제도에 사용하는 데 전문화되어있다(Otto & Heilbrun, 2002). 이들은 흔히 법정 업무에 전문화되어있는 임상심리학자 또는 상담심리학자로 수련받는다. 법정심리학자들은 피고인에 대한 심리평가를 수행할 수도 있고, 그 결과들을 법정에서 전문가 증언으로 제공할 수도 있다. 이들은 또한 아동 양육조정을 위한 평가를 제공하여 재판받을 능력이 있는지 또는 위험성은 없는지를 예측하도록 요청받을 수도 있다. 이들은 근로자 보상 소송에 참여하도록 요청받을 수도 있고 배심원을 선정하는 변호사에게 자문을 제공할 수도 있다.

## 노인심리학

**노인심리학**(geropsychology)에 전문화된 심리학자들은 노인들에게 다양한 심리학적 서비스를 제공한다. 노인 인구는 현대 사회에서 가장 크게 증가하고 있으며, 흔히 전문적인 심리학적 서비스를 필요로 한다. 사실, 미국 노인의 수는 20세기 동안 3백 10만 명에서 3천 5백만 명 이상으로 증가하였으며, 현재는 8명 중 1명이 노인이며, 2020년에는 전체 미국인의 15% 이상 증가될 것이라고 추정된다(U.S. Census Bureau, 2008). 노인심리학자들은 양로원, 요양원, 노인환자들을 위한 병동에 자문을 제공할 수도 있다. 이 심리학자들은 심리검사나 신경심리검사를 제공하기도 하고, 단기 개인심리치료 또는 가족 심리치료를 제공하기도 하며, 자립과 자기-관리를 최대화하기 위한 전략에 관해 자문을 하기도 한다. 이 심리학자들은 노인환자들의 자존감과 통제감을 증진시키고, 우울을 경감시키기 위한 활동들을 개발할 수도 있다.

## ┃기구

대부분의 전문분야들과 마찬가지로, 임상심리학에도 다양한 전문기구가 있다. 이 기구들은 구성원들이 만나고 협력할 수 있는 기회, 연중 학술회의에 참석하고 그 분야의 새로운 진전에 관해 학습할 수 있는 기회 그리고 일반대중뿐만 아니라 심리학자들을 도와주는 다양한 활동에 참여할 수 있는 기회를 제공해준다. 이 기구에는 국제적 기구, 전국적 기구, 지역기구 및 지방기구가 있다.

### 미국심리학회(APA)

임상심리학자들은 일반적으로 여러 전문기구의 회원이다. 대부분의 임상심리학자들은 **미국심리학회**(American Psychological Association, APA)의 회원이다. APA는 1892년에 창립되었으며, 전 세계에서 가장 큰 심리학자들의 기구이다. 심리학 내의 모든 전문영역들(예, 임상심리학, 사회심리학, 학교심리학, 실험심리학)을 포괄하는 150,000명의 심리학자들이 APA의 회원이다(APA, 2010a, b). 심리학과 학생들과 심리학 관련 종사자들(예, 고등학교 심리학 교사) 또한 APA에 포함된다. 최근 조사에서, 대략 APA 회원들의 절반이 자신들을 임상심리학 분과에 속해 있다고 밝혔고(APA, 2000a, 2009), 약 절반은 하나 이상의 주에서 개업할 수 있는 면허증을 가지고 있다(APA, 2000a, 2009, 2010a, b). APA는 1925년 법인이 되었으며, Washington DC에 있다. 1892년 Philadelphia에서의 첫 번째 회의 이래로, APA는 미국 또는 캐나다의 큰 도시에서 매년 8월 전국학술대회를 개최한다. APA는 전문 실무, 교육, 공공정책 및 과학에 초점을 둔 4개의 이사회로 나뉜다.

APA는 또한 56개 주제의 관심분과(예, 제2분과는 심리학 교육이고, 제12분과는 임상심리학)를 두고 있다. 약 6,000명의 심리학자들이 APA 제12분과(임상심리학)의 회원이다. APA는 많은 책들뿐만 아니라,

수많은 전문학술지(예, 「*American Psychologist*」, 「*Professional Psychology: Research and Practice*」, 「*Journal of Consulting and Clinical Psychology*」, 「*Journal of Abnormal Psychology*」)를 출간하고 있다. APA는 Washington DC에서 이는 전문직으로서의 심리학 그리고 심리학적 서비스 수요자들에 대해 호의적이 되도록 법률제정을 촉구하는 로비 활동을 하고 있다. APA는 또한 교육, 자격증 및 심리학자들의 윤리적 품행에 대한 기준을 제공한다.

## 미국심리학회(APS)

1988년에는 또 다른 **미국심리학회**(American Psychological Society, APS)가 창립되었다. 자신들이 학구적으로 그리고 과학적으로 초점이 맞춰져 있다고 생각하는 APA의 많은 심리학자들이 APA가 더 이상 자신들의 관심을 적절하게 대표하지 못한다고 생각하게 되었다. APS의 창립회원들은 APA가 전문 실무에 너무 초점을 맞추고 있고, 과학으로서의 심리학은 무시하게 되었다고 생각하였다. APA가 이러한 관심사를 반영하도록 재조직하고 과학으로서의 심리학만을 위한 새로운 기구를 시작하는 계획안이 고려되었다. 과학으로서의 심리학에 특별히 관심 있는 임상심리학자들은 APS에 가입하였다. 많은 심리학자들이 두 기구에 모두 속해 있는 반면, 어떤 심리학자들은 APS에 가입하기 위해 APA를 탈퇴하기도 하였다.

## 주 심리학회와 카운티 심리학회

각 주와 대부분의 카운티에는 심리학회가 있다. 많은 개업 임상심리학자들이 자신이 사는 주의 주 심리학회에 가입하며, 또한 자신이 사는 카운티의 카운티 심리학회에 가입할 수도 있다. APA 회원의 약 40%(임상심리학자와 기타 심리학자 모두)는 자신들이 사는 주의 주 심리학회 회원이다(APA, 2000a, 2010a). 이 기구들은 심리학자들을 위한 연결망으로서의 기회를 제공해줄 뿐만 아니라, 심리학자들과 대중의 심리학적 복지에 중요한 쟁점들에 관한 주 입법개정에 로비를 하는 데 도움을 주고 있다. 대부분의 주 심리학회와 카운티 심리학회들은 회원들에게 다양한 임상적 주제와 연구 주제들을 다루는 워크숍과 학술대회를 제공한다. 주 심리학회는 흔히 면허 법률과 용인할 수 있는 전문 실무를 위한 준거를 개발하는 것뿐만 아니라, 심리학자의 비윤리적 행동과 위법행동들을 단속하는 것을 도와주기 위해 주 심리학 이사회와 밀접하게 작업한다.

## 미국전문심리학이사회(ABPP)

**미국전문심리학이사회**(American Board of Profesional Psychology, ABPP)는 여러 전문영역에서 심리학자들을 인증하기 위한 기관으로서 1947년에 설립되었다. ABPP 전문 자격증은 심리학자로서 개업하기 위한 주 면허를 능가하는 고급수준의 숙련자격으로 간주된다. ABPP는 미국심리학회와 밀접하게 연관되어있는 독립기구이다. ABPP 전문 자격증은 많은 전문영역에서 제공된다: 대다수의 전문 자격증은 임상심리학 분야이다. 약 1,000명의 심리학자들이 임상심리학 분야의 ABPP 전문 자격증을 가지고 있다(APA, 2010a).

## 기타 기구들

많은 임상심리학자들이 자신들의 특별 관심사에 따라 가입할 수 있는 수많은 국제적, 전국적 및 지역적 기구들이 있다. 예를 들어, 많은 임상심리학자들은 **행동의학회**(Society of Behavioral Medicine, SBM),

**소아심리학회**(Society of Pediatric Psychology), **국제 신경심리학회**(International Neuropsychology Society), **행동분석학회**(Association of Behavior Analysis), 국제 임상심리학회 또는 많은 기타 기구들의 회원이다. 대부분의 기구들은 연례 전국 학술회의를 후원해주고, 하나 이상의 전문 학술잡지를 출간하고, 회원들에게 이익이 되는 로비활동을 하며, 그리고 회원들에게 다양한 서비스를 제공해준다.

많은 다른 나라들에도 심리학회가 있다. 예를 들어, 캐나다 심리학회(Canadian Psychological Association, CPA)는 기타 활동들 중에서도 연례 학술대회를 제공하고, 윤리규약을 보존하며, 캐나다 전역에 걸친 프로그램을 인증해주는 길고도 두드러진 역사를 가지고 있다. 이것은 영국 심리학회(British Psychologial Society, BPS)에서도 마찬가지이다. 많은 이러한 기구들에 대한 관련 정보가 제15장에 나와있다.

## 임상심리학은 관련 분야들과 어떻게 다른가?

많은 사람들이 임상심리학과 관련 분야들 간의 유사점과 차이점에 대해 잘 알지 못한다. 예를 들어, "심리학자와 정신과 의사의 차이점은 무엇인가?"라는 질문은 흔한 것이다. 대중들(그리고 심지어 그 분야의 전문가들)이 정신건강분야 간의 유사점과 차이점을 이해하기에는 혼란스러울 수도 있다. 거의 모든 정신건강 분야들이 심리치료 실시와 같은 특정 활동들을 공유하고 있기 때문에, 이 분야들 간의 차이점을 이해하는 것은 매우 도전적일 수 있다.

많은 전문가들과 대중들은 임상심리학이 상담심리

학, 학교심리학, 정신의학, 간호학, 사회사업학 및 상담과 같은 관련 정신건강 분야와 어떻게 다른지 궁금해한다. 이 분야들에 대한 간략한 개관이 표 1.1에 제시되어있다.

### 상담심리학자(PhD)

모든 상이한 정신건강 전문가들 중에서도, **상담심리학자**(counseling psychologist)는 아마도 실제 실무에서 임상심리학자들과 가장 유사할 것이다. 철학, 수련 강조점 및 임상과 상담 대학원 프로그램 간의 교과과정에서 일반적인 차이점들이 있긴 하지만, 임상심리학자들과 상담심리학자들 간의 차이점은 미묘한 것이다. 임상심리학자들처럼, 상담심리학자들도 일반적으로 학부생으로서 심리학을 전공하였고, 4년의 대학원 수련 프로그램을 받았으며(그렇지만 임상심리학이 아니라 상담심리학에서) 1년의 상담인턴쉽을 이수하고 심리학자로서의 자격증을 취득하기 전에 박사 후 수련을 이수한다. 임상심리학과 상담심리학 간의 차이점들은 현재와 비교해서 과거 몇 십 년 전에는 더 극적이었다.

역사적으로, 상담심리학자들은 외래환자 장면, 대학 및 직업상담 장면에서 주요 정신과적 어려움을 가지고 있지 않은 사람들을 대상으로 일하였다. 이들은 흔히 학생들과 피고용인들에게 교육적 상담과 직업상담을 제공하였다. 상담심리학자들에 의해 실시되는 검사에는 일반적으로 경력 및 직업 흥미와 기술이 포함되었다. 오늘날에는 상담심리학자들을 병원, 진료소, 산업체 및 개인 개업 장면에서 찾아볼 수도 있다. 사실 대부분의 주에서 상담심리학자들을 임상심리학자와 동일한 자격증을 가지고 개업한다. 소수의 저자들은 구별된 훈련 프로그램에 따라 임상심리학과 상담심리학 사이에 구별이 더 이상 요구되지 않을

| 표 1.1 | 정신건강 전문가들 | | | | |
|---|---|---|---|---|
| **학위** | **프로그램** | **학위 전 수련기간[a]** | **학위 후 수련기간** | **면허** |
| PhD | 임상심리학 | 4~5 | 1~2 | 심리학자 |
| PhD | 상담심리학 | 4~5 | 1~2 | 심리학자 |
| PhD | 학교심리학 | 4 | 1~2 | 학교심리학자 |
| PsyD | 임상심리학 | 4~5 | 1~2 | 심리학자 |
| MA/MS | 임상심리학 | 2 | 1~2 | MFT |
| MA/MS | 상담심리학 | 2 | 1~2 | MFT |
| MA/MS | 학교심리학 | 2 | 1 | 학교심리학자 |
| MSW | 사회사업학 | 2 | 1~2 | 사회사업가 |
| MD | 의학 | 4 | 3~4 | 의사(예, 정신과 의사) |

[a] 대학원 과정을 마치는 데 4~5년이 걸리지만 이것은 변동 가능성이 크다. 실무경험뿐만 아니라 학위논문과 같은 연구 프로젝트들 때문에 수련을 마치는 데 흔히 더 오랜 시간이 걸리게 된다.

것이라고 주장하기도 한다(예, Beutler & Fisher, 1994). 미국에서는 임상심리학자들이 상담심리학자보다 약 세 배 더 많다. 예를 들어, 1999년에는 임상심리학에서 1,185명에게 박사학위가 수여된 반면, 상담심리학에서는 367명에게 박사학위가 수여되었다(APA, 2000a). 미국심리학회(2000a, 2009b)가 최근에 수행한 조사에 따르면, APA 회원 중 약 11%가 자신들을 상담심리학자로 밝혔고, 심리학에서 수여된 모든 박사학위의 약 15%가 상담심리학에서 수여되었다.

### 학교심리학자(MA 또는 PhD)

학교심리학에서 박사학위를 취득할 수는 있지만(예, 1999년에 130명이 취득; APA, 2000b), 학교심리학자들은 일반적으로 석사학위를 선택한다. APA(2000a, 2009b)의 조사에 의하면 약 4%가 자신들이 학교심리학 분야에서 일하며, 심리학에서 수여된 박사학위의 약 3%가 학교심리학에서 수여되었다고 밝혔다. **학교심리학자**(school psychologist)는 전형적으로 초등학교, 중학교 또는 특수교육 학교에서 일하며 인지검사와 간략한 상담을 하고 학교교사, 행정관, 부모 및 학생들에게 자문을 제공한다. 어떤 학교심리학자들은 또한 교육조력을 제공하고, 어떤 학교심리학자들은 개인개업을 하기도 한다. 학교심리학자들은 흔히 주의력 결핍 과잉행동 장애, 학습 장애 또는 정신지체와 같은 문제에 대한 특수교육 서비스를 받고 있는 아동들을 대상으로 일한다. 이 전문가들은 흔히 교육적 문제와 심리적 문제들에 관해 아동들과 가족들에게 지침을 제공해준다. 연구, 교육 또는 행정 경력에 관심이 있는 학교심리학자들은 PhD 프로그램을 선택하지만, 아동과 가족들에 대한 실무에 관심이 있는 대부분의 학교심리학자들은 일반적으로 MA 프로그램을 선택한다.

### 정신의학(MD)

정신과 의사들은 의학학위(MD)를 취득하고 **정신의학**

(psychiatry) 분야에서 레지던트 수련을 받는다. 미국 정신의학회는 약 40,000명의 정신과 의사들이 이 학회의 회원이라 보고한다(American Psychiatric Association, 2010). 약 40%의 정신과 의사들이 단독 개인 개업을 하고 있다(American Psychiatric Association, 2010). 전형적으로, 정신과 의사들은 의학 관련 분야(예, 생물학, 화학)에서 학사학위를 취득한 뒤, M.D. 학위를 취득하기 위하여 4년의 의과대학 과정을 이수한다. 계속해서, 정신과에서 레지던트(일반적으로 3년)가 되기 전에, 1년의 의료 임상 인턴쉽을 이수한다. 임상심리학에서 이수하는 인턴쉽과는 다르게, 의료 인턴쉽은 일반 의료(정신의학이 아닌) 수련에 초점을 둔다. 레지던트 수련 기간에 임상심리학 인턴들이 받는 것과 유사한 몇몇 수련활동들(예, 심리치료)이 포함되긴 하지만, 대부분의 프로그램들은 정신과 장애에 대한 약물치료 관리 및 기타의료 접근들에 초점을 둔다. 레지던트 과정은 일반적으로 병원이나 의료센터 환경에서 받는다. 그렇지만 레지던트 수련은 또한 지역사회 정신건강 진료소와 같은 외래환자 장면에서 받을 수도 있다. 이 의사들은 의과대학 졸업 후에 의사면허증을 취득하고, 흔히 레지던트 과정을 이수한 후에 전문분야(예, 아동 정신의학)의 전문의 자격증을 취득한다.

정신의학자는 의사이기 때문에 광범위한 스펙트럼의 정신 질환을 진단하고 치료하기 위해 의료 수련을 활용한다. MD로서 정신과 의사들은 약물치료를 처방하고, 신체 질병을 치료하며, 그리고 기타 생물학적 중재들(예, 전기-경련 치료)을 활용할 수도 있다. 비록 예외가 있긴 하지만, 정신과 수련은 일반적으로 주요 정신병리(즉, 양극성 장애와 같은 정서 또는 기분 장애들, 그리고 정신분열증과 같은 정신증 장애들)에 대한 임상 진단과 치료에 초점을 둔다. 일반 인간행동과 연구에서의 수련은 일반적으로 매우 적다.

기타 정신건강 분야와 비교할 때, 정신과 의사가 되는 것에는 다양한 장점과 단점들이 있다. 장점에는 여러 요인들이 있다. 첫째, 의사로서 정신의학자는 행동과 행동 문제들에 대한 생물학적 기초에 관해 광범위한 수련을 받는다. 이들은 광범위한 의료적 문제들과 정신과 문제들을 이해하고 치료하기 위해 이 전문지식을 사용할 수 있다. 정신과 의사들은 특정 질병들의 의학적 측면에 대한 우수한 지식을 가지고 있고, 이들 환자와 대면하여 지도하는 역할을 취하도록 수련받는다. 따라서 이들은 환자들에게 약물치료와 기타 생물학적 치료를 처방할 수 있는 반면 기타 임상가들은 약물치료나 기타 생물학적 중재가 필요한 것으로 보이는 환자들을 MD에게 의뢰해야만 한다. 그렇지만 몇몇 주에서 심리학자들은 약물처방을 할 수 있다(예, New Mexico, Louisiana; Beutler, 2002). 둘째, 정신과 의사들은 어떠한 다른 정신건강 전문가들보다 훨씬 더 높은 수입을 얻을 가능성이 있다. 초봉은 전형적으로 100,000달러 정도이며, 평균 봉급은 근무 장면에 따라 다르지만 약 150,000달러 정도이다. 비교해서 보면, 활동 중인 심리학자들의 평균 초봉은 약 70,000달러로 정신과 의사들의 약 2/3이다(American Psychological Association, 2008). 셋째, 의사로서 정신과 의사들은 특히 병원 또는 기타 의료 장면에서 일반적으로 더 높은 지위와 더 높은 직책을 얻는다. 더 높은 봉급과 특권은 일반적으로 의사에 대한 사회의 경의뿐만 아니라 의학교육에 대한 비용과 경쟁에 기인한다.

정신과 의사가 되는 것에 대한 몇 가지 중요한 단점들이 있다. 첫째, 의료 수련비용이 기타 정신건강 전문영역에서의 수련에 비해 매우 높다는 것이다. 둘째, 정신과 의사들은 많은 기타 정신건강 전문가들보다 일반 인간 행동과 심리치료에 대한 훨씬 적은 수련을 받는 경향이 있다. 예를 들어, 대부분의 심리학자들은 4년의 학부과정, 5년의 대학원 과정, 그리고 명확하게 심리학 및 심리치료에 초점을 맞춘 1~2년 박사 후 과정을 거치지만, 정신과 의사들은 정신의학에 초점을 둔 3년의 레지던트 과정만을 거치는데, 이 전문가들은 행동 및 정신문제에 관하여 주로 약물치료를 하는 수련을 받는 경향이 있다. 따라서 예를 들어 많은 1년차 정신과 레지던트들은 대부분의 고급 심리학 대학원 학생들이나 박사 전 심리학 인턴들보다 훨씬 '초보자'이다. 셋째, 정신과 의사들은 또한 심리검사와 평가에 관한 수련을 받지 않으므로 흔히 주요한 정보를 얻기 위해 임상심리학자들을 따라야 한다. 넷째, 정신과 의사들은 임상심리학자들만큼 엄격한 연구방법론에 관한 광범위한 수련을 거의 받지 않는다. 끝으로, 점점 더 적은 수의 의과대학 학생들이 전문영역으로 정신과를 선택하고 있는데, 실제로 1980년대 이후 40%로 떨어졌다(Tamaskar & McGinnis, 2002). 비록 비 MD 정신건강 전문가들에 비해 높기는 하지만, 정신과 봉급은 다른 의사들에 비하면 매우 낮다. 최근 10년 동안, 정신과에 대한 전통적인 정신역동 접근과 대인 관계 접근들은 더 빨리 작용하는 치료 접근들에 대한 건강 진료 관리 보험회사들과 환자들의 요구뿐만 아니라(Cummings, 1995), 부분적으로 신경과학, 정신약물학, 유전학 및 기타 의료영역에서의 새로운 발견에 기인하여 더 생물학적인 접근들에 자리를 내주게 되었다(Fleck, 1995; Glasser, 2003; Michels, 1995). 끝으로, 제약업계의 로비활동 노력들은 또한 많은 행동적 문제와 정서적 문제를 다루기 위한 약물치료에 의지하는 데 영향을 미쳤다(Glasser, 2003).

## 사회사업(MSW)

전미 사회사업가협회(National Association of Social Worker)에는 약 150,000명의 회원들이 있다(NASW, 2010). 사회사업가들은 전형적으로 심리학이나 사회학과 같은 사회과학에서 학사학위를 받고, 뒤이어 사회사업학에서 석사학위(MSW)를 취득하기 위해 2년간의 대학원 프로그램에 입학한다. 다음으로 이들은 면허 임상사회사업가(LCSW)가 되기 위하여 최대 2년 동안 지도감독을 받는 임상경험(주에 따라)을 받아야 한다. 임상심리학 인턴쉽과 유사하게, 많은 사회사업가들은 1년 혹은 2년 동안 지도감독을 받는 임상 경험 기간 동안 심리치료와 정신과 진단에 관한 수련을 받는다. 심리학과는 다르게 이들은 일반적으로 연구 수행이나 심리검사 도구의 사용에 대해서는 광범위한 수련을 받지 못한다. 그렇지만 사회사업학에서 박사학위(DSW)를 취득한 사람들은 흔히 연구와 학구적 경력에 관심이 있다.

역사적으로 사회사업가들은 환자 사례 관리(즉, 환자가 자신의 입원 또는 외래 치료로부터 최대의 성과를 얻도록 도와주고, 환자가 퇴원 후에 직장이나 더 심층적인 치료로 전환하도록 도와주는 것), 환자 옹호 및 최적의 사회 서비스 기관과 이익의 연결에 초점을 둔다. 정신과 의사들이 역사적으로 생물학적 이론들과 중재들에 초점을 두고, 심리학자들은 심리학적 이론과 중재에 초점을 두는 반면, 사회사업가들은 사회 이론과 중재에 초점을 두었다. 오늘날 사회사업가들은 개인, 가족 또는 집단을 대상으로 심리치료를 수행할 수도 있고, 혹은 기관, 병원 또는 사회적 서비스 장면 내에서 행정적 역할을 맡을 수도 있다. 내담자와 환자들에게 직접적인 임상 서비스를 제공하는 것이 가장 흔하게 보고되는 사회사업가의 활동이다(National Association of Social Workers, 2010).

사회사업가들은 학교, 병원, 진료소 및 개인 개업을 포함하는 많은 장면에 고용될 수 있다. 사회사업가들은 주로 사회 서비스 기관과 입원 및 외래 건강시설에 고용되며, 사회사업가를 위한 가장 흔한 장면인 반면, 약 12%는 개인 개업을 하고 있다(National Association of Social Workers, 2010). 사회사업가들은 또한 예를 들어, 필수적인 추적 진료 및 퇴원 후의 사회 서비스를 보장하는 환자 사례 관리자 및 옹호자로서 활동할 수도 있다.

사회사업가가 되는 것의 장점은 비용이 덜 들고 기간이 더 짧은 대학원 수련(즉, 임상심리학에서 PhD가 되는 데 최소한으로 필요한 5년이 아니라 2년)이다. 둘째, 사회사업학에서의 수련은 다른 사람들에 대한 권리의 옹호를 강조할 뿐만 아니라, 개인, 집단 및 조직 행동에 영향을 주는 빈곤, 범죄, 인종주의 및 억압과 같은 사회적 용인들을 강조하는 경향이 있다. 셋째, 학위논문, 즉 대규모 석사학위논문 연구는 이러한 유형의 대규모 연구 프로젝트를 수행하는 데 관심이 없는 사람들에게는 요구되지 않는다. 단점은 행동에 대한 생물학적 영향에 대한 수련과 강조기 덜 하고, 연구에 덜 관심을 두는 것이다. 부가적인 단점으로는 심리학자나 정신과 의사보다 더 낮은 수입을 들 수 있다. 지위와 지역에 따라 초봉은 약 50,000달러 정도이다. 물론 임상가들과 마찬가지로 사회사업가들은 어떠한 비처방적이고 비심리학적인 평가 사업에 전문화될 수도 있고 전문가가 될 수도 있다.

## 정신과 간호학(RN)

정신과 질환과 치료에 전문 수련을 받은 11,000명 이상의 **정신과 간호사**(psychiatric nurse)가 있다(American Psychiatric Nurses Association, 2009). 이들은 일반적으로 간호학에서 학사학위와 석사학위를 모두 취득한다. 이들은 학사학위를 취득한 후에 등록 정간호사(registered nurses, R.N.) 자격증을 받는다. 수련 동안에 이들은 기타 정신건강 전문가들과 마찬가지로 정신과적 진단과 치료에 관해 학습한다. 그렇지만 이들은 또한 정신약물학에 관해 학습하고 흔히 환자에게 향정신성 약물을 투여하는 데 관여한다. 정신과 간호사들은 향정신성 약물치료의 의학적 관리를 도와주는 것뿐만 아니라 개인, 가족 및 집단에 대해 심리치료를 제공한다. 많은 정신과 간호사들이 병원과 진료소에 고용되어있지만, 다수의 정신과 간호사들은 개인 개업을 하고 있다.

## 결혼과 가족 치료사(MFT)

**결혼과 가족 치료사**(marriage and family therapist)의 정신건강 분야는 California 주와 몇몇 기타 주들에서 매우 인기가 있다. California 주에만 약 25,000명의 MFT들이 있고, 전국적으로는 약 50,000명이 있다. 결혼과 가족 치료사협회에는 전국적으로 약 25,000명의 회원이 있다. MFT들은 전형적으로 어느 분야에서든(전형적으로 심리학, 사회학 또는 교육학과 같은 사회과학 분야) 학사학위를 취득하고, 후에 석사학위가 최종인 상담이나 심리학 프로그램에서 석사학위를 취득한다. 최대 2년의 지도감독을 받은 후에, MFT들은 여러 주에서 독립적으로 개업할 수 있는 면허를 받을 수 있다. MFT라는 명칭에도 불구하고, 이들은 반드시 결혼과 가족 상담에서만 전문가인 것은 아니다. 흔히 이들은 개인 치료에서 성인도 치료한다. MFT가 되는 것의 장점은 이 프로그램의 입학이 쉽고, 석사학위를 취득하는 데 필요한 기간이 1~2년이라는 것이다. 단점에는 이 분야 전문가들의 일반적이고 혼재된 자질과 수련이 있다.

많은 주들은 석사 수준 개업가들을 위해 고안된 면

허 전문적인 상담가(LPC) 자격증을 제공한다. 이 전문직을 위한 수련과 경험은 MFT에서 개괄된 것과 유사한 경향이 있다.

## 기타 상담가

많은 병원들과 진료소들은 직업치료사, 활동치료사, 알코올 상담가, 예술치료사, 정신과 테크니션 등과 같은 다양한 상담가들을 고용한다. 이 전문가들은 개인, 가족 및 집단 상담, 그리고 미술, 춤 및 음악 집단과 같은 치료적 활동들을 포함하는 광범위하고 다양한 서비스를 환자들에게 제공한다. 이 전문가들 중 일부는 실무를 위한 면허 또는 자격증을 취득하는 반면(예, 직업치료사), 어떤 사람들은 면허 또는 자격증을 갖고 있지 않다(예, 정신과 테크니션, Missouri 주와 같은 많은 주에서 직업치료사들이 '정신건강 전문가'로서 면허를 받을 수 있도록 해주는 법안이 제안되었거나 통과되었다.

## 기타 심리학자

앞에서 기술한 임상심리학자, 상담심리학자 및 학교심리학자 외에도, 많은 상이한 유형의 심리학자들이 있다. 인지, 발달, 실험, 사회, 성격, 산업-조직, 생리 및 기타 유형의 심리학자들이 있다. 이들은 방금 열거한 하나 이상의 영역에서의 전문화와 더불어 심리학에서 박사학위를 취득한다. 임상심리학자들과는 달리 이들은 인턴쉽이나 박사 후 펠로우쉽을 이수하도록 강요되지 않는다. 이 심리학자들은 대학 및 대학교와 같은 교육 장면뿐만 아니라 회사, 정부 및 군대에서 근무한다. 이들은 연구를 수행하고, 개인과 집단에 자문을 제공해주며, 정책을 개발한다. 이들은 상이한 영역의 전문지식과 기술들을 가지고 있지만 일반적으로 정서적, 행동적, 대인적, 혹은 기타 임상 문제들을 겪고 있는 환자들을 평가하거나 치료하지는 않는다. 이들은 정신건강 전문가로 간주되지 않고 심지어 인간 행동에 관심이 없을 수도 있다. 예를 들어, 어떤 실험심리학자는 쥐의 기억 기능이나 고양이의 시각 기능에 관한 연구를 수행할 수도 있다. 어떤 사회심리학자는 영장류 집단의 사회기능에 관심이 있을 수도 있다. 어떤 생리심리학자는 새와 같은 유기체들이 어떻게 새로운 행동을 학습하는지에 관심이 있을 수도 있다. 이 심리학자들은 인간 행동에 관심이 있을 수도 있지만, 비정상적 문제나 임상 문제에는 관심이 없다. 예를 들어, 어떤 산업-조직심리학자는 사기를 증진시키기 위해 피고용인들과 상호작용하는 중역을 도울 수도 있다. 어떤 인지심리학자는 약물치료가 어떻게 주의과정과 수면 행동에 영향을 주는지를 연구할 수도 있다. 어떤 발달심리학자는 생후 첫 주부터 전일제 탁아소에 있는 아동들이 어떻게 어머니와의 유대를 형성하는지에 관심이 있을 수도 있다. 산업-조직심리학자들을 제외하고, 이 심리학자들은 심리학 실무를 할 수 있는 면허증을 가지고 있지 못하므로 임상 문제들을 치료할 수 없다.

# 큰 그림

임상심리학자들의 목표, 활동 및 기여는 인간 행동 및 관계에 관심이 있는 많은 사람들에게 매우 매혹적이다. 현대 임상심리학은 생물학적, 심리적 및 사회적 요인들의 맥락에서 인간행동에 대한 평가, 치료 및 연구로서 정의될 수 있다. 거기에는, 문화, 민족성 및 성별과 같은 개인차에 대한 자각뿐만 아니라, 그 통합은 이러한 현재의 예술적이고 과학적인 임상심리학의 상태에 대한 본직절인 부분이다. 학부 전공으로서의 심리학의 엄청난 인기, 직업 선택으로서의 임상심리학의 엄청난 인기, 그리고 대중적인 심리학 책들, 볼거리, 웹사이트 및 블로그의 엄청난 인기가 임상심리학이 내재하고 있는 흥미에 대한 증거이다. 대부분의 임상심리학자들은 자신들의 직업 선택에 높은 수준으로 만족하는 것으로 보고되며, 잠재적인 고용 장면의 엄청난 융통성과 다양성, 다양한 배경을 가진 사람들을 대상으로 일할 기회, 그리고 이 분야에 영향을 끼치는 급속한 과학적 진전에 참가하는 것을 즐긴다. 그렇지만 건강진료 전달과 의료보험 상황에서의 변화, 임상심리학과 기타 정신건강 분야에서 수여되고 있는 많은 학위들 및 대부분의 심리학자들에 대한 보통 수준의 봉급은 직업 선택으로서의 임상심리학의 많은 장점들과 함께 현실적으로 고려되어야 한다. 임상심리학의 목표와 활동들은 숭고하다: 즉, 건강, 행복 및 삶의 질을 증진시키기 위해 심리학의 원리를 활용하고 인간 행동에 관하여 이해를 하는 것이다.

## 요점

1. 임상심리학은 심리적 및 행동적 문제와 장애들에 대한 진단, 치료 및 연구에 초점을 맞춘다. 임상심리학은 '인간 기능의 지적, 정서적, 생물학적, 심리적, 사회적 및 행동적 측면'을 더 잘 이해하고, 예견하며, 경감시키기 위해 심리학의 원리를 이용하려 시도한다(APA, 2009).

2. 임상심리학자가 되려면 수많은 구분되는 단계들과 국면들로 나뉘어져서 오랜 시간이 걸리는데, 이 과정에는 대학, 대학원, 임상 인턴쉽, 박사 후 펠로우쉽, 면허 취득 그리고 마지막으로 고용이 있다. 그렇지만 일반적으로 학구적 직책은 박사학위 취득 후나 면허 취득 전에 가능하다.

3. 임상심리학자가 되는 것의 큰 장점 중 하나는 일할 수 있는 광범위하고 다양한 활동들과 고용 장면들이 있다는 것이다. 임상심리학자가 되면 대학교 수준에서의 강의를 하고, 연구를 수행하며, 광범위하고 다양한 전문가들과 조직체에 자문을 제공할 수 있으며 광범위한 전집을 대상으로 심리치료와 심리검사를 실시할 수 있게 된다.

4. 임상심리학자들은 병원, 의과대학, 외래환자 진료소, 대학 및 대학교, 회사 및 산업체 장면, 그리고 개인 또는 집단 개업을 포함하는 많은 상이한 고용 장면에서 근무한다. 대다수의 임상심리학자들은 시간제 또는 전일제 개인 개업을 한다. 개인 개업 다음으로 대학과 대학교에서의 학구적 직업과 같은 교육적 장면들이 임상심리학자들을 위한 두 번째로 흔한 고용 장면이다.

5. 많은 임상심리학자들은 궁극적으로 하나 이상의 연구 또는 실무 영역에 전문화된다. 많은 유형의 임상심리학 하위전문영역들이 있지만 가장 일반적인 것으로 아동 임상심리학, 건강심리학, 신경심리학 및 법정심리학이 있다.

6. 임상심리학자들은 광범위하고 다양한 전문기구에 가입되어있다. 대부분의 심리학자들은 APA의 회원이다. APA는 56개 주제의 관심 분과로 나뉘며, 약 6,000명의 심리학자들이 APA 제12분과(임상심리학)의 회원이다.

7. 1988년에 APA가 더 이상 자신들의 관심사를 적절히 대표하지 못한다고 생각하는 많은 학구적 또는 과학적 마인드를 가진 APA의 심리학자들은 또 다른 미국심리학회(APS)를 설립하였다. APS의 창립 회원들은 APA가 너무 전문 실무에 초점을 두었으며, 과학으로서의 심리학에는 점점 초점을 덜 맞추게 되었다고 생각하였다.

8. 각 주와 대부분의 카운티에는 심리학회가 있다. 대

부분의 임상심리학자들은 자신들의 주 심리학회에 가입하고 또한 카운티 심리학회에 가입하고 있다.

9. 미국전문심리학이사회(ABPP)는 여러 전문 영역의 심리학자들을 인증하는 기관으로서 1947년에 창립되었다. ABPP 전문자격증은 고급수준의 자격승인으로 간주되며, 심리학자로서 개업하기 위한 주 면허증보다 우위에 있는 자격증이다.

10. 임상심리학은 상담심리학, 학교심리학, 정신의학, 사회사업학, 간호학 그리고 결혼, 가족 및 아동 상담과 같은 기타 정신건강 관련 분야들과 유사점과 차이점 모두를 가지고 있다.

11. 건강진료 전달과 의료보험 상환에서의 변화, 임상심리학과 기타 정신건강 분야에서 수여되고 있는 많은 학위들, 그리고 대부분의 심리학자들에 대한 보통 수준의 봉급은 직업 선택으로서의 임상심리학에 대한 몇몇 단점으로 보일 수도 있다.

12. 임상심리학 분야는 인도주의적 관심사에 전념하고 있다. 임상심리학은 인간 고통을 최소화하거나 제거하기 위해 그리고 인간의 삶의 질을 증진시키거나 향상시키기 위해 인간 행동 원리의 사용을 추구한다. 임상심리학은 개인, 커플, 가족, 집단, 조직체 및 사회가 더 건강하고 더 행복하며 더 효과적으로 기능하도록 도와주려고 시도한다.

## 핵심용어

결혼과 가족 치료사(marriage and family  therapist)

교육(teaching)

노인심리학(geropsychology)

미국심리학회(American Psychological Association)

미국심리학회(American Psychological  Society)

미국전문심리학이사회(American Board of Professional Psychology)

법정심리학(forensic psychology)

사회사업(social work)

상담심리학자(counseling psychologist)

생물심리사회적 조망(biopsychosocial perspective)

신경심리학(neuropsychology)

심리학 박사(Doctor of Psychology, PsyD)

아동 임상심리학(child clinical psychology)

연구 프로그램(research program)

임상 건강심리학(health psychology)

임상심리학(clinical psychology)

자문(consultation)

정신과 간호사(psychiatric nurse)

정신의학(psychiatry)

철학 박사(Doctor of Philosophy, PhD)

치료(treatment)

평가(assessment)

학교심리학자(school psychologist)

행정(administration)

## 복습

1. 임상심리학을 정의하라.

2. 왜 임상심리학이 그렇게 인기가 있다고 생각하는가?

3. 임상심리학 수련의 주요 단계를 개관하라.

4. 임상심리학의 여섯 가지 주요 활동에 대하여 개관하라.

5. 대부분의 임상심리학자는 어디에서 일하는가?

6. 임상심리학의 주요 하위전문영역에 대하여 논의하라.

7. 임상심리학과 관련된 주요 전문기구에 대하여 개관하라.

8. 임상심리학자는 다른 심리학자들과 어떻게 다른가?

9. 임상심리학자는 기타 정신건강 전문가들과 어떻게 다른가?

## 학생들의 실제 질문

1. 미국과 캐나다 이외에서 임상심리학자가 되는 요건은 매우 다른가?

2. 사람들이 자신들의 대처 양식과 치유 양식에서 매우 다를 때 치료는 어떻게 믿을 수 있는 연구 자료에 근거할 수 있는가?

3. 임상심리학자와 상담심리학자가 유사한 일을 한다면 왜 어떤 구별이 필요한가?

4. 사람들은 Dr. Phill, Dr. Laura, Dr. Drew 및 다른 사람들처럼 도움을 구하는 사람들에게 용기를 잃게 하거나 용기를 북돋아주는가?

5. 약물치료를 처방하는 이외에, 심리학자와 정신과 의사 사이에는 어떤 중요한 차이점이 있는가?

## 웹 자료

http://www.apa.org
  미국심리학회에 대해 더 자세히 알아보기

http://www.aamft.org
  미국 결혼 및 가족치료 학회에 대해 더 자세히 알아보기

www.psych.org
  미국 정신의학회에 대해 더 자세히 알아보기

http://www.socialworkers.org/
  전국사회사업가협회에 대해 더 자세히 알아보기

http://www.apa.org/divisions/div12/aboutcp.htm
  APA의 제12분과 임상심리학회에 대해 더 자세히 알아보기

http://www.guidetopsychology.com/cln_cns.htm
  임상심리학 자격증에 대해 더 자세히 알아보기

# 임상심리학의 창설과 초기 역사

## 이 장의 목표

고대부터 21세기 초반까지의 임상심리학의 초기 영향과 역사를 조명하기

## 이 장의 개요

정신질환의 초기 개념들 : 정신 · 신체 패러다임

임상심리학의 창설

주목받는 현대 임상심리학자: Rev. Gerdenio 'Sonny' Manuel, SJ PhD

Binet 지능검사의 영향

정신건강과 아동지도 운동의 영향

미국 내 Sigmund Freud의 영향

미국심리학회와 초기의 임상심리학

제1차 세계대전의 영향

세계대전들 사이의 임상심리학

제2차 세계대전의 영향

오늘날 임상심리학은 수많은 하위전문영역들을 망라하는 복잡하고 다양한 분야이며 과학자 중심 시도와 실무자 중심 시도의 연속체이다. 정서적 · 행동적 · 신체적 영역에서 인간이 겪는 고통을 경감시키려 시도하는 임상심리학은 수 세기에 걸쳐 철학 · 의학 · 과학적 진보들의 영향을 받았다. 제2장과 제3장은 여전히 발전하고 있는 오늘날 임상심리학의 과학 및 실무의 발전에 끼친 역사적 영향과 주요 공헌자들을 집중 조명할 것이다. 우선 비과학적인 노력에서부터 오늘날의 하이테크 실무 기준까지 서구 의학의 진화를 살펴볼 것이다. 이 진화의 핵심은 정신과 신체의 맥락에서 이상행동을 이해하려는 강력한 인간의 투쟁이었다. 앞으로 보게 되듯이, 정신과 신체의 힘들 사이의 통합이 행동을 일으키는 데 관여하는 역동적 힘에 대한 오늘날의 생물심리사회적 이해로 발전하기까지는 오랜 시간이 걸렸다. 그리고 이런

| 표 2.1 | 제2차 세계대전 이전의 임상심리학에서 주요한 사건들 |
|---|---|
| **심리학이 하나의 분야로 창설되기 전** ||
| B.C. 2500~500 | 초자연, 마법, 약초들 및 이성이 정신질환과 신체적 질환에 대한 접근법이었다. |
| B.C. 470~322 | 그리스인들은 질병에 대해 전체주의적인 접근법을 사용하여 생물 · 심리 · 사회적 영향들에 주의를 두었다. |
| A.D. 130~200 | Galen은 그리스인들의 영향을 기초로 1000년간 지속될 서양 의학의 기초를 수립하였다. |
| 500~1450 | 중세 사람들은 초자연적인 힘이 건강과 질병에 영향을 미친다고 믿었다. |
| 1225~1274 | 성 Thomas Aquinas는 건강과 질병을 설명하기 위해 과학적 사고를 사용하였다. |
| 1490~1541 | Paracelsus는 별, 달, 해 및 행성들의 운동이 행동에 영향을 미친다고 제안하였다. |
| 1500~1700 | 르네상스 시대에는 건강과 질병에 영향을 미치는 생물학적 요인들을 시사해주는 과학적인 발견들이 입증되었다. |
| 1596~1650 | René Descartes가 정신/신체 이원론을 발전시켰다. |
| 1745~1826 | 프랑스에서 Pinel이 정신병 치료를 위한 자비로운 도덕적 치료를 개발하였다. |
| 1802~1887 | Dorothea Dix가 미국에서 자비로운 정신병 치료를 주창하였다. |
| 1848 | New Jersey 주에 정신병 환자를 위한 병원이 처음으로 세워졌다. |
| **심리학이 하나의 분야로 창설된 이후부터 제2차 세계대전까지** ||
| 1879 | Wilhelm Wundt가 심리학의 첫 실험실을 열었다. |
| 1879 | William James가 Harvard대학교에서 미국의 첫 심리학 실험실을 열었다. |
| 1883 | G. Stanley Hall이 Johns Hopkins대학교에서 두 번째 심리학 실험실을 열었다. |
| 1888 | James McKean Cattell이 미국의 세 번째 심리학 실험실을 열었다. |
| 1890 | James가 『심리학의 원리』를 출판하였다. |
| 1890 | Cattell이 **정신 검사**를 정의하였다. |
| 1892 | 미국심리학회(APA) 창설 |
| 1896 | Lightner Witmer가 Pennsylvania대학교에서 첫 심리 진료소를 설립하였다. |
| 1900 | Freud의 『꿈의 해석』이 출판되었다. |
| 1904 | Alfred Binet가 지능검사의 개발을 시작하였다. |
| 1905 | Binet와 Theodore Simon이 Binet–Simon 지능 척도를 보급하였다. |
| 1905 | Carl Jung이 단어연상검사를 고안하였다. |
| 1907 | 첫 임상학술지 『*Psychological Clinic*』이 출판되었다. |
| 1908 | Clifford Beers가 정신위생운동을 시작하였다. |
| 1909 | 임상심리학 분과가 APA에 설립되었다. |
| 1909 | Freud가 처음이자 마지막으로 미국 Clark대학교를 방문하였다. |
| 1909 | William Healy가 Chicago에서 아동지도 진료소를 열었다. |
| 1916 | Lewis Terman이 Stanford–Binet 지능검사를 개발하였다. |

| 표 2.1 | 제2차 세계대전 이전의 임상심리학에서 주요한 사건들(계속) |
|---|---|
| | **심리학이 하나의 분야로 창설된 이후부터 제2차 세계대전까지** |
| 1917 | 임상심리학자들이 APA를 탈퇴하여 미국 임상심리학회(American Association of Clinical Psychologists, AACP)를 만들었다. |
| 1917 | Robert Yerkes와 위원회는 Army Alpha 검사를 만들었다. |
| 1919 | AACP가 APA와 다시 연합하였다. |
| 1921 | Cattell이 Psychological Corporation을 설립하였다. |
| 1921 | Hermann Rorschach가 잉크반점 검사를 발표하였다. |
| 1924 | Mary Cover Jones가 아동들의 불안을 치료하기 위해 학습 원리를 사용하였다. |
| 1935 | APA 규정 및 수련위원회는 임상심리학을 정의 내렸다. |
| 1936 | Louttit가 첫 임상심리학 교과서를 출판하였다. |
| 1937 | 임상가들이 미국 응용심리학회(American Association of Applied Psychology, AAAP)를 만들어 다시 APA로부터 탈퇴하였다. |
| 1937 | 『*Journal of Consulting Psychology*』가 발간되었다. |
| 1939 | Wechsler–Bellevue 지능 척도가 출판되었다. |
| 1945 | AAAP가 APA와 다시 재결합하였다. |
| 1945.1 | Connecticut 주에서 심리학 분야의 첫 번째 자격증 법안이 통과되었다. |

정신 · 신체의 통합이 발달해온 것과 마찬가지로 임상심리학자의 실무와 수련 역시 이 학문 분야의 발전에서 과학적인 변화를 반영해왔다.

이 장은 독립적인 과학이자 전문 직종으로서의 임상심리학을 발전시킨 초기 영향들과 토대를 조명할 것이다. 고대부터 제1차 세계대전까지 현대 임상심리학에 관련된 쟁점들의 역사와 발전을 추적할 것이다. 이 역사에 관련되어있는 아이디어들, 사건들, 연구소들 및 사람들이 조명될 것이다. 또한 표 2.1은 제2차 세계대전 이전에 이 분야에서 일어난 중요한 사건들을 개관한다. 생물 · 심리 · 사회적 요인들의 영향 그리고 조망들의 통합의 근원이 주목될 것이다. 물론 이 아이디어들과 사건들에 연관된 사람들은 이후 세대들이 오늘날의 조망을 이끌어내는 데 얼마나 영향을 미칠지 예측했을 것 같지는 않다. 제3장은 제2차 세계대전부터 현재까지 이 분야에서 일어난 더 최근의 발전들을 검토할 것이다. 현대 임상심리학의 완전한 이해는 그 창설과 역사에 대한 올바른 인식과 이해에 따라 정해진다.

## 정신질환의 초기 개념들: 정신 · 신체 패러다임

### 그리스인들

그리스 사상가들이 병에 대한 통합적인 접근의 초기 발달에 핵심적인 역할을 하였다. 따라서 그들은 생물심리사회적인 조망에서 선구자들이었다. 질병에 관해서 비록 고대 그리스인들이 궁극적으로 신들이 건강과 질병을 통제한다고 생각했지만, 그들은 초자연적인 영향을 넘어서서 보았으며 생물 · 심리 · 사회적 영향을 탐색하였다(Maher & Maher, 1985a). 그리스인들은 정신과 신체가 밀접하게 상호 연결되어있다고 믿었다. 병든 그리스인들은 종종 오늘날의 건강 휴양시설과 다소 유사한 사원에서 며칠간 지냈다. 그들은 기도, 특별한 음식들, 목욕, 꿈 분석, 그리고 동물을 제물로 바치는 것을 포함하는 치료를 받았다. 이런 치료를 수행하는 의사−성직자는 그 치료 의식들이 자극이 되어 생명력의 활성화를 통해서 치료가 일어날 수 있다고 믿었다(Mora, 1985).

『히포크라테스 전집(*Hippocratic Corpus*)』의 저술을 이끈 유명한 그리스 의사인 Hippocrates(B.C. 460~377)는 질병들이 영적인 요인들 때문이기보다는 주로 네 가지 체액의 불균형 때문이라고 믿었다(Maher & Maher, 1985a). 이들 네 가지 체액들은 흑담즙, 황담즙, 점액 및 혈액이었다. 더욱이 Hippocrates는 또한 이 체액들 사이의 관계가 기질과 성격을 결정한다고 믿었다. 예를 들어, 황담즙이 너무 많으면 choleric(화난, 성급한) 기질이 되는 반면, 흑담즙이 너무 많으면 melancholic(슬픔, 절망) 성격이 된다. Hippocrates는 이들 불균형이 환자의 환경에서 기인될 수도 있다고 믿었다. 예를 들어 수질, 보도, 바람 및 연중시기가 질병의 병인론에서 중요한 고려점이라고 믿었다. Hippocrates는 다양한 스트레스 원이 치유를 방해할 수 있다고 보았기 때문에 동료 의사들이 환자들에게 친절하고 인내하도록 격려하였다. Hippocrates는 다음 진술에서 반영하고 있듯이 건강과 질병에 대해 전인주의적인 접근을 유지하였다: "인간의 신체를 치료하기 위해서 사물 전체에 대한 지식을 갖는 것이 필요하다." 그는 또한 두부의 상해와 유전이 이상행동과 질병을 설명할 수 있다고 믿었다. 그는 문제행동에 기여하는 대인적, 심리적 및 스트레스 요인들에 민감하였다. Hippocrates의 생각과 저술들은 건강과 질병에 대한 유심론적인 관점에서 좀 더 자연주의적인 관점이나 모형으로 옮겨가게 하였다. Hippocrates는 생물 · 심리 · 사회적 요인들 모두가 신체적이고 정서적인 질병들을 일으킨다고 제안하였다. 이러한 생물심리사회적인 조망은 중세에 일시적으로 소멸될 때까지 Plato, Aristotle 및 Galen에 의해서 더 발전하게 되었다.

Plato(B.C. 427~347)는 정신 또는 영혼을 몸 안에 있는 것으로 보았고, 영혼에 존재하는 문제들이 신체적인 질병의 원인일 수 있다고 보았다(Mora, 1985). 다음과 같이 Plato는 Socrates(B.C. 470~399)의 진술을 인용하였다: "머리와 관계없이 눈을 치료하는 것이 적절하지 않은 것처럼 신체에 관계없이 머리를 치료할 수 없고, 또한 영혼에 관계없이 몸을 치료하는 것은 적절하지 않다." Plato는 정신병이 이성을 통제하는 머리에서 작용하는 logistikon, 즉 영혼의 일부가 병들어서 생긴 것이라고 믿었다. 그는 성격 조화의 결여 및 자기에 대한 소홀이 정신질환 증상에 책임이 있다고 믿었다. Aristotle(B.C. 384~322)은 과학적인 강조를 겸하면서, 기쁨, 분노, 두려움 및 용기를 포함하는 어떤 명확한 정서 상태가 신체의 기능에 영향을 미친다고 믿었다. Aristotle은 정신 문제 치료에 이야기를 포함하고, 영혼과 정신에 영향을 미치는 논리를 사용해야 한다고 생각하였다(Maher & Maher, 1985a). 정서적이고 행동적인 문제들에 영향을 미치는 논리와 이성의 사용은 오늘날 인지치료의 배경이 된 주된 원리의 하나이다. 이들 그리스 철학자들과 의사들은 건강, 질병, 성격 및 행동이 밀접하게 상호연관된 것으로 보았다.

Galen(A.D. 130~200)은 Hippocrates, Plato, Aristotle 및 기타 사람들에 의해 윤곽이 잡힌 직업들

과 조망들을 통합하고, 유럽에서 천 년 동안 의학의 기초가 된 의학적 실제의 전인적인 프로그램을 개발한 그리스인 의사였다(Maher & Maher, 1985a, Mora, 1985). 그의 그리스인 동료들처럼 Galen도 또한 앞에서 치료의 기초로 논의된 네 가지 체액 사이의 균형에 대한 체액 이론을 사용하였다. 다양한 만성적 질병을 치료하는 데 피 빼기, 즉 사혈을 권유할 뿐만 아니라 우울치료에 구토시키기를 권유하였는데, 이것은 수세기 동안 일반치료에 사용되었다(Burton, 1621/1977; Kemp, 1990). Galen은 또한 뇌가 이성적인 영혼이며 감각과 이성의 중추라고 믿었다. 부가적으로 그는 인간이 2개의 비이성적인 하위 영혼들 중의 하나를 경험한다고 생각하였는데, 그중 하나는 남자의 것이고 다른 하나는 여자의 것이라고 하였다. 남성 하위 영혼은 심장에 있고, 여성 하위 영혼은 간에 있는 것으로 생각하였다. Plato와 달리 Galen은 영혼이 육체의 주인이 아니라 노예라고 믿었고, 육체에서 영혼의 바람들이 건강과 질병의 원인이 된다고 믿었다.

요약하면, 그리스인들은 우리가 정신적, 신체적 질병에서 정신과 육체가 상호작용한다는 현재 믿음의 많은 근원들로 볼 수 있는 주목할 만한 전인주의적 조망을 발달시켰다. 그렇지만 뒤이은 중세에는 일시적으로 이러한 이성의 노선을 이탈하였는데 그로 인해 초자연적인 질병관을 맞이하게 되었다.

## 중세

대부분 중세(A.D. 500~1450) 동안 건강, 질병, 정신 및 신체 사이의 관계에 대한 초기 견해가 재등장하였다(Kemp, 1990). 흑사병, 많은 전쟁들, 그리고 두 가톨릭 중심지와 2명의 교황들이 나타나게 한 로마 가톨릭 교회 내부 분열 동안의 몹시 거칠고, 무섭고, 스트레스를 주는 시기들에 대한 반응으로 초자연적인 영향들에 초점을 두고 사건들을 설명하는 것은 흔한 일이 된 것 같다. 많은 사람들은 질병과 제정신이 아닌 것이 악마, 마녀 및 죄의 결과와 같은 영적인 문제에 의해 야기되는 것이라고 믿었다. 그러므로 치유와 치료는 다시 한 번 통합적인 생물·심리·사회적 전략을 사용하는 의학적 쟁점이라기보다는 오히려 영적인 쟁점이 되었다. 병든 사람들은 신부들이나 다른 성직자와 상의하였고, 속죄가 치료로 처방되는 경향이 있었다. 제정신이 아닌 사람들은 종종 주술로 치료받곤 하였다. 어떤 사람들은 기도자들로부터 이익을 얻기 위해 교회의 벽에 묶이기도 하였다. 어떤 사람들은 고문당하고 죽임을 당하기도 하였다. 사실 1484년에 교황 Innocent 8세는 '마녀' 박해를 승인하는 교황령을 포고하였다. 비록 정신질환이 있는 사람만이 표적이 된 것은 아니었지만, 이 시기 동안에 150,000명의 사람들이 종교의 이름 아래 처형된 것으로 추정된다(Kemp, 1990).

비록 대부분의 현대인들이 중세 동안의 초자연적인 강조와 비인간적인 치료가 도움이 되지 않았다고 동의하더라도 희생에 대한 그 같은 생각과 비난의 똑같은 몇몇 유형이 최근에도 흔히 일어났다. 예를 들어, 1930년대와 1940년대 초에 독일인들은 많은 문제들을 유태인 탓으로 돌렸다. 1980년대 동안 미국의 여러 상원의원을 포함한 많은 사람들은 AIDS를 '비도덕적인' 동성연애 행위에 대해 신이 내린 흑사병이라고 주장하였다. 오늘날 많은 사람들이 경제적인 재난, 폭동 및 소년범죄와 같은 문제를 포함하는 많은 사회적인 질병들에 대한 결정적인 요인으로 불법적 이민을 비난하고 있다.

중세 동안에도 선과 악, 성령과 악마, 마술과 마력이 정신질환을 일으킨다고 모든 사람이 믿었던 것은 아니다(Kemp, 1990; Maher & Maher, 1985a). 성 Thomas Aquinas(1225~1274) 같은 몇몇 사람들은 신학적 진실과 과학적인 진실이 모두 있다고 믿었다. 예를 들면, Aquinas는 영혼이 '아프게 되는' 것은 불가능하므로 **정신질환**(mental illness)은 분명히 신체적인 원인이 있거나, 이성이나 열정의 문제들로 기인될 것이라고 추론하였다(Aglioni, 1982). 14세기 후반에 프랑스의 주교 Nicholas Oresme는 이상행동과 정신질환은 멜랑콜리(오늘날의 우울증) 같은 질병에서 기인된다고 믿었다. 더욱이 미친 사람을 때때로 시골 마을 사람들이 인간적이고 동정적으로 돌보았다.

이상 행동을 설명하는 또 다른 모형, 특히 16세기 동안 유명했던 모형은 달과 별과 행성들의 정열이 영향을 미친다는 것이었다. 스위스 의사인 Paracelsus(1490~1541)의 별, 달 및 행성의 다양한 운동이 기분과 행동에 영향을 미친다는 견해가 인기를 얻었다. Paracelsus도 정신질환의 생물학적인 기초들에 초점을 맞추고 인본적인 치료들을 개발하였다. Juan Luis Vives(1492~1540)와 Johann Weyer(1515~1588)는 영혼에 대한 초점으로부터 행동에 대한 강조로 정신질환의 이론을 변화시키도록 하였는데, 정신질환이 있는 사람에 대한 인본적인 치료들을 촉진시켰다. 중세 동안에는 행동에 대한 생물학적, 심리적, 사회적, 천문학적이며, 초자연적인 영향들이 정신질환과 이상행동에 책임이 있다고 믿었다. 상이한 연구소들, 집단들 그리고 개인들은 이들 요인들이 행동을 가장 잘 설명하는 데 관련된 서로 다른 견해들을 유지하였다. 애석하게도 이러한 믿음들 중의 일부는 다른 사람들에 대한 비인간적인 행동뿐만 아니라 형편없는 치료이거나 전혀 치료를 하지 않는 결과를 가져왔다.

## 르네상스

르네상스 동안 신체적이고 의학적인 세계에 대한 관심이 다시 나타나서 이전의 초자연적이고 종교적인 관점을 가리게 되었다. 정신과 영혼에 대한 관심은 비과학적인 것으로 생각되었다. 따라서 철학자들과 성직자들의 지위를 떨어뜨렸다. 화학, 물리학, 생물학 및 수학에서의 새로운 발견이 빠르게 나타나게 되었고, 엄청난 열정과 부합되었다(Mora, 1985). 예를 들어, Giovanni Battista Morgagni(1682~1771)는 신체의 병든 기관이 병과 사망의 원인이 된다는 것을 부검을 통해서 밝혔다. 네덜란드 의사인 Andreas Vesalius(1514~1564)는 1543년에 인간의 신체를 해부해서 윤곽을 드러낸 해부학 교과서를 출판하였다. 이성, 신학, 종교적 신념 및 교리보다는 과학적인 관찰과 실험에 대한 강조가 미래의 연구와 교육을 위한 모델을 제공하였다. 과학적 방법을 사용하여 영국 의사인 William Harvey가 1628년에 심장의 기능 때문에 혈액이 신체를 순환한다는 것을 밝혀내자, 그리스인의 체액의 불균형 견해는 의학적인 사고로부터 사라졌다.

르네상스 시대의 새로운 의학적인 발견들은 정신질환을 포함하는 질병이 마음과 영혼에 대한 신념들보다는 과학적인 관찰과 실험에 의해 이해될 수 있다는 생물의학적인 환원주의를 가져왔다. 통합적인 생물심리사회적 조망의 생물학적인 측면이 강조되었다. 프랑스 철학자인 René Descartes(1596~1650)는 정신과 신체가 분리되어있다고 주장하였다. 이러한 정신 신체 이원론은 최근까지 서양 의학의 기초가 되어왔다. 정신과 신체는 역사적으로 분리된 것으로, 신체의 질병들은 의학에서 연구되는 것으로 보고 있는 반면에, 마음과 정서적 생활의 문제들은 철학자와 성직자들에게 위임된다. 그렇지만 정신질환은 종종 뇌의 질병으로 여겨졌기 때문에 미친 것은 그 시대의 의학이 지향하는 바에 따라 치료되었다.

그렇지만 정신질환의 치료는 이들 의학적인 발전보다 뒤쳐졌다. 이 시기 동안 의사들은 표준에서 벗어나거나 이상한 것으로 생각되는 사람들을 병원이나 수용소에 감금하여 치료하였다. 보호 진료를 제외하고는 치료가 거의 제공되지 않았고, 그래서 이들 수용소는 그런 교도소와 같은 환경 때문에 유명해졌다. 혼돈 및 지옥과 같은 환경을 의미하는 bedlam이라는 용어(Bethlehem의 변형)는 St. Mary's of Bethlehem이 1547년 런던에서 개원했을 때 시작되었다. 보호 진료를 제외한 능동적인 치료들에는 구속침대, 굶기기 치료, 사혈, 찬물에 담그기, 즉수치료법(hydrotherapy) 그리고 기타 고통스런 치료들이 있었다(Kemp, 1990; Mora, 1985).

## 19세기

19세기는 정신 및 신체적인 질병들에 대한 이해에서 수많은 진보를 경험했고, 건강과 질병 모두에서 신체와 정신 사이의 관계를 더 정교하게 이해하게 되었다. 19세기에 일어난 획기적인 발견은 질환과 질병이 세포 수준의 기능 장애에 기인될 수 있다는 Rudolf Virchow(1821~1902), Louis Pasteur(1822~1895) 및 기타 사람들의 발견을 들 수 있다(Maher & Maher, 1985a). 예를 들면, 매독은 성행위 뒤에 미생물이 뇌에 들어간 것이 원인이라는 발견은 정신질환의 생물학적 모형을 지지하게 하였다. 따라서 실험실은 질병 연구를 위한 활동무대의 중심무대가 되었다. 병원균이나 미생물이 질병을 일으킬 수 있다는 19세기의 발견은 의학적, 유전학적 및 기술적인 발견에서의 20세기의 진보와 더불어 René Descartes와 17세기의 '데카르트학파의 이원론' 조망을 계속해서 지지해왔다.

그렇지만 18세기 후반과 19세기 동안에 정신과 신체가 분리된 것이 아니라 연결되었다고 믿는 여러 의사들의 연구와 영향 때문에 이원론(dualism)은 퇴보하였다. Benjamin Rush(1745~1813)는 최초의 미국 정신의학 교과서를 저술하였는데, 정신이 다양한 질병을 일으킨다고 가정하였다. 오스트리아 의사인 Franz Mesmer(1733~1815)와 다른 사람들은 마비, 청각 장애, 시각 장애를 겪는 많은 사람들이 아무런 생물의학적인 병리가 없고, 심리적인 원인이 의심된다고 주목하였다. Claude Bernard(1813~1878)는 신체적인 질병들에서 심리적인 요인들의 역할을 인식할 것을 주장한 탁월한 의사였다. 프랑스 의사인 Jean Martin Charcot(1825~1893)는 광범위하고 다양한 전환 장애(즉, 뚜렷한 신체적인 원인이 없는 마비, 시각 장애, 청각 장애와 같은 신체증상들) 환자들을 치료하는 데 최면을 사용하였다. 따라서 19세기의 많은 의사들은 건강과 행복에서 신체적, 심리적 그리고 사회적 요인들의 영향을 통합해서 오늘날의 이론 및 실무의 토대를 마련하였다.

이 진보들은 정신질환을 가진 사람들에 대한 치료를 더 민감하고 정교하게 이끌었다. 도덕적 치료(moral therapy)라 불리는 정신질환에 대한 심리사회적 접근이 이 시기에 나타났다. 도덕적 치료는 가능한 한 인간적으로 환자를 치료하려 하며, 대인관계의 교육을 격려한다. 이 치료의 설립자인 프랑스 의사 Philippe Pinel(1745~1826)은 19세기 동안 정신병원에서 사용되던 생활조건과 치료 접근들을 훨씬 향상시켰다. 그는 프랑스에서 몇몇 정신병원의 병원장이 되었는데, 그리고 환자의 복지와 인간적인 치료를 최대화하기 위해 치료 시설들을 바꾸었다. 미국에서도 같은 원리를 사용하여 Eli Todd(1769~1833)는 Connecticut 주의 Hartford에서 정신질환의 치료를 위한 안식처와 같은 프로그램을 개발하였다. 이 프로그램은 오늘날에도 여전히 운영되고 있고, 삶터 연구소(Institute of Living)라고 불린다. William Tuke(1732~1822)도 또한 영국 정신병원에서 더 인간적인 치료 접근들을 개발하였다. Massachusetts 주 학교 교사인 Dorothea Dix(1802~1887)는 40년 동안 미국에서 정신질환의 치료 조건을 향상시키기 위해 영웅적으로 일하였다. 남북전쟁 동안 그녀는 북군의 수간호사로 일하였다. 그녀의 노력의 결과로 New Jersey 주는 1848년에 정신질환 환자를 위한 병원이 생긴 첫 번째 주가 되었다. 많은 주들이 빠르게 그 뒤를 따랐다.

정신질환의 진단을 위한 중요한 향상들이 이 시기에 역시 나타났다. 이상행동을 더 잘 분류하고, 진단하기 위한 과학적인 방법론을 적용하기 위한 노력들이 이행되었다. 예를 들어, 영향력 있는 독일 의사인 Emil Kraeplin(1856~1926)은 지금 우리가 일반적으로 **정신분열증**(schizophrenia)[Eugen Bleuler(1857~1930)가 이 용어를 만들었다]이라고 생각되는 행동의 유형을 기술하는 **조발성 치매**(dementia praecox)라는 용어를 정의하였다. Kraeplin은 또한 정신 장애들은 뇌의 장애들이고 정신질환은 외인성이나 내인성 중 하나로 인해 일어날 수 있고, 분류될 수 있다고 주장하였다. 이 시기 동안 Kraeplin, Bleuler 및 기타 사람들의 생각과 연구들은 정신 장애들을 의학적 문제로서 더 잘 이해하게 했을 뿐만 아니라 많은 정신 장애들을 이해하고 범주화하는 분류체계를 개발하는 데 도움이 되었다.

Franz Alexander(1891~1964)는 또한 심리적 요인들과 신체질환 및 정신질환 사이의 연관을 연구하였다(Mora, 1985). 그는 특정 스트레스 원이 일어날 때 유전적 소인이 있는 신체 기관이 반응한다고 제안하였다. 예를 들어, Alexander는 갈등을 억압함으로써 정신에너지가 자율신경계의 교감부를 따라간다고 믿었다. 그래서 이 체계에 과부하가 걸리면 병이 만들어진다. 그러므로 어떤 사람은 갈등을 억압해서 결과적으로 위궤양(위산 분비에 기인한)이 발병되는 반면, 어떤 사람은 대장염, 두통 또는 천식이 발병될 수도 있다. Alexander는 무의식적인 갈등과 다르게 특정 성격 양식이 특정한 질병을 일으킨다고 주장하였다. 예를 들어, 그는 전형적으로 의존성이 위궤양을 발병시키는 반면, 억압된 분노는 고혈압을 일으킬 것이라고 믿었다. 위궤양, 고혈압 및 기타 질병들의 발달에서 생물·심리·사회적 영향들을 밝히는 연구가 계속 진행되고 있다.

따라서 요인들의 합류점이 철학과 신학으로부터 분리되었지만, 관련된 독립적인 학문과 과학으로서의 심리학의 탄생을 이끌어냈다. 이 역사에서 우리는 오늘날의 정신-신체 통합적이며 생물심리사회적인 조망의 근원을 찾아볼 수 있다. 서양의 의학 및 이상행동의 관점의 진화와 생물학, 화학, 물리학과 수학에서 새로운 발견을 위한 과학적 방법의 사용, 정신분석적 사고의 출현 그리고 행동의 개인차에 대한 흥미가 함께 결합하여 뒤이은 과학 및 실무 심리학의 출현을 위한 무대를 마련하였다.

## 심리학의 탄생

1860년에 Theodor Fechner(1801~1887)는 『정신물리학의 요소(*The Elements of Psychophysics*)』를 출판하였다. Wilhelm Wundt(1832~1920)는 1874년에 『생리심리학의 원리(*Principles of Physiological Psychology*)』를 출판하였고, 이 저서들은 생리학 및 물리학의 기법들이 심리적인 문제들에 답하는 데 사용될 수 있음을 명확히 지적하는 첫

번째 저서들이다. 뒤이어 첫 심리학 실험실이 1879년에 독일의 Leipzig대학교에서 Wundt에 의해 설립되었고, 그래서 심리학이 탄생되었다. Wundt는 특히 개인과 집단의 감각 및 지각의 차이들에 관심이 있었으며, 다양한 실험실 실험에서 인간 반응 시간을 연구하였다. 그는 또한 정신의 구조와 구성요소들을 더 잘 이해하기 위한 과학적 기법과 내성법을 이용하는 데 관심이 있었다. William James는 Wundt가 실험실을 세운 비슷한 시기에 Harvard대학교에서 심리학 실험실을 설립하였다. Yale대학교는 1861년에 '철학 및 심리학'에서 첫 공식적인 PhD 학위 과정을 개설하였고, Harvard대학교는 1878년에 심리학에서 첫 미국 PhD 과정을 개설하였다. G. Stanley Hall은 Johns Hopkins대학교에서 1883년에 두 번째 미국 심리학 실험실을 설립하였고, James McKeen Cattell은 1888년에 세 번째 미국 심리학 실험실을 설립하였다. 또한 Hall은 1887년 Clark대학교에서 처음으로 독립적인 심리학과를 설립하였다.

1890년에 James는 『심리학의 원리(*The Principles of Psychology*)』를 출판하였는데, 그것은 첫 번째 심리학 교과서의 고전이 되었다. 1891년에 James Baldwin은 캐나다의 Toronto대학교에서 첫 심리학 실험실을 설립하였다. 1892년에 **미국심리학회**(American Psychological Association, APA)가 설립되었고, G. Stanley Hall이 초대 회장으로 선출되었다. 이 새로운 분야의 첫 시기 동안 미국 심리학은 실험심리학에 그 뿌리를 두었는데 임상심리학이나 응용심리학에는 관심이 덜 있었다. APA의 초기 회원들은 대학교에서 경험적인 연구를 수행하는 학구적인 경향이 있었다.

실험을 통해 감각, 지각 및 정신을 구성하는 차원들의 이해에 더해서 초기 심리학자들은 정신검사들의 개발과 사용에 관심이 있었다. 비록 심리학자는 아니지만 Charles Darwin의 친척인 Francis Galton은 반응시간, 감각 경험 그리고 운동행동에서 사람들 사이의 차이를 통계적으로 분석하는 데 흥미가 있었다. 그는 영국에서 1882년에 이들 쟁점들을 연구하기 위한 실험실을 열었다. 미국에서 James McKeen Cattell(1860~1944)도 인간 행동에서 반응시간과 기타 차이를 연구하였다. Cattell은 그가 지능을 다루려는 희망에서 만든 측정들을 언급하는 **정신검사**라는 용어를 1890년에 새로 만들었다. 독일의 Freiburg대학교에서 Hugo Münsterberg는 또한 1891년에 어린이들의 정신능력을 측정하는 일련의 검사들을 개발하였다. 검사에서 나타난 이런 관심들은 후에 임상심리학 분야의 기본초석과 공헌들의 하나로 성장할 것이었다.

따라서 심리학이 창설되었고, 초창기에는 학구적인 심리학자들에 의해 정신의 요소들을 잘 이해하기 위해 인간 행동의 다양한 면을 실제로 측정하는 데 대한 흥미가 일어났다. 그들은 정서나 행동 또는 지적인 문제들이나 장애를 가진 사람들을 돕기 위해서 그들의 발견을 적용하려는 데 관심이 거의 없었다. 이런 새롭게 발달된 심리학의 기법들과 원리들을 필요한 사람들에게 적용하려는 바람은 곧 임상심리학을 탄생시켰다(Maher & Maher, 1985b).

## 임상심리학의 창설

1892년에 심리학이 APA의 설립과 함께 확고한 분야로 탄생한 반면, 전문분야로서의 임상심리학은 4년 뒤인 1896년 Lightner Witmer(1867~1956)에 의해 Pennsylvania대학교에 첫 심리진료소가 열리면서 탄생되었다. Witmer는 1888년에 Pennsylvania대학교 학부를 졸업하고 1892년에 Leipzig대학교에서 Wilhelm Wundt 아래에서 심리학 PhD 학위를 취득하였다. Witmer는 박사학위 취득 후에 심리학 연구실의 지도자가 되기 위해 Pennsylvania대학교로 돌아왔다.

Witmer는 특정 문제를 가진 개인들을 돕기 위해 인간행동의 원리를 사용한 첫 번째 심리학자가 되었

**주목받는 현대 임상심리학자**

사진 : Rev. Gerdenio
Manuel 제공

# Rev. Gerdenio 'Sonny' Manuel, SJ PhD

임상심리학자이자, 가톨릭 성직자이며 대학교수인 Manuel 신부의 일반적인 관심영역은 교수진과 학생들이 지성과 감성의 개발을 가능케 하고 그들을 세상과 반성적인 관계로 이끄는, 그리고 더욱 인도적이며 공정한 세상, 특히 가장 많이 필요로 하는 사람들을 위해 그들의 헌신을 깊어지게 하는 고등교육, 특히 교육과정과 공동 교과과정 프로그램이다.

**생년월일** : 1951년 6월 8일

**대학교** : 1971년 San Francisco대학교(정치학 BA)

**대학원** : 1985년 Duke대학교(임상심리학 MA, PhD)

**임상 인턴쉽** : Harvard대학교 Cambridge 병원(1984~1985)

**박사 후 펠로우쉽** : Harvard대학교 Cambridge 병원(1985~1986)

**현재의 직업** : Santa Clara대학교 예수회 신부

**임상심리학자가 되는 것의 장점과 단점** :
**장점** : "삶과 삶의 의미 통찰, 인간생활의 빛, 그림자 및 꿈에 대한 감사."
**단점** : "비임상적인 상황에서 자신의 자발성을 인정하기; 비번일 때 치료자의 역할을 포기하는 것은 어렵다."

**임상심리학의 미래** : "임상심리학의 역할은 갈수록 기술 그리고 스트레스와 갈등으로 가득한 세상에서 우리의 인성과 깊은 소망을 계속 지닐 수 있는 방법을 위해 우리가 계속 노력함으로써 강화될 것이다."

**전형적인 일과** :
  8 : 00   이메일 보내기
  9 : 00   대학교 또는 예수회 회의
 11 : 00   임상적 자문-개인과 집단
 12 : 00   업무겸 점심식사-대학 이사회, 교수회 등
  2 : 00   목회자 상담의 임상적 기초 수업
  3 : 00   집필과 연구
  5 : 30   예배, 기도
  8 : 00   목회 상담, 영성 지도

다. 그는 한 교사로부터 학교에서 잘 수행하지 못하는 한 학생을 도와줄 것을 요청받았다. 그 아동의 문제를 평가한 뒤에 Witmer는 특별한 치료 프로그램을 개발하였다. 그는 그 아동이 철자 쓰기, 읽기 및 기억에서 어려움을 보이는 것을 발견하였고, 개인지도를 권고하였는데 후에 이것은 성공적인 중재임이 입증되었다(McReynold, 1987).

1896년에 Witmer는 그의 진단과 치료의 방법들을 새롭게 구성된 APA의 회원들에게 설명하였다. 그는 심리진료소가 진단과 평가, 개인 치료, 공공서비스, 연구 및 학생들의 수련에 공헌할 수 있다고 제안하였다. 분명히 그의 생각은 그 당시 전문가 동료들에게는 받아들여지지 않았다(Brotemakle, 1947; Reisman, 1976). 그의 동료들은 과학으로서 심리학이 실제 임상문제들에 적용되어야 한다는 견해를 좋아하지 않았다. 이 시기 동안 심리학은 하나의 과학으로 고려되었고, 그것의 목적이 비정상이나 역기능적인 것이 아닌 일반적인 인간행동을 더 잘 이해하기 위한 것이라는 견해가 중요하였다. 미온적인 환영에도 불구하고 Witmer는 독립적으로 Pennsylvania대학교에서 심리진료소를 개설하였고, 일차적으로 학교에서의 어려움이나 도전에 직면하고 있는 아동들을 지원하는 프로그램을 개발하였다.

Witmer가 그의 심리진료소에서 개발한 많은 원리들이 오늘날에도 여전히 사용된다. 예를 들어, 그는 치료절차와 서비스들을 제공하기 전에 진단적 평가를 하는 것을 선호하였다. 둘째, 그는 개인적인 자문보다는 다학문 분야가 협력하는 팀 접근 방식을 선호하였다. 셋째, 그는 연구증거에 기반을 둔 중재들과 진단 전략들을 사용하였다. 끝으로 그는 문제들이 나타나기 전에 그것들을 예방하는 데 관심이 있었다.

1904년에 Pennsylvania대학교는 임상심리학 정규과정을 개설하기 시작하였다. 1906년에 Morton Prince는 「*Journal of Abnormal Psychology*」의 첫 판을 출간하였다. 1907년에 이르러 Witmer는 「*The Psychological Clinic*」이라는 제목으로 임상심리학 분야에 헌정하는 첫 전문 학술지를 발행하였다. 이런 활동과 이정표적인 사건들을 통해 임상심리학이 탄생되었다. Witmer가 임상심리학 전문분야를 출범시켰지만, 다양한 다른 사람들과 사건들에 의해 임상심리학의 현대적 형태가 갖춰지게 되었다.

## Binet 지능검사의 영향

1885년 프랑스의 과학자이자 검사인 Alfred Binet는 프랑스에서 첫 번째 심리학 실험실을 설립하였다(Henri Beaunis와 함께). Binet와 그의 동료들은 특히 아동들의 정신능력을 조사하는 검사를 개발하는 데 관심이 있었다. 1904년 프랑스 교육부는 Binet와 그의 동료 Theodore Simon을 초청하여 정신적으로 무능한 아동들에게 적절한 교육적인 서비스를 제공하는 데 지원할 방법을 개발하게 하였다. Binet와 Simon은 지능검사를 개발했는데, 그것은 정신능력 때문에 교실수업으로부터 혜택을 받지 못하는 아동들을 규명하는 데 있어서 교사들과 학교를 지원하기 위해 아동들에게 사용될 수 있었다. Binet-Simon 검사는 그 후 1908년에 특별히 학교에서 사용되기 위해 개발되었다. Binet는 그 검사가 지적 기능의 종합적이고, 객관적인 지표를 제공하지 못하고, 교실을 벗어나서 사용되는 검사도구로는 제한이 있다는 점을 강조하였다.

New Jersey 주의 Vineland Training School에서 아동들을 위한 진료소를 열었던 Henry Goddard

는 1908년에 유럽에서 Binet-Simon 검사에 대해 배웠다. 그는 그 척도에 깊은 인상을 받았고, 그것을 번안해서 사용하기 위해 미국으로 가져왔다. 1916년에 Stanford대학교의 심리학자 Lewis Terman은 그 척도를 개정해서 Stanford-Binet라고 이름을 지었다. Binet 검사는 미국에서 확실히 유명해졌다. 나라 전체의 다양한 기관들이 Binet-Simon을 적용했고, 후에 Stanford-Binet 검사로 아동들을 평가하였다. 1914년에 이르러 20개 이상의 대학 심리진료소가 Binet의 접근을 활용하였다. 그러므로 아동들의 지능을 빠르게 측정하는 것이 이 분야의 초기 임상심리학자들의 주된 활동이 되었다.

## 정신건강과 아동지도 운동의 영향

심리진료소와 심리검사들의 출현을 통해서 달성된 추진력이 곧 정신질환과 문제행동의 영역으로 진보하였다. 이전에 정신질환 환자였고, 그 확장에 기여했을 수도 있는 Clifford Beers가 후에 미국 정신건강연합(National Association for Mental Health)으로 알려지게 된 국립 정신위생위원회(National Committee for Mental Hygiene)를 설립하였다. Beers는 조증 삽화가 포함된 심한 우울증으로 입원했었다. 오늘날이라면 그는 양극성 장애(조울증)로 진단되었을 것 같다. 현대적 관점에서 그의 치료는 비록 그때에는 일반적인 것이었지만, 비인간적인 것으로 간주된다. 그는 병원에서 퇴원하자 곧 『*A Mind That Found Itself*』라는 제목의 책을 써서 1908년에 출판하였다. 이 책은 그가 입원기간 동안 경험했던 비인간적인 치료에 초점을 맞추었다. 그의 퇴원 후 생활과 그가 새롭게 설립한 위원회의 임무는 정신질환으로 고통을 받는 사람들에 대한 예방과 치료를 개선하는 것이었다.

Beers와 그의 조직은 부분적으로 유능한 심리학자이고 Harvard대학교의 교수인 William James와 유능한 정신과 의사 Adolf Meyer의 지지를 받았기 때문에 성공하였다. 이 성공은 1909년에 William Healy의 청소년 정신병리 연구소(William Healy's Juvenile Psychopathic Institute)의 개소를 이끌어 냈고, 전국적으로 아동지도 진료소의 설립을 연이어 이끌었다. 학습의 차이와 교육적인 도전들에 대해 Witmer가 초점을 둔 것과는 달리, Healy가 개소한 것과 같은 종류의 아동지도 진료소는 학교, 경찰 및 법원과 상호작용하여 아동들의 파괴적인 행동에 초점을 두었다. 이들 진료소들의 철학은 아동들의 파괴적인 행동이 정신질환에서 기인하고, 중재는 절도, 방화 및 강도 같은 주요한 문제들이 시작되기 전에 초기에 일어나야 한다는 것이다. 1917년에 Healy는 Massachusetts 주의 Boston에서 영향력 있는 Baker 판사 재단(Judge Baker Foundation)을 설립하였다. 아동지도 운동은 아동들과 가족들이 직면하는 정신질환과 문제행동들을 치료하는 데 심리학의 새로운 원리를 응용하였다. 따라서 아동지도 운동 조망은 행동 및 정신질환의 심리적이고 사회적인 영향들을 강조하는 데 도움이 되었다.

## 미국 내 Sigmund Freud의 영향

Sigmund Freud(1856~1939)와 그의 동료들의 업적과 저술들은 정신과 신체 사이의 연결에 대한 더 나은 이해를 하게 하는 데 매우 영향력이 있었다. Freud는 무의식적 갈등과 정서적인 영향들이 정신질환과 신체적 질병을 가져올 수 있다고 제안하였다. Freud는 정서적인 경험에 대한 연구를 포함하는 건강과 질병의 전인주의적인 관점이 건강 및 질병과 이상행동을 더 완전히 이해하는 데 필요하다는 초기 그리스인의 견해들을 다시 일깨웠다. Freud가 1900년에 저술한 『꿈의 해석』은 정신분석 조망을 주류로 받아들이게 만들었다.

Freud는 1909년 9월까지 미국 임상심리학의 발달에 거의 영향력이 없었다. 이 시기에 Freud는 G. Stanley Hall(미국심리학회의 초대 회장이자 Massachusetts 주 Worcester의 Clark대학교 총장)의 초대에 응해서 이정표적인 단 한 번의 미국 여행을

하였다. Clark대학교는 20주년 기념식을 거행하였고, Hall은 많은 저명한 심리학자들 및 정신과의사들과 일련의 강의를 위한 대학교수들을 초대하였다. Freud 외에도 Carl Jung, Otto Rank, Sandor Ferenczi, James McKeen Cattell, E. B. Titchener 및 William James도 참석하였는데, 그 당시에 사실상 영향력 있는 사람들의 실재의 '인명록(who's who)'이라고 할 수 있다. 이 회의는 미국에서 Freud의 정신분석 이론의 광범위한 수용을 자극하였다. 그 당시 미국에서 빠르게 성장하고 있던 심리진료소와 아동지도 진료소들은 1909년의 강연 후에 정신질환과 치료에 대한 Freud의 관점을 적용하는 경향이 있었다.

## 스포트라이트

## Sigmund Freud

Sigmund Freud는 1856년 5월 6일 지금의 Austria에서 태어났고, Vienna에서 그의 어린 시절 대부분을 보냈다. 그는 대가족에서 태어났고 7형제 중 장남이었다. 그는 가정에서 다른 아이들이 얻지 못했던 관심과 특혜를 얻는 예쁨 받는 아이인 것 같았다. 그 당시 많은 유대인들처럼, 그는 삶을 희생하도록 하는 차별을 경험하였다. 예를 들면, 유대인들처럼, 그는 대학교수가 되기를 원했지만, 그 당시 유대인에게 이러한 유형의 지위가 허락되지 않았기 때문에 이 바람을 추구하는 것은 불가능하였다. 그는 대안으로써 의학을 선택하였고, 1881년 Vienna대학교에서 학위를 끝마쳤다. 그는 처음에는 연구 노력에 마음이 끌렸고 몇몇 의학 논문을 출판하였지만, 결국 개인 개업으로 전환하였다. Freud는 심리학자 또는 정신과 의사가 아니었다; 그는 신경학자였다. 그는 Martha Bernays와 결혼하였고 6명의 자녀를 두었다; 그 중 한 명인 Anna는 유명한 정신분석가가 되었다.

Freud의 가장 주목할 만한 저서들로는 『히스테리에 관한 연구(*Studies on Hysteria*)』(1895)와 『꿈의 해석(*The Interpretation of Dreams*)』(1990)을 포함한다. 그의 영향력은 커져서 1900년대 초반까지 굉장히 존경받았다. 그의 생각, 집필, 이론의 영향력은 전문적인 직업의 공동체에서 엄청나게 커졌다. 그는 1909년 Massachusetts Worcester시 Clark대학교에서 일련의 강연을 하기 위해 미국에 여행을 한 번 다녀왔다. 특이하게도, 이것은 그가 적은 보상의 출장과 같은 번거로운 일로 나중에 후회하게 된 여행이었다.

Freud는 골동품과 시가 두 가지를 굉장히 좋아했다; 그의 사무실은 작은 골동품으로 가득 찼고 그는 엄청난 시간과 돈을 그의 취미에 소비하였다. 비록 시가에 대한 그의 사랑은 인후암과 수많은 고통의 눈물과 수술을 야기시켰지만, 그는 궁극적으로 그를 죽게 만든 건강하지 못한 습관을 포기하는 것이 불가능하다는 것을 알았다. 나치의 박해 때문에 그는 1938년에 Austria를 탈출하여 1939년 9월 그가 죽기 며칠 전까지 집필과 환자를 돌보던 북런던에 있는 거주지로 옮겼다. 현재 많은 그의 골동품뿐만 아니라 유명한 카우치와 책상이 있는 박물관인 그의 London집은 여전히 볼 수 있다.

따라서 행동과 정신 문제에서 정신분석 조망이 이들 진료소에서 인기의 초점이 되었다. 또한, 이 시기 동안에 극적으로 성장한 Binet-Simon 검사의 결과로 심리검사가 열광적으로 받아들여졌다.

## 미국심리학회와 초기의 임상심리학

20세기의 첫 20년은 임상심리학 분야의 괄목할 만한 발전이 이룩된 시기였다. 이 시기 동안, 미국심리학회는 주로 학구적인 장면에서 과학적인 연구들에 관심이 있었으며 임상적인 적용에는 그다지 관심이 없었다. 그러므로 심리진료소 및 아동지도 진료소에서 심리적 서비스 제공의 빠른 발달이 학회에서는 일반적으로 무시되었다.

그러므로 임상심리학의 성장은 미국심리학회 때문이 아니라 학회의 무관심에도 불구하고 일어난 것이다. 임상가들은 APA의 관심과 지지의 부족에 좌절해서 이 조직을 떠나기로 결정하고, 1917년에 미국임상심리학자협회(American Association of Clinical Psychologists, AACP)를 형성하기로 결정하였다. 이 분리는 오래 가지는 않았는데, 1919년에 AACP와 APA는 일종의 화해에 동의하여 AACP는 APA의 임상 분과로 재결합하였다.

## 제1차 세계대전의 영향

1917년 미국이 제1차 세계대전에 참전했을 때, 많은 수의 잠재적인 군인들이 지능과 심리적인 기능들에 기초해서 분류될 필요가 있었다. 미육군 의무부(The United States Army Medical Department)는 군인 선발을 위한 적절한 검사를 개발하기 위하여 미국심리학회장(Robert Yerks)과 접촉하였다. Henry Goddard, Lewis Terman 그리고 Guy Whipple[1910년에 『정신 및 신체검사 편람(Manual of Mental and Physical Tests)』이라는 제목의 책을 출판하였다]을 포함하는 위원회가 구성되었다. 이 위원회는 Army Alpha 지능검사와 Army Beta 지능검사라는 검사들을 개발하였다. Army Alpha는 언어성 검사였고, Army Beta는 비언어성 검사였다. 한 번에 한 명의 피험자를 검사하는 Stanford-Binet 검사 같은 지능검사와 달리 Army Alpha 검사와 Army Beta 검사는 많은 수의 사람들에게 집단으로 실시할 수 있다. 더욱이, 이 검사들은 글을 읽을 줄 아는 성인과 글을 읽을 줄 모르는 성인들 모두에게 사용될 수 있었다. 심리적인 기능을 평가하기 위해 위원회는 정신신경증 항목표(Psychoneurotic Inventory: Robert Woodworth에 의해 1917년에 개발되었다)도 사용되어야 한다고 제안하였다. 1918년까지 대략 2백만 명의 사람들이 이들 검사로 평가되었다. 심리검사를 통한 노력으로 전쟁에 공헌하게 된 이 기회가 심리학자와 심리검사의 위상과 전망을 증진시켰다.

## 세계대전들 사이의 임상심리학

### 심리검사

제1차 세계대전에 뒤이어, 심리학자들은 그들의 검사 기술로 잘 알려지게 되었다(Kiesler & Zaro, 1981; B. A. Macher & W. B. Macher, 1985b). 폭발적인 검사의 개발로, 1940년까지 500개 이상의 심리검사들이 발간되었다. 이 검사들에는 언어성과 비언어성 지능검사, 성격 및 심리적 기능검사 그리고 직업흥미와 직업기술검사가 있다. 검사들은 성인뿐만 아니라 모든 연령 및 능력의 아동들에게도 유용하였다. 유명하고 잘 알려진 검사들에는 Rorschach 잉크반점검사(1921), Miller 유추검사(1927), Carl Jung에 의해 개발된 단어연상검사(1919), Goodenough 사람 그림 그리기 검사(1926), 주제통각검사(1935) 및 Wechsler-Bellevue 지능검사(1939)가 있다. 사실 검사는 1921년에 James McKeen Cattell이 다양한 회사와 전문가에게 심리검사를 판매하는 Psychological Corporation을 설립하면서 인기를 얻었다.

투사검사는 1921년에 Hermann Rorschach의 『심리진단(Psychodiagnostik)』, 즉 유명한 잉크 반점 검사의 출판으로 인기를 얻게 되었다. Rorschach는 스위스의 정신과 의사로 그의 유명한 검사가 출판된 뒤 곧 작고하였다. 1937년에 S. J. Beck과 Bruno Klopfer는 Rorschach의 잉크반점검사를 도구로 사용한 더 많은 연구들을 유용하게 하기 위해 종합채점 절차를 출판하였다. 1939년에 David Wechsler는 성인을 위한 종합적이고 개인적으로 실시되는 지능검사를 첫 번째로 개발하였다. Wechsler-Bellevue 척도(그리고 연이은 개정판들)는 곧이어 성인 지능을 평가하는 표준 측정치가 되었다.

1930년대까지, 50개의 심리진료소와 약 12개의 아동지도 진료소들이 미국에서 운영되었다. 1930년대 말까지는 일부 임상심리학자들은 개인 개업으로 고객과 환자들에게 전문적인 서비스를 제공하기 시작하였다.

## 심리치료

임상심리학자들의 초기 업무들은 주로 심리검사 및 지능검사들이었다. 정신질환이 있는 사람들을 위한 심리치료와 기타 치료적 서비스들이 정신과 의사들에 의해 수행되었다. 이 시기 동안의 대부분의 심리치료는 Freud의 정신분석 원리들과 기법들을 활용한 것이었다. 비록 Freud가 동의하지 않았지만 미국에서 정신과 의사들은 단지 의사들만이 적절하게 심리치료를 제공할 수 있다고 믿었고, 그래서 심리치료를 수행하는 데 임상심리학자들과 다른 비의사들을 제외하려고 하였다(Freud, 1959). 사실 심리학자들이 미국 정신분석연구소의 정회원으로 가입하는 권리를 얻어낸 것은 1980년대 후반에 주된 소송이 있은 후였는데, 이로 인해 환자에게 정신분석을 수행하는 심리학자들의 현재 능력을 갖게 되었다(De Angelis, 1989). 소송 전에는 심리학자들을 받아들이는 대부분의 정신분석연구소들은 임상적인 목적보다는 연구를 위해 심리학자들이 수련받기를 요구하였다.

이러한 초기의 금지에도 불구하고, 임상심리학자들은 점차로 아동들에게 평가 작업의 파생물로서 자문을 제공하기 시작하였다. 자문은 치료만큼이나 자연스럽게 검사절차로부터 발전되었다. 교사, 아동 및 부모에 대한 자문이 결국 전체 범위의 심리치료와 기타 중재서비스들의 제공을 이끌어냈다. 이 시기에 정신과 의사들이 제공했던 정신분석 치료와는 다르게 심리치료는 그 지향이 대학 실험실에서 나온 연구결과를 반영하는, 더 행동주의적인 것이었다. 예를 들어, 1920년에 John Watson은 부드럽고 하얀 털로 되어있는 대상들에 대한 두려움에 조건형성된, 유명한 꼬마 Albert의 사례를 기술하였는데(Watson & Rayner, 1920), Mary Cover Jones(1924)는 이들 두려움의 유형들이 조건형성 기법을 이용하여 어떻게 제거될 수 있는지를 증명하였다.

## 수련

1940년대 초까지만 해도 임상심리학 분야를 규정하

는 공식적인 수련 프로그램이나 정책들이 없었다. 대다수의 임상심리학자들이 BA 학위는 취득했었지만, PhD 학위 혹은 MA 학위조차도 획득한 사람이 별로 없었다. 임상심리학자로서 직업을 얻으려면 심리검사, 아동발달 및 이상심리학에서 몇 개의 과정을 이수하기만 하면 되었다. APA는 '응용' 심리학에 대한 불편한 관계 때문에 전혀 도움이 되지 않았다. APA 회원들의 대다수는 실제 응용보다는 여전히 학구적인 연구에 주로 관심을 가진 사람들로 구성되어있었다. 그렇지만 1935년에 APA 임상심리학 수련규정위원회(Standards of Training in Clinical Psychology)는 PhD 학위와 1년간 임상경험을 지도, 감독받는 것이 임상심리학자가 되는 데 필요하다고 권장하였다. 하지만 그 시기에는 APA의 권장에 강제력이 없었기 때문에 이 권장은 대체로 무시되었다(Shakow, 1947).

### 기구 분할과 새로운 간행물들

1917년과 마찬가지로, 1937년에 대다수의 임상가 집단은 좌절 때문에 새로운 기구인 미국 응용심리학 연합(AAAP)을 형성해서 APA를 떠났다. 8년 후인 1945년에 이 새 기구가 APA에 재결합하면서 역사가 반복되었다. 기초 실험주의자들과 응용심리학 분야에 관심이 있는 사람들 간의 분할은 심리학사 전반을 통하여 볼 때 조수의 간만과 같았다. 그럼에도 불구하고, 임상심리학은 계속 발달하여 그 자체의 윤곽을 뚜렷이 나타내었다. 첫 임상심리학 교과서는 1936년에 Chauncey Louttit에 의해 출판되었으며, 『*Journal of Consulting Psychology*』(지금은 Journal of Consulting and Clinical Psychology라고 불린다)가 1937년에 처음 출판되었다.

## 제2차 세계대전의 영향

제2차 세계대전에 미국의 참전으로, 육군신병 평가의 필요성이 다시 한 번 긴박해졌다. 제1차 세계대전 동안 지적이고 심리적인 기능뿐만 아니라 잠재적 군인의 다른 기술을 능률적으로 평가하는 평가 절차를 개발하기 위해 심리학자 위원회가 구성되었다(Maher & Maher, 1985b). 제1차 세계대전 이후로 심리검사의 급속한 성장을 반영하며, 제2차 세계대전 동안에 수행된 검사는 이전에 사용된 Army Alpha와 Army Beta보다 더욱 광범위하고 정교하였다. 위원회는 군대일반분류검사(Army General Classification Test)라는 이름의 집단-관리 지능검사를 개발하였다. 위원회는 정신질환 문제를 평가하는 개인 항목표(Personal Inventory)와 Rorschach 잉크반점 검사의 간단한 판(versions) 그리고 성격을 평가하기 위한 주제통각검사(TAT)와 같은 각각의 다른 검사를 만들었다. 게다가, 다양한 능력 검사는 장교와 특정 전문 군사 집단을 평가하기 위해 사용되었다. 이러한 검사는 제 2차 세계대전 동안 2천만 명 이상에게 사용되었다(Reisman, 1976). 검사 이상의 심리적 서비스에 대한 군대의 간절한 필요로, 심리학자들은 심리치료와 자문과 같은 다른 임상 서비스의 제공을 요청받았다(Maher & Maher, 1985b; J. Miller, 1946).

전쟁 동안에 군대의 막대한 필요에 더하여, 추가적인 진보와 개발은 임상심리학의 성장과 관련이 있다. 예를 들면, Minnesota 다면성격 항목표(MMPI; Hathaway, 1943)와 같은 새로운 검사들이 개발되었다. 정신질환 문제를 평가하는 쪽으로 설계된 객관적인 인성 항목표로서 다면적 인성검사가 개발되었다. MMPI와 현재 개정판(MMPI-2, MMPI-A)은 오늘날 가장 널리 사용되는 심리검사 중 하나이다. 1949년, David Wechsler는 아동용 Wechsler 지능검사(WISC)를 출판하였고, 이것은 가장 유명하고 널리 사용되는 Stanford-Binet의 첫 번째 유의한 대안이 되었다. WISC(WISC-IV)의 현재 판은 현재 6세에서 16세 아동을 위한 지능 검사로 가장 널리 사용되고 있다.

1945년, Connecticut 주는 첫 번째로 심리학자에 대한 증명서 부여 법률을 통과시켰고, 그렇게 함으로써 자격을 갖춘 전문가들 사이에서 임상심리학 개업 법률이 출시하게 되었다. 따라서 훈련과 경험을 통하여 자격을 갖추었다고 간주되는 사람들은 자신을 '심리학자'라고 부르고 수수료를 징수하여 대중에게 서비스를 제공한다. 1946년, 『*American psychologists*』의 첫 번째 판이 출판되었고, 미국 전문심리학 심사위원회(ABEPP)가 심리학자에게 자격증을 교부하기 위해 만들어졌다. ABEPP는 면허증을 추구하는 모든 임상심리학자들을 위해서 국가시험을 개발하였다. 이러한 시험은 자주 개정되었으며, 현재 모든 주에서 사용되고 있다.

## 큰 그림

비록 임상심리학이 1896년까지는 심리학 내에서 전문분야가 되지 못했지만, 지난 100여 년 동안 이해, 평가 그리고 저서 및 행동문제들의 치료에서 많은 상이한 조망들이 임상심리학의 발전 무대를 마련하였다. 문제 행동과 정서적인 고통의 발생과 유지에서 생물 · 심리 · 사회적 요인들의 영향에 대한 이해가 오랫동안 발전해왔다. 각 세대는 다양한 요인들이 행동에 미치는 영향을 가장 잘 이해하기 위해 고심해왔다. 과학적인 발견들이 점점 드러나면서 행동과 정서에

서 생물 · 심리 · 사회적 요인들의 상대적 중요성에 대한 이론들이 가장 최신의 발견들과 생각들을 받아들이도록 변화했다. 그렇지만 역사적인 사건들, 영향력 있는 사람들, 그리고 사회적인 조망들이 임상심리학의 흥미 있는 주제들에 대해 과거와 현재의 생각에 영향을 미쳤다.

제2차 세계대전 전에, 임상심리학은 독자적으로 윤곽을 뚜렷이 드러내었는데, 미국심리학회와의 관계에서 투쟁이 있었으며, 과학적이고 임상적인 영역으로 확장하게 되었다. 그렇지만 제2차 세계대전과 특히 이 전쟁의 여파로 임상심리학이 의미심장하게 변화되었다. 제3장에서는 제2차 세계대전이 시작되는 근대의 임상심리학의 역사와 발달을 연대순으로 기록할 것이다.

인류는 사회적, 신학적 및 정치적 시간들의 맥락에서 인간 행동을 이해하기 위해 냉혹하게 투쟁해왔다. 정신, 신체 및 환경이 정신건강과 질병을 유발하는 데 어떻게 상호작용하는지에 대한 개념들의 변화는 생물 · 심리 · 사회적 요인들의 역동적인 상호작용에 대한 통합적인 이해를 하는 데 뜻하지 않은 발달을 가져왔다. 과학으로서의 심리학과 하나의 학문분야로서의 임상심리학은 실험, 검사 그리고 결국은 자문과 치료를 통해서 이 초기 동안에 출현하였다. 그렇지만 지금까지는 임상심리학의 근대시기였는데, 아이디어, 방법 및 실무의 흥미진진하고 갑작스러운 증대가 현대 세계의 인간 문제들에 적용되었다.

### 요점

1. Lightner Witmer가 Pennsylvania대학교에서 첫 심리진료소를 열고, 1896년에 **임상심리학**이라는 용어를 만들기 전에, 역사적인 많은 사건들이 직업으로서 임상심리학의 발달을 위한 무대를 마련하였다.

2. 고대 그리스인들은 신들이 건강과 질병 모두의 원인이라고 믿었고, 정신과 신체가 밀접하게 상호 연결되어있다고 믿었다. 유명한 그리스 의사인 Hippocrates(B.C. 460~370)는 질병이 영적인 요인을 통해서라기보다는 주로 네 가지 체액의 불균형의 결과라고 믿었다.

3. 중세(A.D. 500~1450) 동안 건강, 질병, 정신 및 신체 사이의 관계에 대한 초기 견해가 재등장하였다. 질병과 제정신이 아닌 것은 악마, 마녀 및 죄의 결과와 같은 영적인 문제에 의해 야기된다고 믿었다.

4. 르네상스 기간 동안 신체적이고 의학적인 세계에서의 부활된 관심이 초자연적이고 종교적인 관점의 영향의 소멸로 또 다시 나타났다. 생물의학적인 환원주의의 결과로 일어난 르네상스 동안 새로운 의학적인 발견들은 정신질환을 포함한 그러한 질병에 대한 정신 및 영혼에 대한 신념보다는 과학적인 관찰 및 실험에 의해서 이해될 수 있었다.

5. Sigmund Freud(1856~1939)와 그의 동료들의 업적이 나타났을 때 정신과 신체 사이의 연결이 재출현하였다. Freud는 무의식적 갈등과 정서적 영향들이 질병들을 초래한다는 것을 입증하였다. 고대 그리스인들이 믿었던 것처럼, Freud는 정서적 생명의 역할을 포함하는 건강에 대한 좀 더 전인주의적인 관점을 통해 건강과 질병 및 이상 행동을 완전히 이해하는 데 필요하다는 생각을 일깨웠다.

6. Wilhelm Wundt에 의해 1879년 독일의 Leipzig대학교에 첫 심리학 실험실이 설립되면서 심리학이 탄생되었다. 1890년에는 William James에 의해 고전이 된 첫 심리학 교과서 『심리학의 원리(*Principles of Psychology*)』가 출판되었으며, 1892년에는 미국 심리학회가 설립되었는데 G. Stanley hall이 회장으로 선출되었다.

7. 임상심리학의 탄생은 1896년에 Pennsylvania대학교에서 Lightner Witmer(1867~1956)에 의해 첫 임상 진료소가 개설되면서부터이다. Witmer는 특정 문제를 가진 개인을 돕는 데 인간 행동의 원리들을 사용하는 첫 심리학자가 되었다. 즉, 그는 한 교사로부터 학교에서 잘 수행하지 못하는 한 학생을 도와줄 것을 요청받았다.

8. Alfred Binet와 Theodore Simon은 정규 학교수업을 받는 데 정신 능력이 장애가 되는 아동들을 규명하는 것으로 교사들과 학교를 지원하기 위해 아동들에게 사용할 수 있는 지능검사를 개발하였다. Binet-Simon 척도는 1908년에 학교에서 사용되기 위해 특별히 개발되었다. 1916년에 Stanford대학교의 심리학자 Lewis Terman은 그 척도를 개정하여 Stanford-Binet 척도로 재명명하였다. 검사에서 Binet의 접근은 미국에서 상당히 인기가 있었다. 전국적으로 다양한 연구소들이 아동들을 평가하기 위해 Binet-Simon과 후에는 Stanford-Binet 접근을 적용하였다.

9. 이전에 정신질환 환자였던 Clifford Beers는 국립 정신위생위원회(National Committee for Mental Hygiene)를 설립하였다. 이 위원회는 정신질환 환자들의 입원기간 동안 비인간적인 치료문제를 다루었다. Beers의 퇴원 후 생활과 그가 새롭게 설립한 위원회의 임무는 정신질환으로 고통을 받는 사람들에 대한 예방과 치료를 개선하는 것이었다. Beers와 이 위원회는 아동지도 운동의 기초를 다졌다. 아동들과 그 가족들이 정신질환과 문제행동들을 다루는 데 도움이 되는 새로운 심리학 원리들을 사용하였다.

10. 제1차 세계대전과 제2차 세계대전 동안에 수백만 명의 신병들의 심리기능과 지능을 평가할 필요가 있었다. 군대는 부대원들을 평가하는 심리검사에 착수하

게 되었던 것이다.

## 핵심용어

도덕적 치료(moral therapy)

미국심리학회(American Psychological Association)

이원론(dualism)

정신질환(mental illness)

조발성 치매(dementia praecox)

## 복습

1. 그리스인들이 임상심리학에 끼친 영향은 무엇인가?

2. 그리스인들이 건강과 질병에 대한 몇몇 조망을 어떻게 조합시키는지 설명하라.

3. 왜 중세 동안에는 정신과 신체의 이해에서 퇴보하였는가?

4. 중세 동안 정신질환에 대한 초자연적인 신념들의 발생에 공헌한 요인들은 무엇인가?

5. 의학 그리고 궁극적으로 임상심리학에 끼친 17세기의 영향은 무엇인가?

6. 왜 임상심리학과 미국심리학회는 종종 중요한 견해의 차이를 나타내었는가?

7. 1909년에 Clark대학교에서 임상심리학을 형성하게 한 어떤 일이 일어났는가?

8. 건강과 질병에 기여하는 요인들을 이해하는 데 어떤 인과적 주제들이 여전히 존재하는가?

9. 제1차 세계대전과 제2차 세계대전이 임상심리학의 형성에 어떻게 영향을 끼쳤는가?

## 학생들의 실제 질문

1. Army Alpha 검사와 Army Beta 검사는 어떤 종류의 질문들을 포함하는가?

2. 과거의 IQ 검사 항목들이 오늘날에도 타당한 질문인가?

3. 제1차, 제2차 세계대전이 일어나지 않았다면 심리학은 어떤 방향으로 갔을까?

## 웹 자료

http://www.apa.org/archives/apahistory.html

www.cop.es/English/docs/brief.htm

임상심리학의 역사에 대해 더 자세히 알아보기

# 임상심리학의 최근 역사

Chapter

3

과거 60년은 이전의 2000년만큼이나 의미 있게 임상심리학의 형태를 이루어왔다. 제2차 세계대전 후에 임상심리학은 현재의 쟁점들 및 요구들과 제휴하여 그 자체의 윤곽을 뚜렷이 나타내고 다듬고, 확장시켜왔다. 새로운 이론, 약물 및 통합적인 시각은 오늘날의 임상심리학 분야를 이끌었다. 유사하게, 성, 문화, 민족, 개인차 그리고 변화하고 있는 건강진료의 경제적 풍토와 관련된 현재의 강력한 문제들은 오늘날의 심리학자들에게 현대적인 자각과 민감성을 요구하였다. 이 장에서는 제2차 세계대전부터 현재까지 임상심리학에서의 주요 발달을 상세히 다룬다(표 3.1). 결론적으로 수련에서 현대적인 요소, 개인차에 대한 민감성 및 건강진료에 대한 서술을 담고 있다.

## 제2차 세계대전 직후의 임상심리학

전후 40,000명 이상의 제대군인들이 정신과적 이유로 **재향군인**(Veterans' Administration, VA) 병원에 입원했는데, 그 숫자는 VA 병원 전체 환자의 약 60%

| 표 3.1 | 제2차 세계대전 이후 임상심리학에서 중요한 사건들 |
|---|---|
| **1940년대** | |
| 1946 | VA와 NIMH는 임상심리학 수련 기금을 적립하다. |
| 1947 | ABEPP가 임상가들에게 자격증을 주기 위해 설립되다. |
| 1949 | Halstead가 신경심리학 검사 배터리를 내놓다. |
| 1949 | Boulder 회의는 과학자–실무자 수련 모형을 정의하다. |
| **1950년대** | |
| 1950 | Dollard와 Miller는 『성격과 심리치료: 학습, 사고 그리고 문화에서의 분석』을 출판하다. |
| 1951 | Rogers는 『내담자 중심치료』를 출판하다. |
| 1952 | Eysenck는 『심리치료의 효과: 평가』를 출판하다. |
| 1952 | 미국정신의학회는 『진단과 통계편람(DSM–Ⅰ)』에서 진단 범주를 출판하다. |
| 1953 | APA는 『윤리기준』을 출판하다. |
| 1953 | Skinner는 조작적 원리를 제시하다. |
| 1955 | 정신건강과 질병에 대한 공동위원회를 창립하다. |
| 1956 | Stanford대학교 수련회의 |
| 1958 | Wolpe는 『상호 억제에 의한 심리치료』를 출판하다. |
| 1958 | Miami 수련회의 |
| 1959 | 정신연구소(Mental Research Institute, MRI)가 설립되다. |
| **1960년대** | |
| 1960 | Eysenk는 『이상심리학 핸드북: 실험 접근법』을 출판하다. |
| 1963 | 국회는 지역사회 정신건강센터를 설립하는 법률을 통과시키다. |
| 1965 | Chicago 수련회의 |
| 1965 | Massachusetts 주 Swamscott 회의, 지역사회 심리학 운동이 시작되다. |
| 1967 | 고급 행동치료학회가 창립되다. |
| 1968 | Illinois대학교에서 최초의 Psy.D. 프로그램이 창설되다. |
| 1969 | 최초의 자유설립 심리학 전문대학원인 California 심리학 전문대학원이 설립되다. |
| **1970년대** | |
| 1970 | 『DSM Ⅱ』가 출판되다. |
| 1973 | Vail 수련회의 |
| 1976 | 자유설립 심리학 전문 대학원 전국 협의회(NCSPP)가 창립되다. |
| 1977 | George Engel은 생물심리사회 모형을 정의하는 논문을 『*Science*』에 게재하다. |
| 1977 | Wachtel은 『정신분석과 행동치료: 통합을 향해』를 출판하다. |

| 표 3.1 | 제2차 세계대전 이후 임상심리학에서 중요한 사건들(계속) |
|---|---|
| **1980년대** | |
| 1980 | 『DSM Ⅲ』가 출판되다. |
| 1981 | APA 윤리기준이 개정되다. |
| 1982 | 건강심리학이 정의되다. |
| 1986 | NCSPP Mission Bay 수련회의 |
| 1987 | Salt Lake City 수련회의 |
| 1987 | 『DSM-Ⅲ-R』이 출판되다. |
| 1988 | 미국심리학회(APS)가 창립되다. |
| 1989 | NCSSPP San Juan 수련회의 |
| **1990년대** | |
| 1990 | NCSPP Gainesville 수련회의 |
| 1991 | NCSPP San Antonio 수련회의 |
| 1992 | 박사 후 수련에 관한 Michigan 회의 |
| 1994 | 『DSM Ⅳ』가 출판되다. |
| 1994 | 심리학적 임상과학원이 Indiana대학교에 설립되다. |
| 1995 | APA는 경험적으로 타당화된 치료에 관한 목록을 출판하다. |
| 1998 | 국제 임상심리학회가 San Francisco에 설립되다. |
| 1999 | Guam이 정신과적인 약을 처방하도록 심리학자에게 권한을 부여하다. |
| **2000년대** | |
| 2001 | APA는 건강진료 훈련으로 심리학을 반영하는 헌장을 변경하다. |
| 2002 | APA는 윤리규약을 개정하다. |
| 2002 | New Mexico 주와 Guam이 심리학자에게 약물치료 처방권을 허용하다. |
| 2003 | 건강보험 양도 및 책임에 관한 법안이 통과되다. |
| 2004 | Louisiana 주가 심리학자들에게 약물처방권을 허용하다. |
| 2006 | APA는 증거기반실무지침에 대한 대통령특별위원회로부터의 결과를 출판하다. |
| 2008 | 미국의회는 의료서비스의 건강진료의 동등성을 허용함으로써 2007년 Paul Wellstone 정신건강과 중독법령을 통과시키다. |

에 달했다(Miller, 1946). 정신과 의사들과 기타 의사들은 이러한 막대한 수의 재향군인들의 치료 요구를 충족시킬 수 없었다. 따라서 임상적 서비스에 대한 압도적인 요구는 심리검사, 심리치료, 자문 및 연구를 포함하는 포괄적인 심리학 서비스의 전반적인 범위를 제공할 수 있는 임상심리학자의 막대한 증가를 초래하였다. 1946년에는 VA는 VA 병원들에 4700명의 임상심리학자들이 고용되어야 한다고 요청하였다.

사실 VA 조직의 수석 의료부장은 임상심리학에서의 공식적인 수련 프로그램 개발을 요구하기 위해 일단의 주요 대학교 임원진들과 만났다. 그 해 말까지 200명의 임상심리학 대학원생들이 22개의 VA 기관에서 수련받게 되었다(Peck & Ash, 1964). VA 병원은 임상심리학자들에게 안정적인 직급, 매력적인 급여 및 전 범위에 걸친 서비스를 제공하는 자유를 제공하였다. 1950년대 초반까지, VA 병원들은 미국에서 임상심리학자들에게 가장 큰 단일 고용주가 되었다(Maher & Maher, 1985b; Peck & Ash, 1964).

학구적인 심리학자들은 VA 병원의 요구로 인한 임상심리학에서의 엄청난 붐에 대해 혼합된 느낌을 가졌다. 많은 사람들은 이것이 임상심리학의 활동, 명예 및 영향을 증가시키기 위한 기회라고 생각했다. 또 다른 사람들은 심리학의 응용 측면들에 관심이 없었는데, 학구적인 환경에서 과학으로서의 심리학에 초점을 두는 것만을 선호하게 되었다. 과학과 실무 사이의 이러한 구분은 아주 초창기부터 현재까지 심리학 내에서의 논쟁 부분으로 남아있다.

## 수련

제2차 세계대전 후에 자격 있는 정신건강 전문가들에 대한 수요는 국립 정신건강연구소(NIMH)가 임상심리학자들(정신의학자, 간호사 및 사회사업가뿐만 아니라)을 수련하는 데 연구비를 지원해주는 프로그램들을 개발하게 되었다. 연구비지원 프로그램은 1948년에 212,000달러를 가지고 시작되었는데, 1980년에는 천만 달러로 상승하였다(Kiesler & Zaro, 1981). 이러한 기금은 더욱 더 많은 학생들을 정신건강 분야로 끌어들였는데, 그로 인해 정신건강 분야에서는 새로운 수련 프로그램들과 새로운 지침들이 급속하게 필요하게 되었다.

David Shakow가 이끄는 **APA 임상심리학 수련위원회**는 임상심리학 대학원 및 인턴쉽 수련을 위한 수련 기준 및 지침의 개발을 촉진하였다(Shakow, 1947). 궁극적으로, 이 위원회의 지침은 임상수련을 위한 황금기준이 되었을 뿐만 아니라, 연방 기금을 대학원 수련 프로그램을 후원하는 데 사용할 것인지를 결정하는 데에도 이용되었다. 이 지침들은 임상심리학자들이 4년간의 박사학위 프로그램과 함께 1년간의 임상 인턴쉽을 엄격하게 수련받아야 한다는 것에 대한 핵심적인 권고를 포함하고 있다. 이 지침들은 또한 수련이 행동의 생물학적, 인지적, 개인차 및 사회적 측면들과 같은 여러 상이한 내용 영역들을 포함하도록 하는 기준을 만들었다(Shakow, 1947, 1976, 1978). 이에 덧붙여 심리학자들은 과학자로서 **그리고** 임상가로서 모두 수련받아야 했다. 위원회는 수련이 연구, 치료 및 평가에 있어서 포괄적이어야 한다고 권고하였다. 1948년, APA는 박사 수련 프로그램을 주의 깊게 심사하고, 평가하고, 그리고 승인하기 시작했다. 이 지침들은 임상심리학 역사상 가장 영향력 있는 수련회의를 이끌어냈다(1949년 Boulder 회의).

## Boulder 회의

수련 기준 및 지침 보고서가 나온 지 2년 후에, Colorado 주 Boulder에서 위원회가 개최되었는데, 공식적으로 임상 수련의 권고모형을 채택하게 되었다. 이 회의는 국립 정신건강연구소를 통하여 연방공중보건국뿐만 아니라 재향군인회로부터도 재정적인 지원을 받았다. 이들 정부 기관으로부터 제공된 재정적 지원은 임상심리학 분야에 대한 미국 정부의 커다란 관심과 이해관계를 반영하는 것이다. 임상심리학은 1896년에 Witmer의 진료소에서의 초라한 시작 이후에 먼 길을 왔다. **Boulder 모형**은 또한 **과학자─실**

무자 모형으로서 알려졌는데, 임상심리학자들은 심리치료 및 평가와 같은 전문적인 심리학적 서비스뿐만 아니라 연구를 행하는 데 있어서도 유능해야 한다고 강조하였다. 이 수련 모형은 적절한 준비과정으로 대학원 수련 프로그램으로 수여되는 심리학 PhD 학위에 더하여 1년간의 임상 인턴쉽이 필수적이라는 것을 진술하고 있다. 이 모형은 그 이후로 주도적인 수련 접근법이 되어왔다(Norcross et al., 1997a, b, 2005, 2008; Norcross, Hedges, & Castle, 2002; Shakow, 1978). 1995년에는 **심리학적 임상 과학원**(Academy of Psychological Clinical Science; APCS)이 Boulder 모형을 다시 활기가 띄게 하였으며, 임상심리학에 과학적 접근을 다시 수용하게 되었

다(Norcross, Hedges et al., 2002). 1948년까지는, 대학원에서 22개의 APA의 승인을 받은 임상심리학 수련 프로그램이 있었고, 1949년까지는 42개의 대학원이 임상심리학에서 승인된 박사 수련 프로그램을 제공하였는데, 단지 1년 이내에 그 숫자가 거의 두 배가 되었다.

## Boulder 회의 후의 사건들

Boulder 회의의 결과와 권고에 대해 모든 사람들이 만족한 것은 아니었다(Frank, 1984; Korman, 1976; Strother, 1956). 1949년 Boulder 회의 후에 임상심리학 수련 모형의 장점과 단점을 논의하기 위하여 후속적인 회의가 개최되었다. 1955년 Stanford

### 스포트라이트

## Boulder 회의

특이하게도, 심리학에서 박사 수련은 전국 회의에서 대학원 학생의 수련에 대한 지침을 논의하기 위해 소집되기 전에 60년 이상 동안 지속되었다. 1949년 이전까지만 해도, 전국 대학교의 개별 심리학과들은 어떻게 그들의 수련 프로그램을 실행시켜야 하는지 결정하기 위한 상당한 자유를 가지고 있었다. Boulder 회의는 심리학 박사 수련을 위한 표준을 논의한 최초의 전국회의였다. 73명의 사람들은 1949년 여름에 Boulder의 Colorado대학교에서 2주간 장기 회의에 참석하도록 초대받았다(58~59쪽 참조). 회의를 위한 추진력의 일부는 제2차 세계대전에 뒤따른 많은 재향군인에 대한 적절한 정신건강 서비스를 제공하기 위한 연방 정부의 바람과 관련되었다. 그들은 자신들의 기술을 제2차 세계대전 귀향 재대군인들의 평가, 심리치료 및 자문 욕구에 적용할 수 있는 심리학자들을 가장 잘 수련시키기 위한 전략을 개발하기 위하여 학구적인 심리학과 VA 병원 네트워크를 함께 참여시켰다.

이 회의에서 나온 권고들은 1950년 Victor Raimy에 의해 편집된 『임상심리학의 수련』이라는 제목으로 출판되었다. 『*American psychologist*』(Vol. 55, No. 2, 2000)는 지금은 유명해진 Boulder 회의 이후의 50년간을 반영하는 일련의 논문들을 출간하였다.

2주간의 혹독한 회의 후에, Boulder 회의 참가자들은 임상심리학자 수련에 관한 결의안 70건의 합의에 도달 하였다. 그들은 연구와 임상 실무 모두에서 광범위한 수련을 포함하는 **과학자–실무자 모형**의 개념을 만들어냈다. 그들은 대학원 필수 교과목, 임상 전문 분야, 윤리 수련, 기금 문제, 박사 전과 박사 후 인턴쉽 수련 및 박사 수련의 수많은 다른 측면들에 대한 표준에 합의했다. 놀랍게도, 1949년 전국회의에서 이러한 73명에 의해 도달한 합의는 여전히 임상심리학 대부분의 대학원 수련 프로그램에서 오늘날 사용하는 수련 모형을 반영한다. 많은 사람들이 Boulder 모형의 측면을 비판하지만 회의 결과는 오랜 세월의 검증을 견뎌내었다.

사진 : Akron대학교, 미국감리교회 역사자료실 제공.

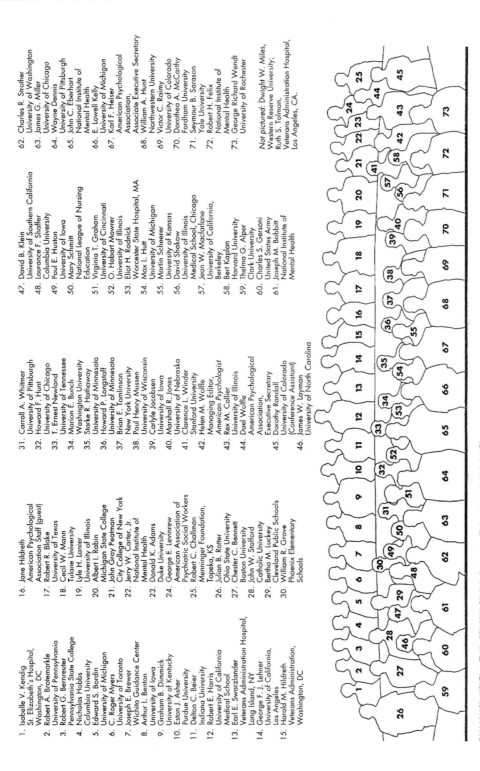

1. Isabelle V. Kendig
   St. Elizabeth's Hospital,
   Washington, DC
2. Robert A. Brotemarkle
   University of Pennsylvania
3. Robert G. Bernreuter
   Pennsylvania State College
4. Nicholas Hobbs
   Columbia University
5. Edward S. Bordin
   University of Michigan
6. C. Roger Myers
   University of Toronto
7. Joseph E. Brewer
   Wichita Guidance Center
8. Arthur L. Benton
   University of Iowa
9. Graham B. Dimmick
   University of Kentucky
10. Eston J. Asher
    Purdue University
11. Delton C. Beier
    Indiana University
12. Robert E. Harris
    University of California
    Medical School
13. Earl E. Swarzlander
    Veterans Administration Hospital,
    Long Island, NY
14. George F. J. Lehner
    University of California,
    Los Angeles
15. Harold M. Hildreth
    Veterans Administration,
    Washington, DC

16. Jane Hildreth
    American Psychological
    Association Staff (guest)
17. Robert R. Blake
    University of Texas
18. Cecil W. Mann
    Tulane University
19. Lyle H. Lanier
    University of Illinois
20. Albert I. Rabin
    Michigan State College
21. John Gray Peatman
    City College of New York
22. Jerry W. Carter, Jr.
    National Institute of
    Mental Health
23. Donald K. Adams
    Duke University
24. George E. Levinrew
    American Association of
    Psychiatric Social Workers
25. Robert C. Challman
    Menninger Foundation,
    Topeka, KS
26. Julian B. Rotter
    Ohio State University
27. Chester C. Bennett
    Boston University
28. John W. Stafford
    Catholic University
29. Bertha M. Luckey
    Cleveland Public Schools
30. William R. Grove
    Phoenix Elementary
    Schools

31. Carroll A. Whitmer
    University of Pittsburgh
32. Howard F. Hunt
    Columbia University
33. T. Ernest Newland
    University of Tennessee
34. Marion E. Bunch
    Washington University
35. Starke R. Hathaway
    University of Minnesota
36. Howard P. Longstaff
    University of Minnesota
37. Brian E. Tomlinson
    New York University
38. Paul Henry Mussen
    University of Wisconsin
39. Carlyle Jacobsen
    University of Iowa
40. Marshall R. Jones
    University of Nebraska
41. Clarence L. Winder
    Stanford University
42. Helen M. Wolfle
    Managing Editor,
    American Psychologist
43. Rex M. Collier
    University of Illinois
44. Dael Wolfle
    American Psychological
    Association,
    Executive Secretary
45. Dorothy Randall
    University of Colorado
    (Conference Assistant)
46. James W. Layman
    University of North Carolina

47. David B. Klein
    University of Southern California
48. Laurance F. Shaffer
    Columbia University
49. Paul E. Huston
    University of Iowa
50. Mary Schmitt
    National League of Nursing
    Education
51. Virginia T. Graham
    University of Cincinnati
52. O. Hobart Mowrer
    University of Illinois
53. Eliot H. Rodnick
    Worcester State Hospital, MA
54. Max L. Hutt
    University of Michigan
55. Martin Scheerer
    University of Kansas
56. David Shakow
    University of Illinois
    Medical School, Chicago
57. Jean W. Macfarlane
    University of California,
    Berkeley
58. Bert Kaplan
    Harvard University
59. Thelma G. Alper
    Clark University
60. Charles S. Gersoni
    United States Army
61. Joseph M. Bobbitt
    National Institute of
    Mental Health

62. Charles R. Strother
    University of Washington
63. James G. Miller
    University of Chicago
64. Wayne Dennis
    University of Pittsburgh
65. John C. Eberhart
    National Institute of
    Mental Health
66. E. Lowell Kelly
    University of Michigan
67. Karl F. Heiser
    American Psychological
    Association,
    Associate Executive Secretary
68. William A. Hunt
    Northwestern University
69. Victor C. Raimy
    University of Colorado
70. Dorothea A. McCarthy
    Fordham University
71. Seymour B. Sarason
    Yale University
72. Robert H. Felix
    National Institute of
    Mental Health
73. George Richard Wendt
    University of Rochester

Not pictured: Dwight W. Miles,
Western Reserve University;
Ruth S. Tolman,
Veterans Administration Hospital,
Los Angeles, CA.

임상심리학 대학원 교육에 대한 회의 참가자, Colorado 주 Boulder 1949년 8/9월

대학교(Strother, 1956), 1958년 Miami(Roe, Gustad, Moore, Ross, & Skodak, 1959), 1965년 Chicago(Zimet & Throne, 1965), 1973년 Vail(Korman, 1976) 및 1987년 Salt Lake City(Bickman, 1987)에서 회의가 개최되었다. Chicago 회의에서는 Boulder 모형의 지혜에 최초로 심각한 의문을 제기하였다. 일부 회의 참가자들은 약 10%의 심리학자들만이 실제적으로 연구를 출판하기 때문에, 대학원생들에게 심리학 연구를 수행하는 방법에 너무 많은 강조를 두고 에너지를 사용한다고 생각하였다(Brems, Johnson, & Galluci, 1996; Frank, 1984; Levy, 1962). 몇 년 동안에 걸쳐 이 관심사가 계속해서 제시되었음에도 불구하고, 대학을 기반으로 하는 수련 프로그램에서는 이 갈등에 대한 어떠한 해결책도 나오지 않았다. PsyD 학위와 자유 설립 심리학 전문대학원의 출현은 더 많은 실무에 근거한(그리고 연구에 덜 근거한) 수련을 제공함으로써 이 쟁점을 다루려고 노력하였다.

1950년대 초반까지는 APA의 1000명 이상의 회원들이 임상심리학 분과 회원이었다. 1950년대 동안 임상심리학은 비약적으로 성장하였다. APA 회원은 1950년대 두 배 이상이 되었고, 심리학 수련과 연구를 후원하는 연방 연구 보조금은 같은 기간 동안 세 배가 되었다.

1953년에는 심리학자 윤리원칙을 개관하는 첫 번째 시도가 출판되었다. 윤리원칙은 그 후로 가장 최근의 2002년까지 아홉 차례 개정되었다. 윤리규약은 임상, 연구, 교수, 법정 및 행정적인 활동에 관련된 심리학자들 사이의 예상되는 행동을 개관하였는데, 제13장에서 상세하게 논의될 것이다.

## 정신역동 접근에 대한 대안의 발생

20세기 첫 50년 동안, Freud에 의해 창시된 정신역동 접근과 John Watson에 의해 창시된 훨씬 적은 범위의 행동주의 심리학의 조건형성 접근은 정신병에 대해 탁월한 이론과 치료 방법으로 기여하였다. 1950년대, 1960년대 그리고 1970년대 동안 많은 새로운 접근들이 전통적인 정신역동 접근에 대한 대안으로 개발되었다. 심리학자들은 심리치료에서 확고하게 자리 잡고, 이미 인정된 그들의 검사 서비스를 증가시켰다. 치료에 대한 인본주의적, 행동주의적, 인지-행동주의적, 그리고 가족 체계 접근은 더 전통적인 이론과 중재에 대해 강력하고 인기 있는 대안으로 출현하였다. 더욱이, 정신질환을 치료하는 데 있어서 향정신성 약물 치료의 도입뿐만 아니라, 1960년대의 지역사회 정신건강 운동 발생은 임상심리학에 강력한 영향을 끼쳤다. 혼란스럽지만 낙관적이었던 1960년대와 1970년대 초반 동안, 임상심리학은 지식, 도구 및 전문적인 자원의 증가와 함께 계속해서 확대되었다. 끝으로, 생물심리사회적 조망과 같은 통합적인 접근이 출현해서 이 분야에서 사고와 실무에 정교화를 더하였다. 이 장에서는 역사적인 조망으로부터 정신역동적 관점에 대한 대안들을 검토할 것이다. 필자는 이러한 이론들과 관련된 인물들, 그리고 이러한 이론들이 시간에 따라 어떻게 출현했는지를 소개할 것이다. 다음의 두 장에서는 이론과 원리들이 임상심리학 관련 쟁점들에 어떻게 적용되었는지에 초점을 두어 더 상세하게 이들 조망들을 집중적으로 살펴볼 것이다.

### 행동주의 접근

행동주의 접근은 학습과 조건형성 이론들을 인간 행동의 이해와 행동 및 심리적인 문제에 대한 치료에 적용한다. John Watson, Edward Thondike, Clark Hull, John Dollard, Neal Miller 및 B. F. Skinner에 의해 행해진 행동주의와 학습 이론에 대한 미국의 연구뿐만 아니라, 러시아의 Ivan Pavlov(1849~1936)의 조건형성 연구에 근원을 둔 심리치료에서의 **행동주의** 원리들은 1950년대와 1960년대 동안 의학과 정신역동적인 전략에 대한 매력적인 대안이 되었다. 많은 심리학자들은 정신과 의사들과 기타 전문가들에 의해 실행된 의학적 접근법이나 정신역동 접근법의 방법과 결과 모두에 감명을 받지 못하였다. 예를 들면, 심리치료 결과를 검토하는 Eysenck(1952)의 평론은 정신분석 기법에 호의적이지 않았다. 행동주의 강령은 행동치료 접근법이 정신분석과 같은 전통적인 이론과 방법에 비해 경험적인 연구 시행에서 더 효율적인 것으로 증명되었다고 느끼는 연구지향적인 임상가들에게 특히 매력적이었다. 그러므로 인간 행동에 대한 이해, 정신질환에 대한 진단 및 치료에 대한 행동주의 접근은 정신역동 접근보다 더 많이 과학적으로 기반을 둔 것으로 보였고, 그러므로 더 정당화되었다. 더욱이 행동주의 치료 접근은 다른 치료 양식들보다 행동주의 기법들이 연구를 위해 더 쉽게 조작적으로 정의될 수 있었기 때문에, 연구자들에 의해 촉진되었다. 예를 들어, 원욕, 전이 또는 무의식적인 갈등과 같은 구성 개념을 측정하기보다는 아동의 분노발작을 일으키거나 개인이 공황발작을 일으킨 횟수를 측정하는 것이 더 쉽다. 행동주의 접근은 결과 자료의 측정, 개념의 정의 및 통계적인 분석을 훨씬 더 쉽게 해준다.

행동주의 치료는 영국의 Hans Eysenck, M. B. Shapiro, Stanley Rachman, 기타 사람들뿐만 아니라 남아프리카의 Josepe Wolpe와 동료들에 의해서 발전되었다. Wolpe(1958)는 공포증과 같은 불안에 토대를 둔 다양한 장애를 치료하는 데 체계적 둔감화 기법을 개발하였다. London대학교 정신의학연구소와 Maudsley병원의 Eysenck와 동료들은 많은 정신질환을 치료하는 데 학습 이론에 기반을 둔 연구로 지지받은 기법들을 사용하였다(Eysenck, 1960). 이 뒤의 연구자들은 조건형성의 원리 및 학습이론을 공포증, 강박적 행동, 불안 및 아동의 파괴적인 행동을 포함하는 다양한 임상적인 문제들을 치료하는 데 적용하였다. 이들 전문가들에 의해 출판된 여러 권의 책들은 행동주의 치료가 미국에서 광범위하게 수용되고 실행되는 무대를 만들었다(예, Eysenck, 1960; Krasner & Ulmann, 1965; Skinner, 1953; Wolpe, 1958; Wolpe & Lazarus, 1966).

행동 치료는 임상심리학 수련이 심리학의 과학 및 실무 모두를 강조하도록 고안되었기 때문에 또한 Boulder 수련 모형에 매우 적합하였다. 행동주의 접근은 사회 기술과 조건형성 기법을 사용해서 더 완전한 사회를 창조할 수 있다는 낙관적인 관념을 포함하는 당시의 사회적이고 정치적인 영향에 또한 매우 적합하였다(Skinner, 1948).

응용 행동 분석(Wilson & Frank, 1982), 사회적 학습 이론에 근거한 치료(Bandura, 1969, 1982) 및 인지행동치료(Kendall & Bemis, 1983)와 같은 다양한 행동치료의 유형들이 있지만, 인간 행동의 이해와 정서적·행동적인 문제들을 겪고 있는 사람들을 돕기 위한 접근의 측면에서 행동치료는 또한 몇 가지 공통점을 갖고 있다. 여기에는 대부분의 문제 행동은 학습되고, 학습 원리의 활용으로 변경될 수 있다는 생각이 있다.

더욱이 치료방법은 과학적으로 도출된 절차에 기반을 두고 있으므로 객관적으로 사용되고 평가될 수 있다. 끝으로 행동치료는 다른 사람들에게 강요하는 것이 아니라 협력적이고 계약적인 관계를 통해 내담자들의 동의를 얻는다(O'Leary & Wilson, 1987). 1967년에, **고급행동치료학회**(Association for Advanced of Behavior Therapy, AABT)가 창설되었는데, 현재는 행동치료를 행할 뿐만 아니라 과학적으로 도출된 자료의 응용에 광범위한 관심을 가진 임상심리학자들을 위한 주요한 전문 기구의 하나가 되어있다.

## 인지-행동주의 접근

인지적 접근은 이 장의 후반부에서 논의될 다른 몇 가지 방법들이 나타난 후인 1970년대 동안 인기를 얻게 되었지만, 인지적 접근법은 행동주의 접근법과 밀접하게 연관되어있기 때문에 행동주의 접근법의 논의에 뒤이어 제시하고자 한다. 1970년대 동안, 연구와 치료에서 행동주의 접근을 고수하던 많은 연구자들과 임상가들은 그들의 모형에서 다수의 중요한 제한점을 인식하게 되었다. 우선 외현적 행동에만 엄격하게 초점을 맞추는 것은 인간 행동에 있어서 사고와 태도의 기여를 등한시하였다. Albert Ellis의 연구(Ellis, 1962; Ellis & Grieger, 1977)를 사용한 합리적-정서 치료(RET; 현재는 합리적-정서적 행동 치료라고 불리는, REBT); 우울증의 인지 치료를 사용한 Aaron Beck(1976); Mahoney(1974)의 인지적 재구성 연구; Meichenbaum(1977)의 스트레스 접종 연구; 그리고 Bandura(1969, 1982)의 자기-효율성 연구는 행동주의와 인지적 접근의 통합을 이끌어냈다. 사고, 감정 및 기대의 변화에 초점을 맞추는 치료는 변화시킬 외현적인 행동의 목표만큼이나 중요해졌다.

예를 들어, Ellis의 합리적-정서적 행동치료는 환자 자신과 타인에 대한 '해야만 한다'와 관련된 비합리적인 신념을 변경시키고자 한다. Beck의 인지 접근은 우울한 사람들은 자신, 타인 및 세상을 우울하지 않은 사람들보다 더 부정적으로 본다는 생각에 초점을 두고 있다. 부적응적인 사고 양식을 변경시키고, 더 적응적인 사고 방법을 개발시키는 것은 Beck 접근의 핵심이다. Meichenbaum의 자기-지시적 접근은 문제가 되는 사고와 행동을 지도하고 변경시키기 위해 **스스로에게 말하기**(self-talk)를 사용한다. 많은 상이한 인지 치료들이 있지만, 이들의 공통점은 학습과 행동이 부적응적인 인지 과정, 태도 및 귀인에 의해 인지적으로 매개되고, 치료자는 부적응적인 인지과정과 행동의 변경을 도와주는 코치, 교육자, 자문가의 역할을 한다는 것이다(Ingram & Scott, 1990; Kendall & Bemis, 1983). 인지 접근은 아주 인기를 얻어서 1990년에 이르러 AABT 회원의 대다수(69%)가 자신을 **인지-행동주의적**이라고 확인한 반면, 27%만이 엄격하게 행동주의적이라고 보고하였다(Craighead, 1990). 2005년까지 AABT는 실제로 행동 연구, 평가 및 중재에 대한 인지적인 접근의 강한 영향을 반영하여 행동 및 인지 치료 학회로 조직 이름을 변경했다. 또한 1973년에는 APA의 임상심리학자의 2%만이 그들의 이론적 방향에 대해 인지적이라고 여긴 반면에, 2003년에는 28%가 스스로를 인지적이라고 여겼다(Norcross et al., 2005).

## 인본주의 접근

**인본주의**(humanistic) 접근은 인간 행동을 이해하고 심리치료 전략을 제공하는 데에 있어서 철학, 실존주의 및 인간 성장과 잠재력에 대한 이론들을 채택하였다. 인본주의 접근은 환자의 경험이나 그들의 관심사에 대한 현상학에 초점을 두고, 심리치료적인 상호작용에서 따뜻함, 감정이입 및 무조건적인 긍정적 존중을 제공하였다. 1950년대와 1960년대에(제2차 세계대전 후의 불안의 시대와 냉전시대 동안), 심리치료에 대한 인본주의 접근은 광범위하게 수용되었다. 인간 본성(예, 유아기 욕구와 원초적 욕구뿐만 아니라 신경증에 관한 정신역동적 강조; 외부 강화를 통하여 지배되는 행동에 대한 행동주의적 초점)에 대한 지각된 부정적인 정신역동과 행동주의적 시각뿐만 아니라 치료 과정, 결과 및 내담자와 치료자 모두의 만족과 관계있는 정신역동적 접근과 행동주의적 접근의 한계에 좌절해서, 많은 정신건강 전문가들은 인본주의적 사고학파에 의해 채택된 더 낙관적이고 포용적인 견해를 통합하기 시작하였다. 인본주의 접근은 정신역동과 행동주의 접근에 뒤따른 심리학에서의 **제3세력**으로 알려졌다.

인본주의 접근은 심리치료에 대한 실존적 접근뿐만 아니라 철학에 의해서도 강하게 영향을 받았다. 실존주의 접근은 제1차 세계대전의 잔인함 뒤에 특히 인기가 있었고, 제2차 세계대전 동안 나치 독일에 반응하는 데서 특히 가장 인기가 있었다(Frankl, 1963, 1965). 실존주의 접근은 유럽 철학 중에서 특히 Kierkegarrd, Nietzsche, Sartre, Buber 및 Heidegger 등의 업적에 근원을 두었다. 예를 들어, 이 접근은 삶의 의미를 추구하고 뚜렷이 하려는 인간의 욕구에 초점을 맞춘다. 심리학자 Rollo May(May, 1977; May, Angel, & Ellenberger, 1958)와 정신의학자 Irvin Yalom(1981) 같은 미국인 저자들은 미국에서의 인본주의 치료에 대한 실존적 접근의 윤곽을 잡고 대중화시켰다. 또한 Hans Kohut, Otto Kernberg, 그리고 Merton Gil 같은 정신분석적 저자들은 그들의 저술에 인본주의적 조망의 일부를 통합하였다.

Carl Rogers, Abraham Maslow, Frederick Perls, Victor Frankl과 같은 선구적인 인본주의 심리치료자들과 이론가들은 모두 전문적인 심리치료에 대한 인본주의 접근의 발달에 독특하게 기여하였다. 각자가 다소 상이한 접근을 제공하지만, 그들의 공통점은 주목할 만하고, 인본주의 학파를 구성한다. 이 공통점들에는 인간은 의식적으로 숙고할 수 있고, 자기-결정과 자유를 경험하는 능력을 가지고 있다고 강조하는 현상학적 모형의 관여를 들 수 있다. 따라서 치료자들은 그들의 느낌과 행동을 더 잘 이해할 뿐만 아니라 조력을 제공하기 위해서 개인의 내부적이고 외부적인 현실에 대한 지각을 충분히 이해할 수 있어야 할 것이다. 또 다른 공통점은 인간은 성장을 향해 노력하지 다양한 원초적 욕구와 갈등의 만족에 의해 항상성을 유지하고자 하는 것이 아니라는 것이다. 인본주의 접근은 또한 자유 의지에 대한 신념을 옹호하고 인간행동을 단지 초기 아동기 경험의 부산물이나 외부 환경에 대한 조건반응으로 고려하지 않는다. 끝으로 인본주의는 개인과 그 경험을 최대한 존중하는 개인-중심적 접근법이다(Tageson, 1982).

Carl Rogers의 내담자-중심적이고 현상학적인 접근은 가장 영향력 있는 인본주의 치료가 되었다. Rogers는 더 전통적인 정신역동 접근으로 수련받았지만 그는 그것을 거부하고 내담자-중심의 강력한 대안을 제공하였다. 그 접근은 치료자의 감정이입, 무조건적인 긍정적 존중, 일치, 적극적인 경청 및 개인과 집단이 그들이 완전한 인간 잠재력에 도달하도록 돕는 것에 대한 지지를 강조한다(Rogers, 1951, 1954, 1961). Rogers는 인간은 본질적으로 그들의 잠재력을 향해 추구하는데, 심리치료는 이 노력에서 그들을 도울 수 있는 촉매라고 생각하였다.

## 가족 체계 접근

이미 개관한 정신역동, 행동주의 및 인본주의 접근과

는 달리 **가족 체계** 접근은 문제가 되는 감정과 행동을 이해하고 치료하는 데 있어서 전체 가족을 활용하는 경향이 있다. 문제가 되는 증상을 보고하는 개별적인 환자를 치료하기보다는 가족 체계 접근은 일반적으로 가족 전체 혹은 가족의 일부를 치료한다. 1950년대 이전에는, 대부분의 심리치료는 가족 내에서 문제 증상, 행동 또는 태도를 표출한다고 여겨지는 개인으로 정의되는 확인된 환자에 초점을 두었다. 확인된 환자의 가족 성원들은 대개 치료에서 고려되지 않고, 기능 장애 및 잠재적 회복에 능동적인 사람으로 간주되지 않는다. 1950년대와 1960년대, 특히 1970년대 동안 가족 체계 치료 접근은 임상심리학자들과 기타 정신건강 전문가들 사이에서 인기를 얻었다(Haley, 1976; Minuchin, 1974). 이 체계 접근은 확인된 환자만이 중재 서비스를 필요로 한다는 생각에 이의를 제기하였다. 사실, 이 체계 접근은 상호관련된 체계로서의 가족 내에 역기능이 존재하고, 한 사람의 가족 성원에만 있지 않다고 주장한다. 예를 들어, 치료자는 환자의 기능이 가족 성원들과 상호작용할 때 자주 악화되는지를 관찰한다. 그러므로 모든 가족 성원들이 함께 치료받는다 – 전통적인 치료 양식으로부터의 급진적인 이탈. 가족치료는 수많은 문제에 대해 아주 일반적인 중재전략이 되었다.

가족 체계 접근은 1950년대에 California의 Bateson Project로부터 출현하였다. 특히 의사소통 유형에 관심이 있었던 일류학자인 Gregory Bateson은 Jay Haley(의사소통 전문가), John Weakland(공학자) 및 Don Jackson(정신과 의사)과 공동으로 연구해서 정신과 환자(특히 정신분열증 환자)의 **이중–구속 의사소통**(double-bind communication)과 **메타메시지**(meta-message)를 Palo Alto 재향군인병원에서 검토하였다(Bateson, Jackson, Haley, & Weakland, 1956). 이중–구속 메시지는 만족시키기가 불가능한 요구(예, 어떤 사람이 다른 사람에게 자발적이 되라고 지시한다)를 포함하는 반면에, 메타메시지는 그들이 실제적으로 말한 것보다는 현실적으로 의미하는 것을 포함한다(예, 어떤 사람이 어떤 사람을 깊이 사랑하고 있다고 보고하지만, 그 주장을 지지하는 어떤 행동이나 진지한 진술을 보이지 않는다). Jackson은 그 후 1959년에 California 주의 Palo Alto에서 다른 유명한 가족 치료자 Virginia Satir와 협력하여 정신연구소(Mental Research Institute, MRI)를 설립하였다.

Jay Haley는 후에 Bateson Project를 떠나서 Salvador Minuchin과 협력하여 Philadelphia 아동지도 진료소에서 구조적인 가족 치료 모형을 발전시켰다. Haley는 그 후 1970년대에 Washington DC로 옮겨서 거기서 Washington 가족 연구소를 설립하였고, 그의 아내 Cloe Madanes는 전략적인 치료 모형을 개발하였다(Haley, 1976). 전략적인 치료는 역설적인 의도, 즉 반전의 심리학을 사용하고, 행동 변화에 효과를 주는 기법들을 사용한다. 이 가족 치료 모형은 치료에서 저항에 대처하기 위해 증상을 처방한다. 이것과 다른 가족 치료 접근에 관계있는 더 상세한 사항은 다음 장에서 다룰 것이다.

1960년대와 1970년대 동안 다양한 가족 치료 모형들이 미국과 유럽의 여러 지역에서 출현하였다. 예를 들어, Maria Selvini-Palazoli와 동료들은 1960년대 후반에 가족 성원이 신경성 식욕부진증에 직면한 가족들을 치료하기 위한 Milan학파를 설립하였다. Milan학파는 가족의 규칙을 더 잘 이해하고 가족 동맹과 연합으로 몰고 가는 것을 피하기 위한 가족 체계 이론을 추구하였다. 가족 동맹(예, 아동의 공격적 행동이나 배우자의 간통에 기인하는 가족에서의 모든 문제에 대해 부모와 결합하거나 동의하는 것)으로 몰아가거나 조종되는 것은 전체 가족을 위한 효과적인 치료를 방해할 수 있다. Watzlawick, Weakland 및 Fisch(1974)는 정신연구소에서 단기 치료 프로젝트를 발전시켰다. 그 프로그램은 문제를 해결하기보다는 종종 문제를 강화하는 경향이 있는 대인 행동의 반복적인 순환을 강조한다. 일부 가족 치료자들(John Bell, Ivan Nagy, James Framo, Lyman Wynne 및 Murray Bowen과 같은)은 가족 치료에 정신분석적 이론을 적용하였다(J. Bell, 1961; Bowen, 1978). Carl Whitaker와 Virginia Satir 같은 가족 이론가들은 직관과 감정을 강조하는 경험적 모형에 초점을 두었다(Satir, 1967, 1972; Whitaker & Keith, 1981). Nathan Ackerman과 Salvador Minuchin 같은 이들은 여전히 구조적 가족 치료를 발전시키고 특히 아동에 초점을 둔 가족 내의 가족 경계와 세대적 위계에 초점을 두고 있다.

광범위하고 다양한 가족 치료 접근과 전략이 Bateson Project 이후에 20세기 후반부에 걸쳐(특히 1960년대 동안과 1970년대) 출현한 반면, 공통점은 주된 문제가 되는 행동을 일으키고 유지하는 데 있어서 전체 가족 체계의 역할에 집중하고 가족 문제와 관련된 의사소통 양식 및 가족 성원 내에 현존하는 부적응적인 관계 양식을 포함하고 있다. 개인적 수준에서의 중재보다 가족 수준에서의 중재는 이들 각 치료 전략의 목표가 된다.

## 향정신성 약물치료

아편, 인슐린, 브롬화물 및 전기 경련 치료(ECT)와 같은 생물학적인 치료와 약물치료가 20세기 초기와 중반 동안 정신질환에 대한 치료로 사용되었음에도 불구하고, 정신분열증과 양극성 장애와 같은 심각한 장애를 치료하는 데 효과적인 약물이 개발된 것은 1950년대에 이르러서였다. 많은 발견의 특징은 이들 **향정신성 약물치료**(psychotropic medication)가 정신병의 치료에서 효과가 있음이 우연히 발견되었다.

오스트레일리아 정신의학자인 John Cade는 기니피그들이 천일염, 즉 리튬 염화물이 주어졌을 때 진정된다는 것에 주목하였다. Cade 박사는 그 후 리튬을 정신병 환자에게 투여하였는데 기니피그에게서 발견된 것과 똑같이 진정시키는 효과를 가지고 있다는 것을 발견하였다. 프랑스 의사인 Henry Laborit는 수술 전에 혈압을 낮추려는 시도로 약물을 사용하였는데 그것이 환자의 불안을 낮춰준다는 것을 발견하였다. 1952년에 두 프랑스 정신의학자(Pierre Deniker와 Jean Delay)는 약물(클로로프로마진, 즉 Thorazine)치료를 정신병 환자에게 하였다. 그들은 환자들이 덜 불안해하고, 정신분열증 환자들은 더 적은 환각과 망상을 경험한다는 것을 발견하였다. 따라서 혈압강하제(즉, reserpine)와 신경이완제(Thorazine과 Haldol)는 정신병 환자의 환각, 망상 및 흥분을 감소시키는 데 도움을 준다는 것을 증명하였다. 더욱이, 벤조디아제핀(바륨과 같은)은 1960년대 초반에 심각한 불안 증상을 감소시키는 데 효과적임이 발견되었다.

이들 약물치료 발견에 대한 초기의 반응은 전문가 사회와 일반인들 사이에 굉장한 열광을 불러일으켰다. 그렇지만 나중에는 문제가 되는 부작용과 치료의 제한점이 초기의 열광을 경감시켰다. 그럼에도 불구하고 이들 치료의 효과는 궁극적으로 환자들이 정신병원에서 퇴원할 수 있게 하였다. 예를 들어, 1950년에 미국의 주와 카운티의 정신병원에 대략 500,000명의 환자들이 입원해 있었다. 이 수치는 1998년에는 57,000명으로 줄었다(Lamb & Weinberger, 2001).

이 수치는 더 많은 인구에도 불구하고 감소가 계속되고 있다. 이들 약물치료는 또한 환자들에게 대개 정신분석치료, 제한된 생물학적 치료(예, 전기 경련 치료), 그리고 보호치료만을 제공했던 정신과 의사들에게 새로운 역할을 제공하였다. 이 약물치료의 효과는 많은 정신병이 뇌의 질병이고, 그러므로 무의식적 갈등만으로 출현할 수 없다는 생각을 한층 굳히게 하였다. 정신병적인 문제에 대한 약물치료의 증가는 또한 의사들이 정신질환을 치료하는 데 있어 현재 취하고 있는 잦은 리더쉽 역할을 공표하게 되었다. 오늘날 모든 약물치료의 대략 20~30%가 우울, 불안 및 충동적인 행동과 같은 정서적이거나 행동적인 요인에 영향을 주기 위한 의도로 처방된다(Glasser, 2003). 최근 심리학자는 Louisians 주, New Mexico 주, Guam 및 군대와 같은 여러 지역에서 처방 권한을 확보했다.

## 지역사회 정신건강 운동

1950년대 동안 향정신성 약물치료는 많은 정신과 환자들이 정신병원 같은 기관 장면을 떠나서 사회에 복귀하게 하였다. 더욱이, 그 시기의 사회정치적 풍토를 반영해서 정신병원 환자들을 '인간창고에 수용하는 것은' 지역사회에 기반을 둔 보다 자비로운 치료로 대체되었다. 이 퇴원기간 동안 정신과 환자들은 사회에 재적응하고, 유급의 직업을 얻고, 그리고 삶의 스트레스와 증가된 사회적 요구와 기회에 대처하기 위해 외래 환자 서비스를 필요로 하게 되었다. 더욱이 정신병에 기여하는 사회적 요인(빈곤, 무주택, 인종주의, 실직 그리고 이혼과 같은)뿐만 아니라 정신병 예방에 대한 관심은 정신병과 관련된 이론과 중재에 더 현저한 역할을 발전시켰다. 이것은 **지역사회 정신건강 운동**을 일어나게 하였다. 국회는 1955년에 정신건강과 질병에 대한 공동위원회를 만드는 것에 대한 법률을 통과시켜서 정신병원 입원 환자 장면의 밖에서 지역사회 정신건강 서비스를 발전시키도록 하였다. 1963년에 미국 전역에 지역사회 정신건강 센터를 세우는 데 연방 기금을 사용하도록 하는 법안이 통과되었다. 1965년에는 이 운동에서 심리학자들이 해야 할 독특한 역할에 대한 계획을 세우기 위해 심리학자들의 한 집단이 Massashusetts 주의 Swampscott에서 모였다. 지역사회 정신건강 운동과 지역사회 심리학의 임무는 초기 중재와 탐지 프로그램으로 정신병 발병을 예방하는 것뿐만 아니라 외래환자 기반에서 사회의 모든 부문들에 정신건강 서비스를 이용할 수 있도록 하는 것이다. 미국 전역에 개설되어있는 지역사회 정신건강 진료소는 전형적으로 주와 연방 기금으로 지원되었다. 이 운동은 심리학자들이 심리검사, 자문, 치료, 위기 중재 및 정신병의 예방에 초점을 둔 서비스(예, 교육)를 포함한 광범위한 전문적 서비스를 제공할 기회를 가져왔다. 그렇지만 지역사회 정신건강 운동을 일으킨 법안이 통과된 20년 내에 연방과 주 정부는 기금을 현저하게 감소시켰고, 대부분의 프로그램은 폐지되고 서비스가 감소되거나 개인 진료소로 편입되었다.

## 통합적인 접근

1950년대와 1960년대, 그리고 1970년대 동안의 새로운 이론들과 접근들의 급격한 증가 후에 많은 연구자들과 임상가들은 한 특정 이론이나 이론적 지향을 엄격히 고수하는 것에 불만족스러워하였다. 각 사고의 학파(행동주의, 인지-행동주의, 인본주의, 가족체계, 정신역동)는 인간 행동에 관한 그들 자신의 철학이나 세계관을 발전시켜서 이러한 견해들을 감정, 행동 및 관계에서의 긍정적인 변화에 영향을 주는 전략으로 전환시켰다. 1970년대 후반과 1980년대 초반 동안에 많은 전문가들은 다양한 사고 학파들이 각각의 토대 위에서 제공해야만 했던 최선의 것을 통합하려고 노력하였다. 이 접근들의 차이점들에 초점을 맞추기보다는 공통 요인들에 강조를 두었다. 어떤 치료 접근이나 이론적 지향이 다른 것에 비해 상대적으로 우월하다는 것이 연구를 통해 입증될 수 없었다는 사실(Smith, Glass, & Miller, 1980)과 대다수의 실무 임상가들이 자신들을 절충적 혹은 **통합적**이라고 밝힌 조사결과(Garfield, & Kurtz, 1976; Messer, 2001, 2008; Norcross & Prochaska, 1988; Norcross et al., 2002, 2005, 2008)는 이론, 연구 및 실무에 대한 통합적인 접근을 고려하도록 전문적인 공동체를 더 동기화시켰다(O'Brien & Houston, 2000).

1950년대에 Dollard와 Miller(1950)는 행동주의나 학습 이론 언어를 통해 정신역동 개념을 이해하려고 시도하였다. 다른 저술가들은, 특히 1970년대 동안에, 정신역동과 행동주의의 개념과 기법들을 통합하는 데에 관심을 가졌다(Feather & Rhoads, 1972; Wachtel, 1975, 1977, 1984). 이 분야에서 가장 주목할 만한 연구는 Paul Wachtel의 연구였다. Wachtel은 논리적이고 일관된 방식으로 협동적인 요소들에 의해 각 접근의 강점을 취하려고 노력하였다. 그는 경험적 증거, 환자의 치료 목표 및 행동의 환경적인 영향과 맥락의 중요성뿐만 아니라 무의식적인 영향, 의미 및 공상의 중요성에 초점을 두었다.

Jerome Frank(1961, 1982)는 다양한 치료 방법들(위약 효과와 믿음 치유뿐만 아니라)의 공통점을 검토한 결과 이들 치료 방법들 모두에는 환자에게 희망과 정서적 각성을 불어넣고, 의욕 증진과 자기와 타인에 대한 이해를 고무하는 것, 치유하는 장소(예, 심리치료실), 그리고 치료 환경의 변화를 지지하는 것이 있음을 발견하였다. 또 어떤 연구자들은 모든 유형의 치료들에서 공통된 치유적 요인으로 전문적 관계의 성질에 초점을 두었다(Rogers, 1954; Schofield, 1964; Truax & Mitchell, 1971).

보다 최근의 다른 연구자들은 이들 기법의 이론적 토대에 특별히 추종하지 않고 다양한 이론적 지향으로부터 나온 기법들의 통합적인 사용과 절충주의에 초점을 둔다(Brooks-Harris, 2008; Norcross & Goldfried, 2005; Norcross et al., 2002; Stern, 2003). 이 접근들은 개별 환자의 요구를 맞추기 위해 다양한 치료 전략들을 통합하는 보다 기능적이고 실용적인 접근에 초점을 둔다(Brooks-Harris, 2008; O'Brien & Houston, 2000).

## 생물심리사회적 접근

17세기와 Descartes 및 Newton의 영향 이후로 건강과 질병에 대한 이론은 육체로부터 정신을 분리하는 경향이 있었다. 따라서 서구 의학은 정신병을 포함해서 질병을 유전과 신경화학적 불균형 같은, 생물학에 의해 영향을 받거나, 성격 및 대인 갈등과 같은 정신에 의해 영향을 받는 것으로 흔히 보는 경향이 있었다. 20세기 후반부 동안의 의학, 과학, 심리학, 사회학, 민족 및 소수집단연구 및 기타 분야들에서의 진보는 정신질환을 포함해서 건강과 질병에 있어서 상호작용하는 다차원적인 영향에 대한 증거를 제공한다. 신경 영상과 같은 새로운 뇌 검사 기법과 함께 유전학과 신경화학에서의 새로운 발견은 정서와 행동에 대한 생물학의 기여를 확고히 하였다. 향정신성 약물치료의 효과는 행동에 영향을 끼치는 중대한 생물학적 영향에 대한 더 많은 단서를 제공한다. 행동주의, 인지-행동주의, 인본주의 및 가족 체계 조망에 의해 제안된 새로운 이론들과 지지연구는 심리적이고 사회적인 요인이 건강, 질병, 정서 및 행동에 영향을 준다

스포트라이트

# George Engel

의학박사 George Engel은 생물심리사회적 모형의 창시자이다. 그는 1977년 「*Science*」에 수록된 획기적인 논문에서 **생물심리사회적 모형**이라는 용어를 만들어내었다. George Engel은 뉴욕에서 태어나고 성장했다. 그는 New Hampshire의 Dartmouth대학에서, 1930년 16세의 나이에 대학생활을 시작하였는데 화학을 전공하였다. 그는 대학교 2학년 여름 동안, Massachusetts 주의 유명한 Woods Hole 해양생물학 연구소에서 일하였는데, 이것이 1935년 그의 나이 21세에 첫 번째 출판논문으로 이끌게 되었다. 대학 졸업 후, 그는 Johns Hopkins 의과대학에 입학하여 1938년에 졸업했다. 그는 뉴욕시에 있는 Mount Sinai 병원에서 레지던트 수련을 마쳤다. Cincinnati대학교 의과대학으로 옮긴 후에 1946년에 Rochester대학교에서 의학 및 정신과 모두에서 자리를 잡았다. Cincinnati와 Rochester대학교 모두에서, Engel은 John Romano 박사와 함께 가깝게 연구하였다. 그들은 함께 생물심리사회적 모형에 대해 다양한 논문을 출판하였으며, 의학에서 다중학문수련을 강조하였는데, 의학교육을 위해 점진적이고 독특한 교과과정을 개발하였다. Engel 박사는 1979년에 Rochester대학교에서 은퇴했지만, 1999년 12월 85세에 서거할 때까지 명예교수로 활발하게 활동하였다.

주목받는 현대 임상심리학자

사진 : Nadine. J. Kaslow
제공

# Nadine J. Kaslow, PhD, ABPP

**생년월일** : 1957년 5월 29일

**대학교** : 1978년 Pennsylvania대학교, BA

**대학원 프로그램** : 1983년 Houston 대학교 박사, PhD

**임상 인턴쉽** : Wisconsin대학교(Madison), 정신과, 1982년 7월 1일~1983년 6월 30일

**현재 직업** : Georgia주 Atlanta의 Emory 정신의학 및 행동과학과, 교수, 수석 심리학자 및 부학과장. 나는 또한 미국 임상심리학 이사회 의장이며, 미국전문심리학 이사회 의장 당선자이다. 또한 나는 미국심리학회 심리치료 분과 회장이며 내년에 미국심리학회의 이사회 의장으로 3년간의 임기를 시작한다. 게다가 나는 「*Journal of Family Psychology*」의 차기 편집장이기도 하다.

**임상심리학자가 되는 것의 장점과 단점** :

**장점** : "(1) 임상 업무, 연구, 교육/지도감독, 행정 및 홍보를 포함하는 매우 다양한 직업을 가질 수 있다; (2) 사람들의 삶의 스트레스와 도전을 다루며, 더욱 효과적으로 대처하고, 보다 의미 있고 만족스러운 생활을 할 수 있도록 도울 기회를 갖는다; (3) 우리가 생물심리사회적 관점에서 사람들을 더 잘 이해하고 따라서 그들의 삶에 중재하는 데 보다 효과적일 수 있도록 하는 지식을 진보시킨다; (4) 교육과 지도감독을 하는 데 있어 창의적이고 혁신적인 접근을 통해 차세대 임상심리학자들을 격려한다; (5) 이 나라 사람들의 정신건강 욕구를 위한 홍보를 한다."

**단점** : "(1) 정신건강 서비스에 관한 동등성이 충분치 않으므로 많은 사람들이 우리의 서비스를 적절하게

(계속)

받을 수 없다; (2) 정신건강에 대한 낙인이 여전히 존재하는데, 사람들이 필요로 하는 심리적 진료를 받는 데 불편감을 느끼게 하고 있다; (3) 가용할 수 있는 인턴쉽 자리보다 더 많은 대학원 졸업생들이 배출되어 공급-수요의 불균형이 존재한다. 따라서 나는 우리나라의 경기 침체 시 의미 있는 직업을 찾기 위해 몸부림칠 많은 임상심리학자들이 우려된다."

**당신의 전문 분야와 전문 분야를 선택하는 방법** : "나는 어느 정도는 내 어머니가 임상심리학자이기 때문에 임상심리학자가 되기로 선택하였다. 더욱이 어린 아이었을 때조차도, 나는 심리적 문제들과 그에 대한 치료에 관한 책에 끌렸다. 나는 대학시절 특히 이상심리학, 아동심리학, 성격 이론, 및 다양한 심리학적 장애(우울, 정신분열증)와 관련된 심리학 과정에 끌리게 되었다. 나는 정말로 내가 심리치료에 종사하고, 심리학적 중재에 관한 연구를 수행할 수 있고, 심리치료자를 수련시킬 수 있고, 다양한 정신건강 원인에 대해 중재할 수 있는 곳에서 균형 잡힌 경력을 원한다는 것을 알게 되었고, 임상심리학이 나를 그렇게 해줄 것이라고 믿었고, 여전히 믿을 것이다."

**임상심리학의 미래** : "임상심리학의 미래는 매우 밝다. 우리는 효과적이고, 문화적으로 유능하고, 발달적으로 충만하며, 성별에 민감하고, 그리고 증거-기반 평가 및 중재 접근법에 대한 발달과 보급에 관하여 진보하고 있다. 우리는 이러한 접근법이 강력하면서도 협력적인 작업 동맹의 맥락에서 수행될 필요가 있다는 것을 인식한다. 임상심리학자는 그들의 연구 지평을 확장하고 있어서 그들은 생물학적, 심리학적 및 사회적 변인을 통합하기 위해 보다 많은 관심을 기울이고 있다. 나는 예방 노력에 더 많은 강조가 있기를 희망한다. 이 가능성을 만드는 법안의 통과가 지연되면서 임상심리학자들은 많은 주에서 처방전 권한을 확보하는 것에 대해 계속 논쟁해왔다. 나는 더 많은 임상심리학자들이 미국의 전문 심리학회 이사회를 통해 자격을 갖추게 될 것이라고 믿는다. 또한 임상심리학자들에게 국가자격증 관점에서 일정 수준의 재자격 부여가 있을 수도 있다."

**향후 임상심리학 대학원과 대학원 후 수련에 관한 생각** : "심리학 교육, 수련 및 자격부여에 대한 역량-기반의 접근 방식에 대한 관심이 급증하고 있었으며, 나는 이러한 변화가 지속될 것이라고 생각한다. 학생들은 핵심적인 기초 및 기능적인 유능성에서 보다 체계적으로 수련될 것이며, 최첨단 평가 접근들이 이들 유능성의 획득을 평가하는 데 사용될 것이다. 공급-수요 불균형 문제를 해결하기 위하여 전략이 필요할 것이다. 해결될 필요가 있는 자격증에 대한 박사 후 요건에 관하여 많은 논쟁이 있는데, 이것은 임상심리학에서 수련과 자격부여 과정에 영향을 미친다. 그렇지만 임상심리학자에 대한 새로운 환경에서 박사 후 수련에 대한 여러 흥미로운 기회들이 존재한다. 평생학습이 점점 더 강조되고 있다."

**임상심리학의 현 추세에 대한 생각** : "임상심리학에 관심을 가진 개인이 대학원 프로그램에 입학을 허가받고 박사 전 인턴쉽 프로그램에 들어가기 위해 경쟁이 치열하다. 혁신적인 증거-기반 임상 프로그램의 성장에도 불구하고, 심리학적 서비스에 대한 보상이 줄어드는 것에 대해 많은 관심이 있다. 공중보건 관점이 임상심리학 내에서도 점점 통합되고 있다. 임상심리학자에 의해 수행된 모든 활동에서 다양성 고찰을 통합할 필요성에 대한 인식이 점점 커지고 있다. 임상심리학자들이 스스로 찾고 있는 장면들이 극적으로 그리고 희망적으로 확대되어왔는데, 임상심리학자들이 역할을 하게 될 다양한 맥락이 계속해서 늘어날 것이다. 더욱이, 임상심리학자가 역사적으로 수행해온 환경은 계속해서 진화하고 있고, 건강진료 개혁이 발생하면 더 진화 가능성이 높다."

## 전형적인 일과

7 : 00  심리치료
8 : 00  이메일
9 : 00  인턴 및 박사 후 펠로우들과 함께하는 입원환자 병동 팀 미팅에 참석
10 : 00  교수진 발전과 관련된 행정회의
11 : 00  심리학 박사 후 펠로우에 대한 지도감독
12 : 00  심리학 인턴에 대한 지도감독, 입원환자 병동에서 환자와 그 가족에 대한 면담 포함
1 : 00  연구팀 회의
2 : 00  논문 쓰기
3 : 00  전국 전문 심리학 기구 업무에 관련된 회의 소집
4 : 00  「*Journal of Family Psychology*」 편집 업무
5 : 00  이메일
6 : 00  개인 개업 환자
7 : 00  개인 개업 환자
8 : 00  개인 개업 환자
9 : 00  개인 개업 환자

는 더 많은 증거와 신뢰를 제공한다. 끝으로, 1960년
대에 시작된 지역사회 정신건강 운동은 정신병에서
의 사회적, 문화적 및 경제적 요인들의 영향을 입증하
였다. 이 새로운 발견과 조망의 합류는 1970년대 후반
에 **생물심리사회적** 지향이 출현하는 것을 허용하였다.

1977년에 George Engel은 「*Science*」에 질병을
이해하고 치료하는 데 있어서 최적의 모형으로서 생
물심리사회적 모형을 제안하는 논문을 발표하였다.
일찍이 논의했던 고대 그리스 Hippocrates의 사상에
뿌리를 둔 이 접근은 신체적이고 심리적인 문제들은
효과적인 중재 전략을 제공하기 위해서 이해되어야
하는 생물·심리·사회적 요소들을 가지고 있다고
주장하였다. 따라서 문제에 대한 단일 차원의 인과적
접근보다는 생물심리사회적 조망은 다차원적이고 상
호작용하는 접근을 활용한다. 생물심리사회적 틀은
건강과 질병의 생물·심리·사회적 측면들이 서로
밀접하게 영향을 미치고 있다고 시사한다.

생물심리사회적 조망은 새로운 것이 아니다. 이전
장에서 논의되었듯이 행동, 정서 및 건강에 대한 생
물·심리·사회적 영향에 대한 평가는 수세기 전에
인식되었다. 그렇지만 시간이 지남에 따라 조망의 상
이한 요소들이 강조되고, 때때로 다른 요소들이 배제
되기도 하였다. 더욱이 과학적인 발견, 영향력 있는
사람들 및 그 당시의 사회적 사고는 생물학적이거나
심리학적 또는 사회적 영향 중의 하나에 중점을 두는
경향이 있었다.

생물심리사회적 접근은 그것의 유용성을 나타내는
것을 지지하는 연구와 함께 의학과 심리학 모두에서
수용되어왔다(Fava & Sonino, 2008; Institute for
the Future, 2000; Institute of Medicine, 2001,
2008; Johnson, 2003; McDaniel, 1995; Melchert,
2007). 예를 들어 연구는 비만, 알코올 중독, 학습 장

애, 불안 및 우울 장애와 같은 많은 다양한 문제들이
모두 생물·심리·사회적 영향 간의 복잡한 상호작
용을 포함하고 있다는 것을 가리킨다. 이들 상호작용
에 대한 이해와 인식은 치료와 예방 중재를 고안할 때
고려되어야 할 것이다. 생물심리사회적 접근은 1980
년대 초기의 건강심리학 분야의 토대가 되었다
(Schwartz, 1982). 또한 그것은 임상심리학에서 영
향력 있는 조망이 되었다. APA는 그것의 강령과 다
른 정책을 변경했을 때 이 모형을 승인했다(평론을 위
해서는 Johnson, 2003 참조). 의학연구소(2001)는
또한 "건강과 질병은 생물학적, 심리적, 행동적 및 사
회적 요인 간의 역동적인 상호작용에 의해 결정되며,
다중분야의 협력과 상호작용은 건강과 행동을 이해
하고 영향을 미치기 때문에 필수적이다."(p. 348)고
규정했다. 그러므로 심리학자들은 다른 사람들을 이
해하고 치료하기 위하여 다차원적인 생물심리사회적
영향력을 자각해야 할 것이다(Fava & Sonino,
2008; Johnson, 2003; Melchert, 2007).

## 새로운 수련모형 출현

### Vail 회의

임상심리학 수련 철학에서의 전환점은 1973년
Colorado 주 Vail에서 개최된 Vail 회의 동안에 일어
났다(Korman, 1976). 이 회의는 임상심리학 전공 학
생들과 사회 모두의 변화하는 욕구를 충족시키기 위
해 수련이 어떻게 변경될 수 있는지를 논의하기 위해
개최되었다. 심리학에서의 전문 수련의 수준과 양식
에 관한 전국 회의는 국립정신건강연구소(National
Institute of Mental Health, NIMH)로부터 재정적
인 지원을 받았다. 이 회의의 가장 중요한 성과는 임

상심리학의 새로운 수련모형의 수용이었다. Boulder 모형, 즉 과학자–실무자 모형에 덧붙여, Vail 모형, 즉 **학자–실무자 모형**이 적절한 대안으로 승인되었다. 이 모형은 임상 수련이 연구를 최소화하고 전문적인 심리학적 서비스의 전달을 강조할 수 있다고 주장하였다. 더욱이, 이 회의는 대학원 수련이 대학교 심리학과에서만 행해지는 것이 아니라 자유 설립 심리학 전문대학원에서도 행해질 수 있다는 생각을 승인하였다. 자유 설립 전문대학원은 대학교와는 독립적으로 발전하였다. 가장 최초의 그리고 가장 큰 심리학 전문대학원 중의 하나는 4개의 캠퍼스와 5,000명 이상의 등록된 학생이 있는 California 전문 심리학 대학원이다. 1973년 회의 직후, 심리학 전문 대학원 전국 회의가 이들 새로운 대학원과 프로그램에 대한 독특한 쟁점들을 다루기 위해 구성되었다. 끝으로, 이 회의는 PsyD(즉, 심리학 박사) 학위를 PhD 학위에 대한 대안으로 승인하였다. PsyD 학위는 연구와 임상 수련 둘 다를 강조하는 정통적인 Boulder 모형에서 수련받은 사람들보다는 더 실무자–지향적인 **Vail 모형**에서 수련받은 임상가들에게 수여된다. 이 새로운 모형은 대학원 교육에서 자신들이 원하는 강조 유형을 선택하는 기회를 학생들에게 허용한다. Vail 모형 프로그램은 매우 인기를 얻게 되었다. Vail 모형 프로그램으로 수련받은 학생들은 약 4:1 비율로 Boulder 모형 프로그램으로 수련받은 학생들의 숫자를 능가하였다(Norcross et al., 2002, 2005, 2008). 이러한 선택은 대학원 수련을 찾는 현재 학생들에게도 여전히 유용하다. 최초의 PsyD 프로그램은 Illinois 대학교에서 1968년에 개발되었는데(Peterson, 1968), 지금은 존재하지 않는다.

처음으로 Vail 회의는 단지 박사학위의 수여자들에 대한 조망만 승인한 것이 아니라 전문 심리학자로 간주되는 최종 석사학위의 수여자들에 대한 개념도 승인하였다. 그렇지만 1977년에 APA는 박사학위가 심리학자라는 직함에 요구되었고, 그러므로 Vail 회의에서 지지된 최종 석사학위의 역할은 감소되어야 한다고 주장하였다. 미국과 캐나다 전역의 수많은 대학원 프로그램이 임상심리학에서의 최종석사 학위 프로그램과 많은 주가 상담가로서의 석사 수준 전문가 면허를 제공함에도 불구하고, APA는 독립적인 심리학 실무에 적합한 교육으로서 최종 석사학위를 지지하지 않았다. 실무에서는, 석사학위를 지닌 전문가들은 흔히 심리학자 직함이 아니라 상담가나 결혼 및 가족 **치료사** 직함으로 독립적인 전문 서비스를 제공한다.

## Salt Lake City 회의

1987년 동안에 전국 회의는 학생들, 사회, 그리고 전문직의 요구에 가장 부합하는 수련모형이 무엇인지를 검토하기 위해 또 다른 회의를 개최하였다. 이 회의는 학위(PhD 또는 PsyD)나 배경(대학교 또는 자유설립 대학원)에 상관없이 임상심리학에서의 모든 대학원 수련은 연구 방법, 통계, 전문가 윤리, 역사와 체계, 심리평가 및 행동의 기반으로서의 생물학적, 사회적, 인지적 및 개인차와 같은 핵심 교과과정을 포함해야 한다는 의견을 승인하였다. 그렇지만 Salt Lake City 회의는 자유설립 전문 대학원의 임상심리학자들의 수련에 관한 Vail 회의의 열정을 가라앉게 하였다. 가장 주목할 만하게 이 회의는 1995년까지 모든 APA 승인 프로그램들은 지역적으로 승인된 대학교와 최소한의 제휴 관계를 맺어야 한다고 공표하였다. 이 규정은 자유 설립 전문대학원에서 급격하게 확산되어 시행되고 있는 수련에 대하여 통제를 더 많이 유지하기 위해 통과되었다(Bickman, 1987). 그렇지만 이 권고는 2010년까지는 대개 무시되어 대다수의 자유설립 심리학 전문대학원은 여전히 어떤 대학교와도 제휴를 맺지 않았다. 실제로 모든 심리학 분야 박사학위의 50%는 현재 대학교와 제휴를 맺지 않은 이러한 자유설립 심리학 전문대학원에서 수여된 것인데 이들 중 대다수가 California 주에 위치하고 있다.

### 기타 회의

전문 심리학 대학원 전국 회의(National Council of Schools in Professional Psychology)가 여러 차례 전국적인 회의를 개최하였다: 1986년 Mission Bay, 1989년 San Juan, 1990년 Gainesville, 및 1991년 San Antonio. 이 회의들은 심리학 전문대학원의 더욱 정교화된 교육 목표를 이끌어내었다. 새로운 목표는 과학과 실무를 임상 수련에 통합시키는 것에 대한 재천명뿐만 아니라 소수민족과 하류층에 서비스하는 데 있어서 적절한 수련을 강조하였다.

1990년대에는, 이전의 더 임상적으로 지향된 수련 모형(즉, Boulder 모형과 Vail 모형)에 비해 상대적으로 더 연구지향적이고, 과학적인 접근법을 개발하기 위해 **임상 과학자 모형**을 개발하려는 운동이 출현되었다. 1994년 Indiana대학교에서 전문 회의에 따라 **심리학적 임상 과학 아카데미**(Academy of Psychological Clinical Science, APCS)가 개발되었고 Richard McFall이 초대 회장이 되었다(McFall, 1991; Academy of Psychological Clinical Science, 2009).

### 박사 후 수련에 관한 Michigan 회의

1992년 10월에, Michigan대학교에서 열린 전문 심리학에서의 박사 후 수련에 관한 전국회의는 특별히 심리학에서의 박사 후 수련 쟁점들을 다루었다(Larsen et al., 1993). 대학원과 인턴쉽 수련에 대해 APA가 승인하고 제공하는 상세화된 지침이 있지만 박사 후 수련에 역사적으로 제공되어왔던 포괄적인 APA 지침은 없었다. 거의 대부분의 주가 면허 취득 전에 박사 후 수련을 요구하기 때문에, 대개 모든 임상심리학자들도 APA의 지침 없이 박사 후 수련 프로그램에 참여해왔다. 많은 전문가들은 박사 후 수련 프로그램에 대한 국가적인 규준을 요구하였다(Belar et al., 1989; Plante, 1988). Michigan 회의는 임상심리학에서의 박사 후 수련에 대한 통제와 조정을 위한 지침과 계획을 개발하였다. 예를 들어, 승인된 박사 후 수련 프로그램의 허가 이전에 APA 승인 박사 및 인턴쉽 수련 프로그램의 이수; 최소한 1주일에 2시간은 면허를 받은 심리학자에 의한 면대면 지도감독; 그리고 다른 무엇보다도 수련생과 프로그램을 검토하기 위한 체계적인 평가 기제에 대한 권고를 포함하고 있다.

## 경험적으로 지지된 치료의 등장과 인지 행동적 모형의 부활

최근 몇 년 동안 임상심리학은 중재에 대해 주로 인지 행동 접근을 사용하기보다는 더 자주 경험적으로 지지되고 증거-기반 실무를 강조하는 치료 모형으로 이동하였다. APA 임상심리학 분과(제12분과)의 The Task Force on Promotion and Dissemination of Psychological Procedures(1995)에서 꼼꼼한 연구 결과에 기반을 두어 심리치료에 대한 지침을 개발했다(Chambless et al., 1996). **경험적으로 지지된 치료**는 그것들의 효능을 보여주는 중요한 연구 지원을 받은 매우 잘 수립된 치료 접근이다(Beutler, 2009; Chambless & Ollendick, 2001; Rehm, 1997;

Sanderson, 1994; Sanderson & Woody, 1995). 경험적으로 지지된 치료로서의 수용 준거는 잘 설계된 집단 간 및/ 혹은 일련의 단일-사례 설계 실험을 사용하여 효능을 증명하는 것을 포함한다. 이들 실험에서 나온 결과는 치료가 충분한 피험자를 대상으로 적당한 통계적 검증력을 가지는 것뿐만 아니라 위약이나 기타 치료보다 우수하다는 것을 증명해야만 했다. 더욱이, 실험은 치료 매뉴얼을 사용하여 수행되어야 하며, 내담자의 성격특징들이 매우 명확하게 명세화되어야 한다. 끝으로, 효과는 최소한 두 사람의 독립적인 연구자이거나 혹은 연구 팀에 의해 발견되어야 한다. 이들 기준은 광범위한 문제들을 치료하는 데 사용되어온 수많은 치료 접근법들에 적용되어왔다.

경험적으로 지지된 치료는 약물남용과 의존성, 불안, 우울, 성, 섭식 및 건강문제들에 대한 치료를 위해서 개발되어왔다. 경험적으로 지지된 예는, 공포증과 외상 후 스트레스 장애에 대한 노출 치료, 두통, 공황, 과민성 대장 증후군 및 폭식에 대한 인지-행동치료, 우울과 부부 불화에 대한 통찰-지향 역동치료가 있다. 많은 현대 임상심리학자들은 오직 경험적으로 타당화된 치료만이 임상 실무에 사용되어야 한다고 주장한다(Chambless, 1996; Chambless & Ollendick, 2001; Crits-Christoph, 1996; Meehl, 1997; Nathan & Gorman, 2002, 2007; Rehm, 1997).

다른 사람들은 이러한 접근에 대한 제한점을 인용하면서 경험적으로 지지된 접근에 대해 더 회의적이다(Cooper, 2003; Garfield, 1996; Havik & VandenBos, 1996; Ingram et al., 2000; La Roche & Christopher, 2008). 회의론자들은 흔히 연구 결과들에서부터 실제 임상 실무까지 일반화하는 것의 어려움 그리고 개인의 독특한 복잡성이 이들 치료 접근법들의 개발에 대하여 덜 열정적으로 취급된다는 이유와 같은 문제들을 자주 인용한다(Norcross, Beutler, & Levant, 2006). 이러한 우려는 경험적으로 지지된 치료에 관해 논의된 많은 우려를 다룬 2005년 APA Presidential Task Force를 이끌었으며 증거-기반 실무(EBP)에 대한 강조가 제안되었다(APA Presidential Task Force on Evidence-Based Practice, 2006; Levant & Hasan, 2008).

증거-기반 실무는 개인이 자신의 욕구에 부합되는 전문 심리학적 서비스를 찾는 독특한 개인을 돕는 데 가장 유용한 임상연구와 수준 높은 임상 전문성을 통합하려고 시도한다. 현대 임상심리학은 경험적으로 지지된 치료를 개발하고 증거-기반 실무를 지원하기 위해 많은 연구와 임상적 조사에서 이것들을 사용하는 것에 초점을 맞추고 있다. 예를 들면, Barry Duncan, Scott Miller 및 그의 동료들은 양질의 증거를 기반으로 한 연구를 가장 명료하게 표현한 치료에 유용한 서적과 논문을 제공한다(예, Duncan, Miller, Wampold, & Hubble, 2009). Nathan과 Gorman(2007)은 동일한 작업을 하여, 어떤 치료 접근이 가장 견고한 연구지지를 받는가를 밝히기 위한 위계적 증거를 제공하고 있다. 이들의 양질의 연구 지원 목록을 검토해보면, 인지행동적 접근들이 주로 나타나는 경향이 있다.

증거-기반 실무에 더하여, 일부 연구자들은 경험적으로 지지되고 매뉴얼된 치료의 도전과 한계를 더 다루기 위해 경험적으로 지지된 치료 관계(Norcross, 2001, 2002)와 경험적으로 지지된 치료 원리(Castonguay & Beutler, 2006)를 논의했다. 다른 연구자들은 면밀하게 장단점을 조사하고 때로는 경험적으로 지지된 치료 때문에 나타나는 편협한 관점을 확장하기 위해 노력했다(Beutler, 2009;

Levant & Hasan, 2008). 다른 연구자들은 특히 영국에서는 특별한 문제를 평가하고 치료하는 데 구체적인 단계별 권장사항을 제공하는 **임상 실무 지침**을 개발하고 시행하였다(Institute of Medicine, 2008; United Kingdom Department of Health, 2001).

경험적으로 지지된 치료가 수십 년 동안 임상심리학자의 관심을 받아왔음에도 불구하고, 건강–진료 환급 체계와 건강 진료 관리 출현의 변화는 검증된 치료의 연구와 개발에 많은 재정적인 자극을 초래하였다. 기금 출처는 점차 더 적게 공급되고, 자원에 전념하기에 앞서 비용 효과성에 대한 보장을 늘릴 것을 요구하고 있다.

게다가 부당치료고소에서 경험적으로 지지된 서비스를 제공하지 않은 공급자에 대한 소송은 또한 현대 전문 실무에서 증거–기반 실무를 제공하고 임상 실무 지침을 사용하는 것에 대한 더 많은 강조를 권장하게 되었다. 건강 진료 관리는 제14장에서 자세하게 논의되겠지만, 효과적이고 검증된 치료 모두에서 책임에 대한 증가된 요구는 현대 정신건강 전문가, 진료 관리 회사, 정치인 및 일반 대중의 관심이 되었다(Institute of Medicine, 2008; Levant & Hasan, 2008; Lilienfeld, Lynn, & Lohr, 2004).

현대 임상심리학 전공 학생들은 인지–행동 중재들에 초점을 두는 경향이 있는 증거–기반 실무와 임상 실무 지침으로 더욱 훈련받을 가능성이 높은데, 왜냐하면 이 접근들은 양질의 무선화된 시행 연구 방법을 사용하여 가장 좋은 연구지지를 받는 경향이 있기 때문이다(Beutler, 2009; Duncan et al., 2009; Institute of Medicine, 2008; Nathan & Gorman, 2007; Norcross et al., 2008).

## 현재의 상태

지금까지 전개된 현대 임상심리학은 현재 거대한 변화와 도전에 적응하고 있다. 제14장에서 이 현재의 쟁점들을 상세하게 다루겠지만 임상심리학의 연구와 실무에 영향을 미치는 다양성과 문화적 민감성, 전문적인 수련에서의 변화하는 추세 및 현재의 경제적인 요인들에 관한 증가하고 있는 현안들에 대한 임상심리학자의 반응과 관련하여 이 시점에서 간단히 언급해볼 필요가 있겠다.

미국은 거대한 다양성으로 인해 축복은 물론 도전도 받고 있다. 성, 문화, 민족성, 언어, 종교적 믿음, 성적 지향, 신체적 능력과 장애 및 전체 개인차의 범위에서의 다양성이 심리학의 실무와 연구에 필연적으로 유입되어 이 분야를 풍요롭게 하였다. 더 이상 연구자들, 교육자 혹은 임상가들은 백인이고, 남성이며, 영어를 사용하고, 이성애적인 집단으로 가정되지 않는다. 예를 들어, 미국 인구조사국(2010)에 따르면, 약 3억 7백만 명의 미국인들 중 약 3천7백만 명(12%)은 아프리카계 미국인; 4천4백만 명(15%)은 라틴계 혹은 히스패닉계; 및 천3백만 명(5%)은 아시아계 혈통을 가지고 있다. 혼합된 인종 집단의 수는 수량화하기 어렵다. 점차적으로 임상심리학자들은 다양한 개인들과 집단과 함께 일하는 그들의 작업에서 중요한 민감성을 개발하는 데에 필요한 교육과 통찰을 습득하는 의무가 지워지고 있다(APA, 2003b). 이 분야의 다양성에 대한 기여는 제14장에서 충분히 탐구하겠지만, 이 책 전체를 통해서 현대의 강조점들이 보일 것이다. 수련 그 자체에 중요한 변화가 일어나고 있다. 첫째, 임상심리학자의 절반 이상이 이제는 전통적인 대학교 프로그램보다는 자유설립 심리학 전문 대학원에서 수련을 받고 있다. 이것은 Boulder 모형

(즉, 과학자−실무자)보다는 Vail 모형(즉, 학자−실무자)으로 수련받는 사람들을 늘어나게 하였을 뿐만 아니라, 더 많은 심리학자들이 직업을 찾아 나서게 하였다. 둘째, 현저하게 남성 전문직이었는데, 임상심리학에서의 대학생들과 대학원 신입생 성별 분포를 보면 남자 중심에서 여자 중심으로 변하고 있다. APA 회원의 60%가 남자인 반면(심리학의 모든 분야를 대표하는) 임상심리학에서 새로운 박사학위의 대다수가 여자에게 수여되고 있다(APA, 2003a, 2009a; Norcross et al., 2005, 2008; Snyder, McDermott, Leibowitz, & Cheavens, 2000). 예를 들어, 1973년과 1991년 사이에 심리학 분야에 들어온 남자의 수는 130%가 증가한 반면, 여자들이 직업으로 심리학을 선택하는 수는 530% 증가하였다(APA, 1995c). 심리학 일반 특히 임상심리학에서의 여성화는 이 분야의 면모를 괄목할 만하게 변경시켰다.

건강 진료에서의 경제적 요인 또한 심리학자들의 국면을 중요하게 변경시키고 있다. 연방 연구기금의 뚜렷한 감소는 임상심리학의 연구와 수련에 연방 기금을 훨씬 더 적게 이용하는 결과를 가져왔다. 이 제한된 연구기금 때문에 더 많은 경쟁을 불러왔다. 직업으로서 전일제 개인 개업을 선택하는 임상심리학자의 수가 과거 몇 십 년 동안 꾸준히 성장해왔던 반면, 이 추세는 건강 진료에서의 중요하고 광범위한 변화 때문에 반전이 될 수도 있다. 따라서 단독 독립 개업은 심리학자들의 직업 선택으로는 덜 매력적일 수도 있다. 임상심리학은 정신건강 분야를 넘어서서 일반 건강 진료와 예방적인 건강 진료 분야로 확장되어왔다. 그러므로 임상심리학은 수많은 의료 문제와 쟁점들에 대한 적용으로 일반 건강 진료에서도 그 길을 모색해왔다(Fava & Sonino, 2008; Johnson, 2003; S. Taylor, 2009). 임상심리학은 또한 더 많은 독립을

보장하는데, 예를 들어, 군대, New Mexico 주, Louisiana 주 및 괌 같은 특정한 장면에서 약물 치료 처방 능력뿐만 아니라 많은 주에서는 병원에서 인정하는 특권을 누리고 있다(Beutler, 2002). 이것은 임상심리학자들에게 가용한 전문적인 활동유형과 역할유형을 확대시켜왔다. 끝으로, 미국의 건강 진료 전달과 보상체계에서의 변화는 임상심리학과 다른 건강 관련 분야에 대한 가장 큰 도전을 제기하고 있다. 정신적이고 신체적인 문제들을 치료하기 위해, 보험회사로부터 얻을 수 있는 서비스와 보험수가가 제한되어있다. 사생활보호 쟁점(예, HIPAA)을 관리하는 것에 대한 새 법령의 도전은 임상심리학의 실무 방식을 변경시켰다. 이 각각의 현재 쟁점들은 제 14장에서 더 상세하게 논의될 것이다.

## 큰 그림

임상심리학은 Witmer가 1896년에 최초의 심리학 진료소를 개설함으로써 전문화의 토대를 닦은 이래로 먼 길을 걸어왔다. 약 50년 전에는 어떤 주에도 심리학 면허에 대한 법이 없었으며, 포괄적인 임상심리학 수련 지침, 승인 기준 또는 수련 모형이 없었다는 것을 상상하기가 어렵다. 더욱이, 50년 전에는 정신과 의사들의 배타적인 영향이 있었기 때문에 임상심리학자들이 심리치료를 수행하도록 허용하지 않았다는 것은 놀랄 만한 일이다. 오늘날 임상심리학은 왕성하게 성장하는 분야이고 수많은 조망과 중재의 통합된 자원들을 활용하고 있다. 임상심리학은 이제 다른 많은 장소 중에서 광범위한 병원, 진료소, 사업체 및 교육 장면에서 실무 되고 있다.

신기하게도, 임상심리학은 그 같은 먼 길을 왔지만

APA 때문이 아니라 APA에도 불구하고 임상심리학의 진보는 때때로 일어났다. 몇 번에 걸쳐 임상심리학자들이 APA에서 탈퇴해서 그들 자신의 독립적인 집단을 형성하였다. 그때마다 그들은 나중에 APA에 재가입하기로 결정하였다. APA의 응용 임상전문가와 대다수의 학문적이고 과학적인 회원들 간의 의견 차이는 APA가 창립된 이래의 피할 수 없는 현실이다. 심리학의 과학과 실무 간의 긴장은 계속될 것 같다.

오늘날 현대 임상심리학은 다양성, 과학적인 진보 및 전문가 수련에서의 변화 그리고 이 나라의 건강 진료에 영향을 주는 경제적인 요인에 관한 중요한 문제들에 역점을 두어 다루고 협동하려고 한다. 궁극적으로, 임상심리학의 과학과 실무는 인간의 곤경에 대한 우리의 이해와 치료에 넓게 공헌하고 있다. 임상심리학의 과학과 응용은 온 세상의 수많은 사람들의 삶의 질을 향상시키는 데 효율적임이 증명되었다. 현재는 확실히 임상심리학 분야에서 흥미를 불러일으키는 시기이다. 이러한 흥미진진함은 미래의 임상심리학자들에게도 계속될 것 같다.

## 요점

1. 제2차 세계대전 이후, 40,000명 이상의 재향군인들이 재향군인(VA) 병원에 정신과적인 이유로 입원하였다. 이 사람들에 대한 임상서비스의 절대적인 필요성은 심리검사, 심리치료, 자문 및 연구를 포함한 전반적인 범위의 종합적인 심리학적 서비스를 제공하는 임상심리학자의 수를 급격히 증가시켰다. 1946년에 재향군인회는 재향군인(VA) 병원 시스템에 약 4700명의 임상심리학자를 고용하도록 요청하였다.

2. 임상심리학 수련에 관한 APA 위원회가 1947년에 열렸는데, 임상심리학에서의 대학원 및 인턴쉽 수련에 대한 수련 기준과 지침을 개발하기 위해 노력하였다. 궁극적으로, 이 위원회의 지침은 임상 수련에 관한 황금 기준이 되었다. 이 보고서는 임상심리학자들이 4년간의 박사학위 프로그램과 함께 1년간의 인턴쉽을 엄격히 수련받아야 하고, 과학자와 임상가 둘 다로서 수련받아야 한다는 개념을 포함시키고 있다. 이 위원회는 연구, 치료 및 평가에서 수련이 포괄적이어야 한다고 권고하였다. 1949년에 Colorado 주의 Boulder에서 회의가 열렸으며, 임상 수련의 Boulder 모형(과학자-실무자 모형으로 알려진)을 개발하였다.

3. 1950년대, 1960년대 및 1970년대 동안 많은 새로운 치료와 중재 접근과 조망이 전통적인 정신역동 접근에 대한 대안으로 제공되었다. 심리학자들은 그들의 검사 서비스에 대해서 심리치료 기술에서 자리를 굳히게 되었다. 가족 체계, 행동주의, 인지-행동주의 및 인본주의 중재 접근은 전통적인 이론과 중재보다 더 강력하고 인기 있는 대안으로 출현하였다. 더욱이 정신병을 치료하는 데 향정신성 약물치료의 출현뿐만 아니라 1960년대의 지역사회 정신건강 운동의 발생은 임상심리학에 강력한 영향력을 발휘하였다.

4. 임상심리학 수련 철학에서의 전환이 1973년 Colorado 주 Vail 회의 동안에 발생하였다. 이 회의의 가장 중요한 성과는 새로운 임상심리학 수련 모형의 수용이다. Boulder 모형, 즉 과학자-실무자 모형에 더해서 Vail 모형, 즉 학자-실무자 모형이 승인되었다. 이 모형은 임상 수련에서 연구는 최소화하는 반면 전문적 심리학서비스의 전달을 강조할 수 있어야 한다고 제안한다. 더욱이 이 회의는 주요 대학의 학문적인 심리학 분야에서뿐만 아니라 자유설립 심리학 전문대학원에서도 수련을 할 수 있다는 생각을 승인하였다. 끝으로, 이 회의는 PhD 학위의

대안으로 PsyD 학위를 승인하였다.

5. 1977년에 George Engel은 신체적이고 정신적인 질병의 이해와 치료에 가능한 최선의 모형으로서 생물심리사회적 접근을 제안하였다. 이 접근은 모든 신체적이고 심리적인 질병과 문제들은 생물 · 심리 · 사회적 요소를 가지고 있으며 가장 효과적인 중재전략을 제공하기 위해서 그것들이 이해되어야 한다고 주장한다. 생물심리사회적 모형은 그것의 효율성을 나타내도록 지지하는 강력한 연구와 함께 의학과 심리학 모두에서 광범위하게 수용되었다. 생물심리사회적 조망은 임상심리학에서 신속하게 영향력 있는 모형이 되었다.

6. 최근 몇 년 동안 임상심리학은 중재에 대해 인지-행동적 접근을 사용하지 않는다기보다는 더 흔히 경험적으로 지지된 증거-기반 실무를 강조한 치료모형으로 이동했다. APA 임상심리학 분과(제12분과)의 심리학적 절차의 촉진과 보급에 대한 특별위원회(The Task Force on Promotion and Dissemination of Psychological Procedures, 1995)에서 견고한 연구 결과를 토대로 한 심리치료에 대한 지침을 개발했다. 경험적으로 지지된 치료는 그것들의 효능을 증명하는 중요한 연구지원을 받은 잘 수립된 치료 접근이다.

## 핵심용어

가족 체계(family system)

경험적으로 지지된 치료(empirically supported treatment)

과학자-실무자 모형(scientist-practitioner model)

생물심리사회적(biopsychosocial)

심리학적 임상 과학원(Academy of Psychological Clinical Science)

인본주의(humanistic)

인지-행동주의(cognitive-behavioral)

임상 과학자 모형(clinical scientist model)

임상 실무 지침(clinical practice guideline)

재향군인(veterans' Administration)

증거-기반 실무(evidence-based practice)

지역사회 정신건강 운동(community mental health movement)

통합적(integrative)

학자-실무자 모형(scholar-practitioner model)

행동주의(behavioral)

향정신성 약물치료(psychotropic medication)

Boulder 모형(Boulder model)

Vail 모형(Vail model)

## 복습

1. 재향군인(VA) 병원 시스템은 임상심리학에 왜 그렇게 지지적이었는가?

2. 정부는 왜 임상심리학자들의 수련에 재정적으로 후원하지 않을 수 없다고 느꼈는가?

3. Boulder 회의의 주요 성과는 무엇인가?

4. Vail 회의의 주요 성과는 무엇인가?

5. 임상심리학과 관련된 건강 진료에서의 변화들은 무엇인가?

6. 1950년과 1980년 사이에서 인기가 있던 이론적 지향들은 무엇인가?

7. 행동주의 접근, 인지-행동주의 접근, 인본주의 접근 및 가족 체계 접근들을 비교하고 대조하라.

8. 향정신성 약물치료는 1950년대 동안 임상심리학 분야에서 어떻게 혁신을 일으켰는가?

9. 임상심리학과 관계가 있는 생물심리사회적 접근은 무엇인가?

10. 경험적으로 지지된 치료는 무엇인가?

## 학생들의 실제 질문

1. 가족치료가 오늘날에도 여전히 인기 있는가? 그것에 보험을 지불하는가?
2. 어떤 기법이 심리학의 방향에 영향을 줄 것 같은가?
3. 임상심리학의 상이한 분파 간에 왜 이렇게 많은 긴장이 있는가?
4. 대학원이 어떻게 인증을 받게 되고, 왜 인증을 상실하게 되는가?
5. 대학원 인증을 상실하게 되면, 현재 학생들에게 미치는 영향은 무엇인가?
6. Salt Lake City 회의가 대학과 관련된 프로그램을 원했다면, 왜 여전히 대학교와 관련되지 않은 많은 전문대학원이 존재하는가?

## 웹 자료

http://www.apa.org/archives/apahistory.html

www.cop.es/English/docs/brief.htm
임상심리학의 역사에 대해 더 자세히 알아보기

http://www.apa.org/divisions/div12/aboutcp.html
미국심리학회의 제12분과, 임상심리학회에 대해 더 자세히 알아보기

# 연구 : 설계와 성과

## 이 장의 목표

임상심리학의 연구를 이해하는 데 있어서 가장 중요한 쟁점에 대한 개요를 개관하기

## 이 장의 개요

연구 방법 및 설계
횡단적 설계 및 종단적 설계
주목받는 현대 임상심리학자: Alan E. Kazdin, PhD, ABPP
치료 성과 연구
치료 성과 연구를 수행하는 데 있어서의 질문과 도전
임상심리학 치료 성과 연구에서의 현대의 쟁점
임상심리학 연구는 어디에서, 어떻게 수행되며, 연구비는 어떻게 받는가?

대부분의 사람들은 심리학자들을 연구를 수행하는 연구자라기보다는 심리치료를 수행하는 실무자로 생각한다. 하지만 연구는 임상심리학의 가장 기본적인 토대를 형성하고 있다. 기초 연구 및 응용 연구는 진단, 치료 및 일반 인간 행동에 있어서 중요한 문제에 관한 많은 단서들을 제공해주고, 따라서 실무자가 확신을 가지고 자신의 기법과 이론을 전개할 수 있게 해준다. 사실, 심리학은 실무에서보다는 학구적인 연구에 뿌리를 두고 있는 유일한 정신건강분야이다. 예를 들어, 정신의학이나 사회사업, 결혼 및 가족 상담은 모두 연구보다는 실무에 뿌리를 두고 있다. 심리학에서 수여되는 학위조차도 연구에서의 그 독특한 역할과 기반을 반영하고 있다. PhD(철학박사)는 역사적으로 대학교의 학구적인 학과에서 수여하던 연구학위이다. 대조적으로, MD(의학박사), JD(법학박사) 및 MSW(사회사업학 석사) 학위는 일반적으로 대학교의 전문대학원에서 수여하며, 연구보다는 실무를 강조한다. 과학자-실무자 모형, 즉 Boulder 모형, 학자-실무자 모형, 즉 Vail 모형, 그리고 새로운 임상-과학자 모형은 특히 임상심리학의

수련에서 연구를 수행하고, 연구에 대한 정보를 제공받는 수요자로 계속 남아있게 하는 것에 그 가치의 강조점을 두고 있다. 여러 면에서, 일반적으로 PsyD 학위와 연관이 있는 심리학에서의 Vail 모델은 연구 수행보다는 대체로 실무와 연구소비 쪽에 강조점을 두기 때문에 의학, 법학 및 사회사업에서 수여되는 전문 대학원 학위와 유사하다. 그렇지만 대학원에서 사용되고 있는 수련 모형과는 상관없이 연구는 임상심리학의 과학과 실무 모두의 토대가 된다.

임상심리학자들은 병원과 진료소, 학교와 대학교, 군대 및 사업체 장면에서 연구를 수행한다. 어떤 연구자는 질문지를 사용하는 반면, 어떤 연구자는 사람이나 동물을 대상으로 연구실 실험을 수행한다. 연구는 기존의 차트나 기록물에 나온 자료를 사용하는 것일 수도 있고 혹은 시간에 따른 단일 피험자를 대상으로 한 연구일 수도 있다. 연구기술과 지식은 심지어 활발하게 연구를 수행하지 않는 임상심리학자에게도 중요하다. 예를 들어, 전문적인 독립개업을 하고 있는 임상심리학자들은 새로운 결과들과 발견들이 자신들의 임상업무로 통합할 만한 가치가 있는지를 확신할 수 있는 능력이 있어야만 한다.

연구는 인간행동에 대한 더 나은 이해를 위해서뿐만 아니라 신뢰롭고, 타당하며, 효과적인 심리학적 평가기법과 치료전략을 개발하기 위해서도 필요하다. 그럼에도 불구하고, 제3장에서 논의한 바와 같이, 1896년 임상심리학이 시작된 이래로 연구와 심리학의 응용적 관심 사이에는 긴장이 존재해왔다. 예를 들어, 임상가들은 연구자들이 실제 환자를 돕는 데 부적절하거나 너무 모호한 연구를 수행한다고 흔히 생각하는 반면에, 연구자들은 임상가들이 경험적 연구에 의해 지지된 서비스를 선택하기보다는 옳다고 느끼는 서비스를 제공한다고 흔히 생각한다. 더욱이, 연구자들은 흔히 실무 장면에서 임상적 서비스를 제공하지 않고, 임상가들도 흔히 경험적 연구를 수행하지 않는다. 이러한 상황이 과학과 실무 사이의 간격을 더 크게 만드는 경향이 있다. 이 장에서는 임상심리학의 연구기반을 검토하고, 임상심리학에서 연구가 설계되고 수행되는 방식에 관해 논의할 것이다. 임상심리학에서의 중요한 몇몇 연구 도전들이 또한 조명될 것이다.

## 연구 방법 및 설계

임상심리학 연구의 일반적 목표는 인간행동에 대한 지식을 획득하며 이 지식을 개인, 가족 및 집단의 삶을 향상시키는 데 사용하는 것이다. 임상심리학자들은 연구 활동을 수행하는 데 있어서 과학적 방법을 사용한다. 과학적 방법이란 특정 현상을 기술하고, 설명하고, 예언하는 일련의 규칙과 절차를 말한다. 이 방법에는 현상의 관찰, 그 현상에 대한 가설의 전개, 그 가설에 대한 경험적 검증 그리고 수집되고 해석된 새로운 자료를 적용하기 위한 가설의 변경이 있다.

연구의 첫 단계 동안, 임상심리학자는 주어진 현상을 객관적으로 기술해야만 한다. 이 목적을 위한 하나의 중요한 연구도구가 미국 정신의학회에서 발간한 『정신 장애의 진단 및 통계 편람, 제4판, 텍스트 개정 (*Diagnostic and Statistical Manual, fourth edition, text revision; DSM-IV-TR*)』이다. 이 편람은 수많은 임상증후군을 기술하고 있고 각 정신과적 문제에 대해 고도로 상세화된 진단준거를 목록화해 놓았으므로, 연구자가 연구되고 있는 각 전집을 기술하는 데 동일한 준거를 사용했음을 더 확신할 수 있게 해준다. DSM-IV-TR은 나중에 더 상세하게 논의될 것이다. 진단준거는 특정 임상증후군과 관련이 있는 사고, 감정 및 행동을 기술하고 있다. 『International Classification of Impairment, Activities, and Participation(ICIDH)』 등과 같은 다른 진단 편람들도 사용되지만, 일반적으로 미국과 캐나다에서는 DSM 체계가 가장 일반적으로 사용되고 있다(American Psychiatric Association, 2000; Mjoseth, 1998).

일단 주의 깊은 기술이 구성되고 나면, 관심이 있는 행동을 적절히 설명하기 위해 가설을 세우고, 그 가설을 검증해야 한다. 예를 들어, 연구자들은 두 가지 매우 다른 항우울제인 Prozac과 Elavil을 환자에게 각각 사용함으로써 그 환자가 경험하는 성적 반응의 변화에 관하여 더 많이 알아내는 데 관심이 있을 수 있다. 이 연구자들은 Elavil을 복용한 여성이 경험하는 오르가즘의 억제와는 달리, Prozac 사용자들은 이러한 특정 부작용을 주목할 만한 정도로는 경험하지 않을 것이라는 가설을 세울 수도 있다. 연구자들은 도시지역 빈민 노인 거주자들의 기억과 운동수행을 측정하고, 그 결과를 다른 노인 집단 성원들의 결과와 비교함으로써 인지 기능에 미치는 빈곤의 영향을 검토하는 데 관심이 있을 수 있다. 일단 가설이 세워지면, 이 가설이 정확하고 유용한지를 결정하기 위해 검증되어야 하고, 일관된 또는 일관되지 않은 연구 발견을 수용하기 위해 그 가설을 개작해야 한다. 그런 후, 타당한 가설이 행동을 설명하고 예언하는 데 사용될 수 있다. 가설들을 토대로 행동을 정확하게 예언하는 것은 이러한 가설들이 정말로 타당하다는 것을 증명해주는 지표가 된다. 많은 상이한 유형의 연구실험과 조사가 가설을 검증하기 위해 사용된다.

## 실험

실험을 수행하는 것은 연구 질문에 대답하는 데 있어서 과학적 방법을 활용하기 위한 기본적인 방식이다. 예를 들어, 학생의 시험불안을 줄이기 위한 절차를 설계하는 데 관심이 있다고 가정해보자. 스트레스를 주는 시험 전의 시험불안을 경감시키는 데 이완이나 유산소 운동이 도움이 되는지 여부를 검증해보려 한다.

먼저, 가설이 필요하다. 이 경우에, 유산소 운동이나 이완 모두가 통제조건(비교 또는 기저선)에 비해 상대적으로 시험불안을 더 낮춰주지만, 그 중에서도 이완기법이 우수한 방법이라는 사실이 입증될 것이라고 생각할 수 있다. 이완은 다른 두려움이나 불안에 도움이 되고 불안과 연관된 생리적 각성(예, 심박과 혈압의 상승)을 경감시켜준다는 사실이 밝혀졌다.

**독립변인과 종속변인의 규명** : 가설이 제안된 후, 가설을 평가하기 위해 실험이 설계되어야 한다. 연구자는 독립변인과 종속변인 모두를 선택해야 한다. **독립변인**이란 연구자에 의해 조작되는 변인으로, 연구의 구조를 제공해준다. 그러므로 치료조건(즉, 이완, 유산소 운동 또는 통제 조건)은 시험불안 연구에서 독립변인이 된다. **종속변인**은 독립변인 영향의 결과로 변할 것이라고 예견되는 변인이다. 바꿔 말해서, 종속변인이란 가설이 지지되는지 여부를 결정하기 위해 연구자가 측정하는 무엇을 말한다. 이 경우에, 치료에 뒤따른 시험불안 검사의 점수가 종속변인이 될 것이다. 연구는 독립변인이 종속변인 측정치에 미치는 영향을 평가하는 것이다. 연구는 독립변인의 영향을 제외하고는 종속변인에 영향을 줄 수 있는 모든 다른 요소들을 통제하여 설계되어야 한다.

**실험오차의 최소화** : 모든 실험의 중요한 목표는 실험오차를 최소화하는 것이다. 실험오차는 종속변인이 독립변인의 영향이 아닌 다른 요인의 영향으로 변화

할 때 일어난다. 예를 들어, 만일 시험불안을 줄이는 데 이완이 유산소 운동보다 더 효과적인 방법이라는 가설을 연구자가 알고 있으면서도 연구 피험자들에게 실험실 회기를 모두 수행한다면, 연구자의 편파는 결과들에 영향을 줄 수도 있다. 실험자는 이완조건 피험자들에게 상이하게 행동할 수도 있는데, 아마도 운동 또는 통제 조건의 피험자들보다 이완조건 피험자들을 더 친절하게 대할 수도 있을 것이다. 이러한 시나리오는 **실험자 기대 효과**라고 불린다.

실험자는 잠재적으로 영향을 줄 수 있는 변인들(실험자에 의해 조작된 독립변인 이외의 변인)을 통제함으로써 잠재적 오차나 편파를 최소화해야 한다. 예를 들어, 실험자는 실험실 회기를 수행하는 데 있어서 연구가설을 알지 못하는(그리고 관여되지 않은) 연구 보조자를 씀으로써 편파를 피할 수 있다. 또한 각 피험자와 모든 상호작용을 일관되게 하기 위하여 연구 보조로써 편파를 피할 수 있다. 또한 각 피험자와 모든 상호작용을 일관되게 하기 위하여 연구 보조자에게 미리 준비된 각본을 읽고, 동일한 실험복을 입도록 지시해야 할 것이다.

더욱이, 실험자는 무선화 절차를 사용함으로써 알려지지 않았거나 통제할 수 없는 영향으로 인한 잠재적 오차나 편파를 최소화할 수 있다. 실험자는 실험조건과 통제조건에 걸쳐있는 변인을 무선적으로 변화시킴으로써 변인의 영향이 실험 또는 통제조건들 중 하나 이상에 상이하게 영향을 미치지 않게 만들 수 있다. 예를 들어, 시험-불안이 있는 학생은 불안의 강도나 정도에서 다를 수 있고, 시험불안 중재 기법이 자신들에게 유용할 것으로 입증될 것이라는 믿음 정도에서 다를 수 있으며, 학업 수행에서 다를 수도 있으며, 그리고 일단의 변인들에서 다를 수도 있다. 실험에서 이러한 모든 잠재적인 혼동(영향) 변인들을 통제

하거나 계산에 넣을 수는 없으므로 연구자는 연구 피험자 집단을 실험조건과 통제조건에 무선적으로 할당한다. 그러므로 이러한 변인의 잠재적 영향은 (이론적으로는) 실험조건과 통제조건에 걸쳐 균등하게 배분된다.

실험자들은 또한 연구에 있어서 신뢰롭고 타당한 평가 측정치들을 사용해야만 한다. **신뢰도**(reliability)란 측정 절차의 안정성 또는 일관성을 말한다. 예를 들어, 시험 불안을 평가하기 위한 한 방법은 검사가 아침에 이뤄졌는지, 오후에 이뤄졌는지, 또는 서로 다른 연구 보조자들에 의해 수행되었는지 여부에 관계없이 유사한 점수가 나와야 한다. **타당도**(validity)란 어떤 도구가 측정하려고 하였던 것을 측정해야만 한다는 것을 말한다. 시험불안을 측정하는 도구는 우울, 일반 불안 또는 낮은 자존감 등과 같은 다른 구성개념을 측정하는 것이 아니라, 우리가 '시험불안'이라고 부르는 구성개념을 실제로 측정해야만 한다. 연구에서 사용되는 어떠한 측정치이든 그것이 적절한 신뢰도와 타당도를 가지고 있음을 증명해야 한다.

더욱이, 실험자들은 도구의 선택이나 자료의 수집, 채점 및 분석에서 오차를 범할 수 있다. 신뢰롭고도 타당한 객관적이며 정확한 채점 방법들이 오차를 최소화하기 위해 설계되고 사용되어야 한다. 실수를 집어내고, 자료가 완전히 오차가 없음을 확신하기 위해 자료 코딩, 자료 입력 및 자료 분석을 점검하고 재점검하는 것은 필수적이다.

**내적 타당도와 외적 타당도의 최대화** : 연구 실험은 실험오차와 편파를 최소화할 뿐만 아니라, 내적 타당도와 외적 타당도 모두를 최대화할 수 있도록 설계되어야만 한다. 내적 타당도란 실험에서 독립변인의 영향만이 종속변인에서 얻어진 결과를 설명할 수 있다

는 조건을 말한다. 종속변인에 대한 어떠한 잠재적인 외재적 영향(독립변인의 영향 이외에)은 실험의 **내적 타당도**(internal validity)를 위협하게 된다. 따라서 실험자는 내적 타당도를 확신하기 위해 잘 구성되고 방법론적으로 확실한 연구를 설계한다.

어떠한 연구의 내적 타당도를 위협할 수 있는 외재 변인에는 내력, 성숙, 도구, 통계적 회귀, 선발 편파 및 실험적 탈락 등이 있다(Campbell & Stanley, 2002). **내력**이란 연구의 결과에 유의한 영향을 줄 수 있는 실험상황 외부의 사상들(예, 지진, 사랑하던 사람의 죽음, 결혼)을 말한다. **성숙**이란 실험결과에 영향을 줄 수도 있는 시간경과에 따른 피험자 내의 변화(예, 나이 들어가는 것; 피로해지거나 따분해지거나 더 강해지는 것)를 말한다. 예를 들어, 학년 초기에 시험불안을 보고한 학생은 학기가 진행됨에 따라 수업 중 시험에서 긍정적인 경험을 함으로써 불안을 덜 느낄 수 있다. 어떤 학생들은 수업 중 시험에서 부정적인 경험을 했고, 학기말이 다가온다는 사실과 관련된 스트레스 때문에 불안을 더 느낄 수도 있다. 장기 연구의 일부 참여자들은 지치고 싫증나게 될 수 있는데, 그러므로 연구의 시작보다 끝에서 연구질문에 다르게 대답할 수 있다. **검사**는 동일한 피험자들에게 시간에 걸쳐 획득한 반복 측정의 사용과 같이 검사 또는 평가 과정 그 자체가 연구 결과에 미치는 영향과 관련된 것이다. 예를 들어, 연습 효과나 친숙 효과 때문에 시험불안 치료에 뒤따르는 일련의 질문에 치료 전과 유사한 방식으로 답할 수도 있다. **도구**는 연구에서 구성개념을 측정하기 위해 사용된 검사와 측정 장치의 영향을 말한다. 예를 들어, 시험불안 척도는 의도된 전집을 대상으로 사용하는 것에 대해 타당화되어있지 않을 수도 있고, 또는 시험불안을 신뢰롭게 측정하지 않을 수도 있다. 더욱이, 피험자들은 상이한 실험

기간에 상이하게 척도에 반응할 수도 있다.

**통계적 회귀**(statistical regression)란 측정치의 극단 점수들이 시간이 지남에 따라 평균 쪽으로 이동하는 경향을 말한다. 예를 들어, 시험불안에서 매우 높은 점수를 얻은 피험자들이 이후에 더 낮은 점수를 보인 것은 치료와 관련된 불안의 감소라기보다는 평균으로의 회귀를 반영하는 것일 수도 있다. **선발 편파**(selection bias)는 연구 피험자를 뽑는 데 있어서 상이하거나 문제점이 있는 선발 절차를 말한다. 예를 들어, 시험불안에서 실험 치료집단에 참여하도록 선발된 학생들은 교내 학생 건강 진료소에서 선발한 반면, 통제 피험자들은 심리학 개론 수강 학생들 중에서 선발했을 때 편파가 일어난다. 치료피험자들과 통제피험자들이 상이한 학생 전집에서 선발되었으므로 편파가 일어난다. 앞에서 논의한 것처럼, 어떠한 선발 편파의 가능성을 최소화하기 위하여 실험조건과 통제조건에 무선 할당하는 방법이 일반적으로 사용된다. 끝으로, **실험적 탈락**(experimental mortality)이란 실험에서의 피험자 탈락이나 감소를 말한다. 예를 들어, 만일 통제조건의 피험자 중 50%가 시험불안 실험에서 탈락된 반면, 실험집단 피험자는 단지 10%만 탈락했을 때 실험적 탈락은 문제가 된다. 실험자들은 실험을 수행하기 전에 내적 타당도를 위협하는 이러한 일곱 가지 위협의 영향을 최소화하기 위해 연구설계를 평가해 보아야만 한다. 만일 어떠한 위협이 연구에서 작용하고 있으면, 그 결과는 해석할 수 없게 될 가능성이 있고, 실험자들은 그 자료에 기반을 두어 의미 있는 결론을 내리지 못할 것이다.

**외적 타당도**(external validity)란 연구결과의 일반화 가능성을 말한다. 연구실험이 '현실세계' 상황과 유사할수록 그 실험결과는 더 잘 일반화할 수 있게 된다. 그렇지만 실험자가 내적 타당도를 극대화시키는

데 더 주의를 기울일수록, 그 실험자는 외적 타당도를 최소화시킬 가능성이 더 커지게 된다. 고도의 통제와 정밀성이 실험 오차와 무선 오차를 최소화하고, 따라서 내적 타당도를 최대화하는 데 필수적이다. 그러므로 내적 타당도를 최대화시킨 주의 깊게 설계된 실험실-기반 연구는 결과의 일반화 가능성(외적 타당도)을 위험에 빠뜨릴 수 있다. 예를 들어, 시험불안 실험에서, 모든 피험자들은 학과 과정 중 하나인 학기말 시험과 같은 '실제' 시험이 아니라 실험실에서 수행된 스트레스를 주는 동일한 'IQ' 검사를 치렀다. 이 연구의 피험자들에게 '실제' 시험을 치르게 하면 결과의 일반화 가능성은 증가되지만, 학과시험이 동일하지 않기 때문에 연구의 내적 타당도는 손상되게 된다. 어떤 시험은 화학, 물리학, 심리학 또는 경영학일 수 있다. 시험은 선다형 시험, 논술형 시험 또는 구술형 시험일 수도 있다. 더욱이, 어떤 시험은 월요일에 또는 금요일에 보는 것일 수 있고, 또 어떤 것은 아침에 또는 오후에 보는 것일 수도 있다. 만일 이러한 조건들이 실험집단 피험자와 통제집단 피험자 모두에게 동일하지 않거나 일관적이지 않다면, 이 모든 조건들이 결과에 영향을 줄 수도 있을 것이다.

연구자들은 실험을 수행하기 전에 **외적 타당도를 위협**하는 것들에 대해 주의 깊게 검토해야만 한다. 이러한 위협에는 시험, 반응성, 다중-처치 간섭 및 선발편파의 상호작용이 있다(Campbell & Stanley, 2002). **시험**은 피험자의 반응을 민감화시키거나 변경시켜서 종속측정치에 영향을 줄 수 있는 질문지나 기타 평가의 사용을 말한다. 예를 들어, 불안에 관한 질문지를 완성하는 것은 연구 피험자의 불안 경험을 증가시킬 수도 있을 것이다. **반응성**(reactivity)이란 실험에 참여하는 것에 대한 피험자의 잠재적인 반응을 말한다. 피험자는 실험환경에서 자연적인 환경에서와는 다르게 행동할 수 있다. 예를 들어, 자신이 실험 동안 관찰되고 있다는 사실을 알고 있는 피험자는 좀 더 사회적으로 바람직한 방식으로 행동할 수도 있다. **다중-처치 간섭**이란 피험자를 여러 가지 처치조건 또는 처치요인에 노출시켜서 실험자가 어떤 특정한 조건이나 요인을 분리해내지 못하는 것을 말한다. 예를 들어, 이완 조건에 속한 피험자는 이완 음악, 자연 경관 및 유도된 심상과 점진적 근육이완에 관한 교육을 제공해주는 비디오테이프를 시청할 수도 있다. 수많은 상이한 처치 영향(예, 부드러운 음악, 아름다운 심상, 점진적 근육이완 교육, 주의분산)이 작용하고 있기 때문에 단 하나의 영향 요인을 분리해내는 것이 불가능해지게 된다. 끝으로, **선발 편파의 상호작용**이란 한 집단의 피험자들이 어떤 독특한 방식으로 실험조건에 상이하게 반응할 수 있다는 것이다. 예컨대, 시험불안을 위한 이완 집단에 할당된 피험자는 다른 치료 조건(예, 운동)에 할당된 피험자들과 다르게 그 실험을 즐기거나 다르게 반응할 수 있다. 반응은 그 활동을 즐김으로 인한 부산물이지, 그 활동 자체의 가정된 치료적 가치에 기인된 것이 아닐 수 있다. 따라서 실험자는 연구를 수행하기 전, 그리고 얻어진 연구자료에 기반을 두어 결론을 내리기 전에, 내적 타당도와 외적 타당도 모두를 최대화하려는 이중 목표의 균형을 맞추는 것뿐만 아니라 이러한 외적 타당도에 대한 위협들을 주의 깊게 평가해야만 한다.

외적 타당도에 대한 또 다른 중요한 위협은 특정하게 표집된 전집과 그 집단이 연구자가 관심을 가지고 있는 전반적인 전집과 비교했을 때, 두 집단이 어떻게 유사하고 어떻게 다른가하는 것이다. 예를 들어, 만일 시험불안 예에서 모든 학생들이 중산층 백인 대학생이라면, 그 연구 결과는 비중산층 백인학생이나 초등학교 또는 고등학교 장면의 학생들에게 일반화될 수 없을 것이다. 그러므로 연구자는 표집된 전집이 관심이 있는 더 큰 전집을 적절하게 대표하는지를 확신하기 위하여 표집된 전집에 주의 깊은 관심을 기울여야 한다.

## 실험설계

연구실험을 수행하는 수많은 상이한 방법들이 있다. 각 접근은 독특한 장점과 약점이 있다. 모든 연구 질문에 답하는 데 있어서 다른 것들보다 우월한 단일 접근은 없으며, 만일 모든 접근법이 주의 깊게 설계되거나 적용되지 않는다면 쓸모없는 결과를 산출할 것이다. 비결은 적절한 연구 질문에 적절한 **실험설계**를 사용하는 것과 내적 타당도와 외적 타당도를 최대화하는 방향으로 각 실험을 설계하는 것이다.

순수 실험설계 : 인과관계(예, 특정 치료가 기능에서 개선을 가져올 것이다)를 증명하기 위해서는 실험조건과 통제조건 모두에 무선화 절차를 사용한 **순수 실험**이 수행되어야만 하고, 내적 타당도와 외적 타당도 모두를 최대화시키는 것뿐만 아니라 잠재적 오차와 편파를 최소화하고 통제하기 위한 모든 노력을 기울여야 한다. **무선화**(randomization)란 연구피험자들 모두가 상이한 실험집단 및 통제집단에 할당될 동일한 기회를 갖는 방식으로 선발되는 절차를 말한다. 어떤 조건의 피험자들이 실험 동안 어떤 조건에 배정될지를 결정하는데 있어서 어떠한 편파도 일어나지 않아야 한다. 무선화 절차를 사용하여 수행된 실험에서 실험자는 종속변인에서 획득된 결과 측정치들이 오차나 기타 요인이 아니라 실험자가 조작한 독립변인의 영향에 의한 것이라고 가장 확실하게 결정내릴 수 있다. 그렇지만 몇 가지 독특한 도전들이 임상심리학에서 이런 연구들과 연관되어있다.

■ 인간을 특정 실험이나 통제 조건에 무선적으로 할당하는 것은 흔히 불가능하거나 비윤리적인 것이다. 예를 들어, 성적 학대와 모성박탈이 우울증에 미치는 효과에 관심이 있는 실험자는 아동이 성적으로 학대받거나 또는 어머니와의 접촉을 박탈하는 실험집단에 무선적으로 할당할 수 없다.

■ 치료가 제공되지 않는 통제 집단에 환자를 할당하는 것은 흔히 불가능하거나 비윤리적인 것이다. 예를 들어, 자살환자를 어떠한 치료의 형태도 제공하지 않는 통제집단에 할당하는 것은 비윤리적이다. 더욱이 많은 환자들은 치료를 기다리는 것을 거절하거나 고의로 위약 치료를 받아들일 수 있다.

■ 어떤 장애는 굉장히 희귀해서 다양한 실험과 통제 조건을 위한 피험자를 충분히 확보하는 데 어려움이 있을 수 있다. 예를 들어, 발모광(즉, 자신의 머리를 강박적으로 뽑아내는 장애) 아동을 위한 상이한 치료접근법에 관심이 있는 실험자의 경우 알맞은 시기에 집단–설계 연구 조건을 위한 충분한 피험자를 구하지 못할 수 있다.

■ 심리적 고통을 겪고 있는 많은 환자들은 몇 개의 진단을 받기 때문에, 공병 상태(둘 이상의 진단)는 예외적이기보다는 관례일 가능성이 있다. 따라서 연구 중에 특정 장애만을 경험하고 있는 사람을 찾는 것은 흔히 어려운 일이다. 예를 들어, 많은 주의 결핍 장애 아동들은 또한 우울, 반항 장애, 학습 무능, 낮은 자존감 및 기타 문제들을 겪고 있다. 실험자는 자신이 주의력 결핍 장애를 치료하고 있다고 생각하겠지만, 아동과 치료자 사이의 개인적 접촉이 실제로는 우울을 치료하고 있는 것일 수도 있다.

무선화를 포함하는 순수 실험설계뿐만 아니라 유사–실험설계; 집단 간 설계, 집단 내 설계 그리고 혼합집단 설계; 아날로그 설계; 사례 연구; 상관 방법; 역학적 방법; 그리고 횡단적 설계 및 종단적 설계가 있다. 이러한 많은 설계들은 상호배타적이지 않다. 예를 들어, 상관설계는 횡단적 설계나 종단적 설계 또는 둘 다일 수 있다. 연구는 집단 간 설계와 집단 내 설계를 모두 포함할 수 있다. 실험접근과 유사–실험접근 또한 집단 간 설계, 집단 내 설계 및 혼합집단 설계를 사용할 수 있다. 이러한 대안적 설계 각각에 대한 짧은 평론이 뒤이어 나올 것이다.

**유사–실험설계** : 윤리적이거나 다른 제한 때문에 실험조건과 통제조건에 대한 무선 할당이 불가능할 때, 실험자는 **유사–실험**(quiasi-experimental)설계를 선택할 수도 있다. 예를 들어, 아동지도 진료소에서 수행되는 치료성과 연구는 이미 진료소에서 치료받고 있는 환자를 대상으로 해야만 한다(Plante, Couchman, & Diaz, 1995). 문제 증상의 평가뿐만 아니라 내담자 만족은 치료 초기, 치료 중간 및 치료 종결 시에 수행된다. 통제집단 피험자들은 진료소에서 치료받지 않은 사람들이나 치료 대기자 명단에 있는 사람들이 포함될 수 있다. 누가 치료를 받아야 하고 누가 대기자 명단에 남아있어야만 하는지를 실험자가 항상 결정할 수는 없기 때문에 무선화가 불가능하다. 그러므로 진료소에서 치료받은 아동들과 치료받지 못한 아동들 사이의 많은 중요한 차이점들이 존재할 수 있고, 적절하게 통제되지 못할 수도 있다. 이런 실제적 제한은 순수 실험기법의 경우보다 연구결과의 해석에 있어서 더 많은 주의를 기울이게 만들고 직접적인 인과관계를 추론할 수 없게 만든다.

**집단 간 설계** : **집단 간** 설계는 둘 이상의 분리된 피험자 집단을 사용하는데, 각 집단은 상이한 유형에 중재를 받거나, 통제집단의 경우에는 중재를 받지 않는다. 그러므로 독립변인은 실험자에 의해 조작되고, 그래서 상이한 집단의 피험자는 상이한 유형의 경험을 한다. 시험불안의 예에서, 한 집단의 피험자들은 이완치료를 받았고, 두 번째 집단은 유산소 운동 치료를 받은 반면, 세 번째 집단은 통제조건(즉, 잡지 읽기)을 받았다. 이상적으로, 집단간 설계에서 피험자들은 처치집단과 통제집단에 무선적으로 할당된다. 그런 후, 실험자는 연구 결과에 잠재적으로 영향을 주는 모든 다른 요인들(예, 나이, 동기, 지능, 불안의 심도)이 집단 간에 균등하게 분배될 것이라고 가정할 수 있다. 결과에 영향을 줄 수 있는 잠재적인 요인들이 실험집단과 통제집단에 상이하게 영향을 주지 않았다는 사실을 확실히 하기 위하여, 실험자는 균등 절차를 사용하고 싶어 할 수도 있다. 예를 들어, 성별과 나이가 각 실험조건과 통제조건에서 유사하다는 것을 확실히 하기 위하여 실험자는 상이한 연령뿐만 아니라 남성과 여성이 집단에 걸쳐 균등하게 존재하도록 피험자를 대응시킬 수 있다. 또는, 시험불안의 예에서, 시험불안의 심도가 집단 간에 균등하게 존재한다는 사실을 확실히 하기 위해 실험자는 불안의 심도를 토대로 집단의 피험자를 균등하게 할 수 있다.

집단 간 연구 설계에는 몇 개의 상이한 유형이 있다. **사전검사–사후검사 통제집단 설계**에는 둘 이상의 피험자 집단이 포함된다. 한 집단은 처치를 받는 반면, 다른 집단은 처치를 받지 않는다. 피험자들은 관심의 차원에서 처치 전과 처치 후 모두에서 평가를 받는다. 예를 들어, 시험불안 질문지가 치료 시작 전과 치료 종결 후 모두에 사용될 수 있다. 통제 피험자들(즉, 처치를 받지 않는 피험자들)은 실험집단이 시험불안 질문지를 완성하는 동일한 시간에 시험불안 질문지를 완성하게 된다. 사전검사–사후검사 설계의 한 가지 단점은 사전검사의 시행이 피험자들을 민감하게 하거나, 치료에 대한 반응에 영향을 줄 수 있다는 것이다. 사후검사만을 하는 통제집단에는 사전검사의 민감성에 대한 통제가 덧붙여질 수 있다.

또 하나의 집단간 설계인 요인설계는 어떤 한 연구에서 둘 이상의 요인들을 연구할 수 있는 기회를 제공해준다. 그러므로 관심 있는 두 독립변인(예, 치료자의 성별과 인종적 배경)을 동시에 검토할 수 있다. 예를 들어, 치료가 네 집단을 대상으로 수행될 수 있다: 남성 아프리카계 미국인 치료자, 여성 아프리카계 미국인 치료자, 남성 유럽계 미국인 치료자, 여성 유럽계 미국인 치료자. 이것은 2×2 요인설계로 간주된다. 여기에 2개의 부가적인 인종집단을 첨가하면(예, 아시아계 미국인 치료자, 라틴계 미국인 치료자), 2(성별)×4(인종) 요인설계가 만들어진다. 요인설계 연구를 수행하는 장점은 실험자가 요인 사이의 상호작용을 검토할 수 있다는 것이다.

**집단 내 설계 : 집단 내** 설계는 동일한 피험자에 대해 시간에 걸친 독립변인(치료와 같은)의 영향을 검토하기 위해 사용된다. 피험자들은 집단간 설계에서처럼 실험집단이나 통제집단에 상이하게 할당되지 않고, 모두 동일한 연구 절차, 치료 또는 프로토콜을 경험하도록 할당된다. 동일한 환자가 기저선, 즉 사전검사 기간, 치료 중재 기간 및 추적 기간, 즉 치료 후 기간과 같은 상이한 시점에서 검사된다. 따라서 각 피험자는 자신이 통제조건 역할을 하게 된다. 예를 들어, 고혈압이 발달할 위험이 있는 피험자들은 상이한 지적 과제와 인지 과제를 수행하면서 혈압과 심박률을 검사받는 연구에 참여하도록 요청받을 수 있다(Plante, Lantis, & Checa, 1997). 모든 피험자는 일련의 실험실 경험 이전에, 경험 동안에, 그리고 경험한 후에 심박률과 혈압을 검사받게 된다. 시간에 따른 동일한 피험자 내의 변화는 실험자가 고혈압 고위험 개인에게 있어서 스트레스와 생리적 반응 사이의 연관을 연구하게 해준다.

임상심리학 연구를 수행하는 데 있어서 몇 가지 집단내 설계를 선택할 수 있다. 집단내 설계를 사용하는 실험자는 순서나 차례 효과에 특히 주의해야 하기 때문에 설계방법에 있어서의 대부분의 변동은 이러한 영향들을 통제하기 위한 시도이다. 순서효과(ordering effect)란 처치나 실험조건들이 피험자들에게 제시되는 데 있어서의 순서의 영향을 말한다. 교차설계(crossover effect)에서는 실험 또는 처치 조건이 실험 진행 동안에 변경 또는 '교차' 된다. 일반적으로, 둘 이상의 집단이 동일한 처치를 받는다; 단지 제시되는 순서만이 각 집단에 따라 달라질 뿐이다. 교차설계는 제시의 순서를 통제해서 치료를 상쇄 균형화시킨다. 예를 들어, 방금 논의한 고혈압 연구에서는 (Plante, et al., 1997) 두 가지 실험실 스트레스 원(즉, 스트레스를 주는 IQ 검사와 Stroop 색채 명명 검사)을 상쇄시켜서, 반절의 피험자에게는 첫 번째 스트레스 원이 두 번째 스트레스 원 앞에 오게 했고, 다른 반에게는 두 번째 스트레스 원이 첫 번째 스트레스 원 앞에 오게 하였다.

3개 이상의 처치는 교차설계를 굉장히 복잡하게 만든다. 이러한 설계는 다중–처치 상쇄 균형 설계라고 부른다. 예를 들어, 만일 세 가지 처치 또는 실험 조건이 사용될 경우, 여섯 가지의 상쇄 균형 잡힌 제시가 필요하다. 세 가지 상이한 치료 전략이 대마초 남용을 치료하는 데 사용된다고 가정해보자. 이러한 치료 전략에는 행동 계약, 집단 치료 및 대인 심리치료가 포함될 수 있다. 모든 피험자들은 동일하게 세 가지 처치를 모두 받지만, 다양한 피험자 하위집단이 상이한

| 표 4.1 | 세 가지 처치의 상쇄 균형 설계에서의 제시 순서 | |
|---|---|---|
| **첫 번째** | **두 번째** | **세 번째** |
| 처치 1 | 처치 2 | 처치 3 |
| 처치 2 | 처치 3 | 처치 1 |
| 처치 3 | 처치 1 | 처치 2 |
| 처치 1 | 처치 3 | 처치 2 |
| 처치 2 | 처치 1 | 처치 3 |
| 처치 3 | 처치 2 | 처치 1 |
| 예 : | 처치 1(이완 훈련) | |
| | 처치 2(유산소 운동) | |
| | 처치 3(사고 중지) | |

순서로 치료를 받도록 제시 순서를 변경할 수 있다. 제시 순서를 통제하는 것은 어떤 치료가 제일 먼저, 두 번째로 또는 세 번째로 경험되었는지에 따라 처치 효과가 영향받을 수 있기 때문에 필수적이다. 모든 피험자들에게 제일 먼저 집단치료를 제공하였다면, 집단치료 경험의 이월효과 또는 잔류효과 때문에 피험자가 행동 계약 또는 대인 심리치료에서 이익을 얻었는지를 결정하기 어렵게 할 수도 있다. 표 4.1은 세 가지 처치 연구에서 필요한 상이한 상쇄 균형 잡힌 제시를 나타내고 있다.

**혼합집단 설계 : 혼합집단** 설계는 집단간 설계와 집단내 설계의 요소를 모두 포함하고 있다. 혼합집단 설계에서, 상이한 피험자 집단은 상이한 처치 또는 실험경험을 하는 반면(집단 간), 시간의 흐름에 따라 실험의 상이한 단계에서 피험자의 반응이 평가되는 것과 같은 방식(집단 내)으로 실험을 설계한다. 예를 들어, 앞에서 언급한 고혈압 연구에서, 고혈압 발달 위험률이 높지 않은 피험자들이 통제집단으로 사용될 수도 있다. 따라서 고혈압 위험의 유무는 집단간 변인으로 작용하는 반면, 실험과제는 집단 내 변인으로 작용한다. 집단간이나 집단내 설계 하나만 수행하는 것보다 훨씬 복잡한 혼합집단 설계는 임상심리학에서 매우 흔하게 사용된다.

**아날로그 설계 : 아날로그** 설계 연구는 실생활 임상장면과 비슷한 절차, 피험자 및 측정 도구를 사용하는데, 보통 자연환경에서보다 실험조건을 훨씬 잘 통제할 수 있는 실험실에서 수행된다. 예를 들어, 피험자들은 실험자가 관심이 있는 장애를 가지고 있을 수도 있고, 그렇지 않을 수도 있다. 자연환경 또는 임상환경에서 사용되는 절차는 동일할 수도 있고, 그렇지 않을 수도 있다. 치료자들은 면허를 받은 정신건강 제공자들일 수도 있고, 그렇지 않을 수도 있다. 앞에서 언급된 시험불안 실험은 시험불안 학생들에 의해 경험되는 시험조건(예, 기말 시험)과는 약간 동떨어진 시험 조건을 사용하여 연구실에서 수행되었다. 피험자들은 교내 상담센터에서 시험불안 문제로 치료받고자 하는 학생들이 아니라 시험불안이 있다고 스스로 밝힌 그리고 시험불안 측정 질문지에서 높은 점수를 받은 학생들이다. 더욱이, 이완 훈련과 유산소 운동의 처치조건도 좀 더 자연스런 장면(예, 기숙사 방 또는 교내 아파트, 헬스클럽, 진료소)이 아니라 실험실에서 수행되었다. 아날로그 연구는 '처치 조건'을 수행하도록 훈련된 연구 보조자를 사용할 수도 있고, 특정 장애 특유의 진단준거를 충족시키지 못하는 피험자가 포함되어있을 수도 있다. 아날로그 설계의 장점은 더 자연스런 환경에서 수행된 연구보다 내적 타당도를 더 효과적으로 최대화했다는 데에 있다. 그렇지만 연구결과의 일반화 가능성이 손상될 수 있기 때문에 외적 타당도가 위협받는 단점이 있다. 예를 들어, 임상 환경에서보다 실험실 환경에서 피험자가 덜 성

실하게 그리고 덜 진지하게 반응할 수 있을 수도 있으며, 혹은 연구 보조자가 제공하는 처치가 실무에서 면허받은 임상가가 제공하는 처치와 중요한 면에서 다를 수도 있다.

## 사례 연구

**사례 연구**는 단일 개인 또는 상황에 대한 심층적인 조사, 관찰 및 기술하는 것을 말한다. 사례 연구방법은 히스테리아와 기타 문제들의 사례를 기술하기 위해 Sigmund Freud와 그의 동료들이 사용한 주요 기법이었다. 사례 연구는 실험이 아닌데, 왜냐하면 사례 연구는 종속변인이 결여되고, 독립변인에 대한 실험자 조작이 결여되고, 그리고 피험자를 처치조건과 통제조건으로 무선적으로 할당하는 것이 결여되어있기 때문이다. 오히려, 사례 연구는 개인이나 현상에 대한 집중적인 관찰을 제공해주기 때문에 가설이나 이론을 발전시킬 수 있도록 해준다. 사례 연구는 연구 프로그램의 초기 기술단계 동안 새롭고, 희귀하며, 혹은 일반적이지 않은 현상을 검토하는 데 특히 도움을 준다. 사례 연구방법을 통해서 발달된 이론은 이후에 좀 더 집중적인 연구설계에 의해 검증될 수 있을 것이다. 심리학에서 가장 유명한 사례 연구 중 하나는 Joseph Breuer와 Sigmund Freud(Breuer & Freud 1895/1957)에 의해 기술된 Anna O.의 사례이다. Anna O.는 히스테리아, 즉 오늘날 DSM-IV에서 **전환 장애**라고 부르는 장애를 겪었다. 그녀는 21살이 되기까지는 건강했고, 비교적 문제도 없었으며, 쇠약한 아버지를 돌보고 있었다. 몇 달간의 보살핌 후에, Anna O.는 의학적으로 설명되지 않는 오른쪽 팔과 다리의 운동 문제뿐만 아니라 비정상적인 시력곤란이 발병되었다. 그녀는 또한 말하는 데에도 어려움을 갖게 되었으며, 다른 증상들도 발병(예, 두통, 재발

성 기침, 마시는 것에 대한 두려움)하기 시작하였다. 그녀는 Breuer에게서 치료를 받았는데 Breuer는 최면을 시행하여 한 번에 하나의 증상만을 처치하였다. Breuer는 최면 후에 증상이 사라진다는 사실에 주목하였다. 정신분석 이론(예, 억압의 이론)뿐만 아니라 최면의 발달 모두 Anna O.의 사례 연구를 통해 발생하였다. 사례 연구 방법을 더 객관화하기 위해 특정의 단일-사례 연구 설계가 개발되어왔다. 단일 사례 연구에 적용되는 경험적 실험 절차를 여기에서 간략하게 평론할 것이다.

**단일 사례 설계** : 단일 사례 설계는 사례 연구와 실험 기법을 혼합한 것이다. 이 설계는 실험적 방법의 과학적 엄격함을 제공하면서 또한 오직 한 환자나 사례에 사용되기 때문에 실무적 임상 관련성을 허용해준다. 그러므로 임상가들은 자신들의 실무에서 개인 환자들을 연구하고 치료하는 데 이 방법을 사용할 수 있다. 단일 피험자 설계의 또 다른 장점은 많은 수의 피험자 사이의 변이성 관련 문제를 피할 수 있다는 점에서 강력하다는 것이다. 단일 피험자 설계는 시계열 방법론을 사용하는데(Barlow, Haynes, & Nelson, 1984), 이것은 시간에 따라서(즉, 처치 전 단계, 처치 단계 및 처치 후 단계) 동일한 사람을 대상으로 일련의 측정을 수행하는 방법이다. 분리된 통제집단이나 통제피험자를 사용하기보다는, 적극적인 치료나 중재 없이 관심 있는 현상에 관해 자료를 수집하는 기저선 단계 동안에 개인 환자는 자신이 통제집단으로서의 역할을 한다. 예를 들어, 처치 전, 처치 동안, 처치 후 그리고 추적기간 모두에 질문지를 사용하여 폭식증 환자의 폭식행동을 평가할 수 있다. 그런 후 변화를 증명하기 위하여 자기-보고된 폭식행동의 변화를 기저선 측정치와 비교할 수 있다. 단기 중재 효과와

장기 중재 효과를 조사하기 위해 다양한 기저선 및 중재단계 또는 중재조건이 사용될 수 있다.

가장 흔하게 사용되는 단일피험자 설계 중의 하나는 ABAB 설계이다. ABAB란 특정 임상문제를 위한 단일피험자 중재 동안의 기저선 단계와 (또는 무처치) 처치 단계 간을 번갈아 일어나게 하는 것이다. ABAB는 단일피험자 설계이며, 집단내 설계이기도 하다. 이것은 또한 **피험자 내 반복설계**라 불리기도 한다. 따라서 최초의 기저선 기간(A)은 어떠한 중재도 없이 문제 행동에 대한 평가를 하는 것을 말하고, 그 후에 처치 중재(B)가 오며, 다시 그 후에 처치 없는 기간(A)으로 돌아가고, 다시 두 번째 처치 중재(B)를 받게 된다. 처치 단계/무처치 단계는 연구나 처치의 필요에 따라 여러 번 번갈아 일어날 수 있다. 예를 들어, 주의력 결핍 및 과잉행동 장애(ADHD) 아동은 수업시간에 자주 그리고 충동적으로 자신의 자리에서 뜰 수도 있다. 이 행동은 교사와 다른 학생들을 매우 혼란스럽게 할 수도 있으며, 그 아동이 수업 과제를 끝내지 못하게 할 수도 있다. 교사는 아동이 의자에 앉아있는 동안 적절하게 행동하면 칭찬을 해주는 등의 방식으로 사회적 강화를 사용할 수 있다. 교사는 아무런 강화 없이(즉, A) 아동이 자리를 떠나는 수를 기록하고, 그 후 사회적 칭찬 강화를 제공하는 동안(즉, B) 일어나는 문제행동의 호수를 기록할 수 있다. 그런 후, 교사는 문제행동의 빈도 세기를 계속하면서 강화를 멈추었다가(즉, A), 그런 다음 사회적 칭찬 강화 조건(즉, B)을 시작할 수 있다. 중재 성공의 분석을 위해 각 기저선 단계와 중재 단계 동안 수집된 자료(예, 아동이 허락 없이 교실을 떠난 횟수)를 일람표로 만들 수 있다.

ABAB 설계에 관해 표명되는 하나의 주의점은 설계의 A 단계 동안 도움이 되는 치료 보류와 관련된 윤리적인 문제이다. 예를 들어, 어떤 아동들은 만일 기저선 평정 단계와 치료 보류 단계 동안 치료받지 못하면 굉장히 위험스러운 문제 행동인 머리-부딪치기나 또는 기타 자기파괴적이거나 공격적인 문제행동을 할 수도 있다. ABAB 설계에서 두 번째 문제는 단지 하나의 문제행동에만 초점을 맞추어야 한다는 제한점이다. 단 하나의 특정 표적 행동만을 보이는 환자는 거의 없다. 예를 들어, 앞에서 언급한 아동은 교실 좌석을 떠날 뿐만 아니라 숙제도 충동적으로 그리고 불완전하게 끝낼 수 있으며, 다른 아동을 방해하거나 혼란스럽게 할 수도 있고, 또한 분노발작을 보일 수도 있다. 우울한 성인은 강박관념-강박행동적 특성, 섭식 또는 수면 장애, 자살 생각, 관계 갈등 및 알코올 남용 문제 또한 갖고 있을 수도 있다. 하나 이상의 표적 행동이 평가되거나 치료될 때에는 다중 기저선 설계가 사용된다. ABAB 설계의 부가적인 문제는 A조건에서 새로운 기술이 학습되기 때문에 치료를 철회하는 것이 흔히 불가능하다는 것이다. 그러므로, 일단 새로운 기술이 학습되면 B조건 동안 학습된 기술을 '학습하지 않은 것'으로 만들 수 없다는 것이다.

**다중 기저선 설계** : 다중 기저선 설계에서는 관심 있는 모든 행동에 대한 기저선 자료가 수집된다. 그런 다음 다른 행동에 대한 기저선 자료가 여전히 수집되는 동안 하나의 표적행동에 대한 치료가 제공된다. 그런 다음 첫 번째 행동에 대한 치료가 계속되거나 제거되면서 동시에 두 번째 행동에 대한 치료적 중재가 시작될 수 있다. 예를 들어, 앞에서 언급한 주의력 결핍 장애 아동은 수업이 끝난 후 숙제를 끝마치지 않을 수도 있고, 또한 다른 아동들과 종종 싸움에 말려들 수도 있다. 이러한 문제행동들에 대한 매일의 빈도와 같은 강화물이 숙제를 끝마치는 것에 대한 개선이라는 목표를 이루기 위해 사용될 수 있다. 몇 주 동안의 치

료 후, 숙제에 대한 강화에 다른 아동과 협동적인 놀이를 하는 것에 대한 사회적 칭찬이 추가된다. 아동의 사회적 행동을 개선시키기 위해 사회적 칭찬이 몇 주 동안 사용된다. 다양한 기저선 기간과 중재 기간 내내 문제행동의 빈도에 관한 자료가 계속 수집된다. 만일 표적 행동이 중재기간 동안 개선되지 않는다면, 그 뒤에 새로운 중재전략이 개발되고 사용될 수 있다. 몇몇 자폐아동들에게 훈련을 통해 사회적 상호작용 및 읽기 기술 모두를 개선시키기 위해 사용된 다중 기저선 설계의 예가 그림 4.1에 나와있다.

비록 모든 단일 피험자 설계가 한 개인에 대한 막대한 정보를 제공해주기는 하지만, 그 발견을 다른 사람에게 일반화시키고 적용하는 것은 아주 중대한 문제이다. 예를 들어, 치료 중재는 한 사람에게는 잘 작용할 수 있지만, 다른 사람들에게는 그렇지 못할 수 있다. 표적 행동에 대한 중재의 일반화 가능성이 존재하는지 여부를 결정하기 위해서는 다른 많은 사람들에게 그 중재를 반복할 필요가 있다. ABAB와 같은 대부분의 단일 피험자 연구 설계가 행동주의적 또는 인지-행동주의적 지향의 전문가에 의해 사용되기는 하

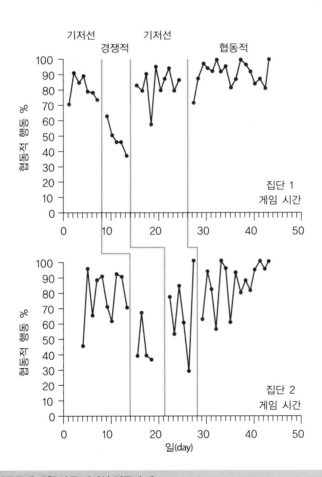

**그림 4.1**    몇몇 자폐아동들에 대한 다중 기저선 접근의 예

출처 : "Cooperative Games: A Way to Modify Aggressive and Cooperative Behavior in Young Children," by A. K. Bay-Hinitz, R. F. Peterson, and H. R. Quilitch, 1994, *Journal of Applied Behavioral Analysis, 27*, pp. 435-446.

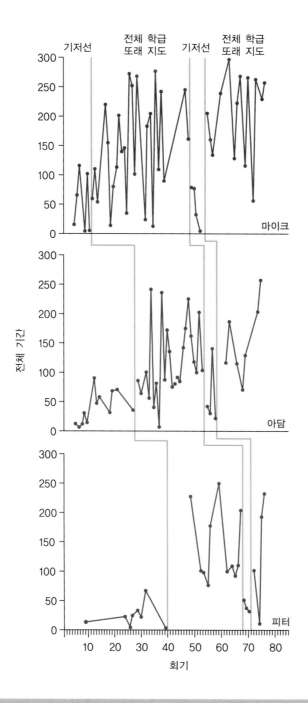

**그림 4.2** 몇몇 유치원 학급 아동들의 협동적인 행동에 대한 다중 기저선 결과들.

출처 : "Classwide Peer Tutoring: An Integration Strategy to Improve Reading Skills and Promote Peer Interactions among Students with Autism and General Education Peers," by D. M. Kamps, P. M. Baretta, B. R. Leonard, and J. Delquadri, 1994, *Journal of Applied Behavior Analysis, 27,* pp. 49-61.

지만, 그 원리는 생물심리사회적 또는 중다양식 접근과 통합될 수 있는 것은 물론 어떠한 범위의 중재를 평정하기 위해서도 확장될 수 있다.

　다중 기저선 설계는 둘 이상의 행동, 장면 또는 개인을 연구하기 위해 사용될 수 있다. 다중 기저선 설계는 강화 없이 기저선으로 돌아가는 것이 문제가 있거나 위험하다고 증명되었을 때 흔히 사용된다. 예를 들어, 만일 주의 및 충동 장애 아동이 복잡한 거리를 뛰어다니는 것과 같은 위험한 행동을 보일 경우, 강화를 철회하는 것은 너무 위험해서 그 아동이 부상을 당하거나 죽을 수도 있는 위험가능성이 있을 수 있다. 다중 기저선 설계는 먼저 학교와 가정에서 기저선 자료를 수집하거나 학교 장면에서 먼저 강화를 제공하며(예, 사회적 칭찬, 보상) 뒤이어 가정 장면에서 강화를 제공하는 식으로 사용될 수 있다. 일단 강화가 시작되면, 철회할 수 없게 된다. 만일 강화가 작용을 한다면, 행동 개선은 먼저 학교환경에서 발견될 것이고, 뒤이어 가정환경에서 나타날 것으로 예상될 수 있다.

　다중 기저선 설계에서는 개인, 장면 및 행동들이 혼합될 수 있으며, 어떤 수준에서는 그럴 수 없지만, 어떤 수준에서는 중재가 철회될 수도 있다. 예컨대, Bay-Hinitz, Peterson 및 Quilitch(1994)는 학령 전 아동들에게 공격적 및 협동적 행동에 관한 경쟁적 및 협동적 게임의 영향에 대하여 연구하기 위해 다중 기저선 설계를 사용하여 연구를 수행하였다. 상이한 네 학급의 유치원 아동들이 연구에 참가하였다. 협동적 게임은 협동적 행동을 증가시키고 공격적 행동을 감소시키는 반면, 경쟁적 게임은 공격적 행동을 증가시키고 협동적 행동을 감소시킨다는 것이 연구 결과 밝혀졌다. 이 연구의 자료가 그림 4.2에 제시되어있다.

## 상관법

실험 연구의 필수조건인 무선 할당 실험 및 통제 조건은 임상심리학 연구에서 사용될 수 없는 경우가 흔하다. 단일 사례 연구 설계 역시 임상 또는 실험 장면에서 실행할 수 없는 경우가 많다. 연구설계를 선정하기 전에, 인간을 대상으로 하는 실험의 윤리적, 법적 및 기타 제한점들에 관해 반드시 생각해보아야 한다. 실험 방법을 사용하지 못하게 하는 많은 제한점들은 대안적으로 상관법의 적용을 통해 다뤄질 수 있다. 상관 설계는 둘 이상의 변인들 간의 관련 정도를 검토한다. **상관**(correlational)설계로 인과적 결론을 내릴 수는 없지만(예, 치료가 어떤 문제를 낫게 하였다), 연구자와 실험자에게 관심 있는 구성개념 간의 관련 정도에 관한 유용한 자료를 제공해준다. 따라서 상관법은 실험자들에게 둘 이상의 변인들이 얼마나 밀접하게 서로 상응하는 경향이 있는지를 알려준다.

　상관은 정적일 수도 있고 부적일 수도 있다. **정적 상관**(positive correlation)이란 둘 이상의 변인이 같은 방향으로 움직이는 것을 말한다. 하나의 변인이 증가함에 따라, 다른 변인도 증가한다. 예를 들어, 어떤 사람이 우울함을 더 많이 느낄수록, 그 사람은 더 심한 절망감을 느끼게 된다. 따라서 우울함과 절망감은 상관 경향이 있으며, 같은 방향으로 상관되는 경향이 있다(즉, 높은 우울 수준은 높은 절망감 수준과 관련이 있고, 낮은 우울 수준은 낮은 절망감과 관련이 있다). 부부가 결혼 문제로 더 자주 싸울수록, 그들의 결혼은 더 만족스럽지 못할 것이다. 알코올을 더 많이 소비할수록, 그는 직장이나 학교를 더 많이 빠질 수 있다.

　**부적 상관**(negative correlation)이란 둘 이상의 변인이 반대 방향으로 움직이는 것을 말한다. 한 변인이 증가함에 따라, 다른 변인은 감소한다. 예를 들어, 어떤 학생이 TV를 많이 볼수록, 그 학생이 공부에 투자

하는 시간은 더 줄어들 것이다. 따라서 TV 시청과 공부는 서로 다른 방향으로 함께 움직이는 경향이 있다 (즉, TV를 많이 보는 것은 적은 공부 시간과 연관되는 반면, TV를 적게 보는 것은 많은 공부시간과 연관이 있다). 어떤 사람이 우울을 더 많이 느낄수록, 그 사람이 친구와 보내는 시간은 더 줄어든다. 그러므로, 부적 상관은 둘 이상의 변인이 반대방향으로 함께 움직이는 경향이 있다는 것을 의미한다.

어떤 변인들 간에도 완전한 상관이나 연합은 없다. 바꿔 말해서, 제시된 모든 예에서 약간의 변산을 예상할 수 있다. 예컨대, 말다툼을 자주 하는 경향이 있는 어떤 부부도 높은 결혼 만족도를 보고할 수도 있으며, TV를 많이 보는 어떤 학생은 그럼에도 많은 시간을 공부하는 데 보낼 수도 있을 것이다. 변인들 간의 연관 정도는 **상관계수**(correlation coefficient)로 표현된다. 상관계수란 $-1.00$에서부터 $+1.00$까지의 범위를 가진 점수를 말한다. 점수가 $-1.00$에 가까울수록 더 완벽한 부적 상관을 의미하는데, 즉 한 변인이 높으면 다른 변인은 낮음을 의미한다. 예를 들어, 만일 규모가 큰 학급에서 TV 시청 시간과 공부 시간을 조사했을 때, TV를 많이 보는 모든 학생들은 공부를 자주하지 않는 반면, TV를 보지 않는 학생들은 공부를 자주 하였다는 결과가 나왔다면, 계수를 계산하는 통계 공식으로부터 완전한 $-1.00$ 상관계수가 나올 것이다. $+1.00$에 근접한 점수는 거의 완전한 정적 상관을 나타낸다. 한 변인의 점수가 증가함에 따라 다른 변인의 점수도 증가한다. 더욱이, 정적 상관은 관심이 있는 두 변인의 점수가 모두 낮을 때 또한 나타난다. 예를 들어, 만일 규모가 큰 집단의 사람들에게 우울에 대한 점수와 절망감에 대한 점수를 측정했다면, 이 둘은 정적으로 상관될 가능성이 높다. 따라서 우울에서 높은 점수를 보이는 경향이 있는 사람은 또한 절망감에서도 높은 점수를 얻을 가능성이 있고, 반면 우울에서 낮은 점수를 보이는 경향이 있는 사람은 절망감에서도 역시 낮은 점수를 보일 가능성이 있다. 두 변인 사이에 상관이 없을 때(예, 신발 크기와 지능) 상관은 .00에 가깝게 된다.

2개 이상의 변인들 사이의 연관에서 한 변인이 반드시 다른 변인의 원인을 의미하는 것은 아니라는 것을 강조하는 것이 중요하다. 상관은 인과성을 의미하지는 않는다. 따라서 TV 시청이 반드시 부적절한 공부의 원인이 되는 것은 아니며, 우울이 반드시 절망감의 원인이 되는 것도 아니다. 어떤 실험 또는 연구에서 평가되지 않은 부가적 변인이 상관계수에 영향을 미치도록 작용했을 수도 있다. 예를 들어, 동기가 없는 학생은 아마도 TV를 많이 보며, 공부하는 데는 거의 시간을 보내지 않을 것이다. 이 학생들은 아마도 TV를 얼마나 많이 보았느냐와는 관계없이 공부하는 데 시간을 보내지 않았을 것이다. 다른 요인들(예, 과목에 대한 흥미)이 또한 작용을 했을 수도 있다.

## 역학적 방법

임상심리학자들은 역학적 연구방법의 사용과 결과에 흔히 관심을 갖는다. **역학**(epidemiology)이란 특정 임상 문제 또는 관심 있는 변인의 발병률이나 분포에 대한 조사를 일컫는다.

**역학적** 연구는 "얼마나 많은 사람들이 알코올 문제를 가지고 있는가? 얼마나 많은 대학생들이 임상적으로 우울한가? 얼마나 많은 사람들이 정신분열증을 가지고 있는가? 주의력 결핍 및 과잉행동 장애로 작년에 새롭게 진단된 사례는 얼마나 되는가? 얼마나 많은 10대 소녀들이 원하지 않은 임신을 하였는가?"와 같은 질문들에 대답하기 위해 특정한 관심 쟁점에 대한 유병률과 발병률을 기술한다. 역학자료는 정부 인구조사, 조사접근 및 병원 기록 등의 다양한 자료로부터 수집될 수 있다. 예를 들어, 역학 연구는 약 750,000명의 사람들이 매년 심장 질환으로 사망하고(American Heart Association, 2009), 약 천 백만 명의 미국인들이 알코올 중독(National Institute on Alcohol Abuse and Alcoholism, 2000)이라는 사실을 밝혀주었다. 역학 연구는 전체 미국인 중 약 1%가 정신분열증을 겪고 있고, 0.5%에서 1%의 10대 소녀들이나 젊은 성인 여성들이 신경성 식욕부진증을 겪고 있음을 보여준다(American Psychiatric Association, 2000). 역학 연구는 특정 문제를 겪고 있는 사람들의 수를 정확하게 추정하려고 시도할 뿐만 아니라 관심이 있는 기타 인구통계학적 특징(예, 55세 이전에 심장발작을 겪은 사람들의 인종, 경제, 나이 또는 성차)과 관련된 세부적인 자료도 제공해주려고 노력한다. 역학 연구에서 나온 자료는 정부 문서 및 기록, 병원 및 진료소 기록, 전국적 여론조사, 큰 규모의 다중현장 연구 프로젝트로부터 일반화된 자료 및 일반적으로 통제된 실험실 실험 외에서 나온 기타 정보 출처로부터 대부분 수집된다.

## 횡단적 설계와 종단적 설계

실험설계, 상관설계, 역학설계 및 심지어 단일 사례 설계조차 횡단적 또는 종단적으로 구성될 수 있다. 많은 연구들은 횡단적 방법과 종단적 방법 모두를 동일한 연구에 통합할 수 있으며, 이런 설계를 **횡단-연속 설계**라 부른다. **횡단적**(cross-sectional) 설계는 어떤 특정 순간의 행동에 관한 '스냅 사진과 같은' 것을 제공해준다. 대부분의 다른 심리학 분야와 마찬가지로 대부분의 임상심리학 연구도 횡단적 방법을 사용하

는데, 이 방법은 완성하는 데 일반적으로 더 쉽고 비용이 덜 들기 때문이다. 앞서 언급한 시험불안 연구는 횡단적 연구설계의 한 예이다. 시험불안 피험자들은 실험실 '처치'를 받은 후, 한 번의 간단한 실험실 회기 동안 모의 'IQ 검사'에 참여하였다. 이 연구는 간단한 치료가 한 번의 독립적인 실험실 회기 동안 불안을 감소시키는 데 유용하였는지 여부를 결정하기 위해, 시험불안 학생들에 대한 스냅 사진과 같은 것을 제공해준다. **종단적**(longitudinal) 설계는 일반적으로 연구자료를 오랜 시간에 걸쳐 수집한다. 시험불안 피험자를 고등학교와 대학 학업 과정 내내 조사하는 것이 종단적 연구방법의 예가 될 수 있다. 이 예에서 시험불안 수준은 고등학교와 대학교 기간 동안 정기적으로 평가될 것이므로 수집하는 데 약 8년이 걸릴 것이다.

어떤 임상심리학자가 고혈압 발병이 시간에 걸쳐 스트레스에 대한 반응과 관련되었는지 여부를 결정하는 데 관심이 있다고 가정해보자. 횡단적 접근을 사용한다면, 이 심리학자는 스트레스를 주는 실험실 절차 동안 자기보고와 생리적(예, 혈압) 측정치를 사용할 것이다. 이 심리학자는 고혈압 환자들이 비고혈압 통제 피험자들이 그런 것보다 실험실 절차에 더 큰 반응성을 겪는지의 여부에 관심이 있을 수도 있다. 반면에, 종단적 접근을 사용하기로 결정한 연구자는 무선적으로 선택한 사람들을 대상으로 수년에 걸쳐 정기적으로 실험실 스트레스에 대한 자기보고 및 생리적 반응을 평가할 수도 있다. 그런 후 연구자는 어떤 피험자에게서 고혈압이 발병했고, 어떤 피험자에게서 고혈압이 발병하지 않았는지를 밝힐 것이다. 그런 후 연구자는 이전의 측정치들이 이후의 고혈압 발병을 예언하는지 여부를 밝힐 것이다. 종단적 설계는 매우 유용하지만, 비용과 기타 제한점들은 흔히 이 유형의

사진 : Alan E. Kazdin 제공

# Alan E. Kazdin, PhD, ABPP

Dr. Kazdin은 연구방법론, 수행 장애, 육아 그리고 자녀 양육에 초점을 맞춰 연구를 하고 있는 전임교수이다.

**생년월일** : 1945년 1월 24일

**대학** : San Jose주립대학교(심리학/철학, 학사), 1967

**대학원 프로그램** : Northwestern대학교(임상심리학 MA, PhD), 1970

**임상 인턴쉽** : Illinois주 Evanston의 North Shore Association

**ABPP** : 인지-행동 심리학

**현재의 직업** : 심리학 및 아동정신의학 John M. Musser 교수; Yale Parenting Center and Child Conduct Clinic 소장

**임상심리학자가 되는 것의 장점과 단점 :**

**장점** : "임상심리학에서는 직업을 다양하게 선택할 수 있다. 나는 세 곳의 대학교에서 일했었다 (Pennsylvania주립대학교, Pittsburgh대학교 의과대학 및 Yale대학교). 나는 현재 심리학과에서 근무하지만, 의과대학의 정신과에서 수년 동안 근무했던 경력이 있다(Pittsburgh대학교와 Yale대학교의 의과대학). 심리학과 정신의학 직업은 가르침, 환자 진료, 그리고 행정과 관련하여 상이한 의무와 책임이 있지만, 임상심리학자에게는 손쉽게 이용할 수 있는 장면들과 의무들에 대한 선택권이 주어졌다. 임상심리학자들에게는 내가 추구하지 않았던 많은 직업 선택의 길이 있다(예, 병원, 산업체, 군대, 정부기관). 수년 간 주 및 연방정부 기관들과 각종 병원 그리고 학교를 대상으로 자문하는 많은 기회가 있었다. 이러한 업무에서, 임상심리학자는 많은 다른 분야들(유전학, 신경과학, 건강 정책, 정신의학, 사회사업, 수학, 정부와 법, 그리고 기타)의 과학자들과 만나게 된다. 내가 이 직업 분야에 대해서 언급한 이유는 개인의 지식과 개인적 취향에 따라 배우고 기여할 수 있는 많은 고무적인 기회들이 있기 때문이다."

"심리학과 교수라는 나의 현재 지위는 다양성을 내포하고 있다. 나는 학부생들과 대학원생에게 강의를 하며, 연구를 수행하고 지도감독하며, 우리가 아이들과 가족들을 보게 되는 진료소를 운영하며, 학과 또는 대학의 이슈에 대해 다른 교수단과 함께 일한다(예, 교수 연수). 나는 매일 도움이 필요한 가족들을 살피고 명확한 방법으로 이들 가족들을 돕는 데 관심이 있으며, 그런 가족들을 이해하고 도울 수 있는 방법을 개선시키기 위해 부합해야 하는 연구를 하면서 생겨나는 질문들에 관심이 있는 정말로 헌신적이고 유능한 직원들과 함께 일하고 있다."

"나의 관심 분야는 발달 정신병리학인데, 이는 아동들과 청소년들의 적응과 임상적 기능 장애를 이해하는 데 초점을 두고 있다. 이 분야는 임상적 문제들에 대한 일(예, 아동 우울증, 불안, 정신적 외상), 그것들의 발병, 경로와 경과, 그리고 그것들을 감소시키거나 제거하기 위해 무엇을 할 수 있는지(예, 예방, 치료, 사회 정책)에 대한 것들을 포함하여 특별하게 직업 선택의 기회가 많다. 심리적 과정과 그것들의 발생 그리고 경과를 이해하는 데 중요한 관련 분야들(예, 역학, 유전학, 정신의학, 사회학)의 동료들과 일하고 협력해야 하는 기회가 많이 있다. 내가 힘을 쏟고 있는 주제는 오직 몇 개의 주제인데, 이 주제들은 공격적이고

계속

반사회적인 행동, 자녀 양육 훈련, 그리고 아동과 청소년 심리치료를 포함하고 있다."

**단점** : "나는 한 가지 예외를 제외하고는 임상심리학자가 됨으로써 얻게 되는 단점들을 경험한 적이 없다. 내가 참석했던 몇몇의 행사와 파티에서, 사람들은 내가 심리학자인 걸 알게 되는 즉시, 그들은 자동으로 어떤 문제를 가진 '친구'를 언급하며 내가 그것들에 대해서 이야기해주기를 원한다. 이것은 심리학에 관한 것이 아니다! 수년 동안 이러한 사회적 상황에서 나는 사람들에게 역사(심리학 대신에)를 가르친다고 말하기 시작했었다. 이것은 효과가 있었다. 사람들은 정중하게 고개를 끄덕이며 그들의 잔을 다시 채우기 위해 자리를 옮겼으며, 심지어 '어떤 종류의 역사'인지에 대한 질문 없이 자리를 옮기는 것이 보통이었다(나의 일반적인 답변은 '과거에 대한 것'이다). 이러한 대화는 심리학에 대한 '단점'을 드러낸다. 하나의 분야로서, 핵심적인 기능 분야들과 관련이 있는 거대한 과학적 문헌의 실체를 대중에게 전달하지 않았다(예, 의사결정, 학습, 뇌 발달, 언어 숙달, 설득, 사회적 행동, 사회적 행동의 결정요인, 매력, 대인 관계—끝이 없다). (나는 몇몇의 역사학자 동료들과 친구가 된 이후에 이러한 실무를 하지 않았다.)

나는, 적어도 나에게 있어서, 다른 무엇보다 중요한 임상심리학에서의 진로의 장점은 건강—관리 장면들, 산업분야, 법조계, 군대, 그리고 모든 종류의 사립 및 정부 연구소와 기관들, 단체들에서 기능을 수행할 수 있는 임상심리학자의 많은 역할을 고려할 수 있는 광범위한 진로 선택의 기회가 있다는 것을 언급했었다. 대학이라는 장소 한 곳 안에서도, 전문대학 그리고 크고 작은 사립 또는 국립 전문대학과 대학교의 상이한 수준 안에서, 이것들 각각의 보상체계와 도전들 등 다소 놀랄 만한 선택권들이 있다. 이러한 선택권들은 그들(고용처들)이 개인에게 꼭 맞는 역할을 찾는 것을 허용할 경우나 그 직업을 수용하기 위해 다양한 선택권(예, 시간제 강의, 시간제 자문)을 종합하는 것을 필요로 하는 경우 중요하다. 모든 일이나 직업에서의 이러한 단점들은 밀접한 관계를 가지고 있다 : 만약 당신의 마음이 정말 다른 곳을 향하고 있다면 당신이 원치 않는 곳에 있는 것은 끔찍한 일이 될 것이다. 만약 내가 다른 곳에서 다른 무엇인가를 하고 있다면 그것이야말로 내게 있어서 단점이 될 것이다."

**임상심리학의 미래** : "나의 관심사와 흥미는 특별히 임상심리학이 보다 심리학이 더욱 광범위해지는 것에 있다. 나는 미래의 심리학에 대해 특별한 통찰력을 지니고 있지 않다. 나는 심리학적 과학이 대중들에게 더욱 도움을 줄 수 있는 지역에 광범위하게 보급되길 바라고 있다. 예를 들어, 환경에 영향을 미치는 기후변화와 행위들은 세계적으로 우선시 되어야 할 사항들이고 심리 과학은 차별적인 방법 안에서 태도들과 행동들에 대해 커다란 변화를 일으키는 데 기여할 수 있다. 또 다른 예로는, 대인 간 폭력, 특히 여성과 아이들에게 가해지는 폭력, 이것은 우리 국가와 전 세계적으로 일생 동안 고통을 겪는 것에 대해 책임을 지는 것이다. 예방과 치료에 대한 우리의 연구는 도움이 될 수 있다. 우리는 더욱 연구를 해야 할 뿐만 아니라 우리가 한 연구를 퍼트려야 한다. 이러한 두 가지 예로 예시된 바와 같은 중요한 쟁점들에 관해 차별화할 수 있는 우리가 이미 알고 있는 것을 퍼트리기 위하여 다른 과학들과 동반자가 되는 것은 예측이라기보다는 희망이다."

"임상심리학 분야 내에서는 약간의 자연적 긴장들이 있다. 주요한 한 가지는 임상 실무와 과학 사이에 놓여있다. 이러한 쟁점들 중에는 임상업무를 수행하는 사람들의 손에서 최고의 과학적인 발견을 얻는 것이다. 한 가지 관련된 긴장은 심리학의 임상 실무에서 다른 분야(예, 사회사업, 가족 치료, 정신 의학)와 함께 하거나 그리고 대립되어 나타난다. 사회적, 정서적, 행동적, 그리고 정신 의학적 문제들로 인해 심리학적 도움이 필요한 미국의 대부분의 개인들(~70%)은 치료를 받지 못한다. 치료 프로그램에 참석하기를 원하는 사람들을 위한 개인 치료를 제공하는 모형은 잘 기능하지 못하고 그들의 도움을 해소하는 데 도움을 주지 못한다. 심리학과 건강 진료의 미래는 더욱 개괄적으로 바라건대 앞에서 언급한 문제들에 대해 차별적인 방법들 안에서 다뤄질 것이다."

"나의 직업적 목표는 우리의 정말로 최고인 과학(모든 심리학)을 대중에게 전달하기 위해 적용하는 것이다. 이 광범위한 목표는 변화하는 세상에 대한 반응으로 대중의 필요와 우선순위들(예, HIV-AIDS 예방, 아동기 비만 치료, 기후 변화)이 변화하였기 때문에 내게 도움이 되었다. 많은 주제들은 변함없이 유지되고 있고(예, 육아, 독서습관 개발) 여기에서 우리 과학의 확장은 매우 중요하다. 더 나은 미래로 향하는 길은 많은 질문들에 의해 인도 되될 수 있다. 나를 위한 두 가지는 다음과 같다 : (1) 공공 생활 안에서 중대한 쟁점들을 다루기 위해 사용될 수 있는 우리의 과학적 발견으로부터 우리가 알고 있는 것(예, 차별, 건강한 생활양식, 아동 진료, 약물 남용의 예방, 노인을 위한 진료), 그리고 (2) 진짜 차별을 만드는 방법 안에서 우리가 앞의 1의 질문을 다룰 수 있도록 하기 위해서 어떤 기본적인 연구가 필요한가?

"도전은 미래를 예측하는 것이 아니라 그것을 조형하기 위해 열심히 노력하는 것이다. 내가 직접 영향을 줄 수 있는 것은 아주 적지만, 나는 헌신적이며 더욱 더 오랜 시간 동안 일을 할 수 있는 대학원생과 학부생들과 함께 연구를 할 수 있는 특권을 가지고 있다. 우리가 서로에게 영향을 미치는 것과 같이 우리는 공공 생활에서 필요로 하는 차이에 영향을 주는 것에 대해 또한 일조할 수 있다."

**전형적인 일과** : "나의 하루는 매우 이른 아침에 시작된다–언급하기에도 너무 이른. 매우 이른 아침이 내 자신의 글을 쓸 수 있고 집중할 수 없다는 것에 대한 유일한 변명을 스스로에게 하는 때이다. 이 직업의 한 가지 매력적인 특징은 글쓰기 위해 어떤 주제에 관해서 충분히 현재적인 감각을 알게 해주는 독서가 필수적이라는 것이다. 단지 몇 개의 연구 분야 안에서 안주하는 것은 위협적인 것이다. 새로운 연구들은 정기적으로 다수의 학술지 안에서 나타난다. 또한 자신의 관심과 관련이 없어 보이는 많은 분야들이 실제로는 생각들을 형성시켜줄 수 있고, 그래서 일부 이들 분야도 음미되어야 할 것이다. 분명히 유지만 하는 목표는 대략적인 것일 수밖에 없다. 만약 내가 강의를 해야 하는 날이라면, 나는 또한 내게 지난 며칠 동안 읽었던 적절한 것들을 강의에 추가할 시간이 있다면 그 강의들을 검토하는 데 그 조용한 시간을 사용할 것이다."

"아침 9시에서 10시경까지, 나는 대학교에 가거나 회의를 위해 진료소에 가기도 하고 수업과 관련된 일을 하기도 한다(예, 자료 준비, 시험 채점). 이유야 어쨌든, 나는 일반적인 강의 또는 세미나로 구성된 한두 개의 강의를 주로 맡는다. 일주일에 한 번씩 '실험실' 수업에 관심이 있는 대학원 학생들과 강의를 진행하고 토론과 연구 계획을 위해 그들과 만난다. 학생들에게 그들의 관심과 전공 지식을 개발하는 데 도움을 주고 이러한 흥미들을 연구에 집중할 수 있게 해주고, 그 다음 학생들이 그들의 연구를 시

작할 수 있게 해주는 것이 수업의 목적이다. 대학원생들의 석사 연구와 박사 논문에 대한 지도감독은 이 수업의 일부분이다."

"오후 중반쯤, 나는 집으로 돌아가거나 캠퍼스에 있는 진료소로 돌아가기도 하며(대략 나의 사무실로부터 3/4마일 정도 떨어져 있다), 내가 치료사들을 만나는 장소에서 외래 진료 서비스를 하기도 하고, 치료 진행 상태를 지켜보기도 한다(비디오카메라를 통해서). 진료는 반항적이고, 공격적이며, 반사회적 행동을 보이는 2~14살의 아이들에게 제공된다. 최근 몇 년 동안 지역 단체의 가벼운 압력으로, 우리는 또한 양육(예, 배변 훈련, 발작, 그리고 10대의 태도)에 대한 도움을 필요로 하는 부모들과 그들 부모의 임상적으로 심각한 문제나 장애를 가지고 있지 않은 아이들을 돌보고 있다. 임상서비스는 내가 연구를 수행하고 우리가 개발해 왔던 치료법들을 배우길 원하는 대학원생들과 대학생들과 함께 일을 하거나 지도감독을 하는 곳에서 이루어진다."

"나는 매주 한두 시간 정도 잡지사, 라디오 또는 방송국을 위해 일을 한다. 이 일은 기사의 배경지식을 제공하거나 아이들과 가족들에 관련된 것, 양육 방법, 그리고 뉴스에서 언급된 연구와 관련된 것들이다. 나는 또한 매주 학술지와 책에 게재될 원고를 심사하거나 전국의 동료들의 책 제안서 등을 검토한다. 내가 이러한 일들을 하는 동안, 다른 사람들도 내가 하는 일과 같은 일을 진행한다–모든 것은 익명으로 이루어진다."

"늦은 오후 또는 초저녁에, 하루가 끝나고 나는 집으로 돌아온다. 하루가 어떻게나 빨리 가는지, 나는 정말 왜 실제로 많은 일을 하지 못했는지, 그리고 내일은 무엇을 해야 하는지에 대한 것들로 인해 당혹스럽다. 내가 나의 '해야 할 일' 목록의 이름을 '여전히 끝내지 못한 일'로 목록의 이름을 바꾼다면, 이것이 정말 더욱 정직하고 정확한 것인지 고심한다. 이러한 깊은 생각들은 내가 집에 도착할 때까지 지속된다."

**더 자세한 정보**

www.yale.edu/psychology/FacInfo/Kazdin.html
www.yale.edu/childconductclinic
www.alankazdin.com

연구를 수행하는 것을 어렵게 한다.

## 치료 성과 연구

임상심리학자들은 신뢰롭고 타당한 평가 도구의 개발, 임상 증후군을 더 잘 이해하고 진단할 수 있는 전략 및 공격이나 자살과 같은 문제행동을 예언하는 것 등에 관한 질문에 답하기 위해 연구를 수행한다. 그러나 아마도 가장 흔하게 요청되는 중요한 연구 질문들은 치료 성과에 관한 것이다: 심리치료는 효과가 있는가? 어떤 유형의 치료가 어떤 유형의 상태에 가장 효과가 있는가? 장기 치료가 단기 치료보다 더 나은가? 치료자의 어떤 성격 특징이 치료 성공과 관련되는가? 환자의 어떤 성격 특징이 치료 성공과 관련되는가? 임상심리학에서 수많은 연구들은 하나 이상의 이러한 질문에 대답하기 위한 시도이다. 최근에는 치료 성과 연구가 아주 중요하게 되었다. 비록 치료 성과 연구가 오랜 시간에 걸쳐 수행되어왔지만, 건강 진료 전달 체계와 보험 상환 체계의 변화로 인해 심리학적 및 기타 유형의 치료가 실제로 효과가 있음을 입증해주

고, 따라서 기금의 지출을 정당화해주는 치료 성과 연구가 필요하게 되었다.

최근 몇 년 동안 잘 통제되고 잘 평가된 치료들을 내담자들에게 무작위로 할당하고 조건들과 연구의 실행과 보고를 위한 특별하게 동의된 기준을 가진 조건을 통제하는 데 초점을 두고 있는 **무선화된 임상적 시행**(randomized clinical trial, RCT)에 많이 집중되어왔다(Hollon, 2006).

치료 성과에 관한 연구를 수행하기 위해서는 관심이 있는 특정 질문에 따라 상이한 전략을 사용해야 한다. Kazdin(1991)은 치료 성과 연구를 효과적으로 평가하기 위한 일곱 가지의 **치료 성과 연구 전략**들을 개관하였다. 여기에는 치료 '패키지' 전략, 해체적 치료전략, 건설적 치료전략, 매개적 치료전략, 비교적 치료전략, 내담자 및 치료자 변산 전략, 그리고 과정 연구 전략(표 4.2)이 있다. 각 방법은 다음 절에서 간략하게 기술될 것이다.

### 치료 패키지 전략

**치료 패키지** 전략 접근은 "치료는 효과가 있는가?"라는 기본적인 질문에 답하려 시도한다. 이 접근은 특정

| 표 4.2 치료 성과 연구 | |
|---|---|
| **치료 성과 연구 전략 접근법** | **해답을 얻고자 시도된 연구 질문들** |
| 치료 | "치료는 효과가 있는가?" |
| 해체적 | "치료의 어떤 측면이 효과가 있는가?" |
| 건설적 | "효과적인 치료를 더 효과적으로 만들기 위해 추가될 것은 무엇인가?" |
| 매개적 | "치료를 더 효과적으로 만들기 위해 치료의 어떤 측면이 변경될 수 있는가?" |
| 비교 | "어느 치료적 접근이 가장 좋은가?" |
| 내담자 및 치료자 변산 | "어떤 유형의 치료자와 환자가 치료에 가장 효과적일 가능성이 있는가?" |
| 과정 | "실제적인 치료과정이 어떻게 치료 성과에 영향을 주는가?" |

출처: Kazdin(1991).

치료가 특정 임상 문제 또는 장애에 효과적인지 여부를 밝히려고 한다. 이 접근에서는 치료 패키지가 일반적으로 채택되는 반면, 무치료 통제 집단 또는 대기목록 통제 집단과 같은 통제조건이 비교를 위해 사용된다. 패키지란 대부분의 치료적 접근이 잠재적으로 도움이 되는 다양한 요소들을 포함하고 있다는 사실을 의미한다. 예를 들어, 이완 훈련에는 특정 호흡 기법, 근육 이완 기법 및 시각적 심상 기법의 학습뿐만 아니라 일상적으로 그 기법들을 사용하기 위한 문제해결 전략들이 있다. 패키지 접근은 긍정적 치료효과에 책임이 있을 것으로 여겨지는 여러 개의 매우 구체적인 요소들을 분리하지 않는다. 많은 비특이적 요인들(예, 회기 참가, 치료자가 도움이 되고 식견이 있다는 믿음)이 또한 환자의 개선에 포함될 수 있기 때문에, 연구자들은 일반적으로 어떤 **의사치료**(pseudotreatment) 형태를 수반하는 통제조건을 포함시킨다. 의사치료에는 많은 실제치료 측면(예, 전문 장면에서 정신건강 전문가와의 만남, 문제의 논의, 정기적 회기)이 포함될 수 있지만, 치료의 효과적인 요소(예, 특정 기법 또는 전략)라고 연구자가 믿고 있는 것은 포함되지 않는다. 예를 들어, 앞에서 언급한 시험불안 연구를 수행하는 연구자가 이완 훈련이 실제로 시험불안 학생들의 불안을 감소시키는 데 도움을 주는지 여부를 알고 싶어 한다고 가정해보자. 한 집단은 특정기법에 관한 지시가 비디오테이프로 제시되는 이완 치료를 받을 수 있다. 또 다른 집단은 기분 좋은 그림과 음악이 나오지만 이 이완 기법을 어떻게 사용하는지에 관한 특정 지시는 포함되지 않은 비디오테이프를 시청할 수도 있다. 세 번째 집단은 아무것도 받지 않는다. 또 다른 전략들이 불안 감소에 도움이 되는지를 밝히기 위하여 추가 집단들이 사용될 수도 있다.

## 해체적 치료전략

**해체적** 치료전략은 "치료의 어느 측면이 효과가 있는가?"라는 질문에 답하려 시도한다. 해체적 치료전략의 초점은 특정 치료가 효과적이라고 밝혀진 후, 그 치료전략의 효과적인 요소를 규명하는 것이다. 해체적 연구를 수행하기 위해 상이한 환자 또는 환자집단이 어떤 치료의 상이한 측면들을 제시받는다. 어떤 환자들은 전체 치료를 받는 반면, 어떤 환자들은 중요한 요소를 수반하지 않는 치료를 받는다. 예를 들어, 대인 심리치료는 폭식 장애 환자들을 치료하는 데 도움을 준다고 알려져 왔다(Agras et al., 1995; Cooper & Fairburn, 2009). 해체적 전략은 면허를 받는 심리학자에 의해 임상장면에서 수행되는 표준 대인 심리치료를 제공받는 한 집단을 포함할 수 있다. 또 다른 집단은 같은 치료를 받을 수도 있는데, 자기조력 양식으로 동료 집단 구성원들에 의해 수행된다. 세 번째 집단은 동일한 치료를 받을 수도 있지만 실제 치료 제공자라기보다는 워크북을 사용한다. 그러므로 경험, 훈련 및 면대면 접촉이 폭식 사례에 적용되는 대인 심리치료에 필수적인지 여부를 밝히기 위해 해체적 전략을 사용하여 치료자 역할이 검토된다. 따라서 해체적 전략은 치료 동안의 변화 근거를 밝히기 위해 사용된다.

## 건설적 치료전략

**건설적** 치료전략은 "효과적인 치료를 더욱 효과적으로 만들기 위해 추가될 것은 무엇인가?"라는 질문에 답하려 시도한다. 건설적 치료 접근은 추가요소가 치료 성과를 향상시킬지 여부를 밝히기 위해 치료에 다양한 요소를 추가한다. 예를 들어, 만일 가족 성원과의 부가적 회기 또는 환자가 사용하기 위한 독서목록을 치료에 추가시킨다면 폭식을 위한 대인 치료는 더욱 개선될 수도 있을 것이다. 더욱이, 대인치료에 인지-행동 치료를 추가하는 것도 도움이 될 수 있을 것이다(Agras et al., 1995; Cooper & Fairburn, 2009). 한 집단의 환자들은 표준 치료를 받는 반면, 또 다른 환자들은 표준 치료에 상이한 부가적 요소들을 추가한 치료를 받을 수 있다. 건설적 치료 접근은 연구자가 새로운 요소를 하나씩 추가함으로써 경험적으로 치료 패키지를 구성할 수 있도록 해준다.

### 매개적 치료전략

**매개적** 치료전략은 "치료를 더 효과적으로 만들기 위해 치료의 어떤 측면이 변경될 수 있는가?"라는 질문에 답하려 시도한다. 이 접근은 치료의 특정 측면을 변화시키는데, 이 변화가 치료의 효과성을 향상시킬 수 있는지 여부를 밝히려는 것이다. 매개적 접근은 종종 치료 시간이나 강도를 변경시키는 것을 포함한다. 예를 들어, 폭식을 위한 대인 치료는 표준 치료를 장기간 수행(예, 60분 대신 90분의 회기, 12주 치료 대신 20주의 치료)하거나 계획적인 추적 회기와 함께 표준 치료를 하면, 그 치료가 개선(즉, 치료 후의 더 적은 증상들 그리고 내담자의 치료 만족 보고)될 수 있을 것이다. 따라서 매개적 치료전략에는 표준 치료를 받는 환자 집단과 더 길고 더 집중적인 치료를 받는 다른 집단이 포함될 수 있다.

### 비교적 치료전략

**비교적** 치료전략은 "어느 치료적 접근이 가장 좋은가?"라는 질문에 답하려 시도한다. 이 접근은 일반적으로 임상 문제에 있어서의 변화를 일으키는 상이한 전략들을 비교한다. 예를 들어, 폭식에 대한 비교 치료접근은 먼저 인지-행동 심리치료를 받는 한 집단,

대인 심리치료를 받는 두 번째 집단, 그리고 인지-행동치료와 대인 심리치료 모두를 조합하여 받는 세 번째 집단이 포함될 수 있다. 다른 집단에 비해 어느 한 집단에서 증상이 더 경감되었는지 여부를 밝히기 위해 각 집단의 환자들이 평가된다.

### 내담자-치료자 변산 전략

**내담자-치료자 변산** 전략은 "어느 유형의 치료자와 환자가 치료에 가장 효과적일 가능성이 있는가?"라는 질문에 답하려 시도한다. 따라서 내담자-치료자 변산 전략은 치료자 또는 환자의 유형을 변경시켜 어느 조합이 치료 성과를 최적화하는지 여부를 밝히기 위해 시도한다. 예를 들어, 만일 치료자가 환자와 동일한 성 또는 인종이라면 치료가 더 효과적일 것인가? 만일 치료자 또한 이전에 그 장애를 직접 경험했었다면 치료성과가 향상될 것인가(예, 익명의 알코올 중독자 자조 치료 모임의 후원자)? 만일 환자가 중간 정도 동기화된 것보다 고도로 동기화된다면 치료는 더 효과적일 것인가?

### 과정 연구 전략

끝으로, **과정** 연구 전략은 "실제적인 치료과정이 어떻게 치료 성과에 영향을 주는가?"라는 질문에 답하려 시도한다. 이 연구 접근은 심리치료 과정의 어느 측면이 긍정적 치료 성과와 관계되어있는지 여부를 밝히려고 시도한다. 과정접근은 "치료자와 환자 사이의 만족스럽고 생산적인 회기를 만드는 것은 무엇인가?"와 같은 특정 과정 질문에 답하려고 시도한다. 예를 들어, 환자의 적대감, 치료자의 친절 및 환자의 노출 수준은 치료과정과 성과에 영향을 미칠 수도 있다.

## 치료 성과 연구를 수행하는 데 있어서의 질문과 도전

치료 성과 연구를 수행하는 것은 매우 도전적이다. 설계, 시행 및 연구결과 해석과 관련된 문제점들은 이 연구의 영역의 일반적인 것이다. 치료 성과 연구를 고려하는 데 있어서의 몇 가지 일반적인 질문들이 여기에서 간략하게 검토될 것이다.

### 연구 프로그램 치료는 실제 실무에서의 치료와 유사한가?

효과적인 연구를 수행하기 위해서는, 종속변인에서의 변화가 독립변인의 조작에 기인하는지 여부를 밝히기 위해 수많은 통제와 정밀함이 요구된다. 그러므로 어떤 연구에서든 매우 신중하게 연구 전략이 사용되어야 한다. 그렇지만 연구를 위해 설계된 치료는 전문 공동체에서 제공되는 전형적인 치료일 수도 있고 그렇지 않을 수도 있다. 예를 들어, 강박 장애와 같은 특정 임상 전집을 대상으로 인지-행동 치료와 정신역동 치료를 비교해보려는 연구자가 있다고 가정해보자. 환자들이 동일한 유형의 치료를 받는다는 것을 확실히 하기 위해, 연구자는 치료 매뉴얼을 사용할 수 있고, 연구에 참가한 치료자들에게 강박증 연구 피험자들과 환자들을 치료하는 데 있어서 그 매뉴얼에서 결코 이탈하지 말 것을 지시할 수 있다. 치료자들이 치료 매뉴얼에서 이탈하지 않았다는 사실을 확실히 하기 위해 회기들이 훈련된 전문가들에 의해 녹화되고 평가될 수 있다. 두 집단의 치료 기간을 통제하기 위해 각 치료자에게 환자들을 12주(주당 1회기) 동안 계속 치료하고, 12번째 회기에 치료를 종결하라고 요구할 수도 있다. 이러한 엄격한 제한은 실제 임상 실무에서는 일반적으로는 일어나지 않는다. 환자들은

흔히 더 길거나 더 짧은 시간 동안 치료된다; 예를 들어, 정신역동 기법과 인지-행동 기법 모두를 사용하는 통합적 치료 접근은 실제 실무에서 일반적이다; 대부분 실무에서 회기를 녹화하는 것은 드문 일이다; 그리고 연구에 참가하는 것과 그 자체가 치료에 대한 환자의 지각을 변경시킬 수도 있다. 그러므로 그 연구에서 얻은 결과는 일반화되지 못할 수도 있다. 연구자들은 연구의 외적 타당도를 최대화하기 위해 가능한 한 실제 실무 세계와 비슷하도록 연구를 설계해야만 하는 반면, 내적 타당도를 최대화하기 위해 실험 통제를 모니터해야 한다.

### 연구에 참가한 환자들과 치료자들은 실제 실무에서의 전형적인 환자들과 치료자들인가?

연구에서 제공되는 치료를 기꺼이 수용한 환자는 지역사회에서 정신건강 전문가의 서비스를 통해 개인적으로 치료를 찾는 어떤 사람의 전형일 수도 있고 그렇지 않을 수도 있다. 연구에 참여하기로 동의한 환자들은 흔히 무료로 전문적 서비스를 받을 수 있거나, 또는 참가함으로써 돈을 받기 때문에 연구에 참가한 것일 수 있다. 이들 재정적인 유인가는 연구 환자의 풀(pool)이 전체 환자 전집의 전형임을 보장하기도 하고 보장하지 않는 결과를 가져오기도 한다. 더욱이, 연구는 흔히 연구 피험자 선별에 사용되는 준거에 관해 매우 구체적일 필요가 있다. 예를 들어, 연구자가 강박 장애를 연구하는 데 관심이 있다면, 그 연구자는 다른 공존하는 정신과적 문제(예, 우울, 성격 장애, 섭식 장애)를 수반하지 않는 강박 장애의 DSM-IV-TR 진단준거에 부합되는 환자 피험자 풀을 확보하기를 원할 수도 있다. 누가 연구 프로젝트에 참여해야 하는지를 결정하는 데 있어서 선발이 연구의 내적 타당도를 향상시키는 반면, 그 결과로 표집된 피험자는 일반

전집에서 강박 장애 환자를 대표할 수도 대표하지 못할 수도 있다.

비슷한 관심이 치료자 선발에 있어서도 존재한다. 연구에 참여하는 치료자들은 치료를 제공하는 데 지역사회의 치료자를 대표할 수도 대표하지 않을 수도 있다. 예를 들어, 연구 실험은 병원, 진료소 또는 대학교 장면에서 일하는 면허가 있는 정신건강 전문가를 참여시킬 수도 있고, 실무에 대한 전문 면허가 없는 연구 보조자들을 참여시킬 수도 있다. 연구는 흔히 임상가보다는 일차적으로 연구자인 임상가를 참여시킨다. 연구자들은 지역사회의 평균 임상가들이 사용하기 위해 선택하는 전형적인 접근들을 반영하지 않을 수도 있는 고도로 전문화된 치료적 접근(예, 통증 조절을 위한 최면)을 사용하는 치료자를 참여시킬 수도 있다. 또 다시, 내적 타당도를 향상시키기 위한 노력은 외적 타당도를 손상시킬 수 있다. 나이, 성, 인종, 경험, 따뜻함, 지향 및 기타 요인과 같은 치료자의 특성 또한 고려해야 한다.

## 치료 성과 연구에 수반된 윤리적 문제는 무엇인가?

비록 연구와 실무에서의 윤리적 쟁점들은 제13장에서 자세하게 논의하겠지만, 여기에서 도전적인 윤리적 쟁점들과 치료 성과 연구와 관련 있는 잠재적인 불이익들에 대해서 언급하는 것은 중요하다. 임상적 중재들을 위한 과학적 근거를 갖는 것이 중요하다는 것과 치료 성과 연구가 임상 실무에서 무엇이 효과적인지 무엇이 효과적이지 않은지에 대한 과학적 이해를 개발하는 통합적 부분이라는 것은 분명한 반면, 다양한 도전적인 윤리적 쟁점들이 우리의 지식을 증가시켜주며 궁극적으로 도움이 필요한 사람들에게 가능한 최고의 서비스를 제공하기 위한 노력의 부산물이다. 첫째, 환자들의 욕구는 환자들을 심각한 위험에

처하게 하지 않는 방법으로 연구 프로토콜과 균형이 맞춰져야 할 것이다. 예를 들어, 어떤 자살 충동을 느끼는 환자가 심각한 우울증에 대한 특별한 유형의 치료를 평가하는 치료 성과 연구에 포함된다면, 그 환자가 스스로를 해칠 위험에 처해질 수도 있으며, 치료 프로토콜이나 매뉴얼이 평가되고, 제공되고 있는 특별한 치료의 범위를 넘어서는 추가적인 중재에 허용되지 않을 수도 있다는 것이 가능하다. 전문적인 서비스가 그 개인의 개인적 욕구에 맞춰질 수 있도록 하기 위해 연구로부터 철수하는 것이 환자의 최대의 이익이 될 수도 있다. 만약 너무 많은 사람들이 연구에서 빠지게 되거나 만약 그들이 다른 집단에 비해 하나의 특별한 치료 집단으로부터 온 유의하게 다른 숫자로 집단을 형성하게 된다면, 연구로부터 환자의 철수와 탈락은 연구의 온전함을 위태롭게 만들 수 있다. 연구자들은 너무 많은 철수와 관련된 문제를 최소화하기 위해 그들이 할 수 있는 한 연구와 관련이 있는 환자들을 유지시키기 위해 모든 것을 해야 한다는 압박감을 느낄 수도 있다. 연구자들의 연구를 완성하기 위한 그들의 욕구는 환자들이 갖는 최대의 관심과 그들의 행복을 명확하게 볼 수 없게 할 수도 있다.

통제 집단과 플라시보 집단의 사용은 치료 성과 연구에서 도전적인 윤리적 문제들을 제기한다. 예를 들어, 심각한 우울증 치료에 대한 가설적 연구에서, 매우 우울한 환자 집단을 비처치 통제 집단이나 플라시보 집단 혹은 대기 목록 통제 집단에 있게 하거나 몇 달 동안 이상 매우 필요한 서비스를 받지 못하게 하는 것은 윤리적으로 매우 의심스러울 수도 있다. 아무리 심각하거나 가벼운 고통을 받는다고 하더라도 그들이 정서적, 행동적, 심리적, 또는 관련 문제들에 대해 도움을 얻고자 할 때, 사람들은 일반적으로 서비스가 가능한 한 빨리 시작되기를 원한다. 어떤 종류의 통제

조건 안에 배치되는 것은 큰 도움이 필요한 자살충동을 느끼는 환자들과 같은 사람들에게는 적합하지 않을 수도 있다. 하지만, 통제, 대기 목록, 또는 플라시보 집단을 사용하지 않는 것은 연구 과제의 질을 떨어뜨리는 것이다.

이러한 문제들은 중요한 인간 문제들과 걱정들의 맥락 안에서 높은 질의 연구를 수행하는 데서의 도전을 강조한다. 이와 같은 그리고 다른 연구문제들이 극복할 수 없는 것이 아니기는 하지만, 연구자들은 치료 성과 연구의 업무를 떠맡기 전에 신중하고도 면밀하게 고려해볼 필요가 있다.

## 치료 성과는 어떻게 그리고 언제 측정되는가?

치료 성과의 평가는 치료 말기에 환자들에게 더 나아졌는지를 물어보거나, 특정 문제 때문에 더 이상 고통받지 않는지를 단순히 물어보는 것보다 훨씬 더 복잡하다. 편파와 요구 특성이 환자 또는 치료자가 치료의 성공을 어떻게 지각하는지에 영향을 주어 작용할 수도 있다. 예를 들어, 치료자와 환자 모두 그 과정에 상당한 양의 시간과 에너지를 투자한 후이기 때문에, 치료가 유용하였다고 믿도록 매우 강하게 동기화되었을 가능성이 있다. 잠재적 편파를 극복하기 위하여 성과 측정치들은 다양한 방법(예, 직접 관찰, 자기보고, 타인보고)을 통해 얻어져야만 한다. 성과 측정치들은 공평한 외부 관찰뿐만 아니라 환자, 치료자 및 중요한 타인들(예, 배우자, 사장, 동료, 부모)의 관점도 포함시킬 수 있다. 더욱이, 성과를 측정하려는 어떠한 시도에서든 신뢰롭고 타당한 도구가 사용되어야만 한다. 치료에 대한 내담자의 만족뿐만 아니라 치료 효과를 구체적으로 측정하기 위하여 많은 도구와 프로그램들이 개발되어왔다(예, Ellsworth 1981; Murphy, Parnass, Mitchell, Hallett, Cayley, & Seagram, 2009; Nguyen, Attkisson, & Stegner, 1983; Overall & Pfefferbaum, 1962; Plante et al., 1995; Plante, Couchman, & Hoffman, 1998; Speer & Newman, 1996). 평가의 시기 역시 중요하다. 치료 효과 또는 성과의 평가는 치료 종결뿐만 아니라 치료가 종결된 후 일 년에서 몇 년에 걸친 정기적인 추적 회기 동안에도 필요하다(Craighead, Stunkard, & O'Brien, 1981; Jacobson, 1984; Speer & Newman, 1996). 치료 말기에 수행되는 치료 성과 측정치는 몇 주 또는 몇 달 후에 수행되는 측정치와 다르게 나올 수 있다.

## 통계적 유의도 대 임상적 유의도

연구 가설이 지지되었는지 여부를 밝히기 위해, 대부분의 과학적 분야와 마찬가지로 심리학에서도 확률과 통계적 유의도가 전통적으로 사용되어왔다. **통계적 유의도**(statistical significance)란 오류나 우연에 의해 특정 결과를 얻을 수 있는 확률이 매우 작음을 의미한다. 관례적으로 동일한 전집에서 나온 두 집단의 평균이 100 중 5 이하로 나오게 되면 영가설(즉, 차이 없음)이 기각되고 연구의 가설이 지지되게 된다. 이것을 $p < .05$라고 부른다; 즉, 오류의 확률이 5% 이하임을 의미한다. 수많은 통계적 기법들 또는 검증들이 어떤 연구에 이러한 확률적 진술을 끌어내기 위해 사용될 수 있다(예, $t$-검증, 변량분석, 다변량분석). 통계적 검증은 또한 단지 통계적 유의수준을 결정하는 것을 넘어서 어떤 효과의 크기를 측정하기 위해 개발되어왔다. 이러한 검증들은 **효과 크기**(effect size)라고 불리는 것을 측정한다. 효과 크기는 주어진 결과 또는 효과가 그 연구의 결과에 주는 영향의 강도 또는 정도를 반영한다. 그 연구의 설계와 목적은 어느 통계적 검증이 사용될지를 결정한다.

많은 연구자들은 치료 성과 연구와 기타 임상심리학 연구에서의 통계적 유의도를 증명하는 것이 불충분하다고 생각한다. 이들은 연구자들이 이러한 연구결과가 의미를 가지고 있음을 보여주기 위해 통계적 유의도에 부가하여 임상적 유의도, 즉 실무 유의도를 증명할 수 있어야만 한다고 주장한다(Jacobson & Revenstorf, 1988; Kazdin, 1991; Kendall, Holmbeck & Verduin, 2004; Kendall & Norton-Ford, 1982; Moleiro & Beutler, 2009). 예를 들어, 성적 학대를 받은 80명의 입원 수사들과 성적 학대를 받지 않은 80명의 입원 수사들 간의 성격 차이를 검토하기 위한 한 연구가 수행되었다(Plante, Manual, & Bryant, 1996). 모든 성직자들은 성직자 치료에 전문화되어있는 정신과 병동에 입원되어있었다. 이 환자들에게 성격검사와 인지검사 모두를 포함한 많은 심리검사들이 실시되었다. 이 연구의 발견 중 하나는 두 성직자 집단 사이에 MMPI-2에서의 과잉통제된 적대감 측정치에 유의한 차이가 있다는 것이다. 과잉통제된 적대감이란 공격적이고 적대적인 충동을 억압하려는 경향성을 말한다. 변량분석을 사용하여, 이 연구자들은 과잉통제된 적대감 측정치가 성적 학대집단에서 유의하게 더 높았음을 발견하였다($p < .05$). 그러므로 성적으로 학대받은 입원 수사들은 성적으로 학대받지 않은 입원 수사들보다 더 과잉통제된 적대감을 경험하는 경향이 있었다. 그렇지만 성적으로 학대받은 집단의 과잉통제된 공격성의 실제 평균 점수는 56점이었던 반면, 성적 학대를 받지 않은 집단은 53점이었다. 비록 이 연구가 많은 수의 피험자를 대상으로 연구되었고 비록 이 두 점수 간의 차이가 통계적으로 유의할지라도, 이 결과로부터 실제적 또는 임상적 유의성은 얻을 수 없었다. 그러므로 이 연구에 기반을 두어 성적 학대를 변별하는 도구로 과잉통제된 적대감 측정치를 사용하는 것은 임상가에게 적절하지 못한 것이 된다. 또 다른 예로는, 어떤 치료 후의 우울 변화에 대한 측정이 있다. 치료 후에 환자는 우울 측정에서 더 낮은 점수를 보일 수 있지만, 여전히 우울을 느끼고 있을 수 있다. 이들이 처음 치료에 참가했을 때보다 우울이 덜할 수도 있고 점수도 우울의 기준 측정치(예, Beck 우울 항목표, BDI)에서 유의하게 더 낮은 점수를 보일 수도 있지만, 이들은 치료를 끝냈을 때 여전히 불행하게 느낄 수 있다. 치료 성과 연구는 치료효과를 밝히기 위한 통계적 유의도보다 더 관련성이 있는 다른 준거를 사용한다고 시사되어 왔다(Kendall et al., 2004; Moleiro & Beutler, 2009). 이들 준거에는 병전 혹은 기저선 수준으로 되돌아가는 것, 사회적 또는 직업적 기능에서의 개선을 가져오는 변화, 또는 현존하는 증상의 제거 등이 포함된다(Jacobson & Revenstorf, 1988; Kendall & Norton-Ford, 1982). 유일한 성공의 측정치로서 통계적 유의도를 사용하는 것으로부터 벗어나고, 환자가 역기능적 상태에서 더욱 기능적 상태로 이동했다는 증거와 같은 더 유용하고 실제적인 측정치들을 사용하기 위해 많은 연구자들은 치료 성과 연구 및 기타 임상심리학 연구를 필요로 하고 있다(Kazdin, 1991; Moleiro & Beutler, 2009; Speer & Newman, 1996).

임상적 유의도를 수학적으로 정의하기 위한 한 가지 방법은 **신뢰할 수 있는 변화 지수**(reliable change index), (RCI; Jacobson & Truax, 1991)를 사용하는 것이다. RCI는 역기능적 경험 수준에서 더욱 기능적인 경험 수준으로 이동해온 내담자들이나 환자들의 수를 계산해준다. RCI는 치료 전 점수와 치료 후 점수 사이의 차이를 측정한 다음 측정 표준오차로 나눈다. 따라서 RCI는 기능 변화의 유의도를 추정하기 위하여 변화의 정도와 측정의 신뢰도를 조사한다. 좋은 측정치와 함께 사용될 때 RCI는 가치 있는 도구가 된다(Kendall et al., 2004).

## 연구 결론들이 상이할 때 치료 성과 결정은 어떻게 내려질 수 있는가?

유사한 연구 질문에 답하기 위해 시도된 연구 조사들은 흔히 일치되지 않고 있다. 내적 타당도와 외적 타당도 모두에 대한 위협이 모순되는 결론이 나오게 하는데 역할을 할 수 있다. 더욱이, 얻어진 결론에서 신뢰성을 높이기 위해서는 연구가 반복되어야만 한다. 어떤 주제 또는 질문에 대해 수행된 모든 연구를 검토하기 위한, 인기는 있지만 논쟁의 여지가 있는 하나의 방법은 메타분석을 사용하는 것이다(Smith, Glass, & Miller, 1980). **메타분석**이란 많은 수의 연구 결과를 검토하기 위한 통계적 방법이다. 예를 들어, 효과 크기, 즉 결과는 통제집단의 평균 성과 점수에서 처치 또는 실험집단의 평균 성과 점수를 뺀 후 그 차이를 통제집단의 표준편차로 나눔으로써 추정된다. 효과의 크기가 클수록, 처치의 효과가 더 크다. 예를 들어, 심리치료 성과를 위해 메타분석을 사용해서 흔히 인용되는 연구에서, Smith와 Glass(1977)는 그들이 검토한 연구의 효과 크기가 0.68이었다고 보고하였는데 심리치료를 받지 않은 환자보다 심리치료를 받은 평균 환자 중 약 75%가 더 나은 성과를 보였다고 결론내렸다.

광범위한 절차 및 통계적 이유 때문에 많은 권위자들이 Smith와 Glass(1977, 1980)의 연구를 비판하였다(예, Landman & Dawes, 1982; G. Wilson & Rachman, 1983). 비판자들은 메타분석을 수행할 때는 오직 수준 높은 질의 연구만을 사용해야 하는데, 빈약하거나 결함 있는 연구의 결과를 사용하는 것은

오류 있는 결론을 가져올 것이라고 주장하였다. 바꿔 말해서, "쓰레기가 들어가면, 쓰레기가 나온다."는 것이다. 메타분석과 같은 통계적 기법 이외에, 계속해서 가설을 잘 조정하기 위해 연구 결과를 검토하고 부가적인 연구를 설계하는 연구 프로그램의 발달이 또한 연구자들에 의해 사용되고 있다. 연구 프로그램은 하나의 연구가 두 번째 연구의 발달에 정보를 제공해 주게 하고, 다시 이 연구는 단계적이고 조직적인 방식으로 이후의 연구 설계와 수행에 정보를 제공해준다.

## 연구 프로그램이란 무엇이며, 그것은 어떻게 수행되는가?

하나의 연구로는 중요한 연구 질문에 결코 답할 수 없다. 신문들은 흔히 최근에 출판된 연구 결과를 보고하고, 그 결과에 기초하여 무차별적인 일반화를 만들어 버린다. 예를 들어, 귀리 겨가 콜레스테롤을 더 낮춘다거나, 적포도주를 적당량 마시는 것은 심장발작을 감소시켜준다는 연구가 보고될 수 있다. 그렇지만 하나의 단일연구가 특정 현상에 대한 완전한 이해를 제공해주는 경우는 드물다. 심지어 가장 잘 설계되고 완성된 연구도 제한점을 가지고 있다. 더욱이, 그 결과가 일관되고 안정적이라는 사실과 우연이나 알려지지 않은 요인에 기인하지 않았다는 사실을 확실히 하기 위해서는 반복연구가 필요하다. 그러므로 다양한 현상에 대한 이해는 단일 연구로부터가 아니라 일련의 연관된 연구 또는 연구 프로그램에 의해 발전된다.

Agras와 Berkowitz(1980)는 새로운 중재기법의 치료 성과에 대해 더 잘 이해하도록 돕기 위해 연구 프로그램 방법을 개관하였다. 먼저, 새로운 기법 또는 절차는 합리적인 중재인지 여부를 밝히기 위해 몇몇 사례 연구에서 사용될 수 있다. 그런 후 새로운 절차와 무처치 절차를 비교하기 위해 단기 성과 연구들

| **표 4.3** | 기초 연구에서 임상실무까지의 상이한 연구 수준들 |
|---|---|
| 수준 1 | 행동 변화와 관련이 있는 쟁점들에 대한 기초 실험실 연구. |
| 수준 2 | 통제된 연구실 조건에서 치료 접근의 요소들을 검증하기 위한 아날로그 치료 연구. |
| 수준 3 | 실제 환자들을 대상으로 한 통제된 임상 연구. |
| 수준 4 | 임상 실무. 치료자들은 사례 연구나 임상 시행에서 성과를 평가한다. |

출처: Kazdin(1981).

이 설계될 수 있다. 만일 그 절차의 단기 효과가 지지되면, 긍정적인 치료 성과를 가져온 기본 성분에 대한 이해뿐만 아니라 그 절차를 활용하는 데 가장 효과적이고 효율적인 방법을 검토하기 위해 연구가 설계될 수 있다. 그 다음 단계에서는 실험실 장면에서 개발되고 연구된 이 절차가 다양한 임상 장면(예, 개인 개업, 진료소)에 적용될 수 있는지 여부를 밝히기 위해 현장 효과성 연구가 수행된다. 이 장에서 논의된 모든 연구 설계와 접근들(예, 단일 사례 연구 설계, 상관 설계, 실험 설계)이 새로운 치료 기법 또는 절차의 유용성을 결정하기 위해 다양한 단계에서 활용될 수 있다. 일반적으로 이들 연구 프로그램은 통제되지 않은 사례 연구로 시작되고, 그 다음 단일 사례 설계에서 적은 수의 환자를 대상으로 짧은 시간에 걸쳐 집단 간 설계로 이어지게 되며, 그 다음 장시간에 걸쳐 많은 수의 환자를 대상으로 하는 집단 간 설계가 수행되게 된다. Wilson(1981)은 또한 실험실에서 시작되고 임상가의 자문실에서 끝나는 연구 모형을 제안하고 있다(표 4.3)

## 임상심리학 치료 성과 연구에서의 현대의 쟁점

임상심리학 분야에서 수행된 연구는 매우 정교하고 복잡한 수준으로 발전해왔다. 현대 임상심리학 치료 성과 연구는 한 임상 장소에서 몇몇 치료자에 의해 수행된 특정 치료 접근이 통제집단보다 상대적으로 효과가 있는지를 밝히는 것보다 훨씬 많은 것을 포함한다. 현대 임상심리학 치료 성과 연구에 많은 매혹적인 현재의 쟁점 및 경향이 있지만, 이 절에서는 몇 가지 선택된 매우 흥미 있는 것들에 대해 조명해볼 것이다. 이러한 것들에는 정신병리 연구에 대한 생물심리사회적 접근, 메타분석, 경험적으로 타당화된 치료, 광범위한 협력적 다중현장 연구 프로젝트 및 대규모 지역사회 중재에 관한 연구가 있다.

### 정신병리 연구에 대한 생물심리사회적 접근

정신병리에 대한 연구는 역사적으로 정신병리의 발달, 유지 및 치료에 대한 구체적이고 단일 차원적인 영향에 초점을 맞추었다. 어떤 연구자들은 생물학적 영향에 대해 초점을 맞춘 반면, 다른 연구자들은 심리적 영향이나 사회적 영향에 관해 연구할 것이다. 많은 연구자들이 계속해서 인간행동과 정신병리에 대한 매우 구체적인 변인의 영향에 초점을 맞추고 있지만, 연구자들은 이제 다수의 상호작용하는 요인들의 복잡한 영향을 인식하고 있다. 점점 더 많은 연구가 수행됨에 따라, 정신병리에 관한 복잡하며 상호작용하는 생물심리사회적 영향이 기술되어왔고, 이러한 복잡한 상호작용을 더 잘 연구하기 위해 연구설계들이

스포트라이트

## 경험적으로 지지된 치료 그리고 연구와 실무 사이의 긴장

최근 몇 년 동안 임상심리학 전문 공동체는 경험적으로 지지된 치료들은 전폭적으로 받아들여왔다. 1995년 APA의 제12분과(임상심리학) 특별 위원회 보고서에 따르면(APA, 1995d), 수많은 논문들이 경험적으로 지지된 서비스들의 장점과 단점에 대해 출판되어왔다. 거의 모든 연구자들과 임상가들은 임상 실무는 가장 유용한 연구 증거에 의해 알려져야 한다는 것에 대해 동의했다. 그렇지만 생물심리사회적 증상군, 생활환경, 변화에 대한 동기, 지지 체계 등에서 매우 독특할 수 있는 실제 임상환자들을 적절하게 돕기 위한 경험적으로 지지되고 매뉴얼화된 치료의 역량에 관해서는 아주 많은 논란이 있다. 일반적으로 많은 연구자들은 임상 실무는 치료 매뉴얼을 세밀하게 따르는 경험적으로 지지된 치료들만을 사용해야 한다고 주장한다. 실무자들은 일반적으로 매뉴얼화된 치료들에 대해 반대하는데, 그들이 비슷한 진단적 문제를 공유함에도 불구하고 각 내담자의 매우 독특한 요구들을 언급한다(Plante, Boccaccini, & Andersen, 1998). 경험적으로 지지된 치료들에 대한 최근의 글들과 논란은 연구자들(실제로는 진짜 임상 환자들을 거의 치료하지 않는 사람들)과 임상가들(수많은 경험적 연구 문헌을 거의 읽지 않는 사람들) 사이의 역사적인 긴장들을 강조한다.

다양한 임상 문제의 치료에 대한 연구를 하려면 환자들과 치료자들의 선택, 치료의 실시, 그리고 치료 성과와 추적의 평가를 위해 매우 명확한 절차들을 사용해야 한다. 많은 사람들은 치료 프로토콜의 내적 타당도를 최대화하는 매우 수준 높은 연구를 수행하기 위한 중요한 실험적 노력이 임상적 작업의 실제 세계에 일반화시키는 것이 불가능하지 않지만 그것을 어렵게 만든다고 주장해왔다. 그러므로 내적 타당도를 높이기 위한 노력들은 종종 외적 타당도를 감소시키는 결과를 가져온다. 예를 들어, 만약 우리가 공황 장애를 위한 경험적으로 지지된 우수한 치료 방법을 개발하는 데 관심이 있다면, 우리는 특정한 치료 프로토콜을 사용하여 공황 장애를 가진 사람들을 연구하고자 할 것이다. Boston대학교의 David Barlow는 정확히 위와 같은 일들을 해왔고 공황 장애에 대한 다양한 논문들과 치료 매뉴얼들을 출판해왔다(예, Barlow & Craske, 2000). 만약 이 책(제5장 참조) 전반에 걸쳐 논의된 공황 장애 환자 Mary에게 표준 프로토콜을 사용한다면, 매뉴얼화된 치료 접근법을 따르는 데 약간의 어려움들을 발견할 것이다. 예를 들어, Mary는 공황 이외에도 그것들이 발생할 때 다루어야 하는 다양한 다른 걱정거리와 갈등들

(계속)

개작되었다.

알코올 남용은 복잡한 생물심리사회적 문제의 훌륭한 예이다. 유전적 소인, 신체적 의존성 및 내성과 같은 생물학적 요인들은 심리적 취약성(예, 우울, 부인, 스트레스) 및 사회적 요인들(예, 지방 술집에 모이는 친구들, 음주가 과도한 가정에서의 양육, 음주를 남성적인 것으로 묘사하는 대중매체)과 작용하여 알코올 중독과 연합된 광범위한 신체적, 대인적, 정신내적 및 직업 관련 문제를 발생시킨다. 그러므로 치료

는 주로 다차원적이다. 입원환자 해독, 집단치료 및 antabuse 추적(즉, 알코올과 결합하였을 때 맹렬한 불쾌감을 일으키는 약물치료)을 활용하는 치료 프로그램의 효율성을 평가하기 위하여 건설적 치료전략 연구설계가 적용될 수 있다. 따라서 기저선, 입원 치료 완료 후, 그런 다음 집단치료의 추가 후, 그리고 끝으로, 다시 antabuse의 추가 후에 성과를 측정한다. 따라서 각 요소의 상대적 기여도와 그것들의 시너지 효과를 통계적으로 분석할 수 있고 과학적으로 검증

을 경험하고 있을 수 있다. 그녀는 그녀의 공황 증상과 관련이 없는 그녀의 남편이나 아들과의 갈등을 경험할 수도 있고, 그녀의 공황 증상들에 초점을 맞추기보다는 여러 주 동안 그것들에 대해 토의하기를 원할지도 모른다. 그녀는 알코올 문제, 부부 문제, 신체적 질병, 그리고 주의가 필요한 기타 등등의 것들을 경험했을 수도 있다. Mary는 심리학적인 서비스를 찾는 대부분의 사람들과 마찬가지로, 공병을 겪고 있고 따라서 몇 가지 다른 진단적 문제와 씨름하고 있기 때문에 동시에 처리해야 하는 많은 표적 증상들이 있을 때 다양한 기법들의 사용과 효과성을 밝히는 것은 종종 어렵다. Mary는 또한 노출된 모든 문제들에 대해 응답하지 않았을 수도 있고, 공황 장애 치료 매뉴얼에서 제공된 예방 기법들에 대해서만 응답했을 수도 있다. 그녀는 몇몇의 것들은 좋아하거나 동의할 수도 있지만 어떤 것들에 대해서는 그렇지 않을 수도 있다. 그녀는 치료의 몇몇 측면에 협조했을 수도 있지만 치료의 모든 측면에는 협조하진 않았을 수도 있다.

치료 조건의 다양성(예, 관리 진료, 개인 개업)뿐만 아니라 치료자 기술, 성격 및 관심에서의 다양성, 그리고 내담자들(예, 공병, 민족, 인종, 성별, 지지 체계들)은 모두 비현실적이고 심지어 확실한 상황에서 바람직하지 않은 경험적으로 지지된 치료 책자들의 융통성 없는 사용을 하도록 할지도 모르는 방식으로 상호작용한다(La Roche & Christopher, 2008; M. Lambert, Bergin, & Garfield, 2004; Norcross, 2001, 2002; Norcross et al., 2006). 경험적으로 지지된 치료에 대한 대부분의 비판과 논평들은 효과가 있는 치료를 개발하고 조사하는 것에 관한 과학적 강조는 숭고하며 가치 있는 추구인 반면에, 실제적이고 매우 복잡한 임상 실무에서 이것들을 유용하게 사용하기 위해서는 내담자들과 치료자들의 개별적 욕구에 맞춰져야 한다고 결론을 내리는 경향이 있다(APA, 2006; Beutler, Moleiro, & Talebi, 2002; Garfield, 1998; Ingram et al., 2000; Kazdin & Weisz, 2003; M. Lambert et al., 2004; Plante, Boccaccini, et al., 1998). 경험적으로 지지된 치료들을 개발하고 출판하는 과학자들과 여러 다른 욕구를 가진 복잡한 내담자들을 치료할 필요가 있는 임상가들 사이의 간격을 이어주는 노력들이 필요하다(DeLeon, 2003; La Roche & Christopher, 2008; Lilienfeld, 2007; Norcross, Beutler, & Levant, 2006; Sheldon, Joiner, Pettit, & Williams, 2003). 미국심리학회(APA, 2006)는 수준 높은 임상 연구 발견에 주목하여 또한 실제적이고 종종 복잡한 문제들에 대처하는 실제 사람들에 의해 직면되고, 기술자들이 아닌 경험 많은 전문가들에 의해 처치되는 임상적인 미묘한 문제를 추구하는 정부기반실무에 대한 특별위원회의 개발과 발표를 통하여 최근에 이 긴장을 다루었다.

할 수 있다.

실험자에게 관심이 있는 특정 연구질문에 따라 치료 성과를 조사하는 연구는 이러한 생물심리사회적 영향을 반드시 고려해야만 한다. 예를 들어, 이러한 그리고 기타 영역에서의 연구 프로그램은 중요한 질문에 답하기 위해 다양한 연구설계 전략을 사용할 수 있다. 앞에서 논의한 모든 설계들이 특정 연구에서 사용될 수 있지만, 종단적 설계뿐만 아니라 비교 치료 전략과 건설적 치료전략이 종종 특히 유용하다. 이러한 설계들은 임상적 문제에 관한 다중영향을 고려하는 현대 임상심리학 연구자에 의해 질문된 복잡한 질문의 유형을 더 잘 반영해준다.

종합적인 생물심리사회적 치료는 흔히 중다 수준에서 중재되어야 하고, 다중영향 요소를 검토하거나 설명해야만 한다. 예를 들어, 정신분열증에 대한 치료 성과 연구는 실제 임상실무를 반영해야 하는데 약물치료, 사회적 지지, 개인, 가족 및 집단 심리치료, 직업상담, 가정 보조 그리고 기타 가능한 중재전략의 역할을 검토해야 한다. 현대의 치료는 좁게 정의된 하나의 중재전략은 거의 사용하지 않고, 오히려 생물학적, 심리적 및 사회적 다중 수준에서의 중재를 시도한다. 그러므로 연구자들은 이제 선례를 따라야 하며, 이러한 복잡성을 고려하는 연구 프로그램을 설계해야 한다.

## 메타분석

앞에서 언급한 것처럼, 메타분석은 연구자가 수많은 연구로부터의 결과를 검토할 수 있도록 해주는 통계적 기법이다. Smith와 Glass(1977; Smith et al., 1980)가 심리치료의 효과에 관한 그들의 이정표적인 연구를 수행한 이후로, 메타분석 접근이 치료 성과 연구에 광범위하게 사용되어왔다. 치료 성과와 기타 주제를 검토하는 수천 수백의 연구들이 여러 해 동안 수행되어왔기 때문에, 이 기법은 연구들에 걸친 전반적인 결과를 통합 정리하는 데 특히 유용하다. 어느 연구를 포함시키고 어느 것을 배제시켜야만 하는지를 결정하기 위하여 준거가 발달되었다. 통제조건에 비교한 효과크기의 측정이나 치료효과 강도가 각 연구에서 밝혀지고 다른 연구들과 함께 평가된다. 잘 설계되고 통제된 연구들을 사용하는 것은 메타분석 기법의 기본이 된다(G. Wilson & Rachman, 1983). 현대 임상심리학에서 수행된 더욱 더 많은 연구가 메타분석 기법을 활용하고 있다(Kendall et al., 2004; Leichsenring & Rabung, 2008; Taylor & Harvey, 2009).

## 종합적이고 협력적인 다중현장 임상 시행 연구 프로젝트

임상심리학 치료 성과 연구가 역사적으로 고립된 진료소, 병원 또는 개업 장면에서 기본적으로 한 연구자에 의해 수행되었던 반면, 현대 연구 접근들은 규모가 큰 연구들에서 광범위하고 협력적인 다중현장을 사용한다. 전국적으로 많은 상이한 현장에서 협력적 연구를 수행하고 많은 상이한 치료를 사용하는 것은 치료상황의 단면을 더 많이 대표하기 때문에 치료연구의 외적 타당도를 증진시킨다. 치료 성과에서 가장 잘 알려지고 흔히 언급되는 광범위하고 **협력적인 다중현장 연구 프로젝트** 중의 하나는 국립정신건강연구소(NIMH)의 우울증 연구이다(Elkin, 1994; Elkin, Parloff, Hadley, & Autry, 1985; Elkin et al., 1989). 이 NIMH 연구는 이들 연구방법의 예로 간략하게 논의될 것이다.

이 NIMH의 우울증 연구의 목적은 우울증에 대한 많은 단기 치료의 효과성을 평가하기 위해 대규모 협력적인 임상시행 연구를 활용하는 것이었다. 대규모 협력적인 임상 시행은 약물치료의 효과 및 다른 의학적 중재의 효과를 연구하기 위해 흔히 사용되기는 했지만, 임상심리학 분야에서는 이 연구 이전에는 사용되지 않았다. 협력적 임상 시행은 결과의 신뢰도, 타당도 및 일반화 가능성에 대한 지지를 제공해주는 광범위한 장면에서 잘 통제된 치료 성과 연구이다. 이 NIMH 우울증 연구는 세 곳의 수련장소(Yale대학교, Clark대학교 및 Rush 장로회-성 Luke 의료센터)뿐만 아니라 세 곳의 연구 현장(Pittsburgh대학교, George Washington 대학교 및 Olkahoma대학교)에서 우울증을 치료하기 위해 인지-행동 심리치료, 대인 심리치료 및 사례 관리를 수반한 약물치료를 비교하였다. 사례 관리 위약 통제조건을 수반한 약물치료가 또한 포함되었다. 250명의 환자들이 세 연구 장소에서 네 가지 치료조건에 무선할당되었다. 이들 결과는 모든 치료가 상대적으로 통제조건에 비해 유용하다는 것이 입증되었다. 약물치료는 보다 빠른 치료

사진 : Zach Plante 제공

반응을 가져왔지만, 시간이 지남에 따라 심리치료도 약물치료와 똑같이 효과적임이 입증되었다. 협력적인 다중현장 치료 성과 연구는 공황 장애나 주의력 결핍 장애와 같은 다른 장애를 연구하는 데도 수행되었다(Sholomskas et al., 1990).

## 지역사회-전반 중재

현대 임상심리학 연구는 개인뿐만 아니라 지역 사회 전반을 연구하고 영향을 미치려 한다(Cohen, Stunkard, & Feliz, 1986). 대규모 지역사회 수준에서 수행된 많은 예의 연구와 중재 프로젝트들이 있지만, **Stanford 심장병 예방 프로그램**(Meyer, Maccoby, & Farquhar, 1980; Meyer, Nash, McAlister, Maccoby, & Farquhar, 1980)이 이러한 유형의 임상 연구 프로젝트에 대한 가장 훌륭한 예를 제공해준다. Stanford 프로그램의 목적은 몇몇 California 주 지역사회에서 건강을 해치는 행동을 변경시키기 위한 것이었다. 두 도시 주민들에게 심장 혈관계 질환의 발병위험을 낮추기 위해서 금연과 식습관 및 운동 개선을 권장하는 집중적인 대중 매체 캠페인이 제공되었다. TV, 라디오, 우편 및 전화 접촉 모두가 거주자들이 더 건강한 생활양식으로 살도록

도우기 위한 시도로 사용되었다. 세 번째 도시는 통제 조건이었으므로 어떠한 중재도 제공되지 않고, 평가되었다.

대중매체 호소 외에도 위험에 처해 있는 피험자들에게 구체적인 행동 교육이 제공되었다. 더 낮은 혈압과 흡연 감소가 지역사회-전반 중재 프로젝트의 결과로 나타났음을 결과는 보여주고 있다(Meyer et al., 1980) 16년 동안 32만 명의 남자들을 추적한 다중 위험 요인 중재 시행(Multiple Risk Factor Intervention Trial; MRFIT)과 같은 기타 **지역사회-전반중재 프로젝트**와 핀란드의 North Karelia 프로젝트가 고위험 행동을 변경시키기 위해 사용되어왔다. 10대 임신, 성병 및 폭행을 최소화시키기 위해 설계된 연구들이 또한 개발되어왔다. 이런 식으로, 임상심리학은 전반적인 지역사회의 행동 및 건강에 영향을 주기 위해 그 기법들을 확장해왔다.

## 비교 문화 연구

오랜 시간 동안 임상심리학(그리고 일반적인 심리학) 안에서의 연구는 편리한 대학생 표집들을 사용하였고 그런 다음 연구 결과물들을 넓은 지역 사회에 일반화시키려고 시도했었다. 예를 들어, 치료 또는 진단 절차가 백인 대학생들의 표집에서 제대로 기능이 되는 것처럼 보인다면, 이러한 치료나 진단 절차가 나이, 민족, 인종, 사회경제적 상태 등에 비추어보면 이질적인 임상 표집에 적용되었을 수도 있다. 최근 몇 년 동안, 갈수록 다문화 집단이 되어가는 우리의 지역사회는 전체 인구의 다양성을 반영하는 질적 연구를 요구하고 있다는 것은 분명해져 왔다(APA, 2003b; La Roche & Christopher, 2008; Rogler, 1999). 문화적, 윤리적, 인종적, 성, 그리고 기타 차이들에 민감한 연구설계가 되어야 한다. 이는 다양한 집단들이 조

사 연구들에서 대표되도록 해야 할 뿐만 아니라, 질문지와 기타 평가 도구들이 적절한 언어로 되어있으며, 문화적 전통이 존중되어야 한다는 것을 함축하고 있다. 예를 들어, 연구되고 있는 문화의 연구 학회나 자문가들을 확보하는 것이 종종 양질의 다문화적인 연구가 성공적으로 수행될 수 있는 기회를 극대화시킬 수 있다.

## 임상심리학 연구는 어디에서, 어떻게 수행되며, 연구비는 어떻게 받는가?

임상심리학 연구는 대학 및 대학교, 병원, 외래환자 진료소, 독립 연구소 및 개인 개업을 포함한 수많은 장면들에서 수행된다. 그렇지만 대부분의 임상심리학 연구는 대학, 대학교 및 대학교 부속 의료장면들이나 기관들(예, 진료소, 병원)에서 수행된다.

연구자들은 다양한 출처에서 연구비를 받는다. 국립정신건강연구소(NIMH), 국립건강연구소(NIH), 재향군인회(VA) 및 국립과학재단(NSF)과 같은 정부 기구로부터의 연구비가 임상심리학 연구에 기금을 제공해준다. 미국심장학회(American Heart Association), 소아마비 구제 모금 운동(March of Dimes), 미국 암 재단(American Cancer Foundation), John D. 및 Catherine T. McArthur 재단 및 James T. Irvine 재단과 같은 사립재단들이 또한 임상심리학 연구 프로젝트에 연구비를 제공하고 있다. 많은 대학, 대학교, 병원 및 사단법인들이 자신들의 기관에 소속된 연구자들에게 얼마간의 연구비를 제공해주기 위해 약간의 자금을 예산으로 책정하고 있다. 연구자는 자신의 프로젝트가 연구비 지원으로 선발되기를 기대하며 지원서와 연구 계획서를 작성한다. 대부분의 국가 연구비 지원 프로그램은 실제로는 수혜자가 아주 적기 때문에 매우 경쟁적이다.

연구는 흔히 연구비나 다른 재정적 지원 없이 수행될 수 있다. 많은 기관들이 연구 프로젝트를 위한 시간을 허가해주기 위해 임상적, 교육적 또는 기타 전문적인 책임들로부터 약간의 면제시간을 허용해주고 있다; 이들은 또한 연구 프로젝트를 완성하는 데 도움을 주기 위하여 복사, 컴퓨터 및 전화 서비스뿐만 아니라 비서 시간과 같은 지원을 제공해줄 수도 있다. 끝으로, 대학생 및 대학원생과 같은 자원봉사자들이 흔히 연구 프로젝트 완수를 도와주기도 한다.

### 연구 결과는 어떻게 의사소통되고, 실무로 통합되는가?

완성된 연구는 보통 전문 학술지를 통한 출판과 세계적 학술회의, 국가적 학술회의 그리고 지역 학술회의에서 발표를 통해 전문 공동체에 의사소통된다. 프로젝트가 전문 학술지에 투고될 때, 일반적으로는 동료들의 평론을 위해 그 분야의 여러 전문가들에게 이메일로 보낸다. 보통 전문 학술지의 편집자 혹은 부 편집자뿐만 아니라 2~4명의 전문가들이 그 연구 논문이 출간될 가치가 있는지를 결정하기 위해 주의 깊게 심사한다. 잠재적 편파를 최소화하기 위해 심사는 때때로 익명으로 수행되며, 심사하는 동안 저자의 이름과 소속이 연구 논문에서 삭제되고, 심사자들의 이름이 논문 저자에게 알려지는 것이 보류된다. 심사 과정은 흔히 피드백이 저자에게 제공되기까지 3~8개월이 소요된다. 심사자들은 수정 없이 논문을 받아들일 수도 있으며, 혹은 수정을 요구할 수도 있으며, 그리고 논문의 게재를 불가할 수도 있다. 만일 논문 게재가 거부되면, 저자는 보통 논문의 질을 향상시키거나 후속적인 연구를 위해 심사자들의 피드백을 병합한다. 일단 논문이 접수되고 요구된 수정이 이루어지면, 논문이 출간되기까지 수개월에서 1년 혹은 그 이상이 걸릴 수 있다. 그러므로 연구 프로젝트가 제출된 시기와 실제적으로 그 논문이 출판되는 시기 사이에는 몇 년의 간격이 있을 수 있다. 저자들은 한 번에 오직 하나의 전문 학술지에 자신들의 연구를 투고할 수 있다. 또한 이들은 자신들의 논문이 통과되고, 전문 학술지에 출판된다고 해서 돈을 받는 것은 아니다. 최근 몇 년 동안 대부분의 전문 학술지들은 논문 게재와 심사 과정의 속도를 개선하기 위해서 많은 노력을 해오고 있다. 현재 많은 전문 학술지들은 논문의 전자 투고를 허용하고 있고 그들의 자문 심사자들에게 보다 빠른 원문의 전자 심사를 요구한다. 게다가, 몇몇의 전문 학술지들은 출판 과정의 속도 또한 개선할 수 있는 온라인 형태로 바꾸고 있다.

그런데 이러한 동료 심사 과정에는 많은 단점(예, 출판을 위한 긴 시간)이 있으며, 장점으로는 오직 높은 질과 유의한 연구만이 출판될 기회를 최대화하기 위한 그 분야 전문가에 의한 주의 깊은 심사라고 할 수 있다. 비록 연구자들이 궁금한 분야에 대하여 더 많은 것을 배우고 자신이 발견한 결과들을 전문 공동체와 공유하는 데 관심이 있지만, 일반적으로 정규 출판을 하도록 기대하는데, 직업 유지(예, 정년보장)와 학문적, 의료적 및 기타 장면에서의 승진을 위해서는 정기적인 출간이 일반적으로 기대되고 요구된다. 유명한 문구인 '출판하느냐 아니면 사라지느냐(publish or perish)'는 이러한 출판에 대한 요구와 압력을 잘 포착하고 있다. 임상심리학 분야의 수많은 전문학술지 중 연구자들에 의해 제출된 논문 중 아주 조금만 통과되므로 매우 경쟁적인 학술지가 있는가 하면; 어떤 학술지는 중간 정도로 경쟁적이고; 기타 학술지는 여전히 거의 경쟁적이지 않다.

동료 심사 과정은 또한 전문 학술회의에 논문을 제출하는 데에도 이용된다. 전국 수준 및 지역 수준 모두에서 대부분의 전문 기구들〔예, American Psychological Association(APA), American Psychological Society, Western Psychological Association, New England Psychological Association, Society of Behavioral Medicine〕은 회원들과 그 분야에 관심이 있는 사람들을 위하여 연차 학술대회를 개최한다. 논문, 포스터 발표 및 심포지엄이 전국에 걸쳐(전국 규모의 단체들을 위하여) 또는 지역에 걸쳐(소규모의 지역 학술회의를 위하여) 다양한 도시에서 여러 날 동안 발표된다. 연구 논문들은 학술대회 약 6개월 전에 제출되는데, 그 분야의 전문가들에 의해 심사된다.

연구 발견들이 임상 공동체에서보다는 연구 공동체에서 더 많이 의사소통되는 경향이 있다는 데에 많은 사람들이 우려를 표명해왔다(예, APA, 2006; Addis, 2002; Beutler, Williams, Wakefield, & Entwistle, 1995; Fensterheim & Raw, 1996; Hayes, 2002; Nezu, 1996). 예를 들어, 실무자들은 흔히 많은 전문적인 과학 학술지들을 읽지도 않고 전국 학술회의나 지역 학술회의에 정규적으로 참석하지도 않는다. 오히려 그들은 계속되는 교육 워크숍이나 병원의 병례 검토 발표회에 참석함으로써 새로운 기법과 전략들을 배운다. 연구의 정확성이 매우 높은 가치를 지니며 많은 프로젝트들이 연구의 특수 영역에 초점을 두고 있기 때문에, 일부는 연구들이 그 분야에서 실무를 담당하고 있는 보통의 임상가들에게는 유용하지 못하다고 주장한다. 많은 연구자들은 임상가를 잘 모르고 있고, 많은 임상가들 역시 연구자를 잘 모른다는 사실이 이러한 딜레마를 더욱 증폭시키고 있다. 그러므로 학문사회와 임상사회가 항상 중첩

되는 일을 하고 있는 것은 아니다. 연구와 실무 간의 이러한 분리는 1896년 임상심리학이 시작된 이래로 심리학의 주요한 쟁점이 되어왔으며 계속해서 뜨거운 논쟁의 주제가 되고 있다(APA, 2006; Addis, 2002; Clement, 1996; Fensterheim & Raw, 1996; Hayes, 1996; Nezu, 1996; Rice, 1997).

연구자들은 흔히 일부 임상가들이 환자를 도와주려는 그들의 노력에서 오도되고 정보를 제공받지 못하므로 이 문제를 교정하기 위해 질 높은 연구가 필요하다고 주장한다(Davison & Nazarus, 1994; Garfield, 1994). 임상가들은 종종 많은 연구들이 과잉 단순화되어있다고 생각하며, 또한 연구자들은 임상가들이 자신의 환자들을 도우려고 애쓰는 과정에서 직면하게 되는 복잡한 도전들을 이해하지 못한다고 느낀다(Clement, 1996; Edelson, 1994; Havens, 1994). 그렇지만 일부 연구들에서 임상가들은 연구자들이 일반적으로 믿고 있는 것보다 연구에 더 많은 가치를 두는데, 임상가들은 연구 발견을 자신의 실무에 통합시키려고 애쓰는 반면, 연구자들은 자신들의 연구에 임상가들의 관심을 흔히 덜 통합하는 경향이 있다고 시사한다(Addis, 2002; Beutler et al., 1995).

몇몇 전문 학술지들은 특별히 연구와 실무 간의 틈을 이어주기 위해 개발되어왔다(예, 「*Clinical Psychology: Science and Practice*」, 「*In Session: Psychotherapy in Practice*」). Tally, Strupp 및 Butler(1994)는 연구 결과와 해석에 치료적 맥락을 제공해줌으로써 임상가들에게 더 적절하도록 연구가 수행되어야 하고, 연구기금은 임상가들의 필요에 더 민감해져야 한다고 제안하였다. Stricker와 Trierweiler(1995) 그리고 Clement(1996)는 연구자들이 자신의 실험에서 취하는 것과 같은 엄격하고 과학적인 사고와 태도를 임상가들이 실무에서 갖춰야

한다고 제안하였다. Fensterheim과 Raw(1996)는 임상 연구와 실무는 분리된 영역이므로 "임상실무로부터 임상연구를 분리하여 각 영역의 활동가가 동료로 만나야 하고, 다른 사람들이 상이한 사고방식 및 연구방식을 가지고 있음을 인정하고 그 차이를 존중해야 한다."(p. 170)고 제안하였다.

# 큰 그림

연구는 임상심리학의 목적과 활동에 있어서 기본이다. 연구는 인간 본성에 대한 중요한 질문에 유용한 대답을 제공해주고, 많은 사람들의 삶의 질을 향상시키는 방법들을 제공해준다. 예컨대, 수준 높은 연구란 수많은 임상 문제들을 평가하고 치료하는 개선된 방법을 조사하는 연구를 설계하는 것이다. 연구는 또한 정신병리학 및 치료의 생물심리사회적 모형을 타당화하고 잘 조정할 수 있게 해준다. 더욱이, 연구 훈련은 연구 및 비연구 활동들과 장면들 모두에서 활용될 수 있는 중요한 사고 기술들을 발달시켜준다. 심리학자들은 다양한 연구 질문들과 임상 질문들을 해결하기 위해 광범위하고 정교한 연구 설계 방법들을 개발해왔다. 모든 상이한 설계들과 연구 방법들은 임상심리학에서 특별히 중요시하는 쟁점을 연구하고자 하며, 잠재적인 연구 오류와 편파를 최소화하거나 제거하고, 반면에 내적 타당도와 외적 타당도는 최대화하고자 한다. 임상심리학 연구의 모든 분야는 과학적인 방법을 활용하며, 연구 실험실에서는 물론 임상 실무에서도 과학적인 방법이 성공적으로 채택될 수 있다. 수준 높고 윤리적이며 유용한 연구 프로그램을 수행하고 이들 결과를 심리학자들의 실제 실무에 통합시키는 것이 현대 임상심리학의 도전적 목표이다. 실

제적으로 연구를 수행하지 않는 임상심리학자도 결과들을 평가하고 정보를 그들의 임상 업무나 다른 전문적인 업무에 통합시키기 위한 연구 정보의 수요자임이 틀림없다. 미래 임상심리학자들은 마음과 행동의 작용에 관한 더 복잡한 질문들에 대답하기 위하여 더 정교한 연구 방법들을 사용할 것이다. 이런 전략들은 의학, 사회학 및 역학과 같은 다른 학문분야에서 사용되는 방법과 지식을 통합할 것이다.

## 요점

1. 연구는 임상심리학의 가장 기본적인 것이다. 기본 연구와 응용 연구는 진단, 치료 및 일반적인 인간 행동의 중요한 질문들에 대한 많은 답을 제공해주는데, 따라서 연구자들과 실무자들 모두 확신을 가지고 그 연구에서 사용된 기법과 이론을 활용할 수 있도록 해준다. 연구는 임상심리학의 과학과 실무 양쪽에서 기본이 된다.

2. 임상심리학에 있어서 연구의 일반적인 목적은 인간 행동에 대한 지식을 획득하고, 이런 지식을 다른 사람들의 삶을 향상시키기 위해서 사용하는 것이다. 임상심리학자는 자신의 연구 활동을 수행함에 있어서 과학적인 방법을 사용한다. 과학적인 방법이란 특정 현상을 기술하고, 설명하고, 예측하는 일련의 규칙과 절차를 말한다.

3. 실험을 수행하는 것은 연구 질문들에 답하는 데 있어서 과학적인 방법을 활용하는 전형적이며 기본적인 방법이다. 실험은 독립변인과 종속변인을 규명해야 하고, 실험자 오류와 편파를 최소화해야 하며, 내적 타당도와 외적 타당도를 최대화해야 한다.

4. 내적 타당도와 외적 타당도를 위협하는 몇 가지 유형의 외재적 변인들이 있으며, 이것들은 어떤 연구에서든 고려되고 다루어져야 한다. 내적 타당도에 대한 위협으로는 내력, 성숙, 검사, 도구 통계적 회귀, 선발 편파 및 실험적 탈락이 있다. 외적 타당도에 대한 위협으로는 시험, 반응성, 다중-처치 간섭 및 선발 편파의 상호작용이 있다.

5. 연구 실험을 구성하고 수행하는 많은 상이한 접근법들이 있다. 많은 상이한 실험 설계들은 독특한 장점과 단점을 가지고 있다. 실험 설계, 유사 실험 설계, 집단 간 설계, 집단 내 설계, 혼합집단 설계, 아날로그 설계, 사례 연구, 상관 설계, 역할 설계, 횡단적 설계 및 종단적 설계가 여기에 속한다.

6. 인과적 진술을 허용하는 순수 실험의 초석은 무선화이다. 실험 조건과 통제 조건에 피험자들을 무선할당하는 것이 순수 실험의 보증서이다. 그렇지만 법적, 윤리적 및 실무적 제한점들 때문에 흔히 많은 임상심리학 연구에서는 무선화가 불가능하다.

7. 집단 간 설계는 둘 이상의 분리된 피험자 집단을 사용하는데, 그 집단들 각각은 상이한 유형의 중재를 받으며, 혹은 통제 조건의 경우에는 아무런 중재도 받지 않는다. 그러므로 독립 변인은 상이한 피험자 집단들이 연구되고 있는 상이한 유형의 경험들을 제공받는 방법으로 실험자에 의해 조작된다.

8. 집단 내 설계는 동일 피험자들의 시간에 따른 독립 변인(치료와 같은)의 영향을 알아보는 것이다. 그러므로 피험자들은 집단 간 설계에서와 같이 상이한 실험 집단이나 통제 집단에 할당되는 것이 아니라 모두 동일한 연구 프로토콜을 경험한다. 집단 내 설계에서, 비교는 기저선, 즉 처치 전 기간, 처치 중재 기간 및 추적조사, 즉 처치 후 기간과 같은 상이한 시점에서 동일한 환자의 수행을 비교하는 것이다.

9. 사례 연구는 개인과 현상에 대한 집중적인 관찰을 제공하므로 가설과 이론을 발달시킬 수 있게 해준다. 사례 연구는 연구자와 임상가가 새롭거나 드문 또는

이상한 현상을 조사하는 데 관심이 있는 경우나 연구 프로그램의 초기 기술 단계에서 특히 유용하다.

10. 아날로그 설계는 실생활 임상 상황과 유사한 절차, 피험자 및 측정도구를 사용하며 대개 실험 조건이 자연 환경에서보다 더 잘 통제될 수 있는 실험실에서 수행된다.

11. 상관설계는 둘 이상의 변인들 간의 관련정도를 검토한다. 상관설계는 연구로부터 인과적 결론을 허용하지 않는(예, 치료가 문제를 해결하였다) 반면에, 연구자와 임상가들 모두가 관심을 가지고 있는 구성개념 사이의 관련 정도에 관한 유용한 정보를 제공해준다.

12. 횡단적 연구는 주어진 어떤 순간의 행동에 대한 '스냅사진과 같은' 관찰을 제공해주는 반면, 종단적 연구는 일반적으로 오랜 기간에 걸쳐 연구자료를 수집한다.

13. 임상심리학 연구는 수많은 연구 질문들을 조사하기 위해 수행되지만, 치료 성과 평가는 연구의 가장 일반적인 영역의 하나이다. 치료 성과 연구를 수행하는 많은 상이한 방법들이 있다. 상이한 전략은 관심이 있는 특정 연구 질문에 따라 사용된다. Kazdin(1991)은 치료 성과 연구를 효과적으로 평가하는 일곱 가지 구체적인 연구 전략을 개관하였다. 여기에는 치료 패키지 전략 접근, 해체적 치료전략 접근, 건설적 치료전략 접근, 매개적 치료전략 접근, 비교 치료전략 접근, 내담자 및 치료자 변산 전략 접근 그리고 과정 연구 전략 접근이 있다.

14. 임상심리학에서의 연구는 대학 및 대학교, 병원, 외래진료소, 독립적 연구기관 및 개인 개업 등의 다양한 장면에서 수행된다. 그렇지만 임상심리학에서의 대부분의 연구는 대학, 대학교 및 대학교-부속 의료 장면이나 학부적인 기관에 부속된 연구소(예, 진료소나 병원)에서 수행된다.

15. 하나의 연구로 연구되고 있는 특정 현상을 완전히 이해하는 법은 거의 없다. 가장 잘 설계되고 완성된 연구도 제한점을 가지고 있다. 더욱이, 어떤 특정한 연구결과가 일관되고 안정적이며 우연이나 어떤 알려지지 않은 요인이나 요인들에 기인되지 않았다는 것을 확실히 하기 위해 반복연구가 필요하다. 그러므로 다양한 현상에 대한 이해는 단일 연구로부터가 아니라 일련의 연관된 연구 또는 연구 프로그램을 통하여 발전된다.

16. 현대 임상심리학 치료 성과 연구는 하나의 임상 장소에서 몇몇 치료자에 의해 수행된 특정 치료적 접근이 통제집단보다 상대적으로 효과가 있는지를 결정하는 것보다 훨씬 많은 것을 포함한다. 현대의 쟁점에는 정신병리 연구에 있어서의 생물심리사회적 접근, 메타분석, 경험적으로 타당화된 치료, 대규모의 광범위하고 협력적인 다중현장 연구 프로젝트, 그리고 대규모 지역사회 전반적인 중재 등이 있다.

## 핵심용어

건설적(constructive)

검사(testing)

경험적으로 지지된 치료(empirically supported treatment)

과정(process)

내담자-치료자 변산(client-therapist variation)

내력(history)

내적 타당도에 대한 위협(threats to internal validity)

다중-처치 간섭(multiple-treatment interference)

도구(instrumentation)

매개적(parametric)

메타분석(meta-analysis)

무선화된 임상적 시행(randomized clinical trial)

반응성(reactivity)

비교적(comparative)

사례 연구(case study)

상관(correlational)

선발 편파(selection bia)

선발 편파의 상호작용(interaction of selection biase)

성숙(maturation)

순수 실험(true experimental)

신뢰할 수 있는 변화 지수(reliable change index)

실험설계(experimental design)

실험적 탈락(experimental mortality)

아날로그(analogue)

역학적(epidemiological)

연구 프로그램(research program)

외적 타당도에 대한 위협(threats to external validity)

유사-실험(quasi-experimental)

종단적(longitudinal)

지역사회-전반중재(community-wide intervention)

집단 간(between group)

집단 내(within group)

치료(treatment)

치료 성과 연구 전략(treatment outcome research strategy)

치료 패키지(treatment package)

통계적 회귀(statistical regression)

해체적(dismantling)

협력적인 다중현장 연구 프로젝트(collaborative multisite research project)

혼합집단(mixed group)

횡단적(cross-sectional)

## 복습

1. 임상심리학에서 연구는 왜 필요한가?

2. 수준 높은 연구 실험을 설계하기 위해 필요한 고려 사항은 무엇인가?

3. 임상심리학에서 사용되는 상이한 설계방법에는 무엇이 있으며, 그 각각의 장점과 단점은 무엇인가?

4. 치료 성과 연구를 수행하기 위한 상이한 방법들은 무엇이며, 그 각각의 장점과 단점은 무엇인가?

5. 연구 아이디어들은 어떻게 의사소통되는가?

6. 연구 결과는 전문실무와 같은 실제 임상활동 속으로 어떻게 병합되는가?

7. 연구기금은 어떻게 조성되는가?

8. 연구결과의 출판에서 동료 심사 과정의 장점과 단점은 무엇인가?

9. 내적 타당도와 외적 타당도를 최대화하기 위한 요구는 어떻게 균형 잡힐 수 있는가?

10. 연구에서 오차와 편파는 어떻게 최소화되는가?

11. 우울증에 대한 세 가지 치료기법을 조사하기 위한 연구를 설계하라.

12. 하나의 연구 결과와 비교했을 때 연구 프로그램은 왜 중요하고 어떤 이점이 있는가?

13. 연구에서 메타분석은 왜 사용되는가?

14. 치료 성과 연구에서 생물심리사회적 접근은 왜 필요한가?

15. 대규모 협력적 다중현장 연구 프로젝트의 장점은 무엇인가?

16. 연구는 다중문화 쟁점을 왜 고려해야 하는가?

## 학생들의 실제 질문

1. 교수들과 연구자들은 그들이 원하는 연구를 어떻게 선택하는가? 개인적인 관심인가? 그들은 학회나 학과로부터 연구해야 할 주제를 제안받는가?

2. 제약회사나 담배회사와 같은 기업들은 언제 그들의 상품들이 좋다는 연구 주장을 제기하고, 그들은 이

러한 주장을 제기할 수 있는 유효한 실험과 연구자들을 보유하고 있는가? 그들은 어떻게 그들이 원하는 결과를 획득하는가?

3. 연구비를 획득하기 위한 과정은 무엇인가?

4. 연구자들과 임상가들 사이의 간격은 어떻게 이어질 수 있는가?

5. 제약회사가 연구에 영향을 미치는 것은 무엇인가?

6. 연구를 시작해서 발표되어 보는 데까지 걸리는 평균적인 시간은 얼마나 되는가?

7. 당신은 지역사회 신문광고를 활용해서 좋은 피험자 표집을 획득할 수 있는가?

## 웹 자료

www.abct.org

치료의 인지적, 행동적 접근들에 대해 더 자세히 알아보기

www.apsa.org

정신역동적 접근들에 대해 더 자세히 알아보기

www.psychologicalscience.org

미국심리학회(APS)로부터 임상심리학의 과학적 측면에 대해 더 자세히 알아보기

# 주요 이론적 모형들 : 정신역동, 인지-행동주의, 인본주의 및 가족 체계

## 이 장의 목표

임상심리학에서 사용하는 네 가지 주요한 이론적 모형을 살펴보고 임상 사례에 이 모형들을 적용한다.

## 이 장의 개요

임상심리학자의 네 가지 주요 이론적 모형
주목받는 현대 임상심리학자: Marcia Johnston Wood, PhD
상이한 이론적 지향으로 Mary를 이해하기

현대 임상심리학 분야는 인간의 어려움을 이해하고 치료하기 위한 네 가지 주요한 이론적 모형 혹은 지향 위에 세워졌다. 이론적 모형들은 심리적 문제를 연구, 평가 및 치료하기 위한 개념적 틀을 제공하는 인간 행동에 관한 세계관 혹은 철학으로 이해될 수 있다. 이들 네 가지 심리학적 지향들은 정신역동 모형, 인지-행동주의 모형, 인본주의 모형 및 가족 체계 모형을 포함하고 있으며 각 이론들은 상당한 연구와 임상적 지지를 받아왔다. 제3장이 역사적 조망으로부터 발달을 초래한 이런 이론들과 사람들을 소개하고 있는 반면에, 이번 장에서는 이들 기본적인 심리학적 조망이 어떻게 실제 임상적 쟁점들에 적용되느냐의 견지에서 좀 더 깊이 있게 평론될 것이다. 비록 각 접근이 광범위한 현장에서의 행동을 이해하기 위해 사용될 수 있지만, 심리적 및 행동 문제의 치료에 각 방법의 사용이 여기에서 더 집중적으로 다루어지게 될 것이다. 각 접근들이 행동문제의 치료에 어떻게 사용되는가에 대해 논의하는 것은 이 접근들 사이의 차이점들과 이 접근들이 실제 임상 문제 영역에 어떻게 적용될 수 있는지를 예시하는 데 유용하다. 그렇지만 현대 과학과 실무에서, 인간의 행동에 대한 모든 문제와 질문들을 고려하는데 하나의 **이론적 지향**을 고집하는 것이 점차 어려워진다는 점을 명심해야 한다. 어떤 전문가들은 여전히 하나의 지향을 고집하기도 하지만 오늘날 대부분의 심리학자들은 다른 사람들을 온전히 이해하고 돕기 위해 이러한 조망들을 조합하여 활용한다. 그럼에도 불구하고 네 가지 주요 이론적 모형 각각의 정통적 지식은 현대 임상심리학의 토대를 마련했다는 점에서 중요하다.

이론적 모형들은 사례 연구에서 소개되는 중년의 유럽계 백인 여성인 Mary가 겪고 있는 공황과 기타 문제증상을 이해하기 위해 이 장 전반에 걸쳐 사용될 것이다.

## 임상심리학의 네 가지 주요 이론적 모형

### 정신역동적 접근

**정신역동적** 접근은 Sigmund Freud의 연구 업적으로부터 시작되었다. 정신역동적 접근을 활용하는 사람들은 Freud학파이고 또한 이들이 대부분 Freud처럼 보고 행동할 것이라고 가정한다. 사람들은 빈번하게 정신역동적 심리학자를 파이프를 물고, 볼록해진 트위드 재킷으로 멋을 낸, 턱수염을 기른 중년 혹은 나이 많은 남성으로 상상한다. 사람들은 종종 모든 것을 분석하는데, 환자를 카우치에 누이고, 어머니와의 관계에 대해 말하게 하고, 성적 공상에 대해 노출하게 하는 어떤 사람을 상상한다. 물론 다양한 영화나 매체들의 영향이 정신역동 치료자의 이러한 고정관념을 영속시켜왔다. 정신분석적으로 지향된 전문가들에 대한 이런 편협된 고정관념은 분명하게 시대에 뒤떨어지고 부정확한 것이다. 자신을 정신역동적으로 지향된 심리학자로 정체성을 부여하는 사람은 모든 연령, 민족, 성별에 있어 다양하다. Freud가 일반적으로 정신역동적 조망을 창설한 아버지로 여겨져 온 반면에, 많은 신 Freud 학자들과 다른 수정론자들은 과거 100년간의 Freud의 기본적 접근을 크게 개작하고, 확장시키고, 도전해왔다. 만약 Freud가 오늘날 살아 있었다면, 현대 정신역동 심리학자들에 의해 활용되는 현재의 이론과 중재 전략들을 보고 놀랄(혹은 질릴) 것이다.

정신역동적 조망은 인간의 행동과 심리적 문제에 대한 어떤 가정을 하고 있다(표 5.1). 첫째, 정신역동적 조망은 인간의 행동이 **정신내적인**(정신 내부에 있는) 추동, 동기, 갈등 및 충동에 의해 영향을 받는데, 이것들은 주로 무의식적이라는 입장을 취하고 있다. 둘째, 다양한 적응적 및 부적응적인 자아 방어기제들이 정상행동과 이상행동에 기여하는 미해결된 갈등, 욕구, 소망 및 공상을 다루는 데 사용되곤 한다. 셋째, 아동과 부모 사이의 관계와 같은 초기경험과 관계는 심리적 발달과 성인행동에 중요하며 지속적인 역할을 한다. 넷째, 대부분 무의식적인 영향에 대한 통찰(모든 삶에 대한 그들의 논의와 통합)은 심리적 기능과 행동을 향상시켜주는 철저하게 처리하는 것과 연합된다. 끝으로, 환자와 치료자 사이에 발전되는 전이 관계의 분석은 갈등을 해결하고 심리적 기능과 행동을 향상시켜준다. **전이**(transference)는 예를 들어, 환자의 부모와 유사한 인물을 나타내는 권위적 치료자와의 초기 관계 역동에서의 투사를 포함한다. **역전이**(countertransference)는 환자의 전이 행동에 반응해서 환자에게 치료자가 나타내는 투사를 말한다.

정신역동 접근은 일반적으로 몇 개의 범주로 분류될 수 있는데, 여기에는 전통적인 Freud 학파 조망, 수정주의자들의 조망, 그리고 현대 대상관계 조망이 포함된다. 정신역동 이론의 더 다양한 구분이 있지만, 이 세 주요 관점들이 여기에서 기술될 것이다.

**Freud의 정신분석 조망** : Freud의 정신분석 조망은 종종 고전적 분석 혹은 고전적 Freud학파 분석이라 불린다. Freud는 보통 갈등 상황에 있는 세 가지 정신

| 표 5.1 | 정신역동적 기법과 개념의 예 |
|---|---|
| 자유 연상 | 여과 없이 환자의 마음에 떠오르는 것은 무엇이든지 말하게 하는 것. 예를 들면, Mary는 그것이 어리석거나 당황스럽더라도 상관없이 마음속에 떠오르는 것은 무엇이든지 간에 말하도록 격려받는다. |
| 전이 | 환자와 그의 삶에서 중요한 인물들(예, 아버지, 어머니) 사이의 쟁점이나 역동성을 치료자에게 투사하는 것. 예를 들어, 아버지에 대한 Mary의 사랑과 동경의 느낌이 남성 치료자에게 투사된다. |
| 통찰 | 무의식적 영향과 충동을 더 잘 이해하는 것. 무의식을 의식적으로 만드는 것. 예를 들어, Mary는 그녀의 엄마를 진짜로 싫어하고, 공황발작이 부분적으로 그녀가 공황 삽화를 경험했을 때 어머니가 죽기를 바라는 것에 대한 죄책감의 반응임을 알게 된다. |
| 철저하게 처리하기 | 일상생활 속에 새로운 통찰을 동화시키고 통합시키는 것. 예를 들어, Mary는 어머니에 대해 경험한 증오에 대한 새로운 통찰을 받아들이고 대처하는 것을 배운다. |
| 꿈 분석 | 일상생활에서 꿈의 무의식적 영향을 이해하기. 예를 들어, Mary는 치료 회기에 왔지만 치료자가 그녀를 만나러 오지 않았다는 꿈을 보고하였다. 꿈을 논의하면서, 그녀는 자신의 일생에서 중요한 인물뿐만 아니라 치료자에게 버림받을 것에 대한 두려움을 보고한다. |
| 역전이 | 치료자가 환자에게 자신의 욕구, 소망 및 역동을 투사함으로써 환자의 전이에 반응하는 것. 예를 들어, Mary의 치료자는 Mary를 그의 어머니와 유사한 존재로서 경험하였는데 Mary를 향해 그의 어머니를 대하듯 행동했다. |

## 사례 연구 — Mary

Mary는 60세의 아일랜드계 가톨릭 백인 여성으로 공황, 체중, 및 결혼 문제를 경험했고 그녀의 남편과 함께 살고 있다. 그녀는 세 명의 성인 자녀를 두고 있고, 집안 일 외에 다른 사회생활을 한 적이 없었다. 그녀는 현재 상당히 과체중이다. 그녀가 다섯 살 되던 해에 아버지가 심장마비로 사망한 후, 공황발작으로 고통을 겪고 있는 어머니가 두 자녀 중 맏이인 Mary와 두 살 아래인 남동생을 길렀다.

**현재 문제** : Mary는 가쁜 호흡, 떨림, 실신 및 격렬한 두려움과 같은 증상들을 포함하는 빈번하고 심각한 공황발작을 겪고 있다. 이러한 삽화는 집밖에서만 발생했는데 이 삽화 기간 동안 단 한 번의 증상이 나타났는데 그녀는 심장발작으로 죽을까봐 두려워하고 있다. 그녀의 증상은 그녀를 집과 교회 혹은 딸의 집 같은 그녀가 '안전' 하다고 여기는 장소에만 있게 하는 것이다. 그녀는 최근 가정의 재정적 차질에도 불구하고 일에 대한 자신의 지각된 무능력을 중심으로 부부 갈등도 표현하고 있다.

구조에 기초를 둔 인간 행동의 이해를 발전시켰다. 태어날 때부터 발달된 **원초아**(id)는 쾌락의 원리로 작용하며, 우리의 원시적 소망, 욕구 및 욕망들 모두를 나타낸다. 약 한 살 때부터 발달하는 **자아**(ego)는 현실 원리로 작용하며, 도전적인 세계에 적응하도록 돕는 성격의 합리적이고 이성적인 측면을 나타낸다. 끝으로, 외디프스 콤플렉스의 성공적인 해결에 뒤따르는 약 5세 때에 발달하는 **초자아**(superego)는 가족적, 사회적 및 문화적인 규준과 관습의 내면화를 나타낸다. 초자아는 자아 이상(우리가 누구인지 우리가 어떤 사람이 될 수 있는지에 대한 완벽한 심상 혹은 표상)과 **양심**(선과 악의 감정규칙, 생각, 행동)을 포함한다. 양심은 우리가 '옳다' 거나 '그르다' 라고 지각하는 것을 말한다.

원초아, 자아 및 초자아 사이의 피할 수 없는 갈등은 불안과 불편을 초래하고 자아 방어기제를 활용할

| 표 5.2 | Mary의 사례 연구에서 사용된 자아 방어 기제의 예 |
|---|---|
| 억압 | Mary의 어머니에 대한 증오는 불안과 죄책감을 불러일으키기 때문에, 이러한 감정들이 의식으로 되는 것을 허용하지 않으며 계속해서 그녀의 무의식으로부터 억압한다. |
| 부인 | Mary는 어머니를 향해 증오의 감정을 갖고 있는 것을 부인한다. |
| 반동 형성 | Mary의 어머니를 향한 증오심은 너무나 강력하고 위협적이어서, 그녀는 어머니를 매우 사랑하는 것처럼 느끼고 행동한다. 그녀는 어머니에 대한 과도한 애정을 표현하고, 어머니와 밀접한 접촉을 하지 않는 것을 어려워한다. |
| 투사 | Mary가 어머니를 싫어하는 것은 그녀가 차갑고, 쌀쌀하고, 돌봐주지 않는다고 느끼는 여성 치료자에게 투사되었다. |
| 승화 | Mary는 어머니를 증오하는 느낌을 비영리적 기관에서 아동 학대를 막는 일을 하는 것으로 변형시켰다. 그녀는 부모에 의해 학대받는 아동들을 돕는 데 애쓰는 활동적인 자원봉사자가 되었다. |
| 대치 | 어머니를 향한 Mary의 증오는 극도의 불안과 죄책감을 경험하는 것과 더불어 보복에 대한 두려움으로 돌려지지는 않을 수 있다. 그렇지만 Mary는 아무 이유 없이 남편에게 화를 내고 비판적이 되었다. |

필요성을 일으킨다. **방어 기제**(defence mechanism)란 내부의 대부분의 무의식적인 갈등으로부터 개인을 보호하기 위해 자아에 의해 발달된 전략이다(표 5.2) 따라서 이 전략은 적응적 혹은 부적응적으로 인간존재와 연관된 피할 수 없는 불안과 불편에 대처하도록 돕는다. 개인이 사용할 수 있는 다양한 방어 기제들이 있다. 그 예들로는 **억압**(불쾌한 생각, 느낌, 소망 및 갈등을 의식으로부터 차단하려는 것), **부인**(문제가 된 느낌, 생각 또는 행동이 존재하는 것을 부정하는 것), 반동 형성(무의식적인 충동과 반대되게 의식적으로 생각하거나 느끼는 것), 투사(자기 자신의 무의식적인 갈등, 느낌 및 추동이 누군가 다른 사람에게서 지각하는 것), 승화(받아들일 수 없는 충동과 욕망을 사회적으로 받아들여질 수 있는 활동으로 돌리는 것) 그리고 대치(받아들일 수 없는 충동을 덜 위협적인 원천으로 대치시키는 것)가 있다. 불안과 갈등에 대처하는 데 이러한 방어 기제를 부적응적으로 사용하는 것은 종종 정신병리를 초래한다.

Freud는 또한 보편적이라고 생각한 몇 가지 **심리성적 발달 단계**를 개관하였다. 이는 구강기, 항문기, 남근기, 잠재기 및 생식기를 포함한다. 리비도, 즉 생의 에너지는 이들 각 단계 동안 만족을 요구하는 신체의 부위와 연결된다. 어느 한 단계에서의 고착의 부산물로 잠재적인 갈등과 문제가 발달될 수 있다. 예를 들어, 어느 한 단계 동안 너무 많거나 너무 적은 자극을 받게 되면, 그 발달 단계(예를 들어, 구강기)에서 고착이 일어날 수도 있다. 이러한 고착은 성인이 되어서 과흡연, 과식이나 과음하는 것과 같은 문제로 나타날 수 있다. Freud는 특히 남근 발달 단계 동안에 발생하는 **외디프스 콤플렉스**(그리스 비극, Oedipus 왕의 인물에서 이름을 딴)에 초점을 두었다. 이 콤플렉스 개념은 Freud의 가장 잘 알려진 이론 중 하나이기는 하지만 그의 많은 저서들의 주안점은 아니었다. 외디프스 단계 동안 소년은 아버지를 반드시 제거하고 어머니와 하나가 되고자 하는 근친상간적인 욕망과 살해 욕망을 발달시킨다. 보복과 거세의 두려움의 결과로 이러한 충동을 억압하고, 대신에 아버지와 동일시하려는 반동형성을 사용한다. Freud는 소녀들에게도 아버지와 하나가 되고 어머니를 제거하려는 욕망을 갖는 유사한 상황이 발생한다고 생각하였다. 외디프스 콤플렉스의 여성적 변이는 Freud 자신은 좋아하지도 사용하지도 않은 용어이지만 **엘렉트라 콤플**

렉스라 불린다.

Freud적 접근의 목표는 **통찰**(문제가 되는 느낌, 생각 및 행동을 초래하는 무의식적인 요인을 이해하는 것)과 일상의 기능을 향상시키는 통찰을 **철저하게 처리**하는 것이다. 철저하게 처리하는 과정은 일상생활에서 무의식적 소망, 추동, 충동 및 갈등의 역할을 조심스럽고 심층적으로 검토하는 것을 말한다. **자유 연상**(마음에 떠오르는 것을 검열하지 않고 무엇이든지 말하게 하는 것), 꿈 분석과 해석, 그리고 매일의 생각, 느낌 및 행동뿐만 아니라, 전이의 분석과 같은 기법들이 다양한 문제들을 이해하고 치료하는 데 사용되었다. 더욱이 치료에서 불가피한 방어나 저항을 이해하고 분석하는 것 또한 정신역동 치료의 중요한 목표이다.

**수정주의자, 즉 신 F reud 학파의 조망** : Freud에 의해 제안된 정신역동 조망은 Freud 시대 이래 수많은 이론가에 의해 다양한 방법으로 확장되고 개작되어 왔다. 이러한 수정은 실제로 Freud가 살아있을 때 시작되었다. Carl Jung(1875~1965)은 Freud 이론의 근본적인 측면에 동의하지 않고, 정신역동 조망을 수정한 Freud의 최초의 측근들 중 한 사람이었다. 사실 Freud는 Jung이 자신이 죽은 후에 연구를 계속 수행하는 후계자가 되기를 바랐다. Jung의 궤도 이탈로 인한 Freud의 실망은 Freud를 굉장히 비통하게 만들었으며, 두 사람 사이에 분노에 찬 많은 편지들이 오가게 되었다.

Freud의 원래의 이론들에 대한 대부분의 개작물들은 아동기 이후의 발달의 역할, 사회·문화적 영향의 역할 및 대인 관계의 역할에 초점을 두고 있으며, 성욕과 같은 무의식이며 원초아에서 파생된 충동과 행동을 덜 강조한다. 예를 들어, Erik Erikson(1909~

1993)은 심리사회적발달이 Freud가 개관한 아동기의 다섯 단계의 심리성적 발달단계를 넘어서서 계속된다고 주장하면서 평생발달 조망을 발전시켰다. Alfred Adler(1870~1937)는 Freud가 자아에 대해 불충분하게 강조하였고 또한 원초아와 성욕에 대해 지나치게 강조한 것이 중대한 결함이라고 생각하였다. 더욱이, Freud와는 다르게 Adler는 열등감의 보상이 성격형성과 심리적 기능 형성에 매우 중요하다고 생각하였다. Carl Jung도 성욕에 대한 Freud의 강조를 거부하였다. 더욱이 Jung은 집단 무의식(조상과 공유하는 상징 및 타고난 생각들)의 역할뿐만 아니라 영적인 영향을 강조하였다. Harry Stack Sullivan(1892~1949)은 성격 및 심리적 발달에 있어서 대인 관계의 역할에 초점을 두었다. Karen Horney(1885~1952)는 Freud의 남근 선망과 여성의 역할에 대한 이론에 대하여 쟁점화하였다.

이러한 신 Freud 학파, 즉 **수정주의자**의 공헌은 Freud의 본래의 이론들로부터 현저하게 벗어났다는 것이다. 근본적으로, Freud의 초자아에 대한 강조는 자아의 기능에 더 초점을 맞춘 이론들을 발전시킨 수정주의자들 사이에서는 덜 강조되었다. 따라서 많은 수정주의자들의 이론들은 **자아심리학**의 기초를 형성하는 것으로 알려져 왔다. 더욱이, 대부분의 수정주의자들은 대인 관계의 역할이 성격과 심리적 기능 발달에서 근본적이라는 데 동의한다. 끝으로, 수정주의자들은 심리적 발달이 Freud가 주장한 초기 아동기를 넘어서도 지속된다는 점에 일반적으로 동의하였다. 이러한 수정주의자들의 이론적 측면은 현재 대상 관계 이론의 기반이 되었다.

**대상 관계 조망** : Freud의 정신분석 이론이 초기 아동기 경험에 크게 비중을 두고 있지만, 그는 정신분석

에서 한 번도 아동을 치료한 적이 없다. Freud는 어린 시절이 반영되는 성인 환자의 분석을 통해 아동기 발달과 경험에 대한 추론을 하였다. Freud의 비평가들은 그의 이론이 좀 더 넓고 과학적인 연구나 경험에 기초하기보다는 주로 빅토리아 시대에 비엔나에 사는 소수의 상류층 환자들 및 주로 성인 여성 환자들을 치료한 경험에 기초하고 있기 때문에 그의 이론이 의심스럽다고 흔히 주장한다. 아동에 대한 직접적인 치료에 초점을 둔 첫 번째 정신 분석 저술가 중 한 사람은 Melanie Klein(1952)이다. Klein은 아동의 내적 감정 세계는 충동과 추동의 통제보다는 대인 관계에 초점이 맞춰진다고 생각하였다. Klein과 W. R. D. Fairbairn(1954) 그리고 Margaret Mahler(1952)를 포함한 몇몇 동료들은 대상 관계 이론의 영국학파로 알려졌으며, 미국인 공헌자 Otto Kernbeg(1975, 1976, 1984), James Masterson(1981) 및 Heinz Kohut(1971, 1977, 1984)이 미국에서 대상 관계 이론을 더 발전시켰다. **대상 관계** 이론가들은 특히 현재 정신역동 이론, 연구 및 실무를 더 발전시키고 세련화시키는 데 영향력을 미쳐왔다.

대상 관계 이론가들은 유아들이 쾌락을 추구하기보다는 대상을 추구하는 존재로 본다. 어머니와의 초기 관계는 자기감의 발달을 위한 틀을 제공한다. 따라서 어머니에 대한 애착은 심리적인 기능 및 미래 관계 발달을 위한 구조와 접근을 제공한다. 모유를 먹거나 다른 활동을 하면서 어머니와 상호작용을 통해 아동은 그들이 상호작용하는 인물이나 대상의 다양한 특질들을 내면화하거나 **내부화**한다. 그 후 아동은 이러한 어머니의 내면화된 측면들을 다양한 긍정적인 측면(좋은, 즉 보상을 주는 엄마, 혹은 '좋은 가슴')과 부정적인 처벌(나쁜, 즉 처벌하는 엄마, 혹은 '나쁜 가슴')로 분리, 즉 **분할**시킨다. 어머니에 대한 애착은

안정적이거나 불안정적일 수 있다. 이런 분할은 일반적으로 미래의 세상과의 상호작용에 대한 형판을 제공한다. 그러므로 만약 어머니–아동 관계가 원래 부정적이고 불만족 및 좌절 경험으로 가득 차 있다면, 아동은 적당하고 긍정적인 자기감을 발달시키고 만족을 얻거나 친밀한 성인 관계에서 신뢰감을 형성하는데 어려움을 갖기 쉽다. 그러므로 대상 관계 이론가들은 아동의 생활에서 어머니나 그 밖의 다른 중요한 인물들과의 초기 아동기 경험의 표상으로서 행동을 바라보는 경향이 있다. 그렇지만 대상 관계 이론가들은 일반적으로 아버지–아동 관계의 영향을 무시한다. 초기의 관계 형성은 미래의 대인 관계를 결정짓는 틀을 제공할 뿐만 아니라 자기감을 발달시킨다.

오늘날의 정신역동 전문가들은 초기 아동기 경험과 관계, 개인의 성격 구조, 무의식적 환상, 소망 및 충동의 영향에 초점을 맞추는 것 같다. 무의식에 대한 통찰의 증가를 목적으로 하는 꿈, 전이 및 저항의 분석은 여전히 현대 정신역동 접근의 중요한 목적이다. 역사적으로 볼 때 정신역동 심리치료는 수행하는 데 여러 해가 걸리며, 주당 4회기 또는 5회기가 포함된다. 최근 정신역동 치료자들은 새로운 단기 치료를 발전시켰는데(Goldfried, Greenberg, & Marmar, 1990; Horowitz, Marmar, Krupnick, Wilner, Kaltreider, & Wallerstein, 1984; Laor, 2001; Rappoport, 2002; Strupp & Binder, 1984), 이는 몇 주에서 몇 달이 걸리는 치료에 정신역동 원리를 적용하는 데 초점을 두고 있다. 연구를 통해 이러한 단기 정신역동 치료가 효과적임이 판명되었다(E. Anderson & Lambert, 1995). 사실 단기 정신역동 심리치료는 아편제 의존과 우울증에 적용되었을 때 APA에 의해 경험적으로 타당화된 치료로 지지되었다(Chambless et al., 1996).

## 행동주의 접근과 인지-행동주의 접근

행동주의 심리학자는 종종 사람들이 바람직한 행동을 했을 때 강화(M&M 사탕을 주는 것과 같은)를 주거나, 바람직하지 않은 행동을 했을 때 처벌(전기충격 같은)을 줌으로써 행동을 통제하거나 조작하는 것으로 생각된다. 때때로 사람들은 행동주의를 지향하는 심리학자들은 따뜻하지 않거나 배려가 없으며, 감정 및 환상과 같은 관찰할 수 없는 행동에는 거의 관심이 없거나 관대하지 않을 것이라고 생각한다. 인기 있는 영화들이 또한 개인보다는 구체적 행동에 관심을 기울이는 차갑고, 쌀쌀하고, 기계론적인 행동주의학자들의 이미지를 영속시키도록 만들었다. 정신역동 전문가에게 갖는 고정관념과 비슷하게 행동주의자에게 갖는 고정관념도 구시대적이고 부정확한 것이다.

행동주의적 초점과 인지적 초점(생각과 신념) 모두 광범위한 행동주의적/인지-행동주의적 조망을 형성한다. 비록 일부 학자들이 행동주의 관점과 인지-행동주의 관점이 분리된 것이라고 주장을 하지만, 이 책에서 필자는 인간의 본성과 행동 변화에 대한 그들의 가정의 측면이 다르기보다는 좀 더 일반적으로 유사하기 때문에 이 조망들을 조합할 것이다. 더욱이 인지-행동주의 접근은 일반적으로 인지적 신경과학 혹은 인지심리학보다는 행동주의에 근원을 두고 있다. 그렇지만 많은 현대 인지 이론가들은 그들의 이론과 적용을 강화할 목적으로 인지과학과 정보 처리 방법을 사용한다. 필자는 보다 새로운 인지적 조망뿐만 아니라 엄격하게 전통적인 행동주의적 조망(B. F. Skinner 이론) 모두를 포함하는 것으로 인지-행동주의적 조망을 다루고자 한다. 정신역동 접근과 같이, 인지-행동주의 접근도 특정한 이론과 기법을 개발하고 주창한 선구적인 특정 저자들과 연관된 풍부한 하위 조망을 포함하고 있다. 인지-행동주의 심리학의

이러한 선구자들로는 여러 사람들 중에서도 Albert Ellis, Aaron Beck, Arnold Lazarus, Leonard Krasner, Joseph Wolpe, B. F. Skinner, Donald Meichenbaum, Marsha Linehan 등이 있다.

인지-행동주의 접근은 역사적으로 학습의 원리에 토대를 두고 있는데 B. F. Skinner, John Watson, Clarke Hull, Edward Thorndike, William James, Ivan Pavlov 및 기타 사람들이 행한 학구적인 실험심리학과 조건형성 연구에 뿌리를 두고 있다. 인지-행동주의 접근은 사회적 환경에서 학습과 조건형성을 통해 얻어진 외현적 행동(즉, 관찰 가능한 행동)과 내현적 행동(즉, 사고와 같은 관찰 불가능한 행동)에 초점을 둔다(표 5.3). 과거 경험보다는 현재에 초점을 맞추고, 측정 가능하고 관찰 가능한 행동을 강조하며, 정상 행동과 문제가 되는 행동 모두를 발달시키는 데 환경적 영향의 중요성 그리고 치료 전략과 중재의 평가를 발전시키기 위한 경험적인 연구 방법을 강조하는 것과 같은 기본 가정들은 인지-행동주의 접근의 토대를 제공한다. 인지-행동주의 조망은 광범위하고 다양한 어려움을 평가하고 치료하는 데 사용하는 조작적 조건 형성, 고전적 조건 형성, 사회적 학습 및 귀인 이론들의 원리를 포함하고 있다(표 5.3). 예를 들면 조작적 조건 형성은 교실장면에서 아동의 행동과 수행을 향상시키는 데 사용될 수도 있다. 아동은, 예를 들면, 주의 집중을 더 잘하는 것, 수업 시간에 친구들과 잡담을 덜 하는 것 및 시험점수가 올라가는 것으로 정의되는 개선된 교실 행동에 대해 교사로부터 스티커나 사회적 칭찬과 같은 강화를 획득할 수도 있다. **유관 관리**(행동에 따르는 결과를 고침으로써 행동을 변화시키는 것)와 **행동 시연**(적절한 행동을 연습하는 것)이 또한 사용될 수 있다. 고전적 조건형성 기법은 다양한 불안이나 분노를 극복하려는 사람을

| 표 5.3 | 인지-행동주의 기법과 개념의 예 |
|---|---|
| 유관 관리 | 행동에 뒤따르는 결과를 변경함으로써 행동을 변화시키는 것. 예를 들어, 친절한 버스 기사와 자녀들이 사회적 칭찬을 제공한 후에 Mary는 버스를 타게 된다. |
| 역조건형성 | 환경적 자극에 좀 더 적응적으로 반응하는 것을 발달시키는 것. 예를 들어, Mary는 불안을 느낄 때 항불안 약물치료를 받는 것보다 유산소 운동을 한다. |
| 노출 | 두려움을 주는 상황이나 자극에 대해 점차적으로 혹은 단 한 번에 접근하는 것. 예를 들어, Mary는 점차로 더 오래 버스를 타는 것에 대해 격려받는다. |
| 행동 계약 | 행동의 특정 결과를 개관한 환자와 치료자 간의 동의. 예를 들어, Mary는 더 이상 카페인이 들어있는 커피를 마시지 않을 때까지 커피 마시는 것을 일주일에 두 잔씩 줄이는 데 동의한다. |
| 참여 모델링 | 환자에게 바람직한 행동을 시범보이는 것. 예를 들어, Mary는 운전연습을 시도하기 전에 다른 사람들이 아무런 두려움 없이 자신만만하게 운전하는 것을 지켜본다. |
| 행동 시연 | 주어진 문제 상황을 어떻게 다룰지를 연습하는 것. 예를 들어, Mary는 자주 복식호흡법을 연습하여, 그 결과 자동으로 복식호흡을 할 수 있게 된다. |
| 사고 중지 | 부정적이고 문제가 되는 사고의 패턴을 중단시키고(예를 들어, 자신에게 "그만."하고 소리 지르거나, 손목에 고무밴드를 튕기기), 좀 더 긍정적이고 적응적인 사고를 주입함으로써(예를 들어, "나는 그것을 조절할 수 있어, 나는 누군가에게 사랑 받을 수 있는 충분한 자격이 있어.") 비합리적이고 패배적인 사고를 멈추는 것. 예를 들어, Mary는 자신이 부적응적이고 부정적인 사고에 빠져 있음을 알았을 때, 자신에게 "멈춰."라고 외침으로써 은행까지 걸어갈 수 없다는 생각을 멈추고, 그런 부정적인 사고 대신에 "나는 불안해하지 않고 은행까지 혼자 가는 나를 새롭게 발견하는 게 즐거워."와 같은 긍정적 사고를 주입시킨다. |

돕는 데 사용될 수도 있다. 예를 들어, 개에 대한 두려움을 가진 어떤 사람은 체계적 둔감화(Wolpe에 의해 발전한 기법, 1958), **역조건형성**(개에 대한 더 적응적인 반응을 발달시키는 것), 개와 함께 있는 사람에게 서서히 접근하는 것과 같은 **노출**을 사용하여 이러한 두려움을 극복하는 방법을 학습한다. 사회적 학습은 고통스런 치료절차(골수 이식과 같은)를 받아야 하는 아동이 치료로 인한 불안과 고통에 대처할 수 있도록 돕는 데 사용된다. 예를 들어, 아동에게 치료절차에 잘 대처하는 다른 아동이 나오는 교육적 비디오를 관람하게 할 수 있다. 더욱이, 오랫동안 계속된 부적응적인 신념은 우울 및 불안과 같은 심리적 문제를 일으키는 데 기여할 것이다. "나는 실패할 거야.", "아무도 날 사랑하지 않을 거야.", 그리고 "나는 아무것도 옳게 할 수 없어."와 같은 부정적인 비합리적 사고와 자동적 사고들은 **사고 중지**와 긍정적 자기 진술 시연과

같은 인지-행동 기법들을 사용함으로써 검토되고, 도전받고, 변경될 수도 있다. 행동을 평가하고 변경시키는 데 사용될 수 있는 수많은 인지-행동 기법들이 있다. 이러한 일반적인 각각의 틀(고전적, 조작적, 사회 학습 및 인지)은 다음에 평론될 것이다.

**고전적 조건 형성 조망 : 고전적 조건 형성** 조망은 Joseph Wolpe와 Hans Eysenck뿐만 아니라 Ivan Pavlov의 연구에 기원을 둔다. 이 관점은 조건자극과 무조건자극의 연합을 통해 학습이 일어나고, 뒤이어 행동이 일어난다고 주장한다. 따라서 함께 짝지워진 두 개 이상의 무선적인 사상(자극)은 시간이 지남에 따라 연합된다. 예를 들어, Mary를 대상으로 고전적 조건 형성 조망을 사용하는 심리학자는 Mary의 공황과 두려움을 교회, 식료품 가게 및 은행에 가는 것과 짝지워 살펴볼 수도 있다. Mary가 교회에서 첫 번째

공황발작을 일으켰을 때, 그녀는 공황에 수반된 불편감과 위협감을 교회와 연결시켰고, 이것이 미래에 교회에 가는 것을 피하게 되는 원인이 된 것이다. 식료품 가게나 버스, 은행과 같은 기타 장소에서의 공황발작들은 모두 고전적 조건 형성을 통해 연합되었고, 점점 더 다양한 장소를 회피하게 되는 결과를 가져왔다. 더욱이 일반화가 일어나는데, 예를 들어, Mary는 비록 어떤 한 은행 지점에서 공황발작이 일어났지만, 다른 은행에 들어갈 때도 두려움을 느끼게 되었다. 고전적 조건 형성 접근을 사용한 치료자는 Mary의 불안을 치료하기 위해 **체계적 둔감화**(Wolpe, 1958)를 사용한다. 치료자는 Mary에게 집밖으로 산책하는 것과 같은 불안을 덜 유발하는 상황에서부터 비행기를 타는 것과 같은 극도로 불안을 자극하는 상황까지의 불안-유발 상황 위계를 만들도록 요청한다. 치료자는 Mary에게 이완절차를 훈련시키고, 그런 다음에 이완을 그녀가 상상하는 각 불안-유발 상황과 짝짓도록 훈련시킨다. 따라서 각 위계 단계는 고전적 조건 형성 전략을 사용하여 이완과 짝지워질 것이다.

**조작적 조망** : 행동주의 접근의 **조작적** 조망은 B. F. Skinner의 연구로부터 시작되었다. 이 관점은 모든 행동은 선행 사상(표적 행동이 발생하기 바로 전에 나타나는 상태)과 행동 결과(표적 행동에 뒤이어 발생하는 것)에 대한 기능적 분석을 통해 이해될 수 있다고 본다. 이것은 종종 **기능적 행동 분석**, 즉 행동주의의 A-B-C: 선행 사상, 행동, 결과로 불려진다. 따라서 행동은 환경과의 상호작용을 통해 학습되고 발달된다. 만약 행동이 어떤 식으로든 강화된다면 그것은 지속될 것이며, 반면 행동이 처벌받거나 강화받지 못한다면 사라질 것이다. 원하는 행동을 점차적으로 조형하는 것은 표적 행동을 향한 강화를 약간씩 증가시킴으로써 획득될 수 있다. 아동의 공격성, 두려움과 공포증, 그리고 과식과 같은 문제행동은 표적과 연합된 강화를 변화시킴으로써 변경될 수 있다(Plaud & Gaither, 1996). 예를 들어, 조작적 조망을 사용하는 한 심리학자는 공황 장애를 겪는 환자인 Mary에 대해 공황행동에 대해 강화를 받았을 수도 있다는 것(예, 일을 하지 않는 것, 남편과 다른 식구들의 관심)에 관심이 있을 수도 있다. 중재는 선행사상(공황증상 직전에 나타나는 상태)과 바람직한 행동의 강화(예, Mary가 버스를 타고 있는 동안 공황증상을 보이지 않을 때 칭찬해준다)가 뒤따르는 공황행동의 결과에 대한 분석을 포함하고 있다. 이러한 강화는 식료품 구입 및 그 밖의 심부름과 같은 집 바깥의 특정 활동에 참여시키는 것을 목표로 하는 표적행동에 연속적으로 접근시키는 행동조형이 포함된다.

**사회적 학습 조망** : 사회적 학습 조망은 Albert Bandura의 연구로부터 시작되었다. 이 관점은 학습은 관찰 혹은 대리적 방법을 통해 발생된다고 본다. 따라서 행동은 어떤 행동에 개인적으로 강화받거나 행동을 실행해서라기보다는 다른 사람들이 다양한 행동을 수행하는 것을 관찰함으로써 학습되고 발달될 수 있다. 예를 들어, 어떤 사람이 깊게 패인 진흙탕물을 통과해서 걸을 때 기분 나쁘게 젖는 것을 보고 깊게 패인 진흙탕물을 통과하여 걷는 것을 피하는 것을 배울 수도 있다. Mary를 치료하는 심리학자는 공황발작 증세를 가졌던 어머니로부터 Mary가 어떻게 공황행동을 학습했는지를 이해하는 데 역시 **사회적 학습** 조망을 사용할 수도 있다. Mary의 어머니의 경우 관심을 받거나, 다른 문제나 갈등으로부터 가족 성원들의 주의를 분산시키거나, 일이나 집안 허드렛일을 회피하는 것을 통해 공황행동이 강화되었을 수 있

다. 따라서 어머니를 관찰함으로써 Mary는 공황행동들이 그녀가 원치 않는 일을 회피하는 것과 같은 다양한 이차적인 이득을 가져올 수 있다는 것을 학습했을 수 있다.

사회적 학습 조망은 또한 행동 발달에서 기대의 역할을 포함시키고 있다. 예를 들어, Julian Rotter (1954)는 행동은 어떤 사람이 어떤 반응을 한 후에 일어나리라고 기대한 것의 부산물로서 발달한다고 제안하였다. 원하는 결과의 중요성 역시 그 행동이 일어날 가능성에 영향을 미친다. 예를 들어, 어떤 사람은 대학의 학위가 만족할 만한 직업과 생활을 가져다줄 것이라고 기대하기 때문에 학위를 위하여 많은 돈을 들이고 일생의 수년을 여기에 바친다. 따라서 Mary는 식료품 가게, 은행, 교회에서 공황발작을 일으킬 것이라고 기대하기 때문에 이러한 장소를 회피한다. 공황발작에 대한 두려움이 너무 커서 이러한 장소를 회피하는 데 굉장한 노력을 기울인다.

기대가 행동에서 작용하는 역할에 관한 중요한 변형에 **자기-효능감** 개념이 있다(Bandura, 1986). 자기-효능감이란 어떤 사람이 특정한 행동을 성공적으로 수행할 수 있다는 신념을 말한다. 예를 들어, 만일 어떤 사람이 운동 경기에서 성공할 수 있다는 신념을 가지고 있다면 미식축구에서 필드골을 차서 성공하거나 농구에서 자유투를 성공시킬 가능성이 더 높을 것 같다. 따라서 어떤 일을 성공적으로 성취할 수 있는 능력에 대한 확신은 주어진 과제를 더 성공적으로 할 수 있게 한다. Mary가 만약 "나는 공황발작을 잘 조절할 수 있어."라고 긍정적인 자기 진술을 하는 것인, 호흡법을 사용하거나, 최소한의 스트레스를 받으면서 쇼핑할 수 있을 것이라는 확신을 갖는 것을 통해 자신의 불안에 적응적으로 대처할 수 있다고 믿는다면 식료품 가게에 가기 위해 버스를 더 쉽게 탈 수 있

을 것이다.

**인지적 조망 : 신념, 평가 및 귀인 :** 인지적 조망은 특히 Aaron Beck과 Albert Ellis를 포함하는 여러 전문가들의 연구와 저서를 통해 시작되었다. 인지적 조망은 우리의 신념, 평가 및 귀인이 행동과 행동문제에 중요한 역할을 한다고 제안한다. 평가(appraisal)에는 우리가 우리의 행동을 조사하거나 평가(evaluate)하는 태도가 포함된다. 예를 들어, 어떤 축구 선수가 자신의 운동 능력을 하찮은 것이라고 생각한다면 그는 자신의 모든 성공과 실패를 이런 견지에서 평가할 것이다. 만약 그 축구 선수가 예외적으로 매우 훌륭한 게임을 치른다면, 그는 아마도 운에 귀인을 하든지 상대팀의 형편없는 수행으로 귀인시킬 것이다. 만약 Mary가 더 많은 독립성을 발달시키려는 시도가 최저의 기술과 동기로 방해받는다고 느낀다면, 더 실패하기 쉬울 것이다.

귀인(attribution)이란 행동의 원인에 대한 이론이다. 우리는 일반적으로 여러 요인에 토대를 두어 행동에 관한 귀인을 한다. 이 요인들은 상황적 특징 대 성향적 특징뿐만 아니라 내적 통제 소재 대 외적 통제 소재의 개념을 포함하고 있다. 외적 통제 소재는 우리에게 일어나는 것에 대해 우리가 통제력과 영향력을 거의 갖지 않는다고 느끼는 데 반해, 내적 통제 소재는 일상의 많은 경험에 대해 우리가 통제와 영향력을 가진다고 느끼는 것을 말한다. 예를 들어, 인생의 성공을 열심히 일하고 영리하기 때문이라고 보는 것은 내적 통제 소재를 반영하는 것이며, 행운이나 운명 때문이라고 보는 것은 외적 통제 소재를 반영하는 것이다.

상황적 요인이란 행동에 영향을 미치는 외적 영향력을 말하며, 성향적 요인이란 행동에 영향을 미치는 개인의 지속적인 성격특징을 말한다. 예를 들어, 빨

간 신호에 멈추지 않고 달리는 것에 대하여 탑승한 사람과 대화하는 데 주의가 분산되었기 때문이라고 보는 것은 상황 귀인을 반영하고 있는 데 반해, 신호를 무시하고 달리는 것에 대하여 개인의 부주의와 무모한 운전 때문이라고 보는 것은 성향적인 귀인을 반영하는 것이다. 따라서 프로 축구 선수가 쉬운 골을 놓친 것에 대해서 관중의 소리에 주의가 산만해져서 혹은 햇빛에 눈이 부셔서(외적 통제 소재), 낮은 자존감 혹은 시합 중 불안(내적 통제 소재), 나쁜 날씨(상황적), 혹은 일반적으로 실력 없는 선수(성향적)로 귀인할 수도 있다. 예를 들어, 우울과 학습된 무기력은 지각된 문제적 느낌이나 행동에 대해 흔히 성향적인 귀인을 하거나 내적 통제 소재 귀인을 사용하는 사람에게 발달될 수 있다(Rosenhan & Seligman, 1989; Seligman, Peterson, Kaslow, Tanenbaum, Alloy, & Abramson, 1984). 예를 들어, Mary는 장기간의 '성격 결함'과 '나약함'의 탓으로 두려움을 겪는다고 보기 때문에 결코 공황발작을 극복할 수 없을 것이라고 믿으면서 우울감과 절망감을 느낀다.

Albert Ellis(1962, 1977, 1980)와 다른 전문가들은 문제가 되는 느낌이나 행동을 초래하는 비합리적인 신념과 독백에 초점을 맞췄다. 예를 들어, "모든 사람은 내 의견에 동의해야 해.", "모든 사람은 나와 나의 재능을 높이 평가해야 해.", "아무도 매력 없는 나를 사랑할 수 없어." 그리고, "나는 항상 나의 자녀들과 배우자에게 인내해야만 해."와 같은 일반적인 신념은 어김없이 실패와 실망을 가져온다. Ellis와 다른 학자들은 개인이 더 합리적인 방식으로 생각하고 사고하도록 돕기 위해 합리적-정서 치료(Rational-Emotive Therapy, RET)와 같은 기법을 사용한다. 이들 기법에는 비합리적이고 부적응적인 사고와 신념들(예, "그래서 당신은 가치 있는 인간이 되기 위해서는 만나는 모든 사람이 당신을 좋아해야만 한다고 진정으로 생각하는가?")에 도전하기 위해 논리와 이성을 사용하는 것이 포함된다. 이러한 접근은 자기와 타인에 대한 신념을 변경시키기 위한 설득과 이성에 의지한다. 예를 들어, Ellis의 비합리적인 신념에 대한 초점은 Mary의 공황에 대한 신념과 관계된다. Mary는 만약 버스를 타거나 교회에 앉아 있을 동안 조금이라도 불안을 느끼면, 자신이 실패자이며 나약한 사람이라고 생각한다. 치료자는 Mary가 자신의 신념이 비합리적이고 비현실적임을 깨닫도록 해주고, 그녀의 불안에 대해 더 적응적인 독백(예, "비록 불안하지만 그럼에도 불구하고 나는 두려움을 극복하고 버스를 탈 수 있어. 불안이 나를 통제하게 할 필요가 없어; 나는 불안을 통제할 수 있어")을 발달시키도록 격려한다.

Aaron Beck(1963, 1976)은 우울과 기타 장애들을 치료하기 위한 **인지 치료**(cognitive therapy, CT)를 개발하였다. Beck은 사람들이 발달해가면서 세상이 움직이는 방식에 관한 규칙을 공식화하는데, 이러한 규칙들은 단순하고, 융통성이 없으며, 종종 잘못된 가정에 기초를 두는 경향이 있다고 가정하였다. 어떤 도식이나 형판은 새로 들어오는 모든 자료들이 이들 규칙과 왜곡을 통해 여과될 때까지 발달한다. 따라서 과일반화(예, "직장의 모든 사람들은 나를 미워해."), 실무율적 사고(예, "만일 이 직업을 얻지 못하면 내 경력은 망쳐질 거야."), 혹은 사건의 의미 혹은 중요성을 과장하거나 경시하는 것(예, "내 이혼은 전혀 큰 일이 아니었고, 나나 내 자녀들에게 아무런 영향을 끼치지 않아.") 이 세상과 경험을 해석하는 전형적인 방식이다. 문제행동과 태도는 사건에 대한 이들 비현실적이고 그릇된 규칙들과 해석에 연관된다. Ellis와 마찬가지로 Beck은 이러한 신념과 가정을 평가하고 도전했으며, 사람들이 자신들의 자동적 사고를 탐지하고 변경하도록 훈련시킨다. 그렇지만 Beck은 신념들이 유용하고 현실적인지 여부를 가장 잘 결정하기 위해 검증되고 평가되어야만 하는 가설로서의 신념 치료에 초점을 두었다.

인지-행동 심리치료의 다양한 변형이 수년에 걸쳐 출현하였다. 예를 들어, Marsha Linehan은 경계선 성격 장애를 겪는 사람들을 치료하기 위해 **변증법적 행동 치료**(dialectical behavior therapy, DBT)를 발전시켰다(Linehan, 1993). DBT는 정신역동 조망, 내담자-중심 조망, 가족 체계 조망 및 위기 중재 조망과 함께 인지-행동 전략을 사용한다. DBT는 행동 변화를 향한 노력과 함께 자기와 경험을 수용하는 데 초점을 맞춘다. 이러한 변화들은 치료 전 관여 단계, 과거 사상에 대한 노출과 감정처리 단계 및 치료 목표를 달성하기 위하여 처음 두 단계에서 얻어진 진전을 통합하는 종합 단계와 같은 3단계 과정을 통해 얻어진다. 관련된 비교적 새로운 접근인 **수용-전념 치료**(acceptance and commitment therapy, ACT)가 Steven Hayes에 의해 개발되었다(Hayes, 2008; Hayes & Smith, 2005). ACT는 마음챙김과 관계틀 이론을 인지행동 치료의 요소와 혼합하였다. ACT는 심리적 유연성을 증가시켜서, 인지적 탈융합 기술, 수용, 마음챙김 및 행동 변화를 통합시킴으로써 행동을 향상시키려는 것이다. 다른 예로는 공황발작을 겪고 있는 사람들을 돕기 위해 개발된 David Barlow의 **공황 통제 치료**(panic control treatment, PCT)가 있다(Barlow & Craske, 2000). PCT에서 환자들은 자신의 공황발작을 상기시키는 감각에 노출된다. 예를 들어, 환자는 그들의 심박률을 증가시키기 위하여 운동에 참가하거나, 현기증을 일으키도록 머리를 흔든다. 이러한 유도된 공황 유사증상에 대한 태도와 두

려움이 탐색되고, 뒤이어 이것들이 환자의 건강에 아무런 해가 없는 것이 입증된다. 더욱이, 환자는 불안을 감소시켜주는 호흡법과 이완 훈련을 배운다.

## 인본주의 접근

**인본주의** 치료자에 대한 고정관념은 전형적으로 환자에게 어떠한 직접적인 조언이나 제언을 해주지 않지만 따뜻하고 지지적인 사람을 떠오르게 한다. 인본주의 심리학자에 대한 고정관념에는 비록 친절하기는 하지만 "음..."이나 "듣고 있어요.", 혹은 "나는 당신의 고통을 느껴요."와 같은 온정적인 논평 외에는 더 이상 말하지 않는 개인이 있다. 1960년대부터의 직면집단이나 참 만남집단의 이미지를 떠올릴 수도 있다. 또다시, 행동주의와 정신역동적 지향과 마찬가지로 인본주의 접근에 관한 고정관념도 역시 낡은 것이고 부정확한 것이다.

인본주의 접근은 Victor Frankl, Carl Rogers, Abraham Maslow, Rollo May, Fritz Perls 및 기타 정신건강 전문가들의 심리치료 연구뿐만 아니라, 유럽 철학에 뿌리를 두고 있다. 정신역동 이론과 행동주의 이론의 기본 가정을 거부하면서, 인본주의 이론가들은 세계에 대한 각 개인의 지각과 자신의 경험세계를 강조하는 **현상학적인** 접근을 가정한다(표 5.4). 인본주의 조망은 사람을 능동적이고, 사색하며, 그리고 창조적이고 성장-지향적인 존재로 보는 경향이 있다. 다른 사람을 돕는 것은 부분적으로 환자의 눈을 통해 관심, 느낌 및 행동을 이해하는 것을 통해 성취된다. 인본주의 전문가들은 사람들이 기본적으로 선하고, 본질적으로 성장, 사랑, 창조성 및 자기-실현을 추구하는 것으로 가정한다. 자기-실현은 더 큰 성장, 평화 및 자기와 타인의 수용을 향한 인생의 전진운동을 하게 한다. 인본주의 이론가들은 과거의 영향

| 표 5.4 | 인본주의 개념과 기법의 예 |
|---|---|
| 적극적 경청 | 재언급, 요약, 반영, 그 밖의 다른 기법들을 사용하여 환자의 말을 적극적으로 경청하기 |
| 감정이입 | 듣고 이해한 것의 감각을 전달하기 |
| 무조건적인 긍정적 존중 | 환자의 느낌과 생각의 전폭적인 수용 |
| 일치 | 행동에 진실하게 되는 것 |
| 자기-실현 | 개인 잠재력의 성장과 달성을 향한 내적 동기 |
| 절정 경험 | 자기-실현에 이른 순간 |

에 초점을 두기보다는, '지금 그리고 여기', 즉 현재에 초점을 둔다. Carl Rogers의 내담자 중심 접근, Abraham Maslow의 인본주의 접근, Fritz Perls의 게슈탈트 접근은 다음에 간략하게 평론될 것이다. 물론 이들 접근의 많은 부가적인 조망과 변형이 있다. 그렇지만 Rogers, Maslow 및 Perls의 공헌은 인본주의 조망 안에 가장 큰 영향을 끼쳐왔다.

**내담자 중심 조망** : Carl Rogers의 **내담자 중심** 조망은 인본주의 접근의 가장 고전적인 예를 대표한다. Rogers는 다른 사람을 돕고 이해하기 위해 **적극적 경청, 감정이입**, 일치, 그리고 무조건적인 긍정적 존중과 같은 비지시적인 기법들을 사용하였다. Rogers는 진정한 감정이입은 사람들이 수용받고 이해받는다고 느끼고, 궁극적인 성장이 일어날 수 있도록 하는 데 필요하다고 생각하였다. **무조건적인 긍정적 존중**은 치료 경험 또는 다른 곳에서 어느 누구도 부정적으로 판단되거나 또는 평가되어서는 안 된다는 신념을 말한다. 오히려 존중이나 수용이 충만되어야 한다. 무조건적 긍정적 존중은 공격적인(예, 아동을 성적으로 학대하거나, 물건을 훔치거나, 인종차별적인 말을 하는) 태도나 행동을 보이는 개인들을 대상으로 일하는 전문가들에게는 도전이 될 수도 있을 것이다. 무조건적인 긍정적 존중은 이들 행동이나 태도가 괜찮은 것

으로 수용되는 것을 의미하는 것은 아니다. 오히려 완전히 수용되는 것은 그 개인이다. 그러므로 존중과 비판단적인 태도가 옹호된다. **일치**, 즉 진솔한 것은 어떤 사람의 느낌과 행동 사이의 조화를 의미한다. 따라서 전문가는 다른 사람과의 관계에 있어서 감정적으로 정직하려고 애써야 한다. 진솔한 것은 또한 전문가가 다른 사람에게 자신의 감정을 숨기려고 노력하지는 않지만 전문가의 태도나 행동을 보여주는 것을 의미한다. Rogers는 또한 치료 과정과 성과를 평가하기 위한 방법을 개발하는 데 도구적이다. 여기에는 기능과 성과를 평가하기 위한 Q-분류(감정들이 서술되어있는 다양한 카드를 여러 범주로 분류하는 것)와 같은 개별화된 평가 기법이 포함된다. 내담자 중심 접근은 사람들이 성장을 향한 내재적인 추동을 가지고 있다고 본다. 자기발달과 성장을 향한 시도들은 다양한 사회적 결과(칭찬이나 처벌과 같은)와 흔히 부딪치기 때문에, 개인들은 성장과는 불일치되는 행동양식들을 발달시킬 수도 있다. 예를 들어, 어떤 부모는 자식에게 가업인 회계업무를 물려주고 싶어 할 수도 있다. 그렇지만 그 자녀는 매우 창조적이어서, 음악과 춤에서 관심을 추구할 수도 있다. 그 부모는 창조적인 예술보다는 회계나 사업에서의 교육 및 기술을 추구하는 것에 조건적인 사랑을 보여줌으로써 아동에게 압력을 가할 수도 있다. 부모를 기쁘게 해주려는 소망을

가진 그 아동은 그렇게 행할 수도 있지만 자기-실현 동기 및 잠재력과 불일치된다는 면에서는 매우 큰 희생을 치를 수도 있다. 예를 들어, Mary는 주부와 어머니로서의 역할을 '구속'으로 느꼈을 수도 있다. 그녀는 실제로 수녀처럼 종교적인 삶에 동참하는 데 커다란 흥미를 품었다. 그렇지만 그녀의 부모는 가족생활에 더 큰 가치를 두었고, 결혼하여 자녀를 갖도록 격려하였고, 결국 그녀의 종교적 삶에 대한 소망은 좌절되었다. 그녀의 가족과의 이러한 갈등은 불일치를 가져왔는데, 그로 인해 그녀는 덫에 걸린 것 같은 느낌을 갖게 되고, 자신의 삶에 대한 통제감을 상실한 것처럼 느끼게 되고 아마도 더 쉽게 불안에 빠지게 되었을 것이다.

**Maslow의 인본주의적 조망** : Abraham Maslow (Maslow, 1954, 1971)는 인본주의 접근에 또 다른 변형의 기원이 되었다. 그는 개인의 잠재력을 충분히 발달시키려는 충동과 소망을 의미하는 자기-실현의 중요성을 강조하였다. **자기-실현**에 대한 그의 초점은 충족되지 않은 욕구의 역할에 집중되었다. 그는 인간은 음식, 물 및 온정에 대한 기본적인 생물학적 욕구로 시작하는 욕구 위계를 가진다고 생각하였다. 이러한 욕구가 충족되면 개인은 안전이나 보호와 같은 더 높은 수준의 욕구에 초점을 맞추는 것이 허용된다. 다시 이러한 더 높은 수준의 욕구가 충족되면 개인은 사랑, 소속 및 수용과 같은 욕구에 관심을 기울인다. 끝으로, 위계의 가장 상위는 자기-실현이다. Maslow는 자기-실현을 경험한 사람은 자신과 타인에 대한 수용, 효율적인 현실 지각, 사회적 관심, 창조성, 신비적 경험 또는 **'절정' 경험** 등을 한 사람으로 특징지워진다고 믿었다(Maslow, 1971). Maslow는 모든 사람이 자기-실현을 달성할 수 있는 잠재력을 지녔지만,

더 낮은 욕구 수준들이 충족되지 못했기 때문에 자기-실현에 성공한 사람은 거의 없다고 생각하였다. Maslow는 전집의 1% 미만의 사람만이 자기-실현에 도달한다고 생각하였다. 그러므로 많은 사람들이 충족되지 못한 욕구들을 충족시키려는 결핍동기들을 가지기 때문에, 감정, 생각, 행동 및 관계에 있어서 문제점들이 발생된다. Maslow는 자기-실현이 실제로 달성되는 순간을 절정 경험이라고 하였다. 비록 Maslow의 이론이 많은 관심과 수용을 받기는 했지만, 심리학적 평가와 치료에 사용하기 위한 특정기법의 면에서는 거의 아무것도 제공하지 못했다.

**게슈탈트 조망** : 인본주의 접근 내에서 **게슈탈트** 조망은 Fritz Perls의 연구로부터 시작되었다(Perls, 1947, 1969). 게슈탈트 접근의 가정은 우리의 현재의 느낌, 사고 및 행동을 진정으로 자각하지 못하고, 현재보다는 과거와 미래에 과도한 초점을 맞추기 때문에 문제가 일어난다고 생각한다. 게슈탈트 접근은 개인의 여기 그리고 지금, 즉 현재 경험에 대해 민감하게 자각하는 것에 초점을 두고 있다. 게슈탈트 접근은 현재의 생각과 느낌에 대한 자각을 향해 작용하도록 빈번히 요구하는 것을 통해, 사람들이 바로 지금의 순간에 살도록 한다. 개인의 느낌, 사고, 행동 및 선택에 대한 개인적 책임감을 갖는 것은 게슈탈트 조망을 사용하는 사람들에게 또한 가장 중요한 것이다. 이러한 기법은 배우자, 사장, 혹은 어머니와 같은 중요한 사람들을 당신이 있는 방의 빈 의자에 앉아 있다고 믿게 만드는 것을 포함하고 있다. 그들이 마치 여기 있는 것처럼 그 사람에게 얘기하는 것은 느낌과 행동에 보다 더 가까이 있게 할 것이다. 예를 들어, Mary는 어머니와 함께 방에 있는 것처럼 생각할 것을 요청받았다. 게슈탈트 치료자는 Mary의 어머니가 사무실의

빈 의자에 앉아 있는 것처럼 어머니와 이야기하도록 Mary를 격려할 수도 있다. Mary는 그 방에서 어머니와 이야기했을 때의 즉각적인 느낌과 생각에 대해 말하도록 요청받을 것이다.

인본주의 모형의 더 현대적 접근의 예로 자기–결정 이론이 포함된다(Deci & Ryan, 2002; Sheldon et al., 2003). 인간의 기본적인 심리적 욕구에 초점을 맞춘 접근: 능력, 자율성 및 관계성. 이 세 가지 욕구를 기르는 것은 심리적 안녕을 초래하는, 자기–실현을 향하여 움직이게 하는 경향이 있다(Sheldon et al., 2003). 내담자에게 자율성을 제공하는 이 이론은 내담자를 지지하고 있다. 이것은 치료자는 내담자의 개성을 충분히 존중하고, 자신의 관점을 갖게 하고, 최대한의 자유를 허용하는 것을 제안한다. 치료자는 내담자의 눈, 즉 세계관을 통해 세상을 보는 것을 장려하고 그들의 자율성과 선택을 존중해주기 때문에 치료자는 어떻게 하는지 무엇을 하는지에 대해서 말하지 않는다. 비록 이것이 직접적인 접근은 아니지만, 치료자들에게 선택에 대한 내담자들의 자유를 지지하는 방향으로 움직이는 욕망에 대하여 내담자들에게 선택하기 위한 다양한 정보에 입각하고 합리적인 선택권을 주도록 장려한다.

## 가족 체계 접근

**가족 체계** 접근은 개인 환자만을 대상으로 작업하는 다른 조망들의 한계를 극복하기 위하여 출현되었다. 가족 체계 접근은 정신분열증 환자들과 가족 성원들 간의 대인 의사소통과 연관된 문제를 다루기 위한 연구 및 치료로부터 출현하였다. 제3장에서 언급한 것처럼 같이 가족 체계 접근은 1950년대에 California 주의 Palo Alto에서 Bateson 집단과 더불어 시작되었다.

가족 체계 접근의 목적은 일반적으로 가족 성원들 간의 의사소통을 향상시키고, 어느 한 성원의 문제를 강조하기보다는 전체로서의 가족 체계에 주의를 기울이는 것을 포함한다. 가족 체계 전문가들은 문제가 있다고 확인된 한 사람을 만나기보다는 가족 성원 전체를 만난다. 가족 체계 전문가들은 치료에 확대된 가족성원들이나 이웃들, 친구들 및 교사들과 같은 가족 생활에서 중요한 기타 인물들을 또한 포함시킨다. 가족 체계 조망은 문제나 관계에 체계적 관점을 유지한다. 즉, 그들은 가족 체계의 어느 한 성원의 행동과 기능이 변화하는 것은 체계 내의 다른 성원에게 영향을 미칠 수 있다고 제안한다. 그러므로 개별 성원에게 심리적 기능과 행동이 개선된다고 하더라도, 다른 성원들도 이 가족기능의 새로운 변화에 적응해야 하고 기여해야만 한다. 역설적으로, 어떤 가족 성원의 향상은 다른 가족 성원에게서 문제를 초래할 수도 있다. 예를 들어, 만약 Mary가 덜 두려워하고 더 독립적이 되면, 심부름 때문에 남편에게 시내까지 태워 달라고 할 필요가 더 이상 없어질 수도 있다. 그렇게 되면, 그녀의 남편은 아내와의 관계에서 중요하고 힘이 있었던 역할을 잃게 되어 아마도 그녀가 새로 찾은 독립에 의해 다소 불편하고 심지어 위협감을 느끼게 될 수도 있다. 이러한 변화는 Mary의 공황발작 재발을 조장할 수도 있는 부부불화를 야기할 수도 있다.

앞서 평론된 접근들과 유사하게, 개별 전문가들에 의해 규명된 가족 체계적 접근은 많은 변형이 있다(표 5.5). 이러한 변형에는, 예를 들어, Virginia Satir의 의사소통 접근, Salvador Minuchin의 구조적 접근, Jay Haley와 Milton Erickson의 전략적 조망 및 Michael White의 이야기 접근이 있다. 가족 체계 접근 내에는 많은 다양한 조망들이 있지만, 5개의 주요 접근이 간략하게 소개될 것이다.

| 표 5.5 | 가족 체계의 개념과 기법의 이해 |
|---|---|
| 재구조화 | 한 사람이 어떤 행동을 이해하고 해석하는 방식을 변경시키는 것. 예를 들어, Mary의 공황은 남편을 그녀의 생활에 끌어들이고 그가 더 남자답게 느끼도록 도와주려는 시도로 재구조화될 수도 있다. |
| 역설적 의도 | 치료에 대한 저항과 싸우게 하기 위하여 문제적인 증상을 처방하는 것. 예를 들어, Mary에게 매일 수많은 공황발작을 일으키는 일정표를 짜보게 한다. |
| 결합하기 | 치료자는 치료회기 동안에 분리된 관찰자의 자세로 행동하기보다는 가족과 연결되는 시도를 하고 가족단위의 일부가 된다. |
| 얽힘 | 가족 성원의 삶에 과도하고 부적응적으로 관여하는 것. 예를 들어, 아들의 삶에 대한 Mary의 지나친 관여는 그녀의 관심사와 일치하지 않는 아들이 하는 모든 일과 관계 결정에 매우 비판적이 되게 하였다. |
| 유리 | 가족 성원의 한 사람이 다른 가족 성원과 지나치게 분리되는 것. 예를 들어, Mary의 딸은 가족의 활동과 기능에 관심을 거의 기울이지 않으며, 가족과의 어떤 감정관여에서 벗어나는 것을 선호한다. |

**의사소통 접근** : 의사소통 접근은 California 주 Palo Alto에 있는 정신연구소(Mental Research Institute, MRI)에서 근무하는 Virginia Satir(1967) 와 동료들에 의해 개발되었다.

이 접근은 효과적인 의사소통에 문제가 발생하는 것이 가족 내의 문제와 역기능에 기여한다고 주장한다. 가족 성원들이 다른 가족 성원들과 어떻게 관계를 맺어야만 하고, 자신들이 삶을 어떻게 살아야만 하는지에 관해 말로 표현되지 않은 비합리적인 기대, 규칙 및 가정들이 가족 기능에서의 갈등과 문제를 야기한다. Satir는 가족 내의 몇 가지 의사소통 양식을 개관하였는데, 거기에는 회유형, 비난형, 초이성형, 빗나간형 및 일치형이 포함된다. 문제 가족에서는, 아버지는 초이성적일 수도 있는데, 즉 합리적인 양식을 유지하고, 자신의 느낌을 자신에게 고수한다. 어머니는 아버지에게 동의하고 자신의 느낌을 표현하지 않음으로써 아버지에게 회유될 수도 있다. 자녀들 중 한 사람은 학교나 가정에서의 자신의 모든 문제를 다른 누군가에게 그 탓을 돌리는 비난형을 사용할 수도 있다. 빗나간 의사소통(irrelevant communication)에는 형제자매 입장에서는 성가신 습관이 포함될 수도 있다. Satir는 가족 구성원들에게 일치적 의사소통

(congruent communication)을 받아들이도록 격려하였는데, 이것은 진솔한 느낌을 표현하는 데 초점을 맞춘다. 의사소통 접근은 Mary가 그녀의 남편으로부터 보호받고 싶어 하는 욕구에 관하여 진실된 느낌을 더 직접적으로 표현하도록 격려하였다. 그녀의 공황 행동은 남편과 다른 사람들에게서 주의를 끌고, 보살핌을 받으려는 욕구를 의사소통하는 하나의 방식으로 보일 수도 있다. 남편은 Mary와의 관계에서 자신이 중요하고 유용하다고 느끼고 싶어 하는 욕구에 대한 감정을 표현하도록 격려받을 수도 있다. 공황삽화 동안 Mary를 돌보는 것은 부부관계에서 힘이 있고 중요함을 느끼는 한 방식일 수도 있다.

**구조적 접근** : 구조적 접근은 Salvador Minuchin (1974)에 의해 개발되었는데, 가족 성원들 사이의 관계의 양식을 변경하고 재구조화하는 데 초점을 맞춘다. 구조적 조망은 가족 성원들 사이의 **분화, 얽힘** 및 **유리**의 적절하고 적응적인 수준에 초점을 맞춘다 (Minuchin, 1974; Minuchin & Fishman, 1981). 예를 들어, 어머니와 딸이 서로에게 지나치게 얽히게 되면, 그 결과로 아버지와 멀어져 그는 유리될 수도 있다. 더욱이, 어머니의 삶과 문제에 딸의 지나친 관여

# 긍정심리학

심리학에서 임상과 다른 전문분야들에서 최근에 긍정심리학에 집중되어왔다(Keys & Haidt, 2003; Seligman, Ernst, Gillham, Reivich, & Linkins, 2009; Snyder & Lopez, 2009). 긍정심리학은 '보통의 강점과 미덕에 관한 과학적 연구'이다(Sheldon & King, 2001, p. 216). Dr. Martin Seligman이 1998년 미국심리학회(APA) 회장으로 있던 해 동안에, 그는 긍정심리학에 초점을 두고 다양하게 계획해서 발전시켰다(Seligman & Csikszentmihalyi, 2000). 그와 다른 사람들은 심리학이 인간과 인간관계에 대한 옳고 좋은 것이 무엇인지에 대한 이해를 위한 충분한 노력 없이 사회에서의 아동학대, 폭력, 주요 정신병리 및 다른 중대한 문제들과 같은 문제점에만 너무 자주 초점을 두었다고 생각하였다. 긍정심리학은 인간 행동의 희망, 사랑, 윤리, 낙관성, 회복탄력성, 행복, 영성, 용서 및 다른 고귀한 측면들과 같은 주제에 초점을 둔다. 역사적으로 임상심리학자들은 자신들의 전문적인 활동과 에너지를 정신병리의 진단과 치료 그리고 개인, 커플, 가족 및 집단들에 의해 경험되는 중요한 문제점들에 훨씬 더 많은 초점을 두어온 반면에, 최근 긍정심리학에서의 노력은 인간경험을 극대화시킬 수 있는 이들 더 긍정적인 인간의 특징과 방법에 관하여 우리가 알고 있는 것에 감사하도록 임상심리학자들과 다른 사람들을 더 잘 훈련시키기 위해 노력해왔다. 예를 들어, 정신과 신체 건강을 위한 영성의 이익과 종교적 믿음은 모든 종류의 관심과 쟁점들에 적용시킬 수 있는 상당히 전문적이고도 대중적인 주목을 받아왔다(Plante, 2009; Plante & Sherman, 2001; Plante & Thoresen, 2007). 행복을 조사하는 많은 연구들은 사람들이 직면한 스트레스 원천에 관계없이 이들이 행복해질 수 있는 기회를 극대화하도록 돕는 데 적용될 수 있다(Myers, 2000). 예를 들어, 회복탄력성이 있는 사람들은 반드시 최소한의 스트레스를 받는 사람들이 아니라, 상대적으로 회복탄력성이 덜한 사람들이 그들의 방식으로 스트레스원을 더 잘 다루도록 돕는 대처 전략과 성격 양식을 가지고 있는 사람이다(Masten, 2001; Seligman et al., 2009). 긍정심리학에서 새롭게 강조하는 것은 임상심리학자들이 상담과 자문을 위하여 그들에게 오는 사람들을 더 잘 돕고, 대중이 인간조건에 대해서 무엇이 옳은가에 관해서 더 잘 배울 수 있도록 희망적으로 도울 것이다(Snyder & Lopez, 2009). 긍정심리학은 너무나 인기가 있어서 2006년에는 새로운 저널(『Journal of Positive Psychology』)이 발간되었고 2009년에 확장되었다.

는 만족스러운 또래 관계와 독립수준을 발달시키는 것을 어렵게 만들 수도 있다. 어머니의 딸에 대한 지나친 관여는 남편과의 관계에 흥미와 에너지를 잃는 결과를 가져올 수도 있다. 역기능적인 가족 양식에 기인하는 갈등과 문제들은 전체로서의 가족 단위 내에 발생한다. **구조적** 조망은 더 기능적이고, 균형 잡히고, 위계적인 가족관계를 강조한다. 치료자는 가족을 결합시키고 가족 중 두 사람간의 관계와 상호작용 구조를 변경시키기 위하여 실제로 치료회기에서 좌석

을 재배치할 수도 있다. 예를 들어, Mary는 아들에게 지나치게 관여한 결과로 딸과 남편으로부터 분노를 살 수도 있다. 더욱이, 아들은 그녀의 지나친 관여로 그가 더 독립적으로 발달하고 아버지와 더 깊은 관계를 발달시키는 것을 어렵게 한다고 느낄 수도 있다. 치료자는 아들로부터 Mary를 유리시키고(치료 회기 동안 아들로부터 멀리 떨어져 앉게 함으로써) 딸과 남편에게 좀 더 관여하도록 함으로써 도우려고 시도할 수 있다.

**밀라노 접근** : 밀라노 접근에서 전문가는 가족 체계 혹은 단위의 한 부분으로 여겨진다(Boscolo, Cecchin, Hoffman, & Penn, 1987). 밀라노 접근은 가족 체계의 수용 및 존중뿐만 아니라 중립성에 매우 높은 가치를 둔다. 밀라노 접근은 가족 역동을 더 잘 이해하도록 돕기 위해 긍정적이고 논리적인 함축(Selvini Palazzoli, Boscolo, Cecchin & Prata, 1980)뿐만 아니라 가설을 사용한다. 가설 세우기는 가족의 기능과 역기능을 더 잘 이해하도록 도와주는 반면, 긍정적이고 논리적인 함축은 가족 행동의 더 긍정적이고 수용적인 용어로 재구조화시켜준다.

밀라노 학파는 또한 팀 접근 사용을 권장한다. 예를 들어, 밀라노 접근을 사용하는 가족 체계 전문가들은 치료 회기에 Mary의 전 가족이 오도록 요청할 수도 있다. 치료자가 Mary의 가족을 만나는 동안에 몇몇의 동료들은 일방향 거울을 사용하여 회기를 관찰한다. 가설 세우기와 긍정적인 논리적 함축에 대한 노력은 가족 상호작용을 더 잘 이해하고, 가족 쟁점을 더 수용적이고 긍정적으로 재구조화하는 데 목표를 두고 있다. 치료팀은 치료가 진행되는 동안 그 회기에 관해 논의하고, 가족과 작업하고 있는 치료자에게 치료실에 있는 전화로 제안한다. 그 치료회기에 뒤이어 가족은 치료팀이 담당 치료자와 그 회기에 관해 논의하는 과정을 관찰하도록 초청받을 수도 있다. 또한 밀라노 학파는 회기와 회기 사이에 어떤 처방된 방식으로 행동하도록 가족에게 요청하는 '의식'을 활용한다.

**전략적 접근** : Jay Haley(1973, 1987)와 Milton Erickson(1980)과 같은 여러 학자들에 의해 개발된 **전략적** 접근은 전문가들에게 치료에서의 저항을 더 효과적으로 다루게 해준다. 전략적 접근은 임상가의 매우 적극적이고 직접적인 관여를 활용한다. 전략적 조망은 가족 체계 내의 한 가족 성원 또는 일단의 가족 성원들을 변화시키려는 어떠한 시도도 저항과 방해 행위(의식적 혹은 무의식적)에 접하게 될 것이라고 본다. 그러므로 전문가는 가족의 행동을 지시하고 변경시킴으로써 이러한 저항에 맞서 싸우는 방법을 발견해야만 한다. 전략적 중재의 가장 일반적이고 잘 알려진 예 중 하나로 '역설적' 기법의 사용을 들 수 있다. 역설적 접근은 종종 '반전의 심리학'이라고 일반 대중들에게 불려진다.

역설적 기법은 과장된 형태로 관심 증상을 처방함으로써 중재의 목표와 표면상 모순되는 것으로 보인다. 예를 들어, 빈번하고 강렬한 분노발작으로 가족을 질리게 하는 아동은 전문가에 의해 더 크게 소리 지르거나 외치라고 격려받을 수도 있다: "더 크게 소리질러 봐―나는 네가 충분히 소리 질렀다고 생각하지 않거든. 옆방에 있는 사람들은 네 목소리를 못 듣잖아." 전략적 이론가들은 가족 체계를 변화시키기 위한 직접적인 중재에 사람들이 저항하기 때문에, 임상가가 목표와 반대되게 행동하도록 요청함으로써 중재에 이르게 하여 다른 사람을 도울 수 있다고 주장한다. 예를 들어, 전략적 치료자는 Mary에게 하루 동안의 공황발작 일정표를 작성하고 집을 결코 떠나지 말도록 북돋울 수도 있다. 저항이 기대될 수 있기 때문에 Mary는 빈번한 공황발작 일정표를 짜는 것에 어려움을 겪을 것이며, 집에 머무르는 것도 힘들어할 것이다. 그러므로 치료의 궁극적 목표(공황을 줄이고 독립심을 증가시키는 것)는 달성되기 쉽다. 역설적 기법을 사용하는 것은 논쟁의 여지와 위험이 모두 있다(예, 신경성 식욕부진증 환자에게 음식물을 더 줄이라고 요청하는 것은 무분별하고 부당치료와 다름이 없는 것일 수도 있다).

전략적 기법은 사람들이 이 제안에 저항할 수도 있다고 가정할 뿐만 아니라, 내담자에게 더 큰 통제감을 제공하고 문제가 되는 행동이 바람직하지 않다는 것을 더 자각하도록 도울 수 있다. 예를 들어, Mary는 보통 때 집에서 하는 일정표를 떠나서 하루종일 집에 머무르는 것이 지루하다는 것을 발견할지도 모르며, 치료자가 처방한 시간에 공황발작을 일으키기보다 다른 무언가를 하고 싶어 할 수도 있다.

전략적 임상가에 의해 사용되는 또 하나의 기법은 재구조화이다. **재구조화**는 새롭고 상이한 시각으로 행동이나 쟁점을 재해석하는 것을 말한다. 그러므로

가족에게 부정적으로 여겨지는 행동은 긍정적인 것으로 재해석될 수 있다. 예를 들어, 도둑질하는 아동은 가족의 정서적 박탈과 결핍을 가족에게 경고하기 위한 시도로 보일 수도 있다. Mary의 공황행동은 남편 가까이에 머물러서 그를 더 힘이 있고 남성답게 느끼게 해주기 위하여 시도하는 것으로 재구조화될 수 있다. 집에서 가출해서 잘못된 선택을 한 청소년은 '정당한 이유(즉, 독립심의 증가) 때문에 잘못된 행동을 행하는 것'으로 볼 수도 있다.

## 주목받는 현대 임상심리학자

사진 : Marcia J. Wood 제공

# Marcia J. Wood, PhD

Dr. Wood는 시간제 개인 개업으로 일을 하고, Oregon 심리학회 회장이고, 두 자녀의 어머니이다.

**생년월일** : 1956년 12월 21일

**대학교** : 1979년 Williams대학교(영어 전공)

**대학원 프로그램** : 1987년 Long Island대학교, 임상심리학

**임상 인턴쉽** : Yale대학교 의과대학

**박사 후 펠로우쉽** : New York 병원-Cornell 의료센터

**현재의 직업** : Oregon주 Portland에서 개인 개업

**임상심리학자가 되는 것의 장점과 단점** :

**장점** : "(1) 정서적이고 지적인 자극; (2) 사람들 자신의 생활을 이해시키고, 변화시키는 데에서 오는 만족과 흥미; 및 (3) 융통성 있는 일과와 자율성."

**단점** : "(1) 감정적 소모와 불안이 유발될 수 있다(예, 자살관련 내담자); (2) 항상 '대기상태' (휴가 외에는 동료의 일도 대신하게 된다) 그리고 (3) 변화에 대한 사람들의 저항이 있다."

**임상심리학의 미래** : "심리치료 도움에 대한 욕구는 사라지지 않을 것이며, 건강진료 개혁이 정신건강 욕구에 대한 계산된 접근을 포함하고 특수한 장면뿐만 아니라 일차 진료에도 포함되기를 희망한다. 또한 더 많은 성과 및 치료연구가 수행됨에 따라, 치료들은 특정 진단 집단 및 문제들을 더 효과적으로 다루기 위해 더 맞춤식으로 되어, 그래서 더 구체적으로 표적화되어 내담자의 욕구에 부합될 수 있다."

**실무의 특성** : "나는 심리치료를 할 때 청소년, 성인 및 부부들을 만난다. 드물기는 하지만, 내담자에게 도움이 된다면 가족 성원을 회기에 참가시키기도 한다. 나는 성격 장애, 양극성 장애, 정신분열 장애 등을 가지고 있는 내담자들뿐만 아니라 우울, 자살문제, 관계문제, 슬픔, 양육문제, 또는 기타 삶의 문제나 쟁점을

(계속)

가지고 있는 많은 내담자들을 만난다. 나의 내담자들(가장 흔히 기분 장애나 불안)은 빈번하게 정신과적 약물치료도 받고 있어서 정신과 의사, 면허 실무 간호사나 기타 일차 진료 의사들과 협력 치료를 한다. 때때로 나는 심각하게 우울하거나 자살문제가 있는 내담자를 병원에 입원하도록 주선해야만 한다."

**당신이 일반적으로 찾는 당신의 업무에서 가장 유용한 이론적 모형은 무엇인가?** : "나는 정신역동적으로 수련을 받았다. 그것은 여전히 내 업무의 토대를 형성하고 있는데, 실무를 더 오래 할수록 다른 모형들의 실무적인 요소들뿐만 아니라 이론적인 요소들을 더 많이 통합시키고 사용하게 된다: 대상 관계, 대인 및 인지 이론과 치료는 내 업무에 주요하게 영향을 미치는 것들이다."

**당신의 이론적 모형이 당신이 환자에게 행한 것에 어떤 영향을 미쳤는지 예를 들어줄 수 있는가?** : "나는 인생 대부분을 만성적으로 우울하게 보낸 20대 후반의 젊은 여성을 치료하기 시작했다." 그녀는 첫 몇 회기 대부분이 '불평'이었는데, 내가 제시했던 모든 것이 효과가 없거나 이전에 많은 치료자들이 제시한 것을 이미 시도해보았으나 효과가 없었다고 나에게 말하였다. 나는 약간 그녀의 저항에 직면하게 되었는데, 그녀가 치료에서 원하는 것을 명확하게 해주려고 노력하였다. 그녀의 반응은 단지 '누군가에게 불평하기' 원하는 것이고, 누군가 그녀의 긴 불평을 듣기만 하고 '그녀를 밀어붙이거나 변화시키려고' 시도하지 않는 것이었다. 나의 다음 반응은 다음 몇 회기까지 반복해서 그것을 반영하기 시작하기까지는 더 많은 직면을 하는 것이었다. 이 시점에서 나는 그녀가 우울한 태도를 유지함으로써 얻는 이차적 이득에 관해 궁금하게 생각하기 시작하였으나, 나는 또한 그녀가 진술한 불평이 옳은 방향이나, 적절한 발달 수준에서 다루어지지 않고 있는 것이 아닌가 하고 생각하기 시작했다. 이것은 그녀가 무언가를 변화시키고, 무언가 다른 것까지도 행하도록 더욱 엄격하게 직면하는 것을 기대하지 않고, 나의 태도를 훨씬 더 지지적이고 감정이입적이 되도록 사실상 변화시키게 만들었다. 나의 숙고는 그녀에 대한 초기에 와해된 대상 관계의 역할과 영향에 대해 더 강하게 고려하도록 하였는데, 다시 말하면, 그녀의 가족 성원들에 대한 병리적 관계는 안전하고 확실하게 유지하는 환경을 결코 제공해주지 못하였다. 이것은 나를 더 직면적인 접근을 선행시킬 필요가 있을 수도 있는, 회복 작업을 고려하도록 하였는데, 이것은 더 나중의 외상과 역동에 초점을 두는 것이었다. 접근

에서 이러한 변화는 매우 도움이 되는 것으로 입증되었는데, '그녀의 불평을 경청하고', 이 내담자를 너무 멀리 또는 너무 빠르게 도전시키거나 밀어붙이지 않는다는 구실하에 우리는 치료 관계를 통해 초기 관계 쟁점을 계속해서 작업하였는데, 이것은 더 나중의 계속된 향상을 위한 토대를 마련하였다. 대상관계와 대인관계 치료 둘 다를 강조하는 관점으로의 이동이 없었다면, 이 내담자는 첫 몇 달의 치료 후에 그만뒀을 것이고, 그녀가 경험했던 성공적이지 못한 치료의 긴 목록에 나를 추가하였을 것이라고 생각한다.

**전형적인 일과** : "일주일 중 3일은 학교에서 일하고 일주일 중 하루는 낮 동안 밖에 시간을 낼 수 없는 내담자를 위해서 정오부터 저녁 나절까지 일한다. 두 달에 한 번 금요일은 Oregon 심리학회 이사회 회의가 하루 종일 있다. 격주로 Oregon 심리학회의 입법 위원회의 소집으로 한 시간의 점심 회의를 한다. 내가 일하지 않는 일주일 중 오전이나 하루 종일은 나를 위한 활동을 하고 종종 친구나 동료들과 점심을 먹는다.

8 : 45 심리치료 환자 : 자살 사고를 가진 우울을 겪고 있는 20세의 유럽계 미국여성.

9 : 30 심리치료 환자 : 산후 우울증과 육아 문제를 겪고 있는 30세의 유럽계 미국여성.

10 : 15 심리치료 환자 : 성격 장애와 연관된 관계 및 업무 갈등을 겪고 있는 43세의 라틴계 여성.

11 : 15 심리치료 환자 : 불안, 우울 및 영적인 문제를 겪고 있는 29세의 유럽계 미국남성.

1 : 00 심리치료 환자 : 첫 번째 주요 양극성 장애가 나타난 여파로 양극성 장애와 싸우고 있는 41세의 유럽계 미국남성.

1 : 45 한쪽 파트너의 불륜의 여파 때문에 헌신의 의무 쟁점으로 치료받고 있는 50대 부부

3 : 00 학교에 아이들을 데리러 가고 '엄마 역할'을 하고 거의 매일 다른 방과 후 활동을 한다.

5 : 00 일과 관련된 이메일에 두 시간을 소비한다. 최소한 이 일의 90%는 Oregon 심리학회 회장으로서의 나의 역할과 관련된 것이고, 내담자와 관련된 것은 10% 미만이다.

**이야기 접근 : 이야기** 접근(White, 1986; White & Epston, 1990)은 가족 체계의 다양한 성원과 그들의 삶에 관한 일련의 이야기를 통해 가족 성원들이 자신들의 문제나 관심을 개념화하는 것을 포착한다. 외부화하기 및 상대적 영향 질문하기와 같은 기법들을 사용하여 전문가들은 가족 성원들에게 자신들의 이야기를 좀 더 객관적인 방식으로 관련시키도록 도와줌으로써 그 가족 성원들이 가족 문제들에 덜 부정적이고 덜 비난하는 접근을 취하게 해준다. 이야기 접근은 어떤 생각들과 이야기들이 사람들에게 미치는 제한적인 영향에 주목한다. 예를 들어, 학대하는 남자는 여자들을 소유물로 생각하고, 여자들은 남자에 비해 힘과 영향력이 약해야 한다고 생각한다. 그 남자는 약하고, 불안정하고, 열등한 아내를 보호하고, 그가 없으면 살아가는 데 커다란 문제를 겪을 것이라 생각한다. 그는 꾸준히 그녀를 보호하려고 하는 반면 그의 아내는 그의 이러한 노력에 저항하는 것으로써 그들의 관계를 묘사할 수도 있다. 이런 근거 없는 믿음이나 세계관은 여성을 향한 그의 행동에 영향을 미친다. 예를 들어, Mary와 그녀의 가족은 Mary의 어머니의 공황발작에 대한 이야기와 가족 관계 및 활동의 발달에 있어서 Mary의 어머니의 역할을 관련시키도록 요청받을 수도 있다. 그들은 Mary의 어머니에 대한 가족 이야기를 토의하고, 현재 가족 기능에서 역할을 하는 신념과 근거 없는 믿음을 검토하도록 요청받을 수도 있다.

## 상이한 이론적 지향으로 Mary를 이해하기

주요 이론적 모형들의 한 가지는 실무 심리학자들이 직면하는 임상 사례에 빈번하게 적용된다. Mary의 사례 연구가 제시될 것인데, 정신역동 양식, 인지-행동주의 양식, 인본주의 양식 및 가족 체계 양식이 실제 실무에서 이들 모형의 사용을 예시하기 위하여 적용될 것이다. 제시된 이 양식들의 단일 차원적 성질에 주목하는 것이 중요한데, 왜냐하면 이 양식들은 뒤이어 제6장에서 강조될 통합의 유용성과 다차원적 중재를 더 한층 예시해주고 있기 때문이다.

### 정신역동적 공식화와 계획

Mary의 공황발작과 광장공포증(집이나 기타 안전한 장소를 떠나는 것에 대한 두려움)은 외디프스 발달 단계에서 고조된 애착 동안의 아버지 상실과 연관된 강렬한 불안과 죄의식으로 거슬러 올라간다. Mary는 이러한 상실을 철저하게 다루지 않아서, 이러한 방해된 애착은 임시의 대상관계, 예측 불가능하고 위험한 세계관 및 자아 강도의 강한 불안정성과 결핍을 이끌어내었는데, 이 방해된 애착은 집, 교회 및 기타 안전한 애착으로부터 벗어날 때 외현적 공황으로 표출된다. 남편의 죽음 이후에 Mary 어머니의 우울과 불안 증세는 Mary에게 정서적으로 유용하지 않은 것으로 여겨져서, Mary의 구강 의존적 욕구가 강화되어 체중 문제가 발생되었다. 정신역동적으로 지향된 치료는 어머니의 상실을 철저하게 다루는 데 초점을 두었다. 치료자에 대한 양가감정적 애착(즉, 상반되는 결핍감과 상실의 두려움), 예기된 상실과 거부에 대한 저항 및 정서적으로 양육받고자 하는 소망을 포함하는 전이 주제들은 관계에서의 더 큰 신뢰, 강화된 자아 및 증상의 궁극적 해소를 이끌기 위한 초점 영역이 될 것이다.

### 인지-행동주의적 공식화와 계획

Mary의 공황과 광장공포증은 이러한 행동으로 갈등

을 겪는 어머니를 모델링하여 학습한 결과이다. Mary는 어머니의 예를 통해 세상은 안전하지 않고, 갑작스러운 죽음이 닥쳐오고, 그리고 다른 사람의 도움에 의존하지 않고 독립적으로 대처할 만한 자원이 거의 없다는 일련의 신념들을 학습하였다. Mary와 어머니는 또한 집에만 있는 것, 일을 할 수 없는 것 및 의존적 행동들이 성공적으로 다른 사람들로부터 조력, 돌봄 및 보호를 끌어낼 수 있었기 때문에 자신들의 증상들에 대하여 유의한 강화를 받게 되었다. 치료는 노출, 반응 방지, 조형 및 강화를 포함하는 인지행동 기법들로 가장 잘 병합된다. 따라서 Mary는 치료실에서 공황증상들을 재창출하고, 이 증상들을 중단시켜 극복하도록 하는 전략을 개발하도록 격려받는다. 그녀는 또한 버스를 타거나, 혼자 상점에 간다든가 하는 두려워하는 상황에 그녀 자신을 점차적으로 노출하도록 격려받고, 그러한 상황이 공황을 일으키지 않는다는 것을 학습한다. 그녀의 치료자는 증상들이 발생했을 때 증상을 경감시켜주는 복식호흡과 같은 이완 기법을 그녀에게 가르치게 된다. 가족의 칭찬과 지지, 집을 떠나는 것에 더 큰 자유와 같은 강화는 건강한 행동을 고무하게 될 것이다. 행동주의 프로그램은 또한 Mary의 체중감소를 돕는 데 시행될 수 있다. 따라서 이러한 일련의 인지-행동주의 중재들은 공황, 광장공포증 및 일을 할 수 없는 무능력 및 비만과 같은 Mary의 증상들을 감소시키는 데 유용할 것이다.

### 인본주의적 공식화와 계획

Mary의 공황은 그녀의 실존적인 불안과 세상은 외롭고 위험한 것이라는 현상학적인 경험을 반영한다. Mary는 내적 경험에 대한 지지, 감정이입 및 확신을 박탈당해왔고, 무력감을 느낌으로써 그녀 자신과 삶에 대해서 책임감을 갖지 않게 되었다. 인본주의 치료는 치료자가 Mary의 경험에 대한 판단 혹은 병리적 진단을 내리지 않으면서 존중하며 긍정적인 태도를 경청한다는 점에서 매우 지지적이고 감정이입적인 접근이라고 할 것이다. 치료자는 그녀의 모든 감정, 두려움 및 신념을 표현하도록 격려하고, 그녀의 경험을 지지하고 그녀가 그녀 자신에 대해서 더 큰 수준의 수용과 책임을 갖도록 친절하게 돕는다.

### 가족 체계 공식화와 계획

환자로 확인된, Mary는 더 커다란 역기능적 체계의 증상들을 표상하고 있다. Mary의 친정가족은 가족 성원들이 서로를 밀접하게 묶어주도록 하는 의존적인 행동을 고무하였다. Mary의 현재 가족에서의 의존적인 역할은 남편과 자녀들에 의해서 몇 가지 방식으로 지지받는다. 먼저, 세대 간 경계가 변경되었는데, Mary의 자녀들은 엄마를 돌봄으로써 부모의 역할을 하게 되었고 그럼으로써 아버지와 더 밀접한 동맹을 맺고 엄마의 위협적인 불안 발작으로부터 안도를 얻게 되었다. 최근에 경제적 상황이 가족 체계를 위협하기 전까지 Mary의 남편은 Mary의 운전기사, 수행원 및 유일한 수입원으로서 역할을 부여받아왔었다. 치료 초기에는 전체 가족과 함께 하다가 나중에는 그녀와 남편만을 치료하였다. 전략적인 중재는 Mary의 가족 성원들이 그녀를 모든 곳에서 호위하고 모든 일에 그녀를 도와주도록 하여, 이러한 상호작용들이 더 이상 참을 수 없는 지점까지 그녀의 증상을 과장하여 스스로 독립을 주장하도록 하는 것을 포함하고 있다. 그녀의 증상은 의사소통의 형태로 재구조화될 수 있었다. 공황을 표현하는 대신에 Mary는 가족 성원들이 의도된 의사소통을, 예를 들면, "나는 내가 걱정하는 것에 대해 알 필요가 있어."와 같이 분명하게 진술하도록 격려받을 수 있었다. 세대 간 경계는 Mary와 남편이 부모 역할에서 하나가 되고, 자녀들이 미래에 Mary의 요구에 대한 책임을 덜 느끼게 함으로써 재구성될 수 있다.

### 결론

Mary의 사례는 네 가지 주요 이론적 모형 각각이 문제가 되는 행동의 이해와 치료에 어떻게 적용될 수 있는지를 명백하게 보여준다. 각 학파는 강점과 약점을 가지고 있고, 모두 Mary의 문제를 이해하고 중재 전략을 제공하는 데 어느 정도 기여를 한다. 그렇지만 현대 심리학의 현실은 통합적인 사고와 노력을 포함한다. 예를 들어, Mary의 아버지의 죽음을 해결하고 고양된 자기-효능감을 발달시키도록 도와주는 지지적 치료관계의 맥락에서 Mary에게 인지-행동주의적 중재를 제공하는 것이 유용할 수도 있다. 그녀의 남편을 포함하는 치료는 또한 많은 혜택을 가질 수 있고, 의학 전문가, 그녀의 신부와 교회 공동체 및 다른 자원들과의 협동은 포괄적이고 아마도 최적의 치료 접근을 제공할 수도 있다. 제6장에서는 현대 임상심리학의 통합에 대한 이 주제를 충분히 확장하고, 정서적이고 증거 기반 행동적 문제들에 대한 통합적인 조망의 진보와 적용을 탐구할 것이다.

## ▌큰 그림

이론적 접근들은 행동을 이해하고 중재를 계획하는 것에 대한 포괄적인 틀을 제공해준다. 심리학자가 연구를 하든, 강의를 하든, 임상적 서비스를 제공하든지 간에, 이론적 접근을 사용하는 것은 만족스럽고도 이론에 입각한 전략들을 제공하게 해준다. 이런 조망

들이 없다면, 전문가는 자신의 작업에서 방향을 제시해주는 유용한 지침들을 박탈당한 것이기 때문에, 전문적 활동에 참여할 때마다 그 활동을 망치게 될 것이다. 일부 전문가들은 어떤 특정한 접근이 예외 없이 모든 상황과 각 내담자에게 적용될 수 있다는 희망으로 고집스럽게 경직된 집착을 고수하고 있다. 이론적 접근이나 접근의 주창자에게 고집스럽게 집착하는 것은 인간의 행동과 행동 변화에 제한되며, 경직된 관점 및 종교적인 열광을 가져오게 할 수 있다. 각 접근마다 행동을 이해하고, 중재에 대한 아이디어를 제공하는 데 있어서 각각의 장점을 가지고 있지만, 이러한 한정된 관점은 치료자들이 환자를 이해하고, 설명하고, 치료하는 데 중요한 대안을 간과하게 하고 효과적인 평가와 치료를 제공하는 데 실패하게 만든다.

어떤 조망은 다른 조망보다 연구하기에 적합하다. 예를 들어, 인본주의/실존주의적 접근이 사용되어 수행된 연구는 훨씬 적은 반면에, 행동주의 접근을 활용한 평가 및 치료에 대한 연구는 광범위하게 수행되어 왔다. 경험적으로 타당화된 치료의 대부분은 행동주의적 접근을 선호한다. 그렇지만 행동주의 접근이 가장 우세한 접근이라고 주장하는 것은 옳지 않다. 네 가지 주요한 심리학적 접근들 각각이 인간 행동을 보는 유용한 방법을 제공하고 있고 평가와 중재를 위한 유용한 전략을 제공한다. 더욱이, 네 가지 접근 모두 현대 임상심리학에 거대한 영향력을 끼쳐왔고 현대 이론과 실무에 통합되어있다.

임상심리학의 발전에서 다양한 이론적 조망들이 점점 통합되어온 것을 목격할 수 있다. 어떤 사람들은 접근들을 통합하는 것이 잘못된 것이며, 사과와 오렌지를 섞어놓은 것과 같은 것이라고 주장하는 반면, 더욱더 많은 심리학자들은 성공적으로 다양한 이론적 조망과 기법을 통합하고 있다. 생물 · 심리 · 사회적

요인들은 분명히 감정, 행동 및 대인기능에 영향을 미친다. 더욱이, 더 많은 연구와 임상경험이 인간행동의 신비를 밝힘에 따라, 이러한 새로운 발견들과 지식들을 가장 잘 수용하기 위해 접근들은 개작되고 조형될 필요가 있다. 미래에는 행동에 대한 생물 · 심리 · 사회적 영향들 사이의 상호작용을 더 잘 이해하고, 이러한 영향들에 더 적합한 중재 목표를 두어 생물심리사회적 조망을 더 확장시키게 될 것이다.

## 요점

1. 이론적 접근들이란 인간 행동에 관한 세계관이나 철학이다. 이론적 접근들은 심리학자들에게 왜 인간이 그렇게 행동하는지에 대한 개념적 이해를 제공하며, 정서, 행동 혹은 대인 문제들에 관한 연구, 평가, 치료 및 자문을 수행하기 위한 일관된 구조를 제공해준다. 임상심리학이 지난 수십 년 동안 발전되어오면서 더욱 통합적인 조망들이 출현하였다.

2. 정신역동 조망은 인간 행동이 정신내적 추동, 동기, 갈등, 충동 및 기타 광범위한 무의식의 힘에 의해 영향받는다고 주장한다. 다양한 적응적인 방어기제들과 부적응적 방어기제들이 갈등, 욕구, 소망 및 불안을 다루기 위해 자아가 사용된다. 초기 경험과 관계가 발달 단계와 성인 행동에서 중요하고 지속적인 역할을 하는 것으로 보인다. 철저하게 다루는 과정뿐만 아니라 대부분 무의식적인 이러한 영향에 대한 통찰이 심리적 기능과 행동을 향상시키게 해준다. 정신역동 방법은 Freud의 정신분석 접근, 수정주의 접근 및 대상관계 이론을 포함하고 있다.

3. 인지-행동주의 접근의 토대를 구성하는 기본 가정들은 다음을 포함하고 있다: 과거 경험보다는 현재에 대한 강조, 측정 가능하고 관찰 가능한 행동, 환경적 영향이 정상행동과 문제행동 발달 모두에 미치는 중요성, 평가와 치료 전략들을 타당화해주는 경험적 연구 방법들. 조작적 조건형성, 고전적 조건형성, 사회적 학습 및 인지적 조망은 인지-행동주의 조망 내의 변형을 타나낸다.

4. 인본주의 조망은 세계에 대한 개인의 지각과 경험을 강조하는 현상학적 접근을 가정한다. 인본주의 조망은 사람들을 능동적이고, 사색적이고, 창조적이고, 그리고 성장 지향적으로 보는 경향이 있다. 다른 사람을 돕는 것은 부분적으로는 내담자의 시각으로 관심, 느낌 및 행동을 이해하는 것을 통해 성취된다. 인본주의 치료자들은 사람들이 기본적으로는 의도적이며 본질적으로 성장, 사랑, 창조성 및 자기-실현을 향해 노력한다고 가정하는 경향이 있다. 인본주의 조망에는 내담자 중심 접근, Maslow의 욕구 위계 및 게슈탈트 접근이 포함된다.

5. 가족 체계 접근은 가족 성원들 사이의 의사소통을 증가시키는 데 초점을 두고, 가족 내의 한 사람에게 문제의 중심을 두는 것을 덜 강조한다. 가족 체계 접근은 체계 이론, 즉 체계의 한 측면에서의 어떤 변화나 문제는 가족 체계의 다른 측면들에 영향을 미치고 변경시킨다는 것을 강조한다. 구조적 방법, 전략적 방법, 밀라노 방법 및 이야기 방법은 가족 체계 이론과 실무 내의 변형을 나타낸다.

## 핵심용어

가족 체계(family system)

감정이입(empathy)

게슈탈트(gestalt)

결합(joining)

고전적 조건 형성(classical conditioning)

구조적 접근(structural approach)

내담자 중심(client-centered)

노출(exposure)

대상 관계(object relation)

무조건적인 긍정적 존중(unconditional positive regard)

밀라노 접근(Milan approach)

방어 기제(defense mechanism)

부인(denial)

분화(differentiation)

사고 중지(thought stopping)

사회적 학습(social learning)

수정주의자(revisionist)

심리 성적 발달 단계(psychosexual stage)

억압(repression)

얽힘(enmeshment)

역설적 기법(paradoxical technique)

역전이(countertransference)

역조건형성(counterconditioning)

유관 관리(contingency management)

이론적 지향(theoretical orientation)

이야기(narrative)

인본주의(humanistic)

인지-행동주의적(cognitive-behavioral)

일치(congruence)

유리(disengagement)

원초아(id)

외디프스 콤플렉스(Oedipus complex)

자기-실현(self-actualization)

자기-효능감(self-efficacy)

자아(ego)

자유 연상(free association)

적극적 경청(active listening)

전략적(strategic)

전이(transference)

절정 경험(peak experience)

정신역동적(psychodynamic)

조작적(operant)

재구조화(reframing)

철저하게 처리하기(working through)

초자아(superego)

통찰(insight)

행동 시연(behavioral rehearsal)

## 복습

1. 임상심리학의 이론적 접근들은 무엇이며, 이것들이 어떻게 사용되는가?

2. 이론적 접근들을 사용하는 장점과 단점은 무엇인가?

3. 이론적 접근들을 통합하는 장점과 단점은 무엇인가?

4. 정신역동 접근, 인지-행동주의 접근, 인본주의 접근, 가족 체계 접근을 비교하고 대조하라. 각 접근의 강점과 약점은 무엇인가?

5. Freud학파 접근은 수정주의 접근 및 대상관계 접근과 어떻게 다른가?

6. 조작적 접근은 고전적 조건형성 및 사회적 학습 접근과 어떻게 다른가?

7. 인지적 접근은 엄격한 행동주의 접근과 어떻게 다른가?

8. 내담자-중심 접근은 게슈탈트 접근과 어떻게 다른가?

9. 구조적 접근은 전략적 접근과 어떻게 다른가?

10. 정신역동 접근, 인지-행동주의 접근, 인본주의 접근 및 가족 체계 접근의 창설자는 누구인가?

11. 주요 이론적 접근들에서 행동을 이해하고 평가와 중재 전략을 제공하는 데 있어서 독특한 공헌은 무엇인가?

## 학생들의 실제 질문

1. 접근들을 통합하는 것은 모든 사람에게 한 가지 접근만을 사용하는 것보다 훨씬 더 어렵게 보인다. 그런가?
2. 접근들을 통합하는 데 있어서 상이한 전문가들 사이에 어떤 종류의 긴장이 존재하는가?
3. 통합적인 생물심리사회적 접근은 경험적으로 지지된 치료접근들에 대한 강조와 어떻게 조화되는가?
4. 환자가 살인이나 아동학대와 같은 끔찍한 일을 저지른 사회병질자 같은 사람일 경우 당신은 인본주의적 접근을 어떻게 사용할 수 있는가?

## 웹 자료

www.americanheart.org
　미국 심장 협회에서 심장 질환에 대해 더 자세히 알아보기

www.cancer.org
　미국 암학회에서 암에 대해 더 자세히 알아보기

www.adaa.org
　불안 장애에 대해 더 자세히 알아보기

www.ocfoundation.org
　강박사고-강박행동 장애에 대해 더 자세히 알아보기

www.abct.org
　인지-행동주의 치료 접근에 대해 더 자세히 알아보기

www.apsa.org
　정신역동 접근에 대해 더 자세히 알아보기

http://www.ppc.sas.upenn.edu/
　긍정심리학에 대해 더 자세히 알아보기

# 현대 임상심리학의
# 통합적 접근과 생물심리사회적 접근

Chapter

6

## 이 장의 목표

현대 임상심리학이 생물심리사회적 접근을 사용하여 주요 이론적 모형을 어떻게 통합하는지
강조하고 개관하기

## 이 장의 개요

통합에 대한 요구
생물심리사회적 통합
현대적 통합에서 생물학적, 심리적 및 사회적 요인들을 종합하기
주목받는 현대 임상심리학자: Stephanie Pinder-Amaker, PhD
현대 임상심리학 문제들에 대한 생물심리사회적 조망의 적용
결론

지금까지 심리학에서 네 가지 주요한 이론적 모형들을 살펴보았으므로 이 장에서는 임상심리학의 실제 과학 및 실무에서 어떻게 통합이 이루어지는지를 예시하고자 한다. 심리학적 조망 그 자체에 덧붙여서, 인간 기능에 온전한 통합은 심리적 요인들과 생물·심리·사회적 요인 모두를 수반하는 종합적인 것을 요구한다. 생물·심리·사회적 요인들의 조합은 생물심리사회적 조망의 형태를 통한 현대적 통합의 한 표본이 되고 있다. 그러므로 이 장에서는 개별 심리학적 조망들이 약 2,500년 전 아마도 그리스인

들에 의해 처음으로 언급되었던 더 포괄적인 생물심리사회적 종합으로 발전해온 것을 기술할 것이다.

## 통합에 대한 요구

임상심리학자들이 제공하는 심리치료와 기타 전문적 서비스들에 대한 접근법들에는 400가지 이상의 상이한 유형이 있지만(Karasu, 1986), 이전 장에서 평론하고 예시한 주요 견해 학파들이 임상심리학의 주요

한 조망으로서 지난 세기 동안에 출현하였다. 앞서 언급된 바와 같이, 이 접근법들에는 정신역동 접근, 인지-행동주의 접근, 인본주의 접근 및 가족 체계 접근이 있다. 1980년대 이전에는 대부분의 심리학자들은 연구, 심리치료, 평가 및 자문에서 이러한 이론적 접근들 중 한 가지를 고수하는 경향이 있었다. 실제로 수많은 기관, 센터 및 전문 학술지에서는 개별 관점들의 진보, 연구 및 실무(예, *Behavior Therapy and International Journal of Psychoanalysis*)에 기여해왔고 또 기여할 것이다. 전문가들은 전형적으로 한 가지 조망에 가입하고 있고, 그런 조망을 대표하는 전문 학술지 및 기구에 가입하였고(예, Association for Behavioral and Cognitive Therapies) 다른 조망이나 기구와는 거의 상호작용이나 경험을 주고받지 않았다. 견해들은 종종 독단적이어서 다른 조망이나 기구를 회의적으로 바라보며 심지어 경멸하기도 하였다. 놀랍게도 연구 및 과학 수련을 받는 심리학자들은 때때로 그들 자신의 것과 다른 이론적 틀의 장점과 제한점에 대해 논의할 때 객관적이고 비판적인 사고 기술을 사용하지 않는 경우가 있다. 이론적 지향의 선택은 전형적으로 대학원이나 대학원 후 수련, 전문가의 성격 및 인간 본성이 지니는 일반적인 세계관의 부산물이다. 심지어 그 나라의 지리적인 위치조차 역사적으로 심리학자들 및 다른 정신건강 전문가들의 이론적 지향과 관련이 있다. 예를 들면, 정신분석 접근은 미국의 북동부 지역에서 특히 인기가 있었고, 행동주의 접근은 미국의 중서부와 남부지역에서 특히 인기가 있었다.

그렇지만 단일차원 접근들은 심리적인 문제의 완전한 스펙트럼에 비추어볼 때 부족하고 제한된 것이었음이 발견되었다. 연구들은 일반적으로 한 가지 치료 조망이 모든 환자들을 위한 다른 것보다 더 효과적이라는 사실을 증명하는 데 실패하였다(Beckham, 1990; Lambert, Shapiro, & Bergin, 1986; Luborsky et al., 2002; Messer & Wampold, 2002; Norcross & Goldfried, 2005; Smith et al., 1980). 예를 들면, 심리치료에서 개선의 약 45%는 모든 주요 이론 및 접근에서 발견되는 공통 요인에 의한 것이라고 할 수 있다(Lambert, 1986). 더욱이 몇몇 연구에서는 치료 성과 변량의 15% 미만이 특정 기법에 의해 설명될 수 있다고 시사하였다(Beutler, Mohr, Grawe, Engle, & MacDonald, 1991; Lambert, 1986; Luborsky et al., 2002). 연구들은 조망들 및 기법들의 조합이 강력한 시너지 효과를 가질 수 있음을 시사해주었다(Lazarus, 1989; Messer & Wampold, 2002; Norcross & Goldfried, 2005). 그러므로 연구 및 실무 모두에서 단지 한 가지 조망에 대한 맹목적인 집착은 대부분의 임상적 문제를 위해 의도와는 반대되는 결과를 가져올 수도 있으며 고지식한 것일 수 있다고 시사되었다.

임상심리학에서 주요 이론적 접근들을 평론해보면, 각 조망이 인간행동의 더 나은 이해와 전문적인 심리학적 서비스를 찾는 사람들을 돕는 데 독특한 기여한다는 것은 분명한 사실이다(Beutler & Groth-Marnat, 2003; Norcross & Goldfried, 2005; O'Brien & Houston, 2000). 그렇지만 단지 한 가지 견해의 학파에 집착하는 것은 융통성이 없는 것이며, 궁극적으로는 제한적인 것이다. Arnold Lazarus (1995)는 다음과 같이 말하였다. "환자 문제의 복잡성을 가정한다면, 어떤 단일 접근도 모든 것에 답을 제공해줄 수는 없는 것 같다. 왜 곁눈가리개를 착용하는가? 조합된 힘을 활용하기 위해 다양한 체계들로부터 개념과 방법을 빌리고, 구매하고, 도용하고, 수입하고, 이용하면 안 되는가?" (Lazarus, 1995, p. 399).

진실의 자물쇠 및 행동 변화의 열쇠가 되는 단 하나의 이론은 없지만, 아마도 각 이론은 '진실'이라는 더 거대한 퍼즐에 제공될 수 있는 매우 중요한 무엇인가를 가지고 있다. 더욱이 어떤 견해의 학파가 최고의 권력을 가지는가에 대한 논쟁은 통합의 맥락에서는 해결되지 않을 것으로 보인다(Arnkoff & Glass, 1992; Norcross et al., 2006). Sol Garfield와 Allen Bergin(1986)은 다음과 같이 말하였다. "결정적인 의견의 변동은 조용히 일어난다… 이 새로운 견해란 주요이론의 장기 지배가 끝났다는 것을 말하며, 또한 절충적인 입장이 우위를 차지하였다는 것이다"(p. 7).

끝으로, 최근 연구에서 통합적 접근은 대부분 개업한 심리학자들이 그들의 임상적 업무에서 행해진다고 보고되었다(Norcross, Karpiak, & Santoro, 2005).

## 접근들의 공통점

차이점을 지나치게 강조하다 보면, 조망들 간에 겹치는 부분이 있다는 사실을 종종 간과하곤 한다. 예를 들면, 한 조망에서 분명한 주요 개념들 중 어떤 것은 또한 다른 조망에서 다른 용어와 언어를 사용하여 표현되고 있다. 마음에 떠오르는 즉각적이고 여과되지 않은 사고와 느낌은 정신역동 조망에서는 **자유 연상**이라 부르며, 인지-행동 용어에서는 **자동사고**라고 부른다. 두 접근 모두 고도로 가치가 있으며, 자유연상/자기독백은 인간행동의 이해와 치료로 통합된다. 한 가지 조망의 언어를 다른 조망의 언어로 옮기려는 시도는 Dollard와 Miller의 연구를 시작으로, 1950년 이래 진행되어왔다. 연구에서 한 가지 이론적 틀이 모든 문제 유형을 치료하는 데는 다른 것보다 우월하지 않다는 개념을 지지하는 경향이 있기 때문에, 서로 다른 조망들 간의 공통분모에 관한 검토로 공통적인 요인

들을 분리해내고자 하였다(Goldfried, 1991). 이러한 연구는 환자에게 치료 회기의 안과 밖에서의 새로운 경험을 제공하는 것이 모든 유형의 심리치료에서 공통적임을 시사하였다(Brady, et al., 1980). Goldfried(1991)는 모든 심리치료는 환자가 교정적인 경험을 하도록 격려하고, 또한 환자에게 일정한 유형의 피드백을 제공한다고 하였다. Frank(1982)와 다른 연구자들이 논의한 부가적인 유사성에는 치유하고 도움을 받는 것과 연합된 전문 치료실; 지지적이고, 사려 깊고, 전문적이고, 인간 행동의 전문가로서 인식되는 수련받은 정신건강 전문가; 사고, 감정 및 행동이 더 나아질 수 있다는 고무적인 희망; 서비스와 관련된 치료비 그리고 이중 관계의 회피(예, 환자와 성적인 관계나 친구관계의 회피)가 포함된다. James Prochaska (1984, 1995, 2000, 2008)는 상이한 문제 유형과 상이한 치료 방법들에 걸쳐 변화의 과정을 검토함으로써 이론적 지향들의 공통점을 논의하였다. 행동 변화에 대한 상이한 지향들의 분석에서 그는 변화의 다양한 보편적 단계, 수준 및 과정을 분리하였다. 그의 이론은 변화의 다섯 단계(즉, 전 계획, 계획, 준비, 행동 및 유지), 변화의 다섯 수준(즉, 증상, 부적응적 인지, 현재 대인갈등, 가족/체계 갈등, 과거 대인갈등), 그리고 열 가지 변화 과정(즉, 의식 떠올리기, 정화적이고 극적인 구제, 자기평가, 환경적 재평가, 자기 해방, 사회적 해방, 역조건형성, 자극통제, 유관관리 및 조력관계)을 포함한다. Prochaska의 모형의 세부 내용을 개관하는 것은 이 장의 범위를 넘어선다; 더 상세한 설명은 Prochaska (1984, 1995, 2000, 2008)와 Prochaska와 Norcross(2002) 참조. Prochaska의 조망이 인지-행동주의적 선호를 하고 있기는 하지만, 변화에 대한 그의 이론은 한 가지 이론적 조망에 근거하지 않고 모든 조망들에 적용될 수 있다는 점에서 비이론적이다.

## 통합을 향한 노력

이론 및 치료 조망의 통합은 도전적이고 복잡한 것이다. 각 조망은 그 자체의 언어, 지도자들 및 실무가 있다. 더욱이, 실험실이나 연구 진료소에서 이루어진 연구와 임상 진료소에서 이루어진 연구가 매우 다르기 때문에 연구를 수행하는 것은 도전적인 것이다. 예를 들면, 공황 장애를 위해 연구에서 사용된 행동주의 중재를 분명히 제시하고 있는 한 치료 안내서는 임상 실제에서는 사용되지 않을 가능성이 있다. **통합**을 향한 노력은 세 가지 방법 중 하나로 이루어지는 경향이 있다: (1) 각 조망과 관련된 이론들을 통합하는 것, (2) 각 조망과 관련된 공통 요인들에 대한 이해를 발전시키는 것, 그리고 (3) 이용 가능한 중재 전략의 범위를 제공하기 위한 실무적 방법에 절충주의를 사용하는 것(Arkowiz, 1989, 1992; Norcross & Goldfried, 2005). 조망들을 통합하고자 하는 대부분의 시도들은 정신역동 접근과 행동주의 접근을 통합하는 것과 관련되어있다. 이러한 사실은 아마도 20세기 대부분 동안, 대다수의 임상심리학자들(절충주의는 제외)이 그들 자신을 정신역동적 지향이나 인지-행동주의적 지향을 지닌 것으로 간주하였다는 사실에 기인한다.

Paul Wachtel(1977, 1982, 1987, 2002, 2008)은 정신역동적 관점과 행동주의 관점 간에 통합적 틀을 발전시키는 데 중요한 공헌을 하였다. Wachtel은 정신역동적 접근과 행동주의적 접근을 통합한 최초의 전문가들 중 한 사람이었다. 예를 들면, Wachtel은 무의식적 갈등들이 문제적 감정과 행동을 일으킨다는 견해와 함께 초기 아동기 경험에 초점을 맞출 때는 정신역동 조망을 사용한다. 그는 진행 중인 다양한 정서적, 심리적 및 행동적 문제를 이해하기 위해서 현재 환경에서 행동주의적 강화원리를 이용한다. 더 나아가 Wachtel은 통찰은 변화를 일으키는 한편, 행동적 중재는 통찰을 향상시킬 수 있음에 주목하였다(Wachtel, 1982).

많은 저자들(예, Castonguay, Reid, Halperin, & Goldfried, 2003; Gill, 1984; Messer 2001, 2008; Norcross & Goldfried, 2005; Nuttall, 2002; Ryle, 2005; Stern, 2003; Wachtel, 2008)은 정신역동 이론 및 인지-행동주의 이론은 분명히 매우 성공적으로 통합되었다고 보고한다. 정신역동 치료들은 점차 인지-행동주의 이론과 실무를 정신역동 조망에 통합시켜왔다. 예를 들면, 많은 정신역동적 사상가들은 대인관계에서 자기와 타인에 대한 부적응적 신념의 인지적 영향에 관심을 가지게 되었다(Horowitz, 1988; Messer, 2001, 2008; Ryle, 2005; Strupp & Binder, 1984). 더욱이, 더 간단한 치료를 제공하려는 관심은 역동적 치료에 인지-행동주의적 문제-해결 전략의 통합을 초래하였다(Strupp & Binder, 1984). 또한 일부 정신역동 접근에서는 현재, 즉 여기 그리고 지금(Weiner, 1975)에 초점을 맞춘 행동주의 원리와 인본주의 원리를 인정하게 되었다. 현대의 인지-행동주의적 지향은 확실한 행동 변화를 위한 통찰의 필요성뿐만 아니라 치료자와 환자 간의 치료적 관계의 본질에 관심을 기울여야 하는 정신역동적 견해를 통합하게 되었다(Dobson & Block, 1988; Mahoney, 1988; Ryle, 2005). 이론적 통합을 향한 그 밖의 노력들은 가족 체계 이론(D. A. Kirschner & S. Kirschner, 1986; Lebow, 1984), 인본주의 접근(Wandersman, Poppen, & Ricks, 1976) 및 대인관계 이론(Andrews, 1991)을 사용하게 되었다. 예를 들면, 인본주의 지향에서는 촉진적 성장에 미치는 인지의 역할(Bohart, 1982; Ellis, 1980)과 더불어 인지-행동주의적 지향의 과학적 접근(Bugental, 1987)을 인정하였다. 행동적 접근에서는 행동적 가족 치료를 발전시키려는 그들의 노력에 가족 체계 이론을 통합하였다(Jacobson, 1985; Jacobson & Margolin, 1979). 일부 연구자들은 보다 광범위한 틀을 이용하여, 인간 행동의 생물학적, 인지적, 정서적, 행동적 및 대인관계 요소들의 통합을 시도하였다(Andrews, 1991; Beckham, 1990; Schwartz, 1984, 1991; Messer 2001, 2008; Norcross & Goldfried, 2005). 이 연구자들은 주요 이론적 조망들을 상호 배타적인 것으로 보기보다는, 모든 것이 진실의 일부분을 차지하며, 행동을 이해하고 유용한 중재전략을 제공하기 위해 검토되고 결합될 필요가 있는 것으로 보았다(Beutler & Groth-Marnat, 2003; Norcross & Goldfried, 2005; O'Brien & Houston, 2000). 예를 들면, Stanley Messer의 동화적인 통합 접근법에는 정신역동 접근, 인지-행동주의적 접근, 가족 체계 접근 및 심지어 요가/불교의 접근이 포함된다(Messer, 2001, 2008).

## 절충주의

자신들의 연구에 대해 절충주의적 혹은 통합적 접근을 유지하는 전문가들은 어떤 환자나 문제를 위해 최상의 효과를 가지는 것으로 보이는 어떠한 이론과 기법도 사용하는 경향이 있다. 물론 이 접근들은 증거에 기반 된 것이어야 한다. 따라서 일단 심리학자가 환자의 문제에 대해 적절한 이해를 하게 되면, 각 환자의 독특한 욕구에 가장 부합되는 치료를 설계하기 위하여 다양한 조망으로부터 나온 전략들을 활용한다. Lazarus(1971, 2005)는 전문가들이 그들의 배경이 되는 이론을 반드시 수용할 필요가 없이 다양한 이론적 지향들로부터 나온 기법들을 사용할 수 있다고 주장하였다. 예를 들면, 정신역동적으로 지향된 심리학자가 불안과 공황의 감정을 통제하도록 복식호흡이

나 근육이완과 같은 이완기법을 환자에게 배우게 할 수 있다. 그 치료는 환자에게 즉각적인 완화를 가져다 주는 한편 이러한 증상들에 기저하는 토대를 계속해서 찾고자 할 것이다. 인지-행동주의적으로 지향된 심리학자는 빈번한 악몽과 관련하여 불면증으로 고생하는 환자에게 그의 혼란스러운 꿈을 묘사하도록 하고 이러한 꿈에 대한 환자의 통찰을 요구할 수 있다. 인본주의적 심리학자는 환자에게 비합리적 신념을 점검해보게 할 수 있다. Irving Weiner는, "효과적인 심리치료란 그것의 상표명에 의해서 규정되는 것이 아니라, 환자의 욕구에 얼마나 잘 부합되는 가에 의해 정의된다."(Weiner, 1975, p. 44)고 언급하였다. 이것은 오늘날 많은 임상심리학자들의 '승리의 슬로건'이 되었다. 여러 가지 방법을 통해 임상심리학자의 전문적인 서비스를 찾아오는 사람들은 심리학자의 이러한 특징 이론적 지향을 받아들이게 되는 것보다 특정 문제(들)에 대한 도움을 얻는 것에 훨씬 더 많은 관심을 가진다. 또한 그들은 일반적으로 인간 행동의 철학에 대한 지적인 논의나 이해를 원하는 것이 아니라, 자신들을 괴롭히는 문제에 대한 즉각적인 도움을 원한다. 이들은 보통 자신의 성격과 문제에 대한 자신의 조망과 일치하는 접근을 원한다. 그렇지만 Eysenck(1970)와 다른 사람들은 절충주의가 '이론의 뒤범벅, 절차의 난잡, 치료의 잡동사니'(p. 145)가 될 수도 있다고 경고하였다. 절충주의에 대한 관심은 많은 접근들 간에 약간의 친숙성을 제공해주기는 하지만 혼란스럽고 초점이 없는 사고뿐만 아니라 어떤 것에도 유능하지 못하다는 것을 시사하고 있다. 그럼에도 불구하고 수많은 조사들은 절충적 접근이 임상심리학자들 사이에서 점점 더 보편화되고 인기를 얻게 된다는 사실을 밝혀주고 있다(예, Norcross, Hedges et al., 2002; Norcross et al., 2005). 사실

통합적 접근은 지난 수십 년 동안 임상심리학자들에 의해 가장 흔하게 지지된 이론적 접근이었다(Norcross et al., 2005).

절충적 접근에 대한 탁월하고 영향력 있는 예는 Arnold Lazarus(1971, 1985, 1986, 1996, 2005)의 중다양식 접근이다. 중다양식 접근에서, 치료는 행동의 일곱 가지 측면에 근거하여 환자의 욕구를 반영한다. 여기에는 행동(behavior), 정서(affect), 감각(sensation), 심상(imagery), 인지(cognition), 대인관계(interpersonal relationship) 및 약물(drug)[BASIC ID로 불리는]이 포함된다. 중재는 심상과 같은 인지-행동주의적 기법, 약물치료와 같은 생물학적 중재 및 빈 의자 기법 그리고 반영과 같은 인본주의적 전략을 포함한다. Lazarus의 연구가 인지-행동주의적 경향을 띠고 있기는 하지만, 중다양식 접근에서는 많은 비인지-행동주의적 기법들이 활용되고 있다.

## 심리학적 모형들을 넘어서

임상심리학이 발전함에 따라, 인간 행동과 행동 변화에 관한 더 복잡한 이론들이 생물학적 요인 및 사회적 요인들과 관련하여 주요 이론 심리학적 조망들을 활용하고 통합하는 것으로 발전하였다. 더욱이, 생물학적 종합을 반영한 중재에 대한 다차원적이고 통합적인 접근들은 현대 임상심리학의 경향이 되었다(Lam, 1991; Norcross et al., 2002; Norcross & Goldfried, 2005). 행동에 대한 생물 · 심리 · 사회적 영향에 관한 공식교육이 대부분의 주에서 면허 취득을 위한 필수조건이 되었다. 더 이상 어떤 심리학자도 다른 조망들을 무시한 채로 오직 한 이론적 조망만을 숙달하여 자기 주에서 실무를 위한 면허를 획득하기를 희망할 수 없다. 예를 들면, 한 환자가 스트레스와 관련된 긴장성 두통으로 임상심리학자의 치료를 요구할 경우, 심리학자는 그 환자의 증상에 대한 생물학적, 심리적 및 사회적 영향을 감지할 수 있어야 한다. 모든 심리학자들이 모든 문제를 치료할 수는 없지만, 적어도 적절한 의뢰를 해야 할 때를 아는 것은 실무자들에게 주어지는 의무이다. 예를 들면, 두통은 스트레스와 관련될 수 있지만, 또한 편두통, 뇌종양 혹은 다른 심각한 신경학적 상태와 같은 의학적 문제들과 관련될 수 있다. 유능한 심리학자는 어떤 적절한 의학적 치료와 함께 바이오피드백, 이완훈련, 심리치료 혹은 기타 심리사회적 중재와 전략들로 두통으로 치료하기 전에 이러한 기타 중요한 의학적 가능성을 배제하기 위해서 의사들이 환자를 평가하도록 요청한다. 만약 특정 종교나 인종 집단의 성원이 정서적 문제로 치료를 찾을 경우, 의문시되는 행동이나 문제에 미치는 문화의 영향에 대한 적절한 자각과 이해를 하는 것이 중요하다(American Psychological Association[APA], 2003b; Sue & Sue, 2003, 2008; Sue, 1983, 1988). 행동에 미치는 인종, 문화, 종교 및 성별을 무시하는 것은 대부분의 전문가집단에서는 더 이상 용인되지 않는다. 행동에 관한 생물 · 심리 · 사회적 영향을 검토하는 것은 임상심리학의 근본토대가 되었으며, 생물심리사회적 틀의 특징이 되었다.

예를 들면, 최근에 El Salvador에서 이민 온 한 남미계 장애 아동이, 가족 성원이 범한 성적 학대의 경험 이후에 우울증과 외상 후 스트레스 장애를 겪게 되었다. 그 학교 교사가 성적 행동과 부주의한 행동의 증가를 알아채고 그 학교에서 자문을 하고 있는 한 심리학자에게 이 아동을 의뢰하였다. 이 아동은 심리학자에게 성적 학대를 얘기했고, 심리학자는 법적 요구에 따라서 비밀보장을 깨고 학대 사실을 주 아동 보호

기관에 보고해야 했다. 2개 국어를 구사하는 심리학자가 다양한 중재전략을 이용하여 그 아동과 가족 성원들을 치료할 수도 있다. 중재의 범위는 (a) 통찰을 증가시키고 무의식적 분노와 원한에 접근하기 위한 정신역동 접근, (b) 학교에서 불안 증상과 부주의한 행동을 관리하기 위한 인지-행동주의적 전략, (c) 우울증을 다루기 위한 약물치료의 가능성을 평가하기 위해 정신과 의사에게 의뢰, (d) 학대와 관련된 잠정적인 의학적 문제를 평가하기 위해 소아과 의사에게 의뢰, (e) 그 희생과 관련된 법적 쟁점뿐만 아니라 El Salvador 이민자가 된 것과 관련된 문화적 쟁점을 다루기 위한 사회적 및 공동체적 지지와 중재, (f) 전 가족이 현재의 위기에 대처하고 미래의 학대를 회피할 수 있게 해주는 가족 체계 접근, 그리고 (g) 아동과 가족의 감정과 행동을 지지하고 수용하도록 하는 인본주의적 접근을 포함할 수 있다. 이러한 예는 개인 그리고 더 큰 가족 체계와 사회 체계 내에서 복잡한 쟁점이 제기되었을 때 다양한 방편을 이용하여 광범위하게 중재를 할 필요성을 예증하고 있다.

## 생물심리사회적 통합

심리학자들이 점차적으로 조합적이고 중다양식적인 심리학적 모델과 중재를 활용함에 따라, 현대 심리학은 자신의 고유 영역까지도 넘어서서 그 범위와 유용성을 고양시키고자 생물학적 영역과 사회적 영역으로 시선을 돌렸다. 행동에 대한 생물학적, 심리적, 사회적 요인들의 조합된 통합은 **생물심리학적**이라는 용어를 낳게 되었으며, 임상심리학에서는 점차 인정받고 있는 종합적인 접근을 나타나게 되었다. 생물학적, 심리적 및 사회적 요인들이 모두 이 조망에 관련

되는 것으로 간주되기는 하지만, 그것들이 모든 문제나 장애에 동등한 기여를 하는 것은 아니라는 사실을 인식하는 것이 중요하다. 따라서 예를 들면, 소아 백혈병과 같은 주로 생물학적인 장애의 경우에, 심리적 요인과 사회적 요인이 그 질병의 경과와 치료에 중요한 기여를 하기는 하지만 병인론적 혹은 치료적 고려 사항에 동등한 기여를 제공하는 것은 아니다. 유사하게, 사랑하는 사람의 상실로 인한 비탄 반응은 얼핏 보기에 순전히 가족이나 공동체 지지와 같은 심리적, 사회적 요인으로 보이지만, 수면이나 식습관 같은 생물학적인 요인 또한 증상의 심도를 악화시키거나 경감시킬 수 있다. 따라서 이러한 세 가지 요인들을 지적으로 배합하고 가중치를 주는 것은 생물심리사회적 통합에 대한 도전을 내포하고 있다. Melchert (2007, p. 34)는 그가 "과학에 기반을 둔 생물심리사회적 이론적 틀을 가진 많은 이론적 지향에 관한 전통적 의존성을 대치하는 것은 (전문적 심리학)에서 (초기)시대를 특징짓는 많은 모순과 갈등을 해결할 것이다."라고 말할 때, 생물심리사회적 통합에 대한 필요를 진술한다. 제5장에서 주요 심리학적 접근들을 상세하게 기술하였듯이, 이 절에서는 행동에 대한 생물학적 요인과 사회적 요인의 특징을 기술하고 현재의 실무에서 생물심리사회적 통합의 임상적 예를 제시하고자 한다.

### 생물학적 요인들

Hippocrates 이래로 생물학과 행동 간의 밀접한 관련이 인식되어왔지만 언제나 치료에 충분히 통합되었던 것은 아니다. 의학과 생물학의 최근 발전은 신체적 자아와 심리적 자아간의 밀접한 관계에 대한 우리의 자각을 확장시켰다(Institute of Medicine, 2001; Lambert & Kinsley, 2005). 정서적 문제나 행동적

**스포트라이트**

## 약물과 비만

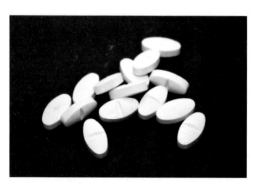

사진 : Stockvault.net 제공

비만은 미국이나 다른 곳에서 최근 몇 년 동안 유의하게 증가해왔다. 과체중인 사람들이 체중을 줄이는 것을 돕기 위한 노력은 시사 잡지, TV 쇼, 블로그 및 과학적 연구에서 빈번한 화제이다. 생물심리사회적 모형은 비만과 같은 섭식 장애의 평가와 치료에 필요하다. 식품 섭취, 선택 그리고 불안, 우울 및 낮은 자존감과 같은 정서의 역할에 초점을 맞춘 심리적 중재와 행동적 중재는 사회적 요인과 문화적 요인과 마찬가지로 고려되어야만 한다(예, 고지방 식품으로 접근, 운동하기 위한 동기와 능력). 더욱이, 약물치료와 같은 중재는 비만과 같은 섭식 장애의 치료에서 효과적으로 사용될 수 있다. 사람들은 그들이 원하는 것이 무엇이든지 먹도록 허락하고 절대 다시 체중을 얻지 않는 마법의 약이 아닐지라도, 수많은 약물치료는 비만을 치료하기 위해 미국의 식품의약청(FDA)에 의해 승인되었다. 예를 들어, Orlistat(또는 상품명 Xenical과 Alli로 알려진)는 췌장 리파아제를 억제하는 약물치료인데, 음식물 지

(계속)

문제에 대해 완전히 이해하기 위해서는 그러므로, 잠재적인 생물학적 요인들을 고려해야만 한다.

일부 연구자들은 인간의 행동을 생물학적, 유전적 및 진화적 영향의 입장에서 설명하려는 시도를 해왔다(Barkow, 2006; Pinker, 2003; Thase & Denko, 2008). 예를 들면, 키, 몸무게, 머리카락 색깔, 눈동자 색깔과 같은 신체적 특징들에 강한 유전적 영향이 있다는 것은 잘 알려져 있다. 더욱이 Huntington 무도병, 페닐케톤뇨증(PKU), Tay-Sachs병, Down 증후군, 심장병, 암, 정신지체와 그리고 정신분열증, 양극성 장애 및 알코올 중독과 같은 정신과적 질병이 강한 생물학적 유전적 영향을 가지고 있다는 사실도 잘 알려져 있다(예, Dykens & Hodapp, 1997; Gottesman, 1991; Lambert & Kinsley, 2005). 이것은 정신분열증과 같은 정신과적 상태가 완전히 유전적 영향에 기인된다는 것을 의미하지는 않는다. 사실, 한 일란성 쌍둥이가 거의 다른 쌍둥이가 장애를 가질 경우 정신분열증을 발달시키지 않을 확률은 약 50%이다(Gottesman, 1991; Gottesman & Erlenmeyer-Kimling, 2001). 생물학적 영향과 유전적 영향이 많은 질병의 발병과 경과에 중요하기는 하지만 완전한 기여를 하는 것은 아니다(Lambert & Kinsley, 2005; Pinker, 2003).

유전적으로 기인한 염색체 이상은 임상심리학자들

방의 약 30%를 감소시킨다. 연구는 약물치료를 받는 사람들이 체중이 줄고 치료 후에 통제 집단보다 더 적은 체중을 되찾을 가능성이 있다고 시사한다(Aronne, 2001; Bray, 2008; Rivas-Vazquez, Rice, & Kalman, 2003). 부작용에는 위장 장애, 대변 절박증, 지질성 대변 또는 묽은 대변, 설사 그리고 방출되는 위장 내의 가스가 있다(Bray, 2008; Rivas-Vazquez et al., 2003).

세로토닌과 노어에피네프린과 같은 여러 신경전달물질의 재흡수를 억제하는 Sibutramine(또는 상품명 Meridia와 Reductil로 알려진)은 비만을 치료하기 위해 승인된 또 다른 약물치료이다. Orlistat와 같이, Sibutramine을 복용하는 사람들은 체중이 줄고 치료 후에 다른 것보다 더 적은 체중을 되찾을 가능성이 있다(Aronne, 2001; Bray, 2008; Rivas-Vazquez et al., 2003). 부작용에는 심박률 및 혈압의 증가, 배탈 그리고 입마름이 있다.

비만을 위한 다른 생물학적 중재를 찾는 연구가 계속되고 있다. 예를 들어, 섬모신경친화성인자(ciliary neurotrophic factor, CNTF)는 체중과 음식 소비 둘 다 조절하는 시상하부의 세포 내의 신호 경로를 활성화시키는 유망한 단백질이다(Bray, 2008; Rivas-Vazquez et al., 2003). 따라서 이것은 사람이 더 이상 배고프지 않다는 것을 신호로 보내기 위해 뇌의 포만 중추를 활성화시킨다. 연구는 그것이 체중 조절을 돕는 데 효과적이라고 시사한다.

이들 약물치료는, 다른 생물심리사회적 중재와 조합되어 사용될 때, 비만한 수백만의 미국인들에게 유용할 수 있다. 그렇지만 너무 자주 대중은 체중을 조절하기 위한 유망한 '쉬운' 방법에 관해서 지나치게 투자하고 흥분하였다. 수많은 약물치료, 일시적으로 유행하는 다이어트들 그리고 신기한 제품들이 효과가 없거나 심지어 위험한 것으로 밝혀졌음에도 대중에게 팔렸다. 비만 약물치료와 관련한 흥분의 좋은 예로, phentermine resin-fenfluramine 즉 'phen-fen'은 1990년 초기와 중기에 매우 인기가 있었다. FDA는 약물치료를 받은 환자가 심장판막 문제에 더 높은 위험이 있다는 것이 명백해졌을 때인 1997년에 이 약물을 금지하였다. 약물치료와 같은 체중감량 제품에 대해서는 조심스럽게 진행되어야 하는데, 그 제품의 효과성과 안전성을 적절하게 밝히기 위한 연구가 허용되어야 한다.

이 관심을 가지고 있는 행동문제와 학습문제를 포함한 수많은 상태를 일으킬 수 있다. 예를 들면, Fragile X 증후군, Williams 증후군 및 Prader-Willi 증후군은 모두 유전적 영향으로 인한 염색체의 결손이나 기능 이상이 관련된 것으로 다양한 인지적, 지적, 학습 및 행동 문제를 야기한다(Bouras & Holt, 2007; Dykens & Hodapp, 1997; Hodapp & Dykens, 2007). 이러한 장애들과 관련된 행동과 학습 문제는 생물학적 전략과 심리사회적 전략이 포함된 중재를 필요로 한다.

수줍음과 같은 성격 특성조차도 유전적 요소를 지니는 것으로 드러났다(예, Kagan, Reznick, & Snidman, 1988; Pinker, 2003; Plomin, 1990; Posner & Rothbart, 2007). 출생 후 서로 떨어져서 양육된 일란성 쌍둥이들에 관한 연구는 인간의 건강, 질병 및 행동이 생물학적 영향과 강하게 연관되어있다는 생각을 지지해주는 많은 두드러진 연구 결과들을 보여주었다. 물론 유전적인 **생물학적 취약성**과 소인이 반드시 특정 질병이나 특성의 발현을 가져오는 것은 아니다. 예를 들면, 어떤 사람은 PKU가 발병할 수 있는 취약성을 물려받을 수는 있지만, 식습관 같은 환경 요인이 그 특성의 발현 여부를 결정한다. 그러므로 생물학적 소인은 환경의 맥락에서 검토되어야만 한다(Hodapp & Dykens, 2007; Pinker, 2003;

Posner & Rothbart, 2007).

더욱이 신경전달물질로 불리는 뇌 화학물질의 역할과 같은 부가적인 행동에 대한 생물학적 영향은 뇌 기능이 인간행동에 중요한 역할을 한다는 사실을 증명하였다. 예를 들면, 세로토닌(5-hydroxytryptamine, 즉 5-HT)은 섭식, 성 및 기분과 같은 다양한 본능적 행동과 신경전달물질이다. 시냅스에서의 낮은 세로토닌의 수준은 충동적 행동과 우울증에 관련이 있다(Institute of Medicine, 2001; Risch, Herrell, Lehner, Liang, Eaves, et al., 2009; Spoont, 1992; Thase, 2009). 또 다른 신경전달물질인 도파민은 정신분열증과 연관되어있다. 그러므로 많은 심리학자들과 다른 연구자들은 유전적 특징과 뇌 신경화학(신경전달물질의 역할과 같은) 같은 생물학적 영향이 정상 행동과 이상 행동 모두에 크게 영향을 미친다고 주장한다(B. J. Sadock, V. A. Sadock, & Ruiz, 2009; Thase, 2009). 생물학적 접근의 목적은 어떤 정서적 문제, 행동적 문제 혹은 대인 문제가 있는 사람들을 돕기 위해서 이러한 생물학적, 화학적 영향을 이해하며, 약물치료와 같은 중재를 사용하기 위한 것이다.

많은 정신과 의사들처럼 생물학적 수련을 강하게 받은 전문가들은, 일반적으로 환자를 치료하는 데 있어서 생물학적 중재를 선호한다. 항정신성, 항불안성 및 항우울성 약물치료와 같은 다양한 형태의 향정신성 약물치료는 광범위한 정서적, 심리적 및 행동적 문제들을 치료하는 데 빈번히 사용되었다(Barondes, 2005; Glasser, 2003; Risch et al., 2009; Sadock et al., 2009; Sharif, Bradford, Stroup, & Lieberman, 2007). 예를 들면, 리튬은 주로 양극성 장애(보통 일반인들이 조울증이라 부르는)를 치료하는 데 사용되며, Haldol, Thorazine, Risperdal 및

Zyprexa와 같은 신경이완제는 종종 정신분열증과 같은 정신증적 장애를 치료하는 데 사용된다. Valium과 Xanax 같은 benzodiazepines은 공황이나 공포증과 같은 불안에 기인한 장애를 치료하는 데 자주 사용된다. 끝으로, Elavil, 단가 아민 산화 효소(MAO) 억제제와 같은 삼환식제 그리고 유명한 Prozac을 포함하는 선택적 세로토닌 재흡수 억제제(SSRI)로 불리는 약물치료 유형이 우울 장애를 치료하는 데 사용된다. nefazodone(Serzone)과 venlafaxine(Effexor)을 포함하는 SSRI와 유사한 새로운 약물의 부류들은 그들의 범주로 간주하기엔 아직 충분치 않으며, 세로토닌 신경전달물질과 마찬가지로 Bupropion(Wellbutrin과 Zyban) 또한 도파민계에 영향을 미친다(Nemeroff & Schatzberg, 2007; Sadock et al., 2009; Stahl, 1998). imipramine과 같은 삼환식제는 또한 공황 장애와 공포 장애를 치료하는 데 사용된다. 전기경련치료(ECT)는 주로 심하고 저항적인 우울증을 치료하는 데 사용된다. 이 기법은 환자가 진정되어있을 때 약 1분 동안 환자의 관자놀이에 소량의 전류량(보통 20~30mA)을 흘려보내는 것이다. 이 치료는 환자에게 발작이나 경련을 일으키는데, 그 결과 사례의 약 60%에서 증상의 감소와 연관이 있었다(Fink, 2003; Sadock et al., 2009).

이러한 생물학적 중재는 부작용이 없을 수 없다. 예를 들면, benzodiazepines은 졸음, 내성 및 신체적·심리적 의존이나 중독을 일으킬 수 있다(American Psychiatric Association, 2000; Baldessarini & Cole, 1988; Hayward, Wardle, & Higgitt, 1989; Spiegal, 1998). Prozac과 같은 항우울제는 불면증, 신경과민 및 오르가즘 억제를 유발할 수 있다(Sadock et al., 2009). 항정신성 약물치료는 근육 경직, 체중 증가, 구강 건조, 변비, 질질 끄는 걸음 및 불

수의적인 안면운동과 사지운동의 특징을 나타내는 만 **발성 운동 이상증**(tardive dyskinesia)이라고 불리는 비가역적인 상태를 일으킬 수 있다(Breggin, 1991; Spaulding, Johnson, & Coursey, 2001; Sadock et al., 2009). 만발성 운동 이상증의 증상들이 다른 약물치료로 관리될 수 없다면 환자는 사회적 결함을 갖게 될 수 있다. ECT가 뇌에 구조적 손상을 일으킨다는 것을 발견하려는 연구는 실패하였지만(Devanand, Dwork, Hutchinson, Blowig, & Sackheim, 1994; Devanand & Sackheim, 1995; Scott, 1995), 주로 ECT 실시 시간을 전후로 일어난 사상과 관련된 재발률과 기억 손상은 공통적으로 일어나는 문제이며(Fink, 2003), 따라서 이 기법은 여러 가지 이유로 논쟁의 여지가 있는 채로 남아있다(Reisner, 2003). 생물학적 중재는 어떤 환자들에게는 효과적으로 사용될 수 있지만, 또한 중요한 부작용을 일으킬 수도 있다. 그러므로 어떤 부작용이나 부정적 요인 없이 문제를 완전히 고쳐주는 완벽한 약이나 '기적의 탄환'은 없는 것이다.

약물치료가 문제 증상을 크게 감소시키거나 제거할 수는 있지만, 정신 질환과 관련된 부가적인 문제들은 여전히 존재할 수 있다. 예를 들면, Thorazine, Risperdal 또는 Zyprexa와 같은 향정신성 약물치료나 신경이완제는 정신분열증과 관련된 환각이나 망상적 사고를 감소시키거나 제거할 수 있다. 그러므로 환자는 현실에 근거하지 않은 소리나 신념으로 더 이상 고통받지 않는다. 그렇지만 사회적 기술, 자기 존중감, 두려움 및 다른 사람과 같이 있는 것에 대한 편안함과 관련된 문제들은 이러한 강력한 약물치료의 사용에 의해 변경될 수 없으며, 다른 방법(예, 사회적 기술 훈련, 심리치료, 직업 기술 훈련)을 사용하여 다루어져야만 한다.

약물치료나 ECT와 같은 기타 생물학적 치료와 더불어 컴퓨터 신경 영상 기법(CT와 PET 주사 및 기능성 MRI)의 발전과 같은 기술적인 진보는 뇌-행동 관계에 대한 이해를 증진시켰다(Mazziotta, 1996; Sadock et al., 2009). 컴퓨터 단층촬영술(CT) 주사는 뇌의 구조에 대한 더 나은 이해를 위해 1970년대 초반에 개발되었다. CT 주사는 컴퓨터를 사용하여 질을 높인 다중 X레이와 같은 다중 각도에서 찍은 뇌 사진을 제공한다. 예를 들면, CT 주사 연구에서는 정신분열증이 시간이 지남에 따라 뇌실이 확장되고, 대뇌피질이 위축됨을 발견하였다. 양전자 방출 촬영술(PET) 주사는 신체 내에 감마선을 만들기 위해 환자의 혈류에 주입된 래디오액티브 방사능 동위원소를 이용한다. PET 주사는 뇌 구조에 대한 이해를 제공할 뿐만 아니라, 뇌 기능에 관한 정보를 제공한다. PET 주사 기술을 이용한 연구는 상이한 지적 과제를 하는 동안, 그리고 불안과 같은 상이한 정서 상태 동안의 뇌 혈류 변화를 밝혀주었다(Fischbach, 1992). PET 주사 연구는 공황이 benzodiazepines에 민감한 뇌간의 청반에 위치한 뇌 세포들과 관련되어있다고 결론내렸다(Barlow, 2002; Barlow & Craske, 2002; Reiman, Fusselman, Fox, & Raichle, 1989; Sadock et al., 2009). 끝으로, MRI(Magnetic Resonance Imaging, 자기공명 영상법)는 1980년대 초반에 개발되었는데, 뇌 해부학에 관한 상세한 시각적 재구조를 제공해준다(Andreasen & Black 1995; Sadock et al., 2009). MRI는 신체의 수분과 지방에 있는 수소의 핵 자기 운동을 분석한다. MRI 연구는 정신분열증 환자들에게 있을 수 있는 전두엽 손상의 역할(Andreasen, 1989)은 물론 양극성 환자들에게 있을 수 있는 조직 손실의 역할(Andreasen & Black, 1995)을 밝혀 주었다.

지금까지 임상심리학자들은 ECT, 약물치료(대부분의 주에서) 또는 어떠한 기타 생물학적 중재(예, CT나 PET 주사, MRI)를 처방할 수 없었다. 그러므로, 이러한 중재들을 사용하는 것에 관심을 가진 심리학자들은 의사(정신과의사)와 공동으로 작업을 해야만 한다. 그렇지만 미군 군대, APA 및 기타 기구에서는 적절한 수련, 지도감독, 경험을 가진 심리학자들이 미래에 약물치료를 법적으로 처방할 수 있도록 하기 위해서 노력을 진행하고 있다. 현재 심리학자들은 몇몇 주(예, New Mexico 주, Louisiana 주, Guam)에서 약물치료를 처방할 수 있다. 이것은 심리학자들이 이미 제공하고 있는 심리사회적 중재와 더불어 생물학적 중재를 보다 충분하게 통합하도록 할 것이다. 심리학자에 의해 처방되는 약물치료는 제14장에서 더 상세하게 논의될 것이다.

일부 연구자들은 또한 진화적인 영향을 인간 행동에 대한 강력한 기여 요인들로 보고 있다(Wilson, 1978, 1983, 1991, 2003; D. S. Wilson & E. O. Wilson, 2007). 비록 진화적인 설명이 통제된 과학적 실험에 기초하지 않은 추론적인 것이기는 하지만, 다양한 행동과 행동 문제에 관한 진화론적 설명들이 최근에 인기를 얻게 되었다. 예를 들면, 몇몇 연구자들은 친밀한 관계에 대한 많은 경험들과 어려움들이 진화적인 영향으로 추적될 수 있다고 보고한다(Buss, 2003, 2005; Fisher, 1995, 2004). 예를 들면, Fisher(1995, 2004)는 이혼이 진화적인 이유로 인해 흔히 일반적으로 아주 초기(약 4년 후)에 일어난다고 설명하였는데, 왜냐하면 4년은 아이를 임신, 그 아이를 최소한의 독립적인 수준으로 기르는 데 필요한 시간이기 때문이다. 일단 아이가 약 세 살이 되면 가족 성원들이 아이를 적절히 양육할 수 있게 된다. Fisher, Buss 및 다른 사람들은 간통이 진화론적으로 이롭다고 설명하는데, 왜냐하면 수많은 파트너와의 짝짓기를 통해서 유전자를 퍼뜨림으로써 유전자를 가장 잘 보존할 수 있기 때문이다. 우리 선조들에게 생명은 미약한 것이었기 때문에 — 죽음은 현실적인 일상적 가능성이었다 — 여러 사람들과 종족번식의 기회를 가지는 것은 유아를 양육하는 데 도움을 줄 적절히 양육할 짝짓기의 가능성을 증가시켜주었다. 사람들이 다양한 파트너와 빈번하게 짝짓기를 한다면 최대의 종족번식 성공률과 종의 영속이 향상될 것이다. 이 연구자들은 고대 우리 선조들의 행동은 물론 동물 행동 연구를 통해서 인간의 친밀한 관계에 대한 설득력 있는 설명을 제공하는 반면, 인간 행동은 강력한 생물학적 힘에 의해 추진되며 그러므로, 우리는 우리의 현재 모습 그대로 존재할 수밖에 없고, 우리가 현재 행동하는 그대로 행동할 수밖에 없다는 것에 대해 사람들은 흔히 재빨리 반박한다. 따라서 자신의 행동을 자신의 유전자 탓으로 돌리는 혼외정사에 빠진 어떤 사람은 회의적인 시선으로 (마땅히) 보이기 쉽다.

생물학적으로 지향된 요인들은 뇌, 신경화학 및 유전적 영향이 행동에 미치는 영향을 강조한다. 전형적으로 이러한 요인들은 광범위한 정서적, 심리적, 의학적 및 행동적 문제들을 연구하고, 평가하고, 치료하기 위해서 생물학적으로 지향된 접근을 이끌게 된다. 진화론적으로 지향된 전문가들은 사회생물학적 뿌리를 둔 맥락에서 인간 행동을 이해하는 데 초점을 둔다. 행동에 대한 생물학적 조망과 진화론적 조망은 점점 영향력이 있게 되었다. 정신분열증, 동성애 및 폭력과 관련된 뇌 조직 및 기능에 대한 새로운 발견들과 더불어 우울증, 공황 장애, 불안, 비만 및 정신분열증에 대한 유전적 표식자와 같은 유전학에서의 새로운 발견들은 생물학적 조망의 우세에 기여하였다. 끝으로, 정신질환의 생물학적 이론에 대한 정신의학의

| 사례 연구 | Mary — 생물학적 요인들을 통합하기 |

공황 장애의 생물학적인 측면에 관한 중요한 연구를 통해서 Mary의 사례와 밀접한 관련이 있는 몇 가지 핵심적인 통찰을 얻을 수 있다. 첫째, 공황 장애와 기타 불안 장애는 가계적인 기여가 아주 큰데 이러한 장애를 가진 가족 성원이 있는 개인 또한 그 장애를 발병시킬 위험이 증가하게 된다. 둘째, GABA-벤조디아제핀과 세로토닌 체계와 관련된 신경전달물질은 공황 장애의 발병과 연관된다(American Psychiatric Association, 2000; Bell & Nutt, 1998; Charney et al., 2000; Deakin & Graeff, 1991; Gray, 1982, 1991; Roy-

Byrne & Crowley, 2007; Sadock et al., 2009). 그러므로 벤조디아제핀(예, Valium과 Xanax)과 항우울제(예, Zoloft와 Lexapro)와 같이 의사에 의해 처방된 약물치료는 Mary의 공황증상과 관련된 생물학적 신경화학을 변경시키는 데 도움이 될 수 있다(예, Asnis et al., 2001; Roy-Byrne & Crowley, 2007). 그렇지만 중독 잠재성을 포함한 잠재적 부작용이 충분히 논의될 필요가 있으며, Mary는 생물학적 치료와 다른 치료 선택사항에 관하여 분명히 알아야 할 필요가 있다.

강조 및 약물치료 중재는 또한 정신질환을 이해하고, 진단하고, 치료하는 데 생물학적 요인에 두는 현대적 초점에 박차를 가하였다(Fleck, 1995; Glasser, 2003; Kramer, 1993; Michels, 1995; Nemeroff & Schatzberg, 2007; Sadock et al., 2009; Thase, 2009; Valenstein, 2002).

## 사회적 요인들

많은 임상심리학자들은 행동에 미치는 문화적 영향과 사회적 영향 모두에 더욱 많은 초점을 두기 시작하였다. 사회학자, 인류학자, 그리고 사회사업가들은 여러 해 동안 이러한 영향에 관하여 조사하였다. 오늘날 대부분의 개업 임상심리학자들은 여전히 큰 조직이나 집단보다는 주로 개인, 부부 그리고 가족을 연구하고 있지만, 문화, 사회경제적 요인, 인종, 성적 지향, 종교적 배경, 사회적지지 및 지역사회의 자원과 같은 쟁점들이 인간 행동에 미치는 중요한 영향과 관련하여 상당히 많은 관심을 얻고 있다(APA, 1993b, 2002, 2003; Brown, 1990; Caracci, 2006; Greene, 1993; Jones, 1994; Lopez et al., 1989;

National Mental Health Association, 1986; Plante, 2009; Sue & Sue, 2003, 2008; Sue, 1983, 1988; Tharp, 1991; U.S. Department of Health and Human Services, 1990, 2001).

전문가들은 개인의 행동이 종종 더 큰 사회적, 심지어 정치적 요인은 물론 문화적 환경에 의해서 영향을 받는다고 주장한다. 노숙, 빈곤, 인종차별주의, 민족주의, 불안정 취업, 학대 및 심지어 날씨까지도 행동에 영향을 미칠 수 있다(APA, 1993b, 2003; Caracci, 2006; Cardemil & Battle, 2003; Economic Report of the President, 1998; Lewis, 1969; Lex, 1985; Roysircar, Sandhu, & Bibbins, 2003; Tharp, 1991). 따라서 개별적인 인간 행동은 더 큰 사회적 맥락과 별개로 이해될 수는 없다. 예를 들면, 정신분열증이 시골 환경에 비해 도시 환경에 살고 있는 사람들에게서 38% 더 발병되었다는 것을 증명해주는 유력한 연구가 있다(Caracci, 2006; Lewis, David, Andreassen, & Allsbeck, 1992; van Os, Hanssen, Bijl, & Vollebergh, 2001). 단지 도시에서 산다는 것이 누군가를 정신분열증에 걸리게 한다고 주장할 사람은 아무도 없지만 아마도 정신 분열증 발병의 위험성이 있는 취약한 개인은 교외나 시골 환경에서보다 도시 환경에서 증상이 더 발병되는 것 같다. 우울증과 약물 남용 또한 도시 환경에서 더욱 만연되어있는 반면 알코올 중독은 시골에서 더욱 흔하다(Caracci, 2006; Eaton et al., 1984; Regier et al., 1984). 정신분열증, 우울증 및 물질 남용이 비록 모든 국가에서 발견될 수 있지만 문화, 사회적 기대, 인종차별주의 및 경제적 요인들과 같은 사회적 요인들은 종종 증상들이 나타나는 방식을 결정한다. 예를 들면, 환청은 미국과 같은 선진국에서 가장 보편적이며 환시는 아프리카와 중앙아메리카의 많은 지역에서와 같이 저개발국에서 가장 보편적으로 나타난다(Ndetei & Singh, 1983).

사회적 관계는 우울증, 고혈압 및 알코올 중독과 같은 다양한 신체적 심리적 문제로부터 개인을 보호하는 데 영향력이 있는 것으로 보인다(Brown, Nesse, Vinokur, & Smith, 2003; Ellison & Gray, 2009; House, Landis, & Umberson, 1988). 사실 여러 국가에서 조사된 많은 연구에서는 커다란 사회적 접촉 연결망이 장수의 기회를 증가시켰다는 사실이 발견되었다(Brown et al., 2003; Berkman & Syme, 1979; Ellison & Gray, 2009; House, Robbins, & Metzner, 1982). 사회적 지지와 장수간의 관계는 고혈압, 흡연 및 알코올 중독과 같은 다른 중요한 위험 요인들을 설명하고 난 후에도 사회적 지지와 장수간의 관계가 존재한다. 사회적 지지는 또한 사람들이 신체적 문제와 심리적 문제에 더 효과적으로 대처하고 보다 빨리 회복하게 해준다(Ellison & Gray, 2009; Mahoney & Restak, 1998; McLeod, Kessler, & Landis, 1992; T. Seeman, 2001).

사회적 요인은 또한 해가 될 수도 있다. 사회적 영향은 아주 강력해서 사람들을 죽음에까지 이르게 할 수도 있다. 예를 들면, 질병과 죽음은 흔히 죽음이나 이혼으로 인한 배우자와의 이별 후 곧바로 뒤따른다. 이러한 관계는 특히 남자 노인들에게서 보편적으로 일어난다(Arling, 1976; Bowling, 2009).

사회사업가들과 같이, 행동에 대한 사회적 영향에 관하여 상당한 수련과 경험을 가진 전문가들은, 일반적으로 환자를 조력하는 데 있어 사회적 중재를 선호한다. 개선된 거주환경과 취업 기회와 같은 중재, 저소득 고 위험 가족들을 위한 저비용 고품질 학령 전 학교 경험을 제공해주는 조기 교육 프로그램(Project Head-Start)과 같은 지역사회 중재들, 그리고 매 맞는 여성과 학대받는 아동을 보호하기 위한 법률과 같은 법적 전략들은 종종 많은 이러한 전문가들에게 관심의 초점이 된다.

빈곤, 노숙, 인종차별주의, 폭력 및 범죄와 같은 사회적 쟁점들은 물론 문화적 민족적 배경의 강력한 영향들은 심리적 기능과 인간 행동에 관련이 있으며, 보다 전반적인 사회 및 체계에 대한 사고의 중요성을 지지하게 한다(APA, 1993b, 2003; Bowling, 2009; Cardemil & Battle, 2003; Ellison & Gray, 2009; Lopez et al., 1989; Schwartz, 1982, 1984, 1991; Sue & Sue, 2003, 2008; Tharp, 1991). 심리적 문제를 이해하고 치료하고자 하는 어떠한 현대 임상심리학자도 사회적 맥락을 간과할 수 없다. 사실 미국심리학회는 "심리적 과정을 이해하는 데 중요한 지표로서 민족과 문화를 인식한다."는 내용을 포함한 지침을 심리학자들에게 제공하고 있다(APA, 1993b, p. 46; APA, 2003a 참조). 이러한 쟁점들은 제14장에서 더 논의될 것이다.

# 빈곤과 정신건강

사진 : Zach Plante 제공

비극적으로, 모든 미국인의 약 13%가 빈곤 속에서 사는데, 3천 7백만 명의 미국인이 극빈생활을 하고 있는 것이다(U.S. Census Bureau, 2008). 아프리카계 미국인 및 라틴계 여성들의 25%가 극빈생활을 하고 있는데, 가장인 여성들의 1/3이 빈곤한 생활을 하고 있다. 미국은 부유한 국가 중에 가장 높은 빈곤률을 보이고 있다(Belle & Doucet, 2003). 미국 인구의 최고부자 1%가 하부 95%보다 더 많은 재산을 소유하고 있는데(Wolff, 1998), CEO는 평균 자신의 피고용인들보다 475배 더 많이 벌고 있다(Giecek, 2000).

빈곤은 정신건강과 무슨 상관이 있는가? 대부분의 연구자와 임상가는 많은 상관이 있다고 말한다(Wan, 2008). 예를 들어, 우울증은 빈곤한 사람들에게서 매우 흔한데, 특히 가난한 여성들과 아이들에서 매우 흔하다(Eamon & Zuehl, 2001; Wan, 2008). 가난한 사람들은 정신건강 또는 건강진료 서비스를 드물게 받는다(Coiro, 2001; Conger & Donnellan, 2007; Wan, 2008). 슬프게도, 저소득 어머니들의 83%는 신체적 또는 성적으로 학대를 받거나, 보통은 둘 다를 받는데, 이들의 3분의 1은 외상 후 스트레스 장애를 겪는다(Belle & Doucet, 2003). 의학연구소(Institute of Medicine, 2001)에 따르면, 빈곤한 사람은 건강을 해치는 독소에 노출되기 더 쉽고, 더 적은 사회적 지지 체계와 네트워크를 가지며, 그리고 차별에 직면할 가능성이 훨씬 더 높다.

그러므로 빈곤과 싸우는 것은 가난한 사람의 더 나은 정신 및 신체적 건강을 위한 기회를 증가시키는 것 같다(Conger & Donnellan, 2007; Nelson, Lord, & Ochocka, 2001; Wan, 2008). 가난한 사람을 대상으로 일하는 임상심리학자들은 이러한 사람들이 직면하는 도전을 잘 인식해야 한다. 미국, 캐나다, 영국 및 다른 곳에서 빈민을 도와주기 위한 사회적 자원은 최근 몇 년 동안 꾸준히 감소되고 있다(Conger & Donnellan, 2007; Nelson et al., 2001; Wan, 2008).

# 현대적 통합에서 생물학적, 심리적 및 사회적 요인들을 종합하기

여러 이론들이 통합적이고 현대적인 생물심리사회적 조망의 발전에 영향을 미쳤으므로 이에 대해 간단히 평론할 필요가 있다. 이러한 이론들에는 병적소질-스트레스 조망, 상호적 유전-환경 조망 및 생물학적 조망에 미치는 심리사회적 영향이 포함된다.

## 병적소질-스트레스 조망

**병적소질-스트레스** 조망은 질병과 문제에 대한 인과적 조망이다. 이것은 심리사회적 또는 환경적 스트레스(예, 이혼, 경제적 어려움, 실업)와 조합된 생물학적 또는 기타 취약성이 질병 발생의 필요조건을 만든다고 시사한다(Bremner, 2002; Eisenberg, 1968; Meehl, 1962; Segal & Ingram, 1994; Taylor & Stanton, 2007; Zubin & Spring, 1977). 병적소질-스트레스 조망에서는 사람들이 어떤 행동과 문제에 대한 생물학적, 유전적, 인지적 또는 다른 경향성을 가진다고 말한다. 어떤 개인에게는 잠재적 특성, 경향성 혹은 문제를 더 발달시키기 쉬운 것과 같은 민감성이 나타난다. 예를 들면, 생물학적 부모 중 한 사람이 고혈압을 가지고 있다면, 그들이 정상 체중을 유지하고, 지방과 소금 섭취를 최소화하고, 적절한 신체

운동을 한다고 하더라도, 고혈압이 발병될 확률은 45%나 된다. 생물학적 두 부모 모두가 고혈압을 가질 경우에 가능성은 90%로 급등한다(S. Taylor, 2009). 또 다른 예로는 정신분열증이 있는데, 왜냐하면 사실 병적소질-스트레스 조망을 지지하는 상당한 이 심한 정신 질환에 초점을 두고 있기 때문이다(Eisenberg, 1968; Walker & Tessner, 2008; Zubin & Spring, 1977). 정신분열증은 인구의 약 1%에서 발생한다. 그렇지만 만약 어떤 사람에게 정신분열증을 가진 일란성 쌍둥이 형제가 있다면, 그 질병이 발병될 확률은 48%이다. 만약 어떤 사람에게 정신분열증을 가진 이란성 쌍둥이 형제가 있다면, 정신분열증이 발병할 확률은 17%이다(Gottesman, 1991; Gottesman & Erlenmeyer-Kimler, 2001; Walker & Tessner, 2008). 그러므로 병적소질이라는 것은 누군가 어떤 유전적 취약성으로 인해 특정한 문제가 발생할 가능성이 높다는 것을 의미한다. 어떤 스트레스 원이 출현하거나 조건이 맞는 경우, 그 문제가 표출된다.

어떤 장애는 생물학적 또는 다른 취약성과 환경적 스트레스 원이 그 문제를 일으킬 정도로 충분한 방식으로 상호작용할 때 발생하게 될 것이다(그림 6.1). 예를 들어, 정신분열증의 유의한 가족력이 있는 사람은 새로운 도시로 이사하거나 대학교에 입학하면서 갖게 되는 스트레스 동안에 첫 번째 정신증적 삽화를 겪게 될 수도 있다. 또는 알코올 중독 가족력이 있는 개

**그림 6.1** 병적소질-스트레스 모형

## 유전학과 심리학

인간게놈프로젝트의 국제적인 노력과 여러 동물의 성공적인 복제에 의해 주목받게 된 유전학의 새롭고 흥미로운 연구는 질병과 행동을 이해하기 위한 엄청난 함의를 가지는 유전학에 대한 정보 폭발의 결과를 가져왔다(International Human Genome Sequencing Consortium, 2001; Kaiser, 2008; Miller & Martin, 2008). 이러한 결과로 연구는 암, 심장병, 알츠하이머병, 학습 장애 및 수많은 기타 문제들과 같은 엄청난 유전 관련 문제들을 예측하고, 이해하고, 예방하고, 치료하는 우리의 방법을 의심할 것 없이 변경시킬 것이다(Miller & Martin, 2008). 과학자들이 완전히 인간게놈의 지도를 만들 수 있고 동물들을 복제하기 위하여 유전 정보를 사용할 수 있게 됨에 따라, 임상심리학자들이 관리하는 데 매우 도움이 될 수 있는 많은 질문과 쟁점들이 드러났다. 예를 들면, 만약 유전검사로 어떤 환자가 잠재적으로 치명적인 유전적 기반을 갖고 있는 질병(예, 유방암, 대장암, 낭포성 섬유증)을 자신의 잠정적인 후손에게 전달할 높은 위험을 가지고 있다는 지식을 알게 되면, 그들은 아이를 가져야 될 것인지를 망설일 수도 있다. 만약 유전검사에서 어떤 젊은 여성이 유방암과 같은 잠정적으로 치명적인 질병을 발달시킬 가능성이 매우 높다면, 그녀는 유방절제술을 고려해야만 하는가? 만약 태아의 유전검사에서 당신의 자녀가 고질적이지만 생명을 위협하지 않는 유전적 기반을 갖는 질병(예, 뚜렛증후군, 아스퍼거증후군)으로부터 고통받을 가능성이 매우 높다는 것을 시사하고 있다면, 당신은 낙태를 고려해야 하는가? 만약 한 커플이 생물학적으로 자녀를 가질 수 없다면, 그 기술이 자신들에게 이용 가능하다면, 복제를 고려해야 할 것인가? 잠재적으로 치명적인 질병을 가진 다른 사람을 치료하기 위해 태아로부터 획득한 줄기세포를 사용해야 하는가? 당신이 가까운 미래에 치명적인 질병을 확실하게 발달시킬 것이라는 것을 유전검사로 안다면, 그 스트레스를 어떻게 다룰 것인가? 유전학과 관련된 과학은 유전적 토대를 갖고 있는 질병에 관해서 연구를 수행하거나 이러한 질병으로 고통을 받거나 그들의 위험 프로파일에 근거해서 중요한 생명 결정을 해야 하는 환자들을 임상적으로 치료하는 임상심리학자들에게는 매우 관련이 깊다.

---

인들은 술 마실 기회가 많이 있고, 그것이 동료들에 의해 강화될 때인 대학시절 동안에 그 문제가 발생할 수도 있다. 예를 들면, Mary(사례의 예)는 자신의 유전적 생물학적 구조로 인해 공황 장애와 불안 장애의 생물학적 소인을 가지고 있을 수 있다. 그녀의 아버지의 죽음 및 필수적인 자기확신 수준에 이르지 못한 실패로 인한 스트레스는 이러한 소인이 공황 장애의 형태로 표현되도록 만들었을 수도 있다.

### 상호적 유전-환경 조망

일부 사람들은 유전적 영향이 실제로 개인의 특정한 생활 사건을 경험할 가능성을 증가시킬 수 있다고 주장한다(Rende & Plomin, 1992). 따라서 어떤 개인들은 특정한 스트레스 상황을 경험하거나 추구하게 될 유전적인 경향을 가질 수 있다. 예를 들면, 알코올 중독의 유전적 경향을 지닌 어떤 사람은 일, 관계 및 재정적 부담을 가져오는 음주 문제를 일으킬 수도 있다. 이들 스트레스 원은 더 심한 음주결과를 낳고, 따라서 알코올 문제와 생활 스트레스 원 모두를 악화시키게 된다. 주의력 결핍 과잉행동 장애(ADHD)에 유전적 소인을 가진 어떤 사람은 충동적으로 될 가능성이 높다. 이러한 충동성은 잠재적인 배우자를 고려할 때 불완전한 결정을 하게 되며 이혼이나 다른 관계문제를 일으킬 수도 있다. 그래서 스트레적인 관계와 이혼은 그들의 주의력 문제를 더욱 악화시킬 수 있다. 상호적 유전-환경 조망은 생물학적 혹은 유전적 취약성과 생활사건간에 밀접한 관계가 있으며 이들 각각은 계속해서 서로에게 영향을 준다고 주장한다. 또한 일부 연구에서는 상호적 유전-환경 조망이 우울증(Kalat, 2008; McGuffin, Katz, & Bebbington, 1988)과 심지어 이혼(McGue & Lykken, 1992)까지도 설명해준다고 주장한다.

## 생물학에 미치는 심리사회적 영향

생물학이 심리사회적 쟁점에 영향을 미친다는 생각에 더하여, 대안적인 이론은 심리사회적 요인이 실제로 생물학을 변경시킨다고 제안한다(예, Bremner, 2002; Chida & Steptoe, 2009; Kalat, 2008). 예를 들면, 음식과 활동의 선택에 대하여 고도의 통제 속에서 길러진 원숭이들은 아무런 통제 없이 길러진 원숭이 집단에 비해 일반적으로 불안을 야기하는 불안 유발 약물(즉, benzodiazepine 역작용물질)을 주입했을 때 불안해하지는 않았지만 공격적이었다는 연구가 있다(Insel, Champoux, Scanlan, & Soumi, 1986). 따라서 초기 양육 경험은 원숭이들이 신경전달물질 활동에 영향을 미치는 약물의 효과에 어떻게 반응하는지에 큰 영향을 미쳤다. 또 다른 연구는 심리사회적 영향이 신경전달물질 회로를 변경할 수 있다는 사실을 증명하고 있다(Anisman, 1984; Institute of Medicine, 2001; Kalat, 2008). 많은 운동과 자극으로 길러진 동물은 활동적인 환경 없이 길러진 동물보다 다양한 뇌 부위에서 더 많은 신경 연결을 보인다는 사실이 발견되었다(Greenough, Withers, & Wallace, 1990). 사회적 지위는 또한 스트레스에 영향을 주는 코티솔과 같은 호르몬 생산에 영향을 준다.(Institute of Medicine, 2001; Kalat, 2008). 또 다른 심리사회적 요인들이 생물학적 기능에 역시 영향을 미치는 것으로 보인다. 예를 들면, 사회적 고립, 대인 및 환경 스트레스, 비관주의, 우울증, 그리고 분노 등은 모두 다양한 질병의 발달과 심지어는 죽음과도 밀접하게 관련되어있는 것으로 밝혀졌다(Bremner, 2002; Chida & Steptoe, 2009; Kalat, 2008). 이러한 질병에는 암뿐만 아니라 고혈압과 심장발작 같은 심혈관 질환이 있다(Chida & Steptoe, 2009; Goleman, 1995; Kalat, 2008; Kiecolt-Glaser, McGuire, Robles, & Glaser, 2002 참조; 그리고 Shorter, 1994 평론 참조). 예를 들면, 적개심은 관상 동맥 심장 질환에 독립적인 위험 요인으로 밝혀졌다. 만성적인 분노 감정과 관련된 증가된 생리적 각성이 심장혈관계의 문제가 되는 동맥내막에 죽종형성을 일으키는 변화를 유발할 수도 있다고 믿어진다(Chida & Steptoe, 2009; Miller, Smith, Turner, Guijarro, & Hallet, 1996).

## 생물심리사회적 조망의 발달

1977년, George Engel은 『*Science*』에서 신체적, 정신적 질병을 이해하고 치료하는 데 **생물심리사회적** 조망을 옹호하는 논문을 출판하였다. 이 조망은 모든 신체적, 심리적 질병과 문제들은 효과적인 중재에 주의가 요구되는 생물, 심리 및 사회적 요소가 있다고 주장한다. 더 나아가 생물심리사회적 조망은 건강과 질병의 생물, 심리 및 사회적 측면들이 서로 영향을 미친다고 주장한다. 생물심리사회적 조망은 그 타당성을 증명해주는 연구 지지로써 의학과 심리학에서 모두 받아들여지고 있다(Carmody & Matarazzo, 1991; Fava & Sonino, 2008; Johnson, 2003;

Miller, 1987). 생물심리사회적 조망은 1980년대 초반에, 건강심리학 분야의 토대가 되었으며 (Schwartz, 1982), 곧 임상심리학과 다른 분야에서 영향력 있는 조망이 되었다(Fava & Sonino, 2008; Johnson, 2003; Lam, 1991; Levy, 1984; McDaniel, 1995; Melchert, 2007; Sweet et al., 1991; Taylor, 2009). 사실, Melchert(2007, p. 37)는 "그것은 미국과 유럽의 거의 모든 의과대학의 교과과정에 통합되어왔다… 그리고 APA에 의해 공식적으로 승인되었다… 그리고 다른 건강진료 및 사회적 봉사 기구에 의해 승인되었다."라고 진술한다. Melchert는 더 나아가 "인간의 발달과 기능에 대한 다른 포괄적이고 통합적 조망이 개발되어왔을지라도, 아무도 이 (생물심리사회적)접근이 행하는 광범위한 인식과 수용을 즐기지 않는다."(p. 37)라고 진술한다. 생물심리사회적 접근이 의학적 모델의 또 다른 용어가 아니라는 사실을 언급하는 것이 중요하다. 이것은 또한 심리학과 임상적 문제에 생물학적 접근을 위한 또 다른 용어도 아니다.

생물심리사회적 접근은 맥락적이며, 행동에 미치는 생물, 심리 및 사회적 영향의 상호작용이 전문적인 건강 및 정신건강 서비스를 찾는 사람들의 복잡한 생활과 기능을 향상시키기 위해 강조되어야 한다고 주장한다(Engel, 1977, 1980; Lam, 1991; McDaniel, 1995; Schwartz, 1982, 1984). 생물심리사회적 틀은 체계 이론 조망을 정서, 심리, 신체 및 행동기능에 적용한다(Lam, 1991; Lavy, 1984; McDaniel, 1995; Schwartz, 1982, 1984). "이 접근은 모든 인간 문제들이 생물심리사회적 체계 문제들이라고 가정한다; 각각의 생물학적 문제는 심리사회적 결과를 가지고, 각 심리사회적 문제는 생물학적 관계를 가지고 있다." (McDaniel, 1995, p. 117). 예를 들면, Miller(1978)는 각각 상호의존적인 7가지 체계수준을 논의하였다. 여기에는 세포, 기관, 유기체, 집단, 조직, 사회 및 초자연적 수준이 포함된다. 더욱이, Miller는 각각의 주요 7가지 기능 수준마다 나타나는 19가지 부가적인 하위수준을 개관하였다. 어느 한 기능 수준에서의 역기능은 조절이상을 가져오며, 이것은 뒤이어 다른 수준들에서의 역기능을 가져온다. 따라서 한 기능영역(생물학적 영역과 같은)에서의 변화는 다른 영역(예, 심리학적 영역)에서의 기능에 영향을 미치기 쉽다. 예를 들면, 뇌의 세포 수준에서 화학적 불균형이 발생하면 우울증 형태의 기분 부전이 야기될 수 있다. 우울감은 그 다음에 직업 수행과 자기 존중에 더욱 영향을 미치

**사례 연구**

## Mary — 사회적 요인들을 통합하기

많은 사회적 요인들이 Mary를 이해하는 데 한층 더 기여한다. 첫째, Mary가 아일랜드 가톨릭 교육을 받은 것은 감정 억압과 심한 죄책감을 경험하는 경향으로 특징지워진다. 그녀의 현재 사회적 환경은 광장공포증과 새로운 환경에 대한 회피로 극도로 좁혀져 있고 제한되어있다. 그러므로 그녀의 죄책감과 감정 억제에 기여하는 깊이 자리 잡고 있는 종교적 신념을 철저하게 다루고, 다른 사람들과의 접촉을 확장시키기 위해서는,

먼저 그녀의 신부와 교회 공동체를 관여시키는 것이 유용할 수 있다. 그녀의 교회 공동체를 통한 사회적 지지와의 연결은 자원봉사자로서의 책임감을 갖게 하여, 그 결과 더 큰 공동체에서 더 많은 접촉과 관여를 하게 할 수 있다. 따라서 사회문화적 요인과 종교적 요인은 Mary의 경험에 크게 기여하고, 그녀를 돕는 데 긍정적으로 활용될 수 있다.

는 대인관계의 어려움을 가져올 수 있다. 직장이나 가정에서 이러한 문제들과 관련된 스트레스는 더 깊은 뇌 화학 불균형과 더 깊은 우울증을 야기할 수 있다. 유사하게, 신경성 식욕부진증을 가진 일본계 미국인 10대 소녀에게서, (a) 통제와 정복감에 대한 심리적 욕구, (b) 여성의 날씬함과 일본계 미국인 문화에서 성취에 대한 문화적 기대, 이 둘 간의 밀접한 상호작용은 (c) 사춘기 호르몬의 변화와 결합하여 서로의 역기능

을 구성하고 기여하는 생물, 심리, 사회적 요인들을 수반하는 조절이상 체계를 만들어내게 된다. 따라서 생물심리사회적 조망에 대한 체계 조망은 모든 체계 간의 상호의존성을 강조한다. 생물심리사회적 조망은 전인(whole person)을 고려하여 특히 생물, 심리 및 사회적 영향들의 전체주의적인 상호작용을 고려한다는 점에서 전체주의적이다(Fava & Sonino, 2008).

**주목받는 현대 임상심리학자**

사진 : Stephanie Pinder-Amaker 제공

# Stephanie Pinder-Amaker, PhD

**생년월일** : 1960년 6월 19일

**대학교** : 1982년 5월 Duke대학교 학사

**대학원 프로그램** : 1988년 Vanderbilt대학교 PhD

**임상 인턴쉽** : Yale대학교 의과대학 Connecticut 주 New Haven시, 1986년 7월~1987년 6월

**현재의 직업** : Harvard 의과대학, College Mental Health Initiative 소장, McLean 병원 및 심리학 강사

**임상심리학자가 되는 것의 장점과 단점** :

**장점** : "학문적, 임상적, 연구 및 행정 영역 전반에 걸쳐 매우 흥분되는 경력 기회를 가질 수 있다."

**단점** : "임상가로서 가지는 연민은 좋은 행정가가 되기 위해 필요한 판단을 때때로 방해한다. 후자를 발전시키는 데 도움이 될 수 있는 훌륭한 수련과정이 있다."

**당신의 연구에서 이론적 모형의 영향** : "나는 Vanderbilt에서 대학원생들에게 이론적으로 조직적으로 다른 두 가지 프로그램의 과정을 듣도록 장려할 때 참석한 경험이 있었다. 하나는 인지-행동주의적으로 지향된 프로그램이었고 다른 하나는 정신역동적으로 지향된 프로그램이었다. 나는 그들 각자의 접근에 매우 열정적이고 전념하는 교수진들로부터 두 가지 이론적 모형들을 모두 배웠다. 결국, 나는 두세 개 모두의 가장 좋은 것을 인식하고 통합할 수 있게 되었으며, 또한 두 접근이 내가 기대하였던 것보다 꽤 많은 공통점이 있다는 것을 발견하게 되었다. 두 학파는 나의 임상적 연구에 영향을 주었고 나를 더 융통성 있는 실무가로 만들어주었다."

**임상심리학의 미래** : "우리의 수련은 그 자체로 많은 현대의 도전을 다룰 수 있게 해줄 것이다. 예를 들어, 고등교육행정은 대학 정신건강 위기를 다루기 위하여 임상심리학에 몹시 기대고 있다. 경제적 위기는 모든 산업체가 이 어려운 시기를 항해하는 안내를 위해 우리에게 기대를 걸게 하고 있다. 이 분야가 계속 성장하고 기술이 '교실'을 확장함에 따라, 우리는 기본을 기억해야만 한다 — 우리가 또한 탁월한 교육자가

(계속)

# 현대 임상심리학 문제들에 대한 생물심리사회적 조망의 적용

생물심리사회적 조망은 일반적으로 임상심리학 문제들에 대한 유용한 현대의 접근으로 간주된다(그림 6.2; Fava & Sonino, 2008; Johnson, 2003; Lam, 1991; McDaniel, 1995; Taylor, 2009). 이러한 다차원적이고 체계적이며 그리고 전체주의적인 접근이 임상심리학과 관련 분야에서 직면하는 복잡한 문제에 어떻게 채택되는지를 다음에 예시할 것이다.

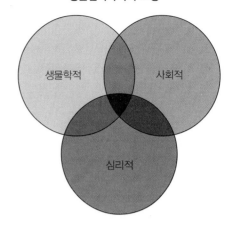

**생물심리사회적 모형**

| 그림 6.2 | 통합적 생물심리사회적 조망 |

### 강박관념–강박행동 장애

강박관념–강박행동 장애(Obsessive-Compulsive Disorder, OCD)는 강박관념(반복적이고 지속적인 사고, 심상, 충동)과 같은 강박행동(손 씻기, 점검하기, 순서정하기 혹은 행위들과 같은 반복적 행동)을 포함하는 불안 장애이다(American Psychiatric Association, 2000). 잦은 강박관념은 자기 자신이나 다른 사람들을 해치고자 하는 소망, 혹은 세균이나 다른 것들과의 접촉을 통한 감염의 두려움이 포함될 수 있다. 강박 행동은 난로의 불이 꺼졌는지 문이 잠겼는지를 확인하기 위해 반복적으로 점검하기, 세균이나 오염을 피하기 위해서 끊임없이 손을 씻기 또는 기괴한 의식을 행하기를 포함한다. OCD는 대략 인구의 3%에서 발생한다(American Psychiatric Association, 2000). 그렇지만 장애로 고려할 만큼

---

되기 위하여 수련과 전문성을 확보해야 한다는 것. 학부 학생들이 자연스럽게 심리학에 끌리기 때문에, 우리는 창의적인 방식으로 학생들을 참여시키기 위한 독특한 기회를 가진다. '심리학 개론' 과정(대부분의 학생들이 이 분야를 처음 직면하는 곳)은 매우 영감을 주는 것일 수 있기 때문에, 우리가 학생들에게 중요한 영향을 조명해줄 수 있는 도전을 받아들인다면, 학생들은 항상 자신들의 삶을 위해서 임상심리학이 지닐 수 있는 전문성과 적절성을 확보할 수 있을 것이다."

전형적인 일과 :

9 : 00  병원에 입원했던 대학생들의 일과와 목록을 검토; 추적조사에 따라

10 : 00  College Mental Health Initiative 학생자문위원회 회의 주제

11 : 00  진행되고 있는 지도감독을 위하여 박사 후 펠로우 또는 프로그램 보조자와 회의

12 : 00  점심식사(병원 스탭 또는 학생들과 함께 자주)

1 : 00  프로그램 개발을 위한 기금확보 기회(예, 연구비, 개발)를 탐구

2 : 00  College Mental Health Initiative 연구집단 회의 주제

3 : 00  지역 상담센터 관리자를 만나거나 지역 캠퍼스 방문

4 : 00  이메일 관리, 전화 통화, 새로운 프로젝트를 위한 계획 초안/편집

5 : 00  대학의 데이터베이스와 추적조사 재검토 : 불충분/빠진 것 기재

충분히 심각하지 않은 보다 가벼운 강박관념과 강박행동은 일반적으로 많은 사람들에게서 일어난다. OCD는 여성보다 남성에게 더 일반적이며 증상은 대체로 청소년기나 초기 성인기 동안에 처음으로 나타난다(American Psychiatric Association, 2000).

뇌 영상기법은 OCD 환자들이 전두엽 안와 표면, 대상회 및 미상핵에서의 과활동성을 보인다는 것을 발견하였다(Breiter, Rauch, Kwong, & Baker, 1996; Damsa, Kosel, & Moussally, 2009; Insel, 1992; Micallef & Blin, 2001). 더욱이, 신경전달물질 세로토닌은 이들 뇌 영역에서 특히 더 활발한 것으로 보인다. OCD 환자들은 비OCD 통제자들보다 이용 가능한 세로토닌이 더 적은 것으로 생각된다(Kalat, 2008; Lambert & Kinsley, 2005). 그렇지만 무엇이 이러한 뇌의 차이를 일으키는지 불분명하다. 생물학이 행동에 영향을 미치는가 아니면 행동이 생물학에 영향을 미치는가? 다시 말해 뇌의 특정 영역에서 신경전달물질의 활동이 사람들에게 OCD 증상을 일으키는가 아니면 그 증상이 뇌 화학을 변화시키는가? 연구 증거는 상호작용이 있을 것이라고 주장한다(Baxter et al., 1992; Damsa et al., 2009; Insel, 1992; Kalat, 2008; Lambert & Kinsley, 2005). 예를 들면, 증거는 뇌의 안와 전두 영역의 뇌종양을 제거하기 위한 수술을 받은 후에 OCD가 발생할 수 있음을 보여주었다(Insel, 1992). 따라서 뇌의 특정한 외상이 강박관념이나 강박행동으로 고통 받은 적이 없던 개인에게 OCD를 일으킬 수 있다. 증거는 또한 인지-행동 기법 중 노출 및 반응 방지와 같은 심리적 중재들이 뇌 회로를 변경시킬 수 있음을 보여주었다(Baxter et al., 1992). 따라서 생물학적 영향과 심리적 영향간의 상호작용이 OCD 행동을 일으킬 수도 감소시킬 수도 있는 것 같다. 게다가 문화, 종교적 신념 및 사회적 지지와 같은 사회적 영향이 OCD의 특징, 경과 및 예후에 영향을 미친다(Greist, 1990; Insel, 1984, 1992; Micallef & Blin, 2001; Plante, 2009; Riggs & Foa, 1993). 현재의 치료들은 세로토닌 재흡수를 방지하는 Prozac과 같은 약물; 신경수술(극단적인 사례들에서); 노출과 반응 예방 기법을 이용한 인지-행동 심리치료; 심리교육 집단을 통한 사회적 지지와 교육; 그리고 지지적 통찰 지향을 가진 접근과 함께 부부나 가족 상담을 수반하는 심리치료를 포함한 생물심리사회적 접근을 포함한다(Foa & Franklin, 2001; Franklin & Foa, 2008; Koran, Thienemann, & Davenport, 1996).

## 공황 장애와 불안

불안 관련 공황 장애는 생물심리사회직 조망에 대한 또 다른 유용한 응용을 제공해준다. 누구나 일생에 몇 번쯤 불안을 경험하는 반면에, 일부 사람들만이 완전한 공황 발작을 경험한다. 공황발작은 급속히 일어나는데, 심계항진, 발한, 가슴통증, 호흡 곤란, 현기증 및 이인증을 포함한 다양한 증상들을 일으키는 강렬한 두려움이 특징이다(American Psychiatric Association, 2000). 강렬한 두려움은 실제적 위험에 직면해서는 적응적인 반응(예, 교통사고를 피하기 또는 공격자로부터 도망가기)인 반면에, 공황발작이 있는 사람들은 식품점에 가는 것, 다리를 건너는 것, 혹은 차를 타고 볼일을 보러 가기 위해 집을 떠나는 것 같은 대부분 사람들이 당연시하는 다양한 활동들을 하지 못하게 하는 가상적인 위협에 부정적인 반응을 한다. 인구의 약 4%가 청소년기나 초기 성인기에 전형적으로 발병되는 공황 장애를 겪는다(American Psychiatric Association, 2000). 공황 장애는 전 세계적으로 발견되지만, 증상은 문화적 맥락에 따라 다

## 아동들의 강박관념-강박행동 장애에 대한 경험적으로 지지된 치료

18세 이하의 대략 200명의 아동에서 1명은 학교생활과 사회적 기능을 심하게 손상시키기 충분한 강박관념-강박행동 장애를 겪는다(March & Mulle, 1998). 슬프게도, 아동들의 OCD는 빈번하게 진단되지 않고 있다. 치료는 약물치료(증상들을 관리하고 치료하기가 특히 어려울 때, 그리고 Prozac, Zoloft 또는 Anafranil이 필요할 때와 같은) 그리고 노출과 반응 방지 전략을 제공해주는 인지-행동 심리치료와의 조합을 사용하는 생물심리사회적 원리를 반영하고 있다.

John March와 Karen Mulle은 OCD 아동을 위한 경험적으로 지지된 치료 프로토콜을 제공한다(March, 2006; March & Mulle, 1998). 그것은 최대 21회기까지의 매뉴얼을 포함하고 있다. 치료는 심리교육 정보를 부모 및 그 영향을 받은 자녀에게 제시하는 것으로 시작한다. 2회기는 OCD와 싸우고 대처하는 데 활용될 수 있는 다양한 인지-행동 기법의 OCD 도구의 개념을 보여주는데 초점을 맞춘다. 한 기법은 '당신을 부려먹는' OCD가 되지 않게 하려는 노력으로 OCD에게 '말대꾸' 하는 것을 포함하고 있다. 'OCD 지도그리기' 는 OCD 증상들과 촉발자들뿐만 아니라 그것들이 가정, 학교 및 다른 곳에서 그 아동의 일상 경험에 미치는 영향들에 대해 자기탐지를 하거나 규칙적인 평가를 하는 노력을 포함하고 있다. 뒤이은 회기들은 자극 위계로 상승하고 있는 작거나 큰 OCD 문제 모두를 다루기 위하여 노출 및 반응 방지 전략을 연습시킬 필요성에 강조점을 두고 있다. 가족 회기들이 치료 과정 동안에도 정기적으로 짜여 있다. 후반부 회기들은 정기적인 효능 촉진회기들뿐만 아니라 재발 방지 전략들에 초점을 두고 있다. 치료 매뉴얼은 부모와 임상가에게 똑같이 정보를 주고 있는데, 다양한 연습, 평가 도구, 참고문헌 및 실무 팁을 포함하고 있다. 치료는 또한 그 아동과 가족에게 치료를 적절하게 해주는 공병진단, 잠재적인 문화적 쟁점 및 기타 요인들을 고려하고 있다. OCD 아동들에 대한 March와 Mulle의 접근은 특히 아동과 청소년을 위해 고안된 많은 새롭게 출현된 근거 기반 치료 접근 중에 하나를 제시하고 있다(Barrett, Farrell, Pina, Peris, & Piacentini, 2008; Kazdin & Weisz, 2003).

르게 나타난다.

생물심리사회적 요인들은 공황 행동의 발병, 유지 및 예후에 영향을 미친다(Barlow & Crasker 2000; Fava & Morton, 2009; Graeff & Del-Ben, 2008; Roth, 1996). 첫째, 유전적 요인들의 조합이 일부 사람들을 불안이나 공황발작을 경험하는 데 취약하도록 만든다고 주장하는 증거가 있다(Barlow, 2002; Charney et al., 2000; Fava & Morton, 2009; Graeff & Del-Ben, 2008). 더욱이, 신경전달물질 활동, 특히 감마 아미노낙산(Gammma amino butyric acid, GABA), 세로토닌 및 노르에피네프린의 영향은 공황을 겪는 사람들과 관련이 있다

(Charney et al., 2000; Deakin & Graeff, 1991; Fava & Morton, 2009; Graeff & Del-Ben, 2008; Gray, 1991). 뇌간과 중뇌에서의 신경전달물질 활동이 함의되어있다(Fava & Morton, 2009; Graeff & Del-Ben, 2008; Gray, 1991). 둘째, 공황 발달에 대한 심리적 기여는 모델링을 통한 학습(Bandura, 1986)뿐만 아니라, 개인의 생활에서 많은 중요한 측면들을 통제할 수 없다는 정서적인 느낌(Barlow, 2002; Barlow & Craske, 2000; Li & Zinbarg, 2007)을 포함한다. 또한 인지적 설명과 상황적 단서들이 공황 장애에 기여하는 것으로 보인다(Clark, 1988; Roth, 1996; Teachman, Woody, & Magee,

## 사례 연구 — Hector는 강박관념-강박행동 장애(생물심리사회적)를 겪고 있다

Hector는 18세의 멕시코계 미국인 이민 1세이며 부모, 두 누나 그리고 외할머니와 함께 살고 있다. Hector는 최근에 고등학교를 마치고, 현재 증상이 심하여 대학 입학을 연기하였다. Hector는 모국어가 스페인어인데, 영어에도 능통하다.

**현재의 문제 :** Hector는 14살 때 처음 나타난 강박관념-강박행동 장애를 겪고 있다. 그의 증상에는 세균, 혈액 또는 다른 사람들과의 접촉을 통한 감염의 두려움이 있다. 그의 두려움은 강박적으로 하루 종일 과도하게 손을 씻고, 집에서 방을 소독하고, 먹을 음식을 반복적으로 세척하고, 공공장소에서 장갑을 끼고, 공중 화장실이나 레스토랑을 이용하는 것을 거부하도록 만든다. Hector의 증상은 사회생활을 크게 방해하며, 가까운 가족을 제외하고는 또래들이나 다른 사람들로부터 매우 고립되어있게 한다. 그는 많은 음식물의 안정성에 대한 두려움과 먹게 될 음식을 세척하는 과도한 의식으로 인해 체중미달이 되었다. 그는 또한 강박관념과 강박행동에 붙잡혀 있다는 느낌과 사회적 목표와 직업 목표에 대한 이들 증상들의 부정적 영향 때문에 약간의 우울증상 또한 표현한다.

**생물학적 요인들 :** Hector의 가족력은 강박관념-강박행동 장애를 시사해주는 증상들을 지니고 있는 여러 명의 부계 친척들이 있으며, 연구는 이 장애의 병인원에 대한 현저한 생물학적/유전적 역할을 강하게 지지한다. 그러므로 신경화학 이상은 그를 쇠약하게 하는 강박관념과 강박행동에 주 원인이 될 수 있다.

**심리적 요인들 :** Hector는 항상 조심스러운 성격이었는데 정돈과 예측가능성에 대한 바람과 완벽주의적인 생활양식이 그 특징이다. 지나치게 정돈을 하고, 조심스럽고, 완벽주의적인 행동을 통해 성공을 얻어내는 그의 능력은 궁극적으로 불안을 감소시키고, 자아존중감과 그에 대한 가족의 자부심을 고양시키는 역할을 해주었다. 통제에 대한 지나친 욕구는 몸단장, 운동, 식습관, 사회화 및 학업에까지 연장되었다.

---

2006). 예를 들면, 운동이나 흥분으로 인한 심장 박동의 증가는 공황이 임박했다는 두려움을 일으킬 수 있다. 공황을 겪는 사람들은 따라서 자신들의 신체 감각에 대하여 더 경계를 하게 된다. 이러한 자각은 공황을 더 조장하게 되어, 불안의 악순환을 가져온다. 따라서 공황은 학습된 경보가 된다(Barlow, 2002; Barlow & Craske, 2000; Landon & Barlow, 2004; Teachman et al., 2006). 끝으로, 가족과 직장경험, 대인관계 갈등 및 문화적 기대와 같은 사회적 요인들은 모두 공황의 발달과 해소에 기여할 수도 있다. 생물학적 취약성은 심리적 요인 및 사회적 요인과 결합하여 두려움과 공황이 일어날 조건을 만든다.

공황의 치료는 또한 이 장애의 생물심리사회적 특징을 반영한다. 벤조디아제핀(예, Xanax)뿐만 아니라 삼환식 항우울제(예, imipramine)와 같은 세로토닌과 노어에피네프린 신경전달물질 체계에 영향을 주는 약물치료(American Psychiatric Association, 2000; Asnis et al., 2001; Kalat, 2008; Klosko, Barlow, Tassinari, & Cerny, 1990; Roth, 1996; Roy-Byrne & Crowley, 2007)는 두려운 상황에 단계적 노출, 이완 훈련, 호흡 연습, 인지 치료 및 통찰 지향 심리치료와 지지적 심리치료 모두를 포함하는 심리학적인 치료(Barlow, 2002; Barlow & Craske, 2000; Klosko et al., 1990; Landon & Barlow, 2004; Teachman et al., 2006)와 결합하여 종종 사용된다. 집단치료, 사회적지지 체계와의 접촉 및 지역사회 자원들에 대한 접근 또한 치료에서의 사회적 요소로 제공될 수 있다.

**사례 연구**　**Hector는 강박관념-강박행동 장애(생물심리사회적)를 겪고 있다**(계속)

**사회적 요인들** : Hector의 가족 중심적 양육은 집안에서 머물고, 잘 수행하고, 교육적 성취와 직업적 성공을 열망하고, 가족과 멕시코인의 유산에 대한 깊은 애착을 느끼도록 하는 바람을 증가시켰다. 일차적으로 스페인어를 사용하는 이민자인 부모의 경험 때문에, 그도 역시 정신건강 전문가와 기타 서비스들을 '관료적'이거나 친정부적이라고 의심하는 부모의 생각과 같은 생각을 갖고 있다.

**생물심리사회적 공식화와 계획** : Hector의 강박관념-강박행동 장애를 보이는 중요한 가족력은 강박관념-강박행동 장애에 대한 강한 생물학적/유전적 취약성을 시사한다. 많은 사람들이 일차적으로 이 장애를 생물학적 장애로 보고 있지만, 심리 사회적 요인과 중재 모두 Hector의 성공적인 치료에 필수적이다. 그의 성격 양식과 성취, 가정생활 그리고 정신건강 전문가에 대한 의심을 조장하는 스트레스적인 학교 환경 및 사회적 맥락 모두는 Hector의 강박관념-강박행동 증상의 경과와 치료에 미묘하게 영향을 미칠 수 있다.

치료는 멕시코계 미국인과 이민자의 경험에 민감한 종합적인 접근을 포함해야 하며, Hector의 부모 및 확대된 가족 성원들과의 의사소통을 도와주는 2개 국어를 구사하는 임상가가 포함되어야만 한다. 치료는 강박관념-강박행동 충동과 행동을 감소시키는 약물치료와 노출, 반응 예방, 사고 중지, 이완 및 증상을 관리하고 새로운 적응 기술을 배우기 위한 문제 해결 같은 인지-행동 기법을 통합할 수 있다. 심리교육 집단 치료는 Hector가 유사한 문제를 경험하는 다른 사람들로부터의 집단 지지를 획득하는 것뿐만 아니라 이 장애에 관해 더 많이 배우게 할 수 있다. 심리치료는 Hector가 자신의 문제를 더 잘 이해하고 대처하게 하고, 불안, 우울, 소외감을 논의하고, 그리고 부가적인 지지를 획득하도록 도와줄 것이다. 가족 자문은 또한 가족 성원들이 Hector의 상태를 더 잘 이해하도록 함으로써 최적의 치료 접근을 제공하도록 도와줄 수 있다.

공황 장애 이외에도, 많은 사람들이 겪는 덜 심각한 형태의 불안 또한 생물심리사회적인 조망으로 살펴볼 수 있다. 학교 공포증, 분리 불안, 외상 후 스트레스 장애 및 기타 불안에 기인한 문제들이 빈번한 임상적 도전을 제기한다. 예를 들면, 많은 학생들이 시험 불안을 경험한다. 시험불안은 시험을 마치기 전까지는 강렬한 불편감을 가져올 뿐만 아니라, 수행에 중대하게 영향을 미칠 수 있다. 어떤 학생들은 시험 전에 너무 불안해서 수면이나 섭식에 어려움을 갖는다. 심지어 습관적으로 구토를 하는 학생도 있다. 이전에 논의한 바와 같이, 불안에 대한 생물학적 취약성이 또한 시험 불안을 경험하는 많은 사람들에게 하나의 요인이 된다. 그들은 종종 일반적으로 더 불안해하는 경향이 있으며, 불안해하는 가족 성원들이 있다. 이러한 불안은 섭식이나 수면과 같은 신체적 기능에 문제를 일으키며, 잠을 잘 수 없고 먹을 수 없기 때문에 실패에 대하여 더 취약성을 느끼게 되고, 따라서 그것은 시험에 대한 더 큰 불안에 기여한다. 실패에 대한 두려움, 낮은 자아 존중감, 우울증과 같은 심리적 요인들 또한 시험 불안에 기여한다. 부모의 기대, 문화적 규범, 소수 민족이나 언어적 차이 그리고 또래들, 형제들 및 다른 사람들과의 비교와 같은 사회적 요인들이 또한 불안을 더 증가시킬 수 있다.

## Nicole은 학교공포증(생물심리사회적)을 겪고 있다

Nicole은 9세의 백인 여자아이이며 엄마와 함께 살고 있다. Nicole의 아빠는 가족과 산 적이 없었으며, 여러 해 동안 접촉이 없었다. Nicole은 도시 초등학교 4학년 학생이며 엄마는 동물병원에서 보조원으로 일하고 있다. Nicole과 엄마는 작년에 도시로 이사 왔다.

**현재의 문제** : 지난 여러 주 동안, Nicole은 학교 등교를 점점 거부하였다. 처음에 Nicole은 집에 있기 위해서 병을 호소하였으나, 최근에는 '집에 있기를 원하고' 교실로 '돌아가는 것이 겁나기' 때문에 눈물을 흘리면서 등교를 거부하였다. 엄마는 직장에 휴가를 내야 했고, 때때로 직장에 가야 할 때는 이웃사람에게 Nicole과 함께 있도록 도움을 청했다. 학교 담당 직원은 Nicole에게 즉시 학교에 돌아오거나 가정 개인교습 프로그램을 시작하라고 하였다.

**생물학적 요인들** : Nicole은 분리와 새로운 경험에 대한 어려움을 가진 항상 불안해하는 아이였다. 엄마는 불안 장애에 대

한 어떤 가족력도 자각하지 못하고 있었지만, Nicole이 '과거 어느 날'부터 '초조하고', '두려워하는' 것처럼 보였다고 호소한다. Nicole의 식습관은 식욕 결핍에 중요한 역할을 한다-카페인이 풍부하게 함유된 콜라의 지나친 섭취(하루에 거의 6캔)- 그리고 그녀는 또한 수면의 어려움을 호소한다.

**심리적 요인들** : Nicole은 전일제 일을 하는 엄마에게 깊은 애착을 보인다. 엄마는 이러한 욕구 결핍 아이를 기르는 것이 도전이라고 생각한다. Nicole은 특히 학교에 가거나 친구 집에 자러 가는 것 같은 분리 경험에 대한 반응에서 계속되는 불안으로 괴로움을 당했다. 그녀는 높은 지능, 사랑스러운 본성, 예술적 기술 등 많은 장점을 가졌다. 그녀는 자존감이 낮았고, 부적당감에 싸여있다.

**사회적 요인들** : Nicole은 도시 환경에서 생활하고 학교에 다니고 있다. 최근에 도시로 이사 온 후에, Nicole과 엄마는 상대적으로 고립감을 느꼈고, 많은 범죄와 혼잡이 있는 대도시에서

## 심혈관성 질병

사진 : Zach Plante 제공

강박관념-강박행동 장애, 불안과 우울 장애 및 정신분열증 같은 일반적인 정신건강 문제 이외에, 임상심리학에서 생물심리사회적 조망의 사용은 주요 의학

적 질병을 이해하고 치료하는 데 효과적으로 확장되어왔다. 따라서 임상심리학자들은 현재 직접적으로 의학 영역에 해당되는 장애들에 관여하게 되었다. 심혈관성 질병은 이 문제에 대한 더 나은 이해, 예방 및 치료에 있어서, 임상심리학의 생물심리사회적 조망의 활용에 대한 탁월한 예를 제시한다. 심혈관성 질병(Cardiovascular disease, CVD)은 미국에서 첫째가는 사망 원인인데, 1930년대 이래로 전체 사망의 40%에 이르며 미국에서 조기 사망의 주요 원인이 되어왔다(American Heart Association, 2009). 앞서 언급한 바와 같이, 10대 사망 원인의 50%가 흡연, 음주, 고지방 식습관 및 앉아있는 것과 같은 생활양식 요인들에 기인하는 것으로 추정된다(Institute for the Future, 2000; S. Taylor, 2009; Schenck-

**Nicole은 학교공포증(생물심리사회적)을 겪고 있다**(계속)

자신이 없었다. Nicole의 친척들은 모두 멀리 떨어진 도시에서 살고 있고, 엄마의 직업 때문에 사회적 관계나 지역사회와 관계를 맺는 것은 한계가 있었다.

**생물심리사회적 공식화와 계획** : 불안에 대한 생물학적 경향성을 가질 수도 가지지 않을 수도 있는 Nicole이 섭취하는 높은 함량의 카페인은 분명히 이득이 되지 않는다. 카페인은 어느 정도 불면, 낮은 식욕 및 불안에도 기여할 수 있다. 그렇지만 가장 분명한 사실은 새롭고 위협적인 환경에서 Nicole이 외로움을 느끼고, 그녀가 필요로 하는 의존성은 전일제 일을 하고 있는 홀로된 엄마에게 달려있다는 것이다. 학교를 떠나 집에 머물면서 Nicole은(아마도 무의식적으로) 엄마의 존재 혹은 적어도 이웃의 관심을 확보하는 데 성공한다. Nicole의 등교 거부는 엄마와 함께 있고, 이웃의 관심을 얻으면서 우연적으로 강화받을 수도 있고, 또한 대중교통을 이용하여 학교에 가는 것과 학교 요구에 맞서는 더 도전적인 측면들로부터 구제받음으로써 우연적으로 강화받을 수 있다. 안정적인 사회 지지망의 결핍은 엄마에 대한 의존성을 높이게 되었으며, 두려움

과 등교 거부를 일으키는 것으로 나타났다.

치료는 여러 가지 방법으로 진행되어야 한다. 첫째, Nicole이 학교에 다시 나가는 것을 점차적으로 강화하는 조형을 활용함으로써 행동주의 프로그램이 이루어진다. 예를 들어, Nicole의 엄마는 학교로 되돌아간 첫 주 동안에는 매일 첫째 시간을, 그 다음에는 처음 30분만을 함께 보내고, 그 다음에는 단지 학교에 데려가기만 하는 것 등을 하였다. Nicole의 행동은 엄마와 함께 하는 특별한 시간, 친구들과 함께 하는 즐거운 경험, 또는 다른 바람직한 유인가에 의해서 강화될 수 있다. 이러한 행동 계획은 Nicole이 놀이나 그림과 같은 언어적 수단과 비언어적 수단을 통해 두려움과 의존 욕구를 표현하도록 하는 지지적 심리치료에 의해 증대되어야 한다. 그녀의 사회적 관계를 확장하도록 가족을 격려하는 노력이 있을 수 있으며, 이용 가능한 자원과 전략을 결정하는 자문이 제공될 수 있다. Nicole이 자존감과 유능감을 고양시켜줄 수 있는 활동(집단 예수 프로젝트와 같은)에 참여하는 것 또한 이익이 될 수 있다. 끝으로, 모든 카페인이 Nicole의 식습관에서 제거되어야 한다.

Gustafsson, 2009; van Dam, Li, Spiegelman, Franco, & Hu, 2008). 이러한 생활양식 요인들은 특히 CVD의 발병과 밀접한 관련이 있다(American Heart Association, 2009; Dimsdale, 2009; Gump, Matthews, & Raikkonen, 1999; Krantz, Contrada, Hill, & Friedler, 1988; van Dam et al., 2008). 생활양식 요인에 더하여, 성격, 분노, 불안, 가족의 의료내력 및 성별 또한 CVD에 기여한다(Barlow, 2002; Contrada & Krantz, 1988; Institute of Medicine, 2001; Jorgensen, Johnson, Kolodziej, & Schreer, 1996; Schum, Jorgensen, Verhaeghen, Savro, & Thibodeau, 2003; S. Taylor, 2009; Thoresen & Powell,

1992). 높은 스트레스 반응성이 고혈압의 발병에 독립적인 위험 요인으로 보고되어왔듯이, 어떤 사람이 스트레스적인 생활 사상에 어떻게 반응하는지도 CVD에 기여할 수 있다(Dimsdale, 2009; Jorgensen et al., 1996; Mattews, & Woodall, & Allen, 1993). 분노표현이 많은 연구에서 CVD와 관련되는 것으로 발견되어왔다(예, Institute of Medicine, 2001; Schum et al., 2003). 따라서 가족력, 성별, 생활양식 및 성격요인들이 통계적으로 설명되고 통제되었을 때조차도 개인이 스트레스에 어떻게 반응하는가가 CVD 발병과 관련된다. 더욱이, 문화적, 직업적 및 사회경제적 요인들 또한 CVD에 기여한다. 예를 들면 소위 화이트칼라로 불리는 계층에서 A유형의 성격은

**사례 연구**

## Taylor는 심혈관성 질병, 직업과 가족 스트레스, 그리고 A 유형 성격(생물심리사회적)을 가지고 있다

Taylor는 아프리카계 미국인 혈통과 한국 혈통을 가진 60세의 혼혈 남성이며, 소송 변호사로 일하고 있다. Taylor는 부인과 매우 갈등적인 이혼 소송이 합의되어 이혼한 지 3년이 되었으며, 2명의 자녀를 둔 한 결혼한 성인 아들이 있다.

**현재의 문제** : Taylor는 오랫동안 고혈압을 앓아오다가 최근에 심장발작을 일으켰다. 그는 하루에 담배 한 갑을 피우고, 운동은 거의 하지 않고, 많은 스트레스가 있는 직장에서 오랫동안 일을 한다. 그의 아버지는 심장발작으로 50대에 사망하였는데, 심혈관성 질환은 그의 부계 가족력 전반을 통해서 만연하였다. Taylor의 심장병 의사는 의학적인 재활을 위한 기회를 최대화하기 위해서 중요한 생활양식과 행동을 변화시켜야 한다고 권장하였다.

**생물학적 요인들** : 심혈관 질환에 대한 Taylor의 광범위한 가족력과 아프리카계 미국인이라는 인종요인은 분명히 그에게 고혈압과 심장발작의 위험을 증가시켰다. Taylor의 흡연, 운동 부족, 그리고 스트레스를 많이 받는 직업은 그의 의료적 상태를 악화시켰을 것이다.

**심리적 요인들** : Taylor는 정력적이고, 경쟁적이며, 높은 성취욕이 있으며, 공격적이고, 시간에 쫓기는 사람으로서 고전적인 A유형의 성격을 나타내고 있다. 이 A유형 성격은 높은 스트레스적인 직업과 생활양식을 가지기 때문에 심혈관성 질병과 관련이 된다. 따라서 Taylor의 성격, 스트레스 많은 직업 및 개인생활은 건강 문제의 원인이 될 수 있다. 끝으로, 그의 흡연과 운동 부족은 긴장과 좋지 않은 건강을 더 반영해주고 있다.

**사회적 요인들** : Taylor의 최근 이혼과 직장 이외의 사회생활의 결핍은 높은 스트레스 수준과 지지 결핍에 기여하였다. Taylor의 혼혈인종은 그가 법조계에서 소수 민족으로서 성공하기 위해서 특별히 더 잘 수행해야 할 필요가 있다고 느끼게 하였다. 끝으로, Taylor는 어머니의 한국적 유산 및 전통과 더욱 강하게 동일시하였으며 이를 가정 속으로 적극적으로 통합하였지만, 궁극적으로는 그의 두드러진 아프리카계 미국인 외모와 아버지에 대한 사랑으로 결국 두 가지 유산에 대하여 갈등과 소외감을 느꼈다.

**생물심리사회적 공식화와 계획** : 의사에 의해 처방된 약물치료와 추적 관리 외에도, Taylor는 많은 다른 중재들로도 도움을 얻을 수 있다. 의사가 그에게 "담배를 끊고 운동을 시작하라."고 말했지만, 행동과 생활양식을 변경시키는 것은 매우 어려우므로, Taylor는 금연과 운동 프로그램을 발전시키기 위한 심리적 자문으로 많은 도움을 얻을 수 있을 것이다. 인지–행동 중재, 집단 중재와 의학적 중재(예, 니코틴 패치, 니코틴 껌)는 금연을 도와주기 위해 조합될 수 있고, 또한 행동주의 프로그램은 운동을 통한 점차적인 건강 증진을 위해서 운동생리학자와 함께 추진될 수 있다.

인지–행동 기법, 심리교육적 기법, 지지적 기법과 같은 심리학적 중재가 Taylor의 A유형 성격과 과도한 업무에 대한 반응 그리고 그의 생활에서 개인적인 스트레스 원을 다루는 데 또한 유용할 것이다. 끝으로, Taylor는 사회적 지지 증가로 도움을 받을 수 있다. 그의 가족관계, 인종적 태도와 정체감, 그리고 여가에 대한 욕구와 관련된 자문이 도움이 될 수 있다.

블루칼라 계층에서의 A유형 성격보다 CVD를 더 발병시키는 것 같다(Eaker, Pinsky, & Castelli, 1992; Haynes, Feimleib, & Kannel, 1980). 교육수준이 낮은 여성들이 교육수준이 더 높은 여성들보다 CVD의 발병 위험이 더 높다(American Heart Asso-ciation, 2009; Institute of Medicine, 2001; Eaker et al., 1992; Schenck-Gustafsson, 2009; van Dam et al., 2008) 아프리카계 미국인들은 다른 미국인들보다 두 배의 고혈압 발병 가능성을 가지고 있다(American Heart Association, 2009; Anderson

& Jackson, 1987). 끝으로, 빈곤이 남성들에게서 CVD와 밀접하게 관련이 있는데, 예를 들면, 연봉이 10,000달러 이하인 사람들이 연봉 25,000달러 이상을 받는 사람들과 비교했을 때, CVD로 사망할 가능성이 2.5배 더 높다(Dimsdale, 2009; National Center for Health Studies, 2002).

연구는 직접적인 CVD의 부모력이 있는 사람들이 식이요법, 체중, 운동, 생활 스트레스 및 고혈압과 관련이 있다고 일반적으로 알려진 기타 요인들을 통계적으로 통제했을 때조차도 이러한 가족력이 없는 사람들과 비교했을 때, CVD가 발병할 가능성이 더 높음을 보여준다(Fredrickson & Matthews, 1990; Jorgensen et al., 1996). 예를 들면, 생물학적 부모 모두가 고혈압이 있는 자녀들의 95%가 고혈압이 발병되는 반면에 생물학적인 한 부모만이 고혈압을 나타내는 경우에는 자녀들의 45%만이 고혈압을 발병시킬 것으로 추정된다(Smith et al., 1987).

생물심리사회적 요인이 CVD의 발병에 중요한 역할을 한다. 더욱이, 이러한 요인들은 상호작용하며 서로 영향을 미친다고 제안하는 증거가 있다(Barlow, 2002; Carmody & Matarazzo, 1991; Haynes et al., 1980; Institute of Medicine, 2001; Schenck-Gustafsson, 2009; Sweet et al., 1991; Taylor, 2009). 고혈압, 심장 부정맥, 후심근 경색 그리고 기타 심장 관련 질환을 CVD 증상의 치료는 생물심리사회적 강조를 반영한다. 이러한 치료들은 환자와 환자 가족에 개별적 욕구뿐만 아니라, 질병의 진단 및 진행에 달려있는 수술, 약물치료, 교육, 생활양식 관리, 이완 치료, 바이오피드백, 심리치료 및 사회적 지지를 포함하는 개별화된 접근이 포함될 수도 있다(Carmody & Matarazzo, 1991; Dimsdale, 2009; Institute of Medicine, 2001; Taylor, 2009).

## 암

암은 현대 임상심리학자들의 관심을 끄는 또 다른 심각한 의학적 문제이다. 생물심리사회적 조망의 원리는 예방과 재활을 위한 중재 전략 개발에 도움을 줄 뿐만 아니라 이 질병을 이해하는 데도 도움을 준다(Andersen, 1996, 2002; Skrzypulec, Tobor, Drosdzol, & Nowosielski, 2009). 암은 미국에서 두 번째 주요 사망 원인인데, 인구의 대략 25%가 앓고 있으며 해마다 약 570,000명의 사람들이 죽어간다(American Cancer Society, 1997, 2000, 2009; Kort, Paneth, & Vande Woude, 2009; Ngo, 2009; S. Taylor, 2009). 암과 관련된 사망은 20세기 동안 폐암(특히 여성에게서)과 유방암 및 전립선암 모두에서 높은 증가와 함께 꾸준히 증가하고 있다(American Cancer Society, 1996, 2009). 그렇지만 가장 최근 몇 년 동안, 암으로 인한 사망률은 암 검사와 치료의 향상으로 인하여 실제로 약 2% 감소되었다(J. Brody, 1996; Ngo, 2009; Skrzypulec et al., 2009; S. Taylor 2009). 암은 여러 가지 유사성을 가지는 100가지 이상의 질병 유형을 포함하는 일반적인 용어이다(S. Taylor, 2009). 이것은 주로 부적응적인 세포 성장과, 세포 수준에서 DNA에 의해 프로그램되는 복제와 관련되는 문제들을 포함한다. 어떤 암의 유형은 독극물 및 오염물과 관련된 암을 유발하는 독소에 노출되는 것 같이 잘 알려진 병인원을 가지고 있다. 흡연과 태양노출뿐만 아니라, DDT 독극물, 석면 건축자재는 좋은 예들이다. 그렇지만 많은 암의 형태는 알려진 인과요인 없이 발병된다. 어떤 암의 유형은 다른 것보다 더 쉽게 진단되고 치료되며, 암과 관련된 세포 성장이 빠르게 일어나서 생명을 위협할 수도 있으며, 혹은 천천히 성장하여 쉽게 약화될 수도 있다. 많은 형태의 암이 발병 초기에 발견되어 치료된다면 치유가 가능하다(American Cancer Society, 2000, 2009; Ngo, 2009; McCaul, Branstetter, Schroeder, & Glasgow, 1996).

생물심리사회적 요인들은 많은 형태의 암 발병에 상호작용하며 기여한다. 첫째, 유전적인 요인이 많은 유형의 암 발병에 영향을 미친다(Klausner, 1998; Kort et al., 2009; Skrzypulec et al., 2009). 예를 들면, 결장암과 유방암은 유전적 요인과 깊은 관련이 있는데, 가족에게 유전되는 경향이 있는 것으로 밝혀졌다. 특정한 유전자들이 어떤 사람들을 다른 사람들보다 암을 발병시킬 훨씬 더 높은 위험에 처하게 하는 것으로 발견되었다. 둘째, 어떤 암은 생활양식 및 인종적 요인과 관련이 있다(American Cancer Society, 1989, 1996, 2000, 2009; Andersen, 1996; Kort et al., 2009; Skrzypulec et al., 2009). 예를 들면, 백인 남성은 백인이 아닌 남성보다 피부암과 방광암이 발병될 가능성이 더 높다. 북유럽 출신의 여성들은 아시아 여성들보다 유방암에 걸릴 위험성이 훨씬 더 높다. 아프리카계 미국 남성은 전립선암에 걸릴 위험성이 더 높은 반면에, 일본계 미국인들은 위암에 걸릴 위험성이 더 높다(American Cancer Society, 2009). 셋째, 암은 고지방식, 일광욕, 흡연, 알코올 소비 및 앉아있는 생활양식 같은 생활양식 요인과 관련이 있다(American Cancer Society, 1989, 1996, 2000, 2009; Fitzgibbon, Stolley, Avellone, Sugerman, & Chavez, 1996; Kort et al., 2009; Levy, 1983; Skrzypulec et al., 2009). 끝으로, 사회적 지지, 스트레스, 기분(예, 우울증과 무기력) 및 심지어 성격(예, 억압성) 같은 심리사회적 요인들이 몇몇 연구들에서 암과 관련지어졌다(Andersen, 2002; Classen, Koopman, Angell, & Spiegel, 1996; B. Fox, 1988; G. Kaplan & Reynolds, 1988;

Scherg, 1987; Sklar & Anisman, 1981). 비록 모든 이러한 생물심리사회적 요인들과 암의 발달간의 관계가 분명하지 않고 심지어 논란의 여지가 있지만, 생물학적 혹은 유전적 취약성이 생활 사상과 환경적 요인(예, 독소에 노출, 스트레스)과 상호작용하여 많은 형태의 암 발병과 경과의 토대를 마련하는 것으로 보인다.

일단 암이 발병되고 나면, 생물심리사회적 요인들의 상호작용이 그 질병의 경과에 기여한다. 예를 들면, 부정적인 정서는 피부암과 유방암 환자들의 더 나쁜 예후와 관련이 있는 것으로 드러났다(Classen et al., 1996; Temoshok, 1987; Williamson, 2000). 흡연자들이 가지는 우울증은 우울하지 않은 흡연자나 비흡연자들보다도 더 나쁜 결과를 야기한다(Linkins & Comstock, 1988). 사실 이 저자들은 우울한 흡연자들의 암 위험이 우울하지 않은 흡연자들에 비해 18.5배 증가하였다는 것을 발견하였다. 스트레스는 또한 DNA 복구를 방해하여 더 나쁜 암 예후의 결과를 가져오는 것으로 가정되었다(Levy, 1983; McGregor & Antoni, 2009). 더욱이, 건강 식이요법, 운동, 스트레스 감소와 같은 건강을 증진시키는 행동; 의학적 평가 및 치료에 충실히 따르기; 그리고 알코올이나 약물 소비, 흡연, 일광욕 및 환경적 직업적 독소에의 노출과 같은 건강을 해치는 행동을 최소화시키는 것은 종종 회복을 증진시키는 데 필수적이다(American Cancer Society, 2000, 2009; Andersen, 1996; Fizgibbon et al., 1996; Levy, 1983; McCaul et al., 1996; McGregor & Antoni, 2009; S. Taylor, 2009).

암 치료에도 생물심리사회적 조망이 반영된다. 화학치료, 방사능 치료 및 수술 같은 의학적 치료에 더하여 사회적 지지와 심리치료는 재활과 심지어 수명

**사례 연구**

# Marilyn ─ 암과 생물심리사회적 요인

Marilyn은 68세의 유태인 여성으로 남편과 함께 살고 있다. 그녀는 3명의 성인 자녀들과 5명의 손자들이 있다. 그녀는 고위직 학교 행정관으로 오래 재직하다가 은퇴하였다.

**현재의 문제** : Marilyn은 최근에 정기적인 유방 X선 사진에서 매우 초기 단계에 발견되는 심각한 유방암의 일종인 침해적인 소엽 유방암으로 진단되었다. Marilyn의 어머니도 69세 때 진단받은 양측 소엽 유방암으로 사망하였다. Marilyn은 치료 과정을 결정해야 한다 : 방사선 치료를 하지 않는 유방 절제술, 또는 방사선치료와 화학 치료를 수반하는 유방종양 절제술.

**생물학적 요인들** : 유방암은 가족에게 유전되는 경향이 있는 질병이다. Marilyn의 어머니의 병력은 발병 위험을 증가시킬 수 있지만, 알려지지 않은 환경적 요인과 생물학적 요인 또한 유방암의 발병 원인이 될 수 있다. 유전적인 관심은 딸과 3명의 손녀들에 대한 부가적인 걱정을 일으킬 수 있다.

**심리적 요인들** : 이러한 근본적으로 생물학적인 질병과 대항하는 데 있어서, 정서적인 요인들이 치료 선택, 결과 및 궁극적인 죽음에 상당한 비중을 차지하고 있다. 첫째, Marilyn의 수술 선택은 상당히 개인적인 것으로, 그녀의 성 정체감, 외모 및 수술과 방사선 치료 모두에 관한 느낌들과 관련된 감정들이 포함된다. 둘째, 암의 희생자가 되는 것과 관련된 오랜 기간의

두려움과 취약성에 대한 적응은 중요한 도전을 제기한다. 심리교육적 필요 또한 개인에 따라 다양하다. Marilyn의 사례에서, 정보를 잘 제공받으려는 욕구도 치료 계획에 통합되어야만 할 것이다.

**사회적 요인들** : 사회적 지지는 유방암 생존자들에게서 치료 결과와 장수에 중요한 요인으로 밝혀졌다. 가족의 지지와 집단 지지 모두 Marilyn의 결정, 적응 및 장기적인 삶의 질에 필수적일 것이다. 그녀가 수년 동안 사원과 Hadassah 자선단체에 참여하면서 발전시킨 많은 친구들의 지지뿐만 아니라 남편의 지지 또한 수술과 연관된 신체적 변화에 대한 Marilyn의 적응에 중요한 역할을 할 것이다.

**생물심리사회적 공식화와 계획** : Marilyn의 치료는 수술, 방사선 치료 및 화학치료의 의학적 섭생에 심리교육적 중재와 사회 지지적 중재가 가장 잘 통합될 것이다. '실리적인 유형의 사람'인 Marilyn은 집단이나 개인적 맥락 모두에서 의사, 도서관 및 기타 유방암 생존자들에 대한 정보적 접근으로부터 도움을 받을 수 있을 것이다. 의료 전문가들과 정신건강 전문가들의 세심한 자문은 Marilyn이 극히 개인적인 의학적 결정을 내리는 것과 공동체와 가족 자원을 통해서 필요한 정서적 지지를 얻도록 하는 데 도움이 될 수 있다.

---

까지도 중진시켜주는 것으로 발견되었다(Classen et al., 1996; Spiegal, Bloom, Kraemer, & Gottheil, 1989; McGregor & Antoni, 2009). 암의 의학적 치료는 종종 화학치료와 관련된 메스꺼움 및 구토와 같은 문제가 되는 부작용 및 신체적 기능 상실, 통증 그리고 피로와 같은 수술 후에 뒤따르는 문제가 있다. 암 환자들이 종종 우울하고 불안한 것은 이해 가능한 것이다(Andersen, 2002; McGregor & Antoni, 2009; Williamson, 2000). 그들은 정말로 두려운 질

병의 신체적, 정서적 결과 모두에 대처하는 것을 배워야만 한다. 부부관계와 가족관계 그리고 일과 관련된 문제들 또한 암 환자들 사이에서 일반적인 일이다. 최면, 시각적 심상, 이완 훈련, 심리치료, 집단 치료 및 동료의 지지를 포함하는 심리사회적 치료가 모두 암 환자들에게 사용되어왔다(Andersen, 1992, 1996, 2002; Burish & Trope, 1992; Manne & Glassman, 2000; McGregor & Antoni, 2009; Turk & Fernandez, 1990; Williamson, 2000).

# Mary — 생물심리사회적 종합

이제 Mary의 사례를 통합적인 생물심리사회적 조망을 통해 재검토해보자.

**생물학적 요인들** : Mary는 이러한 증상에 대한 어머니의 내력 및 이 연합에 초점을 맞춘 연구에 비추어볼 때 공황 장애, 광장 공포증 및 불안과 관련된 상태들에 대한 생물학적/유전적 소인을 가지고 있을 수 있다. 그녀는 특히 일정한 심리적 상태와 환경적 상황에서 강렬한 생리적 반응으로 불안을 경험하는 경향이 있다.

**심리적 요인들** : Mary는 불안의 위험성이 있는 성격 프로파일을 나타내고 있다. 그녀의 아버지의 갑작스러운 죽음과 그 슬픔과 불안으로 인한 어머니의 뒤이은 죽음은 상실과 분리에 대한 엄청난 정서적 취약성을 가져왔다. 이러한 기저하고 있는 불안정성은 유능함에 대한 내적 감각과 삶의 도전을 헤쳐 나가도록 적절한 독립성을 발달시키는 데 실패함으로써 Mary의 불안정성은 더 심하게 되었다. 더불어서, Mary는 내적 세계와 외적 세계를 견고하지 못한 것으로 경험하였고, 안전지대로 알려진 곳으로부터 멀어질 경우에는 실제 공황에 취약하게 된다.

**사회적 요인들** : Mary의 아일랜드 천주교 문화와 종교적 교육은 자원과 책임 모두를 제공해주었다. 첫째, 그녀의 가족과 교회 공동체의 전통, 의식 및 강한 종교적 신념은 이러한 맥락들에서의 소속감, 의미 및 안정감에 기여하였다. 그렇지만 개인의 발달에 반대되는 보편적인 선에 대한 가족의 강조는 그녀가 가정에서 분리되는 것을 방해하였다; 감정과 욕구 표현을 억압하는 것을 선호하는 문화적 맥락은 표현과 발달을 억눌렀

다; 자기희생을 고무하고 개인적 욕구를 부인하는 교회의 가르침에 대한 그녀의 견해는 아마도 자율적인 대처 기술 및 가치를 발달시키지 못한 것에 기여했을 수 있다. 끝으로, 우리 사회에서 여성성에 대한 Mary의 역할 모델인 어머니는 아마도 Mary 자신이 경험하는 의존성과 두려움을 가르쳤을 것이다.

**생물심리사회적 공식화와 계획** : 불안에 대한 Mary의 생물학적 취약성은 성격 발달과 문화 발달의 맥락 내에서 팽만한 공황 장애를 촉진하였다. 다차원적인 치료 접근이 분명히 필요한데, 여기에는 다음과 같은 통합적인 요소들이 포함되어야 한다.

1. 개인 심리치료는 Mary가 어려움을 안전하게 탐색할 수 있고, 상실을 철저하게 다룰 수 있으며, 자율적이고 유능한 기능을 위한 고무적인 도구를 개발하게 하는 지지적인 치료적 관계를 조합한다.
2. 인지-행동 전략은 이완, 노출 및 반응 방지 기법들을 포함하고 있는데, Mary를 즉각적인 공황증상으로부터 도와주는 데 필수적이다.
3. 부가적인 부부의 작업은 Mary가 남편(그리고 다른 사람들)에 대한 애착을 위협적인 것으로 느끼지 않으면서 보다 건강하고 자율적인 역할을 취하도록 남편의 지지와 격려를 구하는 데 유용할 수 있을 것이다.
4. 보다 큰 활동성과 Mary의 종교적 관심을 다루도록 도와주는 교회 자원의 활용.
5. 정신과 의사의 자문은 Mary의 공황증상을 치료하는 데 있어서 향정신성 약물치료의 사용과 관련된 가능한 이점과 부작용을 탐색하는 데 유용할 것이다.

AIDS, 관절염, 통증, 두통 및 과민성 대장 증후군 같은 많은 부가적인 의학적 문제들은 모두 발병과 유지, 결과에서 생물학적, 심리적 및 사회적 요소들을 포함한다(Fava & Sonino, 2008; Gatchel & Blanchard, 1993; S. Taylor, 2009). 이것들과 다른 의학적 문제들은 종종 생물학적 취약성, 환경적 스트레스, 성격, 문화 및 그것들의 궁극적인 상호작용을 포함한다. 현대 임상심리학은 전통적인 의학적 중재와 함께 이러한 많은 문제들에 대한 포괄적인 예방과 중재를 발전시키는 데 유용하다.

# 결론

생물심리사회적 조망은 광범위한 신체적, 정서적 문제를 이해하고 치료하는 매우 가치 있고 포괄적인 수단을 제공한다. 연구 증거와 임상 실무는 모두 임상심리학자들과 다른 전문가들이 관심을 가지는 많은 유형의 문제들을 치료하는 데 이러한 조망의 사용을 지지하는 경향이 있다. 사람들이 자신들의 삶에서 문제를 어떻게 발달시키는지에 관하여 더 많은 정보가 이용 가능해짐에 따라, 단일 차원적인 이론들이 점점 더 쓸모없는 것으로 입증되면서, 인간 문제는 확실히 복잡해졌다. 생물심리사회적 조망은 문제를 전인적, 체계적 및 다차원적 방식으로 접근함으로써 이 복잡성을 다루는 데 목표를 둔 현재의 통합적 지향의 한 예가 된다(Fava & Sonino, 2008; N. Johnson, 2003; Skrzypulec et al., 2009).

# 큰 그림

점차 복잡해지는 이 분야 및 사회에서 현대 임상심리학자들은 통합에 대한 요구에 주의를 기울이는 것이 중요하게 되었다. 심리적 접근과 관련 생물학적 요인 및 사회적 요인을 지적이고 민감하게 종합하는 것은 점점 통합적인 분야로 이끌었다. 생물ㆍ심리ㆍ사회적 요인들이 언제나 원인 또는 치료에서 동등한 비중을 공유하지는 않지만, 이러한 요인들 간의 미묘한 상호작용에 대하여 사례별로 관심을 두는 데서는 임상적 쟁점에 관한 어떤 연구나 중재에 풍부한 정보를 제공해준다. 생물심리사회적 통합은 여러 가지 면에서 현대 임상심리학과 밀접한 관계가 있으며, 그러한 노력의 범위와 유용성을 확장시키고 있다. 행동에 미치

는 생물ㆍ심리ㆍ사회적 영향의 상호작용에 관한 더 많은 연구 증거가 나옴에 따라, 현대 임상심리학자들은 다른 사람들을 도와주는 노력에서 더 좋은 응용을 개발하기 위하여 새로운 지식을 통합할 것이다.

## 요점

1. 오늘날 대다수의 임상심리학자들은 한 가지 단일한 이론적 관점을 고수하기보다는 통합적인 지향으로 그들 자신을 동일시하고 있다. 임상심리학은 한 가지 이론적 접근은 더 이상 대부분의 전문가들에게 있어서 인간 행동과 행동 변화에 관하여 만족스러운 이론은 적절하게 제공하지 못한다는 쪽으로 발전하였다. 이론적 접근들 및 이용 가능한 기법들의 통합은 예외이기보다는 규준이 되었다.

2. 접근들의 통합은 복잡하고 도전적인 노력이다. 각 접근에는 그 자체의 언어, 지도자들 및 실무가 있다. 그렇지만 이러한 주요 이론적 접근들의 통합에 대한 노력은 세 가지 방법 중 하나로 나타나는 경향이 있는데, (1) 각 접근들과 관련된 이론을 통합하는 것, (2) 각 접근과 관련된 공통적인 요인들에 대한 이해를 발전시키는 것, 그리고 (3) 또는 다른 사람들을 조력하는 데 이용 가능한 기법들의 범위를 제공하기 위해서 실무적인 방식으로 절충주의를 사용하는 것을 포함한다.

3. 생물심리사회적 접근은 맥락적이며, 행동에 관한 생물학적, 심리적 및 사회적 영향의 상호작용은 인간 행동의 복잡성을 이해하고 전문적인 건강 서비스와 정신건강 서비스를 찾는 사람들의 삶을 개선시키기 위해서 신중하게 다루어져야만 한다고 주장한다. 생물심리사회적 접근은 이들 각각이 서로 밀접하게 연관되어있고 상호 의존적이라는 점에서 정서적, 심리적, 신체적 및 행동적 기능에 대한 체계 이론 조망을

적용한다.

4. 생물학적 관점을 가지는 전문가들은 일반적으로 생물학적 중재를 선호한다. 그 결과, 그들은 이러한 접근에 적합한 문제들을 치료하는 경향이 있다. 예를 들면, 전기 경련 치료(ECT)와 약물치료는 우울증, 양극성 장애의 조증 및 정신분열증을 치료하는 데 자주 사용된다.

5. 많은 임상심리학자들은 점차 사회학자들과 인류학자들이 수년 동안 연구해오고 있는 행동에 관한 문화적 영향과 사회적 영향에 초점을 맞추기 시작하였다. 대부분의 개업 임상심리학자들이 큰 조직이나 집단보다는 여전히 개인, 부부 및 가족을 주로 다루고 있기는 하지만, 문화, 사회 경제적 요인, 인종 및 지역사회 같은 쟁점들의 영향은 인간의 기능과 변이에 대한 상대적인 기여와 관련하여 상당한 관심을 받아왔다.

## 핵심용어

병적소질-스트레스(diathesis-stress)
생물심리사회적(biopsychosocial)
생물학적 취약성(biological vulnerability)
통합(integration)

## 복습

1. 왜 어떤 접근은 다른 접근보다 연구를 수행하는 데 더 어려운가?

2. 어떤 접근이 가장 많은 연구 지지를 받았으며 그 이유는 무엇인가?

3. 한 가지 접근을 고수하는 것의 단점은 무엇인가?

4. 어떤 이론적 접근들이 일반적으로 통합되었는가?

5. 접근을 통합하는 이점은 무엇인가?

6. 생물심리사회적 접근은 무엇이며, 이것은 어떻게 임상심리학에 적용되는가?

7. 생물심리사회적 접근의 장점과 단점은 무엇인가?

8. 생물심리사회적 접근을 사용하여 정신분열증, 우울증 및 암에 대하여 논의하여라.

## 학생들의 실제 질문

1. 상이한 문화적 측면에서 공황 장애의 증상은 어떻게 다른가?

2. 만약 통합적 접근이 현재의 기준이라면, 프로이트와 같은 사람은 왜 여전히 많은 관심을 받는가?

3. 생물심리사회적 모형이 유용하지 않은 어떠한 임상 문제가 있는가?

## 웹 자료

www.psychologicalscience.org
미국심리학회(APA)로부터 임상심리학의 과학적 측면에 대해 더 자세히 알아보기

www.americanheart.org
미국심장협회로부터 심장 질병에 대해 더 자세히 알아보기

www.cancer.org
미국암학회로부터 암에 대해 더 자세히 알아보기

www.adaa.org
불안 장애에 대해 더 자세히 알아보기

www.ocfoundation.org
강박관념-강박행동 장애에 대해 더 자세히 알아보기

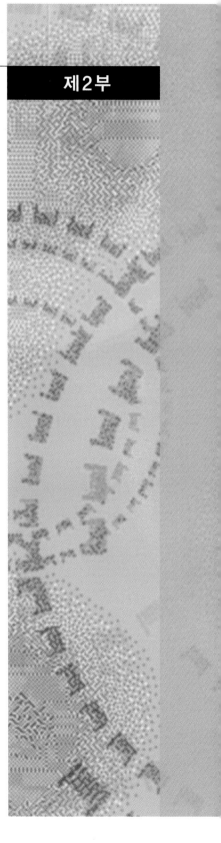

# 역할과 책임

사진 : Zach Plante 제공.

# 현대의 심리 평가 I : 면접과 행동관찰

단지 몇 번의 만남의 과정에서 한 개인의 심리적 기질을 평가하는 것은 만만치 않은 일이다. 한 개인의 마음 및 감정적인 영혼에 대한 본질적인 작용을 접근하고, 규명하고, 기술하고 그리고 의미 있게 통합하는 이러한 능력은 심리학자의 인간적이고 지적인 자원 모두에 도전하는 것이다.

전문 심리학의 초창기 때부터, 평가와 검사는 중요한 임상활동이 되어왔다. **심리평가**는 심리학자들이 진단을 내리고, 치료를 계획하고, 행동을 예측하기 위해서 정보를 수집하고, 평가하는 과정이다. 평가는 환자를 면접하고, 과거기록(의학적 또는 학교의 기록과 같은)을 검토하고, 행동을 관찰하고, 다양한 인지적, 행동적, 성격적, 가족 및 심지어 생물학적인 요인들까지 측정하기 위하여 심리검사를 실시하는 것을 포함할 수도 있다. 심리검사는 신뢰롭고, 타당한 검사 도구를 이용하는 특정 평가기법을 포함한다. 심리검사도구들을 통해 심리학자들은 규준 표집으로부터 얻은 점수와 개인의 점수를 비교할 수 있게 된다.

평가는 1896년에 임상심리학이 출현했을 때부터 제2차 세계대전 말까지 임상심리학자들의 중요한 응용활동이었다. 제3장에서 논의한 바와 같이, 학교에서 문제가 있는 아동들을 평가할 뿐만 아니라, 또한 두 번의 세계대전에서 신병들을 평가하는 것에 대한 요구는 임상심리학이 평가와 검사기획에 참여하도록 촉진시켰다. 오늘날 많은 임상심리학자들은 일반적인 심리 검사 혹은 특정 전집의 검사(예, 노인 뇌졸중 환자들의 신경심리 검사, 미취학 아동의 인지검사, 혼란된 성인의 성격검사)에 전문화되었다. 사실, 다양한 절차와 제작을 수반하는 심리평가와 검사는 수백만 달러의 산업이 되었다.

이 장에서는 면접과 행동관찰을 통한 심리평가가 평론될 것이다. 제8장에서는 성격평가뿐만 아니라 인지평가와 신경심리평가의 주요한 수행이 논의될 것이다. 처음부터 끝까지 평가도구들과 측정들의 실제 사용과 적용을 예시하기 위하여 사례들이 활용될 것이다.

## 평가의 목표, 목적 및 유형

임상심리학자의 서비스를 필요로 하는 사람들은 전형적으로 자신이나 다른 사람들에게 불편과 걱정을 일으키는 어떤 사고, 감정 혹은 행동 때문에 도움을 찾도록 동기화된다. 그들에게 현존하는 증상들은 불안, 우울, 분노, 낮은 성적, 대인갈등, 과식, 수면부족, 외로움 또는 과민성을 포함할 수도 있다. 그들은 그런 증상들이 괴롭다는 것을 발견하고 그것들을 제거하는 데 전문적인 도움을 얻고 싶어 한다. 보통 중요한

질문들이 회기 동안 나타난다. 심리학자가 할 일은 다음과 같은 기본적인 질문들에 대답하도록 하는 것이다:

왜 내 아들은 학교에서 얌전하지 못할까?

왜 나는 6개월 전에 헤어진 여자 친구를 잊지 못할까?

내가 다리 위를 운전할 때면 언제나 발생하는 강한 두려움과 공황을 어떻게 극복할 수 있을까?

성인인 내 아들이 양극성 질병에 대처하도록 내가 도울 수 있는 것이 무엇일까?

어떻게 하면 내 남편과 내가 더 잘 지낼 수 있을까?

내 아이가 정신적으로 지체되어있는가?

내 두통은 스트레스에 의한 것일까 아니면 뇌종양과 같은 심각한 의학적 문제로 인한 것일까?

왜 나는 인생에서 어떤 일들이 잘 되어갈 때 심한 우울을 느낄까?

내가 어떤 일을 잘 해나가는 것을 방해하는 낮은 자존감을 어떻게 극복할 수 있을까?

심리학자가 환자를 도울 수 있기 전에 초기 평가는 필수적이다. 평가의 목표는 일상적으로 현재의 문제(들)에 기여하는 요인들에 관하여 더 완전한 이해를 발전시킴으로써 상황을 판단하는 것이다. 그런 다음에 심리학자는 진단을 내릴 수 있고, 이어지는 치료나 중재 계획을 개관할 수 있다. 예를 들면, 어떤 사람이 빈번한 환각과 망상에 대처하는 데 도움을 얻기 위해 심리학자에게 올 수도 있다. 다양한 생물학적, 심리적 및 사회적 요인들이 이들 증상에 기여했을 수도 있다. 그 사람은 종양과 같은 의학적 문제를 갖고 있거나, 환각과 망상이 암페타민 남용이나 발작과 연합되었을 수도 있다. 증상들은 외상 후 스트레스 장애나 정신분열증 또한 연관되었을 수도 있다. 증상들은 예

를 들면, 그들이 재정적 위기나 폭력적 외상에 직면해서 악화되는 것과 같은 중요한 사회적 요인들에 연관되어질 수도 있다. 따라서 환각과 망상은 생물학적, 심리적 및 사회적 요인들의 다양성과 연관되어있을 수 있다. 이 요인들의 영향에 대한 평가는 만족스럽게 진단하고 치료계획을 세우는 데 결정적으로 중요하다. 예를 들면, 환각과 망상이 암페타민 남용, 정신분열증, 양극성 장애, 외상 후 스트레스 장애, 또는 기질적 뇌 질환과 연관되어있다면 치료는 극도로 달라질 것이다.

때때로 현재의 문제나 증상은 진짜 문제가 아닐 수도 있다. 예컨대, 어떤 사람은 특히 긴장성 두통을 치료하기 위해 도움을 구할 수도 있다. 어쩌면 환자는 두통의 빈도, 기간 및 강도를 감소시키기 위하여 바이오피드백 사용이나 이완 전략을 개발하는 데 흥미가 있을 수 있다. 그렇지만 한두 회기 후에 환자는 그녀의 결혼이 산산 조각나고 있고 배우자가 바람을 피우고 있는 것이 두렵다고 보고한다. 두통은 결혼의 불화에 의한 스트레스와 연관되어있을 수도 있으나, 첫 몇 회기 동안에 두통에 초점을 맞추는 것은 더 강렬하고 고통스런 결혼 불화와 부정의 주제를 내세우는 것보다 덜 위협적인 것으로 느껴졌을 수도 있다. 따라서 두통은 관심의 핵심 영역을 이루고 있는 결혼쟁점 심리치료의 '입장권'이 되었다.

우울증은 많은 상이한 원인들로 발병될 수 있는 증상의 또 다른 예이다. 또다시, 우울증의 각 사례에서 생물 · 심리 · 사회적인 영향의 평가는 적절한 진단적 이해와 중재 전략을 개발하기 위해 필수적이다. 예를 들면, 우울증은 종종 가족에서 이어지고, 연구들은 종종 가족 성원들 사이에 우울증에 대한 유전적 취약성이나 생물학적 취약성이 있다는 것을 제안한다. 따라서 만일 그런 부모, 형제 및 조부모와 같은 어떤 생물학적인 친척이 우울증의 병력을 갖고 있다면 다른 가족 성원들은 또한 우울 장애의 증상들을 발병시킬 가능성이 더 높다. 더욱이, 우울증의 증상들은 다양한 약물치료의 부작용일 수도 있고, 또한 많은 신체적인 가벼운 병 및 상태들과 연관될 수 있다(예, 심장질환, 당뇨병, 암, 만성피로 증후군, 만성 질병, 수면 무호흡증). 우울증과 연관된 심리적인 요인들에는 많은 다른 심리적인 요인들뿐만 아니라 집이나 직장에서의 스트레스, 중대한 상실들(예, 사랑하는 사람의 죽음이나 이혼), 관계 갈등, 경계선 혹은 반사회적 성격장애와 같은 성격 장애들이 있다. 무주택, 문화적 갈등, 인종차별, 성적 괴롭힘, 재정적 문제 그리고 기타 쟁점들과 같은 사회적 요인들이 또한 우울증 증상들의 징후에서 중요한 역할을 할 수 있다. 많은 사람들에게서, 생물 · 심리 · 사회적 요인들의 구도는 우울증의 증상들을 이끈다. 끝으로, 다른 잠재적인 정신과적 문제들은 다른 것들 중에서도 주의력 결핍 과잉행동 장애, 외상 후 스트레스 장애, 반항성 장애, 섭식장애(예, 비만, 신경성 식욕부진증, 신경성 폭식증), 그리고 사고 장애(예, 정신분열증)와 같은 기타 잠재적인 정신과적 문제들이 또한 우울과 연합된다. 그러므로, 둘 이상의 임상적 문제들의 공존으로 정의되는 공병은 우울증의 증상들에 기여하는 요인들을 더 완전히 이해하기 위해서, 그리고 알맞은 진단 및 치료 계획을 세우기 위해서 적절하게 다루어질 필요가 있다.

평가는 어떠한 전문 심리 서비스에도 기본이 되며, 많은 상이한 형태로 수행될 수 있다. 예를 들면, 평가는 환자나 지인들(가족 성원, 친구, 동료)과의 임상면접; 행동 관찰(교실 관찰, 역할시연); 점검표, 항목표 및 심리검사(지능검사와 성격검사)의 사용; 이전의 기록(의료 차트, 학교 기록) 검토; 그리고 문제가 되는 개인이나 상황에 친숙한 기타 전문가들(의사, 교사,

학교 상담가, 성직자, 보호관찰관, 검사)과의 토의를 포함할 수 있다. 평가도구들의 선택은 현존하는 문제의 특성, 심리학자의 기술과 조망, 환자의 목적과 의지, 그리고 비용 및 시간과 같은 실제적인 문제들에 달려있다.

## 신뢰도와 타당도

사용된 평가 접근법에 관계없이 그 방법이 유용하게 사용되기 위해서는 신뢰롭고도 타당해야 한다. 신뢰도는 결과의 일관성을 언급하는 데 사용되는 용어이다. 수집된 자료로부터 결론과 일반적인 원리를 발달시키기 위해서 자료는 신뢰롭거나 일관된 것으로 간주되어야만 한다. 신뢰도란 동일한 개인에 대한 두 번의 상이한 시행에서 한 검사자가 유사한 검사 점수를 얻을 수 있는 것을 의미한다. 예를 들면, 월요일에 한 아동에게 실시된 지능검사에서 얻은 점수는, 수요일에 그 검사를 같은 검사자에 의해 같은 아동에게 수행되었다면, 유의하게 달라서는 안 된다. 신뢰도는 또한 검사자의 정체성에도 불구하고 검사에서 같은 점수를 얻은 능력을 포함한다. 예를 들면, 위의 예에서 아동은 Dr. A, Dr. B, 혹은 Dr. C 중 누가 검사 수행자가 되더라도 동일한 지능점수를 얻어야만 한다. 신뢰도는 또한 몇몇 사람들 또는 평가자들이 비교를 위해 관심 있는 동일한 행동을 관찰하고, 독립된 평정치나 점수들을 제공하는 것을 포함한다. 이것을 평정자간 신뢰도 혹은 관찰자간 신뢰도라고 한다. 예를 들면, Dr. A가 한 아동에게 지능검사를 수행하는 동안, Dr. B와 Dr. C는 검사 수행을 관찰하고, 또한 검사를 채점한다. 검사가 신뢰롭기 위해서는 평정자들 사이에 높은 정도의 일치가 있어야 한다.

평가 절차의 일관성을 검토하는 많은 상이한 유형의 신뢰도가 있다. 여기에는 검사-재검사 신뢰도, 동형검사 신뢰도, 반분 신뢰도, Kuder-Richardson 신뢰도 그리고 Cronbach α 계수 및 채점자간 신뢰도 혹은 평정자간 신뢰도가 포함된다(Anastasi & Urbina, 1997). 검사-재검사 신뢰도는 검사가 두 개의 분리된 시기에 시행될 때 동일한 결과를 얻는 것을 말한다. 동형검사 신뢰도는 두 개의 다르지만 동등한 변형 검사를 수행했을 때도 동일한 결과를 얻는 것을 말한다. 반분신뢰도는 검사를 반으로 나누어 평가했을 때도 동일한 결과를 얻는 것을 말한다(예, 홀수의 항목들과 짝수의 항목들의 점수 비교). Kuder-Richardson 신뢰도 그리고 Cronbach α 계수 신뢰도는 평가 절차의 내적 합치도를 측정하는 통계적 절차를 말한다. 끝으로, 채점자 신뢰도는 둘 이상의 검사자들이 평가를 얼마나 잘 수행하고, 그들의 검사 수행과 채점에 얼마나 일관성이 있는지에 관심이 있다. 이들 신뢰도 유형 각자는 상이한 유형의 일관성을 측정한다. 신뢰도가 완벽한 경우는 드물고, 약간의 오류나 불완전성이 모든 검사에서 예상된다. 예를 들면, 아동은 동등한 형태의 지능검사에서 정확히 같은 점수를 얻지 못할 수도 있고, 두 사람의 평정자는 동일한 사람에 대한 그들의 평가의 모든 면에는 일치하지 않을 수도 있다. 그렇지만 검사가 신뢰롭게 되기 위해서는 이들 점수로부터 나온 결과가 동일해야만 한다.

신뢰도에 더하여, 평가절차가 타당해야 한다. 타당도란 평가 접근이 측정하고자 하는 목적을 얼마나 잘 측정하는가를 말해준다. 어떤 지능검사가 정말로 지능을 측정하고 있는가? 성격검사가 정말로 성격을 측정하고 있는가? SAT가 정말로 대학 적성을 측정하는가? 신뢰도와 마찬가지로, 많은 상이한 유형의 타당도가 있다. 연구로부터의 결과들은 결론을 이끌어내고 발견을 일반화하기 위해서 타당한 것으로 간주되어야 한다. 여기에는 내용타당도, 준거타당도(예언타당도와 공존타당도), 구성타당도 그리고 변별타당도가 있다(Anastasi & Urbina, 1997). 내용타당도는 평가절차가 측정하기 위해 설계된 행동을 대표하는 표본을 망라하고 있는지에 관한 것이다. 예를 들면, 단지 어휘 항목들만을 포함하는 지능검사는 지능의 모든 측면들(예, 문제해결 기술, 추상적 사고 기술, 시각-운동 기술)을 적절하게 대표하지 못한다. 준거타당도는 평가도구가 다른 검사에서 혹은 특정 활동에서 수행을 얼마나 잘 예언하는지에 관한 것이다. 예를 들면, SAT에서의 수행은 대학에서의 수행과 높은 상관이 있어야 한다. 이것은 고등학교 동안의 SAT 점수들이 미래에 대학에서의 수행을 예언하는 데 사용되었기 때문에 예언 준거타당도이다. 공존타당도는 관심 있는 두 측정치가 동시에 이용 가능할 때 나타난다. 예를 들면, SAT 점수는 ACT 시험과 함께 공존타당도를 평가하는 데 사용될 수 있는데, ACT 시험은 많은 고등학교에서 SAT 대신 사용되는 동형의 고등학교 시험이다. SAT와 ACT 모두 거의 동시에 수행될 수 있기 때문에 공존타당도를 평가할 수 있다. 구성타당도는 측정도구가 측정하고자 목적하는 이론적인 구성개념을 얼마나 잘 측정하는지를 말해준다. 예를 들면, 불안 검사가 실제로 불안의 구성개념을 측정하는가? 변별타당도는 적절하게 관련되지 않은 둘 이상의 측정치들을 말한다. 예를 들면, 구두 사이즈, 키 및 사회적 기술과 관련되어서는 안 된다. 신뢰도와 마찬가지로 타당도의 평가도 좀처럼 완벽하지 않다. 평가에서 어느 정도의 오차를 예상할 수 있다. 예를 들면, SAT 점수는 대학에서의 수행을 완벽하게 예측하지는 못한다. 타당도가 수용되는 수준은 조사자의 준거나 타당도 평가 목적에 따라 달라질 수 있다.

이 장과 다음 장에 논의된 평가 접근들은 신뢰롭고 타당한 방법으로 행동을 진단하고, 기술하고, 설명하고 그리고 예언하는 데 사용된다. 그런 다음 평가는 전형적으로 치료, 선발(예, 직장이나 학교 프로그램의 선발) 또는 기타 중재전략들을 이끈다. 평가는 많은 사람들의 삶에 영향을 미치는 중요한 결정을 내리기 위해 사용되기 때문에 신뢰롭고 타당한 절차가 사용되어야 하고, 또한 그것들이 주의 깊게 사용되는 것이 중요하다. 그러므로, 이들 측정치들은 적절한 임상적 효용성을 가져야 한다. 임상적 효용성이란 평가도구들이 거짓 긍정과 거짓 부정을 최소화하는 반면에, 참 긍정과 참 부정을 극대화시켜야 한다는 것을 말한다. 예를 들면, 만일 검사가 그들의 의지(즉, 비자발적인 입원)에 반해서 정신과에 환자를 입원시킬지를 결정하지 못하고 타당하지 못한 검사 결과에 따라서 강제로 입원될 어떤 가능성도 최소화시키는 것은 필수적이다.

## 면접

대부분의 도움을 주고 있는 전문가들은 문제를 평가하고, 가설을 세우고, 결론을 내리기 위한 표준접근으로 면접을 사용한다. 적절하고, 이해관계가 있으며, 식견이 있는 당사자들(환자, 가족성원, 교사, 의사)과의 대화는 보통 평가 수행에서 중요한 초기 단계이다. 임상심리학에서 면접은 사례에 대한 자료를 수집하는 일련의 질문 이상의 것이다. 결정적인 질문을 하는 것, 주의 깊게 대답을 경청하는 것, 빠진 정보나 비일관된 정보에 주의를 기울이는 것, 비언어적인 행동을 관찰하는 것, 가설을 발달시키는 것, 그리고 대안 가설을 배제하는 것이 면접 과정의 모든 부분이다.

면접은 심리학자가 문제의 가설을 세우고 최고의 해결책을 개발시킬 수 있도록 중요한 정보(사실, 태도, 신념)를 얻을 수 있도록 설계된 사려 깊고, 잘 계획된, 신중한 대화이다. 어떤 면접은 매우 구체적인 질문들과 지시들로 고도로 구조화되어있는 반면[진단면접계획표(Diagnostic Interview Schedule, DIS)와 DSM-Ⅳ를 위한 구조화된 임상면접(Structured Clinical Interview for DSM-Ⅳ, SCID)과 같이], 다른 면접은 비구조화되어있고 대화를 발달시킴으로써 전개된다. 구조화된 면접들이 연구 장면에서 종종 사용되는 반면, 비구조화된 면접들은 일반적으로 실무 장면에서 사용된다. 구조화된 면접은 더 정확한 것을 제공하지만, 면접받는 사람의 개인적인 욕구 경험에 맞추기 위한 유연성을 허용해주지는 않는다. 구조화된 면접이나 비구조화된 면접을 사용하는 것은 면접의 목적에 토대를 두고 있다. 효과적인 면접은 예술이면서 과학이라고 할 수 있다. 비록 많은 연구가 면접 기술에 관해 수행되어왔지만, 심리학자들은 면접을 어떻게 수행하고, 어떻게 전문가가 되는지에 관한 매뉴얼을 읽지 않는다. 효과적인 면접은 실습, 지도감독, 경험 그리고 타고난 기술과 함께 시간이 흐름에 따라 개발된다.

얻어진 실제의 정보는 면접의 특정한 목적에 따라 매우 다양할 수도 있는 반면, 일반적으로 표준 자료의 목록이 수집되고 논의된다(표 7.1). 여기에는 이름, 주소, 전화번호, 나이, 성별 혹은 학력, 직업, 민족, 결혼상태 그리고 동거형태와 같은 인구통계학적 정보들이 포함된다. 일반적으로 현재와 과거의 의학적, 정신과적 문제와 치료들에 대한 정보가 또한 요구된다. 문제들의 발병 및 유지와 연합되고 기여하는 요인들에 대한 환자의 가설뿐만 아니라 주된 호소나 환자가 겪은 증상들의 목록이 논의된다. 면접자는 종종 그 사람이 문제들에 어떻게 대처하는가와 왜 지금 전문적인 서비스를 얻기를 바라는지를 알고자 한다.

면접은 광범위하고 다양한 목적으로 사용된다. 예를 들면, 전형적으로 면접은 심리학자가 새 환자를 치료할 때면 언제나 수행된다. 면접은 또한 어떤 사람이 위기에 있는지 여부를 밝히기 위해 수행되고 자해나 다른 사람을 해칠 위험이 있는지의 여부를 밝히기 위해서도 수행된다. 면접은 어떤 순간에 환자의 현재의 정신상태를 결정하기 위해 사용된다(예, 시간, 장소 그리고 사람에 대한 자각과 지남력). 일반적으로 면접은 어떤 심리평가의 일부로서 수행된다. 비록 수많은 상이한 면접 상황들이 존재하지만 어떤 기법과 기술은 거의 모든 유형의 면접에 필수적이다. 이러한 것들에는 라포 형성, 효과적인 경청 기술, 효과적인 의사소통, 행동 관찰 그리고 적절한 질문하기가 포함된다.

## 라포

환자들은 자신들이 겪고 있는 문제들에 관하여 심리학자에게 말할 때 종종 완전히 낯선 사람과 자신들의 개인적인 관심사들을 공유하는 것을 불편해 한다. 그들이 이전에 절친한 친구, 부모 혹은 배우자를 포함해

| 표 7.1 | 표준 임상 면접 동안 요구되는 전형적인 정보 |
| --- | --- |

신상 정보(예, 이름, 나이, 성별, 주소, 날짜, 결혼상태, 교육수준)
의뢰원(그 사람을 의뢰한 사람과 이유)
주된 호소 또는 현재의 문제(증상의 목록)
가족배경
건강배경
교육배경
직장배경
발달내력(출생과 초기 아동기 발달내력)
성적내력(성 경험, 성적 지향, 관심)
이전의 의학적 치료
이전의 정신과적 치료
외상내력(예, 신체적 또는 성적 학대, 주요한 상실, 주요한 사고)
현재의 치료 목표

서 다른 사람에게 이런 관심사들을 결코 논의한 적이 없었을 수도 있다. 그들은 심리학자가 그들의 문제에 대해 부정적인 판단을 내릴 것에 대해 걱정할 수도 있다. 그들은 다양한 방법으로 당혹스럽거나, 바보 같거나, 걱정스럽거나, 화나거나 혹은 불편한 감정을 느낄 수도 있다. 소수인종, 소수 민족 또는 성적인 소수집단의 개인은 오해받거나 부당하게 대우받을 것에 대해 두려워할 수도 있다. 도움이 되고, 생산적이고 그리고 효과적인 면접을 발달시키기 위해 심리학자는 면접받고 있는 사람과 라포를 형성해야 한다. **라포**는 전문가와 피면접자 사이에 발달하는 편안한 작업 관계를 기술하는 데 사용하는 용어이다. 심리학자는 환자와의 관계에서 긍정적이고, 신뢰로우며, 수용적이며, 존중되며 그리고 도움이 되는 분위기와 관계를 발달시키려고 한다.

비록 라포를 형성하는 데 특정한 공식은 없지만, 일반적으로 다음과 같은 원리들이 있다. 첫째, 전문가는 주의를 기울여야만 한다. 전문가는 전화를 받거나 사적인 걱정과 같이 주의를 산만하게 하는 것으로부터 방해를 받지 않아야 하며, 환자에게 완전히 주의를 집중해야 한다. 둘째, 전문가는 라포-형성 자세를 유지해야 한다. 예를 들면, 환자에게 시선을 유지하고, 큰 탁자처럼 의사소통을 방해하는 물리적인 장애물 없이 열린 자세로 환자를 대해야 한다. 셋째, 심리학자는 지속적인 방해 없이 환자가 질문에 대답하도록 하고 적극적으로 주의 깊게 환자의 말을 경청한다. 넷째, 심리학자는 환자와 상호작용할 때 특히 개인적인 노출로 생각되는 경우에 판단하지 않고 비판하지 않는다. 전문가는 또한 친구나 모든 것을 다 알고 있는 사람처럼 행동하지 않으면서 진실된 존중, 감정이입, 성실성 및 수용을 향해 애쓴다. 심리학자는 면접 동안 환자가 편안하고 잘 이해받고 있다고 느끼게 해주는 지지적이고, 전문적이고, 존중되는 환경을 만들기 위해 노력한다.

## 효과적인 경청기술

라포 형성에 더해서 효과적인 면접자는 훌륭한 경청자여야 한다. 이것은 분명하기는 하지만 훌륭한 경청기술은 일반적으로 대부분의 사람들에게 자연스럽게 생기는 것이 아니므로 개발하는 것이 중요하다. 사람들은 종종 그들의 사고나 관심에 의해 주의가 분산되지 않으면서 다른 사람의 말을 충분히 경청하는 것이 흔히 도전적이라는 것을 발견한다. 많은 사람들이 어떤 다른 사람의 말을 듣기보다는 그 사람이 생각하는 것이 무엇인지 말하고 싶은 것이 무엇인지에 너무 초점을 맞춘다. 더욱이, 주의 깊은 경청은 많은 상이한 수준에서 나타나야만 한다. 여기에는 말해지고 있는 **내용**뿐만 아니라 그 이면의 느낌까지 포함된다. 경청은 또한 말해지고 있는 것뿐만 아니라 그것이 어떻게 표현되는지에도 주의를 기울이는 것을 포함한다. 예를 들면, 어떤 사람은 자신이 분노하고 있다는 것을 부인하지만, 팔짱을 끼고 이를 악물음으로써 화가 나 있음을 암시할 수도 있다. 경청은 또한 말하고 있지 않은 것에도 주의를 기울이는 것을 포함한다. 따라서 경청은 행간의 의미를 읽는 능력을 망라하는 엄청난 주의와 기술을 포함한다.

효과적인 면접자는 부연, 반영, 요약 그리고 명료화 기법들을 포함하는 **적극적 경청** 기술을 사용하고 발달시키는 것을 배워야 한다(Cormier, Nurius, & Osborn, 2008). **부연**이란 말한 내용에 대해 알기 쉽게 다른 표현으로 말하는 것을 의미한다. 그것은 다른 사람의 이야기를 주의 깊게 경청한 뒤, 그 이야기의 내용을 간략하게 요약하려는 시도를 의미한다. 부연의 목적은 그 사람이 피면접자의 메시지 내용에 초점을 맞추고 주의를 기울이도록 하는 것이다. 대조적으로 **반영**이란 개인이 자신의 느낌을 더 잘 표현하고, 이해하도록 격려하기 위하여 말하고 있는 것에 대한 느낌을 이해하기 쉽게 바꾸어 말하는 것을 포함한다. **요약**이란 몇 가지 논점들을 조리 있고 간단한 메시지로 묶기 위한 시도로, 부연과 반영 모두를 포함하는 것이다. 요약은 공통된 전반적인 메시지의 주제를 강조하기 위해 사용된다. 끝으로, **명료화**는 메시지가 완전히 이해되고 있음을 확실히 하기 위해 질문하는 것이다. 명료화는 개인이 자신의 메시지를 정교화하도록 도울 뿐만 아니라 면접자가 그 메시지를 이해하고 있다는 것을 확실히 하기 위해 필요하다.

이 기법들의 예는 결혼 여부를 결정하려는 한 쌍의 커플에 대한 다음의 예에서 제공된다. Eduardo는 몇 년 동안 Janice라는 33세의 백인 여성과 데이트를 해온 36세의 남미계 남자이다. 그는 Janice가 자신에게 적당한 사람인지를 확신하지 못하기 때문에 결혼할 수 없다고 느낀다. Janice는 Eduardo와 결혼하기를 원하는데, 그는 너무 많은 의심을 갖고 있는 것에 좌절을 느낀다고 보고한다. Eduardo는 또한 그가 그의 남은 인생 동안 한 사람에게 성실하게 머무를 수 있을지를 확신할 수 없다고 말한다.

Eduardo : "나는 결혼이란 제도를 잘 믿지 않는 사람이에요. 평균 수명이 30세 정도였을 때는 결혼제도가 합리적인 것으로 보여요. 어떻게 사람이 20대나 30대 동안 이와 같은 결정을 내릴 수 있으며, 50년 이상 동안 그 결정이 좋은 결정이라고 여길 수 있겠어요? 나의 부모님들은 50년이나 여전히 결혼한 상태이지만 그들은 서로 미워해요. 나는 왜 그들이 함께 사는지 모르겠어요. Janice는 정말 좋고 나도 그녀와 함께 있는 것이 좋지만, 미래에 우리가 지속

될지 누가 알겠어요? 그녀는 훌륭한 성격적 특징을 많이 갖고 있지만, 어떤 성격들은 나를 괴롭혀요. 예를 들면, 나는 그녀의 친구들 중 몇 사람을 정말로 좋아하지 않아요. 그들은 지루해요. Janice는 너무 현실적인 사람이어서, 나는 그녀를 좋아하지만 때때로 우리의 관계는 재미있는 일이 별로 없어요."

치료자에 의해 제공된 적극적 경청 기법들의 예는 다음과 같다:

부연 : "그래서 당신은 그 문제 때문에 Janice나 다른 사람과 결혼하는 것이 당신에게 적당한지를 확신하지 못하는군요."

반영 : "당신은 관계에서 약간의 지루함을 느끼고 있군요."

요약 : "당신은 당신이 결혼하기에 적당한 사람인지 불확실하며, 당신의 결혼에 대한 관점에도 불구하고, Janice가 당신에게 적당한 사람인지 아닌지 걱정하고 있군요."

명료화 : "당신의 관계에서 재미가 없다고 말할 때, 성적인 관계도 또한 말하고 있는 건가요?"

## 효과적인 의사소통

성공적인 면접을 수행하기 위해서 효과적인 의사소통은 필수적이다. 전문가는 환자가 어떤 아동, 청소년 또는 교육수준이 높은 성인인지에 따라 적절한 언어를 사용해야 한다. 면접자는 일반적으로 전문용어나 알아듣기 어려운 심리학 용어를 사용하는 것을 피하고 쉽게 이해할 수 있는 용어로 말해야 한다. 면접자는 환자가 의사소통하려는 것을 완전히 이해하려고 애쓰고, 환자가 확신하지 못할 때 명료화를 위해

## 다문화적 쟁점과 면접 수행에서의 의사소통

의사소통 양식은 문화적 배경에 따라 매우 다를 수 있다. 점차 증가하는 다문화 사회에서, 면접자는 문화가 의사소통과 면접양식에 미치는 영향에 주의를 기울이는 것이 중요하다. D. Sue와 Sue(2008)는 다양한 인종집단과 관련된 의사소통 양식에서 중요한 여러 미묘한 차이에 대해서 개관하고 있다. 예를 들면, 이들의 문헌평론은 백인들은 목적적이고, 과제지향적인 의사소통을 하는데, 고개를 끄덕이면서 크고 빠르게 말하고, 눈 마주치면서 빠른 반응을 하는 경향이 있다고 시사한다. 그렇지만 아프리카계 미국인들은 정서적으로 말을 하고, 들을 때보다 말을 할 때 눈 맞춤을 더 많이 하고 정서적이고 대인관계적인 의사소통 양식을 더 많이 사용하는 경향이 있다. 아시아계 미국인 및 라틴계 미국인은 더 부드럽게 말하고, 높은 지위에 있는 사람에게는 말할 때와 마찬가지로 들을 때에도 눈 맞춤을 피하며, 그리고 낮은 목소리와 간접적인 의사소통 양식을 사용하는 경향이 있다. 이들 심리학자들은 상이한 의사소통 양식에 민감해야 하며 인종, 문화 및 성별이 이들 양식에 어떤 영향을 미치는가에 관해서 더 많이 배워야 한다고 주장한다.

물어봐야 한다.

### 행동관찰

면접자는 임상면접 동안 말하는 것뿐만 아니라 어떻게 말하는지에 대해서도 주의를 기울인다. 비언어적 의사소통의 관찰(예, 자세 또는 신체언어, 눈 맞춤, 억양, 옷차림새)은 잠재적으로 유용한 정보를 제공한다. 예를 들면, 환자가 면접 동안 많이 웃고, 활력이 있어 보이고, 기분이 좋아 보이지만, 심각한 우울증상과 자살 생각을 기술할 수도 있다. 어떤 환자는 자신이 아주 편안함을 느낀다고 말하지만, 눈 맞춤을 피하면서 팔과 다리를 꽉 꼬고 앉아 있을 수도 있다. 부적절한 의상(예, 매우 추운 겨울날이나 직업 면접에 티셔츠와 반바지 차림) 또는 단정치 못한 외모는 환자가 가진 문제점들의 특징에 더 깊은 통찰을 제공해줄 수도 있다.

### 적절한 질문하기

훌륭한 면접자는 적절한 질문을 해야 한다.

아주 흔히, 경험이 부족한 면접자들은 환자가 떠난 후에야 했어야만 했던 중요한 질문을 생각해낸다. 적절한 질문을 하기 위해서는 면접 경험, 정신병리학 및 인간행동에 대한 견실한 이해가 필요하다. 전형적인 질문들은 현재 문제에 대한 빈도, 기간, 심도 그리고 병인론에 대한 환자의 지각과 같은 쟁점들을 다룬다. 문제에 대처하기 위한 환자의 노력뿐만 아니라 증상들을 주의 깊게 이해하는 것이 일반적으로 중요하다. 문제와 연합된 생물·심리·사회적 요인들에 대한 종합적인 검토가 유용한데, 이것은 필요한 곳에서 자살 위험과 기타 위험한 행동들에 관한 질문들이 유용한 것과 마찬가지이다.

다음의 사례 연구에서 면접자의 질문은 Joe의 우울증에 연합된 요인들에 관한 더 좋은 이해를 이끌어 낸다. Joe의 사장과 그의 아버지 모두와의 갈등적인 관계뿐만 아니라 긴 작업시간이 그의 자존감과 우울증에서 중요한 역할을 하는 것으로 보인다. 주어진 정보에 기초할 때, 입원이나 다른 극적인 중재(예, 전기경련 치료, 약물치료)가 필요할 만큼 우울증이 충분히 심한 것으로 보이지는 않는다. 그렇지만 계속적인 개인 치료는 당연히 필요한 것으로 보인다.

# 면접의 유형

심리학자들에 의해 수행되는 면접에는 많은 상이한 유형들이 있다. 어떤 면접은 진료소나 병원에 입원하기 전에 수행되며, 어떤 면접은 환자가 자기 자신이나 다른 사람을 해칠 위험이 있는지를 밝히기 위해 수행되고, 어떤 면접은 진단을 내리기 위해 수행된다. 어떤 면접은 비구조화되어있고 임의적이다. 모든 목록들을 망라하지는 않았지만, 이 절은 임상심리학자들이 수행하는 주요한 면접 유형들의 예를 간략하게 평론할 것이다.

### 초기면접, 즉 접수면접

초기면접, 즉 접수면접의 목적은 가장 적절한 치료나 중재 계획을 권고하기 위해서 환자의 증상이나 관심을 더 잘 이해하기 위해 발달된다. 면접이 병원, 외래 진료소, 개인 개업 또는 몇몇 다른 장면들에서 접수를 위해 수행되는지 상관없이, 초기 면접은 가능한 한 효과적으로 환자의 상황을 평가하려고 시도한다(그림 7.1). 환자의 문제와 욕구에 대해 더 잘 연구하는 것에 더해서, 심리학자는 또한 병원, 진료소 또는 개업자에 의해 제공되는 서비스가 환자의 욕구를 적절하게 충족시킬 수 있는지를 밝히려고 한다. 예를 들면, 어떤 사람이 우울증을 치료하기 위해 서비스를 요구했지만, 이 환자는 초기 면접의 과정 동안에 주요한 알코올 및 코카인 문제를 갖고 있다는 것이 드러났다. 만일 이 심리학자가 물질 남용치료가 필요하다고 느끼면 자신의 전문영역 외의 치료를 수행하기보다는

**그림 7.1** 한 심리학자가 임상적 면접을 수행하고 있다.

사진 : Zigy Kaluzny, Tony Stone Image, New York, Inc.

물질남용 문제에 전문화된 동료나 진료소에 그 환자를 의뢰할 수 있다. 초기 면접의 또 다른 목표는 환자를 병원, 진료소 또는 개인 개업에 보내기 위한 것이다. 예를 들면, 전형적으로 심리학자는 치료와 치료비 지불 방법을 의논하고, 환자에게 치료 시설 및 실무 정책들과 절차들을 알려주며, 제공되는 서비스에 대한 환자의 질문에 대답한다. 끝으로, 초기 면접은 종종 치료 전문가(들)나 시설이 전문적이면서 유능하게 환자의 관심을 다룰 것이라는 신뢰, 라포 및 희망을 심어주려고 시도한다.

## 정신상태 면접

종종 정신상태 면접은 환자의 심리적 기능 수준과 망상, 섬망 또는 치매와 같은 이상 정신 현상의 유무를 선별하기 위하여 수행된다. 정신상태 검사는 간단한 측정과 환자의 외모, 몸가짐, 말하는 특징, 기분, 사고과정, 통찰, 판단, 주의, 집중, 기억 그리고 지남력을 관찰하는 것을 포함한다. 정신상태 검사의 결과는 더 깊은 평가와 중재를 위한 어떤 방향을 제시할 뿐만 아니라 환자가 겪고 있는 가능한 정신과적 진단에 대한 예비 정보를 제공한다(예, 전문가에게 의뢰, 정신과 병동에 입원, 심리적 기능에 영향을 미치는 의학적 문제들의 평가). 예컨대, 정신상태 면접은 전형적으로 시간(예, "오늘이 며칠입니까? 오늘은 몇 월입니까? 올해는 몇 년입니까?"), 장소("당신이 있는 도시는 어디입니까? 당신은 지금 어디에 있습니까? 당신은 지금 어느 병원에 있습니까?"), 사람("내가 누구입니까? 당신은 누구입니까? 미국의 대통령은 누구입니까?")에 대한 지남력을 알아보기 위한 질문들과 과제들을 포함한다. 또한 정신상태 면접은 단기기억(예, "내가 세 개의 사물 이름을 말하면, 그것을 기억해서 말해보세요: 개, 연필, 꽃병."), 그리고 주의-집중(예, "100부터 7을 빼서 세시오. 예를 들면, 100, 93 등등입니다.")을 평가한다.

Baker와 Trzepacz(2005)는 정신상태 검사를 위한 유용한 개요나 점검표를 제공한다. 여기에는 다음과 같은 평가가 포함된다: (1) 외모, 태도 및 활동(예, 의식의 수준, 복장, 적절한 눈 마주치기, 협동과 저항의 정도, 적절한 자발성, 비자발성 및 자동적인 움직임), (2) 기분 및 정서(예, 정서의 적절한 유형, 강도, 범위 및 반작용), (3) 말하기와 언어(예, 말하기의 유창성, 이해 및 질), (4) 사고 과정, 사고 내용 및 지각(예, 가능한 망상, 환각, 반추, 강박관념, 자살 관념 또는 살인 관념, 특별한 생각), (5) 인지(예, 주의, 집중, 단기 및 장기 기억, 시간, 장소, 사람에 대한 지남력) 그리고 (6) 통찰 및 판단(예, 내재적 현실 또는 외재적 현실의 자각, 적절한 방어기제의 사용).

몇몇 정신상태 검사들은 전국 규준에 비교될 수 있는 점수로 구조화되어있는 반면, 대부분은 비구조화되어있고 점수화나 규준을 제공하지 않는다. 검사 동안 면접자는 정신과적 혼란을 나타낼 수도 있는 몇몇 비일상적인 행동이나 질문에 대한 대답을 기록한다. 예를 들면, 연월일 또는 현재의 미국 대통령의 이름을 알지 못하는 것은 보통 정신적인 문제를 나타낸다. 이것은 평가 동안 면접자의 임상 판단에 기초한 편파를 가져올 수도 있다(Herbert, Nelson, & Herbert, 1988).

## 위기 면접

위기 면접은 종종 환자가 중대하고 외상적이거나 생명을 위협하는 위기의 가운데에 있을 때 나타난다. 심리학자나 다른 정신건강 전문가 또는 준 전문가(예, 훈련된 자원봉사자)는 자살이나 독약 통제 긴급전화, 응급실, 지역사회 정신건강 진료소, 대학의 학생건강 서비스 또는 다른 많은 장면에서 일하는 동안에 그러한 상황을 만나게 된다. 비록 앞에서 논의된 많은 면접의 원리들이 여전히 적용되지만(예, 올바른 질문하기, 주의 깊은 경청), 응급 면접의 특징은 침착한 상태에서 빨리 결정을 내리는 것뿐 아니라 신속하고 '논지를 파악하는' 면접양식을 강조한다. 예를 들면, 환자가 자신이나 다른 사람들을 해칠 중대한 위험에 있는지를 결정하는 것이 중요할 수도 있다. 또는 그 사람이 섭취한 알코올, 마약 또는 약물 치료가 치명적인 양인지 아닌지를 결정하는 것도 중요할 수 있다. 면접자는 효과적으로 상황을 다루기 위해서 결정적인 질

**Joe는 우울증을 겪고 있다**

Joe는 35세의 백인으로 큰 건설회사의 중견 간부이다. 그는 결혼한 지 5년이 되었고, 자녀는 없다.

현재의 문제 : Joe는 자신의 우울한 기분에 대해 걱정하고 있다. 그는 슬픔, 절망, 무가치감 그리고 권태기를 겪고 있다. 그는 이 감정들이 매달 열흘 혹은 그 이상 동안 일어나고, 일상적으로 업무에서의 갈등이나 문제와 연관된다고 말한다. 다음은 임상심리학자에 의해 수행된 초기 면접 부분의 일부 발췌문이다.

면접자 : 얼마나 오래 이 우울한 감정을 느껴왔습니까? (문제의 기간).

환자 : 어, 아마도 약 20년.

면접자 : 이들 감정이 시작된 20년 전에 무슨 일이 있었는지 기억하십니까? (문제의 병인론).

환자 : 아니오.

면접자 : 지난 20년간 이들 문제 때문에 도움을 받기 위해 전문가를 찾아간 적이 있나요? (이전의 치료내력).

환자 : 아니오. 전에 그것들 때문에 나는 심리학자나 다른 사람을 결코 만난 적이 없어요. 사실 내 아내 말고 다른 사람은 그것들에 대해 안다고 생각하지 않아요.

면접자 : 무엇이 지금 그것들에 대해 무언가를 하도록 만들었나요? (현재 도움을 찾게 된 선행사상들).

환자 : 글쎄요. 내 아내는 내가 누군가를 만나기를 격려했어요. 나는 그녀가 최근에 큰 다리를 지날 때면 언제나 공황과 불안을 느꼈기 때문에 심리학자를 만났다고 생각해요. 그녀는

그것이 도움이 된다는 것을 안 이후로, 내가 누군가와 이들 문제를 이야기해야 한다고 생각했어요. 또한 나의 새로운 직장보험은 최대 12회의 무료 회기를 제공해주기 때문에 나는 그러한 기회를 이용해야 한다고 생각했어요.

면접자 : 이렇게 하는 것에 대해서는 편안하게 느끼시나요? (도움을 찾는 것과 연관된 느낌을 평가).

환자 : 예. 나는 결국 내 우울에 대해 무언가 하는 것에 대해 좋다고 느껴요.

면접자 : 당신이 우울하다고 느낄 때 구체적으로 어떤 일이 일어나는가요? (환자의 증상을 평가).

환자 : 글쎄요, 나는 내 자존감이 얻어맞은 것처럼, 단지 무가치감을 느껴요.

면접자 : 그래서 일반적으로 당신은 스스로에 대해 기분이 나쁜가요?

환자 : 예. 확실히 그래요.

면접자 : 잠자거나 식사하는 데 어떤 문제나 변화가 있나요? (자율신경계 증후 평가).

환자 : 그렇지 않아요. 나는 잘 자고, 잘 먹습니다. 사실 나는 아마 몇 파운드 체중이 줄었을 수도 있어요. 나는 초콜릿에, 특히 진한 초콜릿 크림에 약해요.

면접자 : 그런 감정들이 나타났을 때 대처하기 위해 어떤 노력을 하나요?

환자 : 일반적으로 내 아내에게 그것에 대해 이야기하는데, 그녀는 매우 지지적이죠. 또한 일반적으로 열심히 달리거나 자전거 타기와 같은 운동을 하려고 애써요. 나는 운동으로

문을 하는 동안에 침착하고 명석한 태도를 유지해야 한다. 면접자는 더 지시적일 필요가 있고(예, 그 사람이 경찰에 전화하도록 권유하기, 장전된 탄알을 제거하기, 토하는 방법을 알려주기 또는 높은 건물이나 다리에서 멀리 비켜나기); 만일 그 사람(또는 아동과 같은 다른 사람)이 심각하고 즉각적인 위험에 처해 있다면 비밀 보장을 깨뜨리기; 또는 다른 사람(예, 경찰서,

구급차)의 도움을 구하기가 필요할 수도 있다.

## 진단 면접

진단 면접의 목적은 환자의 특정 진단에 대한 명확한 이해를 얻는 것이다. 따라서 환자가 보고하는 증상들과 문제들은 그 관심 사항들을 진단으로 분류하기 위해 검토된다. 전형적으로, 『정신 장애의 진단 및 통계

**사례 연구** | **Joe는 우울증을 겪고 있다**(계속)

기분전환하는 것이 나에게 큰 도움이 된다고 생각해요. 때때로 내가 특히 기분이 나쁠 때, 나는 약간 우는데, 그러한 해소는 내 기분을 더 좋게 만들어줘요.

면접자 : 그래서 일들이 정말로 잘 안 될 때 당신은 육체적 활동을 하거나 울어서 기분전환을 시키는군요.

환자 : 맞아요.

면접자 : 당신의 다른 가족 성원들이 우울이나 기타 기분 문제들로 고생하는 사람이 있나요?

환자 : 별로요. 어머니가 현재 몇 차례 우울을 겪기는 했지만 심각하지는 않아요. 형제나 자매, 아버지, 조부모님 모두 우울이나 기분 문제들에서 큰 문제는 없는 것 같아요.

면접자 : 당신은(또는 어떤 가족 성원들) 우울과 정반대되는 것을 경험한 적이 있나요? 당신이나 그들이 매우 행복하다고 느낀 적이 있으며, 아마도 잠을 거의 자지 않거나, 많은 돈을 쓰거나, 하늘을 날 것 같은 기분을 느낀 적이 있나요?

환자 : 아니요. 만일 당신이 내가 조증을 느낀 적이 있는지를 의미한다면, 나는 아닙니다. 내가 알고 있기로는 내 가족에서 어느 누구도 그렇지 않아요.

면접자 : 당신은 전에 너무나 기분이 울적해서, 자해하려고 생각한 적이 있었습니까?

환자 : 그렇지 않아요. 내가 죽었으면 좋겠다고 뜬구름 같은 생각을 한 적은 있었지만, 결코 자살이라고 할 만한 느낌은 없었고, 결코 자해한 적도 없어요.

면접자 : 당신은 전에 자해하려고 시도한 적이 없다고요?

환자 : 전혀요.

면접자 : 당신의 우울한 기분에 기여하는 것이 무엇이라고 생각하나요?

환자 : 글쎄요, 나는 일을 너무 많이 해요. 보통 나는 오전 7시에 시작해서 오후 7~8시에 끝나요. 때로 우리 사장님은 나를 미치게 만들어요. 그는 너무 통제하고 있어요. 그가 내 어깨 뒤에 서서 내가 어떻게 하면 더 열심히 일할 수 있는지를 말하는 듯한 느낌을 항상 받아요. 일반적으로 나는 내 일을 좋아해요. 내 일은 월급이 괜찮고 내가 하는 일의 유형도 좋지만, 긴 근무 시간이나 사장님은 싫어요.

면접자 : 그래서 일이 돈과 같은 약간의 주요한 장점이 있지만 긴 업무 시간이나 몰아세우는 사장님처럼 주요한 단점도 있다는 말이군요.

환자 : 맞아요.

면접자 : 사장이 당신의 인생에서 어떤 사람을 상기시키나요?

환자 : 글쎄요, 사실대로 말하면, 그는 나의 아버지를 약간 상기시켜요. 내 아버지는 진정으로 사랑스러운 분이에요. 그리고 나는 아버지와 관계가 좋아요. 그러나 아버지의 한 가지 주된 결점은 통제적이며 항상 내가 어떻게 하면 더 잘 할 수 있는지에 대한 견해를 갖고 있다는 것이에요. 아버지는 좋은 의미에서 그렇게 하지만 정말 짜증나는 일이지요.

면접자 : 당신의 사장과 아버지 사이의 유사성이 당신의 우울한 느낌들에 어떤 작용을 한다고 생각하나요?

환자 : 확실치는 않아요. 나는 결코 그것에 대해 연관시켜서 생각해본 적이 없어요.

편람, 제4판-TR(DSM Ⅳ-TR; American Psychiatric Association, 2000)』은 다섯 범주들, 즉 축에 기초하여 진단을 내리는 데 사용된다(표 7.2). DSM Ⅳ-TR은 정신과적 문제를 분류하고 진단하기 위해 병원, 진료소, 보험회사 및 수많은 정신건강 전문가들에 의해 사용된다. DSM 체계는 미국에서 정신과적 장애를 분류하는 데 가장 널리 사용되는 반면, 기타 분류 체계들도 존재하는데, 이 체계들은 DSM에 비교할 때 장점과 단점을 모두 가지고 있다(Beutler & Malik, 2002; Mjoséth, 1998). 각 진단의 다섯 축은 임상 증후군, 잠재적 성격 장애의 영향, 의학적 문제, 심리사회적 스트레스 원 및 기능수준에 관련된 정보를 제공한다. 구체적으로 축 Ⅰ은 현존하는 임상 증후군을 포함한다(예, 우울증, 공황 장애, 정

**표 7.2** DSM-Ⅳ-TR의 진단 범주와 예

| |
|---|
| 일반적으로 유아기, 소아기, 청소년기에 흔히 처음으로 진단되는 장애(예, 가벼운 정도의 정신지체, 자폐성 장애, 주의력 결핍 과잉행동 장애, 품행 장애) |
| 섬망, 치매, 그리고 기억상실 장애 및 기타 인지 장애(예, Alzheimer형 치매, 혈관성 치매, Parkinson병으로 인한 치매) |
| 일반적인 의학적 상태로 인한 정신 장애(예, 두부 외상에 기인한 성격 변화) |
| 물질 관련 장애(예, 알코올 남용, 카페인 중독, 대마계 제제로 유발된 불안 장애, 흡입제 남용) |
| 정신분열증과 기타 정신증적 장애들(예, 정신분열증, 편집형 장애, 분열정서 장애, 공유 정신증적 장애) |
| 기분 장애(예, 주요 우울 장애, 양극성 장애Ⅰ, 기분부전 장애, 순환성 장애) |
| 불안 장애(예, 광장공포증을 수반한 공황 장애, 사회공포증, 외상 후 스트레스 장애, 강박관념-강박행동 장애) |
| 신체형 장애(예, 건강염려증, 전환 장애, 신체변형 장애) |
| 허위성 장애(예, 주로 신체적 징후와 증상이 있는 허위성 장애) |
| 해리성 장애(예, 해리성 기억상실증, 이인성 장애) |
| 성적 장애 및 성정체감 장애(예, 성적 혐오 장애, 남성 발기 장애, 노출증, 소아 기호증) |
| 섭식 장애(예, 신경성 식욕부진증, 신경성 폭식증) |
| 수면 장애(예, 일차성 불면증, 수면 중 보행 장애, 악몽 장애 ) |
| 다른 곳에 분류되지 않은 충동조절 장애(예, 병적 도벽, 병적 도박, 발모광) |
| 적응 장애(예, 우울 기분이 있는 적응 장애, 품행 장애가 있는 적응 장애) |
| 성격 장애(예, 편집성 성격 장애, 경계선 성격 장애, 연극성 성격 장애) |
| 임상적 관심의 초점이 될 수 있는 기타 상태(예, 신체적 상태에 영향을 미치는 심리적 요인, 관계의 문제들, 꾀병, 종교적 또는 영적 문제) |

신분열증). 축 Ⅱ는 잠재적인 성격 장애들을 포함한다 (예, 편집증적 성격 장애, 반사회성 성격 장애, 경계선 성격 장애). 축 Ⅲ은 신체적이고 의학적인 문제를 포함한다(예, 심장질환, 당뇨, 암). 축 Ⅳ는 환자가 현재 경험하고 있는 심리사회적인 스트레스 원들을 포함한다(예, 직장에서의 해고, 결혼 불화, 경제적 곤란). 축 Ⅴ(전반적 기능평가, 즉 GAF)는 환자가 자신의 문제에 얼마나 잘 대처하는가를 나타내 준다(1=형편없는 대처, 100=훌륭한 대처). 면접은 부적당한 진단을 배제하고, 적당한 진단을 수용하기 위해 수행된다. 따라서 면접의 목표는 환자가 특정 장애의 진단 준거에 부합되는지의 여부를 밝히는 것이다.

진단 면접은 도전적일 수 있다. 종종 면접 하나만으로 정확한 진단을 확정짓는 것은 어렵다. 또한 공병은 임상적 그림을 까다롭게 할 수도 있다. 예컨대, 체중이 많이 감량된 환자는 자신이 자기-기아를 가져오는 장애인 신경성 식욕부진증인지를 밝히기 위해 면접을 받을 수 있다. 신경성 식욕부진증이 있는 대부분의 사람들은 청소년기 소녀들이다. 유의한 체중 감량은 또한 많은 의학적 문제(예, 뇌종양)나 기타 정신과적 문제들(예, 우울증)에 연관되어있을 수 있다. 체중 감량 증상이 신경성 식욕부진증과 연관이 있는지의 여부를 밝히기 위해, 임상가는 그 환자가 신경성 식욕부진증에 대한 DSM-Ⅳ-TR의 진단 준거를 충족시키는지 알아보기 위해 진단 면접을 수행하기를 원할 수도 있다. 더욱이 가능한 부가적인 진단이 마찬가지

| 표 7.3 | 세 명의 아동의 DSM-Ⅳ-TR의 진단의 예 |
|---|---|
| **Jim** | |
| 축 Ⅰ | 분리 불안 장애(309.21)<br>달리 분류되지 않은 학습 장애(315.90) |
| 축 Ⅱ | 축Ⅱ에서 진단 없음(V71.09) |
| 축 Ⅲ | 제Ⅰ유형 당뇨병 |
| 축 Ⅳ | 심리사회적 스트레스 원: 학교에서 괴롭힘 당함, 어머니가 암에 걸림. |
| 축 Ⅴ | 전반적 기능 평가(GAF): 현재(61), 지난 해(65) |
| **Peter** | |
| 축 Ⅰ | 주의력 결핍 과잉행동 장애, 주의력 결핍 우세형(314.00), 가벼운 정도<br>달리 분류되지 않은 파괴적 행동 장애(312.9), 가벼운 정도<br>달리 분류되지 않은 우울 장애(311.00) |
| 축 Ⅱ | 축Ⅱ에서 진단 없음(V71.09) |
| 축 Ⅲ | 보고된 것 없음 |
| 축 Ⅳ | 심리사회적이고 환경적인 문제들: 아버지의 실직, 매우 작은 아파트에서 두 명의 다른 형제들과 방을 함께 씀 |
| 축 Ⅴ | 전반적 기능 평가(GAF): 현재(55), 지난 해(65) |
| **Beth** | |
| 축 Ⅰ | 반항성 장애(313.81)<br>학업 문제(V62.30) |
| 축 Ⅱ | 가벼운 정도의 정신지체(317.00) |
| 축 Ⅲ | 알레르기 |
| 축 Ⅳ | 심리사회적인 스트레스 원: 부모의 이혼, 새로운 학교로 전학 |
| 축 Ⅴ | 전반적 기능 평가(GAF): 현재(55), 지난 해(65) |

로 고려될 필요가 있다(예, 우울증, 공포증, 경계선 성격 장애). 어떤 임상가들은 구조화된 임상 면접을 사용하는 반면에(구조화된 면접 접근에 대해 설명하고 있는 다음 절 참조), 대부분은 자신의 방식대로 임상 면접을 수행한다. 표 7.3은 몇몇 아동들에 대한 진단 예들을 제공한다.

## 구조화된 면접

임상 면접의 신뢰도와 타당도를 증가시키려는 노력

에서 많은 구조화된 면접들이 개발되어왔다[예, 아동용 불안 장애 면접 계획표, Silverman & Nelles, 1988; 진단 면접 계획표(Diagnostic Interview Schedule, DIS), Robins, Helzer, Croughan & Ratcliff, 1994; DSM-Ⅳ에 따른 구조화된 임상 면접 (Structured Clinical Interview for DSM-Ⅳ, SCID-Ⅰ 및 SCID-Ⅱ), First, Spitzer, Gibbon, & Williams, 1997, 2002; 성격의 5요인 모형을 위한 구조화된 면접(Structured Interview for the Five-

## 정신 장애의 진단 및 통계 편람(DSM)

50년 이상 동안, DSM(Diagnostic and Statistical Manual of Mental Disorder)은 정신 장애 진단을 위한 '정신의학의 성경'으로 불리어왔다. 이것은 1952년 미국정신의학회에서 처음으로 출판되었으며, 몇 차례 개정되었다(1968, 1980, 1987, 1994 그리고 가장 최근에는 2000). DSM은 광범위한 정신건강 진단을 규명하는 기준이며, 진단, 치료계획 및 보험 상환을 위해 사용된다. 수년에 걸쳐, 진단의 수는 첫 번째 판에서는 106개에서 현재 버전에서는 365개로 늘어났다(Beutler & Malik, 2002).

현재 매뉴얼(DSM-IV-TR)에서는 5개 축을 이용하는 다축 체계로 진단을 제공한다. 축 Ⅰ에서는 정신분열증, 양극성 장애, 기분 장애와 같은 주요 임상적 장애를 포함한다. 축 Ⅱ는 성격 장애와 정신 지체를 포함한다. 축Ⅲ은 심장병, 암, 당뇨병과 같은 일부 의료 문제, 기타 등을 포함한다. 축 Ⅳ는 심리사회적 문제를 목록화하고 있으며, 축 Ⅴ는 1부터 100까지의 전반적 기능 평가를 나타내는데, 100은 우수한 기능을 나타내고 1은 심한 기능 장애를 나타낸다.

편람의 보편적인 사용에도 불구하고, 그것이 가지고 있는 수많은 문제점이 있었다. 첫째, 유능한 임상가들은 그 시대의 70%만이 DSM을 사용하는 진단에 동의하였다(Kirk & Kutchins, 1992). 이것은 특히 성격 장애에서 해당된다(Lowe & Widiger, 2009). 둘째, 중첩 또는 공병 진단 준거가 상당히 많이 있기 때문에, 한 장애가 다른 장애와 진정 어떻게 다른지를 밝히기가 어려울 수 있다(Lowe & Widiger, 2009; Widiger & Clark, 2000). 더욱이, 많은 사람들이 DSM 체계가 다문화적 쟁점과 여성들의 쟁점에 대해서 충분한 관심을 기울이지 않고 있다는 것들을 보고해왔다(Beutler & Malik, 2002; Kirmayer, 2001). 끝으로, 많은 사람들이 DSM의 개발과정에서 정치적 성질에 관하여 우려를 표명하고 있다. 주도적인 정신과 의사들이 여러 특별 위원회에서 진단 준거를 논의하기 위해 회합을 가졌는데, 궁극적으로는 무엇이 포함되고 무엇이 포함되지 말아야 할지에 대해서는 투표를 하였다. 일부는 진단 체계의 개발을 위해 더 많은 연구와 경험적 기초를 요청하게 되었다(Beutler & Malik, 2002; Lowe & Widiger, 2009; Widiger & Clark, 2000). DSM 진단이 일반적으로 건강 보험 이득을 얻기 위하여 언제나 필요하다는 데서 정치적 쟁점이 재정적인 문제로 확장되었다. 그러므로 임상가들은 보험청구가 지불될 이상한 것을 최대화하기 위해 환자가 경험한 것을 진정으로 반영하지 않는 진단을 사용할 수도 있다. 비록 많은 사람들이 DSM 체계는 변화되어야 한다는 것을 주장해왔지만, DSM 체계가 그렇게 빨리 버려질 가능성은 희박하다. 다음 판, DSM V는 2013년 중에 나올 예정이다.

Factor Model of Personality, SIFFM), Trull & Widiger, 1997]. 비록 SCID 면접이 가장 일반적으로 사용되지만, 각각은 면접의 목적과 관여된 환자에 따라 장점과 단점을 모두 갖고 있다(First, Spitzer, et al., 1997, 2002). 구조화된 면접은 상세한 흐름도(flowchart)의 형식으로 질문하는 매우 구체적인 질문들(예, "당신은 전에 대부분의 사람이 두려워하지 않는 상황에서 갑작스럽게 놀라거나, 불안하거나 혹은 매우 편하지 않은 것을 느낄 때 발작을 일으킨 적

이 있습니까?")(Robins et al., 1994)를 포함한다. 목표는 적절한 진단을 내리기 위해 필요한 정보를 얻는 것, 환자가 특정 치료나 연구 프로그램에 적합한지의 여부를 밝히는 것, 그리고 환자 보호에 필요한 중요한 자료를 확보하기 위한 것이다. 질문들은 일반적으로 의사결정-나무(decision tree format) 형태로 조직되고 개발되어있다. 만일 환자가 특정 질문에 예라고 대답한다면(공황에 관한 예에서와 같이), 상세화하고 명료화시키기 위해 부가적인 질문 목록으로 질

| 표 7.4 | SCID-Ⅰ의 구조화된 면접의 일부 예 | | | |
|---|---|---|---|---|
| 특정<br>공포증 | 특정 공포증<br>준거 | 선별질문#7 | | |
| | | 예 | | 아니오 |
| 만일 선별질문 #7에 "아니오"라고 응답했다면, 강박관념–강박행동 장애로 넘어가시오.<br><br>만일 선별질문 #7에 "예"라고 응답했다면 :<br>비행기를 타는 것, 피를 보는 것, 주사 맞는 것, 높은 곳에 있는 것, 폐쇄된 곳에 있는 것, 또는 어떤 종류의 동물이나 곤충 등을 특별히 무서워한 것들이 있다는 것을 말한다. | | 만일 아니오라면 : 강박관념–강박행동 장애로 가시오. | | |
| 만일 선별자가 사용되지 않는다면 :<br>당신은 비행기를 타는 것, 피를 보는 것, 주사 맞는 것, 높은 곳에 있는 것, 폐쇄된 곳에 있는 것, 또는 어떤 종류의 동물이나 곤충 등을 특별히 무서워한 것들이 있나요?<br><br>그것에 대해 나에게 말해주세요.<br>(공포 자극에 직면)했을 때, 무엇이 당신을 두렵게 했나요? | A. 특정 대상이나 상황이 예견될 때 두려움이 유발되는 지나치거나 비합리적인 현저하고 지속적인 두려움(예, 비행기 타기, 고공, 동물, 주사 맞기, 피를 보기). | ? 1 2 3<br>↓<br>강박관념–강박행동<br>장애로 가시오. | | F67 |
| (공포 자극에 직면)했을 때, 항상 무서워했나요? | B. 공포자극에의 노출이 거의 예외 없이 즉각적으로 불안 반응이 유발되며, 이런 반응은 상황과 관계가 있거나 상황이 소인이 되는 공황발작의 양상으로 나타난다. 주: 아동에 있어서 불안은 울거나, 분노발작을 일으키거나 몸이 굳어지거나 칭얼대는 것으로 나타날 수 있다. | ? 1 2 3<br>↓<br>강박관념–강박행동<br>장애로 가시오. | | F68 |
| 당신은 당신이 했어야 했던 것보다(또는 상식적인 것보다 더)(공포 자극을) 더 무서워한다고 생각했나요? | C. 개인은 자신의 두려움이 너무 지나치거나 비합리적인 것임을 잘 알고 있다. 주: 아동에게서 이 양상은 없을 수도 있다. | ? 1 2 3<br>↓<br>강박관념–강박행동<br>장애로 가시오. | | F69 |
| ?= 부적절한 정보 | 1= 없거나 부정 | 2= 역치 수준 아래 | | 3=역치 수준 또는 긍정 |

출처: DSM-IV 축 장애의 구조화된 임상면접, 즉 SCID-Ⅰ 중 특정 공포증 부분. M. B. First, R. L. Spitzer와 J. B. W. Williams의 *Structured Clinical Interview for DSM-IV Axis Ⅰ Disorder*(pp. F16-F19)로부터. 판권 © 1996 Biometrics Research 허락에 의하여 게재.

문할 수도 있다(예, "이런 발작 동안 심장이 두근거렸습니까? 가슴에 압박감이나 통증이 있습니까? 땀을 흘렸습니까? 전율이나 떨림이 있었습니까?" Robins et al., 1994). 만일 환자가 특정 질문에 "아니오"라고 대답한다면, 뒤따르는 질문 목록들은 건너뛴다. 구조화된 면접에서 임상적 판단과 자발성은 최소화되거나 제거된다. 구조화된 면접은 누가 수행하든, 정확하게 동일한 방식으로 진행된다. 따라서 면접은 대화라기보다는 구두 질문과 유사하다. 구조화된 면접은 면접 절차를 객관화하는 보편적인 방법이 되었다(Edelbrock & Costello, 1984; First, Spitzer et al., 1997; First, Gibbon, Spitzer, Williams, & Benjamin, 1997, 2002; Robins et al., 1994; Silverman & Nelles, 1988; Trull & Widiger, 1997;

Wiens, 1989). 반구조화된 면접은 면접자에 의한 질문에서 어느 정도의 융통성을 제공한다. 구조화된 면접과 반구조화된 면접은 개인 개업이나 진료소와 같은 임상적인 환경보다는 연구 환경에서 사용되는 경향이 있다. 준전문가들, 비전문가들 및 임상 보조원들이나 연구 보조원들은 종종 비용을 낮추고 면접 절차에 연합된 동질성을 증가시키기 위해 구조화된 면접을 수행하는 수련을 받는다. 구조화된 면접 예의 일부로 공포증을 표 7.4에 제공하였다.

## 컴퓨터 보조 면접

구조화된 면접의 다음 단계 발전은 컴퓨터 면접을 포함한다. 컴퓨터가 더욱 정교해지고 가격이 저렴해짐에 따라 고도로 복잡하고, 효율적이며, 효과적인 면접을 실시하기 위한 프로그램이 개발될 수 있다. 컴퓨터는 매우 객관적인 방식으로 환자들에게 질문하고, 반응을 기록하는 데 사용될 수 있다. 환자의 응답에 대한 적절한 추적조사 질문을 위하여 다수의 의사결정-나무가 채택될 수 있다. 더욱이, 어떤 환자들은 인간 면접자와 면-대-면으로 대화하기보다는 컴퓨터를 통해 민감하고 잠재적으로 당황스러운 질문들에 대답하는 것을 더 편안하게 느낀다(DiNitto, Busch-Armendariz, Bender, Woo, Tackett-Gibson et al., 2008; Farrell, Complair, & McCullough, 1987). 그렇지만 어떤 사람들은 이러한 방식으로 컴퓨터를 사용하는 것을 불편해하고, 문제들에 관해 전문가와 이야기하는 것을 선호한다.

컴퓨터 보조 면접은 상담자와 면-대-면으로 만나기 전에 대기실에서 기다리는 동안 환자들이 자신들의 관심사에 대한 다양한 질문에 대답할 수 있는 진료실 장면에서 사용되어왔다. 컴퓨터 면접의 결과는 치료과정에서 면접자를 도와주기 위해 제공된다. 민감한 자료가 공적인 장소(예, 대기실)에서 요구될 때, 그리고 컴퓨터 파일에 접근하는 것이 엄격하게 통제되지 않을 때, 기밀보장 문제가 반드시 다루어져야 한다.

## 종결면접

치료가 완결된 후에, 종결 면접은 치료의 효과를 평가하게 해주거나 환자의 다음 심리치료단계(예, 병원으로부터 집단 가정이나, 외래환자 시설로 퇴원)로의 이행을 부드럽게 하기 위하여 사용될 수 있다. 면접은 환자가 치료를 어떻게 경험했는지, 환자가 유용하였다거나 유용하지 않았다고 한 것은 무엇인지, 그리고 어떻게 환자가 미래에 문제들을 가장 잘 다룰 수 있는지에 초점을 맞출 수 있다. 종결 면접의 또 다른 목적은 환자에게 치료적 경험에 관한 종결의 느낌을 주거나 아직도 언급될 필요가 있는 잔여 문제들은 무엇인지를 밝히는 것일 수 있다. 면접은 치료 전문가에 의해 수행될 수도 있고 그렇지 않을 수도 있다. 특히 병원과 진료소 같은 큰 치료 시설들에서, 편파를 최소화하기 위해 치료 전문가가 아닌 다른 사람이 종결 면접을 수행할 수 있다. 예를 들면, 환자가 자신의 치료자에게 치료가 도움이 안 됐다고 직접 말하거나 그 임상가의 기법들을 비판하는 것은 어려울 수 있다. 그렇지만 홀로 독립한 개인 개업과 같은 더 작은 시설에서는 치료하는 전문가가 대개 종결 면접을 수행한다.

1. 면접을 위해 준비하기.
2. 면접의 목적을 알기.
3. 면접의 목적과 면담의 특성에 대해서 피면접자에게 명확하게 확인하기.
4. 면접이 환자와 면담자 사이의 협력적 경험으로 이해된다는 것을 확실히 하기.

주목받는 현대 임상심리학자

사진: Stanley Sue 제공

# Stanley Sue, PhD

Dr. Sue는 아시아계 미국인 및 소수민족 정신건강 쟁점에 초점을 두고 있으며, 전일제 학구적 경력을 유지하고 있다.

**생년월일** : 1944년 2월 13일

**대학교** : 1966년 Oregon 대학교(심리학 학사)

**대학원** : 1971년 California대학교, Los Angeles(임상심리학 PhD)

**임상 인턴쉽** : California대학교, Los Angeles, 학생 건강 정신진료소

**현재의 직업** : California대학교, Davis 심리학 교수 및 아시아계 미국인 연구

**임상심리학자가 되는 것의 장점과 단점 :**

**장점** : "사람들을 대상으로 하는 흥미있고 중요한 업무. 교육, 연구, 임상 실무, 자문 및 행정에서 다양한 역할."

**단점** : "임상 실무에서 소진되는 경험을 할 수 있음. 업무 및 시간 관리를 할 수 있어야만 하며, 심각하고도 지나친 책무가 발생할 수도 있다."

**임상심리학의 미래** : "미래는 밝아 보인다. 관리 진료의 걱정이 있음에도 불구하고 고용가능성이 상대적으로 높다. 미래에는 임상실무를 수반하는 더 나은 연구기금 통합이 있을 것이다."

**임상가가 다양한 문화를 가진 사람들에게 면접과 행동 관찰을 수행할 때 무엇을 명심해야 하는가?**

"임상가는 환자의 문화 배경과 환자 행동의 정확한 의미에 친숙하지 않기 때문에, 임상가들은 섣부른 판단을 피해야 하며 내담자 행동의 의미에 관해서 가설을 세우고 검증하는 것을 배워야 한다."

**어떻게 다양한 문화적 집단의 사람들과 함께 일할 때 라포가 형성될 수 있는가?**

"존중을 나타내며, 내담자로부터 듣고 배우며, 그리고 지지, 인지구조, 불안과 우울의 감소와 같은 선물을 내담자에게 제공하는 노력을 하면, 임상가는 내담자에게 신뢰를 얻을 수 있다. 내담자의 문화를 이해한다."

**전형적인 일과**

| | |
|---|---|
| 8 : 00 | 이메일 처리 |
| 9 : 00~10 : 00 | 강의를 위한 준비 |
| 11 : 00 | 정신건강 평가 쟁점에서 문화의 중요성에 대하여 학생들과 미팅 |
| 12 : 00 | 이메일 처리 |
| 1 : 00~2 : 00 | 연구와 저술. 출간을 위한 논문작업 및 문화적으로 유능한 정신건강 전문가들 수련에 관한 연구비 신청 작업 |
| 3 : 00 | 임상심리학 강의 |
| 4 : 00 | 행정업무 |

5. 피면접자와 매우 밀접하게 경청하기.

6. 구조화된 면접의 사용을 고려하기.

7. 피면접자가 행동적 그리고 조작적으로 정의된 용어로 그들의 증상과 관심을 술하도록 격려하기.

8. 결과를 보충하기 위해 면접과 함께 다른 평가 도구를 사용하기(예, 점검표, 항목표, 심리검사).

9. 문제행동과 문제증상의 선행사상과 결과를 확인하기.

10. 비이성적인 기대치와 편파를 피하기.

11. 너무 성급하게 결론을 내리지 말고, 면접에서 진단, 치료 또는 다른 결론을 내리기 전에 끝내는 것을 허용하지 않기.

## 효과적인 면접에서 잠재적인 위협

### 편파

면접자들이 편파적이 될 수도 있다. 그들의 성격, 이론적 성향, 관심, 가치, 이전 경험, 문화적 배경 그리고 기타 요인들은 면접을 수행하는 방식, 주의를 기울이는 것, 그리고 결론을 내리는 데 영향을 미칠 수 있다. 면접자들은 환자나 환자의 문제를 그들 자신의 견지에 기초한 면접동안에 수집된 정보를 의식적으로나 무의식적으로 왜곡할 수도 있다. 예를 들면, 한 심리학자는 아동의 성적 학대에 대한 전문가이다. 그녀는 아동일 때 성적 학대를 받아왔던 환자들을 치료하고, 이 주제에 관해 전문 논문과 책을 출간한다. 그녀는 종종 그 주제에 관해서 전국에서 강의를 해달라는 요청을 받는다. 환자가 우울과 불안, 낮은 자존감, 관계 갈등 그리고 성적인 걱정과 같은 빈번히 아동의 성적 학대에 관련되는 증상들을 기술할 때, 그 심리학자는 그 증상들이 성적 학대와 연관되어있다고 가정한

다. 환자가 성적 학대의 어떠한 경험도 부정할 때, 그 심리학자는 환자가 외상적 기억을 억압하거나 망각하였다고 가정한다. 그녀는 그런 다음 환자들이 학대받아왔다는 것을 깨닫게 하기 위해 환자들에게 억압된 기억을 드러내도록 돕는 작업을 한다. 명백히 이 예는 **편파**가 어떻게 왜곡되거나 심지어 파괴적인 접근으로 이끌 수 있는지를 예시하고 있다.

### 신뢰도와 타당도

신뢰도와 타당도 또한 위협받을 수 있다. 예를 들면, 두 사람 이상의 면접자들이 환자와 독립적인 면접을 수행한다면, 그들은 같은 진단, 가설, 결론 또는 치료 계획을 이끌어낼 수도 있고 그렇지 않을 수도 있다. 더욱이, 환자들은 여러 명의 상이한 면접자들에게 질문 받을 때, 동일한 정보를 보고하지 않았을 수도 있다(Cormier et al., 2008; Hubert, Wache, Peters-Martin, & Gandour, 1982). 면접자의 성별, 인종, 나이, 종교 및 기술 수준이 면접 동안 환자가 반응하는데 영향을 미칠 수 있는 요인들이다(Cormier et al., 2008; Grantham, 1973; Plante, 2009). 정서적인 수준이 또한 정보를 보고하는 데 영향을 미칠 수 있다(Kolko, Kazdin, & Meyer, 1985). 예를 들면, 성적행동, 알코올 사용, 아동 학대 또는 기타 민감한 쟁점들에 관련된 개인적 질문들은 상이한 상황에 있는 환자들로부터 다양한 반응들을 이끌어낼 수도 있다. 구조화된 면접을 사용하고, 상이한 방식으로 유사한 질문을 하고, 여러 면접자들이 참여하고, 기타 출처(예, 의료기록, 관찰자, 질문지)로부터 면접 정보를 보충하는 것으로 신뢰도와 타당도가 높아질 수 있다.

## 자폐증과 관련 장애

자폐증은 3세 이전에 발병하며, 사회적 관계 및 상호작용, 의사소통뿐만 아니라 활동성과 관심에서의 광범위한 문제들을 포함하고 있는 아동기 장애이다(American Psychiatric Association, 2000). 사회적인 상호작용의 문제들에는 눈 맞춤과 같은 비언어적인 사회적인 연결의 결핍, 그리고 상호적인 사회적 접촉, 상호성 및 관계성을 발달시키는 무능력뿐만 아니라 미소 짓는 것과 같은 안면반응이 있다. 의사소통 문제는 지체되거나 최소한의 말하기 언어 발달, 또는 독특한 의사소통 양식을 포함할 수 있다. 활동과 흥미 부족은 특별한 대상에 몰두하고, 머리를 흔들거나 두드리는 것과 같은 고도로 반복적인 운동을 하고, 그리고 특정 의식행위나 일상적인 것에 강박적으로 집착하는 것을 포함될 수 있다.

아스퍼거 증후군은 사회적 상호관련성, 활동 및 흥미에서 문제를 반영하지만, 그러나 거기에 어떤 중요한 언어 또는 인지 능력 부족은 나타나지 않는 경향이 있다. 그러므로, 아스퍼거 증후군을 가진 아동들은 교육활동에 매우 최소한의 문제를 가지고 있어 학구적인 관점에서는 학교에서 잘 해낼 수 있는 경향이 있지만, 그러나 사회 및 또래의 관점에서는 좋지 못한 경향을 보인다.

자폐증 및 아스퍼거 증후군과 같은 관련 장애들은 최근에 큰 주목을 받고 있다. 이러한 장애들에 새로운 관심의 한 부분은 이러한 장애를 가진 자녀들이 있는 유명인사(예를 들면, 미식축구 쿼터백 Doug Flutie, 음악가 Neil Young, 여배우 Jenny McCarthy), 이러한 장애를 다룬 인기 있는 영화(예, Forrest Gump, 1994), 그리고 이들 장애의 빈도가 점점 증가하고 있다는 많은 보고서들에 기인한다. 일부 뉴스 보도들은 자폐증이 어린 아동들에게 정기적으로 투여하는 아동용 백신의 실시와 관련이 있을 수도 있다는 것을 시사하였다(비록 질적인 연구는 이 시점까지 이 가설을 지지하는 데 실패했더라도). 또 다른 보고서들은 진단 준거가 사용되어온 것보다 더 낮은데 그러므로 더 많은 아동들이 자폐증 환자로 확인된다고 시사한다. 추가적인 보고서들은 자폐증이 더 많은 고등 교육을 받은 전집에서 발견되며, 또한 아마도 아직 확인되지 않은 어떤 독소에의 노출이 이 진단에서의 극적인 증가에 기여할 수도 있다고 시사한다. 끝으로, 또 다른 보고서들은 이들 문제를 가지고 있는 아동들이 학교 교직원, 정신건강 전문가들, 소아과 의사들 및 해당 부모들에 의해 과거보다 더 많이 확인될 가능성이 더 많아져서 훈련 및 대중인식이 개선되었다고 시사한다. 더욱더 많은 노력들이 자폐증 아동들을 특수교육 교실로 분리하기 보다는 정규 교실에서 이루어져 왔기 때문에, 더욱더 많은 아동들과 가족들이 자폐증 어린이들과 접촉을 하기 쉬운 것이다.

임상심리학자들은 자폐증 아동들과 함께 생활하고 가르치면서 대처 노력을 하고 있는 가족들 및 학교 교사들과 함께 일하는 것뿐만 아니라 자폐증에 대한 진단과 치료로서 관여하고 있다. 임상심리학자들은 자폐증에 대한 연구를 수행하고 종종 정책 및 지지활동에도 관여하고 있다.

## 행동관찰

백문이 불여일견이다. 행동 관찰은 심리학자나 기타 수련받은 관찰자가 관심이 되고 있는 문제와 행동들이 실제 세계에서 자연적으로 드러나는 것을 보기 위한 시도이다. 임상 면접이 심리학자에게 많은 도움이 되는 정보를 제공할 수 있는 반면에, 이 평가 접근은 많은 제한점을 가지고 있다. 아마도 가장 중요한 것은 임상 면접이 정확할 수도 그렇지 않을 수도 있는 자기보고 정보에 의존한다는 것이다. 면접 정보는 면접 받는 사람의 지각, 경험 그리고 인상관리 지향을 통해 걸러진다. 그러므로, 면접을 통해 얻어진 정보는 편파 될 수 있다. 예를 들면, 환자들은 자신이 경험한 고통의 정도를 최소화할 수도 있다. 알코올 문제가 있는 사람들은 자신들이 문제를 가지고 있다는 것을 당황스럽게 여기고 부인하기 때문에 매일 마시는 알코올의 양을 낮춰서 보고 할 수 있다. 학급에서 혼란스럽고 부주의한 것으로 보고된 아동들이 심리학자와 일대일로 이야기하는 면접회기 동안에는 주의력이 있고, 잘 행동하는 것으로 보일 수도 있다. 면접회기에서 제공된 정보는 의도적으로 또는 비의도적으로 왜곡될 수도 있다. 행동관찰이 자연관찰이든 자기 탐지 관찰이든 또는 통제된 관찰이든 간에, 이것들은 심리학자 스스로 관심 문제를 볼 수 있는 기회를 제공해준다.

행동관찰에서 중요한 개념은 기능적 분석이다 (Skinner, 1953). **기능적 분석**이란 행동의 결과뿐만 아니라 선행사상들, 즉 관심 행동을 이끈 것에 대한 행동분석을 의미한다. 예를 들면, 학급에서 아동이 혼란을 일으킨다면, 관심 행동은 친구들에게 말하기, 자리에서 이탈하기 그리고 과제를 완료하는 것을 거절하기가 포함된다. 행동의 기능적 분석은 교사에 의해 무시당하는 것이 혼란 행동 표현에 선행할 수도 있는데, 결과는 그 행동에 뒤따르는 교사 및 아마도 기타 학교 교직원(예, 보조 교사, 교장)으로부터의 많은 관심(부정적인 관심일지라도)을 포함할 수 있다는 것을 밝혀낼 수 있다. 기능적 분석은 행동이 학습되며, 결과가 행동을 유지하거나 강화하는 반면, 선행사상은 행동 그 자체가 표출되도록 하는 기회를 가져오게 한다.

행동관찰에 대한 또 다른 중요한 개념은 표적행동의 선정이다. **표적행동**은 조사되고, 평가되며, 중재에 의해 변경되기를 바라는 구체적인 행동들이다 (Hawkins, 1987). 흔히 표적행동들을 분리해내는 것은 무척 어렵다. 심리학자의 자문을 구하는 많은 사람들이 관찰하거나 이해하기 어려울 수 있는 모호한 호소들을 가지고 있다. 심리학자의 자문을 구하는 많은 사람들이 관찰하거나 이해하기 어려울 수 있는 모호한 호소들을 가지고 있다. 예를 들면, 앞의 예에서 교사는 아동이 학교에서 '동기화되어있지 않으며', '잠재력을 발휘' 하지 않는다고 호소할 수 있다. 결혼을 해야 한다면 확신이 서지 않는 p.175에서 언급된 남자는 관계에서 열정의 결여와 따분하다는 느낌을 호소할 수도 있다. 행동관찰은 관찰해야 할 분명한 표적행동을 규명해야 한다. 표적행동을 분명하게 정의하기 위하여 조작적 정의를 개발하는 것(즉, 신뢰롭고 타당한 평가도구를 사용하여 구체적으로 정의된 행동 또는 개념)이 효과적인 행동관찰을 위해 필요하다. 예를 들면, 동기화되지 않은이란 용어는 수업에 주의를 기울이지 않는 것, 엉성하고 완성하지 못한 숙제, 그리고 교실 수업 동안 창문 밖을 내다보기와 같은 표적행동들을 포함할 수도 있다. 열정의 결여라는 것은 빈번하지 않은 성적인 접촉이나 매우 불만족스러운 성적 경험으로 정의될 수도 있다.

## 자연관찰

자연환경에서 환자를 관찰하는 것은 종종 심리학자

사진 : Zach Plante 제공

들에게 다룰 필요가 있는 문제에 대하여 더 포괄적이고 현실적인 이해를 하게 해준다. 예를 들면, 어떤 아동이 학급에서 고도로 혼란되어있고, 운동장에서 종종 싸움을 걸고, 집에서 과제물이나 가정의 자질구레한 일을 하는 데 많은 갈등을 가질 수 있다. 교사나 부모가 주의력 결핍 장애를 의심하고 심리학자에게 아동의 평가를 의뢰할 수 있다. 아동, 가족 그리고 교사와 면접을 수행하는 것에 더하여, 심리학자는 가정과 학교에서 아동을 관찰하고자 할 수 있다. 그렇게 하는 데서 심리학자는 아동의 혼란된 행동을 강화시키거나 촉진시키는 환경적이고 사회적인 영향(예, 행동을 혼란시키는 교사, 반 친구들 그리고 혹은 부모의 반응, 학급의 좌석 배열)을 점검할 수 있을 뿐만 아니라 아동의 문제 행동에 대한 직접적인 정보를 얻을 수 있다. 그러므로 **자연관찰**은 문제를 발생시키는 환경과 상호작용하는 사람을 관찰하기 위해서 환자의 세계로 들어가는 것을 포함한다.

비록 자연환경에서 관찰하는 것이 분명히 많은 장점이 있기는 하지만 몇 가지 중요한 단점이 언급되어야 한다. 첫째, 자연관찰은 시간과 비용이 많이 든다. 심리학자는 가정, 학교 또는 직장 환경으로 가서 관찰을 수행한 후에 자신의 사무실로 돌아와야 한다. 그러므로, 심리학자는 한 사례만으로도 하루의 많은 시간을 소비하게 된다. 둘째, 교사, 함께 일하는 사람들, 또래들 그리고 기타 사람들이 심리학자가 이러저러한 이유로 관찰을 하기 위해 온다는 것을 알고 있을 때 기밀성이 손상될 수 있다. 셋째, 대부분의 사람들은 자신들이 관찰된다는 것을 알고 있을 때 다르게 행동한다. 이것을 반응성이라고 하는데, 즉 사람들이 어떤 다른 사람(예, 연구자나 부모)에 의해 관찰되고 있는 동안에 여러 사람이 있을 때보다 혼자 있을 때 종종 다르게 행동한다는 점을 반영하는 것이다. 예를 들

면, 혼란된 아동은 심리학자가 학급이나 운동장에서 관찰하고 있다는 것을 알고 스스로 가장 좋은 행동을 할 수도 있다. 넷째, 문제 행동은 심리학자가 관찰을 수행하고 있을 때 일어날 수도 있고 그렇지 않을 수도 있다. 관찰은 전형적인 행동을 대표하지 못할 수도 있는 행동의 작은 단편이다. 끝으로, 관찰은 편파될 수 있다. 심리학자는 면접 회기 동안에 수집된 정보에 기초한 어떤 행동(예, 주의를 기울이지 않는 것, 충동성, 그리고 혼란된 행동)을 보기를 기대할 수도 있다. 더욱이, 이해 당사자들은 평가 결과에 대한 숨겨진 의도가 있기 때문에 심리학자의 판단에 영향을 미치려고 할 수도 있다. 예를 들면, 교사는 지각된 문제 학생을 교실에서 내보내기를 원할 수도 있다. 따라서 심리학자는 기대된 행동에 초점을 맞추고, 기대되지 않은 행동을 무시할 수도 있다. 이런 단점이 종종 대부분의 심리학자들이 현장에서 관찰을 수행하는 것을 어렵게 한다. 자연관찰을 수행하는 사람들은 종종 직접관찰이 편리하고 비용이 많이 들지 않는 현장에서 일한다. 예를 들면, 초등학교 또는 중학교에서 일하는 학교 심리학자들은 자신의 사무실과 동일한 곳에 있는 교실 또는 운동장에서 쉽게 관찰할 수 있다.

자연관찰의 편리성, 신뢰도 및 타당도를 증가시키기 위해 많은 노력들이 기울여져 왔다. 예를 들면, Patterson(1977)은 행동 부호화 체계(Behavioral Coding System, BCS)를 개발하였는데, 이것은 가정에서의 혼란된 행동을 기록하고 분류하기 위해 훈련된 관찰자에게 구조화되고 연구에 기반을 둔 관찰 부호화 체계를 제공한다. 다른 사람들은 특정 집단(예, 아동, 정신적으로 압박을 받는 성인들, 입원한 정신과 환자들)과 문제들(예, 우울증, 불안, 작업행동, Jones, Ulicny, Czyzewski, & Plante, 1987; Lewinsohn & Shaffer, 1971; Mariotto & Paul,

1974; O' Leary & Becker, 1967)을 위한 구조화된 관찰 부호화 기법을 개발하였다. 이 척도들 중의 많은 것은 자연관찰을 수행하는 것과 관련된 비용을 줄이기 위해 훈련된 준전문가에 의해 사용될 수 있다. 그렇지만 이들 기법과 척도들의 대부분은 여전히 주로 연구의 목적에 사용되며 아주 드물게만 임상 목적으로 사용된다.

## 자기-탐지

자연관찰은 환자가 아니라 수련 받은 임상가, 연구자, 준전문가 또는 적합한 기타 사람에 의해서 수행되는 반면에, **자기-탐지**는 환자 자신에 의해 수행된다. 환자는 자신의 행동을 객관적인 방법으로 어떻게 관찰하고 기록하는지를 지시받는다. 자기-탐지는 문제의 평가뿐만 아니라 중재에서도 매우 일반적으로 사용되는 도구가 되었다.

환자는 각 행동 발생과 관련된 느낌 및 생각과 같은 다른 중요한 정보들은 물론 문제 행동을 기록할 수 있는 일지를 쓰거나 계획표를 작성하도록 지시 받는다. 예를 들면, 체중을 줄이려는 사람은 자신이 몇 주 동안 먹은 모든 것을 기록하도록 지시받는다. 각 섭식 삽화에 대한 음식항목, 양 그리고 시간이 기록된다. 그 사람은 각 섭식 삽화 전후에 일어난 것은 물론 그때의 느낌과 생각도 기록할 것을 요구받는다. 이런 방법으로 환자와 심리학자 모두 표적행동이나 문제를 격려하거나 강화시키는 요인은 물론 그에 대한 더 나은 이해를 발달시킨다. 그런 다음에 이들 자기-탐지 일지는 다양한 방법으로 분석될 수 있다. 예컨대, 총 칼로리 소비, 식이요법에서의 지방의 퍼센트, 그리고 스트레스 관련 섭식 삽화들이 전통적인 면접에서 보다 이 방법을 사용하여 더 자세하게 평가될 수 있다. 비록 많은 사람들이 자기-탐지가 지루하고 따분한

일임을 알게 되지만, 기타 방법들은 물론 컴퓨터 기술(예, 자기-탐지 컴퓨터 소프트웨어와 소형수첩 크기의 컴퓨터 혹은 iTouch)이 자기-탐지를 더 쉽고 더 즐겁게 만들었다(예, Taylor, Agras, Losch, Palnte, & Burnett, 1991). 자기-탐지는 섭식 문제뿐만 아니라 흡연(O. F. Pomerleau & C. S. Pomerleau, 1977), 수면 문제(Miller & DiPilato, 1983), 불안 증상(Cooper & Clum, 1989), 그리고 범죄행동(Shapiro, 1984), 좌식행동(Strath et al., 2003)과 같은 많은 문제행동들에 성공적으로 사용되어져 왔다. 많은 연구와 언론에서 사람들이 Digiwalker와 같은 저렴한 비용으로 만보계를 사용하여 보다 신체적 활동을 돕는 것에 주의를 기울이게 되었다. 작고 저렴한 장치가 신뢰롭게 걸음 수를 계산하고 사람들은 매일 걷는 10,000보를(또는 8km) 축적시키도록 격려받는다(그림 7.2).

자기-탐지 또한 몇 가지 중요한 단점이 있다. 첫째, 환자들은 종종 자신들의 행동을 기록하는 과정에서 어떤 반작용을 보이는데, 이것은 평가되고 있는 바

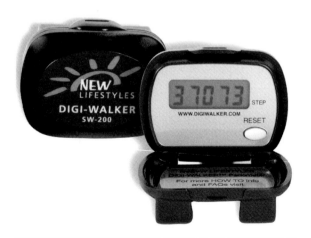

**그림 7.2** 만보계는 신체 활동을 측정하기 위한 현대의 인기 있는 자기-탐지 장치이다.

사진 : New Lifestyles, Inc. 제공(Missouri 주 Kansas 시)

| 표 7.5 | 체중감량을 위한 자기-탐지 양식의 예 | | | | |
|---|---|---|---|---|---|
| 이름 | | | | | |
| 현재 체중 | | | | | |
| 목표 체중 | | | | | |
| 날짜 | | | | | |
| 시간 | 먹은 음식 | 양 | 칼로리 | 생각 / 느낌 | 행동 |
| | | | | | |
| | | | | | |
| | | | | | |
| | | | | | |
| | | | | | |
| | | | | | |
| | | | | | |

로 그 행동을 변화시킨다. 역설적으로, 이것은 정확한 평가를 얻는 데는 단점이 되지만 치료에는 장점이 될 수 있다. 예를 들면, 만일 환자가 그들이 먹은 모든 것을 적어야만 한다는 것을 안다면, 그들은 사탕이나 쿠키 같은 고지방, 고칼로리의 음식을 충동적으로 먹기 전에 다시 한 번 생각할 것이다(표 7.5). 따라서 자기-탐지는 종종 중재와 평가 기법 모두로 사용된다. 두 번째 단점은 오랫동안 자기-탐지를 하려는 사람이 거의 없다는 것이다. 따라서 자기-탐지 과제를 준수하는 것은 많은 사람에게 도전일 수 있다. 끝으로, 당혹스러움과 거부가 사람들이 정직하게 자기-탐지 과제를 완수하는 것을 방해할 수 있다. 예를 들면, 전문가에게 보고해야만 하는 사람은 비난에 대한 두려움 때문에 폭식 삽화를 기록하는 것을 피할 수도 있다.

## 통제된 관찰

통제된 관찰에서, 심리학자는 처방된 방식으로 행동을 관찰하려고 시도한다. 자연스러운 환경에서 표적 행동이 나타나기를 기다리거나(그리고 바라거나) 자기-탐지 기법을 사용해서 환자가 행동을 보고하도록 기대하기보다는, 통제된 관찰은 모의실험 방식에서 관심 행동이 나타나도록 한다. 예를 들면, 연설 불안을 줄이는 데 관심이 있는 사람은 심리학자와 연설 불안이 있는 다른 환자들 앞에서 연설을 하라고 요청 받을 수 있다. 이런 방법으로 심리학자는 우선 통제되고 비밀이 보장되고 위협적이지 않은 환경에서 환자의 행동을 관찰할 수 있다. 스트레스 면접은 또 다른 종류의 통제된 관찰이다. 어떤 사람이 스트레스에 어떻게 대처하는지 밝히기 위해서, 그 사람은 스트레스를 주는 면접 상황에 참가하기를 요청받을 수 있거나, 관찰되는 동안 스트레스를 주는 과제를 완성하도록 요구받을 수 있다. 이들 기법은 특히 제2차 세계대전 이후로 군대에서 인기가 있었다(OSS Assessment Staff, 1948; Vernon, 1950). 대학원 입학 위원회에 의해 채택된 한 예는 몇몇 위원회의 성원들이 있는 방에서 창문을 열도록 지원자에게 요청하는 것을 포함한다. 창문은 그 지원자 모르게 열리지 않도록 고정되어있었다. 위원회는 지원자가 창문을 여는 불가능한 과제를 어떻게 처리하는지를 관찰하였다. 또 다른 기법은, 지도자가 없는 집단의 사용을 필요로 한다(Ansbacher, 1951). 정해놓은 지도자가 없는 소집단 사람들이 일방향 거울 뒤에서 관찰자가 지켜보는 가운데 문제를 풀거나 토론에 참가하도록 요구받는다. 관찰자는 누가 집단의 지도자로 되어가는지 그리고 누가 수동적인 역할을 하는지를 본다.

아마도 가장 일반적으로 사용되는 통제된 관찰 유형은 역할시연이다. 역할시연은 걱정의 원인이 되는 특정 상황에 마치 그들이 있는 것처럼 행동하도록 사람들에게 요구한다. 예를 들면, 새로운 친구를 만드는데 어려움이 있는 환자들에게 심리학자(또는 연구자 또는 임상보조자)를 대상으로 그들이 새로운 이웃과 만나려고 시도하는 방법을 역할시연 하도록 요청할 수 있다. 가족 성원에게 주장을 하는 데 어려움이 있는 사람은 어머니에게 자신이 추수감사절 저녁식사에 집에 가지 않을 것이라고 말하는 역할시연을 하도록 요구받을 수 있다. 따라서 역할시연을 수행하는 동안 환자나 다른 참가자들은 그들이 짧막한 연극에서 연기하는 것처럼 행동하도록 요구받는다. 그들이 마치 처방된 상황에 실제로 있는 것처럼 그 역할을 유지하도록 요청받는다. 역할시연은 나중에 교육 목적으로 검토하기 위해 비디오로 녹화될 수도 있다. 역할시연은 특정 문제의 평가와 치료 중재 모두에서 사용

될 수 있다. 예를 들면, 역할시연은 사람들이 더 주장적이 되거나, 사회적으로 숙달되게 하는 데 자주 사용된다(Plante, Pinder, & Howe, 1988).

## 점검표와 항목표

면접과 행동관찰은 심리평가에서 막대한 양의 도움이 되는 정보를 제공할 수 있다. 그렇지만 두 기법 모두 주된 단점은 일반적으로 완성하는 데 많은 시간이 걸리고, 그러므로 비용이 많이 드는 경향이 있다는 것이다. 면접과 관찰 평가에 수백 달러 심지어 수 천 달러가 지불되는 것은 드문 일이 아니다. 게다가 만일 많은 평가들이 필요한 때(예, 신병, 공장 노동자, 병원 근로자를 선별하는 것), 각 개인을 집중적으로 면접하고 행동관찰을 수행하는 것은 종종 비실제적이다. 이들 기법을 사용할 때 신뢰도와 타당도에 관한 문제점들이 또한 나타난다. 앞서 언급한 바와 같이, 면접자와 관찰자의 기대, 관심, 조망 그리고 편견이 각 평가에 독특하게 영향을 미칠 수 있다.

이들 단점을 피하기 위하여, 많은 심리학자들은 행동 평가를 위한 점검표와 항목표를 활용한다. 이것들은 하나 이상의 특성이나 문제 영역을 평가하기 위한 간단한 지필 질문지들이다. 그것은 한꺼번에 많은 사람에게 실시될 수 있고, 비용이 많이 들지 않고, 빨리 채점되고, 분석될 수 있다. 점검표와 항목표로부터 얻어지는 임상적 정보는 대부분의 면접과 관찰 기법을 통해 수집되는 정보보다 더 신뢰롭고 타당하게 되는 경향이 있다. 이것은 이 도구들이 판매되고 사용되기 전에 대부분의 이들 측정들에 대한 광범위한 연구가 수행되었기 때문이다. 수많은 점검표와 항목표가 불안, 우울증, 섭식 장애 그리고 주의력 결핍 장애와

같은 광범위하고 다양한 문제들의 평가와 진단을 위해서 개발되었다. 이들 도구들은 일반적으로 매우 간단하고 완성하기 쉬우며, 전문가로부터의 교육이나 지도감독이 거의 필요하지 않다. 이 도구들은 느낌, 생각 및 행동에 초점을 맞추고, 전형적으로 손이나 컴퓨터로 채점된다. 표면상으로는 수월해 보이는 반면, 점검표와 항목표는 생물학적, 심리적 그리고 사회적 요인은 물론 기타 측정도구의 맥락에서 민감하게 해석될 필요가 있다. 이 절에서는 임상심리학에서 가장 일반적으로 사용되는 세 가지 도구를 집중 조명한다: Beck 항목표(Beck Inventories), 아동행동 점검표(Child Behavior Checklist, CBCL) 그리고 증상 점검표 90-개정판(Symptom Checklist 90-Revised, SCL-90-R).

## 스포트라이트

# 자살 위험 평가하기

자살행동에 대한 평가를 수행하는 것은 심리학자들과 기타 정신건강 전문가들의 가장 중요하고 어려운 평가 중 하나이다. 만약 어떤 심리학자가 누군가가 스스로를 해치거나 심지어 죽이는 결과를 가져올 수도 있는 판단오류를 한다면 판단은 너무 큰 것이 된다. 누가 자신의 생명을 끊으려는 시도를 할 것인지, 하지 않을 것인지를 높은 확신을 가지고 예측한다는 것은 매우 어려우며 때로는 불가능한 것일지라도, 이 분야의 해를 거듭한 연구와 임상 실무는 임상심리학자들과 기타 사람들이 자살위험요인에 관하여 합리적인 판단을 할 수 있게 해주는 지침을 제공하였다. Pope와 Vasquez(2005)는 다음과 같은 유용한 위험요인 목록을 제공하고 있다:

1. 미래 행동의 가장 좋은 예측요인은 과거 행동이다. 만약에 누군가 과거에 자살을 심각하게 시도했던 적이 있다면, 그들은 미래에 또 다시 자살을 시도할 가능성이 더 크다.
2. 자살 행동이나 자살 생각을 시인하는 것. 자신들의 자살의도를 기꺼이 솔직하게 진술하는 내담자들을 신중하게 대해야 한다.
3. 구체적인 계획. 어떤 사람은 처방 약물 치료에 대한 과다복용, 특정 다리에서 뛰어내린다던지, 가정에서 간직 하고 있는 총을 사용하는 것과 같은 구체적인 계획 또는 방법을 염두해 둘 수도 있다.
4. 우울증. 놀랄 것도 없이, 우울증을 겪고 있는 것이 자살 행동에 대한 위험요인이다.
5. 물질남용. 알코올 또는 기타 다른 약물들과 같은 물질을 남용하는 것 또한 자살 위험요인이다.
6. 성별 차이. 여성들은 남성들보다 자살 시도나 제스처를 할 가능성이 세 배 더 많은 경향이 있지만 남성들이 더 치명적인 시도를 하는 경향이 있다.
7. 나이. 자살위험은 연령과 함께 증가하는데, 노인인구가 더 젊은 사람들보다 더 치명적인 시도를 하는 경향이 있다.
8. 종교. 신교도는 가톨릭과 유대교보다 더 높은 자살률을 보이는 경향이 있다.
9. 고립. 자살률은 혼자 사는 사람들 중에서 더 높게 나타나는 경향이 있다.
10. 스트레스적인 생활 사상들. 자살률은 친구 또는 친척의 죽음을 경험하거나, 외상의 피해자, 근친상간, 실업, 이혼, 만성 또는 생명을 위협하는 질병(예, AIDS)을 경험하는 사람들 중에서 더 높게 나타난다.
11. 충동성. 일반적으로 충동 조절이 빈약한 사람들은 자기 파괴적인 행동에 더 높은 위험에 처해질 수 있다.
12. 입원으로부터 해방. 이상하게도 입원으로부터 해방에 뒤따른 우울증 또는 자살사고 및 제스처 때문에 자살 위험이 높아진다.

## Beck 항목표

인지-행동 심리치료의 설립자인 Aaron Beck은 우울증, 불안, 절망 그리고 자살 관념(스스로 해치려는 생각)을 평가하는 일련의 항목표를 개발하였다. 모든 **Beck 척도**는 간단하고(모든 Beck 척도가 21개의 항목으로 되어있는데, 무희망 항목표만 20개의 항목으로 되어있음), 17세부터 80세까지 연령 범위 안의 사람에게 사용할 수 있다. 각 척도를 끝마치는 데 단지 5분에서 10분이 걸리기 때문에 간단한 채점체계를 사용하여 손으로 쉽고 빠르게 채점할 수 있다. Beck 우울 항목표(Beck Depression Inventory, BDI; Beck, 1987, 1993; Beck, Steer, & Brown, 1996)는 우울 증상의 심도를 평가하는 데 가장 널리 사용되는 점검표 도구가 되었다. BDI는 수차례 개정되고 갱신되었는데 가장 최근 판(BDI-Ⅱ)은 1996년에 출판되었다. Beck 불안 척도(Beck Anxiety Scale, BAS; Beck, 1990, 1993)는 불안증상의 강도를 평가하는 인기 있는 도구이다. Beck의 무희망 척도(Beck Hopelessness Scale, BHS; Beck, 1988, 1993)는 미래에 대한 무희망을 평가하고 동기 및 기대 상실에 대한 느낌을 검사한다. 끝으로, Beck 자살 관념 척도(Beck Suicide Ideation, BSS; Beck, 1991)는 자살 생각을 평가한다. 더 새로운 척도는 강박사고-강박행동 증상, 젊은이들의 어려움 및 의학적 쟁점들을 포함시켰다(예, Beck, Beck & Jolly, 2005). 연구는 Beck 척도들이 신뢰롭고도 타당하다는 것을 증명한다. 이들 항목표들은 종종 치료 진행과 치료 결과를 평가하기 위하여 초기 평가 사정 동안에는 물론 심리치료 과정 동안에도 사용된다.

## Achenbach의 경험 기반 평가 체계

**ASEBA**(Achenbach System of Empirically Based Assessment, ASEBA)(Achenbach, 2009; Bérubé & Achenbach, 2007)는 행동 및 정신의학적 증상들을 세밀하게 경험적으로 평가하기 위해 아동들과 모든 연령의 성인들을 대상으로 사용되는 일단의 증상 점검목록 평가 질문지들이다. 아마도 가장 잘 알려져 있는 것 중에 매우 흔히 사용되는 이들 점검표는 **아동행동 점검목록**(Child Behavior Checklist, CBCL; Achenbach, 2009; Achenbach & Rescorla, 2001; Bérubé & Achenbach, 2007)인데, 이것은 6세에서 18세 사이의 아동들이 경험하는 100가지 이상의 문제 행동이나 증상들(예, 학교에서 순종하지 않는, 많이 운다)에 대한 점검표이다. 부모들에게 증상들 각각에 대해 3점 척도를 사용하여 자녀를 평가하게 한다. CBCL은 또한 아동의 활동, 일상적인 일, 친구 그리고 성적에 관련된 일련의 질문들을 포함한다. 11세에서 18세의 아동들이 완성하는 자기-보고용(즉, 청소년 자기 보고, Youth Self-Report, YSR)뿐만 아니라, 교사용 점검목록(즉, 교사용 보고 양식, Teacher's Report Form, TRF)이 이용 가능하다. 미취학아동용과 성인(노인 포함)용도 이용 가능하다. 더욱이 반구조화된 임상면접(즉, 아동 및 청소년용 반구조화된 임상면접, Semistructured Clinical Interview for Children and Adolescents, SCICA)과 직접 관찰 양식(즉, Direct Observation Form, DOF)도 이용 가능하다.

각 측정도구들은 손이나 컴퓨터로 채점되고 전국 규준과 비교된다. 개별 점수들이 다수의 내부화 증상들(예, 불안/우울증, 사회적 문제, 주의 문제)과 외부화 증상들(예, 비행행동, 공격행동)에 대해서 얻어진다. CBCL과 관련 도구들은 신뢰도와 타당도 면에서 만족스런 심리측정적 속성을 가지고 있다(Achenbach, 2009; Bérubé & Achenbach, 2007). Beck의 척도처럼, ASEBA 척도들은 빈번하게 치료 진행과 성과를 평가하기 위하여 초기평가 그리고 치료동안과 치료 후 모두의 정기적인 평가에 통합된다.

### 증상 점검표 90-개정판(SCL-90-R)

SCL-90-R(Derogatis, 1994)은 개인들의 주요 정신과적 증상들을 선별하기 위한 간단하고 다차원적인 자기-보고 측정도구이다. SCL-90-R은 90개의 항목으로 구성되어있는데, 5점 척도로 채점되어서 9개의 타당화된 증상 차원을 반영한다(예, 불안, 우울, 대인 민감성, 강박관념, 정신증). 이 점검표는 13세부터 성인에 이르기까지 수행될 수 있는데, 일반적으로 끝마치는 데 10~15분 정도 걸린다. 단지 53개의 항목만을 포함한 SCL-90-R의 단축형(즉, Brief Symptom Inventory, BSI; Derogatis, 1994)도 또한 유용하다. 각 9개의 차원 점수들에 더하여, 장애의 심도를 평가하기 위하여 전체 심도 지수(Global Severity Index)가 계산되고, 증상들의 강도를 평가하기 위하여 정적 증상 고통 지수(Positive Symptom Distress Index)가 고안되었다. 신뢰도와 타당도 연구는 SCL-90-R이 만족스런 심리측정적 속성을 가지고 있다는 것을 나타낸다. 또한 치료 진행과 성과를 평가하기 위하여 평가, 치료 및 추적기간에도 내내 사용된다.

### 기타 점검표와 항목표

이미 개관한 점검표와 항목표에 더해서 많은 기타 도구들이 특정 전집이나 임상 문제들을 위해 개발되어 왔다. 그 중에서도 특히 과활동성과 기타 아동 행동 문제들의 평가에 초점을 맞춘 Conner의 평정척도-개정판(Conner's Rating Scales-Revised, 2000); 아동 우울 항목표(Children's Depression Inventory,

CDI; M. Kovacs, 1985); 그리고 섭식 장애 환자에게 사용된 Goldfarb 지방 두려움 척도(Goldfarb Fear of Fat Scale, GAFFS; Goldfarb, Dykens, & Gerrard, 1985)가 포함된다. 5~18세 아동 중 아스퍼거 장애를 평가하기 위해 사용된 척도는 아스퍼거 증후군 진단척도이다(Asperger Syndrome Diagnostic Scale, ASDS; Myles, Bock, & Simpson, 2001). 이 척도는 50문항의 예/아니오로 구성되어있으며, 약 15분 정도 소요되고 아스퍼거 증후군 또는 아스퍼거 지수를 제공한다. 이 척도는 사람의 인지, 부적응, 언어, 사회 및 감각운동을 포함하는 행동의 다섯 가지 영역을 평가한다. 표 7.6은 임상실무와 연구에서 사용되는 점검표와 항목표의 목록을 제공한다.

모든 평가절차들처럼 점검표와 항목표는 장점은 물론 몇 가지 단점이 있다. 이 도구들이 자기-보고 정보에 의존하기 때문에 사람들이 응답을 왜곡하거나, 자기 자신을 좋게 보이려고 하거나, 좋지 않게 보이려고 할 수도 있다. 더욱이, 점검표와 항목표는 면접과 관찰 그리고 기타 평가도구들로부터 얻을 수 있는 정보의 심도와 복합성을 제공하지는 않는다. 따라서 그것은 전형적으로 특정 사람이나 문제의 심층분석보다는 선별도구로 사용된다. 선별은 특정 영역에서 더 깊은 평가가 필요한지를 결정하는 유용한 수단이다. 인지검사와 성격검사는 점검표와 항목표로부터 얻을 수 있는 것보다 더 상세하고, 복합적이며 그리고 종합적인 자료를 얻고자 한다.

## 생리학적 검사

생리학적 검사는 점차적으로 현대 임상심리학에 통합되어왔다. 불안 및 스트레스와 같은 심리 상태는 생

## 사례 연구 José와 BDI, CBCL 및 SCL-90-R

José는 17세의 히스패닉계 고등학교 2학년이다. 그는 부모와 세 명의 형제들과 함께 산다. José는 스스로를 동성애자로 간주하고 있다.

**의뢰 질문** : José의 부모는 José가 전형적으로 쾌활하고, 정력적인 행동으로부터 눈물어린, 탈진, 불안, 과민성 그리고 적절하게 먹거나 잠잘 수 없는 양상으로 갑작스럽게 변화하는 것을 깨달았다. José는 부모에게 자신의 대학지원에 대하여 우울하고 불안함을 느낀다고 말하였다. "나는 내 인생에서 내가 하고 싶은 것이 무엇인지 잘 모르겠어요."라고 진술하였다. José는 그의 현재 증상들의 성질을 밝혀주고 적절한 권고를 얻기 위하여 심리평가를 받도록 부모에 의해 의뢰되었다. 우울증과 불안에 대한 중대한 가족내력이 있었다.

**실시된 검사** : 면접, BDI, CBCL 및 SCL-90-R

**결과의 간략한 요약 및 해석** : José의 Beck 우울 항목표의 점수(23)는 이 측정도구에서 '심하게 우울한'의 범위에 있음을 가리킨다. CBCL(부모용)에서, 불안/우울, 주의 문제, 신체적 호소 및 철회 척도에서 유의한 상승이 있었다. SCL-90-R에서, 대인 민감성, 우울증, 불안, 편집증 그리고 정적 증상 고통 지수척도에서 유의한 상승이 있음이 밝혀졌다. 종합해보면, 이들 점검표 측정치들은 José의 프로파일에서 유의한 우울과 불안 수준을 명백하게 확증한다. 그렇지만 이들 증상들의 원인, 성질 및 내용은 여전히 이들 측정치만으로는 답할 수 없는 것으로 남아있다.

임상 면접의 결과로부터 José는 이전의 남자친구가 후천성 면역 결핍증(AIDS)에 연관된 바이러스인 HIV에 양성으로 나타난 것을 발견한 후에 심하게 우울하게 되었다는 것이 드러났다. 이렇게 드러내 보이게 된 것은 José를 두려움, 죄책감, 무희망 그리고 궁극적으로 주요 우울증 상태로 떨어지게 만들었다. 그는 부모와 그의 성적 지향을 공유하고 있는 반면에, 전 남자친구의 HIV에 대해 말하기를 두려워하였으며, 심지어 스스로 HIV검사를 받는 것을 더욱 무서워하게 되었다. 우울증과 불안의 가족내력은 유의한 심리사회적 스트레스 맥락에서 그를 우울증에 대하여 생물학적으로 취약하게 만들었을 수도 있다.

José를 평가한 임상심리학자는 다음과 같은 권고를 하였다. 첫째, José는 이 어려운 위기를 자세히 고찰함으로써 그를 도와줄 수 있는 지지적인 임상가에게 지속적인 치료를 받을 필요가 있다. 동성애, 치명적인 질병 및 히스패닉 문화에 특히 민감한 임상가가 지명되어야 한다. 둘째, 그의 동의하에 José의 부모와 함께 하는 부가적인 작업이 사랑하는 이들을 지지하는 데 도움이 될 것이다. 셋째, 정신의학적 자문은 항우울제 치료가 José의 우울을 치료하는데 도움이 될지의 여부를 결정하는 데 유용할 수 있다. 넷째, José가 젊은 남성 동성애자들과 AIDS 정보 긴급전화와 같은 공동체 자원에 접촉하도록 하는 것이 유익할 것이다. 다섯째 그리고 끝으로, 그의 두려움에 경계를 기울이면서 HIV 검사를 받는 정서적이고 의학적인 함의를 José와 함께 처리하는 것이 그가 적절한 준비를 한 상태에서 책임 있는 선택을 하도록 돕는 데 필요하다.

---

리적 활동(예, 혈압, 심박률, 그리고 발한, 호흡 및 근육긴장; Blascovich & Katkin, 1993; Gatchel & Blanchard, 1993)을 측정하는 비침해적인 기법을 통해서 평가될 수 있다. 의사들은 기분 및 심리 상태와 연관된 생리적 활동을 검사하기 위해 자기 공명 영상(MRI, fMRI)(그림 7.3), 컴퓨터 단층 촬영(CT) 그리고 양전자 방출 단층 촬영(PET)과 같은 **신경 영상 기법**을 지시를 내리고 해석할 수도 있다. 어떤 임상심리학자들은 각성, 스트레스 및 불안의 수준을 나타내는 혈압, 심박률, 호흡 그리고 근육긴장과 같은 생리적 활동을 평가하기 위하여 **폴리그래프**나 바이오피드백 도구를 사용한다. 폴리그래프 혹은 거짓말 탐지 검사는 생리적 반응을 측정하지만 신뢰롭지 못하고 타당하지 않다는 비난을 많이 받는다(Iacono, 2008; Lykken, 1991). 폴리그래프가 신뢰롭고 타당한 방법으로 생리적 활동을 측정하기는 하지만, 대부분의 전

| 표 7.6 | 점검표와 항목표의 예 |
|---|---|

청소년 분노 평정 척도(Adolescent Anger Rating Scale)

청소년 음주 지수(Adolescent Drinking Index)

진로 평가 항목표(Career Assessment Inventory)

아동기 자폐 평정 척도(Childhood Autism Rating Scale)

아동 우울 항목표(Children's Depression Inventory)

아동 학대 평가를 위한 점검표(Checklist for Child Abuse Evaluation)

대처 반응 항목표(Coping Response Inventory)

치매 평정 척도-2(Dementia Rating Scale-2)

섭식 장애 항목표-2(Eating Disorder Inventory-2)

정서 문제 척도(Emotional Problems Scale)

Goldfarb 지방 두려움 척도(Goldfarb Fear of Fat Scale)

Guilford-Zimmerman 기질 조사(Guilford-Zimmerman Temperament Survey)

Hamilton 우울 항목표(Hamilton Depression Inventory)

Hare 정신병질 점검표-개정판(Hare Psychopathy Checklist-Revised)

건강 상태 질문지(Health Status Questionnaire)

직무 스트레스 항목표-개정판(Occupational Stress Inventory-Revised)

양육 스트레스 지수(Parenting Stress Index)

성격평가 항목표(Personality Assessment Inventory)

삶의 질 항목표(Quality of Life Inventory)

Santa Clara 종교적 신념 강도 질문지(Santa Clara Strength of Religious Faith Questionnaire)

상태-특성 불안 항목표(State-Trait Anxiety Inventory)

상태-특성 분노 표현 항목표-2(State-Trait Anger Expression Inventory-2)

자살 관념 질문지(Suicidal Ideation Questionnaire)

외상 증상 항목표(Trauma Symptom Inventory)

West Haven-Yale 다차원 통증 항목표(West Haven-Yale Multidimensional Pain Inventory)

문가는 특정 생리상태를 거짓말하는 행위에 귀인시키는 것은 연구 자료에 의해 지지받지 못하는 한계가 있다고 생각한다.

**바이오피드백** 도구는 생리적 활동을 측정한다는 점에서 폴리그래프와 유사하다. 폴리그래프와 달리 바이오피드백은 시각적 또는 청각적 피드백(예, 심박률이 빨라졌을 때 고음조의 소리를 내고, 심박률이 느려졌을 때 저음조의 소리를 낸다)을 통해 생리적인 각성 수준에 대한 정보를 환자나 피험자에게 제공한다. 기술적인 진보는 이들 생리적 상태를 측정하는 작고 비싸지 않은 장치를 개발시키게 되었다. 따라서 그 장치는 전문가의 사무실이나 환자의 가정에서 사용될 수 있다. 그것들은 또한 교감신경계의 과활동에 연관된 장애(예, Raynaud 병, 과민성 대장 증후군, A 유형 행동양식, 두통 그리고 불안 장애)를 가진 사람을 평가하고 치료하는 데 사용된다.

바이오피드백이 이러한 정보를 환자에게 제공하면, 환자는 이완이나 다른 기법을 사용해서 자신의 생리적 각성을 낮추려고 시도한다. 예를 들면, 환자에게 자신의 손 온도에 대한 정보를 제공하는 온도 바이오피드백은 추위와 종종 손과 발의 통증이 원인이 되는 제한된 혈액 흐름 상태인 Raynaud 병을 위해 선택되는 치료이다(Freedman, 1993; Malenfant, Catton, & Pope, 2009). 이들 기술적 진보의 활용은 미래에 임상심리학자들과 다른 사람들에게 관심이 있는 다양한 정신적이고 신체적인 건강 문제들에 도움이 될 것 같다.

## 큰 그림

임상심리학자들은 심리검사의 형태로 독특하고, 극도로 도전적이고, 유용한 기술을 제공한다. 면접, 행동관찰, 점검표와 항목표, 그리고 생리학적 측정도구들은 진단적 결론과 중재 결정을 내리기 위하여 기타 검사들과 함께 부가해서 사용될 수 있는 중요한 정보들을 제공한다. 개인과 그들의 검사결과에 영향을 미

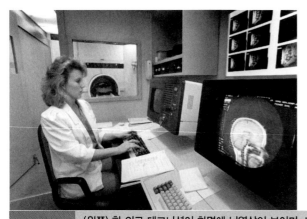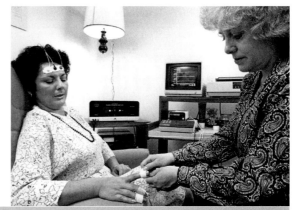

**그림 7.3** (왼쪽) 한 의료 테크니션이 화면에 뇌영상이 보이며, 배후에 환자 모듈이 있는 자기공명영상(MRI) 장치를 조작하고 있다; (오른쪽) 한 환자가 바이오피드백 치료를 받고 있다.

사진 : S. Grant, Monkmeyer, Grantpix(왼쪽), Grant Le Duc, Monkmeyer, LeDuc (오른쪽)

치는 생물심리사회적 요인들의 독특한 배열 때문에, 항상 이들 검사들은 맥락화될 필요가 있다. 미래의 임상심리학자들은 다양한 전집에서 그들을 더 신뢰롭고, 타당하고, 유용하게 만들어주는 이 도구들을 미세 조율할 것이다. 제8장에서는 인지 기능과 성격의 평가가 기술될 것인데, 이 평가 도구들은 임상심리학자가 환자의 지능, 정서, 대인 세계로 점점 깊이 파고들어가는 것을 도와줄 것이다.

## 요점

1. 임상심리학의 초창기 이래로 평가와 검사는 중요한 전문 활동이 되어왔다. 심리평가와 검사는 많은 임상심리학자들의 주된 전문 활동이다.

2. 심리평가는 심리학자가 진단하고, 치료계획을 세우고, 행동을 예측하도록 하기 위한 정보를 수집하고 평가하기 위해 사용하는 과정이다. 평가는 환자의 면접, 과거 기록(의학적 또는 학교 기록 같은)의 검토, 행동관찰과 다양한 인지, 행동, 성격, 가족 그리고 심지어 생물학적 변인들을 측정하는 심리검사의 실시를 포함한다. 심리검사는 신뢰롭고 타당한 검사

도구를 활용하는 특정한 평가기법이다. 검사는 일반적으로 개별점수와 규준 표본으로부터 얻은 점수를 비교한다.

3. 평가의 목적은 일반적으로 현재 문제에 기여하는 요인에 대한 완전한 이해를 발달시킴으로써 상황을 판단하는 것이다. 평가는 진단을 내리고 후속적인 치료 혹은 중재계획의 윤곽을 잡기 위해 필수적이다.

4. 임상 면접은 심리학자가 그 문제가 무엇이고, 무엇에 관한 것인지에 대한 작업 가설을 발달시키도록 해주는 중요한 정보(사실, 태도, 신념)를 얻도록 설계된 사려 깊고 신중한 대화이다. 비록 면접 상황의 다양한 예들(초기 면접 또는 접수 면접, 정신상태 면접, 위기 면접, 구조화된 면접, 컴퓨터 보조 면접, 종결면접)이 있기는 하지만, 몇 가지 기법과 기술은 모든 면접의 유형에 필수적이다. 여기에는 라포형성, 적극적 경청, 효과적 의사소통, 행동 관찰 그리고 올바른 질문하기가 포함된다.

5. 효과적인 면접에 대한 잠재적인 위협들은 부적절한 신뢰도와 타당도는 물론 편파를 포함한다. 환자의 배경이나 기타 요인들이 무엇에 주의를 기울이고 어

떻게 결론이 내려질 것인지는 물론 면접이 수행되는 방식에 편파나 영향을 미칠 수 있다. 면접자는 환자나 환자의 문제에 대한 자신의 편향에 기초한 면접 동안 수집된 정보를 의식적으로 또는 무의식적으로 왜곡할 수도 있다. 신뢰도와 타당도 또한 위협받을 수 있다. 예를 들면, 동일인을 면접하는 두 사람 이상의 전문가들이 매우 상이한 결론을 내릴 수도 있다.

6. 행동 관찰은 심리학자나 기타 수련 받은 관찰자가 현실 세계에서 자연적으로 나타나는 관심 문제들과 행동들을 관찰하려는 시도이다. 자연관찰, 자기-탐지 및 통제된 관찰을 포함하는 여러 가지 상이한 유형의 행동 관찰이 있다. 자연관찰은 문제가 발생하는 상황에서 환경과 상호작용하는 사람을 관찰하기 위해서 환자의 세계로 들어가는 것을 포함한다. 자기-탐지는 환자 자신의 행동을 객관적인 방법으로 관찰하고 기록하는 방법으로 환자 스스로 수행한다. 통제된 관찰은 역할시연 동안에서처럼 모의 상황에서 관심 있는 행동이 일어나게 한다.

7. 점검표와 항목표는 하나 이상의 특성이나 문제 영역을 평가하는 간단한 지필 질문지이다. 그것들은 유용한 임상 정보를 얻기 위한 빠르고, 비싸지 않으며, 신뢰롭고, 타당한 방법을 제공한다. 이 예들은 표 7.6에서 보는 바와 같다.

8. 불안 및 스트레스와 같은 심리 상태는 생리적인 활동(예, 혈압, 심박률, 발한, 호흡 및 근육 긴장도)을 측정하는 비침해적인 기법을 통해서 평가될 수 있다. 임상심리학자들은 종종 각성, 스트레스 및 불안의 수준을 표시하는 혈압 및 심박률과 같은 생리적 평가를 위해서 폴리그래프나 바이오피드백 도구를 사용한다.

## 핵심용어

구조화된 면접(structured interview)
기능적 분석(functional analysis)
라포(rapport)
명료화(clarification)
바이오피드백(biofeedback)
반영(reflection)
부연(paraphrasing)
신경 영상(neuroimaging)
아동행동 점검표(Child Behavior Checklist, CBCL)
요약(summarization)
자기-탐지(self-monitoring)
자연관찰(naturalistic observation)
적극적 경청(active listening)
정신상태 면접(mental status interview)
증상 점검표 90-개정판(symptom checklist 90-revised, SCL-90-R)
통제된 관찰(controlled observation)
편파(bias)
폴리그래프(polygraph)
Achenbach의 경험 기반 평가 체계(Achenbach system of empirically based assessment)
Beck 척도(beck scale)

## 복습

1. 임상심리학에서 왜 평가가 필요한가?
2. 심리평가와 심리검사는 어떤 점이 같고 어떤 점이 다른가?
3. 효과적인 면접에 기여하는 요인들에는 무엇이 있는가?

4. 임상 면접의 상이한 유형들에는 무엇이 있는가?

5. 효과적인 면접의 주된 위협은 무엇인가?

6. 평가에서 직접적인 행동관찰의 주된 기법에는 무엇이 있는가?

7. 점검표와 항목표는 어떤 장점이 있는가?

8. 점검표와 항목표는 어떤 유형의 구성개념들을 평가하는가?

9. 생리적 활동을 측정하는 평가 절차의 예는 무엇이 있는가?

10. 생리적 활동의 평가에 심리학자가 관심을 두는 이유는 무엇인가?

## 학생들의 실제 질문

1. 라포를 형성하는 데 얼마나 많은 회기가 소요되나요?

2. 위기 면접 동안 당신 스스로 침묵과 냉철함은 어떻게 유지하는가?

3. 환자가 면접에 참여 거부 또는 기타 방법으로 비협조적인 경우 어떻게 해야 합니까?

4. 만약 당신이 오진단을 내린다면 어떻게 됩니까?

## 웹 자료

www.psychologynet.org

모든 정신 장애에 대한 DSM 준거에 대해 더 자세히 알아보기

www.unl.edu/buros

다양한 심리학적 항목과 평가 장치에 대해서 더 자세히 알아보기

# 현대의 심리 평가 Ⅱ: 인지평가와 성격평가

## 이 장의 목표

인지평가와 성격평가 및 임상적 판단과 다른 사람들의 검사결과에 대한 의사소통에서의 쟁점들을 논의하기.

## 이 장의 개요

인지검사
주목받는 현대 임상심리학자 : Lori Goldfarb Plante, PhD
성격검사
임상 추론과 판단
평가 결과의 의사소통

---

이 장은 임상심리학에서 평가에 대한 논의를 확장하고 있다. 인지평가는 다수의 지적 능력을 평가하고, 신경심리학적 평가의 하위 전문분야를 망라하는데, 뇌–행동 관계를 검사한다. 성격검사는 각 개인들의 독특한 정신의 외현적 행동 표상뿐만 아니라 기저하고 있는 정신내적 쟁점들 모두에 접근한다. 일단 심리학자들에 의해 모든 평가 자료가 수집되고 검토되면 진단, 치료계획 및 미래 행동 예측에 관한 결정이 내려질 수 있다. 심리학자는 어떻게 모든 자료로부터 결론을 통합하고 이끌어내는가? 심리학자는 결과를 환자 및 다른 이해당사자들(예, 가족 성원들,

교사들, 의사들, 검사들)에게 어떻게 의사소통하는가? 이러한 매혹적이고 독특한 임상심리학 노력이 깊게 탐구될 것이다.

## 인지검사

인지검사는 정보 처리 과정이나 사고 기술과 행동에 대한 광범위한 평가를 언급하는 일반적인 용어이다. 이것들은 더 특수한 인지 기술(시각적이고 청각적인 기억과 같은), 언어 기술, 패턴 재인, 손가락 유연성,

시각적 지각 기술, 학업 기술 그리고 운동 기능뿐만 아니라 뇌-행동 관계, 일반적인 지적 기능(추리와 문제 해결 같은)을 포함하는 일반적인 신경심리학적 기능을 포함한다. 인지검사는 (일반 지능과 같은 인지 잠재력을 평가하는) 태도검사와 (읽기나 산수와 같은 특정 기술에서의 숙달을 평가하는) 성취검사를 포함한다. 인지검사는 학업적성검사(Scholastic Aptitude Test, SAT)와 모든 종류의 지능지수(IQ) 검사와 같은 잘 알려진 검사들을 활용한다. 따라서 인지검사는 많은 상이한 유형의 사고와 학습기술을 측정하는 많은 상이한 검사 유형들을 언급하는 포괄적인 용어이다. 모든 유용한 특정 검사들을 다루는 것은 이 책의 범위 밖이기는 하지만, 지능검사는 상세하게 논의될 것이다.

## 지능검사

지적인 능력의 평가는 오랫동안 임상심리학자들의 주요한 활동이었으며 관심사였다. 제3장에서 주목한 바와 같이, 이 분야의 초창기 동안 **지능검사**의 목적은 아동들의 교육 경험을 최대화시키고, 특별한 결핍이 있는 아동들을 위한 교과 과정을 개발하는 교사들을 돕기 위하여 아동들을 평가하는 것이었다. 지능검사는 또한 군대 신병을 선별하는 데 사용되었다. 오늘날, 지능검사는 여전히 이러한 목적으로 사용되고 있다. 그렇지만 그것은 또한 직업 계획, 학습 장애 평가, 영재와 특수 교육 프로그램에 대한 적합성 평가 그리고 뇌 손상, 뇌졸중 또는 다른 의학적 상태에 따른 뇌-행동 관계를 검사하는 데 사용되었다. 지능검사는 IQ 점수를 얻는 것뿐만 아니라 개인의 전반적인 인지적 강점과 약점에 대해 더 많이 알기 위해서도 사용된다. 따라서 지능검사는 지능을 측정할 뿐만 아니라 일반적으로 인지 기능을 평가하는 데도 사용된다.

지능검사에 대한 많은 근거 없는 믿음과 오해가 지속되고 있다. 최초의 IQ 검사 창시자인 Alfred Binet(1857~1911)는 그것이 개발된 거의 직후에 검사의 오해석, 과일반화 및 오용에 대한 염려를 표현했었다. 불행하게도, IQ 검사는 일반대중뿐만 아니라 일부 전문가들에 의해서도 자주 오용되어왔다. 사람들은 자주 IQ 검사는 '지능' 이라 불리는 선천적이고 안정적인 능력의 완벽한 측정치이고, 이 점수들은 인생에서의 성공과 자기-가치를 완벽하게 예언한다고 잘못 가정하고 있다. IQ 점수와 검사의 신뢰도, 타당도, 의미 그리고 유용성에 관한 논쟁이 계속되고 있다. 예를 들어, IQ 검사와 인종 편견에 대한 의문은 베스트셀러 책, 전국적인 잡지의 특집기사 그리고 심지어 국회 의안 제출의 주제였다(Herrnstein & Murray, 1994). 어떤 이들은 IQ를 특정 민족 집단이 다른 집단보다 선천적으로 지능이 낮다는 인종주의 신념을 영속시키는 수단으로 사용했다. 주요 지능검사들을 논의하기 전에 지능의 정의에 관한 짤막한 논의를 하는 것이 당연할 것이다.

**지능이란 무엇인가?** 불행하게도, 모든 전문가들이 동의하는 지능에 대한 정의나 이론은 없다. 지능 연구와 지능검사를 전문으로 하는 수많은 전문가들 사이에는 지능을 어떻게 가장 잘 정의하고 이해할 것인가에 관한 논쟁이 존재한다(Sternberg, 1997, 2008; Zhang & Sternberg, 2009). 사실, Sternberg와 Kaye(1982)가 전문가들보다 더 많은 정의가 있다고 시사할 만큼 수많은 정의가 있다! 일찍이 1923년에도, Boring(1923)은 지능은 지능검사가 측정하는 것이라고 냉소적으로 정의하였다. 지능에 대한 가장 영향력이 있으며, 자주 인용되는 정의와 이론에는 Spearman(1927), Thurstone(1931, 1938), Cattell

(1963, 1971, 1979), Guilford(1967, 1979, 1985), Piaget(1952, 1970, 1972) 그리고 더 최근에 Sternberg(1996, 1997, 2008), Gardner(1983, 1986, 1994, 2006) 그리고 Goleman(1995, 2006, 2007)에 의해 제안된 정의와 이론들이었다. 이들 정의와 이론 모두에 대한 상세한 기술을 제시하는 것은 이 책의 범위 밖이지만, 간단한 개관이 지적 기능이나 인지 기능을 측정하는 현재 유용한 검사 유형의 맥락을 설명해줄 것이다.

통계 기법의 개발로 유명하고 존경받는 Spearman (1927)은 어떤 지적인 과제나 도전도 두 가지 요인의 투입이 요구된다는 것을 시사하는 지능의 2-요인 이론을 제시했는데, 이것은 일반 지적 능력(Spearman이 g로 언급한)과 특수 지적 능력(s로 언급한)이다. 전반적으로, Spearman은 요인 분석 연구를 통해 지능은 근본적으로 넓게 기초하고 있는 일반적인 능력이라는 점을 강조하였다. 요인 분석은 변인들의 세트로부터 특수한 요인들을 확인하도록 도와주는 복잡한 통계기법이다. 종합적인 전체 일반능력으로서 지능에 대한 Spearman의 생각은 지능의 개념뿐만 아니라 지능검사의 개발에도 수년간 크게 영향을 끼쳐왔다.

역시 요인 분석을 사용하면서 Thurstone(1931, 1938)은 Spearman에 동의하지 않았는데, 지능은 아홉 개의 독립적인 집단 요인들, 즉 기본 정신 능력들을 포함한다고 주장하였다. Thurstone은 지능은 두 개로 이루어진 것이 아니라 아홉 개의 독특하고 독립적인 기술 또는 능력으로 이루어졌다고 추론하였다. 이 아홉 개의 능력에는 언어적 관계, 단어, 지각 능력, 공간 능력, 귀납 추리, 연역 추리, 계산 능력, 산술 추론 및 기억이 있다. Thurstone은 따라서 함께 지능을 구성하는 구별되고 독립적인 능력들에 초점을 맞췄다.

Cattell(1963, 1971, 1979)은 넓게 기초하는 일반 지능 요인(g요인)에 관해 Spearman의 2-요인 이론을 확장하고, g요인은 유동적이고 결정적인 능력 모두를 포함하는 두 가지 요소로 구성되어있다고 주장하였다. Cattell은 유동적인 능력(fluid ability)을 개인의 유전적, 즉 선천적인 지적 능력으로 정의한 반면에, 결정적 능력(crystallized ability)은 개인의 경험, 문화 그리고 세계와의 상호작용에서 생기는 다양한 기회를 통해 배우는 것이라고 정의하였다. 유동적인 능력은 Spearman의 g요인과 유사한데, 일반적인 문제-해결 능력, 추상적인 추론 그리고 정보를 빠르고 효과적으로 통합하고 종합하는 능력을 말한다. 결정적 능력은 Spearman의 s요인과 유사하고 훈련과 경험을 통해 발달되고, 교육되는 특수한 기술을 말한다. Cattell과 동료들은 또한 그들의 지능에 대한 조사와 이해에 동기, 성격 및 문화의 역할을 포함시켰다.

Guilford(1967, 1979, 1985)는 지능을 정의하는 시도에서 150개의 특수한 지적능력에 대한 종합적인 분류 체계를 제공하였다. Spearman, Thurstone 및 Cattell의 통계적이고 요인분석적인 접근 및 이론들과는 대조적으로, Guilford는 지능이 세 가지 범주로 구성된다고 추론하였다: 조작(즉, 특정한 지적 문제를 해결하는 데 요구되는 정신활동), 내용(즉, 다뤄야 할 필요가 있는 특정 쟁점이나 문제) 그리고 산물(즉, 정신활동의 최종 결과 또는 최종 결론). Guilford는 조작의 다섯 가지 유형, 즉 기억, 인지, 평가, 확산적인 산물 및 수렴적인 산물; 내용의 다섯 가지 범주, 즉 시각, 청각, 의미의 상징 및 행동; 그리고 여섯 가지 산물, 즉 유목, 관계, 체계, 단위, 변형 및 함축을 개관하였다. Guilford에 따르면, 각 지적 과제는 지능의 150가지 요인의 가능한 조합을 위해서는 세 범주 각각으로부터 최소 한 요소씩 필요로 한다.

앞에 언급된 지능 이론들과는 달리, Piaget(1952,

1970, 1972)는 지능 이론에 발달적 조망을 첨가하였다. Piaget는 인간이 자신의 생활경험들을 적극적으로 개작하고 해석하는 것을 통해 세계를 어떻게 이해하는지에 대한 이론을 발전시키려고 노력하였다. 그는 인간이 인지 발달의 네 가지 주요한 단계(즉, 감각-운동, 전조작, 구체적 조작, 그리고 형식적 조작)를 가지고 있으며, 각각은 다양한 하위단계를 가지고 있다고 주장하였다. Piaget는 정보수집을 의미하는 **동화**라는 용어와 새롭게 통합되고 동화된 정보를 참고하여 존재하는 인지적 구조(즉, 도식)를 변경시키는 것을 의미하는 순응이라는 용어를 사용하였다. 지능과 인지 발달에 관한 그의 이론을 발달시키기 위해 Piaget는 실험실이나 통계 분석을 사용하기보다는 자신의 자녀들에게 인지적인 과제와 실험을 수행하였다.

이러한 전통적인 지능이론들은 지능의 구조나 요소들의 발견과 이해에 초점을 맞추는 경향이 있다. 이러한 이론들에 기초하여 검사들은 추론, 분석적 사고 및 언어 기술과 같은 다양한 기술들을 측정하기 위한 시도로 사용되고 발전되었다. 이러한 이론들과 검사들은 알고 있는 것이나 새로운 문제를 해결할 수 있는 능력을 측정하기 위하여 고안되었다. 지능에 관한 더 최근의 이론들은 우리가 문제를 해결하려고 시도하는 과정이나 방식을 더 잘 이해하기 위해 정보-처리 모형을 사용한다(Gardner, 2006; Hersen, 2003; Sternberg, 2008). 어떤 사람이 문제를 해결하려고 노력할 때 경험하는 처리 속도, 수준 및 유형은 오늘날 지능 연구와 검사 분야의 많은 전문가들의 관심사이다. 더욱이, 지능에 대한 현대적인 관점은 더 전통적인 추상적 추론과 학업능력에 덧붙여 실제적, 창조적, 사회적 및 정서적인 측면들을 포함한다(Gardner, 1994; Goleman, 1995, 2006, 2007;

Sternberg, 1996, 2008). 지능 이론에서 특히 영향력 있는 최근의 발전은 Robert Sternberg(1996, 1997, 2008)와 Howard Gardner(1983, 1986, 1994, 2006)의 업적을 포함하는데, 지능의 기술에 있어서 한층 더 생물심리사회적인 조망을 반영한다.

Sternberg는 지능의 세 가지 범주를 규명하는 지능의 삼원설을 제안하였다: 성분적 범주, 경험적 범주 및 맥락적 범주. 이 이론은 전체론적인 생물심리사회적 조망과 일관된다. 지능의 **성분적** 측면은 분석적 사고를 포함하는데, **경험적** 요인은 창조적 능력을 포함한다. **맥락적** 요인은 '세상 똑똑이'와 환경에 적응하고 환경을 조작하는 능력을 말한다. 따라서 Sternberg는 지능을 지적 기능의 연구와 평가 모두에서 전통적으로 무시되었던 생물학적, 심리적 및 사회적 토대와 함께 실제적이고 창조적인 요소를 포함하는 것으로 보았다.

Gardner(1983, 1986, 1994, 2006)는 지능이 여섯 가지 상이한 유형으로 이루어져 있다는 다중 지능이론을 발전시켰다: 언어지능, 논리-수학지능, 음악지능, 신체-운동 감각지능, 공간지능 및 개인지능. 따라서 Gardner의 견해는 음악과 신체 자각을 포함하는데, 이는 지능의 초기 견해들에서는 무시되어왔던 것이다. Sternberg와 Gardner 모두는 세상에서 생존하고 번성하기 위해 활용되는 광범위하고 다양한 기술과 과제 그리고 문화적 맥락을 설명하기 위해서 인간 존재의 실제적 측면을 강조하는 지능 이론을 발달시키려고 노력하였다. 정서적 지능에 대한 최근의 강조(Goleman, 2006, 2007)는 지적 기능을 이해하기 위해 더욱 전체론적인 접근을 강조하는데, 사회적 기술과 정서적 기능은 목표를 달성하고 성공을 하는 데 필요할 뿐만 아니라 '지능'에서도 중요한 역할을 한다고 주장한다. 자신의 정서를 알고 관리하는 것과 타인의 정서를 인식하는 것은 정서적 지능의 부분이며 거대한 생물심리사회적 함의를 가지고 있다. 예를 들어, 사회적 경험은 사회적 기술을 개발시키는 것과 사회적 관계를 극대화하기 위해서 정서를 관리하는 것에 대한 인식과 기회를 향상시키거나 억압할 수도 있다. 심리적 스트레스와 외상은 또한 정서를 다루는 것과 다른 사람의 정서를 이해하는 데 대한 무능력에 기여할 수도 있다. 그렇지만 이 시점에서 Sternberg, Gardner 및 기타 사람들에 의해 제공된 이러한 새로운 지능의 관점들은 임상심리학에서 보편적으로 사용되는 새로운 검사의 개발을 가져오지는 않았다. 그러므로 전통적인 IQ 검사들이 이 장에서 제시될 것이고, 이 검사들의 해석은 좀 더 생물심리사회적 입장에 근거한 이해와 함께 강조될 것이다.

**임상심리학자들은 지능을 어떻게 측정하는가?** 지능이나 인지 능력을 측정하고자 하는 수백 가지의 검사들이 있다. 상이한 검사들은 아동, 성인, 민족적 소수 집단, 영재 그리고 장애자(예, 시각, 청각 또는 운동 기능이 손상된 개인들)와 같은 다양한 전집에 사용하기 위해 개발되어왔다. 일부 검사들은 개별적으로 실시되고, 반면에 다른 검사들은 집단으로 실시된다. 일부 검사들은 신뢰도와 타당도를 검토하기 위한 광범위한 연구를 실시한 반면, 어떤 검사들은 연구 지지를 거의 받지 못하고 있다. 어떤 검사들은 실시하고 채점하기가 쉬운 반면에, 어떤 검사들은 사용하기가 매우 어렵다. 선택할 수 있는 많은 지능검사들이 있음에도 불구하고, 대부분의 심리학자들은 단지 소수의 검사들만을 일관되고 광범위하게 사용하는 경향이 있다. 분명히, 가장 인기 있고 자주 실시되는 검사들로는 **Wechsler 척도**[즉, Wechsler 성인 지능 척도-제4판(Wechsler Adult Intelligence Scale-Fourth Edition, WAIS-Ⅳ), 아동용 Wechsler 지능 척도-제4판(Wechsler Intelligence Scale of Children-Fourth Edition, WISC-Ⅳ), Wechsler 유아 지능 척도-제3판(Wechsler Primary and Preschool Scale-Third Edition, WPPSI-Ⅲ)]이 있다. 두 번째로 가장 자주 사용되는 지능검사는 Stanford-Binet(제5판)이다. 기타 인기 있는 검사로는 Kaufman 아동용 평가 배터리(Kaufman Assessment Battery for Children Second Edition, K-ABC-Ⅱ)와 Woodcock-Johnson Ⅲ 인지 능력 평가(Woodcock-Johnson Ⅲ Cognitive Abilities Assessment)이다.

## Wechsler 척도

**Wechsler 성인용 척도** : Wechsler-Bellevue 지능 척도는 1939년에 David Wechsler(1996~1981)가 개발하고 출판하였다. 이 검사는 1955년, 1981년 Wechsler 성인 지능 척도-개정판(WAIS-R), 1997년 성인 지능 척도-제3판(WAIS-Ⅲ)으로 개정되었으며, 척도의 가장 최근 판은 2008년에 출판된 제4판(WAIS-Ⅳ; Wechsler, 2008)이고, 따라서 WAIS-Ⅳ는 오늘날 사용되는 최근 판이다(표 8.1). WAIS-Ⅳ는 4개의 개별적인 언어 이해 하위 검사(상식, 공통성, 어휘 및 이해), 5개의 지각 추론 하위검사(빠진 곳 찾기, 토막 짜기, 행렬추리, 시각적 퍼즐 및 기호 비중), 3개의 작업 기억 척도 하위검사(산수, 숫자 따라 외우기 및 문자-숫자 순서매기기)그리고 3개의 처리 속도 하위검사(상징 찾기, 기호 쓰기 및 제거)로 구성되어있다. 각 하위검사는 관심 있는 특정한 지적 기술을 평가하는 다양한 항목을 포함한다(예, 어휘 하위검사는 응답자가 정의해야만 하는 단어의 목록을 포함한다). WAIS-Ⅳ는 일반적으로 16~90세인 사람에

| 표 8.1 | WAIS-Ⅳ 하위검사의 설명 |
|---|---|
| **하위검사** | **설명** |
| 빠진 곳 찾기 | 일반적인 대상이나 장면들로 이루어진 일련의 유채색 그림으로 각 그림에는 중요한 부분이 빠져 있고, 피검사자는 그 부분을 말해야 한다. |
| 어휘 | 말과 시각적으로 제시되는 일련의 단어들로 피검사자는 구두로 대답한다. |
| 기호 쓰기 | 일련의 숫자를 그것과 상응하는 상형 문자 같은 기호와 짝을 짓는다. 피검사자는 키를 사용하여 숫자와 상응하는 기호를 적는다. |
| 공통성 | 구두로 제시되는 일련의 단어 쌍으로 피검사자는 단어 쌍이 나타내는 일반적인 대상 또는 개념들의 공통성을 설명해야 한다. |
| 토막 짜기 | 인쇄된 일련의 이차원의 기하학적인 도형을 보여주거나 실제 모형을 예로 제시하는데, 피검사자는 두 가지 색깔로 된 입방체들을 사용하여 이를 모사한다. |
| 산수 | 일련의 산수 문제로 피검사자는 그 산수 문제를 마음속으로 풀고, 말로 대답한다. |
| 행렬추리 | 일련의 미완성 격자 양식으로 피검사자는 다섯 개의 가능한 선택에서 정확한 숫자를 가리키거나 말함으로써 그 격자 양식을 완성시킨다. |
| 숫자 | 구두로 제시되는 일련의 숫자들로 피검사자가 바로 따라 외우기와 거꾸로 따라 외우기에서 말로 그대로 반복한다. |
| 지식 | 일상적인 사건, 대상, 장소 그리고 사람에 대한 피검사자의 지식을 묻는 일련의 구어로 제시되는 질문들 |
| 이해 | 구두로 제시되는 일련의 질문들로 피검사자는 사회적 규칙과 개념 또는 일상적인 문제에 대한 해결책을 이해하거나 명료화하는 것이 요구된다. |
| 동형 찾기 | 일련의 짝지어진 집단으로 각 쌍은 표적집단과 탐색집단으로 구성된다. 피검사자는 적절한 칸에 표시함으로써 탐색 집단에서 표적 상징이 나타났는지의 여부를 나타낸다. |
| 순서화 | 구두로 제시되는 일련의 문자와 숫자의 순서들로 피검사자는 숫자를 오름차순으로 그리고 문자는 알파벳 순서로, 동시에 따라가면서 말로 반복한다. |
| 퍼즐 | 일련의 추상적인 퍼즐들은 비언어적 추리를 평가하기 위해 각각의 목표로 하는 표적 퍼즐의 구성요소를 선택하도록 응답자에게 요구한다. |
| 무게비교 | 저울에 있는 일련의 물체들은 양적 추리와 유추적 추리를 평가하기 위해 물체가 저울에서 균형을 유지하게 만들도록 응답자에게 요구한다. |
| 지우기 | 특정한 도형을 이용하여 응답자가 연속적으로 색칠된 추상적 도형들을 지우거나 제거한다. 이 하위검사는 시각적 지각 속도를 측정한다. |

출처 : Wechsler 성인 지능 척도, 제4판, D. Wechsler, 2008, Minneapolis, MN: Pearson 평가.

게 개별적으로 실시되는데, 약 1시간~1시간 30분 정도가 소요된다. WAIS-Ⅳ를 사용하여 네 가지 IQ 지수 점수가 결정된다: 언어 이해 지수점수, 지각 추론 지수점수, 작업 기억 지수점수 및 처리 속도 지수점수. 전체 척도 IQ 점수(지수점수를 결합하는) 또한 제공된다. 이들 세 가지 범주의 각각의 평균 IQ 점수는 100이고, 표준편차는 15이다. 90점과 110점 사이의 점수는 평균적인 지적 기능의 범위 내에 있는 것으로

간주된다. 70점 이하의 점수는 정신적으로 결함이 있는 범위로 간주되는 반면에, 130점 이상의 점수는 매우 우수한 범위로 간주된다. 개별 하위검사(예, 어휘, 토막 짜기)는 평균이 10점이고, 표준편차는 3점이다. 이들 하위검사는 각 개인들이 지니고 있는 상대적인 강점과 약점에 대한 미묘한 관찰에 대한 근거를 형성한다.

Wechsler 척도들은 수용할 수 있는 신뢰도, 타당

도 및 안정성을 가지고 있는 것으로 입증되어왔다 (Anastasi & Urbina, 1997; Hersen, 2003; Parker, Hanson, & Hunsley, 1988; Wechsler, 1981, 1997a, 2003, 2008).

Edith Kaplan과 동료들은 신경심리학 도구로서의 WAIS-R(WAIS-R as a Neuropsychological Instrument)이라 불리는 Wechsler 척도의 확장판을 개발하였다(WAIS-R NI; Kaplan, Fein, Morris, & Delis, 1991). WAIS-R NI는 뇌 기능 장애를 가지고 있는 개인에게 더 유용하게 사용하기 위하여 실시 및 채점에서의 수정(산수 하위검사에서의 연필과 종이 사용하기 그리고 어휘, 상식 및 공통성 하위검사에서 다중선택 사용하기)뿐만 아니라 부가적인 하위검사들(예, 문장 배열, 공간 범위, 상징쓰기)도 포함한다. Kaplan과 동료들은 처리과정 도구로서 WISC-Ⅲ이라 불리는 아동을 위한 유사한 검사를 개발하였다 (WISC-Ⅲ PI; Kaplan, Fein, Kramer, Delis, & Morris, 1999). 이것들은 단지 심리학에서 활용되는 신경심리학 검사들의 몇 가지 무기 중 하나인데, 이 검사 영역은 이 장의 후반부에서 더 자세하게 다루어질 것이다.

대부분의 심리학자들은 전체 IQ 점수뿐만 아니라, WAIS-Ⅳ의 각 하위검사에서 얻은 점수 양상들을 검토함으로써 인지적 강점과 약점에 관한 추론들을 이끌어낸다. 예를 들어, 토막 짜기에서의 매우 낮은 점수에 비해 상대적으로 높은 어휘 하위검사에서의 점수는 그 개인이 문제 해결에 있어서 언어를 훌륭하게 사용하고, 어떤 지각적 기술과 운동 통합 기술을 사용하는 문제 해결에는 더 빈약한 능력을 가지고 있음을 시사할 수도 있다. 게다가 Wechsler 척도들은 심리적 기능 및 성격 기능(Allison, Blatt, & Zimet, 1968)뿐만 아니라 뇌 손상(Kaplan et al., 1991;

Kaplan et al., 1999)과 같은 신경심리학적 문제들을 파악하는 데 도움을 줄 수 있다.

끝으로 IQ 검사는 항상 다른 평가 측정치들과의 맥락에서 해석되어야 한다. 다음에 예시될 예들처럼 외관상 간단한 IQ 검사조차도 개인과 그의 수행에 영향을 주는 일련의 생물심리사회적 요인들뿐만 아니라 다른 검사 결과와 통합되어야 할 필요가 있다. 그렇지 않으면, 그것만 따로 분리한 점수는 의미가 없거나, 심지어 오도될 수도 있다.

**Wechsler 아동용 척도** : Wechsler 아동용 지능 척도 (WISC)는 1949년에 초판이 출판되었고, 1974년에 개정되었으며(아동용 Wechsler 지능 척도-개정판, WISC-R), 1991년에 다시 개정되고(아동용 Wechsler 지능 척도-제3판, WISC-Ⅲ), 2003년에 다시 개정되었다(현재 아동용 Wechsler 지능 척도-제4판; WISC-Ⅳ). WISC-Ⅳ는 오늘날 사용되고 있는 최신판이다. WISC-Ⅳ는 WAIS-Ⅲ에서 사용된 것과 유사한 언어성 척도와 비언어성 하위척도를 모두 가지고 있다. 그렇지만 WISC-Ⅳ의 질문들은 성인용보다 6~16세의 아동들을 위해 개발된 것이므로 일반적으로 더 단순하다. 더욱이, 그들은 지적 기능의 다른 영역을 대표하는 네 가지 범주에서 군집을 이뤘다. 이것들은 언어 이해, 지각 추론, 작업 기억 및 처리 속도이다. 각각의 지적 기능의 네 영역은 모두 '핵심'을 포함하거나 의무적인 소검사는 지표 점수나 IQ 점수를 얻기 위해 반드시 실시되어야 하며, 적어도 지수점수나 IQ 점수에 포함되지 않는 적어도 하나의 '보충' 또는 선택적인 소검사가 실시되어야 한다. 언어 이해 범주는 **공통성, 어휘 및 이해**를 포함하는 세 가지 핵심 소검사뿐만 아니라 **상식과 단어 추리**를 포함하는 두 가지 보충 소검사로 구성되어 있다. 지각 추

# Paul —— WAIS－Ⅳ(지능평가)

**(임상심리학자 John Brentar, PhD가 제공한 사례)**

나이 : 20세

교육 : 대학교 2학년

Wechsler 성인용 지능 척도, 제4판(WAIS－Ⅳ) Wechsler 성인용 지능 척도, 제4판(WAIS－Ⅳ)은 언어 이해, 지각 조직화, 작업 기억 및 처리 속도를 평가하기 위해 고안된 표준화된 지능 측정도구이다. 8점과 12점 사이의 척도화된 점수와 90점과 109점(백분위 점수 25~75) 사이에 표준 점수는 연령에 맞는 기능을 반영한다.

| 언어 이해 | 척도 점수 | 지각 추론 | 척도 점수 |
|---|---|---|---|
| 공통성 | 11 | 토막 짜기 | 13 |
| 어휘 | 12 | 행렬 추리 | 9 |
| 상식 | 11 | *시각 퍼즐 | 13(19) |
| **작업 기억** | **척도 점수** | **처리 속도** | **척도 점수** |
| 숫자 | 7 | 동형 찾기 | 7 |
| 산수 | 7 | 기호 쓰기 | 7 |
| **지표 점수** | **표준 점수** | **백분위** | |
| 언어 이해 | 107 | 68 | |
| *지각 조직화 | 109(121) | 73(92) | |
| 작업 기억 | 83 | 13 | |
| 처리 속도 | 84 | 14 | |
| *전체 척도 IQ | 98 | 45 | |

* 괄호 안의 점수는 시간제한 검사를 했을 때의 수행을 나타낸다.

WAIS－Ⅳ에서 Paul의 전체 점수는 그의 인지적 기술이 기능의 중간–평균 범위의 기능에 있음을 나타내고 있다. 그렇지만 그의 표준화된 시간 조건 이하의 수행과 시간제한 후에 정확한 반응에 대한 부가점수가 주어졌을 때의 수행간에 불일치뿐만 아니라 영역점수 간에 유의한 불일치가 있었다. 특히 Paul은 그의 청각 작업 기억과 처리 기술의 속도 모두 평균 이하로 유의하게 취약한 것에 비해 언어 추리 능력과 비언어적 추리 능력은 표준화된 조건에서 평균 범위의 높은 끝에 있음을 보여준다. 그렇지만 그의 비언어적 추리검사에서 전반적인 수행은 시간제한이 없는 시각퍼즐 소검사에서 뛰어난 수행 때문에 시간제한 검사를 수행했을 때 평균 범위에서 우수한 범위로 향상되었다.

언어 이해 영역 내에서, Paul은 평균적인 언어 추리와 지식을 보여줬다. 특히 그의 수행은 연령에 맞는 단어 지식(어휘＝백분위 점수 75)과 추상적 추리(공통성 ＝ 백분위 점수 63)를 나타냈다. 그의 많은 지식(상식)은 또한 평균이며, 백분위 점수는 63이다. 아주 흥미롭게도, Paul은 질문을 생각하는 데 시간을 필요로 하였고, 종종 그의 반응을 만들어내는 데 고군분투하였으며, 그에게 눈에 보일 만한 좌절감을 일으켰다.

비언어 추리 기술 검사에서 Paul의 전반적인 수행은 복잡한 문제에 직면했을 때 그의 신중한 처리속도에 영향을 받았으며, 표준적인 시간 조건에 있을 때 그는 평균기술을 나타내 보였다. 그렇지만 시간이 제한되었을 때와 시간제한 후 정확한 답변을 위한 추가점수가 주어졌을 때 그의 전반적인 수행은 우수한 범위로 향상되었다. 이것은 시간이 시각퍼즐 소검사에서 유의한 영향을 미쳤기 때문인데, 이는 그의 추상적인 시각 자극을 분석하고 종합하는 능력을 측정해주는 것이었다. 실제로 시간 조건 하에서의 그의 수행은 백분위 점수 84이고, 30초 시간제한 후에 그가 정확하게 답변한 문항에 대한 추가점수가 주어졌을 때는 백분위 점수 99.9로 향상되었다. 사실 Paul은 제한된 시간 후에 6문제를 모두 정확하게 대답했고, 몇몇 문제에 2분 정도를 소비했다. 시간의 영향이 시각 운동과 공간 조직화를 측정하는 토막 짜기 소검사에서 분명하지 않았지만 Paul이 모든 문항에 정확하게 응답했음에도 불구하고 빠른 작업에 대한 얼마간의 보너스 점수를 받지 못하였다. 이 소검사 동안, 그는 문제를 통과하기 위한 자신의 방법을 이야기 했고, 토막 짜기를 구성하는 데 체계적인 접근을 보여주었다. Paul은 백분위 점수 37에 추상적 시각 정보에 대한 추리 능력을 측정하는 행렬 추리 소검사를 가장 어려워했다. 그는 소검사를 하는 동안 어리둥절해 보였고 "왜 내가 이것을 합하지 못하지?"라며 응답하기 위해 서두르는 것처럼 보였다. 그의 불안은 검사가 진행될수록 악화된 것처럼 보였는데, 이는 그의 전반적

**사례 연구** | **Paul —— WAIS-Ⅳ(지능평가)** (계속)

인 수행에 영향을 주었을 것이다.

　Paul의 청각 작업 기억이나 과제를 완성하기 위해 기억에 정보를 보유하는 능력은 백분위 점수 13으로 평균 이하 범위의 기능에 속해 있고 이는 유의한 취약성을 나타낸다. 숫자 소검사 동안, 그는 과제 요구 사항에 대한 혼동을 나타내 보였으며 특히 숫자 거꾸로 따라 외우기를 하는 것에 대해 어려워했다. 또한 Paul은 산수 소검사에서 더 많은 시간이 필요해서 영향을 받았고, 그는 시간제한 후 5개 질문에 정확하게 대답했다. 그는 이 소검사 동안에 도움이 되는 전략들을 사용하였는데, 여기에는 문제를 푸는 동안에 책상 위에 '쓰기'가 포함되었으며, 검사자에게 많은 문제를 되풀이해주도록 요구하였다.

이 접근법은 그의 정확도를 향상시켰지만, 그의 수행속도를 늦추었다. 전반적으로, Paul은 덜 의미 있는 숫자 목록에 비해 산수 소검사의 문항에서 제공된 맥락으로부터 이득을 얻은 것처럼 보였지만, 더 복잡한 문제를 충분히 생각하는 데 시간을 요구했다.

　Paul의 처리 속도 검사에서 전반적인 수행은 백분위 점수 14로 유의한 취약성을 나타냈다. 특히 그는 기호쓰기 소검사를 완성할 때 취약한 수행을 보였는데, 이는 백분위 16점으로 글을 쓸 때의 근육운동 속도 협응을 평가하는 것이다. 유사하게, 동형 찾기 소검사로 평가된 그의 시각 주사 기술은 또한 백분위 점수 16으로 평균 이하였다.

---

론 범주는 또한 **토막짜기, 공통 그림 찾기 및 행렬 추리**를 포함하는 3가지 핵심 소검사뿐만 아니라 **빠진 곳 찾기**라고 불리는 보충 소검사로 구성되어있다. 작업 기억 범주는 **숫자, 순서화**를 포함하는 두 가지 핵심 소검사뿐만 아니라 산수라는 하나의 보충 소검사로 구성되어있다. 끝으로 처리 속도 범주는 **기호 쓰기와 동형 찾기**의 두 가지 핵심 소검사뿐만 아니라 선택이라는 하나의 보충 소검사로 구성되어있다.

　WISC-IV는 IQ의 네 가지 지수 점수뿐만 아니라 네 가지 지수 점수로부터 기반한 전체 척도 IQ 점수를 제공한다. 이 IQ 점수는 평균이 100이고 표준편차는 15이다. 네 가지 요인 점수(즉, 언어 이해, 지각 추론, 작업 기억 및 처리 속도)는 인간의 지적 기능을 반영하기 위해서 요인 분석 기법과 수많은 연구를 사용하여 개발되었다. 각 소검사들은 평균이 10이고 표준편차는 3이다. WISC-IV는 뛰어난 신뢰도, 타당도 및 안정성을 보여왔다(Wechsler, 2003).

　**Wechsler 유아용 지능 척도**(The Wechsler Preschool and Primary Scale of Intelligence, WPPSI)는 4~6세의 아동들에게 사용하기 위하여 1967년에 개발되고 출판되었다. 이 검사는 1989년에 개정되었으며(WPPSI-R) 2002년에 WPPSI-Ⅲ으로 다시 개정되었다. WPPSI-Ⅲ는 현재 사용되고 있는 최신판이다. WPPSI-Ⅲ는 2~7세의 아동들에게 사용된다. 다른 Wechsler 척도들(WAIS-Ⅳ, WAIS-R NI, WISC-Ⅳ)처럼 WPPSI-Ⅲ는 언어성 척도와 동작성 척도를 가지고 있어서 네 개의 IQ 점수를 산출한다 : 언어성 IQ, 동작성 IQ, 처리 속도 IQ 및 전체 척도 IQ. 다른 Wechsler 척도들과 유사하게, IQ 점수는 평균이 100이고 표준편차가 15인 반면, 소검사 점수들은 평균이 10이고 표준편차는 3이다. 언어성 IQ 점수는 상식, 어휘 및 단어 추리 소검사로 구성된 반면 이해와 공통성 소검사는 언어성 IQ 점수의 계산에 포함되지 않았다. 동작성 IQ는 토막 짜기, 행렬 추리 및 공통그림 찾기 소검사로 구성된 반면 빠진 곳 찾기와 모양 맞추기는 동작성 IQ 점수 계산에 포함되지 않았다. 처리 속도 IQ 점수는 동형 찾기와 기호 쓰기 소검사로 구성되어있다. WPPSI-Ⅲ는 만족스러운 신뢰도, 타당도 및 안정성을 보여왔다(Wechsler, 2002).

**Stanford-Binet 척도** : Stanford-Binet는 Alfred Binet가 1905년에 개발한 최초로 표준화된 지능검사의 개정판이다. 이 검사는 여러 번 개정되어 왔다–1916년, 1937년, 1960년, 1986년 그리고 가장 최근에는 2003년. 이 검사의 최신판은 Stanford-Binet, 제5판이다(Roid, 2003). Stanford-Binet는 2세부터 성인기까지의 개인들에게 사용될 수 있다.

Stanford-Binet 척도는 비언어성(Nonverbal, NV) 영역과 언어성(Verbal, V) 영역으로 구성되어있다. 종합하여 그들은 전체 척도 IQ 점수를 산출한다. 또한 요인점수 또는 지표는 다섯 가지 영역에서 제공되었다 : 유동적 추론(Fluid Reasoning, FR), 지식(Knowledge, KN), 시각-공간적 처리(Visual-Spatial Processing, VS), 작업 기억(Working Memory, WM) 및 수량 추리(Quantitative Reasoning, QR).

유동적 추론 소검사는 대상 직렬/행렬, 초기 추론, 언어 모순 및 언어 유추를 포함한다. 지식 소검사는 어휘, 절차 지식 및 빠진 곳 유추를 포함한다. 시각-공간적 처리 소검사는 형틀, 틀 양식 및 위치와 방향을 포함한다. 작업 기억 소검사는 단위, 문장 기억 및 마지막 단어를 포함한다. 끝으로 수량 추리 소검사는 수량 추리라고 불리는 하나의 소검사로 구성되어있다. Wechsler 척도들과는 다르게, 오직 Stanford-Binet 소검사들만이 특정 피험자들에게 사용된다. 피험자들의 연령이 어떤 소검사들이 평가에 사용될 것인지를 결정한다. 모든 소검사 범주로부터의 점수는 평균 100점과 표준편차 15점에 기초하여 얻어진 IQ 점수를 산출하는 데 사용된다. 연구들은 Stanford-Binet가 만족스러운 신뢰도, 타당도 및 안전성을 지니고 있다는 것을 시사한다(Anastasi & Urbina, 1997; Roid, 2003; Thorndike, Hagen, & Sattler, 1986).

**기타 지능검사들** : Wechsler 검사와 Stanford-Binet검사 이외에도 수많은 검사들이 특정 전집에 사용될 수 있다. 예를 들어, 대안검사들은 영재, 말을 하거나 듣기에 장애가 있는 개인들, 또는 소수 집단 성원들과 같은 특수 전집에 사용될 수도 있다. 그것들은 또한 Wechsler 검사나 Stanford-Binet에 수반되는 차선의 평가로 사용되거나, Wechsler나 Stanford-Binet 척도의 시행을 통해 얻을 수 없는 부가적인 인지 정보(예, 읽기 능력)를 얻기 위해 사용될 수도 있다. 모든 사용 가능한 검사들을 상세하게 논의하는 것은 이 책의 범위를 벗어나는 것이기는 해도, 더 인기있는 검사들의 일부는 다음과 같은데 독자들은 이 검사들에 관해 더 많은 기본 지식을 제공하는 기타 출처들(예, Anastasi & Urbina, 1997)에 대한 자문을 바랄 수도 있다. 이 대안 검사들의 예들에는, Kaufman 검사(아동용 Kaufman 평가 배터리[K-ABC-II]; Kaufman & Kaufman, 2004), 아프리카계 미국인 규준을 제공하는 Kaufman 단축형 지능검사(K-BIT-II; Kaufman & Kaufman, 2004), Kaufman 청소년 및 성인 지능검사(KAIT; Kaufman & Kaufman, 1993), Peabody 그림 어휘검사-제4판(PPVT-IV, Dunn & Dunn, 2007), Woodcock-Johnson 심리 교육 배터리(WJ III; Woodcock, McGrew, & Mather, 2001), Raven의 점진적 행렬(Raven, 1993, Raven, Raven, & Court, 2003), 성인용 일반 능력 측정(GAMA; Naglieri & Bardos, 1997) 및 다문화적 다원성 평가 체계(SOMPA; Lewis & Mercer, 1978; Mercer &

## 다문화적 쟁점과 검사

우리는 많은 심리검사와 항목표를 기술하기 위해 객관적이라는 용어를 사용하더라도, 많은 이들 검사는 점점 더 다양한 다문화적 세계에서 매우 주의하여 사용해야만 한다. Pearson 평가와 같은 검사도구 개발자들은 검사규준을 개발하고 산출할 때 소수집단이 미국의 다양한 문화적 배경을 반영하고 대표하도록 열심히 작업한다. 그렇지만 많은 도구들은 여전히 많은 소수 집단 구성원에게 사용되는 것이 부적절할 수 있다. 예를 들어 이 책에서 검토한 검사의 대부분은 피검자가 영어에 우수한 구사능력을 가지고 있다고 가정한다. 예를 들어 MMPI-2나 WAIS-IV는 내담자가 영어에 능통하지 못하면 완성하는 데 매우 어려울 것이다. 적절한 영어 기술 능력의 부족은 더 낮은 IQ 점수를 야기할 수 있는데, 이는 영어 기술보다 더 낮은 지능 및 인지 기능으로 잘못 귀인될 수도 있다. 또한 문화변용의 수준과 사회 속에서 소수집단 구성원의 동화는 어떠한 심리검사를 사용할 때도 고려되어야만 한다. 개인의 영어 기술이 괜찮을지라도 문화적 배경이 그들의 검사 수행에 영향을 줄 수 있다.

1986년에 California 주에서 주목할 만한 획기적인 결정(Larry P. vs California)에서, 공립학교에서 아프리카계 미국인 학생들에게 WISC와 Stanford-Binet와 같은 개별적으로 실시되는 표준화된 지능검사들이 사용될 수 없다는 흑인 심리학자협회의 요구에 판사가 호의적으로 손을 들어주었다. 그 판결은 이 도구들의 부적절한 사용이 낮은 수행 학급 환경에 학생들을 배치하는 것과 같은 차별적 교육 결정들을 이끌 수 있다고 보고 결정되었다. 그 법정은 이 검사들이 아프리카계 미국인 아이들에게 좋기보다는 더 해롭고 따라서 더 이상 그것들이 사용되지 말아야 한다고 생각하였다. 이 결정은 어떤 심리검사의 사용에서 문화적 요인이 신중히 고려되어야 하고, 또한 기술과 기능을 평가하기 위한 노력이 항상 문화를 고려해야 한다는 관점을 강조했다.

소수 민족 사람들의 평가에서 중요한 한 가지 쟁점은 문화변용의 쟁점을 포함하는 것이다. 특정 소수집단의 모든 구성원들이 수십 년 혹은 심지어 수세기 전에 다른 나라들에서 미국이나 캐나다로 이주한 것과 최근 미국이나 캐나다로 이주한 것을 비교해본다면 같은 문화적 쟁점으로 작용한다고 기대하는 것은 비합리적인 것이다. Gonzalez(1998)는 문화변용은 대다수의 문화에 동화되거나 통합된 수준에 달려있다고 진술한다. 그러므로 문화 혹은 민족 집단 구성원들 이외에, 다수 문화로의 내담자의 문화변용을 평가하는 것 또한 중요하다. 이것은 문화변용을 특별히 평가하는 데 사용되는 면담이나 실제 검사로 행해질 수 있다. 이것들에는 두서너 가지만 예를 들면, 멕시코계 미국인용 문화변용 평정척도(Acculturation Rating Scale for Mexican Americans, ARSMA-II; Cuellar, Arnold, & Maldonado, 1995), 양쪽 문화 관련 척도(Bicultural Involvement Scale; Szapocznik, Kurtines, & Fernandez, 1980) 그리고 Suinn-Lew 아시아인 자기-정체감 문화변용 척도(Suinn-Lew Asian Self-Identity Acculturation Scale; Suinn, Ahuna, & Khoo, 1992)가 있다.

Lewis, 1979)가 포함된다. K-ABC-Ⅱ와 SOMPA는 다음에 간략하게 개관될 것이다.

K-ABC-Ⅱ는 3~13세의 아동들에게 실시되고 순차 처리, 동시 처리, 학습 능력, 기획력, 및 결정 능력을 포함하는 5개의 전체적인 척도이다. 점수는 정신

처리 지표(MPI)와 비언어성 지표를 산출하기 위해 조합된다. K-ABC의 개발은 지능평가에 대해 Wechsler 척도와 비교되는 상이한 이론적 접근을 반영한다. 순차 처리는 단계적 접근을 사용하는 문제-해결 기술을 말하고, 동시 처리는 한꺼번에 해답에 도

## 사례 연구 — Donald ── WISC-IV(지능평가)

Donald L.은 그의 아버지는 백인이고 그의 어머니는 아시아 혈통을 가진 혼합 인종 가정에서 태어난 9살 소년이다. 그는 인지 및 학업 강점과 약점에 대한 종합 평가를 하기 위해서 부모에 의해서 평가 의뢰되었다. 그는 청각 처리 장애로 진단받았다. 말하기 및 언어 평가는 언어 추리 기술에서 취약한 것으로 드러났다. 그의 부모는 Donald의 학교 성취를 지원하기 위한 최고의 방법을 결정하기 위하여 이 평가를 요청하였다. 현재 Donald는 4학년이다.

Mrs. L.은 Donald가 이번 해에 그의 공부량을 유의하게 증가시키기 위해서 애쓰고 있다고 보고했다. 그는 스스로를 조직화하는 것을 어려워했다; 예를 들어, 그는 공부를 끝마쳤음에도 공부에서 전환하지 못했다. Donald의 선생님은 그에게 책상 주위를 깨끗하게 하라고 했을 때 어디서부터 시작해야 하는지를 매우 어려워했다고 보고하였다; Mrs. L.은 집에서도 유사한 어려움이 있음을 주목했다. Mrs. L.은 자주 그의 주의를 집중시키는 것이 어렵다고 보고하였다. 일단 그의 주의를 확보할 수 있으면, Donald는 일반적으로 잘 참석했다. 다른 때(예, 읽을 때), 그는 과도하게 집중하는 경향이 있다. Donald는 다단계 지시를 처리하는 것에 어려움이 있고, 구체적이고 명시적인 방식으로 진술하는 지시가 필요하다.

Mrs. L.은 Donald는 글자를 잘 쓰고 잘 읽는 사람이라고 보고하였다. 그렇지만 그녀는 Donald의 이해 기술이 미래의 더 많은 추상적 개념을 직면할 때 약해질 수 있다는 것에 대해 걱정이 되었다. Donald는 그의 고차적인 사고기술 쓰기를 위해 노력한다. 표준화된 검사에서 그의 가장 낮은 점수는 쓰기 언어인 경향이 있다. Donald의 산수 기술은 좋다.

Donald는 그의 실용적인 언어 기술을 다루기 위해 일주일에 30분씩 2회기를 학교에서 말하기 및 언어치료사와 작업한다. Mrs. L.은 Donald가 크게 말하는 경향이 있고 상호간의 대화를 유지하기 위해 노력한다고 보고했다. Donald는 또한 불안 증상을 다루기 위해 심리치료사와 작업하고 있다. Donald는 가벼운 정도의 뇌성마비의 결과로 전체적인 운동 기능이 약해서 과거에 물리치료사와 작업치료사를 만나왔다. 운동의 어려움에도 불구하고, 그는 축구와 야구를 했다; 그렇지만 Donald는 3년의 훈련 후에야 자전거 타는 것을 배웠다.

Donald는 또한 펜맨쉽(서법)으로 공부를 하였는데, 철자배열과 간격 띄우는 것에 대해 노력하였다.

### 검사 결과

| | 척도점수 | 백분위 |
|---|---|---|
| **언어 이해** | | |
| 공통성 | 12 | 75 |
| 어휘 | 18 | 99.7 |
| 이해 | 09 | 37 |
| **지각 추론** | | |
| 토막 짜기 | 08 | 25 |
| 공통그림 찾기 | 15 | 95 |
| 행렬 추리 | 10 | 50 |
| 빠진 곳 찾기 | 10 | 50 |
| **작업 기억** | | |
| 숫자 | 10 | 50 |
| 순차연결 | 13 | 84 |
| 산수 | 15 | 95 |
| **처리 속도** | | |
| 기호 쓰기 | 06 | 09 |
| 동형 찾기 | 06 | 09 |
| 선택 | 10 | 50 |

| 합성점수 | 표준점수 | 백분위 |
|---|---|---|
| 언어 이해 | 116 | 86 |
| 지각 추론 | 106 | 66 |
| 작업 기억 | 107 | 68 |
| 처리 속도 | 78 | 07 |
| 전체검사 IQ | 105 | 63 |

**IQ 결과의 간략한 요약** : 지능검사의 결과는 Donald의 인지 능력이 전체적으로 평균 범위에 있다는 것을 나타낸다. 그의 합성점수는 강점과 약점에 대한 좋은 그림을 제공해준다. Donald의 언어 이해 기술은 평균 범위 이상에 있는 기술로,

## 사례 연구 | Donald —— WISC-Ⅳ(지능평가) (계속)

강점 영역이다. 그는 지각 추론과 작업 기억의 영역에서 연령에 맞는 수행을 하였다. 대조적으로, Donald는 처리 속도 합성점수에서 유의하게 더 낮은 점수를 얻었는데, 그의 인지 기술 가운데 상대적으로 취약한 영역이라는 것을 나타내고 있다.

언어 이해 합성점수를 구성하는 소검사들 중에서, Donald의 점수는 변동적이다. 그는 단어지식(어휘)에서 타고난 기술을 보였는데, 백분위 점수는 99.7을 얻었다. Donald는 공통성 소검사에서 평균 범위의 높은 끝쪽에 있는 것으로 수행하였는데, 이는 추상적 추리를 측정한 것이다. 그는 사회적 추리와 문제해결 검사인 이해 소검사에서 그의 점수가 여전히 평균 범위에 있기는 하지만, 비교적 더 낮은 점수를 얻었다. 그의 언어 추리의 약점은 이 검사에서 상대적으로 더 낮은 점수에 기여하는 것 같다.

Donald의 지각 추론 소검사에서도 역시 점수가 변동적이었다. 그는 공통그림 찾기 소검사에서 분명한 강점을 보였는데 이는, Donald가 이 시각 추론 과제를 푸는 데 그 자신의 언어 기술을 접근하게 해주었다. Donald는 그 자체 언어에 기반된 전략에 적합하지 않은 다른 시각 추론 과제(행렬 추론)에는 나이에 맞는 수행을 하였다. 그는 세부적인 것에 주의를 기울이는 검사인, 빠진 곳 찾기 소검사에서 견줄 만한 점수를 받았다. Donald의 가장 낮은 점수는, 색깔이 있는 토막이 포함된 시각적 문제–해결인 토막 짜기였다. 그는 시지각 기능에서 상대적인 약점이 있음을 반영하는 평균 범위의 더 낮은 끝의 점수를 받았다.

작업 기억 영역에서, Donald는 암산(산수) 검사에서 우수한 범위의 수행을 보였다. 산수와 맥락적 언어정보를 사용하는 그의 능력에서의 강점은 의심할 바 없이 이 검사상에서 그의 수행을 향상시켜주었다. Donald는 순차 연결에서 평균 범위 이상의 점수를 받았다. 이 검사에서, 그는 무선화된 일련의 숫자와 문자를 제시받았다. Donald는 숫자를 차례대로 순서화하고 문자를 알파벳순으로 순서화하도록 요청받았다. 그는 그에게 도전이 될 수 있다는 것을 알기 때문에 이 검사에 '정말로 열심히' 노력했다고 보고하였다. Donald는 숫자 소검사에서 평균 범위의 점수를 받았는데, 이 소검사는 숫자에 대한 기계적 기억 검사이다. 그는 바로 따라 외우기와 거꾸로 따라 외우기에서 숫자를 회상하는 데 동등하게 능숙했다.

처리 속도는 Donald의 인지 기술 사이에서 상대적으로 약한 영역으로 나타났다. 그는 선택 소검사에서 평균 범위의 점수를 받았는데, 이 검사는 무선적으로 배열된 그림에서 빠르게 동물 그림을 찾는 능력을 측정하는 시간제한이 있는 검사이다. 그는 그림이 두 페이지에 걸쳐 무선적으로 위치하였을 때도 그리고 그림이 행과 열로 배열되었을 때도 동물 위치를 찾는 것이 동등하게 능숙했다. Donald는 이 과제를 다루는 데 분명한 조직화된 전략을 사용하지 않는 것 같았다. 그는 나머지 두 처리속도 검사인 기호 쓰기와 동형 찾기 소검사에서 평균 이하 범위의 점수를 받았다. 선택 소검사에서 Donald의 더 높은 점수는 밝게 유채색으로 되어있는 선택 과제에서 그의 관여수준이 증가되었음이 반영되었을 수도 있다. 그의 독백 전략은 또한 그의 수행을 높였을 수도 있다.

WISC-Ⅳ 결과의 간략한 해석 요약 : 이 지능검사 결과는 Donald의 전반적인 지적 기능이 평균 범위에 있음을 나타내고 있다. 그는 언어–이해(평균 범위 이상의 점수)에서 상대적인 강점을 보였다. Donald는 지각 추론과 작업–기억 검사에서 연령에 맞는 수준의 수행을 보였다. 그는 처리 속도 영역에서 상대적으로 더 낮은 점수를 받았는데, 이는 그의 인지기술 가운데 약점 영역을 반영하고 있다.

달하기 위하여 여러 원천으로부터 나온 정보의 원천을 사용하는 것이다. 평균은 100점이고, 표준편차는 15점이다. K-ABC-Ⅱ는 신경심리학에서의 연구와 이론에서부터 개발되었고, Wechsler와 Stanford-Binet 척도 둘 다와는 달리, 읽기 능력과 같은 기술을 측정해주는 성취점수를 가지고 있다. 많은 임상가들이 K-ABC-Ⅱ가 Wechsler와 Stanford-Binet 검사보다 아동들에게 더 재미있고 몰두하게 할 뿐만 아니라 언어에 덜 의존하는 검사라고 생각한다. 더욱이 K-ABC-Ⅱ는 일반적으로 Wechsler 척도와 Stanford-

Binet 검사보다 검사 실시 시간이 덜 걸린다.

SOMPA는 5~11세 아동의 지능에 대한 종합적인 평가인데, 아프리카계 미국인 및 라틴계 전집과 같은 소수 집단의 아동들을 위해 특별히 고안되었다. SOMPA는 인지 기능에 대한 9개의 상이한 측정치를 제공하는데, 평가 과정의 일부로 구조화된 부모 면접을 포함한다. 많은 전문가들은 SOMPA가 Wechsler와 Stanford-Binet 측정치보다 소수집단에게 더 유용하다고 생각한다. 소수집단의 검사 편파에 관련된 쟁점들은 이 장 후반에서 다뤄질 것이다.

**다른 인지능력 검사들 :** 일부 검사들은 그 자체로 지능검사일 뿐만 아니라 인지능력을 측정하기도 한다. 예를 들어, 『Bayley 유아 발달 척도, 제2판(*Bayley Scales of Infant Developmental, Second Edition, BSID-Ⅱ*)』(Bayley, 1993)은 1~42개월의 매우 어린 아동들의 정신, 운동 및 발달 능력을 측정한다. 인지평가 시스템(Cognitive Assessment System, CAS; Das & Naglieri, 1997)은 5~17세 아동들의 계획, 주의 그리고 동시 및 연속 인지 기능과 같은 인지 처리를 평가한다. 『Vineland 적응 행동 척도, 제2판』(Sparrow, Balla, & Cicchetti, 2005) 그리고 『적응 행동 척도, 제2판』(N. Lambert, 1993)은 아동들의 적응행동(예, 혼자서 옷 입기와 먹기)을 사회화 및 사회적 유능성의 발달에 초점을 두어 검사한다. 이 척도들은 예를 들어, IQ 점수와 함께 정신 지체를 입증하는 데 중요하다. 따라서 70 이하의 IQ 점수들(평균에서 2 표준편차 이하를 반영하는)과 함께 어떤 연령에서 기대되는 것보다 유의하게 더 낮은 적응행동을 보이면 정신 지체로 진단된다. 광범위 성취 검사-4(Wide Range Achievement Test-4, WRAT-4; Wilkinson & Robertson, 2006)는 5~75세의 개인들의 읽기, 쓰기 및 산수 기술을 측정한다. Woodcock-Johnson 검사는 적성 요소뿐만 아니라 성취요소를 포함하는 데 읽기, 쓰기 및 산수와 같은 기술을 측정한다.

**신경심리 검사 :** 또 다른 검사들은 뇌-행동 관계에 초점을 두고, 따라서 신경심리 기능을 측정한다. 두부 손상, 물질 남용, 뇌졸중 또는 기타 질병과 상해로 인한 뇌 손상은 종종 언어를 사용하고, 생각하며 그리고 적절한 판단을 하고, 자극에 적절하게 지각하고 반응하며 그리고 오래되거나 새로운 정보를 기억하는 인지능력에 영향을 준다. **신경심리 검사**는 지적, 추상적인 추론, 기억, 시각-지각, 주의, 집중, 큰 운동과 미세한 운동 그리고 언어 기능과 같은 뇌-행동 기술들을 평가한다. 신경심리학 주제가 제11장에서 강조되기 때문에 여기에서는 간단하게 다룰 것이다.

신경심리 검사들에는 개별검사뿐만 아니라 검사배터리도 있다. Halstead-Reitan 배터리(Boll, 1981; Halstead, 1947; Reitan & Davison, 1974) 그리고 Luria-Nebraska 배터리(Golden, Hammeke, & Purisch, 1980)는 성인들에게 가장 흔하게 사용되는 검사 배터리이다. Halstead-Reitan 배터리는 15세에서 성인기까지 사람들에게 실시될 수 있고, MMPI-2와 WAIS-Ⅳ의 실시와 함께 12개의 독립된 검사들로 구성되어있다. 이 배터리는 실시하는 데 대략 6~8시간이 걸리는데, 기억, 감각-지각 기술 및 새로운 학습 문제들을 푸는 능력과 같은 기술을 평가하는 각 하위검사들상의 독립된 점수뿐만 아니라 전반적인 손상 지수를 제공한다(표 8.2). 이 검사의 또 다른 판은 5~14세 아동들에게 이용 가능하다. Luria-Nebraska 배터리는 총 269개의 독립된 검사 과제로 된 11개의 소검사로 구성된다. 이 소검사들은

## 임상심리학자 John Brentar, PhD의 학습 장애 평가

1968년에, 연방정부는 IQ 검사 점수를 토대로 한 지적능력 그리고 읽기, 쓰기 또는 산수와 같은 학업 영역에서의 성취 사이에 심각하게 서로 어긋나는 것으로서 1977년에 공보(Federal Register)에서 조작적 정의가 된 **학습 장애** (learning disability)의 정의를 내렸다. 이 모형은 아동이 학습을 위해 노력하기 때문에 정신적으로 결함이 없다는 것이 인정되므로 학습 장애 분야의 발전을 촉진하도록 도왔다. 그것은 또한 학습 장애 평가를 위한 표준화된 방법을 제공하였다. 그렇지만 더 최근에 학습 장애 분야의 연구자들은 IQ 검사가 교육적 중재를 개발하고, 실행하고 그리고 평가하는 데 신뢰성이 없는 정보를 주며 또한 서로 어긋나는 모형의 사용은 중단되어야 한다고 주장하였다. 이들의 주장은 다음과 같다:

- 이 서로 어긋나는 모형은 자기 지능지수 이하의 성적을 내는 것과 연관되었는데, 이는 예방적 중재를 위하여 조기에 충분히 아동들을 식별하는 것을 매우 어렵게 만들었다(즉, IQ 점수와 성취점수가 서로 어긋나게 되어 아주 낮은 점수로 떨어지는 데는 오랜 시간이 걸릴 수 있다는 것이다). 그러므로, 중재 프로그램은 흔히 어떤 아동이 이미 실패한 후나 혹은 그 아동의 기술에 유의하게 영향을 미치기에는 너무 늦은, 보통은 2학년이나 그 후에 나타난다.
- IQ와 성취간에는 양방향적인 영향이 있다: IQ는 성취를 제한할 뿐만 아니라 제한된 성취는 IQ 검사 수행에 영향을 준다.
- 전통적인 IQ 검사에 포함되어있는 소요시간 평가는 즉각적인 중재 서비스를 개발하는 데 사용될 수 있는 정보를 교사에게 거의 주지 못한다.
- 아동의 처리 문제는 특정한 IQ 소검사에서 그들의 수행에 영향을 줄 수 있는데, 그래서 IQ와 학업성취검사 점수 사이에 유의하게 서로 어긋나는 것에 대한 기회를 감소시켜준다.
- 이중 언어 아동들, 소수 민족 아동들 그리고 매우 높은 IQ 점수 혹은 평균 이하의 IQ 점수를 가진 아동들에서 서로 어긋나는 것을 입증하는 것은 흔히 어렵다.

학업 수행 문제에 기저하고 있는 것으로 여겨지는 처리 기술의 평가에 초점을 두는 대안적 모형들이 제안되어왔다. 이러한 유형의 모양에 대한 이점은 다음과 같다 :

- 진단하기 전에는 학교에서 아동에게 실패라고 표명해서는 안 된다.
- 학습문제를 가지고 있으며, 그리고 서로 어긋나는 준거를 만족시키는 사람들만이 아닌 모든 아동들을 표적으로 할 수 있게 해준다.
- 가장 필요로 하는 분야에서 교육에 초점을 두게 해줄 수 있다. 가능한 더 이른 취학 전이나 유치원 때에 확인될 수 있다. 그런 다음 중재에 대한 아동의 반응이 평가될 수 있고, '학습 장애' 의 명칭은 그 아동의 중재에 대한 진전 결여에 근거할 수 있다.

이러한 처리 기술 모형을 신속하게 채택하기 위한 교육 제도의 능력은 여러 중대한 문제에 의해서 위태로워졌다:

(계속)

## 임상심리학자 John Brentar, PhD의 학습 장애 평가(계속)

- 연구자들은 모든 학업영역에서 능률적으로 학습할 필요가 있는 처리 기술을 완전히 이해하지 못하였다. 예를 들면, 중요한 처리 기술이 읽기에서는 확인되어온 반면에, 산수에서는 분명하게 확인되어오지 않았다.
- 연구자들은 검사에서 순수하게 처리 기술을 평가하기 위해 고안된 검사상의 수행문제가 처리기술을 측정하는지 또는 유사한 과제에 대하여 획득된 지식이나 이전 경험과 같은 다른 요인들에 의해 영향을 받는지에 대해서 꼭 아는 것은 아니었다.
- 대부분의 학교 심리학자들과 교육 전문가들은 이러한 평가 측정에서 훈련받지 못하였고 또한 학생들에게 쉽게 접근하지 않았다.
- 대부분의 교사들은 아동들의 처리 강점과 약점을 토대로 효과적인 중재 전략을 개발하는 방법에서 전문화된 훈련을 받지 못했다. 그러므로, 처리 기술 모형은 교사와 평가자들(학교 심리학자들과 같은)이 처리기술과 학업 성취에 대한 이것들의 관계를 이해하도록 더 나은 교육을 받지 못하는 한 쉽게 시행될 수 없다.

이 딜레마는 다음과 같은 이유로 가까운 장래에 학습 장애의 진단에서 IQ 검사가 중요한 평가도구로 남아있을 것이라고 시사한다:

- IQ 검사는 언어 영역과 비언어(시지각) 영역에서 그들의 능력수준을 토대로 다른 검사에서의 아동의 수행을 해석하는 맥락을 제공한다.
- 학습 장애 평가를 수행하는 대부분의 심리학자들은 아동의 처리 기술에 관한 초기 가설을 생성하기 위한 방법으로 IQ 검사를 사용하고 또한 그러한 가설을 검증하기 위해 후속 평가 측정치들을 선정한다.

유능한 심리학자에 의해 민감하게 다루어지고 해석될 때, 처리검사와 학업검사로부터의 점수들, 내력, 임상적 관찰 및 부모/학교 보고서와 같은 다른 정보와 조합되어 사용되는 IQ 검사는 아동의 학습 기술의 평가에서 중요한 도구가 될 수 있을 것이다. 이러한 접근으로 학습 장애는 능력–성취 불일치가 나타나지 않을 때조차도 여전히 진단될 수 있을 것이다.

읽기, 쓰기, 수용성 언어 및 표현성 언어, 기억, 산수 및 기타 기술들을 평가한다. Luria-Nebraska 배터리는 실시하는 데 약 2.5시간이 소요된다.

또 다른 신경 심리 검사 접근으로는 **Boston 과정 접근**이 있다(Delis, Kaplan, & Kramer, 2001; Goodglass, 1986; Kaplan et al., 1991, 1999; Milberg, Hebben, & Kaplan, 1986). Boston 과정 접근은 의뢰 질문의 특징에 따라 상이한 특정 신경심리학적 질문에 대답하기 위하여 광범위하고 다양한 검사들을 사용한다(표 8.3). 표준검사 배터리를 사용하기 보다는, Boston 과정 접근은 특정 신경심리학적 질문에 대답하기 위하여 광범위한 검사들 중에 한 소검사를 사용한다. 이 검사 과정은 기능에서의 강점과 약점을 적절하게 평가하는 데 필요한 검사나 소검사의 수에 따라 짧거나 길 수도 있다. 예를 들어, 교통사고로 인한 두부 손상 환자의 신경 심리 평가가 기억

| 표 8.2 | Halstead-Reitan 신경심리 검사 배터리 |
| --- | --- |
| **범주 검사** | **현재 학습, 추상 개념 형성** |
| 촉각 수행 검사 | 운동 속도, 정신운동 협응 |
| 리듬 검사 | 주의, 집중, 청각 지각 |
| 언어 음향 지각 검사 | 주의, 집중, 언어 처리 협응 |
| 손가락 진동 검사 | 손가락 두드리는 기술 |
| 선로 그리기 검사 | 정신운동 속도, 순서 짓기, 세트 유지 및 변경 |
| 악력 강동 검사 | 큰 운동 강도 |
| 감각-지각 검사 | 신체의 양쪽 면의 감각을 지각하는 능력 |
| 촉각 지각 | 손가락 촉각 위치 추정 |
| 수정된 Halstead-Wepman 실어증 선별 검사 | 언어 기술 선별 |
| Wechsler 성인용 지능 척도-Ⅲ(WAIS-Ⅲ) | 지적 기능 |
| 미네소타 다면적 성격 항목표-2(MMPI-2) | 성격 및 심리적 기능 |

| 표 8.3 | 신경 심리 평가를 위한 Boston 과정 접근에서 사용되는 검사 표본 | |
| --- | --- | --- |
| **지적 기술 및 개념적 기술** | | **언어 기술** |
| Wechsler 성인용 지능 척도-Ⅳ(WAIS-Ⅳ) | | 이야기 쓰기 표집(Narrative Writing Sample) |
| 표준 점진적 행렬표(Standard Progressive Matrices) | | 언어 유창성 검사(단어 목록 생성)[(Tests of Verbal Fluency) (Word List Generation)] |
| Shipley 연구소 생활 척도(Shipley Institute of Living Scale) | | **시각-지각 기술** |
| Wisconsin 카드 분류검사(Wisconsin Card Sorting Test) | | 소와 원 실험 검사(Cow and Circle Experimental Test) |
| 속담검사(Proverbs Test) | | 자동차 퍼즐(Automobile Puzzle) |
| **기억 기술** | | 두정엽 배터리(Parietal Lobe Battery) |
| Wechsler 기억 척도-제3판(Wechsler Memory Scale-Third Edition) | | Hooper 시각 조직 검사(Hooper Visual Organization Test) |
| Rey 청각 언어 학습 검사(Rey Auditory Verbal Learning Test) | | **학업 기술** |
| Rey-Osterrieth 복합 그림(Rey-Osterrieth Complex Figure) | | 광범위 성취 검사(Wide Range Achievement Test) |
| Benton 시각 재인 검사(Benton Visual Recognition Test) | | **운동과 충동 통제 기술** |
| 삼중 자음 검사(Consonant Trigrams Test) | | Porteus 미로 검사(Porteus Maze Test) |
| 카우보이 이야기 읽기 기억 검사(Cowboy Story Reading Memory Test) | | Stroop 색채-단어 간섭 검사(Stroop Color-Word Interference Test) |
| Corsi 토막 짜기(Corsi Blocks) | | Luria 3단계 운동 프로그램(Luria Three-Step Motor Program) |
| | | 손가락 두드리기(Finger Tapping) |

기술에 초점을 맞춰진다면, 사용될 여러 가지 검사들이 고려된다. 여기에는 Benton 시각 파지 검사(Benton Visual Retention Test), Wechsler 기억 척도-Ⅲ, Wisconsin 카드 분류 검사들이 포함될 것이다. 이러한 각각의 검사들은 기억 기능의 상이한 측면들을 측정한다. 결과들은 시각, 청각 및 감각 기억뿐만 아니라 단기기억과 장기기억에 대한 더 명확한 상을 제공한다. 만일 검사 동안 언어 문제가 탐지되었다면 언어 기술을 평가하기 위해 Luria-Nebraska 검사의 수용성 언어 검사 및 표현성 언어 검사가 배터리에 추가될 것이다. 언어평가는 이 환자의 기억과 언어 기술 간의 관계를 더 잘 이해하게 해 줄 것이다.

흔하게 사용되는 개별 신경심리 검사들로는 개별 Wechsler 기억 척도-Ⅲ(Wechsler, 1997b), Benton 시각 파지 검사-제5판(Benton, 1991), 신경심리도구로서의 WAIS-R(Kaplan et al., 1991), 과정도구로서의 WISC-Ⅲ(Kaplan et al., 1999), Kaufman 단축형 신경심리평가 절차(Kaufman Short Neuropsychological Assessment Procedure, K-SNAP; Kaufman & Kaufman, 1994), California 언어 학습 검사(California Verbal Learning Test; Delis, Kramer, Kaplan, & Ober, 1987, 2000), 아동용 California 언어 학습 검사(Delis, Kramer, Kaplan, & Ober, 1994) 그리고 Wisconsin 카드 분류 검사(Grant & Berg, 1993)가 있다. Delis-Kaplan 실행 기능 체계(Delis-Kaplan Executive Function System, D-KEFS; Delis, Kaplan, & Kramer, 2001)는 인지적 유연성뿐만 아니라 실행 기능 또는 고차 사고 및 처리 과정에 대한 포괄적 평가를 제공한다. 그것은 8세에서 89세에 이르는 아동과 성인 모두를 대상으로 실시될 수 있다. 이것은 뇌의 전두엽 영역의 통합성을 평가하고 추상적 사고력과 창의적 사고력의 잠재적 결핍을 조사한다. D-KEFS는 9개의 소검사로 이루어져 있는데, 이것은 분류 검사, 선로 잇기 검사, 언어 유창성 검사, 설계 유창성 검사, 색채-단어 간섭검사, 탑 검사, 20가지 질문 검사, 단어 맥락 검사 및 속담 검사가 포함된다. 이 검사들은 뇌-행동 관계와 관련 있는 강점과 약점을 반영하는 인지 기능의 다양한 측면을 측정한다. 이 검사들의 결과는 뇌 손상 위치를 찾아내게 해줄 뿐만 아니라 뇌 기능과 행동, 정서 및 사고 사이의 상호작용에 대한 더 명확한 이해를 개발하기 위해 전국 규준과 비교된다.

스페인어와 영어의 신경심리 평가 척도(SENAS: Mungas, Reed, Crane, Haan, & Gonzalez, 2004)에는 다양한 인종 집단으로부터 나이 든 성인들에게 사용되는 다양한 인지적 검사를 포함한다. 이것들에는 다양한 인지적 기술을 평가하는 12개의 검사들이 포함된다. SENAS는 영어를 할 줄 모르는 사람들이 다양한 장면에서 사용될 수 있는 검사 과정을 개발하는 데 필요한 노력들의 탁월한 예이다.

어떤 저자들은 유발 전위, 뇌전도(EEG) 및 반응 시간 측정과 같은 생리학적인 검사들이 지능 및 인지 능력의 평가에서 유용할 수도 있다고 주장하였다(Matarazzo, 1992; Reed & Jensen, 1991; Sternberg, 2008). 유발 전위는 자극에 대한 지각을 처리하는 뇌의 능력을 평가하고, EEG는 뇌의 전기적 활동을 측정한다. 비록 심리학자들이 현재 컴퓨터 단층촬영(CT), 자기공명영상(MRI와 fMRI) 및 양전자 방출 단층촬영(PET)과 같은 신경 영상 기법들을 실시하거나 해석하는 자격을 가지고 있지는 않지만, 이 기법들은 뇌 구조와 기능을 검사하게 해주는데, 이는 인지 능력과 같은 뇌-행동 관계를 평가하는 데 유용하다. 예를 들어, 피질 위축, 수축 또는 뇌 조직의 실제 손상은 정신분열증, 알츠하이머병, 신경성 식욕부진증, 알코올 중독 및 기분 장애와 관련되어왔다(예, Andreasen, 1989, Andreasen & Black, 1995; Fischbach, 1992; Storandt, 2008).

현대 신경심리 검사는 부가적인 정보 출처에 따른 전문화된 검사를 통합한다. 검사들은 임상 면접, 행동관찰 그리고 기타 인지, 성격 및 생리적 평가도구들에서 얻어진 자료와 자주 결합되어 사용된다. 따라서 신경심리 검사는 현대 임상심리학자들이 사용하는 다른 평가 기법들과 분리되어 사용되지 않는다. 신경심리 평가가 임상심리학의 하위 전문분야인 반면, 그것은 일반 임상심리학자들의 많은 기술 및 기법들과 중복된다. 전문화된 검사에 더해서, 신경심리 학자들은 뇌 구조 및 기능에 대하여 높은 수준의 이해를 하고 있어야 한다.

**IQ 검사 및 인지검사에 관한 질문과 논쟁 : 우리는 일정한 IQ를 가지고 태어나는가?** 흔히 사람들은 우리가 사회적 요인, 정서적 요인 및 환경적 요인에 의해 영향을 받지 않는 선천적으로 결정된 지능 수준을 가지고 태어난다고 가정한다(Herrnstein & Murray, 1994). 어떤 이들은 상이한 인종 집단 사이에서 발견되는 **IQ**의 차이가 선천적인 지능의 차이에 기인한다고 주장한다. 수년 동안 이 쟁점에 관해 수많은 열띤 논쟁들이 있어왔다. 아프리카계 미국인들이 백인들보다 선천적으로 지능이 낮은 반면에, 백인들은 아시아인들보다 지능이 더 낮다고 주장하는 책 『The Bell Curve』(Herrnstein & Murray, 1994)의 출판으로 이 논쟁이 다시 점화되었다. 지능에 대한 유전적 영향을 조사하는 연구는 일반적으로 쌍생아 연구를 사용해서 IQ의 유전 가능성(즉, 어떤 특성에 대한 유전적 기여에 대한 추정)을 연구한다. 함께 양육되거나 따로 양육된 일란성 쌍생아와 이란성 쌍생아는 광범위하

고 다양한 특성에 대한 유전 영향과 환경 영향의 기여를 조사하는 독특한 연구 기회를 제공한다. 지능의 유전 가능성은 .40과 .80 사이라고 추정되어왔다. 따라서 지적 능력에서 16%에서 64% 사이의 변량은 유전적인 영향에 기인한 것이다(Hale, 1991; Sattler, 1988, 1992, 2008). 연구는 지능에는 적어도 어떤 중요한 유전적인 영향이 있다는 생각을 일반적으로 지지한다(Deary, Spinath, & Bates, 2006; Neisser et al., 1996). 그렇지만 생물학적 영향(예, 태아 진료, 유전, 양육), 심리적 영향(예, 불안, 동기, 자존감) 및 사회적 영향(예, 문화, 사회경제적 지위)은 모두 지능이나 적어도 표준화된 검사 상에서의 IQ 점수와 연관된 것으로 보인다(Hale, 1991; Neisser et al., 1996; Sattler, 2008; Sternberg, 2008).

**IQ 점수는 시간이 지나도 안정적인가?** 생의 첫 해 동안 평가되는 주의, 기억 및 기타 인지 능력의 측정치는 일반적으로 아동기 후반에 측정된 지능검사 점수와 중간 정도로(즉, $r = .36$) 연관된다(McCall & Garriger, 1993). 흔히 사람들은 아동기에 획득된 IQ 점수는 시간이 지나도 안정적이라고 가정한다. 따라서 많은 사람들은 1학년 때 IQ 120을 얻은 사람이 성인기에서도 IQ가 120일 것이라는 잘못된 믿음을 가지고 있다. 그렇지만 지능검사는 현재의 기능에 대한 지수를 제공해주는 것이며, 점수들은 시간이 지나면 유의하게 변할 수도 있다. 많은 요인들이 IQ 점수의 안정성에 영향을 끼친다. 첫째, 아동이 매우 어렸을 때(예, 3세) 얻은 점수들은 더 나이 들었을 때(예, 16세) 얻은 점수보다 덜 안정적이기 쉽다. 이것은 부분적으로 초기 아동기 검사들이 지각 운동 기술에 초점을 둔 반면에, 더 나이 든 아동과 성인들의 검사는 언어적 기술에 더 초점을 두기 때문이다(Anastasi &

Urbina, 1997; Brody, 1997; Hale, 1991; Sattler, 1988, 1992, 2008). 둘째, 검사 실시 사이의 시간이 더 길수록, IQ 점수는 더 불안정하게 나타날 것이다. 따라서 3세에 얻은 점수와 30세에 얻은 점수 간의 차이는 16세와 19세 때 얻은 점수 간의 차이보다 더 크게 되기가 쉽다. 더욱이, 기타 영향들 중에서도 스트레스, 양육, 교육 기회와 같은 환경적 요인, 납과 같은 독소에의 노출 그리고 질병이 모든 IQ 점수에 영향을 미친다(Anastasi & Urbina, 1997; Hale, 1991; Hersen, 2003; Sattler, 1988, 1992, 2008).

**IQ 점수는 편파적인가?** 많은 사람들이 지능검사의 잠재적 편파에 대해 관심을 갖고 있다(Cole, 1981; Greenfield, 1997; Helms, 1992; Neisser et al., 1996; Sandoval, 1989; Schiele, 1991; Sattler, 2008; Sue & Sue, 2008). 예를 들면, 많은 사람들은 높은 사회경제-수준 가정의 아동들이 더 낮은 사회경제-수준 가정의 아동들보다 표준화된 검사에서 더 잘 수행하는 경향이 있다는 점에서 IQ 검사가 편파될 수도 있다고 생각한다. 더욱이, 어떤 이들은 현재 이용 가능한 지능검사들은 많은 소수 민족 집단의 사람들에게 사용하는 것이 적절하지 않을 수도 있다고 주장한다(Sandoval, 1989; Sattler, 1988, 1992, 2008; Schiele, 1991; Sue & Sue, 2003, 2008; Suzuki & Valencia, 1997). 사실, California 주는 지능검사를 아프리카계 미국인 아동들의 학교 배치에 사용하는 것을 금지시키는 법안을 통과시켰다(Larry P. vs Wilson Riles). 이 판결은 지능검사가 아프리카계 미국인들에 대하여 편파되어서 학생들이 교육 가능한 정신지체 학급에 더 많이 배치되게 하였음을 시사하였다. 편파는 상이한 집단들에 대한 검사의 타당도를 검토함으로써 결정된다. 검사의 타당도가 집단에 따라 달라진다면 검사는 편파되어있는 것이다. 연구는 Wechsler와 Stanford-Binet 척도와

---

**사례 연구** **Robert는 머리 부상에 따른 반사회적 행동을 겪고 있다(신경심리)**

Robert는 고등학교 3학년인 17세의 백인 남성이다. 그는 아버지와 여동생과 함께 산다. Robert는 11세 때 이웃 상점에서 강도가 들어서 머리에 총상을 입었다. 그 강도 사건 때 그의 어머니 또한 총에 맞고 비극적으로 사망하였다. Robert는 두개골판과 의안을 얻기 위해 외과 수술을 받았다. 그는 발작을 겪고 있으며, 매일 Dilantin 100mg을 처방받고 있다.

**의뢰 질문** : Robert는 지난 3년간 거짓말, 절도, 무단결석 그리고 분노 및 공격적인 폭발을 포함하는 반사회적 행동을 나타내었다. 그의 행동이 뇌 손상에 근거하는지를 밝혀내기 위해 신경심리 검사가 요청되었다.

**실시된 검사들** : Halstead-Reitan 신경심리 배터리

**검사 결과의 간단한 요약과 해석** : Robert는 평균적인 전체 척도 IQ, 평균 이상의 언어성 IQ 그리고 평균적인 동작성 IQ를 얻었다. 검사 결과는 좌측 전두엽 후위(즉, 감각 영역)와 두정엽 손상과 관계있는 경미한 정도에서 중간 정도의 오른쪽 팔 감각-지각 기능 장애를 경험하는 것과 같은 감각-지각 기능 장애의 어려움을 나타낸다. 따라서 그는 오른쪽 팔과 어깨를 움직이고 감각을 느끼는 데 어려움이 있다. Robert의 경미한 신경심리학적 손상의 특성은 만성적이고 비진행적인 것이며 잔여 행태로 남아있다. 그러므로, 그의 현재 행동 문제의 일부분만이 신경심리학적인 문제에 귀인될 수 있다. 그의 외상적 뇌손상의 맥락에서 반사회적 행동의 심리사회적 토대를 평가하기 위해 성격검사가 권고된다.

같은 가장 잘 표준화된 IQ 검사들은 편파되어있지 않음을 보여준다(Hale, 1991; Reynolds, 1982; Wechsler, 2008). 그렇지만 검사들은 자격이 없는 사람에 의해서 또는 선의의 사람들에 의해서도 오용될 수 있다(Sattler, 2008; Sue & Sue, 2003, 2008; Suzuki & Valencia, 1997).

흥미롭게도, IQ 점수들이 세대를 지나면서 극적으로 증가하였는데, 이것을 Flynn 효과라고 한다(Flynn, 1984, 1987, 2007). 이것은 아마도 더 나은 교육, 개선된 영양 섭취, 더 작아진 가족의 크기, 기술의 진보 등의 영향이 복합적으로 작용한 것에 기인하는 것 같다. Flynn(2007)이 보고하기를 개선된 영양 섭취와 건강관리뿐만 아니라 지적인 요구와 자극을 포함하는 우리의 환경과 문화의 현대화가 이전보다 현재 더 높은 IQ 점수를 만들어내는 데 상호작용할 수도 있다고 한다.

**지능 지수, 즉 IQ라는 용어는 계속해서 사용되어야 하는가?** IQ에 대해 많은 오해와 근거 없는 믿음이 존재한다. 여기에는 IQ가 선천적이거나 유전적으로 결정된 지적 수준을 측정하며, IQ 점수는 고정되어있으며 결코 변화하지 않고, 또한 상이한 IQ 검사들로부터 산출된 점수가 동일한 것을 의미한다는 생각들을 포함한다(Hale, 1991; Sattler, 1988, 1992, 2008). 이러한 관심사는 일부 전문가들에게 특정 기술을 더 정확하게 기술해주는 표준 점수를 선호하여 일반 IQ 점수를 배제하도록(Turnbull, 1979) 주장하게 하였다. 사실 최근의 많은 지능검사들과 인지 능력 검사들은 **지능 지수**, 즉 IQ 용어를 전혀 사용하지 않는다. 이러한 검사들에는 Woodcock-Johnson 심리 교육 배터리, Kaufman 아동용 평가 배터리 및 Stanford-Binet 최신판이 있다.

**결론** : 인지 능력 검사들은 광범위하고 다양하며 중요한 임상적 질문들에 답하는 데 사용된다. 전반적인 지적 기술 및 인지적 강점과 약점을 규명하는 것에 더해서, 이 검사들은 학습 장애의 유무 평가, 학교에서의 학업 성공 예측, 뇌 기능 장애 조사 및 성격평가에 자주 사용되었다. 어떤 유능한 심리학자도 지능, 신경심리, 성취 및 다른 모든 형태의 인지검사의 사용에 있어 신중해야 한다(Sattler, 2008; Sternberg, 2008; Turner, DeMars, Fox, & Reed, 2001). 전문가들은 검사 상황의 한계와 자신들이 선택한 특정 검사의 한계를 자각해야 한다. 그들은 그 검사가 개발되고 연구된 목적으로 검사를 사용하는 것과 다른 적절한 검사들과 결합하여 사용하는 데 있어서 신중해야 한다. 그들은 또한 특정 점수에 영향을 미칠 수 있는 개인의 검사 반응 양식과 생물심리사회적 영향의 맥락에서 검사 결과를 이해할 수 있어야 한다. 예컨대, 한 아동이 심각한 스트레스나 가족 갈등, 만성질환으로 인해 주의가 분산되었거나; 불충분한 양육으로 손상되었거나; 빈곤이나 잦은 학업 중단으로 인해 불이익을 받았다면, 점수들은 잠재력을 정확하게 반영하지 못하는 것일 수도 있다. 사실 어떤 연구는 스트레스 수준과 대처 능력이 지능과 기타 인지 능력 검사 상에서의 수행과 유의하게 연관되어있다고 지적하였다(Hersen, 2003; Plante, Goldfarb, & Wadley, 1993; Plante & Sykora, 1994; Sattler, 2008).

## 성격검사

**성격검사**는 어떤 의미에서는 개인의 정신의 마음과 영혼에 접근하는 것으로 볼 수 있다. 성격검사는 성격의 구조와 내용을 관찰하고 기술하려는 것이며, 이것은 개인이 생각하고, 느끼고 그리고 행동하는 특징

사진 : Lori Goldfarb Plante
제공

# Lori Goldfarb Plante, PhD

Plante 박사는 개인 개업을 유지하면서, 심리학 인턴들을 수련하는 Stanford대학교 의과대학의 임상 교수로 있다.

**생년월일** : 1959년 1월 22일

**대학교** : 1982년 Pitzer대학(심리학 BA)

**대학원 프로그램** : 1987년 Kansas대학교(임상심리학 MA 및 PhD)

**임상 인턴쉽** : Yale대학교 의과대학(1986~1987)

**박사 후 펠로우쉽** : Cornell대학교 의과대학, New York 병원(1987~1988)

**현재의 직업** : California 주 멘로파크에서 개인 개업; Stanford대학교 의과대학 외래 임상 조교수

**임상심리학자가 되는 것의 장점과 단점**

**장점** : "임상심리학은 고통을 완화시키고 다른 이들의 삶을 개선시키는 데 있어 상당한 정도로 관여하고 있으며 보람이 있는 역할을 담당한다. 그것은 또한 인간 정신과 체계 안에 매력적인 통찰을 가능하게 한다. 학생들을 가르치고 수련시킬 기회들 또한 임상 실무를 활기차게 하며 정보를 제공한다. 끝으로, 나는 유연성과 융통성에 크게 감사하는데, 그것은 역할, 환경, 사람들, 그리고 일과 가정의 균형을 가져다준다."

**단점** : "정의상, 임상 업무의 성질 자체가 깊은 고통을 겪는 사람들과의 결속을 요구하며 그러므로 책임과 스트레스의 일정한 부담감을 수반하게 된다. 개인 개업은 학생들과 기관 혹은 다른 임상가들과의 지속적인 관여의 부재로 고립될 수 있다. 끝으로, 개인들과 가족들에게 필요한 심리적 서비스들을 감당하기가 점점 더 어려워지고 있다."

**임상심리학의 미래** : "먼저 정신약물학이 치료에 계속해서 영향을 미침에 따라서 처방권은 심리학자들이 확보해야 하는 점점 더 중요한 것이 될 것이다. 기금 출처는 계속 줄어들 것이고 필요한 서비스들을 더 많은 사람들이 이용할 수 없는 상태에 이를 것이다. 슬프게도 평가에서 사용되는 투사적 검사들이 실제로 소멸될 것이고, 반면 신뢰할 수 있는 엄격한 자기 보고서와 행동 자료에 대한 의존은 점점 더 늘어갈 것이다. 심리치료, 특히 장기간에 걸친 접근들은, 사람들이 점점 더 감당할 수 없는 지경이 되어 가고, 점점 더 인기를 잃어갈 것이다."

**전형적인 일과**

8 : 00~12 : 00　환자 시간(심리치료와 자문)

1 : 00~2 : 00　심리학 인턴 지도감독

2 : 00~3 : 00　전화, 보고서, 서류 업무

3 : 00　　　　　방과 후 아들을 만나러 귀가

5 : 00　　　　　환자 시간

적인 방식으로 정의될 수 있다. 성격검사는 진단, 문제가 되는 양상과 증상, 정신내적 역동성과 대인적인 역동성 및 치료적 함의를 명료화하는 데 특히 유용하다. 성격검사에는 광범위하고 다양한 객관식 측정과 투사적인 측정이 있는데, 이들 모두 성격 및 심리적인 기능 개념에 대한 설명에 뒤이어 상세하게 논의될 것이다.

## 성격 및 심리적 기능이란 무엇인가?

모든 인간은 세계와 상호작용하는 각자의 독특한 방식을 가지고 있다. 어떤 사람들은 수줍어하고 철회하는 경향이 있으며, 반면에 다른 이들은 일반적으로 개방적이고 남과 어울리기 좋아한다. 어떤 이들은 불안해하는 염려자들이고, 반면에 다른 이들은 일반적으로 평온하고 이완되어있다. 어떤 사람은 매우 조직적이고 세부적인 것에 주의를 기울이고 반면에 어떤 사람들은 혼란되어있거나 인상주의자 같은 특징이 있다. 성격이란 세계와 상호작용할 때 생각하고 행동하는 지속적인 양식을 말한다(Hogan, Hogan, & Roberts, 1996; MacKinnon, 1944; McCrae & Costa, 2003). 따라서 그것은 각 개인을 독특하게 만드는 특징적인 양식을 포함한다. 이 성격 특징들은 평가될 수 있으며 다른 사람들의 성격특징과 비교될 수 있다. 성격은 생물학적, 심리적 및 사회적인 요인들에 의해 영향을 받는다. 예를 들어, 연구는 성격 특성(예, 외향성, 사교성)에서의 변향의 20%와 60% 사이가 유전적인 요인들(Loehlin, 1992; Plomin, 1990; Plomin, Defries, McClearn, & McGuffin, 2008)에 의해 영향을 받고, 나머지는 심리적 요인(예, 생활 사건뿐만 아니라 부모, 형제 및 친구들과 함께 발달시키는 관계; Bouchard & McGue, 1990; Maccoby, 2000)에 의해 영향을 받는다는 것을 보여주었다. 천

성 대 양육 논쟁이 통계적 모형을 훨씬 넘어서서 만연되어있는 반면, 성격 발달은 생물 · 심리 · 사회적 요인을 명확하게 반영한다.

성격 이론들은 사람들이 일반적으로 안정적이고 지속적인 행동 및 사고양식을 어떻게 발달시키고, 변화시키고 그리고 경험하는지를 이해하는 방법을 제공한다. 이 이론들은 또한 각 개인을 독특하게 만드는 개인차를 이해하도록 도와준다. 궁극적으로, 성격 이론은 행동을 이해하고 예측하는 데 사용된다. 그리고 나서 이러한 이해는 사람들이 문제가 되는 양상을 변화시키도록 중재 전략을 개발하는 데 사용된다.

심리적 기능은 개인의 인지, 성격 및 정서적 세계를 일컫는 더 일반적인 용어이다. 따라서 심리적 기능은 정서, 행동, 인지 및 대인기능의 기타 측면들뿐만 아니라 성격을 포함한다. 이 절에서는 심리적 기능은 기분 및 대인 관계와 같은 특히 비인지적인 기능 영역에 대하여 언급할 것이다. 예를 들어, 불안, 우울 및 분노가 모두 지속적인 성격 특성일 수 있는 반면에, 그것들은 또한 일시적인 기분 상태일 수도 있다. 사랑하는 이의 죽음이나 범죄의 희생자가 되는 것과 같은 스트레스를 받는 생활 사상에 직면하게 된 사람은 극심한 불안, 우울, 또는 분노를 겪을 수도 있다. 그렇지만 이 기분 상태를 영속적인 성격 특징들과는 연관된 것이 아닐 수도 있다. 따라서 개인은 대부분의 시간에 불안해하거나 우울해지는 경향이 있는 것이 아니라 스트레스를 받는 사건들에 대한 반응으로 불안하거나 우울해지는 방식으로 느끼고 행동할 수 있다. 그러므로, 심리적 기능이란 생활의 즐거움이나 요구에 대처하는 개인의 능력에 영향을 끼치며, 또한 성격을 밝혀내는 데 독특하게 조합되는 것으로서 모든 요소의 심리적 과정을 망라하는 것으로 볼 수 있다.

스포트라이트

# 검사 사용자 자격

심리적, 지능적, 교육적 그리고 다른 검사들을 실시하는 데 충분한 능력을 가진 이들은 누구인가? 현재 심리학자들 외에도 많은 이들이 이러한 유형의 검사들을 실시하고 있다. 학습전문가, 사회사업가, 의사, 결혼 및 가족치료사, 언어치료사, 그리고 그 밖의 많은 이들이 심리검사를 잠재적으로 이용할 가능성이 있다. 더욱이, 심리학자들이 시장에서 이용 가능한 수많은 검사들의 모든 것을 실시하고 해석하는 것에 대한 수련과 경험을 반드시 가지고 있는 것은 아니다. 광범위한 지능, 교육, 성격, 그리고 심리적 구성개념을 측정하는 데 사용 가능한 수천 가지의 심리검사들이 있다. 심리학자들이 이러한 검사들의 모든 것에 유능한 것이라고 기대하는 것은 비현실적이다. 더욱이, 아주 많은 검사들이 정기적으로 개정되기 때문에, 심리학자들이 검사를 개정한 것에 대해 가장 최근에 개발된 것들의 모든 것에 대해 최상을 유지하고 있을 것이라고 기대하는 것은 비현실적이다. 예를 들면, 성인들을 평가하고 치료하는 것을 전문으로 하는 어떤 사람은 아동들에게 검사를 실시하는 것에 대해 훈련이 되지 않아서 자격을 갖추지 않았을 수도 있다. 검사를 실시하는 것은 매년 수십억 달러의 산업이 되기 때문에 그리고 이용 가능한 검사가 아주 많기 때문에, 임상심리학에서 현재 도전하고 있는 쟁점은 이러한 검사들을 이용하는 데 자격을 갖춘 이가 누구인지 우리가 어떻게 밝힐 수 있는가 하는 것이다.

**미국 심리학회 검사 사용자 자격에 관한 특별 위원회**(Task Force on Test User Qualifications, TFTUQ)는 1996년 10월에 중요한 지침들을 개발시키도록 설립되어 일반 대중과 전문가 집단 모두가 유능한 전문가들에 의한 심리검사들의 책임감 있는 사용을 보다 잘 이해할 수 있게 되었다. 이러한 지침들은 검사의 사용을 위해 특수한 권고 사항들을 개관하고 있고 TFTUQ에서 찾을 수 있다(Turner, DeMars, Fox, & Reed, 2001). 그 지침들은 검사자들이 고전적 검사이론, 기술 통계, 신뢰도와 측정오류, 타당도 및 검사 점수들의 의미, 검사점수들의 규준 해석, 적절한 검사의 선정, 검사 실시 절차, 그리고 민족적, 인종적, 문화적, 성별, 나이, 언어 및 무능력 변인들에 속하는 쟁점들을 적절하게 포괄하는 교과과정 연구와 유능성을 가지고 있어야 한다고 진술하고 있다. 그들은 또한 적절한 슈퍼비전과 경험을 가져야 한다.

그렇지만 이런 포부가 높은 지침과 목적은 독특한 쟁점과 관심사로 개인들에게 검사를 하는 개별적인 사람들에 관한 매일매일의 결정에 적용되어야 한다. 바라건대, 윤리적인 태도의 임상심리학자들이 그들이 사용하는 검사를 시행하고 해석하기 위하여 적절하게 수련을 받았으며 충분히 유능한지를 신중히 확인하여야 하며, 또한 그들은 시장에 나오는 검사들에 대한 최신 개발 및 버전을 훤히 알 수 있도록 자신들의 기술과 정보를 끊임없이 업데이트해야 한다. 예를 들면, 지능을 평가하는 Wechsler 척도와 같은 검사는 몇 년마다 개정되어야 한다. 이와 같은 검사를 실시하는 심리학자들은 매번 새로운 개정이 이용 가능하도록 매번 재훈련되기 때문에 이들 새로운 개정판을 유능하게 실시하고 해석할 수 있도록 하는 것이 중요하다. 바쁜 심리학자들은 그것들이 나타날 때 이들 모든 개발들에 정통해 있는 것이 도전적이라는 것을 발견할 수도 있는데, 그렇지만 이와 같은 도구를 사용할 수 있도록 적절히 수련받을 수 있도록 하기 위해서 필요한 모든 것(예, 수련 워크숍에 참석하는 일, 적절한 슈퍼비전과 감독을 받는 일)을 행할 수 있도록 열심히 업무를 수행해야 한다. 유능한 검사 사용 지침은 유용하지만 이는 어디까지나 지침에 불과하다. 개별 심리학자들은 자신들의 전문성 수준에 관한 개인적인 결정을 해야 하며, 다른 유능한 전문가들에게 검사 요청을 언제 의뢰해야 할지를 알아야 한다.

## 성격은 정말로 영속적인가?

유명한 심리학자 William James(1890)는 나이가 30살쯤 되면, 성격이 '석고 같이 굳어진다.' 성격에 대한 아주 많은 연구가 행해져온 반면, 그것의 정의와 특징에 대한 논쟁은 여전히 존재한다(Beutler & Groth-Marnat, 2003; Kenrick & Funder, 1988; Plomin et al., 2008; West & Graziano, 1989). 어떤 사람들은 지속적인 행동적 특징이 존재하지 않는다는 것을 주장하면서 성격에 대한 개념 그 자체조자 의문을 제기한다. 많은 이들이 행동은 모든 상황에서 일관적이다(예, 수줍어하는 사람은 그들이 가는 어느 곳에서나 수줍어하는 방식으로 행동하기가 쉽다)라고 믿는 반면에, 많은 이들은 행동은 일반적으로 상황 특유적이라고 주장한다. 따라서 어떤 사람은 그들이 잘 알지 못하는 사람들과 있는 사회적 상황에서 수줍어하는 방식으로 행동할 수도 있는데, 반면에 근무처에서나 친한 친구들과 함께 있을 때는 매우 개방적인 방식으로 행동할 수도 있다. 성격 이론, 연구 및 실무 분야에서의 대부분의 전문가들은 상호작용 접근을 지지한다(Kenrick & Funder, 1988). 이 접근은 행동이란 예측 가능하지만 절대적인 의미에서 엄격하게 일관적인 것은 아니라고 주장한다. 그러므로 사람들은 일반적으로 일관적이지만 상황적인 요인들과 상호작용하는 성격 양식을 지니고 있다(McCrae & Costa, 2003); 성격과 행동은 상황에 따라 어느 정도 다르다.

## 임상심리학자들은 성격 및 심리적 기능을 어떻게 측정하는가?

면접, 관찰, 점검표, 항목표 및 심지어 생물학적 평가(예, fMRI 주사와 같은 신경 영상 기법)를 사용하는 것뿐만 아니라, 임상심리학자들은 일반적으로 성격 및 심리적 기능을 평가하는 검사들을 사용한다. 대부분의 이 검사들은 객관식 검사나 투사기법 중 어느 하나로 분류될 수 있다. **객관식 검사**(objective testing)는 매우 구체적인 질문들(예, 당신은 슬픈 날이 그렇지 않은 날보다 더 많다고 느낍니까?) 또는 진술들(예, 나는 편안함을 느낀다)을 제시하는데, 개인은 특정한 응답(예, 예/아니오, 참/거짓, 다중선택)이나 평정 척도(예, 1 = 매우 동의하지 않음, 10 = 매우 동의함)를 사용하여 응답한다. 점수들은 도표화되고 그런 다음 전국 규준을 사용해서 준거집단의 점수들과 비교된다. 따라서 특정 구성 개념들(예, 불안, 우울, 정신증적 사고, 스트레스)을 반영하는 점수들은 어떤 사람이 규준과 비교해서 얼마나 불안하고, 우울하고, 정신증적이거나 스트레스를 받았는지를 정확하게 밝히기 위해 비교될 수 있다. 앞장에서 기술된 점검표들은 객관식 검사의 예들이다. **투사검사**(projective testing)는 잉크 반점, 문장완성검사 또는 다양한 활동에 종사하고 있는 사람들의 그림과 같은 모호하거나 비구조화된 검사 자극을 사용한다. 특정한 구조화된 반응(예, 예/아니오, 참/거짓, 일치/불일치)을 사용하여 특정 질문에 답하기보다는 피검자들은 검사 자극에 자유롭게 반응하도록 요청받는다. 예를 들어, 그들은 그림에 관하여 이야기를 하거나, 잉크 반점에서 보는 것을 기술하거나, 한 단어나 문장 단편을 들었을 때 마음에 가장 먼저 떠오르는 것을 말하도록 요청받는다. 투사검사 이면의 이론은 무의식적이거나 의식적인 욕구, 관심, 역동 및 동기는 모호한 검사 자극에 투사되고, 그것에 의해서 내적인 역동이나 성격을 드러낸다는 것이다. 투사적인 반응들은 일반적으로 객관식 응답보다 채점하고 해석하는 데 더 많은 도전을 받고 있다.

**객관식 검사 :** 성격 및 심리적 기능에 대한 수백 가지

의 객관식 검사가 있다. 독자는 이 도구들의 상세한 정보에 대한 기타 원천에 자문하기를 바랄 수도 있다 (예, Anastasi & Urbina, 1997; Corr & Mathews, 2009). 임상심리학자들은 성격과 심리적인 기능을 평가하기 위하여 보통 몇 개의 객관식 검사들을 사용한다. 지금까지 가장 흔하게 사용되는 검사는 미네소타 다면 성격 항목표(MMPI)로, 현재 그것의 두 번째 판(MMPI-2)을 사용하고 있다. MMPI는 또한 청소년용 미네소타 다면적 성격 항목표(MMPI-A)라 불리는 청소년 판을 포함한다. Millon 임상 다축 항목표-Ⅲ(MCMI-Ⅲ), 16 성격 요인 질문지, 제5판(16 PF) 그리고 NEO-성격 항목표-개정판(NEO-PI-R)과 같은 기타 객관식 검사들 역시 아래에 간략하게 논의될 것이다.

**미네소타 다면 성격 항목표(MMPI, MMPI-2, MMPI-A, MMPI-2-RF)** : 최초의 MMPI는 1930년대 후반 동안에 개발되었는데, 심리학자 Stark Hathaway와 정신의학자 J. C. McKinley에 의해 1943년에 출판되었다. MMPI는 개정되어서 1989년에 MMPI-2로 사용할 수 있게 되었다. MMPI는 또한 2008년에 MMPI-2-RF로 개정되었는데, RF는 '재구조화된 형식(Restructured Form)'을 일컫는다. MMPI-2-RF는 MMPI-2의 더 간략한 판을 제공하고 정신병리학 진단에 초점을 맞추고 있다. 최초의 MMPI는 550개의 예/아니오 항목으로 구성되었다. 항목들은 일련의 기타 성격검사들 그리고 정신과 환자들에 대한 정신병 진단을 제공하기 위한 노력으로 개발자의 임상 경험으로부터 선정되었다. 최초에 약 1,000개의 검사 항목 풀이 고려되었는데, 약 500개의 항목들이 Minnesota 대학병원의 정신과 환자들과 방문자들에게 실시되었다. **MMPI**는 16세에서 성인기까지의 개

인들에게 사용되기 위하여 고안되었다. 그렇지만 이 검사는 16세 이하의 청소년들에게도 자주 사용되어 왔다. MMPI는 끝마치는 데까지 약 1시간~1시간 30분이 소요된다.

MMPI 채점은 다수의 타당도 측정치와 임상 측정치로 산출된다. 기본적인 타당도 척도는 ?(무응답 척도), L(거짓말 척도), F(비전형 척도), 및 K(교정 척도) 척도들을 포함한다. 많은 문제들을 인정하거나, 즉 '나쁘게 보이려는 것'은 L척도와 K척도에서의 낮은 점수와 F척도에서 높은 점수를 보이는 거꾸로 된 V 형태로 나타난다. 자신을 호의적으로 나타내는 것, 즉 '좋게 보이려는 것'은 L척도와 K척도에서 높은 점수와 F척도에서 낮은 점수를 보이는 V 형태로 나타난다. 기본 임상 척도는 건강염려증(Hs), 우울증(D), 히스테리아(Hy), 정신병질적 일탈(Pd), 남성성-여성성(Mf), 편집증(Pa), 신경쇠약(Pt), 정신분열증(Sc), 경조증(Ma), 및 사회적 내향성(Si)을 포함한다. 점수들은 각 척도들이 평균 50과 표준편차 10을 지니고 있음을 의미하는 표준화된 $T$-점수를 사용하여 규준화되었다. 65점 이상의 점수들(평균 이상의 1.5 표준편차를 보이는)은 상승된 것으로 임상적 범위에 들어가는 것으로 간주된다. MMPI-2, MMPI-2-RF 및 MMPI-A 상에서는 65점이 절단 점수인 반면, 최초의 MMPI에서는 70점이 절단 점수로 사용되었다. 표 8.4는 주요한 MMPI 척도 각각에 대한 기술을 제공한다.

MMPI가 최초로 출판된 이후로 수많은 하위척도들이 개발되었는데, 이 측정치들에는 억압(Repression), 불안(Anxiety), 자아 강도(Ego Strength), 과잉통제된 적대감(Overcontrolled Hostility) 그리고 지배(Dominance)가 있다. 현재 수백 개의 MMPI 하위척도들이 있는 것으로 추정된다(Graham, 2006). MMPI는 광범위한 임상 쟁점들과

| 표 8.4 | MMPI-2 최초의 척도와 측정되는 성격 차원 |
|---|---|
| 척도 명칭 | 측정되는 성격 차원 |
| **기본적인 타당도 척도** | |
| ? (무응답) | 응답하지 않은 항목의 수 |
| L (거짓말) | 지나치게 긍정적인 자기-보고 |
| F (비전형) | 많은 문제들을 인정하는 것 |
| K (교정) | 방어성 |
| S (과장된 자기-제시) | 매우 호의적인 시선으로 자신을 나타내는 것 |
| **주요 임상 척도** | |
| 1 건강염려증(Hs) | 신체 기능에 대한 염려 |
| 2 우울증(D) | 무희망, 비관주의 |
| 3 히스테리아 전환형(Hy) | 신체적 문제로 표현되는 심리적 갈등과 고통 |
| 4 정신병질적 일탈(Pd) | 사회 관습에 대한 반항, 무시 |
| 5 남성성-여성성(Mf) | 전통적인 남성적 혹은 여성적 관심사 |
| 6 편집증(Pa) | 불신, 의심 |
| 7 신경쇠약(Pt) | 두려움, 죄책감, 불안 |
| 8 정신분열증(Sc) | 독특한 생각, 비일상적인 사고 및 행동 |
| 9 경조증(Ma) | 과잉활동성, 정서적 흥분 |
| 0 사회적 내향성(Si) | 수줍음, 불안정 |

문제들을 검증하는 10,000개 이상의 연구들에 사용되어왔다(Graham, 2006). 최초의 MMPI가 가장 광범위하게 사용된 심리검사였지만 개정이 필요하였다. 예를 들어, MMPI는 그것이 구성되었을 때 대표되는 표본을 사용하지 않았다. 최초의 표본은 Minnesota 주의 Minneapolis에 거주하고 있는 Minnesota 대학병원의 환자이거나 방문자인 백인들이었다. 또한 오늘날 사용되고 있는 검사구성과 분석에 대한 더 정교화된 기법들은 이 검사가 개발되었던 1930년대 후반인 그 당시에는 이용 가능하지 않았었다. 그러므로 1980년대 후반 동안 검사는 재표준화되었는데 많은 검사항목들이 수정되었다. 더욱이, 많은 새 검사항목들이 첨가되었고 낡은 항목들은 제거되었다. 그 결과

MMPI-2(Butcher, Dahlstrom, Graham, Tellegen, & Kraemmer, 1989)는 567개의 항목으로 구성되고, 18세에서 성인기까지의 개인들에게 사용할 수 있게 되었다. MMPI-2는 MMPI와 동일한 타당도 명칭과 임상 척도 명칭을 사용한다. 중요하게, MMPI(또는 MMPI-2)의 각 척도들을 반영하는 이름이 오도되어있다는 것을 많은 사람들이 주목해왔다. 예를 들어, 정신분열증(Sc) 척도상에서의 높은 점수를 받은 사람이 정신분열증 환자라는 것을 반드시 의미하지는 않는다. 그러므로 많은 임상가들과 연구자들은 척도 이름을 무시하고 대신에 각 척도를 반영하는 숫자를 사용하는 것을 선호한다. 예를 들어, 정신분열증(Sc) 척도는 척도 8(표 8.4 참고)로 언급된

다. 최초의 MMPI처럼 MMPI-2는 A 유형 행동, 외상 후 스트레스, 강박관념 및 두려움과 같은 측정치들을 포함하는 수많은 하위척도들을 가지고 있다.

**Minnesota 다면 성격 항목표-청소년용**(MMPI-A)(Butcher et al., 1992)은 14~18세의 10대에게 사용될 목적으로 개발되었다. MMPI-A는 478개의 예/아니오 항목으로 되어있는데, MMPI와 MMPI-2에서 이용 가능했던 것들에 더해서 다수의 타당도 측정치들을 포함하고 있다. 미네소타 다면 성격 항목표-2-재구성 양식(MMPI-2-RF)은 (Ben-Porath & Tellegen, 2008) 338문항을 포함하고 18세 이상의 성인에게서 사용된다. 단축형 검사는 끝마치는 데 약 45분이 소요되고, 반사회적 행동(RC4), 냉소적 태도(RC3), 및 역기능적 부정 정서(RC7)와 같은 재구성 임상 척도를 제공한다. MMPI, MMPI-2, MMPI-A 및 MMPI-2-RF는 각 척도에 대한 채점판을 사용해서 손으로 채점될 수 있거나 또는 컴퓨터로 채점될 수 있다. 대부분 상업적으로 이용 가능한 컴퓨터 채점 프로그램은 검사 결과를 충분하게 기술해주고 치료나 기타 중재를 제안해주는 깊이 있는 해석적인 보고서를 제공한다. 점수들은 전형적으로 개별 척도 점수보다는 전체 결과 프로파일을 검토함으로써 해석된다. 프로파일 분석은 짝을 이루는 높은 점수들의 조합을 검토하는 것에 초점을 둔다. 예를 들어, 신경증의 삼원소(neurotic triad)로 언급되는 MMPI의 처음 세 척도 상에서의 높은 점수들은 불안, 우울 및 신체적 호소를 반영한다. 연구는 MMPI, MMPI-2, MMPI-A 및 MMPI-2-RF는 수용할 수 있는 신뢰도, 안정성 및 타당도를 가지고 있다고 지적한다(Ben-Porath & Tellegen, 2008; Butcher et al., 1989; Butcher et al., 1992; Graham, 2006; Parker et al., 1988). 그렇지만 이 검사의 많은 측면들과 관련된 논쟁이 존재하고 있다. 예를 들어, MacAndrew 척도는 알코올과 관련된 문제가 있는 사람들을 분류하기 위한 보조 척도로 설계되었다. 이 척도의 타당도가 비판받아왔는데, 어떤 저자들은 그 척도가 알코올 문제를 조사하는 데 더 이상 사용되지 않는다고 주장하였다(Gottesman & Prescott, 1989). 그림 8.1은 소년을 성적으로 학대하여 유죄를 선고받은 60세 남자 고등학교 교사의 MMPI-2 프로파일의 예이다. 종합적인 심리검사 배터리를 포함한 평가는 그가 활성기의 알코올 중독, 우울증 그리고 성격 장애를 갖고 있음을 드러내었다.

**Millon 임상 다축 항목표(MCMI)** : Millon 임상 다축 항목표(MCMI)는 DSM-Ⅳ-TR 분류체계와 Theodore Millon 성격이론을 사용하여 성격 기능을 평가하는 몇 가지 검사들로 구성되어 있다(Millon, 1981). MMPI-2와는 달리, Millon 항목표는 DSM에서 개관된 연극성 성격, 경계선 성격, 편집증적 성격 및 강박관념-강박행동 성격과 같은 성격 장애를 평가하기 위해 특별하게 고안되었다. 최초의 Millon 검사는 1982년에 출판되었고; 부가적인 검사와 개정판은 1980년대와 1990년대 동안에 신속하게 개발되었다. 여러 가지 중에 현재 검사들에는 Millon 임상 다축 항목표-Ⅲ(MCMI-Ⅲ; Millon, Millon, Davis, & Grossman, 2008), Millon 청소년 임상 항목표(Millon Adolescent Clinical Inventory, MACI; Millon, Millon, Davis, & Grossman, 1993), Millon 청소년 전 임상 항목표(Millon Pre-Adolescent Clinical Inventory, M-PAC; Millon, Millon, Davis, & Grossman, 2001) 그리고 Millon 행동 의학 진단(Millon Behavioral Medicine Diagnostic, MBMD; Millon, Antoni, Millon,

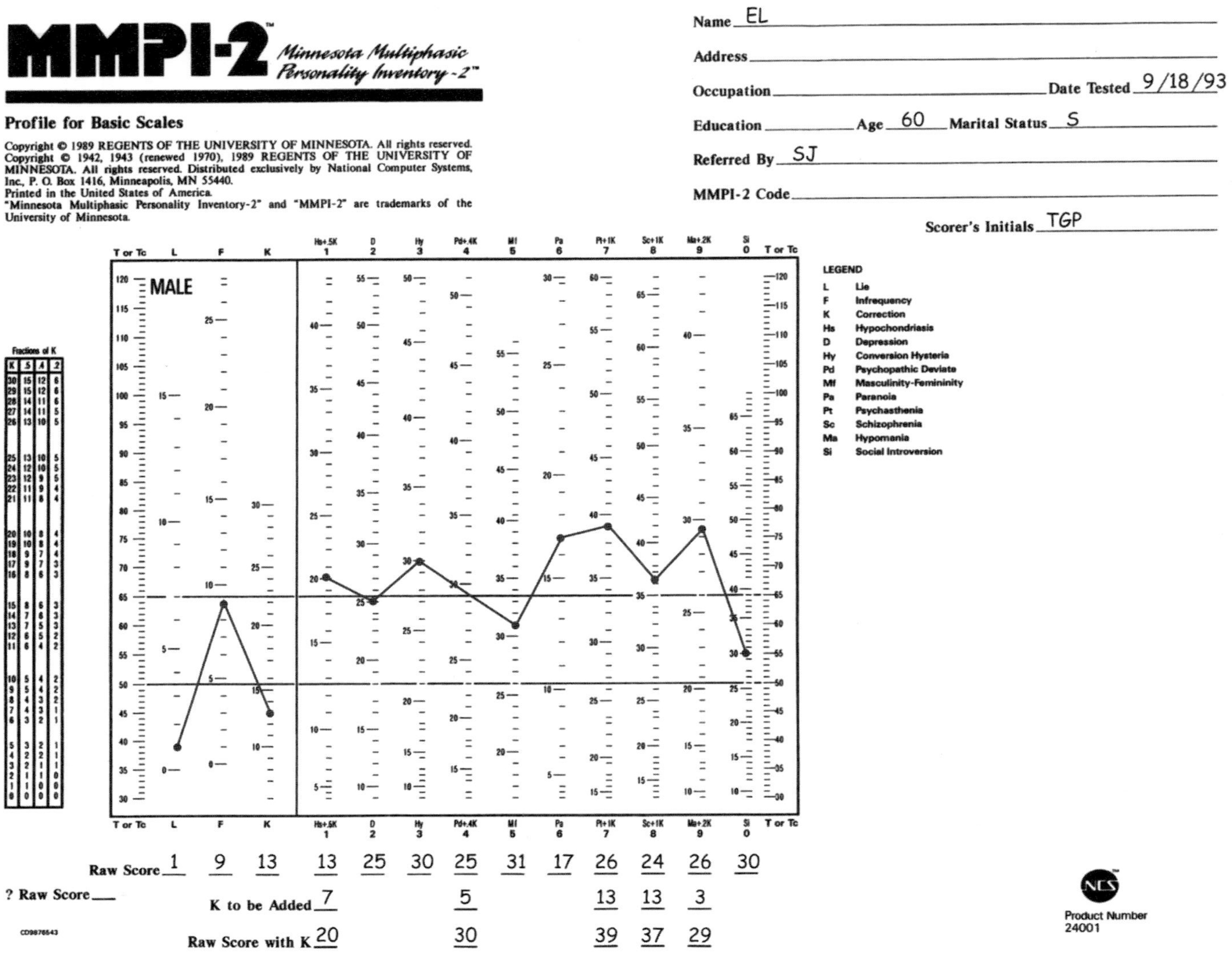

**그림 8.1** MMPI-2, 미성년자를 성적으로 학대한 60세의 고등학교 교사인 E의 프로파일

Minor, & Grossman, 2001)이 포함된다. 그렇지만 MBMD는 건강행동 항목표이며 그 자체 성격이나 심리적 기능을 측정하는 것은 아니다. 여기에서 상세하게 다뤄질 것이다. MCMI-Ⅲ는 18세에서 성인기까지의 사람들을 위해 고안된 175개의 예/아니오 항목 질문지이고, 끝마치는 데 대략 30분 정도 걸린다. 이것은 DSM-Ⅳ-TR 분류체계에 기초한 성격 장애 및 증후군을 평가하기 위해 고안되었다. MCMI-Ⅲ는 24개의 척도를 포함하고 있는데, 14개의 성격양식 척도와 10개의 임상증후군 척도로 되어있다. 더욱이, MCMI-Ⅲ는 또한 몇 개의 타당도 측정치들을 포함한다. 표 8.5는 측정되는 성격특징의 목록을 제공한다.

**16 성격 요인(16 PF)** : 16PF는 Raymond Cattell과 그의 동료들에 의해 개발되었는데, 현재 제5판이 사용되고 있다(Cattell, Cattell, & Cattell, 2002). 16PF는 끝마치는 데 약 45분이 걸리는 185문항으로 된 선다형 질문지이다. 16PF는 16세에서 성인기까지의 개인들에게 실시된다. 16PF의 채점은 16개의 주요 성격 특성들(예, 근심경향이 있는)과 2차 성격 특징들(예, 불안)을 평가하는 다섯 개의 전반적 요인들을 산출한다. 1점에서 10점까지의 표준점수들은 평균이 5이고 표준편차가 2이다. 표 8.6은 16PF 척도들을 나타내고 있다. 16PF는 수용될 수 있는 안정성, 신뢰도 및 타당도를 가지고 있는 것으로 알려져 왔다(Anastasi & Urbina, 1997; Cattell et al., 2002).

**NEO-성격 항목표-개정판(NEO-PI-R)** : NEO-PI-R(NEO-Personality Inventory-Revised; Costa & McCrae, 1985, 1989, 1992, 인쇄 중)은 5점 평정체계를 사용하는 240 문항의 질문지이다. 관찰자 평정판(R형)뿐만 아니라 NEO-5 요인 항목표(NEO-

Five Factor Inventory, NEO-FF)라고 불리는 NEO-PI-R의 60항목 단축형 역시 이용 가능하다. NEO-PI-R은 5대 성격 차원을 측정한다: 신경성(neuroticism), 외향성(extroversion), 개방성(openness), 수용성(agreeableness) 및 성실성(conscientiousness). 오대(big five), 즉 5요인 모형은 40년 이상 그리고 많은 문화권에 걸쳐서 수행된 요인 분석 연구에서 나온 일관된 성격 차원으로 밝혀졌다(Digman, 1990; McCrae & Costa, 2003). NEO-PI 특성들은 성격검사 점수들에서 상당한 변량을 설명하는 것으로 많은 연구에서 밝혀졌기 때문에, 오대(big five)로 언급된다(McCrae & Costa, 2003; Wiggins & Pincus, 1989). NEO-PI-R은 신뢰롭고 타당한 것으로 밝혀졌다(Costa & McCrae, 1992). 앞서 언급되었던 기타 객관식 검사들과는 달리 NEO-PI-R은 피검자 반응 세트를 평가하는 타당도 척도를 포함하고 있지 않다.

**기타 객관식 검사** : 부과적인 객관식 성격검사들에는 15개의 성격 변인들을 평가하는 225개의 짝지어진 항목 비교 검사인 Edwards 개인 선호 계획표(Edwards Personal Preference Schedule, EPPS; Edwards, 1959) 그리고 세 개의 기본 성격 특성인 정신증, 내향성-외향성 및 정서성-안정성을 측정하는 Eysenck 성격질문지(Eysenck Personality Questionnaire; Eysenck & Eysenck, 1975)가 있다. 많은 기타 검사들 역시 이용 가능하지만 일반적으로 앞에 논의되었던 검사들만큼 흔하게 사용되지는 않는다.

**투사검사** : 수많은 객관식 성격검사와 심리 기능 측정 도구가 있는 것과 마찬가지로, 많은 투사검사 도구

| 표 8.5 | MCMI–Ⅲ 척도 |
| --- | --- |
| **임상 성격양식 척도** | |
| 척도 1 | 분열성 |
| 척도 2A | 회피형 |
| 척도 2B | 우울형 |
| 척도 3 | 의존형 |
| 척도 4 | 연극성 |
| 척도 5 | 자기애적 |
| 척도 6A | 반사회적 |
| 척도 6B | 공격형(가학적) |
| 척도 7 | 강박형 |
| 척도 8A | 수동–공격형(부정적) |
| 척도 8B | 자멸형 |
| **임상 증후군 척도** | |
| 척도 A | 불안 |
| 척도 H | 신체형 |
| 척도 N | 양극성: 조증 |
| 척도 D | 기분부전 |
| 척도 B | 알코올 의존 |
| 척도 T | 약물 의존 |
| 척도 R | 외상 후 스트레스 장애 |
| **심각한 증후군 척도** | |
| 척도 SS | 사고 장애 |
| 척도 CC | 주요 우울증 |
| 척도 PP | 망상 장애 |
| **심각한 성격 병리 척도** | |
| 척도 S | 분열형 |
| 척도 C | 경계선 |
| 척도 P | 편집형 |
| **수정 지표(교정 척도)** | |
| 척도 X | 노출 |
| 척도 Y | 바람직성 |
| 척도 Z | 비하 |

| 표 8.6 | 16PF(제5판) 측정 |
| --- | --- |
| **전반적인 요인척도** | |
| EX | 외향성 |
| AX | 불안 |
| TM | 강인성 |
| IN | 독립성 |
| SC | 자기–통제 |
| **16 주요 성격 특성** | |
| A | 온정성 |
| B | 합리성 |
| C | 정서적 안정성 |
| E | 지배성 |
| F | 활발성 |
| G | 규율의식 |
| H | 사회적 대담성 |
| I | 민감성 |
| L | 경계성 |
| M | 추상성 |
| N | 개인성 |
| O | 근심성 |
| Q1 | 변화에 대한 개방성 |
| Q2 | 자기–신뢰성 |
| Q3 | 완벽주의 |
| Q4 | 긴장 |

투사적 그리기(Projective Drawings) 및 문장완성검사 (Incomplete Sentences).

**로샤 검사** : 로샤 검사는 유명한 잉크반점검사이다 (Rorschach, 1921/1942, 1951, 1998). 많은 사람들은 잉크반점을 사용해서 성격과 심리 기능을 조사할 수 있다는 생각에 매료된다. 물론 많은 사람들(심리학자들을 포함하는)이 Rorschach와 같은 투사 기법들에 회의적이고, 심리적 기능에 대한 측정으로서의 그 타당성에 의문을 제기한다(Dawes, 1994; Wood, Lilienfeld, Garb, & Nezworski, 2000; Wood,

가 있다. 대부분의 심리학자들은 선호하는 소수의 투사 검사들을 사용한다 — 전형적으로 **로샤 검사**(Rorschach), **주제 통각 검사**(Thematic Apperception Test, TAT),

Nezworski, Lilienfeld, Garb, 2003). Rorschach는 심리평가를 묘사하는 TV 쇼나 영화에서 자주 언급된다. 흥미롭게도, 잉크반점에서 보이는 대상에 대한 생각은 1980년대에 Blotto라 불리던 흔한 게임에서 나왔다. 어떤 사람이 백지에 잉크 한 방울을 떨어뜨리고 그 종이를 반으로 접어서 독특한 잉크반점을 만든다. 그러면 나머지 사람들은 교대로 잉크반점에서 대상을 확인한다. Alfred Binet는 이 기법을 아이들의 상상력을 검사하기 위하여 사용하였다. 스위스 정신의학자 Hermann Rorschach는 정신병 환자들이 이 게임에서 다른 사람들에 비해 매우 상이하게 반응하는 경향이 있다는 것에 주목하였다. 따라서 Blotto는 Rorschach 검사의 토대가 되었다(Exner, 1976).

Rorschach는 대칭으로 되어있는 10매의 잉크반점으로 구성된다; 즉, 각 카드의 왼쪽 면은 본질적으로 오른쪽 면의 거울상이다. 1921년 Hermann Rorschach가 처음 개발한 이래로 동일한 10매의 잉크반점이(동일한 제시 순서로) 사용 되어왔다(Rorschach, 1921/1942). 카드의 반수는 검정색, 흰색 및 회색이며, 나머지 반수는 유채색으로 되어있다. Rorschach를 실시하고 채점하는 여러 가지 상이한 방법들이 있지만, 대다수의 심리학자들은 오늘날 John Exner에 의해 개발된 방법을 사용한다(Exner, 1974, 1976, 1986, 1993, 2003; Exner & Weiner, 1995; Weiner, 2003). 각 카드는 "이것이 무엇처럼 보여요?"라는 질문과 함께 환자에게 손으로 건네진다. 심리학자는 환자가 말하는 모든 것을 기록한다. 검사 절차의 이러한 자유연상 부분 동안에 심리학자는 환자에게 질문하지 않는다. 10장의 모든 카드가 실시된 후에, 심리학자는 각 카드를 두 번째로 보여주고 검사를 채점하는 데 도움이 될 질문을 한다. 예를 들어, "이제 나는 당신에게 카드들을 다시 한 번 보여주

고, 당신이 한 대로 내가 그것을 보는지를 확실히 할 수 있게 하기 위해서 당신에게 각 카드에 대해서 몇 가지 질문을 할 것입니다."와 같이 말한다. 각 카드와 함께, 심리학자는 "카드의 어떤 점이 당신에게 ____처럼 보이게 만들었어요?"와 같은 비유도적인 질문을 한다. 심리학자는 영역(즉, 사용되고 있는 반점의 부위), 내용(즉, 사람, 동물 또는 자연의 요소 같은 묘사되고 있는 대상의 성질), 결정인(즉, 형태, 색채, 음영 및 운동과 같은 환자가 반응에서 사용하는 반점의 부분들) 그리고 평범성(즉, 많은 사람들이 보는 전형적인 반응들)과 같은 몇 가지 범주로 검사를 채점하도록 해주는 응답을 찾는다. 검사의 이 부분을 자세한 질문(inquiry) 단계라고 한다. 검사가 일단 완성되면, 채점 절차는 고도로 복잡한 체계 및 분석을 따르게 된다. 각 반응은 내용, 영역, 결정인 그리고 반응의 질에 기초해서 주의 깊게 채점된다. 실제 채점지는 일단 완성되면 매우 전문화된 외국 언어와 유사하다. 채점 과정이 매우 복잡하고 완성하는 데 긴 시간이 걸릴 수 있기 때문에, 많은 숙련된 심리학자들은 검사를 세세하게 채점하는 것이 아니라 환자는 정신병적인가 아닌가? 환자는 억압적인가 아닌가? 환자는 우울한가? 와 같은 임상적 질문에 대답하기 위해 그들의 임상 추론, 경험 및 판단에 의존한다. Martha와 Xavier의 사례 연구가 Rorschach 사용을 예시해주고 있다.

Rorschach 반응의 다양한 측면들은 심리적 기능과 연관된다. 예를 들어, 음영이 자주 사용되는 것은 일반적으로 불안과 우울의 반영으로 고려된다. 인간 운동 반응과 적절한 평범 반응의 수는 대개 적응적이고 잘 통합된 심리적 기능과 연관된다. 반점들의 미세한 세부 사항들에 주의를 기울이는 많은 반응들은 흔히 강박관념-강박행동적인 특성을 반영한다. 반점 주위의 흰 공간을 자주 사용하는 것은 일반적으로 반

**사례 연구** **심한 우울증과 경계선 성격 장애를 경험한 Martha(Rorschach)**

Martha는 정신과 의사로부터 심리검사가 의뢰된 24살의 혼혈(백인과 이란인) 여성이다. 그녀는 우울증 및 자살 시도로 인해 병원에 몇 차례 입원했었다. Martha는 주요 우울증과 경계선 성격 장애 둘 다로 진단되었다. 그녀는 검사에 저항적이었는데, "정신과 의사와 아버지가 이렇게 하라고 하였다."는 이유만으로 검사를 받았다. 다음은 Rorschach 실시 중 처음 5장의 카드에 대한 자유-연상 부분을 보여준다.

**카드 Ⅰ**

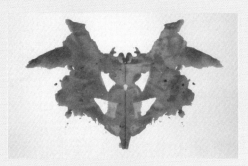

심리학자 : 이것은 무엇처럼 보입니까?
Martha : (긴 침묵) 잉크반점만을 볼 필요는 없죠?
심리학자 : 그래요.
Martha : 글쎄요, 어떤 커다랗고 시커먼 동물이 물속을 들여다 보고 있어요. 추악한 동물.
심리학자 : 대부분의 사람들은 한 가지 이상을 봅니다.
Martha : 다른 것은 보이지 않는데요, 그게 전부에요.

**카드 Ⅱ**

심리학자 : 이것은 무엇처럼 보입니까?
Martha : 이것은 머리와 손을 마주대고 있는 것처럼 보여요. 여기는 다리예요(가리키며). 그것이 내가 보는 유일한 것이에요. 이제까지는 그것들은 모두 거울에 비친 것처럼 보여요. 여기에 피가 있어요(가리키며).

**카드 Ⅲ**

심리학자 : 이것은 무엇처럼 보입니까?
Martha : 두 사람이 회전하고 있어요. 나는 이 붉은 것들이 무엇인지 모르겠어요. 아마도 이들이 총에 맞은 것 같아요. 카드를 돌려도 되나요?
심리학자 : 그것은 당신에게 달려있습니다.
Martha : 작은 형태는 두 발을 사용하여 뒤로 기대고 있는 사람 같아요. 그것은 물고기의 일종 같아요. 인간 물고기 같아요.

**카드 Ⅳ**

심리학자 : 이것은 무엇처럼 보입니까?
Martha : 이런 검사는 어리석게 보여요. 이 검사가 나를 어떻게 도와줄지 모르겠어요. 그것은 시커멓게 탄 괴물의 일종처럼 보여요. 나는 그것이 어떻게 괴물처럼 보이는지 당신

**심한 우울증과 경계선 성격 장애를 경험한 Martha(Rorschach)** (계속)

이 알고 싶은 거라고 생각해요.

심리학자 : 그래요.

Martha : 이것은 머리이고 발톱, 커다란 발은 여기 그리고 꼬리는 바닥까지 닿아 있어요(가리키며).

심리학자 : 이것은 무엇처럼 보입니까?

Martha : 나방이나 박쥐 혹은 어떤 것으로 보여요. 그것은 악어 머리처럼 보여요. 최소한 이 부분이.

카드 V

사진 : Wikipedia 제공

항이나 회피와 연관된다.

많은 사람들이 Rorschach가 신뢰롭지 못하고 타당하지 않은 도구라고 주장했다. 사실 Robyn Dawes는 Rorschach를 "전혀 타당하지 않은 … 조잡한 (도구)이다."(Dawes, 1994, pp. 123~146)라고 하였다. 많은 대학원 수련 프로그램은 Rorschach를 사용하는 것을 중지하였다. Holtzman 잉크반점 기법(Holtzman Inkblot Technique, HIT; Holtzman, 1975; Holtzman, Thorpe, Swartz, & Herron, 1961)의 개발과 같이 Rorschach 검사의 심리 측정적인 속성을 개선하려는 일부 시도들은 임상가들의 주의를 끌지 못하였다. 그렇지만 John Exner의 종합체계 개발과 Rorschach에 관한 그의 연구(Exner, 1974, 1976, 1986, 1993, 2003; Exner & Erdberg, 2005; Exner & Weiner, 1995; Weiner, 1996, 2003)는 이 검사의 과학적인 토대를 향상시켜주었다. Exner는 고도로 정밀한 채점 준거가 있는 방법을

개발하였는데, 이 방법은 그 접근의 신뢰도와 타당도를 증명하는 데 사용하였다. 많은 이들은 동료-평론된 학술지에 그의 발견이 출판되지 않았다는 이유로 Exner의 체계를 비판하였다. 다른 이들은 신뢰도와 타당도에 관한 그의 가정의 일부에 의문을 제기하였다(Dawes, 1994; Wood et al., 2000, 2003). 다른 사람들은 다양한 소수 민족 집단이 사용하기에 적합하지 않다고 제안했다. 따라서 많은 사람들은 훨씬 개선된 채점 기법과 해석 기법이 이용 가능함에도 불구하고, 여전히 Rorschach 사용에 회의적이다. 그렇지만 신뢰도 계수는 .80대에 있고 평균 타당도 계수는 약 .42라는 것을 나타내는 Rorschach 연구의 평론(Ornberg & Zalewski, 1994; Parker et al., 1988; Weiner, 1996, 2003)은 Rorschach가 신뢰도와 타당도의 수용 가능한 수준을 유지하고 있다는 것을 시사하고 있다(Exner & Erdberg, 2005; Weiner, 1996, 2003). 궁극적으로 Rorschach와 다른 투사도

---

## 양극성 장애를 경험한 Xavier(Rorschach)

Xavier는 양극성 장애의 조증으로 입원한 48세의 백인 변호사이다. 그는 자신이 감당할 수 없을 만큼 많은 돈을 사용하였고, 과다한 성적 활동을 보였으며, 잠을 자지 않고 그리고 싸움에 끼어들었다. 다음은 Rorschach 실시 중 처음 5장의 카드에 대한 자유-연상 부분을 나타낸다. Xavier의 반응을 Martha의 반응과 비교해보라. 그들은 모두 동일한 5장의 Rorschach 카드를 보았지만, 그들의 반응은 아주 상이하다는 것을 기억하라.

**카드 Ⅰ**

심리학자 : 이것은 무엇처럼 보입니까?

Xavier : 나비에요. 이것은 할로윈 가면인 것 같기도 해요. 여기 꼭대기 부분은 개처럼 보여요. 그것은 내부에 어떤 불길한 것이 일어나는 것처럼 보여요. 무서운 가면, 가운데 부분은 질처럼 보여요. 작은 아이들이 엄마의 자궁에서 밖을 내다보고 있어요.

**카드 Ⅱ**

심리학자 : 이것은 무엇처럼 보입니까?

Xavier : 긴 코를 가진 두 마리의 동물들이 중앙에서 심장을 맞대고 키스하고 있는 것 같아요. 꼭대기의 붉은 부분은 가면이나 어떤 것으로 보여요. 작은 양, 테디 베어 또는 개처럼 보여요.

**카드 Ⅲ**

심리학자 : 이것은 무엇처럼 보입니까?

Xavier : 항아리 주위에서 춤추고 있는 아프리카인들처럼 보여요. 이것은 나비넥타이나 엉덩이뼈처럼 보여요. 이것은 헤엄치는 물고기가 뒤집어진 것처럼 보여요.

**카드 Ⅳ**

심리학자 : 이것은 무엇처럼 보입니까?

Xavier : 이것은 불길하게 보여요. 이 꼭대기에서 보니까 커다란 양탄자나 설치류처럼 보여요. 아마도 위에서 아래를 내려다보는 박쥐 같기도 해요. 이것은 안테나나 사슴 뿔처럼 보여요. 아마도 인디언 양탄자일지도 몰라요.

**카드 Ⅴ**

심리학자 : 이것은 무엇처럼 보입니까?

Xavier : 이것은 박쥐나 나비처럼 보여요. 이것은 또한 로댕의 작품일 수도 있어요.

---

구들은 검사 그 **자체**로 보기보다는 **도구**로 보는 것이 합리적일 것이다.

최근 몇 년 동안 Rorschach의 저작권 보호 절차는 이 절차가 오래 전 1920년대에 출판되었기 때문에 만료되었다. 그러므로 이 유명한 잉크반점은 공공의 영역 안에 있으며 위키피디아 및 기타 출처를 통해 마음껏 온라인에서 볼 수 있다.

**주제통각검사(Thematic Apperception Test, TAT) :**
TAT(Murray & Bellack, 1942; Tomkins, 1947)는 1930년대 후반 동안 Harvard대학교의 Henry Murray와 Christiana Morgan에 의해서 개발되었다. TAT는 원래 연구 장면에서 성격 요인들을 측정하기 위해 고안되었다. 특히 그것은 성격학(personology)에 대한 Henry Murray의 이론(Murray, 1938)과 결합해서 목표, 중심 갈등, 욕구, 압력(즉, 목표 도달에 관한 과정을 촉진시키거나 방해하는 요인들) 및 성취 노력을 조사하는 데 사용되었다. TAT는 31매의 그림(1매는 백지도판)으로 구성되어있고, 그것들의 대다수는 사물들보다는 인물들을 묘사하고 있다. 그림의 일부는 남성용, 일부는 여성용 및 기타 남녀공용으로 실시되도록 고안되었다. 일반적으로 한 환자에게 선택된 카드의 번호만이(예, 10매) 실시된다.

심리학자는 환자에게 일련의 그림을 제시해 주고, 그림에 대해 이야기를 하도록 환자에게 말해줌으로써 검사를 설명해준다. 환자는 그림 속의 사람들이 생각하고, 느끼고, 행동하는 것을 반영하는 이야기를 만들고, 또한 무엇이 그림 속에 묘사된 사건을 이끌어내었는지 그리고 미래에 무엇이 일어날지를 고찰하도록 지시받는다. 각 카드가 환자에게 제시된 뒤에, 심리학자는 환자가 말한 모든 것을 기록한다. 다양하고 복잡한 채점 방법이 개발되었음에도 불구하고(Murray, 1943; Shneidman, 1951), 대부분의 임상가들은 환자의 이야기에서 나타나는 주제를 분석하기 위해 자신들의 임상적 경험과 판단을 사용한다. 임상가들은 대개 TAT 채점을 공식적으로 하지 않기 때문에, 신뢰도 및 타당도 연구를 수행하는 것은 도전을 받고 있다. 많은 사람들은 TAT와 기타 투사검사들이 검사라기보다는 임상 면접에 더 유사하고, 임상가의 경험, 수련 및 임상적 판단이 이들 도구들의 유용성과 정확성을 결정한다고 생각한다.

초등학교 아동들을 위한 Robert 아동용 통각검사-2(Roberts Apperception Test for Children-2, Roberts 2; Roberts, 2005; McArthur & Roberts, 1982)와 같이, TAT와 유사한 다른 검사들이 특수한 전집을 위해 개발되어왔다. 27매의 그림들은 부모, 교사 및 또래들과 상호작용하는 아동들을 묘사하고 있다. 아동용 통각검사(Children's Apperception Test, CAT; Bellak, 1992)는 매우 어린 아동들을 위해 개발되었는데 다양한 방법으로 상호작용하는 동물들을 묘사하고 있다.

**투사적 그리기** : 많은 임상가들은 심리적 기능을 평가하기 위해 아동과 성인 모두에게 그림을 그리도록 요구한다. 전형적으로, 사람들은 집, 나무, 사람 및 그들의 가족들이 함께 무엇인가를 하는 것을 그리도록 요구받는다. 인물화 검사(Draw-a-Person Test; Machover, 1949), 집-나무-사람 그리기 검사(House-Tree-Person Technique; Buck, 1948) 그리고 가족 활동 그리기 검사(Kinetic Family Drawing Technique)에서 환자들은 따로 된 백지에 연필로 그림을 그리는데 막대기 모양의 사용을 피하도록 지시받는다. 많은 임상가들에 의해 다양한 지시가 사용되어왔다. 예를 들어, 인물화 검사의 한 가지 인기 있는 변형은 환자가 동성 및 이성의 사람 그리고 빗속의 사람을 그리도록 지시하는 것이다. 이들 그림 기법의 신뢰도와 타당도에 대한 연구뿐만 아니라 채점 준거를 개발하기 위한 시도들은 단지 중간 정도로만 성공적이었다. 일부 연구자들은 신뢰도와 타당도 모두를 최대화하고, 인지적이고 정서적인 손상의 선별 측정치로 사용될 수 있는 과학적인 채점 절차의 개발에 관여해왔다(A. L. Sopchak, A. M. Sopchak, & Kohlbrenner, 1993; Trevisaw, 1996). 하지만 이 노력들은 일반적으로 실무 임상가들에 의해 아직까지 이런 시도는 환영받지 못하였다. 많은 임상가들은 이 기법들이 아동들 또는 느낌을 말로 표현하는 데 큰 어려움을 가진 사람들과의 라포를 확립하는 신속하고 쉬운 방법이라고 느낀다. 불행하게도 일부 임상가들은 자신들의 해석을 정당화하는 적절한 연구 지지 없이 **투사적 그리기**(projective drawing)를 과잉 해석한다.

**문장완성검사** : 또 다른 투사 기법으로 문장완성검사(sentence completion)가 있다. 이 기법에는 많은 상이한 버전이 있다(예, Forer, 1957; P. A. Goldberg, 1965; Lanyon & Lanyon, 1980; Rotter, 1954;

## 사례 연구 — Debbie는 알코올 중독, 우울증 및 공포불안을 경험한다(TAT)

Debbie는 알코올 중독, 우울증 및 강렬한 죽음 불안을 겪고 있는 24세의 신체적 장애가 있는 백인 여성 환자이다. 그녀는 또한 몇몇 가족 성원들의 알코올 중독뿐만 아니라 직업과 가정에서 너무 많은 의무로부터 스트레스를 받는다는 느낌을 보고하였다. 그녀는 자신이 '가족들을 모이게 하는 접착제'이고, 가족들의 기능과 행복에 대해 과도하게 책임을 져왔다고 느꼈다. 다음은 야외의 농장 풍경 세 사람(여성 2명과 남성 1명)을 묘사하고 있는 TAT 카드에 대한 Debbie의 반응 예이다.

Debbie : 나는 전에 이것을 봤어요. 맞아요. 이 여자는 이 여자의 딸인데, 방금 학교에서 집으로 돌아왔고, 아버지와 임신한 어머니의 주위를 둘러보고 있고, 학교가 이 지긋지긋한 곳(즉, 곰팡이 같은)에서 벗어나게 해줄 것인지를 생각하고 있어요(웃음). 그녀는 어머니처럼 끝날까 봐 염려하고 있는 것으로 보여요. 그녀는 같은 함정에 들어가서 다시는 이

초라한 상황에서 나올 수 없게 될 거에요.

심리학자 : 아버지는 어때요?

Debbie : 그는 매우 지쳐있고, 그녀에게 등을 보이고 있어요. 그는 그녀가 거기 있다 것을 알아요. 하루가 저물어 가는데, 아버지는 여전히 밭을 갈고 있어요. 그런데 그녀는 이러한 것에 관여하지도 않고, 그렇게 하고 싶어 하지도 않아요.

심리학자 : 미래에는 어떻게 될까요?

Debbie : 그녀는 낙담할 것이고, 그녀의 어머니나 아버지와 동일한 상황에 처하게 될 거에요.

TAT 카드에 대한 Debbie의 반응은 부모의 결혼 문제에 대한 우려와 일어날 것 같은 미래 관계에 대한 걱정을 반영하는 것 같다. 그녀의 반응은 불가피하게 어머니의 전철을 따르게 될 거라고 느끼고 있음을 시사한다.

---

Rotter & Rafferty, 1950). 환자들에게 일련의 불완전 문장이 제시(검사자에 의해 말로 제시되거나 질문지를 통해 글로 제시되는)된다. 이 검사에는 "그가 전화에 대답하였을 때, 그는 ……"이나 "대부분의 어머니들은 …… 이다."와 같은 항목들이 포함된다. 환자는 방금 생각나는 대로 문장을 완성하도록 요구받는다. 투사 그림 기법과 TAT처럼, 몇 개의 채점 체계들이 해석을 돕기 위해 개발되었다. 그렇지만 이들 채점 방법들은 대체로 연구 장면에서만 쓰인다; 대부분의 임상가들은 완성된 문장에서 나타난 주제들을 해석하기 위해 그들 자신의 경험과 임상적인 판단을 선호한다.

### 성격검사 및 심리검사에 대한 질문과 논쟁

**검사를 통해 측정된 성격 결과들은 안정적인가?** 전통

적으로 많은 심리학자들은 성격이 상당히 안정적인 현상, 즉 각 개인의 성격 특성과 양식은 시간의 경과와 다양한 상황(예, 집, 직장, 학교)에서 일관적이라고 가정하여 왔다. 따라서 우호적인 경향이 있는 사람은 대부분의 시간과 환경에서 우호적으로 되기 쉽다는 것이다. 예를 들어, MMPI-2, MCMI-Ⅲ 또는 16PF를 사용하는 성격검사들은 상당히 안정적인 성격 특징들을 평가하고 측정하는 데 유용한 것으로 간주될 수 있다. 그렇지만 여러 연구자들은 성격이 많은 사람들이 가정하는 것처럼 안정적이지 않으며, 대신에 부분적으로 특수한 환경이나 상황에 달려있다고 입증해왔다(Mischel, 1968, 1973). 예를 들어, 어떤 사람을 불안한 사람으로 생각하기보다는 그가 불안을 나타내기 쉬운 환경(예, 검사 상황, 연설 약속, 데이트를 요청하기)을 평가하고 이해하는 것이 더 유용하다. Mischel과 다른 사람들(Bem & Funder, 1978;

| 사례 연구 | Xavier(문장완성검사) |
| --- | --- |

Xavier는 양극성 장애의 조증 삽화 동안 병원에 입원하였던 변호사이다. 다음은 문장완성검사에 대한 그의 반응의 표본이다.

나는 몇몇 사람들에 의해 방해받고 있다고 느끼곤 한다.
그는 자주 그의 가능성을 실현할 수 있기를 희망한다.

때때로 그는 모든 것을 할 수 있었으면 하고 바란다.
나는 커다란 자아가 주의를 요구해서 일을 하지 못할 때 가장 괴롭다.
나는 과소비에 대해 죄책감을 느낀다.
무엇보다도, 그는 사랑을 필요로 한다.

| 사례 연구 | 불안과 우울증을 경험한 Elias(문장완성검사) |
| --- | --- |

Elias는 불안과 우울증상으로 심리치료를 필요로 하는 37세의 아프리카계 미국인 컴퓨터 프로그래머이다. 그는 최근에 몇 번의 좋지 않은 작업 수행 평정을 받았고, '팀 작업'을 잘 하지 못한다는 말을 들었다. 다음은 문장완성검사에 대한 그의 반응 표본이다.

대부분의 아버지들은 자녀들과 충분한 시간을 보내지 못한다.
나는 대인 관계 기술 부족 때문에 방해받았다고 느끼곤 한다.
나의 아버지는 항상 나를 이해하지 못한다.

나는 아빠가 나의 생각을 업신여길 때 가장 괴롭다.
때때로 그의 직업에서 나쁜 평을 얻는 것에 대해 걱정한다.
나는 내가 받아야만 한다고 생각하는 정도로 인정을 받지 못했을 때 가장 불만족스럽다.
때때로 나는 내 상사가 나의 직업 흥미에 관하여 관심을 갖지 않는다고 생각한다.
그는 대인기술에 관련된 업무에서 나쁜 평을 받았을 때 열등하다고 느낀다.

Epstein, 1979; Magnusson, 1981)은 성격의 개인-상황 상호작용 이론을 발달시켰다. 인지 양식에서 다소 안정적인 개인차가 존재할 수 있다고 인식하는 반면, 심리학자는 상황, 요인들 및 영향들을 강조하면서 유사한 상황과 자기-보고 성격 특성들에 걸쳐 행동을 고려해야 한다. 성격검사 결과는 그런 다음 이들 상황-특유적인 요인들의 견지에서 평가되어야만 하는데, 이는 물론 통합적인 생물심리사회적인 평가의 부분이 되어야 한다.

**투사 기법들은 신뢰롭고 타당한가?** 여러 해에 걸쳐, 수많은 평론들은 투사 기법들이 환자에게 그 사용을 정당화해주는 적절한 신뢰도 및 타당도(예, Cronbach, 1956; Dawes, 1994; Eysenck, 1958; Liliefeld, Wood, & Garb, 2000; Rotter, 1954; Suinn & Oskamp, 1969; Wood et al., 2000, 2004) 또는 예를 들면 아동양육권에 대한 법정 판례 (Erickson, Lilienfeld, & Vitacco, 2007)에서 증명해주지 못했다고 결론을 내렸다. 투사검사의 일부 옹호자들은 객관식 검사와 투사검사 모두에 동일한 준거를 사용하는 것은 적절하지 못하다고 주장해왔다. 그들은 점수들이 전국 규준에서 결정되고 비교되는 객관식 검사와는 다르게, 투사검사들은 개인을 더 잘 알고 이해하고 기술하기 위한 목적을 가진 구조화된 면접과 유사하다고 말한다(Blatt, 1975; Frank, 1948; Tomkins, 1947).

투사검사의 신뢰도 및 타당도와 관련된 논쟁의 대부분은 Rorschach 검사에 집중되어 있다. Rorschach 검사에 대한 많은 평론 문헌들은 이 기법에 대한 지지를 거의 발견하지 못하였다(Dawes, 1994; Lilienfeld et al., 2000; Sackett & Lievens, 2008; Schofield, 1952; Suinn & Oskamp, 1969; Windle, 1952; Wood et al., 2000, 2004; Ziskin & Faust, 1988; Zubin, 1954). 그렇지만 다른 연구들은 Rorschach의 심리측정적 속성에 대한 분석에서 훨씬 호의적이었다(Exner, 1974, 1986, 1993; Exner & Edberg, 2005; Exner & Weiner, 1995; Parker et al., 1988; Weiner, 1996, 2004). I. Weiner(1996)는 Rorschach의 타당도에 대한 연구 평론에서 "지식을 충분히 갖춘 임상가들에 의해 적절하게 사용되면… 성격 과정과 관련된 어떤 종류의 중요한 질문들에 답하는 데 있어서 Rorschach는 충분한 타당도와 괄목할 만한 효용성이 있다."(p. 213)고 결론내렸다. 현재 Rorschach 저작권이 만료되었고 그것을 쉽게 온라인에서 이용 가능한데, 도구의 지속적인 사용에 대해 우려가 있으며 그리고 이것의 타당도는 더 심각하게 의문시 되고 있다.

TAT와 투사적 그리기 기법의 심리측정적 속성에 대한 연구들은 이 검사들의 타당도 및 신뢰도에 대한 연구지지를 제공하는데 대체로 실패해왔다(Harris, 1972; Lilienfeld et al., 2000; Swartz, 1978). 하지만 이러한 투사검사들과 기타 투사검사들은 임상심리학자들에 의해 계속해서 사용되어왔다(Lubin, Larsen, Matarazzo, & Seever, 1985; Piotrowski & Keller, 1989). 많은 임상가들은 이 도구들이 특히 다른 측정치들과 조화를 이루어 해석될 때 환자들에 대해 더 나은 이해를 발전시키는 데 유용한 기본 지식을 제공한다고 보고한다. 그렇지만 객관식 검사를 사용한 보고서를 작성한 임상학자들의 비율은 예를 들어, 1986년에 72% 정도에서 2003년에 39%로 더 최근 몇 년 동안 감소했다(Norcross et al., 2005, 2008).

**성격 및 심리 검사들이 소수 집단 성원들에게 사용되는 것이 적절한가?** MMPI, Rorschach 및 TAT와 같은 대부분의 성격검사와 심리 검사의 초기 개발자들은 검사 구성과 타당화 과정 동안 민족과 기타 다양성에 관한 쟁점들을 고려하지 않았다. 예를 들어, MMPI는 단지 백인들만으로 타당화되었기 때문에 원래의 MMPI를 소수 집단 성원들에게 사용하는 것은 의문의 여지가 있었다. 더욱이 많은 검사들(예, Stanford-Binet)이 처음 중류 또는 중상류의 사회 경제적 계층의 사람들을 대상으로 개발되었기 때문에, 이 검사들은 낮은 사회경제 계층의 집단에게 사용하는 것은 또한 타당도를 손상시킬 수도 있다. 오늘날 이러한 검사들을 갱신하고 새로운 검사들을 개발하는 전문가들은 다양성에 관한 쟁점에 훨씬 더 민감하다. 예를 들어, MMPI(즉, MMPI-2)를 개정한 사람들과 WISC(즉, WISC-Ⅳ)를 개정한 사람들은 인구통계적, 사회경제적 그리고 민족적 다양성을 반영한 표준화된 표집을 주의 깊게 사용하게 되었다. 또한 많은 이러한 도구들은 이제 여러 언어로 이용 가능하다. 심리학자들은 그들이 사용하는 검사의 한계점을 자각해야 하며, 다양한 전집에 사용된 심리검사에 기반하여 판단을 내릴 때 다양성 쟁점들에 민감해야 한다(American Psychological Association, [APA], 1992a, 1993b, 2002, 2003b).

**성격검사 및 심리검사가 고용 결정에 사용될 수 있는가?** 많은 고용주들은 작업 수행을 방해할 수도 있는 정신과적 장애들이나 성격문제들 때문에 구직자들을 선별하는 데 성격검사와 심리검사를 활용한다. 다른 고용주들은 특정 직책에 필요한 성격을 가지고 있는 사람들을 선별하는 데 관심이 있다. 앞서 언급한 바와 같이, 수줍어하고 철회하는 사람은 판매사원으로서 성공하지 못할 수 도 있을 것이다; 세부-지향적이지 않은 사람은 회계사로는 성공하지 못할 수도 있다. 어떤 이들은 MMPI-2, MCMI-Ⅲ, Rorschach 및 WAIS-Ⅳ와 같은 성격검사들이 고용 장면에서 사용하기 위해 특별히 고안되고 타당화되지 않았기 때문에 고용 결정에서 사용되지 않아야 한다고 주장하였다(Guion, 2008). 다른 이들은 성격 측정치들이 고용 장면에서 성공적이고 적절하게 사용될 수 있다고 주장하였다(Bentz, 1985; Hogan et al., 1996; Plante, 2004b). 여전히 또 다른 이들은 특정 산업에서의 인사 선발을 위해 타당화된 전문 검사들을 고안해 왔다(Clarke, 1956; Gough, 1984).

## 임상적 추론과 판단

심리평가 및 검사는 검사를 실시하는 것이나 점수를 계산하는 것 이상의 더 많은 것을 포함한다. 심리학자가 면접을 완성하고, 행동관찰을 수행하고, 지능검사와 성격검사를 실시하고 나면, 모든 정보를 함께 취합해서 진단과 치료적 권고사항에 관한 중요한 결정을 내려야만 한다. 취합된 모든 정보는 수집된 다른 자료와 일치할 수도 있고 그렇지 않을 수도 있다. 각기 상이한 자료원으로부터 나온 수렴적이고 확산적인 정보를 통합하는 것은 많은 기술, 수련 및 경험을 필요로 한다(Beutler & Groth-Marnat, 2003; Grove, Zald, Lebow, Snitz, & Nelson, 2000). 비록 임상가

들이 구조화된 면접이나, 컴퓨터 면접, 객관식 검사를 사용하고, 고도로 숙련되고 경험 많은 다른 전문가로부터 정보를 제공받음으로써 **임상적 판단**을 객관화하기 위해 많은 노력을 하지만, 임상가는 결국 객관적인 자료와 함께 자신의 소신 있는 판단, 느낌 및 경험을 사용해서 결정을 내린다. 이러한 판단은 심리적 기능, 진단 및 예후 및 치료에 대한 구체적인 임상적 질문에 답하기 위해 취합된 모든 자료의 의미를 이해하는 데 필요할 뿐만 아니라 우선적으로 어떤 도구와 평가가 실시되어야 하는가를 결정하는 데 사용된다. 개인을 평가하는 데 망라될 수 있는 많은 이용 가능한 검사와 평가 접근이 있다. 올바른 기법을 선택하는 것은 종종 복잡한 과제가 될 수 있다.

임상적 판단의 질은 다중 평가 원천(예, 면접, 사례사, 검사, 관찰)을 사용함으로써 증진될 수 있다. 예컨대, 만약 환자가 우울한 감정을 보고하고, TAT 반응에서 많은 이야기들이 우울한 주제를 포함하고 있고, MMPI-2, Beck 우울 항목표(BDI), 증상 점검표 90-개정판(SCR-90-R) 및 Rorschach 검사에서의 우울 지표가 모두 상승되어있다면, 임상가는 이 환자가 확실히 우울증이라고 정확하게 결론내릴 수 있을 것 같다. 불행하게도 임상 결정은 언제나 그렇게 분명한 것만은 아니다. 예를 들어, 어떤 환자가 우울한 감정을 보고할 수도 있지만, 우울을 평가하는 심리 검사 점수는 상승되지 않을 수도 있다. 대안적으로, 어떤 환자는 임상 면접 동안 우울 감정을 부인할 수 있지만, 검사 점수는 우울하다는 것을 가리킨다. 더욱이, 우울은 많은 진단들과 연합되어있을 수 있다. 다양한 의료적 상태(예, 과민성 대장 증후군, 심장 문제, 당뇨병, 만성 통증)를 지닌 환자들이 우울을 느낄 수도 있다. 성격 장애(예, 의존, 경계선)를 겪는 사람들이 또한 우울을 느낄 수 있다. 우울증은 흔히 주의력 결핍 장애,

# 심리학자가 검사를 구하는 곳

이 장과 이전에 제공된 심리검사에 대한 정보를 모두 고려할 때, 심리학자들이 이러한 검사도구를 어디서 구하는 지 궁금할 수 있다. 검사도구들은 서점이나 백화점에서 구입할 수 없다. 검사도구를 구입하기에 질 높은 수련을 받았으며 경험이 있다고 밝힌 사람들에게 이들 검사도구를 제작하고 배포하는 여러 회사들이 있다. 전형적으로 심리 검사를 구입하기 위해서는 자격증이 있는 심리학자이거나 적절한 수련을 받았다는 증명을 할 필요가 있다. 다음은 주요 검사 회사 중 일부이다 :

**Achenbach 경험 기반 평가 체계**
ASEBA/Research Center for Children, Youth and Families
I South Prospect Street
St. Joseph's Wing(3rd Floor, Room# 3207)
Burlington, VT 05401(802-656-5130, www.aseba.org)

**자문 심리학자 Press(Consulting Psychologists Press, CPP)**
1055 Joaquin Road, 2nd Floor
Mountain View, CA 94043(800-624-1765, www.cpp.com)

**성격검사 및 능력검사 연구소(Institute of Personality and Ability Testing, IPAT)**
1801 Woodfield Drive
Savoy, IL 61874(800-225-4728, www.ipat.com)

**Pearson 평가(Pearson Assessments)**
Box 1416
Minneapolis, MN 55440(888-1627-7271, www.pearsonassessments.com)

**PRO-ED**
8700 Shoal Creek Boulevard
Austin, TX 78757-6897(800-897-3202, www.proedinc.com)

**Psychological Assessment Resources(PAR)**
16204 North Florida Avenue
Lutz, FL 33549(800-331-8378, www.parinc.com)

**Reitan 신경심리 연구소(Reitan Neuropsychological Laboratory)**
Box 66080
Tucson, AZ 85728(520-577-2970, www.reitanlabs.com)

**Riverside 출판사(Riverside Publishing)**
3800 Golf Road, Suite 100
Rolling Meadows, IL 60008(800-323-9540, www.riverpub.com)

**Minnesota대학교 출판사**
111 Third Avenue South, Suite 290
Minneapolis, MN 55401(800-388-3863, www.upress.umn.edu)

**Western Psychological Services**
12031 Wilshire Boulevard
Los Angeles, CA 90025(800-648-8857, www.wpspublish.com)

학습 장애 및 기타 증후군들과 연합된다. 우울증은 심도에서 중간 정도인데 만성적일 수 있으며(즉, 기분부전 장애), 혹은 강도는 심하지만 기간이 더 짧을 수도 있다(즉, 주요 우울증). 어떤 사람은 의료적 관심(예, Munchausen 증후군)을 얻기 위해 또는 어떤 유형의 이차적 이득(예, 사랑하는 사람들의 동정과 관심을 획득하고, 일하지 않고 집에서 머무르는 것)을 얻기 위해 우울하다고 거짓으로 보고할 수도 있다. 더욱이 우울을 겪는 많은 사람들이 신체적인 호소를 통해 그들의 느낌을 표현하는데, 의식적으로는 우울을 인식하지 못한다. 수많은 환경 요인들이 또한 우울하게 할 수도 있다(예, 직업상실, 사랑하는 사람의 상실). 심리학자가 어떻게 모든 이용 가능한 자료를 가려내고 진단과 치료 계획에 관한 판단을 내릴 수 있을까?

심리학자들은 모든 퍼즐 조각을 검토해야 하고, 그런 다음에 그것들의 의미를 이해해야만 한다. 그들의 이론적인 틀, 이전 경험, 임상 수련 및 직관 모두가 동원된다. 임상가들은 모든 자료를 공식이나 컴퓨터 프로그램에 적용시키지 않고도 질문에 대한 충분히 객관적인 답을 얻고 있다. 그렇지만 많은 연구들은 임상적 판단이 신뢰롭지 못하고 타당하지 못할 수도 있다고 주장한다(Aegisdóttir et al., 2006; Dawes, 1994; Faust, 1986; Grove et al., 2000; Lilienfeld et al., 2000; Lilienfeld, 2007; Meehl, 1954, 1965; Mischel, 1986; Spengler et al., 2009; Wood et al., 2000, 2004)— 심리학에서뿐만 아니라 의학 및 기타 분야에서도 그렇다(Sanchez & Kahn, 1991). 또 다른 연구자들은 이 연구를 비판하였는데, 이러한 연구가 결함이 있고 실무 임상가들에 의해 전형적으로 내려지는 결정 유형을 반영하고 있지 않다고 진술하고 있다(Garb, 1988, 1989; Lambert & Wertheimer, 1988). 임상적 판단에 대한 신뢰도 및 타당도를 증가시키기 위한 노력들이 종종 있어왔다. 예를 들어, 많은 관리 진료 보험회사들은 임상가들에게 심리평가 및 치료에서 매우 구체적인 평가도구를 사용하고 표적 증상을 객관화할 것을 요구한다. 치료 초기에 개인의 순간적인 측면을 평가하기보다는 정규적인 토대로 평가하는 것이 장려된다. 초기 공식화나 느낌은 더 나중에 발견된 정보에 근거하여 항상 도전을 받고 있다. 심리평가의 복잡한 성질 때문에 심리학자들은 필요할 때마다 계속해서 재평가되고 개정되는 사례 공식화나 초기 치료 계획을 세운다.

어떤 사람들은 심리학자들의 의사결정에서 단지 임상적 판단에 의존하기보다는 보험통계적(즉, 통계적인) 접근을 채택해야 한다고 주장한다. 따라서 검사 점수, 드러난 증상 및 기타 정보들이 진단 결정과 치료 계획의 발전을 위해 수량화되고 통계적인 공식에 대입될 수 있다(Dawes, 1979, 1994; Gouth, 1962; Grove et al., 2000). 다른 사람들은 인간 본질의 복잡성은 그렇게 쉽게 수량화될 수 없기 때문에 전문적인 임상 판단이 항상 필요하다고 주장한다(Blatt, 1975; Garb, 1988, 1989; MacDonald, 1996). 많은 임상가들은 보험통계 기법에 의존하는 것을 싫어하는 반면에, 어떤 임상가들은 신뢰롭고, 타당하고, 유용하다고 입증된 어떠한 접근이라도 사용하는 것이 중요하다고 생각한다(Aegisdóttir et al., 2006; Dawes, 1979, 1994; Grove et al., 2000). 대부분의 실무 임상가들은 보험 통계 접근보다는 임상판단에서 더 의존하는 반면에, 대부분의 연구자들은 보험 통계 접근에 의존한다. 심리학자들이 항상 증거에 토대를 둘 뿐만 아니라, 수련, 경험 및 직관에 토대를 둔 전문적 임상 판단을 내리도록 요구받는 것이 현실이다. 그들의 기술을 증가시키고, 신뢰도, 타당도 및 유용한 결론을 이루려는 노력들은 틀림없이 가치 있고 환영받는 시도이다(Beutler & Groth-Marnet, 2003; Grove et al., 2000; Lilienfeld, 2007; MacDonald, 1996; Sackett & Lievens, 2008).

## 평가 결과의 의사소통

검사가 끝마쳐지고, 분석되고 그리고 해석된 후에, 그 결과는 보통 먼저 환자와 기타 이해 당사자들에게 구두로 의사소통된다. 물론 결과는 예외적인 상태(예, 환자가 매우 무능력하다든지)가 아니라면 개인의 명백한 허락이 있을 때에만 타인에게 의사소통되어 진다. 심리학적 평가 후에 심리학자는 종종 환자에게 결과를 보여주고 이해할 수 있는 언어로 결과를 설명해주며 모든 질문에 답하기 위해 피드백 회기를 계획할 것이다. 종종 심리학자들은 부모, 교사, 변호사 및 의사와 같은 이해 당사자들에게 또한 평가 결과를 설명해야 한다.

구두 피드백에 덧붙여, 심리학자는 전형적으로 검사 결과를 의사소통하기 위해 문서화된 보고서를 준비한다. 표 8.7은 전형적인 평가 보고서의 개요를 나타내고 있다. 대부분의 검사 보고서들에는 의뢰 이유 및 의뢰 당사자의 신분, 사용된 평가 도구의 목록, 실제 검사 점수(백분위 등급과 같은), 점수와 결과에 대한 심리학자의 해석, 진단상의 느낌 및 권고가 포함된다. 보고서가 누구를 대상으로 쓰이고 있는가를 확실히 하는 것도 중요하다. 정신건강 전문가에게 제공되는 보고서는 학교 교사 혹은 부모에게 제공되는 것과 매우 다를 수 있다. 대부분의 심리학자들은 그들의 보고서가 비심리학자에게 이해될 수 있도록 전문용어 사용을 피한다. 심리학자들은 또한 기밀성을 유지하여 보고서를 다루어야 하고, 오직 적절한 사람에게만 보고서를 보내야 한다.

### 통합된 심리 평가 보고서

다양한 심리 평가 요소들을 기술하고 있는 Thomas의 사례 연구가 완전한 심리 평가 배터리의 실제적인 통합을 보여주기 위해 사용될 것이다. 다양한 측정치, 이론적 조망 및 생물심리사회적 요소가 이 평가 과정에서 종합됨을 주목하라.

| 표 8.7 전형적인 심리보고서의 개요 |
| --- |
| 1. 신상정보(이름, 성별, 연령, 민족, 평가 일시, 의뢰 임상가) |
| 2. 의뢰 질문(현재 평가받는 시간 그리고 대답될 필요가 있는 질문) |
| 3. 배경 정보(정신과, 의료, 법률, 가족 등에 관한 관련 내력) |
| 4. 평가 절차 및 검사 실시 |
|   a. 인지 기능(지능, 기억 및 지각을 포함하는 현재의 인지 기능) |
|   b. 정서와 기분(우울과 불안뿐만 아니라 일반적인 기분과 같은 현재의 정서 기능) |
|   c. 관계 기능(가족, 직장, 또래와의 관계) |
| 5. 진단적 인상(DSM-IV-TR 분류와 코드를 포함) |
| 6. 인상과 결과의 요약 |
| 7. 권고사항(위험 요인 평가, 약물, 치료 및 가능한 추가적인 평가에 대한 필요성) |

**사례 연구** 아스퍼거 증후군과 관련된 공격적인 행동을 경험한 Thomas(심리평가 보고서)

**환자** : Thomas X
**생년월일** : 2004년 1월 12일
**나이** : 6세
**부모** : Mr. X와 Mrs. X
**검사일시** : 2010년 1월 22일, 23일
**임상가** : Dr. Z

Thomas는 6세의 입양된 백인 소년으로 최근에 유치원을 졸업하였다. 양모는 일본계 미국인이고, 양부는 백인이다. Thomas의 친부모에 관해서는 거의 알려져 있지 않지만, 자식을 돌볼 능력이 없는 10대였던 것은 확실하다. Thomas의 양부모는 불임 때문에 입양을 선택하였다. Thomas는 임신 27주 만에 3개월 조산아로 태어났다.

Thomas의 부모는 수많은 학교 관련 결정들을 내리기 위해 그에 대한 평가를 받고 싶어 한다. 우선 유치원에서의 '폭발적 공격성'에 비추어볼 때 Thomas가 1학년에 입학할 준비가 되었는지 여부가 명확하지 않다. 그의 어머니는 Thomas가 유치원에 들어가기 전에는 수줍어하고 내성적이었는데, 유치원에서는 다른 아이에게 매우 공격적이어서 때리고, 밀치고, 주먹질하였다고 보고한다. 그는 다른 아이들에 비해 매우 활동적이고, 다른 아이들에게 대장 노릇을 하지만, 똑똑하고 학업을 잘 따라가는 것으로 기술되었다. Thomas의 사회적 어려움을 밝히고 최적의 교육 프로그램을 결정하기 위해 심리검사가 요청되었다.

**실시된 검사와 절차**
Wechsler 아동용 지능검사-Ⅳ(WISC-Ⅳ)
아동 행동 점검표(어머니에 의해서 완성)
문장완성검사(Haak 버전)
아동 우울 항목표
Robert의 통각 검사-2판
Rorschach 검사
투사적 그리기
Thomas의 어머니와 임상 면접
유치원 교사와의 대화
교육 자문가와의 대화

**면접 자료** : Thomas의 발달은 행동 경직성과 고착된 흥미 면에서 중대한 것 같다. Thomas의 어머니는 Thomas가 계획 변경에 적응하는 데 커다란 어려움을 겪고, 빈번하게 분노발작을 일으킨다고 기술하고 있다. 유사하게 Thomas는 또래들에게 통제적이고 대장 노릇을 하며, 그가 원하는 대로 하도록 강요하는 것으로 기술되었다. 두 살이 되면서부터 Thomas는 편식을 하고, 잠자리 의식을 갖게 되었는데 예를 들어, 그의 어머니는 잠자리에서 물 한 컵을 그에게 가져다주어야만 하였다. 흥미 면에서 보면, 그는 한 번에 몇 달씩 어떤 특정한 것에 몰두하였다 — 현재는 상어에 몰두하고 있는데, 이전에는 공룡에 몰두하였다.

그는 활동적인 아동이지만, 선생님이나 어머니는 특이하게 과활동적이라고는 생각하지 않는다. 그는 또한 특이하게 산만하거나 부주의하다고 기술되지 않는다. 그렇지만 그는 선생님과 어머니 모두에게 충동적이고 쉽게 좌절하는 것으로 간주된다. 감각 면에서, Thomas는 종종 물건을 사용하기 전에 그것을 핥아보고, 음식을 먹기 전에 냄새를 맡는다. 다른 아이들에게 공격적인 것에 더해서, 그는 실제 사회적 단서를 알아챌 수 없고, 다른 아이들의 의사소통을 잘못 감지하고, 다른 아이들의 감정에 호응하지 못한다. 그는 또한 인종에 따라 다른 사람을 강박적으로 명명하는데, 예를 들어 "Joey는 멕시코 사람이다. 그의 엄마도 멕시코 사람이다."와 같이 명명한다. Thomas가 입양되기 전 중요한 외상 내력에 대해 알려진 것은 없다. 그는 현재 신체적으로는 매우 건강하다.

**행동 관찰** : 평가가 여름방학 동안에 수행되었기 때문에 교실 내의 관찰은 불가능하였다. 검사실에서 Thomas는 열성적으로 기꺼이 그리고 협조적으로 검사에 참여하였다. 그는 몸을 끊임없이 움직이고 언어 부분 평가를 하는 동안에 몇 번 머뭇거리기는 하였지만 주의력과 집중력은 좋아보였다. 그는 이 부분들 각각에서 쉽게 재지시를 받았다. Thomas의 말은 곁길로 새고 보속증을 보였는데, 빈번히 과제와 관계없는 장황한 얘기를 늘어놓았다. 그의 언어화의 대부분은 따라가기가 어려웠는데 단조로운 억양으로 매우 큰 목소리로 말하였다.

**지적 기능** : Thomas의 현재 지적 기능은 전체 IQ 118점을 얻

**사례 연구    아스퍼거 증후군과 관련된 공격적인 행동을 경험한 Thomas(심리평가 보고서)(계속)**

어서 평균 이상의 일반 정신 능력 범위 내에 있다. Thomas의 언어성 IQ는 121점으로 우수하였고, 동작성 IQ는 112점으로 평균 이상이었다. 지표점수들 간의 유의한 차이는 없었다.

**성격검사 및 심리 기능 검사의 결과** : 정서적인 측면에서, Thomas의 검사 결과는 가벼운 우울증, 불안 및 공격적인 내용을 드러냈다. 어머니가 작성한 아동 행동 점검표(CBCL)에서, Thomas의 프로파일은 불안/우울, 공격 및 사회적 문제에서 유의한 수준을 보여준다. Thomas에게 직접(그리고 구두로) 실시한 아동 우울 항목표에서, 그는 가벼운 우울 범위에 속하는 점수(즉, 11점)를 받았다. 이 결과들은 자신의 현재 어려움을 어느 정도 자각하고 있고 그리고 이해할 수 있는 슬픔과 좌절로 반응하고 있는 아동과 일치한다.

투사검사에서, Thomas는 처음에 일련의 사람들을 유의하게 작은 크기로 그렸는데, 이것은 흔히 아동의 낮은 자존감과 연관된다. 이러한 그림들은 연필을 심하게 눌러서 사용하였고 어둡게 칠한 부분이 있는 것으로 보아 어느 정도의 긴장을 더 시사해준다. 강박적인 세부 묘사가 또한 주목되었다. 문장완성 검사에서, 사회적 욕구와 정서적 욕구들을 충족시키는 데서 어려움의 정도가 주목되었는데, 예를 들면, 나는 '주위에 놀아줄 친구가 없을' 때 슬프다. Robert 카드에 대한 Thomas의 이야기 반응에서 공격, 슬픔, 곁길로 빠짐 및 보속증이 유의하게 나타났다. Thomas의 Rorschach 반응은 비인간, 이상한 모양 혹은 우주 생물 모양에 초점이 맞춰졌는데, 예를 들어, '날으는 로버트', '정말로 이상한 사람' 그리고 '바다 괴물'을 지각하였다. 공격적인 이미지가 또한 만연되어있다. 이러한 반응들은 Thomas의 사회적 소외에 대한 느낌을 반영할 수 있고, 자신을 주장하기 위해 공격을 사용하는 것을 반영할 수도 있다. 모든 투사 측정치들에서 Thomas는 반복적으로 자신 및 다른 사람의 만족을 언급하였는데, 평가 동안 22번 이상 만족을 언급하였다. 이것은 그의 보속증적인 양상과 이 쟁점에 대한 극단의 초점을 모두 나타내고 있다.

**통합과 공식화** : Thomas는 의미 있는 강점과 어려움의 복잡한 프로파일을 나타내는데, 강건한 6살로서의 빠른 발달을 고려할 때, 진단적 명명을 적용하는 데 주의해야 한다. Thomas의 내력과 현재 검사 결과로 Asperger 장애 진단이 내려질 수 있는데, 이것은 '사회적 난독증' 혹은 광범위성 발달 장애 연속선상에서 최고 기능수준 극단으로 보인다. 이러한 잠재적인 이해와 일관되는 것은 Thomas의 행동 경직, 고정된 관심, 감각 이상, 사회적 어려움, 사회적 단서를 지각하지 못하는 것, 곁길로 빠지는 언어와 대화에서 관련성의 결여 그리고 이들과 연관된 좌절, 분노, 슬픔 및 불안의 느낌들이다.

Thomas의 임상적 양상은 조산, 입양 상태 그리고 다른 인종으로 구성된 가족 내에서 인종적 정체성에 관한 혼란으로 인해 더욱 복잡해진다. 따라서 의학적, 인지적, 가족적, 사회문화적 그리고 정서적 요인들 모두가 앞에 놓여있는 도전들을 극복하는 데 있어서 그리고 Thomas를 가장 잘 도와주기 위해 더욱 관심을 기울일 필요가 있다.

**권고사항** :

1. 또래들과의 싸움에 대하여 개선된 수단을 확보하고, 사회적 욕구를 더 효과적으로 충족시키고 그리고 공격적인 행동을 감소시키기 위하여 사회적 기술훈련(집단 맥락에서)이 필요하다. 매우 구조화된 집단 형태의 인지-행동 기법이 필요하다.

2. Thomas의 부모를 지지해주고, 입양 및 인종 쟁점을 처리하는 데 가족을 도와주고 그리고 사회적 행동을 작은 단계로 나누어서 집과 학교에서 바람직한 사회행동을 하면 보상해주는 행동 프로그램을 개발하기 위해 부모자문이 권고된다.

3. Thomas의 표현 및 사회적 어려움의 원인이 되는 언어학습 장애를 치료하기 위해 언어평가가 권고된다.

4. Thomas가 1학년에 들어가는 데 인지적, 학업적으로는 준비되어있지만 부모와 임상가가 함께 협력하여 사회적 및 행동적인 어려움에 지지를 제공하여 도울 수 있어야 한다.

심리 평가 사례의 이러한 복잡하고, 통합적이며, 현대적인 예는 여러 가지 중요한 쟁점을 예시하기 위해 제공된다. 첫째, 심리검사의 조합은 관찰, 면접, 지능, 객관식 성격검사 및 투사적인 성격 측정치들을 통해 이 아동을 더욱 자세하게 평가하기 위해 활용되었다. 둘째, 정신내적 정신역동적 쟁점들(예, 외로움, 낮은 자존감), 인지-행동주의적 요인(예, 행동 강화 프로그램과 사회 기술 훈련을 필요), 인본주의적 관심(예, Thomas와 그의 부모 모두를 지지하고 이해하는 데 필요) 그리고 가족 쟁점(예, 입양)을 고려하면서 통합적인 이론적 접근이 활용되었다. 셋째, 생물학적인 요인(예, 신경학적인 상태인 Asperger 장애), 심리적 요인(예, 사회적 손상, 공격성) 및 사회적 요인(예, 인종 간 쟁점, 교실 환경)은 의미 있는 공식화나 권고사항에 통합되어야만 한다. 끝으로, 표면상 단순히 교실에서 공격적인 것으로 보인 소년의 문제는 심리평가를 통해 훨씬 더 복잡하고 파악하기 어려운 문제임이 밝혀졌다.

# 큰 그림

심리검사는 임상심리학자에 의해 제공되는 매우 독특하고 매우 귀중한 기술이다. 제7장에서 기술된 면접과 관찰 도구에 더해서, 인지평가, 신경심리 평가 및 성격평가의 주요 분야는 인간의 마음과 정신에 대한 중대한 통찰을 제공한다. 선정된 도구들과 생물심리사회적 맥락을 주의 깊게 통합할 때 공식적인 심리평가는 진단과 치료 모두에 풍부한 정보를 제공한다. 미래의 임상심리학자들은 다양한 임상 전집에서 더 유용하도록 이러한 도구들을 개선시킬 것이다. 연구와 실무로부터 획득된 정보는 신뢰도, 타당도 및 효용성을 증가시키는 향상된 도구를 개발하는 데 사용될 것이다. 미래의 도구들은 더 효율적인 방식으로 심리적 구성개념과 기타 관련 구성개념을 평가하도록 시도될 것이다.

## 요점

1. 인지검사는 정보 처리 혹은 사고 기술 및 행동의 광범위한 평가를 의미하는 일반적인 용어이다. 여기에는 시각기억, 청각기억 및 언어기술, 형태 인지, 손가락 유연성, 시각-지각 기술, 학업기술 그리고 운동 기능과 같은 더 구체적인 인지기술뿐만 아니라 뇌-행동 관계, 일반 지적 기능(추론 및 문제-해결과 같은)을 포함하는 일반 신경심리 기능이 있다.

2. 전문가들은 지능의 정의에 대해 불일치하고 있다. Spearman, Thurstone, Cattell, Guilford, Piaget, Sternberg, Gardner 및 그 밖의 사람들에 의해 제안된 이론들이 고려되어왔다. Wechsler 척도는 유아(WPPSI-Ⅲ), 초등학교 및 중학교 아동(WISC-Ⅳ) 및 성인(WAIS-Ⅳ)의 지능을 평가하는 데 가장 일반적으로 사용되는 검사이다. Stanford-Binet, Kaufman 척도 및 다른 지능검사들도 또한 빈번히 사용된다. 전반적인 지적기술 및 인지적 강점과 약점에 더해서, 학습 장애를 평가하고, 학교에서의 학구적인 성공을 예측하고, 뇌 기능 장애를 검사하고, 그리고 성격을 평가하는 데 빈번하게 사용된다.

3. 기타 인지검사는 신경심리검사(예, Halstead-Reitan, Boston 과정 접근, Luria-Nebraska)와 인지발달, 사회발달 및 운동발달에 대한 비지능검사들이 있다.

4. 인지검사에 관한 논쟁이 존재한다. 어떤 학자들은 많은 검사들이 소수 집단 성원에게는 편파되어있고

오용된다고 주장해왔다. 어떤 학자들은 지능과 같은 인지기술은 일생에 걸쳐 안정적인데 선천적으로 결정된다고 가정한다.

5. 많은 검사들은 기분과 같은 심리적 기능 및 성격을 측정하기 위하여 존재한다. 이러한 검사의 대부분은 객관식 검사나 투사도구로 분류될 수 있다.

6. 객관식 검사는 개인이 구체적 응답을 하게 되어있는 매우 특정한 질문이나 진술문을 제시한다. 점수는 계산되어 전국 규준을 사용하여 준거 집단의 점수와 비교된다. 가장 흔하게 사용되는 객관식 성격검사들에는 미네소타 다면 성격 항목표(MMPI-2, MMPI-2-RF, MMPI-A), Millon 임상 항목표(MCMI-Ⅲ, MACI, M-PACI, MAPI, MAMB) 및 16 성격 요인 질문지(16PF)가 있다.

7. 투사검사는 모호하거나 비구조화된 검사 자극을 사용한다. 피험자는 그림에 관한 이야기를 말하기, 잉크반점을 보고 묘사하기, 혹은 한 단어나 미완성 문장을 듣고 마음에 가장 먼저 떠오른 것을 말하기와 같이 검사 자극에 자유롭게 반응하도록 요구받는다. 가장 흔하게 사용되는 투사검사에는 Rorschach, TAT, 문장완성검사와 그림그리기가 있다.

8. 전통적으로 많은 심리학자들은 성격이 꽤 안정적인 현상, 즉 각 개인의 성격 특성과 양식은 시간의 경과와 다양한 상황(예, 집, 직장, 학교)에서도 일관적이라고 가정해왔다. 그렇지만 여러 연구자들은 많은 사람들이 가정하는 것처럼 성격이 안정적인 것은 아니며, 대신에 특정 환경과 상황에 부분적으로 달려 있다고 입증하였다.

9. 많은 저자들은 투사검사의 신뢰도와 타당도에 의문을 가져왔다. 수년에 걸쳐 많은 평론들이 투사기법은 환자들에게 사용하는 것을 정당화해주는 적절한 신뢰도와 타당도를 증명하지 못했다고 결론을 내렸

다. 투사검사의 신뢰도와 타당도에 대한 수많은 논쟁의 대부분은 Rorschach 검사에 집중되어왔다. 많은 사람들은 연구가 투사검사의 신뢰도와 타당도를 입증하지는 못하였지만, 만일 임상가들이 도움이 되는 임상적 정보를 얻을 수 있다고 믿는다면 투사도구들을 사용하는 것을 막을 수 없다고 결론 내린다.

10. MMPI, Rorschach, TAT 같은 대부분의 성격검사 및 심리검사의 개발자들은 검사구성과 타당화 과정 동안 민족적 쟁점들과 기타 다양성 쟁점들을 고려하지 않았다. 이러한 검사들을 갱신하고 새로운 검사를 구성하는 전문가들은 다양성의 쟁점에 훨씬 더 민감하다. 심리학자들은 자신들이 사용하는 검사의 한계를 자각해야 하고, 특별한 전집에 실시된 검사에 기초한 판단을 내릴 때 다양성 쟁점에 민감해야 한다.

11. 많은 고용주들은 작업 수행을 방해할 수 있는 정신과적 장애나 성격 문제가 있는 직업 응시자를 선별하기 위해 성격검사와 심리검사를 사용한다. 어떤 사람들은 특별한 식책에 요구되는 성격을 선별하는 데 관심이 있다.

12. 심리학자들은 이용 가능한 평가자료를 검토해야 하고, 그것의 의미를 파악할 수 있어야 한다. 그들의 이론적 틀, 사전 경험, 임상 수련 및 직관이 의사결정에 있어서 역할을 한다. 그렇지만 연구는 임상판단이 때때로 신뢰롭지 못하다는 것을 시사한다. 여러 학자들은 심리학자가 그들의 결정을 내리는 데 임상판단에만 의존하기보다는 보험 통계 접근을 사용하라고 제안한다. 대부분의 실무 임상가들은 보험통계적 접근보다 임상판단에 더 의존하는 반면에 대부분의 연구자들은 보험통계적 접근에 의존한다.

13. 평가 결과는 이해 당사자들에게 종종 구두로 의사소통된다. 심리평가 후에, 심리학자들은 자주 환자에

게 결과를 보여주고, 이해할 수 있는 언어로 결과를 설명하고, 모든 질문에 답하기 위해 피드백 회기를 계획한다. 구두 피드백에 더해서 심리학자는 전형적으로 검사 결과들을 의사소통하기 위해 문서화된 보고서를 준비한다. 대부분의 심리학자들은 보고서가 비심리학자들에게 이해될 수 있도록 전문용어 사용을 피한다.

## 핵심용어

16 성격 요인 질문지(Sixteen Personality Factors Questionnaire, 16PF)

객관식 검사(objective testing)

로샤(Rorschach)

문장완성검사(sentence completion)

성격검사(personality testing)

신경심리 검사(neuropsychological testing)

주제통각검사(Thematic Apperception Test, TAT)

지능검사(intellectual testing)

지능지수(Intelligence Quotient, IQ)

투사검사(projective testing)

투사적 그리기(projective drawing)

Millon 임상 다축 항목표(Millon Clinical Multiaxial Inventories, MCMI)

Minnesota 다면 성격 항목표(Minnesota Multiphasic Personality Inventory, MMPI)

Stanford-Binet 척도(Stanford-Binet scale)

Wechsler 척도(Wechsler scale)

## 복습

1. 인지검사는 무엇인가?

2. 지능을 평가하기 위한 주요 접근들에는 무엇이 있는가?

3. 신경심리 평가란 무엇인가?

4. 동일한 사람이 5세에 얻은 IQ 점수와 40세에 얻은 IQ 점수는 같은가? 왜 그런가, 혹은 왜 그렇지 않은가?

5. IQ를 측정하는 데 사용되는 상이한 검사들에는 무엇이 있고, 그것들은 어떻게 유사하고 다른가?

6. 객관식 심리검사와 투사적 심리검사 간의 차이는 무엇인가?

7. 임상심리학에서 사용되는 주요 객관식 검사와 투사적 검사를 열거하라.

8. 사용되고 있는 주요 성격검사 유형에는 무엇이 있는가?

9. 투사검사는 타당한가?

10. 심리검사는 피고용인들을 채용하는 데 사용되어야 하는가? 왜 그런가, 혹은 왜 그렇지 않은가?

11. 심리검사는 민족적으로 상이한 배경을 가진 사람들에게 사용하는 데 적절한가?

12. 심리학자들은 검사 자료에 기초해서 어떻게 결정을 내리는가?

13. 검사 결과는 어떻게 다른 사람들에게 의사소통되는가?

14. 임상 판단을 하는 데 있어서 임상적 접근보다 보험 통계적 접근을 사용하는 것의 장점과 단점은 무엇인가?

15. 평가에서 다중 접근이 유리한 이유는 무엇인가?

## 학생들의 실제 질문

1. 시간의 경과에 따른 IQ 점수의 변이는 개인의 지능 수준이 자신의 삶의 과정을 통해 변화를 계속한다고 시사하는가?

2. 어떤 인지검사 혹은 성격검사를 수행하지 않고도 효과적인 치료가 가능한가? 당신은 이들 검사가 필수

적인 때를 어떻게 아는가?

3. 지능검사를 제공할 자격이 있는 사람은 누구인가? 심리학자들만 제공할 수 있는가?

4. 상이한 검사들이 상반된 결과를 생성한 경우 당신은 무엇을 해야 하는가?

5. 검사 결과들이 임상 면담이나 진단과 꼭 들어맞지 않을 때 당신은 무엇을 해야 하는가?

## 웹 자료

가장 큰 심리검사들로부터 제공되는 심리검사와 제품에 대해 더 알아야 한다. 이들 웹 사이트는 심리검사에 대해 상당한 부가 정보를 제공한다:

자문 심리학자 출판사
(www.cpp.com)

성격검사 및 능력검사 연구소
(IPAT; www.ipat.com)

Pearson 평가
(www.pearsonassessments.com)

PRO-ED(www.proedinc.com)

Psychological Assessment Resources
(PAR; www.parinc.com)

Reitan 신경심리 연구소
(www.reitanlabs.com)

Riverside 출판사
(www.riverpub.com)

Minnesota대학교 출판부
(www.upress.umn.edu)

Western Psychological Services
(www.wpspublish.com)

심리검사에 대한 일반적인 쟁점
(www.guidetopsychology.com/testing.htm)

# 심리치료 중재

심리치료는 임상심리학에서 필수 불가결하다. 연구와 평가에서 심리학의 많은 노력이 누적된 힘은 아마도 고통을 경감시키고 긍정적인 변화효과를 가져오는 궁극적인 도움으로 가장 잘 나타내진다. 심리치료는 삶의 질 및 건강을 향상시키기 위한 서비스에 사용되는 중재, 양식 및 통합적인 전략의 거대한 범위를 말하는 일반적이고 포괄적인 용어이다. 현대 심리치료는 다차원적이고 통합적인 치료를 창출하기 위해 풍부한 생물학적, 심리적 및 사회적 원천들에 시너지적인 힘을 조합하고 있다. 이런 엄청난 주문은 임상가에게 대단한 창의성, 유능성 및 협력을 요구하고 있다. 이 장에서는 심리치료가 정의될 것이며, 심리치료의 목표, 공통분모, 단계 및 양식이 묘사될 것이고 끝으로, 사례 연구를 통해 예시되는 바와 같이 통합적 접근의 형태로 심리치료의 현대적 구현을 설명하게 될 것이다.

**심리치료**라는 말은 '영혼' 또는 '존재'를 의미하는 그리스어 *psyche*와 '다른 사람을 돌본다'는 의미의

*therapeutikos*에서 파생되었는데 다른 사람의 영혼 또는 존재를 돌본다는 의미를 갖는다(Kleinke, 1994). Norcross(1990)에 의해 발전되어 유용하게 사용되는 정의는 다음과 같다 : 심리치료는 "참여자들이 바람직하다고 생각하는 방향으로 그들의 행동, 인지, 정서 및 기타 개인적 성격 특징들을 수정하도록 도와줄 목적으로 심리학적 원리로부터 나온 임상적 방법과 대인적인 태도의 정보적이고 의도적인 응용을 말한다."(p. 218). 심리치료는 문제를 치유하거나 돌보기 위해 누군가에 의해 치료되는 것을 의미하는 반면에, 상담이란 용어는 조언이나 제안을 해주는 것을 말한다.

심리치료는 어떤 개인이 인간 행동 전문가에게 문제에 관해 말할 수 있는 시간제한, 만나는 횟수, 논의 내용 및 친밀성의 수준에 의해 정의되는 일방적인 전문적 관계이다. 전문적 관계에서는 기밀성이 보장되기 때문에 내담자 혹은 환자는 정보가 다른 사람에게 노출될지도 모른다는 염려 없이 마음속에 떠오르는 것은 무엇이든지 표현할 수 있다. 그렇지만 제13장에서는 논의된 바와 같이, 기밀성에 대하여 몇 가지 선정된 윤리적이고 법적인 제한이 있는데, 여기에는 자기와 타인에 대한 심각하고 직접적인 위험이 포함된다. 전문적 관계는 또한 비윤리적인 이중 관계의 발달 혹은 유지로 손상을 입어서는 안 된다. 어떤 심리학자가 친구, 동료, 사업 파트너 또는 연인이 되려고 한다면, 그 심리치료는 효과적이지 않을 것이다. 친구에게 말하는 것과 심리학자에게 말하는 것의 차이점 중의 하나는 전문적 관계에서는 심리학자의 욕구나 관심이 아닌 주로 환자 혹은 내담자의 문제나 관심이 논의되는 일방적인 관계, 즉 '일방향' 관계라는 것이다. 따라서 심리치료는 어떤 사람이 문제가 되거나 고통스러운 것으로 경험하는 감정, 사고, 혹은 행동을 변화시키는 데 도움을 얻기 위해 정신건강 전문가에게 자문을 구하는 것을 포함한다. 심리치료는 개인과 집단의 심리적, 행동적 기능을 향상시키기 위하여 주의 깊게 통합적인 계획뿐만 아니라 인간행동 이론을 활용한다.

모든 조사 연구들의 확장된 개관은 정신건강 전문가로부터 심리치료를 받는 사람들이 그 경험으로부터 이익을 얻는 경향이 있다는 것을 포함한다(Barlow, 1996; Hollon, 1996; VandenBos, 1996). 일반적으로 심리치료를 받은 70~80%의 사람들이 향상되었다(Smith et al., 1980). 심리치료에 참여한 대부분의 사람들은 그들이 받은 치료에 만족하였다(*Consumer Reports*, 1998; Seligman, 1995). 어떤 심리학자들은 심리적 문제를 치료하는 것보다 예방을 위하여 훨씬 더 노력해야 한다고 주장하면서 심리치료를 비판한다(Albee & Gullotta, 1997; Albee & Perry, 1996).

## 증거-기반 접근을 이용한 심리치료의 현대적 통합

심리치료에서 정서적 고통 및 기타 문제를 치료하기 위한 현대적 접근들은 다차원적이고, 포괄적이며, 통합적 및 증거-기반적이다(American Psychological Association, 2006; Beutler & Groth-Marnat, 2003; O'Brien & Houston, 2000). 통합적인 생물심리사회적 조망은 행동에서 생물학적, 심리적 및 사회적 영향들이 상호작용한다고 주장하고, 심리적이고 의학적 치료 모두가 고려되어야만 한다고 주장한다. 비록 심리학자에 의해 행해지는 심리치료가 우선적으로 심리적 및 행동적인(생물학적 또는 사회적이라기보다는) 중재이지만, 심리치료 동안에 행동에 대한 생물학적 및 사회적 영향이 평가되고, 논의되고, 고려되어야만 한다. 종종 사회적 중재나 의학적인 중재는 기타 전문가 혹은 자원을 통해 추구된다. 선도적인 전문가들은 심리치료가 미래에 더 통합적이고, 더 심리교육적이며, 더 문제-중심적이고, 더 간결해지고 증거에 기반될 것이라고 예상한다(APA, 2006; Norcross et al., 2002; Sue & Sue, 2008; Weisz & Gray, 2008).

예를 들어, 한 환자가 우울증 때문에 심리치료를 원한다고 가정해보자. 이 환자는 우울증 및 기타 정서 장애, 즉 기분 장애에 대한 **생물학적 소인**이나 유전적 소인을 가지고 있을 수도 있다. 환자의 어머니, 아버지, 형제자매, 조부모 및 기타 친척들 또한 우울 장애가 있을 수도 있다. 연구는 우울증 같은 정서적 문제가 만약 친척 중 우울증을 겪는 사람이 있을 경우, 두세 배 정도 발생하기가 쉽다고 보고하고 있다(American Psychiatric Association, 2000; Gershon, 1990; Levinson, 2006). 친척들은 보통 유전적이고 환경적인 유사성 모두를 공유하고 있다. 쌍둥이 연구들은 우울증 발병에서 유전적 영향에 대한 더 나아간 지지를 밝혀왔다. 예를 들어, Bertelsen, Harvald 및 Hauge(1977), Nurnberger와 Gershon(1992), 그리고 다른 사람들(예, Sullivan, Neale, & Kendler, 2000)은 일란성이 아닌(이란성) 쌍둥이에 비해 일란성 쌍둥이는 다른 한쪽이 기분 장애를 가졌을 때, 기분 장애가 발병 될 가능성이 약 세 배 정도 더 높다고 보고한다. 우울증 환자들은 세로토닌, 노어에피네프린 및 도파민과 같은 신경전달물질 수준이 더 낮은 것으로 나타난다(Levinson, 2006; Spoont, 1992; Thase, 2009; Thase & Denko, 2008). 더욱이, 우울증 환자들은 우울증이 없는 사람들에 비해 스트레스 호르몬인 코티졸의 수준이 상승된다는 점에서 내분비계가 우울증과 연관되어있다(Thase & Denko, 2008; E. B. Weller & R. A. Weller, 1988). 따라서 사람들은 우울증, 주의력 결핍 과잉행동 장애, 정신분열증, 양극성 장애 혹은 공황 장애와 같은 어떤 유형의 심리 장애의 발병에 생물학적으로 취약할 수 있다. 심리학자는 환자가 질병의 생물학적인 측면을 더 잘 이해하고 대처하도록 도와주기 위해 환자와 이러한 측면을 논의할 수도 있다. 예컨대, 심리학자는 항우울제 약물치료 혹은 전기경련치료(ECT)의 사용과 같은 생물학적 치료를 위해 정신과 의사에게 환자를 의뢰할 수도 있다.

환자는 또한 불가피하게 우울증과 관계된 심리적 문제를 겪는다. 낮은 자존감, 무희망감, 활동 및 관계에서 쾌락 상실, 그리고 목표 성취에 대한 지각된 무능력은 모두 우울증 환자에게 고통을 주는 것일 수 있다. 스트레스를 주는 생활 사상에 대한 태도와 해석 또한 우울감에 기여할 수도 있다. Beck과 동료들(Beck, 1963, 1976; Beck & Alford, 2009)은 우울한 사람들이 자신들의 삶에 대하여 확고한 부정적 인지적 신념인 '부정적인 도식'을 지속하고 있다고 주장하였다. 따라서 우울한 사람들은 생활 사상에 대해 자동적인 부정적 해석을 유지하는데, 아마도 물이 잔에 반이나 차있다고 보기보다는 잔이 반이나 비었다고 보는 것 같다. Seligman(1975, 1994, 2006; Seligman et al., 2009)은 우울한 사람들이 세계에 대해 비관적 양식의 이해를 발달시키고, 자신들의 삶을 스스로 전혀 통제할 수 없다는 '학습된 무기력' 감을 유지한다고 주장하였다. 대상관계 이론가들(예, Kernberg, 1976; Klein, 1952; Kohut, 1971)은 손상된 초기 애착이 우울증에 취약하도록 만든다고 주장한다. 심리치료와 같은 심리적 중재는 일반적으로 우울증과 관련된 사고나 감정을 검토함으로써 이러한 관심사들에 초점을 둔다.

끝으로, 우울증에 대한 **사회적** 영향은 우울한 환자와 가족 성원, 직장 동료, 친구 및 더 큰 문화적 맥락과의 상호작용을 포함할 수도 있다. 이혼과 같은 스트레스적인 생활 사상들은 특히 남성의 경우 우울증 발병과 밀접하게 관련되어있다. 이혼한 여성은 결혼생활을 지속하는 여성에 비해서 심한 우울증을 세 배 정도 더 발병시키고 있는데, 남성의 경우 이혼에 뒤따르는 우울증이 아홉 배나 더 발병되는 것으로 나타났다(Bruce & Kim, 1992). 문화적 영향 또한 우울증에 중요한 역할을 할 수도 있다. 예컨대, 다양한 문화적 집단에서 많은 성원들이 두통이나 위장의 불편감과 같은 신체적 호소를 통해 우울한 증상들을 표현하는 경향이 있다(APA, 2003b; Shorter, 1994; D. Sue & D. M. Sue, 2008; Tsai & Chentsova-Dutton, 2002). 정서적 고통이 표현되는 방식은 부분적으로 고통이 경험되는 사회적, 문화적 맥락에 의해 결정된다. 어떤 문화 집단은 다른 집단에 비해 감정의 표현을 더 격려하는 경향이 있고 심리치료의 개념을 지지하는 경향이 있다. 그러므로 이러한 영향은 환자를 더 잘 이해하고 치료하기 위해 검토되어야 한다. 심리치료에 가족 성원을 포함시키는 것 혹은 문화-특유적인 중재 혹은 자문을 사용하는 것은 우울증 환자에게 유용하다는 것이 증명될 수도 있다.

요약하면, 심지어 우울증의 명확한 '심리적' 예로 보이는 경우에서 조차, 생물심리사회적 요인들이 치료에 대한 정보를 제공하고 치료의 방향을 결정하는데 독특하고 중요하게 상호작용한다. 게다가 우울 및 기타 문제들의 평가와 치료는 연구 결과들이 심리치료적 작업으로 잘 통합된 증거-기반한 것이어야만 한다(American Psychological Association, 2006).

심리치료에 대한 뒤따르는 논의에서, 이러한 심리치료의 복잡성과 풍부성이 각 치료적 양상을 기술하기 위해 제공된 통합적인 사례의 예에서 가장 잘 예시될 것이다.

## 심리치료의 목표

심리치료의 가능한 목표 목록은 끝이 없다. 목표에는 행동 변화, 대인 관계 향상, 통찰, 지지 혹은 직업이나 배우자를 찾게 해주는 것, 병원에서 퇴원하는 것 또는 활기 있게 생활하는 것 같은 구체적인 성과가 있을 수 있다. 목표는 또한 환자, 환자의 인생에서 중요한 타인들(예, 배우자, 부모, 동료, 교사) 및 심리학자에 있어서 각각 다를 수도 있다. 환자가 어떤 목표(예, 불안의 경감)를 갖는 반면, 심리학자는 또 다른 목표(예, 통찰을 증가시키는 것을 가질 수도 있고), 환자의 배우자는 또 다른 목표(예, 직업 구하기)를 가질 수도 있다.

Kleinke(1994)는 거의 모든 심리치료의 공통된 여섯 가지 기본적인 치료 목표를 기술하였다: (1) 사기 저하를 극복하고 희망을 얻기, (2) 정복감과 자기-효능감을 높이기, (3) 회피를 극복하기, (4) 개인의 잘못된 생각을 자각하기, (5) 현실적인 삶을 수용하기, 그리고 (6) 통찰을 획득하기. 많은 사람들에게 심리치료를 받게 하는 공통된 관심들(예, 불안, 우울, 외로움, 낮은 자존감, 문제적 증상 및 관계)은 종종 환자의 무희망감을 초래하고 사기를 저하시킨다. 심리치료는 보통 희망감이나 낙관론의 회복이나 발달을 추구한다. 개인의 정복감, 효능감 및 통제력을 증가시키는 것은 또한 개인의 희망감을 고양시킬 수 있다. 쟁점들에 대한 회피는 더 심각한 문제를 초래할 수 있다. 부인, 회피 및 문제를 최소화시키는 것은 개인이 직접 그 문제를 다루는 것을 방해한다. 심리치료는 흔히 환자들에게 문제들 및 관심사들을 더 효과적으로 다루도록 그것들에 직면하게 하는 방법들을 추구한다. 증상과 문제를 초래한 심리내적, 대인적, 생물학적 및 사회적 요인에 대한 통찰은 자신들의 관심에 더욱 효과적으로 대처할 수 있도록 돕는 것 같다.

심리치료의 목표는 매우 구체적인 문제행동들의 변화를 포함할 수도 있다. 예를 들어, 목표는 분노발작, 대중 앞에서 말할 때의 두려움, 손톱 물어뜯기, 폭식 혹은 흡연을 줄이거나 최소화시키는 것일 수도 있다. 또 다른 목표들은 수업에 주의를 기울이기, 시험에서의 수행, 예의 바른 행동, 운동 및 건강한 음식 소비와 같은 특정 표적 행동들을 개선시키기; 불안, 태도, 신념 및 감정에 대한 자각과 통찰을 향상시키기; 혹은 자기-효능감 및 문제에 대한 정복감을 증가시키기가 포함될 수도 있다. 치료 목표는 또한 주의 깊은 위기(예, 외상, 자살 혹은 살인 위협) 관리가 포함될 수도 있다. 심리치료의 목표를 치료 과정 동안에 여러 차례 변화시킬 수도 있다. 따라서 심리치료는 많은 상이한 유형의 목적들을 다루기를 희망하는데, 이는 모든 이해 당사자들의 구체적인 욕구, 이해관계 및 관심사에 달려있다. 때때로 심리학자가 환자를 평가하거나 알게 되기 전까지는 심리치료의 목적을 정의하거나 명료화하기가 어렵다. 전반적으로 궁극적인 목표는 자기-이해, 행동변화 및 생활양식의 변화, 대처 및 적응의 향상, 그리고 관계 향상을 통하여 삶의 질을 향상시키는 것이다. 심리치료는 인간 행동에 미치는 생물심리사회적 영향에 대해 알려진 것을 활용하려 하고 광범위한 어려움을 가진 개인과 집단을 돕기 위해 그 지식을 응용하는 것이다.

## 심리치료에서 유사성 혹은 공통분모

모든 심리치료의 공통 분모에는 다양한 수준의 전문적인 사람, 즉 '전문가', 심리학자의 전문적 행동이나 태도, 내담자를 도와주기 위해 의도된 서비스가 제공되는 전문적 장면, 치료비 및 치료 회기 일정이 있다. 모든 심리치료는 또한 윤리적 행위를 포함한다(혹은 포함해야 한다). 많은 전문가들이 치료적 관계의 발달, 정복감 및 통제감, 그리고 교정적인 정서 경험과 같은 요인들은 환자에게 도움이 되고 모든 심리치료에서 발견된다고 보고한다(Kleinke, 1994; Lambert, 2005; Norcross, 2002; O'Brien & Houston, 2000; Prochaska & Norcross, 2007; Sprenkle, David, & Lebow, 2009). Grencavage와 Norcross(1990)는 심리치료에서 89개의 공통 요인들을 보고하였는데, 이것들은 일반적으로 두 개의 범주, 즉 긍정적 기대와 도움이 되는 치료적 관계 중의 하나에 해당된다. 이러한 공통 요인들이 다음 장에서 상세하게 논의될 것이다. 전문가, 태도, 장면, 치료비 및 치료일정 쟁점들이 여기에서 간략하게 논의된다.

### 전문가

거의 모든 심리치료에는 면허가 있는 정신건강 전문가(예를 들어, 심리학자, 정신과 의사, 사회사업가, 정신과 간호사, 결혼 및 가족 상담가) 혹은 정신건강 분야에서 공식적으로 지도감독을 받은 수련생의 업무가 포함된다. 이러한 전문가들은 인간 행동의 원리를 배우며 서비스를 받고자 하는 사람들의 개인적 욕구와 관심사에 그 원리를 응용한다. 대부분의 전문 분야들은 심리치료 실무는 도전적인 예술이자 과학이라고 설명한다. 대부분의 전문 분야들은 자격증을 받기 전에 다년간의 집중적인 수련, 경험 및 지도감독을 받도록 회원들을 격려하거나 요구한다. 심리학자, 정신과 의사, 사회 사업가, 간호사, 결혼 및 가족 상담가 및 기타 전문가에게는 자격증과 지속적인 교육이 요구된다. 이상하게도, 조언자, 혹은 심리치료자라는 용어는 주 정부에 의해 규정되어있지 않다. 그러므로, 누구든지 어떤 특별한 수련 혹은 자격증 없이도 이 호칭들을 사용할 수 있다. 광범위하고 다양한 심리치료 접근이나 기법들은 수련받지 않았거나 약간의 수련을 받은 사람들에 의해 제공되고 있다. 비록 이러한 상담자의 몇몇이 우수한 서비스를 제공할 수도 있지만 대부분의 경우 그렇지 못하다(Norcross, 2002; Singer & Lalich, 1996). 모든 전문 정신건강 분야들은 심리치료 서비스를 제공하기 원하는 사람은 누구든지 잠재적인 해악으로부터 일반대중과 전문가 모두를 보호하기 위하여 충분히 수련받고, 지도감독을 받을 것을 요구하고 있다.

## 전문적인 태도

거의 모든 심리학자들은 전문적 태도를 유지한다. 이는 주의를 기울이며, 돌보며, 그리고 도움을 주는 태도로 행동하는 것뿐만 아니라 적절한 전문적 경계(예, 개인의 사적인 문제를 논의하지 않기)를 지키는 것을 의미한다. 전문적 태도는 회기 동안에 환자에게 신체적으로나 심리적으로 유용한 존재가 되기를 요구한다. 예를 들어, 심리학자는 회기 동안에 전화를 받거나, 잠들거나, 음식을 먹거나, 약속에 늦거나, 충동적으로 행동하거나, 환자에게서 주의를 돌려서는 안 된다.

## 전문적인 장면

대부분 심리치료는 서비스 제공자의 전문 치료실에서 실시된다(그림 9.1). 치료실은 보통 안락한 의자와 공간을 갖추고 있고, 또한 사적인 대화를 허용한다

**그림 9.1** 심리치료 회기를 수행하고 있는 심리학자

사진 : Zigy Kaluzny, Tony Stone Images, New York

(예, 그렇기 때문에 다른 사람이 이 대화를 보거나 들을 수 없는 것이다). 일부 전문가들은 치료실 장면 밖(예, 학교)에서 환자를 만나기도 하지만, 심리치료의 대부분은 정신건강 전문가의 치료실에서 실시된다. 심리치료가 전문가의 치료실 밖에서 수행될 때는 언제나 그렇게 해야 하는 타당한 이유가 있어야 한다. 그러므로 가정 방문 또는 학교나 공공장소에서의 만남은 어떤 상황에서는 적절할 수도 있을 것이다. 예를 들어, 비행기 공포증을 지닌 사람을 치료하는 심리학자가 공항에서 치료 회기를 수행하는 것은 적절할 수도 있고, 심하게 무능하거나 집을 떠날 수 없는 사람

은 가정에서 심리학자에게 치료를 받을 수밖에 없을 것이다. 그렇지만 식당에서 점심을 먹으면서 하는 심리치료 회기는 비전문적이고 부적절한 것으로 여겨진다. 기밀성과 전문적 경계를 유지하는 것은 치료실 장면 밖에서 만날 때 주의 깊게 고려되어야만 한다.

## 치료비

거의 모든 심리치료는 치료비가 포함되어있다. 환자 및 보험회사는 심리치료 회기에 대한 치료비를 지불하도록 요구받는다. 치료비는 미국의 경우 수련 진료소나 지역사회 진료소에서의 시간당 약 30달러의 낮은 치료비에서부터 시간당 200달러 이상의 범위일 수도 있다. 일반적으로 수련기간이 더 많이 요구되는 정신건강 분야(예, 정신의학과 심리학)는 더 짧은 수련기간이 요구되는 정신건강 분야(예, 사회사업, 결혼과 가족 상담)보다 치료비가 더 비싸다. 지리적 위치 또한 전문적 치료비에 영향을 미칠 수 있다. 물가가 비싼 지역(예, 뉴욕시, 샌프란시스코, 토론토)에 살고 있는 경험이 많은 전문가들의 치료비는 더 비싼 경향이 있다. 어떤 전문가들은 치료비를 지불할 수 없거나 건강보험이 정신건강 서비스에 적용되지 않는 사람들의 편의를 도모하기 위해 유동적으로 치료비를 적용한다. 어떤 심리학자들은 서비스를 필요로 하지만 치료비를 전혀 지불할 수 없는 사람들을 위해, 즉 공익을 위해(pro bono) 무료로 서비스를 제공한다. 심리학자들은 적절히 전문적 태도로 치료비를 관리해야 한다.

## 회기의 길이

심리치료는 보통 회기당 약 한 시간(예, 50분)의 서비스를 제공한다. 더 긴 회기들(예, 80분)은 종종 가족 또는 집단 심리치료를 위해 계획된다. 비록 50분간

만나야 한다는 마법적인 규정은 없지만 대부분의 심리학자들은 50분 회기 형식에서 유의하게 벗어나지 않는다. 50분(한 시간 전체라기보다는)은 일반적으로 심리학자가 환자와 관련된 간단한 통화를 하거나 기타 행정상의 업무를 처리하는 것뿐만 아니라 회기에 따른 내용을 기록하는 데까지 사용된다. 대부분의 심리학자들은 치료자와 환자가 쉽게 볼 수 있는 곳에 시계를 두어서 시간을 모니터할 수 있고 시간을 지혜롭게 사용하도록 해준다.

## 회기의 빈도

입원환자 심리치료는 보통 매일 수행되는데 비해 대부분의 외래환자 심리치료는 일주일에 한 번씩 수행된다. 그렇지만 일주일에 한 번 만나는 형식을 변경하기 위해서는 타당한 이유가 있어야만 한다. 예를 들어, 어떤 외래환자 심리치료는 일주일에 두세 번 수행될 수도 있고, 정신분석의 경우에는 네다섯 번이 수행될 수 있다. 회기의 빈도는 심리치료 과정 동안 변화될 수도 있다. 어떤 사람들은 2주에 한 번, 한 달에 한 번 혹은 필요할 때마다 하는 심리치료를 선호하는데, 이러한 각각의 빈도 조정은 장점과 단점이 있다. 보험회사들은 일반적으로 그들이 비용을 상환할 심리치료 회기의 빈도에 대한 지침을 가지고 있다. 위기 동안에 어떤 사람은 주당 여러 번의 심리치료 회기를 계획하지만, 그 위기가 해결된 후에는 주당 한 번, 두 달에 한 번 혹은 필요할 때에만 심리치료 회기를 계획할 수도 있다. 심리치료의 목표가 대부분 달성되고 난 후에 주기적인 추적회기 혹은 '효능촉진(booster)' 회기가 필요할 때마다 또는 몇 달에 한 번씩 경과를 모니터하고, 잠재적인 재발 가능성을 다루기 위해 흔히 계획된다.

# 심리치료의 단계

대부분의 심리치료는 여러 단계로 수행된다: 초기 자문, 문제 및 상황 평가, 치료 목표 설정, 치료 실시, 치료 평가, 치료 종결 그리고 추적 회기.

## 초기 자문

초기 자문은 일반적으로 환자가 왜 도움을 구하기로 결정했는지, 심리치료 경험으로부터 얻기를 희망하는 것은 무엇인지를 논의한다. 자문은 환자의 욕구, 목표 및 관심과 심리학자의 기술이 잘 들어맞는지의 여부를 결정하는 기회를 제공한다. 더욱이 심리학자는 보통 기밀성의 한계, 치료비, 이용 가능한 약속 시간, 치료적 접근 방법 등과 같은 전문적 서비스의 윤곽을 세운다. 초기 자문은 환자와 심리학자가 "이 사람과 내가 성공적으로 치료할 수 있을까?"라는 질문에 답하도록 해준다.

초기 자문 후에, 두 번째 회기를 계획해야 하는지의 여부에 관해 몇몇 결정들이 내려진다. 환자는 자신의 욕구가 심리학자와의 치료를 통해 얼마나 적절히 충족될 수 있는지 그리고 실무적인 치료 약정(예, 이용 가능한 회기, 치료비, 치료실 위치, 심리학자의 접근 방법)을 수용할 만한지를 평가할 수도 있다. 환자는 또한 심리학자가 흥미를 불러일으키거나 마음을 끄는 성격이나 전문적 태도를 가지고 있는지의 여부를 고려할 수도 있다. 게다가 자문 회기 동안에 정보가 주어지면 심리학자는 자신이 환자에게 효과적으로 치료하는 전문지식을 가지고 있는지의 여부를 결정할 수도 있다. 따라서 환자와 심리학자 모두 부가적인 회기가 바람직한지 여부를 함께 결정한다.

초기 자문으로 서비스를 계속하지 않을 결정이 내려질 수도 있다. 환자는 자신의 목표 및 욕구가 다양한 이유로 심리학자에 의해 적절히 충족될 수 없다고 결정할 수도 있다. 예컨대, 심리학자가 너무 지시적으로 보이거나, 너무 조용해 보이거나, 너무 냉담해 보이거나, 너무 늙어 보이거나, 너무 어려 보이거나, 비용을 많이 요구할 것 같거나 또는 경험이 없어 보일 수도 있다. 혹은 환자의 목표들이 초기에 생각했던 것처럼 더 이상 합리적이지 않아 보일 수도 있다. 예를 들어, 환자는 제한된 회기 동안 전반적인 성격의 변화를 요구할 수도 있고 또는 심리치료로 수정할 수 없는 오래된 문제를 감소시키기를 원할 수도 있다. 그런 다음 환자도 실제로 더 나아질 수도 있고, 초기 자문 후에 방향감을 얻을 수도 있고, 따라서 회기를 지속하려는 강제감을 덜 느낄 수도 있다. 심리학자 또한 여러 가지 이유로 서비스를 계속 제공하는 것을 거절할 수도 있다. 예를 들어, 환자가 알코올 문제를 들어낼 수도 있는데, 심리학자는 그 환자를 물질남용 문제로 평가하고 치료하는 전문가에게 의뢰하고 싶어 할 수도 있다. 심리학자는 환자에 의해 윤곽지어진 목표가 비현실적이거나 혹은 부적절하다면 진행하지 않을 결정을 내릴 수도 있다. 이 장 후반부에서 논의될 연구는 상당히 많은 초기 자문 회기가 두 번째 회기까지 가지 않는다고 시사한다.

## 평가

심리학자는 환자에 대한 평가를 수행해야만 한다. 이것은 공식적인 심리검사나 자세한 연장된 면담을 포함할 수도 있다. 반드시 심리학자는 치료 프로그램 고안에 대한 진단과 방향을 염두에 두어 합리적 수준의 이해를 개발하기 위해 환자와 상황을 파악해야 한다. 또한 심리학자는 문제의 발병, 문제의 유지 및 환자가 문제로부터 경감받을 수 있도록 하는 적절한 전략으로 이끄는 요인들에 대한 어떤 통찰을 획득해야만 한다.

# 다문화 상담

사진 : Zach Plante 제공

급격히 다양해진 다문화적인 환경으로, 다른 정신건강 전문 및 건강–관리 전문가들뿐만 아니라 임상심리학자들도 다문화 사회에서 서비스를 제공하는 데 더 자각하게 되고 숙련되게 작업해야만 한다 (APA, 2003b). Sue와 Sue(2003, 2008)는 임상심리학자들을 위한 문화적 유능성을 증진시키기 위한 방법에 관한 여러 가지 유용한 제안들을 제공한다. 이 전문가들은 **문화적 유능성**을 "내담자와 내담자 체계에 대한 최적의 발달을 최대화하는 행동을 하거나 조건들을 만들어내는 능력으로 정의한다. 다문화적 상담의 유능성은 다원적인 민주 사회에서 효과적으로 기능하는 데 필요한 상담자의 자각, 지식 및 기술의 습득으로 정의된다(다양한 배경을 가진 내담자를 위하여 의사소통하고, 상호작용하고, 협상하고 그리고 개입하는 능력) … "(p. 21).

Sue와 Sue는 심리학자들은 먼저 그들 자신의 문화에 기반을 둔 가정, 가치 및 편향을 더 자각해야 한다고 제안한다. 비록 '인종차별주의, 성차별주의, 동성애차별주의, 외모지상주의 및 노인차별'과 관련된 자기 자신의 편향에 직면하는 것이 종종 도전이고 불편하겠지만(p. 18), 선의를 지닌 심리학자들은 각양각색의 사람들을 대상으로 작업하는 데 부정적인 영향을 끼치는 문제적인 관점으로 다문화 세계에 들어가게 될 수도 있다는 인식과 마주하여 작업하고자 해야 한다.

심리학자들은 문화적으로 다양한 내담자들의 세계관을 이해하고 인식하도록 학습해야 한다. 그들 자신의 문화적 경험과 유사하지 않을 수도 있는 소수 집단의 구성원으로 살아가는 것이 정확히 어떤 느낌인지 심리학자가 완전히 알기를 기대할 수는 없지만, 다른 사람들을 위한 이해와 감정이입의 정도를 어느 정도는 지속적으로 발달시킬 수 있다.

끝으로, 심리학자들은 문화적으로 알려진 적절한 중재 전략과 기법들을 개발할 필요가 있다. 예를 들어, 연구는 많은 소수 집단 구성원들이 소극적이고 비지시적인 접근법보다는 보다 적극적이고 지시적인 치료접근법을 선호한다고 시사하고 있다. 더욱이, Sue와 Sue는 전통적인 "현존하는 문제의 교정을 목표로 하는 일 대 일의, 치료실 안에서, 객관적인 형태의 치료가 그들 내담자의 사회정치적 경험과 문화적 경험과는 맞지 않을 수도 있다."(p. 23)고 경고한다.

Sue와 Sue는 심리학자들을 위한 여러 가지 구체적인 팁을 제공하는데, 여기에는 좀 더 적극적인 양식을 취하기, 치료실 밖에서 작업하기, 내담자를 변화시키기보다는 환경조건을 변화시키는 것, 내담자가 문제를 가지고 있기보다는 문제를 경험한다고 보기, 예방에 초점을 두기 그리고 자신들의 자문 작업의 과정과 성과에 대하여 더 많은 책임감을 받아들이기가 있다.

일부 심리학자들은 자신들의 실무에서 새로운 환자마다 공식적인 평가를 수행한다. 많은 진료소, 병원, 교도소 및 기타 시설들은 심리치료를 받고 있는 모든 사람을 위하여 표준검사 배터리를 사용한다. 예를 들어, 각 성인 환자들은 현재 문제가 무엇이든지 관계없이 미네소타 다면 성격 항목표-2(MMPI-2 또는 MMPI-2-RF)와 증상 점검표-90-개정판(SCL-90-R)을 완성하도록 받을 수 있다. 모든 부모들은 자녀들의 치료 서비스 전에 아동 행동 점검표(CBCL) 혹은 Conner 평정 척도를 작성하도록 요구받을지도 모른다. 그 밖의 치료 시설과 개인 개업가들은 초기 면담 후에 개별 사례에 기초하여 평가 결정을 내릴 수도 있다. 더욱이 많은 전문가들은 치료 전반에 걸쳐서뿐만 아니라 치료 종결 후에도 치료 목표, 증상 및 서비스에 대한 만족을 정규적으로 평가함으로써 평가와 치료를 동시에 수행한다.

## 치료 목표 설정

일단 문제의 본질에 대한 합리적 수준의 이해가 확립되면 치료 목표 및 목적이 설정될 수 있다. 어떤 심리학자들은 환자들에게 치료 목표를 분명하고 세부적으로 설명하고 이 과정을 완성하기 위해 공식적인 도구를 사용하는 반면, 어떤 심리학자들은 치료 목표의 설정에 훨씬 더 비공식적이다. 그렇지만 환자와 심리학자 모두 동일한 목표를 향해 작업할 수 있도록 각자의 마음에 있는 목표에 대해 이해하는 것이 중요하다. 치료 목표가 설정되면 그것에 도달하기 위해 치료계획에 대한 윤곽이 잡혀야만 한다.

## 치료 실시

실제 치료는 치료 목표에 도달할 수 있다는 희망과 함께 제공된다. 치료 계획에는 매주, 격주 혹은 매일 회기로 된 개인, 커플, 가족 혹은 집단 심리치료가 있다. 입원, 외래 및 부분 입원이 모두 치료 실행에 활용될 수 있다. 상이한 이론적 접근의 사용될 수 있을 뿐만 아니라 생물학적 중재, 심리적 중재 및 사회적 중재가 수행될 수도 있다. 치료에는 '숙제', 자기 조력 독서 또는 다른 전문가(예, 의사, 성직자, 직업 상담가, 교사)와의 자문이 있을 수 있다. 치료 계획의 다양한 조합과 변경이 심리치료를 찾고 있는 각 개인만큼이나 독특하다.

## 치료 평가

치료 과정 동안, 치료의 평가는 치료 계획이 효과가 있는지 혹은 환자에게 더 유용하도록 변경될 필요가 있는지를 결정하기 위해 정규적으로 수행되어야 한다. 비록 일부 심리학자, 치료 시설 및 심지어 건강 보험회사가 질문지, 점검표 및 기타 도구들을 사용하여 정기적이고 공식적인 치료 평가를 수행하지만 대부분의 심리학자들은 정기적인 회기 동안 환자들과 비공식적으로 치료 진행을 논의한다. 치료는 평가에 기초하여 변경될 수도 있으며 심지어 종결될 수도 있다.

## 종결

심리치료가 성공적으로 치료 목표에 도달하게 되면 보통 종결된다. 때때로 심리치료는 환자의 재정적 혹은 시간적인 제한 혹은 변화에 대한 저항; 환자나 심리학자의 직업변경이나 이동; 보험 적용 범위의 변화; 그리고 기타 요인과 같은 다양한 요인들 때문에 조기에 종결된다. 재발 전략에 관한 논의 및 심리치료 진전에 관한 검토는 보통 종결 동안에 이루어진다. 심리치료의 종결은 밀접하게 함께 작업하면서 수개월 혹은 심지어 수년을 보낸 환자와 치료자 모두에게 어려울 수 있다.

### 추적 회기

종종 치료가 종결된 후에 치료 과정 동안 성취된 변화들이 유지되고 있는지를 확인하기 위해 추적 회기가 환자에게 계획되거나 제공된다. 정기적인 효능촉진(booster) 회기가 진전을 검토하고 후에 발생하는 문제를 다루기 위해 계획될 수도 있다. 추적 회기는 환자에게 연속감을 제공할 수 있으며 집중적인 치료 후에 오는 종결의 급작스러움을 경감시켜준다.

## 심리치료의 양식

심리학자와 개별적으로 만나는 것만이 심리치료의 유일한 방법은 아니다. 심리치료는 개인, 커플, 집단 혹은 가족 양식으로 제공될 수 있는데, 사람들은 동시에 몇 가지 다른 형식에 참여할 수 있다. 각 양식은 상이한 잠재적 목표와 목적뿐만 아니라 장점과 단점을 가지고 있다.

심리치료는 실제 사례를 사용하지 않으면 흔히 그것이 무엇인지 이해하기 어렵다. 기밀유지에 대한 염려는 대부분의 학생들과 기타 이해 당사자들이 개인적으로 또는 비디오테이프로 심리치료 회기를 목격하는 것을 방지하고 있다. 몇 가지 실제 심리치료 사례의 간단한 예들이 환자의 기밀성을 보호하는 방식으로 이번 장에서 제공될 것이다. 이러한 각 사례들은 구체적인 어려움에 관하여 집단, 커플 혹은 개인 심리치료에 대한 묘사를 해주고 있다.

### 개인 심리치료

개인 심리치료는 가장 흔히 실시되고 연구되는 심리치료 양식이다(Bergin & Garfield, 1994; Norcross, Hedges et al., 2002; Norcross, Karpiak, & Santoro, 2005). 어떻게 개인 심리치료를 실행할 것인가에 대한 목표, 기법 및 조망은 광범위하고 다양하다. 아마 유일한 공통분모는 환자가 단독으로 한 심리학자와 만나는 것이다. 개인 심리치료는 환자가 문제를 극복하도록 하고, 통찰을 가져오게 하고, 행동을 개선시키며 그리고 환자 삶의 질을 향상시키도록 한 팀이 되어 노력하는 심리학자와 환자간의 대화를 포함한다. 이들 대화는 많이 상이한 주제들에 초점이 맞춰질 수 있는데, 심리학자의 기술과 지향뿐만 아니라 환자에 의해 경험되는 문제와 증상에 달려있다. 증상에 대처하기 위한 기법(예, 사고 중지, 이완)의 설정, 증상과 관계된 느낌(예, 소외감, 두려움) 또는 심리학자와 환자간의 실제 관계(예, 전이와 역전이)에 논의의 초점이 맞춰질 수 있다.

성인을 위한 개인치료는 심리학자의 논의를 포함하는 반면에, 어린이를 위한 개인 심리치료는 종종 놀이 활동을 넣고 있다. 놀이치료는 심리학자에 의해 관찰되고 해석되는 활동들을 포함한다. 아동들은 놀이에서 감정적 갈등을 철저하게 다루게 되고, 또한 놀이 회기 동안에 발달되고 재연된 주제들은 치유 과정에서 도움이 된다고 가정된다. 놀이는 또한 의사소통을 도와주기 위해 아동들에게 사용되며, 아동들이 민감한 주제에 관해 얘기할 때 자의식을 덜 느끼도록 도와주기 위한 주의 분산으로 사용된다.

### 집단 심리치료

집단 심리치료는 다양한 목표, 기법 및 목적과 더불어 많은 형태와 크기로 이루어진다. 어떤 집단은 병원 장면에서 수행되고, 매일 혹은 주당 몇 차례씩 행해진다. 외래환자 집단은 일반적으로 일주일에 한 번 혹은 격주마다 만난다. 어떤 집단은 공통된 임상문제(예, 신경성 폭식증, 사회 공포증, 알코올 중독)를 공유하

**사례 연구**

# Shawna는 야뇨증을 보인다(개인 아동 치료)

Shawna는 부모, 언니(15) 그리고 고양이 두 마리와 함께 사는 11세의 백인 소녀이다. 그녀는 현재 공립학교 6학년으로 학업 수행을 매우 잘 받고 있다. Shawna의 가족은 성취와 성공을 매우 중요한 공동체 가치로 생각하는데, 부유한 교외 지역에서 살고 있다. 이 가정에는 현재 유의한 스트레스 원도 없으며 밝혀진 과거의 외상도 없다.

**현재 문제** : Shawna는 '기저귀를 뗀' 이래로 거의 매일 밤 흔히 '오줌싸개'로 불리는 야뇨증을 겪어왔다. Shawna와 부모 모두 이 문제로 매우 당황하게 되었는데, 이것은 가족의 깊은 비밀이 되었으며, Shawna는 잠을 자게 되는 여행이나 또래들과 잠을 자며 보내는 활동들을 못하게 되었다. 야뇨증에 대한 평가는 거의 매일 밤 일어나는 야뇨증에 대한 어떠한 일관된 스트레스 원이나 정서적 선행 사상들을 밝혀내지 못하였다. 그렇지만 오줌 싸는 것의 결과에는 Shawna의 어머니나 혹은 언니가 그녀의 침구를 갈거나 아버지에게 "또 샀데요."라고 알리는 것이 있다.

**주요 생물심리사회적 요인들**

**생물학적 요인들** : 임상가는 야뇨증의 의학적 토대(예, 방광질병 혹은 이상성)를 치료할 필요가 있다. 어떤 아동들은 너무 깊게 잠들어서 방광이 가득 찬 생리적 감각을 느끼지 못한다.

**심리적 요인들** : 임상가는 야뇨증의 정서적 토대(예, 불안, 외상, 스트레스)를 치료할 필요가 있다. 예를 들어, 발달상의 적절한 독립성과 자율성의 결여뿐만 아니라 수치심과 고립감이 중요한 역할을 할 수도 있다.

**사회적 요인들** : 성공에 대한 공동체의 가치는 이 가족이 친구들이나 확대 가족들과 문제를 공유하는 것을 위협하고, 수치심과 고립감을 증가시킨다.

**치료 목표와 계획** : 치료는 야뇨증을 해결하고, 수치심과 비밀성을 철저하게 다루어주고, Shawna의 유능감과 사회적 접근성을 증가시켜주는 데 초점을 둘 것이다.

치료 계획은 다음의 요소들을 포함한다;

1. 의학적 검사가 야뇨증에 대한 어떤 신체적 원인을 치료하기 위하여 요구된다.
2. 의학적 문제가 없다면, 침대에서 물 한 방울에도 부저가 울리는 특별한 장치를 사용하는 행동치료 프로그램이 채택될 것이다. 이러한 기법은 Shawna가 매일 밤 침대에 이 장치를 부착하는 책임을 지게 하고, 부저가 울리자마자 침대 밖으로 나가 오줌 누기 위해 화장실로 가는 것을 요구한다(결국 아동들은 꽉 찬 방광과 부저 사이의 연합에 조건 형성되고, 아동 스스로 잠에서 깨는 것을 학습하게 된다). Shawna는 매일 아침 부저가 그녀를 깨웠는지, 스스로 일어났는지 그리고 그 밖의 관련 세부사항을 기록하게 된다. 그녀는 또한 스스로 침대보를 갈아야 하는데 가족 성원들은 단지 그녀의 직접적인 요청에만 관여한다.
3. 개인 심리치료 회기들은 그녀의 수치감, 성공감, 고립감 등을 탐구하면서 이 행동치료 프로그램의 진행을 논의할 것이다.
4. 간헐적인 가족 회기는 가족이 Shawna에게 좀 더 자율적이게 하고 그들 공동체 안에서 '항상 좋게 보여야 하는 것'에 대한 당혹감과 압력을 논의할 수 있는 기회를 제공할 수 있게 할 것이다. Shawna의 야뇨증이 해결됨에 따라, 그녀의 새로운 자랑거리와 독립성은 토론을 통해 그리고 밤마다 모험을 통해 통합될 수 있으며, 치료 회기는 점차 줄어들었다.

이 예는 특정 문제에 관한 자기-효능감을 이해하고, 지지하고, 증가시키기 위한 행동주의 접근과 인본주의 접근을 조합한 개인 및 가족 양식의 사용을 예시해주고 있다. 더 큰 사회 문화적 맥락에서 문제의 의미에 대한 이해에 덧붙여 의학적 자문이 치료 효능을 증가시키기 위해 첨가된다.

는 사람들의 치료로 전문화되어 동질적인 반면에, 어떤 집단은 광범위한 관심이나 진단을 가지고 있는 환자들로 이질적이다. 모든 주요 이론적 지향들과 그것들의 통합이 심리치료 집단을 구성하고 그 목표를 형성하는 데 사용될 수 있다. 임상심리학자들의 약 20%는 집단치료를 시행한다(Norcross et al., 2005).

심리교육 집단은 유사한 문제를 겪고 있는 환자들에게 유용한 정보 및 집단지지의 기회를 모두 제공한다(예, 감정과 관심을 공유하고 표현하기, 집단 성원들로부터 피드백 얻기). 교실 수업과 매우 유사하게 집단 토론 및 지지에 뒤이어 정보가 제공된다(그림 9.2). 많은 심리교육 집단에는 또한 관련 주제에 대한 초청 연사의 심리교육이 포함된다. 대부분 병원은 당뇨병, 암, 다중 경화증, 심장병, 양극성 장애, 흡연, 알코올, 강박 장애 혹은 기타 문제들을 겪는 환자들을 위한 심리교육 지지집단을 제공한다. 같은 진단을 공유하고 있는 환자들은 자신들의 병을 관리하는 방법을 배우기 위하여 함께 만난다; 그들은 이야기를 나누고 서로 지지를 주고받는다. 집단 지지는 심리적 건강에 도움이 될 뿐만 아니라 암 환자들이나 기타 환자들의 신체적 건강 및 웰빙과 관련되어왔다(Forsyth & Corazzini, 2000; Spiegal, 1990, 1992; Hansen, Enright, Baskin, & Klatt, 2009). 최근에는 많은 관심이 용서 집단에 주어져왔다(Luskin, 2002; Hansen et al., 2009; Wade & Meyer, 2009). 이러한 집단에는 분노 그리고 그들 스스로나 다른 사람들을 용서하기 힘든 괴로움의 만성적인 느낌과 관련 있는 정신적 그리고 신체적 건강 문제 모두를 겪고 있는 사람들이 포함된다.

집단 심리치료의 또 다른 형태는 심리교육적이라기보다는 대인관계 기술 발달에 초점을 두고 있다. 이들 집단은 일반적으로 대인관계 기술 발달뿐만 아니라 지지 및 동료 피드백을 위한 포럼을 제공한다. 환자들은 집단 회기 동안에 새로운 통찰을 얻으며 다른 사람들과 상호작용하는 새로운 방법을 실습할 수 있다. 집단 응집력과 희망감은 종종 이러한 회기를 통해 나타난다. 환자들은 자주 그들만이 그러한 것이 아니라 다른 사람들도 자신들처럼 유사한 쟁점들과 걱정

**그림 9.2** 청소년들의 교실토론 집단

사진 : Robert E. Daemmrich, Tony Stone Images, New York, Inc.

**사례 연구**

# James는 양극성 장애를 보인다(개인 심리치료)

James는 7년 전 아내가 죽은 후로 혼자 살고 있는 55세의 혼혈인(하와이계와 백인계)으로 회사중역이다. 그는 결혼하여 따로 살고 있는 성인 딸이 있다.

**현재 문제** : James는 양극성 장애의 조증을 보이고 있는데, 많은 이전 삽화들을 가지고 있다. James의 외삼촌과 외할아버지 역시 양극성 장애를 가지고 있었다. 이 삽화에는 James가 리튬 복용을 중단한 것, 배우가 되려는 희망으로 LA로 간 것, 사치스러운 상품 구입을 위해 수천 달러를 소비한 것 그리고 나이트클럽에서 만취하여 무질서하게 행동함으로써 체포된 것 등이 있다. James는 입원환자 병동에 짧은 기간 입원하였는데, 지금은 외래 치료를 받고 있다.

## 주요 생물심리사회적 요인들

**생물학적 요인** : 양극성 장애의 생물학적 원인을 지지하는 연구뿐만 아니라 양극성 장애의 가족(유전)적 내력도 있다. 약물치료가 필수적인 치료 요소이다.

**심리적 요인** : James가 리튬 복용 지시를 잘 따르지 않는 것, 양극성 장애의 만성에 관한 부인, 조증이 높아진데 따른 즐거움, 통제와 독립심의 필요, 아내의 죽음으로 인한 정서적 상실 그리고 만성적으로 심한 정신과적 상태 모두가 그의 병에 중요한 역할을 한다.

**사회적 요인** : 서양 의학을 신뢰하지 않는 가족 및 문화적 전통(James의 가족에서) 그리고 문화적이고 사회적인 고립감 또한 그의 질병에 영향을 미치는 것 같다.

**치료 목표와 계획** : James에게 여러 가지 즉각적이고 장기적인 목표를 달성하기 위해 개인 심리치료에 더해서 약물치료가 필요하다. James에 대한 초기 자문과 평가 후에 다음과 같은 치료목표가 결정되었다. 첫째, James는 신뢰로운 리튬약물치료에 대한 다양한 방해물들을 철저하게 다루게 될 것이다. 여기에는 통제 상태에 있고자 하는 욕구와 약물(또는 그 밖의 것들)에 의존하지 않으려는 욕구뿐만 아니라 서양 의학에 대한 가족의 원천적이고 부정적인 감정이 있다. 둘째, James는 우울해졌을 때 조증과 연관된 '고양감'을 열망하고 있다는 것을 발견한다. 그러므로 우울증의 원인이 밝혀질 뿐만 아니라 대처기술이 개선되어야 할 것이다. 셋째, James는 외롭고, 아내를 그리워하고, 그리고 그가 소중히 여기는 하와이인의 유산으로부터 고립되어있음을 느낀다. 따라서 치료는 그의 대인 욕구, 사회적 욕구 및 문화적 욕구를 또한 강조할 것이다.

치료 계획은 다음 요소들을 포함한다:

1. 리튬 복용에 관해 James와 의사의 협력.
2. 행동 계약, 여기에는 적어도 심리치료 첫 6주 동안 리튬 복용을 지속한다는 James의 약속이 포함된다.
3. 의존에 대한 James의 모멸감과 더 만족스러운 대인 생활을 발전시키는 데 대한 방해물들을 알아내기 위한 탐색적 작업.
4. 두 전통의 유사성, 차이점 및 잠재적인 미덕과 책임을 이해하는 데서 James를 돕기 위한 양극성 장애, 리튬 및 전통적인 하와이인들의 치유 기법과 의식에 관한 심리교육적인 재료들.
5. 사회적 접촉과 문화적 정체성을 증가시키는 문제 해결.
6. 우울증에 대처하고 미래의 조증 삽화를 줄이기 위한 향상된 자각과 기술을 발달시키기.
7. 통제와 독립에 대한 욕구뿐만 아니라 대인간 쟁점을 더 잘 이해하기 위하여 James와 심리학자 사이의 전이 관계를 검토.

이 사례는 성격 및 문화가 약물치료와 같은 의료적 섭생을 준수하는 데 얼마나 영향을 미치는가와 양극성 장애와 같은 주요 정신과적 문제를 다루는 데 다양한 정신내적 쟁점들과 사회적 쟁점들을 철저하게 다룰 필요성을 예시하기 위하여 제공되었다. 치료에서 필수적인 것은 인간 기능에 미치는 다차원적이고 염두에 두어야 할 생물심리사회적 영향에 관한 것이다.

| **표 9.1** | 집단 심리치료의 치유적 요인(Yalom, 1985) |
| --- | --- |
| 정보 제공 : | 집단 성원들이나 지도자에 의해 제공된 조언과 제안들. |
| 서서히 스며드는 희망 : | 걱정에 대해 또 다르게 배우고 다룸으로써 희망을 향상시킨다. |
| 보편성 : | 다른 사람들도 같은 문제와 걱정을 갖고 있다. |
| 이타성 : | 다른 사람들을 돕는 것이 자존감과 확신을 향상시켜준다. |
| 대인관계 학습 : | 개방적이고 정직한 태도로 다른 사람으로부터 배우는 것. |
| 가족과 같은 속성을 흔히 지니는 집단의 교정적인 재현. 새로운 일차가족 방법 : | 다른 사람들과 상호작용하는 것은 다른 사람들을 다루는 방법을 향상시켜준다. |
| 정화 : | 안전하고 신뢰로운 태도로 감정을 표현하는 것. |
| 집단 응집성 : | 집단이 연결되어있고, 가깝다고 느끼는 것. |
| 사회적 기술의 발달 : | 집단은 사회적 기술을 발달시키고 향상시키는 기회를 제공한다. |
| 모방 행동 : | 집단 성원들은 집단의 지도자뿐만 아니라 다른 집단 성원들을 관찰하고 모델링하는 것을 통해 학습한 |
| 실존적 요인 : | 집단 성원들은 삶의 의미를 배우고, 그 삶이 항상 자신의 계획처럼 되는 것은 아니며, 또한 외로움을 느끼는 것은 일반적이라는 것을 배운다. |

거리를 갖고 있다는 것을 알고서 기분이 더 나아진다. 동료 집단 성원들로부터 받은 조언, 제안 및 일반적인 피드백은 종종 집단 지도자로부터 제공되는 것보다 더 강력할 수 있다. 표 9.1은 집단 심리치료와 연관된 **치유적 요인**의 목록을 제공하고 있다.

아동 집단은 사회화에 어려움을 겪는 아동들에게 도움이 될 수 있다. 주의력 결핍 과잉행동 장애, 광범위성 발달 장애, 사회공포증 및 불안 장애와 같은 문제를 겪는 아동들은 정기적인 집단 심리치료를 통해 흔히 이익을 얻을 수 있다. 부모의 이혼, 성적 학대 혹은 만성 질병을 겪고 있는 아동들은 또한 비슷한 걱정거리와 경험을 지닌 다른 아동들과 함께 지냄으로써 이익을 얻을 수 있다. 어린 아동들로 된 집단에는 얘기와 같은 언어적 활동은 덜 이루어지고 보통 놀이, 미술 및 그 밖의 활동을 포함시키는 경향이 있다. 또래와의 상호작용, 지지 및 피드백은 자존감, 사회적 기술 및 일반적인 대인관계 기능을 향상시키기 위한 이러한 집단 활동 모두에서 유용할 수 있다.

## 커플 심리치료

커플 심리치료는 종종 부부 혹은 커플 사이의 불화를 겪는 사람들에게 유용하다. 이 관계 문제를 논의하기 위해 한 사람을 만나기보다는 당사자 모두가 심리학자와 만나서 특히 관계에 관련된 쟁점들(예, 의사소통의 문제, 성적 관심사, 약속 쟁점; 그림 9.3 참조)을 생생하게 다룬다. 커플 치료는 결혼한 부부뿐만 아니라 아직 결혼하지 않은 파트너들; 동성애자 파트너뿐만 아니라 이성애자 파트너들을 포함한다. 개인 심리치료와 마찬가지로 커플 심리치료에도 많은 접근법들이 있다; 그렇지만 보통 의사소통 향상 및 문제-해결 전략에 초점을 둔다. 약 55%의 임상심리학자들이 커플 또는 부부 심리치료를 실시한다(Norcross et al., 2005).

## 가족 치료

가족 심리치료는 가족 성원 전체―부모와 자녀 그리고 때때로 조부모, 고모, 삼촌 혹은 가족의 다양한 집

# John C. Norcross, PhD

사진 : John C. Norcross 제공

Dr. Norcross는 전임 대학교수와 시간제 개인 개업을 겸임하고 있다. 그는 또한 APA 분과의 임상심리학 회장이기도 하며 『*Journal of Clinical Psychology: In Session*』(Wiley/Blackwell)에서 편집 활동을 한다.

**생년월일** : 1957년 8월 13일

**대학교** : 1980 Rutgers대학교(심리학 BA)

**대학원 프로그램** : 1984년 Rhode Island 대학교(임상심리학 MA, PhD, 임상심리학)

**임상 인턴쉽** : Brown대학교 의과대학

**현재 직업** : Scranton대학교의 Distinguished University Fellow 및 심리학 교수; 개인 개업(시간제); 저널 편집위원(시간제)

**임상심리학자가 되는 것의 장점과 단점**
**장점** : "(1) 다양한 전문 활동(예, 교수, 심리치료, 연구, 지도감독); (2) 사람들의 생활 기능과 만족을 향상시킴(즉, 지금보다 더 나아지게 함); (3) 우리의 추구에서 최선의 과학과 인본주의를 조합하기(내가 종종 말하는 바와 같이, 과학자의 정신으로 생각하고, 인본주의자의 가슴으로 느끼기)."
**단점** : "마음에 떠오르는 단 하나의 심각한 단점은 때때로 굉장한 노력이 필요하다는 것이다."

**임상심리학의 미래** : "혁신과 팽창이 우리의 미래를 규정지을 것이다. 새로운 증거기반치료, 검사 및 예방을 설계하고 연구하는 혁신; 건강심리학, 약물처방권 및 일차 진료와 같은 새로운 분야와 전집으로 팽창. 심리치료는 개별 내담자의 독특한 욕구에 대하여 처치방법과 관계를 맞추는 시대가 올 것이다. 심리치료 통합이 우세한 모형이 될 것이다."

**다음 10년 사이에 심리치료 실무에서 주요 변화가 무엇이라고 생각하는가?** : "미래를 예측한 대부분의 시도들은 전문가들의 이행에 관한 마술적인 소망 또는 개인의 주관적인 한계성 있는 관점에 바탕을 두기 때문에 실패한다. 이러한 이유로, 내 동료들과 나는 62명의 심리치료 전문가들로 하여금 다음 10년간의 심리치료 경향을 예측하기 위해 Delphi 여론조사를 실시했다. 향후에는 이론 면에서 좀 더 인지-행동적, 문화적-민감함 및 절충적/통합적으로 나타나게 될 것이다. 지시적이고, 자기-변화 및 기술적인 중재들이 우위에 있을 것이다. 심리치료자의 전문가 수준이 웹에 기반을 둔 치료 서비스와 함께 어울려져 번성할 것이다. 가장 그럴듯하게 많이 예상되는 시나리오는 치료, 실무 지침, 행동 의학 및 약물요법에 증거-기반 확장에 중점을 둔다.

**통합적인 접근이 어떻게 발전하게 될지 예측할 수 있는 미래를 어떻게 생각하는가?** "통합적인 치료자들은 최소한 세 가지 방향 면에서 발달하게 될 것이다. 첫째, 통합주의/절충주의적인 심리치료는 실무가들 사이에서 가장 유명한 지향성으로 이어가게 될 것이다. 실질적으로 모든 심리치료자들은 현재 하나의 이론적 지향성만을 모든 내담자들에게 이용하는 것의 한계를 자각하고 있고 일부 내담자와 특정 장애에 대해서는 다른 치료들이 뛰어난 효과성을 지녔다는 것에 감사해하고 있다. 둘째, 심리치료 통합은 대학원으로 갈수록 더 많이 가르치게 될 것이다. 학습의 공간에서 다른 이론들을 배우고 그들 중 하나에 심취하게 되면, 학생들은 서로 영향을 미치는 이론들의 변화에 증거-기반 원리들을 학습하게 될 것이다. 예를 들어,

(계속)

외상 증상을 감소시키길 원하는 내담자 또는 충동–통제에 문제를 지닌 내담자나 자신의 종교적 신념에 대해 결정내리지 못하는 일부 내담자들을 위한 최선의 변화원과 치료 관계는 무엇일까? 각양각색의 치료(개인적으로 처방된 치료)가 표준 요금이 될 것이다. 셋째, 통합의 정의가 확장될 것이다 — 이제 더 이상 다른 이론들의 혼합이 아니라, 이제 행동의 종합성이 방법을 바꾸게 될 것이다 : 심리치료, 자기–도움, 약물요법, 연습, 기술, 명상, 종교 및 기타. 통합적인 접근은 사람들이 어떻게 변하고 성장하는가의 폭이 증가하게 될 것이다.

## 전형적인 일과

| | |
|---|---|
| 8 : 00 | APA 분과인 임상심리학 이사회와 전화회의 |
| 9 : 00 | 대학교 근무시간 |
| 10 : 00~12 : 00 | 강의 — 임상심리학(심리치료 통합에 관한 강의) |
| 12 : 00 | APA–인증 박사 프로그램의 대규모 조사 업무와 관련된 연구 보조원들과의 만남 |
| 1 : 00 | 인턴에 대한 임상 지도감독 |
| 2 : 00 | 테니스 또는 라켓볼 하기 |
| 3 : 00 | 개인 개업 진료소로 이동; 서류작업 |
| 4 : 00 | 부부 사이의 어려움과 직무 스트레스를 겪고 있는 50세 라틴계 사회사업가에 대한 개별 심리치료 |
| 5 : 00 | 어린 외동 자녀의 죽음에 대해 대처하고 있는 32세의 이탈리아계 미국인과의 개별 심리치료 |
| 6 : 00 | ADHD를 겪고 있는 18세 소년과의 개별 및 가족치료 |
| 7 : 00 | 혼외정사와 관련된 부부 문제에 대한 50대 백인 부부와의 부부 치료 회기 |

**그림 9.3** **어떤 부부치료 회기**

합들(예, 어머니와 자녀 이자관계 혹은 부부)을 포함한다. 가족 심리치료에는 수많은 접근과 조망이 있다. 커플 심리치료와 마찬가지로, 가족 심리치료의 목표는 흔히 가족 성원들 간의 의사소통과 문제-해결 전략 둘 다를 개선시키는 것을 포함한다. '확인된 환자'가 종종 있지만(예, 행동화하는 청소년) 치료는 각 가족 성원이 가족 전체 체계 내에서 불협화음을 유지하는 데 어떻게 기여하고 있는지에 초점을 두고 있다. 약 39%의 임상심리학자들이 가족 치료에 관여되어있다(Norcross et al., 2005).

## 비심리치료적 접근 : 생물학적 중재 및 사회적 중재

임상심리학자들이 어려움을 다루는 데 설명된 모형들을 활용하는 심리치료(제4장 참조)에 주로 의지하고 있기는 하지만 비심리치료 중재 역시 빈번히 사용된다. 비심리치료 중재들에는 향정신성 약물치료, 전기경련치료(ECT), 바이오피드백 혹은 대규모 공동체 교육 프로그램, 구조화된 거주 공동체(예, 중간 집), 그리고 다양한 유형의 예방 프로그램과 같은 사회적 중재들이 있다. 비심리치료 처치와 예방 중재는 심리치료에 추가로 사용되거나 심리치료 없이 사용될 수도 있다. 예를 들어, 환자는 심리치료에 참여하든 하지 않든 간에 Prozac과 같은 항우울제나 Xanax 같은 항불안제를 일상적으로 복용할 수도 있다. 약물치료는 정신과 의사 같은 수련받은 정신건강 전문가나 내과의사나 가정의와 같은 최소한의 정신건강 수련을 받은 사람에 의해 제공될 수 있다. 임상가는 불안, 공포증, 두통 또는 과민성 대장 증후군과 같은 일정

---

**스포트라이트**

## 여성과 우울증

미국에 있는 약 700만 명의 여성들이 임상적 우울을 겪고 있는데, 이는 남성들에게서 발견되는 약 두 배의 비율로 추정된다(Nolen-Hoeksema, 2002; Nolen-Hoeksema & Hilt, 2008; Nolen-Hoeksema & Puryear Keita, 2003; Schwartzman & Glaus, 2000). 남성에 비해 상대적으로 여성들의 더 잦은 우울 양상이 상이한 국가들, 대부분의 소수 집단들 및 다양한 연령 집단들에 걸쳐서, 10대 동안에 시작되는 것으로 발견되어왔다(Nolen-Hoeksema, 2002; Nolen-Hoeksema & Hilt, 2008). 이 차이는 문제들과 염려되는 점들을 기꺼이 인정하는 것, 호르몬 활동, 사회경제적 지위 등과 같은 많은 변인들을 통제하더라도 발견된다(Coiro, 2001; Eamon & Zuehl, 2001; Nolen-Hoeksema & Hilt, 2008). 일부 연구자들은 10대 여성의 우울증 발병과 관련된 부분적인 문제들이 소년들에 비해 소녀들에게 미와 성공에 대해 더욱 갈등적이고 혼재된 사회적 기대들과 관련된 사회적 기대와 관련된다고 주장하였다(C. Hayward, Gotlib, Schraedley, & Litt, 1999). 여성들은 성취지향적이고 성공적이게 되는 것보다, 모델처럼, 여성적이게 보이게 하는 데 더 많은 압력을 받는 것 같다. 여성들에게서 우울증과 관련된 위험 요인들 중 일부는, 다른 요인들보다도, 낮은 사회경제적 지위, 성 차별주의, 외상 후 스트레스, 성적 그리고 신체적 학대 및 역할과 사회적 기대감에 관한 갈등들이 포함된다(Eamon & Zuehl, 2001; Nolen-Hoeksema & Hilt, 2008; D. Sue & Sue, 2003, 2008). 우울증을 경험하는 대부분의 여성들은 치료를 받으려 하지 않고 남성들보다 자살을 더 많이 고려하고 시도하려 하기 때문에 치료는 도전적이다(Welch, 2001).

범위의 문제들을 다루는데 바이오피드백은 심리치료와 함께 또는 심리치료 없이 사용할 수도 있다. 끝으로, 환자는 개인, 가족 또는 집단 심리치료를 받으면서 혹은 받지 않으면서 약물 남용 때문에 중간 집에 등록할 수도 있다.

## 생물학적 중재

현재 심리학자들은 향정신성 약물치료의 처방이나 ECT 사용과 같은 침입적인 생물학적, 의학적인 중재를 제공할 수 없다. 그렇지만 심리학자들은 여러 지역(예, Maxico 주, Louisiana 주, Guam, 군대)에서 한정적인 약물 처방권을 가지고 있는데, 그러므로 심리학자들에게 의사의 지도감독 없이도 환자들에게 약물치료를 제공할 수 있게 허용하고 있다(Beutler,

2002; Read, Larsen, & Robinson, 2009). (이 쟁점은 제 14장에서 더 자세하게 논의될 것이다.) 대부분의 심리학자들은 현재 약물치료를 처방할 수 없는데, 따라서 이 약물치료를 사용해서 환자들을 치료하는 데에는 반드시 의사 동료들과 함께 일해야 하지만 임상심리학자들은 일반적으로 사용되는 향정신성 약물치료에 대해 최소한의 기본적인 이해가 필요하다. 그들은 약물치료와 그 부작용에 대해 익숙해야 하고, 환자를 약물치료 평가나 치료를 위해 언제 의사에게 의뢰해야 하는지를 알아야 한다.

정신과 치료에 사용되는 가장 흔한 약물치료의 종류는 항우울제, 항불안제 및 항정신병 치료제이다(American Psychiatric Association, 2000; Julien, 2007; Valenstein, 2002). 그렇지만 흥분제

---

**사례 연구** — **입원환자 집단 심리치료**

정신과 병동에 입원한 환자들은 매일 집단 심리치료에 참가한다. 참가자들은 섭식 장애, 만성통증 장애, 알코올 남용, 의존, 대장염 및 알츠하이머병과 같은 의료적이고 정신과적인 문제를 모두 가지고 있다. 많은 환자들은 우울증, 불안 및 성격 장애도 또한 겪고 있다. 종합적인 개인 의료 및 정신과적 치료에 더해서 환자들은 심리학자와 간호사에 의해 수행되는 집단 심리치료 회기뿐만 아니라 심리교육 집단(예, '당신의 질병을 관리하는 방법')에 참가한다. 환자들은 일반적으로 며칠 또는 수 주간 병원에 입원하는데, 병동에서는 하루에도 여러 차례 개인들이 입원하고 퇴원한다. 그러므로 심리치료 집단의 구성은 거의 매일 변화한다.

집단의 목적은 환자가 안전하고, 신뢰로운 환경에서 느낌과 관심을 토의하도록 격려하는 것이다. 집단은 매우 구조화되어 있으며, 지지를 제공하고 그리고 '여기 그리고 지금' 조망을 강조한다. 정해진 시간에 회기를 시작하고 끝내는 것, 집단 경험으로부터 기대할 수 있는 것을 모든 집단 성원이 이해하도록 그 집단에 소개를 제공하는 것, 모든 성원들을 소개하는 것

그리고 회기 과정 동안 모든 성원들로부터 느낌과 반영을 끌어내려고 노력하는 것과 같은 구조화는 그 집단이 부드럽게 운영되고 모든 환자들이 긍정적인 집단 경험을 하도록 보장하기 위하여 제공된다. 지지는 편안함, 수용 그리고 비판하지 않는 환경을 만들기 위해 필수적이다. '여기 그리고 지금'은 각 집단 성원이 오래 계속되는 과거에 대한 이야기나 미래에 대한 걱정들을 드러내기보다는 현재에 초점을 맞추는 데 도움이 된다.

다음에 나오는 환자들은 이러한 실제 입원환자 집단 심리치료의 한 회기에 참석하였다:

● Anna는 비만, 수면 중 호흡정지 및 우울증으로 입원한 58세의 라틴계 여성이다. 내과의사는 비만이 그녀의 수면 중 호흡정지(수면 동안의 호흡정지 삽화)를 더 악화시키고 있고, 그녀는 우울증이 있기 때문에 건강의 위험을 최소화하기 위해 체중을 감량시키기 위한 자발적인 시도를 하지 않는다는 것에 관심이 있다. 사실, Anna는 가족 스트레스와 갈등

## 입원환자 집단 심리치료(계속)

때문에 매우 불행하다고 하였으며 잠결에 죽었으면 좋겠다고 보고하였다. 그녀는 수면 중 호흡정지가 통증 없이 자신을 죽일 수 있을 거라고 희망하였다.

● Beth는 심각한 신경성 식욕부진증을 겪는 19세의 백인 대학생이다. 그녀는 현재 37.5kg에 키가 167cm이다. 그녀는 또한 강박관념-강박행동과 우울증을 겪고 있다. 그녀는 몸무게를 늘리는 것을 거부하였는데 최근 입원으로 수업을 포기해야만 했다.

● Carl은 심각한 대장염을 겪는 34세의 아프리카계 미국인이다. 그는 매우 불안하고 심각한 공포증을 겪고 있다. 그는 최근에 결장암 수술도 받았다. 그의 의사는 그가 1년 이상 살 것이라고 보지 않는다.

● Diane은 알코올, Valium 및 몇 가지 통증 약물치료에 의존하는 43세의 백인 여성이다. 그녀는 해독을 위해서뿐만 아니라, 자살 삽화 동안 수차례 병원에 입원했다. 그녀는 또한 경계선 성격 장애와 주요 우울증으로 진단받았다. 그녀는 아동기에 아버지로부터 성적으로 매우 학대받았고, 현재 육체적으로 그녀를 학대하는 남자와 결혼하였다.

● Esther는 우울증과 알츠하이머병, 최근에는 둔부-대치 수술을 경험하는 84세의 아프리카계 미국 여성이다. 그녀는 병원에서 퇴원하면 집을 떠나 요양원에 들어가야만 한다는 것을 염려한다. 그녀는 부득이하게 요양원으로 이동하는 것을 미루고 가능한 한 병원에 머물기를 원한다.

● Fran은 신체화 장애가 있는 34세의 아시아계 미국인 기혼 여성이다. 그녀는 의학적 문제를 알지는 못하지만, 수많은 의학적 증상과 호소를 가지고 있다. 그녀는 몇 년 전에 무능으로 인해 직장을 잃었고, 남편과 두 자녀들이 번갈아가면서 그녀를 돌보았다. 그녀는 잘 걸을 수도 없고, 팔을 움직일 수도 없고, 잘 볼 수도 없다고 호소하였다. 그녀는 또한 히스테리성 성격 장애 진단을 받았다. 그녀는 특히 모든 의사와 간호사들이 그녀의 문제가 '그녀의 머리 속에 모두 있다'고 생각한다고 느끼기 때문에 화를 낸다. 그녀는 이러한 증상 때문에 20회 이상 병원에 입원하였다.

집단 회기로부터 발췌한 것은 다음과 같다 :

심리학자 : 집단에 오신 걸 환영합니다. 우리는 매일 오전 11시에 한 시간 동안 만납니다. 이 집단의 목적은 순간의 느낌과 쟁점을 말하는 것입니다. 예를 들어, 분노, 슬픔, 불안, 대인 갈등은 우리가 논의할 전형적인 주제입니다. 우리는 집단에 참가한 많은 사람들에게 주어질 한정된 시간만으로는 이러한 주제로 큰 도움을 받을 수 없다고 생각하기 때문에 과거와 미래의 문제나 관심에 대해서 말하는 것을 피하려고 할 것입니다. 저는 Dr. Gerard인데 이 병동의 심리학자입니다.

(집단 성원들이 자기 자신을 소개하고, 그런 다음 각자는 오늘의 이야기할 주제가 무엇인지를 말한다.)

Anna : 나는 오늘 말할 것이 정말 아무것도 없어요.

심리학자 : Anna, 당신이 그렇게 말할 때 화가 난 것 같이 보여요. 오늘 당신은 화가 나 있습니까?

Anna : 네, 그런 것 같아요. 나는 정말 집에 가고 싶어요. 나는 여기에 가두어져 있어서 아파요. 의사선생님은 나에게 적어도 4일은 더 머물러야 한다고 말했지만, 그것이 내게 좋게 여겨지지 않아요.

심리학자 : 아마도 오늘 집단에서 분노와 좌절감을 토의하는 것이 유용할 것 같아요.

Anna : 좋아요. 저도 그렇게 생각해요. 나는 어쨌든 여기 있기 때문에 상처를 받지 않을 수 있을 것 같아요.

심리학자 : 좋아요, Anna, 다시 그 쟁점으로 돌아가 볼 거예요. Beth, 당신은 어때요?

Beth : 나는 오늘 매우 불안하고 죄책감을 느껴요. 나는 이번 학기에 학교를 중퇴해야 한다는 것을 믿을 수 없어요. 나는 내 친구들과 함께 졸업할 수 없을 거예요. 아마도 결국 졸업하지 못할 거예요. 나는 완전히 실패한 것처럼 느껴져요.

심리학자 : 고마워요 Beth, 우린 다시 당신에게 돌아올 거예요. Carl?

Carl : 나도 가라앉는 느낌이에요. 좋지 않은 기분이 들어요. 화도 나고 항상 아파요. 그것이 불쾌해요. 나는 이것을 다루고 싶지 않아요.

Diane : 오늘 난 괜찮아요. 사실 난 꽤 좋아요. 나는 오늘 늦게 퇴원할 거예요. 그리고 이번에는 좀 진전이 있었던 것 같아

## 입원환자 집단 심리치료(계속)

요. 나는 Beth를 그리워할 겁니다. 우리는 여기에 있는 동안 많은 얘기를 나눴어요. 나는 당신과 계속 연락하고 싶어요. 나는 병원 밖에서 어떻게 해야 할지 약간 걱정이 되긴 하지만, 퇴원하는 것에 아주 흥분해 있어요. 난 여기 충분히 오래 있었으니까요.

심리학자 : Diane, 오늘 이 집단 치료를 마치기 전에 당신에게 잘 가고 행운이 있기를 바란다고 말하고 싶군요.

Esther : 나는 괜찮아요. 나는 더 이상 말할 게 없군요.

심리학자 : 지금 이 순간 당신은 어떤 느낌이 드나요?

Esther : 좋아요. 별 다른 느낌은 없는데요.

심리학자 : 좋아요. 그렇지만 만약 당신에게 무슨 일이 생긴다면 우리에게 알려주세요. 그러면 우리 또한 당신에게 일어난 일을 확인해 볼게요.

Fran : 나는 이게 다 엉터리라고 생각해요. 이 모든 말, 말, 말들이 정말 진저리가 나요. 나는 나의 의학적 문제에 답이 필요하고, 여기 있는 모든 사람이 나의 느낌에 대해 내가 말하길 원하죠. 여기에 입원해 있는 것을 내가 동의했다는 것조차 믿을 수 없었어요. 얼마나 큰 실수인가요. 내가 이것을 다시 할 아무런 이유가 없어요.

심리학자 : 당신은 매우 화가 나 있군요, Fran. 아마도 우리는 오늘 이 집단에서 그것에 대해 이야기할 수 있을 겁니다.

Fran : 내가 무슨 말을 하는지 아는 건가요? 말해라, 말해라, 말해라. 난 모르겠어요. 난 정말 화가 나 있지만 말하는 게 그렇게 도움이 되리라고는 생각하지 않아요.

심리학자 : 당신이 노력하길 바랍니다, Fran. 말하는 것이 당신이 경험하는 의학적 문제를 고치지는 못하지만, 아마도 기분이 더 나아지는 데에는 도움이 될 거예요. 자, 이제 모든 사람의 얘기를 다 들어봤군요. 오늘 집단에서 나온 쟁점들을 철저하게 다뤄보기로 하죠. Carl은 기분이 저하되고, Beth는 분노와 죄책감을 느끼는 데 반해, Anna와 Fran은 오늘 매우 화가 나있어요. Esther는 잘 하고 있고, 이 순간에 말할 게 없군요. 각자가 내놓은 것에 대해 최선을 다해 말해봅시다. Anna와 Fran의 분노 주제부터 시작해보죠.

입원환자 집단 심리치료 회기의 이 간략한 발췌록은 몇 가지 주요 핵심 주제를 예시해주고 있다. 첫째, 이 특정 심리치료는 입원환자가 치료 중 생물학적, 심리적, 사회적 중재와 다양한 양식을 활용하는 복합적이고 다차원적인 치료 프로그램의 한 부분이다. 둘째, 각 환자 문제의 이 간략한 요약에서조차도 임상 사례들이 일반적으로 매우 복합적으로 관여되어있다는 것이 분명히 나타나고 있다. 끝으로, 이 집단에서 심리학자는 환자들의 복합적인 감정 상태를 다루는 것을 도와주려는 노력으로 구조, 지지 및 명료화를 제공해주고 있다.

와 리튬은 특정 임상 문제에 사용되는 2개의 다른 유형의 약물치료이다. 항우울제 약물치료는 보통 세 범주 중의 하나로 분류된다. 첫 번째 범주는 Prozac, Zoloft 및 Paxil과 같은 선택적인 세로토닌 재흡수 억제제(SSRI)를 포함한다. 부가적으로 Effexor, Cymbalta 및 Pristiq와 같은, 세로토닌과 노어에피네프린 재흡수 억제제(SNRI)라 불리는 새로운 약물들의 하위범주는 최근 몇 년 사이에 사용 가능해지고 유명해지고 있다(Julien, 2007; Stahl, 2002). 두 번째 범주는 Elavil, Tofranil, Anafranil 같은 삼환식 제이다. 세 번째 범주는 Parnate와 Nardil 같은 단가아민 산화 억제제(MAOI)를 포함한다. 항불안제 약물치료에는 Xanax, Valium 및 Ativan 같은 벤조디아제핀류를 포함한다. 항정신병 약물치료(흔히 신경이완제라 불리는)에는 Haldol, Mellaril 및 Thorazine과 같은 더 오래된, 즉 1세대 약물치료 그리고 Risperdal, Zyprexa 및 Seroquel과 같은 제2세대, 즉 비전형적인 약물치료가 있다. Ritalin과 Dexedrine 같은 흥분제는 주의력 결핍 과잉행동 장애가 있는 아동들의 주의와 집중을 증가시키는 데 사

**Hans와 Marta는 심각한 부부 문제를 보인다(커플 치료)**

Hans와 Marta는 결혼한 지 2년 된 오스트리아계 백인 부부이며, 각자 이전 결혼에서 낳은 자녀가 두 명씩 있으며, 현재 함께 살고 있다. 그들은 또한 그들 사이에 낳은 젖먹이 딸이 있다. 따라서 이 혼합 가족은 다섯 자녀들과 이전 배우자들에 관련된 문제들로 조합되어있다. Hans는 계약근무를 하고, Marta는 집안에서 할 일이 많기 때문에 밖에서 일을 하지 못하고 있다.

**현재 문제** : Hans와 Marta는 빈번한 싸움과 매우 낮은 결혼 만족도를 보고한다. 들리는 말에 의하면, Hans는 Marta를 신체적으로 학대하고 수차례 자녀들 중 한 아이를 때렸다고 한다. 따라서 Marta는 자신의 불행에 관하여 Hans와 마주치는 것을 두려워했으며, 성적으로 무관심하고 철회되어있었다. Hans는 Marta가 그를 무시하고, 자녀들에게만 관심을 기울여서, 때때로 자신이 단지 "실패자가 된 것 같다."고 보고한다. Hans와 Marta는 싸우는 것과 신체적 학대 그리고 매우 낮은 수준의 긍정적인 부부 상호작용을 이유로 도움을 요청했다.

**주요 생물심리사회적 요인들**

**생물학적 요인** : Hans의 아버지는 신체적 학대를 하였으며, 이는 폭력에 대한 생물학적 소인이나 환경적 소인을 나타낼 수도 있다. Marta는 6개월 전에 출산을 하여, 여전히 정상적인 호르몬 및 신체적 기능을 회복하는 중이다. 신체적 학대의 정도는 Marta와 자녀들의 정신 면에서 평가될 필요가 있으며, 모든 가족 성원들이 그 이상의 폭력으로부터 보호받아야 할 필요가 있다.

**심리적 요인** : Marta는 매 맞는 여성으로 자신과 자녀들의 안전에 대한 끊임없는 두려움 속에 살고 있다. 그녀는 Hans에게 애착을 느끼고 있어 그와 헤어지거나 그의 폭력 앞에서 자신의 요구를 주장할 수 없다. Hans는 학대에 대한 책임을 부인하고, 자신의 행동에 대해 Marta를 비난하고, Marta가 조금만 더 사랑해주고, 조금만 더 괜찮게 해준다면 화를 낼 필요가 없을 것이라고 말하고 있다는 점에서 옛날식의 폭력 남편이다.

**사회적 요인** : 적절하게 희생자를 보호하지 못하거나 가해자를 처벌하지 못하는 폭력 사회에 살고 있다는 점에서 폭력에 대한 더 큰 사회 문화적 맥락이 뿌리 깊게 형성되어있다. 아버지에게서 대물림된 Hans의 학대는 사회적 학습 또는 공격자와의 동일시를 통해 이러한 경향성을 전해받았을 수도 있다.

Marta는 자녀들과 살 집을 마련하고, 옷을 입히고, 먹일 능력이 없고, 심지어 보호처를 잃을지도 모른다는 두려움 때문에 Hans에게 의존하고 그를 떠나는 것을 두려워할 수도 있다.

**치료 목표와 계획** : 치료의 전반적인 목표는 Marta와 자녀들을 신체적으로 안전하게 보호하는 것이어야 한다. 자녀들에게서 신체적 학대가 보고되면 심리학자는 법적으로 그리고 윤리적으로 아동 보호 서비스 기관에 보고하도록 위임받는다. 만약 부부가 이러한 보고에도 불구하고 계속해서 기꺼이 치료에 응한다면 다음과 같은 몇 가지 목표가 포함될 것이다; (1) 집안에서의 모든 신체적 폭력 금지, (2) 분노와 좌절을 표현하고, 철저히 다루는 대안적인 수단 개발, (3) 폭력의 기원과 촉발 요인에 대한 통찰, (4) 의사소통과 친밀성에 대한 능력 향상.

치료 계획은 다음을 포함한다:

1. Hans를 위한 개인치료를 통해 발작과 폭력을 통제하는 것을 학습시키고, Marta를 위한 개인치료를 통해 자율성, 주장성 그리고 미래의 폭력에 맞서기 위한 행동 계획을 발전시킨다.
2. 분노를 다루는 대안적 행동 책략의 개발 그리고 폭력에 대한 대안적인 단계로 Hans와 Marta간의 계약 체결.
3. Hans의 폭력에 대한 뿌리와 Marta의 학대하는 남성에 대한 관계에 기여하는 요인들을 이해하기 위한 원래 가족에 대한 작업.
4. 서로 긍정적이고 유쾌한 활동에 부부가 참여할 기회를 개발.
5. 사회적 서비스와 매 맞는 여성을 위한 쉼터 개설.
6. Hans와 학대하는 다른 남성들과 함께 하는 집단 치료.
7. 가정 내의 학대를 모니터하는 개인치료 심리학자, 집단 치료자, 가족 주치의, 아동 치료자 그리고 사회사업가와의 협력.

이 커플 치료 사례는 관계 문제의 높은 개인적 관심 및 복잡성을 예시해주고 있다. 이 사례의 성과는 대부분의 다른 사례에서처럼 그들의 심각한 문제를 인정하고 향상을 향한 필요한 조치를 취하려는 Hans와 Marta의 협동과 동기에 전적으로 달려있다. 다양한 양식, 기법 그리고 사회적 및 의학적 요소들이 또한 이처럼 복잡하지만 여전히 매우 흔한 상황에서 활용될 수 있다.

## 스포트라이트

## 증거-기반 실무

많은 건강 진료 및 교육 분야에서와 마찬가지로, 최근 몇 년 동안 중재들이 실제로 효과가 있는지를 증명하는 데 많은 강조점이 두어져왔다. 과거에, 심리학자들과 다른 정신건강 전문가들은 일반적으로 자신들의 이론적 지향이나 치료 철학(예, 정신역동적, 행동주의적, 인본주의적)에 뿌리를 둔 심리치료에서 무엇이 효과가 있고 무엇이 효과가 없는지에 관해서 자신들만의 관점을 따랐었다. 그렇지만 임상 연구 시행에 근거하여 효과적이라고 발견된 치료 매뉴얼로서 경험적으로 타당화되거나 지지된 치료를 사용하려는 운동이 1990년대 후반과 2000년대 초반에 인기를 얻게 되었다. 하지만 연구자들과 임상가들 사이에 논쟁이 있었는데, 연구자들은 일반적으로 매뉴얼화된 치료를 전폭적으로 지지한 데 반해 임상가들은 회의적이었다는 것이다. 이 주제는 제14장에서 좀 더 상세히 논의될 것이다. 미국심리학회(APA, 2006)는 이들 쟁점들을 다룰 특별위원회와 함께하여, 증거-기반 실무의 중요성을 조명하는 정책 성명서를 2006년에 출간하였다. 증거-기반 실무는 임상 실무를 알려주는 연구 결과를 고려해야 할 뿐만 아니라 또한 임상 경험의 지혜와 연구 발견을 실제 임상 환자들에게 적용하는 복잡성을 인식하게 한다.

용된다(Castle, Aubert, Verbrugge, Khalid, & Epstein, 2007; Klein, 1995). 끝으로, 항경련제 약물치료(예, Depakote, Neurontin, Tegretol)뿐만 아니라, 리튬은 양극성 장애(흔히 조울증으로 알려진; Julien, 2007)를 치료하는 데 사용된다.

각 약물치료는 장점과 단점을 가지고 있다(Castle et al., 2007; Julien, 2007; Klein, 1995; Kramer, 1993; Nemeroff & Schatzberg, 2007; Valenstein, 2002). 어떤 약물치료들은 같은 진단을 공유할 때조차도 어떤 환자들에게는 잘 들으나 다른 환자들에게는 그렇지 않다. 어떤 사람들은 어떤 약물에는 부정적인 반응을 보이는 반면, 다른 약물치료에는 그렇지 않다. 불안, 우울증 및 정신병적 사고와 같은 증상을 경감시켜주더라도 많은 약물치료들은 바람직하지 않은 부작용을 가지고 있다(예, 구강 건조, 체중 증가, 변비, 설사, 신체적 및 심리적 중독). 어떤 약물들(예, MAO 억제제)은 특정 음식(예, 맥주, 포도주, 초콜릿)과 함께 복용할 수 없다. 어떤 것들은 자살 시도에 사용된다면 극히 위험하다(예, Valium). 어떤 것들은

남용이 있을 수도 있다. 제약 회사의 연구 및 개발 그리고 다른 연구자들은 안전하고 효과적이며 최소한의 부작용을 가진 개선된 약물들을 만들기 위해 연구한다. 최근 몇 년 동안 Prozac과 같은 선택적인 세로토닌 재흡수 억제제에 많은 주의가 기울여져 왔다(Julien, 2007). Prozac은 그렇게 많은 부작용이 없이 다른 항우울제 약물치료(예, 삼환식제와 MAO 억제제)보다 더 효과적이라고 많은 사람들이 주장한다(Julien, 2007). 중요하게, 약물치료는 치료관계 맥락에서 처방되고 연구들은 조합된 효능성을 지지해준다.

우울증, 불안 및 정신분열증 같은 장애들에 대한 약물치료의 긍정적인 효과는 이들 장애들이 엄격하게 생물학적 문제라는 것을 함축하진 않음을 언급하는 것이 중요하다(Beck & Alford, 2009; Castle et al., 2007; Cuipers et al., 2007; Glasser, 2003; Horgan, 1996). 또 다시, 생물심리사회적 견해가 이 장애들과 다른 장애들을 이해하고 치료하는 데 요구된다. 많은 사람들은 위약효과 때문에 약물치료에 긍

**Kaplan 가족은 가족의 죽음과 가족 내의 자살시도를 겪고 있다(가족 치료)**

Kaplan 가족은 Kaplan 씨와 16세 된 아들, David 그리고 13세 된 딸, Barbara로 구성되어있다. Kaplan 부인은 폐암과의 긴 투병 끝에 1년 전 비극적으로 사망하였다. Kaplan 가족은 대도시에서 살고 있다.

**현재 문제** : Kaplan 가족은 David의 심각한 자살시도 후에 David를 치료하는 심리학자에 의해서 가족 치료가 의뢰되었다. 이 심리학자는 해결되지 않은 비탄, 분노, 가정교육 및 의사소통의 쟁점을 다루기 위해 가족 치료가 필요하다고 느꼈다.

한 가족으로서 Kaplan 가족은 Kaplan 부인의 죽음 이후, 가족이 극심한 혼란을 겪어왔다고 보고하였다. Kaplan 부인은 항상 주요한 양육 및 가사 의무를 맡았고, 반면에 Kaplan 씨는 오랜 시간을 도시 계획자로 일했다. David는 학교에서 좋지 못하게 수행했고, 마약을 시험해보며, 가정에서 철수되어왔다. Barbara는 우울해하고, 불안해하며, 아버지에게 의존하고 요구적이었다. Kaplan 씨는 우울했고, 압도당해 있었으며, 자주 자녀들에게 과민했다. 모두들 가족이 위기에 처해있다는 것 또는 David가 표현한 것처럼 "모든 것이 실패야."에 동의했다.

**주요 생물심리사회적 요인들**

**생물학적 요인** : 우울증과 같은 정신과적인 문제에 대해 알려진 가족 내력은 없다. 가족 성원들은 그들의 상실의 결과로 잘 조절되지 않았으며, 잘 먹지도 못하고 잘 자지도 못하고 있다.

**심리적 요인** : Kaplan 가족은 계속되는 비탄 반응, 상실로 인한 우울, 연합된 분노와 과민성, 정서적 고통의 행동화 그리고 가족 내의 애착, 역할 및 구조에 대한 재작업을 경험하고 있다.

**사회적 요인** : Kaplan 가족의 자녀들은 엄마에 의해 유지되었던 사회적 연결망의 변화뿐만 아니라, 가족, 엄격한 종교적 전통 및 의식들을 지켜주는 사람이었던 엄마의 상실을 겪었다.

**치료 목표와 계획** : Kaplan 가족은 가족 치료의 맥락에서 다음의 치료 목표들에 동의하였다 : (1) Kaplan 부인의 죽음에 대한 각 성원들의 느낌을 토론, (2) 이들 감정들이 가족 내에서 현재 관계에 어떻게 영향을 주는지를 배우기 그리고 (3) 현재의 혼돈을 줄이고 응집성, 안정성 및 조직성을 개선하기 위하여 가정을 재조직하는 방법을 생각해보기.

치료 계획은 다음 성분들을 포함한다:

1. 각 회기 동안 각 성원은 Kaplan 부인의 갑작스러운 죽음에 대한 비탄, 슬픔, 분노, 혼란 등의 갖가지 느낌들에 대해 토론하고, 이 느낌들이 손상시킨(예, 상실에 대한 분노로 인해 다른 사람을 심하게 욕하였던, 압도적인 슬픈 느낌에 대한 두려움 때문에 혼자되는 것을 두려워했던) 서로의 상호작용에 대해 언급할 것이다.
2. 문제해결은 가족 과제 수행, 중요한 의식 및 전통의 회복, 역할의 재정의 그리고 어떤 의미에서는 새로운 가족 구조의 창조에 관한 계획을 개발하는 데 활용될 것이다.
3. 두 가지 치료들에서의 중요한 발전을 따라가기 위하여, David와 그의 아버지가 동의한 David의 심리학자와의 자문.

이 사례는 증상과 문제들을 일으키는 데 잠재적으로 책임이 있는 체계 요인들을 변경시키는 가족 치료의 사용을 예시로 들고 있다. 치료과정을 통하여 치료하는 두 심리학자들 간의 협력이 치료 과정을 통해 가족 성원들의 생물학적, 심리적 및 사회적 기능을 모니터하는 데 중요할 것이다.

정적으로 반응하는데, 왜냐하면 많은 사람들이 약물치료가 자신들을 도와줄 것이며 그러므로 그렇게 된다는 기대를 확신하기 때문이다. 많은 사람들이 또한 향정신성 약물치료에 잘 반응하지 않는다. 사실 항우울제 약물치료를 받은 사람들의 약 3분의 2가 약물에서처럼 똑같은 개선이나 반응이 없는 것으로 추정되어왔다(Padesky & Greenberger, 1995). Prozac과 같은 약물치료들이 이 약물을 복용하는 3천만 명의 사람들 이상으로 크게 인기가 있더라도(Valenstein, 2002), 연구는 Prozac이 우울증을 치료하는 데 있어서 심리치료보다 더 효율적이라는 것을 증명하지 못해왔다(*Consumer Reports*, 1995; Glasser, 2003;

Horgan, 1996; Seligman, 1995). 바이오피드백(N. Miller, 1969; Schwartz & Beatty, 1977)은 치료에 대한 비심리치료적 생물학적 접근의 또 다른 예이다.

바이오피드백은 심박률, 혈압, 근육 긴장, 호흡, 발한 및 체온으로 측정되는 생리적 각성에 대한 정보를 환자에게 제공한다. 이 생리적 상태의 일부 또는 모두가 치료실 회기나 가정 회기 동안 측정된다. 환자들은 이완, 심상, 기도 또는 자신에게 사용하는 다른 어떤 기법을 통해 각성 수준을 더 낮추도록 요구받는다. 피드백은 음조나 컴퓨터 그래픽 같은 청각적이거나 시각적인 수단에 의해 제공된다. 향정신성 약물치료와는 달리, 바이오피드백은 비침투적인데 심리학자들은 그 기법에 대해 적절한 훈련과 경험을 가진 만큼 환자들에게 그것을 합법적이고 윤리적으로 사용할 수 있다.

## 사회적 중재

사회적 및 공동체 중재와 프로그램들은 종종 심리적, 대인적, 사회적 그리고 직업적 기능을 개선시키는 데 사용된다. 임상심리학자들은 이들 프로그램의 고안, 이행 및 평가에 자주 관련된다. 임상심리학자들은 대개 유의한 정신과적 문제, 의료적 문제 혹은 기타 문제로 위험에 처해있거나 이미 싸우고 있는 사람들에게 심리교육적 접근, 교육 제공, 기술 훈련 및 지지를 사용하고 있다.

공동체 프로그램들은 일반적으로 위험에 처한 개인에게 심각한 문제의 발달을 예방하거나 이미 있는 현재 문제의 영향을 최소화시키려고 노력한다. 프로그램들은 대개 일차, 이차 또는 삼차로 범주화된다. 일차 예방 프로그램은 교육을 통해 문제가 발달하는 것을 예방하려고 노력한다. 예를 들어, 조기교육 프로그램(Head Start)은 불우한 가정의 어린 아동들에게 무료로 보육원에 취학할 수 있는 기회를 주기 위해 개발된 프로그램이다. 그 목표는 아동들에게는 학교에서 '조기 교육'을 시키고, 부모들에게는 사회경제적 지위 및 삶의 질을 개선하기 위하여 일할 기회나

---

### 스포트라이트

## 사회적 중재: 남아프리카공화국의 국제적 임상심리학

남아프리카공화국에서의 인종차별 정책이 1994년에 종결되는 듯싶었으나, 수년 동안의 인종적 긴장, 폭력 및 편견에 대한 영향은 계속되고 있다. 미국과 남아프리카공화국의 임상심리학자들은 전직 군인들과 다른 전투원들이 남아프리카공화국에서 뚜렷한 민주화에 적응할 수 있도록 직업기술을 발달시키고 심리적 지지를 얻을 수 있게 하기 위한 팀을 구성하였다. 이 전 전투원들은 국가 평균의 약 두 배에 달하는 66%의 실업률을 차지했다. 그들은 일반적으로 약 40세이고 그들이 10대 때부터 남아프리카공화국의 민주주의를 더욱 창출하기 위한 목적으로 해방군에 가입하였다(Buhlungu, Daniel, Southall, & Lutchman, 2007). 이제는 그 남아프리카공화국은 더 민주적이게 되었고, 그들의 기술과 직업은 더 이상 필요해지지 않았다. Tswelopele 프로젝트("우리는 함께 전진할 것이다."를 뜻하는)는 이들 전 전투원들이 더 나은 행동 기술과 사회적 기술뿐만 아니라 직업 기술 그리고 더 나은 직업 의사소통 및 태도를 개발하도록 하였다. 이들은 자신들의 과거 집단 장면에서의 외상도 토론할 수 있도록 격려받았다. 이 프로젝트는 새로운 남아프리카공화국에서 이들 남성들과 여성들이 좀 더 생산적이고 만족스러운 삶으로 가장 잘 변화할 수 있게 하기 위하여 임상심리학과 기타 전문분야들을 활용하였다(Buhlungu et al., 2007).

더 나은 교육을 받을 기회를 주기 위한 것이다. 일차 예방 프로그램은 10대 엄마들에게 아동 양육 및 기타 기술들을 배우도록 개발되었다(Abma & Mott, 1991). 기타 프로그램들은 학교 아동들에게 안전하지 않은 매우 위험한 성적 행동을 최소화시키는 방법을 가르치기 위해 고안되었다(Howard & McCabe, 1990).

이차 예방 프로그램들은 문제가 진행되는 동안에 더 심각한 문제들의 발달을 최소화시키기 위하여 조

기에 중재하려고 시도한다. 예를 들어, 음주운전으로 체포된 사람들은 종종 운전면허 취소를 피하기 위하여 약물 남용에 관한 훈련 프로그램에 참가할 기회를 부여받는다. 이 프로그램의 목표는 약물을 복용하고 운전하는 것의 위험에 대해 초범자들에게 교육하는 것이며, 그리하여 미래의 음주운전 사고를 예방하려는 것이다. 유사 프로그램들이 다양한 범죄로 체포된 청소년들과 매춘부의 서비스를 찾는 사람들을 위해 개발되었다. 이차 예방은 또한 재가 노인들의 외로움

**스포트라이트**

# 미디어 폭력

대중지와 그 밖의 다른 곳에서도 미디어 폭력과 아동 및 청소년의 공격성 간의 관계에 대해 매우 많이 출간되어왔다(Huesmann, Moise-Titus, Podolski, & Eron, 2003; Murray, 2008). 미국의 대부분의 모든 가정에서는 TV, DVD 플레이어, 비디오 게임 장치 및 개인 컴퓨터들을 통한 대중매체 접근성을 지니고 있다(Federal Trade Commission, 2000). 평균적인 미국 아동들은 TV, 비디오 게임, 컴퓨터 또는 기타 미디어에 몰두하여 주당 평균 40시간 이상을 소비한다(Murray, 2008).

슬프게도, 대다수의 T.V. 프로그램은 영화에서 묘사되었거나 컴퓨터를 통해 접근 가능한 많은 폭력을 수반하는 폭력 에피소드가 들어있다(Huesmann et al., 2003; Murray, 2008). 수년간에 걸친 연구는 대중매체에서 폭력성의 노출은 실제 세계에서의 폭력적인 행위와 상관관계가 있다는 다양한 횡단적 및 종단적 연구들로 명확히 나타내 주었다(Bushman & Anderson, 2001; Murray, 2008). 사실 연구 증거가 매우 강력했기 때문에 미국심리학회(APA), 미국 정신의학회 및 미국소아학회 등을 포함하는 6개의 주요 전문기구들은 아동들이 미디어 폭력에 노출되는 것을 허용하는 위험성에 대한 경고를 하는 공동 성명서를 2000년 7월에 공표하였는데, 미디어 폭력에의 노출과 아동의 공격행동간에는 강력한 인과관계의 증거가 있다는 것을 표명하고 있다(Johnson, 2003). 이 관계의 효과 크기는 약 0.30이 되는 것으로 보고되었는데, 이것은 콘돔 사용과 HIV 감염간의 관계, 납 노출과 IQ 점수, 니코틴 패치사용과 금연, 숙제를 하는 것과 학업 성취도 및 다양한 기타 잘 알려진 상관관계들의 관계보다 더 큰 효과를 나타내는 것이다(Bushman & Anderson, 2001). 비극적으로 점점 더 많은 아동들이 미디어의 폭력에 노출되어감에 따라 현재의 연구는 젊은이들 중에서 계속 증가하고 있는 공격성과 폭력을 예측할 수 있다는 것을 우리에게 말해주고 있다.

임상심리학자들은 많은 상이한 조망들로부터 미디어 폭력성과 공격성 쟁점에 관여되어있다. 이것들에는, 이 분야에서의 연구를 수행하고, 부모와 자녀들이 폭력 노출을 최소화해주는 활동들을 유지하게 해주고, 이 연구와 관계를 심각하게 받아들여서 위험에 처한 젊은이들 사이에서 미디어 폭력에 폭력노출을 최소화시키는 법률과 정책을 제정하도록 국회 그리고 기타 주 및 연방 정책입안자들에게 로비를 하고, 그리고 미디어 폭력 노출에 연관된 공격 문제를 겪고 있는 아동들을 대상으로 일하는 것이 포함된다.

을 누그러뜨리며 사회적이고 지적인 자극을 제공받도록 원조하는 것을 포함시킬 수도 있다.

삼차 예방 프로그램은 심각한 정신과적 문제들이나 기타 문제들의 영향을 최소화시키도록 하는 데 전념한다. 이 프로그램들은 기본적으로 다른 치료와 동일하지만 대개 공동체-기반 중재라고도 불린다. 예를 들어, 중간집은 병원, 약물 치료 프로그램 또는 교도소 등에서 갓 나온 사람들을 돕기 위해 고안되었다. 이 프로그램들은 환자들이 공동체에서 살면서, 일하고, 계속해서 전문적 지도감독과 기술-구축 훈련을

받도록 해준다. 이 프로그램들은 환자들이 매우 구조화된 병원, 약물치료 또는 교도소에서 공동체로 복귀하는 데 과도기적인 단계를 제공해준다. 중간집은 전형적으로 청소년들이나 전과자와 같은 특정 전집들이나 알코올이나 약물 의존, 정신분열증 혹은 신체 장애와 같은 특정 문제들에 전문화되어있다. 기타 삼차 예방 프로그램들은 심각한 질병을 지닌 사람들에게 교육과 지지를 제공한다. 예를 들어, 다른 기구들과 마찬가지로 미국 암협회(American Cancer Society)는 말기 암이나 기타 형태의 암에 대처하는

---

**사례 연구**

## Mako는 신경성 식욕부진증을 보인다 — 이론, 기법, 양식 및 생물심리사회적 요인들의 통합(현대 심리치료)

Mako는 7살 때부터 미국에 살고 있는 14세의 일본 소녀이다. 그녀는 부모와 남동생과 함께 살고 있다. Mako의 아버지는 일본과 미국을 교류하는 사업가인데, 그와 가족의 노동 비자를 활용하고 있다. Mako는 공립중학교 8학년이고, 일본어 능력을 유지하기 위해 일주일에 사흘간 오후에는 일본인 학교에 다닌다. Mako와 남동생은 2개 국어에 유창하다; 부모는 영어로 대화하는 데에 약간의 어려움이 있다.

**현재 문제 :** Mako는 날씬해지고 싶은 혹독한 추동을 가진 10대 소녀들이 일반적으로 괴로워하는 장애인, 신경성 식욕부진증으로 진단되었다. Mako는 자기-기아와 과도한 운동으로 인해 심각하게 쇠약해졌고, 또한 월경 불순(월경 기간의 중지), 체중이 늘어나는 것에 대한 격심한 두려움, 극도의 피로, 사회적 철회 그리고 우울을 나타내고 있다. 그녀는 체중 상실에 대한 일차 의학적인 토대를 규명하기 위해 의학적이고 신경학적인 평가 모두를 받았는데, 신경성 식욕부진증으로 고통받고 있다고 밝혀졌다.

### 주요 생물심리사회적 요인들

**생물학적 요인 :** Mako는 호르몬과 전해질의 불균형뿐만 아니라 생명을 위협하는 영양실조 및 쇠약, 낮은 심박률과 혈압을 겪고 있다. Mako의 영양실조 또한 손상된 추리력과 심각한

피로에 기여한다.

**심리적 요인 :** Mako는 현재 그녀의 섭식 및 초과 중량이 되는 것에 통제를 잃을까봐 매우 겁을 내고 있다. 그녀의 완벽주의와 성취에 대한 열망은 통제에 대한 강한 욕구와 부합하는데, 이는 또한 청소년기의 심리사회적이고 발달적인 도전에 직면하는 것에 기저하고 있는 부적당감에 대한 두려움과 부합하고 있다. 우울, 낙인 찍히는 것에 대한 느낌, 자존감의 상실이 또한 관련되어있다.

**사회적 요인 :** Mako의 가족과 문화적 가치들은 협동, 성취, 동조 및 최소한의 감정과 의견 표현을 강조하고 있다. Mako는 또한 일본인과 미국인의 이중 정체성을 유지하는 노력에서 문화적 갈등을 겪고 있다. 일반적으로 표현성 및 개인주의에 관한 미국적 가치는 부모와 사회적 규범에의 조용한 수용과 동조에 대한 일본 가족의 가치관과 직접 상충한다. 끝으로, 미국과 일본 모두에서의 대중매체와 문화는 여성의 날씬한 몸매와 미에 대한 기준을 미화한다.

**치료 목표 :** (1) 건강한 체중과 건강한 섭식행동을 회복하도록 친절하게 Mako를 조력하기, (2) 그녀의 신경성 식욕부진증에 기저하는 심리적, 발달적 그리고 가족적 토대를 다루기, (3) 가족 안에서 심각한 질병과 싸우고 있는 이 가족을 조력하기, (4)

## Mako는 신경성 식욕부진증을 보인다— 이론, 기법, 양식 및 생물심리사회적 요인들의 통합 (현대 심리치료)(계속)

Mako가 학교 활동 및 사회적 활동을 회복하도록 조력하기.

**치료 과정**: Mako는 처음에 의학적 상태를 안정시키기 위해 그리고 외래환자 치료의 토대를 마련하기 위해 청소년 섭식 장애 병동에 입원했다. 입원 동안에 Mako는 처음에 의학적으로 모니터되는 동안 침대에 누워있도록 했고, 정맥 주사에 의한 유동액과 전해질 용액이 주어졌고 그리고 실질적으로 튜브 섭식을 할 것인지 스스로 먹을 것인지를 선택하게 했다. 그녀는 스스로 먹는 것을 선택하였는데(식욕부진자들은 전형적으로 심각하게 배고프다), 음식의 점진적인 재주입으로 좋은 진행이 이루어졌다.

일단 안정이 되자 Mako는 병동 환경으로 통합되었는데, 집단 심리치료에 참여해서 자기 혼자만 식욕부진증에 걸린 것이 아니라는 것을 알게 되었고, 다양한 회복 단계에 있는 다른 사람들의 경험을 들을 수 있었다. Mako는 그 병동의 심리학자와 개인 심리치료를 시작했는데, 신경성 식욕부진증에 관한 정보와 치료에 대한 일반적인 과정을 배웠으며 그녀의 다이어트가 뚱뚱해지는 것에 대한 두려움뿐만 아니라 아마도 다른 더 깊은 원인이 있을 것이라는 생각을 처음으로 기꺼이 받아들이게 되었다. 이 병동에 있는 동안 가족 치료 회기도 시작되었는데, 병에 대한 스트레스, 아버지의 빈번한 부재 그리고 두 문화에 걸친 도전들이 논의되었다. 행동 계약은 체중이 적당하게 늘도록 지도하였는데, 그녀가 재입원할 필요가 없도록 병원 밖에서 이 과정이 계속되어야 하는 것에 대한 유관이 설명되었다. 그녀의 심리학자로는 2개 국어 능력을 가진 일본계 미국인 치료자를 배치하고, 그녀의 의사와 협의하고 그녀가 다니던 두 학교 모두에 재통합하도록 조정을 하는 퇴원 계획을 세워 Mako를 도왔다.

퇴원 후에 Mako는 이 치료에 통합이 된 가끔씩의 가족 치료 회기와 함께 개인치료를 시작하였다. 그녀의 의사가 체중과 의학적 상태를 모니터했고, 이것을 그녀의 심리학자와 의사소통하는 반면, Mako는 생활을 심리적 측면, 문화적 측면 그리고 가족 측면에 초점을 맞췄다. 심리학자는 뒤이은 청소년기와 관련된 Mako의 불안감과 의존감을 탐색하였고 가족 성원들로부터 독립해야 하고 조숙하게 성적 행동을 탐색해야 한다는

미국인 또래들로부터 느꼈던 압력과 관련된 불안을 탐색하였다. 학교에서 친구들과 통합하고 그들의 더 외향적이고 표현적이며 심지어 대담한 태도를 받아들이려는 그녀의 바람은 가족의 양식인 권위에 대한 조용한 수용, 좋은 태도 및 존경과 상충하였다. Mako는 학업과 섭식행동 모두에 관한 자신의 완벽주의와 강박성을 논의하였는데, 의사결정, 사고 중지 그리고 태도 및 기대를 재검토하도록 도와주는 심리학자와 함께 인지-행동 전략을 발전시켰다. 끝으로, Mako의 우울증이 적절한 체중 감량과 함께 경감되지 않았을 때 약물치료를 위해 정신과 의사에게 의뢰되었는데, Prozac에 잘 반응하였다.

Mako의 가족이 이 치료에 통합되었다. 가족 치료 회기에서 그녀의 관심사가 논의되었는데, 그녀는 부모가 남다르게 존경스러우며 자신의 감정에 관심을 가져준다는 것을 알았다. 부모는 Mako의 결정이 자신들의 가치와 모순되지 않을 때, 그녀의 자율적인 결정을 지지하도록 격려받았으며, 부모가 그녀를 비난하지도 포기하지도 않을 거라는 사실을 배우는 동안 독립을 향해 나아가는 것을 허용해주도록 격려받았다. 이 가족은 Mako의 아버지의 빈번한 부재에 대한 스트레스뿐만 아니라 미국인과 일본인의 이중 정체성에 대해 개방적으로 논의할 수 있었다.

Mako의 치료는 많은 신경성 식욕부진증 사례에서의 잦은 어려운 과정과 비교해서 매우 부드럽게 진행되었다. 그럼에도 불구하고, 개인 심리치료와 약물치료는 그녀가 점차적으로 식욕부진증을 극복하고 유의하게 향상된 심리적, 사회적 및 가족적 자원을 발전시킬 때까지 3년 내내 계속되었다.

이 사례는 복잡한 문제를 치료하는 데 있어서 통합적인 전략의 필요성과 활용을 예시하고 있다. 생물, 심리 그리고 사회적 측면들이 매우 강하게 영향을 미치는 신경성 식욕부진증과 같은 사례에서 어떤 한 요인에 대한 무시는 치료를 심각하게 제한하거나 심지어 방해할 수 있다. 이 사례는 환자의 포괄적인 욕구들을 가장 잘 충족시키기 위해 이론, 기법, 양식 및 생물심리사회적 요인들이 통합되는 현대 심리치료의 경향을 입증해주고 있다.

사람들을 돕는 집단지지 프로그램을 제공한다. 단주모임(Alcoholics Anonymous, AA)은 삼차 예방 프로그램으로 잘 알려진 예이다. AA는 1935년에 시작되었고 전 세계적으로 200만 명의 AA 구성원들을 포함하는 약 100여 개 국가에서 100,000개 이상의 지지 집단을 제공해준다(Alcoholics Anonymous, 2009). AA는 알코올 중독 환자들에게 기밀을 지켜주는 집단지지를 포함하는 12단계 치료 접근을 사용한다. AA 구성원들은 이 프로그램에 아주 높은 정도의 만족을 보고하고 있는데(*Consumer Reports*, 1998), 일부 연구는 비록 연구가 완전히 결론적인 것은 아니지만(Kaskutas, 2009), AA 참여가 일반적으로 효과적이라고(예, Finney & Moos, 1991; Humphreys & Moos, 2007; Kaskutas, 2009) 시사하고 있다.

### 현대 사례, 현대 치료

점점 더, 심리학자들은 매우 '관여된' 사례들에 직면하게 되는데, 이는 전형적인 사례 부담에서 마주치게 되는 다차원적인 복합성을 일컫는 것이다. 개인들은 '단순한' 경우는 매우 드물며; 그리고 단순하거나 단일차원적인 치료도 드물다. 다음의 사례는 이러한 복합성과 그리고 현대 임상심리학에서의 통합에 대한 강력한 요청을 예시해주고 있다.

## ▌큰 그림

심리치료는 임상심리학자들에 의해 행해지는 가장 일반적인 활동 가운데 하나인데 많은 개인들과 집단에 고통의 경감과 커다란 조력을 가져다주는 활동이다. 각 환자, 각 심리학자 그리고 각 심리치료 경험은

독특하다. 심리치료는 세월이 지남에 따라 뚜렷이 구별되는 여러 이론적 조망들에서부터 통합적이고, 증거-기반적이고, 생물심리사회적인 시도로 발전하였다. 심리학자는 더 이상 판에 박힌, 완고한 그리고 협소하게 생각되는 치료를 행하면서 고립된 실무를 계속할 수가 없게 되었다. 오늘날 이론, 기법, 양식 및 생물심리사회적 요인들의 통합은 심리학자들이 열망하는 최신임과 동시에 증거-기반의 기준이 되었다. 심리치료의 미래는 비용과 시간을 최소화하는 반면, 치료의 효과를 최대화하는 간략하고 비용-효과적인 방식으로 실시될 수 있는 중재 전략을 지지하는 연구와 실무로부터 지지되는 증거-기반된 연구와 실무를 활용하려고 할 것이다.

### 요점

1. 임상심리학자들에 의해 행해지는 모든 전문적인 활동 중에서 심리치료는 아마도 가장 잘 알려져있다. 심리치료는 환자나 내담자가 문제가 되고 고통을 준다고 경험하는 느낌, 사고 또는 행동을 변화시키는 데 조력하기 위해 정신건강 전문가들에게 자문을 구하는 것을 포함한다. 심리치료는 개인 또는 개인들의 심리적이고 행동적인 기능에 영향을 주기 위한 특정 치료 기법뿐만 아니라 인간 행동의 이론들을 포함하고 있다.

2. 모든 이해 당사자들의 특정 욕구, 흥미 및 관심사에 따라 심리치료가 도달하기를 희망하는 많은 상이한 유형의 목표가 있다. 전반적으로, 심리치료는 궁극적으로 자기-이해, 행동, 그리고 생활양식의 변화, 문제 대처 및 관계향상을 통해 삶의 질을 개선하기를 희망한다. 심리치료는 인간 행동에 관한 지식을 활용하고, 특정 개인이 고통을 일으키는 쟁점을 증거-기반 형식으로 더 잘 다루도록 하는 데 그 지식을

응용하려고 한다.

3. 수많은 유형의 심리치료가 있다. 심리치료는 개인치료, 커플치료, 가족치료, 집단치료 또는 상이한 치료 유형의 조합을 포함할 수도 있다.

4. 모든 심리치료는 몇 가지 공통분모, 즉 어떤 유사성을 포함하는 경향이 있다. 그 공통분모에는 전문인, 즉 다양한 수준의 '전문가', 전문적 행위 또는 심리학자의 방식, 서비스가 제공되는 전문장면, 치료비 및 회기 계획이 있다.

5. 심리학자가 사용하는 심리치료의 유형이나 접근법과 상관없이, 대부분의 심리치료는 몇 가지 단계로 이루어진다. 일반적으로 이것들은 초기 자문, 문제와 상황의 평가, 치료 목표의 설정, 치료의 이행, 치료의 평가, 치료의 종결 및 추적 조사를 포함한다.

6. 생물심리사회적 조망은 심리치료가 행동과 행동변화에 있어서 생물, 심리 및 사회적 영향을 고려해야 한다는 것을 제안한다. 심리학자들에 의해 행해지는 심리치료는 대개 심리적인(생물학적이거나 사회적이라기보다는) 중재이지만, 행동에 미치는 생물학적이고 사회적인 영향은 일반적으로 심리치료 동안 평가되고 논의된다.

## 핵심용어

심리치료(psychotherapy)
치료적 요인(curative factor)

## 복습

1. 심리치료는 친구나 혹은 당신이 아는 다른 사람에게 문제를 말하는 것과 어떻게 다른가?

2. 심리치료란 무엇인가?

3. 대부분의 심리치료의 공통점은 무엇인가?

4. 심리치료의 단계를 기술하라.

5. 심리 장애들을 치료하기 위해 사용되는 생물학적 접근에는 어떤 것이 있는가?

6. 심리 장애를 치료하기 위해 사용되는 사회적 중재에는 어떤 것이 있는가?

7. 실제 심리치료는 TV와 영화에서 묘사되는 것과 어떻게 다른가?

## 학생들의 실제 질문

1. 저는 종종 행동적 또는 정서적인 문제를 지닌 사람들의 치료에 대해 우리가 얼마만큼의 '미국인' 시각을 취하는지 궁금합니다. 프랑스, 중국, 남아프리카 및 기타 국가들은 그들의 치료 접근이 어떻게 다릅니까?

2. 집단 치료가 대부분의 사람들에게 유용합니까? 역효과를 낳는 일부 경우들은 어떤 경우입니까?

3. 심리치료를 종결하는 때를 어떻게 아십니까? 보통 치료자 혹은 환자가 관계를 끝냅니까?

4. 치료비를 지불할 여유가 없거나 지불할 수 있는 보험이 없는 사람들을 위해 치료를 제공해주는 곳은 어떤 곳이 있습니까?

5. 치료자들이 이메일, 전화 및 기타 방법을 통해 어떻게 그들의 환자와 접촉 가능합니까?

6. 페이스북(Facebook)에서 치료자는 내담자와 '친구'가 될 수 있습니까?

## 웹 자료

http://www.surgeongeneral.gov/
library/mentalhealth/home.html
    정신건강 논쟁들에 관한 공중 위생국(Surgeon General)의 보고서를 참조하기

www.ndmda.org

국립 우울 및 조울협회에 접속하여 우울증과 양극성 장애에 대해 더 자세히 알아보기

www.bpdcentral.com

경계선 성격 장애에 대해 더 자세히 알아보기

www.cmhc.com/disorder

심리적 장애들에 대해 더 자세히 알아보기

# 심리치료 쟁점

심리치료는 100년 이상 존재해왔으며, 오늘날에는 사회의 수용과 인기를 향유하고 있는 반면에, 임상심리학자들의 가장 일반적인 전문 활동인 이 심리치료는 여전히 어느 정도의 신비감을 지닌 채 장막에 가려져 있다. 심리치료에 관한 많은 기본적 질문들은 심리치료의 많은 소비자들 및 학생들의 마음속에 있는데, 이것은 직접적인 관심을 불러일으킬 만하다. 이 장은 심리치료에 관한 일반적으로 제기되고 있는 10가지 중요한 쟁점들을 다루고 있는데, "심리치료는 효과가 있는가?"라는 매우 기본적인 질문으로 시작할 것이다.

# 심리치료는 효과가 있는가?

환자, 보험회사, 심리학자들 및 기타 이해 당사자들 (즉, 환자에게 중요한 사람들, 학교 임직원, 법정, 성직자)은 빈번하게 심리치료의 유용성에 대하여 중요한 질문을 한다. 예를 들면, 심리치료에 들어가는 시간, 비용 및 노력은 그 결과에 의해서 보장되는가? 사람들은 심리치료 전보다 심리치료 후에 더 나아지게 되는가? 심리치료에서 기대되는 이득은 무엇인가? 불행하게도 이러한 질문은 대답하기가 어려운데, 개인에 따라서 그리고 치료에 따라서 다를 수도 있다. 심리치료는 치료자의 기술, 흥미, 수련, 동기 및 성격에 의해 영향을 받으며, 환자의 특정 증상(예, 병인론, 지속기간, 심도), 동기, 성격 및 자원에 의해 영향을 받는 매우 개인화된 경험이다. 더욱이 치료 동안에 나타나는 독특한 치료자-환자간의 상호작용뿐만 아니라 신념, 태도 및 기대와 같은 광범위한 불특정 요인들 모두가 치료 성과에 중요한 역할을 한다. 긍정적인 치료 성과는 많은 다른 요인들 중에서도 특히 심리치료 경험뿐만 아니라 시간 경과(즉, "시간은 모든 상처를 치유한다.")와 관련이 있을 수 있다. 따라서 어떠한 두 가지 심리치료 경험도 정확히 같을 수 없다. 동일한 심리치료자를 찾아온 매우 유사한 증상을 가진 두 명의 환자가 두 가지 매우 다른 심리치료를 경험할 수도 있다. 심리치료는 한 사람들에게는 유용하지만, 다른 사람들에게는 그렇지 않을 수도 있다. 많은 노력들이 심리치료를 경험적으로 지지된 치료에 대한 강조와 증거-기반 실무의 활용을 통해서 정교한 과학적 기획으로 만들어왔지만, 심리치료는 치료자와 환자 간에 인간적 관계를 포함하고 있다: 인간적 관계가 완전하게 정밀과학으로 환원될 수는 없는 것이다.

심리치료가 효과가 있는지 없는지의 여부를 어떻게 연구할 수 있는가? 서비스가 유용했는지를 환자에게 단순히 물어보는 것은 중요하기는 하지만, 이 중요한 질문에 응답하기 위한 충분한 자료는 제공해주지는 않는다. 요구 특성이 심리치료가 유용한지 그렇지 않은지에 대한 환자의 보고에 영향을 미칠 가능성이 있다. 이러한 상황은 어떤 반응이 기대되는 환경을 만들어낸다. 예를 들어, 심리치료 과정에 많은 시간, 돈, 노력을 들인 것을 정당화하기 위하여 심리치료가 유용했다고 환자가 믿는 것이 중요할 수도 있다. 또한 그렇게 많은 회기를 심리치료자와 함께 보내고 나면, 그 환자는 이 경험이 도움이 되지 않았다고 치료자에게 말하는 것을 원하지 않을 수 있다. 그러므로 심리치료가 유용한지의 여부를 결정하는 것은 도전적인 연구 및 임상 과제이다.

초기 심리치료자들은 치료 성과를 평가하기 위해서 통제된 연구보다는 임상 사례 연구를 하였다. 사실 Freud는 통계적 분석을 이용한 통제된 연구는 치료의 효과를 결정하기 위한 합리적인 방법이 아니라고 믿었다(Freud, 1917/1963, 1933/1964). Freud와 다른 사람들은 심리치료가 극히 개인적인 경험이기 때문에 평균과 통계에 기초한 집단 결과는 유용하지 않다고 생각하였다. 1950년대 이후가 되어서야 심리학자들은 체계적으로 심리치료 성과를 연구하는 것이 가치 있는 노력이라는 생각을 시인하였다. 심리치료 성과에 대한 여러 통제된 연구가 수행되고 나서, 수천의 연구들이 뒤따르게 되었다. **심리치료 성과**는 모든 심리학 연구에서 가장 보편적인 연구 주제 중 하나가 되었다.

고전적이고 빈번하게 인용되는 연구 프로젝트에서, Hans Eysenck(1952)는 비정신과적 환자들에게 사용된 정신역동 기법과 절충적 기법 모두에 관한 24개의 연구를 검토하였다. 그의 연구 결과는 심리치료가 효과적이라는 것을 증명하는 데 실패하였다. 더욱이 Eysenck는 신경증 유형 문제(예, 불안, 우울증)의 자발적 회복(즉, 어떤 치료 중재 없는 증상의 회복)이 전체의 약 72%에서 기대될 수 있다고 주장하였다. 그러므로 그는 심리적 고통을 경험한 사람들의 72%가 치료 없이도 개선될 수 있다고 추정하였다. 그렇지만 Eysenck의 연구 방법에 대한 많은 비판자들은 그의 결론에 대하여 심각하게 의문을 제기하였다(예, Bergin, 1971; Sanford, 1953; Strupp, 1963). 예를 들면, Bergin(1971)은 Eysenck의 자료를 재검토하였는데, 자발적 회복의 비율이 72%라기보다는 약 30%이었으며, 또한 심리치료로부터의 회복률은 Eysenck가 평가한 것보다 훨씬 높다고 추정하였다.

보다 더 엄밀하고 의욕적인 연구 프로젝트에서, Smith와 Glass(1977)는 메타분석과 효과 크기 기법을 이용한 심리치료 성과에 관한 375개의 연구들을 검토하였다. 이 연구로부터의 결과는 심리치료를 받은 환자들이 심리치료를 받지 않은 사람들보다 전체의 약 75%가 더 개선되는 경향이 있음이 드러났다. 더욱이 Smith와 Glass는 서로 다른 심리치료 유형(예, 행동치료와 정신역동치료)의 치료 성과를 검토하였는데, 한 치료 접근법이 다른 접근법보다 우월하다는 것을 발견하는 데는 실패하였다. 이 포괄적이고 광범위한 조사는 Eysenck의 연구를 반증하였고, 심리치료의 유용성에 관한 강력한 지지를 제공하였다. Smith와 Glass(1977)의 연구는, Eysenck(1952)의 연구와 유사하게, 임상심리학에서 가장 빈번하게 인용되는 연구들 중 하나가 되었다.

Smith와 Glass(1977)의 연구는 전문가 공동체로부터 상당한 관심과 큰 반향을 불러일으켰다. 많은 사람들이 연구방법과 결론 모두에 대해 강력하게 비판하였다(Eysenck, 1978, 1983; Kazdin & Wilson, 1978; Rachman & Wilson, 1980; Searles, 1985). 예를 들면, 어떤 사람들은 그렇게 많은 상이한 치료 유형과 환자 문제들에 초점을 맞춘 광범위하고 다양한 연구를 사용한 것에 의문을 제기하였다. 어떤 사람들은 연구자들이 평가된 연구의 질에는 거의 관심을 갖지 않았다고 생각하였다. 심지어 어떤 사람들은 메타분석 결과에 대한 해석에 의문을 제기하였다. Smith, Glass 및 Miller(1980)는 후에 475개의 연구를 포함하여 분석을 확장하였는데, 초기 연구에서의 몇 가지 절차를 개선하였다. 이 1980년 연구는 초기 결과를 확증하였고, 심리치료를 받은 사람들이 치료를 받지 않은 개인들보다 80% 더 개선되는 경향이 있었으며, 행동치료가 언어치료보다 더 효과적이라는 것을 발견하였다. 아마도 Eysenck(1952), Smith와 Glass(1977) 그리고 Smith 등(1980)의 연구의 가장 긍정적인 성과 중의 하나는 심리치료의 효과에 관한 기본적 질문에 대답하게 해주는 수많은 연구의 계속적인 자극제가 있었다는 것이다.

심리치료 성과를 검토하는 많은 메타분석 연구들이 Smith와 Glass의 연구들 이래로 수행되어왔다(Andrews & Harvey, 1981; Kazdin & Bass, 1989; Lambert et al., 2003; Landman & Dawes, 1982; Lipsey & Wilson, 1993; Matt, 1989; Searles, 1985; Shadish, Navarro, Matt, & Phillips, 2000; D. L. Shapiro & D. Shapiro, 1982). 이러한 연구의 대다수와 다른 연구들은 심리치료가 일반적으로 효과적이라는 결론을 내린다. 예를 들면, Andrews와 Harvey(1981)는 475개의 통제된 심리치료 성과 연구를 평가하였는데, 심리치료를 받은 환자가 치료를 받지 않은 통제 피험자들보다 77% 더 개선되었는데, 재발률은 매우 작았다고 결론내렸다. Smith(1982)는 500개 이상의 통제된 심리치료 성과 연구를 검토하였는데, 심리치료가 심리적 안녕을 개선하는 데 효과적이었으며, 또한 치료 기간, 양식 및 치료자의 수련과 경험은 성과와 관계가 없었다고 결론을 내렸다. 더욱이 Smith(1982)는 행동치료가 언어치료보다 더 효과적이었으며, 또한 심리치료 없이 약물치료만 하는 것은 심리치료만 하는 것보다 더 효과적이지 않았다고 결론을 내렸다. 심리치료의 긍정적 효과성은 또한 아동들과 같은 특별한 전집에 초점을 맞춘 연구들에서도 발견되었다. 예를 들면, Casey와 Berman(1985)은 아동치료는 치료가 개별적으로 제공되든 집단으로 제공되는 똑같이 효과적이었다는 것을 발견하였다.

대중적인 잡지인 「Consumer Reports」(November 1998; Seligman, 1995)는 심리치료 성과에 관한 광범위한 조사를 수행하였는데, 심리치료에 참가한 사람들은 이 경험이 효과적이라고 생각하였으며, 장기 치료가 단기 치료보다 더 우수하였다는 것을 발견하였다. 더욱이 이 조사는 약물치료가 부가된 심리치료가 심리치료만 하는 것보다 더 우수하지는 않았으며, 또한 심리학자, 정신과의사 및 사회복지사들이 똑같이 효과적이었고, 결혼 상담가들보다 더 우수하였다고 결론을 내렸다. 이 조사는 또한 특정한 심리치료 정향(예, 정신역동, 행동치료)이 관심이 있는 임상적 문제와 상관없이 다른 정향보다 우수하지는 않았다고 결론을 내렸다. 단주모임(AA)과 같은 공동체 중재를 사용한 사람들은 특히 이러한 경험에 만족하는 것으로 드러났다. 이 「Consumer Reports」 조사는 심리치료가 효과적인 것으로 드러났는데, 사람들은 일반적으로 그들의 심리치료 경험에 매우 만족한 반면에, 낮은 비용 혹은 전혀 비용이 들지 않는 자조 집단 중재도 똑같이 유용한 것으로 결론을 내렸다.

모든 연구에 대한 광범위한 평론은 일반적으로 심리치료는 실제로 효과가 있다고 결론을 내리고 있다(American Psychological Association, 2006; Arkowitz & Lilienfeld, 2007; Barlow, 1996; Duncan, Miller, Wampold, & Hubble, 2009; Hollon, 1996; In-Albon & Schneider, 2007; Ingram et al., 2000; Lambert et al., 2003; Messer & Wampold, 2002; Nathan & Gorman, 2007; Shadish et al., 2000; VandenBos, 1996). 수많은 연구와 임상 예들은 심리치료가 효과적이라는 확증된 증거를 제공한다. 많은 연구와 임상 사례들이 심리치료가 효과적이며(Beutler, Bongar, & Shurkin, 1998; Nathan & Gorman, 2002, 2007), 그리고 향정신성 치료 사용과 비교해보았을 때조차도 역시 효과적이라고(Arkowitz & Lilienfeld, 2007) 확증된 증거를 제공한다. 그렇지만 연구자와 임상가 모두는 심리치료가 효과적인지 아닌지를 넘어서 심리치료가 어떻게 효과가 있으며, 어떤 유형의 치료와 치료자들이 어떤 유형의 문제와 환자들에게 효과적인지와 같은, 뒤따르는 부가적인 많은 질문들에 대답하기 위해서 노력해왔다. 미국심리학회(APA)에 의한 최근 노력이 특정 문제 영역들을 위한 특정 치료 접근법들을 규명하기 위해 시도되었다(Addis, 2002; American Psychological Association, 2006; Duncan et al., 2009; Chambless et al., 1996; Chambless & Ollendick, 2001; Task Force on Promotion and Dissemination of Psychological Procedures, 1995). 이들 경험적으로 지지된 치료와 증거-기반 실무가 최근에 상당한 관심과 지지를 받고 있지만 여전히 논란의 여지는 남아 있다. 많은 사람들은 특정 치료가 특정 문제들을 표적으로 할 수 있다고 생각하지만 어떤 사람들은 기계적으로 인간을 표준화된 치료 프로토콜에 맞추기에는 심리치료가 너무 독특하고 복잡하다고 생각한다 (Garfield, 1996; Havik & VandenBos, 1996; Norcross, 2002).

Seligman(1994)은 어떤 유형의 문제들은 다른 유형의 문제들보다 변화시키기가 더 쉽다고 주장한다. 그는 문제의 심도는 그 문제가 심리치료를 통해서 유의하게 변경될 수 있는가를 종종 예언해준다고 말한다. 예를 들면, 주로 생물학적이고 생활의 모든 측면에 만연되어있는 문제들을 학습된 문제나 덜 만연된 문제들보다 심리치료에 덜 적합하다. 따라서 그는 공황이나 공포증과 같은 문제들은 비만이나 알코올 중독보다 치료에 훨씬 더 잘 반응한다고 주장한다.

Barry Duncan, Scott Miller와 동료들(Duncan et al., 2009)은 다양한 영역에 효과가 있어서, 경험적으로 지지된 치료와 증거-기반 실무로 확장된, 논리정연한 치료들을 수록하는 많은 수준 높은 책들과 연구논문들을 내놓았다.

## 장기치료 대 단기치료

심리치료는 한 회기 혹은 수년간의 과정을 거치는 수백 회기 동안에도 지속될 수 있다. 심리치료의 지속 기간은 치료자의 지향과 기술뿐만 아니라 환자의 증상, 관심, 동기 및 경제적 자원에도 달려있다. 어떤 유형의 심리치료는 매우 짧은 경향이 있는 반면에, 어떤 유형의 심리치료는 엄청나게 긴 경향이 있다. 예를 들어, 정신분석의 평균 치료기간은 약 1,000회기이다 (Kernberg, 1973).

단기 **심리치료**가 점점 더 많이 강조되고 있다. 치료에 대한 단기 접근법은 환자와 보험회사 모두의 관심이 된다. 일반적으로 심리치료를 찾는 환자들은 정서적 위기를 겪고 있고 가능한 빨리 회복되기를 바란다. 그들은 일반적으로 단지 몇 회기 내에 빠른 결과를 보기를 기대하는데, 12회기 내에 현재 문제로부터 완전한 회복을 기대한다(Garfield, 1986). 보험 회사들과 다른 사람들은 건강 진료비용을 감소시키기 위해서 보다 짧은 치료 유형에 관심을 가진다.

대부분의 심리치료 경험들이 꽤 짧아지는 경향이 있다. 심리치료를 받는 대다수의 환자들은 10회기 이전에 치료를 종결하는데, 그 중앙치는 약 6회기이다 (Garfield, 1986; Kleinke, 1994; Taube, Burns, & Kessler, 1984). 사실 심리치료를 위해 정신건강 전문가의 자문을 구하는 모든 사람들의 약 1/3이 단지 한 회기만 참가한다(Bloom, 1981; Clarkin & Hull, 1991). 연구는 정신건강 전문가의 자문을 받는 사람들의 25%에서 50%가 두 번째 회기에 참가하는 데 실패하였다는 것을 발견하였다(Betz & Shullrnan, 1979; Phillips & Fagan, 1982; Sue, McKinney, & Allen, 1976). 30년 동안 진행된 2,400명 이상의 심리치료 환자들에 관한 연구에서는 심리치료 환자들의 50%가 8회기로 유의하게 개선되었고, 75%가 26회기로 개선되었다고 주장한다(Howard, Kopta, Krause, & Orlinsky, 1986). 정신과 치료를 받았고 『*Consumer Reports*』 연구(1998)에 참여한 4,100명을 대상으로 한 최근 연구에서 대부분의 사람들이 최초 10~20회기 이내에 증상들의 유의한 개선을 경험하였다는 것을 발견하였다(Howard, Moras, Brill, & Martinovich, 1996).

놀랍게도, 연구는 심지어 단일 회기의 심리치료나 자문도 의료 진료실 방문(Goldberg, Krantz, & Locke, 1970)과 일반적인 의료 이용(Cummings, 1977)의 감소와 같은 긍정적인 치료 성과와 관련되었

스포트라이트

# 경험적으로 지지된 치료 매뉴얼: 섭식 장애 극복하기

사진 : Stockvault.net 제공

정의상, 경험적으로 지지된 치료는 치료자들과 내담들 모두에게 치료과정에서 없어서는 안 될 부분으로 단계별 치료 매뉴얼을 이용할 수 있는 기회를 제공한다. 경험적으로 지지된 치료 매뉴얼에 관한 한 가지 예는 『섭식 장애 극복하기: 신경성 식욕부진증과 폭식 장애의 인지행동적 치료』(1997)라는 제목이 붙은 Stanford대학교 의과대학의 Robin F. Apple과 W. Stewart Agras가 저술한 매뉴얼이다.

이 매뉴얼은 문제 행동을 변화시키기 위한 읽기 쉽고 이해하기 쉬운 단계별 프로그램을 제공하고 있다는 점에서 다른 경험적으로 지지된 치료 매뉴얼의 전형이 되고 있다. 이 매뉴얼은 독자의 섭식 문제에 대한 평가로 시작하여 내담자 자신의 섭식행동을 바꾸는 것이 그 사람의 생활에서 지금 해야 할 올바른 일인지를 내담자가 결정하도록 해준다. 이 매뉴얼은 변화를 위한 동기와 자발성, 효과적인 행동 변화 방법에서 있게 되는 정서적인 쟁점 등과 같은 행동 문제와 관련된 전형적인 어떤 문제들을 조사한다. 이 매뉴얼은 그래서 치료 과정에 대한 개관을 제공하고, 프로그램을 몇 개의 주요단계로 분리하고 있다. 여기에는 행동변화 단계, 폭식–촉발자–확인 단계 및 재발 예방 단계가 있다. 이 매뉴얼은 내담자가 음식 기록 일지(즉, 모든 음식 항목은 물론 그와 연관된 느낌과 활동을 기록하기)를 사용하여 매번 소비되는 음식과 음료수를 자기탐지하도록 권장한다.

다음 장에서는 섭식 양식, 폭식주기 그리고 체중, 체형 및 몸매에 관해 더욱 생산적으로 생각하는 방법에 관하여 더 많은 것을 이해하도록 살펴본다. 부가적인 장들은 두렵거나 특별히 문제가 되는 음식, 폭식 촉발자를 이해하는 것, 섭식에 대한 대인 및 정서적 촉발자 그리고 치료가 종결된 후의 변화를 유지하는 방법에 초점을 두고 있다. 매뉴얼 전반에 걸쳐, 많은 연습문제, 차트, 워크북 질문과 답, 과제 연습, 전문가들이 주는 팁들 등이 나와있다. 치료자와 내담자는 워크북을 통해 구조화된 양식으로 단계적으로 작업을 해나간다. 종종 기록용지와 비디오테이프 같은 부가 자료들이 이용 가능하다.

다는 사실을 발견하였다. 그렇지만 치료 성과에 관한 몇몇 메타분석 연구는 치료 지속기간이 치료 성과와 반드시 관련되는 것은 아니라는 사실을 증명하였다. 예를 들어, Andrews와 Harvey(1981)에 의하면 단기치료는 중기치료나 장기치료와 거의 같은 긍정적인 성과를 가져온다. 다른 연구들은 단기치료나 장기치료 모두에서 치료성과 성공에 대한 지지를 발견하지 못하였다(Strupp & Anderson, 1997). 그러나 Consumer Reports와 여러 다른 연구들에 의해 행해진 전국 조사에서는, 장기치료가 단기치료보다 효과적인 경향이 있다는 사실을 발견하였다(Barlow, 1996; Consumer Reports, November 1998; Leichsenring & Rabung, 2008). 따라서 심리치료가 지속기간에 있어서 꽤 단기적으로 되는 경향이 있기는 하지만, 단기치료 대 장기치료간의 우수성에 관하여 일반화하기는 어렵다. Lambert와 Ogles(2004)는 대부분의 환자들이 10회기 후에 개선되었고 75%는 50회기 후에 개선될 것이라고 결론짓고 있다.

## 심리치료 탈락자

심리치료 환자들의 약 1/3은 두 번째 회기에 참가하지 않는다. 어떤 요인들이 심리치료의 중도 탈락을 예언할 수 있는가? 여러 연구들은 사회경제적 지위(Berrigan & Garfield, 1981; Dodd, 1970; Fiester & Rudestam, 1975; Kahn & Heiman, 1978; Pilkonis, Imber, Lewis, & Rubinsky, 1984)와 교육 수준(Rabin, Kaslow, & Rehm, 1985)이 심리치료 중도 탈락과 관련된 것으로 보인다고 보고하였다. 사회경제적 신분이 더 낮은 사람일수록 그리고 교육을 덜 받은 사람일수록 심리치료를 더 그만두기 쉬운

경향이 있다. 나이, 성, 인종, 심리검사 결과 및 기타 환자의 관심 변인에 초점을 둔 연구는 결론에 이르지 못하였다(Garfield, 1993). 따라서 치료 기간과 성과에 대한 사회적 요인 및 문화적 요인의 영향을 이해하기 위하여 더 깊은 연구가 필요하다.

환자의 사회경제적 지위와 교육 수준이 심리치료 중도 탈락을 예언한다고 한다면, 치료자의 어떤 특징들이 또한 그것을 예언할 수 있을까? 치료자의 기술은 심리치료의 지속과 정적으로 관련된다(Baekeland & Lundwall, 1975; Dodd, 1970; McNeill, May, & Lee, 1987; Sloane, Staples, Cristol, Yorkston, & Whipple, 1975). 그렇지만 치료자의 성별과 전문적인 소속집단(예, 심리학자, 정신과 의사, 사회사업가)은 비록 많은 부가적인 요인들이 역할을 할 수 있지만, 심리치료의 지속이나 중도 탈락에 상관이 없는 것으로 보인다(Carpenter & Range, 1982; Mogul, 1982). 환자들이 자신을 심리치료로 이끈 위기가 지나갔으며, 따라서 지속에 대한 동기는 유의하게 감소되었음을 느낄 수도 있다. 종종 환자들은 단지 한 회기 후에 더 좋아졌다고 느끼고, 지속을 원하지 않거나 필요로 하지 않는다(Goldberg et al., 1970). 더욱이 치료자와 환자는 첫 회기 동안에도 '잘 맞지' 않을 수 있다. 치료자를 좋아하지 않거나 그들의 욕구가 적절하게 부합되지 않는다고 느끼는 환자들은 추가 회기를 계획하지 않거나 다음 회기에 참석할 가능성이 적어진다.

## 한 유형의 치료가 다른 유형의 치료보다 더 나은가?

정신역동 심리치료가 인지행동 심리치료보다 더 나은가? 개인 심리치료가 가족 체계 접근법보다 더 나

은가? 어떤 한 유형의 심리치료가 다른 유형의 심리치료보다 우수한가? 이전 장들에서 논의한 바와 같이, 임상심리학은 심리치료에 대한 자신들의 접근법이 다른 대안들보다 우수하다고 주장하는 전문가들에 의한 긴 역사를 가지고 있다. 그렇지만 제4장에서 자세히 살펴본 바와 같이, 심리치료에 대한 점점 더 통합적인 접근법들이 이 분야가 성장하고 성숙하면서 지난 수년 동안에 발전되고 실행되어왔다. 게다가 증거-기반 실무를 제공해야 한다는 최근의 강조는 특정한 이론적 지향에 대해서는 최소한의 관심을 가지면서 어떤 치료가 가장 효과적인지에 초점을 두는 경향이 있다(American Psychological Association, 2006). 여전히 심리치료의 한 가지 유형이 다른 유형보다 우수한지를 밝히기 위해서 수많은 조사 연구들이 있어왔고 계속해서 행해지고 있다. 이러한 대다수의 연구들은 언어적인 심리치료나 통찰지향 심리치료(예, 정신역동 치료, 인본주의 치료)를 행동지향 심리치료(예, 행동치료, 인지치료)와 비교한다. 부가적으로, 연구는 또한 심리치료와 심리사회적 중재 치료가 약물 사용과 어떻게 비교되는지를 검증하는 경향이 있다(Arkowitz & Lilienfeld, 2007).

이러한 연구들이 치료의 순수 형식을 이용하고, 기법과 오리엔테이션을 혼합하거나 배합하지 않도록 하기 위해서, 대부분의 연구들은 치료 매뉴얼을 구체화하고, 임상가들에게 이러한 치료 매뉴얼 프로토콜을 따를 것을 요구한다. 이러한 프로토콜들은 치료 접근의 실시에 특정한 지침을 제공한다(예, Crits-Christoph & Mintz, 1991; Lebow, 2008; Luborsky & DeRubeis, 1984; Rounsaville, O' Malley, Foley, & Weissman, 1988). 물론 임상가들은 실제 실무에서는 치료 매뉴얼을 사용하지 않는 경향이 있으며, 자신들의 치료를 오직 한 가지 이론적

관점에서 나온 기법이나 접근을 사용하는 데 거의 초점을 두지 않는다(American Psychological Association, 2006; Barlow, 1996; Goldfried & Wolfe, 1996; Lebow, 2008; Norcross et al., 2006; Prochaska, 2008; Seligman, 1996). 대부분의 연구들은 심리치료의 한 가지 유형이 다른 유형보다 일관되게 우수하다는 것을 발견하는 데 궁극적으로 실패하였다. 사실 1970년대 중반 이래로, Luborsky, Singer 및 Luborsky(1975) 그리고 많은 다른 사람들(예, Luborsky et al., 2002; Stiles, Shapiro, & Elliott, 1986)은 상이한 유형의 심리치료들의 동등성을 '도도 새 판정'으로 언급해왔다. 이 용어는 〈이상한 나라의 앨리스〉에서 유래한 것으로, 여기에서 도도 새는 "모든 사람이 승리했으므로 모두 상을 받아야 한다."고 말하고 있다. 그렇지만 많은 연구자들은 날지 못하는 새인 도도 새 판정이 하나의 신화라고 믿는다(Chambless, 2002; London, 1988; Nathan & Gorman, 2007; Norcross, 1995; Norcross et al., 2006). 그들은 상이한 유형의 심리치료들이 종종 상이한 특정 효과가 있으며, 또한 이러한 효과는 단지 한 가지 치료 유형에만 예외적인 것은 아니라고 시사한다(Chambless, 2002; Lebow, 2008; Norcross, 1995). 이러한 연구들이 치료들 간의 차이점을 발견할 때, 그들은 일반적으로 인지치료와 행동치료가 정신역동이나 보다 많은 언어적 치료 정향보다 더 긍정적인 성과(주로 증상감소나 행동 변화에 의해 측정되는)를 가져오는 경향이 있다는 생각을 지지한다(Andrews & Harvey, 1981; Chambless, 2002; Kazdin & Weisz, 1998; Lebow, 2008; Searles, 1985; D. L. Shapiro & D. Shapiro, 1982; Svartberg & Stiles, 1991). 따라서 인지 및 행동 접근방식은 더욱 경험적으로 지지된 치료 매뉴얼과 증

> ### 스포트라이트
>
> ## 다양성: 내담자들은 자신의 문화 집단 출신의 치료자를 선호합니까?
>
> Zane과 동료들(2004)은 문화적으로 민감한 치료에 관해 사람들이 가장 공통적으로 묻는 질문 중에 하나는 소수 집단 구성원들은 자기 문화 집단 출신의 치료자를 선호하는가에 관한 것이라고 진술한다. 많은 연구들이 사람들이 자기와 같은 문화 집단 출신의 치료자들과 치료하기를 선호하며, 이러한 선호는 특히 아프리카계 미국인 사이에서 뚜렷하다는 것을 밝혀냈다. 연구는 환자-치료자 인종을 같게 하는 것이 치료회기가 더 많아질 수는 있지만 아프리카계 미국인과 라틴계 미국인들 사이에서 환자와 치료자간의 혼합된 인종 또는 민족을 짝지우는 것보다 더 나은 치료 성과를 가져오지 않을 수도 있다고 주장한다(예, Zane et al., 2004). 그렇지만 치료 성과는 아시아계 미국인들이 아시아계 미국인 치료자와 짝을 이루었을 때, 그리고 멕시코계 미국인들이 유사한 언어를 사용하는 멕시코계 미국인 치료자와 짝을 이루었을 때 더욱 향상되는 것 같이 보인다(Sue, Fujino, Ho, Takeuchi, & Zane, 1991). 이러한 연합은 기껏해야 미미한 정도이고, 따라서 인종적으로 짝지우는 것이 보다 더 긍정적인 치료 성과가 항상 나올 것을 보장하리라고 기대하는 것은 비합리적이다(D. Sue & D. M. Sue, 2008; Zane et al., 2004). 더욱이, 연구자들은 내담자-치료자의 인종, 민족성, 성별, 그리고 성적 지향으로 짝지우는 것이, 문화, 언어, 사회경제적 지위, 문화적 적응 등과 같은 다른 중요한 변수들과 꼭 짝지어지는 것은 아닐 수도 있다는 것에 주목하였다(D. Sue & D. M. Sue, 2008; Zane et al., 2004). 치료자들에 대해서 문화적인 감수성 훈련을 제공하고 내담자들에 대해 치료 전 예비교육을 제공하려는 노력들은 문화적으로 다양한 환자들에게 치료 효과성을 개선하는 것 같다(D. Sue & D. M. Sue, 2008). AFFIRM(Association for Federal Information Resources Management, 연방정보자원관리위원회)과 같은 다양한 고급 프로파일과 관련 기구들이 게이, 레즈비언, 양성애자 그리고 트랜스젠더에 초점을 두었는데 치료자들과 대중에게 참고도서, 자료들 및 치료자와 환자를 짝지우는 것을 돕는 것을 포함하는 도움이 되는 정보를 제공한다.

거-기반 실무 접근에 비해 우월한 지위를 갖게 되었다(American Psychological Association, 2006).

연구들은 또한 심리치료가 불안, 우울증 및 기타 증상들을 치료하는 데 약물치료만큼 효과적인지를 밝히려고 하였다(Arkowitz & Lilienfeld, 2007; Blackburn & Moore, 1997; Clay, 2000; Fava et al., 1998; Hollon, 1996, 참조; 그리고 Horgan, 1996, 평론 참조). 흔히 인용되는 대규모의 국립정신건강연구소(NIMH)의 우울증 공동 연구에서는 인지행동 심리치료, 대인 심리치료(즉, 정신역동 심리치료와 인본주의 심리치료의 조합), 약물치료(즉, imipramine) 및 약물 위약 조건을 비교하였다. 약물치료 집단과 약물 위약 집단도 역시 임상 사례 관리를 받았다. 세 개의 큰 도시들에서 250명의 환자들이 정신과 의사나 심리학자에게 치료를 받았다. 결과는 위약 조건을 포함한 모든 치료에서 환자가 개선되었는데, 인지행동 심리치료와 대인 심리치료를 받은 환자들 간의 성과 차이는 극히 작은 것으로 나타났다. 따라서 약물치료가 불안과 우울증 같은 많은 일반적인 심리적 문제들을 치료하는 데 있어서 심리치료보다 우수하다는 것은 증명되지 않았다. 때때로 단독 연구들이 심리치료의 다른 유형들에 비해 한 가지 유형을 지지하기는 하지만, 대부분의 전문적으로 실행되는 합법적인 심리치료 접근법들이 대부분의 사람들에게 똑같이 효과적이라는 것이 전반적인 견해이다 (Horgan, 1996).

연구는 한 가지 유형의 합법적인 심리치료가 모든 유형의 임상적 문제들을 치료하는 데 있어서 다른 유형보다 우수하다는 견해를 지지하지는 않지만, 매우 특정한 장애를 위한 치료 접근법들을 검증한 연구는 어떤 기법의 우수성에 대해 몇 가지 지지를 제공하였다. 따라서 한 유형의 심리치료가 일반적인 관심사에 대해 다른 심리치료보다 우수하지는 않지만, 여러 가지 특정한 장애들은 어떤 특정 접근법을 사용할 때 더 효과적으로 치료되는 경향이 있다. 증거-기반 실무에 관한 APA특별 위원회뿐만 아니라 APA 임상심리학 분과(제12분과)의 심리학적 절차의 개선과 보급에 관한 특별위원회(1995)는 특정 장애들에 대한 이러한 확고한 연구 결과들을 토대로 한 심리치료 지침을 개발하였다(American Psychological Association, 2006; Chambless et al., 1996; Chambless & Ollendick, 2001). 약물 남용 및 의존성 그리고 불안, 우울증, 성, 섭식 및 건강 문제들과 같은 다양한 문제 영역의 치료를 위하여 경험적으로 지지된 치료와 증거-기반 실무가 개발되어왔다. 이들 치료에 대한 예들에는 공포증과 외상 후 스트레스 장애를 위한 노출 치료, 두통, 우울증, 과민성 대장증후군 및 신경성 폭식증을 위한 인지행동 치료, 그리고 우울증 및 부부 불화를 위한 통찰지향적 역동 치료가 있다(American Psychological Association, 2006; Lamberg, 2008; Lambert, 2005; Nathan & Gorman, 2007).

## 심리치료 효과의 지속

어떤 사람이 심리치료를 중단하였을 때 어떤 일이 일어나는가? 사람들은 일반적으로 부적응적인 사고, 감정 및 행동 양식으로 되돌아가는가? 심리치료를 통해 획득된 이득들은 지속되는가? 심리치료가 아무런 재발 없이 문제를 '치료'하거나, 증상을 제거할 것이라고 기대하는 것은 비현실적일 수 있다. 20세의 어떤 사람이 우울증을 위해 심리치료 처치를 받았다면, 그 사람이 결코 다시 우울을 느끼지 않을 것이라고 기대할 수는 없다. 수많은 연구들은 치료 종결 후에 증상의 재발이 있는가를 알아보기 위해 심리치료의 장기적인 효과를 조사하였다. 심리치료 추적에서 수집된 대부분의 자료들은 치료 후 수개월에서 수년간의 범위에 걸쳐있다.

연구는 일반적으로 심리치료에서 획득된 이득들이 지속된다는 내용을 지지한다(Andrews & Harvey, 1981; Barlow, 1996; Jorm, 1989; Lambert & Ogles, 2004; Landman & Dawes, 1982; Nicholson & Berman, 1983; Nietzel, Russell, Hemmings, & Gretter, 1987; Nathan & Gorman, 2007; Snyder & Ingram, 2000). 예를 들어, Jorm(1989)은 불안 치료 연구결과들을 검토해서 통제 집단 피험자들과 비교하였을 때 불안 감소가 치료 후 1년까지 유지되었다는 사실을 발견하였다. Feske와 Chambless(1995)는 사회적 불안에 대한 인지행동 치료를 이용하여 21개 연구를 조사하였는데, 통제 조건에 비해 치료 후에 최장 1년 이상 지속되는 개선 효과를 발견했다. Bakker 등(1998)은 공황 환자에게서 치료 후 최장 8년까지 유사한 결과를 발견했다. Nietzel 등(1987)은 우울증 치료에 초점을 둔 연구를 조사하여, 효과적인 치료 종결 후에 4개월(평균)까지 치료 이득이 유지되었다는 사실을 발견하였다. Gallagher-Thompson, Hanley-Peterson 및 Thompson(1990)은 또한 우울증의 치료 성과 연구를 검토하였는데, 치료 이득이 일반적으로 치료 후 2년까지 유지된다는 사실을 발견하였다. 유사한 결과들이 알코올 치료(Bellack & Herson, 1990), 외상 후 스트레스 장애(Foa et al., 1999) 및 두통치료(Blanchard, 1987)를 검토하였을 때에도 보고되었다. 그렇지만 많은 경우에 재발은 일반적이고 걱정스러운 문제이다. 연구자들은 심리치료 이득의 유지를 최대화하기 위한 프로그램과 전략을 개발하였다(예, Annis, 1990; Brownell & Jeffery, 1987; Cummings, Gordon, & Marlatt, 1980; Kane,

주목받는 현대 임상심리학자

사진 : John Pina제공

## John Pina, PhD

**생년월일** : 1963년 8월 2일

**대학교** : 1995년 Minesota대학교(심리학, BA), 1995

**대학원 프로그램** : 2000년 Minesota대학교(임상심리학, PhD)

**임상 인턴쉽** : California 주 Palo Alto 시 Stanford대학교, Lucille Packard 아동 병원 및 아동 건강 기구

**현재의 직업** : California 주 Los Gatos에서 청소년 및 가족 치료-개인 개업

**임상심리학자가 되는 것의 장점과 단점** :

**장점** : "나는 진정으로 10대들과 가족들이 그들의 행동과 사고에서의 역기능적인 양식들을 스스로 볼 수 있게 도와주고 싶다. 나는 사람들이 사고하는 방법에 있어서의 차이를 우선적으로 관찰하고 이해하는 기회를 가지는 것을 좋아한다."

**단점** : "내담자들이 그들 자신이라기보다는 내가 변화를 촉진시킬 수 있는 유일한 사람이라고 잘못 믿을 때, 내담자의 기대가 자신들의 문제의 함수일 때, 나는 누구도 승자가 될 수 없는 상황에 처해질 수 있다."

**당신의 전문분야와 그것을 선택한 방법** : "나의 전문분야는 어린 10대 청소년들의 심각한 행동 쟁점들을 다루는 것이다. 많은 이러한 아이들은 우울, 불안, 주의력 결핍 과잉행동 장애(ADHD), 그리고 심각한 약물 남용 내력뿐만 아니라 반항성 행동을 가지고 있다. 나는 또한 그들의 부모들과도 작업을 하고, 거기서 나의 전문 분야는 가끔은 그들이 자신의 아이들에 대한 모든 조절 능력을 잃어버렸다고 느끼는 상황에서 그 부모들이 스스로 힘을 북돋을 수 있게 돕는 것이다. 나는 내가 왜 이들 전문분야를 선택했는지, 혹은 오늘날 우리문화에서 이것들이 만연된 것처럼 보이는지 모르겠지만, 나는 아이들과 부모들 모두와 소통함에 있어 그들의 각각의 수준에 맞추어 잘하였다고 느꼈다."

**임상심리학의 미래** : "나의 업무의 미래는 기본적으로 경제적인 요인(경제, 보험 등)에 달려있다. 경기가 좋을 때는, 사람들은 그들이 의도한 대로 치료를 활용할 수 있다는 것인데, 자신들의 부적응 행동과 사고 양식을 스스로 생각해낼 수 있게 해주는 것이다. 경기가 나쁠 때는, 내담들이 기본적인 위기중재로서만 치료를 활용할 수 있는데, 치료는 불행하게도 우선순위에서 밀려나게 될 수 있다."

**전형적인 일과** : "나는 기본적으로 월요일부터 금요일까지 오전 11시부터 오후5시까지 내담자를 본다. 나는 또한 일반적으로 매달 부모 교육 세미나를 한다."

2008; Marlatt & Donovan, 2008). 연구는 심리치료의 효과가 심리치료 종결 후에도 지속된다는 견해를 지지하는 경향이 있다(Lambert & Ogles, 2004). 그렇지만 일부 연구는 반대의 경우를 시사하고 있다. 어떤 저자들은 심리치료와 관련된 변화가 확고한 편파, 낙관론, 긍정적인 기대 또는 인지부조화에 기인할 수도 있다고 믿는다(Myers, 2000).

## 긍정적인 심리치료 성과와 관련된 공통적인 요인

전반적으로, 심리치료는 치료를 받지 않는 것과 비교할 때 많은 문제들을 치료하는 데 효과적이며, 일반적으로, 또한 어떤 한 유형의 심리치료가 다른 유형보다 우수하지는 않다고 주장되었다(Lebow, 2008; Lambert & Bergin, 1994; Luborsky et at., 2002; Messer & Wampold, 2002; Norcross, 2002; Norcross & Goldfried, 2005; Norcross et al., 2006; Prochaska & Norcross, 2007; Wampold, 2001). 그렇지만 최근에 들어와서 대다수의 인지-행동적 접근들이 경험적으로 지지된 치료와 증거-기반 실무 접근의 목록보다 우세한 것으로 나타났다. 만일 수년 동안 심리치료에 관한 대부분의 연구가 상이한 유형의 타당한 치료가 거의 동등하게 효과적이라는 견해를 지지한다면, 상이한 유형의 심리치료와 연관된 특정한 이론들과 기법들(예, 정신역동적 심리치료, 행동주의적 심리치료 및 가족체계 심리치료)은 치료 경험에 대한 치료적 효과를 유의하게 설명하지 못할 수도 있다. 그렇다면 다음과 같은 질문이 제기되는데, 즉 특정한 이론들과 기법들이 치료 성과를 설명하지 못한다면, 어떤 설명을 할 수 있는가? 한 가지 잠정적인 대답은 모든 유형의 심리치료들 간에 어떤 공통성이 있고, 또한 이들 공통성이 치료 효과성과 관련되어 있다는 것이다. 단순히 누군가와 문제에 대해서 얘기하거나 돌보아주고 양육해주는 전문가의 관심이 모든 심리치료 유형에서 강력한 치료적 요인이 될 수 있다는 것을 생각해볼 수 있다. 더욱이, 치료자와 만날 약속을 하는 것이 내담자들에게 규칙적으로 참여하게 하고 우선 자신들을 심리치료를 받게 한 자신들의 상황과 문제를 개선시킬 방법에 관하여 생각해보게 한다. 심리치료에서 공통분모, 즉 **공통 요인**에 대한 탐색은 심리치료가 어떻게 효과적인지 이해하는 데 있어서 중요하다(Duncan et al., 2009; Norcross, 2002; Norcross & Goldfried, 2005; Prochaska & Norcross, 2007; Roth & Fonagy, 2005).

Goldfried와 동료들(Goldfried, 1991; Goldfried et al., 1990)은 모든 심리치료는 환자에게 교정적인 정서적 경험에 참여하도록 격려하며, 또한 환자에게 어떤 형태의 피드백을 제공해준다는 것을 제안하였다. Karasu(1986)는 모든 유용한 심리치료는 세 가지 공통적인 환자 요인, 즉 정서적인 경험, 인지적 정복감 및 행동 조절을 포함한다고 주장하였으며, 또한 모든 주요 심리치료 학파는 변화를 일으키기 위해 이 세 가지 성분들을 활용한다고 주장하였다. 정서적인 **경험**이란 감정을 표현하는 것을 말한다. **인지적 정복감**이란 환자가 자신의 문제에 대한 태도, 지각 및 신념에 대하여 통제감을 경험하게 하는 방법으로 문제에 대해서 생각하는 것을 말한다. 행동 조절이란 충동이나 문제 행동을 통제하기 위한 전략을 개발하는 것을 말한다. Frank(1982, 1993)와 기타 사람들에 의해서 개관된 부가적인 공통성들에는 도움을 받고 있는 것과 관련된 전문 치료실; 지지적인 태도의 수련받은 정신건강 전문가; 사고, 감정 및 행동이 더 나아질 수 있다는 고양된 희망; 서비스와 관련된 치료비; 그리고 부당한 이중 관계의 회피가 있다.

문헌 평론에서, Weinberger(1995)는 긍정적인 심리치료 성과와 관련된 5가지 공통적인 요인들을 개관하였다. 이것들은 치료적 관계, 성공에 대한 기대, 문제에 직면하기, 문제에 대한 정복감이나 통제감 경험을 제공하기, 그리고 성공이나 실패에 대한 귀인이 포함된다. 이들 요인 각각이 간략하게 검토될 것이다. 심리치료의 모든 주요한 접근들은 치료자와 환자간의 작업 관계가 긍정적이어야 하며, 또한 치료자들은 일반적으로 감정이입적이고, 진솔하고, 온정적이고, 전문적이어야 한다고 강조한다(Duncan et al., 2009; Lafferty, Beutler, & Crago, 1991; Lambert, 1986; Lambert & Okishi, 1997; Norcross & Goldfried, 2005; Prochaska & Norcross, 2007; Roth & Fonagy, 2005; Teyber & McClure, 2000). 치료자와 환자간의 이러한 작업 동맹은 효과적인 심리치료를 위한 중요한 요소라고 생각된다(Horvath & Symonds, 1991; Lambert, 1992; Lambert & Bergin, 1994; Norcross, 1995; Norcross & Goldfried, 2005; Prochaska & Norcross, 2007; Salvio, Beutler, Wood, & Engle, 1992; Strupp, 1995; Teyber & McClure, 2000; Yalom, 1980). 예를 들어, Strupp(1995)은 '대인관계 맥락의 질이 모든 심리치료 유형의 필수 조건이며'(p. 70), 또한 좋은 치료자들은 환자에게 교정적인 정서 경험을 제공하고, 전이 역동들을 효과적으로 다룬다고 진술한다. 따라서 Strupp은 치료자들이 '복잡한 인간관계를 치료적으로 다룰 수 있는 능력과 ······ 환자의 무의식적인 자기-파괴적 시나리오에 말려드는 것을 회피할 수 있는 능력'(p. 71)을 가져야만 한다

고 결론을 내렸다. 환자가 지각하기에 도움을 주고 수용적이라고 생각되는 치료자와의 연결은 거의 모든 유형의 심리치료에서 강력한 공통적인 요인이다(Lambert, 1992; Norcross, 1995; Norcross & Goldfried, 2005; Prochaska & Norcross, 2007; Teyber & McClure, 2000).

기대가 또한 긍정적인 치료 성과에 대한 강력한 예언요인이다. 수많은 연구들은 환자들이 치료가 도움이 된다고 믿을 때 더 효과적이라는 사실을 증명하고 주장하였다(Bandura, 1989; Barker, Funk, & Houston, 1988; Frank, 1982, 1993; Kirsch, 1990; Lambert & Ogles, 2004; Rosenthal, 1987). 심리치료가 효과적이라는 믿음은 심리치료의 또 다른 중요한 공통 요인이다. 사실, 심리치료에서의 많은 개선이 위약효과에 기인될 수도 있기 때문에(Brody, 1983; Horvath, 1988; Myers, 2000), 성과 결과가 기대 효과 외에 다른 요인들 때문임을 확실히 하기 위해서 치료성과 연구에서 위약 통제 조건이 활용되어야 한다(Horvath, 1988; Kirsch, 1990; Weinberger, 1995).

문제를 회피하거나, 도피하거나 혹은 부인하는 것보다 문제에 직면하는 것이 치료 성과에 중요한 변인이며, 모든 치료에서 공통 요인이라고 생각된다(Kleinke, 1994; Lambert & Ogles, 2004; Norcross & Goldfried, 2005; Orlinsky & Howard, 1986; Prochaska & Norcross, 2007; Weinberger, 1995). 모든 치료는 문제에 직면시키기 위한 어느 정도의 관심과 공략 계획을 포함하고 있으며, 다양한 증상들에 보다 효과적으로 대처시키기 위한 전략들을 개발한다. 연구는 심지어 심리치료적 맥락이 아니더라도 문제와 직면하는 것만의 치유적 측면들도 지지하였다. 예를 들어, Liberman(1978)과

Pennebaker(1990)는 치료자 없이 단독으로 단순히 문제에 대해서 기술하거나 얘기하는 것만으로도 증상을 개선시키는 결과를 가져온다는 것을 발견하였다. 그러므로 문제에 대해 작업하고 그것들을 극복하기 위한 방법에 초점을 맞추는 것은 모든 심리치료 유형에서 강력한 공통 요인들이며, 심지어 공식적인 심리치료 경험 이외에서도 효과적이다.

문제에 대한 정복감, 즉 통제감은 치료 성과의 강력한 예언요인이며 모든 치료에서 매우 중요한 공통 요인이라고 가정된다(Kleinke, 1994; Liberman, 1978; Rappoport, 2002; Roth & Fonagy, 2005; Weinberger, 1995). 어떤 문제를 극복하려는 합리적인 계획을 갖고 있다는 신념은 자기 효능감을 증진시켜준다(Bandura, 1989).

끝으로, 환자들이 믿는 요인이 변화에 기여한다는 환자 귀인들은 치료 성공 또는 실패의 강력한 예언요인인 것으로 보인다. 치료에서의 성공은 일반적으로 내적 귀인(예, 환자 자신의 노력, 개선된 대처 기술, 긍정적인 성격 변화; Bandura, 1989; Roth & Fonagy, 2005; Weinberger, 1995)과 관련된다.

Murphy, Cramer 및 Lillie(1984)는 환자들에게 긍정적인 치료 성과와 관련된 가장 중요한 요인이라고 생각하는 것을 기술하도록 요구하였다. 대다수의 사람들은 자신들의 문제를 이해하고, 관심이 있으며, 격려해주며, 희망을 주는 누군가로부터 충고를 받거나 얘기하는 것이 **치료적 요인**(curative factor)이었다고 보고하였다. Lazarus(1971)는 치료자의 개인적 자질(예, 온화함, 정직)이 실제 심리치료에서 사용된 기법들보다 환자들에게 더 중요하다는 것을 발견하였다. 따라서 치료적 관계, 심리치료에 대한 신념, 문제에 대해 작업하는 것, 통제감과 정복감의 개발 모두가 심리치료에서 공통적인 치료적 요인인 것으로 보

인다(Duncan et al., 2009; Lambert & Ogles, 2004; Roth & Fonagy, 2005; Wampold, 2001).

## 변화는 도전이다

심리치료의 도움이 있든 없든 간에, 행동 변화는 이루어지기가 쉽지 않다. 인간은 습관의 피조물이 되는 경향이 있으며, 심지어 파괴적인 행동이나 사고 양식(예, 분노 발작, 낮은 자존감, 흡연, 고지방식 섭취, 과음)은 변화시키기가 매우 어렵게 되는 경향이 있다. 더욱이 심지어 긍정적인 변화도 항상 환영받는 것은 아니다. 종종 환자는 변화에 대하여 양가감정을 가지고 있으며, 변화로 인한 어떤 결과들에 대해 기뻐하지 않을 수도 있다. 예를 들어, 많은 체중을 감량한 어떤 환자는 *그*가 받는 어떤 관심이 불쾌하다는 것을 발견할 수 있다. 공황발작과 기타 두려움들을 성공적으로 극복한 어떤 환자는 가정이나 직장에서 더 많은 책임감을 발달시키도록 기대될 수도 있다. 더 이상 학교에서 분노 발작에 대한 부정적인 관심을 받지 않는 한 아동은 무시받는다고 느낄 수도 있다. 변화에 대한 저항은 아마도 일반 사람들뿐만 아니라 심리치료 환자들에게도 매우 일반적이다.

James Prochaska(1984, 2000, 2008)와 동료들은 상이한 유형의 문제들과 상이한 치료방법들에 교차하는 변화 과정을 검토함으로써 이론적 지향들 간의 행동 변화의 공통성을 연구하였다. 행동 변화의 상이한 지향들에 대한 분석에서 Prochaska는 변화의 다양한 보편적인 단계, 수준 및 과정을 분리하였다. 그의 이론은 변화의 다섯 단계(즉, 사전 예방, 예방, 준비, 실행 및 유지), 변화의 다섯 수준(즉, 증상, 부적응적 인지, 현재의 대인관계 갈등, 가족/체계 갈등,

대인관계 갈등) 및 10가지 변화과정(즉, 의식 고양, 정화/극적인 구제, 자기 평가, 환경 재평가, 자기 해방, 사회적 해방, 역조건 형성, 자극 통제, 유관관리 및 도움 관계)을 포함한다. Prochaska의 모형이 비록 인지-행동적 '취향'을 띠기는 하지만 변화에 대한 그의 이론은 그것이 어떤 한 가지 모형이나 조망에 기초하지 않기 때문에 비이론적이다(Prochaska & Norcross, 2002, 2007). 최대 40%의 변화가 기대나 위약효과로 귀인될 수 있고(Lambert, 1992), 또한 의식 고양이 대부분의 심리치료에서 행동 변화의 중요한 성분으로 간주되기 때문에(Prochaska & Norcross, 2002), 변화에 대한 바람은 행동 변화를 설명하는 데 매우 중요한 요인인 것 같다(Prochaska, 2000).

변화는 이루어지기가 쉽지 않다. 일반적으로 환자들이 자신의 행동(혹은 다른 사람의 행동)을 변화시키고자 심리치료에 임하기는 하지만, 역설적이게도 많은 사람들은 변화에 매우 저항적이다. 심리치료에서 변화에 대한 저항은 Freud 시대 이래로 심리치료자들에 의해 인식되어왔고 주목받아왔다. Kleinke(1994)는 변화가 이루어지기 어려운 이유와 저항은 심리치료에서 매우 공통적이라는 이유를 설명하는 몇 가지 중요한 요인들을 개관하였다. 첫째, 변화는 위협적이다. 친숙한 사고, 감정 및 행동방식들은 그것들이 비록 부적응적일지라도 어느 정도의 편안함을 제공하다. 예를 들어, 광장공포증을 겪고 있는 사람들은 비

## 스포트라이트

## 최고 전문가들의 심리치료 연구 결과에 관한 생각은 무엇인가?

Rhode Island 주의 연구자 Charles Boisvert와 David Faust(2003)는 그들이 수행한 조사에서 심리치료 연구 분야에서 국제적으로 최고 전문가들에게 심리치료 연구 성과가 우리에게 어떤 주요 쟁점에 관해 무엇을 말하고 있는가에 관한 그들의 의견을 제공하도록 요청했다. 이들 25명의 최고 전문가들은 심리치료 연구 분야의 다른 전문가들 사이에서 가장 많이 인용되는 저자들이었다.

그 결과들은 연구가 다음의 결과들을 지지한 매우 강력한 일치를 제안하였다:

1. 심리치료는 대부분의 내담자들에게 유용하다.
2. 대부분의 사람들은 심리치료에서 꽤 빠르게 향상을 보인다.
3. 내담자들은 다양한 형태의 심리치료에 관련된 특정 요인들보다는 오히려 일반적인 요인들에 의해 더 변하는 것 같다.
4. 일반적으로 치료자가 달라도 상당히 비슷한 치료성과 결과를 얻는다.
5. 치료 성공에 대한 최고의 예측요인은 치료자와 내담자 사이에 형성되는 관계이다.
6. 대부분의 치료자들은 연구의 발견들보다 오히려 경험에서 효과적인 접근법에 대해 배운다.
7. 내담자들의 약 10%는 심리치료 참여 후 좋아지기보다 오히려 더 악화된다.
8. 치료를 받는 것이 위약집단이나 대기통제집단보다는 더 낫다.
9. 치료자의 경험과 수련 정도는 치료 성공에 대한 강력한 예측요인은 아니다.
10. 장기치료는 대부분의 내담자를 위한 단기 형태의 치료보다 더 효과적이지는 않다.

행기 여행을 하거나, 식품점에 가거나, 심부름을 하는 것을 편안하게 느끼지 못하기 때문에 좌절될 수도 있다. 그들은 종종 집에 가까이 왔을 때 가장 편안함을 느끼며, 불안을 일으키는 상황을 회피할 수 있다. 이러한 두려움에 직면하고 독립성을 증가시키는 것에 대해서 작업하는 것은 위협적이고 두려운 일이다. 둘째, 문제적 증상과 관련된 이차적 이득(즉, 문제를 유지하게 해주는 이점)은 또한 포기하기 어려울 수 있다. 예컨대, 광장공포증을 가진 환자는 일을 하지 않을 수도 있거나 심부름(예, 공항에 친구나 가족을 데리러 가기, 식품점 쇼핑)을 하지 않아도 되는 것으로 예상될 수도 있다. 가족 성원들과 친구들은 광장공포증을 가진 사람을 위해 기꺼이 많은 일을 해 줄 수도 있는데, 많은 어려운 과제를 회피할 수 있는 기회를 제공한다. Kleinke(1994)에 의해 개관된 저항과 관련된 세 번째 요인에는 다른 사람들부터의 잠정적인 방해가 포함된다. 환자가 심리치료를 통한 행동 변화를 원할지라도, 환자의 삶에 중요한 타인들이 현상을 유지하도록 동기화될 수 있다. 예를 들면, 광장공포증을 가진 환자의 배우자는 환자에게 중요하고 필요한 존재라고 느낄 수 있다. 독립심의 증가는 관계에서의 자신의 힘과 역할에 대한 위협으로 배우자에 의해 경험될 수도 있다. 만약 환자가 알코올 소비를 최소화하는 데 관심을 가진다면 그 사람과 자주 술을 마시던 가족이나 친구들은 대치, 죄책감 및 불편함을 느낄 수 있고, 환자가 술을 끊는다면 그들은 더 이상 공통되는 이러한 활동을 가지지 않게 된다. 체중을 감량시키려는 사람은 함께 식사를 즐기던 다른 사람들과의 우정을 유지하는 것이 어렵다는 것을 발견할 수도 있다. 끝으로, 많은 사람들은 그들의 자유가 위협된다고 느낄 때 변화에 저항한다(Brehm & Brehm, 1981). 만일 치료자가 변화에 대해서 너무 빨리 나아가거나 높은 기대를 하는 것으로 지각된다면, 그 환자는 그것이 비록 바람직한 방향이라고 하더라도, 변화에 반발하거나 저항하기 쉽다.

## 심리치료자를 위한 수련의 수준

어떤 사람이 유능한 치료자가 되기 위해서 PhD나 다른 고급 학위(예, PsyD, MSW, MD)를 반드시 가질 필요가 있는가? 정신건강 전문가로서 개업하기 위한 면허를 취득하기 위하여 4년에서 7년의 대학원 후 수련이 정말로 필요한가? 따뜻하고 감정이입을 잘 하는 많은 사람들이 비록 그들이 공식 수련이 없다고 하더라도 훌륭한 '치료자'가 될 수는 없는가? 많은 친구들, 동료들 그리고 조부모들은 훌륭한 '치료자'가 될 수 없는가? 심리치료자의 온화함, 감정이입, 정직 및 관심과 같은 공통 요인들이 치료 경과에 중요하며 심지어 필수적이라면, 최소한의 수련을 받은 어떤 '좋은' 사람이 유능한 심리치료자가 될 수는 없는가? 위약조건이 긍정적인 치료 성과와 관련이 있다면, 누구든지 그가 실시하는 좋은 위약조건은 적절한 치료가 될 수는 없는가? 이러한 도전적인 질문들은 모두 치료자가 되기 위해서 전문가가 될 필요는 없다는 견해에 집중되고 있다. 수술을 실행하는 것, 사무실 빌딩을 건설하는 것 또는 컴퓨터 프로그램을 짜는 것과 비교할 때, 사람들과 문제에 관해 이야기하는 것은 자연스러운 인간활동이다. 대부분의 사람들은 친구들, 친척들, 동료들, 심지어 낯선 사람들이 가진 문제와 관심사에 대해 이야기한 경험이 있다. 모든 잠재적 환자가 특정 심리치료자가 좋다고 느끼지는 않을 것이다. 치료자와 환자간의 적합성은 중요할 뿐만 아니라 매우 개별적이다. 연구는 치료자의 심리적 건강과 기술뿐만 아니라 다른 사람을 돕고자 하는 성실한 관심이 유능한 심리치료자가 되기 위한 필수적인 자질이라는 것을 증명하는 경향이 있다(Davidson & Scott, 2009; Kleinke, 1994).

여러 연구들은 전문가에 의해 제공된 심리치료와 유사전문가에 의해 제공된 심리치료 간에 심리치료 성과의 차이점을 발견하는 데 실패하였다(Berman & Norton, 1985; Stein & Lambert, 1984). 놀랍게도, 몇몇 연구들은 유사전문가들이 전문가들과 비교하여 우수한 성과를 가져왔다는 사실을 발견하였다(Hattie, Sharpley, & Rogers, 1984; Lambert et al., 2003). 그렇지만 Hattie 등의 연구는 좋지 않은 수준의 연구를 분석에 사용한 점과 사회복지사들을 유사전문가로 간주한 점에 대해 심각하게 비판을 받았다(예, Berman & Norton, 1985). Lambert와 동료들(2003)은 스탭의 지도감독하에 심리학 수련생(예, 인턴)이 전문 직원 치료자보다 더 나은 치료 성과를 얻었다는 것을 발견하였다. 그렇지만 다른 연구는 치료자의 경험과 수련이 긍정적인 치료적 성과에 중요하다는 사실을 증명하였다(Bergin & Lambert, 1978; *Consumer Reports*, 1998; Davidson & Scott, 2009; Dush, Hirt, & Schroeder, 1989; Lyons & Woods, 1991; Seligman, 1995; Teyber & McClure, 2000; Weisz, Weiss, Alicke, & Klotz, 1987). 이러한 연구들은 충실한 경험, 수련 및 자격을 가진 전문가들이 최소한의 경험, 수련 및 자격을 가진 사람들보다 환자들에게 더 도움이 된다는 사실을 발견하였다. 예를 들면, 「*Consumer Reports*」에 의한 앞서 기술된 조사(November 1998; Seligman, 1995)는 수련수준이 낮은 결혼상담가에게 치료받았을 때보다 심리학자나 정신과 의사에게 치료받았을 때 환자들이 더 만족하였으며, 더 나은 성과를 보였다

는 것을 발견하였다.

수련이 잘 된 치료자나 빈약하게 수련된 치료자나 모두 잠정적으로 빈약한 전문적 서비스를 제공할 가능성이 있고, 실제로 해를 줄 수도 있지만, 최소한으로 수련된 치료자들이 종종 확고한 연구 지지에 근거하지 않은 매우 협소한 범위의 치료 선택을 제공할 가능성이 더 많다(Singer & Lalich, 1996). 예를 들어, 많은 사람들이 최면, 바이오피드백 혹은 EMDR(안구운동 둔감화 및 재처리)과 같은 특정한 기법들에 관한 주말 워크숍에 참석하고 나서 이러한 기술과 기법들을 그들의 모든 내담자들에게 적용하려고 시도한다. 고도의 수련을 받은 전문가들은 자신들이 이용할 수 있는 광범위한 치료 선택 사항들을 더 많이 가지는 경향이 있으며 과학적인 지지에 토대를 둔 엄격한 통합적인 사고와 판단을 이용할 가능성이 더 많다.

전반적으로, 전문적 문헌은 수련된 전문가들이 수련이 덜 된 전문가들보다 긍정적인 치료적 성과에서 우수하다는 사실을 확실하게 증명하는 데는 실패하였다. 유능한 치료자들이 반드시 가장 많은 수련, 경험 및 자격을 가질 필요는 없다. 그렇지만 최소한의 수련을 받은 사람들보다 고도로 수련을 받은 전문가들의 전문적인 판단을 신뢰하는 것이 일반적으로 권장된다(Davidson & Scott, 2009; Lambert et al., 2003; Lambert & Ogles, 2004; Singer & Lalich, 1996).

## 건강관리 비용과 심리치료

현대 생물심리사회적 조망은 마음, 몸 및 사회적 맥락이 신체적 건강과 정서적 건강 모두의 발달과 유지에 중요하다고 시사하기 때문에 사람들은 보다 건강한

정서적 삶이 보다 건강한 신체적 삶도 가져올 수 있다고 기대한다. 예를 들어, 모든 사망자의 약 50%가 고지방 식사, 앉아서 일하는 것 그리고 알코올 오용과 같은 행동 요인 및 생활양식 요인에 기인된다(Taylor, 2009). 심리치료를 통하여 건강 보호 행동 및 태도를 변화시키는 것은 보다 건강한 생활과 보다 적은 질병을 가져올 수 있다. 게다가 정부기관, 보험회사 및 건강관리 시설들이 제기하는 중요한 질문은 심리치료와 건강관리 비용간의 관계에 대한 것이다. 심리치료를 경험한 개인은 의료적 관심을 필요로 하거나 찾을 가능성이 더 적은가? 연구는 그 대답이 "예"라고 시사하고 있다(Blount et al., 2007). 심리치료는 의료비용을 감소시키는 것으로 나타나고 있다.

의료 치료를 찾는 환자들의 50%에서 70%는 의료적 문제가 없으며, 또한 그들의 증상은 일차적으로 불안, 스트레스 및 우울증과 같은 심리적 요인에 기인한 것이라고 추정되어왔다(Blount et al., 2007; VandenBos & Deleon, 1988). 정서적 문제들(대부분 주목할 만하게 불안과 우울증)은 피부염, 과민성 대장증후군, 만성 두통, Raynaud 질병 및 천식과 같은 심리생리적 질병뿐만 아니라 심장병, 당뇨병 및 암과 같은 많은 의료적 문제들과 연관되어 있다(Gatchel & Blanchard, 1993; S. Taylor, 2009). 심리적 중재는 또한 긴장성 두통, 과민성 대장증후군과 같은 많은 의료적 문제들을 위한 선택 치료라는 사실이 발견되어왔다(Chambless & Ollendick, 2001; Chambless et al., 1996). 심리치료를 통한 정서적 요인과 심리적 요인 및 치료는 이러한 많은 의료적 문제와 증상들을 치료하는 데 도움이 된다.

정신질환을 겪고 있는 사람들은 의학적인 서비스를 많이 이용하는 경향이 있다. 정신건강 환자들은 정신건강 진단을 경험하지 않은 사람보다 두 배 이상 더 많은 의학적 서비스를 이용한다고 추정되었다(Brous & Olendzki, 1985). 예를 들어, 우울증 환자들의 약 1/3이 우울증의 부산물로서 신체적 호소를 겪는다(Shorter, 1994). 심리치료를 받은 환자들은 심리치료를 받지 않은 사람들보다 의학적 진료를 훨씬 덜 찾는 경향이 있다(Brous & Olendzki, 1985). 이것은 자조 집단에도 그렇다(Humphreys & Moos, 2007). 고혈압과 당뇨병 같은 만성적인 질병을 가진 의료 환자들에게서 심리적 중재를 받았을 때, 의료비용이 18%에서 31%까지 더 낮아졌다(Lechnyr, 1992). 그러므로, 심리치료는 심리적 기능과 웰빙을 향상시킬 뿐만 아니라 의료적 증상을 개선시키는데, 결과적으로 전반적인 건강관리 비용을 감소시킨다(Blount et al., 2007).

## 심리치료의 해로운 점

심리치료는 일반적으로 치료에 참가한 대다수의 사람들에게 도움이 된다. 심지어 심리치료 비판가들이나 회의론자들도 경험이 양호하며 사람들이 일반적으로 치료 결과로서 해를 입지는 않는다고 생각한다. 수술과 같은 의료적 절차와는 달리 심리치료가 좋지 않게 진행되어도 생사에 관계되는 결과를 가져오는 것 같지는 않다. 심리치료에서 발생할 수 있는 최악의 경우는 누군가 거의 어떤 이익도 없이 시간과 돈을 낭비하는 것이라고 생각하는가? 아니다! 실제로, 심리치료가 그것을 원하는 모든 사람들에게는 적절하거나 유용하지 않을 수도 있다. 어떤 사람들은 실제로 심리치료 동안이나 후에 기능이 악화될 수도 있다(Berk & Parker, 2009; Lambert & Ogles, 2004; Lilienfeld, 2007; Mays & Frank, 1980, 1985;

# 예방

사진 : Stockvault.net 제공

역사적으로 의학과 임상심리학 모두는 이미 발생한 문제점들을 치료하는 데 관련되어왔다. 보다 더 최근에는, 문제가 발생하기 전에 그것들을 예방하는 데에 더욱 적극적인 노력들이 쏟아지고 있다. 문제가 발생하는 것을 예방하는 데 있어서의 관심에 관한 한 좋은 예로 학교를 기반으로 한 폭력을 들 수 있다. 최근 몇 년 동안 미성년자들이 저지른 학교 내 총격 사고들이 여러 건 있어왔다. 이 같은 총격사건은 주로 미국에서 일어나지만 독일, 영국 그리고 다른 나라에서도 발생하였다. 아마도 미국에서 가장 많이 알려진 그 사건은 1999년 4월에 Colorado에 있는 Columbine고등학교에서 발생했다. 두 학생이 그들의 학교에서 테러를 자행하는 폭탄을 터트렸을 뿐만 아니라 많은 반자동화된 무기를 사용했다. 그들의 광폭한 행동이 끝나고 학교에서 자살하기 직전에, 그들은 수많은 학생들과 교사들을 죽였으며 더 많은 사람들에게 상해를 입혔다.

　일부 사람들은 그 사건들에 대해 대중매체들을 비난하고 싶어 하였다. 그 소년들은 자신들의 살인잔치에 관해서 영화가 만들어지기를 희망하고 또한 심지어 어떤 할리우드 배우들이 자신들의 역할을 할 것인지에 관해서 시사하는 분명한 진술을 하였다. 어떤 사람들은 수많은 폭력적 게임을 어린이들에게 제공하는 비디오게임 산업을 비난하고자 했다. 여전히 어떤 사람들은 그들의 자녀들을 적절하게 감독하지 못하거나 그들의 자녀들이 그런 심각한 범죄를 계획하고 있는 것을 알아차리지 못한 부모들을 비난하였다. 이들은 어떻게 부모들이 그들의 자녀들이 집에 감추어진 무기와 탄약더미를 가지고 있었는지에 대해 알지 못했다는 점에 의아해했다. 또 어떤 사람들은 총기 산업체, 미국소총협회 그리고 우리 문화가 시민들에게 그 많은 무기를 이용 가능할 수 있게 하도록 허용한 보수적 입

(계속)

법자들을 비난하고자 했다. 어떤 사람들은 희생자들 및 Columbine고등학교 학생들을 비난하려 했는데, 왜냐하면 이 소년들을 보살핌과 자비로 대하지 않았기 때문이라는 것이다. 이 소년들은 이상한 아이들로 취급받았으며, 일반적인 보통 학생들의 일부로 취급받지 못했다는 것이 보고되었다. 그 소년들은 심리치료를 받은 적이 있었으며, 실제로 분노 관리 과정을 수료하였기 때문에, 많은 사람들이 그 비극을 예방하는 데 실패한 정신건강 공동체를 비난하고자 했다. 많은 사람들과 기관들을 향해 비난의 손가락이 겨누어졌다.

누구나 학교에서 일어나는 폭력과 같은 문제들이 일어나지 않도록 예방하는 능력을 개선할 필요가 있다는 것에 동의하고 있다. 연구에 의하면, 20% 이상의 아동들과 10대들이 1년 사이에 정신질환 증상을 겪지만, 이들 아동의 약 80%는 적절한 전문적 서비스를 받지 못하고 있다는 것이 밝혀졌다(U.S. Department of Health and Human Services, 2001). 해가 지나면서, 이 놀라운 수치는 악화되면 되었지 더 좋아지지는 않는 것으로 나타났다. 더욱이, 10대 청소년의 약 30% 정도가 여러 가지 아주 위험한 행동에 참가하고 있으며, 또 다른 약 35% 정도는 중간 정도의 위험한 행동에 참가하며, 한 가지 또는 여러 가지 문제 행동에 빠져있다(Taylor, 2009). 너무도 많은 젊은이들이 술과 기타 정신을 변경시키는 물질을 남용하고 있으며, 육체적, 성적 또는 정서적 학대나 무시를 겪으며, 미숙하거나 안전하지 못한 성행위에 빠져있으며, 그리고 가정이나 이웃에서 또는 TV, 영화 및 인터넷을 통한 폭력에 노출되어있다(Weissberg, Kumpfer, & Seligman, 2003). 고위험 청년들을 더 잘 확인하기 위하여 수행된 수많은 모형 프로그램과 연구들 그리고 위험에 처한 아동들과 10대들이 더 심각한 문제나 행동을 발달시키는 것을 예방하는 전략들이 있다(Weissberg et al., 2003). 그렇지만 잘 수행된 연구 프로젝트와 예방 프로그램으로부터 얻은 지식이 궁극적으로 부모, 학교 제도, 법 집행관서 및 지역 사회의 기관들에 유포되어야 할 필요가 있다. 더욱이 입법가들과 정책 개발자들은 혁신적인 예방 프로그램을 이행하고, 적절하게 자금지원을 할 필요가 있다(Biglan, Mrazek, Carnine, & Flay, 2003).

예방 프로그램은 학교 폭력 이외에 광범위하고 다양한 문제들에 표적을 둘 수 있다. 여기에는 물질 남용, 흡연, 청소년 임신, 친구들 괴롭히기, 면역력 부여 및 방화 예방이 있다. 예를 들면, 알코올과 외상 관련 예방이 있다: 지역 사회 시범 프로젝트가 California 주와 South Carolina 주 모두의 지역사회에서 수행되었는데, 여기에는 지역 사회 교육, 바 고용인들이 알코올 음료 서비스에서 좀 더 책임감을 갖게 하기 위한 훈련 그리고 법 시행 강화 교육이 있다. 이 5년 프로젝트는 알코올 관련 교통사고를 10% 감소시키는 결과를 낳았다(Holder et al., 1997).

잘 작동하고 있는 예방 전략들을 조사하는데서, Nation 등(2003)은 예방에 대한 문헌을 주의 깊게 평론하였는데, 성공적인 예방 프로그램들을 예언하는 경향이 있는 몇 가지 원칙들을 개관하였다. 여기에는 다중 환경에서의 종합 프로그램(즉, '표적 문제의 현저한 전조나 중재변인들을 다루기 위한' 다양한 개입을 제공하는 것, p. 451), 다양한 교수법의 사용, 충분한 양 또는 프로그램 강도를 제공하는 것(예, 접촉시간의 질과 양) 그리고 과학적으로 정당한 그리고 긍정적 관계를 포함하는 이론 기반 프로그래밍이 포함된다. 프로그램은 또한 시간이 적절해야 하며, 사회문화적으로 관련성이 있어야 하며, 성과평가를 해야 하며, 높은 자질의 잘 훈련된 스탭을 활용해야 한다(Nation et al., 2003). 효과적인 예방 프로그램을 확보할 가능성을 높이려면, 적절한 재정 및 기타 자원들이 이용 가능하도록 해야 한다.

임상심리학자들은 연구와 성과평가를 수행하는 것에서부터 개인, 가족, 집단 그리고 조직 자문, 교육, 치료 서비스를 제공하는 것까지의 범위에 이르는 예방 연구 및 프로그램 그리고 다양한 지능 및 기술을 제공한다. 더욱이 임상심리학자들은 지역사회에 이들 서비스들을 촉진하기 위해 정책과 옹호 활동들에도 관여한다.

Mohr, 1995; Nicholson, Foote, & Grigerick, 2009; Singer & Lalich, 1996). 사실 Freud의 가장 유명한 Anna O. 사례는 실패한 치료였다: Anna O. 는 Freud와 치료를 시작한 후에 더 심각한 증상을 가지게 되었다. 연구는 종종 상당한 수의 심리치료 환자들이 심리치료 전보다 후에 더 악화되었다는 사실을 발견하였다(예, Berk & Parker, 2009; Colson, Lewis, & Horowitz, 1985; Lilienfeld, 2007; Nicholson et al., 2009; D. Shapiro & Shapiro, 1982; Stone, 1985). 일부 연구는 대기자 명단 통제 조건이나 기타 통제 조건의 환자들이 일부 심리치료 환자들보다 기능적인 면에서 덜 악화되었다는 사실을 보여주었다. 예를 들어, D. Shapiro와 Shapiro (1982)는 심리치료의 약 11%가 부정적인 결과를 가져왔다는 것을 발견하였으며, Colon 등(1985)은 환자들의 약 17%가 심리치료를 시작하기 전보다 심리치료 종결 당시에 더 악화되었다는 사실을 발견하였다. 기타 연구들도 일반적으로 유사한 결과를 보고하고 있다(예, Lilienfeld, 2007; Stone, 1985). Ogles, Lambert 및 Sawyer(1995)는 우울증 치료 중인 환자의 8%는 악화되는 반면, 통제집단에서는 그러지 않았다는 것을 발견하였다. M. Lambert와 Ogles(2004)는 치료 중인 환자 5~10%는 호전되기 보다는 악화될 것으로 기대된다고 결론지었다. 물론 치료 실패와 관련된 광범위하고 다양한 요인들이 심리치료 경험과 직접적으로 연관될 수 있거나 연관되지 않을 수도 있다. 예를 들어, 이러한 요인들에는 심리치료 과정 동안에 일어난 스트레스를 주는 생활사건(예, 이혼, 실직, 신체적 질병의 발현, 사랑하는 사람의 죽음)이 포함된다. 더욱이 많은 환자 변인과 치료자 변인(예, 환자 진단, 치료자 성격 및 기법) 모두 부정적인 치료 성과와 관련된 것으로 발견되었다. 끝으로, 최소한으로

수련받은 치료자들이 부적절하며 심지어 '터무니없는 치료'를 제공할 때 해가 되는 것으로 밝혀져왔다(Singer & Lalich, 1996).

심리치료가 어떻게 기능의 악화를 가져올 수 있고, 또한 부정적인 성과를 예언하는 변인들은 무엇인가? 연구는 환자와 치료자의 특징, 그리고 환자와 치료자 간의 상호작용이나 적합성 같은 많은 변인들이 좋지 못한 치료 성과와 관련된다는 것을 보여주었다. 예를 들어, 환자 진단, 증상의 심도 그리고 경험적, 통찰 지향적 또는 직면적 접근법들을 포함한 심리치료 모두가 어떤 환자들에게 좋지 못한 치료 성과와 관련된다. 정신분열증 같은 정신증적 장애를 겪는 환자들(Feighner, Brown, & Oliver, 1973; Stone, 1985) 또는 경계선 성격 장애로 진단된 환자들(Horowitz, 1974; Kernberg, 1973; McGlashan, 1986; Mohr, 1995; Stone, 1985, 1990)은 종종 이러한 유형의 표현적 치료에서 악화된다. 더욱이 많은 연구자들은 또한 강박증 환자들에게서 악화가 많이 발생됨을 발견하였다(Foa & Steketee, 1977; Vaugh & Beech, 1985). 일정한 조건하에서 많은 사람들에게 유용하다고 증명된 표현적 심리치료는 많은 정신증적 장애, 경계선 장애 또는 강박관념-강박행동 장애를 가진 환자들을 대상으로 치료하는 치료자들에게는 최상의 선택이 아닐 수도 있다.

변화에 대한 동기가 없는 환자들은 낮은 불안 내성을 가지며, 또한 대인관계 만족을 유지하는 데 무능력한 내력을 가진 환자들은 또한 심리치료에서 좋지 않게 행하는 경향이 있다(Kernberg, 1973; Mohr, 1995; Strupp, 1980). 따라서, "당신이 말을 물가로 데려갈 수는 있지만 물을 마시게는 할 수 없다."는 오래된 속담은 매우 동기화되지 못한 환자들이나 관계를 유지하거나 불안을 견디는 데 심각한 어려움을 가

# 억압된 기억

전국적인 머리기사를 장식한 임상심리학에서의 한 가지 주목할 만한 논쟁은 억압된 기억 쟁점에 관한 것이다. 어떤 보고서들은 수년전에 일어났던 신체적이거나 성적인 학대가 억압될 수도 있거나 나중에 심리치료나 최면을 받기 전까지는 수년 동안 회상되지 않을 수도 있다고 한다. 몇 가지 주목할 만한 사례들은 30대 또는 40대의 여성들이 학대를 회상하거나 심지어 그들이 몇 십 년 전에 목격한 살인사건을 보고한 것을 다루고 있었다. 최근 로마 가톨릭교회에서 일어난 성적인 학대 추문들은 억압된 기억에 관한 사례들과 관련되어있다. 성직자들에 의한 성적인 학대 피해자들에 관한 보고서들은 2002년과 2003년 동안 수많은 뉴스 보도 이후 사건이 발생한 지 수십 년이 지나 피해자들에 의해 회상된 것들이다.

일부 임상심리학자들과 연구자들은 성적 학대 등과 같은 심각한 트라우마를 경험한 사람은 그 기억을 여러 해 동안 억압하거나 부정했다가도 나중에 오랜 시간이 지나면 그 문제가 다시 나타나게 된다고 주장한다. 또 다른 이들은 억압된 기억들은 대개 이러한 사건들이 실제로 일어났다는 것을 확신시키거나 끊임없이 시사를 하는 치료자들이나 기타 사람들에 의해 심어진 거짓 기억일 가능성이 가장 높다고 주장한다. 양쪽 관점 모두 자신들의 주장을 지지할 만한 최소한의 연구 증거를 가지고 있다. 억압된 기억들이 존재할 수 있다는 사실은 많은 연구들에 의해 증명되었다. 예를 들면, Williams(1995)는 1970년대 중반 동안에 자신들이 사춘기 아동이었을 때 성적으로 학대를 받았다고 보고한 129명의 여성들을 조사하였다. 그들은 17년 후에 인터뷰를 했고 이제는 성인이 된 이 여성들의 약 1/3은 그들이 아동이었을 때 보고된 학대에 대해서 기억하는 내용을 갖고 있지 않았다. 그렇지만 Elizabeth Loftus와 동료들은 거짓 기억이 실험절차를 통하여 주입될 수 있다는 것을 확실하게 증명한 다양한 연구를 수행하였다(Loftus & Pickrell, 1995). 다른 연구자들은, 실제로는 발생하지 않은 아동기의 사건을 반복해서 성인들에게 물어보면 실제로는 잘못된 기억과 심어진 기억들을 기억한다고 주장하는 피험자들이 40%에 이르렀다는 것을 보여주었다(Schacter, 1999). Richard McNally와 동료들(예, McNally, 2001)과 같은 일부 연구자들은 어떤 여성들은 그들이 성적인 학대가 아닌 실제로는 방임이나 정서적 학대와 같은 다른 유형의 아동기 스트레스를 경험했을 때도 성적인 학대와 같은 구체적인 외상적 사건을 경험했다고 믿는 경향이 있는 것과 같은 인지양식을 경험한다고 주장하였다. 경계선 성격과 같은 특정한 성격 양식들을 가진 사람들은 억압된 아동기 외상사건을 보고하는 사람들일 가능성이 더 많은 것으로 알려져왔다. 이러한 논쟁은 이 환자들을 대상으로 일을 하는 정신건강 전문가들을 상대로 하는 소송뿐만 아니라 수많은 미디어 보도의 결과로 나타난 것이다. 사실 억압된 기억사례를 치료하고 있는 임상가들은 어떤 정신건강 전문가가 더 나중에 소송을 당할 가능성이 있는 기회를 증가시키고 있는 셈이다.

진 환자들에 관하여 생각하는 적절한 방식일 수도 있다. 많은 의심, 불신 및 적대감을 가진 환자들은 또한 일반적으로 심리치료에서 좋지 않게 행동한다(Mohr et al., 1990; Strupp, 1980). 심리치료를 위해서 치료자에게 자신을 표현하는 모든 사람들이 심리치료의 훌륭한 지원자들은 아니다.

환자의 환자-치료자 적합성 변인에 덧붙여, 치료자 특징들 또한 좋지 않은 치료 성과와 밀접하게 연관되어왔다. 예를 들어, 감정이입이 부족한 치료자들과 인내심이 부족한 치료자들 그리고 권위주의적 치료자들이 좋지 않은 심리치료 성과와 관련되는 경향이 있다(Lafferty, Beutler, & Crago, 1991; Yalom & Lieberman, 1971). 더욱이 치료 회기에 초점을 맞추는 것에 실패하는 치료자들, 치료자나 치료에 대한 환

# 안구운동 둔감화와 재처리

사진 : Zach Plante 제공

EMDR(Eye Movement Desensitization Reprocessing, EMDR)은 외상 후 스트레스, 그리고 다른 불안 장애들과 증상들을 겪고 있는 사람들을 돕기 위한 상당히 새로운 치료 접근이 되어왔다(Shapiro, 1989, 2001, 2002). 그것은 외상성 생활사건(예, 전쟁 경험, 강간, 아동희생, 공포증)들과 연합된 고통스러운 기억과 느낌들로 인한 스트레스에 대처하게 해주는 안구운동 훈련을 포함하고 있다. 그것이 일단 대중과 전문 공동체에 소개되자, 많은 임상가들이 전문적인 수련을 위해 참가했고, 그것의 효과성을 입증하는 적절한 연구가 수행되기도 전에 EMDR 서비스를 공공에 제공했다. EMDR은 여러 해에 걸쳐 다소 논쟁이 되어왔다(Singer & Lalich, 1996).

EMDR은 1987년 Francine Shapiro(당시 심리학 대학원생)가 공원을 걷다가 자신의 빠른 눈동자 움직임이 특정한 사적 기억들에 관한 그녀 자신의 부정적인 감정들을 최소화시킨다는 점을 알아챘을 때 시작되었다. 그녀는 자신의 안구운동이 둔감화시키거나 진정시키는 효과가 있었다고 생각했다. 그녀는 안구운동과 외상적 기억과 연합된 부정적 감정들에 관한 자신의 이론을 사례 연구에서, 그 다음에는 여러 통제된 연구에서 검증하였다. 그녀의 최초 연구결과는 1989년에 발표되었다. 다른 연구들이 곧 뒤따랐는데, 그 연구들은 그녀와 그녀의 동료들뿐만 아니라 치료 성과에 가담하지 않았던 다른 독립된 연구자들에 의해 수행되었다.

이 연구는 궁극적으로 APA 임상심리학 분과 경험적으로 지지된 치료 특별위원회가 제대군인들의 PTSD 치료를 위한 지지적인 치료로서 EMDR을 목록에 올리면서 추천하게 해주었다(Chambless et al., 1996). 그 절차에 무언가가 외상적 기억과 감정들을 겪고 있는 환자들을 돕는 듯하다(Lilienfeld & Arkowitz, 2006; Rodenburg, Benjamin, de Roos, Meijer, & Stams, 2009).

Shapiro 박사와 다른 EMDR 전문가들(Shapiro, 2001, 2002)에 따르면, EMDR은 8단계로 이루어진 정보 처리 치료로 여기서 환자는 외부 자극에 집중하는 가운데, 단기 순차적 기간 동안 현재와 이전의 불안을 유발하는 경험들이나 기억들에 주목한다. 환자들은 치료자들이 손가락을 환자의 시야를 가로질러가며 약 30초나 그 이상 움직일 때, 치료자의 손가락을 따라 안구를 앞뒤로 빠르게 움직이는 방식으로, 동시에 문제 있는 심상, 생각, 또는 느낌에 집중한다. Shapiro 박사는 보다 생산적인 방식으로 그들 자신의 혼란스러운 기억들의 다양한 부분들을 처리함으로서 EMDR이 환자들을 돕는다고 주장한다. 그녀는 EMDR이 뇌에서 어떻게 작용하는가에 대한 여러 가지 신경생물학적 이론들을 제시했지만, 이 시점에서 그 이론들은 짐작에 불과하다(Lilienfeld & Arkowitz, 2006).

자의 부정적 감정을 다루는 데 실패하는 치료자들, 그리고 다양한 기법들을 부적절하게 사용하는 치료자들 또한 좋지 않은 치료 성과와 관련된다(Sachs, 1983). 비윤리적이고 무능한 치료자들은 분명히 환자에게 상당한 해를 입힐 수 있다. 예컨대, 치료자와 환자 간의 성적인 관계는 매우 해가 될 수 있다(Apfel & Simon, 1985; Gabbard, 1994). 좋지 않은 수련을 받은 치료자들 또는 모든 문제 유형에 대해 오직 한 유형의 중재만을 제공하는 치료자를 만난 환자들이 좋지 않은 치료 성과와 관련된다(Singer & Lalich, 1996). 환자, 치료자 그리고 환자-치료자 적합성 모두는 환자에 대한 잠정적인 해를 최소화하기 위해서 심리치료가 시작되기 이전에 심각히 고려되어야만 한다. 심리치료는 이러한 요인들이 검토되지 않고, 치료자와 환자가 다 같이 심리치료 경험이 해가 될 수 없다고 가정한다면 해로울 수 있다(Berk & Parker, 2009; Nicholson et al., 2009). 최근 들어, 잠재적 피해를 줄 수 있는 치료의 목록(potentially harmful treatment, PHT)이 개발되었고 출판되었다; 치료자와 내담자들은 치료가 제공되기 전에 이러한 목록들을 검토하는 것이 의무사항이 될 것이다(Lilienfeld, 2007).

## 큰 그림

심리치료는 임상심리학자들에 의해 수행되는 가장 일반적인 활동들 중 하나이다. 각 환자, 각 심리학자, 그리고 각 심리치료 경험은 독특하다. 한 개인에게 효과적인 치료가 다른 개인에게는 효과적이지 않을 수도 있다. 심리치료에 관한 유용한 연구를 수행하는 것은 중요하지만 여전히 각 심리치료 경험은 독특성 때문에 도전적이 되고 있다. 심리치료는 다년간에 걸쳐 명확하게 구분되는 여러 이론적 조망들로부터 통합적이고, 생물심리사회적인 현대 실무에 이르기까지 발전되어왔다. 좋은 소식은 치료들이 실제로 효과적임이 연구에서 밝혀졌다는 것이다. 그러나 치료에서 복잡한 변화 과정은 광범위한 특정 요인들과 비특정 요인들에 달려있는데, 각 치료에 관련된 이득, 기간 및 환자-치료자 변인들은 사례별 토대로 가장 잘 평가된다.

현대 임상심리학자들은 끊임없이 심리치료에서 효과적인 것이 무엇인지에 대한 이해를 향해 작업해야 하며, 또한 이 서비스를 비용-효과적이고 효율적인 방식 그리고 증거-기반 방식으로 제공해야만 한다. 미래의 심리치료는 치료 효과성을 최대화하기 위해 더 구체적인 연구 지지를 받은 임상지침을 위한 노력들이 포함될 것 같다. 그렇지만 심리치료가 언제나 치료자와 환자(들) 사이에 공유되는 독특한 경험은 아닐 것이다.

### 요점

1. 심리치료가 일반적으로 효과적인지를 밝히기 위해 수행된 모든 연구들에 대한 광범위한 평론은 심리치료가 효과적이라고 결론내린다.

2. 연구는 대부분의 심리치료들이 매 심리치료 경험당 평균 6회기로 매우 짧은 경향이 있다고 주장한다. 대부분의 단기치료가 장기치료만큼이나 효과적이라고 주장하는 반면에, 어떤 자료는 장기치료가 더 이득이 있다고 주장한다.

3. 더 낮은 사회경제적 계층의 사람들과 교육수준이 더 낮은 사람들이 심리치료에서 중도탈락하는 가능성이 더 많다.

4. 어떤 한 유형의 심리치료가 다른 전체 유형의 심리

치료보다 일반적으로 더 낫고 더 효과적이라고는 밝혀지지 않았다. 많은 저자들은 상이한 유형의 심리치료가 종종 상이한 특정 효과가 있다고 주장하지만, 이러한 효과는 단지 한 유형의 심리치료에서 유일한 것은 아니다. 최근에 들어와서, 인지-행동적 접근들이 경험적으로 지지된 그리고 증거-기반 치료 목록보다 우세한 것으로 밝혀졌다.

5. 대부분의 심리치료에서 발견된 여러 공통 요인들은 긍정적인 심리치료 성과와 관련이 있었다. 이것들에는 치료적 관계, 성공에 대한 기대, 문제에 직면하기, 문제에 대한 정복감이나 통제감을 제공하기, 그리고 성공이나 실패에 대한 귀인이 있다. 치료적 관계, 심리치료에 대한 신념, 그리고 통제감 및 정복감을 발달시키도록 문제에 직면하는 것 모두는 심리치료에서 일반적인 치료적 요인들로 보인다.

6. 심리치료의 도움이 있든 없든 간에 행동 변화는 일반적으로 이루어지기가 쉽지 않다. 인간은 습관의 피조물이 되는 경향이 있으며, 심지어 파괴적인 행동이나 사고 양식은 변화가 매우 어려운 경향이 있다.

7. 전문적인 문헌은 수련된 전문가들이 덜 수련된 전문가들보다 긍정적인 치료 성과에서 우수하다는 것을 확증하는 데는 실패하였다. 그러므로 유능한 치료자들이 반드시 가장 많은 수련, 경험 및 자격을 가지는 사람들은 아닐 수 있다. 그렇지만 연구와 실무는 많은 수련을 받은 전문가들이 최소한으로 수련받은 사람들에 비해 이용 가능한 광범위한 치료 선택과 기술을 가질 가능성이 더 많다고 주장한다.

8. 정신진환을 겪고 있는 사람들은 많은 의료 서비스를 이용하는 경향이 있다. 사실 정신건강 환자들이 정신건강 진단을 경험하지 않은 환자들보다 의료 서비스를 두 배 더 이용하는 것으로 추정되었다. 환자들이 심리치료를 받은 후에는, 심리치료를 받을 필요가 있었으나 받지 않은 사람들에 비해 의료 보호를 훨씬 덜 찾는 경향이 있다. 고혈압과 당뇨병 같은 만성적인 질병을 가진 의료 환자들은 그들이 심리적 중재를 받을 때 18~31%까지 미래의 의료 비용을 더 낮춘다. 따라서 심리치료는 심리적 기능과 웰빙을 개선시킬 뿐만 아니라 많은 의료 증상들과 상태들을 개선시키고 또한 전반적으로 건강관리 비용을 감소시킨다.

9. 연구는 좋지 않은 성과와 관련된 많은 변인들이 있다는 것을 보여주었다. 이 변인들에는 환자, 치료자, 그리고 환자와 치료자간의 상호작용 또는 적합성의 결여가 있다. 변화에 대한 동기가 없고, 불안에 대한 내성이 없으며, 만족스러운 대인관계를 유지하는 데 무능한 내력을 가진 환자들은 또한 심리치료에서 좋지 않게 행하는 경향이 있다. 비윤리적이고 무능한 치료자들은 분명히 상당한 해도 입힐 수 있다.

## 핵심용어

공통 요인(common factor)

심리치료 성과(psychotherapy treatment outcome)

치료적 요인(curative factor)

## 복습

1. 심리치료는 효과가 있는가?

2. 심리치료는 어떻게 효과가 있는가?

3. 장기 심리치료가 단기 심리치료보다 우수한가?

4. 어떤 심리치료 유형이 가장 효과적으로 보이는가?

5. 심리치료와 관련된 치료적 요인들을 열거하라.

6. 심리치료는 어떤 환경에서 해로울 수 있는가?

7. 자원한 유사전문가는 심리학자나 정신과 의사만큼이나 좋은 심리치료자가 될 가능성이 있는가? 그러한 이유와 그렇지 않은 이유는 무엇인가?

## 학생들의 실제 질문

1. 당신 자신을 위한 개업을 하는 것이 비경제적인가? 내담자를 받는 게 힘든가?

2. 당신은 사람들이 인터넷을 통해 제공받은 심리치료에서 이로움을 얻을 것이라고 생각하는가?

3. 차등 진료비 납부 제도는 어떤 효과가 있는가?
   [역자 주: 차등 진료비 납부 제도(sliding fee scale)란 소득 수준과 재정 능력에 따라 진료비를 차등 적용하는 제도를 말한다.]

4. 만약 어떤 환자가 정말로 모욕적인 어떤 것을 말한다면 당신은 어떻게 할 것인가?

5. 당신 생각으로는 치료가 다 끝났다고 보는데 환자는 여전히 정기적으로 방문하기를 원한다면 어떻게 할 것인가?

6. 여태껏 환자 때문에 당신의 삶이 크게 바뀌거나 당신에게 큰 영향을 준 일이 있었는가?

## 웹 자료

http://www.nmha.org
   국립정신건강협회에 대해 더 자세히 알아보기

http://www.divisionofpsychotherapy.org
   미국심리학회의 심리치료 분과에 대해 더 자세히 알아보기

http://www.apahelpcenter.org
   미국심리학회 건강센터에서 심리적 서비스에 대해 자세히 알아보기

# 전문영역

**Chapter**

# 11

## 이 장의 목표

임상심리학에서 가장 일반적이고 인기 있는 네 개의 중요한 하위전문영역을 조명하기

## 이 장의 개요

임상 건강심리학
아동 임상심리학
주목받는 현대 임상심리학자 : Susan Steibe-Pasalich, PhD
임상 신경심리학
노인심리학
법정심리학
기타 하위전문영역

임상심리학의 원리와 실무는 많은 상이한 영역의 연구 및 임상서비스에 적용될 수 있다. 임상심리학자에 의해 개발된 기술들은 아동과 성인은 물론이고, 약물남용자나 방치된 아동과 같은 광범위한 특수 전집 모두를 더 잘 이해하고 치료하는 데 활용될 수 있다. 이러한 원리들과 기술들은 또한 병원, 진료소, 사업체, 정부, 기관 및 심지어 법정을 포함하는 광범위한 장면에서 활용될 수 있다. 대부분의 임상심리학자들이 이러한 모든 전집과 장면을 대상으로 유능하게 수행하는 데 필요한 모든 기술들을 개발하거나

유지할 수는 없다. 비록 많은 심리학자들이 일반 임상 실무를 제공하고 있지만 점점 더 하나의 전문화된 영역에 그들의 기술을 집중시키고 있다. 발전하고 성숙하고 있는 많은 분야들과 마찬가지로, 임상심리학도 많은 전문영역과 하위전문영역을 발달시켰다.

예전에는 의사들이 일반의학을 수련받았고, 자신들이 개업한 지역사회에서 나타나는 모든 잠재적인 의학적 문제들을 치료하도록 흔히 요청받았다. 거의 모든 의사가 일반진료의였던 시대는 이제 오래된 일이다. 의학이 점점 더 정교해짐에 따라 많은 의사들은

소아과학, 종양학, 정신의학, 방사선학, 내과학, 신경학 및 심장학과 같은 전문영역에 그들의 수련을 집중시켰다. 사실 의과대학들은 필요한 분야에서 일반진료의로 일하려는 사람들을 모집하는 데 어려움을 겪고 있다. 이러한 전문영역들은 더 나아가 소아종양학이나 노인정신의학과 같은 하위전문영역으로 발전하였다. 전문 레지던트 프로그램과 펠로우쉽 프로그램은 이러한 전문영역에서 의사들을 수련시키기 위해 개발되었는데, 자격위원회 인증과정은 의사들이 이러한 특정임상 실무 영역에 유능하다는 것을 인증하기 위하여 촉구되었다. 비록 많은 의사들이 아직은 본질적으로 일반 개업을 유지하고 있지만(예, 가정의나 내과 전문의) 많은 의사들이 전문화되는 것을 선택하고 있다.

임상심리학도 매우 유사한 발달과정을 거쳐왔다. 심리학자들은 역사적으로 일반적인 방식으로 수련받아왔는데, 결과적으로 자신들이 유능하게 평가할 수 있고 치료할 수 있는 모든 환자와 문제에 자신의 기술을 적용시켰다. 임상심리학의 특정 관심 문제 측면에서 이 분야가 점점 더 정교해짐에 따라 전문영역들이 나타나게 되었다. 대학원 수련 프로그램, 인턴쉽 및 박사 후 펠로우쉽 프로그램은 이러한 전문영역에서 심리학자를 수련시킴으로써 전문화 시대에 부응하였다. 끝으로, 의학 전문 자격증과 마찬가지로 심리학은 현재 다양한 전문영역 중 하나에서 전문가임을 인증해줄 것을 원하는 심리학자에게 전문자격증을 인정하고 있다.

임상심리학에서 좀 더 두드러진 몇몇 전문분야는 건강심리학, 아동심리학, 신경심리학 및 법정심리학이다. 소아 신경심리학 및 법정 건강심리학과 같은 하위전문영역이 또한 나타났다. 각 전문영역 내에서 많은 심리학자들은 특정 전집이나 문제 영역에 자신들의 연구나 실무를 집중시키고 있다. 예를 들어, 임상건강심리학 영역에 전문화되어있는 전문가들은 주로 섭식 장애, 금연 또는 알코올 남용과 같은 영역에서 일한다. 신경심리학에 전문화되어있는 전문가들은 노인 뇌졸중 희생자, 간질 환자 또는 두부 및 척수 손상 환자들에게 자신들의 관심을 집중시키고 있다. 아동을 대상으로 일하는 데 전문화되어있는 심리학자들은 정서 장애, 외상내력 또는 학습 장애를 가지고 있는 아동에 초점을 맞출 수도 있다. 더욱이 많은 전문가들은 문제나 환자 전집보다는 기법에서의 전문성을 유지한다. 예를 들어, 어떤 심리학자들은 바이오피드백, 노출치료 혹은 집단치료 접근에 전문화되어있다. 잠재적인 전문영역과 하위전문영역의 목록은 매우 길다.

몇몇 전문영역은 서로 중복되는데, 따라서 상호배타적이지 않다. 예를 들어, 소아 신경심리학자는 아동이 겪고 있는 두부 손상에 전문화되어있을 수 있고, 결과적으로 많은 양의 법정 작업을 수행하도록 요청받을 수 있다. 따라서 이런 심리학자는 법정 소아 신경심리학에서 전문화되어있다고 말할 수 있을 것이다. 또 다른 전문가는 알츠하이머 환자를 대상으로 일하는 노인 건강심리학에 전문화되어있을 수 있다. 또 다른 심리학자는 자신의 전문 업무를 만성 통증과 노동자의 보상 소송 영역에 집중시킬 수 있고, 따라서 법정 건강심리학에 전문화되어있을 수 있다. 요컨대, 수많은 전문영역과 하위전문영역뿐만 아니라 이러한 영역들이 서로 혼합되고 통합되는 많은 상이한 방식들이 있다.

이 모든 전문영역들을 어떻게 이해할 것인가? 이것들을 분명하게 구분해주는 것은 무엇인가? 왜 그렇게 많은 분야들이 중첩되어있는가? 비록 이러한 질문들에 대한 단순한 해답은 없지만 몇 가지 원칙들이 약간의 해답을 제공해 준다. 첫째, 임상심리학이 발전하고, 성장하고 그리고 성숙해감에 따라 연구와 실무를 통해 특정 문제와 전집에 적용될 수 있는 점점 더 많은 정보가 유용하게 되었다. 사실 임상심리학은 더 이상 정신질환이 포함된 쟁점에만 한정되지 않고 있으며, 많은 임상심리학자들이 정신질환만을 대상으로 일하지도 않는다. 암, 두부 손상, 심장질환 및 AIDS와 같은 의학적 문제뿐만 아니라 아동양육 결정, 재판을 받을 수 있는 능력 및 생산 책임과 같은 법률적인 문제 또한 이제는 임상심리학의 영역 내에 있다. 따라서 임상심리학의 범위와 초점이 확장되어감에 따라 전문화는 점점 더 필수적이 되었다. 이 분야가 계속해서 성장하고 변화함에 따라 새로운 전문영역들이 출현할 것이며, 어떤 영역들은 사라질 것이다. 두 번째, 앞서 논의한 바와 같이 현대 임상심리학은 하나의 특정하고 제한된 지향에 엄격하게 집착하기보다는 상호작용 및 증거-기반 관점을 활용한다. 전문화의 성장과 중복 모두를 고려하여 통합적 및 증거-기반 생물심리사회적 모형이 많은 문제 영역과 전집에 활용될 수 있다. 셋째, 여러 전문영역에서 전문자격증뿐만 아니라 특수한 박사 후 수련 프로그램이 이용 가능해졌다. 특수한 수련 프로그램과 자격절차의 확립은 이러한 전문영역에 대한 공식적인 인정과 모니터링에 기여하였다.

이 장은 임상심리학의 모든 전문영역과 하위전문영역을 공평하게 다룰 수는 없지만, 네 개의 중요한 현대 전문영역을 논의할 것이다: 임상 건강심리학, 임상 아동심리학, 신경심리학 및 법정심리학. 특정 평가 및 중재 전략의 예와 함께 이러한 각 전문영역에서 다뤄지고 있는 임상적 문제와 연구 문제의 유형이 조명될 것이다. 각 전문영역 내의 전형적인 하위전문영역 또한 기술될 것이다.

## 임상 건강심리학

임상 건강심리학은 현재 임상심리학에서 가장 인기 있고, 가장 빠르게 성장하고 있는 전문영역 중 하나이다. 임상 건강심리학 전문영역은 1980년경에 공식적으로 시작되었는데, 다음과 같이 정의되었다. '…… 건강의 증진과 유지, 질병의 예방과 치료, 건강, 질병 및 이와 관련된 기능 장애에 대한 병인학적 진단적 상호관련에 대한 규명 그리고 건강보호 체계와 건강정책 수립의 분석과 개선을 위하여 특별한 교육적, 과학적 및 전문적 공헌을 하는 심리학 분야의 집합체'(Matarazzo, 1982, p. 4). 건강심리학은 다음과 같이 정의되는 행동의학 분야와 밀접히 관련되는데, 다음과 같이 정의된다: '건강 및 질병과 관련된 행동 및 생의학적인 과학, 지식 및 기법의 개발과 통합, 이러한 지식의 적용과 이들 기법을 예방, 진단, 치료 및 재활에 적용시키는 것에 관여하는 다학문적 분야'(Schwartz & Weiss, 1978a, p. 250).

따라서 행동의학은 MD, PhD, RN 및 기타 전문실무에서 다학문적 분야인 반면, **건강심리학**은 건강 및 질병과 연관된 문제에 대한 한 분야(심리학)의 공헌만이 포함되어있다. 건강심리학자들은 병원, 진료소, 대학교, 사업체, 정부 기관 및 개인 개업과 같은 다양하고 수많은 장면에서 일한다. 이들은 잠재적 질병이 발병되거나 악화되는 것을 예방하는 것뿐만 아니라 사람들이 의학적 질병에 더 잘 대처하도록 연구하고 돕기 위해 심리학과 행동 변화의 원리들을 사용한다. 이들은 행동과 건강 사이의 관계에 대한 연구를 수행하고 건강을 해치는 행동과 정책을 최소화하는 한편, 건강증진 행동과 정책을 최대화시키기 위해 조직체에 자문을 해준다. 약 15%의 국민총생산(GNP), 즉 1조 달러 이상이 매년 미국에서 건강진료를 위해 쓰이고 있는데 건강 행동의 개선을 통해 이러한 비용을 줄이기 위한 국가적 노력이 촉진되어왔다(Carmody & Matarazzo, 1991; National Center for Health Statistics, 2001; S. Taylor, 2009). 건강심리학은 수많은 건강관련 문제들을 다루는 효과적인 전략들을 제공해주고, 미국에서 건강증진의 최전선에 서 있어왔다. 이 절에 나오는 간략한 임상 건강심리학 사례 기술은 문제 자체뿐만 아니라 건강심리학에서 사용되고 있는 많은 중재전략들이 복잡하고 다차원적임을 보여주고 있다.

감기, 홍역, 결핵 및 기타 전염성 질병들은 20세기 초반과 그 이전에 미국에서 대부분의 사망 원인이었다. 과거 100년 동안 의학적 진보는 이러한 많은 문제들을 정복해 왔다. 오늘날 건강을 해치는 행동패턴을 반영하는 생활양식 요인들이 모든 선진국에서 대부분의 사망을 설명하고 있다. 흡연, 고지방 섭식, 앉아 있는 생활양식, 안전하지 못한 성적 행위, 사고 및 기타 '행동 병원체'(Matarazzo, 1984)가 10대 사망 원인의 최소한 50%를 차지하고 있다(Centers for Disease Control, 2008, 2009; Institute for the future, 2000; Murphy, 2000; National Center for Health Statistics, 1993, 2001, 2002; S. Taylor, 2009). 심장질환, 암, 뇌졸중 및 기타 흔한 죽음에 이르게 하는 것 또한 생활양식 요인과 밀접히 연관되어있다. 국가 전체로 볼 때 우리는 너무 많이 먹고, 너무 많이 마시며, 너무 적게 운동하고 그리고 우리의 건강을 해치는 습관을 발달시킨다. 그러므로 오늘날 대부분의 건강문제는 행동문제와 밀접하게 묶여있다. 사실, 연구는 질병의 일차 원인이 감정, 인지, 사회적 관계 및 행동에 기인한다는 것을 증명하였다(Johnson, 2003). 건강심리학은 건강하지 못한 행동

의 변화를 통해 중요한 건강 문제의 범위가 제거되거나 최소화될 수 있다는 이해에 전적으로 달려있다(Institute for the Future, 2000).

임상심리학의 원리는 사람들이 질병에 걸리는 것을 피하도록 좀 더 건강한 생활양식을 가지고 살도록 도와주는 데 사용되어왔다. 이러한 원리는 또한 질병에 걸렸을 때 그 질병을 치료하기 위해서도 사용되었다. 당뇨, 암, 심장질환, 관절염, 천식, AIDS, 낭창 및 다중경화와 같은 자율면역계 질병, 만성 통증 조절 및 기타 심각한 건강 문제들이 모두 건강심리학자들의 관심사였다. 개인 및 집단 심리치료, 교육, 바이오피드백 이완 훈련, 대처 기술 훈련 중재 및 기타 전략들이 이러한 많은 문제들을 치료하기 위해 효과적으로 사용되어왔다. 사실, 바이오피드백 및 이완 훈련과 같은 심리학적 중재들은 과민성 대장증후군 및 레이노드병과 같은 다양한 건강문제들을 위한 주요한 치료적 선택이 되고 있다. 건강심리학은 의학적 문제와 정신건강 모두에 대한 현대적이고 통합적이고 증거-기반된 생물심리사회적 접근의 훌륭한 예를 제시해준다. 중재들은 건강을 최대화시키고 질병을 최소화시키기 위해 교육, 심리치료, 사회적 지지, 사회 공학 및 기타 접근들과 함께 의학적 치료에 통합된다. 현대 임상 건강심리학이 관심을 가지고 있는 수많은 건강 행동과 질병이 있는 반면에, 최근 몇 년간 건강심리학으로부터 지대한 관심을 받고 있는 몇몇 문제들이 특히 급박한 현재 문제로 부각되고 있다. 이러한 문제에는 흡연, 비만, 알코올 소비, 스트레스 관리, AIDS 및 만성통증 등이 있다. 이러한 쟁점들이 여기에서 간략하게 조명될 것이다. 표 11.1은 건강심리학자들의 다양한 관심 주제들에 관한 목록을 제시해주고 있다.

| 표 11.1 | 건강심리학 분야의 초점 영역 |
| --- | --- |
| 알코올 | 흡연 |
| 과민성 대장증후군 | 섭식 장애 |
| 공황 장애 | 고혈압 |
| 레이노드병 | 천식 |
| 심혈관 질환 | 궤양 |
| 통증 | 두통 |
| 당뇨 | 암 |
| 척추 손상 | 간질 |
| 수면 장애 | 낭포성 섬유증 |
| AIDS | 스트레스 |
| 성 장애 | 물질남용 |

## 흡연

사진 : Stockvault.net 제공

**흡연**은 전국적인 조기 사망의 원인 중 가장 광범위하게 예방할 수 있는 것으로 여겨지고 있다(American Heart Association, 2009; MacGinnis, Richmond, Brandt, Windom, & Mason, 1992; U. S. Department of Health and Human Services, 1983, 2007; S. Taylor, 2009). 질병 통제 및 예방센터(Centers for Disease Control and Prevention)는 미국에서 사망의 20%는 흡연 때문이라고 보고한다(Centers for Disease Control and Prevention,

2008, 2009). 흡연은 암과 심장질환을 포함하는 많은 질병들과 연관되어왔다(Centers for Disease Control and Prevention, 2008, 2009; McGinnis et al., 1992; McKim, 1991; S. Taylor, 2009). 더욱이 흡연가들은 비흡연가들에 비해 고지방 음식 섭취와 주로 앉아있는 생활양식과 같은 건강을 해치는 행동에 더 많이 관련되어있는 경우가 많다(French, Hennrikus, & Jeffery, 1996). 건강심리학은 사람들이 흡연 습관을 시작하는 것을 예방하기 위해 심리교육 프로그램뿐만 아니라 금연의 모든 측면을 포함하고 있다. 비록 거의 모든 사람들이 흡연이 건강을 해친다는 사실을 알고는 있지만 약 25%의 미국 성인과 10대의 소년 인구가 흡연하고 있다(National Center For Health Statistics, 2006). 다행히 최근 몇 년 동안 담배를 피우는 성인들의 수는 감소하였다(McGinnis et al., 1992; National Center For Health Statistics, 2006). 다양한 종류의 중재 프로그램과 공공 정책들이 성인 흡연자들의 수를 감소시키는 데 유용하였다. 그렇지만 최근 몇 년 동안 담배를 피우는 10대 소년의 비율은 비극적이게도 꾸준히 증가하고 있다. 사실 오늘날 10대 남자 청소년들의 약 26%와 10대 여자 청소년들의 22%가 담배를 피운다(National Center For Health Statistics, 2006).

사람들은 일반적으로 또래 압력, 문화적 규준, 가족, 친구 및 유명 연예인 모델링, 반항적 행동의 표현, 독립성의 주장 그리고 다른 여러 이유 때문에 10대에 흡연 습관을 시작한다(Centers for Disease Control, 2008b,; Chassin, Presson, Rose, & Sherman, 1996; Redmond, 1999; S. Taylor, 2009; U. S. Surgeon General, 1994). 고지방 음식의 섭취와 같은 다른 많은 건강하지 못한 습관과는 반대로, 사람들은 일반적으로 흡연이 후천적인 기호라

## 건강관리 장면에서의 예방

슬프게도, 사망의 주요 원인은(아이들과 사춘기 소년들을 제외하고) 건강과 생활양식 행동을 예방할 수 있는 것과 연관이 있다(Centers for Disease Control and Prevention, 2009; S. Taylor, 2009; U.S. Department of Health and Human services, 2001, 2007). 「건강한 사람들 2000, 2010 및 2020(Healthy People, 2000, 2001, and 2020)」은 건강 행동 변화를 가장 잘 포함하고 있는 미국의 건강목표를 분명하게 표명한 U. S. Department of Health와 Human Services의 보고서이다. 예를 들면, 어린이들과 10대들의 주요한 사망 원인은 사고인데, 이들 대부분은 자동차 사고이다. 더욱이 이들 사고의 최소한 절반 이상은 알코올과 관련되어있다(S. Taylor, 2009; U.S. Department of Health and Human Services, 2007). 성인들 중에서는, 모든 사망자의 절반은 흡연, 지나친 알코올 섭취, 질 낮은 다이어트, 앉아서 일하는 생활양식, 안전하지 못한 성행위, 살인 및 자살과 같은 행동 요인들과 관련되어있다는 U. S. Department of Health와 Human Services 보고서에 의해 추산되었다. 지역 병원 및 건강 진료소와 같은 건강진료장면들뿐만 아니라 사람들이 자주 다니는 기타 지역 사회 장면들(예, 학교, 스포츠 행사, 교회)은 사람들을 교육시킬 뿐만 아니라 위에서 주목한 것과 같은 문제영역들에서 선별하고 중재하게 해주는 잠재적으로 유용한 기회를 제공한다. 수많은 양질의 예방 프로그램의 예들이 있는데, 이것들이 비용 효과적이 되게 할 뿐만 아니라 표적전집의 행동을 향상시키는 건강 진료 장면들에서 사용된다(Bennett-Johnson & Millstein, 2003, 평론참조). 여기에는 다른 문제들보다도 체중 조절, 태아 진료, 납중독 및 HIV/AIDS와 같은 성병이 있다. 임상심리학자들은 이들 프로그램을 설계하고 실행하게 할뿐만 아니라 다양한 위험에 처한 표적전집에 자문 그리고 교육자원 및 서비스를 제공한다. 예를 들면, 많은 아프리카계 미국인들은 고혈압 같은 심장 질병의 발달 위험에 처해있다(S. Taylor, 2009). 예배 후에 교회 자산으로 혈압 및 콜레스테롤 선별검사를 제공해주는 것은 위험에 처한 전집의 심장병 발병을 발견하고 잠재적으로 예방하는 데 도움을 주기 위한 광범위하고 다양한 지역사회들에서 활용되어왔다.

고 보고한다. 바꿔 말해, 흡연의 쾌락적인 효과는 최초 몇 번의 흡연 삽화 동안이 아니라 많은 초기 흡연 시도 후에 발생하는 경향이 있다. 사실 흡연은 초기에 기침, 두통, 구역질 또는 기타 혐오적 증상들을 가져올 수 있다. 그렇지만 일단 흡연에 익숙해지면 흡연과 연관된 심리적 의존성뿐만 아니라 니코틴의 중독 특질 때문에 대부분의 사람들에게 흡연은 그만두기가 매우 어려운 습관이 된다. 더욱이 불안, 우울, 안절부절 및 분노가 니코틴 금단과 연합되어 나타난다(S. M. Hall, Munoz, Reus, & Sees, 1993; S. Taylor, 2009). 그러므로 흔히 니코틴 금단의 부정적인 결과를 회피하기 위해 흡연을 하게 된다.

금연을 시도하는 대다수의 사람들이 성공하지 못한다(Cepeda-Benito, 1993; Ockene et al., 2000). 어떤 사람들은 스스로 담배를 끊을 수 있는 반면에, 많은 사람들은 그 습관을 그만두는 데 전문적인 조력을 필요로 한다(American Cancer Society, 2009). 치료에는 니코틴 패치나 니코틴 껌과 같은 생물학적 중재가 포함되는데, 이것들은 흡연에 의해 유발되는 폐 및 기타 기관에 해로운 효과 없이 일정한 양의 니코틴을 공급해준다. 이러한 치료는 흡연에 대한 심리적 의존성을 유지시키는 심리적 강화나 사회적 강화 없이 약물 효과를 제공해준다. 다른 치료적 접근에는 문제해결과 대처기술 훈련, 최면치료, 바이오피드백 및 행동수정 접근과 같은 심리학적 중재가 있다. 집단 지지와 같은 교육적 중재 또는 사회적 중재가 또한 사용된다(Ockene et al., 2000; O. F. Pomerleau & C. S. Pomerleau, 1988; Schwartz, 1987; Zhu, Stretch, Balabanis, Rosbrook, et al., 1996). 끝으로, 공공장소에서의 흡연 금지와 같은 사회 공학과 공공 정책 접근 또한 흡연가들이 습관을 유지시키는 것을 단념시켰다. 연구는 다중양식적 및 통합적인 생물심리사회적 접근이 흡연가를 치료하는 데 가장 효과가 있는 경향이 있다고 지적한다(Hall et al., 1993; Hatsukami, Jensen, Allen & Grillo, 1996; Hughes, 1993; Ockene, 1986; Prochaska, Velicer, DiClemente, & Fava, 1988; S. Taylor, 2009). 따라서 지지집단의 맥락에서 인지-행동적 대처 전략과 함께 니코틴 패치를 사용함으로써 니코틴 의존성을 약화시키는 것이 가장 효과적일 수 있다. 여러 중재들 중에서(Zhu et al., 1996) Stanford 심장질환 예방 프로젝트(Meyer, Nash, et al., 1980)와 같은 지역사회-광범위 중재 또한 전체 지역사회에서 흡연행동을 감소시키는 데 어느 정도 성공을 거두어왔다.

교육적 캠페인을 통해 사람들이 흡연을 시작하는 것을 예방하는 것 또한 얼마간의 제한적인 성공을 거두었다. 또래-모델링 접근, 사회적 압력에 대처하기 위한 역할-시연 방법, 흡연 태도와 행동에 대한 자기-탐지, 비디오 시청 및 기타 방법들이 사용되어왔다. 비록 언제나 효과적인 것은 아니었지만, 연구는 이러한 프로그램들이 많은 고위험 아동 및 청소년들이 흡연을 시작하는 것을 예방해 준다는 것을 보여주고 있다(Carter, Bendell, & Matarazzo, 1985; McGinnis et al., 1992; Ockene et al., 2000; S. Taylor, 2009).

## 비만

과체중은 흔히 이상적인 체중보다 체중이 20% 더 많이 나가는 것으로 정의되는데, 성인미국 인구의 약 60%에 영향을 미치는 반면, **비만**(obesity)은 미국인구의 30%에 영향을 미친다(Kopelman, 2000; Koretz, 2001; National Center for Health Statistics, 2006). 미국에서는 흡연이 감소되고 있는 반면에, 비만은 증가하고 있다. 특히 우려되는 것은 최대 40%까지의 아동들이 과체중이고, 이 중 80%가 비만 성인이 된다는 사실이다(Nash, 2003; National Center for Health Statistics, 2006; S. Taylor, 2009). 비극적으로, 몇 세기만에 처음으로, 이전 세대의 아이들보다 현대의 아이들이 비만 그리고 당뇨 및 심혈관질환과 같은 비만 관련 건강 문제의 비율이 늘어나기 때문에 생명이 더 단축될 것이라고 추산되어왔다(Belluck, 2005; S. Taylor, 2009). 비만은 관상성 심장질환, 암, 담낭 질병, 골격 관절 문제, 당뇨, 감염 및 기타 많은 질환들과 연관되어있다(Brownell & Wadden, 1992; Hsu, Chou, Hwang, & Lin, 2008; Kopelman, 2000; Stoll, 1996; S. Taylor, 2009; Von Itallie, 1985). 병적 비만(즉, 이상적 체중보다 100% 더 많은 체중)은 광범위한 질병 스펙트럼으로 인한 조기 사망과 연관되어있다. 흡연과 마찬가지로 비만 역시 심각한 국가적 건강 문제가 되고 있다.

비만의 발달에 기여하는 생물심리사회적 요인들이 발견되어왔다. 연구는 유전적 요인들과 가족내력이 체지방의 변량 중 최대 60%를 설명해 준다고 밝히고 있다(Bouchard & Perusse, 1996; Cohen, 2009; Price, 1987). 앉아 있는 행동, 고지방 음식 섭취 및 TV 시청과 같은 생활양식 요인들 또한 비만과 연관되어있다. 스트레스, 우울, 아주 매혹적인 다양한 음식들에의 접근 그리고 문화와 같은 심리적 요인들 및 사회적 요인들 또한 비만의 발달에서 역할을 한다(Shell, 2002; S. Taylor, 2009). 심리적 요인들 및 사회적 요인들과 조합된 생물학적 취약성 사이의 복잡한 상호작용은 예방과 치료에 통합적이고 증거-기반된 생물심리사회적 접근이 요구됨을 분명히 보여주고 있다(Brownell & Wadden, 1992; Hsu et al., 2008; Institute of Medicine, 2001; Shell, 2002).

흡연처럼, 체중을 감량하려고 시도한 대다수의 사람들이 성공하지 못한다(Agras, Berkowitz, Arnow, & Telch, 1996; Fairburn & Brownell, 2002; National Institute of Health, 1992). 대부분의 사람들이 체중을 감량하기 위해 혼자서 다이어트를 시도하는 반면, 많은 사람들이 Diet Ease, Jenny Craig, Weight Wachers, Overeaters Anonymous 및 Take Off Pounds Sensibly(TOPS)와 같은 지역사회 체중감량 프로그램에 가입한다. 이러한 프로그램들은 또한 일반적으로 의학적 중재와 사회적 지지, 교육 및 상담을 조합한 통합적 접근을 사용한다(Wang, Wadden, Womble, & Noras, 2003). 사실, 매년 50만 이상의 사람들이 이러한 지역사회 프로그램에 참여한다(S. Taylor, 2009). 다른 사람들은 전국적으로 의료센터와 진료소에 의해 제공되는 의료적으로 지도 감독되는 프로그램을 사용한다(예, Agras et al., 1996). 체중감량 산업은 수십억 달러의 산업이다. 슬프게도, 혼자서 또는 조직적이고 전문적으로 실행되는 프로그램에 참여해서 체중감량을 시도한 대다수의 사람들이 감량된 체중을 유지하지 못한다(Wang et al., 2003). 체중을 감량시킨 사람 중 약 95%가 5년 이내에 이전 체중으로 되돌아가게 되는 경향이 있다(Brownell, 1993; Wadden et al., 1989).

비만치료는 생물심리사회적 모형을 반영한다. 치료에는 외과수술, 약물치료 및 병적 비만을 가지고 있는 사람을 대상으로 하는 매우 낮은 칼로리 유동식이 있다. 행동 수정, 문제해결 대처 전략, 최면치료, 심리치료, 집단지지, 영양학 정보 프로그램 및 운동 프로그램 또한 비만을 치료하는 데 사용된다. 따라서 다중양식 접근은 다양한 형식의 교육 및 상담과 함께 의학적 중재를 통합한다. 개인치료에 더해서, 공공 건강 및 정보적 접근이 또한 사용되어왔다(Jeffrey, 1988; Meyer, Maccoby, & Farquhar, 1980; Wang et al., 2003). 생물심리사회적 요인을 통합하는 다중양식 치료가 가장 성공적인 경향이 있다(Agras et al., 1996; Brownell, 1993; Fairburn & Brownell, 2002; S. Taylor, 2009).

## 알코올 남용

사진 : Stockvault.net 제공

**알코올 남용**은 많은 사람들의 건강과 웰빙에 대한 주요 위협으로 남아있다(Casswell & Thamarangsi, 2009; Center For the Advancement of Health, 2001). 모든 미국인들의 10%가 알코올 중독자 또는 문제 음주자로 고찰되는데, 알코올 남용비용은 국가의 연간 1,840억 달러로 추산된다(Dorgan & Editue, 1995; National Institute on Alcohol Abuse and Alcoholism, 2004). 알코올은 미국에서 사망을 초래하는 세 번째 원인이다(Center For the Advancement of Health, 2001). 모든 대학생-연령 인구의 거의 반 정도가 최근 몇 주 내에 5회 이상 폭음한 것으로 나타났다(Presley & Meilman, 1992; Wechsler, Seibring, Liu, & Ahl, 2004). 18세에서 24세 까지의 대학생들이 어떤 연령집단의 문제 음주자들보다 가장 높은 비율을 차지하는데(Ham & Hope, 2003), 최근 몇 년 동안 여자 대학생들의 폭음률이 극적으로 증가하고 있다(Wechsler et al., 2004). 알코올 소비는 뚜렷하게 인생의 초기에 시작되는데, 50% 이상의 미국인들이 13세에 어느 정도의 알코올을 섭취했음을 보고하였다(Pandina, 1986). 알코올 관련 남용과 의존에 의해 야기되는 다양한 신체적, 심리적 및 사회적 문제 외에도 모든 교통사고의 50%뿐만 아니라 살인, 자살, 강간 및 폭행 범죄의 50%가 알코올과 관련된 것으로 추정되고 있다(National Institute on Alcohol Abuse and Alcoholism, 2004; S. Taylor, 2009; Weinhardt, Carey, Carey, Maisto, & Gordon, 2001). 매년 미국에서 100,000명의 사망은 거의 알코올 소비 때문이다(Institute of Medicine, 2001). 알코올은 자신들의 행동에 대한 사람들의 통제를 억제시키지 못하고 자신의 행위의 결과에 관해 덜 걱정하는 것으로 나타난다.

흡연과 비만처럼 생물심리사회적 요인이 알코올-관련 문제의 발달과 치료 모두에 연관되어있다. 알코올 문제는 유전적 취약성 및 생물학적 취약성과 관련되어있고(Finney & Moos, 1991; Goodman, 2008; Goodwin, 1986), 따라서 많은 개인들이 알코올-관련 문제의 발달에 유전적 소인을 가지고 있는 것으로 보인다. 어떤 사람들은 다행스럽게도 유전적으로 술을 마시지 못하기 때문에 알코올 문제를 발달시킬 가능성이 적다. 예를 들어, 약 25%의 아시아 사람들이 알코올에 음성신체반응을 보이고, 결과적으로 그 인구에서의 알코올 남용을 적게 만든다. 10%의 미국인들이 알코올 문제 유병률을 보이는 반면, 타이페이는 1% 미만이 알코올 문제를 가지고 있다(Yamamoto, Silva, Sasao, Wang, & Nguyen, 1993). 흥미롭게도, 한국 알코올 중독의 비율은 22%로 미국보다 두 배 이상의 비율을 보인다. 한국 전집에서는 과음에 대한 문화적 기대가 적당하게 알코올을 소비하려는 생리적 경향을 넘어서는 것으로 보인다(Lee, 1992).

또래 영향, 저소득 및 스트레스와 같은 사회적 요인들뿐만 아니라 불안이나 우울과 같은 심리적 요인들 또한 알코올 문제의 발달에 중요한 역할을 한다(Brennan & Moos, 1990; Zucker & Gomberg, 1986). 연구는 알코올이 흔히 스트레스를 완충시키는 방법으로 사용되고, 따라서 부적응적인 대처전략이 된다고 시사하였다(M. Seeman, A. Z. Seeman, & Budros, 1988; Stewart, 1996). 사회적 지지를 거의 받지 못한 사람뿐만 아니라 많은 부정적인 생활사상을 경험한 사람들은 알코올 문제를 발달시킬 위험에 처해 있다(Brennan & Moos, 1990; Stewart, 1996). 더욱이 무력감을 느끼는 사람들도 위험에 처해 있다(M. Seeman et al., 1988). 음주는 사람들이 스트레스를 덜 느끼게 하고, 인생 문제로부터 주의를 분산시킬 수 있기 때문에 일시적으로 보상이 되고 있다.

알코올 남용에 대한 치료와 예방 프로그램은 또한 증거-기반 생물심리학적 관점을 반영한다(Casswell & Thamarangsi, 2009). 알코올 치료는 알코올을 섭취했을 때 심한 구역질 및 구토를 일으키는 Antabuse

(주: 아세트알데하이드의 신진대사를 예방하는 약물치료)의 사용을 포함하는데(Nathan, 1993), 이는 개인 가족, 집단 및 교육적 요소들과 함께 입원 병동 시설에서의 의학적 해독제이다. 단주모임(Alcoholics Anonymous: AA)과 같은 전문적으로 수행되는 프로그램을 통한 집단 지지뿐만 아니라 심리치료 또한 유익하다(Kelly, 2003; National Institute on Alcohol Abuse and Alcoholism, 2000, 2004). 알코올 남용에 대한 특정 문제-해결 전략에 초점을 맞춘 재발 방지 접근 또한 알코올 중독자들에게 성공적으로 상용되어왔다(Marlatt & Gordon, 1985). 다시 한 번, 다중양식 접근이 가장 효과적인 것 같다(Casswell & Thamarangsi, 2009; Center for the Advancement of Health, 2001; Kelly, 2003). 그렇지만 재발률이 매우 높다. 예를 들어, 알코올 문제로 치료받은 사람들의 약 50%만이 일 년의 추적 치료 기간에 술을 마시지 않은 상태로 남아 있었고(Nathan, 1996), AA에 가입한 사람 중 75%가 1년 안에 AA를 탈퇴하였다(Alcoholics Anonymous, 1990; National Institute on Alcohol Abuse and Alcoholism, 2000, 2004).

## 스트레스 관리

스트레스는 수많은 신체적 및 정신적 건강문제의 발생과 유지에 연관되어왔다. 궁극적으로 과도한 스트레스에 의한 인간적 대가는 헤아릴 수 없다. 심리적 및 사회적 스트레스는 면역계(Ader & Cohen, 1984; Bremner, 2002; Cohen, Tyrrell, & Smith, 1993)와 내분비계(Krishman, Doraiswamy, Venkataraman, Reed, & Richie, 1991)를 포함한 많은 신체 조직에 좋지 않은 영향을 미친다. 만성적인 심리사회적 스트레스는 해마와 여러 곳에서 코티졸 과잉 분비를 일으켜 뇌에 손상을 입히는 것으로 발견되었다(Bremner, 2002; Sapolsky, 1990; Sapolsky & Meaney, 1986). 따라서 만성적인 스트레스는 실제로 뇌 손상을 일으킬 수 있다. 자신의 삶에서 자기-효능감이나 통제감이 결핍된 사람들이 특히 스트레스 관련 문제에 취약한 것으로 나타났다(Bandura, 1986, 1989; Kobasa, 1982). 끝으로, 빈곤, 폭력 및 기타 사회악과 같은 환경적 스트레스 원이 좋지 않은 신체적 건강과 정신적 건강에 기여하므로 정책, 예방 및 중재 수준에서 유사하게 다뤄질 필요성이 있다(S. Taylor, 2009).

**스트레스 관리**는 암, 심장질환, 당뇨, AIDS 및 만성 통증과 같은 많은 신체적 및 정신적 건강문제를 겪는 사람들을 돕는 것으로 발견되어왔다. 사회적 지지 또한 다양한 의학적 문제뿐만 아니라 스트레스-관련 문제의 치료를 도와주는 것으로 발견되었다(Cohen, 1988; S. Taylor, 2009). 예를 들어, 집단 치료에서 제공된 사회적 지지와 스트레스 관리 전략은 암 환자들을 더 오래 살도록 도움을 주는 것으로 발견되었다(Spiegal, 1992). 이완훈련, 명상, 바이오피드백, 횡경막 호흡, 스트레스 접종 훈련, 심리치료, 시각적 심상 및 기타 접근과 같은 스트레스 관리 기법들이 스트레스를 감소시키는 데 유용한 것으로 발견되었다(Scheufele, 2000; S. Taylor, 2009).

## 후천성 면역 결핍증후군(AIDS)

비극적으로, 약 110만 명의 미국인들이 HIV 바이러스에 감염되었는데, 1981년 이후로 미국에서 **후천성 면역 결핍증후군(acquired immune deficiency syndrome, AIDS)**으로 50만 명에 육박하는 사람들이 사망한 것으로 나타났다(Centers for Disease Control, 2007; S. Taylor, 2009). 전 세계적으로 약

## 여성과 AIDS

질병통제센터(Centers for Disease Control, CDC)에 따르면, 여자 청소년들과 여성들 사이의 HIV/AIDS의 발병률이 최근 몇 년 사이에 상당히 증가하였다. 이는 아프리카계 미국 여성과 라틴 여성과 같은 소수 민족의 여성들 중에서 특히 그렇다. 예를 들면, 미국의 여자 청소년들과 여성들 AIDS 사례의 비율은 1985년에 7%에서 1999년에 25%로 증가하였고, 비록 소수민족 여성들의 미국의 모든 여성의 25% 이하라고 표현할지라도, 그들은 현재 미국 여성들 사이의 모든 AIDS 사례의 대략 75%를 나타낸다(Center for Disease Control, 2007). CDC는 심리학자들과 다른 건강관리 전문가들이 이러한 위험에 있는 여성들을 표적으로 예방 프로그램을 적극적으로 개발할 것을 제안한다.

임상심리학자들은 흔히 임상장면과 연구 장면 모두에서 위험에 처한 여성들을 대상으로 일한다. 위험에 처한 많은 여성들은 안전한 성을 보호하는데 실패하는 것과 같은 고위험 성 행동을 회피함으로써 그들의 성 건강을 더 잘 통제하도록 도울 필요가 있다. 예를 들면, 수많은 심리학자들은 그녀들의 남자 성 파트너에게 콘돔을 이용하도록 격려하기 위한 더 좋은 기술을 개발하여 여성을 도울 예방 프로그램을 개발하였다. 이러한 많은 이들 여성들은 과거 또는 그들의 현재 성 파트너에게 심리적 또는 성적 학대를 경험했을 수도 있고, 따라서 자신들의 학대에 더 효과적으로 대처할 수 있게 이들을 돕는 것은 안전하지 못한 성 활동을 좀 더 생산적으로 피하도록 이들을 돕는 것이 한 방법이다.

국립 정신건강연구소는 현재 임신한 10대와 젊은 여성들 사이에서 HIV/AIDS를 최소화하기 위해 광범위한 종단 연구를 실시하고 있다. 이 연구는 Connecticut 주의 Atlanta와 New Haven 모두에서 1,120명의 참가자들에 대한 무선통제 시행이었는데, 여기는 젊은 여성들의 HIV/AIDS가 발병률이 특히 높은 곳이다. 이 프로젝트는 HIV/AIDS에 감염되는 역경을 최소화하기 위해서 이들 여성들이 좀 더 안전한 성 및 기타기법들을 채택하도록 함으로써 임신의 절호의 기회를 희망적으로 이용하여 태아진료개발에 대한 구조화된 접근법을 활용하고 있다(World Health Organization, 2006).

4천만 명의 사람들이 감염되었는데 2/3는 아프리카에 살고 있는 것으로 추산되었다(World Health Organization, 2006). AIDS는 전 세계 사망 원인의 4위이고 25세에서 44세 연령의 젊은 미국인들의 사망원인에서는 2위이다(Institute of Medicine, 2001). 현재까지 이용 가능한 백신이 없기 때문에 고위험의 문제행동을 바꾸는 것만이 AIDS가 퍼지는 것을 막는 최선의 방법이다. 정맥주사 마약 사용자 사이에서 주사바늘을 같이 쓰는 것을 피하는 것뿐만 아니라 안전한 성행위를 갖는 것이 감염의 확산을 최소화시키기 위한 필요조건이다. 정보적, 동기적, 기술-확립적, 성행위 훈련 및 공공정책 접근과 같은 다중양식적인 심리교육 프로그램들이 다양한 전집에서 고위험 행동을 감소시키는 데 성공적인 것으로 입증되었다(Ekstrand & Coates, 1990; Kelly & Kalichman, 1995; S. Taylor, 2009). 예를 들어, 한 연구에서 이런 유형의 프로그램은 San Francisco 남성 게이 사회에서 비보호적 성행위를 37%에서 2%로 감소시켰다(Ekstrand & Coates, 1990). 자기-관리 훈련과 사회적 지지 또한 고위험 집단에서 행동변화에 유용한 것으로 입증되었다(Kelly, St. Lawrence, Hood, & Brasfield, 1989; S. Taylor, 2009). 끝으로, 자기-효

## 사례 연구 — Celeste는 A유형 성격과 과민성 대장증후군을 보인다

Celeste는 40세의 한국계 미국 매니저로 A유형 성격(예, 경쟁적, 정력적, 적대적, 시간 급박함)과 과민성 대장증후군을 가지고 있다. 그녀는 잦은 위 통증과 변비와 설사가 번갈아가며 나타나는 양식을 가지고 있었다. 그녀의 아버지와 할아버지 모두 결장암을 가지고 있었고, 자매 중 한 명 또한 과민성 대장증후군과 싸우고 있다. 그녀는 자신의 증상들이 스트레스를 받을 때 더 악화됨을 알아챘다. 그녀는 긴장감이 도는 삶을 사는 경향이 있었고 항상 그녀가 편안하게 다룰 수 있는 것보다 더 많은 일을 떠맡고는 작업 과제들을 끝마치는 마지막 순간까지 기다린다. 그녀는 항상 분주한 활동을 한다고 생각했고, 매일 아침 일하러 가기 위해 고속도로에서 운전하는 동안 차 안에서 종종 음식을 먹거나 심지어 전화도 한다고 하였다. 특정 음식 또한 그녀의 증상들을 더 악화시키는 것처럼 보인다. 피자와 기타 고지방 패스트푸드들이 그녀의 위장 관련 호소를 증가시키는 것 같다.

주치의의 자문을 받은 후에 그녀는 증상 완화를 도와줄 임상 건강심리학자에게 의뢰되었다. 의학적 치료에 더해서 생물심리사회적 중재 접근을 반영하여 그녀는 생활양식을 변경시키고 사회적 지지망을 증가시키기 위한 작업에 참가하였다. 주의 깊은 평가 후 Celeste와 심리학자는 증상들에 기여하는 많은 생활양식 요인들에 대해 작업하는 데 동의하였다. 그녀는 규칙적인 유산소 운동, 횡경막 호흡 훈련, 이완 심상 및 너무 많은 시간에 걸쳐 분주한 활동을 할 필요가 있다는 그녀의 생각에 대한 인지적 재구조화를 포함하는 종합적 이완 프로그램을 개발하는 데 동의하였다. 그녀는 문제가 되는 패스트푸드를 회피하기 위해 섭식 패턴을 변경시키기 위한 작업도 수행하였다. 그녀는 계속되는 아침의 분주한 상황을 피하기 위하여 더 일찍 일어나는 일도 수행하였다. 그녀는 친구와의 사회적 지지망을 증가시키는 일도 했으며, 만족스러운 친밀한 관계를 발달시키는 노력 또한 기울였다. Celeste에게 있어서 이러한 양식을 변경시키는 것은 아주 어려움에도 불구하고 그녀는 몇 달간의 자문 후에 증상을 감소시키게 되었다.

능감의 증진과 성행위에 대한 지각된 통제감이 안전한 성행위를 예언하는 것으로 발견되었다(Gerrard, Gibbons, & Bushman, 1996; O'Leary, 1992). AIDS와의 전쟁은 행동변화를 통해 완전히 예방할 수 있는 파괴적인 질병에 대한 또 하나의 고전적인 예를 제공해준다(Institute of Medicine, 2001; S. Taylor, 2009).

### 만성 통증 통제

약 9백만의 미국인이 **만성 통증**으로 고통받고 있으며 약 1천 억 달러가 매년 다양한 유형의 통증을 경감시키기 위한 약물치료에 소비되고 있는 것으로 추정되고 있다(Bonica, 1992; Farrugia & Fetter, 2009; S. Taylor, 2009). 통증의 심도는 통증에 대한 개인의 반응과는 단지 조금밖에 관련되어있지 않은 것으로 보인다. 어떤 사람들은 심한 통증에도 뚜렷하게 잘 대처하는 반면, 어떤 사람들은 그렇지 못하다: 어떤 사람들은 약간의 경미한 통증에도 무능력해지는 반면, 어떤 사람들은 그렇지 않다. 따라서 통증 지각은 주로 각 개인들의 독특한 통증 경험을 나타내는데 상호작용하는 생물심리사회적 요인들에 의한 주관적인 경험이다(Banks & Kerns, 1996; Farrugia & Fetter, 2009; Hoffman, Papas, Chatkoff, Kerns, 2007; Keefe, Dunsmore, & Burnett, 1992). 비관주의, 낮은 자기-효능감 및 통제감이 없다는 느낌뿐만 아니라 불안이나 우울과 같은 심리적 상태가 통증 경험과 밀접하게 연관되어있는 것으로 나타났다(Banks & Kerns, 1996; Hoffman et al., 2007; Keefe et al., 1992). 더욱이, 사회적 지지를 거의 받지 못한 사람들은 일반적으로 통증에 잘 대처하지 못한다(Farrugia

& Fetter, 2009; Fordyce, 1988; Jamison & Virts, 1990). 이완 기법, 대처기술 훈련, 심리치료, 집단 치료 및 인지적 재구조화 등은 모두 만성적 통증을 치료하기 위한 의학적 중재와 결합될 때 유용한 것으로 발견되었다(Barlow & Rapee, 1991; Farrugia & Fetter, 2009; Hoffman et al., 2007; Keefe et al., 1992; Mercado, Carroll, Cassidy, & Cote, 2000; S. Taylor, 2009).

**결론**

건강심리학자들은 임상심리학의 원리와 절차를 사용하고 의학과 건강분야에 그것들을 적용한다. 건강심리학자들은 광범위한 건강관련 문제와 질환을 가지고 있는 사람들을 돕는데 유용하다. 많은 건강문제들이 건강을 해치는 행동들과 연관되어있으므로 건강심리학자는 건강을 해치기보다는 건강을 증진시키는 생활양식을 개발하도록 사람들을 도와주기 위해 노력한다. 저지방 건강식품 섭식, 알코올 소비의 최소화, 흡연과 안전하지 못한 성행위의 제거, 안전벨트 착용 및 스트레스를 더 잘 관리하는 것은 긴 목록의 건강문제를 일으킬 위험뿐만 아니라 조기 사망의 위험을 최소화시킨다. 일단 건강문제가 발생하면 건강심리학자들은 사람들이 자신들의 질병에 더 잘 대처하도록 그리고 증상의 악화를 최소화시키도록 사람들을 도와주는 데 관여한다. 사회적 지지 얻기, 질환에 대한 정보를 학습하기, 통증 대처 전략을 발견하기, 의학적 치료 섭식에 충실히 따르기 및 의학적 치료에 따르지 않는 기저하는 원인을 더 잘 이해하기는 모두 건강심리학의 관심사이다.

# 아동 임상심리학

아동 임상심리학자들은 아동과 가족을 대상으로 일하는 데에 전문화되어있다. 아동과 가족 업무에서의 전문화는 임상심리학자들 사이에 굉장히 인기가 있다(Brown, 2003; Kim-Cohen, 2007; Mash & Barkley, 1989; Roberts & Steele, 2009). 사실, 제2장에서 논의한 바와 같이 20세기 전환기의 대부분의 초기 임상심리학자들은 아동을 대상으로 일하는 데에 전문화되어있었다. 오늘날 이러한 심리학자들은 발달심리학과 아동 평가 및 치료 모두에서 수련을 받는다. 이들은 일반적으로 지역사회 정신건강 진료소, 아동지도 진료소, 학교, 아동 병원 및 개인 개업에서 일한다. 아동 임상심리학자들의 업무가 집중되는 일반적인 문제 영역 중에는 신체적 또는 성적 학대, 주의력 결핍 과잉행동 장애, 품행 장애, 학습 장애, 자폐증, 야뇨증(오줌싸개), 우울증, 기타 기분 및 행동 장애 그리고 학교 공포증이 있다. 이 심리학자들은 학교 교사, 학교 상담가, 소아과 의사, 탁아소 근무자, 부모 및 기타 사람들에게 자문을 제공할 수 있다. 이들은 교실 행동 관리에 관해 교사를 도와줄 수도 있고, 더 나은 양육 기술을 개발시키기 위해 부모를 도와줄 수도 있다. 표 11.2는 아동 임상심리학자들의 관심 주제에 관한 목록을 제시하고 있다.

소아심리학은 **아동 임상심리학**과 건강심리학의 혼합분야인데 흔히 아동 건강심리학이라 불린다. 소아심리학자들은 중요한 의학적 장애가 임상적 상황에서 두드러지는 병원장면에서 일반적으로 아동과 가족을 대상으로 일하는 아동 임상심리학자를 말한다. 이러한 의학적 문제에는 암, 간질, 당뇨 또는 낭포성 섬유증 등이 포함된다(Powers, Shapiro, & DuPaul 2003; Rudolph, Dennig, & Weisz, 1995; Roberts

| 표 11.2 | 아동 임상심리학자들의 초점이 되는 진단 문제 영역들의 예 |
|---|---|
| 주의력 결핍 과잉행동 장애 | 품행 장애 |
| 학습 무능 | 자폐증 |
| Asperger 장애 | 광범위성 발달 장애 |
| Tourette 장애 | 틱 장애 |
| 유분증 | 야뇨증 |
| 분리불안 | 학교 공포증 |
| 선택적 함구증 | 사회불안 및 사회공포증 |
| 아동 학대 및 무관심 | |
| **병원 장면에서** | |
| 암 | 천식 |
| 발작 | 당뇨 |
| 두통 | 낭포성 섬유증 |
| 아동학대 및 무관심으로부터 기인한 의학적 문제 | 고통스러운 의학적 절차에 대처하기 |

**사례 연구**

## 체중 감량 치료 프로그램

병적으로 비만한, 즉 이상적인 체중보다 100% 이상 더 나가는 사람들이 대학병원을 통해 집단치료 프로그램에 참여하였다. 이 프로그램은 매우 낮은 칼로리의 다이어트와 함께 영양학 정보, 집단 지지, 의학적 탐지 및 다양한 심리적 중재와 사회적 중재를 조합하고 있다. 환자들이 이 집단에 적절한지를 확인하기 위해 면접을 수행하였다. 심한 성격 장애 또는 기타 정신 장애 또는 급속한 체중감량 부작용이 나타나는 의학적 장애를 가지고 있는 지원자들은 이 프로그램에서 제외되었다. 환자들은 매우 낮은 칼로리의 유동식을 사용하면서 6개월 동안 매주 집단 모임에 참여하였다. 매주의 집단 모임에는 개개의 집단 성원들에게 중요한 쟁점들에 관한 사회적 지지 토론뿐만 아니라 다이어트, 운동, 음식 준비 및 음식이 관련된 사회적 상황에

서의 곤란 등에 대한 정보가 포함되었다. 환자들의 의학적 상태가 안정적이라는 사실을 확인하고, 또한 그들의 체중 감량이 깊게 탐지 된다는 사실을 확인하기 위해 매주 의학적 진찰을 받았다. 6개월간의 유동식에 뒤이어, 포장된 냉동 음식부터 시작해서 결국에는 자기가 준비한 음식에 이르기까지 음식물이 차츰차츰 재도입되었다. 포장된 음식은 준비 및 분량 조절과 관련된 의사결정을 최소화하기 위해 사용되었다. 약 1년 동안의 주 1회의 프로그램 후 그리고 유의한 체중 감량 후, 집단 성원들에게 감량된 체중을 유지시키는 도전적인 과제를 도와주기 위해 지지 및 정보가 제공되는 한 달에 두 번씩의 유지 집단에 참여하게 하였다.

& Steele, 2009; S. Taylor, 2009). 소아심리학자는 아동에게 통증관리 전략을 제공해주거나, 중요한 의학적 문제를 가지고 있는 아동을 이해하고 도와주는 데 있어서 가족이 더 효과적으로 대처하도록 도와줄 수 있다. 이들은 침입적인 의학적 절차, 불안과 우울증 또는 의학적 치료를 준수하지 않는 것에 아동과 가

## 사례 연구

# Joe는 알코올 중독을 보인다

Joe는 32세의 백인 남성으로 심각한 알코올 문제를 가지고 있다. 그는 일주일에 5병의 스카치위스키를 마실 뿐만 아니라 저녁마다 2병의 포도주를 마신다고 보고한다. 그의 아내와 자녀들은 그의 알코올 소비에 대해 굉장히 걱정하고 있는데, 알코올 남용 치료에 전문화되어있는 심리학자로부터 도움을 구해야 한다고 그에게 간청하였다.

Joe는 알코올 문제를 가지고 있다는 것을 인정하였는데, 스트레스를 주는 직업이 알코올 문제에 기여한다고 생각하였다. 그는 판매사원으로 일하고 있는데 매달 할당된 판매량을 채우는 데 문제를 가지고 있었다. 더욱이 그는 상사가 자신을 매우 싫어하고 자신을 해직시킬 방법을 찾고 있다고 생각하였다. Joe는 자신이 포도주 감정가라고 여기는데 좋은 포도주를 수집하고, 음미하고, 판단하는 것을 즐겼다. 그는 남부 프랑스의 St. 에밀리온 지역에서 나오는 프랑스산 포도주를 특히 즐긴다고 말한다.

몇 번의 회기 후, Joe는 집 근처의 AA 프로그램에 참여하는 데에 동의하였다. 그는 또한 자신의 음주에 대한 의학적 결과에 관해 말하기 위해 의사를 찾아가는 데에도 동의하였다. 심리치료는 직장에서의 그의 스트레스와 자신과 다른 사람들에 대한 굉장히 높은 기대에 초점을 맞추었다. 운동과 그 밖의 좀 더 건강을 증진시키는 행동들이 격려되었다. Joe는 또한 그의 아내와 함께 그의 알코올 소비로 인한 그리고 알코올 소비에 기저하는 부부갈등에 관해 작업하기 위해 몇 번의 치료 회기를 가졌다. 폭음 후 Joe는 음주 운전으로 체포되었는데, 그런 후에야 소변 알코올 선별 검사를 하는 데 동의하였다.

---

족이 대처하도록 도와줄 수 있다. 이들은 심각한 의학적 질병에 대한 아동의 정서적 및 행동적 후유증을 다루는 의사, 간호사 및 기타 전문가를 도와주기 위해 다양한 의료부서 및 과에서 자문가로 활동할 수도 있다(Brown, 2003; Roberts & Steele, 2009; Rodrigue, 1994; Rudolph et al., 1995). 소아심리학자들은 또한 신경심리적 기능, 인지기능 수준, 정신증을 평가할 수 있으며 또한 개인치료, 집단치료 및 가족 치료를 제공할 수도 있다.

### 주의력 결핍 과잉행동 장애

주의력 결핍 과잉행동 장애(ADHD)는 최근 지대한 국가적 관심을 받고 있는데, Time과 Newsweek 같은 주요 뉴스 잡지의 표지 기사로 나오기도 하고 여러 베스트셀러 도서의 주제이기도 하다. 아동 임상심리학자들은 흔히 ADHD 진단 평가를 수행하도록 요청받으며; ADHD 아동에 대한 개인치료, 가족치료 및 집단 치료를 제공해주고; 그리고 ADHD 아동에 대한 사회적, 행동적, 정서적, 의학적 및 교육적 중재에 관해 교사, 소아과 의사 및 부모들에게 자문한다. 많은 심리학자들이 ADHD 관련 연구와 공공 정책 캠페인의 선두에 서있다(예, Barkley, 1993, 1996, 2000, 2009; Pelham, 1993). ADHD는 현재 많은 아동 임상심리학자들이 가장 흔하게 마주치는 임상 쟁점들 중의 하나이다.

ADHD는 약 3~5%의 아동들에게 나타나지만 주로 소년들에게서 발견된다(American Psychiatric Association, 2000; Barkley, 1993, 2000, 2009; Kelly, 2009). 증상들에는 주의와 집중을 유지할 수 없는 것뿐만 아니라 충동성, 과잉행동, 안절부절 및 변덕스러움도 포함된다. ADHD를 가지고 있는 아동들은 흔히 또래와 함께 지내는 데에 문제를 가지고 있고 일반적으로 집과 교실에서 혼란스럽다. ADHD 아동들은 매우 활동적이고 반항적인 경향이 있는데, 흔

# 장애인과 미국 장애인 법

사진 : Stockvault.net 제공

**미국 장애인 법**(Americans with Disabilities)에 의해 적용되는 신체적 또는 정신적 장애를 겪고 있는 약 5천 5백만 명의 미국인들(혹은 인구의 20%)이 있다(National Organization on Disability, 2009; Thomas & Gostin, 2009; Wellner, 2001).

미국의학회(2001)에 따르면, 장애의 가장 일반적인 형태는 관절염, 등과 척추 문제 그리고 심혈관 질환이 포함된다. 슬프게도, 장애를 경험한 사람 중 72%가 일을 하고 싶어 하지만 오직 29%만이 일을 한다(National Organization on Disability, 1998). 일하는 사람들 중에서, 장애가 있는 사람들은 장애가 없는 사람들이 버는 수입의 66%밖에 벌지 못하는데 이는 장애를 가진 소수집단 사람들의 돈을 버는 능력보다도 더 적게 버는 것이다(Atkinson & Hackett, 1998).

미국 장애인 법(ADA)은 1990년에 법률로 발효되었는데, 최근 2008년에 수정되었고, 2009년에 효력이 발생되었다. 이 법은 잠재적인 차별 장애가 있는 사람을 돕기 위해 추구되었다. 의료적인 장애 이외에도, 이 법안은 또한 우울증, 양극성 장애, 정신 분열증, 성격 장애, 강박관념–강박행동 장애 및 공황 장애뿐만 아니라 정신과적 장애들도 포함하고 있다. 물질 남용, 도박과 같은 충동조절 장애 그리고 성충동 장애는 ADA에 적용되지 않는다.

ADA는 장애인들이 차별을 겪지 않도록 보호하고, 자신들의 직장, 학교 및 기타 환경에 있는 합당한 편의시설을 사용할 수 있게 하는 법안이다. 이러한 편의시설들에는 건물 및 사무실, 화장실 및 엘리베이터로의 휠체어 접근뿐만 아니라 기호–언어 해석기, 대형 인쇄물, 안내 동물을 위한 접근 등이 포함된다.

임상심리학자들은 그들 자신과는 다른 문화 혹은 경험을 가진 누군가를 존중하듯이 장애를 가진 사람들에 대한 자신들의 느낌과 반응에 세심해야만 한다. 심리학자들은 장애를 가진 사람들이 오해, 편견, 고용 차별 등을 다루는 것과 같은 그들이 직면하는 도전에 대처하도록 도울 필요가 있다. 심리학자들은 장애를 가진 사람에게 적용될 수 있는 윤리적 지침과 법률적 지침뿐만 아니라 이들을 위한 서비스의 한계(특히 검사 서비스)에도 모두 정통해야 한다. 심리학자들이 내담자들에게 이용 가능한 지역 사회 자원과 서비스를 알고 있다면 장애가 있는 자신들의 내담자들을 더 잘 도울 수 있을 것이다.

히 집과 학교에서 문제를 일으킨다(Barkley, 1989, 1993, 2000, 2009; Bradley & Golden, 2001; Kelly, 2009; Waschbusch, 2002). 산만함과 충동성은 일반적으로 부모, 또래 및 교사들이 잘 참아내기가 힘이 든다. ADHD 아동들의 주의력 문제와 조직 문제는 일반적으로 평생 동안의 문제이다(Barkley, 1989, 2000, 2009). 아동일 때 ADHD를 겪었던 성인은 성인이 되어서도 주의, 충동성 및 대인관계에서 비슷한 문제를 가지고 있다고 흔히 보고된다(Barkley, 2009). 더욱이, 그들은 또한 성인이 되어 반사회적 및 범죄 행동, 낮은 성취, 감정과 관계의 문제를 발달시킬 가능성이 훨씬 더 높다(Barkley, 2009; Young, Toone, & Tyson, 2003).

생물심리사회적 요인이 ADHD의 병인, 발현 및 치료에 역할을 한다(Bradley & Golden, 2001; Barkley, 2009; Diller, Tanner, & Weil, 1996; Edwards, Schultz, & Long, 1995; Goos, Bzzatian, & Schachar, 2007; Kelly, 2009). 특정 피질 영역에서의 뇌 기능과 유전이 ADHD의 발병에 중요한 역할을 하는 것으로 믿어지고 있다(Barkley, 1996, 2002, 2009; Beiderman et al., 1992; Frick, Strauss, Lahey, & Christ, 1993; Wilens, Beiderman, & Spencer, 2002). ADHD를 가지고 있는 사람들은 검사 시 통제집단보다 전두엽 피질과 기저핵 영역에서 뇌 활동이 더 적은 경향이 있다(Bradley & Golden, 2001; Goos et al., 2007; Zametkin et al., 1990). ADHD는 또한 최소한 다른 한 명의 ADHD를 가진 가족 성원들에게서 더 흔한 것으로 나타난다(Barkley, 1993, 1996, 2000, 2009; Goos et al., 2007). 아동학대와 같은 심리적 요인과 사회적 요인 또한 ADHD 증상의 발병에 관련되어있다(Diller et al., 1996; Kelly, 2009). ADHD를 가지

고 있는 아동들은 일반적으로 부모, 형제자매, 교사 및 또래로부터 상당히 부정적인 관심을 받고 있는데, 결과적으로 친구가 거의 없으며 자주 놀림을 받게 되고 다른 사회적 문제를 갖게 된다. 이 아동들은 이러한 사회적 상호작용의 결과로 흔히 우울과 낮은 자존감을 발달시키게 된다(Barkley, 1989, 1993, 1996, 2000, 2009). 이들은 또한 흔히 학습 무능을 겪으며, 후에 품행 장애와 물질남용 장애가 발생하게 된다(American Psychiatric Association, 2000; Barkley, 2009; Levine, 2003a, 2003b).

ADHD는 진단하기가 쉽지 않다. 많은 생물심리사회적 요인이 ADHD 그 자체를 구성하지는 않지만 충동성, 부주의 및 혼란된 행동에 기여할 수 있다. 부부 불화, 신체적 또는 성적 학대, 우울증, 외상 후 스트레스 장애, 좋지 않은 아동-양육실제, 학습 무능, 품행 장애 및 기타 문제들 모두가 ADHD-유사 증상들을 일으킬 수 있다(Barkley, 1996, 2000, 2009; Edwards et al., 1995; Kelly, 2009). 부모, 교사 및 소아과 의사들이 주의 깊은 평가 없이 성급하게 ADHD 진단을 내릴 수도 있다. 많은 부모들은 자신들의 아동양육이 잘못되었다거나 문제 증상들을 설명하는 다른 정서적 요인이 존재한다는 사실에 직면하기보다는 ADHD 진단을 얻는 데 돈을 들이고 있다. 주의 깊은 진단에는 일반적으로 세밀한 내력, 집과 학교에서의 아동행동의 밀접한 관찰뿐만 아니라 심리 검사, 인지검사 및 교육 검사가 포함된다.

ADHD의 치료는 또한 ADHD 증상의 발생과 유지에 관여하는 생물심리사회적 요인의 상호작용을 반영한다. Ritalin과 같은 흥분제 약물치료가 ADHD에 흔히 사용되는데, 모든 사례 중 약 75%에서 ADHD 증상의 개선을 가져온다(Barkley, 2000, 2009; Hazell, 2007; Pelham, 1993; Swanson et al.,

1993; Wilens et al., 2002). 그렇지만 흥분제 약물치료는 많은 비-ADHD 아동 사이에서도 주의력과 집중력을 개선시키는 것으로 발견되었다. 행동하기 전에 생각하도록 아동을 학습시키기 위한 인지적 문제-해결 전략들이 ADHD 아동을 대상으로 성공적인 것으로 입증되었다(Hinshaw, 2003; Kendall & Braswell, 1985; Whalen, Henker, & Hinshaw, 1985). 이완 훈련과 바이오피드백 또한 어느 정도 유망함이 입증되었다(Hinshaw, 2003; Raymer & Poppen, 1985). 부모와 교사 자문도 성공적인 치료에서 중요한 보조물이다(Barkley, 1993, 1996, 2000, 2009; Fiore, Becker, & Nero, 1993; Swanson et al., 1993). ADHD 아동들이 다른 아동들과 더 잘 지내는 것을 학습시키기 위해 집단 사회기술 훈련 또한 흔히 사용된다. 생물심리사회적 요인을 다루어주는 다중양식적 접근이 가장 종합적이고 효과적인 것으로 나타났다(Barkley, 1993, 1996, 2000, 2009; Diller et al., 1996; Kelly, 2009; Hazell, 2007; Hinshaw, 2003; Waschbusch, 2002; Wilens et al., 2002).

## 학습 장애

학습 장애는 아동 임상심리학자들이 흔히 마주치는 또 다른 임상 문제이다. 학습 장애는 아동이 인지적 처리 손상(예, 시각-운동, 청각)을 겪을 때 진단되는데, 이는 지적 기능(즉, IQ)으로 측정된 적성에 관계된 학업 성취를 방해한다. 많은 아동들이 하나 이상의 학습 장애로 인해 읽기, 쓰기, 산수 및 기타 학업 영역에서 문제를 겪는다. 많은 아동들이 동기와 흥미의 결여, 좋지 않은 학습 기술 또는 학교 수행에 개입하는 심리적, 가족적 또는 사회적 문제로 다양한 학교 과목에서 좋지 않게 수행하는 반면, 많은 아동들은 수행을 방해

받는 학습 장애를 가지고 있다(Levine, 2003a, 2003b; Smith-Spark & Fisk, 2007). 약 20%의 학교 아동들이 학습 장애로 진단되는 것으로 추정되는데, 남자 아이들이 여자 아이들보다 이 문제에 더 취약한 것으로 나타났다(American Psychiatric Association, 2000; Heaton, 1988). 학습 장애는 학교를 그만두거나(American Psychiatric Association, 2000; Levine, 2003a, 2003b; Wagner, 1990), 성인 미취업(Morris & Turnbull, 2007; Shapiro & Lentz, 1991) 그리고 기타 심리적 문제와 사회적 문제(Levine, 2003a, 2003b; Russell, 1997; Spreen, 1988)의 위험 요인이다. 학습 장애를 가지고 있는 아동들은 흔히 부정적인 학교 경험을 하게 되고, 낮은 자존감, 우울증, 불안 및 혼란된 행동을 더 많이 경험할 가능성이 있다. 학습 장애는 학교에서의 곤란을 게으름, 낮은 지능, 반항성 또는 기타 사회적 문제 혹은 정서적 문제로 귀인시킬 수도 있어서 부모와 교사들에 의해 흔히 탐지되지 못한다(Levine, 2003a, 2003b).

ADHD처럼, 학습 장애도 최근 몇 년 동안 상당한 임상, 연구 및 대중매체의 관심을 받아왔다. 아주 최근에, 많은 대학들이 학습 무능 지원자들에게 특별 입학을 고려하기 시작하였다. 시간제한 없는 시험들이 또한 많은 학교에서 그리고 학업 적성 검사(Scholastic Aptitude Test, SAT) 같은 전국적 시험에서도 이용가능하다. 다행스럽게도, 학습 장애는 아동이 학교에서 곤란을 겪게 되는 잠재적인 기초가 되고 있는 것에 관하여 많은 부모, 교사, 학교 행정관들 및 기타 사람들에게 주의를 환기시킬 만큼 충분한 관심을 받아왔다. 그렇지만 학습 장애는 또한 비학습 장애 아동들과 그 부모들이 시간제한 없는 SAT와 학교 시험은 물론이고 대학 입학 특별 전형에서 이득을 얻

기 위해 찾는 인기 있는 진단이 되었다.

ADHD처럼, 학습 장애는 항상 진단하기가 쉬운 것은 아니다(Levine, 2003a, 2003b; Russell, 1997; Smith-Spark & Fisk, 2007). 많은 상이한 문제들이 좋지 않은 학교 수행과 관련될 수 있다. 어떠한 아이도 심리적 문제와 사회적 문제, 부부 불화, 낮은 동기, 낮은 적성, 부실한 양육, 큰 학급 크기, 스트레스, 질병, 빈약한 수업 및 다른 일단의 요인들에 의해 좋지 않은 학교 수행을 보일 수도 있다. 부가적으로, 심각한 정신과적 문제 또는 의학적 문제를 가지고 있는 많은 아동들이 또한 (실제 또는 가정된) 학습 장애를 가진 것으로 나타났다. ADHD, 광범위성 발달 장애, Asperger 증후군, 우울증, 외상 후 스트레스 장애, 문화적 차이 또는 언어적 차이 및 기타 문제를 가지고 있는 아동들은 흔히 학교 수행에서 곤란을 보이고 있다.

학습 장애의 진단은 일반적으로 교육 전문가에 대한 자문으로 아동 임상심리학자에 의해 내려진다. 교사, 부모 및 아동 면접과 함께 지능검사, 교육검사 및 심리검사가 잠재적인 학습 장애 아동을 평가하기 위해 사용된다. 일반적으로 학습 장애는 시각적 또는 청각적 어려움을 포함하는 진단 가능한 처리과정 문제뿐만 아니라 적성과 성취 간의 통계적으로 유의한 차이로 정의된다. 그렇지만 각 주는 학습 장애 진단을 위한 특유의 준거를 채택하고 있는데, 이러한 준거는 주마다 매우 다르다. 예를 들어, 학습 장애에 대한 California 주 준거에 부합되기 위해서는 표준 IQ검사에 의해 평가되는 적성과 성취 사이에 22.5점의 차이점수(1.5 표준편차 단위)가 있다는 문서자료가 있음이 증명되어야 한다.

고전적인 학습 무능의 예는 **난독증**(dyslexia)으로 이것은 'b'와 'd'를 혼동하는 것과 같은 철자 거꾸로 읽기를 포함하는 읽기 장애이다. 난독증은 읽기와 학습을 어렵게 만드는데, 또한 시각적 또는 청각적 변별문제 모두가 포함될 수 있다. 적성검사는 제8장에서 설명된 표준 IQ검사를 사용하여 수행된다. 성취검사 또한 제8장에서 설명된 교육검사를 포함한다. 심리학자들이 흔히 이 두 유형의 검사를 모두 수행하지만 이들은 흔히 성취검사를 제공하는 교육 전문가들과 함께 작업한다.

읽기, 쓰기, 산수 및 기타 학업 기술을 포함하는 학습 무능에 더해서, 주로 사회적 관계를 포함하는 학습 무능 또한 아동들에게 영향을 미친다. Asperger 증후군과 **비언어적 학습 무능**은 학업 수행은 받아들일만 하지만 사회적 기술이 유의하게 손상된 두 가지 예이다. 이 아동들은 흔히 또래 및 교사와 적절하게 상호작용할 수 없는데, 사회적 상호작용의 미묘함을 해석하고 반응하는 데에 어려움이 있다.

학습 장애의 병인론에 관한 널리 보급되어있는 이론은 유전적 요인과 신경학적 요인을 포함한다. 몇몇 연구들은 학습 장애가 유전적임을 시사하였다(Cardon et al., 1994; Myers & Hammil, 1990; Pennington & Smith, 1988). 어떤 연구자들은 초기 아동기 또는 태아기의 뇌 손상이 학습 장애의 원인일 수 있다고 주장한다(Hynd & Semrud-Clikeman, 1989; Russell, 1997). 이러한 생물학적 영향들이 심리적, 사회적 및 교육적 쟁점들과 상호작용하여 학습 장애의 발현을 가져온다. 아동의 성격, 결핍에 대한 보상능력, 문화적 기대 및 기타 요인들뿐만 아니라 부모 및 교사와의 관계 또한 모두 학습 장애의 표현과 영향에 통합된다. 그러므로 최적의 치료는 이러한 생물심리사회적 관점을 반영하는 것이다. 학습문제에 도전하는 데 도움을 주는 특별 교수법과 컴퓨터 보조 기법이 유용한 것으로 입증되었다. 더욱이 심리치료, 부모 교육 및 교사 자문 또한 중재 프로그램에 이상적으로 통합된다.

아동들이 학습 장애를 극복하기 위해서는 가족 및 학교지지뿐만 아니라 흔히 심리치료가 필요하다. 학습무능과 잠재적으로 관련이 있는 다른 사람과 다르다는 느낌, 손상, 그리고 자존감, 우울 및 불안 증상들을 극복하려고 하는 것은 개인심리치료, 가족심리치료 또는 집단심리치료를 필요로 한다(Levine, 2003a, 2003b; Smith-Spark & Fisk, 2007).

## 아동학대와 방치

사진 : Stockvault.net 제공

많은 아동 임상심리학자들과 소아 심리학자들은 **아동학대 및 방치**(child abuse and neglect)에 관한 평가, 치료, 연구 및 정책 개발에 관여하여 왔다(Emery & Laumann-Billings, 1998; Shipman & Taussig, 2009). 슬프게도, 많은 아동들이 부모, 의붓부모, 다른 가족 성원, 가족 친구 및 심지어 낯선 사람에서 신체적, 성적 또는 정서적으로 학대받고 있고, 살해당한 어린이들의 76%가 5세 미만이었으며 자신들의 부모들 중 한 명에 의해 피해를 당했다(U.S. Department of Health and Human Services, 2008). 유괴와 살인이 포함된 일부 드물지만 세간의 이목을 끄는 사례들이 전국적으로 세계적으로 관심을 받고 있는데, 아동에 대한 폭력이라는 끔찍한 문제를 조명해준다. 그

렇지만 학대받고 방치되고, 그리고 심지어 살해된 대다수의 아동들의 대해 책임이 있는 사람은 낯선 사람들이라기보다는 부모들이다. 사실 모든 아동학대 사례 중 약 97%는 한쪽 또는 양쪽 부모 모두가 학대의 가해자인 것으로 추정되고 있다(American Humane Association, 1984; Stith, Liu, Davies, Boykin, Alder, Harris et al., 2009; U.S. Department of Health and Human Services, 2008). 소년들과 소녀들 모두 거의 동일한 비율로 구박받고 있는 것으로 나타나고 있다. U.S. Department of Health and Human Services(2008)에 따르면, 2007년에 보고된 79만 4천 건의 사례의 아동학대 기록은, 방치사례가 60%, 신체적 학대 사례가 11% 그리고 성적인 학대 사례가 8%이다. 이중 3번째 사례들은 4세 이하의 아동들이다. 성적 학대 사례는 남자 피해자들보다 여자 피해자들에게 더 흔히 나타나는 경향이 있다.

많은 위험 요인들이 자녀를 더 학대할 가능성이 많은 사람들과 연관되었다(Faust, Runyon, & Kenny, 1995; Stith et al., 2009; U.S. Department of Health and Human Services, 2008). 이 요인들 중 가장 두드러진 것은 개인적 학대 내력이 포함된다. 따라서 자녀를 학대하는 부모들은 일반적으로 어렸을 때 부모로부터 학대받은 경험이 있다(Chafel & Hadley, 2001; Faust et al., 1995; Garbarino & Stocking, 1980; Stith et al., 2009). 알코올 및 약물 남용, 사회경제적 스트레스, 직업 및 결혼 스트레스, 나쁜 대처 기술 그리고 충동 조절 문제 모두가 잠재적 학대에 기여한다(Faust et al., 1995; Stith et al., 2009). 아동 학대와 무관심은 모든 사회계층에서 발견되는데, 아동 보호 서비스와 법률 집행에 대한 관심은 일반적으로 가난하고 혜택받지 못한 사람들 사이에서 일어난다(Chafel & Hadley, 2001).

모든 주의 모든 심리학자들은 의심되는 아동 학대와 무관심을 아동 보호 서비스 당국이나 경찰에 보고할 의무가 있다(Deisz, Doueck, & George, 1996; McDevitt, 1996). 그러므로, 모든 심리학자들은 아동 학대의 징후와 증상들에 관해 수련 받아야만 한다. 아동 임상심리학자들은 가능한 학대의 평가에, 아동 양육권 평가에 그리고 학대받은 아동들과 그 가족들 모두의 대한 치료에 빈번하게 관여한다. 아동 임상심리학자들은 또한 흔히 학대적인 부모들이 자녀들과 더 잘 상호작용하는 방법을 배우도록 돕기 위해 심리교육 강의를 제공하기도 한다. 아동 임상심리학자들 또한 학대받은 아동을 위한 적절한 가정 배치를 결정하기 위해 법률 전문가와 일할 수도 있다.

학대받은 아동들은 흔히 불안, 우울증, 반항 장애 및 품행 장애 그리고 기타 문제들을 겪고 있다(Barkley, Mash, Heffernan, & Fletcher, 2003; Shipman & Taussig, 2009; Willis, 1995). 신뢰에서의 문제, 만성적인 두려움, 신체적 취약성, 자존감 및 수치심에서의 문제들이 또한 일반적이다. 학대받은 아동들은 또한 섭식 장애를 발병시킬 가능성이 높다(Goldfarb, 1987). 학대 가해자들은 흔히 알코올 남용, 자신이 아동이었을 때 피해자가 된 것과 관련되어있는 기타 문제들을 가지고 있다(Stith et al., 2009). 학대 피해자와 가해자 모두에 대한 치료는 매우 어려울 수도 있다(Kendziora & O'Leary, 1993; Shipman & Taussig, 2009). 아동학대 치료 프로그램의 연구비는 흔히 정부예산안 삭감 기간 동안 축소되거나 삭감되었다. 학대받고 있는 것에 대한 당혹감과 굴욕감은 흔히 아동 특히 청소년들이 희생자임을 인정하는 것과 기꺼이 치료에 참가하는 것을 가로막는다. 이것은 또한 형사소송에 직면하게 될 가해자에게도 똑같다. 학대받은 많은 아동들은 다양한 입양가

정이나 친척들과 함께 살게 되는데 이들은 일관된 치료를 도전으로 여기고 있다. 학대 피해에 더해서, 가해를 하는 부모보다는 보통 그 아동이 가정을 떠나서 새로운 환경에 놓이게 된다. 부모, 위탁 부모 및 기타 보호자들은 법률 집행과 밀접하게 연관된 것으로 지각될 수도 있는 정신건강 서비스를 흔히 조심스럽고 회의적인 것으로 여긴다. 아동학대 가해자들의 치료 탈락이 매우 높은데, 법정 관여가 없을 경우에는 약 90%, 법원에 의해 특정하게 명령되었을 때는 약 40%로 추정되었다(Shipman & Taussig, 2009; Wolfe, Aragona, Kaufman, & Sandler, 1980). 학대적인 부모에게 학대받는 아동을 부양하도록 시도함으로써 가족을 보호하려는 법원과 정책 입안자들의 노력은 심지어 치료 동안에도 발생하는 반복적인 학대적 삽화를 가져와 위험스럽게 실패할 수도 있다.

병원장면에서 일하는 소아심리학자들이 보는 한 독특한 형태의 아동학대에는 허위성 장애 또는 대리 장애에 의한 Munchausen 증후군이 있다(Eastwood & Bisson, 2008; Sanders, 1995). 허위성 장애는 '신체적 또는 심리적 징후와 증상들의 의도적 생성 또는 가장'(American Psychiatric Association, 2000)이 포함된다. 대리 장애에 의한 Munchausen 증후군에서 부모(일반적으로 어머니)는 자녀가 아플 때 의료진으로부터 받는 관심과 지지로부터 만족을 얻는다. 그러므로, 그녀는 병원 장면에서 치료받게 하기 위하여 자신의 아동에게 독극물이나 기타 방법으로 의도적으로 아이에게 질병을 일으킨다. 아이들의 잦은 의혹적 질병은 부모가 대리 장애에 의한 Munchausen 증후군을 가지고 있음을 시사할 수도 있다(Eastwood & Bisson, 2008; Sanders, 1995). 소아심리학자들은 어머니와 아동을 평가하고 잠재적 학대에 대한 혐의를 조사하기 위해 아동 보호 당국과 접촉할 수 있다.

## 신경성 식욕부진증

**신경성 식욕부진증**(anorexia nervosa)은 청소년 여성 인구의 약 1%에 영향을 미친다. 발병 연령은 일반적으로 17세경인데 청소년기 아무 때나 나타날 수 있으며 심지어 성인기에 나타나기도 한다(American Psychiatric Association, 2000; Herzog, 1988). 신경성 식욕부진 환자 중 약 5%만이 남성이다. 신경성 식욕부진증은 살찌는 것과 무월경에 대한 극도의 두려움과 함께 이상적인 체중의 85% 미만으로 체중이 감량되는 것으로 정의된다(American Psychiatric Association, 2000). 모든 신경성 식욕부진증 환자들은 음식 섭취를 제한하지만 어떤 환자들은 또한 폭

## 아동기 양극성 장애

사진 : Stockvault.net 제공

1999년에 Demitri Papolos(MD)와 Janice Papolos(1999, 2002, 2006)의 출판저서 『양극성 아동(*The Bipolar Child*)』에 뒤이어서, 미국에서 지난 10년 동안 아동들 사이의 양극성 장애 진단이 매우 흔하게 되었다. 오직 1994년과 2001년 사이에만도 거의 300% 증가하였다(Pavuluri, Birmaher, & Naylor, 2005). 비록 아동들에 대한 진단이 DSM-IV-TR에 논의되지 않았지만 이 진단은 지난 10년간의 진단으로 불리게 되었다(Fields & Pristad, 2009; Young & Fristad, 2007). 많은 사람들은 이 진단이 과잉사용되었으며 또한 주의력 결핍 과잉행동 장애와 같이, 과거에도 어떤 것으로 불렸을 수도 있는 문제 아동 행동에 대한 재명명을 반영하는 것일 수 도 있다고 주장하였다(Blader & Carlson, 2007). 따라서 많은 사람들은 청소년들의 양극성 장애를 진단하고 치료(일반적인 약물 치료)하면서 주의 깊게 진행해야 한다고 주장한다(Blader & Carlson, 2007; Fields & Fristad, 2009; Papolos & Papolos, 2006; Young & Pristad, 2007). 사려 깊은 연구자들은 그러한 상태는 흔치않고 공병 장애는 매우 흔하다고 말한다(Fields & Fristad, 2009).

식삽화와 하제에 몰두하기도 한다. 하제에는 자기-유도 구토 또는 설사약의 사용이 포함된다. 신경성 식욕부진증이 건강과 생명을 위협하는 심각한 체중감소를 가져올 수 있기 때문에 심한 경우에는 입원이 필요하다. 병원장면에서 일하는 소아심리학자들은 흔히 신경성 식욕부진증의 진단, 치료 및 연구에 관여한다.

신경성 식욕부진증의 병인론, 증상 및 치료는 이 장애의 생물심리사회적 특성과 그것에 대한 임상심리학의 대응을 반영한다. 신경성 식욕부진증 및 기타 섭식 장애는 유전적 요소를 가지고 있을 수 있는데, 직계 가족의 경우 발병률이 4~5배나 더 높다(Kaye, Fudge, & Paulus, 2009; Striegal-Moore, 2000; Strober & Humphrey, 1987). 신경성 식욕부진증 그 자체가 유전될 수는 없지만 누군가를 섭식 장애의 발병에 대한 더 위험한 상황에 놓이게 하는 성격, 충동성, 체형, 충동조절, 불안 및 기타 성격 특징들이 유전 요인일 수도 있다(Fairburn & Brownell, 2002; Kaye et al., 2009). 일단 섭식 장애가 시작되면 신경화학적 요인들이 그 문제를 영속시킬 수 있다. 어떤 사람들은 도파민, 세로토닌 및 노어에피네프린과 같은 신경전달물질을 경유해 시상하부의 기능이 신경성 식욕부진증에 관여될 수 있다고 주장하였다(Hsu, 1990; Kaye et al., 2009; Polivy & Herman, 2002). 기아 그 자체도 또한 불합리하고 경직된 사고를 하게 하는데 문제를 보다 더 영속시킨다. 생활에서의 통제감 지각 결핍, 낮은 자존감, 스트레스, 불안 및 우울증과 같은 심리적 요인들 또한 이 질병의 발생과 경과에서 역할을 한다(Fairburn & Brownell, 2002; Nicholls & Viner, 2009; Striegal-Moore, Silberstein, & Rodin, 1993). 날씬함과 아름다움에 대한 문화적 이상과 같은 사회적 요인들 또한 신경성

식욕부진증 환자들이 혹독하게 날씬함을 추구하도록 동기화시키는데 역할을 한다(Brownell, 1991a, 1991b; Nicholls & Viner, 2009; Pike & Rodin, 1991; Striegal-Moore, Silberstein, & Rodin, 1986). 중재 접근에는 의학적으로 응급할 때 튜브나 정맥영양 보급과 고-칼로리 유동식 그리고 불안, 우울증 및 강박 행동적 증상들에 대한 약물치료가 포함된다. 입원 동안이나 퇴원 후 또는 체중감소가 그리 극단적이지 않을 경우에는 입원치료 대신에 개인, 가족 및 집단 심리치료가 몇 개의 조합으로 일반적으로 제공된다(Fairburn & Brownell, 2002).

## 결론

아동 임상심리학자와 소아심리학자는 아동과 청소년 및 그들의 가족에게 영향을 미치는 독특한 문제들을 대상으로 일한다. 이들은 또한 학교 교사, 소아과 의사 및 법률 전문가와 같은 아동의 생활에 관여하는 광범위하고 다양한 기타 전문가들과 함께 일한다. 아동 임상심리학자들은 아동들과 가족이 직면하는 독특한 문제를 다루는데, 그 몇 가지를 말하자면 주의력 결핍 과잉활동 장애, 아동 학대 및 방치, 우울증, 학습 장애, 학교공포증, 자폐증 및 의료문제들이 있다(Barkley, 1996, 2000, 2008; Mash & Barkley, 1989; Shipman & Taussig, 2009; Smith-Spark & Fisk, 2007; Stith et al., 2009).

# 임상 신경심리학

임상 **신경심리학**의 하위전문영역은 **뇌-행동 관계**, 즉 뇌 기능이 어떻게 행동과 행동 문제에 영향을 미치는지에 관하여 초점을 두고 있다(Davidson, 2000b;

사진 : Susan Steibe-
Pasalich 제공

# Susan Steibe-Pasalich, PhD

Steibe-Pasalich 박사는 Indiana 주의 South Bend의 Notre Dame대학교에서 상담서비스를 관리하는 임상심리학자이다.

**생년월일** : 1950년 4월 3일

**대학교** : 1973년 미국 Catholic대학교(심리학, BA)

**대학원 프로그램** : Canada Ontario 주 Ottawa대학교 임상심리학 PhD

**임상 인턴쉽** : 1978-1979 , Ontario 주 Ottawa 심리서비스센터

**현재의 직업** : Notre Dame대학교에서 상담센터 소장

**임상심리학자가 되는 것의 장점과 단점**

**장점** : "개인, 집단 및 조직의 긍정적인 행동 변화를 촉진시킬 수 있는 지식과 기술을 가짐."

**단점** : "변화가 느린 과정이 될 수 있다는 것을 인식하기."

**임상심리학의 미래** : "미국의 대학 장면에 있는 상담 센터에서 미래의 임상심리학과 임상심리학자들이 당면하는 여러 가지 도전적인 쟁점들이 있을 것이다. 첫 번째는 아주 심하게 혼란된 학생들을 치료하고 관리된 것에 관련된 고등교육 캠퍼스에 있는 상담센터의 임무를 균형 잡게 하면서 전형적인 발달적 도전을 겪고 있는 이 학생들에 대한 예방지원활동과 서비스를 제공하는 것이다. 두 번째는 학생 사생활의 쟁점 대 부모 및 기타 대학 행정가들을 대상으로 하는 중요한 자문 역할이다. 또 다른 떠오르는 도전은 위험 평가 집단에서의 임상심리학자의 역할과 지위인데, 이 집단은 대학 캠퍼스에서 눈에 띄려고 하거나 행동화하는 대학생들에게 적용되는 위험을 관리하고 평가하는 업무를 맡고 있다. 그리고 마지막이지만 중요한 것으로는 캠퍼스에서 정서적인 질환과 연관된 낙인과 오해를 감소시키거나 제거하는 데서 여전히 행해져야할 교육의 필요성에 관한 현저한 쟁점이다."

**당신은 어떤 종류의 자문, 행정, 수련 및 실무 활동에 관여하고 있는가?** "나는 대학교 상담센터를 감독하는데, 이 센터는 사립이며 종교적으로 소속되어있는 대학교의 학생처의 12개과 중의 하나이다. 이 센터는 약 11,500명의 학생들에게 개인 및 집단상담, 외부지원활동, 자문 및 위기중재를 제공하며 그 외에 교수진, 직원, 부모 및 학생 문제에 관한 관련 당사자에게 자문을 한다. 나는 학생 전집에게 접수 및 위기서비스를 제공하는데 관여하며 개인상담을 수행한다.

나는 임상실습과 APA인증 인턴수련 프로그램에 대한 감독을 할 뿐만 아니라 면허가 없는 실무자들에 대한 개별 지도감독도 한다. 나는 이 센터를 위해 창의적인 리더쉽을 제공하는데, 프로그램, 서비스 전달 및 일반적인 센터 운영을 관장하는 정책을 개발하고 실행한다. 나는 센터를 위해 예산을 관리하고 채용하고 직원을 평가하고 수석 심리학자로 일한다. 나는 전문가 기준과 윤리를 모니터하고 유지시키며, 그리고 상담 센터 직원에 대한 전문적인 발전을 촉진시킨다. 나는 다른 학생문제 부서, 학과 및 캠퍼스 공동체를 대상으로 협력관계를 수립하거나 유지시키는 책임을 맡고 있다."

**업무에서 당신이 직면하는 도전은 무엇인가?** "도전은 개인의 경력 개발을 존중하면서도 자기 돌봄과 업무량 사이의 적절한 조화를 이루게 하는 방식으로 정신건강 제공자들 중의 유능한 스탭들을 관리하는 것

이다. 또한 사람들이 대학의 사명과 일치하는 업무를 가장 잘 할 수 있도록 영감을 주고 동기를 불러일으키는 지도자가 되게 하는 것이 중요하다. 또 다른 큰 도전은 가장 중요한 행정의 최고에 머물면서 과제를 적절하게 위임하는 것을 배우는 것이다."

### 전형적인 일과

8:30~9:30 일과 관련된 이메일 응답, 회의 의제 준비, 부서 간 미팅 참석, 정책 및 절차검토

9:30~10:00 현안업무 또는 임상 쟁점을 논의하기 위한 상담 센터 스탭과 회의

10:00~11:30 행정 과제(예산 준비, 직원 모집, 개별 직원 자문)

11:00~12:00 센터에 걸어 들어가는 학생들을 위한 응급통로

12:00~1:00 점심

1:00~2:00 심리학 인턴/ 임상실습상담자를 대상으로 하는 임상 지도감독

2:00~3:00 부서 간 위원회 미팅 참석(성폭행 예방, 안녕, 약물검사, 학생 복지 등)

3:00~4:30 센터 임상, 수련 또는 외부 지원활동 코디네이터들을 대상으로 하는 행정자문

4:30~5:00 학생에게 관심이 있는 부모 또는 교수진을 대상으로 하는 임상 자문

학생들이 집단/외부지원 발표에 집중하도록 촉진하고 또는 일주일 24시간 내내 긴급 위기 자문 교대를 위한 저녁 업무.

Jones & Butters, 1991; Kolb & Whishaw, 2008; Lezak, 1995; Lezak, Howieson, & Loring, 2004). 임상 신경심리학자들은 뇌와 행동 기능을 평가하고 인지적 및 신경학적 기능이상을 가져오는 문제에 의한 뇌손상을 겪고 있는 환자들을 위한 전략을 제공한다. 표 11.3은 임상 신경심리학자들의 몇몇 관심 주제를 목록화한 것이다. 신경심리학자들은 임상심리학 뿐만 아니라 신경해부학, 신경병리학에도 정통해 있어야 한다(Kolb & Whishaw, 2008; Lezak et al., 2004). 이들은 수행기능 또는 고등 인지기능, 감각 및 운동 기능, 기억 기술 및 추상적 추론을 포함하는 광범위한 인지 능력을 평가한다. 신경심리학에 전문화되어있는 많은 심리학자들은 임상심리학자로서 흔히 수련 받거나 또는 인지과학이나 신경과학에서 수련을 받았을 수도 있다. 대부분의 신경심리학자들은 병원, 재활센터 또는 진료소에서 일한다. 일부는 아동을 대상으로 일하는 데 전문화되어있는데, 이 분야를 **아동 신경심리학 또는 발달 신경심리학**이라고 부른다.

| 표 11.3 | 신경심리학자들에 의해 다뤄지는 전형적인 문제들 |
|---|---|
| 발작 | 종양 |
| 두부외상 | 알츠하이머병 |
| 뇌졸중 | 알코올 |
| 꾀병 | 언어 문제 |
| 치매 | 상해에 의한 손상 |
| 간질 | 화학치료에 의한 손상 |
| AIDS | 질병 |

또한 많은 사람들이 개인 개업이나 집단 개업에서 일하고 있다.

평가는 진단, 치료 및 재활을 위한 권고를 제공하기 위해 검사결과에 의존하는 신경심리학자의 주요한 활동이다. 제8장에서 논의한 바와 같이 신경심리학자들은 언어, 운동, 주의력, 집중력 및 문제해결과 같은 고등 인지기능을 평가하는 Rey-Osterrieth 복합 그림, Benton 시각파지검사, Wisconsin 카드 분류 검사 및 California 언어학습 검사는 물론이고

## Sam은 자폐증을 보인다

Sam은 6세의 혼혈(동인도계와 필리핀계) 남자아이로 학교에서 사회적 관계에 어려움을 겪고 있다. 교사와 부모는 Sam이 과도한 자기-자극 행동(예, 록음악, 콧노래)에 몰두하고 특정 대상과 일상적 행동에 완고한 애착을 보인다고 보고한다. 그들은 Sam이 사소한 일에 화를 내는 것(예, 학교에서 밀침을 당하는 것, 일정을 변경하는 것, 시끄러운 교실)과 또래 또는 성인에게 거의 관심을 보이지 않는 것에 관해 걱정을 표현하였다.

Sam의 부모는 첨예한 갈등관계에 놓여 있는데, 이혼을 계획하고 있는 중이다. 이들은 매주 많은 시간을 일하고, 사업 때문에 자주 출장을 간다. Sam은 부모가 일하거나 출장 중일 때, 돌봐주는 전담 유모가 있다. Sam의 아버지는 강박관념-강박행동 장애를 가지고 있는데, 자신의 행동을 통제하기 위해 약물치료를 받고 있다. 그는 또한 강박관념-강박행동 장애 지지 및 정보 집단에 참여하고 있다.

WISC-IV를 사용한 인지검사는 Sam이 전체적인 지적 기능에서 평균 이하의 기능을 보이고, 동작성 IQ보다 언어성 IQ가 더 낮음을 밝혀냈다. 투사 그리기 과제에서의 수행은 물론이고 Rey-Osterrieth 복합 그림 검사에서의 Sam의 수행 또한 지각-운동 통합 능력뿐만 아니라 미세 운동 기술에서의 문제를 보여준다. 그의 언어 능력은 그와 부모가 영어만을 사용하는 데에도 불구하고 유의하게 제한되어있다.

Sam의 사회적, 행동적 및 지적 기능에서의 문제들은 심한 광범위성 발달 장애인 아동기 자폐증에 귀인되었다. 자폐증은 신경학적 토대를 둔 정신과적 증후군으로 사회적 상호작용(예, 자발적인 사회적 행동의 결여 그리고 적절한 관계 기술 발달에서의 문제)에서의 문제와 제한된 행동양식(예, 특정 일상적 행동이나 의식에 융통성 없게 집착하는 것) 및 손상된 언어와 의사소통의 문제를 포함한다. 일반적으로, 이 증상의 발생은 3세 이전에 나타난다. 아동 임상심리학자는 Sam을 위해 상이한 교실 장면을 권고했고, 그의 복잡한 욕구를 다루는 데 Sam과 그의 가족을 도와주기 위해 일단의 행동적, 지지적 및 사회적 중재를 권고하였다.

Halstead-Reitan 신경심리 배터리 및 Luria-Nebraska 배터리와 같은 광범위한 전문 검사 배터리를 실시하고 해석한다. 더욱이 Weschler 성인용 지능검사, 제4판(WAIS-IV) 및 Minnesota 다면 성격 항목표, 제2판(MMPI-2)과 같은 일반적으로 더 잘 알려진 검사들도 흔히 종합 신경심리학적 평가의 부분이 된다. 이러한 검사들은 뇌-행동 관계에 영향을 주는 광범위한 잠재적 문제들을 겪고 있는 사람들의 인지적 기능 및 심리적 기능과 관련된 정보를 제공해준다. 신경심리학자들은 또한 뇌-행동 관계에 영향을 미치는 두부 손상 및 질병을 겪고 있는 사람들을 위한 심리교육적 지지 집단, 심리치료, 대처 및 기술-형성 전략 그리고 가족 지지와 같은 자문과 재활 서비스를 제공해 준다. 끝으로, 신경심리학자들은 이러한 문제들을 이해하고, 평가하고, 치료하기 위한 연구를 수행한다. 신경심리학자들은 뇌 기능에 영향을 주는 많은 문제들에 관한 평가, 치료, 자문 및 연구에 관여하지만, 이 절에서는 간질, 퇴행성 질병 및 두부 손상에 관한 문제만을 조명할 것이다.

### 간질

간질(epilepsy)이란 급작스럽고, 일시적이며, 재발하는 방식으로 뇌 세포들이 과도하게 방전된다고 정의되는 발작 장애이다(Engel & Pedley, 2007; Goldensohn, Glaser, & Goldberg, 1984; McConnell, & Snyder, 1997; Shuster, 1996). 발작(seizure)은 강렬한 근육 경련, 완전 또는 부분적 의식 상실 그리고 어떤 경우에는 무의식적인 목적 행동을 가져온다. 뇌에 있는 뉴런들이 사람마다 다른 다양한 이유로 흥분된다. 예를 들어, 감염, 대사 이상성 및

## 사례 연구

## Zoe는 행동화를 보인다

Zoe는 13세의 백인 소녀로 8학년에 다니고 있다. 그녀는 양부모, 입양 남동생 및 입양 여동생과 함께 살고 있다. 그녀는 아동 보호 기관이 신체적 학대와 무관심 때문에 그녀를 집에서 격리시킨 이후인 생후 4개월 되었을 때 입양되었다. Zoe의 생물학적 부모에 대한 의학적, 심리적 및 사회적 배경은 거의 알려져 있지 않다.

Zoe는 굉장히 혼란스럽고, 잘 잊어버리고, 주의가 산만하다. 그녀의 부모는 또한 그녀를 '지나친 아이'라고 설명했다. 그녀는 가만히 앉아 있지 못하고 계속해서 말하고 여기저기 돌아다닌다. 그녀는 최근 가까운 야구장에서 몇몇 연상의 고등학교 소년들을 만나기 위해 몇몇 여자친구들과 함께 학교 댄스파티를 빠져나갔기 때문에 학교에서 정학을 당했다. 그 소녀들은 많은 양의 맥주를 마셨고 취한 상태에서 댄스파티에 돌아왔다. Zoe의 부모는 그녀가 행동의 결과에 관해 신경을 쓰지 않고 그녀의 참가에 대해 처음에 거짓말을 했기 때문에 특히 화가 났다. 그들은 또한 Zoe가 10살이었을 때 저녁 늦게 집을 나가

서 새벽 12시 30분에 거의 3km나 떨어진 곳에서 경찰이 데려온 적이 있었다고 보고하였다. 그들은 그녀가 유괴되었다는 내용의 글을 남겨 놓았다고 보고했다. 또다시, 가족은 그녀의 충동적 행동, 거짓말 그리고 행동의 결과를 이해하지 못하는 것과 더 나은 판단을 연습하지 못하는 것에 관해 걱정했다.

종합적인 심리평가는 ADHD와 일치되는 어떠한 주의력 및 기타 결핍을 발견하지 못하였다. 그렇지만 심리검사는 평균 이하의 인지 능력과 Zoe의 좋지 않은 판단에 기여하는 분노 및 슬픈 느낌의 서툰 조절, 또래 압력에 대한 취약성 및 충동적인 행동삽화를 밝혀냈다. 평가를 수행한 심리학자는 Zoe가 학교에서의 개인지도 조력, 그녀의 초기 내력과 청소년기 자율성 갈망과 연관된 고통스런 정서와 싸우는데 그녀를 도와주기 위한 개인 치료 그리고 가족에서 오랫동안 묻혀 있던 입양문제를 다루는 한편, 규칙과 제한을 협상하기 위한 가족치료로부터 이익을 얻을 수 있을 것이라고 시사하였다. Zoe는 정서 및 품행의 혼합된 혼란을 가지고 있는 적응 장애로 진단되었다.

생화학적인 요인들이 모두 이 발작의 발생에 기여할 수 있다. 이러한 생리적 원인 외에도, 심리적 스트레스가 이 장애에 취약한 사람들에게 발작을 일으키는 것으로 발견되었다(Joëls, 2009; Williams, 1982).

간질은 전체 인구의 약 1%에 영향을 준다. 아동들이 성인보다 간질을 경험할 가능성이 더 높다; 5세 이하의 아동들과 사춘기 아동들이 가장 취약하다(Hauser, Annegers, & Anderson, 1983; McConnell, & Snyder, 1997; Otero, 2009). 흥미롭게도, 간질은 또한 더 낮은 사회경제적 집단에서 더 많이 발생한다(Hauser et al., 1983; McCagh, Fisk, & Baker, 2009). 간질의 발생과 유지에 기여하는 유전, 감염, 사회경제적, 스트레스, 양육, 태아기 진료 및 기타 요인들과 함께 생물심리사회적 요인들이 이 장애의 발생에 기여한다(Hanesian, Paez, &

Williams, 1988; McCagh et al., 2009; Stears & Spitz, 1996).

간질의 심도, 지속기간 및 발병 연령은 인지기능에서의 잠재적 손상 수준과 관련되어있다. 주의-집중력, 기억, 문제해결, 운동 및 지적 능력들 모두가 반복적인 발작과 연관된 문제에 의해 유의하게 손상될 수 있다(Ellenberg, Hirtz, & Nelson, 1986; Hanesian et al., 1988; McCagh et al., 2009). 그렇지만 항경련 약물치료는 이러한 기술들에 해로운 영향을 주는 부작용을 일으키므로 인지기능 결함은 발작 자체가 아닌 약물치료와 관계된 것일 수도 있다(Corbet, Trimble, & Nicol, 1985; Engel & Pedley, 2007; McConnell, & Snyder, 1997). 신경학적 기능 외에도 성격과 기분 또한 발작에 의해 변경된다. 뇌의 측두엽 부분에 국제화된 복잡한 부분 발작은 기분, 성적

## Sally는 신경성 식욕부진증을 겪고 있다

Sally는 15세의 백인 소녀로 신경성 식욕부진증으로 최근에 입원하였다. 그녀는 현재 168cm의 키에 단지 38.5kg의 체중을 가지고 있다. 그녀의 증상들은 체중에 대해 학교에서 몇몇 소녀들이 한 비판적 충고를 듣고 다이어트를 한 후인 14살 때 시작되었다. 그녀는 처음에 운동을 하고 디저트를 먹지 않음으로써 체중을 줄이려고 시도하였는데, 체중감소에 대해 친구들과 가족 성원들이 해준 긍정적인 충고에 즐거워하였다. 단지 몇 kg를 줄인 후, 그녀는 자신이 아직도 '너무 뚱뚱하다'고 느꼈고, 더욱 엄격하게 다이어트와 운동을 계속하였다. 그녀는 체중감소 과정을 촉진시키고 심지어 적은 양을 먹은 후에도 느껴지는 포만감, 죄책감 및 불안감을 덜기 위해 설사약을 사용하기 시작하였다. 그녀는 더욱 철수하게 되었고 우울해져갔다.

그녀의 학교 수행은 나빠졌고, 음식과 다이어트에 관해 점점 더 강박적이 되었다.

Sally의 부모는 그녀를 지역 병원에 있는 섭식 장애 진료소에서 전문가의 도움을 얻도록 격려한 소아전문의에게 데려갔다. Sally는 자신이 문제를 가지고 있다는 사실을 부정했으며 도움을 얻는 것을 거부했다. Sally가 달리기에서 실신한 후에 어머니는 치료를 위해 그녀를 병원에 데려왔다. 그녀는 아동병원의 섭식 장애 병동에 입원하였다. Sally 및 어머니와의 초기 면접 후에, Sally에게는 정맥 유동식과 체중을 증가시키기 위한 섭생이 제공되었다. 의학적인 진료와 함께 개인적, 가족적 및 집단 심리치료가 제공되었다. Sally는 신경성 식욕부진증으로 진단되었다.

---

활동 및 공격성의 변화와 연관되었다(Engel & Pedley, 2007; Trimble, 1985). 간질을 가지고 있는 사람들은 또한 불안, 우울증, 정신증 및 반사회적 행동과 같은 정신과적 문제가 발병될 위험이 더 높다(Engel & Pedley, 2007; Hanesian et al., 1988).

신경심리학자들은 흔히 간질환자의 인지적 지능과 성격기능을 주의 깊게 평가하도록 요청받는다. 약물치료와 기타 치료 결정이 흔히 부분적으로 이러한 검사결과를 토대로 해서 결정된다. 신경심리학자들은 또한 **의사발작**(pseudoseizures) 장애 및 **꾀병**(malingering)과 발작을 변별하도록 빈번히 요청받는다. 흥미롭게도, 어떤 사람들은 심리적 기반을 갖는(예, 히스테리성 발작) 또는 의도적으로 가장된(Bergen, 2008; Williams & Mostofsky, 1982) 발작을 보인다. 때때로 신체형 장애, 허위성 장애 또는 의식적으로 꾀병을 부리려는 동기를 지닌 환자들, 심지어 무의식적으로 가짜 발작을 보이는 환자들은 의학적 주의, 재정적 유인 또는 기타 이유 때문에 발작

장애를 보인다.

간질의 치료는 현대적, 통합적 및 생물심리사회적 관점을 반영한다(Engel & Pedley, 2007; McCagh et al., 2009; Shuster, 1996). carbamazipine과 같은 항경련 약물치료가 발작의 빈도와 강도를 감소시키는 데 효과가 있는 것으로 입증되었다. benzodiazepine, 항우울제 및 신경이완제와 같은 향정신성 약물치료 또한 모두 빈도, 강도 또는 지속기간을 최소화하기 위해 성공적으로 사용되어왔다(Hanesian et al., 1988; Perucca, Gilliam, & Schmitz, 2009; Trimble, 1985; Williams & Mostotfsky, 1982). 예를 들어, 약물치료가 효과가 없는 것으로 입증되거나 발작이 측두엽에 국재화되어있을 때에는 측두엽 절제 수술을 수행하기 위한 외과수술이 발병을 방지하기 위해 수행될 수 있다. 의학적 치료에 부가하여 심리치료, 집단 치료, 사회적지지 및 심리교육적 기회들이 가치가 있다(Hanesian et al., 1988; McConnell, & Snyder, 1997; Perucca et al.,

2009). 이러한 접근들은 이 만성 질환에 대처하고 있는 정서적, 사회적 및 행동적 도전을 받고 있는 환자를 도와주고, 그래서 발작과 연관된 제한들을 최소화시켜준다.

## 뇌 손상

**뇌 손상**(brain injuries)은 신경심리학자들이 초점을 두는 또 다른 영역이다. 뇌 손상을 야기하는 사고는 매년 천만 명의 사람들(약 백만 명의 아이들을 포함하여)에게 영향을 미치는데 자동차 사고, 추락, 전쟁 부상, 스포츠 상해, 총기 부상, 폭행 및 기타 비극적 사건들로부터 발생할 수 있다. 사고 동안의 뇌진탕(뇌진동)과 같은 뇌 타박상(뇌 위치의 변동)은 기억, 주의-집중력 및 지남력 같은 뇌 기능에 영향을 줄 수 있다(Anderson, Bigler, & Blatter, 1995; Langlois, Rutland-Brown, & Thomas, 2006; Newcombe, 1996). 뇌졸중 또한 언어, 운동 기술, 성격 기능 및 기타 신경인지적 기능들을 손상시킬 수 있다. 독극물, 가스방출 그리고 수은 및 납 등의 중금속과 같은 환경적 독소들 또한 뇌 손상을 일으킬 수 있다. 예를 들어, 약 4%의 미국 아동들이 혈액과 뇌 속에 손상을 주는 수준의 납을 보유하고 있는데, 이로 인해 지적 능력의 손상, 주의-집중력에서의 문제, 혼란 및 ADHD-유사 증상을 가져온다(Committee on Environmental Health, 2005; U.S. Department of Health and Human Services, 1985b). 신경심리학자들은 뇌손상 환자들을 위한 재활 프로그램을 개발하는 것은 물론이고 인지적 기능과 심리적 기능을 평가하도록 요청받는다. 문제의 성질과 환자 및 가족의 특수한 요구에 따라 심리치료, 집단지지, 교육 및 의학적 치료 모두가 포함될 수 있다.

**외상성 뇌손상**(traumatic brain injury, TBI)이라고도 불리는 뇌 손상을 지난 10년간 이라크와 아프가니스탄에서 일어난 최근의 전쟁 동안의 병사들의 많은 상해들에서 한 가지 요인이었다(Hildreth, 2009). 부상병의 약 15%가 뇌 손상을 겪고 있다고 추산되었다(Martin, Lu, Helmick, French, & Warden, 2008). 신경심리학을 전문으로 하는 심리학자들은 재활을 가장 잘 진행하기 위한 방법을 결정하기위해 귀환 제대군인들을 평가하고 치료하도록 요구되었다.

뇌 손상은 또한 축구 및 복싱과 같은 높은 충격을 주는 운동에 참여하는 젊은 운동선수들 사이에서 흔하게 발견되어왔다. 2009년 슈퍼볼 챔피언 쿼터백의 Ben Roethlisberger와 같은 유명한 운동선수들 사이에서의 두부 손상은 스포츠에서 머리 안전의 중요성에 주목하게 한다.

## 퇴행성 질병

**퇴행성 질병**들은 신경심리학자들이 직면하는 손상의 부가적인 스펙트럼을 보여준다. 여기에는 알츠하이머병, 치매, 파킨슨병, 헌팅턴 무도병 및 매독과 기타 장애와 같은 감염질환 등이 포함된다. 신경학적 기능의 점진적 퇴행은 각 개인 특유의 질병 경과에 따라 기억, 주의, 말하는 능력, 판단, 운동, 및 기타 기능영역에서 문제를 야기시킨다(Jucker, Beyreuther, Haass, Nitsch, & Christen, 2006; Lambert & Kinsley, 2005; Tyokko, Kristjansson, & Miller, 1995). 종종 퇴행성 질병 환자들은 우울, 불안, 초조, 성격 변화 및 사회적지지의 상실을 갖게 된다(American Psychiatric Association, 2000; Dunkin & Anderson-Hanley, 1998; Lambert & Kinsley, 2005; Sultzer, Levin, Mahler, High, & Cummings, 1993). 따라서 이러한 개인들은 또한 민감하고, 종합적인 진료를 받아야 한다.

알츠하이머병과 관련된 **치매**(dementia)는 아마도 가장 잘 알려지고 만연된 퇴행성 질환이다. 알츠하이머병은 기억 상실, 잘 알고 있는 사람이나 대상에 대한 재인 실패, 조직과 계획에서의 어려움, 의심 및 언어문제를 포함한다(American Psychiatric Association, 2000; Bogerts, 1993; Edwards, 1994; Jucker et al., 2006; Katzman, 2008). 미국에서 약 4백만 명 이상이 알츠하이머병을 가지고 있는 것으로 추정되고(American Psychiatric Association, 2000; Edwards, 1994; Max, 1993; Katzman, 2008), 고령화 인구의 증가로 이는 앞으로 몇 년 동안 유의하게 증가할 가능성이 높다(Jucker et al., 2006; Katzman, 2008). 알츠하이머병은 학력수준이 더 낮은 사람들에게 더 흔하다(Korczyn, Kahana, & Galper, 1991).

**알츠하이머병**(Alzheimer's disease)은 유전적 또는 환경적으로 유발된 뇌 위축과 반 형성(plaque formation) 및 아세틸콜린, 세로토닌 및 노어아드레날린과 같은 뇌 신경전달물질 수준의 저하로 인한 것일 수 있다(Jucker et al., 2006; La Rue, 1992). 유전자 돌연변이가 APP(amyloid precursor protein), PS1(presenilin 1), PS2(presenilin 2)와 APOE(Apolipoprotein) 유전자를 포함하면서 염색체 1, 14, 19와 21에 위치한 결함이 있는 유전자들이 수많은 알츠하이머 사례들에서 연관되었다(Jucker et al., 2006; Katzman, 2008; Petegnief, Saura, De Gregorio-Rocasolano, & Paul, 2001). 두부 외상, 영양부족, 약물 및 독소 노출, 바이러스 감염, 성격 그리고 문화적 요인 모두가 알츠하이머병의 발생, 진행 및 발현에 역할을 할 수 있다(American Psychiatric Association, 2000; Ikels, 1991; Jucker et al.,

2006; Katzman, 2008; Korczyn et al., 1991).

신경심리학자들은 흔히 이러한 환자들의 인지적 기능과 심리적 기능을 평가하도록 요청받고 명확한 진단을 내리는 것을 도와준다. 그렇지만 흔히 알츠하이머병의 진단은 증상들에 대한 다른 뚜렷한 원인이 규명될 수 없을 때 내려진다. 흔히 평가는 재활 노력에서의 도움뿐만 아니라 증상들에 대한 기타 잠재적인 설명들을 배제시키는 데 도움을 준다. 심리학자들은 또한 심리치료, 집단지지, 심리교육, 환경 치료, 행동 관리 그리고 의사, 간호사 및 기타 돌보는 사람들에 대한 자문을 포함하는 서비스를 제공한다. 치료 접근은 또한 사랑하는 사람에 대한 진료와 언젠가는 일어나는 쇠퇴 및 상실에 직면함으로써 일반적으로 매우 스트레스를 받고 있는 가족 성원들을 대상으로 하는 주의 깊은 작업이 포함된다. 치료는 또한 아세틸콜린의 신진대사 파괴를 막아주는 Cognex, Aricept 및 Namenda와 같은 약물치료도 포함한다(Jucker et al., 2006; Katzman, 2008).

혈관성 치매는 때때로 알츠하이머병과 혼동된다. 비록 증상은 기억과 다른 기능 장애의 측면에서는 유사하게 보일 수 있지만, 원인이 다른 질병이다. 이는 뇌경색 또는 뇌에 혈관 공급에 기인하고, 또한 흔히 작은-뇌졸중에 기인된다. 뇌의 주요 영역에 혈액 공급의 손실과 연관된 뇌 세포 및 기능의 손실은 알츠하이머병과 매우 유사한 증상을 만드는 경향이 있다. 혈관성 치매는 고령자에게 영향을 미치고 대개 50세 이후에 발생한다.

## 정신병리학에 대한 신경심리학의 독특한 공헌

간질과 같은 발작 장애, 뇌 손상 그리고 치매와 알츠하이머병과 같은 퇴행성 질병을 포함하는 특정한 임상문제의 이해와 치료에 대한 기여 그리고 뇌 행동 관

## 사례 연구 — Joseph이 치매와 우울증을 보인다

Joseph은 71세의 기혼 백인 남성으로 박사학위를 가지고 있고, 수년 동안 매우 성공적인 엔지니어로 일해 왔다. 그는 우울증과 다양한 의료적 문제 때문에 일반의료 병동과 정신과 병동에 혼합해서 입원하였다. 그는 몇몇 사업체를 시작하였는데 사업 성공으로 독립적으로 부유하게 되었다. 그의 어려움에는 수많은 인지적 변화와 성격 변화가 있다. 그는 빈번하게 도시의 익숙한 장소를 여행할 때 길을 잃게 되거나 사람들과 장소를 기억하는데 어려움을 겪었다. 때때로 그는 친구와 가족에게 외현적으로 적개심을 보였다. 그의 충동성은 가족에게 매우 큰 대가를 치르게 한 여러 번의 졸속한 재정적 결정을 가져오게

하였다. 병동 스탭은 Joseph이 치매와 연관된 신경심리학적 문제를 가졌는지의 여부를 평가하였다. 그들은 그의 행동 문제가 기타 잠재적 의학적 또는 정신과적 문제와 연합된 것인지의 여부를 확신할 수 없었다. 단축형 Halstead–Reitan 배터리가 실시되었다. 환자는 검사과정 대부분 동안 비협조적이었다. 그는 병원, 스탭 및 검사자에게 분노와 노여움을 표현하였다. 결과는 Joseph이 실제로 치매를 겪고 있을 뿐만 아니라 동시에 우울 장애도 가지고 있음을 보여주었다. 결과는 그의 인지 기능(특히 추상적 추리, 기억 및 새로운 학습)의 수준이 유의하게 손상되었음을 보여주었다.

계의 평가에 초점을 두는 것 이외에, 임상심리학의 신경심리학 하부영역은 일반적인 심리적 문제에 대한 이해와 치료에 많은 것을 제공해주고 있다. 예를 들면 우울증은 종종 신경심리학적 기능 장애와 연관이 있다. 연구는 뇌의 좌측에 두부 손상을 경험한 환자의 약 절반은 우울증을 경험할 것임을 보여주었다(Starkstein & Robinson, 1988). 이상하게도, 좌측 대뇌 반구의 전두부위에 더 가까울수록 우울증상이 나타나고 심해질 가능성이 더 많다. 다른 연구는 특정한 대뇌 영역에 대한 부가적인 뇌손상은 우울증을 더 가져오기 쉽고(Mukherjee, Levin, & Heller, 2006) 또한 뇌손상에 따른 우울증을 평가하는 것이 이들 장애를 치료하는 데 중요한 요소라는 것을 발견하였다. 또 다른 예는 정신 분열증의 진단과 치료를 포함한다. 연구는 정신분열증 환자들은 전전두 피질에서 구조적인 이상성과 기능적인 이상성 모두를 가지고 있다는 것을 발견하였다(Sapara, Cooke, Fannon, Francis, Buchanan, Anilkumar et al., 2007). 연구는 특히 대뇌 좌반구에서 특히 잘 나타나는 기능 장애는 흔히 정신분열증 환자에게서 발견된다는 것을

밝혀내었다(Antonova, Sharma, Morris, & Kumari, 2004).

따라서 신경심리학은 임상심리학자들에 의해 흔히 직면되는 우울증, 정신분열증 및 기타 문제들과 같은 흔한 심리적 진단과 관련된 중요한 쟁점들을 더 잘 이해하게 해주는 독특한 진단 도구와 관점을 제공해 준다. 기능적 MRI와 같은 더 새로운 진단 도구들이 더욱 흔해짐에 따라, 신경심리학자들의 영향과 기술이 앞으로 오직 증가할 뿐이라는 것을 기대할 수 있을 것이다. 덧붙여서, 두부손상의 쟁점은 전쟁에서 돌아온 전쟁 귀향 제대군인들과 스포츠 상해 때문에 뉴스에서 주목을 계속해서 받게 됨에 따라, 신경심리학적 문제에 대한 진단과 치료 모두를 증가시키기 위한 노력은 향후 더 전개될 것이다.

### 결론

신경심리학은 인기 있고 급속히 성장하고 있는 임상심리학의 하위전문영역이다. 신경심리학은 뇌에서의 문제들이 어떻게 행동과 심리적 기능에 영향을 미치는지를 이해하기 위해 심리학과 의학을 혼합한 것이

다. 신경심리학은 또한 현대 생물심리사회적 모형을 강조한다. 두부 외상과 질병으로 인한 뇌 손상은 인지적 기능과 심리적 기능에 영향을 주는 질환을 야기 시킨다. 이러한 장애들은 환자뿐만 아니라 환자의 가족에게도 영향을 미친다. 사회적 요인과 정서적 요인은 물론이고 유전적 취약성 또한 이러한 많은 문제들과 상호작용하여 특정 질병의 발생, 발현 및 진행을 가져온다. 신경심리학자들은 알츠하이머병, 간질, AIDS, 뇌졸중, 알코올 중독 및 총기 상처와 같은 다양한 장애에 대한 평가, 치료, 재활 및 연구에 막대한 도움을 줄 수 있다. 신경심리학은 또한 건강심리학, 소아심리학 및 법정심리학과 같은 임상심리학의 기타 하위 전문영역과 어느 정도 중복된다.

## 노인심리학

미국에서 살고 있는 노인의 수는 지난 100년 동안 3백1십만 명에서 3천5백만 명으로 증가하였다. 이는 현재 미국인 8명 중 한 명이 65세 이상이라는 것을 나타낸다. 더욱이, 노인 인구의 증가는 2030년까지 74%로 늘어날 것으로 추산된다(U.S. Census Bureau, 2008b). 점점 더 많은 미국인들이 노년으로 살아가게 됨에 따라,

노인 인구의 현저한 쟁점을 전공하고 있는 임상심리학자들로부터의 연구, 자문 및 질 높은 전문 서비스에 대한 수요가 크게 요구될 것이다(Rosowsky, Casciani, & Arnold, 2009). 노인심리학 또는 임상노인심리학은 임상심리학의 중요하고 빠르게 증가하는 전문분야이다. 비록 모든 심리학자들의 약 70%는 그들의 임상 업무에서 더 나이든 성인들을 평가하거나 치료하지만, 오직 3%만이 그들의 전문적인 분야에서 노인들을 대상으로 함께 일한다(Dittmann, 2003; Rosowsky et al., 2009). 더욱이, 국립노화연구소(National Institute on Aging)는 노인에게 이들 서비스에 대한 수요를 제공하기 위해서는 2020년까지 5천 명의 전일제 노인심리학자들이 필요할 것이라고 보고하였다(Dittmann, 2003). 현재, 노인심리학자는 약 700명뿐이다. 미국 정부는 노인들의 행동건강 욕구에 전문성을 지닌 심리학자들과 기타 적합한 전문가들을 훈련시키기 위해 이용 가능한 연구기금을 지원하기 위해 2000년에 미국 노인 법안(Older Americans Act, PL 89~73)을 통과시킴으로써 이 필요성을 인정하였다.

슬프게도, 미국 보건복지부(Department of Health and Human Services, 2001)는 정신 장애를 경험하는 모든 노인의 약 3분의 2는 필요한 서비스를 얻지 못하고 또한 오직 3%만이 정신건강전문가들이나 또는 행동 건강 전문가들을 만난다고 보고한다. 노인들이 경험하는 많은 문제는 노인심리학자들의 자문으로 도움을 받을 수 있다. 예를 들면, 많은 환자들은 알츠하이머와 뇌졸중 같은 퇴행성 질병처럼 자신의 인지 기능에 영향을 미치는 다양한 질병과 관련이 있는 불면증, 불안, 우울증 및 사별을 경험한다. 더욱이, 노인들을 위한 사회적 지지 서비스나 또는 경험의 부족이 흔히 있다.

노인심리학자들은 노인(그리고 그들의 가족)들이 인생의 만년에 나타날 수 있는 다양한 문제와 쟁점을 다룰 수 있도록 예방, 평가, 자문 및 중재 서비스를 제공한다. 예를 들면, 그들은 우울증과 불안을 위한 치료, 인지 상해를 평가해주는 도움 및 신체적 기능, 정신적 기능 및 가족 기능의 상실에 대처하는 도움을 제공할 수 있다. 노인심리학자들이 강조하는 여러 구체적인 문제들이 간략하게 논의될 것이다.

## 퇴행성 질병

알츠하이머병에 의해 야기된 치매와 같은 퇴행성 질병들은 노인심리학자들의 연구 및 임상 업무 분야에서 흔한 영역이다. 이 주제는 이전 장의 신경심리학에 관한 절에서 검토되었다. 치매와 퇴행성 질병의 다른 유형이 이절에서 가장 강조된다.

혈관성 치매는 노인들 사이에서 두 번째로 가장 흔한 치매 유형이다. 기술적으로, 혈관 성 치매는 대뇌로 가는 혈액 흐름이 방해되었을 때 발생하는 대뇌 혈관성 질병의 부산물인데, 이는 뇌의 조직손상을 일으킨다. 갑자기 이러한 일이 일어났을 때, 이것을 뇌졸중이라고 한다. 고혈압, 동맥의 지방 물질의 축적 그리고 뇌에 손상을 일으키는 기타 질병과의 상호작용이 혈관성 치매를 일으킬 수 있다. 인지 및 심리적 변화가 흔히 발생하는 신체적 두뇌의 변화를 동반한다. 이들 인지적 및 심리적 변화의 특성은 그 환자의 병전 기능수준의 특성 그리고 영향을 받은 특정 뇌 부위 모두에 달려있다(Desmond & Tatemichi, 1998; Rosowsky et al., 2009). 뇌졸중 및 기타 혈관성 치매의 위험은 나이와 함께 증가한다.

파킨슨병은 신경전달물질인 도파민을 적절하게 생산하지 못하는 뇌의 무능력에 기인하는 퇴행성 뇌 장애이다. 이 질병은 불수의적인 진전과 근육 경직과 같은 증상을 포함한다. 파킨슨병 환자의 약 절반이 질병이 진행되는 동안 치매를 일으킨다. 파킨슨병은 최근에 유명한 배우 Michael J. Fox의 질환 때문에 큰 관심을 받았는데, 이것은 노인들 사이에서 더 흔하게 보이는 질병이다.

노인심리학자들은 혈관성 질병, 파킨슨병 또는 다른 이유들로 치매를 경험한 사람들에게서 남아있는 강점들을 평가하는 데 도움을 줄 뿐만 아니라 인지적 및 심리적인 손상의 정도를 평가하는 데 도움을 주기 위해 신경심리학 검사에 관여될 수 있다. 이들 전문가는 또한 환자와 사랑하는 사람 모두 특히 치매와 그리고 일반적인 질병을 대처하는 데 도움을 주기 위해 개인치료, 가족치료, 집단치료와 심리교육활동에 참가할 수 있다. 예를 들면, 행동 치료는 흔히 환자들이 정서적 기곡을 다룰 수 있게 사용된다(Dunkin & Anderson-Hanley, 1998; Rosowsky et al., 2009).

상이한 나라들과 문화들로부터의 횡문화 연구는 적은 교육을 받은 사람들이 더 높은 교육적 성취를 이룬 사람보다 치매로 진단될 가능성이 더 높다고 시사한다(예, Katzman, 1993). 이것은 뇌영상 연구에 의해 지지된다. 일반적으로 인지 자극은 그것에 취약한 치매의 발병을 미연에 방지하는 보호 요인의 역할을 할 수도 있다.

## 노인의 정신과적 쟁점

불안, 우울증, 물질남용 및 사별 쟁점은 노인들 사이에 흔한 일이다. 이러한 문제들을 진단하고 치료하는 것은 노인 인구에서 특히 도전적일 수 있는데 왜냐하면, 이 인구들에 의해 경험되는 많은 심리적 문제들은 공병 의료문제, 약물 치료 부작용 그리고 노인들이 경험하는 정상적인 것과 정상적이지 않은 것에 대한 선입견에 기인한 잠재적인 편파와 직접적으로 관계가 있을 수 있기 때문이다.

불안 : 65세 이상 인구의 약 15%는 진단할 수 있는 불안 장애를 경험한다고 추산된다(Rosowsky et al., 2009; Scogin, Floyd, & Forde, 2000; Vink, Aartsen, & Schoevers, 2008). 이들 환자 중 일부는 그들의 삶 대부분 불안관련 문제들 때문에 고통을 받은 반면에, 많은 사람들은 그렇지 않은데 불안과 같

은 그러한 문제는 노년기 동안에 처음으로 나타난다. 빈번히, 불안은 건강, 안전 그리고 사랑하는 사람들의 웰빙에 대한 염려와 관련되어있다(Rosowsky et al., 2009; Scogin et al., 2000; Vink et al., 2008). 외상 후 스트레스 장애(PTSD)는 노인들 사이에서 흔히 나타나며 종종 배우자 또는 다른 가까운 친척이나 친구 등 사랑하는 사람의 상실과 같은 사별과 관련이 있다(Boananno & Kaltman, 1999; Bowling, 2009). 약물치료, 인지행동기법 그리고 인본주의적 지지접근을 사용하는 통합적인 생물심리사회적 접근이 일반적으로 심각한 불안을 다루는 노인들에게 성공적인 것으로 증명되어왔다(Bowling, 2009; Rosowsky et al., 2009; Stanley & Novy, 2000). 노인심리학자들은 불안을 경험하는 노인들의 독특한 욕구에 대해 맞춤식으로 서비스를 하기 위하여 의사, 가족성원 및 다른 사람들과 긴밀하게 작업하여야 한다.

**우울증** : 노인의 약 15%는 주요 우울증을 경험하는 반면 건강 진료 기관에서의 노인의 30%가 우울증의 심한 형태를 경험하는 것으로 추산된다(King & Markus, 2000; Vink et al., 2008). 우울증은 특히 노인들에게 치명적일 수도 있다. 사실, 백인 노인 남성들 사이의 자살률은 미국의 어떤 집단보다도 가장 높다(Conwell, Pearson, & DeRenzo, 1996). 노인들이 우울한 증상을 보고할 가능성은 적은 반면 신체 문제를 보고할 가능성은 더 높아서 진단과 치료가 특히 도전일 수 있다(King & Markus, 2000; Vink et al., 2009). 우울 증상은 원래 신체적인 것으로 보고되거나 경험되기 더 쉽기 때문에 그리고 의사, 가족 성원들 및 다른 사람들이 신체적인 호소들을 노화에 따라 증가되는 것으로 기대하기 때문에 빈번하게 우울증 진단과 가능한 치료가 노인들이나 노인들을 대

상으로 일하거나 함께 살고 있는 사람들에 의해서는 추구되지 않는다. 노인들 사이의 우울증은 종종 사별, 공병 의료 문제 그리고 약물의 부작용과 연관된다(Bowling, 2009; King & Markus, 2000). 노인심리학자들은 우울한 노인을 최선으로 돕기 위해 생물심리사회적 전략을 개발하고 실행하게 하기 위하여 의사, 건강 진료 전문가들 및 가족성원들에 대한 자문을 할 수 있어야 할 뿐만 아니라 노인들의 우울증을 진단하고 치료 할 수 있어야 한다.

**물질남용** : 우리는 일반적으로 물질남용을 알코올 또는 헤로인, 코카인, 엑스터시, 마리화나 그리고 보통 더 젊은이 위주의 것으로 생각되는 기타물질들을 사용하는 문제들을 다루는 것으로 생각한다. 그렇지만 노인들은 종종 더 나이 든 성인 발병 알코올 남용과 처방 약물 남용에 대한 문제를 경험한다(Lisansky-Gomberg, 2000; Snow & Amalu, 2009). 노인들은 처방을 해주는 기관뿐만 아니라 처방전 없이 살 수 있는 약물치료를 훨씬 더 많이 사용하는 것 같다. 노인들이 사용하는 가장 흔한 약물에는 이뇨제, 심혈관 약물, 진정제, 진통제 및 변비약이 있다(Lisansky-Gomberg, 2000). 알코올 문제는 노인들이 알코올을 더 천천히 대사하기 때문에 나타날 수 있는데 이는 더 높은 혈관 수축을 야기하고, 그리고 노인들이 혼자 살 기회가 늘어나고 젊었을 때보다도 우울하고 불안해지게 된다. 건강 진료 전문가들 사이에서 잠재적인 편파는 또한 노인의 물질남용 문제들에 주목하는 기회를 최소화시킬 수 있다. 예를 들면, 한 전문가는 노인보다도 물질을 남용하는 젊은 성인이나 청소년을 더 의심할 수 있다. 노인심리학자들은 노인들 사이의 잠재적인 물질 남용의 가능성에 관심을 가져야 하며 그리고 존재할 수도 있는 가능한 남용을 경고하기 위해

## 로마 가톨릭 교회 안에서 성직자의 성적 학대

「Boston Globe」에 의해 출판된 조사 보고서에 의해 2002년 1월 6일 이후에 공개된 로마 가톨릭 교회 안에서의 성적 학대 사건은 사제 성범죄자의 혐의, 선고, 사임 및 은폐에 대하여 거의 히스테리컬한 정도의 반응을 가져왔다. 미국 전역과 많은 세계의 주요 신문, 잡지 및 TV 뉴스 프로그램의 모두가 성적 행위에 미성년자를 개입시킨 가톨릭 사제의 사건을 보도하였다. 현저하게, 성직자 학대의 위기는 2002년 한 해 동안에 연속 41일 동안 뉴욕 타임즈의 일면 뉴스를 장식했다. 가톨릭 신자들과 비가톨릭 신자들 모두가 성범죄를 저지르

사진 : Zach Plante 제공

는 사제로부터 순수한 아동들과 가족들을 더 잘 보호하지 못한 것에 대해서 교회 지도자들에게 격분하였다. 개혁 요구는 또한 여성사제, 결혼한 사제 및 동성애 사제에 대한 금기와 같은 로마 가톨릭 교회의 또 다른 도전적인 쟁점들에 관하여 목소리를 높였다. 미국 가톨릭교회가 수십 년간 이보다 더 어려운 위기에 처해 온 적은 없는 것 같다(Plante, 2004b).

가장 신빙성이 있는 자료는 미국에서 가톨릭 사제의 약 4%가 18세 미만의 미성년자와 성적인 접촉을 하였고 미성년자들을 학대한 모든 사제들의 81%가 남자 청소년들을 학대하지만 사춘기 이전의 아이들을 학대하지는 않았다(John Jay College of Criminal Justice, 2004). 그래서 복사나 어떤 연령의 소녀들보다도 10대가 더 위험에 처해있다. 그러므로 대부분의 사제 성범죄자들은 **소아 기호증자**(pedophiles)들이 아니라 **청소년 기호증자**(ephebophiles)이다. 이것은 사소한 어의적 차이처럼 보일 수도 있지만 예방과 치료에 대한 함의가 중요하다.

가톨릭교회에서의 이 위기는 임상심리학과 밀접한 관련이 있다. 무엇보다도, 미국 인구의 25%는 자신들이 로마 가톨릭이라고 동일시한다. 또한 수많은 사람들(가톨릭 신자들과 많은 비가톨릭신자들 모두)은 가톨릭 학교와 대학을 통해 초등, 중등 및 대학교육을 받았다. 그러므로, 미국 인구의 거대한 부분은 최소한 어떤 측면에서는 가톨릭 사제들이나 가톨릭교회와 직접적인 접촉을 하였거나 계속해서 하고 있다는 것이다. 두 번째, 가톨릭교회에서의 이 위기는 행동의 위기이다. 여기에는 어떤 측면에서 미성년자와 성적인 관계를 한 사제들과 다른 남성 가톨릭 성직자(예, 수사)의 행동을 포함하고 또한 문제 있는 방식으로 행동하는 가톨릭 성직자를 가장 잘 관리하는 방법에 대한 부적절한 지도감독과 결정을 하는 교회 지도자들의 행동이 포함된다. 가톨릭 신자들 사이의 사기가 이 문제로 인해 매우 낮아졌다. 이 위기는 교회에서 그들의 믿음뿐만 아니라 신뢰까지 흔들었다. 그러므로 이러한 역경은 너무나 극심해서 가톨릭 성직자의 성적인 학대위기는 대부분의 임상심리학자들의 전문적인 업무에 영향을 미칠 것이다. 임상심리학자들은 성직자 학대의 피해자와 가해자 모두를 평가하고 치료 할뿐만 아니라 성직자의 성적 학대 가능성을 최소화 하고 일단 발생한 문제를 관리하게 하는 정책과 절차에 대해 교회에 자문한다. 이 심리학자들은 자신들의 교회에 발생한 일에 대하여 정신이 혼란하고 우울한 가톨릭 신자들을 대상으로 일한다. 끝으로 성직자 학대에 관하여 수행된 많은 연구는 임상심리학자들에 의해 수행되어왔다(Plante, 1999, 2004a).

서 다른 건강 진료 전문가들을 대상으로 자문할 수 있어야 할 것이다(Snow & Amalu, 2009).

# 법정심리학

법정심리학은 '법률적 쟁점에 대한 심리학의 응용' (Cooke, 1984, p. 29)으로 정의되고 연방 항소 법원이 적절한 훈련과 유능성을 가진 심리학자가 정신 장애에 관한 전문가 증언을 제공할 수 있다고 결정을 내렸던 1962년 Jenkins 대 미국의 소송의 결과로서 심리학의 전문적인 분야가 되었다(Otto & Heilbrun, 2002). 이 분야의 역사 검토에 관심이 있는 독자는 Wrightsman(2001)과 Weiner 및 Hess(2006)를 참고하면 될 것이다. 법정심리학자들은 인간행동의 원리를 활용하여 재판 및 법률제도에 정보를 제공하는데에 전문화되어있다(Otto & Heilbrun, 2002; Weiner & Hess, 2006). 이들은 흔히 법정 업무에 전문화 되어있는 임상심리학자로 수련받는다. 법정심리학자들은 피고 측에게 심리 평가를 수행할 수도 있는데, 그들의 발견을 법정에서 전문가 증언으로 제시할 수 있다. 이들은 또한 아동 양육권 합의를 위한 평가를 제공할 수 있으며, 개인이 법정에 설 수 있는 능력이 있는지를 결정하고, 그 위험성 예측을 요청 받을 수 있다. 이들은 노동자 보상 소송에 참여하도록 요청 받을 수도 있고, 배심원을 선정하는 변호사에게 자문을 제공해 줄 수도 있다. 법정심리학자들은 또한 상해민사 소송에서 정신적 고통, 통증 및 괴로움 그리고 뇌 손상을 증명하는 데 도움을 준다. 손상은 신체적 사고 또는 성희롱, 강간, 차별 및 기타 스트레스를 주는 경험과 연관된 심리적 외상이 포함될 수 있다. 유능한 심리학자가 되는 것에 부가적으로 이들은 법률과 법률 제도에 관해 철저하게 이해해야만 하고, 법정 출석을 준비할 수 있어야 한다. 법정심리학자들은 법률제도의 다양한 측면에 관여하지만, 이 절에서는 강제 입원, 정신이상 변론, 아동 양육권, 여성에 대한 폭력 및 배심원 선정이 포함된 소송에 초점을 둘 것이다.

## 강제 입원

각 주는 자신이나 다른 사람을 해칠 심각하고 즉각적인 위험이 있는 사람들을 정신과 병원에 강제적으로 입원시킬 수 있도록 하는 법을 가지고 있다. 많은 사람들이 문득 떠오르는 자살 생각이나 살인 생각을 가질 수는 있지만, 이러한 생각들을 행동화할 위험이 있는 사람들은 자신이나 타인을 해치는 것으로부터 보호되어야만 한다. 그렇지만 자유는 기본적인 인간 권리이고 우리 사회에서 높은 가치를 가지고 있다. 그러므로, 강압적으로 이 중요한 시민의 권리를 박탈하는 정신병원으로의 **강제 입원**(involuntary commitment)은 중대한 문제이다. 역사적으로, 정신과 시설 또는 감옥에 감금하는 것은 정치적, 종교적 또는 개인적 믿음과 활동들을 주장하는 사람들을 통제하는 수단으로 부당하게 이용되어왔다. 그들의 의지에 반해서 누군가를 강제적으로 입원시킬 수 있는 능력은 오랫동안 분명하게 악용되어왔는데, 많은 나라에서 계속해서 발생하고 있다. 심지어 최선의 의도에 의한 것이라고 해도 누군가가 실제로 자신이나 타인을 해칠 심각한 위험이 있는지의 여부는 흔히 분명하지 않다. 위험한 행동을 예견하는 것은 매우 어렵고 일반적으로 신뢰롭지 않다(Grisso & Appelbaum, 1992; Weiner & Hess, 2006). 법률 제도는 누군가가 강제적으로 입원되어야 하는지 여부를 결정하는데 지침을 얻기 위해 심리학자에게 자문을 의뢰한다. 자기 및 타인에 대한 위험에 덧붙여, 대부분의 주에서의 강제 입원에

---

| 사례 연구 | Austin이 약물 남용과 심각한 두부 손상을 보인다 |

Austin은 16세의 백인 소년으로 마약, crank(즉, metham-phetamine)의 사용과 연관된 오토바이 사고로 심각한 두부 상처를 입었는데 의식을 되찾을 때까지 1주일 동안 혼수상태에 있었다. 신경심리학자는 Halstead–Reitan 배터리를 실시하였는데, Austin의 전두엽 뇌진탕과 일치하게 판단, 추상적 추리 및 충동 통제가 손상되었음을 발견하였다. 또한 Austin은 후두엽에 영향을 미치는 뇌진탕과 관련된 시각 결핍을 가지고 있었다. Austin의 의사와 함께 신경심리학자는 Austin과 가족에게 권고, 정보 및 재활 선택사항들을 제공해주었다. 부가적으로, 약물 자문이 미래를 위하여 권고되었다.

---

| 사례 연구 | Margaret은 뇌졸중과 연관된 문제를 보인다 |

Margaret은 63세의 아프리카계 미국인 여성으로 최근에 뇌졸중을 겪었다. 뇌졸중이 일어난 이후로 그녀는 말하거나 쓰기를 하지 못하였다. 그녀는 친한 친구와 가족 성원들을 알아보는 것 같은데, 의사소통을 할 수 없는 자신의 무능력 때문에 종종 화를 내거나 좌절하였다. 처음에 친구와 가족은 매우 지지적이었고 그녀에게 유용했지만, 최근에는 더 멀어진 것으로 보였다. 그들은 자신들이 효과적으로 의사소통을 할 수 없기 때문에 그녀 주의에 있는 것을 불편해했다. 한 신경심리학자는 Margaret을 평가하고 치료적 권고를 제공해달라는 요청을 받았다. 이 신경심리학자는 Margaret이 그림과 개조된 키보드를 통해 어느 정도 의사소통을 할 수 있는 능력이 있음을 발견하고 의료팀에게 재활에 대한 전략을 제공해주는 것에 덧붙여, Margaret을 위한 의사소통 체계를 개발하도록 하였다. 이 신경심리학자는 Margaret에게 자문을 제공해 주었고, 또한 Margaret의 문제를 더 잘 이해하고 대처하도록 가족에게도 자문을 제공해주었다.

---

대한 준거는 '중대한 무능력'으로 인해 자신을 적절하게 돌볼 수 없는 것뿐만 아니라 진단 가능한 정신질환이 포함된다.

강제 입원이 악용되지 않고 있다는 것을 확실히 하기 위해서는 특별한 노력이 요구된다. 어떠한 정신질환도 없고, 어느 누구도 해칠 위험이 없는 환자가 자신의 의지에 반하여 몇 년 동안 입원한 사건인 O'Connor 대 Donaldson 판례와 같은 유명한 사례가 이러한 쟁점을 조명해 준다. 법정 심리학자들은 누군가가 적절한 자기 보호를 하지 못할 정도의 정신 질환이 있는지의 여부를 밝혀낼 뿐만 아니라 자신이나 타인을 해칠 위험성이 큰 지를 밝혀내기 위해 임상 면접, 인지검사 그리고 객관식 성격검사와 투사적 검사 기법을 사용하여 환자를 주의 깊게 평가하도록 요청받는다. 이러한 준거는 평가하기 매우 어렵기 때문에 심리학자들은 자신들의 경험, 수련 및 평가로부터 나온 자료 전체를 토대로 임상적 판단을 내린다. 이들은 흔히 환자와 사회 모두에게 이상적으로 가장 이익이 되는 결정을 내리기 위해 변호사와 판사 모두에게 자문을 제공해주는 것은 물론이고 법정에서 증언한다.

### 정신이상 변론

1843년의 **M'Naghten 법칙**(M'Naghten Rule) 이래로, 미국과 영국 법은 **정신이상 변론**(insanity defence)과 싸워왔다. 이 법칙은 Daniel M'Naghten 의 이름을 따라서 붙여진 것으로 그는 정부가 자신을 박해하였다고 생각했기 때문에 영국 수상을 살해하려 시도한 사람이다. 비극적으로, 그는 실수로 수상의 비서를 죽였다. 그의 증상들은 DSM-Ⅳ에서 편집형 정신분열증으로 생각되는 것과 일치한다. M'Naghten 법칙은 만일 누군가가 자신이 하고 있는 일이 무엇인지 자각하지 못하거나 자신이 하고 있는 일이 나쁜 것이라는 사실을 자각하지 못하는 장애를 가지고 있다면 범죄 행위로부터 책임이 없다는 사실을 제안한다. M'Naghten 법칙은 수년 동안 몇 번에 걸쳐 개정되었다. 예를 들어, 1954년에 **Durham 법칙**(Durham rule)은 정신이상의 준거에 '의학적 질병 또는 결함'을 추가했다. 그렇지만 어떤 정신질환이 누군가가 정신질환에 의해 범행을 저질렀는지를 정신건강 전문가들이 신뢰롭게 증명할 수 없었기 때문에 Durham 법칙은 1962년의 American Law Institute 법칙, 1979년의 Diminished Capacity 법칙 및 1984년의 **정신이상 변론 개정 법안**(Insanity Defence Reform Act)에 의해 개정되었다.

정신이상 변론 개정 법안에 기반을 둔 최근 판은 만일 누군가가 정신 장애나 정신 지체에 의해 범행 당시 범죄 행동이 나쁘다는 사실을 이해할 능력이 없다면 정신이상 이유 때문에 무죄를 판결할 수 있다고 밝히고 있다. John Hinckley(당시 대통령이었던 Ronald Reagan을 암살하려고 시도함), Charles Manson(여배우 Sharon Tate를 포함한 여러 명의 살해에 가담함), Jeffrey Dahmer(식인이 포함된 여러 명의 살해에 관여함), Dan White(San Francisco 시장 George Moscone을 살해하고, 인스턴트식품이 자신을 불안정하게 만들었다고 주장함), Anderea Yates(그녀의 5살 난 어린 자녀를 살해함)와 같은 유명한 사례들이 정신이상 변론 활용을 조명하였다. 대부분의 사람들은 정신이상 변론이 남용되고 있으며,

범죄자들이 너무 자주 극악한 범죄에서 빠져나간다고 생각한다(Hans, 1986). 이런 이유로 일부 몇몇 주에서는 정신이상 변론을 완전히 포기하거나(De Angelis, 1994), 정신이상 준거에 부합되는 범죄자에게 치료와 처벌 둘 다를 하게 하는 '유죄 그러나 정신적으로 병들었음' 평결을 개발(Callahan, McGreevy, Cirincione, & Stedman, 1992; Weiner & Hess, 2006)하였다. 정신이상 변론은 거의 성공하지 못한다.

법정심리학자들은 고발당한 범죄자들이 정신이상의 법적 준거를 충족시키는 정신적 질환을 겪고 있는지를 밝히기 위해 이들을 평가하도록 요청받는데, 피고인이 자신의 범죄에 책임을 져야하는지 여부를 밝히는 것을 도와주기 위해 법정에 전문적 증언을 제공해 준다. 법정심리학자들은 자신들의 판단을 위해서 임상적 면접을 하고 심리평가를 수행한다.

## 아동 양육권

모든 결혼 중 약 절반이 이혼으로 끝난다. 이러한 많은 결혼에는 아동들이 관여되어있는데, 아동 양육권의 문제를 중요하고 흔히 뜨거운 논쟁점으로 남겨 놓고 있다(Crosby-Currie, 1996; Weiner & Hess, 2006). 예전에는, 이혼한 가정의 아동들은 의례적으로 아버지에게 맡겨졌다. 지난 30년 동안, 어머니는 일반적으로 양육권 논쟁을 통해 자녀들을 얻었고, 아버지에게는 방문권리가 허용되었고, 아동 양육비를 제공할 것을 명령받았다. 좀 더 최근에는, 이런 양상들이 도전을 받아왔는데, 점점 더 많은 합동 양육권 조정이 법정에서 이뤄지고 있다. **합동 양육권**(joint custody)이란 이혼 후에 양쪽 부모 모두가 자신들의 아동에 대한 양육권을 계속 유지하고, 양쪽 부모의 욕구와 소망을 수용하기 위한 생활과 재정적 문제에 관한 협정이 이뤄지는 것을 의미한다. 합동 양육권이 흔

히 관련된 모든 당사자의 최선의 이익을 반영할 수 있기는 하지만, 이것은 쉬운 일이 아니며 흔히 자녀들에게 문제가 될 수 있다. 많은 이혼들은 굉장히 갈등적이기 때문에 자녀들의 보호에 관한 부모 사이의 협동은 흔히 합동 양육권 협정에서 성사되기 어렵다. 이혼한 부모는 빈번히 합동 양육권 상황과 상호작용해야만 하는데, 아동들은 흔히 진행 중인 갈등의 가운데에 놓이게 된다. 이혼한 부모가 재혼하고 혼합된 가족들이 이 상황 속에 들어올 때 복잡성과 도전들이 흔히 증가한다.

이혼에 의한 **아동 양육권**(child custody) 조정 외에, 아동학대, 유기 및 무관심에 의해 부모의 권리가 제한되었을 때 또한 양육권 문제들이 결정된다. 방문 권리뿐만 아니라 입양 전략들 또한 일반적으로 가정 법원 제도를 통해 수행된다. 문제 가정을 함께 유지시켜주려는 노력과 함께 부모의 권리와 자유를 계속해서 유지시켜주면서 자녀에 대한 최선의 관심을 계속해서 유지하려는 노력이 이러한 결정을 주도하는 경향이 있다. 법정심리학자들은 누가 아동을 법적으로 양육할 것인가 그리고 양육뿐만 아니라 방문과 기타 부모의 책임에 대한 협정 윤곽을 잡는 데 법원을 도와주기 위해 부모, 자녀들 및 기타 관련 당사자들(예, 법적 후견인이 될 수 있는 입양 부모, 수양부모, 조부모)을 평가하도록 요청받는다. 이 심리학자들은 가족에 대한 자신들의 평가 또는 중재 작업과 관련된 전문적 증언을 제공할 뿐만 아니라 부모, 아동, 기타 후견인 및 가족들에 대한 심리치료도 수행할 수 있다.

## 여성에 대한 폭력

비극적으로, 미국 여성의 약 15%는 강간을 당했고 20% 이상은 신체적으로 그들의 파트너에 의해 폭행 당하였다(Renzetti, 2008; Tjaden & Thoennes, 2000). 이러한 통계는 세계의 많은 다른 곳보다도 더 높다(Koss, 2000). 여성의 20%는 그들이 어렸을 때 성적 학대를 당했다고 보고한다(Finkelhor, Hotaling, Lewis, & Smith, 1990). 신체적 위협 이외에도, 정서적인 문제와 심리적인 문제가 엄청나서, 피해자의 대다수는 외상 후 스트레스 장애(PTSD) 및 다른 문제들을 경험한다(Koss, 1993, 2000; Renzetti, 2008; Weiner & Hess, 2006). 법정심리학자들은 학대의 피해자 또는 가해자를 평가하는 것을 요청받을 수 있고 법정 소송절차에서 증언을 요청받을 수 있다. 그들은 또한 가해자와 피해자 사이의 잠재적으로 불안정한 상황을 관리하여 그들을 돕기 위한 중재와 함께 개인치료 또는 집단치료를 실시한다.

## 배심원 선정

법정심리학자들은 흔히 **배심원 선정**(jury selection)과 관련하여 변호사와 검사에게 자문하는 작업을 한다. O. J. Simpson 이중-살인 사례와 같은 유명한 사례들은 자신들의 내담자에게 호의적일 가능성이 높은 배심원을 선택할 기회를 최대화하기 위한 변호사의 노력을 조명한다. 성, 인종, 사회경제적 지위, 직업, 관심 및 일단의 심리적 요인들과 같은 배심원 특징들이 배심원들이 피고 측이나 원고 측에 동정적일 가능성에 잠재적으로 기여할 수 있다. 법정심리학자들은 또한 변호사들의 논쟁이 수용될 기회를 최대화하기 위해 선정된 배심원들과 어떻게 가장 잘 상호작용할 것인지에 관해 변호사에게 자문을 해준다. 배심원들이 변호사의 관점에 호의적이 될 기회를 증가시키기 위해 진술양식, 복장, 습관 및 변론 방법들이 조정된다. 이 심리학자들은 연구 피험자들에게 배심원 역할을 하게하고 어느 전략이 가장 잘 작용할지를 밝히기 위해 모의재판 동안과 모의재판 후에 이 피험자

## 법정 평가에서 사용되는 검사

법정심리학에 전문화된 임상심리학자들은 매우 자주 법정 환경에서 중요한 질문에 답하도록 요청받는다. 이것들에는 흔히 사건(범죄와 같은)이 일어난 시간에 어떤 사람의 정신상태를 밝히는 것, 폭력(성폭력을 포함해서)의 위험을 평가하는 것, 재판을 받을 수 있는 능력 그리고 꾀병이 포함된다. 이 심리학자들은 일반적으로 임상 면접과 심리검사의 사용을 포함하는 평가를 하도록 요청받는다. 그들의 절차는 모두 반대 심문에 대한 검증을 견뎌낼 수 있어야 한다. 그러므로 이 심리학자는 사용된 절차와 검증이 적절한 연구와 임상적 지지를 지니고 있다는 것을 확실히 해야 한다. 수년에 걸친 많은 법정 판결은 심리학자에 의한 전문적인 증언은 '과학적으로 유효하고 관련성'이 있어야만 한다고 주장하였다(Lally, 2003, p. 491). 심리학자들이 제공하는 결론과 결과가 무엇이든 간에 변호사에 의해 도전 받기 쉬울 것이다.

Lally(2003)는 어떤 심리검사가 법정에서 요청되고 있는 법적인 질문을 바탕으로 한 법정 평가에서 사용하기에 적합한지 밝히기 위한 조사를 실시했다. 그는 미국 법정심리학이사회(American Board of Forensic Psychology)의 전문자격증을 가진 법정 전문가들을 조사하였는데 어떤 검사들은 특정한 법정 질문에 대답하는데 강력하게 추천된다는 것을 발견하였다. 예를 들면, WAIS-Ⅲ와 MMPI-2 척도는 범죄가 행해졌을 때 어떤 사람의 정신상태에 관한 평가에 사용되도록 추천되는 반면, 정신병질 점검 목록-개정판(Psychopathy Checklist-Revised, PCL-R)은 폭력에 대한 위험성을 평가할 때 추천된다. 이 조사는 또한 사용하는 데 수용될 수 없다고 고려된 검사들을 공개하였다. 그리기, 문장완성검사 및 주제통각검사(TAT)와 같은 투사도구들은 일상적으로 심리학자들에게 요청되는 어떤 법정 질문에 사용하는 데는 수용될 수 없는 것으로 밝혀졌다. 일반적으로 투사도구들은 더 객관식 검사보다도 법률 소송 절차에서 지지하는 데 더 어려운 것으로 밝혀졌다.

들을 면접하는 포커스 그룹을 실시할 수도 있다.

### 결론

법정심리학은 임상심리학에서 빠르게 성장하고 있는 또 하나의 하위전문영역이다. 이 심리학자들은 다양한 유형의 민사 및 형사 재판에서 자문가와 전문 증인으로 활동한다. 이들은 많은 법률적 결정을 내리는 데 있어서 법원을 도와주기 위해 심리학 분야의 지식뿐만 아니라 평가 기술도 사용한다. 이들은 논쟁의 양 측면을 대표하는 법원과 검사자에 의해 고용될 수도 있다. 이들의 주요 활동은 평가와 전문 증언이지만 많은 법정심리학자들이 치료와 기타 서비스를 제공해 준다. 이 장에서 검토된 다른 하위전문영역들과 마찬가지로 법정심리학은 다른 하위전문영역과 중복된다. 예를 들어, 법정 및 아동 전문영역은 아동 양육 작업에서 중복되는 반면, 신경심리학과 법정심리학은 업무-관련 사고에 관계된 소송에서 중복된다.

## 기타 하위전문영역

건강심리학, 아동심리학, 신경심리학 및 법정심리학 외에도 임상심리학에는 수많은 기타 하위전문영역과 전문영역이 있다. 더욱이 하위전문영역 내에 전문영역이 존재한다. 예를 들어, 어떤 임상심리학자들은 뇌졸중을 겪는 노인을 대상으로 신경심리학적 평가

## 사례 연구 — Lee 가족은 이혼 및 자녀 양육권과 관련된 스트레스를 경험한다

Lee 가족은 부유한 중국계 미국인 가족으로 아동 양육 논쟁의 한가운데 있다. Lee 부부는 몇 년 전에 이혼을 승인받았으며 그들의 5세 된 아들 Mark에 대한 합동 양육권을 부여받았다. Lee 씨는 승진하여 400마일 떨어진 다른 도시로 이사를 가게 되었다. Lee 부부는 Mark가 한 달 중 2주 동안은 Lee 부인과 함께 살고, 2주는 Lee 씨와 살기로 결정하였다. Mark는 2주마다 두 집 사이에서 비행기로 오고 갔다. 이 협정 몇 달 후, Mark는 심각한 스트레스 징후를 보이기 시작했다. 그에게 야뇨증 문제가 발생하고, 자주 분노발작을 일으켰다. Lee 부인은 합동 양육 협정이 쓸모없는 것이라 생각하고, Mark의 아버지에게는 관대한 방문권을 허용해주면서 아들에 대한 독점

적인 법적 양육권을 찾기로 결정했다. Lee 씨는 Lee 부인의 독점 양육권 확보 시도에 분노했고 그녀의 시도와 맞섰다. Lee씨 부부는 고통스러운 이혼을 하였으며 아직도 서로에 대해 매우 분노하고 있었기 때문에, 이들은 양육권 협정에 관한 그들의 갈등을 행동화했고, 종종 아들의 최선의 관심에 유의할 수 없었다. 종합적인 가족 평가를 수행하고 양육에 대해 법원에 권고해주도록 하기 위해서 법원은 Lee 가족을 법정심리학자에게 의뢰했다. 이 심리학자는 각 가족 성원에 대해 임상 면접과 심리학적 평가를 수행하였다. 그런 다음 이 심리학자는 이러한 발견들에 관해 법정에서 증언하였으며 양육권에 관한 권고를 해주었다.

## 사례 연구 — Marie는 자살 행동과 우울증을 보인다

Marie는 32세의 남미계 여성으로 최근 손목을 잘라 자살을 시도했다. 운 좋게도, 그녀가 의식을 잃은 지 얼마 안 되어 룸메이트가 그녀를 발견하고 911에 신고하였다. 의학적 치료를 받은 후, 그녀는 평가를 위해 정신과 병동에 입원되었다. Marie는 최근 남자친구와 헤어진 후 자살하고 싶어졌다고 보고했다. 그녀는 입원 동안 내내 자살하고 싶어 했으며, 그녀의 자살 시도를 가로막은 룸메이트에게 화 나 있음을 시인했고, 즉시 퇴원시켜줄 것을 요구했다. 법원은 Marie가 아직도 자신

을 해칠 급박하고 심각한 위험이 있는지를 밝혀내기 위해 그리고 평가와 관찰 결과로 그녀의 의지에 반하여 부가적으로 72시간 더 입원시켜야 하는지를 결정하기 위해 법정심리학자에게 심리평가를 요청했다. 이 심리학자는 Marie를 면접하고 그녀에게 객관식 성격 측정과 투사적 성격 측정 모두가 포함된 심리검사 배터리를 완성하게 하였다. 이 심리학자는 Marie가 아직도 스스로를 해칠 위험에 있다고 결론내리고, Marie를 계속 입원시켜야 한다고 제안했다.

를 수행하는 데에 전문화되어있다. 어떤 임상심리학자들은 특정 소수 집단의 아동에 대한 치료에 집중한다. 또한 어떤 임상심리학자들은 특정 전집에서 특정 질환과 관련되어있는 정신약물학에 전문화되어있다. 심리학이 성장하고 변화하는 발전이 반영되어 새로운 하위전문영역이 정기적으로 출현한다. 어떤 전문영역들은 수련과 서비스를 위한 특수한 전문조직과 기준을 가지고 있는 반면에, 어떤 전문영역은 너무 새

로워서 이런 구조가 아직 정착되지 못하고 있다.

## 큰 그림

임상심리학은 하위전문영역이 필수적이며 일상적이될 정도로 성장하고 발전하였다. 하위전문영역은 다양하고 광범위한 문제들을 다루는 다양하고 광범위

# Betty는 직업 스트레스를 보인다

Betty는 31세의 백인 여성으로 유수한 대학교에서 정년보장에 대한 거부를 당했다. 그녀는 그러한 결정에 격노하였고, 그러한 결정이 불공정한 정치적 결정이라고 생각하였는데, 왜냐하면 학과의 몇몇 성원과 대학교 정년보장 심사위원회가 교수 관리 및 기타 문제들에 관한 그녀의 견해에 동의하지 않았기 때문이다. 그녀는 또한 영문과에는 정년보장 여성 교수가 없기 때문에 자신이 성차별의 희생자라고 생각하였다. 그 대학교는 그녀의 연구경력이 종신재직에 적합하지 않으므로 그녀는 오직 평범한 교수일 뿐이라는 보고서를 작성하였다. Betty는 또한 해고 결과로 스트레스를 받았기 때문에 생긴 통증 및 고통

스러운 손해뿐만 아니라 수입의 상실에 대해 대학교에 소송을 제기하였다. 그녀는 스트레스 관련 건강문제(즉, 낭창과 편두통)가 주로 대학교의 결정에 의한 것이라고 보고하였다. 검사는 그녀가 겪고 있는 스트레스의 수준을 증명하기 위하여 심리평가를 요청하였다. 대학교 또한 대학교가 부당한 스트레스를 가하지 않았으며, 사실 그녀의 건강문제는 Betty 자신의 이전에 존재했던 정서적 불안정에 의한 것이었다는 사실을 증명하기 위하여 다른 심리학자에게 평가를 요구하였다. 심리학자들은 독립적인 평가를 수행하였는데, 그들의 결과와 결론을 법원에 제출하였다.

한 장면에서의 작업을 망라하고 있다. 심리학은 법률, 의학, 정신의학 및 기타 공동체에 유용한 서비스를 제공하고 있다는 것이 입증되었다. 역설적으로, 최근의 관리 진료의 확산은 전문가보다는 일반 의사와 가정의(1차 진료 제공자)를 강조하는 결과를 가져왔다. 따라서 지금까지는, 이것이 전문화가 시대정신인 임상심리학의 경우는 아니었다. 한때 미래의 물결로 보였던 것이 지금은 현행 실무에서 매우 잘 현실화된다. 전문화는 존속할 수 있고 가치 있는 것으로 입증되었으며, 특정 전집, 장애 및 제도에 대한 우리의 기술과 지식기반이 증가함에 따라 새로운 전문영역의 성장을 가져올 가능성이 높을 것 같다. 새로운 문제와 함께 의학과 컴퓨터 기술의 진보는 불임, 다중문화 쟁점들, 컴퓨터 평가 및 현대 사회에 아직 나타나지 않은 기타 영역과 같은 영역에 전문화된 심리학자들을 필요로 할 수 있다. 비록 미래의 현대 임상심리학자는 초점적인 하나나 몇 개의 영역에 매우 전문화된 기술을 필요로 할 것이지만, 전문영역에 상관없이 확고한 기본 임상기술이 언제나 필요할 것이다.

## 요점

1. 임상심리학에서 가장 인기 있는 몇몇 전문영역에는 건강심리학, 아동심리학, 신경심리학, 노인심리학 및 법정심리학이 있다. 소아 신경심리학과 같은 하위전문영역이 출현하였다. 각 전문영역 내에서 많은 심리학자들은 특정 전집이나 문제영역에 자신들의 연구 및 실무를 집중한다.

2. 건강심리학자들은 병원, 진료소, 대학교, 사업체, 정부기관 및 개인 개업과 같은 다양하고 광범위한 장면에서 근무한다. 이들은 심리학과 행동 변화의 원리를 사용하여 사람들이 잠재적 질병을 갖게 되거나 더 악화되는 것을 예방하는 것은 물론이고 의학적 질병에 더 잘 대처하도록 도와준다. 이들은 행동과 건강 관계에 대한 연구를 수행하고, 건강 증진 행동과 정책을 최대화하고 건강을 해치는 행동과 정책을 최소화시키기 위하여 조직체에 자문한다.

3. 건강심리학자들의 공통적인 관심 문제는 흡연, 비만, 알코올 소비, 스트레스 관리, AIDS 및 만성통증이다.

4. 아동 임상심리학자들은 일반적으로 지역사회 정신 건강 진료소, 아동지도 진료소, 학교, 아동 병원, 대학교 및 개인 개업에서 근무한다. 이들이 관심을 두는 몇몇 공통적인 문제 영역에는 신체적 또는 성적 학대, 주의력 결핍 과잉행동 장애, 품행 장애, 자폐증, 야뇨증(오줌싸개), 유분증 및 학교 공포증이 있다.

5. 소아심리학은 아동 임상심리학과 건강심리학이 혼합된 분야이다. 소아심리학자들은 아동이 중대한 의학적 장애를 가지고 있는 병원장면에서 일반적으로 아동과 가족을 대상으로 일하는 아동 임상심리학자들을 말한다. 이러한 의학적 문제에는 암, 간질, 당뇨 또는 낭포성 섬유증이 포함될 수 있다. 소아심리학자는 아동에게 통증 관리 전략을 제공해줄 수도 있고, 가족이 중대한 의학적 장애를 가지고 있는 아동을 이해하고 도와주면서 더 효과적으로 대처하도록 가족을 도와줄 수도 있다. 이들은 고통스러운 의학적 절차에 아동과 가족이 대처하도록 도와줄 수도 있고, 의학적 치료에 준수하지 않는 것에 대해 가족과 병원 의료진들을 도와줄 수도 있다.

6. 임상 신경심리학은 뇌-행동 관계에 초점을 맞춘다. 이러한 관계는 뇌 기능이 어떻게 행동 및 행동 문제에 영향을 주는가라고 정의될 수도 있다. 임상 신경심리학자들은 뇌와 행동 기능을 평가하고, 자폐, 두부 손상, 종양, 뇌졸중, AIDS, 알츠하이머병, 간질 그리고 기타 질병과 인지적 기능 장애 및 신경학적 기능 장애를 가져오는 외상들로부터 고통받고 있는 환자들을 위하여 전략을 제공해준다.

7. 노인심리학은 노인과 연관된 독특한 쟁점에 초점을 둔다. 이는 노인 전집에서 일반적으로 경험되는 신체적 및 정신적 건강쟁점을 포함한다. 예로 치매와 사별을 포함한다.

8. 법정심리학은 법률적 쟁점에 대한 심리학의 응용을 포함한다. 법정심리학자들은 피고에 대한 심리평가를 수행할 수도 있으며, 법정에서 자신들의 발견을 전문적 증언으로 제시할 수도 있다. 이들은 또한 아동 양육권 협정을 위한 평가를 제공할 수 있으며, 어떤 사람이 재판받을 능력이 있는지 밝혀내기 위해 또는 위험성은 없는지 예측하기 위해 평가를 요청받는다. 이들은 노동자 보상 소송에 참여하도록 요청받을 수도 있고, 배심원을 선정하는 변호사의 자문가로 일할 수도 있다.

9. 법정심리학자들은 법률 제도의 다양한 측면에 관여하지만, 이들은 강제 입원, 정신이상 변론, 아동 양육권, 여성 및 다른 사람들에 대한 폭력 그리고 배심원 선정과 같은 법률 문제에 관해 일하는 것으로 가장 잘 알려져 있을 수도 있다.

10. 건강심리학, 아동심리학, 신경심리학 및 법정심리학 외에도 임상심리학에는 다수의 기타 하위전문영역이 있다. 심리학이 성장하고 변화하는 발전이 반영되어 새로운 하위전문영역이 정기적으로 출현한다.

## 핵심용어

간질(epilepsy)

꾀병(malingering)

난독증(dyslexia)

노인심리학(geropsychology)

뇌 손상(brain injury)

뇌-행동 관계(brain-behavior relationship)

Durham 법칙(Durham rule)

만성 통증(chronic pain)

M'Naghten 법칙(M'Naghten rule)

발작(seizure)

배심원 선정(jury selection)

비만(obesity)

스트레스 관리(stress management)

신경성 식욕부진증(anorexia nervosa)

신경심리학(neuropsychology)

아동 임상심리학(child clinical psychology)

아동 학대 및 방치(child abuse and neglect)

알츠하이머병(Alzheimer's disease)

알코올 남용(alcohol abuse)

청소년 기호증자(ephebophiles)

의사발작(pseudoseizure)

주의력 결핍 과잉행동 장애(Attention Deficit Hyperactivity Disorder, ADHD)

치매(dementia)

퇴행성 질병(degenerative diseases)

학습 장애(learning disability)

후천성 면역 결핍증후군(Acquired Immune Deficiency Syndrome, AIDS)

흡연(smoking)

## 복습

1. 임상심리학에서 하위전문영역을 갖는 것의 장점과 단점은 무엇인가?

2. 하위전문영역은 어떻게 중복되는가?

3. 임상 건강심리학에 전문화되어있는 사람들이 관심을 가지고 있는 문제의 유형은 어떤 것인가?

4. 아동 임상심리학에 전문화되어있는 사람들이 관심을 가지고 있는 문제의 유형은 어떤 것인가?

5. 임상 신경심리학에 전문화되어있는 사람들이 관심을 가지고 있는 문제의 유형은 어떤 것인가?

6. 법정심리학에 전문화되어있는 사람들이 관심을 가지고 있는 문제의 유형은 어떤 것인가?

7. 노인심리학에서 전문화되어있는 사람들이 관심을 가지고 있는 문제의 유형은 어떤 것인가?

8. 임상심리학에서 미래에 가능한 하위전문영역에 관해 깊이 생각해보라.

## 학생들의 실제 질문

1. 신경성 식욕부진증, 신경성 폭식증 및 비만으로부터 회복의 가능성은 무엇인가?

2. ADHD 진단이 매우 활동적인 어린이를 통제하는 방법으로 가능한가?

3. 치매와 알츠하이머병 간의 차이는 무엇인가?

4. 신경 임상심리학자를 위해서 어떤 종류의 의학 훈련이 필수적으로 요구되는가?

5. 리탈린(Ritalin)과 같은 약물치료의 장기적인 부작용은 무엇인가?

6. 최면이 실제로 금연과 체중 감량에 도움이 되는가?

7. 전문영역들은 많이 중복되는가?

8. 아동들의 부모가 자신의 자녀들에게는 문제가 없다고 생각한다면 아동들을 어떻게 진단할 것인가?

9. 학교 교사들은 아동학대에 대한 신고의무가 있는가?

## 웹 자료

http://www.allpsychologyschools.com/faqs/psyspecialties

심리학의 전문성에 대하여 더 자세히 알아보기

http://www.ptsd.va.gov

PTSD에 대하여 더 자세히 알아보기

www.cdc.gov

U.S. Centers for Disease Control and Prevention에 대해 더 자세히 알아보기

http://www.nia.nih.gov/Alzheimers/AlzheimersInformation/GeneralInfo

알츠하이머병에 대해 더 자세히 알아보기

# 자문, 교육 및 행정 역할

**이 장의 목표**

임상심리학자의 자문, 교육 및 행정 활동의 역할을 소개하고 조명하기

**이 장의 개요**

자문
주목받는 현대 임상심리학자: Julie B.(Sincoff) Jample, PhD
교육
행정

Dr. A, Dr. B 및 Dr. C는 모두 임상심리학자이다. Dr. A는 큰 대학교의 교수이며, 이상심리학, 심리검사 및 임상심리학을 강의한다. Dr. B는 아동지도 진료소에서 정신건강 서비스를 운영하며, 30명의 정신건강 임상가들을 감독하고, 매년 수백만 달러의 예산을 관리한다. Dr. C는 법률회사에 자문을 하며, 스트레스 관리, 피고용인 관계, 윤리 그리고 인간 행동에 관련된 기타 문제들에 대한 조언을 한다. Dr. A, Dr. B 및 Dr. C는 연구, 심리검사 또는 심리치료와 같은 앞서 논의된 전통적인 임상심리학 활동에 종사할 수도 있고 그렇지 않을 수도 있다. 그들은 전혀 환자들을 대상으로 일하지 않을 수도 있다. 그러나 그들의 전문적인 역할과 활동은 많은 임상심리학자들의 전형적인 일이다.

연구, 평가 및 심리치료에 더하여 임상심리학자들은 종종 다른 전문적인 활동에 상당한 시간을 소비한다. 자문, 교육 및 행정은 임상심리학자들이 제공하는 세 가지 공통적인 전문 서비스이다. 미국 APA의 회원 14,000명 이상의 실무자들을 대상으로 한 최근 조사에서, 심리학자들은 그들의 시간의 11%를 교육에, 9%는 행정에, 그리고 6%는 자문에 소비한다고 보고하였다(Phelps, 1996). 이 활동들은 반드시 분리되거나 구별되는 것은 아니다. 심리학자들은 심리치료, 심리검사 또는 연구를 수행하는 것에 부가하여 교

육과 자문을 모두 할 수도 있다. 그러므로 상당한 중복이 이들 전문적인 활동들 사이에 존재할 수도 있다. 이 장의 목적은 임상심리학자들의 자문, 교육 및 행정 활동을 논의하는 것이다.

# 자문

임상심리학자들은 인간행동 전문가이다. 그들은 광범위한 문제들 그리고 문제가 되는 감정, 생각 및 행동들로 고통을 받는 사람들을 연구하고 치료한다. 심리학자들은 인간 행동의 이론과 원리에 대한 지식을 갖고 있다. 이러한 전문지식은 많은 개인, 가족, 집단 그리고 기관을 돕는 데 사용될 수 있다(그림 12.1). 임상심리학자들은 종종 다양한 장면에서 문제 해결을 도와주기 위해 다른 사람들을 자문해주도록 요청받는다. 거의 모든 임상심리학자들이 어떤 형태든지 전문 자문에 참여하고 있다. 임상심리학자의 5%는 자

문이 그들의 주요한 전문적인 활동이라고 보고한다 (Norcross et al., 1997a). 심리학자들은 자문을 제공할 뿐만 아니라 정규적으로 다른 사람으로부터 자문을 받기도 한다. 자문은 전문적인 업무의 필수적인 부분이다. 자문은 다른 정신건강 자문가들; 조직체, 집단 및 개인들; 그리고 일반대중에게 제공될 수도 있다. 다양한 장면에서의 자문 질문의 예가 표 12.1에 나와있다.

## 자문의 정의

임상심리학에서 **자문**은 병원, 진료소, 학교, 사업체 및 정부 기관과 같은 다양한 공동체 장면에서 특정 질문들과 문제들에 인간 행동의 지식과 이론을 응용하는 것을 말한다. 자문은 사람들이 처한 장면에서 존재하는 문제들에 관하여 전문적인 충고를 제공해주는 것을 포함한다. 자문은 보통 전문적인 지식과 기술이 있는 **자문가** 그리고 이 자문가의 전문성으로 이득을 얻는 **피자문자**, 즉 내담자의 참여를 포함하고 있다. 일

**그림 12.1** 정신과 병원에 입원한 한 환자에 관한 비공식적인 자문

사진 : Rhoda Sidney, Stock, Boston

| 표 12.1 | 장면에 따른 자문 질문의 예 |
|---|---|

**병원**

1. 심장 병동의 의사들과 간호사들은 환자들이 퇴원한 후에 환자들의 체중감량과 운동을 어떻게 도울지를 알고 싶어 한다.

2. 소아과 병동의 의사들과 간호사들은 청소년들이 병동에서 다른 환자들과 성적으로 관여하는 것을 최소화시키기 위한 프로그램의 개발을 도와주도록 요청한다.

3. 의사들과 간호사들은 투석 환자들이 불안감과 우울감에 대처하도록 돕는 방법에 관하여 관심이 있다.

**학교**

1. 6학년 학급의 교사들이 학급의 소년들과 소녀들 사이의 갈등을 다루는 가장 좋은 방법에 관하여 관심이 있다.

2. 3학년 학급의 교사들은 주의력 결핍 장애를 가진 아동들의 혼란된 행동을 다루는 방법을 확신하지 못한다.

3. 한 고등학교 교사들은 너무 많이 요구하고 권리를 주장하는 것으로 여겨지는 부모들에 대해 걱정스럽고 화가 난다. 그들은 너무 많이 요구하는 부모들을 가장 잘 다루는 방법을 알고 싶어 한다.

4. 어떤 학교 교장은 회의 동안 그녀에게 공개적으로 도전하는 교사들을 다루는 가장 좋은 방법에 대한 지침을 갖고자 한다.

**사업체**

1. 한 고용주는 수많은 해고자들과 관련된 스트레스에 대하여 걱정하며, 피고용인들이 작업 스트레스를 가장 잘 다룰 수 있도록 돕는 방법을 알고자 한다.

2. 한 작은 회사는 사무실의 수많은 성격 갈등 때문에 비생산적이고 비효율적이다. 이 회사의 사장은 심리학자가 피고용인들이 더 잘 지내도록 돕는 방법들을 파악하여 도와줄 수 있기를 희망한다.

3. 한 회사는 최근에 양극성 장애로 입원한 부사장에 대해 걱정한다. 이 회사는 그 부사장이 회사로 돌아왔을 때, 그를 어떻게 이해하고 대할지를 알지 못한다.

4. 한 회사는 피고용인을 고용하는 데 관심이 있으며, 특히 뛰어난 근로자가 될 것 같은 피고용인들을 선발하는 데 관심이 있다.

**정부**

1. 한 경찰청은 경찰관들이 폭력범죄를 목격하거나 때때로 그 희생자가 되는 것과 관련된 스트레스를 다루도록 도와주는 데 관심이 있다.

2. 한 소방서는 심리학자에게 지원한 선별에 대한 자문을 받는 데 관심이 있다.

3. 소년 법정 제도는 청소년 범죄자들이 한번 풀려난 뒤에 범죄를 반복하는 것을 막는 방법을 찾는 데 관심이 있다.

4. 한 판사는 아동 양육권 평가에 관하여 자문을 구하는 데 관심이 있다.

대 일 심리치료와는 달리, 자문가는 피자문자들을 대상으로 자신의 업무를 수행하며, 큰 집단의 사람들이나 전체 조직을 대상으로 도와주는 기회를 제공한다. Wallace와 Hall(1996)은 자문을 다음과 같이 정의하였는데, "자격 있는 심리 자문가들이 피자문자들에게 (1) 그들이 책임을 진 개인들, 내담자들 혹은 프로그램들에 내포되어있는 업무 관련 쟁점들을 해결하도록 하고, (2) 문제를 해결하는 데 능동적인 주체가 되게 하거나, (3) 미래에 유사한 쟁점들을 다룰 수 있도록 피자문자들의 업무 관련 능력들을 강화시키도록 광범위하게 도움을 주는 접근이다."(p. 10). 자문은 다음과 같은 유명한 구절로 생각해볼 수 있는데, "두 (혹은 그 이상) 사람의 머리가 한 사람의 머리보다 더 낫다."는 것인데, 이는 특히 한 사람이 특별한 전문성을 소유하고 있는 곳에서 그렇다.

최근에 자문이 더 광범위하게 실시되면서, 자문 기

술들이 임상심리학 대학원생들과 전문가들에게 더 흔히 교육되었다(Brown, 1985; Clayton & Bongar, 1994; Conyne & O'Neal, 1992; Peltier, 2010; Wallace & Hall, 1996). 사실 심리학자들에 대한 전국 조사는 72%가 정규적인 자문이 정보를 획득하거나 유능한 전문 서비스를 제공하는 탁월한 방법이라는 것에 동의하였다(Pope, Tabachnick, & Keith-Spiegel, 1987). 더욱이, Clayton과 Bongar(1994)의 자문 문헌에 대한 평론은 심리학자들에 의한 자문활동이 치료의 질, 내담자 만족 그리고 치료의 성과를 유의하게 개선시킨다고 보고하였다.

## 자문 역할

자문가들은 자문 과정 동안 또는 부여받은 자문 과제들 사이의 많은 상이한 역할들을 가정할 수도 있다. G. Lippitt와 R. Lippitt(1994)은 자문가의 역할이 직접적인 것과 간접적인 것 사이의 연속선상에 기초한다고 제안한다. **직접적인** 역할을 하는 자문가들은 일반적으로 전문적이고 기술적인 자문을 제공하는 것으로 보인다. 그들은 피자문자가 관심 있는 쟁점에 대하여 피자문자 자신의 지식으로 문제를 해결하도록 돕는다. 예를 들어, 어떤 자문가는 환자의 파일을 관리하는 컴퓨터 프로그램에 관한 지식이 풍부할 수도 있다. 한 진료소는 그 소프트웨어를 구입하고, 피고용인들에게 그것을 효과적으로 사용하도록 가르치는 것을 지원하기 위해 그 자문가를 고용할 수도 있다. 간접적인 자문가들은 피자문자의 기술을 촉진시켜주기 위해 자문가 자신의 기술과 전문성을 사용한다. 예를 들면, 한 자문가는 회사 관리자들이 '퇴출'될 피고용인들과 상호작용을 더 잘 하도록 하기 위해 고용될 수도 있다. 그들이 해고될 것이라고 피고용인들에게 알려주는 어렵고 흔히 고통스러운 작업을 하는 관리자들은 이 작업을 재치 있게 완수하고, 피고용자들의 고통에 대처하는 방법 모두를 배우는 데 조력이 필요하다. 간접적인 자문가는 이들 어려운 과제를 관리자들이 실행하도록 하기 위해서 역할시연을 수행하고 그 수행을 비평할 수 있다. 직접적인 자문은 일반적으로 과제에 지향(자문가들은 문제 해결에서 전문적인 지원을 제공한다)되어있는 반면에 간접적인 접근은 과정지향적이거나 촉진적이다(Matthews, 1983). 직접적인 접근은 일반적으로 결과에 더 초점을 맞추고, 반면에 간접적인 접근은 일반적으로 과정이나 성장에 초점을 맞춘다(Champion, Kiel, & McLendon, 1990).

Dougherty(2004)는 다음과 같이 임상심리학자들의 여섯 가지 공통적인 자문 역할을 정의하였다: 전문가, 수련가/교육자, 옹호자, 협력자, 진상 조사자 및 과정 전문가. **전문가** 자문 역할은 가장 공통적인 역할이다(Gallessich, 1982). 전문가 자문가는 피자문자가 문제를 해결하는 데 필요로 하는 전문적인 기술, 지식 또는 경험을 갖는 기술적인 조언자(Dougherty, 2004)이다. 예컨대, 전문가 자문가는 한 학교 제도의 영재 프로그램에 지원하는 아동들에게 지능검사를 수행하는 특별한 기술을 가지고 있을 수 있다. 이 학교는 자신들이 이 검사 점수가 무엇인지를 이해하고, 이 프로그램의 지원자를 가장 잘 선별하는 방법을 밝혀주도록 자문가를 고용한다.

전문가 역할과 다소 유사하게, 자문가는 종종 수련가/교육자로서 활동하도록 요청받는다. 공식적인 수련이 다양한 주제에 관한 워크숍, 세미나 및 수업에서 행해질 수도 있다. 비공식적인 수련은 피고용인이나 내담자와의 일 대 일 수련 회기에서 일어날 수 있다. **수련가/교육자** 역할은 전문가 역할과 마찬가지로 자문가는 내담자들에게 유용하며, 그리고 교육을 통해서 획득될 수 있는 전문화된 정보를 갖고 있다고 가정한다. 예를 들면, 어떤 자문가는 이완 기법을 사용함으로써 한 회사의 피고용자들이 스트레스를 더 잘 다루도록 훈련시켜줄 것을 요청받을 수 있다. 수련가/교육자 자문가는 여러 회기의 워크숍을 통해서 아동의 질병이나 신체적 학대의 양상을 탁아소 근무자들에게 가르칠 수도 있다. 또한 가정폭력에 대한 지식이 있는 자문가는 경찰관이 이 문제의 징후와 증상들을 인식하도록 훈련시킬 수 있다.

**옹호자** 자문가는 자문가가 바람직하다고 믿는 어떤 일을 하도록 피자문자에게 확신시키려고 애쓴다. 자문가는 광범위한 방식으로 옹호자로서 활동할 수 있다(Kurpius & Lewis, 1988; Peltier, 2010). 예를 들면, 정신건강 진료소에서 자문가는 스스로를 옹호하는 데 어려움을 겪는 심각하게 무능력한 환자의 권리를 옹호할 수 있다. 개별 교육 계획(Individual Education Plan, IEP)을 토론하는 학교 회의에 참가하도록 고용된 자문가는 학습 장애 아동을 위한 특수 서비스 규정을 옹호할 수도 있다. 옹호자 자문가는 신체적으로 장애가 있는 아동이나 성인이 시설에 접근할 수 있는 권리를 얻게 하고, 최적의 독립을 유지할 수 있도록 도와줄 수 있다.

**협력자** 자문가 역할은 자문가가 피자문자와 공동목적을 성취하기 위해서 함께 일하는 동등한 파트너임을 의미한다. 자문가와 피자문자는 모두 그들의 협력으로 이익을 유지한다. 예를 들면, 만일 연구자가 우울증의 치료에서 운동의 영향에 대해 더 학습하는 데 흥미가 있고, 운동에 대해서는 많이 알고 있지만 우울증에 대해서는 거의 알지 못한다면, 우울증에 관하여 전문가인 협력 자문가와 함께 일하기로 결정할 수 있다. 다른 예로써, 동일한 환자를 치료하는 개인 심리치료자와 집단 심리치료자는 그들의 두 가지 치료들

을 협력하기 위해서 그리고 각 치료 양식에서 환자의 진행에 관하여 많이 알도록 협력할 수도 있다.

**진상 조사자** 자문 역할에는 전문성, 시간, 에너지 또는 심리학적인 민감성이 결핍된 피자문자들이 스스로 그 과제를 행하도록 정보를 찾고, 그 결과를 전달해주는 것이 포함된다(Dougherty, 2004; Lippitt & Lippitt, 1994). 예컨대, 한 심리학자는 그의 연구 실험실에서 사용할 특별한 장비를 구입하는 데 관심이 있을 수 있다. 그는 장비에 대한 깊은 지식을 갖고 있는 진상 조사 자문가를 고용하여 합리적인 가격으로 적절한 제품과 서비스를 찾아내도록 할 수도 있다. 또는 사원들의 사기가 낮아진 것에 대해 걱정하는 한 회사는 문제의 원인을 조사하도록 외부의 진상 조사 자문가를 고용할 수도 있다.

끝으로, **과정-전문가** 자문가의 역할은 피자문자가 문제의 원인이 될 수도 있는 사건의 과정을 더 잘 이해하도록 돕는 것이다(Peltier, 2010; Schein, 1988). 예를 들면, 스탭 회의 운영 방법에 불만족해하는 진료소 관리자는 회의를 관찰하고 의사소통 및 스탭 참가를 개선하는 방법을 제안하도록 과정-전문가 자문가를 고용할 수도 있다. 따라서 자문가들은 많은 상이한 역할을 가정하고 동일한 자문 경험 기간 동안 여러 가지 역할들을 수행할 수 있다.

## 자문의 유형

**정신건강 자문** : 전형적으로 자문의 여러 유형이 정신건강 장면에서 임상심리학자들에 의해서 수행된다. 여기에는 (a) 비공식적인 동료 집단 자문, (b) 내담자-중심 사례 자문, (c) 프로그램-중심 행정 자문, (d) 피자문자-중심 사례 자문, (e) 피자문자-중심 행정 자문이 포함된다.

**비공식적인 동료 집단 자문**은 심리학에서 가장 널리

사용되고 가치를 두는 자문 방법이다(Allen, Nelson, & Sheckley, 1987; Cranston et al., 1988). 그것은 점심식사나 기타 휴식기간 동안에 비공식적으로 도전적인 임상 사례에 대해 동료들에게 자문을 요청하는 것을 포함한다. 예를 들어, 한 심리학자는 치료가 더 이상 진척되지 않는 것으로 보이는 어려운 환자에 대한 치료와 씨름하고 있을 수도 있다. 그 심리학자는 치료과정이 멈추었다고 믿을 수도 있는데, 환자를 가장 잘 도와주기 위해 치료계획을 가장 잘 변경할 수도 있는 방법에 대하여 궁금해할 수도 있다. 그 심리학자는 더 좋은 치료 전략에 대한 통찰을 얻기 위해 동료에게 그 사례에 관해 토론하기를 요청할 수도 있다.

**내담자-중심 사례 자문**은 특정한 환자의 치료나 보호에 책임이 있는 또 다른 심리학자 등의 동료 자문가에게 자문하는 것을 포함한다. 이 전문가는 더 적절하게 환자의 특별한 요구를 충족시키기 위해 그 자문가의 조언을 구한다. 피자문자와 자문가는 모두 환자의 치료에 어느 정도 책임이 있다.

**프로그램-중심 행정 자문**은 개인적인 사례보다는 프로그램이나 제도에 초점을 둔다. 이 자문은 진료소, 실무, 연구 프로그램 또는 기타 전체적인 쟁점의 기능에 관한 중요한 측면을 포함할 수도 있다. 예를 들어, 한 심리학자는 환자를 위한 집단 심리치료 프로그램의 교과 과정, 구성 및 광고전략에 관하여 자문을 구할 수도 있다. 또는 자문은 큰 지역사회 정신건강 진료소에서 접수면접을 가장 잘 수행하는 방법이나 치료자에게 환자를 할당하는 가장 좋은 방법에 관련될 수도 있다.

**피자문자-중심 사례 자문**의 초점은 개인 사례나 내담자에 관련된 문제들보다는 피자문자가 경험한 도전에 있다. 피자문자의 무경험, 정보의 부족 및 실수들이 종종 토론의 주제가 된다. 예컨대, 한 심리학 전공 대학원 학생은 자기보다 더 나이가 많은 환자의 심리치료를 수행할 때 불편함과 불안을 경험한 것에 대해 숙련된 지도감독자로부터 자문을 구할 수도 있다.

끝으로, **피자문자-중심 행정 자문**에는 일반적으로 기관 내의 행정적인 쟁점과 인사 쟁점에 관한 업무가 포함된다. 예를 들면, 외래환자 진료소 소장위원회는 소장 자신들의 리더쉽 수행 문제에 관하여 심리학자와의 자문을 원할 수 있다.

**조직 자문**: 임상심리학자들은 또한 자주 다양한 범위의 비정신건강 기관과 조직에 자문을 제공한다. 사업체, 비영리 기관, 종교 공동체 및 집단 그리고 정부 조직 모두 공동 목적을 성취하기 위해 협력적으로 일해야 하는데, 조직체가 효과적으로 그리고 유연하게 운영되도록 하는 사람들을 고용한다(Hanna, 1988). 인간행동 전문가로서 심리학자들은 조직 생활에서 불가피하게 일어나는 대인 및 조직 문제와 갈등을 다루는 데 유용한 조언을 제공할 수 있다.

조직 자문은 일반적으로 조직 내에서의 이해와 중재를 위해서 체계이론이 사용된다(Hanna, 1988; Kurpius, 1985). 이 책에서 앞서 논의된 바와 같이, 체계 이론은 한 체계(그것이 가족이든 전문적인 조직이든 간에)의 모든 측면이 체계의 각 구성요소에서 변화와 행동에 상호작용하고 반응한다는 것을 제안한다. 큰 조직 구조 내의 각 요소나 하위체계는 다른 요소들이나 다른 하위체계들에 종속되므로, 일반적으로 한 수준에서 일어난 변화들은 다른 수준에서의 변화에 영향을 미칠 것이다(Fuqua & Kurpius, 1993). 예를 들면, 회사의 한 부서가 엄청난 금전적 손실을 겪었으며, 여러 중요한 실패를 경험했고, 지도자가 대부분의 피고용인들에 의해 무능한 것으로 지각되었다 가정하자. 그 부서는 피고용인의 충성과 사기를 유지할 수 없고, 대부분의 피고용인은 다른 곳으로 일자리를 찾을 것이다. 체계 이론은 그 부서 내의 문제들이 전체 회사에 영향을 미칠 가능성이 있다고 예언한다. 그 부서에서의 손실은 회사 내의 다른 더 생산적이고 성공적인 부서에 의해 보상될 필요가 있을 수도 있다. 성공적인 부서들은 실패한 부서를 구제하는 데 분개하기 쉽다. 결과적으로 아마도 성공적인 부서에서도 사기는 저하될 것이다. 조직 자문가들은 조직문제들을 진단하고 중재를 제공하기 위해 체계 이론을 사용해야만 한다. 그들은 조직의 한 측면을 서투르게 수선하는 것은 아마도 조직의 다른 부분에서 파급효과가 있을 것이고 그리고 중재를 할 때 전체 체계를 염두에 두어야만 한다는 것을 알고 있다.

**임원진 코칭 :** 최근에 **임원진 코칭**은 사업체와 산업체 임원진에 심리학의 원리를 적용하는 방법으로 매우 인기를 끌고 있다(Auerbach, 2001; Hays & Brown, 2004; Kombarakaran, Yang, Baker, & Fernandes, 2008; Peltier, 2010; Williams & David, 2002). 사실 임원진 코칭은 지금 전 세계에 있는 연당 수천억 달러의 산업이다(Peltier, 2010). 임상심리학자뿐만 아니라 사회사업가, 결혼 및 가족 치료, 인적 자원 등과 같은 다양한 분야의 기타 전문가들은 임원진 코치로서 선도적인 임원진들을 위한 서비스를 발전시켜왔다. 그들은 일반적으로 임원진이 더 나은 지도자와 관리자가 될 수 있도록 하는 방법뿐만 아니라 회사에서 대인관계, 생산성 및 효율성을 향상시키기 위한 전략을 개발하는 데 초점을 맞춘다. 임원진 코치는 사업 지도자와 스트레스 관리, 목표 설정 및 많은 다른 주제와 인간 행동과 사업과 관련된 서비스에 관해 상담할 수 있다.

임원진 코칭은 전문적인 활동과 서비스의 범위를 확장하고자 하는 많은 임상심리학자에 대한 일의 잠재적인 새로운 수익성 있는 분야가 되었다(Hays & Brown, 2004; Kombarakaran et al., 2008; Peltier, 2010).

## 자문의 단계

심리치료 과정을 기술하기 위해 사용된 많은 단계들이 또한 자문에도 적용된다. 여기에는 (a) 질문의 이해, (b) 평가, (c) 중재, (d) 종결 및 (e) 추적이 포함된다.

**질문의 이해 :** 먼저 자문가는 의뢰 질문의 성질과 자문의 목적을 이해하기 위해서 상황을 판단해야만 한다. 자문가는 자신이 유능하고 전문적인 자문을 제공하기 위한 수련, 경험 및 전문성을 가지고 있는지를 결정해야 한다. 빈번하게, 자문을 구하는 사람들에 의해 제기된 초기 질문은 자문 과정 동안 변화된다. 예를 들면, 회사의 인사담당 이사는 회사의 피고용인을 위한 스트레스 관리 기법에 대한 자문을 심리학자에게 요청할 수도 있다. 그녀는 인원감축 및 해고가 높은 수준의 스트레스를 가져왔다고 심리학자에게 요청할 수도 있다. 그녀는 인원감축 및 해고가 높은 수준의 스트레스를 가져왔다고 심리학자에게 말한다. 그녀는 심리학자가 일 대 의 전문화된 도움에 관심이 있는 개인적인 회기뿐만 아니라 피고용인들로 구성된 소집단을 위한 스트레스 관리 워크숍을 제공해주기를 원한다. 그렇지만 초기 자문 동안 회사의 관리가 비효과적이었는데, 피고용인의 스트레스를 감소시키기 위해서는 변화되어야만 한다는 것이 심리학자(그리고 인사담당 이사)에게 분명해졌다. 조직 관리 쟁점들이 초기에 생각했던 것보다 훨씬 더 두드러진다. 그런 다음 인사담당 이사는 관리 쟁점들을 다루는 것이 초기에 요구된 스트레스 관리 워크숍을 제

공하는 것에 앞서야 한다는 것을 결정한다. 따라서 자문가로서 활동하는 심리학자들은 초기 요구가 실제로는 필요하지 않은 것일 수도 있음을 알고, 의뢰된 질문의 성질을 충분히 조사해야 한다. 자문가는 또한 피자문자의 욕구들과 자신의 전문성 사이의 적합성을 밝혀야 한다.

때때로 고용에 동의하기 전에 자문가는 자문을 의뢰한 조직이 실제로 그 경험을 받아들일 준비가 되어 있는지를 밝혀야 한다. 역설적으로, 자문가와의 접촉을 시작하고 필요한 도움을 요청한 조직이 자문으로 인한 변화, 피드백 또는 자문의 결과에 저항할 수도 있다. 자문가의 평가와 중재보다 자문에 대한 조직의 준비성과 개방성이 때때로 자문 프로젝트의 성공에 더 중요하다(Beer & Spector, 1993).

**평가** : 일단 적절한 질문들이 이해되고 나면, 자문가로서 고용된 심리학자들은 중재와 조언을 제공하기 전에 상황을 충분히 평가할 필요가 있다. 평가 단계에는 일반적으로 면접이 포함되고, 또한 공식적인 심리검사와 기록들이나 기타 자료들을 검토하는 것이 포함될 수도 있다. 이상적으로, 자문가는 '피자문자들과 기타 조직 성원들로부터 수용과 승인을 얻기 위해'(Wallace & Hall, 1996, p. 29) 조직 체계에 들어가야만 한다. 그렇지만 피자문자들은 자문가가 그들이 보기에는 부정적인 것으로 보이는 성격적인 특성, 태도 또는 전략들을 가지고 있는 것으로 본다면 자문가를 신뢰하지 않을 수도 있다. 심지어 도움을 얻는 데 호의적인 사람들조차도 저항적일 수 있으며 자문가의 발견에 대하여 다른 의견을 가질 수도 있다. 자문가는 조언을 제공하기에 앞서 피자문자들과의 신뢰 관계를 발전시키려는 시도뿐만 아니라 관습, 신념, 규칙, 그리고 일반적인 조직의 풍토를 평가해야

만 한다(J. C. Conoley & C. W. Conoley, 1992).

면접은 자문평가를 수행하는 가장 일반적인 방법이다(Molyneaux & Lane, 1982). 자문가는 구조화되고 표준화된 면접이나 비구조화되고, 대화식이며 그리고 비표준화된 면접을 사용하는 것을 선택할 수도 있다. 자문가는 그 조직에 관여된 관련 당사자들에게 질문을 한다. 예를 들면, 연구자는 특정한 연구를 위해서 우울증 평가 도구에 관하여 심리학자에게 자문을 원할 수도 있다. 이 자문가는 연구의 목적과 설계에 대해 알아보기 위해 그 연구자를 면접한다. 일단 자문가가 연구자의 욕구를 충분히 이해하고 나면, 이 연구자는 우울증에 대한 관련 측정치들을 제안할 수 있을 것이다. 또한 다른 예로 최근에 조그만 회사의 재조직화가 대부분의 피고용인들에게 도전적이고 스트레스를 주는 것으로 밝혀졌다고 가정해보자. 한 심리학자 자문가는 재조직화 과정을 평가하고 이와 연관된 스트레스를 가장 잘 다루는 방법을 제안해주도록 요청받았다. 심리학자는 우선 회사의 경영팀을 면접하고, 다음에 핵심 피고용인들을 각각 면접한다. 종합적인 일련의 면접들이 심리학자가 중재전략과 조언을 제공하기 전에 문제(들)를 평가할 수 있게 해준다. 조사와 질문지는 자문에서 두 번째로 일반적인 평가 방법이다.

조사는 많은 양의 정보들을 효율적이고 비밀을 유지하면서 수집하게 해준다(Wallace & Hall, 1996). 직접 관찰은 자문에서 평가를 위한 또 다른 접근이다(Dougherty, 1990, 2004). 자문가는 비공식적으로 조직을 관찰할 수도 있고, 회의하는 데 앉아 있거나 또는 핵심 인물들이 작업하고 상호작용하는 것을 관찰할 수도 있다.

일단 종합 평가가 완성되면, 자문가는 문제(들)의 진단적인 인상을 개발하고 중재 목적의 윤곽을 잡는

다. 이 목적들은 구체적이고, 현실적이고, 측정 가능하고 그리고 자문가들과 피자문자들 사이의 협력에 기반을 두어야 한다(Wallace & Hall, 1996).

중재 : 자문가가 특정 문제를 진단하고 자문 목적을 정하는 평가단계 뒤에, 자문가는 피자문자의 질문과 문제에 대한 중재전략이나 반응을 개발할 수 있다. 중재는 자문가가 변화를 위한 실제적인 조언이나 제안을 제공하는 단계이다. 그것은 또한 실행이 일어나는 단계이기도 하다. 중재는 자문을 구하는 사람(들)이 자문가로부터 얻기를 바라는 것이다. 예컨대, 한 의사는 심리학자가 자신이 치료하는 사례에 관해 자문해주기를 요청할 수도 있다: 수면성 무호흡과 비만을 가지고 있는 환자가 그 의사의 치료 제안을 따르지 않고 있다. 그 의사는 자신의 의학적 치료에 협조하지 않는다면, 그 환자가 죽을 수도 있기 때문에 좌절하고 걱정하게 된다. 자문하고 있는 심리학자는 의사, 환자 및 환자의 배우자를 면접하고 그녀가 굉장히 우울하고 죽고 싶어 한다고 밝혀낸다. 이 자문가는 의사가 환자의 우울증을 치료하고, 심리치료를 격려하고, 그녀의 질병에 영향을 미치는 정서적인 요인을 관리하기 위한 방법들을 제안한다.

자문 중재는 이전의 예와 같은 개인적인 중재나 훈련, 갈등 해결 또는 팀을 만드는 것과 같은 집단 중재도 포함할 수 있다(Wallace & Hall, 1996). 중재를 실행하는 것(예, 팀 만들기와 훈련)은 일반적으로 피자문자의 책임인데 자문가의 지도를 받는다(Caplan, 1970; Dougherty, 1990, 2004).

일단 중재가 실행되면 중재가 이득이 되었는지의 여부를 밝히기 위해서 전형적으로 평가가 수행된다. Scriven(1967)은 자문 평가를 형성적인 자문과 누적적인 자문으로 분류하였다. 형성적인 평가들은 시작

에서 끝까지 자문의 과정을 검토한다. 각 절차의 모든 단계가 주의 깊게 평가된다. 누적적인 평가들은 자문의 성과에 초점을 맞춘다. 그것들은 자문의 목표와 목적이 적절하게 이루어졌는지의 여부를 평가한다.

종결 : 합의된 자문 목적이 충족된 뒤에 또는 자문가가 그 목적이 이루어질 수 없는 것이라고 결론내리면 자문의 종결 단계가 일어난다(Kurpius, Fuqua, & Rozecki, 1993). 불행하게도 자문 관계는 사려 깊거나 적절한 고려 없이 종결될 수도 있다. 많은 저자들은 이 문제를 교정하기 위하여 종결 단계에 신중한 주의를 기울여야 한다고 제안한다(Dustin & Ehly, 1984; Hansen, Himes, & Meier, 1990; Kurpius et al., 1993). 예를 들면, Dustin과 Ehly(1984)는 종결 단계에서 마감 면접을 수행할 것을 권고한다. 마감면접의 목적은 자문가와 피자문자(들)가 자문 과정을 토론할 수 있고, 경험과 중재에 대해서 피드백을 공유하고, 어떤 잔여 쟁점들을 해결하고, 만일 적절하다면 추적을 계획하고, 모든 참여자들을 위한 종결을 얻을 수 있도록 하는 것이다.

추적 : 자문가에 의해 제공된 중재들과 조언이 사용되었거나 사용되지 않았을 수도 있다. 조언은 피자문자가 듣고 싶어 하는 것이 아닐 수도 있거나, 중재 계획이 현실적이 아닐 수도 있거나 또는 그들이 실행하기에 너무 어려웠을 수도 있다. 피자문자는 자문의 시작이나 종결 뒤에 나타나는 새로운 위협 때문에 문제에서 흥미를 잃어버릴 수도 있다. 추적은 빈번하게 피자문자의 자문노력으로부터의 이익을 극대화시킨다. 예를 들면, 앞서 언급한 수면 무호흡 환자는 자문가의 권유로 그녀의 수면 무호흡과 비만에 덧붙여 우울증을 치료받을 수도 있다. 그렇지만 그녀가 이루었던 진

전을 위협하는 가족 갈등들이 나타날 수도 있다. 추적 자문은 이러한 새로운 가족 관심을 다루어서 치료 과정을 진척시키는 데 유용함이 입증될 수도 있다. 또 다른 예로서, 한 자문가는 해고와 조직 재구조화를 진행 중인 회사의 피고용인들에게 스트레스 관리 워크숍을 제공할 수도 있다. 워크숍이 잘 받아들여질 수도 있지만 낡은 행동 양상들이 다시 나타나고 좋은 의도가 사라질 수도 있기 때문에 워크숍이 끝난 몇 주 뒤에 중재가 실패할 수도 있다. 행동과 습관들은 종종 변화시키기 어렵기 때문에 주기적인 추적 회기나 지속적인 프로그램들이 새로운 양식들을 유지하는 데 필요할 수도 있다. 이 회기들은 중재나 종결단계 동안 또는 필요에 따라서 계획될 수도 있다. 많은 자문가들은 일상적으로 직접 만나서, 전화로 또는 편지로 추적을 제공한다(Wallace & Hall, 1996).

## 임상심리학자들은 누구에게 자문을 제공하는가?

임상심리학자들은 자주 동료들에게 조언과 자문을 제공한다(Clayton & Bongar, 1994; Peltier, 2010). 그들은 다른 전문가들에게 덜 친숙한 특정 영역에서 고도의 전문성을 발달시킬 수도 있다. 예컨대, 어떤 심리학자는 특히 주의력 결핍 과잉행동 장애(ADHD)를 가지고 있는 아동들을 대상으로 일하는 데 특별히 숙련되어있을 수도 있다. 많은 상이한 생활 사상 및 상황들이 일반적으로 ADHD(예, 신체적 또는 성적 학대, 부모의 방치, 결혼 불화와 이혼, 학습 장애)와 연관된 충동성 및 과잉행동에 기여할 수도 있기 때문에, ADHD의 진단과 치료는 복잡하며 전문가들에 의해서 수행되어야만 한다. 이 영역에 고도의 전문성을 가지고 있지 않은 사회사업가, 정신과 의사, 결혼 상담가 또는 펠로우 심리학자는 이들 기술들을 가지고 있는 다른 전문가에게 이 사례에 관한 자문을 요청할

수도 있다. 이 자문가는 다루어질 필요가 있는 특정 질문들이나 쟁점들(예, 진단, 치료 권고들)을 결정하고 아마도 평가를 위해서 가족과 아동을 만날 것이다. 이 자문가는 검사의 사용에 대한 조언을 제공할 수도 있으며, 적절한 진단을 내리는 것을 도와주기 위해 검사와 면접 자료를 검토할 수도 있다.

심리학자들은 또한 특정한 치료 상황을 다루는 최선의 방법을 확신하지 못할 때, 심리치료에서 다루는 환자에 관해 동료에게 자문을 구할 수도 있다. 객관적이고 편파되지 않은 동료와 사례를 논의하는 것은 종종 매우 유용하다. 예를 들면, 어떤 심리학자는 분노와 적개심이 있는 환자에게 심리치료를 수행하는 데 좌절감을 느낄 수도 있다. 이 환자는 경계선 성격 장애, 주요 우울증 및 만성 요통을 가지고 있다. 그녀는 분노, 분개 및 심지어 격노를 자주 표출한다. 치료회기 중 한 회기 동안에 이 환자는 치료자의 목을 조르고 싶은 충동을 느꼈다고 진술한다. 더욱이 이 환자는 무기 소지권을 가지고 있으므로, 치료자는 그녀가 총을 가지고 회기에 나타날 수도 있음을 걱정한다. 이 심리학자는 환자를 이해하고 도우려고 노력하지만, 분노, 격노 및 두려움을 느낀다. 이 심리학자는 그 사례를 동료와 논의하고, 환자에게 가장 이익이 되는 심리치료 진행 방법에 관한 조언을 얻기 위해 자문을 구한다. 그 자문가는 주의 깊게 상황에 대해 경청하고, 치료자에게 질문한다. 이들은 치료자의 느낌들과 반응들을 논의할 뿐만 아니라 치료자가 치료회기에서 통합시키기 위해 노력할 수 있는 치료전략과 치료 선택 사항에 관해 이야기한다. 이들은 치료가 어떻게 진행되는지를 보기 위해서 여러 번 만나기로 결정하며, 자문가는 추적 조언을 제공한다.

심리학자들은 또한 심리평가와 검사들을 수행할 때 자문을 구할 수도 있다. 평가로부터 얻어진 어떤

자료는 해석이 어려울 수도 있거나, 다른 자료원(예, 면접, 의사의 보고서, 교사의 보고서)으로부터 얻은 자료와 모순될 수도 있다. 평가를 수행한 이 심리학자는 동료에게 사례에 대해 자문과 검사 재료들에 대한 검토를 요청함으로써 제2의 견해를 얻을 수도 있다. 예컨대, 한 심리학자는 학교 시험에서 성적이 매우 낮은 아동에 대한 평가를 수행하도록 요청받을 수 있다. 이 아동의 교사들과 부모는 모두 이 아동이 매우 똑똑하고 훌륭한 학습 기술을 가지고 있다고 생각한다. 그들은 아동이 검사에 대해서 과도하게 불안해하고 있는지 또는 아마도 검사 수행을 손상시키는 학습 장애를 가지고 있는지를 알고 싶어 한다. 이 심리학자는 부모, 교사들 및 그 아동을 면접하고, 그런 다음 아동에게 지능검사, 교육검사 및 심리검사를 실시한다. 그렇지만 이 검사 자료는 다소 모순되는 것처럼 보이고 또한 이 결과들이 실제적으로 무엇을 의미하는지도 불분명하다. 이 심리학자는 자료를 검토할 수 있으며 진단에 관한 의견을 제공할 수도 있고 치료계획을 제안할 수도 있는 동료 전문가에게 자문을 요청하기로 결정한다. 이 자문 심리학자는 검사 자료를 검토하고, 그 임상가를 면접한다. 또한 이 자문가는 가족 및 아동을 면접하기로 결정할 수도 있다. 연구를 수행하는 심리학자는 또한 자주 동료에게 자문을 구한다. 한 심리학자는 연구 자료를 해석하는 것, 적절한 실험을 설계하는 것 그리고 사용할 전문 장비를 결정하거나, 기타 연구 질문들에 도움을 줄 수 있는 다른 심리학자에게 자문을 구할 수도 있다. 예를 들면, 한 심리학자는 불안 및 우울증 환자들의 운동에 대한 심리학적 이점에 관하여 실험을 수행할 수도 있다. 그녀는 얼마나 많은 운동이 기분을 상승시키는 데 필요한지를 결정하기 위해 실험실에서 환자를 운동시키고 싶어 한다. 어떠한 장비를 사용하고 운동 회기는 얼마나 강해야

하는지에 대해 확신하지 못하기 때문에, 그녀는 조언과 지도를 위해 이 분야의 전문가들인 여러 동료들에게 자문을 구한다. 이 자문가들은 또한 유용한 학술지 논문이나 기타 읽을 자료들을 제공할 수도 있고 혹은 그들의 검사와 연구 프로토콜을 관찰하도록 이 심리학자가 그들의 실험실을 방문하도록 초청할 수도 있다.

**비정신건강 전문가들에 대한 자문**: 동료들에 대한 자문에 더해서 많은 심리학자들은 개인 환자들뿐만 아니라 다른 학문 분야의 전문가들에게 자문을 제공한다. 임상심리학자들은 자주 학교 교사들과 행정가들, 의사와 간호사들, 검사와 판사들, 성직자들, 군대 그리고 사업체와 산업체에서 일하는 사람들에게 자문을 제공한다. 인간 행동에 관한 자문을 요구하는 잠재적인 영역과 쟁점들은 셀 수 없이 많다. 자문은 매우 인기가 있기 때문에 여러 회사들이 사업체와 산업체의 사람들에게 심리학적 자문을 제공하는 데 전문화되어있다.

심리학자들은 또한 환자의 치료에 관하여 의료진들(예, 의사들, 간호사들, 물리치료사, 영양학자들)에게 자문을 제공한다(Gunn & Blount, 2009; McDaniel, 1995; Miller & Swartz, 1990; Pillay, 1990). 의료진들은 종종 다양한 의학적인 문제들을 겪고 있는 환자들을 도와주기 위해서 심리학자와 다른 정신건강 전문가들로부터 자문을 구한다. 많은 의료 환자들은 그들 자신의 질병이나 가족의 질병과 연관된 불안이나 우울에 대처하는 데 조력을 필요로 한다. 또 다른 사람들은 그들의 질병을 더 잘 수용하기 위해서 또는 그들의 의학적인 문제에 효과적으로 대처하기 위해서 생활양식을 변화시키는 데 도움을 필요로 할 수도 있다. 여전히 또 다른 사람들은 자신들의 결핍을 더 적절하게 치료하기 위하여 의학적 지시

## 정신건강 동료에 대한 자문

Dr. A는 신경성 폭식증인 젊은 백인 여성을 치료하고 있다. 몇 개월의 치료 동안 그 여성은 치료의 가능한 보조 수단으로서 최면 사용에 대해 문의하였다. Dr. A는 최면에 대해 잘 몰랐기 때문에 이 환자가 최면 기법의 전문가인 Dr. B에게 자문을 구하도록 제안하였다. Dr. A와 이 쟁점에 관해 논의한 뒤에, 이 환자는 Dr. B에게 자문을 구하기로 결정하였다. 이 환자는 Dr. A와 Dr. B가 자신의 사례를 논의하고 치료에 협력하는 데 동의하였다. Dr. A는 매주 개인 심리치료 회기를 계속해서 제공하는 한편, Dr. B는 여러 회기의 최면 치료를 계획하였다.

Dr. C는 큰 대학교 의과대학 부속병원의 자문-섭외 부서에서 일한다. 노인정신과 병동의 주치의인 정신과 의사는 심한 우울감을 보고하는 72세의 아프리카계 미국 여성 환자에 대한 자문을 Dr. C에게 요청하였다. 그 환자는 몇 차례의 항우울제 약물치료를 받았는데, 여전히 지남력이 없어 보이고, 증상 경감이 없는 것으로 보고되었다. 그 병동의 정신과 의사는 최후의 수단으로 전기경련치료(ECT)를 고려하고 있다. ECT 치료를 실시하기 전에, 이 정신과 의사는 그 환자의 보고된 증상에 기타 성격 요인들이나 신경심리학적 요인들이 어떤 역할을 하는지를 밝히기 위하여 Dr. C가 평가와 자문을 수행해주기를 바란다. Dr. C는 그 환자와 정신과 의사를 만나서 면접을 수행하고 신경심리검사 배터리를 시행하였다. Dr. C는 그 환자가 우울증에 부가해서 노인성 치매를 겪고 있다고 결론을 내린다. Dr. C의 발견에 기초해서 그 정신과 의사는 ECT를 수행하지 않고, 인지 기능을 더 자세하게 다루는 것을 선택하였다.

Dr. D는 미국 엘살바도르 이주민의 대처반응과 대처전략에 관한 연구 프로젝트의 수행에 관심이 있다. Dr. D는 엘살바도르 원주민이자 심리학자인 그의 동료 Dr. E에게 자문을 구하기로 결정하였다. Dr. E는 Dr. D가 안정적으로 이주민들의 전집에 접근하는 것을 돕고, 질문지들을 스페인어로 번역하고, Dr. D가 그의 연구를 향상시키기 위해 엘살바도르 문화를 더잘 이해하도록 도왔다.

를 잘 따르는 데 도움을 필요로 한다. 사실 많은 병원들이 자문-섭외(Consultation–Liaison, C&L) 서비스를 제공하기 때문에 모든 의료 부서는 언제나 심리학적 자문을 이용할 수 있다. 예컨대, 심장발작으로부터 회복중인 환자들, 신장 투석을 받는 환자들, 암 때문에 방사선 치료나 화학치료를 받고 있는 환자들은 종종 두려워하고 우울해한다. 심리학자들의 자문은 이들 환자들이 치료, 진단, 느낌 및 퇴원 후 적응에 더 효과적으로 대처하도록 도와줄 수 있다. 많은 의료 환자들은 너무 많은 고지방 식품 섭취, 너무 많은 알코올 섭취, 흡연 그리고 안전한 성행위를 거부하거나 안전벨트 착용을 거부하는 것과 건강을 해치는 행동들을 한다. 건강을 개선하고 질병에 더 효과적으로 대처하기 위해 이런 행동들과 기타 파괴적인 행동들을 변화시키기란 매우 어렵다. 사실 전체 사망의 약 50%가 생활양식 요인 때문인 것으로 생각된다(Centers for Disease Control, 2009; S. Taylor, 2009).

심리학자들은 자주 탁아소, 유치원, 초등학교, 중학교 및 특수학교 교사들과 학교 관계자들에게 자문을 제공한다. 예컨대, 한 심리학자는 어떤 아동의 혼란된 교실 행동을 다루기 위한 방법에 관하여 교사에게 자문을 제공할 수도 있다. 그 심리학자는 아동과 가족을 평가하고, 교실 장면에서 아동을 관찰하고, 그 교사가 아동 및 학급과 더 효과적인 상호작용을 하도록 도와주기 위해 그 교사와 정기적으로 만날 수 있다. 학교 교장은 학습 장애 학생들을 위한 시간제한 없는 시험에 대하여 부모와 학생들에 의한 요구를 조절하는 가장 좋은 방법에 대해 심리학자에게 자문을 구할 수 있다. 혹은 한 심리학자는 스탭이 성적 학대를 당하였던 아동들을 다루는 방법을 도와주기 위해 탁아소에서 자문을 요청받을 수 있다.

많은 심리학자들은 정규적으로 법률 제도와 관련된 일을 하며, 다양한 사례들에 관하여 검사와 판사들에게 자문을 제공한다. 예를 들면, 심리학자들은 종종 아동 양육권 사례에서 전문적인 증인 및 자문가로서 활동한다. 이혼 합의 중인 부모는 각각 단독적으로 한 명의 아동 또는 여러 명의 아동에 대한 양육권을 얻으려고 할 수도 있다. 이혼이 고통스러우며 이 커플이 심한 갈등을 겪고 있을 때, 그들의 자녀들은 갈등의 전쟁터 한복판에 놓이게 될 수 있다. 이 부모는 자녀가 있을 곳, 자녀의 양육 전략 혹은 자녀와 관련된 기타 사항들에 동의하지 않을 수도 있다. 이 심리학자는 각 부모와 자녀를 평가하도록 요청받을 수도 있고, 아동 양육권 장소에 관련해서 그들의 전문적인 견해를 제공할 수도 있다. 심리학자들은 종종 범죄 사례들에 관해서도 자문을 제공한다. 한 형사 피고인이 정신이상 변론을 사용하려고 시도할 때, 이 심리학자는 평가와 자문을 수행하고, 그런 다음 형사 피고인의 진단 및 정신상태에 관해 법정에서 전문적인 견해를 제공하도록 요청받을 수 있다.

심리학자들은 종종 성직자들에게도 자문을 제공한다(Pargament et al., 1991; Plante, 1999, 2004a, 2009). 예를 들면, 한 성직자는 다루기 힘든 교구민들을 어떻게 다룰지에 관해 또는 정신질환을 겪고 있는 사람들에 대한 목회 상담이나 영적 지도를 요청받았을 때 그들을 어떻게 가장 잘 도울 수 있는지에 관하여 좀 더 배우고 싶어 할 수도 있다. 성직자들은 성직자 지원자를 위한 선발 절차 또는 피정과 다른 집단활동 동안에 집단 회기를 수행하기 위한 더 좋은 방법에 대해서 지도와 자문을 구할 수도 있다.

심리학자들은 자주 피고용인과의 관계, 선발, 스트레스 관리, 사기 부양 등에 관련하여 많은 상이한 산업체들로부터 사업 인사권에 대한 자문을 요청받는다(Tobias, 1990). 예를 들면, 많은 경찰서와 소방서들은 피고용인들이 직업과 관련된 스트레스를 좀 더 효과적으로 다루도록 도와주는 것에 관해 관심이 있다. 심리학자들은 개별 사례에 관해 그리고 이 개인들이 더 잘 대처하도록 도움을 주는 프로그램 및 절차들의 개발에 관해 자문을 요청받을 수도 있다. 그들은 또한 신참 경찰관과 소방관들의 선발과 훈련에 관해 자문을 요청받을 수도 있다.

## 효과적인 자문

효과적인 자문가가 되기 위해서는 많은 기술들이 필요하다. 대부분의 자문 연구자 및 실무자들은 유능한 대인 및 의사소통 기술에 우선적인 중요성을 부여한다(J. C. Conoley & C. W. Conoley, 1992; Dougherty, 2004; G. Lippitt & R. Lippitt, 1994; Peltier, 2010). 그렇지만 탁월한 집단 및 문제-해결 기술(Dougherty, 2004; Schindler-Rainman, 1985), 조직체를 대상으로 일하는 능력(Schein, 1988) 그리고 고도로 발달된 전문적 및 윤리적 행동(G. Corey, M. S. Corey, & Callanan, 1993) 또한 반드시 해야 할 자문이다. Dougherty(2004)는 효과적인 자문에 필수적인 기술들의 상세한 목록을 자문가들에게 제공하였다. 간단히 말하면, 여기에는 감정이입, 진솔성, 사회적 기술 그리고 다른 사람과 일하는 것에 편안함을 느끼는 것이 포함된다. 자문가들은 피자문자와 편안하고, 신뢰로우며, 협력적인 환경을 만들 수 있어야만 한다. 그들은 효과적인 경청자여야만 한다. 그들은 유용한 질문을 할 수 있어야 하고 재치 있는 방식으로 피드백과 비평을 제공할 수 있어야 하고 필수적인 정보를 주고받을 수 있어야만 한다. 그들은 문제를 정의하고, 자문에 관련된 정보를 모으

# 비정신건강 전문가에 대한 자문

Dr. F는 36세 된 백인 여성의 악화된 유방암을 치료하고 있는 종양학(암 전문가) 의사에 의해 자문을 요청받았다. 그 의사는 그 여성의 의료 문제에 관하여 수년 동안 치료해왔다. 최근 그녀는 화학 치료를 거부하고 예정된 진단검사를 받지 않았다. 그녀가 조기에 사망할 수도 있다는 것을 염려하여 그 의사는 Dr. F에게 이 사례에 관한 자문을 요청하였다. Dr. F는 환자, 가족 및 그 의사를 만났는데, 환자가 매우 우울해하고 자살 위험이 있다고 밝혔다. 명백히 그녀는 필수적인 의학 치료를 그만둠으로써 자신의 죽음이 더 빨리 오기를 희망하였다. Dr. F는 개인 심리치료와 가족 심리치료 그리고 항우울제 약물치료에 대한 정신과적 자문을 모두 제안했으며, 또한 환자와 그녀의 의사가 혐오적인 화학치료의 의료적 대안들을 탐색하도록 제안하였다.

한 사립학교 교장이 Dr. G에게 어려운 상황에 대한 자문을 요청하였다. 이 학교에 다니는 13세의 백인 학생의 부모는 자녀에 대한 특별한 대우 및 교사들의 개인적인 관심을 요구하였는데 일반적으로 매우 강하게 권리를 주장하는 태도로 행동하였다. 더욱이, 그들은 종종 수업료와 기타 요금을 늦게 지불하고 항상 납부 지연에 대한 변명을 하였다. 여러 교사들은 그 부모에 대해 극도의 좌절을 표현해왔는데 그들의 학급에 그 학생을 포함시키지 않을 것을 위협해왔다. 교장 또한 그 부모의 행동을 어떻게 가장 잘 처리할지에 대해 어쩔 줄 몰라 하였

다. 교장과 여러 교사들을 면접한 후에, Dr. G는 그들이 그 행동에 대한 명확한 기대들, 제한점들 및 결과들을 알게 해주었고, 그 부모를 더 확고하고 효과적으로 다루도록 코치하였다. 부모와 상호작용하기 전에 한 가지 계획이 개발되었는데 이 심리학자는 그 계획과 그 상호작용 후의 성과를 검토하였다. 이 검토는 미래의 상호작용들을 잘 조정하도록 해주었는데 부모와 학교 관계자들 간의 긴장을 유의하게 감소시켰다.

Dr. H는 다양한 인종으로 구성된 학습 장애 아동 집단의 진단과 치료에 전문화되어있는 비영리기관의 한 임원으로부터 자문을 요청받았다. 그 임원은 특수 교육 및 사업 수련을 받았다. 그녀는 그 재정적 후원처들(예, 건강보험회사: 주 및 카운티 교육 계약: 연방, 주 및 사설 후원 기관들)은 그 기관을 후원하기 전에 치료 성과 및 내담자 만족에 대한 정보를 요구하였다. Dr. H는 그 임원에게 자문을 제공하고, 프로그램의 목적, 스탭의 문화적 민감성, 연구설계 전략들, 통계적 기법 그리고 치료 성과 및 내담자 만족을 평가하기 위한 구체적 평가 절차들을 검토하였다. Dr. H는 또한 여러 다른 기관의 행정가들과 임상 스탭들을 만났다. 이들을 함께 Dr. H에게 면밀한 자문을 제공함으로써 종합적인 평가 프로그램을 개발하였다. 이 프로그램의 문제를 해결하고 개선시키기 위해 Dr. H는 이 프로그램을 실시하고 주기적으로 검토하였다.

---

고, 이해하고 해석할 수 있어야만 한다. 자문가들은 또한 조직의 업무 풍토와 문화를 평가할 수 있어야 할 것이다. 그들은 집단 역학과 집단 과정을 이해해야 하고 집단 장면에서 갈등을 다룰 수 있어야 할 것이다. 끝으로, 그들은 최고 수준의 유능성과 성실성을 유지하기 위해 전문적이고 윤리적이어야만 한다.

## 자문에서의 도전들

비록 자문가들과 피자문자들이 자문관계의 요구와 목적들에 쉽게 동의할 수도 있지만, 전형적으로 여러

가지 도전들이 종종 나타난다. 자문가 및 자문가의 제안에 대한 저항은 매우 일반적이다. 많은 피자문자들은 무엇이 잘못되었고 문제를 해결하기 위해서는 어떻게 해야 하는지를 말해주기 위해 외부 전문가가 그들의 기관, 조직체 또는 작업 환경에 끼어드는 것에 관하여 복합적인 감정을 갖는다. 외부인 앞에서 치부를 드러내고 자문 도움 없이는 그들의 문제를 해결할 수 없다는 것을 인정하는 것이 흔히 어렵고 위협적인 것이다. 내부 자문가(이미 조직에서 일하는 사람)도 마찬가지로 저항을 경험할 수 있다. 다른 피고용인들

은 그들 자신의 동료들 중 한 사람이 그들의 문제를 조사하고 진단하고 제안을 해주도록 요청받았다는 것에 분개할 수도 있다. 비록 내부 자문가들은 조직 및 그 사회적 풍토, 문화, 역학 관계, 권력 쟁점들 및 중심 인물들을 외부 자문가들보다 훨씬 더 잘 알 수 있지만 동료 들은 이들을 중요하게 여기지 않을 수도 있다.

자문에서의 또 다른 일반적인 문제는 관여된 모든 당사자들이 협력적이지 않을 수도 있다는 것이다. 어떤 회사나 기관의 임원진은 자문가를 고용하기로 결정할 수 있지만, 여러 피고용인들은 자문이 필요 없다고 생각할 수도 있다. 그러므로 모든 사람이 동의하거나 협력하는 것이 아닐 수도 있다. 어떤 사람들은 자문가의 노력들을 열정적으로 지지하는 반면, 다른 사람들은 분개할 수도 있고 심지어 태업을 시도하기도 한다. 피자문자들은 마찬가지로 숨겨진 목적을 갖고 있을 수도 있다. 예를 들면, 한 학교 교장은 반에서 뒤떨어지고 어떤 품행 문제가 있는 매우 어려운 학생을 다루는 방법에 대해 심리학자의 자문을 구할 수도 있다. 이 자문가는 학교에서 그 학생을 퇴학시키도록 제안할 수도 있다. 교장은 처음부터 내내 그 학생을 퇴학시키고 싶어 했지만, 그 결정이 정당한 것임을 그 학생의 부모와 교사들에게 납득시키기 위해서 전문적인 자문가로부터 타당성을 구하였다. 자문가들 또한 인간이기 때문에 자신들의 숨겨진 의도를 가지고 있을 수 있다. 어떤 자문가들은 특정 문제가 있는 피자문자들을 도와주기보다는 자신의 서비스, 세미나,

**주목받는 현대 임상심리학자**

## Julie B. (Sincoff) Jampel, PhD

사진 : Julie B. Jample 제공

Dr. Jample은 대학교 상담센터에서 학생들을 상담하며, 임상심리학자로서 그녀의 기술을 활용한다.

**생년월일** : 1961년 12월 1일

**대학교** : 1984년 Harvard대학교(심리학 및 사회관계, BA)

**대학원 프로그램** : 1990년 Yale대학교(임상심리학 및 발달심리학, PhD)

**임상 인턴쉽** : 1989~1990, Connecticut 주 West Haven, 재향군인 의료센터

**박사 후 펠로우쉽** : 1990~1991, Harvard대학교 Health Services, Mental Health Services

**현재의 직업** : Massachusetts 주 Medford, Tufts대학교, 상담 및 정신건강 서비스의 수련 감독자

**임상심리학자가 되는 것의 장점과 단점**

**장점** : "더 넓은 심리학 분야의 일부가 되는 것인데, 흥미롭고 중요한 이론들 및 연구와 더불어 무르익어간다. 도전이 되고 자극이 되며 또한 넓은 범위의 사람들을 알게 되는 기회를 제공받는 업무를 수행하는 것. 내가 행하는 업무가 관련성이 있으며 유용하다는 느낌을 받는 것."

**단점** : "때때로 이 업무가 많은 시간이 걸리고 진을 뺄 수가 있다. 그것은 또한 주로 앉아서 지내야 한다. 어떤 환경에서는 직업 기회와 급여가 좋지 않을 수 있다."

**임상심리학의 미래** : "임상심리학자들은 자신들의 수련과 전문성이 인간의 고통을 경감시켜줄 수 있는 많은 역할들을 확인해 왔다. 이러한 역할 중 일부는 여전히 남아있는 반면 다른 것들은 우리가 살고 있는 문화적인 힘과 시대를 수용하도록 변화하였다. 임상심리학은 창조적이며 탄력 있다; 이 분야는 인간 정신과 함께 생존하고 적응할 것이다."

**당신은 어떤 자문, 행정 및 교육 활동에 관여하고 있습니까?**
"나는 정서적 이유로 때로는 규율적인 이유로 관심을 받게 된 학생들에 관하여 대학교 학장들을 대상으로 자문한다. 나는 또한 특정 학생에 대해 우려하고 있는 교수들뿐만 아니라 학생들에게 지원 서비스를 제공하는 일을 하는 대학교의 여러 부서의 스탭을 대상으로 자문한다. 이 예들에는 학술 자료 센터, 국제 학생 센터, 여성 센터 및 주거 생활이 포함된다. 나는 매년 우리 스탭으로 합류하는 박사 후 심리학 펠로우들을 위한 세미나를 지도감독하고 주관한다. 이 세미나는 많은 분야를 아우르는데, 심리치료 및 자문과 관계된 후기 청소년 발달 및 쟁점을 포함하고 있다."

**당신의 업무에서 직면하는 도전은 무엇입니까?**
"대학 정신건강 업무의 더욱 도전적인 측면들 중에 하나는 서비스가 필요하지만 상담을 받는 것은 나약함의 신호라고 느낄 수 있는 고립된 학생들이나 국제 학생들과 같은 마지못해 도움을 찾는 학생들에게 다가가는 것이다. 또한 학생에 대한 사적인 치료자 역할과 대학 공동체 일원으로서의 공적인 역할 모두에서 기능하는 것이 또한 도전이 될 수 있다."

**전형적인 일과**

|  |  |
| --- | --- |
| 9 : 00 | 성적인 학대 내력에 대처하는 대학생에 대한 치료 회기 |
| 10 : 00 | 소외감과 압도당하는 느낌을 받는 남아메리카 출신 대학원 학생에 대한 치료 회기 |
| 11 : 00 | 담당 층에 있는 신경성 폭식증 학생에 관해 학생 기숙사 사감에게 자문 |
| 12 : 00 | 점심 및 서류작업 |
| 1 : 00 | 학습 장애 및 사회 불안을 겪고 있는 대학생에 대한 치료 회기 |
| 2 : 00 | 내담자들의 성향을 논의하기 위한 팀 미팅 |
| 3 : 00 | 자살 내담자에 관해 걱정하고 있는 박사 후 펠로우에게 지도감독 |
| 4 : 00 | 양극성 장애를 겪고 있는 대학원생에 대한 치료 회기 |
| 5 : 00 | 불행한 결혼과 무의미한 직업에 빠져있다고 느끼는 우울한 성인에 대한 개인치료 회기 |

저서, 수련 프로그램을 판촉하고, 경력을 증진시키는 데 더 큰 관심이 있을 수도 있다.

게다가 피자문자의 기대들이 비합리적으로 높을 수도 있다. 많은 피자문자들이 전문가의 고용을 결정할 때까지는 이들은 이 자문가가 조직체에 들어와 즉시 문제(들)를 해결해 주기를 원하였을 수 있다(Conyne & O'Neil, 1992; Kombarakaran et al., 2008; Peltier, 2010). 필수불가결한 중재 계획들뿐만 아니라 합리적이고, 현실적이며 적절한 기대를 개발하는 것은 도전이지만 모든 자문 관계들에서 핵심적인 과제이다.

끝으로, 자문가 본인이 문제가 될 수도 있다. 그들은 효과적인 자문가가 되기 위한 적절한 지식, 기술, 경험, 자기 – 신뢰 또는 전문적인 객관성과 통합성이 결핍되어있을 수도 있다(Dougherty, 1994).

임상심리학 자문가들은 끝없이 다양한 문제들, 전집들, 문화들 및 질문들을 다루도록 요청받는다. 점점 더 많은 연구와 실무 경험이 인간의 본성에 대한 우리의 이해를 발달시킴에 따라 인간 행동에 관한 자문가들이 점점 더 필요하게 되었다. 다양한 장면에서 행동을 더 잘 이해하는 것과 행동을 관리하거나 변화시키는 더 좋은 방법들이 거의 모든 업무 영역에서 유용하다. 그러므로, 임상심리학자들에 의해 제공된 자문 활동들은 미래에 증가될 것이다.

# 교육

제3장에서 논의한 바와 같이, 심리학은 연구와 교육활동을 모두 포함하는 학구적인 뿌리를 가지고 있다. 교육 활동들은 많은 심리학자들의 전문 임무의 한 부분이다. 비록 임상심리학자의 단지 30%만이 대학, 대학교 및 의과대학과 같은 학구적인 환경에서 주로 근무하고 있지만(Norcross et al., 2005, 2008; Phelps, 1996), 대부분의 심리학자들은 교육활동에 참여하고 있다. 그렇지만 교육과 지도감독 기술은 흔히 임상심리학 대학원 수련과정의 중요한 부분이 아니다(Hoffman, 1990; Norcross et al., 2008; Russell & Petrie, 1994; Watkins, 1992).

임상심리학자들은 자주 다양한 장면들에서 다양한 청중들에게 강의한다. 교육은 정규 대학 강의, 수련 중인 심리학자에 대한 개별적인 지도감독 또는 회사나 학교에서 스트레스 관리 기법에 관한 강의를 포함할 수도 있다. 교육은 또한 심리치료와 심리검사 활동에 통합될 수도 있다. 예컨대, 한 심리학자는 스트레스를 이겨내도록 이완 기법을 사용하는 방법을 환자에게 가르치거나, 부부가 분노와 파괴적인 방식으로 그들의 배우자를 비난하지 않고 더 잘 의사소통하는 방법을 가르칠 수 있다. 심리교육적인 접근들은 광범위한 의료적 그리고 정신과적인 문제들에 대처하도록 환자를 가르치는 것을 포함한다. 예를 들면, 당뇨병, 암, 과민성 대장 증후군, AIDS 및 기타 질병들에 걸린 환자들을 돕는 지지 및 심리교육적인 집단은 교육과 심리치료 방법 모두를 사용한다. 여기에서의 교육 기능이란 특정 대처 전략을 검토하고 새로운 치료 약물이나 절차에 대해 참가자에게 정보를 제공하고 선택된 관심 주제에 대해 연설자들을 초청하는 것일 수도 있다.

## 학구적인 장면에서 교육

**심리학과 :** 많은 임상심리학자들은 전국에 있는 대학이나 대학교의 심리학과에서 강의한다. 그들은 그 중에서도 특히 이상심리학, 임상심리학, 심리검사, 심리학개론, 심리통계학 및 연구방법론을 강의한다. 교실 강의 및 토론: 시험 출제, 실시 및 채점: 그리고 학문적이고 교육적인 쟁점에 관해 학생들을 상담하는 것과 같은 일상적인 교육의무에 더하여, 학구적인 심리학자들은 연구를 수행하며, 학과나 대학교에 서비스를 제공한다. 그들은 학부 학생들, 대학원 학생들 및 대학원 후 학생들에게 강의할 수도 있다.

많은 임상심리학 교수들은 심리학 강의를 제공할 뿐만 아니라 상급 대학원 학생 또는 대학원 후 학생들이 치료하는 임상 사례들에 대해 개별적 지도감독이나 집단 지도감독을 제공한다(Norcross et al., 2002, 2008; Russell & Petrie, 1994). 그들은 임상 환자들에 대한 학생들의 평가, 치료 및 자문 활동들을 검토해서 지도, 지지 및 조언을 제공하고, 그래서 임상방법 및 중재에 관하여 양질의 진료를 보증해준다. 임상 지도감독에 관한 더 자세한 사항은 의과대학 및 병원에 관한 절에서 제시될 것이다.

대학의 전임 교수들은 일반적으로 조교수, 부교수 및 정교수로 분류된다. 비록 그들의 강의의 양이나 연구 활동들은 직급이나 직함에 따라 다르지 않을 수도 있지만, 대학 내의 지위뿐만 아니라 봉급이 최소한 부분적으로 직급에 따라 결정된다. 새롭게 채용되는 교수에게는 일반적으로 조교수라는 직함이 주어진다. 조교수는 계약직 지위를 가지며, 계약 기간이 끝날 때까지는 매년 재임용 계약을 채결한다. 약 6년간의 조교수 기간 후에, 이들은 부교수 승진 및 정년보장을 위하여 지원한다. 정년보장제는 그 교수에게 영구적인 교수직을 보장함으로써 직업 안정성을 제공한다.

일반적으로 부교수의 지위에서 6년 이상이 경과한 뒤에 그 사람은 정교수에 지원할 수 있다. 정교수는 일반적으로 연구와 강의활동 모두를 통해 전문영역에 중요한 영향을 끼친 교수들을 위한 직함이다. 부교수들은 그들의 직업을 유지하기 위해 정교수에 지원할 필요는 없다. 대학교들은 또한 정년제나 더 영구적인 전임직에 적합하지 않은 사람들은 시간강사로 채용한다. 이들 시간제 교수들을 종종 시간강사 혹은 겸임교수라 한다. 이 직책은 또한 정년을 보장하지 않은 직책이다. 비록 정년보장제가 오랜 기간 동안에 학구적인 생활의 일부분이었지만, 많은 사람들은 정년보장 후에 일부 교수들이 그들의 학구적인 의무를 소홀히 하는 결과를 가져올 수도 있다고 생각한다는 점에서 논란의 여지가 있다.

**기타 학과** : 대학들과 대학교들에서 임상심리학자들은 교육학, 상담, 여성학, 경영학, 법학 그리고 의학 등과 같은 심리학과 이외의 학과에서 강의한다. 그들은 이 학과들에서 전임제나 시간제로 다양한 과목들을 강의할 수도 있다.

**의과대학과 병원** : 임상심리학자들은 의과대학들과 병원들에서도 마찬가지로 강의한다. 그들은 의과대학생, 레지던트, 간호사들, 심리학 인턴들 및 박사 후 심리학 펠로우를 포함하는 다양한 수련생들과 스탭진들에게 세미나를 강의할 수도 있고 혹은 강좌, 세미나, 사례회의에서 초청 강사가 될 수도 있다. 의과대학과 병원의 각 과는 일반적으로 매주 또는 매월 사례회의 발표를 제공하는데, 여기에서 초청 연설자들은 정신의학, 소아과학, 종양학, 심장학 또는 신경학 같은 특정 의학 전문 분야의 성원들에게 관심 주제들에 관한 강의를 제공한다. 계속해서 진행되는 세미나들은(몇 개월 또는 그 이상 동안 매주 모임을 갖는 것) 심리학의 수많은 주제들에 초점을 둘 수 있다. 예를 들면, 한 세미나는 수련생과 스탭을 위해 (a) 특정의 또는 일반적인 질병의 발병, 유지 및 치료에서 심리사회적 요인들 (b) 아동 발달, (c) 의료적 처방을 잘 따르지 않는 것을 다루는 것 (d) 생활양식 변화 그리고 (e) 윤리학을 제공할 수 있다. 임상심리학자들은 의과대학에서 건강심리학, 소아심리학 및 건강행동 변화와 같은 일단의 주제들을 강의할 수도 있다.

임상심리학자들은 종종 병원과 의학대학의 스탭과 수련생들에게 개별적인 지도감독 및 강의를 제공할 것을 요청받는다. 간호사, 정신과나 소아과 레지던트 또는 의대생은 사례 토의를 위해 심리학자와 정규적으로 만날 수도 있다. 심리학 인턴, 박사 후 심리학 펠로우 및 대학원생들 또한 자문 심리학자에게 그들의 사례들에 대한 개별적인 지도감독을 받는다. 이런 방법으로 심리치료, 심리검사 및 기타 심리학적 중재 기술이 개인교수 방식으로 가르쳐지고 지도감독된다(Hoffman, 1990; Norcross et al., 2008; Romans, Boswell, Carlozzi, & Ferguson, 1995; Russell & Petrie, 1994).

학생들은 그들의 임상업무를 면밀하게 점검받기 위해 지도감독자와 정규적으로 만난다. 그들은 지도감독을 하는 심리학자와 함께 상세하게 회기들을 검토하기 위해 오디오나 비디오로 회기를 기록할 수도 있다. 비디오 녹화는 지도감독 회기들을 수행하기 위한 가장 인기 있는 방법이다(Romans et al., 1995). 흔히 지도감독은 3~5명의 수련생들로 이루어진 소집단에서 제공된다(Riva & Cornish, 1995). 지도감독 수련은 일반적(즉, 기본적이고 전반적인 기술에 대한 강조) 또는 초점적(즉, 특정 기술 개발에 대한 강조) 또는 두 가지를 조합(Schindler & Talen, 1994)

한 것일 수도 있다. 효과적인 임상 지도감독자들은 지도감독 과정에서 지지적이고, 관심을 기울이고, 탐구적인 경향이 있으며, 탄탄한 임상경험을 가지고 있다 (Russell & Petrie, 1994). 임상심리학자들은 이들 의과대학들이나 병원들에서 스탭으로서 전임이나 시간제 교수로서 혹은 초청강사로서 고용될 수도 있다.

## 비학구적인 장면에서의 교육

**진료소 :** 임상심리학자들은 세미나를 열 수도 있고, 초청강의를 하거나 또는 외래환자 지역사회 정신건강 진료소, 집단 개인 개업 진료소, 비영리기관, 탁아소 및 기타 비학구적인 장면에서 발표를 할 수도 있다. 주제들에는 특정 장애들(예, 불안, 우울증, 공항, 비만)을 가진 환자들을 평가하고 치료하는 방법이나 어떤 환자 전집들(예, 아시아계 미국인들, 어린 아동들, AIDS 환자들)을 효과적으로 다루는 방법을 포함할 수도 있다. 많은 진료소들은 스탭과 수련생들에게 정규적으로 계획된 초청강의를 제공함으로써 이 전문가들이 자신의 분야에서 최신 발전에 관하여 계속해서 배우도록 해준다.

**스포트라이트**

## 학계에서 여성 심리학자

현재 심리학 분야에서 박사학위를 취득하는 대다수의 사람들은 여성들인데, 특히 대부분은 임상심리학, 상담심리학 및 학교심리학과 같은 응용심리학 분야에서 특히 더 그렇다(American Psychological Association, 2000a, 2003a; Halpern, 2008; Snyder et al., 2000). 여성들은 현재 새로운 심리학자들의 대다수를 이루고 있지만, 전문 분야 내에서의 이들의 급여와 지위는 남성들의 그것들에 훨씬 못 미친다. 예를 들어, APA의 학계에서의 여성에 관한 특별 위원회(APA Task Force on Women in Academe)에 따르면 남성들(모든 남자 교수의 45%)은 여성들(모든 여성 교수들의 27%)에 비해 전일제 교수의 지위를 훨씬 더 많이 차지하고 있는 것 같다(Kite et al., 2001). 더욱이, 이들 전일제 교수들 중에서 남자들(남자 교수들의 68%)은 여자(여자교수들의 44%)들보다 정년 보장의 지위와 직업안정성을 훨씬 더 많이 가지는 것 같다. 이러한 성별 차이는 급여에서도 나타난다. 학문 분야에서 여성 심리학자들은 남성이 버는 것의 84%를 번다(National Center for Education Statistics, 1993; Settles, Cortina, Malley, & Stewart, 2006).

점점 더 많은 여성들이 심리학 분야에 들어온다는 사실을 감안한다면, 이들 간격은 미래에는 좁아질 것 같다. 그렇지만 Kite 등(2001)은 이것만으로는 여성들에 대한 더욱 공평한 급여, 지위 및 전문적인 진보를 가져올 것 같지는 않다고 경고하고 있다. APA의 학계에서의 여성에 관한 특별 위원회는 모든 수준의 학구적인 의사결정에서 학계의 여성들의 성공을 향상시키는(예, 대학교 총장, 부총장, 학장, 학과장) 다양한 권고안을 제안하였으며 Kite 등 (2001)의 특별 위원회 요약 논문을 「*American Psychologist*」에서 볼 수 있다. 여기에는 여성들의 서비스 및 리더십 역할을 향상시키는 전략, 교수로서 그리고 연구자로서의 여성들의 환경을 향상시키는 것, 중요한 수련 자료들을 개발하고 전파하는 것 그리고 소수 민족, 레즈비언 및 장애가 있는 여성들을 위한 특별한 관심이 포함된다. 저자들은 현 상태에 안주하는 것에 대하여 경고하며, 이들 분야에서 성별 격차를 좁히기 위해 대학교 의사결정권자들에 의한 적극적인 노력이 이루어져야 한다고 본다. 바라건대, 미래에는 학계에서의 인생에서의 여성심리학자들뿐만 아니라 모든 분야의 여성들을 위하여 성별이 급여, 혜택, 직업 만족도, 승진 등과 관련되지 않을 것이다(Halpern, 2008; Settles et al., 2006).

## 학구적인 장면에서의 교육

Dr. I는 전일제 심리치료 개인 개업을 하고 있다. 그녀는 또한 만성 신체질환의 정서적 요인들에 관한 워크숍과 초청강의를 한다. 그녀는 암, 다중경화증, 당뇨병, 낭창 및 심장병과 같은 의학적 질병과 연관된 정서적 문제를 겪고 있는 아동과 성인 모두를 치료하는 데 전문화되어있다. 지역 의과대학의 정신과 임상 교수진으로서 그녀는 2명의 임상심리학 수련생(한 명의 인턴과 박사 후 펠로우)에게 지도감독을 제공하는데, 이들의 심리치료 사례에 관한 주당 1시간씩 개별적인 지도감독을 한다. 그녀의 임상 및 지도감독 기술은 이 전문가들을 수련시키는 데 유용하다. 그녀는 종종 수련생의 작업이 기록된 오디오테이프를 듣거나 비디오테이프를 보고 환자를 치료하는 것에 관한 제안이나 지도를 한다.

Dr. I처럼 Dr. J도 대학교 의과대학의 정신과 임상 교수진이다. 그는 심리학 수련생들과 정신과 레지던트들에게 매주 윤리학 과목을 강의하는 심리학자이다. 그는 전문가 윤리에 대해 토론하기 위해 매주 1시간 동안 10명의 학생집단을 만난다. 학생들은 그들이 경험한 윤리적인 딜레마들을 기술하고, Dr. J의 지도로 행동에 관한 윤리원칙들을 토론한다.

Dr. K는 큰 대학에서 정년보장을 받은 전임 교수이다. 그녀는 매 학기에 두 과목(학부과정 이상심리학과 대학원 심리검사 세미나)을 강의한다. 그녀는 또한 대학교에서 임상심리학을 전공하는 여러 박사과정 학생들의 논문 프로젝트를 지도감독한다. 그녀는 마찬가지로 연구를 수행하며 이상심리학 교과서를 저술하고 있다. Dr. K는 또한 자신의 전문적인 영역인 노인 우울증에 관해 지역병원과 기타 집단에서 초청강의를 한다.

**워크숍** : 많은 임상심리학자들이 다른 심리학자들이나 전문가들(예, 간호사, 사회사업가, 의사)을 위해 워크숍을 수행한다. 워크숍들은 하루나 며칠간 지속될 수도 있는데, 의무 연수평점을 제공할 수도 있다. 심리학자들은 전문화된 서비스에 대해 또는 특정 환자 전집을 대상으로 일하는 가장 좋은 방법에 대해 상세한 정보와 수련을 제공할 수도 있다. 워크숍들은 또한 개별 사례회의, 개별적인 사례 지도감독 및 강의들을 통합할 수도 있다. 거의 모든 전국의 그리고 지방의 심리학 전문가 기구는 전문가 워크숍을 제공하는 연차대회를 개최한다.

**사업체와 산업체** : 임상심리학자들은 사업체와 산업체 환경들에서 강의할 수도 있는데, 이 강의는 스트레스 관리기법, 피고용인 사기 증진 방법 및 면접과 의사소통 기술 향상 전략들에 초점을 두고 있다. 이들의 발표는 계속되는 교실 강의 또는 한 차례의 초청 강의일 수도 있다.

**일반대중** : 임상심리학자들은 학교, 사업체, 교회, 자원 봉사단체, 서점, 커피하우스 및 기타 장면들에서 강의를 제공해주도록 요청받는다. 예를 들면, 한 초등학교는 심리학자가 아동들에게 TV 폭력이 미치는 영향 또는 아동들이 부모의 이혼에 대처하도록 도와주는 방법에 관한 강의를 해주기를 요청받을 수도 있다. 많은 단체들이 심리학자들에게 스트레스 관리, 친밀한 관계 또는 구체적인 조직의 문제(예, 해고, 인원감축, 긴축 재정)를 더 효과적으로 다루는 방법에 관한 강의를 제공하도록 요청한다(그림 12.2).

## 행정

Kilburg(1991)에 따르면, 경영은 경영자가 궁극적으

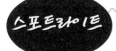

## 교수들의 연구와 실무 사이에서의 긴장

Himelein과 Putnam(2001)은 미국 전역에서 대학교와 수련 프로그램에서 강의하고 있는 214명의 임상심리학자들에게 '그들이 강의하는 것에 대한 실무를 하는지'(p. 537)의 여부를 밝히기 위하여 조사를 수행하였다. 저자들은 심리학 학부학생들과 대학원 학생들을 수련시키는 임상심리학자들이 실제로 자신들의 강의와 연구 책임 이외에 많은 임상 실무를 행하는지에 대해 흥미가 있었다. 이 종합 조사는 어떠한 임상 실무에서 시간을 보내는 것보다 자신들의 연구 활동에 평균 두 배 이상의 시간을 더 보내는데, 거의 절반(44%)은 전혀 임상 실무를 하지 않는다고 보고한다고 밝혔다. 이들 조사 결과를 이전 연구와 비교해보면 시간이 지남에 따라, 학부 및 대학원학생을 가르치는 임상심리학자들은 실제 임상 업무에 점점 더 적은 시간을 소비하는 경향이 있다는 것을 보여주고 있다. Stricker(2000)는 이 경향을 '과학자 – 실무자 모형(SCIENTIST–practitioner model)'(p. 254)이라고 부른다. 『Clinical Psychologist』의 특별쟁점(2003, Volume 56, Issue 1)에서 학구적인 임상심리학자들은 자신의 멘토 교수와 강사들에 의해 선택된 것과 유사한 경력을 추구함으로써 자신의 학생들에게 자신을 '거울 반사하도록' 영향을 미치는 경향이 있을 수 있다는 관점에 대해 일련의 논문들을 출판함으로써 이 쟁점에 초점을 두었다. 이것은 많은 상이한 관점으로부터 문제가 된다. 예를 들어 매우 많은 임상심리학 교수들이 임상 업무에 관여하지 않는 반면에, 학생의 대부분은 임상(오히려 연구 보다)경력을 추구하는 것을 예기하는 것이 된다. 그러므로 임상 업무를 배우기를 원하는 학생들을 가르치는데 어떠한 임상 업무도 거의 행하지 않는 교육자들에게는 이것은 도전이 되고 있다.

**그림 12.2** 사업체 임원이 회사에서 해고처리를 한 후에 심리학자에게 자문을 요청할 수도 있다.

사진: Bruce Ayres, Tony Stone Images, New York, Inc.

## 비학구적인 장면에서의 교육

Dr. L은 다양한 사업체들에서 스트레스 관리를 위한 반나절 워크숍을 수행한다. 그는 효과적인 대처를 극대화시키는 전략들에 대해서 정보를 제공해주고, 탄력성에 관한 그의 연구를 사용하여 참가자들이 자신들의 삶을 점검하게 하고, 그들의 스트레스 대처 능력을 손상시키는 측면들을 변화시키는 방법을 밝혀주게 한다. Dr. L은 또한 여러 이완 기법들을 강의하며, 이 기법들은 워크숍 동안에 실습된다. 그는 진행과정을 검토하고 장애물들을 토론하기 위해서 워크숍에 참가한 사람들을 위한 추적 세미나를 제공한다.

Dr. M은 정신건강 전문가들에게 집단 심리치료에 관한 종일 워크숍을 수행한다. 그녀는 관련된 연구들을 토론하고, 결혼 불화, 섭식 장애, 공황발작 및 유방암과 같은 문제들을 다루는 방법에 대한 입원환자와 외래환자 집단 모두를 위한 전략을 제공한다. Dr. M은 효과적인 집단 치료 기법들을 보여주기 위해 교육적인 비디오들을 사용하며, 참가자들이 가설적인 집단에서 역할 시연을 하는 것으로 그녀의 워크숍을 끝낸다. 그녀는 워크숍을 제공하기 위해 전국에 있는 여러 도시들을 여행한다.

Dr. O는 어린 아동들 및 부모들 문제에 전문화된 심리학자이다. 그녀는 매주 2시간 동안 0에서 3개월 된 자녀가 있는 부모를 위해 설계된 양육 수업을 제공한다. 그녀는 수업이 진행되는 동안 아이를 돌보기 위해 몇몇 학생들을 고용한다. Dr. O는 긴밀한 유대와 심리적인 발달뿐만 아니라 아기 기저귀 갈기와 우유 먹이기와 같은 실질적인 문제들을 토론한다. 그녀는 종종 초청 연사로 간호사들과 소아과 의사들을 초청한다. Dr. O는 또한 쌍둥이 부모들을 위한 양육 수업을 제공한다.

로 '기업의 성공이나 실패'(p. 38)에 책임이 있는 '계획, 조직, 지도 또는 감독, 의사결정 및 통제하기'(p. 38)를 포함한다. 효과적인 **행정**은 탁월한 리더쉽, 의사결정, 협상 및 조직 기술들을 포함한다. 비록 이 기술들을 일부 심리학자는 자연스럽게 가질 수도 있지만, 이들은 일반적으로 임상심리학 수련 과정의 특별한 부분은 아니다.

많은 심리학자들이 행정 서비스들을 제공한다. 사실, 모든 임상심리학자의 7%는 그들의 주요한 업무가 행정이라고 보고하고 있다(Norcross et al., 1997a, b, 2005). 심리학자들은 정신과 병동의 병동장으로 일할 수도 있고, 지역사회 정신건강 진료소에서 정신건강 서비스를 운영할 수도 있으며, 대학이나 대학교의 심리학과 과장이나 총장 또는 교무처장으로 재직할 수도 있으며, 대규모 개인 개업 진료소의 지원스탭과 다른 임상가들을 관리하는 일을 할 수도 있다. 이들 역할에서 심리학자들은 종종 피고용인들의 고용과 해고, 프로그램과 서비스의 설계와 실행, 예산 집행 그리고 많은 다른 전문가들의 활동을 지도 감독하는 책임을 갖는다.

흥미롭게도 비록 많은 심리학자들이 행정가가 되지만, 행정에서 공식적인 수련을 받은 사람은 거의 없다(Barton, 1991; Blouke, 1997; Grusky, Thompson, & Tillipman, 1991; Kelly, 1997). 예를 들면, 모든 정신건강 분야(정신의학, 심리학 그리고 사회사업학)의 정신건강 행정가 중 25% 이하가 행정에서 공식적인 수련을 받는 것으로 추정되었다(Barton, 1991). 경영학 대학원 프로그램과는 달리 심리학에서 대학원 프로그램은 행정에 대한 과정이나 심지어 초청강의도 거의 제공하지 않는다. 어떤 책들이나 전문적인 논문들도 임상심리학 행정가에 대한 쟁점을 전문적으로 다루는 것은 출판된 적이 없다. 심리학자가 성공적인 임상가, 자문가 또는 연구자가 되는 자질들은 성공적인 행정가가 되는 자질과는 같지 않은 것 같다. 높은 질의

**임상심리학에서의 행정가**

Dr. P는 임상심리학에서 임상 인턴과정과 박사 후 펠로우쉽 프로그램의 수련 지도자이다. 그녀는 이 프로그램에서 10명의 수련생들에 대한 선발, 수련 및 지도감독과 또한 예산 관리에 책임이 있다. 그녀는 또한 병원과 부속기관들의 유망한 수련들에게 다양한 서비스를 제공할 책임이 있다. 그녀는 수련들에게서 일어나는 문제들과 갈등들을 협상하고, 심리치료, 평가 및 윤리와 같은 주제의 세미나뿐만 아니라 개인과 집단 지도감독을 제공할 수 있는 자문심리학자들을 확보한다. 그녀는 프로그램 인가기관(예, 미국심리학회)의 현장 방문을 준비하고, 광고 전략을 개발하고 그리고 수련 프로그램을 향상시키기 위해 프로그램의 평가를 실시한다.

Dr. Q는 작은 인문대학의 심리학 과장이다. 그녀는 심리학과의 예산: 새로운 교수진의 임용: 그리고 10명의 전임 교수와 5명의 시간제 겸임 교수 및 1명의 학과 비서를 관리하는 책임이 있다. 그녀는 대학교 회의와 행사에서 심리학과를 대표한

다. 그녀는 또한 현재 대학교 행정 책임자들, 연구기금 위원들 그리고 심리학과가 입주할 새로운 과학빌딩의 건축 계획에 관여하고 있는 건축가와 일하고 있다. Dr. Q는 매년 학부 과정에서 여러 과목을 강의하고, 연구를 수행한다. 그녀는 학과 회의를 주재하고, 프로그램/교과 과정 평가 프로젝트를 계획한다.

Dr. R은 알코올 남용 및 중독의 치료에 전문화된 입원 환자 정신과 병동장이다. 그는 12명의 임상스탭(즉, 여러 심리학자들, 사회사업가들, 간호사들, 직업치료사들 및 자문의사)과 매년 200, 000달러의 예산을 관리하고 진료관리와 기타 보험회사의 계약들을 협상하고: 그리고 매일 환자의 입원결정, 퇴원 및 진전들을 검토하기 위한 회진을 이끈다. 그는 새로운 스탭을 고용하고 비효과적인 스탭을 해고하며, 광고 서비스를 위해서 병원 홍보부서와 협력한다. Dr. R은 자신이 속한 병동에서 제공하는 프로그램과 치료에 대한 평가를 수행한다. 그는 또한 가족지지 집단을 이끌고, 치료에서 여러 환자들을 추적 연구한다.

연구를 수행하거나 효과적인 심리치료를 제공하는 능력은 예산을 집행하고, 계약을 협상하고, 피고용인들의 갈등과 사무정책들을 다루는 것과는 매우 다른 기술을 포함한다. 많은 심리학자들이 행정가가 되기 위한 계획을 세우는 것은 아닌데 경력이 쌓임에 따라 이런 역할을 맡게 된다. 좋은 대인 기술을 가지고 있고, 세부사항에 주의를 기울이고, 조직과 자금을 잘 관리하는 사람들은 동료들과 다른 사람들에 의해 행정적인 책임을 맡도록 격려될 수도 있다. 효과적인 심리학 경영자들은 조직적이고 효과적인 지도자인데 사람들과 자금 모두에 대한 훌륭한 관리자이다(Barton, 1991; Kilburg, 1991; Shore, 1993). Katz(1980)는 "인간 기술, 즉 다른 사람과 함께 작업하는 능력이 모든 수준에서 효과적인 행정가가 되는 데 필수적이다."(p. 82)라고 말하였다.

Barton(1991)은 정규 교과목 및 실습 교육 모두를 포함하는 정신건강 행정을 위한 교과과정 모형을 제안하였다. 그는 정신건강 행정이나 공중 건강에서의 석사학위를 정신건강 분야에서 행정가가 되고자 하는 사람들에게 수여할 것을 제안하였다. 궁극적으로 대다수의 심리학자들이 행정적인 서비스들을 제공하기 때문에 대학원이나 대학원 후 수련 프로그램이 이 직업 경로를 택한 사람들에게 행정에서 공식적인 수련을 제공하는 것이 합리적이고 현명한 것으로 여겨진다.

다음의 시나리오는 심리학자들이 종종 행정가가 되는 방법을 예시하고 있다. 한 심리학자는 지역사회 정신건강 진료소에서 임상가로서 일할 수도 있다. 시간이 지나면서, 그 심리학자는 그의 책임에서 조직화되고 효과적인 동료로서 유능하고 전문적이라는 명

성을 얻게 된다. 그 진료소의 장인 심리학자가 주 밖의 다른 자리를 얻게 되어, 다른 사람이 그 직책을 찾을 때까지 그 임상가가 임시 과장으로서 역할을 하도록 추천받았다. 그 직책의 초빙 공고에서 더 우수한 지원자를 찾을 수 없었다. 임시 과장으로 일하고 있는 그 심리학자는 그 일을 매우 잘했고, 그 기관에서 일하는 동료들은 일반적으로 현재 임시 과장으로 일하고 있는 그 심리학자가 그 영구적인 직책을 수락해야 한다고 생각한다. 그 심리학자는 그 역할을 계속할 것에 동의하고, 관리 기술을 개발하기 시작했고 그리고 새로운 직업적인 진로를 즐긴다. 몇 년 뒤에 그 기관의 이사장이 은퇴하였다. 그 과장 심리학자는 그 기관을 무척 잘 알고 행정적인 책무를 훌륭히 수행했기 때문에 그 기관의 이사회에 의해 이사장이 되도록 요청받았다. 이 시나리오는 행정에 관여하는 심리학자들에게 흔히 일어나는 일이다. 매우 조직적이고 호평받는 전문가들은 종종 행정적이고 지도적인 책임을 맡게 된다.

## 큰 그림

많은 심리학자들은 자문, 교육 및 행정과 연관된 역할과 활동들을 활발히 수행하고 있다. 이 활동들은 심리학자가 심리치료와 심리검사 활동만을 통해서 일반적으로 가능한 것보다 훨씬 더 많은 사람들의 생활에 긍정적으로 영향을 끼치게 해준다. 정신건강 영역과 건강관리 분야가 변화함에 따라, 어떤 자문가들은 자문과 교육 활동이 심리학자들이 미래에 추구해야 할 특히 중요하고 유용할 것이라고 주장한다(Kovacs, 1996). 미래의 현대 임상심리학자들은 정신건강 분야 내외의 많은 상이한 영역에서 인간 행동에 관한 문제

와 쟁점들에 대한 자문을 요청받을 것이다. 인간 행동에 대한 우리의 이해를 이용하려는 노력들은 이들 자문경험과 행정경험 및 교육경험의 최전선에 있는 임상심리학자들에 의해 모든 개인적인 생활과 전문적인 생활에 적용될 것이다.

### 요점

1. 연구, 평가 및 심리치료에 더하여 임상심리학자들은 종종 자문, 행정 및 교육과 같은 기타 전문적인 활동들로 상당한 시간을 할애한다.

2. 임상심리학에서 자문은 일반적으로 병원, 진료소, 학교, 사업체 및 정부 기관과 같은 다양한 지역사회 장면들에서 특정한 질문들과 문제들에 대하여 인간 행동에 관련된 지식과 이론들을 적용하는 것을 포함한다. 자문은 이들 장면에서 일어나는 문제들에 관하여 전문적인 조언을 제공하는 것을 포함한다.

3. 자문가들은 자문 과정 동안이나 자문 과제들 사이에 많은 상이한 역할들을 취할 수 있다. Lippitt와 Lippitt(1994)은 자문가의 역할이 직접적인 것과 간접적인 것의 연속선 상에 놓여있다고 하였다.

4. Dougherty(1994)는 임상심리학자들의 공통적인 자문 역할을 다음과 같이 6가지로 정의하였다: 전문가, 수련가/교육자, 옹호자, 협력자, 진상조사자 및 과정 전문가.

5. 자문의 여러 유형들은 전형적으로 임상심리학자에 의해 정신건강 장면에서 수행된다. 여기에는 (a) 내담자-중심 사례 자문, (b) 프로그램-중심 행정적인 자문, (c) 피자문자-중심 사례 자문 및 (d) 피자문자-중심 행정적인 자문이 있다.

6. 임상심리학자들은 또한 광범위한 비정신건강기관이나 조직체에 빈번하게 자문을 제공한다. 사업체, 비영리기관 및 정부기관은 모두 공동의 목적을 달성하

기 위해 협력적으로 일해야 하고, 기관이 효과적이고 원활하게 운영되게 일할 사람들을 고용한다.

7. 심리치료 과정을 기술하는 데 사용된 많은 단계들이 자문에도 마찬가지로 적용된다. 여기에는 (a) 질문의 이해, (b) 평가, (c) 중재, (d) 종결 및 (e) 추적이 있다.

8. 임상심리학자들은 그들의 동료에게 조언과 자문을 빈번히 제공한다. 동료에 대한 자문뿐만 아니라 많은 심리학자들은 다른 학문 분야 전문가들에게도 자문을 제공한다. 임상심리학자들은 자주 학교 교사 및 학교 행정가, 의사 및 간호사, 검사와 판사, 성직자, 군대, 그리고 사업체 및 산업체에서 일하는 사람들에게 자문을 제공한다.

9. 효과적인 자문가가 되기 위해서는 많은 기술들이 필요하다. 자문에 관한 대부분의 연구자들과 실무자들은 유능한 대인관계 및 의사소통 기술들을 가장 중요한 것으로 주목한다. 그렇지만 탁월한 집단 및 문제 해결기술, 조직을 대상으로 일하는 재능 및 매우 발달된 전문적이고 윤리적인 행동들도 또한 필수적이다.

10. 비록 자문가들과 피자문자들이 자문의 필요성 및 목적에는 쉽게 동의할 수 있지만, 여러 문제들이 흔히 전형적으로 나타난다. 자문가 및 자문가의 제안에 대한 저항은 매우 일반적이다. 자문에서 또 다른 일반적인 문제는 관여된 당사자들이 자문 방법과 권고들을 수용하는지의 여부와 관련된 것이다. 게다가 피자문자의 기대가 비합리적으로 높을 수도 있다. 자문가 본인이 문제가 될 수도 있다. 그들은 유능한 자문가가 되기 위한 적절한 지식, 기술, 경험, 자기-신뢰 또는 전문적인 객관성과 성실성이 결핍되어있을 수도 있다.

11. 교육 활동은 최소한 대부분의 심리학자들의 전문적인 임무의 한 부분이다. 비록 임상심리학자의 약 30%만이 대학, 대학교 및 의과대학과 같은 학구적인 환경에서 주로 일하지만, 대부분의 심리학자들은 그들이 비록 임상, 행정, 자문 또는 다른 전문 장면들에서 주로 일할지라도 어느 정도 교육활동에 참여한다.

12. 임상심리학자들은 자주 다양한 장면에서 다양한 청중들에게 강의한다. 교육에는 정규적인 대학교 강의, 수련 중인 심리학자에 대한 개별적인 지도감독 또는 사업체나 학교에서 스트레스 관리 기법에 관한 강의를 포함할 수도 있다. 교육은 또한 심리치료와 심리검사 활동들에 통합될 수도 있다.

13. 많은 심리학자들이 행정 서비스들을 제공한다. 심리학자들은 정신과 병동의 병동장으로서 일할 수도 있고, 지역사회 정신건강 진료소에서 정신건강과를 운영할 수도 있으며, 초등학교나 중학교에서 임원으로 일하거나, 대학이나 대학교의 심리학과장이나 총장 또는 교무처장으로 재직할 수도 있으며, 대규모 개인 개업 진료소의 지원 스탭과 다른 임상가들을 관리하는 일을 할 수도 있다. 흥미롭게도, 비록 많은 심리학자들이 행정가가 되지만 거의 어느 누구도 공식적인 행정 수련을 받은 적은 없다.

## 핵심용어

과정-전문가(process-specialist)

교사(teacher)

교육자(educator)

내담자-중심 사례 자문(client-centered case consultation)

수련가(trainer)

옹호자(advocate)

임원진 코칭(executive coaching)

자문(consultation)

전문가(expert)

진상 조사자(fact finder)

프로그램 – 중심 행정 자문(program-centered administrative consultation)

피자문자 – 중심 사례 자문(consultee-centered case consultation)

피자문자 – 중심 행정 자문(consultee-centered administrative consultation)

행정(administration)

협력자(collaborator)

## 복습

1. 정신건강 분야와 비정신건강 분야에서 심리학자들은 누구에게 자문을 제공하는가?

2. 자문의 단계는 무엇인가?

3. 심리학자들은 자문에서 어떤 역할들을 하는가?

4. 자문과 관련된 전형적인 문제는 무엇인가?

5. 효과적인 자문가가 되기 위해서 필요한 필수적인 기술들은 무엇인가?

6. 심리학자들은 어떤 유형의 행정적인 직책들을 수행하는가?

7. 심리학자들은 어떤 환경에서 교육하는가?

8. 심리학자들은 일반 대중에게 어떤 강의를 하는가?

9. 심리학자 행정가들을 위한 수련에는 무엇이 있는가?

## 학생들의 실제 질문

1. 심리학자가 행정 훈련을 하지 않으면, 어떻게 그들이 행정적 지위를 얻을 수 있는가?

2. 임상심리학자의 많은 부분이 교육 활동에 참여한다면 왜 미국심리학회(APA)와 대학원 프로그램은 그들의 교과과정에서 더 많은 교육 훈련을 포함하는가?

3. 심리학자는 어떻게 자문가가 되는가? 이것은 일반적으로 경력에 초점을 맞추는가?

4. 다른 전문가로부터 자문을 받을 때 심리학자는 환자에 대해서는 얼마나 많은 정보를 공개하는가?

5. 심리학자가 다른 사람들로부터 자문을 구하는 것은 정기적으로 전형적인가? 이것은 행하거나 일정을 잡기가 어려운가?

## 웹 자료

http://www.apa.org/journals/ccp/
미국심리학회(APA)에서 출판되는 Journal of Consulting and Clinical Psychology에 대해 더 자세히 알아보기

http://psych.hanover.edu/APS/teaching.html
미국심리학회(APS)에서 나온 교육 자료에 관해서 더 자세히 알아보기

http://teachpsych.org/
미국심리학회(APA)의 교육 분과에 대해 더 자세히 알아보기

http://www-usr.rider.edu/~suler/tcp.html
추가적인 교육 자료에 대해 더 자세히 알아보기

http://psychcentral.com/resources/Psychology/
추가적인 교육 자료에 대해 더 자세히 알아보기

# 윤리기준

## 이 장의 목표

임상심리학자로서 종종 경험하는 윤리원칙과 윤리갈등을 조명하기

## 이 장의 개요

전문가 윤리는 법적인 윤리와 어떻게 다른가?

심리학자의 윤리원칙 및 행동규약

주목받는 현대 임상심리학자: Thomas G. Plante, PhD, ABPP

심리학자들이 비윤리적인 방식으로 행동하는 이유는 무엇인가?

윤리규약은 어떻게 집행되는가?

윤리적 딜레마를 해결하기 위한 과정은 무엇인가?

윤리원칙에 따라서 행동하는 것이 항상 명쾌한가?

임상심리학자들은 어떻게 행동해야 하는가? 임상심리학자들의 전문가 행동에 대한 규칙과 지침들은 무엇인가? 심리학자는 자신의 환자와 점심식사를 해도 되는가? 심리학자는 현재의 환자나 이전의 환자들과 데이트를 해도 되는가? 심리학자는 칵테일파티에서 친구들에게 자신이 심리치료하고 있는 매력적인 새로운 환자에 대해 이야기해도 되는가? 심리학자는 환자와 페이스북에서 친구가 될 수 있는가?

심리학자가 연구자, 교육자, 치료자, 또는 행정가이든지 간에, 심리학자는 모든 전문적 활동에서 언제나 최고의 전문가 윤리 원칙을 지키도록 기대된다. 사실, 심리학자는 모든 전문적 활동에서 언제나 최고의 전문가 윤리원칙을 지키게 하는 윤리 지침을 채택한 몇 안 되는 분야 중의 하나이다. 미국심리학회가 출판한 가장 최근 판의 **윤리규약**이 부록에 나와있다(APA, 2002). 전문가 윤리기준은 심리학에서 전문성의 초석을 이룬다. 미국 심리학회(APA)는 1930년대에 윤리위원회를 구성하였는데, 후에 1953년에 첫 윤리원칙들을 제정하였다. 심리학자들은 일반적으로 타인의 삶에 흔히 중요한 영향을 주는 높은 책임감을 지니

기 때문에 심리학 분야가 전문가 윤리에 초점을 맞추는 것은 특히 중요하다. 예를 들어 심리치료를 하는 임상심리학자들은 흔히 그들의 지도를 찾는 사람들의 정서적이고 신체적인 취약성, 신뢰와 웰빙을 위임받는다. 교사 혹은 교수인 임상심리학자들은 객관적이고, 최신식이고, 편향되지 않은 정보를 그들의 학생들에게 제공할 것이 요구된다. 연구를 수행하는 임상심리학자들은 전문 공동체에 인간 행동에 관한 의미 있는 정보와 지식을 제공하기 위해 양질의 연구를 설계하고, 수행하고, 피험자의 권리를 보호하고, 결과를 신중하게 해석하고 보고 해야 한다. 따라서 임상심리학자들은 전문 공동체뿐만 아니라 대중을 보호하기 위해 적절하고 책임 있는 전문적인 방식으로 행동하고 있다는 것을 확실히 하기 위해 윤리 원칙들을 세밀하고 신중하게 따라야 한다.

이상스럽게도, 임상심리학자들과 다른 정신건강 전문가들을 묘사하는 영화와 TV프로그램의 대부분은 이 전문가들을 아주 비윤리적이고, 비전문적이고, 이기적이고, 그리고 자주 불법적인 행동에 관여하는 것으로 묘사한다. Frasier와 In Treatment와 같은 TV 쇼뿐만 아니라 **사랑과 추억**(The Prince of Tides), **최종 분석**(Final Analysis), Mumford, Anger Management, Analyze This, 그리고 Analyze That와 같은 수많은 장편 영화들은 부적절하고 비윤리적으로 행동하는 심리학자들 및 기타 정신건강 전문가들을 묘사하고 있다. 전형적으로, 대중매체에서 묘사되는 심리학자들(그리고 정신과 의사들)은 자신들의 전문 관계를 유지하기보다는 비윤리적인 이중관계에 관여되는데, 심리학자들은 자신들의 환자와 사랑에 빠지거나 친구가 된다. 개인적 이득이나 만족을 위해 환자를 이용하고, 자신의 전문영역 이외의 영역에서 실무를 수행하고, **비밀보장**을 파기하는 것 역시 전형

적으로 묘사된다. 정신과 의사들이 포함된 207개의 영화를 검토하는 데서, 35%의 정신건강 전문가들이 그들의 환자보다 더 문제가 있고 22%는 그들 자신의 이익을 위해 환자들과 조작적인 행동에 관여되었다(Schneider, 1987). 그렇지만 〈보통 사람들(Ordinary People)〉과 〈굿윌헌팅(Good Will Huting)〉과 같은 일부 영화에서는 윤리적이고 전문가적인 방식으로 행동하는 심리학자들에 대한 상당히 현실적인 묘사를 제공한다. 실생활에서는, 대중매체에서 묘사되는 많은 정신건강 전문가들은 아마도 묘사된 대로 행동하면 그들의 실무 면허를 잃게 되고, 기소될 것이다.

실생활에서 심리학자들은 윤리적인 위반을 범한다. 심리학자들도 인간이며, 또한 일반 대중과 똑같은 취약성으로 인해 고통 받는다. 그들은 가족갈등, 재정 곤란 및 스트레스를 경험하고, 또한 격에 맞지 않으며 심지어 불법적인 방식으로 행동할 수도 있다. 20%에서 82%의 심리학자들이 부부갈등과 같은 관계문제를 겪고, 13%에서 57%의 심리학자들이 우울증을 겪고, 그리고 약 11%의 심리학자들이 물질 남용 문제를 겪는 것으로 추정되어왔다(Deutsch, 1985; Norcross, Strausser-Kirtland, & Missar, 1988). 또한 5%에서 15%의 심리학자들은 제 기능을 하지 못하는 것으로 시사되어왔다(Laliotis & Grayson, 1985). 예를 들어, 그들은 부적절하게 비밀보장을 깨뜨릴 수 있고, 그들의 환자와 성적으로 관여될 수 있고, 연구 자료를 변조할 수 있고, 성희롱에 관여될 수 있고, 환자들에게 자신들의 자녀를 돌보게 하거나 자신들의 집을 페인트칠하는 것 등의 부탁을 들어주도록 조장할 수 있고, 비효율적이거나 의문시되는 치료를 할 수도 있고 혹은 잘못된 재정적 관리나 사기에 관여할 수도 있다. 그들은 또한 무지, 부주의 또는 취

약성으로 인한 순진한 잘못을 저지른다. 예를 들어, 한 외로운 심리학자는 아주 매력적인 내담자와 우정이나 낭만적인 관계를 시작하는 유혹을 받을 수도 있다. 중요한 재정 문제가 있는 한 심리학자는 부유하고 성공적인 내담자와 사업 거래를 하도록 유혹 받을 수도 있다.

2004년과 2008년 사이에 해마다 평균 283건의 윤리 호소 조사가 접수되었다(APA, 2009). 많은 기타 윤리 위반들이 미국 심리학회나 주 윤리 및 면허 위원회에 보고되지 않았을 수도 있다. 제기된 많은 윤리 호소들에는 칭찬할만한 행위가 거의 없는 것으로 밝혀졌다. 그렇지만 미국심리학회나 지방 당국에 의해 심리학자에게 소송을 제기하는 결과를 가져온 대부분의 호소들은 비밀보장의 파기, 성적인 부정행위(예, 환자와의 성관계), 비성적인 이중 관계(예, 환자와의 친분 관계나 사업 동반자 관계), 그리고 보험/치료비 부정행위(예, 보험금 과잉 청구, 제공하지 않은 서비스에 대한 치료비 청구)가 있다. 여러 저자들은 가장 흔한 윤리 위반은 환자의 비밀보장에 관계된 것이라고 보고하였다(Pope & Bajit, 1988; Pope & Vetter, 1992). 많은 이러한 위반들은 환자의 허락 없이 비밀보장을 깨뜨리는데 관련되어있는 반면, 상당히 많은 수의 사례들은 아동 학대를 경찰이나 주 아동 보호 기관에 보고해야 하는 사례에서와 같이, 윤리적이고 합법적으로 비밀보장의 파기가 요구될 때, 심리학자들이 이를 거부하는 것과 관련되어있다. 그렇지만 다행스럽게도, 대다수의 임상심리학자들은 윤리적이며 전문가적인 방식으로 행동한다(APA, 2009; Bersoff, 2003; Koocher & Keith-Spiegal, 2008; Layman & McNamara, 1997). 비윤리적인 심리학자는 통례라기보다는 다소 예외이다.

심리학자들을 위한 윤리 지침은 무엇인가? 심리학자는 정확히 어떻게 행동해야 하는가? 심리학자는 자신이 적절하게 행동하고 있다는 것을 어떻게 확신할 수 있는가? 현재 환자와의 성 접촉, 연구 자료나 기록의 변조, 환자의 비밀보장 파기 및 치료비 과잉 청구와 같이 어떤 행동들은 비윤리적인 행동으로 쉽게 인식될 수 있는 반면, 다른 많은 행동들은 아주 분명하지 않을 수도 있다. 윤리규약은 미국심리학회(APA)에 의해 1953년에 처음 출간된 이후로 8번 갱신되었다; 가장 최신판은 2002년 12월에 출간되었다. Canada 심리학자 윤리규약(Canadian Code of Ethics for Psychologists)의 가장 최근 판은 2000년에 출간되었는데, 미국 규약과 다른 점보다는 유사한 점이 더 많다(Canadian Psychological Association, 2000). 이들 다양한 판에서 개관된 많은 원칙들은 수 세기 전 2500년 된 히포크라테스 선서에서 최초로 조명되었다. 여기에는 유능성, 존중, 비밀보장, 동의서, 사회적 정의, 그리고 상해 및 착취 회피가 있다. 몇 천 년 이전에 개관된 많은 기본 원리들이 현재에도 여전히 유용하다. 윤리규약에 덧붙여서, 전문가 품행에 대한 더 자세한 지시 사항과 기대사항들을 제공하기 위하여 더 구체적인 전문 지침들이 또한 개발되어왔다. 예를 들어, 미국심리학회(APA)는 다음과 같은 전문지침들을 출간하였다 : 임상심리학자의 서비스 전달을 위한 전문 지침(Specialty Guidelines for the Delivery of Services by Clinical Psychologists, 1981), 컴퓨터 기반 검사 및 해석 지침(Guidelines for Computer Based Tests and Interpretations, 1987a), 교육 검사 및 심리 검사의 기준(Standards for Educational and Psychological Testing, 1985) 그리고 인종, 언어 및 문화 다양성 전집에 대한 심리학적 서비스 제공자를 위한 지침(Guidelines for Providers of Psychological Services to Ethnic, Linguistic, and Culturally

Diverse Populations, 1990, 2003b). 추가적인 지침들이 학교 심리학자, 상담 심리학자, 법정 심리학자 및 기타 심리학자들을 위해 제공되고 있다.

Kooche와 Keith-Spiegal(2008)은 윤리규약, 전문 지침 및 부가적인 출처들로부터 추출된 심리학자들을 위한 8개의 일반 원칙들을 개관하였다. 여기에는 아무런 피해를 끼치지 않기, 다른 이들을 이롭게 하기, 정당하고 충실하기, 존엄성을 준수하기, 관심과 배려로써 다른 사람들을 치료하기, 탁월함을 추구하기, 자율성을 존중하기 및 의무를 수용하기가 있다. 이 원칙들은 히포크라테스 선서에서도 발견된다. 이 장에서는, 심리학자들을 위한 윤리 원칙들이 검토될 것이고, 사례 예들이 실제적인 윤리 위반을 예시하기 위해 사용될 것이다. 이 사례 연구들은 실제적인 사례들에 토대를 두고 있지만, 관련 당사자의 비밀을 보호하기 위해 주의 깊게 편집되고 변경되었다. 윤리규약이 개관되기 전에 전문가 윤리기준이 법적인 윤리기준과 어떻게 다른지를 이해하는 것이 중요하다.

## 전문가 윤리기준은 법적인 윤리기준과 어떻게 다른가?

윤리 원칙들은 심리학자들의 전문가적 품행에 대한 지침들을 제공함으로써 대중과 전문가들을 보호하기 위해 미국심리학회(APA)에 의해 전국적인 수준에서 개발되었다. 이 원칙들은 일반적으로 심리학자들이 어떻게 행동해야 하는지에 대해 초점을 맞추고 있다. 미국심리학회(APA) 회원 가입은 임의적이며 미국심리학회에 의해 개발된 윤리규약을 따르는 것은 미국심리학회 회원에게만 요구된다는 것을 주목하는 것이 중요하다. 심리학적 서비스 전달과 심리학자들의 품

행에 대한 대부분의 법률은 성문화되어있는데, 주에 의해 집행된다. 법률이 주마다 다르기 때문에 환자들과의 성 관계를 가지는 것과 같은 심리학자들의 특정한 비윤리적 행위들은 주 관할권에 따라서 비합법적일 수도 있고, 그렇지 않을 수도 있다. 더욱이, 법률과 윤리규약은 다양한 상황에 따라 일치하지 않을 수도 있다. 판사는 심리학자에게 환자와 관련된 모든 기록을 공개 하라고 소환장을 발부할 수도 있지만, 반면에 윤리규약은 환자의 동의 없이 기록을 공개하는 것을 금지하고, 변호사와 판사 같은 자격 없는 사람들에 의해 심리검사 프로토콜과 같은 자료들이 검토와 해석을 위해 공개되는 것을 금지하고 있다. 윤리와 법률 간의 갈등이 있는 경우, 심리학자들은 윤리 원칙들을 따르고 경찰, 검사 및 판사 같은 관련 당사자들에게 이 쟁점들을 알아서 딜레마를 해결하도록 권고 된다. 궁극적으로, 심리학자는 자신들이 작동 불가능한 갈등에 빠진다면 윤리적인 지침을 따를지 법률을 따를 것인지에 대해 스스로 결정을 내려야 한다. 일반적으로, 전문가 윤리기준들은 법적인 윤리기준보다 훨씬 더 높은 기준을 제시하고 있다.

## 심리학자의 윤리 원칙 및 행동 규약

심리학자들을 위한 윤리 원칙의 최근 판은 5개의 일반원칙과 10개의 윤리기준으로 나누어진다. 윤리 원칙이 큰 뜻이 담긴 목표를 지향하는 반면, 윤리기준은 비윤리적 행위를 정의하는 다양한 행동들을 기술한다. 윤리 원칙 및 행동 규약의 전문이 부록에 나와 있다.

다른 윤리규약들은 일반적으로 유사한 윤리 원칙들을 사용한다. 예를 들어, Canada 규약에는 (1) 개

인의 존엄성에 대한 존중, (2) 책임 있는 치료, (3) 관계에서의 성실성, 그리고 (4) 사회에 대한 책임성을 포함하는 네 가지 원칙들이 있다(Canadian Psychological Association, 2000).

APA 윤리규약의 현재 버전에서는, 다섯 가지의 일반적인 포부를 담고 있는 윤리 원칙이 강조되었다. 여기에는 (1) 선행 그리고 무해성, (2) 충실함 그리고 책임감, (3) 성실성, (4) 공정성, 그리고 (5) 사람들의 권리와 존엄성에 대한 존중을 포함한다.

선행과 무해성은 "심리학자들이 자신들의 업무에서 대하는 사람들에게 이득을 가져다주며 아무런 해를 끼치지 않도록 노력한다"는 것을 의미한다. 충실함과 책임감은 "심리학자들은 그들의 업무에서 대하는 사람들과의 신뢰 관계를 구축하고… (그리고) 그들이 일하고 있는 사회와 특정 공동체에 대한 자신의 전문적이고 과학적인 책임을 자각한다"는 것을 의미한다. 성실성은 "심리학자들은 심리학의 과학, 교육 및 실무에서 정확성, 정직 및 신뢰를 향상시키기 위하여 노력한다"는 것을 의미한다. 공정성은 "심리학자들은 공평성과 공정성이 모든 사람들에게 심리학의 기여에 접근하고 이득을 얻을 수 있도록 해야 한다는 것을 인식한다"는 것을 의미한다. 끝으로 사람들의 권리와 존엄성에 대한 존중은 "심리학자들이 모든 사람들의 존엄성과 가치, 그리고 사생활, 비밀보장 및 자기 결정에 대한 개인의 권리를 존중한다"는 것을 의미한다(APA, 2002, pp. 1062-1063).

윤리규약의 현재 판에서 개관된 10가지 윤리기준에는 (1) 윤리적 쟁점을 해결하기 위한 전략, (2) 유능성, (3) 인간관계(예, 차별, 괴롭힘, 다중 관계, 이해의 상충), (4) 사생활과 비밀유지, (5) 광고 및 기타 공적 진술, (6) 기록 보존 및 치료비, (7) 교육과 수련, (8) 연구 및 출판, (9) 평가, 그리고 (10) 치료를 포함한다.

이 윤리규약에서 개관된 모든 윤리원칙들과 기준들을 세부적으로 논의하는 것은 이 장의 범위를 넘어서는 것이다. 그렇지만 일부 가장 현저한 원칙들과 기준들은 임상심리학자들이 당면해야만 하는 일부 중요한 쟁점들을 조명하고 있다. 심리학자들을 위한 이 윤리규약은 지난 50년+ 동안 아홉 번 갱신되었고 미래에도 정기적으로 계속 갱신될 것이다. 그렇지만 윤리규약의 자세한 사항들에 관계없이, 어떤 주요 쟁점들은 임상심리학자들이 현재와 미래 모두에서 이해하는 데 중요할 것 같다. 여기에는 유능성, 성실성, 존중, 책임, 그리고 다른 사람들에 대한 관심과 관련된 쟁점들이 있다(Plante, 2004b). 이 원칙들은 다음에 논의 될 것이다.

## 기본적인 윤리 원칙들

유능성 : 심리학자들은 그들의 전문영역(들)에서 유능성을 유지해야 한다. 심리학자들은 자신들이 적절한 수련 및 경험에서 나온 서비스만을 제공해야 하며, 최신 기술을 유지하기 위해 이 분야에서의 발전에 관한 최신 정보를 가지고 있어야 한다.

심리학자들은 자신들의 강점과 약점, 기술과 결핍, 그리고 가장 중요하게 자신들의 한계를 충분히 자각하는 것이 중요하다. 발전과 새로운 발견들이 빈번하게 나타나기 때문에 정기적인 연수는 필수적인데, 심지어 대부분의 주에서는 법으로 규정하고 있다. 심리학자들은 자신의 기술을 빈틈이 없고 최신의 것으로 유지해야 하며, 최신 기술에 뒤처지는 어떤 서비스도 제공하지 않기 위해서 주의해야 한다. 그들은 또한 자신의 개인적 생활이 유능한 서비스를 제공하는 데 방해가 되지 않도록 해야 한다. 그렇지만 때때로 심리학자는 아프거나, 지치거나 또는 다른 것에 몰두한 채로 일할 수도 있다. 심리학자들에 대한 전국적인 조사는

60%가 자신들이 너무 고통스러워서 효과적이지 않을 때 일했던 것을 인정하였다(Pope et al., 1987). 이 조사에서 대다수의 심리학자들은 자신이 일해 오는 동안 최소한 어느 한 시점에서 개인적인 욕구 때문에 효과적일 수 없음을 느꼈다는 것은 걱정스러운 것이다.

무엇이 유능성과 무능성을 구성하는지는 항상 분명한 것은 아니다. 강의하고, 평가를 수행하고, 어떤 특정한 문제에 대한 심리치료를 제공하거나 어떤 심리 현상을 조사하기 위해 연구 프로젝트를 설계하는 것에 대한 최선의 방법에 관해서는 의견 차이가 존재한다. 예를 들어, 상이한 이론적 지향이나 통합적인 접근이 어떤 특정한 정신과적 장애를 치료하는 데 채택될 수 있다. 어떤 이들은 대인 심리치료가 폭식증의 치료에 활용되어야 한다고 주장한다. 다른 이들은 인지-행동 심리치료가 선택되어야 하는 접근이라고 주장한다. 여전히 또 다른 이들은 이 두 접근의 조합을 주장한다. 경험적으로 지지되고 증거-기반치료를 사용 할 때조차도 유능한 전문가들은 다양한 이유 때문에 어떤 내담자들에게는 상이하게 접근할 수도 있다. 더욱이, 전문 심리학자의 서비스를 찾는 각 개인들은 독특한 욕구, 개별적인 성격, 그리고 증상과 생물심리사회적 영향에 대한 특정한 요소들을 가지고 있기 때문에, 많은 사람들이 치료 접근은 고도로 개별화되고 각 개인에게 맞춤식이어야 한다고 주장한다. 그러므로 유능성은 일반적으로 절대적인 방식으로 평가될 수는 없다. 어떤 중재들은 일반적으로 전혀 쓸모없는 것으로 간주될 수 있는 반면에(예, 우울증의 치료에 거머리를 사용하거나 신경성 식욕부진증에 ECT를 사용하는 것), 대부분의 의문시되는 전문가 행동들은 아주 분명 하지는 않다. 흔히 공동체 기준이 전문가적 유능성의 평가에 대한 준거로 작용한다. 이 공동체 기준은 여러 합리적인 전문 심리학 공동체 회원들

이 적절한 치료 기준이 된다고 동의하는 것으로 정의되었다.

왜 어떤 심리학자는 무능한 서비스를 제공하는가? 심리학에서 박사학위와 개업 면허를 취득할 정도로 충분히 숙련되고 지적인 사람이 왜 무능한 전문 행위에 관여하는가? 다양한 요인들이 심리학자가 무능한 서비스를 제공하도록 이끌 수 있다. 첫째, 여느 인간과 마찬가지로 심리학자는 자신들의 판단과 행동을 손상시키는 정신과적인 장애나 심리적 문제를 가지게 될 수도 있다. 예를 들어, 어떤 심리학자는 판단을 유의하게 손상시키는 알코올 문제나 물질 남용 문제를 가지게 될 수도 있다. 어떤 심리학자는 또한 심각한 우울증을 가져서 자신의 업무에 충분히 종사하지 못할 수도 있다. 어떤 심리학자는 수련 받는 것을 매우 어렵게 하거나 궁극적으로 유능한 서비스를 불가능하게 하는 성격 장애를 가질 수도 있다. 그 심리학자는 환자와의 약속을 지키지 못하거나, 회기 중에 잠들거나, 환자나 학생에게 부적절하게 과민 반응을 보이거나, 강의하는 것을 잊어버리거나, 연구 피험자들을 부적절하게 모집하거나 자신의 유능성을 심각하게 손상시키는 다양한 기타 문제 행동들을 가지고 있을 수도 있다. 심리학자들도 인간들이 경험하는 전 범위의 문제들을 겪을 수 있다: 이혼, 질병, 재정 문제, 불안, 스트레스, 그리고 탐욕, 부정직 등과 같은 일단의 부도덕한 행위들. 따라서 성실성에서의 개인적인 문제와 약점은 어떤 심리학자들을 비틀거리게 할 수도 있다.

어떤 심리학자는 너무 많은 부담을 지거나 '소진되어서' 효과적이지 못할 수도 있다. 예를 들어, 병원이나 진료소에서 일하는 한 심리학자는 이 직업에서 여러 해 동안에 걸쳐 엄청난 수의 환자들로 인해서 압도당할 수 있다. 이 심리학자는 자신의 직업과 환자들에

게 점점 덜 관심을 기울이게 된다는 것을 느끼게 될 수도 있다. 이 심리학자는 회기 도중에 신경 쓰지 않게 될 수도 있는데, 최소한 관심만을 가지고 치료 시간을 보내려고만 할지도 모른다. 대학이나 대학교에서 동일한 과목을 해마다 강의하는 어떤 심리학자는 지루해지거나 열정이 없어질 수도 있다. 이 교수는 자신의 강의 과목을 최신화하는 데 실패할 수도 있으며, 학생의 학습에 아무런 관심도 보이지 않을 수 있다. 따라서 소진은 무능한 전문가 활동을 가져올 수 있다.

한 심리학자는 교만하고 자기도취적일 수 있는데 대학원 졸업 후에 최신 정보를 습득하거나 배울 필요가 없다고 생각할 수 있다. 이 교만한 심리학자는 자신이 어떤 문제도 다룰 수 있고, 준비 없이 어떤 수업도 강의할 수 있고, 수집된 어떤 자료라도 출판할 수 있고, 그리고 치료를 찾는 누구에게라도 임상 서비스를 제공할 수 있다고 생각할 수 있다. 이 교만한 심리학자는 자신이 전문적인 문헌보다 뛰어나다고 생각할 수 있는데 가장 최근의 연구 및 임상 발견들을 통합시키기 위해 자신의 전문적인 행동을 바꾸지 않을 수 있다. 이 교만한 심리학자는 어떤 유형의 서비스를 제공하는 것을 즐길 수도 있는데, 그것이 최적인지의 여부에 관계없이 자신의 모든 환자에게 그것을 적용할 수도 있다. 따라서 이 교만한 심리학자는 전문가적 유능성을 확실하게 해주는 타인으로부터의 새로운 정보와 자문에 개방되어있지 않다.

한 심리학자는 무능한 전문 행동에 기여하는 이기적인 방식으로 행동할 수 있다. 예를 들어, 한 심리학자는 심리치료 실무를 가득 채우기를 원할 수도 있는데, 관심을 끄는 어떤 사례라도 맡는 데 동의할 수 있다. 이 이기적인 심리학자는 특정 장애에 대한 중요한 수련이나 경험이 없음에도 불구하고 그 장애를 겪는 어떤 사람을 치료하는 데 동의할 수 있다. 이 이기적인 심리학자는 양질의 임상, 강의, 연구 또는 기타 전문적인 서비스를 제공하기보다는 돈을 벌거나 자신의 경력을 향상시키는 것에 더 관심을 가지게 될 수도 있다. 이 이기적인 심리학자는 자신의 욕구와 소망을 환자, 학생, 동료 및 일반 대중의 욕구나 소망보다 더 위에 둘 수도 있다. 끝으로, 이 무식한 심리학자는 무지나 잘못된 정보로 인해 무능한 서비스를 제공할 수도 있다. 그 심리학자는 유능해지려고 동기화될 수도 있지만, 무경험, 자문 결여 및 무지가 유능한 수행을 막을 수도 있다.

**성실성** : 심리학자들은 전문적이고 개인적인 성실성을 유지해야만 하고, 다른 사람들을 다루는 데 있어서 존중해야 하고, 공정해야 하며, 정직해야 한다. 심리학자들은 자신의 서비스, 전문 분야, 자신의 수련 그리고 자신의 서비스로부터 기대될 수 있는 것을 기술하는 데 진실해야 한다. 심리학자들은 자신의 편파, 욕구 및 가치와 이것들이 어떻게 그들의 업무에 영향을 주는지를 잘 알고 있어야 한다. 심리학자들은 부적절한 이중관계를 피하는 데 모든 노력을 기울여야 한다.

사업 및 다른 분야에서 사용되는 많은 판매 및 마케팅 전략과는 달리, 심리학자들은 절대로 오도하지 않고, 왜곡하지 않고, 그릇된 설명을 하지 않고 또는 기만하지 않도록 주의해야 한다. 심리학자들은 자신들의 광고 방식에서 정직하고 전문적이어야 하며, 자신들의 전문적인 서비스에 대한 묘사에 양심적이어야 한다. 예를 들어, 치료비 및 심리치료에서 합리적으로 기대될 수 있는 것 등은 서비스가 제공되기 전에 분명하게 언급되어야 한다. 중요하게, 심리학자는 다른 전문가에게 의뢰하는 것이 환자에게 최선의 이득을 가져다준다면, 기꺼이 의뢰해야 한다.

**사례 연구**

## Dr. A는 무능함에도 불구하고 환자를 치료하고 있다

Dr. A는 최근에 면허를 취득하고 개인 개업을 하였다. 그는 독립적으로 되는 것에 매우 흥분했었고, 만족스럽고 유익한 경력의 발전을 기대했었다. 그는 몇 개월 뒤에 그의 실무가 빨리 채워지지 않았을 때 실망하게 되었다. 더욱이, 그는 집 저당 금액뿐만 아니라 총 경비를 갚지 못할지도 모른다는 느낌 때문에 재정 상태에 대해 불안해했었다. 그의 아내는 첫 아이를 임신했었고, 그래서 Dr. A는 가족 지출이 유의하게 늘어날 것에 대한 걱정을 하게 되었다. 그것에 관한 지식은 없지만 매우 호의적인 동료가 Dr. A에게 공황 발작으로 고통 받는 한 환자를 의뢰하였다. 그 남자는 치료비용을 감당할 만큼 부유했고, 매주 몇 차례 심리치료 받기를 원하였다. Dr. A는 자신이 전에 전혀

공황 장애를 치료한 적이 없고, 심지어 주마다 세 차례의 회기가 필요한지에 대해 그 자신도 역시 의심하였음에도 불구하고 기꺼이 그 환자를 치료하는 데 동의하였다. 그는 공황 장애에 관해 배우기 위해 웹 검색도 하고 구글 검색을 하여 찾은 것을 읽을 생각을 하였다.

공황 장애의 치료에서, Dr. A는 적절한 수련, 경험이나 자문 없이 비윤리적으로 이 환자를 치료하였다. Dr. A는 이 환자를 적절한 수련이나 경험을 갖춘 전문가에게 의뢰했어야 했고, 공황 장애 환자를 치료하기 전에 적절한 수련과 지도감독을 받았어야 하였다. 그는 또한 임상적으로 나타난 것 이상으로 그 환자를 보는 것을 사양했어야 했다.

심리학자들은 자신들의 환자, 내담자, 학생 및 타인들에 대한 이해와 이중 관계의 갈등을 피해야 한다. 심리학자들은 환자와 학생과의 전문적 관계에서 흔히 힘 있는 위치를 유지하기 때문에, 이 힘의 차별을 결코 착취해서는 안 되며, 또한 서비스 이상으로 자신들의 이해 관계 및 욕구를 두어서는 안 된다. 예컨대, 심리학자들은 그러한 관계가 어느 정도 합의된 것인지와는 관계없이 자신들의 환자나 지도감독하는 학생과 성적 관계에 관여해서는 안 된다. 심리학자와 환자 및 학생 사이의 성적인 관계에 대한 쟁점이 이 장 뒤에서 논의되겠지만, 다른 성적인 이중 관계가 여기에서 간략하게 논의될 것이다.

**이중 관계**는 윤리 위원회의 관심을 받는 가장 흔한 윤리 위반 중의 하나이다(APA, 1995c, 1996, 2009c; Zur, 2007). 이중 관계는 심리학자가 나오는 일반적이고 일상적인 TV와 영화에서 묘사되지만, 이런 관계는 심리학자의 업무의 효율성을 손상시키고 환자, 내담자 또는 학생들을 흔히 착취하는 것이다. 회사 경

영자가 내담자와 점심 식사를 하거나, 골프를 치거나 혹은 사교적인 모임에 함께 참석하는 것은 일반적이고 흔히 기대되는 것이지만, 심리학자들은 관계의 손상을 최소화하기 위해 이러한 상황들을 피해야 한다. 불행하게도, 이중 관계는 심리학자들에게 다소 흔한 것이다. 예를 들어, Pope 등(1987)에 의해 수행된 전국 조사는 심리학자들의 40%가 환자의 파티 초대를 받아들였고, 16%는 환자를 사회 행사에 초대했고, 28%는 친구에게 심리치료 서비스를 제공하였다는 것을 드러냈다. 더욱이, Pope 등(1987)은 심리학 교육자들(예, 대학 교수)의 25%가 자신들의 학생들에게 자동차와 같은 제품을 팔았다고 보고하였다. 그것이 얼마나 도전적인 문제이든 간에, 모든 전문적인 관계에서 명확하고 전문적인 경계의 유지는 모든 심리학자들에게 지워지는 의무이다.

어떤 심리학자들은 치료실 밖에서 환자와 가끔씩 접촉하는 것은 윤리적이며 도움이 될 수 있다고 유력하게 주장한다. 예를 들어, 어떤 심리학자들은 유태

## 사례 연구 — Dr. B는 엄격하지 못한 심리검사를 수행한다

Dr. B는 정신건강 진료소에서 심리검사를 수행한다. 그녀는 약 5년 동안 진료소에 고용되어왔는데, 일상적으로 매주 여러 평가를 수행해 왔다. 처음에, 그녀는 자신의 업무를 즐겼고 심리검사가 흥미롭고 보람 있는 것임을 발견하였다. 그녀는 자기 자신을 복잡한 각 환자들에게 어떤 진단이 보장되는지를 정확하게 밝혀내기 위하여 퍼즐의 조각을 이어 맞추려고 노력하는 탐정과 같다고 생각하였다. 수많은 평가를 실시해본 후에 Dr. B는 소진되었는데 그녀에게 할당된 각각의 부가적인 평가에 분개하게 되었다. 그녀는 자신의 직업과 환자에 점점 더 흥미를 잃게 되었다. 그녀는 자신의 친구들과 동료들에게 잠자면서도 IQ 검사를 실시할 수 있다고 농담하였다. 곧 그녀는 자신의 검사 실시에서 지름길을 택하기 시작했다. 그녀는 검사를 상당히 빨리 끝마쳤으며 평가 부분을 건너뛰었다. 결국, 그녀의 행동은 자신의 환자에게 심각하게 영향을 주는 중요한 오류를 가져왔다. 그녀는 학습 장애가 있는지를 밝히기 위해 한 아동에게 심리검사를 실시해 달라고 요청 받았었다. 그녀는 검사를 적당히 얼버무린 방식으로 행하였는데 여러 중요한 계산 오류를 범하였다. 그녀는 그 아이가 정신적으로 지체되었다고 부모와 학교에 보고하였다. 그 아이는 Dr. B의 평가를 토대로 특수교육 학급에 배치되었다. 6개월 후에, 그 아이는 재검사를 받았는데 Dr. B의 평가가 지적한 것보다 훨씬 더 높은 수준에서 기능하고 있음이 발견되었다. 그녀의 기록이 그 학교에 의해서 요구되었는데, 그 학교 심리학자가 오류들을 발견하였다. Dr. B는 자신의 권태와 소진이 수행에 영향을 미쳐서 자신의 환자와 환자의 가족에게 중요한 피해를 입히는 결과를 가져왔다.

Dr. B는 이 상황에서 어떻게 행동했어야 했는가? 당신이 Dr. B를 평가하는 윤리 위원회에 있다면 어떻게 하겠는가?

---

교의 남자 성인식, 견진 성사, 장례식, 졸업, 결혼이나 기타 인생에서 한 번밖에 없는 행사와 같은 환자 인생에서 중요한 특별 행사들에 참석한다(Borys & Pope, 1989). 어떤 전문가들은 효과적이고 전문적인 서비스는 때때로 환자의 자연적인 환경에서 일어나야 한다고 주장한다(Zur, 2007). 예를 들어, 한 심리학자는 환자의 비행기 공포증을 치료하기 위해 공항에서 환자를 만날 수도 있고 또는 신체 장애가 있는 사람을 위해 그 사람의 집에서 임상 서비스를 수행할 수도 있다. 심리학자들이 전문적인 관계를 유지하기 위해 주의하고, 잠재적이고, 착취적인 이중 관계를 발달시키지 않는다면 이 상황들은 효과적이고 윤리적으로 수행될 수 있다.

교사들과 교수들은 또한 때때로 그들의 학생들과 함께 사교 모임을 갖는다. 사실, 많은 대학교들은 다양한 대학교 후원 행사들에서 교수진과 학생들이 함께 사교 모임을 갖도록 적극적으로 장려한다. 교수진과 학생들간의 이러한 사회적 접촉들은 전문적인 경계가 유지되고 교수진 성원이 그들의 힘이나 지위를 자신의 학생들과의 관계에서 이득을 얻기 위해 이용하지 않는 한(예, 학생에게 개인적인 부탁을 하기, 개인적인 문제를 학생들에게 부담지우기, 성적인 행동에 관여하는 것), 분명히 윤리적인 만남이 될 수 있다. 교수와 학생 사이의 성적 친밀성은 심각한 윤리 위반을 나타낸다.

어떤 이중 관계는 회피할 수 없는 것이다(Bersoff, 2003; Stockman, 1990; Zur, 2007). 예를 들어, 매우 작은 지역 사회에서 한 심리학자는 그 도시의 유일한 정신건강 전문가일 수 있는데, 그 심리학자의 환자가 그 도시에서 유일한 치과의사, 자동차 중개인 또는 가게 주인이기 때문에 이 심리학자는 자신의 환자의 서비스를 필요로 할 수 있다. 이전 환자는 그의 치료

**사례 연구** **Dr. C는 그의 자격증에 관하여 환자들에게 오해를 하게 만들었다**

Dr. C는 물리학에서 박사학위를 받았고, 한 소프트웨어 회사의 중간 관리자 지위에 15년간 고용되었었다. Dr. C는 그의 직업 선택에 만족하지 못하여 중요한 직업 변화를 하고 싶다고 느꼈다. 그는 이혼 후 몇 년 동안 심리치료를 받았고 치료자가 되는 것이 만족스런 직업 이동이 될 것이라고 생각하였다. 그는 한 지역 대학원 심리학 프로그램에 등록하였다. Dr. C는 대학원 수련 동안 여러 진료소에서 일하였다. 그는 자신을 'Dr. C'로 소개했고, 명함에 'Dr. C'라고 인쇄하였다. 자신을 'Dr.'로 언급하는 것은 잘못된 것이다. 그의 물리학 박사학위는 그의 새로운 직업 경로와는 관련이 없고, 잠재적인 내담자들은 그의 박사학위가 심리학이나 밀접하게 관련된 분야에서 얻은 것이라고 믿기 쉽다. 환자들은 그들이 지불하는 서비스와 그 제공자에 대해 정확하게 알 권리가 있다.

자였던 교수의 강의를 들을 수도 있는데, 왜냐하면 그 교수가 유일하게 필수 과목을 가르치기 때문이다. 심리학자는 다른 사람들에 대한 어떤 모든 잠재적인 해를 최소화하기 위해 이 상황들을 주의 깊게 다뤄야만 한다. 심리학자들이 항상 이중관계를 회피할 수는 없지만, 이 쟁점에 관해서 항상 민감하고 사려 깊게 행동할 수 있으며 자신들이 서비스하는 사람들에 대한 어떤 잠재적인 해를 최소화하기 위하여 조심스럽게 처리해야 한다.

**전문적이고 과학적인 책임** : 심리학자들은 자신의 환자들이나 내담자들에게 최선을 다해 서비스하기 위하여 기꺼이 다른 전문가들에게 자문을 받아야 한다. 예를 들어, 한 심리학자는 상이한 민족, 문화 또는 종교집단의 사람들을 치료할 수도 있는데, 가능한 한 가장 효과적이고 민감한 서비스를 제공하기 위하여 그 특정 집단의 성원들과 더 친숙하고 경험 있는 동료에게 자문을 받을 수도 있다. 심리학자들은 또한 심리치료를 수행하는 동안이나 평가를 완성하는 동안에 곤경에 빠질 수도 있다. 그들은 자신의 환자들에게 가장 최선의 도움을 주는 방법에 대하여 자신이 불명확하다고 느낄 수도 있다. 동료에게 자문을 구하는 것은

**사례 연구** **Dr. D는 자신의 환자와의 이중 관계를 가졌다**

Dr. D는 비만을 겪고 있는 한 환자를 치료하고 있다. Dr. D는 체중 문제를 최소화하기 위하여 자신의 환자가 음식 소비를 줄이고, 운동량을 늘리고 생활양식을 변화시키도록 하는 행동치료 프로그램을 제공하고 있다. Dr. D의 환자는 공교롭게도 인쇄업을 하고 있었다. Dr. D는 최근에 자신의 사무실을 새로운 장소로 옮겼기 때문에 더 많은 사무용품과 명함 주문이 필요했고, 그래서 자신의 환자에게 할인된 가격으로 사무용품과 명함을 만들 수 있는지를 요청했었다. 그 환자는 30% 할인된 가격으로 물건을 공급하기로 동의하였다. Dr. D는 그 환자가 질이 떨어지는 인쇄 작업을 하였다고 느꼈고, 분노와 분개를 느꼈다. Dr. D는 그녀의 환자에게 사무용품과 명함을 인쇄하는 이중 관계를 회피했어야 하였다. Dr. D는 그녀의 환자와 치료적인 전문적 관계 그리고 별개의 사업 관계 모두를 가지려 하였다. 이 이중 관계는 그 환자가 Dr. D에게 아니오라고 말하는 것을 너무 어렵게 만들었을 수도 있고, Dr. D의 인쇄 작업에 대한 불만족은 환자에게 긍정적으로 관계하는 그녀의 능력을 방해했을 수도 있다.

이제 Dr. D는 어떻게 해야 하는가?

**사례 연구**  **Dr. E는 자신의 전문영역과는 매우 거리가 먼 다른 한 환자를 치료한다**

Dr. E는 우울증이 있는 로마 가톨릭 사제를 치료하고 있다. Dr. E는 유대인이고 로마 가톨릭 교회에 대해 거의 알지 못한다. 이 교회의 어떤 측면들은 Dr. E에게는 생소하게 보이고, 또한 이해하기가 매우 어렵다(예, 순결, 청빈 그리고 복종에 대한 서약). Dr. E는 교회 위계에 친숙하지 않고, 그래서 환자가 논의하기를 바라는 쟁점의 일부를 이해하지 못한다. Dr. E는 환자에게 자신이 유대인이고 로마 가톨릭 사제와 관련된 쟁점들의 많은 부분에 친숙하지 않다는 것을 분명히 하였다. 그 환자는 '편파되지 않고 신선한 조망'을 원했기 때문에 가톨릭교인이 자신을 치료하는 것을 원하지 않는다고 결정하였다. Dr. E는 적절한 전문적인 지도를 제공할 수도 있는 누군가로부터의 자문 없이 그 환자를 치료하기로 결정하였다.

자주 생산적인 방침을 발달시키게 해준다. 흔히, 어떤 특정한 임상 문제에 영향을 미칠 수 있는 생물, 심리 및 사회적 요인들이 존재하기 때문에, 심리학자들은 또한 자신들의 환자가 양질의 서비스를 받는 것을 확실히 하기 위해 의사와 같은 비심리학 전문가들에게 자문을 받아야 한다. 예를 들어, 한 심리학자는 신경성 식욕부진증을 겪고 있는 한 환자를 치료할 때 의학적인 서비스와 심리학적 서비스 모두가 협력이 되도록 하기 위해 한 의사와 밀접하게 일하기를 원할 수도 있다. 물론, 다른 사람들과 사례를 논의하기 위해서는 비밀보장을 유지하거나 환자의 승인을 얻어야 한다.

연구, 강의 또는 기타 활동들을 수행하는 심리학자들 또한 전문가적 책임을 유지하기 위해 다른 사람들에게 자문을 구할 수도 있다. 예를 들어, 연구를 수행하는 한 심리학자는 자신의 연구 결과와 최선의 자료 분석 수단에 관하여 혼동될 수도 있다. 그 심리학자는 그 연구 문제를 가장 잘 조사하기 위하여 연구 분석과 통계 분석에 더 능숙한 동료에게 자문을 구하는 것이 도움이 될 것이라고 생각할 수도 있다. 대학 강의를 하는 한 심리학자는 학생들에 의해 제기되는 몇 가지 질문들에 대답할 수 없을 경우도 있는데, 그래서 그는 그 학생의 질문에 더 나은 대답을 하기 위해 동료에게 자문을 구할 수도 있다. 이 모든 예들에서, 동료에게 자문을 구하는 것은 심리학자가 할 수 있는 한 가장 효과적이고 책임 있는 서비스를 제공하는 것을 도와줄 수 있다.

전문가적인 행동에 대한 책임을 유지하는 것에 더해서, 심리학자들은 또한 동료들이 전문적인 윤리를 유지하는 것을 확실히 하는 데에 조력해야 한다. 심리학자들은 동료들이 관여하고 있는 비윤리적 행위를 중지하게 하거나 보고해야 한다. 따라서 만약 한 심리학자가 무책임하고 비윤리적인 행위를 하고 있는 동료를 목격한다면, 그는 그 동료에게 이야기하거나 그 위반을 관련 당국에 보고해서 중재해야 하는 윤리적인 의무를 가지고 있다. 동료들에 의해 행해지는 무책임하고 비윤리적인 행위의 대부분의 사례는 비공식적이고 교육적인 자문을 통해 교정될 수 있다. 그렇지만 비공식적인 수단에 의해 해결될 수 없는 심각한 위반이나 갈등들은 적절한 윤리 위원회나 이사회에 보고되어야 한다.

**사람들의 권리와 존엄성에 대한 존중** : 심리학자들은 타인의 권리와 존엄성을 존중해야 한다. 그들은 개인적이고 문화적인 차이에 민감해야 하고, 지식의 차이와 편파 및 편견을 깨달아야 한다. 그들은 자유, 사생

## Dr. F는 동료의 비윤리적 행동에 대하여 걱정하였다

Dr. F는 동료들 중 한 사람에 대하여 걱정하고 있다. Dr. F는 Dr. G와 정신건강 진료소에서 일한다. Dr. G는 환자와의 약속에 늦고, 그의 환자에 대해 경멸적인 용어로 이야기하고 그리고 그의 보고서를 시간에 맞춰 완성한 적이 결코 없었다. 더욱이, Dr. G는 여러 심리학 인턴들과 박사 후 펠로우들을 지도감독한다. 이 학생들 중 몇 사람은 Dr. G가 개인적 부탁을 들어주도록 그들을 협박한다고 보고하였다. Dr. F는 Dr. G의 행동에 대해 아주 걱정하였다. Dr. F는 사적으로 자신의 염려를 Dr. G에게 얘기하였다. Dr. G는 Dr. F에게 화를 냈고, 그를 위협하였다. Dr. F는 자신의 염려를 윤리 위원회뿐만 아니라 Dr. G의 지도감독자에게 보고해야 한다고 느꼈지만 "풍파를 일으키기"를 원하지 않았다. 그 상황은 비공식적으로 해결될 수가 없었으며, 환자들과 학생들 모두 Dr. G의 비윤리적이고 비전문적인 행동으로 인해 위험에 처해 있기 때문에 Dr. F는 Dr. G의 행동을 보고할 책임이 있었다.

활 그리고 비밀보장에 대한 권리를 존중해야 한다. 심리학자들은 성, 종교, 민족성, 성적 지향 또는 기타 요인들에 근거하여 타인들을 차별해서는 안 된다. 심리학자들은 자신들의 개인적인 편파와 편견이 업무를 방해하지 않도록 신중해야 한다. 연령차별, 인종차별 그리고 성차별은 심리학자들의 업무에서 놓일 자리가 없다.

비밀보장은 심리학적 서비스의 초석이 된다. 자문실에서 언급되었던 모든 것은 기밀을 유지해야 한다. 비밀보장이 보장되지 않는다면, 많은 환자들은 자신들의 마음에 있는 것에 대해 편안하게 이야기할 수 없고 그래서 필요로 하는 도움을 얻을 수 없게 된다. 사실 많은 심리학자들은 효과적인 심리치료는 비밀보장 없이는 수행될 수 없다고 생각한다(예, Bersoff, 2003; Epstein, Steingarten, Weinstein, & Nashel, 1977; Koocher & Keith-Spiegal, 2008). 그렇지만 비밀보장에는 여러 가지 법적이고 윤리적인 제한이 있다. 여기에는 일반적으로 아동, 노인 또는 의존적인 성인(예, 장애가 있는 성인)에 대한 신체적, 성적, 그리고 정서적인 학대와 무관심에 관련한 정보뿐만 아니라 자살이나 살인과 같은 자기와 타인에 대한 심각하고 즉각적인 위험이 있다. 심리학자의 서비스를 찾는 사람들은 어떤 유형의 정보를 노출할 것인지에 관해 정보에 입각한 선택을 하기 위해 비밀보장의 한계들에 대해 알 권리가 있다.

환자들은 어떤 특정한 상황에서 비밀보장에 대한 그들의 권리를 포기할 수도 있다. 예를 들어, 그들은 자신의 심리학자가 도움이 되는 배경 정보나 자문을 얻게 하기 위해 자신의 의사, 학교 교사, 이전의 치료자, 검사, 성직자 또는 다른 전문가와 얘기하기를 원할 수도 있다.

환자들은 자신들의 회기에 다른 사람(예, 배우자, 자녀, 부모, 친구)을 데려오기를 원할 수도 있는데 이들은 환자들의 비밀보장을 잠재적으로 손상시킬 수도 있다. 심리학자들은 이러한 상황에서 비밀보장을 깨뜨리기 전에 항상 환자나 내담자로부터 허락을 얻어야 한다. 정상적으로는, 심리학자가 다른 누군가와 환자에 대해 논의하기 전에 서면으로 된 허락이 필수적이다.

심리학자들은 또한 스스로 의사결정을 하는 다른 사람들의 권리를 존중해야만 한다. 심리학자들은 환자나 학생이 잘못된 결정(예, 학교 자퇴, 학대적인 사

---

**사례 연구** | ## Dr. H는 환자의 비밀을 깨트린다

Dr. H는 한 유명 스포츠인의 자녀들을 치료하고 있다. 그녀는 그의 자녀들 중 한 명 또는 두 명 모두 학습 장애를 가지고 있는지를 밝혀내기 위해 교육 검사와 지능검사를 수행하고 있다. Dr. H는 열광적인 스포츠팬이어서 그 스포츠 스타의 가족을 만나고 함께 일할 기회를 갖는 것에 대해 극도로 흥분했었다. 평가 과정 동안, Dr. H는 그 유명 스포츠인이 학습 장애를 가지고 있고 스포츠계에서 곧 은퇴할 계획을 갖고 있다는 것을 포함해서 그 가족에 대해 상당히 많이 알게 되었다. Dr. H는 이 정보를 혼자만 알고 있기가 어려웠다. 그녀는 자신이 그 유명인과 일하고 있다는 것을 여러 친한 친구들뿐만 아니라 그녀의 남편에게도 말하기로 하였다. 그녀는 그들에게 그가 학습 장애를 가지고 있으며 곧 스포츠계를 은퇴할 것이라는 것을 누구에게도 말하지 말라고 부탁하였다. Dr. H는 내담자의 신상에 대한 비밀보장을 유지할 책임이 있었다. 비밀보장을 파기하는 것은 심각한 윤리 위반이었으며 보고되어야 한다.

---

**사례 연구** | ## Dr. I는 환자의 압력으로 인해 아동 학대를 보고하지 않았다

Dr. I는 한 여성 및 그녀의 두 자녀들과 면접을 수행하고 있다. 그 여성은 이혼하였는데, 자녀들이 모두 아버지를 방문하고 올 때마다 불안해하고 혼란스러워 보인다고 걱정하였다. 7살과 9살 된 그 아이들은 아버지가 맥주를 여러 잔 마신 후에 운전을 너무 빠르고 난폭하게 해서 그들을 불안하게 한다고 보고하였다. 더욱이, 한 아이는 아버지가 성적 학대와 아이들을 위험에 빠지게 하는 것을 카운티 아동 보호 기관에 보고해야 한다고 알려 주었다. 이 어머니는 Dr. I가 비밀보장을 파기하는 것을 원하지 않으며, 또한 자녀들이 성적 행동과 위험한 운전에 대해 누군가에게 말한 것을 전 남편이 알게 될까봐 두렵다고 화를 내면서 말하였다. 그들은 그것이 "더 나아지는 것이 아니라 더 악화시킬 뿐"이라고 두려워하고 있다. Dr. I는 그 아버지가 치료를 받는 것에 동의한다면, 학대를 보고하는 것에 동의하지 않겠다고 합의하였다. Dr. I는 학대를 보고할 의무가 있었고, 그 가족에게 면접을 수행하기 전에 비밀보장의 한계에 대해 알려야 했었다.

---

**사례 연구** | ## Dr. J는 그와 함께 작업하는 환자에게 영향을 끼치는 강한 개인적 가치를 가지고 있다

Dr. J는 혼외정사를 갖고 있는 한 환자를 대상으로 치료하고 있다. Dr. J는 혼외정사가 잘못된 것이고, 죄악이며 그리고 언제나 나쁜 결정이라고 매우 강하게 생각하고 있다. Dr. J는 혼외정사가 부도덕하며 파괴적이라는 것과 또한 그 혼외정사를 즉시 그만두는 것이 좋을 것 같다는 것을 그 환자에게 말하였다. Dr. J가 탁월한 심리학자이고 그의 견해가 아주 가치 있는 것이라고 느낀 그 환자는 Dr. J의 강력한 견해에 혼란해 하고 있다. 그녀는 Dr. J를 실망시키거나 그가 그렇게 끔찍하다고 느끼는 어떤 것을 행하기를 원하지 않지만, 또한 그 혼외정사를 끝내고 싶지 않았다. 마지못해, 그녀는 또 다른 심리학자를 만나고 심리치료를 위해 다시는 Dr. J에게 돌아오지 않겠다고 결심하였다. Dr. J는 부적절하게 그의 내담자에게 혼외정사에 대한 그의 강력한 견해를 강요하였다.

람과의 결혼, 마약 사용)을 내리고 있다고 생각할지라도, 자신들의 소망이나 의견을 서비스를 제공받는 학생, 내담자, 환자 또는 누군가에게 강요해서는 안 된다. 그렇지만 심리학자들은 분명하게 지도를 해줄 수 있으며 환자들의 결정에 대한 장점과 단점을 논의할 수도 있다.

**다른 사람들의 복지에 대한 관심** : 심리학자들은 서비스를 제공받는 사람들의 삶의 질을 개선시키고, 그들의 내담자에게 어떤 식으로든 해를 주는 것을 피해야 한다. 타인의 복지에 대한 관심은 타인과의 관계에서 절대로 착취하지 않겠다는 의도를 포함한다. 모든 전문적인 활동들에서, 심리학자들은 내담자, 환자, 그리고 학생들의 복지향상을 위해 일한다. 연구는 인간 조건을 개선시키는 방법을 발전시키는 것뿐만 아니라 인간 행동을 더 잘 이해하기 위해 수행된다. 평가와 치료는 삶의 질을 개선하는 데 사용되고, 강의는 학생들의 지식을 향상시키기 위해 행해진다. 이 장의 초반부에서 언급한 바와 같이, 심리학자들은 그들과 그들의 내담자, 환자 및 학생들 사이에 존재하는 힘의 차이에 매우 민감해야 하고 이 관계들을 오용하고 착취하는 것을 피해야 한다(Bersoff, 2003; Borys & Pope, 1989; Koocher & Keith-Spiegal, 2008; Stockman, 1990).

**사회적 책임** : 심리학자들은 타인을 돕고 인간행동에 대한 과학과 지식을 진보시키기 위해 일한다. 그들은 인간 행동과 심리학적 기능에 모순되거나 그것을 착취하는 주장과 정책(예, 차별정책을 지지하는 정책과 주장)에 대하여 말할 사회적 책임이 있다. 심리학자들은 재정적인 이득이나 기타 개인적인 이득을 가져오지 않는 일에 얼마간의 전문적인 시간을 할애하도록 기대된다.

심리학자들은 어떤 전문적인 방식으로 사회에 기여하도록 기대된다. 예를 들어, 많은 심리학자들은 치료비를 지불할 수 없거나 아주 적은 양의 돈만을 지불할 수 있는 일부 환자들을 치료하는 것에 동의한다. 일부 심리학자들은 재정적 보상이나 환자 의뢰의 기대 없이 학교나 시민단체에 무료로 강의를 해주는 것에 동의한다. 일부 심리학자들은 심리학 대학원생들을 매우 할인된 요금으로 치료하는 것에 동의한다. 연구 심리학자들은 지불이나 다른 보상 없이 출판될 원고를 평론할 수 있다. 그들은 또한 전문가 집단이나 사회에 기여하기 위해 인간 피험자나 연구기금 위원회에서 봉사할 수도 있다.

## 윤리기준

윤리규약의 윤리기준 부분은 이미 논의된 윤리 원칙들을 사용하고, 그것들을 심리학 전문직과 관련된 구체적이고 전형적인 전문 활동들(예, 강의, 연구, 심리치료, 심리검사)에 적용한다. 기타 심리학 윤리규약들 또한 일반적으로 윤리원칙의 우산 아래 윤리기준의 목록을 둔다. 예를 들어, 캐나다 규약과 영국 규약은 여러 윤리기준들 중에서도 동의서, 치료, 사생활 및 동물보호에 적용할 수 있는 다양하고 유사한 윤리기준을 두고 있다(British Psychological Society, 1993; Canadian Psychological Association, 2000). 윤리규약의 일반 기준 부분은 모든 전문 활동에 적용되어야 하는 윤리 원칙들을 간략하게 평론하고 있다. 이 윤리기준들의 평론이 여기에서 제시될 것이고, 뒤이어 다수의 전문적인 심리학 활동에 대한 구체적인 적용이 제시될 것이다.

**일반 기준** : 심리학자들은 자신들의 전문가적인 유능

---

**사례 연구**

## Dr. K는 다양한 내담자들을 대상으로 하는 자신의 업무에 영향을 미치는 개인적 편견을 갖고 있다

Dr. K는 아시아계 미국인인데 직업 불만을 겪고 있는 아프리카계 미국인 남성 환자를 치료하고 있다. Dr. K는 아프리카계 미국인 환자들을 치료한 경험이 거의 없다. Dr. K는 그녀의 환자에 대하여 매우 불편하게 느꼈고, 그래서 제기된 특정한 문화적 쟁점(예, 직장에서의 차별 경험, 강한 기독교 신앙 및 교회 유대)에 대해 상세하게 말해달라고 그에게 부탁하는 것에 주저하였다. 그녀는 또한 그의 생소한 도회풍의 사투리, 말투 및 은어를 그가 "별로 똑똑하지 않은 것"에 잘못 귀인 시켰다. Dr. K의 인종차별주의, 무시 및 불편함은 효과적인 서비스를 제공하는 것을 방해하였으며, 실제로 환자에게 유해한 가능성을 가져왔다. 더욱이, 그녀가 치료 경험이 없는 문화집단의 환자에 관한 자문을 얻지 못한 것은 부적절한 것이다.

---

**사례 연구**

## Dr. L은 개인적인 선호를 위해서 학생들을 이용한다

Dr. L은 대학교에서 인기 있는 심리학 교수이다. 그는 뛰어난 교수로 많은 학생들이 그의 연구 활동에 참여하고 있다. 그는 학생들에게 관대하고, 연구 논문을 학생들과 공동저자로 출판하며, 그들을 수련시키고 지도하는 데 많은 시간을 보낸다. Dr. L과 그의 아내는 한명의 아기가 있는데 일반적인 베이비시터의 역할뿐만 아니라 유모 역할을 하는 사람을 필요로 한다. 그는 학생들에게 자신이 아기를 돌보는 것을 도와달라고 부탁한다. 많은 학생들은 그들이 Dr. L의 아기를 돌보도록 부탁받았다는 것을 영광으로 느끼고, 돈을 받지 않고 아기를 돌보는 것을 개의치 않는다. 이 학생들은 Dr. L이 자신들에게 그의 시간, 관심 및 노력을 매우 관대하게 기울여 주었기 때문에 이 일이 그를 위해서 할 수 있는 최소한의 것이라고 생각한다. Dr. L은 학생들과 이중 관계를 발전시켰을 뿐만 아니라 그들에게 돈을 지불하지 않고 아기를 돌보도록 부탁함으로써 그와 학생들간의 힘의 차이를 착취하고 있다. Dr. L은 그의 젊은 학생들이 아기돌보기를 부탁받는 것을 영광으로 느낀다는 것과 무료로 아기를 돌보아 주도록 그의 매력을 잘못 사용한다는 것을 알고 있음에 틀림없다.

---

성의 한계와 경계를 충분히 자각해야 하고, 전문영역 밖의 실무를 절대로 해서는 안 된다. 그들은 타인을 매우 존중해야 하고 절대로 차별해서는 안 되고, 성희롱이나 다른 형태의 희롱을 해서는 안 되고 또는 자신들의 개인적인 문제가 전문적인 업무와 의무를 방해하게 해서는 안 된다. 그들은 전문적인 자격으로 업무에서 대하는 환자, 학생 혹은 기타 유형의 내담자들과, 사업관계, 친구관계 또는 낭만적인 관계 같은 모든 잠재적인 이중 관계를 회피해야 한다. 그들은 과학적인 정보에 입각해서 판단을 내려야 하고 타인들에게 어떤 가능한 해를 입히는 것도 피해야 한다. 심리학자들은 적절하게 그들의 전문적인 업무를 기록하고, 전문적인 기록의 저장과 처리에 신중해야 한다. 그들은 서비스를 제공하기 전에 서비스에 대한 치료비를 이해하고 동의하도록 재정적인 합의를 확실히 해야 하고, 또한 그 치료비는 착취적이거나 오도된 것이 아니어야 한다. 심리학자들은 그들의 피고용인이 적절하게 지도감독을 받고, 또한 자문과 의뢰가 그들의 내담자에게 최선의 이득이 되도록 보장해야 한다.

## Dr. M은 탐욕적이며 사회에 돌려주기를 꺼린다

Dr. M은 세 자녀가 있고 도시의 고급 주택가에서 산다. 그녀는 자녀들을 사립학교에 보내고 주택을 증축하고 싶어 한다. Dr. M은 개인 개업으로 가능한 많은 돈을 버는 것에 관심이 있다. 그녀는 그녀의 환자와의 모든 전화 접촉에 대해 그것이 단지 약속 시간의 변경에 대한 것이라도 분당 매우 비싼 치료비와 청구서를 부과한다. 그녀는 또한 동료들이 자문을 얻기 위해 접촉할 때마다 그들에게 청구서를 보낸다. 그녀는 다중 성격, 바이오피드백 및 기타 여러 영역에서 전문가이기 때문에, 종종 자문, 강의 및 기타 전문적인 활동들에 부탁을 받는다. 그녀는 돈이 지불되지 않는 어떠한 전문적인 활동에도 참여하는 것을 거절하고, 절대로 무료나 할인된 가격으로 시간, 돈 또는 자문을 기부하지 않는다. Dr. M은 그녀가 사회나 타인들에게 어떠한 은혜도 입지 않고 있다고 느끼고 있으며, 그녀의 실무는 단지 그녀가 열망하는 생활양식을 갖기 위한 길이라고 느낀다. Dr. M은 사회적 책임을 다하지 않고 있다.

**사정, 평가 또는 중재** : 심리학자들은 평가도구들이 개발되어 타당화된 본래 목적에 따라서만 그것을 사용해야 한다. 또한 실시와 해석에 자격이 있는 사람들만이 검사를 사용해야만 하고, 자격이 없는 사람들이 이들 검사를 사용하도록 장려해서는 안 된다. 평가 피드백을 이해하기 쉬운 방식으로 내담자에게 제공하고, 검사 결과의 비밀보장을 보호하는 것은 필수적이다.

심리학자들은 항상 윤리적인 방식으로 심리검사 도구를 사용해야 된다. 심리학자들은 그들이 사용하는 각 검사의 신뢰도, 타당도 및 표준화에 관한 정보뿐만 아니라 강점과 약점을 알아야 한다. 그들은 각 검사에서 그들이 적절한 수련과 지도감독을 받았고, 결과를 사려 깊고 신중하게 해석하도록 준비되었다는 것을 확실히 해야 한다. 새로운 검사들이 자주 개발되고, 새로운 검사 개정판들이 자주 정기적으로 이용가능하기 때문에 심리학자들은 심리 검사에서 그들의 전문적인 업무에 영향을 주는 변화에 대한 최신 정보를 가지고 있어야 한다.

빈번하게, 자격이 없는 사람들이 심리 검사의 실시나 해석에 관심을 두고 있다. 예를 들어, 학교 교사들과 부모들은 아동들에게 실시된 IQ 검사 결과들을 심리학자의 조력 없이 해석 하고 싶어 할 수도 있다. 때때로 정신과 의사, 사회사업가 또는 기타 정신건강 전문가들은 Rorschach, TAT, 투사적 그림 그리기, MMPI-2와 같은 심리검사들을 적절한 수련이나 지도감독 없이 실시하거나 해석하기를 바란다. 때때로 이 전문가들은 그들이 사용할 검사 재료들을 심리학자들이 주문해 주도록 요구한다. 대부분의 주들은 정신과의사 같은 비심리학자들이 심리 검사를 사용하는 것을 금하지 않고 있다. 그렇지만 심리학자들은 검사들이 적절하게 사용되고 적합한 수준의 수련과 경험을 가진 사람들에 의해서만 사용되는지를 확실히 할 윤리적 의무가 있다.

심리학자들은 검사의 안전을 보장해야 하므로 민감한 검사 재료에 대한 접근을 통제하고 있다. 예를 들어, IQ 검사는 검사받을 사람이 공식적으로 그 검사가 실시되기 전에 그 검사 항목들에 접근한다면 타당하지 않을 것이다. SAT, ACT, LSAT, MCAT 및 GMAT와 같은 검사들과 기타 표준화된 검사들도 역시 보호되고 신중하게 사용되는 것처럼, 심리 검사도 역시 그래야 한다. 그러므로 개방되거나 쉽게 접근할 수 있는 장소에서 검사를 공급하는 것이나 내담자, 환

**스포트라이트**

## 법률적 및 윤리적 곤경에서 벗어나기

심리학자들 혹은 다른 건강-진료 전문가들이 모든 새로운 법률적 및 윤리적 뉘앙스에 정통하기란 쉬운 일이 아니다. 그렇지만 심리학자들과 다른 전문가들이 법률적 및 윤리적 문제들을 회피할 수 있게 해 주는 많은 원칙들이 있다(Plante, 1999c). 윤리적 및 법률적인 문제들을 피하는 데 유용한 열 가지 원칙은 다음과 같다:

1. 항상 서면 동의서를 받는다.
2. 정기적인 전문적인 자문을 확보한다.
3. 전문적인 유능성을 유지하도록 노력하기.
4. 법률 및 윤리규약에 친숙해지기.
5. 고위험 환자들과 상황을 피하기.
6. 고객을 화나게 하는 미수금 처리 대행 회사의 활용을 피하기.
7. 좋은 전문적인 기록 유지하기.
8. 법률적 규정에서 강요하는 것 외에는 비밀을 유지하기.
9. 환자정보를 쉽게 남용할 수 있는 관리 의료와 보험회사에 특히 경계를 단단히 하기.
10. 필요할 때는 도움을 구하기.

자, 학생들이 검사 내용을 자유롭게 평가하도록 허용하는 것은 일반적으로 윤리적 위반에 해당된다. 많은 심리학자들은 내담자나 환자들에게 MMPI-2를 집으로 가져가서 완성하도록 허용하는데, 왜냐하면 그것을 완성하는 데 일반적으로 약 한 시간 반 정도 걸리고, 또한 지필 검사이며, 자기보고식 검사이기 때문이다. 그렇지만 검사를 집에 가져가도록 허용하는 것은 검사의 안전성을 보호해주지 못하며, 또한 집에서 하는 검사는 표준검사 절차를 구성하지 않는다. 더욱이, 환자는 검사에 답하거나 완성하는 데 다른 사람의 도움을 받을 수도 있다. 만약 내담자가 검사를 집으로 가져간다면, 검사의 안정성뿐만 아니라 신뢰도와 타당도도 위협 받게 된다.

**광고 및 기타 공적 진술 :** 심리학자들은 그들 자신, 그들의 수련, 경험, 학위 및 활동들을 잘못 나타내는 모든 잘못되거나 거짓된 공적 진술을 피해야 한다. 심리학자들은 다른 사람들이 그들의 행동에 대해 오도하거나 거짓 진술하는 것을 바로 잡는 데에 모든 노력을 기울여야 한다. 심리학자들은 잠재적으로 취약한 현재 환자들이나 다른 사람들로부터 답례품을 간청해서는 안 된다.

심리학자들은 그들 자신을 일반 대중에게 어떻게 나타내는지에 대해 매우 신중해야 한다. 그들은 자신의 자격과 능력에 대해 허풍을 떨거나 과장해서 다른 사람들을 오도하거나 속여서는 안 된다. 더욱이, 그들은 그들을 나타내는 사람들이 그들의 기술과 자격을 오도하거나 잘못 나타내지 않도록 확실히 해야 한다. 라디오나 TV 프로그램에서 인터뷰하는 심리학자들은 그들의 진술과 자격을 왜곡하지 못하게 특히 신중해야 한다. 그러한 프로그램의 목표가 단순히 정보를 전달하기보다는 즐겁게 하고 화제에 대한 선풍적

## 사례 연구 │ Dr. N은 자격이 없는 훈련생에게 심리검사를 하도록 허락하다

Dr. N은 지역 재활 병원에서 대량의 신경심리 평가를 수행하고 있다. 그녀는 지난 10년간 매주 여러 가지 평가를 수행해 왔다. 이 병원의 대부분의 환자들은 외상성 뇌 손상이나 척수 손상을 겪고 있다. Dr. N은 이 분야에서 여름 동안에 할 일을 찾고 있는 심리학을 전공하는 대학생과 만났다. 면접에 뒤이어, Dr. N은 그 학생을 신경심리 평가를 수행하는 데 고용하기로 결심하였다. Dr. N은 자신이 약간의 도움을 받을 수 있으며, 그것이 신경심리 검사를 실시하는 데 대해 그 학생이 배울 훌륭한 수련 기회라고 느꼈다. Dr. N은 그 학생을 몇 주 동안

검사 실시 수련을 시키고, 그 학생이 실제 환자를 대상으로 여러 가지 검사를 수행하는 것을 지켜보고, 그런 다음 병원에서 검사를 수행하게 하였다. 그들은 그날 실시한 검사를 평론하고, 지도감독을 제공하고 그리고 제기된 문제에 답하기 위해 마지막 일과 시간에 만났다. Dr. N은 자격이 없는 사람에게 전문 검사를 실시하게 함으로써 윤리적 위반을 범하였다. 몇 주 동안의 훈련을 제외하면, 이 심리학 전공 대학생은 신경심리 검사를 유능하게 실시 할 만큼 적절한 수련을 받지 못하였다.

## 사례 연구 │ Dr. O는 개발 이외의 목적으로 검사 재료를 사용한다

Dr. O는 회사 사장을 채용하는 데에 관심을 가진 컴퓨터 소프트웨어 회사의 이사회에 자문을 하게 되었다. 그들은 Dr. O가 세 명의 선두 후보자들 중 어떤 사람이 가장 좋은 회사 사장이 될지를 밝혀 주는 심리 평가를 해 주기를 희망하였다. 이 이사회는 세 명의 후보가 모두 뛰어나기 때문에, 각 개인의 심리적 기능, 성격 및 '개성'에 대한 더 나은 이해가 최고의 결정을 내리는 데 필요하다고 느꼈다. Dr. O는 세 명의 후보자 각자를

대상으로 2시간의 면접을 수행하고, 그런 다음 각자에게 심리 검사에 참여할 것을 요청하기로 결정하였다. Dr. O는 Rorschach, TAT 및 투사적 그림 그리기를 사용하기로 결정하였다. 검사 결과들을 토대로, Dr. O는 그 후보자들 중 한 명을 가장 유망한 회사 사장으로 추천하였다. Dr. O는 의도되지 않는 목적으로 이 검사 재료들을 비윤리적으로 사용하였다. 이 도구들은 인사 선발을 위해 고안되지도 타당화되지도 않았다.

## 사례 연구 │ Dr. P는 심리검사가 오용되는 것을 막지 못하였다

Dr. P는 영재학교에 입학을 지원한 7세 소녀에게 IQ 검사를 실시하였다. 영재학교에 입학하려면 IQ 점수가 130 이상이어야 한다. 그 아동은 WISC-IV에서 126점을 얻었다. 그 아동의 어머니는 그 검사가 자신의 아이의 잠재력을 과소평가하였다고 생각했고, 그 심리학자가 검사를 채점하는 데에서 오류를 범했을지도 모른다고 의심하였다. 그녀는 한 학교 심리학자인 친구가 그 점수를 검토할 수 있도록 그 심리학자에게 완전한 기록물 사본을 달라고 요구하였다. Dr. P는 아동의 어머니에 의해 협박당한다고 느껴서 그 검사를 그녀에게 주었다. 그 어머니는

자신의 아이에게 그 심리학자에게서 받은 검사를 공부시킨 다음 검사받은 적이 있다는 것을 모르는 또 다른 심리학자에게 두 번째 검사를 받게 하였다. 그 딸은 두 번째 실시에서 139점을 받았고 그 학교에 입학하였다. Dr. P는 그 검사 재료의 안전성을 보호할 의무가 있었고, 그 어머니에게 기록 문서 사본을 주지 말았어야 했다. 대부분의 주에서 환자(환자가 미성년이면 부모)는 그들의 의료 기록과 기타 기록들을 평론하고 복사할 법적인 권리를 지니고 있는 반면에, 그들은 기밀을 보장해야 하고 저작권이 있는 심리 검사 재료를 복사할 권리는 없다.

인기를 끌려는 것이기 때문에, 심리학자들은 잠재적인 윤리적 딜레마를 피하는 데 경계해야 한다 (McCall, 1988; McGrath, 1995). 더욱이, 인터뷰는 편집될 수도 있기 때문에 어떤 심리학자에 의한 주의 깊은 논평은 제거될 수 있는 반면에, 짤막하지만 잠재적으로 오도하는 효과는 오래 남는다. 심리학자들은 그들의 논평이 맥락을 벗어나거나 혹은 부적절하거나 오도되지 않도록 주의해야 한다.

**치료** : 심리학자들은 전문적인 방식으로 치료적 관계를 구성해야 한다. 여기에는 심리치료로부터 기대될 수 있는 것, 치료비 및 비밀보장 합의 그리고 전문가 위치나 수련생 지위를 처음부터 명확히 하는 것이 포함된다. 심리학자들은 전문적인 서비스를 제공하기 전에 동의서를 얻어야 한다. 앞서 언급한 바와 같이, 심리학자들은 현재의 환자들과 절대로 성적인 관계를 가져서는 안 되고, 절대로 그들이 과거에 성적인 관계를 가졌던 사람들과 치료를 시작해서는 안 된다. 심리학자들은 개인적 문제, 질병, 재배치 또는 죽음 때문에 제공하는 서비스의 어떠한 잠재적인 혼란에 관해서도 미리 조심을 해야 한다. 심리학자들은 그것이 내담자에 대한 최선의 득이 되지 않는 한 내담자를 포기하거나 전문적인 관계를 종결해서는 안 된다. 심리학자들은 자기 및 타인들에게 심각하거나 즉각적

인 위험 혹은 그들이 보고하게 되어있는 아동학대가 의심되는 정보와 같은 법적이거나 윤리적인 예외가 나타나지 않는 한 내담자의 기밀을 지켜줄 필요가 있다. 심리학자들은 비밀보장을 유지하는 방식으로 전문적인 기록을 유지하고, 심리학자의 사망, 재배치 또는 고용 직책의 종결의 경우 그들이 비밀보장을 유지하는 방법을 제공해야 한다.

심리학자들이 환자와의 성적 관계에 관여해서는 안 된다는 것이 명백해 보일지라도, 성적인 무분별은 심리학 윤리 위원회의 주의를 환기시키는 주요한 윤리 위반들 중의 하나이다(APA, 1995c, 2009c). 사실 Pope(1998)는 7%의 남성 치료자들과 2%의 여성 치료자들이 환자들과 성적인 접촉을 한다고 보고한다. 다른 조사들은 3%에서 12%의 심리학자들이 환자들과 성적인 접촉을 하였다는 것을 보고하였다(Pope, 1994; Rodolfa et al., 1994; Stake & Oliver, 1991). 조사들은 또한 남성 심리학자들이 여성 심리학자들보다 훨씬 더 많이 환자들과의 성적 관계를 맺는 경향이 있다는 결과를 지지하였다(Bam, 1997; Holroyd & Brodsky, 1977; Pope, 1994, 1998; Rodolfa et al., 1994). 더욱이, 한 환자와 성적으로 관여된 약 80%의 심리학자들이 다른 환자들과도 성적으로 관여되었는데(Holroyd & Brodsky, 1977; Pope, 1998), 여기에는 아동이나 청소년과의 성적인 관여도

---

**사례 연구** | **Dr. Q는 자신의 이점을 위해 환자와 함께한 작업을 사용한다**

Dr. Q는 우울증이 있는 부유한 명사를 성공적으로 치료하였다. Dr. Q는 그 명사가 공개적으로 사람들에게 그 치료에 관하여 말해 준다면, 자신은 유명해지고 새로운 환자들과 대중 매체들이 많이 찾게 될 것이라고 생각하였다. Dr. Q는 그 명사 환자와 자신이 낮 시간의 토크 쇼에 출연하여 그녀의 치료 성

공에 대해 토론하자고 제안하였다. 그 환자는 그녀가 그 같은 가치 있고 성공적인 치료를 제공한 것에 대해 Dr. Q에게 호의를 입었다고 느껴서 마지못해 동의하였다. Dr. Q는 비윤리적으로 그의 유명한 환자에게 자신의 치료에 대한 답례를 하게 함으로써 영향력을 행사하였다.

## 사례 연구　　Ms. R은 그녀의 자격증을 잘못 말하도록 허락하다

Ms. R은 지방 병원에서 임상 인턴쉽 과정을 이수하고 있는 임상심리학 전공 대학원생이다. 그녀는 모든 과정을 이수하였으며, 박사학위를 위한 논문도 끝마쳤다. 그녀는 인턴쉽 프로그램을 이수하자마자 대학원 프로그램을 수료하게 될 것이고 학위를 취득하게 될 것이다. Ms. R의 지도감독자는 병원에서 전일제로 일하는 정신과 의사이다. 그는 Ms. R을 병원 환자들에게 "Dr. R"로 소개한다. Ms. R은 그녀의 지도감독자에게 그녀는 아직 "Dr."가 아니라는 것을 알렸다. 지도감독자는 그렇

게 하는 것이 환자들이 치료에 더 신뢰감을 갖게 하기 때문에 병원에서 일하는 모든 학생들(의대생을 포함해서)은 "Dr."로 언급된다고 말하였다. Ms. R은 면허 받은 정신과 의사인 그녀의 지도감독자가 자신이 무엇을 하고 있는지 틀림없이 알고 있다고 생각했기 때문에, 그 문제를 더 이상 다루지 않고 자신을 환자들에게 "Dr. R"로 소개하였다. Ms. R은 자신의 지위를 다른 사람에게 잘못 해석하게 하고, 환자들과 스탭들을 모두 오도함으로써 윤리적 위반을 범하였다.

---

포함되었다(Bajt & Pope, 1989). 한 전국 조사는 대다수의 심리학자들이 일부 내담자에게 성적으로 매력을 느꼈으며(87%), 그들 대부분이 이 감정들에 죄책감을 느꼈음을 발견하였다(63%, Pope, 1998; Pope, Keith-Spiegal, & Tabachnick, 1986). 심리학자들은 심지어 그들의 학생들이나 지도감독을 받는 사람들과 성적 친밀성에 훨씬 더 관여하는 것 같다. 한 조사는 약 17%의 여성 심리학자들이 자신의 대학원 교수와 성적인 관계를 가졌다는 것을 드러낸 반면(Glaser & Thorpe, 1986), 약 12%의 심리학 교수들이 학생들과 성적인 관계를 가졌다고 보고하였다(Pope et al., 1987).

윤리규약은 심리학자와 환자간의 성적 친밀성이 최소한 서비스의 종결 후 2년뿐만 아니라 심리치료와 같은 전문적인 서비스가 진행 중인 동안에도 비윤리적이라고 언급한다(APA, 2002). 더욱이, 종결 후 2년 규칙에 따라서 시작되는 성적 관계도 그것이 착취적인 것이 아니라는 것을 증명해야 한다. 다수의 저자들은 심지어 전문적인 서비스의 종결 후 2년 뒤에 나타나더라도 심리학자와 환자 사이에 나타나는 모든 성적인 관계도 불편한 것이라고 보고한다(Gabbard,

1994). 환자와 치료자 사이의 성적인 행동에 대한 금지에 동의하더라도, 일부 전문가들은 상호적인 매력 및 사랑은 많은 심리치료 관계에서 기대될 수 있고 심리치료에서 도움이 될 수도 있다고 느낀다(Baur, 1997; Zur, 2007).

비밀보장이 심리치료적 관계를 유지하는 데 중요한 것이고 모든 주가 비밀보장에 대한 법적 제한을 갖고 있더라도(예, 아동학대를 보고하는 법률), 대다수의 심리학자들은 그들의 환자에게 비밀보장에 대한 제한이 있다는 것을 환자들에게 경고하지 않는다. 한 조사는 39%의 심리학자들이 자신의 환자들과 비밀보장 합의를 논의하지 않았다고 보고하였으며, 19%의 심리학자들이 심리치료에서 언급되는 모든 것이 기밀이 유지된다고 자신의 환자들에게 잘못 알려주었음을 밝혔다(Baird & Rupert, 1987).

전문적인 기록은 전문적인 서비스의 종결 후에도 유지되어야 한다. 많은 주들은 전문적인 기록이 얼마나 오래 유지되어야 하는지에 대한 법률을 가지고 있다. APA(2007)는 성인의 경우에는 전문 치료 후 적어도 3년, 미성년자의 경우에는 성년이 된 후 3년 동안 환자의 모든 기록을 보관할 것을 제안하고 있지만

**사례 연구**

## Dr. S는 자신의 수련에 관하여 다른 사람들을 오도하였다

Dr. S는 Harvard대학교에 여름 동안 6주간의 세미나에 참석하였다. 그다지 유명하지 않은 대학교에서 학위를 취득한 Dr. S는 6주간의 세미나 동안 그처럼 유명한 대학에 있게 된다는 것을 좋아하였다. 세미나에 뒤이어, Dr. S는 'Harvard대학교 수련'이라고 그의 이력서, 개인 개업 편지지 및 개인 개업 안내 책자에 추가하였다. 그는 또한 그가 공개 강의에 나갈 때마다 항상 Harvard대학교에서 수련 받았다고 언급한다. 사실, Dr. S는 약간의 Boston 억양만을 발달시킨 것으로 보인다! Dr. S는 Harvard에서의 그의 수련과 경험을 잘못 나타내고 과장함으로써 비윤리적으로 행동하였다.

문서기록 지침과 요건에 관한 주 법률과 연방 법률에 주의를 기울이는 것이 중요하다고 진술하였다. 예를 들어, California에서는 성인의 경우 7년 동안 그리고 미성년자의 경우에는 성년이 된 후 7년 동안 기록을 유지할 것을 요구한다.

심각한 질병의 경우에, 내담자 기록의 비밀보장이 유지되지만 내담자와 그들의 잠재적인 미래 심리학자나 다른 정신건강 전문가들에게 접근될 수 있다는 것을 확실히 하는 적절한 합의를 심리학자는 해야 한다. 그런 위기나 상황이 전개되면 심리학자들은 동료가 기록 및 서비스를 이전받아 처리할 수 있도록 준비해야 한다.

**강의, 수련, 지도감독, 연구 및 출판 :** 심리학자들은 강의 활동에서 정확하고 객관적이어야 하고, 자격 있는 분야에서만 가르쳐야 한다. 그들이 수행하는 수련이나 교육 프로그램은 과목의 정보, 목표 그리고 평가 방법에 대한 정확한 기술을 포함해야 한다. 심리학자들은 자신들이 지도감독하거나 평가하는 학생들에게 시기적절하게 알맞은 피드백을 제공해야 한다. 그들은 연구 피험자로부터 동의서를 얻어야 하고, 연구에서 사용되는 동물들을 인도적으로 다뤄야 한다. 그들은 연구 설계와 계획에서 타인의 권리를 보호하고 정직하고 오도하지 않는 방식으로 결과를 보고할 책임

이 있다. 심리학자들은 연구에서 속이는 것을 피해야 하고, 불가피할 경우에는 피험자들에게 사후에 설명을 해야 하며, 해를 최소화하도록 조심할 필요가 있다. 심리학자들은 절대로 표절에 관여해서는 안 되며, 각 저자의 정당한 기여를 토대로 하여 출판 업적을 분배해야 한다. 따라서 심리학자들은 자신의 연구 자료나 타인들의 연구 자료를 이중으로 출판해서는 안 된다. 심리학자들은 결과를 확증하고자 할 때 동료들과 자료를 공유한다.

**법정 활동 :** 법정이나 법률 관련 서비스를 제공하는 심리학자들은 평가 도구를 그것이 개발되었던 목적에 맞게 사용하는 데 신중을 기한다. 그들은 법정 업무에서 자신의 역할을 분명히 하고 오도된 진술을 피하는 데에 신중하다. 법정 상황에서 일하는 심리학자들은 예를 들어, 아동 양육권 합의, 노동자 보상 또는 정신 이상이 없음을 밝히기 위한 형사 변론을 포함하는 법률 소송에 대해 흔히 전문 증언, 자문 및 평가를 제공한다. 흔히 심리학자의 업무에 관여된 수많은 상이하고 대립적인 당사자들이 있다. 이들에는 판사, 검사, 피고, 원고, 그밖에 사람들이 포함될 수 있다. 법정 활동에서 일하는 심리학자들은 모든 관련 당사자들이 오해 및 잠재적으로 비윤리적이거나 편향된 행동을 피하도록 그들의 역할과 한계를 분명히 해야

〈전형적인 심리학적 서비스 동의서의 예〉

# 심리학자-환자 서비스 계약서[CALIFORNIA]

이 문서(동의서)는 저의 전문적인 서비스와 사업 정책에 관한 중요한 정보를 담고 있습니다. 여기에는 또한 건강보험 휴대 및 책임 법안(Health Insurance Portability and Accountability Act, HIPAA)에 관한 요약정보를 담고 있는데, 이 새로운 연방 법률은 치료, 지불, 및 건강진료 운영의 목적을 위하여 사용된 당신의 건강정보 보호(Protected Health Information, PHI)의 사용과 노출에 관련된 새로운 사생활 보호와 새로운 환자 권리를 제공하고 있습니다. HIPAA는 제가 당신에게 치료, 지불 및 건강진료 운영에 대한 PHI의 사용과 노출에 대한 사생활 실무 통지(Notice of Privacy Practices(Notice))에 대한 것을 제공할 할 것을 요구하고 있습니다. 이 동의서에 첨부되는 통지는 당신의 개인적인 건강정보에 대한 HIPAA와 그것의 적용을 아주 상세하게 설명해줄 것입니다. 이 법은 이 회기가 끝날 때 이 정보에 대한 것을 제가 당신에게 제공하였다는 것을 인정 하는 당신의 서명을 받아야 한다고 요구하고 있습니다. 이들 문서가 길고 때때로 복잡할지라도 당신이 다음 회기 전에 이것들을 주의 깊게 읽는 것은 매우 중요합니다. 당신이 이 절차에 관하여 가지는 어떤 질문이라도 그때마다 논의할 수 있습니다. 당신이 이 문서에 서명하면 그것은 또한 우리사이의 동의를 나타내는 것입니다. 당신은 언제라도 서면으로 이 동의서를 철회할 수 있습니다. 제가 이 동의서를 근거로 당신을 고소하지 않는 한; 당신의 보험회사가 당신의 보험증서에 있는 청구를 처리하거나 입증하기 위해서 저에게 부과한 의무가 있다면; 또는 당신이 비용을 물게 된 어떠한 재정적 의무라도 만족하지 않았다면; 이 철회는 제가 준수할 의무가 있습니다.

## 심리학적 서비스

심리치료는 일반적인 진술로는 쉽게 묘사되지 않습니다. 심리치료는 심리학자와 환자의 성격에 따라 다양하며 또한 당신이 경험하고 있는 특정한 문제에 따라서도 다양해집니다. 당신이 다루기를 원하는 문제를 해결하기 위하여 제가 사용할 수 있는 많은 상이한 방법들이 있습니다. 심리치료는 의사를 방문하는 것과는 같지 않습니다. 대신에, 그것은 당신의 매우 적극적인 노력을 요구합니다. 치료가 가장 성공적으로 되기 위해서는 당신은 우리의 회기 동안은 물론 집에서도 우리가 이야기한 것들에 대해 실행을 해야 할 것입니다.

심리치료와 심리학적 평가는 이점과 위험요소가 있을 수 있습니다. 치료와 평가는 종종 당신의 인생의 유쾌하지 않은 측면에 대한 논의를 포함하기 때문에 당신은 슬픔, 죄책감, 분노, 좌절, 외로움 그리고 무기력감과 같은 불편한 느낌을 경험할 수도 있습니다. 한편, 심리치료와 평가는 또한 많은 이득을 주는 것으로 보여왔습니다. 예를 들어 치료는 종종 더 나은 관계, 특정한 문제의 해결 그리고 고통스러운 느낌의 현저한 감소를 가져다줍니다. 그러나 당신이 경험하게 될 것에 대한 어떠한 보장도 없습니다.

우리의 첫 번째 회기는 당신의 욕구의 평가를 포함할 것입니다. 평가의 끝 무렵에, 당신이 치료와 평가를 계속 하기로 결심한다면, 나는 당신에게 우리의 작업이 포함시킬 것에 대한 어떤 첫 인상 그리고 이어지는 치료나 평가 계획을 제공할 수 있을 것입니다. 당신은 나와 함께 한 작업에서 당신이 편안한 느낌을 가졌는지의 여부에 대한 당신 자신의 의견에 따른 이러한 정보를 평가해야만 합니다. 심리학적 서비스는 시간, 돈 및 에너지의 막대한 전념을 포함할 수 있기 때문에 당신이 선택하는 심리학자에 관하여 매우 신중해야 만 합니다. 당신이 나의 치료절차에 대한 질문이 있다면, 질문이 생길 때마다 우리는 그것들을 논의해야만 합니다. 당신의 의문이 계속된다면, 나는 당신을 돕기 위한 다른 사람의 의견을 얻기 위해서 또 다른 정신건강 전문가와의 만남을 마련하는 것을 행복하게 여길 것입니다.

(계속)

## 미팅

나는 정상적으로는 1회기에서 2회기까지 지속되는 평가를 수행합니다. 이 시간 동안에, 우리는 내가 당신의 치료와 평가 목적을 충족시키기 위해서 당신이 필요로 하는 서비스를 제공해주는 최선의 사람인가를 모두 결정할 수 있습니다. 서비스가 시작되면, 우리가 사전에 이 협의에 모두 동의를 한다면, 어떤 회기는 더 길어질 수도 있거나 더 잦아질 수도 있지만, 나는 보통 우리가 동의 한대로 한 번 만날 때마다 한 회기당 50분(50분 지속되는 약속시간)으로 계획할 것입니다. **일단 약속시간이 계획되면, 당신이 24시간 전에 미리 취소 통지를 하지 않는 한 그것에 대해서 지불을 해야 할 것입니다. 보험회사가 취소된 회기나 또는 빠진 회기에 대해서 환급을 하지 않는다는 것을 제공하지 않는 것을 유의하는 것이 중요합니다.**

## 전문가 치료비

나의 시간당 치료비는 200달러입니다. 면대면 약속(심리검사를 위한 1시간당 400달러) 이외에, 만약 내가 한 시간 이하로 업무 수행을 한다면 시간당 비용을 부과하지 않겠지만 당신이 필요로 하는 다른 전문적 서비스에 대한 총액은 청구합니다. 다른 서비스는 보고서 쓰기, 15분 이상 지속되는 전화 대화, 당신이 허용한 다른 전문가들과의 자문, 기록 혹은 치료 요약의 준비, 그리고 당신이 나에게 요청할 수도 있는 어떤 다른 서비스를 수행하는 데 보낸 시간이 포함됩니다. 만약 당신이 나의 참여를 요구하는 법적 절차에 관여된다면, 당신은 나의 모든 전문적인 시간에 대해 지불해야 할 것인데, 여기에는 준비와 이동비용이 포함이 되며, 심지어 내가 다른 당사자에 의해 증언을 하기 위해 요청이 되는 경우에도 포함이 됩니다. [법적 관여의 어려운 점 때문에, 나는 어떤 법적절차의 준비와 참석에 대해 시간당 300달러를 청구합니다.]

## 나에게 연락하기

나의 업무 일정 때문에, 나는 종종 즉시는 전화를 받지 못합니다. 내가 전화를 받지 못할 때는 내가 자주 확인하는 음성 메일이 응답을 할 것입니다. 나는 주말, 공휴일, 그리고 방학을 제외하고는 당신이 전화한 그 날이나 24시간 이내에 당신의 전화에 응답하기 위한 모든 노력할 것입니다. 당신이 받기 어렵다면, 당신이 받을 수 있는 시간을 나에게 알려주십시오. 만약 당신이 연락을 받을 수 없거나 내가 당신의 전화에 응답하는 것을 기다릴 수 없다고 느낀다면 당신의 주치의나 가장 가까운 응급실로 연락해서 전화로 심리학자[정신과 의사]를 요청하십시오. 내가 더 시간을 내지 못할 경우에는, 만약 당신이 필요로 하고 원한다면 나는 연락할 동료의 이름을 당신에게 줄 것입니다. 당신은 또한 이메일을 통해서 나에게 연락할 수도 있을 것입니다.

## 비밀 보장에 대한 제한

법은 환자와 심리학자 사이의 모든 의사소통에 관한 사생활을 보호합니다. 대부분의 상황에서는, 당신이 주 법률이나 HIPAA에 의해 부과된 어떤 법률적인 요구 사항을 충족하는 서면으로 된 **권한부여** 양식에 서명을 하면 나만이 다른 사람들에게 당신의 치료에 대한 정보를 넘겨줄 수 있습니다. 그러나 당신의 동의나 권한부여 없이도 내가 정보 노출을 허용하거나 요구하는 어떤 상황이 있습니다:

- 나는 때때로 어떤 사례에 대해서는 다른 건강전문가들이나 정신건강 전문가들을 자문하는 것이 도움이 된다는 것을 발견합니다. 자문 동안에, 나는 내 환자의 신상을 공개하지 않도록 최선의 노력을 합니다. 다른 전문가들도 또한 법률적으로 정보의 비밀 보장을 반드시 유지해야 합니다. 당신이 반대를 하지 않는다면, 우리가 함께 작업하는 것이 중요하다고 느끼지 않는 한, 이 자문에 관하여 당신에게 말하지 않을 것입니다. 나는 모든 자문을 당신의 **임상 기록지**(귀하의 건강 정보에 대한 사생활을 보호하기 위한 **심리학자의 정책 및 실무에 관한 통지**에서 'PHI' 라고 불리는)를 적을 것입니다.

(계속)

- 나는 강의를 하며 책과 전문적인 논문을 출판하기 때문에, 치료에 관한 측면들은 의학 학술지나 과학 학술지에 개제될 수 있거나 전문 학회, 강연 또는 기타 발표에서 발표됩니다. 당신의 익명성을 보호하기 위해서 모든 가능한 예방책이 취해질 것입니다.

- 나는 또한 여러 적절한 사업체와 계약을 합니다. HIPAA에 의해 요구되는 것과 같이, 나는 이 사업체들과 공식적인 부사업계약을 체결하는데, 여기에서 특별히 이 계약에서 허용되거나 그렇지 않으면 법률에 의해 요구된 것 외에는 이 자료의 비밀 보장을 유지하기 위한 보증을 합니다. 당신이 원한다면, 나는 당신에게 이들 조직의 이름으로 된 계약서나 이 계약서의 서식 사본을 당신에게 제공할 수 있습니다.

- 건강 보험업자들에 의해 요구된 노출, 혹은 기한이 지난 치료비를 징수하기 위한 노출은 이 계약서의 어디에서나 논의될 수 있습니다.

- 어떤 환자가 스스로를 해치려고 위협한다면, 나는 그 사람을 위해 입원을 시키려고 시도하거나 보호를 제공해 줄 수 있는 가족성원들이나 다른 사람들과 접촉해야 할 의무가 있을 수 있습니다.

- 당신이 법정 소송 절차에 관여되어있고, 내가 당신에게 제공한 전문 서비스나 그것에 관한 기록에 대한 정보요청이 있을 경우에는, 그러한 정보는 심리학자–환자 특혜 법률에 의해 보호됩니다. 나는 당신(또는 당신의 법적 지정 대리인)의 서면 권한부여, 법정 명령 또는 강제 처리(소환) 또는 다른 당사자가 당신에게 적절한 통지(요구되었을 때)하였거나 PHI를 획득하기 위한 타당한 법적 근거를 진술한 법정 소송절차에 대한 다른 당사자로부터의 개시(역자 주 : 공판 전에 한쪽 당사자의 요구에 따라 증거 또는 사실을 제시하는 일)요청 없이는 어떤 정보라도 제공할 수 없는데, 나는 주 법률 또는 당신이 나에게 거절하지 못하게 알려주었을 때 나는 거절할 근거를 가지지 못합니다. 당신이 소송에 관여되거나 계획 중에 있다면, 법정이 나에게 정보를 노출하라고 명령할지 여부를 결정하기 위하여 당신은 당신의 변호사에게 자문을 구해야 합니다.

- 정부 기관이 그들의 법적 권한에 따라 건강 감시 활동에 대한 정보를 요청하는 경우, 나는 그들을 위해 그것을 제공해야 할 필요가 있습니다.

- 어떤 환자가 나에 대해서 불평이나 소송을 제기한다면, 나는 내 자신을 방어하기 위해서는 그 환자에 대한 관련 정보를 노출할 수도 있습니다.

- 어떤 환자가 노동자의 보상 청구를 제기한 경우, 적절한 요청 시, 나는 청구인의 상태에 관련된 정보를 그 노동자의 보상 보험업자에게 노출해야만 합니다. 내가 법적으로 조치를 취할 의무가 있는 몇몇 상황이 있는데, 이는 해로운 것으로부터 다른 사람들을 보호하는 시도가 필요하다고 믿으며 환자의 치료에 대한 어떤 정보를 들어내야 할 필요가 있을 수 있습니다. 이런 상황은 나의 실무에서는 드문 것입니다.

- 나는 18세 미만의 어린이나 혹은 내가 관찰했던 18세 미만으로 합리적으로 추측한 어떤 어린이가 아동 학대 또는 방치의 희생자인 것을 알았을 경우, 법률은 내가 적절한 정부기관 보통은 카운티 복지과에 보고서를 제출해야 한다고 요구합니다. 나는 또한 정신적인 고통이 어떤 어린이에게 가해졌거나 그 어린이의 정서적 웰빙이 어떤 다른 방법(신체적 혹은 성적인 학대 또는 방치 이외)으로 위태로워졌다는 것을 알고 있거나 꽤 의심이 되는 경우 보고서를 작성할 수도 있습니다. 일단 그러한 보고서가 제출되면, 나는 추가적인 정보 제공을 요청받을 수도 있습니다.

- 내가 상당한 신체적 학대, 유기, 유괴, 격리, 노인이나 의존적인 성인에 대한 재정적 학대나 방치인 것으로 보이는 어떤 사건을 관찰하거나 알고 있을 경우, 혹은 어떤 노인이나 의존적인 성인이 신체적 학대를 구성하는 행위나 과실, 유기, 유괴, 격리, 재정적 학대 또는 방치, 꽤 의심되는 학대를 포함하는 행동을 경험했다고 확실히 믿을만하게 보고하는 경우, 이 법률은 내가 적절한 정부기관에 보고해야 한다는 것을 요구하고 있습니다. 이와 같은 보고가 일단 제출되면, 나는 추가적인 정보 제공을 요청받을 수도 있습니다.

(계속)

● 어떤 환자가 확인 가능한 희생에 대한 신체적 폭력에 대한 심각한 위험을 의사소통하는 경우, 나는 그 잠재적인 희생을 통지하고 경찰에 연락을 하는 것을 포함해서 보호적인 행동을 취해야 합니다. 나는 또한 그 환자를 입원시키거나, 희생자를 보호하는 데 도움을 줄 수 있는 다른 사람들에게 연락을 할 수도 있습니다.

● 나는 환자가 그 자신에게 위험이 되는 정신적 또는 정서적 상태에 있다는 것을 믿을만한 합리적인 원인을 가지고 있는 경우, 나는 보호적인 행동을 취할 의무를 가지는데, 여기에는 입원을 시키거나 보호를 제공할 수 있는 가족성원들이나 다른 사람들에게 연락을 하는 것이 포함됩니다.

이와 같은 상황이 발생하는 경우, 나는 어떤 행동을 취하기 전에 당신과 함께 그것을 충분히 논의하는 모든 노력을 할 것이며 필요한 경우에 노출을 제한할 것입니다.

비밀보장에 예외에 대한 이 서면 요약이 잠재적인 문제에 대해 당신에게 알리는 데 도움이 되는 것으로 판명되는 것이 틀림없는 반면에, 당신이 지금이나 미래에 가질 수도 있는 어떠한 질문이나 관심을 우리가 논의하는 것은 중요합니다. 비밀보장을 관장하는 법률은 매우 복잡할 수 있는데 나는 변호사는 아닙니다. 구체적인 조언이 필요한 상황에서는, 공식적인 법적 조언을 필요로 할 수도 있습니다.

## 전문가 기록

나의 전문가에 관한 법률과 기준은 당신의 **임상 기록**에서 당신에 관한 **건강 정보 보호(PHI)**를 지킬 것을 요구합니다. 노출이 당신이나 다른 사람들을 신체적으로 위태롭게 하거나 또 다른 사람에게 언급하거나(그러한 다른 사람이 건강보호 제공자가 아닌 한) 그리고 내가 그 접근이 그러한 다른 사람에게 상당히 잠재적인 해를 일으키기 쉽다고 믿으며 또는 정보가 다른 사람에 의해 은밀하게 나에게 제공되는 독특한 상황들은 예외로 한다면 당신은 서면으로 요청할 경우 당신의 **임상기록**의 사본을 검토할 수 있거나 받을 수도 있습니다. 이것들은 전문가 기록이기 때문에, 그 기록들은 수련받지 않은 독자들에게는 오해할 수 있거나 혼란스러울 수 있습니다. 이러한 이유로, 나는 당신이 처음에 내 앞에서 그것을 검토하거나, 또는 그것들을 다른 정신건강전문가에게 가지고 가서 당신이 그 내용을 논의할 수 있을 것을 권장합니다. 사본하는 데 드는 비용은 한 페이지당 25센트입니다. 내가 당신의 기록에 대한 당신의 접근 요청을 거절하는 경우, 당신은 검토할 권리가 있는데 나는 그 요청에 대해 당신과 함께 논의할 것입니다(다른 사람들에 의해 은밀히 나에게 제공되는 정보는 제외).

그 외에, 나는 또한 **심리치료 노트**를 보관할 수도 있습니다. 이들 노트는 내 자신이 사용하기 위한 것인데 당신에게 최상의 치료를 제공하는 데서도 나에게 도움이 되도록 고안되었습니다. 심리치료 노트의 내용이 환자에 따라 다양한 반면, 그것들은 우리의 대화 내용, 그 내용에 대한 나의 분석 그리고 그것들이 어떻게 당신의 치료에 영향을 미쳤는가 하는 것을 포함할 수 있습니다. 심리치료 노트는 또한 특히 당신이 나에게 드러낼 수도 있는 당신의 심리기록에 포함되도록 요청되지 않은 특히 민감한 정보를 담고 있습니다[심리치료 노트는 또한 다른 사람들로부터 나에게 은밀히 제공된 정보를 포함하고 있습니다.] 이들 심리치료 노트는 임상 기록과는 별도로 보관됩니다. 당신의 심리치료 노트는 당신의 서면으로 서명된 권한부여 없이는 당신에게도 이용 가능하지 않으며 어느 누구에게도 보내질 수 없습니다. 보험 적용 범위 조건이 당신이 그것을 제공하기를 거부하는 것에 대하여 어떤 방식으로 당신을 불리하게 하기 때문에 보험 회사는 당신의 권한부여를 요구할 수 없습니다.

(계속)

## 환자의 권리

HIPAA는 당신의 임상 기록 및 건강 정보 보호의 노출과 관련하여 여러 가지 새로운 또는 확장된 권리를 당신에게 제공해줍니다. 이들 권리에는 내가 당신의 기록을 개정할 것을 요청하는 것; 당신의 임상기록에서 나온 정보가 다른 사람들에게 노출되는 것에 대한 제한을 요청하는 것; 당신이 동의하지도, 권한을 부여하지도 않은 대부분의 건강 정보 보호 노출 때문에 요청하는 것; 어떤 정보 보호 노출이 보내졌는지에 대한 장소를 밝히는 것; 당신의 기록에 기록된 나의 정책 및 절차에 관해 당신이 하는 어떤 호소를 하는 것; 그리고 이 계약서, 첨부된 통지양식 그리고 나의 사생활 정책 및 절차의 종이 사본에 대한 권리가 포함됩니다. 나는 당신과 함께 이러한 권리에 대해서 논의하는 것이 행복합니다.

## 미성년자 그리고 부모

심리학자가 그들의 개입이 부적절하다고 결정하지 않는 한 자주적이지 않은 18세 미만의 환자들은 자신의 부모 또는 보호자의 관여에 따라 심리학적 서비스에 동의할 수 있습니다. 12세 이상의 어떤 환자는 그 사람이 이러한 서비스들에 지적으로 참가하기에 충분히 성숙되어있으면 심리학적 서비스에 동의 할 수 있어서, 그 미성년 환자는 자신이나 다른 사람들에 대한 심각한 신체적이거나 정신적 해의 위험을 표현할 수도 있거나, 근친상간 또는 아동학대의 희생자일 수도 있습니다. 또한 12세 이상의 환자들은 어떤 상황에서 알코올 및 약물 치료에 동의할 수도 있습니다. 그렇지만 18세 미만의 자주적이지 않은 환자들과 이들의 부모들은 내가 그 접근이 환자에 대한 나의 전문적 관계나 환자의 신체적 안전이나 심리적 웰빙에 해로운 영향을 끼친다고 내가 결정하지 않는 한 법률은 부모들이 자신들의 자녀의 치료 기록을 검토할 수 있게 허용할 수도 있다는 것을 알고 있어야 합니다. 심리치료에서의 사생활은 특히 10대들을 대상으로 하는 성공적인 진행을 위해서 흔히 중요하기 때문에, 부모의 개입은 또한 필수적인데, 정보접근에 대한 미성년자(12세 이상)와 그들의 부모와의 계약서를 요청하는 것이 통상적인 나의 정책입니다. 이 계약서는 치료 기간 동안에 치료의 진행과 예정된 회기에 환자의 출석에 대해 일반적인 정보만을 부모들에게 제공할 것이라는 것을 제시하고 있습니다. 나는 또한 치료가 끝날 때 그들의 자녀의 치료 요약을 부모들에게 제공할 것입니다. 자녀가 위험하거나 누군가 다른 사람에게 위험하지 않는 한 어떤 다른 의사소통이 자녀의 권한부여를 요구할 것인데 이 경우 나는 나의 우려를 부모들에게 통지할 것입니다. 부모에게 어떤 정보를 제공하기 전에, 나는 가능하다면 그 자녀와 문제를 논의할 것이며 그리고 그 아동이 가질 수도 있는 어떠한 반대를 다루기 위해 최선을 다 할 것입니다.

## 청구 및 지불

우리가 달리 합의하지 않는 한 또는 당신이 또 다른 합의를 요구하는 보험적용범위를 가지지 않는 한, 당신은 매번 매 회기에 대해 지불해야 합니다. 다른 전문가 서비스에 대한 지불 명세서는 그것들이 요청될 때 동의될 것입니다.[흔치 않은 재정적 곤란 상황에서는, 할부 지불을 기꺼이 협상할 수도 있습니다.]

당신의 계좌로 60일 이상 지불이 되지 않거나 지불 협의가 동의되지 않았을 경우에, 나는 지불을 확보할 법적 수단을 사용하는 선택권을 갖습니다. 이것은 나에게 그렇지 않으면 비밀 보호 정보 노출을 요구하게 될 미수금 처리 대행 회사를 고용하거나 소액재판법정을 통하는 것이 포함될 수 있습니다. 대부분의 미수금 처리 대행 상황에서는, 내가 환자 치료에 대해 내어놓는 유일한 정보는 환자의 이름, 제공된 서비스의 성질, 그리고 환자가 지불해야 할 금액입니다. [그와 같은 법적 행위가 필수적인 경우, 그 비용은 청구서에 포함될 것입니다.]

(계속)

## 보험 환급

우리가 현실적인 치료 목표와 우선순위를 설정하기 위해서, 당신이 당신의 치료에 지불 가능한 어떤 자원을 가지고 있는지를 평가하는 것은 중요합니다. 당신이 건강 보험증서를 가지고 있는 경우, 그것은 일반적으로 정신건강 치료에 대한 어느 정도의 적용범위를 제공하고 있을 것입니다. 당신이 어떤 제목으로 이득을 받는데 내가 도울 수 있는 것은 무엇이든 간에 양식을 작성해서 당신에게 제공할 것입니다; 그렇지만 당신(당신의 보험회사가 아닌)은 내 치료비에 대한 전액지불의 책임이 있습니다. 그것은 당신의 보험증서가 어떤 정신건강 서비스를 적용할 수 있는지를 정확하게 파악하는 것이 매우 중요합니다.

당신은 정신건강 서비스를 기술하고 있는 당신의 보험 적용 소책자에서 그 부분을 주의 깊게 읽어야 합니다. 보험적용 범위에 관하여 질문이 있는 경우에, 당신의 보험 계획 담당자에게 전화하십시오. 물론 내 경험에 기반을 두어 내가 할 수 있는 어떤 정보라도 당신에게 제공할 것이며 당신이 당신의 보험회사로부터 받는 정보를 이해하는 데 당신을 돕는 것은 행복할 것입니다. 그것이 혼란을 명료하게 하는 것이 필수적인 경우, 나는 당신을 위하여 회사에 기꺼이 전화를 할 것입니다.

건강 진료비의 상승으로 인해, 보험 혜택은 점점 더 복잡해졌습니다. 얼마나 많은 정신건강 보험 적용범위가 이용가능한지를 정확하게 밝히는 것은 때로는 어렵습니다. HMO와 PPO와 같은 "건강 진료 관리"는 흔히 정신건강 서비스에 대한 환급을 제공하기 전에 권한부여를 요구합니다. 이러한 계획은 흔히 어떤 개인의 보통 기능 수준을 방해받는 특정 문제를 치료하는 데 고안된 단기 치료 접근에 한정되고 있습니다. 그것은 어떤 일정한 횟수의 회기 후에 더 많은 치료에 대한 승인을 얻는 것이 필수적일 수 있습니다. 많은 것이 단기 치료로 수행될 수 있는 반면에, 어떤 환자들은 보험 혜택이 끝난 후에도 더 많은 서비스가 필요하다고 느낍니다. [어떤 진료 관리 계획은 일단 당신의 혜택이 끝나면 내가 당신에게 서비스를 제공하는 것을 허용하지 않습니다. 이 경우, 나는 당신에게 심리치료를 계속 하게 해줄 또 다른 제공자를 찾는데 최선을 다할 것입니다.]

당신은 당신의 건강 보험회사와의 계약이 내가 당신에게 제공하는 서비스와 관련된 정보를 회사에 제공할 것을 요구한다는 것을 알고 있어야 합니다. 나는 임상 진단명을 제공할 것을 요구 받습니다. 때로는 나는 치료 계획이나 요약, 또는 당신의 전체 임상 기록 사본과 같은 추가적인 임상 정보를 제공할 것을 요구 받습니다. 내가 이 정보를 노출할 수 있기 전에, 당신과 나 모두는 그들이 무엇을 요청하는지, 그들이 그것을 왜 요청하는지, 그들이 그 정보에 대한 것을 끝낼 때 그 정보를 얼마나 오래 보관하고 있을지 그리고 그 정보로써 무엇을 하게 될지를 진술하고 있는 보험회사로부터 서면 통지를 받아 두어야만 합니다. 이러한 상황에서는, 요청된 목적에 꼭 필요한 당신에 관한 최소한의 정보만을 공개하기 위해 모든 노력을 다할 것입니다. 이 정보는 보험 회사 파일의 일부가 될 것이며, 아마도 컴퓨터에 저장될 것입니다. 모든 보험 회사들은 그러한 정보에 대해 비밀을 유지한다고 주장하지만 일단 그것이 그들의 손에 들어가면 그들이 그것으로서 무엇을 할지에 관해서 나는 통제할 수 없습니다. 어떤 경우에는 그들은 국가 의료 정보 자료 은행과 정보를 공유할 수도 있습니다. 당신이 그것을 요청할 경우 나는 당신에게 내가 제출한 어떤 보고서라도 그 사본을 제공할 것입니다. 이 계약서에 서명함으로써, 당신은 내가 당신의 보험업자에게 요청한 정보를 제공해줄 수 있다는 것을 동의하는 것입니다.

(계속)

일단 우리가 보험적용범위에 관한 모든 정보를 가지고 있으면, 우리가 이용 가능한 혜택을 가지고 수행하는데 우리는 무엇을 기대할 수 있는지 그리고 당신이 회기를 끝낼 준비가 되기 전에 보험적용범위가 기한만료가 되는 경우 무엇이 일어날지를 논의할 수 있을 것입니다. [계약에 의해 금지되지 않는 한] 위에서 기술한 문제들을 당신 스스로 회피하기 위해 나의 서비스에 대한 지불권리를 당신이 항상 가지고 있다는 것을 기억하는 것은 중요합니다. 아래의 당신의 서명은 당신이 이 문서의 정보를 읽었으며 우리의 전문가 관계 동안에 계약 조건 준수를 동의했음을 나타냅니다.

아래의 당신의 서명은 당신이 이 계약서를 읽었으며 그 계약조건에 동의하며 또한 위에서 기술한 HIPAA 통지 양식을 수용하였다는 승인으로써 사용됩니다.

서명 _____     날짜 _____

Rev. 3/10

---

**사례 연구**

## Dr. T는 그의 환자의 친척과 데이트하다

Dr. T는 배우자를 구하고 있는 미혼 심리학자이다. Dr. T는 집단 심리치료를 수행하고 그 집단 성원들 중 한 사람이 회기 후에 Dr. T에게 그녀의 조카딸을 한 번 만나볼 것을 제안하였다. 그 환자는 그들이 훌륭한 커플이 될 거라고 생각하였다. Dr. T는 그 환자의 조카딸을 만나는데 동의하였다. 그들은 즉시 사이좋게 지냈고, 곧 결혼하기로 동의하였다. Dr. T는 집단 심리치료에서 그 환자를 계속 보게 되었으나, 이제 그 환자를 또한 그의 새 아내와 함께 가족 행사에서 보게 되었다. Dr. T가 비록 그의 환자와 성적 관계를 갖지는 않았지만, 그는 환자의 조카딸과 데이트하고 결국 결혼하게 된 것뿐만 아니라 그 자신이 환자의 가족 성원이 됨으로써 이중 관계를 발달시켰다.

---

**사례 연구**

## Dr. U는 그의 환자들을 포기하다

Dr. U는 개인 개업을 그만두고 Hawaii로 이주하기로 결심하였다. 그는 그의 환자들에게 일주일 전에 알려주고 개인 개업을 그만두었다. Dr. U는 그의 새로운 생활을 시작하는 데 급급해서, 자신의 환자들이 동료들에게 치료를 계속 받도록 아무런 조치도 취하지 않았다. 그는 만약 환자들이 치료를 필요로 해서 그들에게 카운티 심리학회의 회원이 모든 심리학자들의 목록을 준다면 필요한 치료자를 찾을 정도로 똑똑하고 그렇게 할 것이라고 보고하였다. Dr. U는 분명히 자신의 환자들을 포기하였는데 환자들의 치료 욕구에 대한 적절한 조처를 취할 만큼 윤리적이지도 사려 깊지도 않았다.

**사례 연구**

## Dr. V는 더 책임감 있는 행동보다는 그녀의 직업에 도움이 되는 방법으로 연구를 출판하다

Dr. V는 정년 보장에 대해 불안해한다. 그녀는 자신이 훌륭한 연구자는 아니지만 강의와 학구적인 생활양식을 정말로 좋아한다고 생각하였다. 그녀는 자신의 박사학위 논문을 위해 상당한 자료를 수집하였고 이 한 연구에 기반을 두어 얼마나 많은 전문 논문을 출판할 수 있는지를 알아보기로 결정하였다. 그녀는 5편의 상이한 논문을 쓰기로 결정하였는데, 각 논문은 자신의 프로젝트 중 어떤 작은 부분에 초점을 두고 있는 것이

다. 그녀는 후에 자신의 주제 영역에 대한 평론 논문을 출판하기로 결정하였는데, 이 논문은 주로 현재 출판된 이 5편의 논문들에 초점을 두고 있다. Dr. V는 하나의 연구라기보다는 다섯 편의 각기 다른 연구를 수행한 것처럼 보이도록 자신의 자료들을 이용하였다. Dr. V는 정년 보장을 획득할 기회를 증가시키기 위해 무책임하고 오도된 방식으로 연구를 비윤리적으로 수행하였다.

**사례 연구**

## Dr. W는 어떤 경고 없이 거부하여 그의 학생들을 놀래게 하다

Dr. W는 자신의 학과에서 대학원생들이 수행하는 여러 편의 박사학위 논문 프로젝트를 지도감독하는 교수이다. 수개월 동안 심지어 어떤 경우에는 수년 동안 학생들과 함께 작업한 후에, Dr. W는 경고 없이 최종 학위 논문 구술 심사 동안에 여러 명의 학생들을 통과시키지 않기로 결정하였다. 그는 그 학생들에게 그 프로젝트가 만족스럽지 못하며 또한 학위 논문의

가치가 없다고 통보하였다. Dr. W의 행위는 무책임하고 비윤리적이었는데, 왜냐하면 프로젝트를 수행하는 과정 동안에 학생들에게 시기적절하고 알맞은 피드백을 결코 제공하지 않았으며, 또한 아무런 경고나 피드백 없이 그 학생들의 논문을 통과시키지 않았기 때문이다.

**주목받는 현대 임상심리학자**

사진: Thomas G. Plante 제공

## Thomas G. Plante, PhD, ABPP

Plante 박사는 전임 대학교수와 개인 개업을 겸하고 있으며, 종교 기관들에 대한 자문을 제공한다.

생년월일 : 1960년 1월 23일

대학교 : 1982년 Brown대학교(심리학 ScB)

대학원 프로그램 : 1987년 Kansas대학교(임상심리학, MA 및 PhD)

임상 인턴쉽 : Yale대학교 의과대학(1986~1987)

박사 후 펠로우쉽 : Yale대학교(1987~1988)

**현재의 직업** : Santa Clara대학교 심리학 교수; Stanford 대학교 의과 대학 정신의학 및 행동 과학 겸임 임상교수; 개인 개업

**임상심리학자가 되는 것의 장점과 단점** :

**장점** : "인간 행동보다 더 재미있고 흥미를 불러일으키는 것은 없다. 왜 사람들은 자신들이 행하는 방식으로 행하며, 자신들이 느끼는 방식대로 느끼는가? 사람들에게 자신의 정서 생활을 이해하게 해주고, 자신들의 삶의 질을 향상시키는 방법을 발견하게 해주는 것은 매우 보람 있는 일이다. 나는 평가, 자문 또는 치료가 누군가에게 더 나은 어떤 중요한 변화를 가져오게 해주는 수많은 경우를 생각할 수 있다. 이것은 또한 가족, 친구 및 동료들 그 밖의 사람들에게 영향을 미치는 파급효과를 지닌다. 더욱이, 임상심리학에서 교육, 연구, 실무 및 자문에 대한 수많은 선택과 기회가 있고 이 모든 활동들은 다른 사람들에게 매우 도움이 될 수 있다. 끝으로 임상심리학은 다양한 업무분야에서 많은 기회와 함께 아주 많은 자율성과 자유도 제공한다."

**단점** : "많은 경제적이고 정치적인 요인들이 이 전문직을 위협하고 있다. 건강 진료 관리, 정신 의학과 같은 다른 학문 분야와의 영역 다툼 그리고 이 전문직 내의 과학 지향 심리학자들과 실무 지향 심리학자들 사이의 갈등은 고통을 야기한다. 임상심리학자들은 흔히 엄청난 책임감을 지니는데, 이는 때때로 압도 당하는 느낌을 줄 수 있다. 급여 또한 일반적으로 수 년 간의 고급 수련과 고급 학위가 요구되는 많은 다른 전문직과 비교해서 낮은 경향이 있다."

**임상심리학의 미래** : "임상심리학은 전문화와 하위전문화가 계속될 것이다. 내적인 세력들과 외적인 세력들은 또한 대부분의 임상 문제들에 대해 경험적으로 지지되고 증거-기반된 평가와 치료의 사용을 요구할 것이다. 임상심리학은 또한 생활양식 관련 건강문제를 치료하는 것과 같은 일반적인 건강행동 변화에 더욱더 관여할 것이다. 사회의 대부분의 문제(예, 테러리즘, 빈곤, 다른 사람들의 탄압, 편견, 사람들 간의 갈등, 폭력)는 임상심리학자들의 도움으로 변경될 수 있을 것이다. 우리가 이것에 관해서 생각해 볼 때, 세상과 사람들의 생활에서 대부분의 문제의 핵심에는 행동이 있다. 임상심리학은, 아마도 다른 어떤 분야들보다도 더, 행동을 변경시키는데 유용한 반영, 연구 및 중재를 제공하는데, 이는 그 많은 문제들을 최소화시켜줄 수 있다."

**전형적인 일과**

| | |
|---|---|
| 8 : 30 | Stanford대학교 의과 대학의 심리학 인턴들과 박사후 펠로우들에게 전문가 쟁점 및 윤리에 대한 세미나 강의 |
| 11 : 00 | Santa Clara대학교에서 임상심리학 강의 |
| 1 : 00 | 운동의 심리적 이득, 믿음과 건강 연구, 그리고 가톨릭 성직자 연구를 포함한 연구 프로젝트를 논의하기 위하여 연구 실험실 집단과 미팅 |
| 2 : 00 | 학업적인 조언을 위해 개별적으로 학생들과 만남 |
| 3 : 00-5 : 00 | Santa Clara대학교에서 학부생들에게 심리학 강의에서 윤리 가르치기 |
| 5 : 00 | 가톨릭 사제로서 종교적인 삶에 귀의하는 것에 관심있는 24세의 베트남 남성에 대한 심리학적 평가, 면접을 수행하고 몇 가지 심리 검사 실시 |
| 6 : 00 | 미국 가톨릭 주교회의 아동 및 청소년 보호를 위한 전국 검토 이사회의 연구소 위원회 회의 소집 |

한다. 더욱이, 그들은 자신들의 평가 결과에 의해서 분명히 지지된 자료를 자신들의 전문영역 내에서 검증하거나 활용하는 데 항상 신중해야 한다. **미국 심리학-법률학회**(미국심리학회 제 41분과)는 법률 장면에서 일하는 심리학자들을 위한 구체적인 실무 지침을 개발하였다(Committee on Ethical Guidelines for Forensic Psychologists, 1991).

**윤리적 쟁점의 해결** : 심리학자들은 윤리규약에 친숙해야 하고, 그것을 전문적인 업무 장면에 적용할 수 있어야 한다. 그들은 윤리 위원회와 협력하여 처벌적인 방식보다는 교육적인 방식으로 윤리적 딜레마를 해결하도록 노력한다. 만약 윤리적 갈등이 비공식적으로 해결될 수 없다면, 심리학자들은 적절한 당국에 윤리 위반을 보고해야 한다.

# 심리학자들이 비윤리적인 방식으로 행동하는 이유는 무엇인가?

심리학자들도 인간이고, 그래서 그들은 판단과 행동 모두에서 실수를 저지를 수도 있다. 일부 심리학자들은 자신들이 윤리적 위반을 범하고 있음을 잘 자각하고 있는 반면에, 많은 다른 이들은 그렇지 않다. 어떤 이들은 자신들의 욕구를 환자, 학생, 동료 및 더 큰 대중의 욕구보다 우위에 둔다. 어떤 심리학자들은 정서적으로 혼란되어있고, 일부는 이기적이고, 일부는 그들의 과실을 자각하지 못하고, 일부는 판단에서 오류를 저지르고 그리고 일부는 윤리 위반을 가져오는 행동에 순진하게 빠진다.

많은 사람들은 윤리적 위반을 범하는 사람들이 무능하고 악의가 있다고 생각할 수도 있다. 그렇지만 자신들의 환자, 학생 또는 기타 사람들에게 최선의 이익이 된다고 믿는 것을 행하려고 노력하는 선의의 심리학자들 역시 윤리적 위반을 범하고 있다. 비윤리적 행동에 관여하는 것으로부터 면역되어있는 사람은 아무도 없다. 심지어 잘 수련된, 선의의 그리고 사려 깊은 심리학자들도 윤리적 위반을 범할 수도 있다.

윤리규약을 잘 알고 있고 필요할 때 자문을 얻는 것은 윤리적 위반을 범할 기회를 최소화하는 데 매우 도움이 될 수 있다. 더욱이, 다른 사람의 윤리적 행동에 주의를 기울이는 것 역시 이미 시작된 비윤리적 행동이 지속될 기회를 최소화하는 데 도움을 줄 수 있다.

Sieber(1982)는 윤리적 위반이 여섯 개의 범주 중 하나로 분류되는 경향이 있다고 제안했다. 일반적인 오류의 첫 번째 범주는 예상하지 못한 윤리적 딜레마를 가져오는 심리학자의 무경험과 무지를 포함한다. 예를 들어, 한 심리학자는 지능검사의 기록지를 복사하여 그것을 아이의 부모에게 주는 것이 검사 재료의 안전과 기밀을 보호해야하는 윤리적 의무를 위반하고 있다는 것을 깨닫지 못할 수도 있다.

두 번째 일반적인 윤리적 범주는 심리학자가 윤리적 문제의 잠재성을 과소평가 하는 것을 포함한다. 예컨대, 시간을 절약하려는 혼란된 심리학자는 연구에 참가하기 전에 피험자에게 동의서를 제공하고, 연구를 마쳤을 때 사후 설명을 해줘야 하는 적절한 사전조처를 취하지 않을 수도 있다.

Sieber에 의해 개관된 세 번째 범주는 심리학자의 입장에서 볼 때 피할 수 없는 윤리적 딜레마를 포함하

---

**사례 연구** | **Dr. X는 자신의 내담자에게 완전한 동의서를 제공하지 않았다**

Dr. X는 아동 양육권 소송에서 심리 평가를 수행하고 있다. 그는 자녀의 양육권에 대해 싸우는 부모 모두와 아동에 대한 평가를 수행한다. 그는 각 개인이 가능한 한 정직하고 개방적이기를 격려하고, 각 개인에게 최선의 이득이 되는 것은 무엇이든지 행할 것이라고 주장하였다. 이러한 취약해지기 쉬운 순간에도, 그 아버지는 Dr. X에게 그가 실제로 양육권을 원하는 것이 아니라 아내의 간통에 대하여 보복하기를 원한다고 말하였다. 그 아버지는 이 정보의 기밀이 유지될 것이라고 생각하

였다. 그 아버지는 후에 Dr. X가 이 진술을 평가 보고서에 포함하였다는 것에 대해 격노하였다. Dr. X는 보고서 및 법정에서 무엇이 의사소통되고 무엇이 의사소통되지 않는지를 모든 당사자들에게 분명하게 설명하지 않았다. 사실, Dr. X는 또한 관련 당사자들에게 알리거나 동의 없이 평가를 녹음하였다. Dr. X는 평가에서 그의 역할을 명확히 하는 데 윤리적으로 실패하였고, 또한 평가를 수행하기 전에 동의서를 얻고 비밀보장의 경계를 확립하는 데 윤리적으로 실패하였다.

---

**사례 연구** — **Dr. Y는 그녀의 학생들에게 도움과 지지를 주지 못하였다**

Dr. Y는 작은 대학의 신임 조교수이다. 그녀의 여러 학생들은 그녀에게 Dr. Z의 강의실 행동에 관하여 말하였다. 그들은 Dr. Z가 20년 전부터 같은 강의 노트를 사용하고, 강의에서 더 이상 말할 내용이 없는 것처럼 보이고 그리고 강의 시간이 끝나기 훨씬 전에 줄곧 강의를 끝낸다고 보고하였다. 그들은 또한 Dr. Z가 자주 자신이 저술한 교과서로 얼마나 많은 돈을 벌었는지에 대해 말하고, 다른 교수들과 그들의 전문적인 활동에 대해서 강력한 견해를 피력한다고 진술하였다. 그는 또한 자주 강의실에서 여학생들의 의상과 매력에 관해서 논평을 하였다. Dr. Y는 정년 보장을 받지 못하였기 때문에 어떤 방식으로든 관여되기를 거절하였다. 그녀는 학생들에게 자신은 아무런 힘이 없으며 또한 어떤 교수들은 다른 교수들보다 더 우수하다고 말해주었다. Dr. Y는 학생들이 직면한 요구와 딜레마에 무신경했을 뿐만 아니라 Dr. Z의 비윤리적 행위를 바로 잡도록 조력하는 데 아무것도 하지 않았다.

---

**사례 연구** — **Dr. AA는 보험사기를 저지르다**

Dr. AA는 8살 난 아이가 주의력 결핍 과잉행동 장애(ADHD)가 있는지의 여부를 밝히기 위해 평가를 수행하고 있다. 그 아이의 부모는 재정적 자원이 거의 없어서 그들의 건강관리 보험회사가 평가에 드는 비용의 대부분 또는 전부를 지불해 주기를 희망하였다. Dr. AA는 평가를 완성하고 아이가 ADHD가 아니라는 것을 밝혀내었다. 사실, Dr. AA는 진단을 내릴만한 장애(예, 우울증, 반항성 성격 장애, 불안)를 발견하는 데 실패하였다. 어떤 진단도 내려질 수 없기 때문에 보험회사는 평가에 대한 비용을 지불하지 않을 것이다. 그 아이의 부모는 평가에 대한 비용을 지불할 여유가 없으므로 Dr. AA에게 보험회사 문서에 진단을 적어서 보험회사가 평가에 대해 지불을 할 수 있도록 해 달라고 요청하였다. Dr. AA는 그 부모의 재정적 어려움에 대해 염려하고 아이에게 혼합된 정서적 특징을 가진 적응 장애 진단을 내려주기로 동의하였다. Dr. AA가 선의로 그 부모를 도와주려고 한 일이지만, 그는 윤리적으로 위반을 했을 뿐만 아니라 법적으로도 역시 위반하는 잘못을 저질렀다. 보험사기를 저지르는 것은 심각한 법률 위반이다.

---

고 있다. 예를 들어, 한 심리학자는 음주운전과 같은 행동에 대한 염려 때문에 한 청소년을 대상으로 일하는 동안 비밀보장을 깨뜨리는 것이 필요하다고 생각할 수도 있다.

네 번째 범주는 새로운 절차나 접근법에서 제기되는 예측할 수 없는 윤리적 딜레마를 포함한다. 예컨대, 한 새로운 치료는 환자들에게 예견하지 못한 해를 가져올 수도 있는데, 이는 임상가가 예측을 할 수 없었던 것이다.

다섯 번째 범주는 명백한 지침이 존재하지 않을 때 또는 그 지침이 어떤 특정 상황에서 모호할 때 나타나는 윤리적 문제를 포함한다. 이것은 심리학적 서비스에 영향을 주는데, 현재의 윤리규약에서 직접적으로 다루어지지 않고 있는 새로운 기술과 상이한 접근들이 발달(예, 공포증을 위한 가상현실 치료)함에 따라 발생할 수 있다.

끝으로, 윤리적 문제들은 법률이 윤리적 지침과 모순될 때 일어난다. 예를 들어, 한 판사는 심리학자에게 환자의 모든 기록에 대한 소환장을 발부할 수도 있다. 이런 기록들은 치료 기록들과 심리 검사 자료를 포함할 수도 있다. 윤리규약은 비밀보장이 환자의 허가 없이는(혹은 누군가가 즉각적이고 심각한 위험에 있을 때를 제외하고는) 깨뜨려질 수 없고, 또한 검사 재료들은 그것들을 해석할 자격이 없는 사람들(예, 비심리학자들)에게 공개될 수 없다는 것을 진술하고 있기 때문에 윤리규약과 법적 요구는 갈등 상황에 놓일 수도 있다.

## 윤리규약은 어떻게 집행되는가?

미국심리학회(APA) 모든 회원들은 윤리규약을 읽고 그것을 준수하는 것에 동의하도록 교육 받는다(APA, 2002). 회원들은 규약을 알고 따르도록 기대될 뿐만 아니라 교육을 통해 동료의 비윤리적 행동을 바로잡아 주거나 지역 윤리 위원회나 전국 윤리 위원회에 보고해야 하는 의무를 가진다. 그렇지만 많은 사람들이 그렇게 행하기를 꺼리고, 특히 그 행동이 가까이에서 함께 일하는 그들의 상사나 동료들에 의해 수행되고

있을 경우에 그렇다. 미국심리학회(APA)에서 출판된 전문 학술지에 논문을 출판한 모든 저자들은 출판 전에 그들의 연구가 윤리적 지침을 지키면서 수행되었는지를 나타내는 진술문에 서명하도록 요청받는다. 주 자격시험 및 절차는 시험과정에 윤리규약을 포함하고 있다. 더욱이, 심리학자들에게 전문가 윤리규약을 더 충분히 이해하게 해주는 수많은 책들이 미국심리학회(APA)에서 출판되었다(예, Bersoff, 2008; Campbell, Vasquez, Behnke, & Kinscherff, 2009; Canter, Bennett, Jones, & Nagy, 1994; Pope, 2007; Zur, 2007). 전문가 윤리규약은 또한 대학원 인턴쉽/박사 후 수련 동안에 일반적으로 교육된다(Plante, 1995). 그러므로 모든 심리학자들은 미국심리학회(APA)에서 수립된 윤리기준을 알고 따르도록 기대된다. 윤리규약에 대한 무지가 비윤리적 행위에 대한 변명이 될 수는 없다.

심리학적 서비스를 받는 소비자들은 또한 윤리적 지침을 집행하는 데서 도움을 받는다. 환자, 학생, 내담자, 지도감독자, 동료 그리고 그 밖의 사람들은 지역 전문 학회 혹은 주 심리학 이사회에 심리학자의 전문 품행에 관해 호소한다. 이러한 호소는 종종 미국심

---

**사례 연구** — **Dr. BB는 그의 환자와 이중 관계에 들어가다**

Dr. BB는 불안과 우울증적 근심을 가진 심리학 전공 대학원생을 치료하고 있다. 이 환자는 박사학위 논문 프로젝트를 완성하는 데 매우 힘든 시간을 보내고 있다. 사실 그의 대학원 프로그램은 몇 개월 내에 그 프로젝트를 완성하지 않는다면 수료시키지 않겠다고 위협하였다. 이 환자를 돕고자 하여 Dr. BB는 자신이 완성하는 데 관심이 있었던 프로젝트를 그에게 주겠다고 제안하였으며, 또한 그 학위 논문 심사위원이 되어주겠다고 제안하였다. Dr. BB가 대학원 프로그램을 속이기로 동의

하였기 때문에 그들은 Dr. BB가 그 학생에게 심리치료를 하고 있다는 것을 알 수 없었다. Dr. BB는 환자가 학위 논문 프로젝트를 완성하도록 도와주려는 노력에서 자발적으로 비윤리적 이중 관계에 관여하였다.

Dr. BB는 선의로 자신들의 환자를 위해 특별한 것을 해주고자 하였다. 그의 비윤리적 행동은 실제로 환자에게 이익이 되는 결과를 가져올 수도 있다. 그렇지만 그의 행동은 그의 치료적 관계와 전문적 성실성을 손상시키는 것이다.

**그림 13.1**  윤리적 딜레마가 제기될 때 심리학자는 동료들에게 자문을 구할 수 있다.

사진 : Bruce Ayers, Tony Stone Images, New York, Inc.

리학회(APA)와 같은 심리학회와 연합한 지역사회와 전국 윤리 이사회에 보내진다.

미국심리학회(APA)는 윤리적 위반을 평가하고 모니터하기 위하여 위원회를 두고 있다. 이 위원회가 안건으로 삼을 만하다고 생각하는 호소들은 조사되고 집행된다. 조사 결과에 의거하여, 위원회는 심리학자들에게 교육적인 조언, 사소한 위반 혹은 윤리적이지만 비전문적이 품행에 대한 경고, 더 심한 위반에 대한 징계 혹은 매우 심각한 위반에 대해서는 학회로부터 탈퇴 또는 제명을 시킬 수 있다. 더욱이, 미국심리학회(APA) 윤리 위원회는 윤리적 위반에 대해서 유죄로 판명된 심리학자들을 지역 수준에서 적절히 다루어지도록 하기 위해 주 및 지역 윤리위원회 그리고 자격증 위원회와 함께 긴밀하게 작업한다(예, 지도감독 혹은 심각한 위반에 대해서 주 면허의 정지나 취소).

각 주는 심리학자의 실무를 모니터하는 데 조력하는 독립적인 면허위원회를 갖고 있다. 이 위원회는 면허 응시자들을 처리하고, 이미 면허를 취득한 심리학자들의 전문적 품행을 모니터하는 것을 돕는다. 이 면허 위원회는 개업하기 위한 면허증을 교부할 수 있거나 거절할 수 있고, 면허를 정지할 수 있거나 취소할 수 있다. 예를 들어, 만일 응시자가 최소한 수련 기준에 부합하지 못하거나, 면허 시험에 합격하지 못할 경우 면허증 교부가 거절될 수 있다. 심리학자가 비윤리적이거나 불법적 활동에 관여하는 것으로 밝혀졌을 때 면허는 정지되거나 취소될 수 있다. 부당치료 소송이 제기되는 가장 일반적인 이유는 심리학자의 부적절한 성적인 행동, 환자의 자살, 환자를 대상으로 수행된 부적절한 치료를 들 수 있다. 성적인 이중 관계는 미국심리학회(APA)의 책임 보험회사가 원고에서 손해배상을 해주는 소송의 대다수를 차지한다(Pope, 1991).

## 윤리적 딜레마를 해결하기 위한 과정은 무엇인가?

윤리적 딜레마가 제기될 때, 서면 지침이 지시하는 것이 무엇인지를 상세하게 밝히기 위하여 윤리규약을 참조하는 것이 중요하다. 두 번째, 문제의 품행이나 쟁점에 관하여 동료들에게 자문을 구하는 것은 매우 유용하다(그림 13.1). 만약 윤리적 위반이 발생하였거나 발생했을 수도 있다는 것이 밝혀졌다면, 그 위반을 발견한 심리학자는 과오를 범한 심리학자가 그것에 주의를 기울이게 할 의무를 갖는다. 실수로 범한 사소한 위반의 경우, 관련된 윤리 원칙에 관하여 그 개인에게 교육하는 것이 일반적으로 그 문제 행동을 교정하는 적당한 수단이다. 만약 대학교육 과정이 윤리적 행동에 위배되거나 혹은 위반이 심각할 때, 그 심리학자는 주 윤리 위원회나 전국 수준의 윤리 위원회에 알릴 윤리적 책임이 있다. 그러면 이 윤리 위원회는 정보 수집하고, 이 위반 행위가 조사할 가치가 있는지 그리고 조처를 취하거나 기각할지 여부를 밝힌다.

## 윤리적 원칙에 따라서 행동하는 것이 항상 명쾌한가?

심리학자들은 전문적 유능성을 유지해야 하며, 현재 또는 최근의 환자나 학생들과 절대로 성적인 관계를 가지지 말아야 하며 그리고 환자의 비밀보장을 지켜주어야 한다는 것은 분명해 보이지만, 더 모호하고 매우 해결하기 어려운 수많은 윤리적 딜레마가 발생한다. Pope과 Vetter(1992)는 미국심리학회(APA)의 1,319명의 회원들에 대한 전국 조사에 표면화된 몇 가지 사례들을 보고한다. 많은 윤리적 딜레마 사례들에 대한 쉬운 답변이 발견될 수는 없지만, 주의 깊은 분석과 전문적 자문은 항상 가장 완벽한 결정과 윤리적 판단을 가져올 수 있다.

예를 들어, Pope과 Vetter(1992)는 다음과 같은 숙고해 볼 만한 사례 시나리오를 기술하고 있다.

사례 1 : 3년 동안 어떤 여성을 치료해오고 있는 한 심리학자는 동시에 그녀의 가장 절친한 친구와 데이트를 시작한다.

사례 2 : 한 농촌 지역의 심리학자는 교회활동에 적극적이다. 교회활동 집단의 성원들은 그를 잘 알고 신뢰하고 있는데, 그가 그 지역에서 특별한 전문 서비스를 제공하는 유일한 전문가이기 때문에 그에게 전문적인 자문을 구하고 싶어한다.

사례 3 : 한 심리학자는 한 아동을 대상으로 심리치료를 수행한다. 치료가 시작되자마자 그 아동의 어머니와 치료자는 서로에게 강한 매력을 느꼈다. 이 심리학자는 환자를 어딘가에 의뢰할 것을 고려하여 보았지만, 치료적 이득을 잃을 것이라고 느꼈다.

사례 4 : 어떤 심리학자가 다른 심리학자에게 심리치료를 제공하고 있다. 그 환자는 자신이 심각한 윤리적 위반을 범하였다고 밝힌다. 이 환자는 환자의 비밀보장 보장 때문에 그 치료자가 자신의 위반을 보고할 수 없다고 진술한다.

사례 5 : 대학 의료 센터의 내규에는 의사가 연구 프로젝트의 실제적인 제1연구자가 아닐지라도 심리학자는 연구기금프로젝트의 제1연구자 지위를 의사에게 주어야만 한다고 규정하고 있다.

이러한 실제적 사례들을 어떻게 다루어야 하는가? 언급된 각 사례들에 단순하고 명쾌하게 답할 수는 없다. 적절한 자문뿐만 아니라 윤리규약에 대한 주의 깊은 검토와 고려가 합리적인 전문가적 판단과 윤리적 판단을 내리기 위해 일반적으로 요구된다.

## 큰 그림

윤리규약은 전문적 행동의 기준에 관하여 대중과 심리학자에게 유용한 지침을 제공한다. APA는 회원들의 수많은 의견이 각 개정판에 반영되도록 작업하였다. 전문 학술지와 전문 학회에서 빈번하게 논의되고 개정된다는 점에서 윤리규약은 '살아있다.' 많은 전문가들은 현재의 윤리규약이 이전 판들보다 유의하게 개선되었다고 주장하였는데, 여기에는 많은 원칙들에 관한 더 자세한 설명과 명료화가 포함되어있다. 더욱이, APA는 어떤 다른 전문 기관보다 전문적 윤리 쟁점에 관하여 더 많은 돈을 쓰고 있다(APA, 2009; Chalk, Frankal, & Chafer, 1980).

그렇지만 모든 사람이 윤리규약에 만족하는 것은 아니다(Koocher & Keith-Spiegal, 2008; Lakin, 1994; Payton, 1994; Sonne, 1994). 어떤 사람들은 이 윤리규약이 개인의 가치와 존엄에 대한 존중을 천명하는 데는 아직 충분하지 못하다고 주장하였다. Payton(1994)은 이 윤리규약이 여성, 게이 및 레즈비언뿐만 아니라 소수민족과 관련된 쟁점들을 더 깊이 다루어야 한다고 보고하였다. 어떤 사람들은 윤리규약이 심리학자에 의한 성적인 착취로부터 환자와 학생을 보호하는 데 충분하지 않다고 염려한다(Koocher & Keith-Spiegal, 2008; Layman & McNamara, 1997). 사실, 윤리규약이 이전 판과 다르게, 현재 판은 서비스 종결 후 2년이 지난 특수한 상황에서는 심리학자와 환자 사이의 성적인 관계를 허용하고 있다. 또 어떤 사람들은 가족 치료, 커플 치료 및 집단 치료와 같은 다중 환자 치료에 관계된 쟁점들이 윤리규약에서 적절하게 다루어지지 않았다고 주장하였다(Lakin, 1994). 어떤 사람들은 윤리규약이 일반 대중보다는 심리학자들을 보호하기 위하여 고안되었다고 냉소적으로 진술하였다(Payton, 1994). 끝으로, 어떤 사람들은 윤리규약의 많은 부분이 너무 모호하고 수많은 중요 영역에 구체적인 지침을 제공하지 못한다고 주장하였다(Koocher & Keith-Spiegal, 2008).

불완전하지만, 이 윤리규약은 심리학적 서비스를 받는 사람들이 전문적 행동을 판단할 수 있게 해주는 업무기준을 제공해준다. 모든 심리학자들은 윤리규약을 알고 또한 따를 것이 기대된다. 심리학에서의 전문가 윤리 지침은 따르거나 위반하는 단순히 엄격한 법은 아니다. 일반적으로 윤리규약을 위반한다고 해서 처벌받는 것은 아니다(위반이 일반대중에게 잠재적으로 유의한 해를 입힐 만큼 매우 심각하지 않는 한). 오히려, 심리학에서 전문가 윤리는 교육적인 의미가 있으며, 윤리적 딜레마는 일반적으로 동료들 사이에서 비공식적으로 해결된다. 윤리적 행위에 대한 면밀한 주의는 임상심리학 전문분야의 성장, 유익성 및 인도주의적 목표를 이루게 해준다.

미래에도 많은 윤리규약에 관한 개정들이 있겠지만, 오래 전에 히포크라테스가 개관한 기본적인 윤리적 행동의 원칙들이 무한히 응용될 것이다. 미래의 임상심리학자는 언제나 유능하고, 전문적이고, 윤리적 방식으로 행동하고, 그들의 전문적 역할과 책임에 대한 성실성과 책임감을 유지하도록 기대될 것이다. 이러한 기본 신조들은 영원히 변하지 않을 것 같다.

## 요점

1. 심리학자가 연구자, 교육자, 치료자 또는 행정가이든지 간에, 심리학자는 모든 전문적 활동에서 언제나 최고의 전문가 윤리를 지키도록 기대된다.

2. APA에 의해 심리학자에게 소송을 제기하는 결과를 가져온 대부분의 호소들에는 비밀보장의 파기, 성적인 부정행위(예, 환자와의 성관계), 비성적인 이중관계(예, 환자와의 친분관계나 사업 동반자 관계) 그리고 보험/치료비 부정행위(예, 보험금 과잉 청구, 제공하지 않은 서비스에 대한 치료비 청구)가 있다.

3. 1953년 이래로, APA는 모든 심리학자들에게 요구되는 행동을 특별하게 개관한 윤리규약을 제정하였다. 윤리규약은 1953년 이후로 8차례 갱신되었는데, 가장 최신판은 2002년 12월에 개정되었다(APA, 2002).

4. 심리학자를 위한 윤리 원칙의 현재 판은 다섯 가지 일반 원칙과 열 가지 윤리기준으로 나누어진다. 일반적인 원칙에는 (1) 선행과 비악행, (2) 충실함과 책임, (3) 성실성, (4) 정의 그리고 (5) 사람들의 권리와 존엄성의 존중이 있다. 윤리기준에는 (1) 윤리적 쟁점 해결, (2) 유능성, (3) 인간관계, (4) 사생활 그리고 비밀보장, (5) 광고와 기타 공적인 진술, (6) 기록보존과 치료비, (7) 교육과 수련, (8) 연구와 출판, (9) 평가 그리고 (10) 치료가 있다.

5. 심리학자들은 그들의 전문영역(들)과 업무에서 유능성을 유지해야만 한다. 이들은 일반 대중에게 합법적으로 제공하기 위해 자신들이 적절한 수련 및 경험에서 나온 서비스만을 제공해야 한다. 그들은 최신 기술을 유지하기 위해 이 분야에서의 변화와 진전에 관한 최신 정보를 가지고 있어야 한다.

6. 심리학자들은 전문적이고 개인적인 성실성을 유지해야만 하고, 다른 사람들을 다루는데 있어서 존중해야 하고, 공정해야 하며, 정직해야 한다. 심리학자들은 자신의 서비스, 전문 분야 그리고 자신의 서비스로부터 기대될 수 있는 것을 설명하는 데 진실해야 한다. 심리학자들은 자신들의 편파, 욕구 및 가치와 이것들이 어떻게 그들의 작업에 영향을 주는지를 잘 알고 있어야 한다.

7. 심리학자들은 부적절한 이중 관계를 피하는 데 모든 노력을 기울여야 한다.

8. 심리학자들은 자신의 환자들이나 내담자들에게 최선을 다해 서비스하기 위하여 기꺼이 다른 전문가들에게 자문을 받아야 한다. 그들은 동료에 의해 행해지는 비윤리적 행위에 관여하는 것을 피해야 한다. 심리학자들은 반드시 그들의 수행에 대한 책임을 지고 전문성과 일반 대중의 복지에 대한 의무를 수용해야 한다.

9. 심리학자들은 타인의 권리와 존엄을 존중해야 한다. 그들은 개인적이고 문화적인 차이뿐만 아니라 차별하지 않는 서비스를 제공하는 것에 조심해야 한다. 그들은 환자와 내담자들의 자유, 사생활, 비밀보장에 대한 권리를 존중해야만 한다.

10. 심리학자들은 삶의 질을 향상시키는 일을 하고, 사람들과 함께 하는 작업을 통해 해를 초래해서는 안 된다. 심리학자들은 타인과의 관계에서 절대로 착취해서는 안 된다.

11. 심리학자들은 타인을 돕고 인간 행동에 대한 과학 및 지식을 진전시키기 위해 일한다. 심리학자들은 재정적인 이득이나 기타 개인적인 이득을 가져오지 않는 일에 얼마간의 전문적인 시간을 할애하도록 기대된다.

12. 많은 사람들은 윤리적 위반을 범하는 사람들이 일반적으로 유능하지 못하고 악의가 있다고 생각할 수도 있다. 그렇지만 자신들의 환자, 학생 또는 기타 사람

들에게 최선의 서비스를 제공하려고 노력하는 선의의 심리학자들도 윤리적 위반을 범하고 있다. 비윤리적 행동에 관여하는 것으로부터 면역되어있는 사람은 아무도 없다. 심지어 잘 수련된, 선의의 그리고 사려 깊은 심리학자들도 윤리적 위반을 범할 가능성이 있다.

13. 윤리 원칙들은 심리학자들의 품행에 대한 지침을 제공할 뿐만 아니라 일반 대중과 전문가들을 보호하기 위해 미국심리학회에 의해 전국적인 수준에서 개발되었다. 모든 심리학자들은 APA에 의해 수립된 윤리기준을 알고 따르도록 기대된다. 윤리규약에 대한 무지는 비윤리적 행위에 대한 변명이 될 수 없다.

## 핵심용어

비밀보장(confidentiality)

윤리규약(Ethics Code)

이중 관계(dual relationship)

## 복습

1. APA 윤리규약의 일반 원칙과 윤리기준에는 무엇이 있는가?

2. 윤리규약을 따라야 하는 이유는 무엇인가?

3. 가장 흔한 윤리 위반은 무엇인가?

4. 심리학자들이 윤리 위반을 범하는 이유는 무엇인가?

5. 이중 관계는 무엇이고, 왜 그것을 피해야 하는가?

6. 심리학자들이 그들의 전문적 관계의 종결 후에 환자들이나 학생들과 성적인 관계를 가져서는 안 되는 이유는 무엇인가?

7. 윤리규약의 장점과 단점에는 어떤 것이 있는가?

8. 윤리적 딜레마를 해결하는 방법에는 무엇이 있는가?

9. 윤리규약은 미래에 어떻게 변화될 것인가?

10. 윤리와 법률의 관계는 어떤가?

## 학생들의 실제 질문

1. 면허증을 취득하기 전에 만약에 그들이 어떤 심리 장애를 가지고 있다면 심리학자들은 어떤 종류의 선별을 통해서 찾아내는가?

2. 만약에 APA 회원 자격이 심리학자들에게 선택사항이라면, 윤리적 기준이 모든 심리학자들에 의해 유지된다는 것을 실제로 어떻게 보장할 수 있는가?

3. 심리학자들은 친구를 상담할 수 있는가? 그것은 늘 유익한가? 아니면 보통은 너무 많은 갈등을 일으키는가?

4. 사회적 책임을 거부하는 것은 윤리적 위반인가?

5. 심리학자들은 회기가 사적이라면 동료들이 윤리적인지를 어떻게 알 수 있는가?

6. 심리학자들은 비윤리적인 다른 심리학자를 흔히 어떻게 '신고' 하는가?

## 웹 자료

www.apa.org/ethics

APA의 윤리규약 그리고 심리학과 관계된 다른 윤리적 문제에 대해 더 자세히 알아보기

www.scu.edu/ethics

Santa Clara대학교의 Markkula 응용 윤리 연구소는 응용윤리에 관한 다양한 논문, 웹 링크 및 기타 정보를 제공한다.

http://commfaculty.fullerton.edu/lester/ethics/general.html

California주립대학교(Fullerton)의 school of communications는 많은 범주의 웹상에서 윤리와 관련이 있는 윤리에 대한 수많은 링크로서 도움이 되는 웹 사이트를 제공하고 있다.

www.ethics.ogr.au

    St. James 윤리 연구소는 일상생활에서 윤리를 촉진하는 비영리적 기관이다. 어떠한 종교 혹은 정치적 단체와 관련이 없다.

http://ethics.ubc.ca/resources/

    이 사이트는 다양한 응용윤리 주제와 유용한 링크를 제공한다.

www.globalethics.org

    세계윤리 연구소는 세계적으로 윤리를 촉진하는 독립된, 비영리적인, 무종파의, 그리고 초당파적인 기구이다.

# 제3부

# 임상심리학은 어디로 가고 있으며, 나도 함께 가야할까?

사진 : Zach Plante 제공.

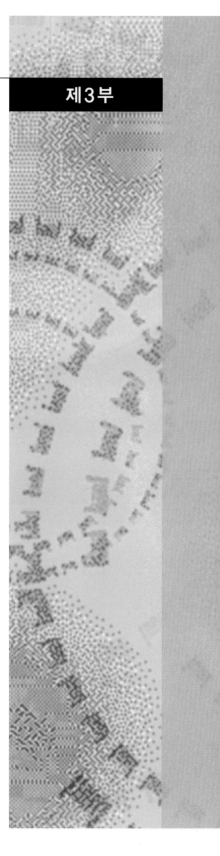

# 현재와 미래의 경향과 도전

임상심리학은 그 100±년의 역사 동안 급속히 발전하고 변화하여 왔다. Sigmund Freud, B. F. Skinner 및 Carl Rogers와 같은 이 분야 지도자들의 영향과, 그리고 두 차례의 세계대전, 국립 정신건강 연구소(NIMH) 수련 기금의 활용, 인구에서의 문화적 다양성, 건강진료 관리의 도래, 전문가 및 개인적 삶에 영향을 주는 기법의 진보, 및 경험적으로 지지되고 증거-기반된 연구 및 실무에 대한 강조와 같은 사상들이 변화와 발전을 촉진시켰다. 그렇지만 현재보다 더 급속하게 임상심리학이 변화했던 시기를 상상하기는 어렵다. 오늘날, 임상심리학은 50년 혹은 40년 전 뿐만 아니라 심지어 5년 혹은 10년 전과도 매우 다르게 보인다. 많은 다른 전문 분야에서의 변화뿐만 아니라 사회에서의 변화도 동시에 발전하여왔다. 예를 들어, 건강진료 관리의 혁신 및 건강진료개혁, 경험적으로 지지된 치료, 그리고 다문화 및 다양성 쟁점에 대한 민감성의 증가뿐만 아니라 과학, 기법 및 정보체계에서의 최근의 진보는 모두 현대 임상심리학의 발전과 진보에 기여하였다. 임상심리학은 어디로 가고 있는가? 임상심리학의 미래는 무엇인가? 최근 임상심리학에서의 뜨거운 주제들에는 무엇이 있는가? 임상심리학의 현재와 미래의 도전들은 무엇인가? 이러한 질문들이 이번 장에서 다루어질 질문들 중 일부이다.

최근 임상심리학의 뜨거운 주제에 관한 가장 좋은 예 중의 하나가 건강진료 관리와 건강진료개혁이다. 많은 사람들은 건강진료 관리와 건강진료 개혁이 영구적이고 심도 있는 방식으로 임상심리학을 변경시킬 것이고(시켰다고) 주장하였다(Anders, 1996; Benedict & Phelps, 1998; C. Chambless, 2000; Cummings, 1984, 1995; Fox, 1994; Kovacs, 1996; Rosenberg, Hickie, & Mendoza, 2009; Shi & Singh, 2007). 건강진료 관리가 뒤에 더 상세하게 다루어질 것이지만 이 중요한 쟁점에 대한 간략한 소개는 임상심리학의 근본적 측면들이 얼마나 빨리 변화할 수 있는지를 보여주기에 충분하다. 1970년 이래로(그리고 의사들에게는 훨씬 이전부터), 심리치료나 기타 심리학적 서비스를 받기 위해 임상심리학자를 만나기를 원했던 사람은 자신이 살고 있는 지역에서 면허를 받은 어떤 심리학자에게든 치료받을 수 있었다. 이 심리학자는 유능하고 전문적인 서비스를 제공하기 위해 자신이 적절하다고 생각하는 어떤 이론적 지향(들)과 기법들을 사용하여 그 환자를 가장 잘 치료하기 위해 필요한 만큼의 회기를 수행하였다. Blue Cross/Blue Shield와 같은 보험 회사들은 치료계획에 관해서는 거의 문제를 제기하지 않았는데 치료가 3회기 또는 300회기에 걸쳐 지속되는 지의 여부에 상관없이 전형적으로 치료비의 50%에서 80%를 상환해 주었다. 유사한 시나리오가 모든 전문영역의 의사들에게도 존재하였다.

그렇지만 지난 수십 년 이상(주로 1980년대 후반과 1990년대 동안) 이 시나리오는 급격하게 변화하였다.

오늘날, 환자는 전형적으로 자신이 사는 지역에 있는 어떤 치료자들이 보험회사의 우선권이 주어지는 진료 제공자 목록에 있는지를 알아보기 위해 자신의 보험회사와 접촉한다. 그런 후 환자는 그 전문가를 만나서, 보험회사가 인가한 특정 횟수의 회기를 받게 된다. 인가된 회기 횟수는 일반적으로 단지 몇 회기일 뿐이다(예, 3회기에서 6회기). 환자는 치료 회기에 대해 아무런 치료비도 지불하지 않거나 또는 아주 약간의 치료비(즉, 공동-지불)만을 지불한다. 그렇지만 제공자는 제공자 명단에 들어가기 위해 자신의 일반적인 치료비용보다 할인된 비용(일반적으로 약 30%인데, 때에 따라서는 50% 이상)을 감수하게 된다. 부가적인 회기나 기타 치료 양식들(예, 입원환자 치료, 집단 심리치료, 가족 심리치료)은 이러한 서비스가 제공되기 전에 보험회사에 의해 모두 인가를 받아야만 한다. 보험회사 대리인은 치료 제공자의 치료 계획을 주의 깊게 검토하고, 매우 단기적이고 문제에 초점을 두고 최저비용 서비스를 장려한다. 많은 방식으로, 건강진료에서의 이러한 변화는 전체적인 건강진료 제도뿐만 아니라 임상심리학의 과학 및 실무를 영구적으로 변화시키고 있다(예, 저비용, 단기 위기 중재에 대한 강조). 이러한 변화들은 연구, 수련 및 실무를 포함하는 임상심리학의 모든 주요 영역뿐만 아니라 심리학적 서비스를 위한 대중적 요구에 대한 더 큰 문화적 풍토에 중대한 영향을 끼친다. 예를 들어, 대부분의 진료관리 회사들은 수련생에 의해 수행되는 치료를 인가하지 않을 것이기 때문에 많은 병원과 진료소는 심리학 수련생들을 계속해서 수련시킬 수 없을 것이며, 이들이 제공하는 서비스에 대한 보험 상환금을 받는 것을 기대할 수 없을 것이다.

# 사회의 경향

임상심리학도 어떤 다른 분야의 연구나 실무와 마찬가지로 변화해야만 하고, 또한 변화하는 세계에 적응해야만 한다. 임상심리학이 "머리를 모래에 처박은 채로" 사회적 변화에 저항하려는 것은 어리석은 일이다(Benedict & Phelps, 1998; Cummings, 1995; Klein, 1996; Plante, 1996b). 오히려, 임상심리학은 이 분야 내에서 새로운 연구 발견과 임상 실무 전략들이 나타남에 따라 변화해야 할 뿐만 아니라 세계의 전반적인 쟁점들과 관심들에 기반 하여 성장하고 발전해야만 한다. Rachel Klein(1996)의 말대로, "심리학은 시대와 함께 움직여야만 하고, 기회를 환영해야만 한다."(p. 216) 가족변화, 다문화적 민감성, 과학적 진보, 재정적 도전들 및 전문직에서의 성별 변동과 같은 쟁점들이 여기에서 조명될 것이다.

## 현대 미국 가족의 변화

미국 가족은 최근 몇 년 동안 매우 많이 변화해왔다. 둘 이상의 자녀들과 함께 사는 결혼한 커플에 대한 전통적인 상은 더 이상 규준이 되지 못한다(U.S. Bureau of the Census, 1990). 오늘날, 첫 번째 결혼의 약 50%가 이혼으로 끝나고, 모든 미국 가정의 절반 미만이 결혼한 커플로 구성되어있으며, 18세 이상의 성인 중 약 20%는 독신으로 살고 있으며, 대략 55%의 사람들이 결혼 전에 동거하는 것으로 보고하고 있다. 많은 가정이 편부모만 있거나, 재혼한 부모로 구성되어있어 혼합가족을 이루고 있다. 오늘날의 가족들은 입양이나 '인공수정' 자녀, 민족성, 인종 및 종교적 배경이 혼합된 자녀들과 부모, 게이 및 레즈비언 부모, 편부모 그리고 결혼하지 않은 부모로 구성되어있을 수 있다. 사실 1050만 가정은 편모이다(U.S. Census Bureau, 2006).

미국 가족의 변화하는 면모는 임상심리학 및 관련 분야에 대한 함의를 지니고 있다. 예를 들어, 편부모가 되는 것, 한 지붕 아래에 사는 혼합 가족의 자녀들을 통합하는 것, 또는 성적인 지향이나 인종 간 쟁점들과 관련된 차별을 다루는 것과 연관된 스트레스를 겪는 가족들은 독특한 욕구와 관심사를 지니고 있다. 임상심리학자들은 변화하는 미국 가족과 연관된 쟁점들에 민감해야만 하고, 이러한 가족들에 대한 유능한 평가, 치료 및 자문을 제공해줄 수 있는 능력이 있어야만 한다[American Psychology Association (APA), 2002, 2003b].

## 다문화 쟁점 및 다양성 쟁점

미국은 급속하게 인종 및 문화적으로 다양한 국가가 되었다. 미국 인구의 약 25%가 소수 민족으로 구성되어있는데, 이들 중 약 50%가 California 주에 거주하는 것으로 추정되고 있다(U.S. Census Bureau, 2008b). 약 3억만 명의 미국 인구 중, 약 12%가 아프리카계 미국인이고; 약 15%가 라틴계 미국인이며; 그리고 약 5%가 아시아계 미국인이다(U.S. Census Bureau, 2008b). 소수민족과 이민자 수는 극적으로 증가하여 왔다. 몇몇 주들은 최근 몇 년 안에 34%가 증가하였다(APA, 2003b; U.S. Census Bureau, 2008b). 1980년대 동안, 아시아계 미국인들의 수는 100%가 넘게 증가했고, 지금은 California 주에 사는 대 다수의 사람들이 소수민족 구성원일 것이다. 미국 인구 중 소수민족의 비율은, 2050년에는 50%로 추산된다(U.S. Census Bureau, 2008b). 최근에는 모든 사회 측면에서의 **다문화** 쟁점 및 **다양성** 쟁점의 역할에 초점을 맞춘 주의 및 관심이 증가해왔다(APA, 2003; Hall, 1997; D. Sue & D. M. Sue, 2008;

Trickett, Watts, & Birman, 1994). 다른 분야의 전문가들뿐만 아니라 심리학자들도 행동 및 행동 문제의 발달에 있어서 문화와 다양성의 역할에 대한 더 큰 통찰을 얻게 되었다(APA, 2003; Bernal & Castro, 1994; Cardemil & Battle, 2003 Fowers & Richardson, 1996; Hall, 1997; Roysircar et al., 2003; D. Sue & D. M. Sue, 2008).

사회적 맥락 및 문화의 역할은 행동에 강력한 영향을 미친다. 문화에 대한 이해는 심리적 증상 및 신체적 증상에 대한 이해에서뿐만 아니라 치료 중재의 개발에 있어서도 결정적인 것이다. 예를 들어, Frued 시대에 상당히 일반적이었던 전환 장애는 오늘날 서구사회에는 덜 일반적이다. 여성에 대한 억압과 함께 정서적으로 그리고 성적으로 억압하였던 빅토리아 시대의 문화적 맥락이 100년 전 전환 장애가 빈번하게 발생했던 것과 관련되어있다(Shorter, 1994). 어떤 문화에서 발견되는 특정 유형의 건강 염려증과 전환 장애가 다른 문화에서는 발견되지 않는다. 예를 들어, 생식기가 복부 쪽으로 움츠러들었다는 믿음인 Koro(음경소실공포증)는 주로 아시아 남자들에게서 발생한다(Rubin, 1982). 또 다른 문화 특유적 질병들로는 인도 남자들의 정액 상실에 대한 불안인 'dhat', 아프리카 사람들에게 나타나는 머리의 뜨거운 감각 그리고 파키스탄 사람들에게 나타나는 손과 발에서의 타는 듯한 감각이 있다(Ebigno, 1986). 이러한 증상들은 문화와 결합되어있는 경향이 있고, 증상들 모두가 생리학적 원인이 없는 신체적 호소와 연관된 불안과 우울 정서를 포함한다.

심지어 모든 문화에서 보편적으로 발견되는 것으로 보이는 장애들도 특정 문화에 따라 상이하게 표출된다. 예를 들어, 정신분열증은 모든 문화에서 발견되는 것으로 보인다. 그렇지만 미국과 기타 산업화된 서구 국가들의 정신분열증환자들은 일반적으로 환청을 경험하는 반면, 라틴 아메리카나 아프리카 국가들의 정신분열증환자들은 전형적으로 환시를 경험한다(Ndetei & Singh, 1983). 이러한 증상 표출에서 무엇이 이들 문화적 차이에 기여하는지는 불분명하지만, 심리학자들과 기타 정신건강 전문가들은 그들의 환자사례에서 문화적 쟁점에 민감해야만 한다(APA, 2002, 2003; Garb, 1997).

미국심리학회(APA, 1990)는 심리학자들이 "토속적인 믿음과 실무에 친숙하고 그것들을 존중해야 한다"(p. 3)고 권장해왔다. APA가 출간한 지침은 연구자와 임상가 모두 전문적인 심리 서비스를 제공하는 데 있어서 '사회문화적 틀'(p. 45)을 발달시키고 유지해야 하며, '체계적인 양상으로 나타나는 가치, 상호작용 양식 및 문화적 기대와 다양성을 고려해야'(p. 45) 한다고 주장하고 있다(APA, 1993a). 2003년 미국심리학회 지침(APA, 2003b)에서는 심리학자들은 문화적으로 잘 알려진 조직(정책) 개발과 실무를 지지하기 위해 조직변화 과정을 활용하고(p. 392) 그리고 "임상 및 기타 응용심리학 실무에서 문화적으로 적절한 기술을 적용한다"(p. 390)고 제안한다. 대학원 수련 프로그램이 현재 다문화 쟁점들에 관한 과정을 요구하고 있다(APA, 2003; Bernal & Castro, 1994; Norcross et al., 2008). 더욱이 심리학자들은 '심리 과정을 이해하는 데 있어서 민족성과 문화를 중요한 매개변수로 인식해야'(APA, 1990, p. 46) 한다. 따라서 민족성 및 문화와 같은 사회적 요인들은 임상심리학에서 고려해야 하고 통합해야 하는 중요한 요인으로 현재 조명받고 있다. 증상들은 문화적 맥락에서 발생하고, 따라서 문제를 이해하고 치료하기 위해서는 문화가 이해되어야만 한다.

다양한 민족과 문화 집단(예, 아프리카계 미국인,

멕시코계 미국인, 아시아계 미국인)에 대한 관심과 민감성의 증가는 또한 기타 비 민족적 소수집단(예, 게이 및 레즈비언, 여성, 신체 장애를 갖고 있는 개인들 및 다양한 종교집단)에게도 일반화되었다. 이러한 발달은 이 집단에서 정서 문제와 행동 문제를 가지고 있는 사람들을 도와주기 위한 새로운 전략과 방법들을 가져오게 하였다. 심리학자의 치료실에서 전통적으로 50분간의 통찰지향적 개인 심리치료는 많은 사람들에게 제한된 가치만을 가질 수도 있다. 연구 수행뿐만 아니라 실무를 수행하는 관습적인 방법들은 주의 깊게 검토되어야만 하고 다양한 배경의 사람들에게 적합하도록 잠재적으로 변경되어야만 한다(APA, 1993a, 2003b; Brown, 1990; Cardemil & Battle, 2003; Garb, 1997; Greene, 1993; Hall, 1997; Lopez et al., 1989; D. Sue & D. M. Sue, 2008; Tharp, 1991). 심리치료 성과에 관한 대다수 연구들은 인종, 수입 및 배경의 측면에서 상당히 동질적인 경향이 있는 미국인, 캐나다인 및 영국인 피험자를 사용해왔다. 대부분의 치료들이 중류 혹은 상류층 경제수준의 백인들을 대상으로 한 연구와 실무로부터 발달하였기 때문에, 소수집단에 대한 이 치료들의 일반화 가능성에 심각하고 정당한 의문이 제기되어왔다(Cardemil & Battle, 2003; Hall, 1997; Landrine, 1992; Lopez et al., 1989; Trickett et al., 1994; D. Sue & D. M. Sue, 2008). 예를 들어, 전통적인 민족적 치유방법(예, 땀을 흘리는 미국 원주민의 주거사용, 대화를 즐기는 작은 모임)을 통합한 심리치료가 현재 많은 미국 원주민들의 치료에 권장되고 있고(Laframboise, 1988), 그리고 가족 위계의 역할과 '체면 상실'(즉, 다른 사람들에게 부끄러운 일을 함) 역동에 대한 민감성은 많은 아시아계 미국인 내담자

들에게는 중요하다(Murase, 1977; Sue et al., 1994; D. Sue & D. M. Sue, 2008). 더욱이, 연구자들과 임상가들은 관점, 욕구 및 쟁점에서의 엄청난 다양성이 각 민족집단, 소수집단 그리고 종교집단 내에 존재한다는 생각에 더 민감하다(Bernal & Castro, 1994; Fowers & Richardson, 1996; Landrine, 1992; Plante, 2009; Sue et al., 1994; D. Sue & D. M. Sue, 2008). 그러므로, 모든 민족집단 또는 소수집단에 평가, 치료 또는 연구 전략을 일반화시키는 것은 부적절하다. 독특한 개인차뿐만 아니라 문화 변모의 결과 및 동화 요인 또한 다양한 집단의 성원들을 대상으로 일할 때 고려해야만 한다(APA, 2003b; Lopez et al., 1989; Roysircar et al., 2003).

소수집단 성원들에게 더 좋은 서비스를 제공하기 위해서는 더 많은 소수집단에 대한 관심이 심리학분야 내에서 필요하다(APA, 2003b; Bernal & Castro, 1994; Hall, 1997; Landrine, 1992; Lopez et al., 1989; D. Sue & D. M. Sue, 2008). 비록 미국은 고도의 다양성을 간직한 국가가 되었지만, 대다수의 임상심리학자들은 백인이다. 예를 들어, 아시아계, 남미계 또는 아프리카계 미국인이 미국 심리학회의 임상심리학 분과(제12분과)에서 차지하는 비율은 5%도 안 된다(American Psychological Association, 1993a). 2001년에 수여된 모든 심리학 박사학위 중 민족적 소수집단에 수여된 것은 10%도 안 된다(APA, 2003b). APA는 따라서 대학원 및 대학원 후(예, 인턴쉽과 박사 후 펠로우쉽) 인원에서 소수집단 성원의 비율을 늘리도록 대학원 수련 프로그램에 권장해 왔다. 이러한 노력의 결과로 심리학에서 박사과정 신입생 중 20%가 현재 민족적 소수집단 성원으로 이루어져 있다(APA, 2000b, 2008; Norcross et al., 2008).

## 다양성 : 레즈비언, 게이, 양성애 및 트랜스젠더(Lesbian, Gay, Bisexual and Transgender, LGBT) 내담자들을 치료하기

1973년에, 미국정신의학회(APA)는 정신 장애목록에서 동성애를 제거하였으며, 1975년에 미국심리학회(APA)는 "동성애 그 자체로는 판단, 안정성, 신뢰성 또는 일반적인 사회적 또는 직업적 능력에서 아무런 손상이 없다는 것을 함축한다"(Conger, 1975, p. 633)고 진술하는 결의안을 채택하였다. 그때 이후로, 미국 결혼 및 가족치료학회, 미국 사회사업학회, Canada 심리학회 및 영국 심리학회 등과 같은 다른 전문 기구들이 유사한 정책 성명서를 내어놓았다.

수년에 걸쳐서, APA는 LGBT 내담자들을 대상으로 치료하기 위해서 이들의 독특한 욕구가 존중되면서 도움이 되는 시도를 하는 다양한 지침을 제공하였다.

가장 최근 지침들(예, APA Division 44,2000)은 LGBT 트랜스젠더 개인들의 관계 및 가족에 대한 쟁점들, 다양성 및 민감성 쟁점, 그리고 LGBT 쟁점에 대한 연구, 실무 및 자원의 교육에 대하여 심리학자들을 위한 제안과 권고 사항을 제공하였다.

이 지침들은 동성애가 정신 질환의 지표는 아니라고 하더라도, LGBT 개인들은 자신의 직계가족, 이웃, 직장동료 또는 자신의 삶에서 중요한 타인들로부터 거절에 대한 도전뿐만 아니라 차별, 폭력 및 편견과 같은 사회적 낙인으로 인한 독특한 스트레스와 편파에 취약할 수도 있다는 것을 강조한다. 이 지침들은 LGBT 관련 쟁점들을 겪고 있는 사람들을 대상으로 가장 잘 치료하고 연구할 수 있도록 하기 위해서 동성애에 대한 연구 및 임상 실무 지침 모두에 심리학자들이 친숙해질 수 있도록 고무하고 있다.

동성애 내담자들과 동료들을 대상으로 좀 더 효과적이고 그리고 편안하게 작업하기위해서 심리학자들뿐만 아니라 다른 사람들에게 도움이 되도록 추구하는 한 프로그램은 안전지대(Safe Zone)로 명명되었다(Finkel, Ragnar, Bandele, & Schaefer, 2003). 이 프로그램은 "이 전집에 대한 자각과 지식을 증진시키고, 이 전집에 영향을 미치는 중요한 쟁점에 대한 민감성을 증진시키기 위해"(p. 555)에 개발되었다. 이 프로그램은 수많은 대학교, 지역사회 및 사업체 장면에서 사용되어왔다. 이 외에도, AFFIRM과 같은 프로그램들은 게이, 레즈비언, 양성애 및 트랜스젠더 가족 성원들과 내담자들을 수용하는 데서 가족 성원들(뿐만 아니라 정신건강전문가들)을 지원하고, 또한 수많은 자원들도 제공하고 있다.

### 과학, 기술 및 의학에서의 진보

과학, 기술 및 의학에서의 최근 진보와 중요한 발견들은 임상심리학뿐만 아니라 많은 다른 분야에도 큰 영향을 주었다. 전국과 전 세계의 언론매체들은 이들 영역에서의 최근 발전들을 보도한다. 이러한 보도가 만들어낸 열광은 전형적으로 몸과 마음이 분리되어있고 생물학이 인간 행동 대부분의 근원이라는 낡은 의학적 모형의 견해를 강화한다. 따라서 생물심리사회적 모형은 심지어 현재의 과학적 진보가 그 베일을 벗겨내고 있는 17세기 의학모형에 의해서도 도전 받고 있다. 우울증을 치료하기 위한 Prozac의 개발, '지방 유전자' 및 기타 행동관련 유전자를 발견하기 위한 노력, 그리고 주의력 결핍 장애를 치료하기 위한 약물 치료들(예, Ritalin)은 과학적 진보가 어떻게 정신-신체 관계에 대한 태도에 영향을 미쳤는지를 예증해 주는 탁월한 예들이다.

제약 회사뿐만 아니라 다른 연구자들에 의해 수행된 연구는 우울증을 치료하기 위한 Prozac의 개발을 가져왔다. Prozac은 Eli Lilly에 의해 1986년에 도입되었고, 급속히 굉장한 인기를 끌게 되었다. 전 세계적으로 2천만 명 이상이 Prozac을 사용하였는데(Horgan, 1996), Prozac은 여러 베스트셀러의 주제가 되었다(Kramer, 1993; Wurtzel, 1995). 더욱이, Zoloft와 Paxil과 같은 다른 유사한 선택적 세로토닌 재흡수 억제제(SSRIs)는 또한 굉장한 인기를 끌게 되었다. Pfizer의 Zoloft만의 판매는 매년 10억 달러 이상 벌어들인다(Valenstein, 2002). 우울증의 치료와(Prozac과 같은) 기타 정신과적 증상들(예, 불안, 폭식증)의 치료를 위한 개선된 약물치료는 많은 심리적 문제에 대한 생물학적 토대를 지지하는 원동력이 되었다. 이러한 견해의 옹호자들은 만일 약물치료가 우울증 증상이나 기타 정신과적 문제들을 크게 감소시킨다면, 뇌에서의 화학적 불균형과 같은 생물학적 요인들이 증상의 근원에 자리 잡고 있는 것으로 볼 수 있다고 주장한다. 이는 잘못된 생각이다. 앞에서 논의한 바와 같이, 행동에 영향을 주는 약물치료는 행동에 대한 생물학적 원인간의 인과적 고리를 제공하지 못한다. 연구 결과들과 상반되게, 많은 사람들 심리적 중재(심리치료와 같은)가 이러한 강력하고 새로운 약물치료와 대조하여 최소한의 가치밖에 가지고 있지 않다는 태도를 유지하고 있다. 생물학적 중재(예, 약물치료)를 점점 더 강조하고 심리사회적 치료(예, 심리치료)를 덜 강조하는 정신의학의 **재의료화**(remedicalization)는 더 종합적인 생물심리사회적 틀에 대한 고수를 한층 더 감소시키고 있다(Borrell-Carrió et al., 2004; Fava & Sonino, 2008; Fleck, 1995; Glasser, 2003). 그러나 연구와 새로운 보도들은 SSRI와 다른 향정신성 약물치료들에 대한 많은 이

점은 플라시보 효과(특히 약한 정도에서 중간정도의 증상완화에 대해서)에 기인하는데, 흔히 이들 약물치료들에 대한 열정을 누그러뜨리고, 그리고 생리심리사회적관점을 강화한다고 시사한다.

동일한 경향이 비만 치료에서도 예시된다. 지방 대체물의 개발 그리고 위절제술과 같은 수술뿐만 아니라 지방 유전자를 발견하기 위한 과학적 노력들은 비만과 과식에 대한 엄격한 생물학적 견해만을 강화하고 심리사회적 요인들의 역할은 무시한다(Belluck, 2005; Bouchard, 1995; Brownell, 2002; Fairburn & Brownell, 2002; Gibbs, 1996; Hsu et al., 2008; Zhang, Proenca, Barone, Leopold, & Friedman, 1994). 그렇지만 연구는 비만 치료에서 생물심리사회적 조망을 계속해서 지지한다(예, Belluck, 2005; Brownell, 1991a, 2002; Fairburn & Brownell, 2002; Hsu et al., 2008). 인간 게놈 프로젝트(Collins, 1999)와 관련된 흥분과 북새통을 이룬 관심은 더 나아가 과학적 발견들이 행동적 질병과 정신건강 문제에 대한 우리의 이해에 어떻게 영향을 미치는가에 대한 관심을 예시해주고 있다. 이들 진보는 임상심리학을 위하여 많은 함의점을 가지고 있다(Masterpasqua, 2009; Plomin & Crabbe, 2000).

주의력 결핍 과잉행동 장애(ADHD)의 약물치료는 임상심리학에 과학적 진전이 영향을 미친 또 다른 예를 제공해준다. 많은 부모들과 교사들은 ADHD 증상들(예, 충동성, 주의산만)을 통제하는 데 심리사회적 중재(예, 양육 기술 개발, 자극 통제 절차들)보다 약물치료의 사용에 더 많은 관심을 보인다. 앞의 예에서와 같이, ADHD의 약물치료는 이러한 증상들이 전적으로 생물학적 쟁점에 기인한 것이며 따라서 생물학적 해결책이 필요하다는 생각을 영속화시키는 반면, 연구는 생물심리사회적 조망을 지지한다(예, Barkley,

1989, 1996, 2009; Castle et al., 2007; Glasser, 2003).

기술적 진보(예, 컴퓨터공학, 팩스, 휴대폰, 비디오, 이메일, 인터넷 및 가상현실) 또한 임상심리학에 영향을 미쳤다. 예컨대, 환자 정보를 기록하기 위해 컴퓨터를 사용할 때 비밀보장을 유지하는 것은 중요하고 논쟁적인 쟁점이다. 민감하고 비밀스러운 환자 정보를 담고 있는 컴퓨터 파일과 디스크에 접근할 가능성과 보안 암호를 해독하는 것은 많은 사람들의 큰 관심사이다. 사실, 기술관련 비밀보장 관심은 2003년 연방 법률에서 주목할 만한 변화를 이끌었는데 이 법률은 건강 보험 휴대 및 책임법안(Health Insurance Portability and Accountability, HIPAA)이라 불린다. 이런 전면적인 연방 법률제정은 모든 건강진료 전문가들과 기관들이 환자정보들을 안전하게 하고 환자동의를 얻는 방식을 개편하게 하였다. 심리치료나 심리학적 자문을 수행하기 위해 전화는 물론이고 인터넷(예, 이메일, Skype, Facebook)을 사용하는 것 또한 논쟁거리이다 (Bloom, 1992; Haas, Benedict, & Kobos, 1996; Jerome & Zaylor, 2000; Kessler, Lewis, Kaur, Wiles, King, Weich, et al., 2009; Ma & Gordon, 2000; Markowitz, 2008; Roan, 1992; Sleek, 1997). 어떤 사람들은 전화와 인터넷이 심리학적 서비스를 수행하기 위한 수용할 만한 방안일 수 있다고 주장하는 반면, 어떤 사람들은 이러한 안전하지 않은 방법들을 사용하는 것은 비윤리적이라고 생각한다. 어떤 사람들은 심리치료에 대한 전화 혹은 인터넷 접근은 서비스에 대한 즉각적인 접근, 사생활 보장 및 더 많은 사람들, 특히 먼 지역에 있는 사람들을 위한 서비스의 이용가능성과 같은 중요한 이점을 가진다고 말한다(Haas et al., 1996; Jerome & Zaylor,

2000; Kessler et al., 2008; Mermelstein & Holland, 1991; Tausig & Freeman, 1988; Tolmach, 1985). 그렇지만 다른 사람들은 이러한 서비스가 위기 상황에서 의도와는 반대되는 결과를 초래할 수 있으므로 오용될 수 있다고 경고하고 있다 (Haas et al., 1996; Maheu & Gordon, 2000; Markowitz, 2008; Nagy, 1987).

가상현실 또한 불안이나 기타 심리적 장애들을 치료하기 위해 사용되어왔다(Binik, Cantor, Ochs, & Meana, 1997; Coelho, Waters, Hine, & Wallis, 2009; Glantz, Durlach, Barnett, & Aviles, 1996; Powers & Emmelkamp, 2008; Wallach, Safir, & Bar- ZVI, 2009). 환자들과 치료자들은 노출-양식 치료에서 가상현실 공학을 사용할 수 있다. 예를 들어, 공포증 반응이 있는 개인은 이 접근을 사용하여 실제적이지만 안전한 방식으로 두려워하는 대상을 시각화 할 수 있다(그림 14.1 참조).

가상현실은 다양한 문제를 겪는 환자(대부분 불안과 공포증)들이 그들의 문제를 더 효과적으로 대처함을 배우는 데 도움을 주기 위해 이용되어왔다 (Annesi, 2001; Coelho et al., 2009; Maltloy, Kirsch, Mayers, & Allen, 2002; Powers & Emmelkamp, 2008; Wallach et al., 2009; Weiderhold & Weiderhold, 2000). 오늘날 가상현실 환경은 정신건강을 향상시키고 웰빙을 증진시키기 위하여 다양한 임상적 환경과 일상 환경에 통합되어 왔다. 예를 들어, 구체적인 환경과 심상을 모의실험 해봄으로써 치료자들은 자신들의 환자들이 귀향 제대 군인들에 대한 외상 후 스트레스뿐만 아니라 비행기, 운전 그리고 거미공포증과 같은 공포증들에 더 잘 대처하게 하기위한 인지행동치료에 대한 부가적인 것으로서 가상노출을 사용할 수 있다(Coelho et al.,

**그림 14.1**　가상현실과 운동

사진 : Thomas G. Plante 제공

2009; Maltby et al., 2002; Powers & Emmel-kamp, 2008; Wallach et al., 2009; B. K. Weiderhold & M. D. Weiderhold, 2000). 가상현실은 또한 운동경험을 향상시키도록 사용되어왔는데 가상걷기나 자전거타기를 경험하는 사람들이 실제 운동을 겸하든 겸하지 않든 긍정적인 기분효과를 경험한다(Plante, Aldridge, Bogden, & Hanelin, 2003a; Plante et al., 2003b).

　많은 기술적 진보는 또한 임상심리학자들이 관심 쟁점에 대한 중요한 정보를 얻을 수 있는 능력을 증가시켜 주었다. 예를 들어, 셀 수 없이 많은 웹사이트들은 정신건강 자료원, 자기-조력 뉴스레터, 정신건강 법률 쟁점 및 가족 쟁점과 같은 주제들에 대한 정보를 제공해 준다. 구글과 같은 검색 엔진을 사용하여 수많은 정보에 쉽게 접근할 수 있게 됨으로써 심리학자들은 최신서비스를 유지하고 자신들의 환자들을 돕는 데 이러한 사이트를 사용할 수 있게 되었다.

## 기금

사진 : Stockvault. net 제공

　1960년대와 1970년대의 경제적 호황 동안, NIMH 및 기타 정부기관으로부터의 연방기금이 임상심리학 연구비를 지원하고, 대학원 및 박사 후 프로그램에 있는 수련 심리학자들의 경비를 보조해주며, 필요한 서비스(예, 지역사회 정신건강 운동)를 제공해주기 위해 이용되었다. 더 최근에 도전적인 경제적 시기 동안

# 컴퓨터 치료

현대 생활의 수많은 측면에서 컴퓨터 기술의 두드러진 개입을 생각해본다면, 심리치료와 같은 심리학적 서비스가 컴퓨터로 제공될 수 있을까? 흥미롭게도, 많은 최근 연구들은 웹 기반 치료 중재에 초점을 두었다. 대부분의 이러한 연구는 금연, 두통조절, 신체 상 향상, 당뇨 관리 및 공포증 치료 등에 경험적으로 지지되고 고도로 구조화 된 중재를 사용하였다. 대부분은 임상적 건강 심리학 쟁점들에 초점을 두었다.

Ritterband와 동료들(2003)은 질적인 인터넷 중재를 개발하는 데서 9단계 과정을 제공하였다. 그것은 다음과 같다.

1. 초점이 되는 임상 문제를 확인하기(예, 불안, 공황, 충동적 행동).
2. 경험적으로 지지된 치료 매뉴얼 및 프로토콜과 같은 효과적이고  확립된 치료 수립을 결정하기.
3. 치료 중재를 조작화하기.
4. 잠재적인 법률 및 윤리적인 쟁점과 갈등을 평가하기.
5. 중요한 치료 성분들을 관련 인터넷 성분들로 바꾸기.
6. 개별적으로 맞춤식으로 될 수 있는 측면들을 확인하여 치료를 개인 맞춤형으로 하기.
7. 치료성공의 측정으로써 피드백을 포함시키기.
8. 웹 기반 프로그램을 구성하기.
9. 프로그램을 검증하고 필요에 따라 적용시키기.

연구는 웹 기반 중재들이 단계별 심리교육 중재 접근을 사용하여 매우 특정한 증상들에 효과적일 수 있다는 생각을 일반적으로 지지하고 있다(Ritterband et al., 2003). 웹 기반 중재들의 장점은 전 세계 어디서든 인터넷에 접근할 수 있는 사람들에게 서비스를 제공하는 기능뿐만 아니라 면대면 방식으로 치료를 받을 수 있는 접근을 할 수 없는 사람들에게 서비스를 제공하는 기능을 포함한다. 예를 들어, 어떤 사람은 정신건강 전문가의 치료실에 가기가 불편할 수도 있으며, 또는 어떤 사람들은 전문적인 서비스를 받기에 너무 먼 고립된 시골지역에 살고 있을 수 있다. 게다가 웹 기반 중재는 전통적인 서비스 보다는 비용이 훨씬 적게 든다. 그러므로 내담자와 보험 회사는 특히 싼 가격이 매력적인 점을 발견할 수 도 있다. 끝으로, 웹 기반 치료는 전통적인 서비스에 부가적으로 사용될 수 있다. 내담자들은 치료 회기들 사이에 또는 숙제로서 웹 중재를 사용할 수 있다. 컴퓨터치료의 단점과 잠재적인 문제는 환자 사생활과 이러한 서비스를 제공하는 전문가의 자격증 발급과 관련된 쟁점을 포함한다.

컴퓨터를 사용하는 동안 비밀 관리가 항상 쉬운 것은 아닌데, 사적인 정보가 치료기록이나 임상기록을 보기 위해 환자의 허락을 받지 못한 사람들의 손에 들어갈 수도 있다는 것이다. 이들 서비스를 제공하고 있는 전문가들이 정신건강 전문가 훈련을 받지 않았을 수도 있고, 따라서 이들은 대중에게 정신건강 서비스나 건강진료 서비스를 제공하는 데 자격이 없거나 면허가 없을 수도 있다. 또한 웹 기반 치료들은 내담자와 치료를 하고 있는 전문가의 면대면 만남에서 일어나는 독특하고 개인적인 접근은 허용될 수 없다.

컴퓨터 치료는 전통적인 심리치료가 제공하는 인간적 연결에 대한 욕구와 바람을 대체할 가능성이 없어 보이는 반면, 서비스가 필요하지만 접근, 비용 및 다른 요인들 때문에 이러한 서비스에 접근하지 못 하는 사람들을 돕는 데는 한 가지 역할을 분명히 하고 있다.

에는, 비용을 절감시키고, 더 효율적이 되며, 서비스를 감축시키려는 노력들이 많은 상이한 사회부문과 많은 상이한 산업에 영향을 주었다. 인원감축, 정리해고, 구조 조정 및 서비스 감축과 같은 주제들이 전국의 신문에서 매일 조명받게 되었다. 이것은 특히 2000년 3월에 주식시장 쇠퇴이후 그리고, 미국에서의 경제적 붕괴와 2008년 다른 곳에서 시작된 것뿐만 아니라 아프가니스탄과 이라크 전쟁을 유도한 미국에서의 2001년 9월 11일 테러리스트 공격이후 사실이 되었다. 연방기금 부족을 상쇄하기 위한 시도 또한 임상심리학에 영향을 주는 프로그램을 중단시키는 결과를 가져왔다. 기금(또는 더 구체적으로 기금의 부족)은 현재 임상심리학 연구, 실무 및 수련에 관한 중요 쟁점이 되고 있다. 제 2차 세계대전 후 30년 이상 동안, NIMH는 과학으로서의 심리학을 발전시킬 뿐만 아니라 양질의 심리학자의 수를 증가시킬 목적으로 임상심리학 대학원 학생들, 인턴들 및 박사 후 펠로우들에게 풍부한 연구 및 수련 기금을 지원했다. 사실, 제2차 세계대전 종전부터 1980년 사이에 인가된 수련 프로그램에 있는 대부분의 심리학 대학원생들은 자신들의 교육비를 지불하기 위해 NIMH 수련 지원금을 지원받았다. 더욱이, 연구를 지원하기 위해 대학교 및 병원 장면의 심리학자들에게 풍부한 연구 지원금이 지원되었다. 정부가 연방지출 감축을 위해 노력하던 Reagan 행정부의 초기 몇 년 동안, 이러한 지원금들은 급격히 축소되었고 결국 완전히 사라지게 되었다. 행동과학 연구를 지원하기 위한 연방 지원금 또한 최근 몇 년 동안 유의하게 감축되었다. 연방 지원금 신청 중 단지 약 15%만이 기금을 받는다 (National Institute of Health, 2004).

1995년에 국립과학재단(National Science Foundation, NSF)은 모든 행동과학 기금이 삭감되어야 한다고 제안한다. 재정적 지원의 감축은 양질의 심리학 연구를 수행하는 것이 훨씬 더 도전적이 된다는 것을 의미한다. 더욱이, 연방 기금의 감소는 VA병원, 지역사회 정신건강진료소 그리고 주립 및 카운티 병원과 같은 많은 장면에서 심리학자들을 위한 더 적은 자리와 더 적은 임상 서비스의 제공을 의미한다.

재정 긴축은 또한 임상심리학 전공 학생들에게 더 많은 부채를 갖게 하였다. 임상심리학에서 새로 박사학위를 받은 전문가의 부채 중앙치는 67,000달러이다(APA, 2003b; Li, Wicherski, & Kohout, 2008). 이러한 새로운 전문가들 중 단지 소수만이 연방 지원금 보조를 받는다; 따라서 이들은 대학원 수련비용을 지불하기 위해 자신(또는 가족)의 재정 자원뿐만 아니라 학생 대출을 이용해야만 한다. 사실 모든 졸업생의 70%가 부채가 있는 것으로 보고된다(APA, 2003b). 임상심리학 박사학위자의 초봉 중앙치는 약 50,000 달러이다(APA, 2001; Li et al., 2008). 막대한 교육적 부채와 함께 많지 않은 초봉은 많은 새로운 심리학자들에게 높은 수준의 스트레스를 가져다준다.

## 전문직에서의 성별 변동

지난 몇 십 년 동안 이상, 점점 더 많은 여성들이 법학, 심리학, 경영학 및 의학과 같은 전통적으로 남성 전문 직업 영역에 들어왔다(Denmark, 1994; Pion et al., 1996). 이러한 경향은 임상심리학과 같은 심리학 응용 영역에서 특히 뚜렷해 졌다(Norcross et al., 2008; Pion et al., 1996; Snyder et al., 2000; Wicherski, Michalski, & Kohout, 2009). APA회원 중 약 51%가 남성인 반면, 새로운 임상심리학 박사학위의 대다수(약 75%)가 현재 여성에게 수여되고 있다(Wicherski et al., 2009). 1973년과 1991년 사이에, 심리학 분야에 들어온 남성의 수는 130% 증가

## Ahsia Laureen Hamdan, PhD

**생년월일** : 1964년 9월 14일

**대학교** : 1986년 Oklahoma주립대학교(심리학, BS); 1987년 Minnesota주립대학교(경영학/국제 경영, BS); 2005년 American Open대학교(이슬람 연구, 학사학위)

**대학원프로그램** : 1990년 Minnesota주립대학교(임상심리학, MA); 1994년 West Virginia대학교(아동 임상심리학, PhD)

**임상 인턴십** : 1993~1994년 Nebraska 주 Oklahoma, Boys Town, Nebraska대학교 의료원, Meyer 재활 연구소

**현재의 직업** : United Arab Emirates, Sharjah대학교 의과대학 가족과 공동체 의학 및 행동 과학과, 행동 과학 부교수

**임상심리학자가 되는 것의 장점과 단점** :

**장점** : "임상심리학 박사학위를 소유하는 것은 기회의 세계로 열려있으며, 강의에서부터 임상업무, 행정, 자문까지 열려있다. 이것은 종사하는 사람들에게 가능성을 제공하는데 바로 이것이 대부분의 사람들이 이 분야로 진출하려고 하는 주된 이유이다. 그 보상은 환자들, 학생들, 다른 전문가들 또는 공동체 어디에서 나타나든 간에 엄청나다. 그것은 진정으로 그 분야에 머물러 있는 한 가장 만족스러운 분야 중 하나이다."

(계속)

한 반면, 심리학을 직업으로 선택한 여성의 수는 530% 증가하였다(APA, 1995c; NSF, 1994). 비록 1971년(74%)과 1981년(55%)에는 대부분의 임상심리학 박사학위가 남성에게 수여되었지만, 1991년까지는 이 비율이 단지 36%로 떨어졌다(Pion et al., 1996). 그리고 1997년에는 30%(APA, 1997), 지금은 25%까지 떨어졌다(Wicherski et al., 2009). 여성임상심리학자들의 비율은 1960년과 2008년 사이에 2배 이상이 되었다(Norcross et al., 2008). 이러한 경향은 또한 박사학위 수준에서도 분명하게 나타난다. 1970년도에, 43%의 심리학 학사학위가 여성에게 수여되었지만; 1991년에는, 약 75%의 심리학 학사학위가 여성에게 수여되었다(NSF, 1994). 2000년까지는 그 수가 80%에 가까워졌다(APA Research Office, 2000). 전반적으로, 임상심리학에서 여성의 수가 2.5대 1의 비율로 남성보다 더 많아지고(Snyder et al., 2000) 그리고 점점 더 늘어날 것이다(Wicherski et al., 2009).

많은 사람들은 심리학에서의 성별변동은 쟁점에 대한 여성들의 더욱 전문가적인 민감성에서 비롯되는 긍정적인 경향이라고 주장하였다(Denmark, 1994; Pion et al., 1996; Plante et al., 1998; Snyder et al., 2000). 다양성의 증가는 어떠한 분야에서든 새로운 조망, 자각 및 접근을 더해준다. 전문 영역과 서비스는 성별, 민족성, 종교적 종파 및 기타 상이한 점들을 지닌 사람들이 이 분야에 들어올 때 풍

단점 : "이 업무는 때때로 매우 스트레스적일 수 있는데 그것은 장면에 달려있다. 대학교에서는, 승진을 하기 위해서는 질 높은 학술지에 출판해야 하는 커다란 압력을 받고 있다. 연구는 시간이 많이 드는데, 이는 과중한 강의부담과 행정 책임 때문에 언제나 가용한 것은 아니다. 스트레스 관리는 대처에서 중요한 성분이다."

당신의 전문분야와 그것을 선택한 방법 : "내가 13살 나이 때에 일종의 예고를 경험했기 때문에(나는 학교에서 진로 프로젝트에 참여해서 임상심리학자로서 일하는 그림을 그렸던 것으로 기억한다) 임상심리학자가 되는 것으로 알라신에 의해 운명 지어진 게 이유인 것 같다. 나는 항상 사람들이 어떻게 생각하는지, 느끼는지 그리고 행동하는지를 이해하는 데 관심이 있었고, 특히 비행이나 이상한 행동의 관계에 대해서 관심이 있었다. 나는 원래 임상적인 일을 할 계획이었지만, 후에 학생들을 가르치고 멘토링하는 멋진 일에 관심을 발전시켰다."

임상심리학의 미래 : "아랍에미리트 연합에서 임상심리학의 미래는 밝다. 비록 전통적으로는 개인적인 문제에 대해 전문가의 도움을 찾는 것이 낙인과 관련되기는 하지만, 그 점은 점점 조금씩 변화할 것으로 보인다. 또한 급격한 경제적인 변화가 일어나기 때문에 가족 및 공동체 내에서 문제가 증가할 것이다. 이것은 전통적인 가치와 '현대적' 기대 사이에 긴장을 초래할 것이다.

**전형적인 일과**

| 9 : 00 | 1학년 학생들에 대한 회기 검토 |
| 10 : 00 | 1학년 학생들에 대한 문제 기반 학습 회기 |
| 11 : 00 | 1학년 학생들에 대한 문제 기반 학습 회기 |
| 12 : 00 | 1학년 강의 준비 |
| 1 : 00 | 점심 |
| 2 : 00 | 연구 프로젝트를 위한 연구비 신청서 작성 |
| 3 : 00 | 2학년 강의 |
| 4 : 00 | 학생들과 미팅 또는 교수 미팅 |
| 5 : 00 | 학술지 논문 쓰기/편집 검토 |

주 : Dr. Hamdan의 사진은 종교적인 이유 때문에 싣지 못했다. 공식적인 목적이나 교육적인 목적이 아니고서는 영혼이 깃든 어떤 것에 대한 그림을 그리거나 사진을 찍는 것은 이슬람에서는 금지되어있다. 여기에 제시된 사진은 그녀가 일하는 대학교의 사진이다.

부해 진다. 더욱이 다양성의 증가는 심리학적 서비스를 구하는 사람들에게 더 많은 선택뿐만 아니라 이 분야에 관심이 있는 학생들에게 더 많은 역할 모델들을 제공해준다(Denmark, 1994; Snyder et al., 2000). 그렇지만 양쪽 성별 모두에서 많은 사람들은 남성-지배적 전문직에서 여성-지배적 전문직으로의 변동이 임상심리학의 지위와 지각된 중요성에서의 가치절하를 의미할 수도 있고, 결과적으로 더 낮은 봉급을 가져올 수도 있다는 사실에 걱정하고 있다(Goodheart & Markham, 1992; Snyder et al., 2000).

## 연구 쟁점

임상심리학에서의 연구는 주 효과를 검토하는 아주 단순하고 직접적인 질문에 답하기 위한 시도를 뛰어넘어 발전해왔다. 예를 들어, "심리치료는 치료하지 않는 것 보다 더 효과적인가?"와 같은 연구 질문들이 적절한 시기에 다루어져 왔다. 심리치료가 실제로 효과적이고, 또한 생물심리사회적 조망에서 나온 심리학적 중재가 없거나 더 제한된 중재(예, 약물치료만 사용)에 비해 우월한 것으로 알려져 있다. 그러므로 더 복잡하고 정교한 연구 설계와 질문들이 오늘날 수행되고 있다. 이러한 연구 질문들은 예를 들어, 어떤 조건에서, 어떤 환자들이, 어떤 치료자들에 의해 그리고 어떤 기법을 사용하여 치료받을 때 중재가 가장 효과적인가와 같이 주효과보다는 상호작용 효과를 보는 경향이 있다.

임상심리학이 발전하고 성숙해감에 따라, 더 새로운 연구 설계와 방법론에 대한 요구가 더 큰 방법론적 다원론으로 이동하도록 이끌었다. 전통적인 연구 및 통계 방법들에 더하여 질적이고, 기술적이며, 이야기 중심의 접근들이 중요한 연구 질문들에 더 잘 답하기 위한 시도로 사용되어왔다(Lambert et al., 2004; Prochaska, 2000). 단순한 통계적 유의도만을 보기보다는 임상적 유의도를 조사하는 것 또한 연구 자료를 이해하는 더 유용한 방법으로 진전되어왔다(Kazdin & Weisz, 2003). 효과크기 및 메타분석 기법의 사용뿐만 아니라 컴퓨터 공학의 도움을 받는 더 정교한 통계 분석이 연구방법론 및 자료 분석 접근법에 복잡성뿐만 아니라 그 효용성을 증가시켜왔다(Kazdin, 1994; Kazdin & Weisz, 2003).

비용 억제에 대한 관심은 또한 많은 새로운 연구 설계에 비용-효과적 또는 비용-이익 분석을 통합하도록 이끌었다(Newman & Taylor, 1996; Lambert et al., 2004; Yates, 1994). 따라서 임상심리학에서 무엇이 효과적이고 무엇이 그렇지 않은지를 밝히는 것뿐만 아니라 평가, 치료, 자문 및 기타 임상심리학 활동에 대한 비용 대 이익을 조사하는 것이 중요하다. 최근 연구는 비용-효과적이고, 단기적이며, 경험적으로 지지된 치료, 그리고 증거-기반접근법에 초점을 맞추고 있다(Barlow, 1996; Hawkins, 2001; Nathan & Gorman, 2007; Norcross, 2002; Rehm, 1997; Schmidt & Taylor, 2002; VandenBos, 1996).

어떤 저자들은 "너무 많은 심리학자들이 지적 해안선 가까이에서만 항해하고 있으며, 자신들의 조그마한 연못에서 조용하게 헤엄치고 있는 것에 만족하고 있다"(Bevan, 1991, p. 481)라고 언급하며, 또한 심리학은 '조리가 서 있는 분야라기보다는 연구들의 수집'(Schneider, 1996, p. 715)일 뿐이라고 언급하며, 역사적으로 좁은 곳에 초점을 맞추었던 심리학 연구를 비판한다. 많은 저자들은 미래의 심리학 연구는 '[세계]에 대한 큰 질문'(Bevan, 1991, p. 481)에 답하기 위해 더욱 노력해야만 한다고 주장하였다. 노숙, 폭력, 인종차별, 테러행위 그리고 AIDS 및 비만과 같은 질병에서의 심리학 및 행동의 역할과 같은 현대 사회의 중요한 문제들이 연구에서 더 자세하게 다루어져야만 한다. 더 창조적이고, 모험적이며, 다학문간의 연구에 대한 요청 역시 많은 저자들에 의해 제기되어왔다. Stanley Schneider(1996)의 말을 빌리면, '현대의 과학적 문제를 연구하기 위해서는 다학문간 접근이 필수적이라는 데에는 거의 보편적으로 합의되어있고'(p. 718), 또한 "우리는 심지어 가장 기초적인 연구에 관여할지라도 응용, 임상적 관련성 및 정책적 함의에 관해 생각해야 한다."(p. 716).

## 실무 쟁점

### 건강진료 관리와 건강진료 개혁

전통적으로 의사들은 단순히 자신들이 보기에 적합한 방법으로 환자들을 치료하였고, 의료보험은 의사가 처방한 어떠한 절차이든지 비용을 지불했다. 의사는 환자에게 최선의 이익이 되는 진단적 접근과 치료 접근이 무엇인지를 결정하였고, 보험회사는 전문적 판단을 내리는 데 있어서 의사의 자유재량을 지지하고 거기에 기금을 공급하였다. 의학학위가 없기 때문에 임상심리학자들은 의료보험 회사로부터 상환받을 수 없었다. 그렇지만 1970년대 심리학자들은 누구든 정신건강 분야에서 자격증을 가지고 있으면(예, 심리학자, 사회사업가), 의료보험 상환을 받을 수 있는 '선택의 자유' 법안을 통과시키도록 주 입법부에 로비를 하였다. 의사들은 오직 의사(정신과 의사와 같은)만이 심리치료에서 환자들을 치료할 수 있어야(따라서 의료보험에 의해 상환 받아야)한다고 강력하게 주장한 반면, 심리학자들은 심리치료나 기타 심리학적서비스(예, 심리검사, 자문)를 수행하는 정신건강 전문가가 반드시 의사일 필요는 없다는 주장을 성공적으로 하였다. 현재, 모든 주와 보험회사들은 심리학자들이 그들의 자격과 훈련의 범위 내에서 심리학적 서비스와 기타 서비스들을 제공하는 데 허용한다.

심리학은 약 10~20년 동안(비록 이러한 기간이 주마다 유의하게 다르지만) 선택의 자유 법안을 누려왔다. 의사들과 마찬가지로 심리학자들은 재빨리 자신들이 보기에 적합하고 자신들과 전문서비스를 받는 환자들에게 보험회사가 상환해주도록 환자들을 치료하는 데 익숙해지게 되었다. 따라서 심리학자들은 어떠한 진단적 문제에 대해서든 다양한 유형의 심리치료(예, 정신역동적, 인지-행동주의적, 인본주의적, 가족체계적, 절충적 심리치료)를 다양한 유형의 양식(예, 개인, 커플, 가족, 집단)으로 제공할 수 있게 되었다. 전형적으로, 보험은 심리학자가 부과한 치료비 중 50%에서 80%를 상환해 주었고, 환자들은 나머지 비용을 지불하였다. 이러한 협정과 함께 심리학자들과 환자들은 보험회사와 같은 기타 당사자의 개입이나 제한 없이 치료계획을 결정하였다.

이러한 사적이고 서비스에 대해 치료비를 지불하는 보험 협정은 1980년대 후반부 동안 급격하게 변화하기 시작했다. 건강진료 비용은 1970년대와 1980년대 동안에 꾸준하게 극적으로 증가하였다. 의료적 기법에서의 중요한 개선과 CT, PET 및 MRI 촬영과 같은 더 새롭고 더 비싼 진단 도구들뿐만 아니라 더 새롭고 더 비싼 치료들은 막대한 금액의 의료보험 청구를 가져왔다. 더욱이 심하게 병든 환자들이 이러한 더 새로운 기법들을 사용하여 더 오래 살 수 있게 되었고, 따라서 만성적인 말기 상태에 대한 치료비용은 계속해서 증가하게 되었다. 의학 교육비와 의사 급여 역시 계속해서 증가하였다. 사실, 건강진료비용은 최근 몇 십 년 동안 약 세 배로 인플레이션 비율을 증가시켰다(Cummings, 1995; Resnick & DeLeon, 1995). 미국인들은 그들의 건강적 필요에 1년에 약 3조 달러를 소비하는데, 이는 국민총생산의 16%에 해당하는 비용이다(Centers for Medicare and Medicaid Services, 2009).

이러한 비용의 상승은 분명히 의료 서비스 비용을 지불하는 보험회사와 기타 기구(정부기관과 같은)에게는 받아들여질 수 없는 것이 되었다. 더욱이, 매년 7,000억이 불필요하고, 비효과적이며, 부적절하고 또는 부정이득을 취하기 위한 절차들에 사용되고 있다고 추산되었다(Graham, 2008). 1983년 의회는 Medicare 환자들을 치료하는 비용을 고정적이고 사전 결정된 방식으로 병원에 지불하는 새로운 방법을 도입하는 법안을 통과시켰다. 이러한 계획하에서 비용은 실제적인 전체 치료비용에 의해서 라기 보다는 환자 진단에 의해서 결정되었다. 환자들은 진단-관련 집단(diagnosis-related groups, DRGs)으로 범주화되었고, 비용은 주어진 진단명에 대한 환자 당 평균 비용을 토대로 계산되었다. 따라서 병원은 특정 진단을 받은 환자를 치료하는 데 고정된 치료비를 받게 된다. 병원이 환자를 치료하는 데 더 많은 시간이나 비용이 들더라도 이 부가적인 서비스에 대한 비용은 지불되지 않거나; 또는 환자가 지정된 비용보다 더 적은 비용으로 치료된다면, 병원은 그 차액을 다른 비용에 충당하기 위해 보관하게 된다. 1980년대 초기와 중반에 DRGs의 도래에 뒤이어서 1980년대 후반과 1990년대 동안 **건강유지기구**(health maintenance organizations, HMOs)와 **우선권이 주어지는 진료 제공자 기구**(preferred provider organizations, PPOs)와 같은 건강진료 관리계획이 건강진료 장면에서 급격히 증가하게 되었다. 이러한 프로그램의 목표는 임상심리학자와 같은 정신건강 전문가들에 의해 제공되는 서비스를 포함하는 건강서비스에 대해 더 비용-효과적인 방법으로 그 비용을 지불하려는 것이다. 1984년에는 건강진료 보험에 가입한 사람들 중 96%가 여전히 서비스에 대해 치료비를 지불하는 보험방식에 가입하였지만, 1990년대에는 단지 37%만이 이런 보험방식에 가입하였다(Weiner & de Lissovoy, 1993). 서비스에 대해 치료비를 지불하는 보험방식에 가입한 미국인의 수는 계속해서 급격하게 감소할 것이고(Broskowski, 1995; Cummings, 1995; S. Taylor, 2009), 오늘날에는 거의 존재하지 않을 것이다. 7,500만 명 이상의 미국인들은 건강유지기구에 속해 있고, 약 1억 7,500만 명의 미국인들은 어떤 형태의 **건강진료 관리**(managed health care)에 가입하고 있다(Cantor & Fuentes, 2008; Kongstvedt, 2008; Sanderson, 2004).

위에서 개관된 전통적인 서비스에 대한 치료비를 지불하는 방식과 반대로, HMO(health maintenance organization)는 한 기구 내에서 종합적인 건강(그리고 일반적으로 정신건강) 서비스를 제공한다. 고용인(또는 피고용인)은 HMO에 가입하여 매달 비용을 지불해야 한다. 건강진료가 필요할 때면 언제나, 회원은 매월의 회비나 적은 공동-지불 비용(예, 진료실 방문당 20달러)을 초과하는 부가 비용 없이

HMO로부터 모든 건강진료 서비스를 받는다. 환자들은 어떤 의사 또는 다른 건강진료 제공자가 자신들을 치료할 수 있는지에 관한 선택의 권한이 거의 또는 전혀 없다. 더욱이, 이들은 HMO에서 근무하는 건강진료 전문가들로부터 필요한 모든 서비스(감기 주사에서 뇌수술까지)를 받아야만 한다. 개인 개업가들과는 다르게, 이러한 제공자들은 그들이 치료하는 각 환자에 대해 일정한 요금을 받는 것이 아니라 연봉을 받는다. 이윤을 얻기 위해 HMO는 비용을 통제해야만 하고, 어떠한 불필요하고 비용이 많이 드는 서비스를 최소화해야만 한다(Kongstvedt, 2008). 예를 들어 Cummings(1995)는 단지 38개의 큰 HMO가 "Kaiser-Permanente의 규모와 효율성은 현재 숫자의 반절인 290,000명의 의사와 국민 총생산의 5%만으로도 2억 5,000만 명의 미국인을 치료할 수 있다"(p. 13)고 보고하였다. 따라서 의사들과 기구들이 전통적인 서비스에 대해 치료비를 지불하는 협정과 연관된 비용 중 적은 부분만으로도 의료서비스를 제공할 수 있다는 것이 이론적으로 가능하다. 중요한 문제는 이러한 더 효율적인 서비스가 더 질이 좋고 환자 진료에 있어서 최선의 이익이 되는지에 관한 것이다.

우선권이 주어지는 진료 제공자 기구는 전통적인 서비스에 대한 치료비 지불방식과 건강진료에 대한 HMO양식을 절충한 것이다. PPO는 PPO 네트워크에 가입하여 할인된 가격으로 환자를 치료하기로 동의한 제공자들의 네트워크이다. 그러므로, 임상심리학자와 기타 정신건강전문가뿐만 아니라 모든 의학 전문 분야의 전통적인 개인 개업 전문가들은 PPO 네트워크 회원가입을 선택할 수 있다. PPO 계획에 가입한 환자는 PPOs제공자 건강보험 명단에 올려져 있으며 동의한 지역 사회 전문가에 의해 치료받아야만 한다. 더욱이, 진료소나 병원과 같은 대규모 건강 기구

들 또한 PPOs 네트워크에 가입할 수 있다. PPOs 네트워크와 전문서비스 제공자들(병원을 포함하여)은 수술, 진찰 및 심리치료와 같은 다양한 유형의 전문적 서비스에 대한 치료비를 설정하는 데 동의한다. 서비스를 필요로 하는 환자는 다수의 병원, 진료소 또는 개인 개업 제공자들 중 한 곳에 접촉할 수도 있다. 그렇지만 어떤 서비스는 아직도 지불을 보증받기 전에 PPOs 네트워크 기구에 의해 승인받을 필요가 있다. 따라서 많은 주요 진단 또는 치료 서비스가 제공자 명부에 있는 어떤 제공자에 의해 제공될 수 있기 전에 보험회사의 승인이 필요하다.

HMOs와 PPOs의 도래와 함께 급속히 상승하는 건강진료 비용과 몇몇 불필요한 절차들이 더 잘 억제되게 되었다. HMOs와 PPs회사들은 환자를 치료하는 전문가와 가장 비용-효과적이고 합리적인 진단계획 또는 뒤이은 치료 계획을 결정한다. 그러므로 신체적 및 정신건강진료 서비스에 비용을 지불하는 보험회사는 현재 제공될 수 있는 서비스 유형에 대한 중요한 선택권을 가지고 있다. 건강진료 관리에서의 이러한 변화들은 궁극적으로 비용을 절약하지 못할 것이라는 일부 주장이 있다(Fraser, 1996, Kongstvedt, 2008; S. Taylor, 2009). 사실, 어떤 이들은 건강진료로 들어가는 비용이 병원과 제공자로부터 관리 진료 보험 산업으로 변동되었다고 주장한다. 관리 진료 보험 산업이 미국에서 가장 이윤이 높은 산업 중의 하나이고, 최고경영자(CEO)와 기타 중역들이 6백만 달러가 넘는 연봉을 즐기고 있다는 증거는 이러한 주장을 뒷받침한다(Matthews, 1995). California HMOs는 2008년 단독으로 40억 넘는 이윤을 냈다(California Medical Association, 2008).

일반적으로 제공자들과 환자들은 진료 관리 프로그램에 대해 아직도 전통적인 서비스에 대해 치료비를 지불 받는 전문가들만큼 만족하지 못하고 있다. 관리 진료 모형에서 비용은 비록 이론적으로는 억제되지만, 환자와 제공자 모두의 선택의 자유는 엄격하게 통제된다. 42,000명 이상의 「Consumer Reports」 독자들에 대한 조사는 자신들의 건강진료 계획에 대한 미온적인 만족을 보였는데, 전반적인 만족점수는 73점이었는데(100점 만점), 이는 자신들의 집과 자동차와 같은 다른 보험정책과 비교할 때 덜 만족스러운 것으로 나타내고 있다(Consumer Reports, 2003). 이러한 조사 결과들은 건강진료 관리에 의해 제공되는 서비스의 질에 대한 염려를 증가시켰다. 관리 진료 회사들은 현재 내담자 만족에 대해 회원들에게 정기적인 조사를 실시한다(Broskowski, 1995; Kongstvedt, 2008). 설명에 대한 요구는 또한 관리 진료 기구가 '9개의 진료 질에 대한 지표, 60개 이상의 사용 지표, 치료 접근성과 만족에 대한 측정치 그리고 재정적 수행에 대한 12개 이상의 지표들'(Broskowski, 1995 p. 160)에 대한 정보를 정기적으로 보고하도록 하는 요구사항을 가져왔다. 이러한 정보는 HEDIS 보고서라 불리는 것의 일부분이다(Corrigan & Nielson, 1993; National Committee for Quality Assurance, 2009).

심리학자들과 기타 정신건강 전문가들은 건강진료 관리를 반기지 않는 경향이 있는데(Anders, 1996; Cantor & Fuentes, 2008; Davenport & Woolley, 1997; Fox, 1994; Fraser, 1996; Karon, 1995; Murphy, De Bernardo, & Shoemaker, 1998; Newman & Taylor, 1996; Phelps, 1996; Phelps, Eisman, & Kohout, 1998; Saeman, 1996a, b) 심지어 그 영향력과 남용을 축소시키기 위해 특별 이익 집단을 형성하였다(예, 전국 정신건강 전문가와 소비자 연합). APA의 14,000명 이상을 대상으로 한 최근

조사는 이 집단의 78%가 자신들의 전문 업무에 관리 진료가 부정적인 영향을 미치고 있다고 보고하였는데, 단지 10.4%만이 긍정적인 영향을 미치고 있다고 보고한 것으로 밝혔다(Phelps, 1996). ABPP를 가진 200명 이상의 임상심리학자들에 대한 조사는 이들 중 90% 이상이 건강진료 관리를 부정적이고 문제 있는 경향으로 생각한다고 밝혔다(Plante, Boccaccini, & Andersen, 1998). 또 다른 전국적 조사에서, 조사대상인 718명의 심리학자 중 49%가 서비스 제공은 지연시키거나 거부한 진료 관리에 의해 자신들의 환자들이 부정적으로 영향을 받고 있음을 보고한 반면, 90%는 진료 관리 회사의 검토자가 적절한 치료를 방해한다고 보고하였다(Tucker & Lubin, 1994). 다른 조사는 건강진료 관리는 실무자가 비용을 억제하기 위해 전문가 윤리를 위반하도록 해왔다고 심리학자들이 일반적으로 느낀다는 것을 보여주었다(Murphy et al., 1998). 또 다른 조사들은 진료관리 보험을 다루는 것이 정신건강 전문가들의 심신을 소진하게 하고 가장 스트레스받는 부분이 되게 한다는 것을 밝혀주었다(Cantor & Fuentes, 2008; Rupert & Baird, 2004). 미국정신의학회 전 회장인 Harold Eist는 "우리는 탐욕적이고, 부정직하며, 파괴적이고, 욕심 채우기에 급급한 보험-관리 진료 회사의 거대 사업체 연합에 의해 공격받고 있으며, 이 연합체는 미국의 모든 건강진료를, 특히 가장 괘씸하게도 정신질환의 치료를 10분의 1로 줄이려 하고 있다"(Saeman, 1996a)고 언급하였다.

진료관리에 대한 정신건강 전문가의 깊은 불만은 여러 문제들로부터 파생되었다. 첫째, 모든 전문직 의사결정(치료 서비스의 유형 및 빈도 같은)이 진료 관리 보험회사에 의해 허가 받아야만 한다. 사례들은 효용성 검토를 거쳐야만 하는데, 이는 보험회사가 서비스를 제공해도 된다고 허가하기 전에 그 회사 대리인이 전문가의 서비스와 계획을 검토하는 것을 의미한다. 흔히 이 사항에 대해 심리학자와 일하는 보험회사는 자격증이 있는 정신건강 전문가가 아니다. 그러므로, 많은 심리학자들은 전문적인 서비스를 제공하도록 충분히 수련되지 않은 누군가에게 자신들의 치료계획을 '팔아야' 만 한다는 사실에 분개한다. 더욱이, 많은 심리학자들은 이러한 검토자들이 환자의 최대 이익에 대해 관심을 가지기 보다는 보험회사를 위해 비용을 최소화시키는 데 주로 관심이 있다고 생각한다(Anders, 1996; Kongstvedt, 2008; Rupert & Baird, 2004).

둘째, 환자 비밀보장에 관한 문제가 발생하였다. 환자의 세부사항은 서비스에 대한 허가를 얻기 위해서 노출되어야만 한다. 많은 정신건강 전문가들(환자는 물론이고)은 보험회사에 환자의 생활과 문제에 대한 상세한 세부사항들을 제공함으로써 자신들의 비밀보장이 손상된다고 생각한다. 많은 환자들은 이러한 정보가 오용되거나 자신들의 고용주에게 제공될 수도 있다는 것을 두려워한다.

셋째, 많은 심리학자들은 진료 관리 제공자들이 요구하는 서류 작업에 압도됨을 느낀다. 전문가가 속한 각각의 독립된 위원회에 제출하는 긴 신청서(부당치료 보험, 자격증, 모든 전문 수련 증명서, 최신 이력서, 소속 의료스탭 증명서 사본들)외에도, 한 환자에 대해 각 회기 후에 완성해야 하는 기타 긴 서류를 흔히 작성해야 한다.

넷째, 많은 심리학자들은 진료 관리 환자들에게 자신들의 전형적인 치료비보다 유의하게 할인된 가격에 치료를 제공해야 한다는 사실에 분개한다. 예를 들어, 어떤 심리학자는 서비스에 대해 시간 당 150달러를 청구할 수 있지만, PPO 명단에 들어가기 위해서

## 1차 진료 전문분야로서 임상심리학

지난 100년 동안, 임상심리학은 정신건강 전문가로서 알려져 왔다. 이것은 임상심리학이 1차 진료 또는 평가, 치료 및 자문에 지침이 되는 생물심리사회적 모형을 사용함으로써 정신건강 문제와 신체적 건강진료 문제 모두를 잘 통합하고 있는 일반적인 건강진료 전문가로서 실제로 간주될 수 있다는 생각과 더불어 변화하고 있다(Cummings, O'Donohue, & Ferguson, 2003; Johnson, 2003). 최근에 APA 강령은 건강진료 전문 분야로서 심리학의 역할에 대한 새로운 관점을 반영하기 위해 변경되었다(N. Johnson, 2003). 앞서 언급한 바와 같이, 최소한 사망의 50% 정도는 잘못된 다이어트, 운동부족, 흡연, 지나친 음주, 자동차 사고, 살인, 자살 등과 같은 생활양식과 행동요인들에 기인한다(Institute of Medicine, 2001; S. Taylor, 2009). 더욱이, 의학적 치료를 찾는 환자들에 의해 보고된 최고의 의료적 호소들에는 아픔 및 통증, 심리적 및 행동적 문제 그리고 병인론과 유지에 중요한 행동적 성분을 갖고 있는 질병이 포함된다(Cummings et al., 2003). 또한 1차 진료에 관심을 보이는 대부분의 환자들은 자신들의 증상과 질병에 영향을 미치는 중요한 가족, 재정, 학교 또는 업무 스트레스원들을 가지고 있다(Cummings et al., 2003; S. Taylor, 2009). 그러므로 1차 건강진료에서 지원을 위한 더 적극적인 심리학의 역할이 요청되었다. 예를 들어, 일련의 다학문적 접근을 하는 회의가 Reno의 Nevada대학교에서 개최되었는데, 이는 Nicholas & Dorothy Cummings Foundation에 기금을 지원받았으며, 여기서 심리학이 1차 진료 환경에서 더 잘 활용될 수 있는 방법을 분명히 표명하게 해주었다.

는 시간당 70달러의 치료비를 수용해야만 한다. 더욱이, 부가적인 서류작업과 허가 및 효용성 검토를 위한 전화통화 시간은 상환되지 않는다.

다섯째, 심리학자들(그리고 환자들)은 흔히 진료 관리 회사들이 너무 적은 회기를 허가한다고 생각한다(Murphy et al., 1998). 예를 들어, 서비스를 위해 단지 3회기 또는 5회기만 허가될 수도 있다. 많은 심리학자들은 진정으로 더 많은 서비스를 필요로 하는 환자들이 치료에 접근하는 것이 거부되고 있다고 생각한다(Phelps et al., 1998). 그리고 심리검사에 대한 상환이 드물게 가능하다(Rupert & Baird, 2004). 그리고 끝으로, 많은 심리학자들은 그들이 어떻게 환자들을 치료할지에 대해 누군가에게 말해야 한다는 사실에 분개한다. 예를 들어, 진료 관리 회사는 집단치료가 개인치료에 반해 전형적으로 비용이 저렴하

므로, 비용을 절약하기 위해 심리학자에게 환자를 개인치료보다는 집단치료에 들어가게 하도록 권장할 수도 있다.

더욱이 많은 심리학자들은 진료 관리 회사들이 점점 더 많이 인원별 할당 계산 방법을 사용하는 것에 대해 걱정하고 있다. 인원별 할당 프로그램은 이미 개관된 DRG 프로그램과 유사하다. 인원별 할당 프로그램에서, 보험회사는 어떤 한 환자에게 어떤 치료가 필요하고 얼마나 많은 회기가 필요한지에 관계없이 그 환자에 대한 치료비로 고정된 금액만을 지불한다. 예를 들어, 진료 관리 보험회사가 한 환자를 어떤 건강 전문가에게 의뢰할 때, 회사는 어떤 서비스가 필요하든지 간에 300달러를 지불할 수도 있다. 만일 서비스가 1회기에서 3회기 내에서 제공될 수 있다면, 이 전문가는 자신의 비용을 충분히 보상받는 것이 된다. 만

일 훨씬 많은 서비스가 필요하다면(예, 20회기), 이 전문가는 상당한 양의 시간과 수입을 잃게 된다. 많은 관리 진료 회사들은 따라서 고비용 서비스의 위험을 보험 회사에서 건강 전문가에게로 전이시켰다. Bertram Karon의 말을 빌리면, "합리적으로 시작되었던 것이 전국적 악몽이 되고 있다"(Karon, 1995, p. 5).

그렇지만 어떤 심리학자들은 진료 관리가 제공하는 다양한 숨겨진 이점에 주목하였다(Anonymous, 1995; Bobbitt, 2006; Chambless, 2000; Clement, 1996; Hayes, 1996). 예를 들어, 진료 관리 회사에 치료의 정당성을 입증하는 것은 전문가들이 자신들의 임상적 기술을 예리하게 유지하고 성공에 대한 동기는 높게 가지면서, 비용-효과적인 방식에서 자신들의 환자들을 치료하는 최선의 방법은 무엇인지에 관해 명확하게 생각하도록 고무한다. 더욱이, 진료관리는 전문가들이 진료 관리 회사를 대표하는 전문가뿐만 아니라 주어진 환자를 치료하는 다른 전문가들(의사와 같은)과 함께 일하도록 강요함으로써 다 학문간 협력을 촉진시킨다. 끝으로, 건강진료 관리는 전문가들이 행하는 모든 행위와 그들의 서비스 가격에 대해 더 많은 책임을 지도록 전문가들에게 요구한다. 이러한 변화들은 심리학자와 기타 전문가들이 단기적이고 문제-초점적인 치료뿐만 아니라 경험적으로 타당화된 치료와 증거-기반 접근법을 사용하도록 고무하였다(APA, 2006; Barlow, 1996; Bickman, 1996; Bobbitt, 2006; Chambless, 2000; Clarke, Lynch, Spofford, & DeBar, 2006; Clement, 1996; Hayes, 1996; Lambert et al., 2004; Norcross et al., 2005; Rehm, 1997; Speer & Newman, 1996).

건강진료 관리의 미래는 무엇이고, 미래의 시장에서 임상심리학자의 역할은 무엇이 될 것인가? 이러한 질문들은 대답하기 어려운 것이다. 그렇지만 임상심리학은 건강진료 전달 체계와 상환 체계에서의 이러한 급속한 변화에 적응해야만 하고, 만일 그렇게 하지 못한다면 설 자리가 없게 될 것이라는 사실만은 분명한 것으로 보인다. 그렇지만 많은 심리학자들은 관리 진료를 전적으로 선택하기로 결정하였다(Cantor & Fuentes, 2008). Kiesler와 Morton(1988)은 "제공자 자율성의 감소, 서비스에 대한 통합의 증가, 치료성과에 대한 강조의 증가, 관리 범위와 통제의 증가... 그리고 정부 및 행정 명령을 통한 소비자 통제의 증가"(Kiesler & Morton, 1988, p. 997)를 예측하였다. 많은 전문가들(Cantor & Fuentes, 2008; Cummings, 1984, 1995; Kiesler & Morton, 1987, 1988)은 효과적인 치료성과와 내담자 만족을 입증하는 것에 대한 강조와 함께 간략하고 문제-초점적이며 가족 중심적인 치료에 초점을 둔, 다 학문간 집단 실무가 임상심리학 실무의 미래가 될 것이라고 예언한다. 다른 전문가들은 서비스가 자기조력에 초점을 둘 것이며, 1차 진료 환경에서 전달될 것이며, 그리고 지불한 모든 것을 얻기 위해 제공자들이 서비스 질 향상을 보이도록 강요할 것이라고 주장하였다(Clarke et al., 2006). 그렇지만 어떤 전문가들은 심리학자들이 더 이상 건강진료 및 건강진료 관리 체계에 참여할 수 없게 될 것이고, 변호사나 회계사들이 사용하는 것처럼 서비스에 대한 치료비 지불 접근으로 돌아가게 될 것이라고 시사한다(Kovacs, 1996; Murphy et al., 1998). 예를 들어, Kovacs(1996)는 "전문가 집단으로서 우리가 직면하고 있는 최선의 희망은 전통적인 독립 실무에 남아있는 것이고, 또한 건강진료 전달 체계를 완전히 벗어나는 것이다"(p. 14)라고 언급했다. 임상심리학자들은 그들이 제공하는 서비스의 유형과 기간에 대한 많은 제한 및 제약들과 함께 책임감은 증가되는 시대를 예견할 수 있다(Cantor & Fuentes, 2008; Clarke et al., 2006).

## 처방권

역사적으로, 정신과 의사들은 환자들에게 약물치료를 처방할 수 있도록 법적으로 허용된 유일한 정신건강 전문가였다. 그렇지만 흥미롭게도 정신건강 수련이나 경험이 부족한 어떠한 전문영역(예, 심장학, 비뇨기학, 내과학)에 속한 어떠한 의사든 향정신성 약물치료를 법적으로 처방할 수 있다. 사실, 불안과 우울증을 경감시키기 위해 처방되는 향정신성 약물치료의 대다수(약 80%)가 정신과 의사가 아닌 일반 가정의나 내과의사에 의해 처방되고 있다(DeLeon & Wiggins, 1996). 비록 다수의 심리학자들이 행동에 대한 신경생물학 및 정신약물학에 관한 연구를 활발히 수행하고 있고, 약 3분의 2에 해당하는 심리학 대학원 수련프로그램은 학생들에게 정신약물학 과목을 강의하고 있지만(Popanz, 1991), 심리학자들은 일반 대중에게 약물치료를 처방할 법적 허가를 단지 몇몇 지역에서 획득하고 있다(예, Guam, New Mexico 주, Louisiana 주).

임상심리학이 직면한 매우 논쟁적인 쟁점은 모든 주에서 향정신성 약물치료를 처방할 수 있는 법적이고 전문적인 능력의 획득 가능성에 관한 것이다(Ax, Fagan, & Resnick, 2009; Fox, DeLeon, Newman, Sammons, Dunivin, & Baker, 2009). 주의 깊은 연구 후에, APA는 정신약물학에 대해 심리학자들을 적절하게 수련시키는 교과목을 개발하고, 심리학자들이 약물치료를 처방할 수 있도록 허가하는 법안이 통과되도록 주 입법부에 로비하는 노력들을 지지하였다(APA, 1992b; Cullen, 1998; DeLeon, Dunivin, & Newman, 2002; Fox et al.,

2009; Martin, 1995; Resnick & Norcross, 2002; Smyer et al., 1993).

지난 몇 십 년 동안, 불안, 우울증, 충동성 및 사고 장해와 같은 정신과적 문제에 대한 다양한 약물치료의 효과에 관한 연구가 폭발적으로 수행되었다. 광범위한 정서 문제와 행동 문제를 겪고 있는 사람들을 도와주기 위해 새롭고 효과적인 약물치료가 이용가능하게 되었다. 예를 들어 Prozac, Zoroft, Paxil, 기타 SSRI의 개발과 그 인기는 수많은 사람들이 우울증 및 폭식증과 같은 기타 문제 증상들과 싸우기 위해 이 약물을 사용하는 데 관심을 갖도록 이끌었다. 부가적으로, 행동에 대한 알코올, 코카인, 니코틴 및 기타 물질들의 영향(물질남용, 가정 폭력 및 범죄와 같은)이 계속해서 모든 건강진료 및 정신건강 전문가들의 주요 쟁점이 될 것이다. 이러한 물질 남용 문제들은 흔히 알코올 중독을 위한 antabuse 및 헤로인 중독을 위한 methadone과 같은 약물치료로 치료된다. 행동에 대해 영향을 주는 약물 사용과 남용뿐만 아니라 향정신성 약물치료의 개발과 이용가능성에서의 진보는 심리학자들의 처방 특권에 대한 논쟁적인 쟁점의 장을 마련하였다. 더욱이, 더 통합적이고 생물심리사회적인 조망이 진단과 치료에 대한 전통적인 일차원적인 이론 모형(예, 정신역동, 행동주의)을 대체함에 따라, 생물학적 쟁점과 약물치료 쟁점들이 개업심리학자들에게 점점 더 당면한 문제와 관련 있게 되었다.

심리학자들의 **처방 특권**은 이 전문영역 내부와 외부에서 뜨겁게 논쟁이 되고 있는 주제이다. 예를 들어, 미국의학회와 미국정신의학회는 모두 심리학자들에게 약물치료 처방 특권을 허용하는 것에 완강하게 반대하고 있다(American Medical Association, 1984; American Psychiatric Association, 2003; Klusman, 1998). 약 400명의 가정의들에 대한 최근 조사는 심리학자들이 처방 특권을 획득하는 것에 대해 강력한 반대를 보여주었다(Bell, Digman, & McKenna, 1995). 이들은 정신-신체 상호작용의 복잡성을 다루는 약물치료를 유능하게 실시하기 위해서는 의학학위가 필수적이라고 주장한다. 심지어 심리학 내에서도, 많은 사람들은 심리학자들이 자신의 환자들에게 약물치료를 처방하는 것에 반대한다(DeNelsky, 1991, 1996; Hayes & Chang, 2002; Hayes & Heiby, 1996; Heiby, 2002). 어떤 심리학자들은 심리학자에게 약물치료를 처방하도록 허용하는 것은 비-생물학적 정서와 행동 중재에 대한 심리학자의 전통적인 초점(예, 심리치료, 교육)을 혼란스럽게 할 것이라고 걱정한다(DeNelsky, 1996; Hayes & Chang, 2002; Hayes & Heiby, 1996). 어떤 심리학자들은 처방특권을 얻게 되면 심리학이 그 독특한 정체성을 잃게 되고, 심리학자들이 "하급 정신과의사"(DeNelsky, 1996, p. 208; Lorion, 1996)가 될 것이라고 주장하였다. 끝으로, 많은 사람들이 부당치료 보험에 대한 비용의 상당한 증가 또는 심리학 분야에 대한 제약회사의 영향력 증가와 같은 처방 특권과 연관된 실제적 문제들에 대해 걱정한다(Hayes & Heiby, 1996).

한편, 많은 심리학자들은 심리학자들의 처방 특권의 개발을 주장하고 있다(Ax, Fagan, & Resnick, 2009; Brentar & McNamara, 1991; Cullen, 1998; Cullen & Newman, 1997; DeLeon, 1993; DeLeon et al., 2002; DeLeon, Fox, & Graham 1991; DeLeon & Wiggins, 1996; Fox et al., 2009; Fox, Schwelitz, & Barclay, 1992; Klein, 1996; Welsh, 2003). 이들 솔직히 말한 지지자들의 일부는 의사들이었다(Victoroff, 2002). 임상심리학자의 대다수는 처방특권을 지지한다(Ax et al., 2009; Fox et al., 2009; Frederick/Schneiders, 1990; Pimental, Stout, Hoover, & Kamen, 1997; Sammons, Gorny, Zinner, & Allen, 2000; Welsh, 2003). 더욱이 전체 임상심리학 대학원생의 약 절반이 약물 치료 처방을 할 수 있기를 희망하고 있으며, 이들 중 대다수가 이 전문직에서 이용할 수 있는 선택사항으로서 처방 특권을 원하고 있다(Smith, 1992). 옹호자들은 약물치료를 처방하기를 원하는 사람들에게 적절하고 집중적인 수련을 제공한다면, 심리학자들은 정신과 의사에 의해 치료될 기회가 거의 없는 소외 계층 인구(예, 노인, 군대, 낮은 사회경제적 지위의 사람들 및 시골에 사는 사람들)를 포함하여(Cullen & Newman, 1997; Lorion, 1996; Sammons et al., 2000; Smyer et al., 1993; Welsh, 2003), 환자들에게 향정신성 약물치료를 제공하는 훌륭한 후보자가 될 수 있다고 주장한다(Brentar & McNamara, 1991; DeLeon, 2003; DeLeon & Wiggins, 1996; Smith, 1992). 다른 비 의사(예, 개업 간호사, 검안사, 발질환 전문의사, 치과의사)들은 이미 제한된 범위에서 약물치료를 처방할 수 있는 적절한 수련을 받고 있고, 법적근거도 있다는 사실을 많은 사람들이 지적한다. 고급 간호실무자들과 검안사들은 50개 모든 주에서 처방권을 가지고 있으며, 의사 의료 보조원들은 48개 주에서 법적으로 약물 치료를 처방할 수 있다(Holloway, 2004). 미국의 의과대학들은 전형적으로 약물학 수업을 평균 104시간 정도만 받기 때문에(Holloway, 2004), 심리학자들은 만일 충분하고 구체적인 수련이 이용가능 하다면, 약물치료 처방을 위해 의학 학위를 취득하는 것은 반드시 필요한 것은 아니라고 주장하였다. 더 이상 약물치료를 위해 다른 전문가들에게 환자들을 보낼 필요가 없다는 장점에도 불구하고, 심리학자들은 일반적으로 처방권을 취득

# 정신약물학에 관심이 있는 심리학자를 위한 수련

정신약물학 수련에 대한 APA의 지침은 향정신성 약물치료를 잠재적으로 실시하는 데서 임상심리학자가 갖게 될 개입과 독립성의 수준에 따라서 세 수준으로 나뉜다(APA, 1996; DeLeon & Wiggins, 1996).

수준 1은 임상심리학 대학원 학생들에게 제공되는 기초 정신 약물학 수련 수준이다. 이 수준의 수련은 미래의 임상심리학자에게 정신약물학에서의 쟁점들에 관해서 학습하게 해 주지만 이들에게 약물 처방권을 확보해 주는 것은 아니다. 심지어 이들이 결코 약물 치료 처방을 하지 않더라도, 그들이 치료하는 사람들을 돕기 위해서 약물 치료가 어떻게, 왜 효과가 있는지(또는 효과가 없는 지를) 잘 이해하는 것은 여전히 중요하다. 생물심리사회적 관점은 실제로 약물을 처방하는 능력에 관계없이 통합적인 이해 수준을 요구하고 있다.

수준 2는 의사와 같은 의료 제공자들과 함께 협동적인 실무를 하는 데 초점이 맞춰져 있기 때문에 심리학자들은 다른 의료 전문가들과 밀접하게 업무를 하지만, 또다시 그들 스스로 약물치료를 처방하지는 않는다.

끝으로, 수준 3은 약물 치료에 대한 독립적인 처방 권한에 대한 교육을 제공한다. 이 수련은 이미 심리학자로서 자격증이 있는 사람들과 5년간의 실무 경험을 한 사람들 중에서 박사 후 수준에 있는 사람들에게 수행된다.

그러므로 모든 심리학자들이 이러한 독립적인 수준을 추구하는 것은 아니며, 따라서 모든 심리학자들이 수련 과정을 완수하는 것은 아니다. 그래서 수련 과정을 완수한 사람들이 허가를 해준 주들에서 향정신성 약물치료 처방을 할 수 있다.

정신약물학 수련은 생리학, 생화학, 신경과학, 약물학, 약학, 의학 및 심리학 분야에서 적절한 수련을 받고 경험이 있는 교육자들과 함께하는 강의 및 임상 실무 수련을 요구한다. 이 수련은 최소한 300시간의 직접 강의실 강의로 구성 되는데, 다섯 가지 내용분야를 강조하고 있다:

1. 신경과학
2. 약물학 및 정신약물학의 임상 및 연구
3. 생리학 및 병리생리학
4. 신체 및 실험실평가
5. 임상 약물치료학

임상실습 경험은 최소한 일주일에 2시간의 개인적 지도감독과 함께 적어도 100명의 다양한 입원환자들과 외래환자들에 대한 치료(매우 밀접한 지도감독과 함께)를 포함한다.

강의 경험과 임상 수련 경험 모두에 뒤 이어서, 이들 심리학자 수련생들은 또한 10가지 내용 영역(예, 신경계 병리학, 생리학 및 병리 생리학)에서 APA College of Professional Psychology에 의해 개발된 시험에 통과되어야 한다.

처방권에 대한 APA 수련 모형은 의과 대학에서의 의사들을 위해 사용된 모형보다도 실제로 더 광범위 하다. 약물학에서의 특별 수련 강의 및 실습 시간 수는 의사들보다도 더 많다.

최근에, 수준 3 수련 프로그램은 12개 주에서 제공되었는데, 9개 주의 면허발급위원회는 공식적으로 정신약물학적 약물에 대한 자문이 심리학자들의 실무 범위 내에 있다는 견해를 인정하였다.

APA는 심리학자들이 자신들의 업무를 수행하는 방식에서 더 전인적으로 되는 필요성을 정당화하기 위하여 이들 결단을 지지하며 생물심리사회적 모형을 언급한다. APA의 회장 Robert Sternberg의 말에 의하면, "…많은 심리학자들에 의해 채택된 생물심리사회적 모형은 이러한 종류의 치료 통합과 일치되고 있다"(Sternberg, 2003, p. 5).

하는 것에 대해 복합적인 감정을 가지고 있는 경향이 있으며, 따라서 한결같이 그것에 호의적이지는 않다 (Boswell & Litwin, 1992; DeNelsky, 1996; Evans & Murphy, 1997; Hayes & Heiby, 1996; Heiby, 2003; Plante et al., 1997).

APA의 **정신약물학 특별위원회**(Smyer et al., 1993) 는 약물치료 처방의 수련에 관심이 있는 심리학자들을 위한 교과목을 개관하였다. 이 프로그램에는 기본 정신약물학 교육, 협력적 실무 및 끝으로 처방 특권이 포함된다. 기본 정신약물학 교육은 생화학, 생리학, 약물학, 행동의 생물학적 기초 및 기타 관련 주제에 대해 26시간의 졸업학점(390시간의 강의)을 제공한다. 협력적 실무는 심리학자가 광범위한 정신과적 문제가 있는 환자를 위해 약물치료와 심리사회적 중재의 통합을 관리하는 데 숙련된 자격증 소지 전문가와 함께 일하는 자문-섭외모형을 따른다. 이 특별위원회가 인준한 처방 특권은 치과의사와 유사한 제한적-실무자 접근을 포함한다. 따라서 심리학자들은 불안, 우울증 및 사고 장애와 같이 자신들이 전문화되어 있는 문제들에 대해 약물치료를 처방할 수 있게 된다. 이 특별위원회는 또한 의무적인 박사 후 지도감독 경험과 수련 및 지속적인 교육연수를 권고하였다.

1991년에 CHAMPUS(Civilian Health and Medical Program of the Uniformed Service)프로그램에서 미 국방부는 박사 후 수준의 여러 심리학자들을 위한 정신약물학 수련 프로그램을 개발하였다 (Samons & Brown, 1997). 수년간의 공부 후에 이 심리학자들은 군대에 있는 환자들에게 약물치료 처방을 허용받았다. 이 프로그램의 성공은 군대 환경 외부의 심리학자들에 대해서도 처방권을 개발하려는 한층 깊은 열광을 이끌었다. 1998년이 되어서 심리학 처방권을 위한 법안이 6개 주에 제출되었는데, 여기

에는 California 주, Florida 주, Hawaii 주, Louisiana 주, Missouri 주 그리고 Tennessee 주가 포함되었다(Cullen, 1998). 2001년에는, New Mexico 주가 심리학자들의 처방권을 허용한 첫 번째 주가 되었다(Beutler, 2002; DeLeon et al., 2002). Louisiana 주는 2004년에 심리학자에게 이런 특권을 준 두 번째 주가 되었다(Holloway, 2004). 법안은 현재 Georgia 주, Illinois 주, Hawaii 주, Tennessee 주에서 현안인 채 있다.

## 의료진 특권

역사적으로, 의사들만이 병원장면에서 독립적으로 환자들을 치료하도록 그리고 병원의 의료진으로 종사하도록 허용되었다. **의료진 특권**(medical staff privilege)은 의사에게 환자가 입원해 있는 동안 환자의 치료계획을 조작하거나 관리하는 것뿐만 아니라 필요할 경우 환자를 입원시키거나 퇴원시키는 것을 허용하였다. 그러므로 만일 한 심리학자가 외래환경(지역사회 정신건강진료소나 개인 개업과 같은)에서 입원이 필요한 환자를 치료한다면 이 심리학자는 병원에서의 진료부분을 의사(정신과 의사와 같은)에게 넘겨야만 하는데, 그 의사는 환자를 입원시키고, 퇴원시키며, 직접 치료한다. 이 심리학자는 전문가가 아니라 단지 방문객(가족 성원과 똑같이)으로서 입원한 환자를 만나도록 허용된다. 이 심리학자는 또한 환자가 병원장면에 있는 동안에는 치료 서비스(심리치료와 같은)를 제공하지 못한다.

심리학자들은 환자들에 대한 독립적인 입원환자 진료를 제공하기 위해 의료진 특권 획득에 관심이 있어왔다. 많은 심리학자들은 병원장면에서의 자신들의 업무를 의사들(정신과 의사와 같은)이 지도감독 할 필요가 없다고 생각한다. 그렇지만 의사들은 일반적

으로 심리학자들을 위한 의료진 특권에 반대한다 (American Medical Association, 1984). 몇 년간의 법안지지와 관련 운동 후에, 많은 심리학자들이 미국에서 완전한 의료진 특권을 획득하였다. 그러나 아직까지, 많은 병원-소속 심리학자들은 병원 장면 내에서 자율적인 지위를 유지하기 위해 계속해서 싸우고 있다(Rebasca, 1999). 1978년에, California 주에서 심리학자가 독립적인 의료진 특권을 획득할 수 있게 하는 법안이 통과되었다. 그렇지만 많은 병원들과 의사집단은 이 법안 제정에 대하여 투쟁하였다. 미국정신의학회의 전임 회장은 이 법안을 심리학자가 의료진 지위를 획득하게 만드는 '위험스러운 경향'이라고 언급하였다(Fink, 1986, p. 816). 미국의학회 또한 자신들이 '산파 간호사, 발질환 전문의사, 개업 간호사, 의사의 의료 보조원, 심리학자…가 처방 특권, 독립 개업, 제3자 상환 명령 또는 이들의 실무 범위를 확장시키기 위한 침입과 싸워야만'(American Medical Association, 1984, p. 79) 한다고 진술하는 결의문을 통과시켰다. 1990년에 California 주에서의 CAPP 대 Rank 소송은 심리학자를 위한 병원 특권 법령을 지지하였다. 그 때 이후로 많은 주들이 유사한 법안을 제정하였다.

## 개인 개업

전임제 또는 시간제 **개인 개업**(private practice)에서 근무하기를 선택한 임상심리학자의 수는 지난 몇 십년 동안 점진적으로 증가하였다. 현재 약 35%에서 40%의 임상심리학자들이 주로 단독 또는 집단 개인 개업 장면에서 근무한다(APA, 2000; Newman & Taylor, 1996; Norcross, Karg, & Prochaska, 1997a; Norcross et al., 2002, 2005, 2008; Phelps, 1996; U. S. Bureau of Labor Statistics,

2009). 임상심리학자의 3분의 2이상이 최소한 시간제 개인 개업 활동을 한다(Kohout, Wicherski, Popanz, & Pion, 1990; Norcross et al., 1997a, 2002, 2005, 2008). 이러한 비율은 1973년 이래로 47% 증가한 것이다(Garfield & Kurtz, 1974; Norcross et al., 1997a, 2002, 2005). 조사 결과들은 최소한 시간제 개인 개업 활동을 수행하는 임상심리학자들의 비율이 점점 더 늘어남을 보여주지만, 전문가들은 일반적으로 현재 이러한 경향이 건강진료 및 보험상환 제도의 급속한 변화에 의해 재빨리 역전될 것이라고 예견한다(Broskowski, 1995; Cummings, 1995; Fox, 1994). 예를 들어, 15,000명 이상의 미국심리학회 회원을 대상으로 한 조사는 1980년 이전에 면허를 취득한 개업가 중 40% 이상이 독립적인 개인 개업을 하고 있는데 비해, 1990년 이후에 면허를 취득한 개업가들은 약 30%만이 독립적인 개인 개업을 하고 있음을 보여준다(Newman & Taylor, 1996). 건강진료 관리는 독립적이 임상심리학에서 독립 개업을 발전시키고 유지시키는데 점점 더 어렵게 만들고 있다. APA 개업 이사회 대표인 Russ Newman의 말을 빌리면, "미래의 통합적 시장에서 독립개업가로서 계속 개업하는 것은 매우 어려워 질 것이다"(Nickelson, 1995, p. 367).

진료 관리 회사들은 비용-효과적인 서비스를 제공하고자 하는 노력에서, 임상심리학자보다 비용이 더 적게 드는 대안으로서 석사학위 수준의 수련을 받은 상담가에 주목하고 있다. 더욱이, 이 회사들은 전통적으로 심리학자의 독립적인 실무의 필수부분이었던 서비스(예, 장기 통찰-지향 심리치료)에 대해 지불할 가능성이 적어지고 있다. 진료 관리 회사들은 흔히 일단의 독립적인 개업가들보다 대규모 다 학문간 건강진료 시설들과 함께 일하는 것이 더 편리하고 더 비용-효과적임을 알게 된다. 사실, 어떤 저자들은 단독 개인 개업이 앞으로 몇 년 안에 더 이상 존재하지 않을 수도 있다고 시사하였다. Nicholas Cummings의 말을 빌리면, "임상심리학의 황금기는 끝났다"(Cummings, 1984, p. 19). 해결-초점적이고 확고한 치료 성과 연구에 기반하고 있는 광범위한 서비스를 제공하는 대규모 다 학문간 집단 개업은 가장 발달할 가능성이 있고(Cummings, 1995), 아마도 환자 문제들을 더욱 효율적으로 다루는 상이한 유형의 황금시대를 이끌 것이다. 그렇지만 다른 이들은 개인 개업자에 대한 여지가 항상 있을 것으로 믿고 또한 많은 비관적인 사람들은 개인 개업자의 목적이 실현되지 않을 것에 대해 걱정하고 있다(Norcross et al., 2005, 2008; U.S. Bureau of Labor Statistics, 2009).

## 전문화

연구와 실무에서의 진전과 함께, 임상심리학에서 **전문화**의 욕구가 분명해지게 되었다. 일반 개업의사와 마찬가지로, 일반 임상심리학자는 전문가가 일정한 실무 및 연구 영역에서 제공할 수 있는 깊이의 면에서 유의한 제한점을 가질 가능성이 있다. 임상심리학이 발전하고 인간 행동에 대한 점점 더 많은 정보들이 이용가능 해짐에 따라 실무자들은 신경심리학, 노인심리학, 단기치료, 건강심리학, 유아심리학 및 법정심리학과 같은 영역에서 전문화되기 위해 노력하고 있다. 더욱이, 하위전문화에 대한 노력(예, 소아 신경심리학 대 노인 신경심리학)들이 시작되었다. 사실, 미국 전문심리학 이사회(ABPP)는 수 년 안에 전문 자격증 범주를 네 개에서 아홉 개로 증가시켰는데, 이는 다양한 영역에서 전문화되고 있는 심리학자들의 수의 증가를 반영하는 것이다. 어떤 사람들은 과잉 전문화와 가치 있는 일반 기술의 상실에 대하여 걱정을 표현하였는데(Matarazzo, 1987; Plante, 1996b), 이는 심리학자들이 많은 상이한 응용을 할 수 있는 오직 하나의 심리학만이 존재한다는 것을 깨닫는 것이 중요하다는 것을 주장하고 있다.

전문화는 또한 심리학자들에게 한층 더 깊은 인증을 요구하였다. 예를 들어, 제40분과(신경심리학)와 제38분과(건강심리학)는 이들 영역에서 전문화하는 데 필수적인 적절한 수련과 경험에 관한 지침을 개발하였다. 미래에 있을 처방 특권에 대한 잠재적 접근 가능성은 심리학자들에게 또 하나의 새로운 전문영역을 창조할 것이다. APA는 알코올 및 물질 남용과 같은 하위전문영역에서 심리학자들을 교육하고 인증해 주는 '대학'을 발달시켰다. 따라서 심리학자의 일반 면허는 전문 실무의 모든 영역을 아우르는 실무는 더 이상 허용되지 않을 것이다.

## 경험적으로 지지된 치료 및 증거-기반 실무

역사적으로, 심리학자들과 기타 전문 심리학적 서비스 제공자들은 그들이 보기에 각 환자에게 적합한 방식으로 평가하고 치료하였다. 이들은 자신들이 임상적으로 필요하다고 생각하는 어떠한 치료전략, 이론적 지향 및 방법이든 사용할 수 있었다. 치료는 짧거나 길 수도 있고, 통찰 지향적이거나 행동-변화 지향적일 수 있으며, 연구 지지를 받거나 받지 않은 채로 수행될 수 있다. 그러나 건강진료에서의 급격한 변화는 정신건강 전문가들이 효과적인 치료 성과 및 내담자 만족을 더 자세하게 검토하도록 강요하였는데 **경험적으로 지지된 치료**(empirically supported treatment) 즉 상당한 연구 지지를 받는 구조적이고 매뉴얼화된 치료 접근만을 사용하게 하는 결과를 가져왔다. 경험적으로 지지된 치료는 미국심리학회와 미국정신의학회 같은 기타 전문 기구로부터 상당한 관심과 지지를 받았다

# 비밀보장과 새로운 HIPAA 법

비밀보장은 내담자, 환자, 연구 피험자, 자문을 받는 사람 및 다른 사람들과의 업무에 대한 임상심리학의 초석에 놓여있다. 심리학자들은 다양한 장면에서 행하는 여러 가지 업무를 수행하기 위하여 자신들이 들은 것을 비밀이 유지될 수 있도록 해야만 한다. 물론, 비밀보장에는 여러 가지 법적이고 윤리적인 제한점이 있다(예, 아동학대 또는 방치에 대한 쟁점 그리고 자기와 타인들에 대한 심각하고 즉각적인 위험에 대한 쟁점). 전자 세계에서 비밀보장을 유지하는 것은 이메일, 팩스, 전화 음성 메일, 그리고 정보를 전달하는 기타 방법들의 접근하는 사람을 통제하는 것은 어렵기 때문에 종종 도전이 되고 있다. 건강진료 정보는 환자, 의사, 건강진료 행정 직원(예, 비서, 회계사 및 보험사 대표), 재정 전문가, 변호사, 그리고 의사소통을 위해 전자적인 방법(예, 이메일, 웹 기반 결제)을 사용하는 사람 등 사이에서 점점 더 공유되고 있다.

연방정부는 1996년에 모든 건강진료 소비자들과 실무자들을 위한 환자 사생활과 비밀보장을 다룬 중요한 법률을 통과시켰다. **건강 보험 휴대 및 책임 법안**(The Health Insurance Portability and Accountability Act, HIPAA)은 민주당의 Edward Kennedy(Massachusetts 주)와 Nancy Kassebaum(Kansas 주)이 1996년 8월 동안에 법률로 통과된 초당적인 법안이었다. 이 법안은 사람들이 자신들의 직업이나 거주지를 바꾸었을 때 자신들의 건강보험을 상실하는 것으로부터 사람들을 보호하기 위하여 개시되었다. 의회는 보호 건강–진료 정보의 전자 전송에 대한 표준 방법을 개발하기를 희망하였다. 이를 구현하기 위해서, 사생활과 안전을 위한 더 나은 보호책이 필요하다. The Department of Health and Human services는 그래서 환자 건강 정보와 관련된 비밀 정보를 보호하기 위한 규정을 개발하였다.

이 법은 2003년 4월 13일부터 효력을 발생하였다. HIPAA는 포괄적인 사생활 보호와 환자 보호 건강 정보(Protected Health Information, PHI)의 사용과 노출에 대한 환자 권리를 제공하고 있다 . 진단과 치료 계획 그리고 기타 관련 건강진료 정보를 포함하고 있는 의료 차트와 같은, PHI는 치료, 지불 및 건강진료 운용을 위해서 활용된다. HIPAA는 모든 건강진료 전문가들(임상심리학자를 포함)이 자신의 환자들이나 내담자들에게 치료, 지불 및 건강진료 운용을 위한 PHI의 활용과 노출에 대한 **사생활 실무의 통지(통지)**를 제공할 것을 요구한다. 통지는 건강 정보에 대한 HIPAA와 그것의 적용을 아주 상세하게 설명하고 있다.

이 법률의 목적은 대중이 점점 더 심화되는 전자 시대에 대중이 건강 비밀과 정신건강 정보를 유지하는 것을 돕는 데 있다. 심리학자들(그리고 다른 건강진료 제공자들)은 의무적인 동의서를 사용해야만 하고 환자 문서나 차트에 기재될 수 있는 것과 기재될 수 없는 것에 관한 매우 구체적인 절차를 따라야 한다. 더욱이, 이 법률은 정보가 보험회사, 관리 진료 회사 그리고 환자 건강진료 정보에 접근해야만 하는 다른 사람들과 공유될 수 있는 방법을 규정하고 있다. 이 법률은 모든 건강진료 전문가들이 이러한 지침을 준수하게 하며 그렇지 않으면 심각한 재정적 및 기타 처벌을 받도록 하고 있다.

2003년 4월 14일에 발효된 사생활 규정 이외에도, 건강진료 치료실 접근, 파일 및 컴퓨터의 사용 그리고 환자 정보를 관리하는 것에 관한 기준을 제공해주는 새로운 보안 규정이 2005년 4월 동안에 발효되었다. 이러한 규정들은 환자 정보를 어떻게 제공하고, 보안을 유지해야하는지 그리고 누가 이 기록들에 접근할 수 있는지 또는 없는지에 대한 상세한 지침을 제공해주고 있다.

(1996; Duncan et al., 2009; Chambless et al., 1996; Chambless & Ollendick, 2001; Crits-Christoph et al., 1995; Hayes, Follette, Dawes, & Grady, 1995; Levant & Hasan, 2008; Nathan & Gorman 2007; Rehm, 1997; Sanderson, 1994; Sanderson & Woody, 1995; Wilson, 1997). APA의 임상심리학 분과(제 12분과)는 연구-지지를 받고 경험적으로 타당화된 치료에 대해 연구자들과 임상가들 모두를 위한 지침을 개발하는 최전선에 있어왔다(Chambless et al., 1996; Chambless & Ollendick, 2001; Task Force on Promotion and Dissemination of Psychological Procedures, 1995). APA 임상분과는 이러한 지침을 개발하기 위하여 특별위원회를 설립하고, 준거를 개발하였으며, 치료성과 문헌에 대한 철저한 평론을 수행한 최초의 분과이다. 경험적으로 지지된 치료 접근은 우울증(Comes & Frank, 1994), 불안(Newman & Borkovec, 1995), 강박관념-강박행동 장애(Foa, 1996), 신경성 폭식증(Wilson, 1997)및 품행 장애 아동들(Feld & Kazdin, 1995; Kazdin & Weise, 2003)과 같은 다양한 임상문제(Nathan & Gorman, 2007)들을 위해 개발되었다. 이 장 끝의 부록은 여러 가지 장애에 대한 경험적으로 타당화된 치료에 대한 예를 제공한다. 어떤 전문가들은 개인들이 독특하고 상이한 성격, 증상 및 대처 자원을 가지고 있으므로, 경험적인 연구지지에 기반 하여 모든 환자들에게 동일한 치료 접근을 적용하는 것은 불가능하다고 생각한다(Cooper, 2003; Fensterheim & Raw, 1996; Garfield, 1996; Ingram, Kendall, & Chen, 1991; Johnson & Rernien, 2003; Nezu, 1996; Plante et al., 1998; Silverman, 1996). 그러므로 많은 임상가들은 자신들이 생각하기에 특정 환자에게는 유용하

지 않을 수도 있는 치료를 제공하는 지시에 저항한다. 그렇지만 다른 사람들은 치료에 더 경험적이고 연구에 의해 지지받는 근거를 제공하려는 시도를 환영한다(Barlow, 1996; Beutler, 2009; Chambless & Ollendick, 2001; Clement, 1996; Duncan et al., 2009; Hayes, 1996; Kazdin & Weisz, 2003; Meehl, 1997; Nathan, 1996; Nathan & Gorman, 2002, 2007; Rehm, 1997; Wilson, 1996, 1997).

이들 긴장은 **증거-기반 실무**의 개념을 가져오게 되었다. APA는 연구자들과 임상가들의 관점들을 검토하기 위해 특별 위원회를 소집하였는데, 증거-기반 실무를 지지하는 입장을 창출하였다(APA, 2006). 증거-기반 실무는 이용 가능한 높은 질의 연구의 결과물을 활용하지만 임상연구 실험의 연구 프로토콜에서 흔히 완벽하게는 맞지 않는 복잡한 내담자들을 대상으로 일을 하는 임상가들의 경험과 판단에는 여지를 남겨놓고 있다(Beutler, 2009; Duncan et al., 2009; Hunsley, 2009; Levant & Hasan, 2008; Wilson, Armoutliev, Yakunina, & Werth, 2009). 예를 들어, 공포증에 관한 연구는 알코올 중독, 성격장애 등과 같은 추가적인 문제나 진단의 어떠한 증거도 없는 어떤 특정한 공포증으로 고통 받는 사람들만 이용하기를 원할 수도 있다. 현장에서 일하는 임상가들은 까다로울 수가 없는데 따라서 훨씬 더 복잡할 수도 있는 내담자들을 대상으로 일을 해야만 하는데, 동시에 다중진단을 받은 사람들을 다룰 수도 있고, 공병을 겪고 있는 사람들을 다룰 수도 있다. 더욱이, 각 내담자는 그 자신의 사회적 맥락과 자원을 가지고 있어서 가족 상황, 보험 적용 범위, 치료의 가용성, 문화적 다양성 쟁점 등도 고려해야 한다. 따라서 증거-기반 실무는 실제 다양한 내담자 전집을 대상으로 하는 현대 전문가 실무의 실제로서 연구가 제공해야만 하는

가장 좋은 것을 사용하려고 시도한다(APA, 2006; Beutler, 2009; Duncan et al., 2009; Levant & Hasan, 2008; Nathan & Gorman, 2007; Wilson et al., 2009).

증거-기반 실무 이외에도, 광범위하고 다양한 장애와 진단을 위해서 **임상 실무 지침서**를 개발하는 노력이 또한 있어왔다. 이것들은 영국의 건강부(2001)에 의해 개발되었는데, 미국에서도 이러한 시도가 있었으며 그 밖에 다른 곳도 마찬가지이다(Institute of Medicine, 2008). 실무 지침서는 다양한 전문가들에 의해 정신건강에 관한 편파적이지 않은 평론과 건강 진료 연구 결과를 제공하며, 섭식 장애, 기분 장애, 물질 남용 문제 등과 같은 특정한 문제들에 대한 구체적인 지침서를 개관하고 있다. 예를 들면, 영국의 국립 건강 및 임상 연구소(National Institute for Health and Clinical Excellence, NICE)는 이를 행하였을 뿐만 아니라 광범위한 임상 문제에 대한 분명한 지침서를 내어놓았다. 예를 들면, 우울증을 치료하는데서 이들은 단계 1로서 1차 진료 장면에서 선별을 하는 것으로 시작해서 중 정도의 우울증에서 심한 우울증까지 치료를 하는 5단계의 과정을 제공하고 있다. 1차 진료 장면에서는 단계 3으로, 입원 환자 진료는 단계 5로서 이루어진다(NICE, 2007).

## 현대 임상심리학에서 정신건강 너머에 도달하기

임상심리학은 수년간 정신건강 분야와 밀접하게 연관되어왔다. 그렇지만 많은 심리학자들은 심리학이 그 자체로 정신건강 쟁점들을 뛰어넘는 잠재적으로 유용한 서비스를 제공해주는 중요한 건강진료 분야

라고 생각한다(Belar, 1995; Fox, 1994; Johnson, 2003; Kovacs, 1996; McDaniel, 1995; Resnick & DeLeon, 1995; S. Taylor, 2009; VandenBos, 1993). 수많은 건강 문제들이 행동(예, 알코올, 흡연, 약물 사용, 폭력, 앉아 있는 생활양식, 위험한 성 행동)과 연관되어있기 때문에 많은 심리학자들은 심리학이 광범위하고 다양한 영역에서 고 위험 행동들을 변경시키는 데 도움이 될 수 있다고 주장하였다(Belar, 1995; Johnson, 2003; McDaniel, 1995; Resnick & DeLeon, 1995; S. Taylor, 2009). 예를 들어, 안전하지 않은 성행위는 AIDS와 같은 성적으로 전염되는 질병을 가져올 수도 있다. 비만, 흡연 및 앉아 있는 생활양식은 심혈관질환 및 암과 연관되어 있다. 비록 모든 교통사고의 약 반절이 알코올 소비와 연관되어있지만(Centers for Disease Control, 2009; National Center for Health Statistics, 2001; S. Taylor, 2009), 또 다른 부가적인 문제는 많은 수의 미국인들이 안전벨트를 착용하지 않는 다는 것이다(McGinnis, 1984; Wald, 2001). 전반적으로, 모든 사망원인의 약 절반이 행동 통제 하에 있는 생활양식 요인에 의해 야기된다고 추정되고 있다(Centers for Disease Control, 2009; Institute for the Future, 2000; S. Taylor, 2009). 사실, 다수의 심리사회적 요인들(예, 신뢰 결핍, 충동성, 미성숙한 자아방어)은 조기 사망을 신뢰롭게 예언한다(Friedman et al., 1995). 심리학자들은 국민의 건강 증진 행동을 향상시키고 건강 손상 행동을 최소화시키기 위한 연구, 교육, 공공정책 및 임상 실무를 조력해 주는 훌륭한 후보자라고 주장되고 있다. 그러므로, 많은 사람들은 심리학이 독립적인 정신건강 분야일 뿐만 아니라 독립적인 일반 건강진료 분야로 간주될 수 있다고 주장한다(Belar, 1995; Fox, 1994;

Johnson, 2003; McDaniel, 1995; Resnick & DeLeon, 1995; VandenBos, 1993). 임상심리학은 일반적으로 정신질환과 관련되어있지 않은 행동들을 포함하여 다양한 건강진료 행동들에 유용할 수도 있다. 2001년에 APA는 이러한 논쟁들과 "건강, 교육 및 인간복지"를 장려하는 것을 심리학적으로 이용하는 목표를 포함하는 그들의 임무를 바꾸는 것에 동의했다(Johnson, 2003). 이 정책 성명서와 또 다른 정책 성명서는 APA의 생물심리학적인 모형의 장려를 이끈다(Johnson, 2003).

## 수련 쟁점

앞서 개관한 바와 같이, 임상심리학 수련 모형은 과학자-실무자, 즉 Boulder 모형; 학자-실무자, 즉 Vail 모형; PhD 또는 PsyD 학위 프로그램; 및 대학교 또는 자유설립 전문대학원 모형을 포함한다. 오늘날, 전문대학원 운동이 시작된 지 35년도 안 되어, 임상심리학에서 수여되는 모든 박사학위 중 50% 이상이 더 전통적인 대학교 심리학 수련 프로그램에서 수여되기보다는 자유설립 심리학 전문대학원에서 수여된다. 그러므로, 지난 수 십 년 동안 수련 모형의 유형과 맥락은 엄청나게 변화하였다. 어떤 수련 모형이 살아남고 번창할 것인지 어떤 수련 모형은 그렇지 못할 것인지는 미래의 임상심리학에 중요한 함의를 갖는다. 예컨대, 최근 APA 회장은 임상심리학에서 실무자가 될 계획이 있는 모든 사람들에게 전통적인 PhD 학위보다는 PsyD 학위가 수여될 것이라고 시사하였다(Shapiro & Wiggins, 1994). 비록 이러한 시사점이 PhD 학위에 가치를 두는 연구-지향 심리학자들과 실무-지향 심리학자들 모두에게 받아들여질 가능성은 없지만, 이는 임상심리학에서의 과학과 실무 간의 단절을 조명해준다.

자유설립 전문대학원의 확산과 현재 전적으로 온라인으로 진행되는 심리학 대학원의 확산은 논란이 되어왔다. 전문대학원의 입학 기준(즉, GPA, GRE 점수, 입학 경쟁률)은 대학교 프로그램보다 더 낮은 경향이 있고(Norcross et al., 2002, 2008), 몇몇 조사들은 많은 심리학자들이 전문대학원의 도래와 함께 전문가 기준이 낮아진 것을 걱정하고 있다고 밝혔다. 예를 들어, 임상심리학에서 전문자격증을 취득한 200명 이상에 대한 최근 조사는 이들 중 70% 이상이 자유 설립 심리학 전문대학원의 도래가 이 전문영역에 부정적인 영향을 가져왔다고 믿고 있음을 밝혔다(Plante et al., 1998). 많은 자유 설립 전문대학원은 APA에 의해 인가되지 않았는데, 일부는 대학원 공부에 대한 학구적 준비성이나 심리적 준비성에 대한 선별 없이 관심 있는 어떠한 학생이든 등록시키고 있다.

자유설립 심리학 전문대학원에 다니는 대학원 학생 수의 폭발적 증가와 실무자 수련에 대한 강조와 함께(Shapiro & Wiggins, 1994), 연구를 수행하고 학구적 경력을 구하는 심리학자의 비율은 새로운 심리학자들의 전체 숫자에 비해 극적으로 감소하고 있다. 그러므로 현재의 그리고 미래의 심리학자 중 더 낮은 비율이 자신들의 경력을 학구적 직업과 연구 직업에 투자할 것이다. 몇몇은 이러한 변동이 과학-지향적인 전문분야보다는 훨씬 더 실무-지향적인 전문 분야를 가져올 것이고, 따라서 임상심리학의 과학적 기반을 서서히 손상시킬 것이라는 걱정을 표현하였다(Rice, 1997). 이러한 걱정은 APA 내에서 중요한 갈등을 가져왔고, 1988년에는 더 연구지향적인 미국심리학회(APS)의 설립을 가져왔다.

새로운 발견, 전문화 및 사회의 요구는 수련에도 역

시 영향을 미쳤다. 예를 들어, 심리학자들이 처방권을 획득하려는 노력은 대학원 및 대학원 후 수련 프로그램이 임상심리학 수련 프로그램에서 전형적으로 또는 역사적으로 제공되지 않았던 정신약물학 및 관련영역(예, 생화학)에 대한 종합적인 수련을 제공할 필요가 있음을 의미한다(APA, 1992b; DeLeon et al., 2002; DeLeon & Wiggins, 1996; Smyer et al., 1993). 폭력, 민족적 다양성, 기술적 진전 및 비용-효과적인 치료 모두에 대한 사회의 초점은 임상심리학에서 강조하는 수련 내용에 영향을 주었다. 예컨대, 단기적이고 경험적으로 타당화된 치료에 대한 더 많은 수련을 제공하려는 노력(Clement, 1996; Crits-Christoph et al., 1995; Garfield, 1996; Hayes, 1996; Hayes et al., 1995; Nathan, 1996; Norcross et al., 2003, 2008; Wilson, 1996)은 비용-효과적인 치료성과에 대한 진료관리의 강조를 반영한다.

많은 심리학자들은 수련모형과 초점의 변동은 임상심리학이 살아남고 번창하기 위해 일어나야만 한다고 주장한다(Rice, 1997). Broskowski(1995)는 다음과 같이 진술하였다: "수련심리학자들의 지배적인 이데올로기는 현대적 현실과 보조를 맞추지 않았다. 임상심리학의 수련은 단독 개업과 전통적인 장기 치료기법을 강조하는 임상 실무 모형 또는 건강 서비스 연구가 아니라 기초연구 형태에 초점을 맞춘 과학자-전문가 패러다임에 의해 지배되고 있다"(p. 161). APA 전임 회장인 Ronald Fox(1994)는 더 단일한 기준의 전문적 교육뿐만 아니라 전통적인 정신건강 모형에서 더 일반적인 건강 및 웰빙 모형으로 수련이 확장되어야 한다고 요청하였다. 많은 저자들(Fox, 1994; McDaniel, 1995; Resnick & DeLeon, 1995; VandenBos, 1993)은 예를 들어 학생들이 예방적 치료, 단기 급성 진료, 재활 서비스 그리고 만성질환을 다루기 위한 장기 진료를 제공하도록 심리학 교육자들이 학생들을 수련시켜야 한다고 주장한다. 따라서 좁게 정의된 정신건강 역할에 대한 반대로서 일차적인 건강분야 진료로의 변동은 많은 사람들에게 옹호되어왔다(Belar, 1995; Fox, 1994; Johnson, 2003; McDaniel, 1995; Resnick & DeLeon, 1995; VandenBos, 1993). 이러한 강조는 수련프로그램과 심리학자들의 직업선택에 중요한 함의를 갖는다. 더욱이, 임상심리학이 증거-기반이 되고 일반 건강진료에 더 많은 관여 쪽으로 발전하고 있는 더 통합적이고 생물심리사회적인 조망을 발달시킴에 따라 일차원적인 이론적 지향만을 수련 받은 전문가들은 시대에 뒤지게 되었다. APA 회장을 역임한 Robert Resnick과 Patrick DeLeon(1995)의 말과 같이, "전문 심리학은 전통적인 수련 경계를 확장시키지 않는다면 필요하지 않은 그리고 아마도 불필요한 분야로 분류될 것이라는 사실에 직면해야만 한다"(p. 4). 끝으로, Kovacs(1996)는 다음과 같이 언급하였다: "젊은 전문가들이 그들 자신을 위한 경력을 발견하고 창조할 수 있는 많은 방법들이 있다… 그러나 이러한 방법들은 우리를 감금하여 왔던 정체성을 산산이 깨뜨릴 것을 우리에게 요구한다."(p. 14).

수련에서의 기타 경향들에는 의무적인 박사 후 수련 및 새로운 공동 학위 프로그램이 있다. 거의 모든 주들이 현재 심리학자로서 주 면허를 취득하기 전에 박사 후 지도감독 경험과 수련을 요구한다. 박사 후 교육에 대한 요구뿐만 아니라 이러한 요구사항들은 심리학에서의 인가된 의무적인 박사 후 레지던트 프로그램을 개발하기 위한 노력들을 가져왔다(Association of Psychology Postdoctoral and Internship Center [APPIC], 2009; Larsen et al.,

1993). 최근, 심리학 수련과 경영학이나 법학 같은 다른 분야를 조합한 다수의 공동 학위 프로그램이 개발되었다. 예를 들어, Widener대학교는 PsyD/MBA 학위프로그램을 개발하였고, Nebraska대학교는 PhD/JD 프로그램을 개발하였다. 임상심리학이 성숙해짐에 따라, 연구와 실무에서의 점점 더 많은 강조가 계속적인 교육, 전문화 및 학문간 수련에 두어질 것이다.

# 큰 그림

임상심리학은 빠른 속도로 변화하고 성장하고 있다. 이러한 변화들 중 일부는 매우 긍정적이고; 일부는 분명히 부정적이다. 긍정적인 측면에서, 심리학은 인간행동의 더 나은 이해와 많은 사람들의 삶의 질을 향상시키는 더 나은 방법들에 크게 기여하였다. 평가, 치료, 연구, 교육 및 자문 모두는 과거보다 오늘날 훨씬 더 효과적이다. 심리학은 또한 한 분야로서의 독립성이 증가되었다. 면허 법률, 의료진 특권, 처방권 및 선택의 자유 법안 모두 존중되는 독립적 전문분야로서의 심리학의 발전에 기여하였다. 이 전문영역과 분야가 성숙함에 따라, 인간행동에 대한 더 심층적이고 정교한 이해가 펼쳐지게 되었다. 그렇지만 불행하게도 건강진료 관리로 나아가는 경향과 연구와 실무에 대한 기금의 제약은 잠재적으로 심리학이 제공할 수 있는 서비스의 성장과 유형을 위협한다. 이에 덧붙여 심리학자로 수련 받는 학생 수, 특히 대규모 자유설립 심리학 대학원 학생 수의 상당한 증가로 인해 취직가능한 자리에 대한 경쟁이 격렬해 질 수도 있다.

모든 관련분야와 마찬가지로 임상심리학 분야가 도전에 직면하고 있음에도 불구하고, 전문영역으로서 임상심리학은 진실로 만족스러운 전문적 일을 하면서 개인, 집단 및 사회에 도움을 주는 엄청난 잠재력이 있는 매혹적이고 재미있는 분야로 여전히 남아 있다. 비록 임상심리학의 미래가 불확실하다고 하더라도, 많은 사람들에게 보상을 주는 직업으로서 계속될 가능성이 있다. 미래 임상심리학자들은 사회 및 이 분야가 발전하고 변화함에 따라 변화하는 욕구와 요구사항에 적응할 수 있는 융통성이 있어야만 한다.

## 요점

1. 임상심리학은 그 100+년의 역사동안 급속하게 발전하고 변화하여왔다. 임상심리학에서 현재보다 더 급속하게 변화하는 시기를 상상하기란 어려운 일이다. 그렇지만 제1차 세계대전 전 그리고 제1차 세계대전과 제 2차 세계대전 사이의 시기 모두에서 확실히 급속하게 변화하였다. 오늘날 임상심리학은 30년 또는 40년 전 뿐만 아니라 심지어 5년 또는 10년 전과도 매우 다르게 보인다.

2. 미국은 급격하게 민족적으로, 문화적으로 다양한 국가가 되었다. 최근 증가하고 있는 관심과 흥미는 사회의 모든 측면에서의 다문화 쟁점과 다양성 쟁점의 역할에 관해 초점을 둔 것이다. 심리학자는 물론 기타 전문가들 역시 행동 및 행동 문제의 발달에 있어서 문화와 다양성의 역할에 대한 더 큰 통찰을 획득해왔다.

3. 과학, 기술 및 의학에서의 최근 진전과 중요한 발견들은 임상심리학뿐만 아니라 기타 많은 영역에도 큰 영향을 미쳤다.

4. 최근 여러 해 동안, 비용을 절감시키고, 더 효율적이 되며, 서비스를 감축시키려는 노력들이 많은 상이한 사회 부문과 많은 상이한 산업에 영향을 미쳤다. 인원감축, 정리해고, 구조조정 및 서비스 감축과 같은

주제들이 전국의 신문에서 매일 조명 받게 되었다. 연방 기금 부족을 상쇄하기 위한 시도 또한 임상심리학에 영향을 주는 프로그램을 중단 시키는 결과를 가져왔다.

5. 임상심리학에서의 연구는 주 효과를 검토하는 아주 단순하고 직접적인 질문에 대답하기 위한 시도를 뛰어넘어 발전하여 왔다. 임상심리학이 발전하고 성숙해감에 따라, 더 새로운 연구 설계와 방법론에 대한 요구가 더 큰 방법론적 다원론으로 이동하도록 이끌었다.

6. 최근 임상심리학의 뜨거운 주제에 관한 가장 좋은 예 중에 하나가 건강진료 관리와 건강 관리 개혁이다. 어떤 사람들은 건강진료 관리가 영구적인 방법으로 임상심리학 분야를 심각하게 변경시킬 수 있다고 주장하였다. HMO 및 PPO의 도래와 함께, 급속히 상승하는 건강진료 비용과 몇몇 불필요한 절차들이 억제되게 되었다. HMO와 PPO 회사들은 환자를 치료하는 전문가와 함께 제공될 가장 비용-효과적이고 합리적인 진단 계획 또는 치료계획을 결정한다. 그러므로, 전문건강 및 정신건강진료서비스에 비용을 지불하는 보험회사는 현재 제공될 수 있는 유형의 서비스에 대한 중요한 선택권을 가지고 있다.

7. 임상심리학이 직면한 매우 논쟁적인 쟁점은 향정신성 약물치료를 처방할 수 있는 법적이고 전문적인 능력의 획득 가능성에 관한 것이다. 주의 깊은 연구 후에, APA는 정신약물학에서 심리학자들을 적절하게 수련시키는 교과목을 개발하고, 심리학자들이 약물치료를 처방할 수 있도록 허가하는 법안이 통과되도록 주 입법부에 로비하는 노력들을 지지하였다. 심리학자들에게 약물치료를 처방하는 능력을 제공하는 법안이 여러 주에서 통과되었다.

8. 많은 주의 심리학자들은 자신들의 환자들에게 독립적인 입원 환자 진료를 제공하기 위해 의료진 특권을 획득하였다. 약 10년간의 법안지지와 관련 운동 후에, 많은 임상심리학자들이 미국에서 완전한 의료진 특권을 획득하였다. 그러나 아직까지 많은 병원-소속 심리학자들은 병원 장면 내에서 자율적인 지위를 유지하기 위해 계속해서 싸우고 있다.

9. 조사결과들은 최소한 시간제 개인 개업 활동을 수행하는 임상심리학자들의 비율이 점점 더 늘어남을 보여주지만, 전문가들은 일반적으로 현재 이러한 경향이 건강진료 전달 체계 및 보험 상환 제도의 급속한 변화에 의해 재빨리 역전될 것이라고 예측한다.

10. 연구와 실무에서의 진보와 함께 임상심리학에서 전문화의 욕구가 분명해지게 되었다. 임상심리학이 발전하고 인간행동에 대한 점점 더 많은 정보들이 이용 가능해짐에 따라 실무자들은 신경심리학, 노인심리학, 단기치료, 건강심리학, 유아심리학 및 법정심리학과 같은 영역에서 전문화되기 위해 노력하여 왔다.

11. 심리학자들은 국민의 건강 증진 행동을 향상시키고 건강 손상 행동을 최소화시키기 위한 연구, 교육, 공공정책 및 임상실무를 조력해주는 훌륭한 후보자라고 주장되고 있다. 그러므로, 많은 사람들은 심리학이 독립적인 정신건강 분야 일뿐만 아니라 독립적인 일반 건강 진료 분야로 간주될 수 있다고 주장한다.

12. 지난 수십 년 동안 수련 모형의 유형은 엄청나게 변화하였다. 어떤 수련 모형이 살아남고 번창할 것인지, 어떤 수련 모형은 그렇지 못할 것인지는 미래의 임상심리학에 중요한 함의를 갖는다.

## 핵심용어

개인 개업(private practice)

건강유지기구(Health Maintenance Organization, HMO)

건강진료 관리(managed health care)

경험적으로 지지된 치료(empirically validated treatment)

다문화(multicultural)

다양성(diversity)

우선권이 주어지는 진료 제공자 기구(Preferred Provider Organization, PPO)

의료진 특권(medical staff privilege)

임상 실무 지침서(clinical practice guideline)

전문화(specialization)

증거-기반 실무(evidence-based practice)

처방 특권(prescription privilege)

## 복습

1. 사회변화는 임상심리학에 어떠한 영향을 미치는가?

2. 건강진료 개혁은 어떻게 이루어지며 건강진료 관리가 임상심리학에 미치는 영향은 무엇인가?

3. 재정적 쟁점들은 미래의 임상심리학과 어떻게 관련되는가?

4. 다양성 쟁점들은 임상심리학에 어떠한 영향을 주는가?

5. 의료진 특권이란 무엇이며 그것이 임상심리학자에게 중요한 이유는 무엇인가?

6. 처방권이란 무엇이며 그것이 임상심리학자에게 중요한 이유는 무엇인가?

7. 미래의 임상심리학에 영향을 주는 수련 쟁점은 무엇인가?

8. 임상심리학 분야에 관심 있는 학생들이 이 분야에 대해 더 학습할 수 있는 방법은 무엇인가?

9. 미래의 임상심리학에서 개인 개업에 어떤 일이 발생할 수 있는가?

10. 임상심리학은 어떻게 해서 정신건강 분야 그 이상이 될 수 있는가?

11. 경험적으로 지지되고 증거-기반된 치료란 무엇인가?

12. 경험적으로 지지되고 증거-기반된 치료를 사용하는 것의 장점과 단점에는 무엇이 있는가?

## 학생들의 실제 질문

1. 주로 상담을 원하는 임상심리학자들의 미래는 어떻게 내다보는가?

2. 왜 연구자와 실무자 사이에 긴장이 존재하는가? 지식이 사람들의 필요를 돕는 데 사용되지 않는 경우 연구하는 사람들의 행동의 요점은 무엇인가?

3. 진료관리를 하면, 정신역동적 접근은 없어지는가?

4. 심리학자들이 일차 진료 서비스를 제공하면 심리학자들이 필요로 하는 부가적인 훈련은 무엇인가?

## 웹 자료

www.psyfin.com

심리학 실무자를 위한 심리학 재정에 대한 실제적 쟁점에 대해 더 자세히 알아보기

www.asppb.org

주 심리학 이사회와 지역 심리학 이사회에 대해 더 자세히 알아보기

## 부록  경험적으로 지지된 치료 매뉴얼

| Author/Year[a] | Title | Orientation | Patient Population | Modality | Strengths[b] |
|---|---|---|---|---|---|
| *Anxiety Disorders* | | | | | |
| Barlow & Cerny (1988) | *Psychological Treatment of Panic* | CBT | Panic Disorder | Individual | 1, 2, 3, 4 |
| Beck, Emery, & Greenberg(1985) | *Anxiety Disorders and Phobias: A Cognitive Perspective* | Cognitive | Phobias | Individual | 1, 2, 3 |
| Bouman & Emmelkamp (1996)[c] | "Panic Disorder and Agoraphobia" | CBT | Agoraphobia | Individual | 1, 2, 3 |
| Brown, O'Leary, & Barlow (2001)[c] | "Generalized Anxiety Disorder" | Cognitive | GAD | Individual | 1, 2, 3, 4 |
| Clark & Salkovskis (1996) | *Treatment Manual for Focused Cognitive Therapy for Panic Disorder* | Cognitive | Panic Disorder | Individual | 1, 2, 4 |
| Craske & Barlow (2001)[c] | "Panic Disorder and Agoraphobia" | CBT | Panic Disorder & Agoraphobia | Individual, Group | 1, 2, 3, 4, 6 |
| Dugas (2002)[g] | "Generalized Anxiety Disorder" | Behavioral | GAD | Individual | 3, 4 |
| Falsetti & Resnick (2001) | *Posttraumatic Stress Disorder* | Cognitive | PTSD | Individual | 1, 4 |
| Foa & Franklin (2001)[c] | "Obsessive-Compulsive Disorder" | CBT | OCD | Individual | 1, 2, 3, 4 |
| Gaston (1995) | *Dynamic Therapy for Posttraumatic Stress Disorder* | Dynamic | Trauma | Individual | 1, 2, 3 |
| Harris (1998) | *Trauma Recovery and Empowerment: A Clinician's Guide for Working with Women in Groups* | Dynamic | Trauma Recovery, PTSD (mostly women) | Group | 1, 2, 3, 4, 6 |
| Kozak & Foa (1996)[c] | "Obsessive-Compulsive Disorder" | Behavioral | OCD | Individual | 1, 2, 3 |
| Resick & Calhoun (2001)[c] | "Posttraumatic Stress Disorder" | CBT | Rape victims w/PTSD | Individual | 1, 2, 3, 4 |
| Scholing, Emmelkamp, & Van Oppen (1996)[c] | "Cognitive-Behavioral Treatment of Social Phobia" | CBT | Social Phobia | Individual | 1, 2, 3, 4 |
| Smucker & Dancu (1999) | *Cognitive-Behavioral Treatment for Adult Survivors of Childhood Trauma: Imagery Rescripting and Reprocessing* | CBT | PTSD, Adult Survivors of Trauma | Individual | 1, 2, 3, 4 |
| Turk, Heimberg, & Hope (2001)[c] | "Social Anxiety Disorder" | CBT | Avoidant Personality Disorder, Social Anxiety | Group | 1, 2, 3, 4 |
| Turner & Beidel (1988) | *Treating Obsessive-Compulsive Disorder* | Behavioral | OCD | Individual | 1, 2, 3, 4 |
| White (2000) | *Treating Anxiety and Stress: A Group Psycho-Educational Approach Using Brief CBT* | CBT | Anxiety Disorders | Group | 1, 2, 3, 4 |
| *Affective Disorders* | | | | | |
| Beck, Rush, Shaw, & Emery (1979) | *Cognitive Therapy of Depression* | Cognitive | Depression | Individual | 1, 2, 3, 4, 5 |
| Becker, Heimberg, & Bellack (1987) | *Social Skills Training Treatment for Depression* | Behavioral | Depression | Individual, Group | 1, 2, 3 |
| Dick, Gallagher-Thompson, & Thompson (1996) | *Cognitive-Behavioral Therapy* | CBT | Depressed Older Adults | Individual | 4 |
| Eells (1995)[f] | "Relational Therapy for Grief Disorders" | Dynamic | Adjustment Difficulties | Individual | 1, 2, 3, 4 |
| Freeman & Reinecke (1993) | *Cognitive Therapy of Suicidal Behavior: A Manual for Treatment* | Cognitive | Suicide | Individual | 1, 2, 3, 6 |
| Gillies (2001)[c] | "Interpersonal Psychotherapy for Depression and Other Disorders" | Interpersonal | Depression: Postpartum, Adolescents, HIV-Seropositive, Late-Life | Individual | 1, 2, 4 |
| Klerman, Weissman, Rounsaville, & Chevron (1984) | *Interpersonal Psychotherapy of Depression* | Interpersonal | Depression | Individual | 1, 2, 3, 4, 5 |

(계속)

## 부록 경험적으로 지지된 치료 매뉴얼(계속)

| Author/Year[a] | Title | Orientation | Patient Population | Modality | Strengths[b] |
|---|---|---|---|---|---|
| Lewinsohn, Antonuccio, Steinmetz, & Teri (1984) | *The Coping with Depression Course: A Psychoeducational Intervention for Unipolar Depression* | Behavioral | Depression | Group | 1, 2, 3, 4 |
| Luborsky, Mark, Hole, Popp, Goldsmith, & Cacciola (1995)[f] | "Supportive-Expressive Dynamic Psychotherapy of Depression: A Time-Limited Version" | Dynamic | Depression | Individual | 1, 2, 3 |
| Miklowitz (2001)[c] | "Bipolar Disorder" | Family Focused Treatment | Bipolar Disorder, Families of those with Bipolar Disorder | Individual, Family, Couple | 1, 2, 3, 4 |
| Otto & Reilly-Harrington (2002)[d] | "Cognitive-Behavioral Therapy for the Management of Bipolar Disorder" | CBT | Bipolar Disorder | Individual | 2, 4 |
| Rosselló & Bernal (1996) | *Adapting Cognitive-Behavioral and Interpersonal Treatments for Depressed Puerto Rican Adolescents* | CBT, Interpersonal | Depressed Puerto Rican Adolescents | Individual | 1, 2, 4, 6 |
| Swartz, Markowitz, & Frank (2002)[d] | "Interpersonal Psychotherapy for Unipolar and Bipolar Disorders" | Interpersonal | Bipolar Disorder, Depression | Individual | 1, 2, 4 |
| Thase (1996)[c] | "Cognitive Behavior Therapy Manual for Treatment of Depressed Inpatients" | CBT | Depressed Inpatients | Individual | 1, 2, 3, 4 |
| *Affective Disorders* | | | | | |
| Yost, Beutler, Corbishley, & Allender (1986) | *Group Cognitive Therapy: A Treatment Approach for Depressed Older Adults* | Cognitive | Depression | Group | 1, 2, 3, 4 |
| Young, Weinberger, & Beck (2001)[c] | "Cognitive Therapy for Depression" | Cognitive | Depression | Individual | 1,2,3,4 |
| *Childhood/Adolescent Disorders* | | | | | |
| Anastopoulos (1998)[i] | "A Training Program for Parents of Children with Attention-Deficit/Hyperactivity Disorder" | Parent Training | Childhood ADHD | Parent(s) | 1, 2, 3, 4 |
| Barkley (1998) | *Attention-Deficit Hyperactivity Disorder: A Handbook of Diagnosis and Treatment* | CBT | ADHD | Individual, Family | 1, 2, 3, 4 |
| Bratton (1998)[i] | "Training Parents to Facilitate Their Child's Adjustment to Divorce Using Filial/Family Play Therapy Approach" | Parent Training | Adjustment Disorders, Children of Divorce | Parent(s) | 1, 2, 3, 4 |
| Camino (2000) | *Treating Sexually Abused Boys* | Empowerment | Sexually Abused Boys | Group, Individual | 2, 3, 4 |
| Eisen, Engler, & Geyer (1998)[i] | "Parent Training for Separation Anxiety Disorder" | Parent Training | Separation Anxiety Disorder | Parent(s) | 1, 2, 3, 4 |
| Everett & Everett (1999) | *Family Therapy for ADHD: Treating Children, Adolescents, and Adults* | Family Systems | ADHD | Family | 3, 4 |
| Fouse & Wheeler (1997) | *A Treasure Chest of Behavioral Strategies for Individuals with Autism* | Behavioral, Systems | Autistic Children | Individual, Group | 1, 2, 3, 4 |
| Franklin, Rynn, March, & Foa (2002)[g] | "Obsessive-Compulsive Disorder" | Behavioral | OCD | Individual/Systems | 1, 2, 3 |
| Landreth (1991) | *Play Therapy: The Art of the Relationship* | Dynamic | Children | Individual, Group | 1, 2, 3, 4 |
| March & Mulle (1996)[h] | "Banishing OCD: Cognitive-Behavioral Psychotherapy for Obsessive-Compulsive Disorders" | CBT | OCD | Individual | 1, 3, 4 |
| O'Connor (2000) | *The Play Therapy Primer* | Ecosystemic | Children | Individual, Group | 1, 2, 3, 4 |
| Reynolds (2002)[g] | "Childhood Depression" | Behavioral | Depression | Individual | 3, 4 |

(계속)

## 부록 경험적으로 지지된 치료 매뉴얼(계속)

| Author/Year[a] | Title | Orientation | Patient Population | Modality | Strengths[b] |
|---|---|---|---|---|---|
| Roach & Gross (2002)[g] | "Conduct Disorder" | Behavioral | Conduct Disorder | Individual | 3, 4 |
| Rotherman-Borus, Goldstein, & Elkavich (2002)[d] | "Treatment of Suicidality: A Family Intervention for Adolescent Suicide Attempters" | CBT | Outpatient Families of Suicidal Adolescents | Family | 3, 4 |
| Sells (1998) | *Treating the Tough Adolescent: A Family-Based, Step-by-Step Guide* | Family Systems | Conduct Disorder, Oppositional Defiant Disorder | Family | 1, 2, 3, 4 |
| Weiss & Wolchik (1998)[i] | "New Beginnings: An Empirically-Based Intervention Program for Divorced Mothers to Help Their Children Adjust to Divorce" | Group Parent Training | Adjustment Disorders, Children of Divorce | Group | 1, 2, 3, 4 |
| Wolfson (1998)[i] | "Working with Parents on Developing Efficacious Sleep/Wake Habits for Infants and Young Children" | Parent Training | Infant/Childhood Sleep Disorders | Parent(s) | 1, 2, 3, 4 |
| *Dissociative Identity Disorders* | | | | | |
| Kluft (1995)[f] | "Psychodynamic Psychotherapy of Multiple Personality Disorder and Allied Forms of Dissociative Disorder Not Otherwise Specified" | Dynamic | Dissociative Disorder | Individual | 1, 2, 3 |
| *Forensic* | | | | | |
| Marshall & Eccles (1996)[e] | "Cognitive-Behavioral Treatments of Sex Offenders" | CBT | Sex Offenders | Group | 1, 2, 3 |
| Ward, Hudson, & Keenan (2001) | *The Assessment and Treatment of Sexual Offenders against Children* | CBT | Sex Offenders/Pedophiles and Ebephiles | Group | 2, 3, 4 |
| *Dissociative Identity Disorders* | | | | | |
| *Eating Disorders and Weight Management Treatments* | | | | | |
| Cash & Grant (1996)[e] | "Cognitive-Behavioral Treatment of Body-Image Disturbances" | CBT | Eating Disorders, Body Dysmorphic Disorder | Individual | 1, 2, 3, 4 |
| Sansone & Johnson (1995)[f] | "Treating the Eating Disorder Patient with Borderline Personality Disorder: Theory and Technique" | Dynamic | Eating/Borderline | Individual | 1, 2, 3 |
| Williamson, Champagne, Jackman, & Varnado (1996)[e] | "Lifestyle Change: A Program for Long-Term Weight Management" | Behavioral | Obesity | Group (Closed) | 2, 3, 4 |
| Wilson & Pike (2001)[e] | "Eating Disorders" | CBT | Bulimia Nervosa, Anorexia Nervosa | Individual | 2, 3, 4 |
| *Forensic* | | | | | |
| Bricklin (1995) | *The Custody Evaluation Handbook: Research-Based Solutions and Applications* | Assessment | Divorce | Psychological Testing | 2, 3 |
| Ellis (2000) | *Rationale and Goals of the Custody Evaluation* | Assessment | Divorce | Psychological Testing | 1, 2, 4 |
| Ferguson & Mittenberg (1996)[e] | "Cognitive-Behavioral Treatment of Postconcussion Syndrome: A Therapist's Manual" | CBT | Brain Trauma | Individual | 1, 2, 3, 4 |
| *Impulse Control Disorders* | | | | | |
| Ciarrocchi (2002) | *Counseling for the Problem Gambler: A Self-Regulation Manual for Individual and Family Therapy* | Eclectic/Pragmatic | Adult Pathological Gamblers | Individual, Group, Family, Couple | 1, 2, 3, 4 |
| Larkin & Zayfert (1996)[e] | "Anger Management Training with Essential Hypertensive Patients" | Behavioral | Anger Management | Group | 1, 2, 3, 4 |
| Stanley & Mouton (1996)[e] | "Trichotillomania Treatment Manual" | Behavioral | Trichotillomania | Individual | 1, 2, 3, 4 |

(계속)

## 부록 경험적으로 지지된 치료 매뉴얼(계속)

| Author/Year[a] | Title | Orientation | Patient Population | Modality | Strengths[b] |
|---|---|---|---|---|---|
| *Outpatient Treatments* | | | | | |
| Chethik, Morton (2000) | *Techniques for Child Therapy: Psychodynamic Strategies* | Dynamic | Outpatient Children | Individual | 1, 2, 3, 4 |
| Daldrup, Beutler, Engle, & Greenberg (1988) | Focused Expressive Psychotherapy | Experiential | Outpatient | Individual | 1, 2, 3, 4 |
| De Dominico (2000) | *Sand Tray World Play: A Comprehensive Guide to the Use of the Sand Tray in Psychotherapeutic and Transformational Settings* | Dynamic, Experiential | Outpatient Children, Adolescents, and Adults | Individual, Group, Family | 1, 2, 3, 4 |
| Gumaer (1984) | *Counseling and Therapy for Children* | Various | Outpatient Children | Individual, Group, Family | 1, 2, 3, 4 |
| *Outpatient Treatments* | | | | | |
| Hayes, Strosahl, & Wilson (1999) | *Acceptance and Commitment Therapy: An Experiential Approach to Behavior Change* | Behavioral, Experiential | Outpatient | Individual | 1, 2, 3, 4 |
| Hersen (2002)[g] | "Clinical Behavior Therapy: Adults & Children" | Behavioral | Outpatient | Individual | 1, 2, 3, 4 |
| Hibbs & Jensen (1996)[h] | "Psychosocial Treatments for Child and Adolescent Disorders: Empirically Based Strategies for Clinical Practice" | Various | Outpatient (Child and Adolescent) | Individual | 1, 2, 3, 4 |
| Padesky & Greenberger (1995) | *Clinician's Guide to Mind over Mood* | Cognitive | Outpatient | Individual | 1, 2, 4, 6 |
| Strupp & Binder (1984) | *Psychotherapy in a New Key* | Dynamic | Outpatient | Individual | 1, 2, 3, 4 |
| Wright & Wright (1987) | *Clinical Practice of Hypnotherapy* | Hypnotherapy | Outpatient | Individual | 1, 2 |
| *Partner Relational Problems* | | | | | |
| N. Epstein & Baucom (2002) | *Enhanced Cognitive-Behavioral Therapy for Couples: A Contextual Approach* | CBT | Distressed Couples | Couples | 1, 2, 3 |
| Greenberg & Johnson (1988) | *Emotionally Focused Therapy for Couples* | Experiential | Distressed Couples | Couples | 1, 2, 3, 4 |
| Jacobson & Gurman (Eds.) (1995) | *Clinical Handbook of Couple Therapy* | Various | Distressed Couples | Couples | 1, 2, 3, 4 |
| Wheeler, Christensen, & Jacobson (2001)[c] | "Couple Distress" | Integrative, Behavioral | Distressed Couples | Couples | 1, 2, 3, 4 |
| M. Young & Long (1998) | *Counseling and Therapy for Couples* | Integrative | Infidelity, Divorce | Couples | 1, 4, 6 |
| *Personality Disorders* | | | | | |
| Beck & Freeman (1990) | *Cognitive Therapy of Personality Disorders* | Cognitive | Personality Disorders | Individual | 1, 2, 3 |
| Benjamin (2002) | *Interpersonal Diagnosis and Treatment of Personality Disorders* | Interpersonal | Personality Disorders | Individual | 1, 2, 3, 4 |
| Linehan, Cochran, & Kehrer (2001)[c] | "Dialectical Behavior Therapy for Borderline Personality Disorder" | CBT, Dialectical Behavior Therapy | Borderline Personality Disorder (including those in substance abuse treatment settings) | Individual | 1, 2, 3, 4 |
| Piper, Rosie, Joyce, & Azim (1996) | *Time-Limited Day Treatment for Personality Disorders: Integration of Research and Practice in a Group Program* | Eclectic | Personality Disorders | Group | 1, 2, 3, 4 |
| Sperry (1999) | *Cognitive Behavior Therapy of DSM-IV Personality Disorders: Highly Effective Interventions for the Most Common Personality Disorders* | CBT | Avoidant, Borderline, Dependent, Narcissistic, OCPD, Histrionic | Individual | 1, 2, 3, 4 |

(계속)

## 부록 경험적으로 지지된 치료 매뉴얼(계속)

| Author/Year[a] | Title | Orientation | Patient Population | Modality | Strengths[b] |
|---|---|---|---|---|---|
| Whitehurst, Ridolfi, & Gunderson (2002)[d] | "Multiple Family Group Treatment for Borderline Personality Disorder" | Psychoeducational | Borderlines | Family Educational Groups | 1, 2, 3, 4 |
| *Schizophrenia* | | | | | |
| Herz & Marder (2002) | *Schizophrenia: Comprehensive Treatment and Management* | Medical Model | Schizophrenia | Individual, Family | 1, 2, 3, 4 |
| Hogarty (2002) | *Personal Therapy for Schizophrenia and Related Disorders: A Guide to Individualized Treatment* | Systems | Schizophrenia | Individual, Group | 1, 2, 3, 4 |
| McFarlane (2002) | *Multifamily Groups in Treatment of Severe Psychiatric Disorders* | Systems | Schizophrenia | Group | 1, 2, 3, 4 |
| Pratt & Mueser (2002)[d] | "Social Skills Training for Schizophrenia" | Social Skills Training | Schizophrenia (Inpatient and Outpatient) | Group | 1, 2, 3, 4 (template for Group) |
| Wong & Liberman (1996)[e] | "Biobehavioral Treatment and Rehabilitation for Persons with Schizophrenia" | Biobehavioral | Schizophrenia | Individual, Group | 1, 2, 3 |
| *Sexual Disorders* | | | | | |
| Bach, Wincze, & Barlow (2001)[c] | "Sexual Dysfunction" | CBT/Systems | Desire Disorders, Arousal Disorders, Orgasmic Disorders, Pain Disorders | Couple, Individual | 1, 2, 3, 4 |
| Jehu (1979) | *Sexual Dysfunction: A Behavioral Approach to Causation, Assessment, and Treatment* | Behavioral | Sexual Dysfunction | Individual, Couple | 1, 2, 3 |
| McConaghy (1996)[e] | "Treatment of Sexual Dysfunctions" | CBT | Sexual Dysfunction | Individual, Couple | 1, 2, 3 |
| *Sleep Disorders* | | | | | |
| Van Brunt, Riedel, & Lichstein (1996)[e] | "Insomnia" | Behavioral, Pharmacotherapy | Sleep Disturbance | Individual | 1, 2, 3 |
| *Somatic Disorders* | | | | | |
| P. Martin (1993) | *Psychological Management of Chronic Headaches* | CBT | Headaches | Individual | 1, 2, 3, 4 |
| Warwick & Salkovskis (2001) | *Cognitive-Behavioral Treatment of Hypochondriasis* | CBT | Hypochondriasis | Individual | 1, 2, 3, 4 |
| *Substance Abuse Disorders* | | | | | |
| Budney & Higgens (1998) | *A Community Reinforcement Approach: Treating Cocaine Addiction* | Behavioral, Relational | Cocaine Dependence | Individual | 1, 2, 3, 4 |
| Carroll (1998) | *A Cognitive-Behavioral Approach: Treating Cocaine Addiction* | CBT | Cocaine Dependence | Individual | 1, 2, 3, 4 |
| Daley, Mercer, & Carpenter (1997) | *Drug Counseling for Cocaine Addiction: The Collaborative Cocaine Treatment Study Model* | Behavioral | Inpatient/Outpatient Cocaine Addict | Group | 1, 2, 3, 4 |
| Handmaker & Walters (2002)[d] | "Motivational Interviewing for Initiating Change in Problem Drinking and Drug Use" | Client-Centered | Inpatient/Outpatient | Individual | 1, 2, 4 |
| Higgins, Budney, & Sigmon (2001)[c] | "Cocaine Dependence" | Community Reinforcement | Cocaine Addict | Individual | 1, 2, 3 |
| Luborsky, Woody, Hole, & Velleco (1995)[f] | "Supportive-Expressive Dynamic Psychotherapy for Treatment of Opiate Drug Dependence" | Dynamic | Opiate Dependence | Individual | 1, 2, 3, 4 |
| McCrady (2001)[c] | "Alcohol Disorders" | Relapse Prevention | Alcoholics and Spouses | Individual, Couple | 1, 2, 3, 4 |

(계속)

## 부록 경험적으로 지지된 치료 매뉴얼(계속)

| Author/Year[a] | Title | Orientation | Patient Population | Modality | Strengths[b] |
|---|---|---|---|---|---|
| D. Mercer & Woody (1998) | *An Individual Drug Counseling Approach to Treat Cocaine Addiction: The Collaborative Cocaine Treatment Study Model* | Behavioral | Outpatient Cocaine Addict | Individual | 1, 2, 3, 4 |
| Meyers, Dominguez, & Smith (1996)[c] | "Community Reinforcement Training with Concerned Others" | Behavioral | Families of Alcoholics | Individual/Family | 1, 2, 3, 4 |
| Paolantonio (1990) | *Relapse Prevention Training Manual* | CBT | Drug and Alcohol Relapse | Group | 1, 2, 4 |
| Stasiewicz & Bradizza (2002)[g] | "Alcohol Abuse" | Behavioral | Alcohol Disorders | Individual | 3, 4 |
| Wakefield, Williams, Yost, & Patterson (1996) | *Alcohol Disorders* | CBT | Alcoholics and Spouses | Couple | 1, 2, 3, 4 |

*Notes:* [a] All references are located at the back of the book.

[b] Strengths of Manual Criteria: 1 = A presentation of the main principles behind the techniques of the form of psychotherapy; 2 = Concrete examples of each technical principle/treatment intervention; 3 = Description of etiology and/or assessment approaches; 4 = Specifically delineated description of treatment program (e.g., session-by-session, step-by-step, phases); 5 = Scales to guide independent judges in evaluating samples of sessions to determine the degree of conformity to the manual; 6 = Gives attention to cultural concerns that otherwise might interfere with treatment.

[c] From *Clinical Handbook of Psychological Disorders: A Step-by-Step Treatment Manual,* Third edition, D. H. Barlow (Ed.), 2001, New York: Guilford Press.

[d] From *Treating Chronic and Severe Mental Disorders: A Handbook of Empirically Supported Interventions,* S. G. Hofmann and M. C. Tompson (Eds.), 2002, New York: Guilford Press.

[e] From *Sourcebook of Psychological Treatment Manuals for Adult Disorders,* V. B. Van Hasselt and M. Hersen, 1996, New York: Plenum Press.

[f] From *Dynamic Therapies for Psychiatric Disorders (Axis I),* J. P. Barber and P. Crits-Christoph (Eds.), 2000, New York: Basic Books.

[g] From *Clinical Behavior Therapy: Adults and Children,* Hersen (Ed.), 2002, New York: Wiley.

[h] From *Psychosocial Treatments for Child and Adolescent Disorders: Empirically Based Strategies for Clinical Practice,* M. Hersen (Ed.), 2002, New York: Wiley.

[i] From *Handbook of Parent Training: Parents as Co-Therapists for Children's Behavior Problems,* Second Edition, J. M. Breismeister and C. E. Schaefer (Eds.), 1998, New York: Wiley.

*Publishers' Phone Numbers:*
Basic Books
Phone: (800) 225-5945
Fax: (908) 302-2300

Plenum Press
Phone: (800) 221-9369
Fax: (212) 463-0742

John Wiley & Sons
Phone: (800) 225-5945
Fax: (908) 302-2300

*Source:* "Compendium of Current Psychotherapy Treatment Manuals," by M. J. Lambert, M. Bishop, T. Bybee, R. Houston, S. Rice, A. D. Sanders, and R. Wilkinson, in G. P. Koocher, J. C. Norcross, & S. S. Hill III (Eds.), *Psychologists' Desk Reference,* Second Edition, 2004, New York: Oxford.

# 임상심리학자가 되는 길 : 길라잡이

**이 장의 목표**

임상심리학자가 되는 상세한 개요를 설명하기

**이 장의 개요**

대학교

임상심리학 대학원 프로그램에 지원하기

임상심리학 대학원

주목받는 현대 임상심리학자: Martin M. Antony, PhD

임상 인턴쉽

박사 후 펠로우쉽

전문화

자격증 및 면허

취업

미국전문심리학이사회(ABPP) 전문 자격증

임상심리학은 나에게 적합한가?

임상심리학의 현재 쟁점에 대한 보다 많은 정보를 얻는 방법

임상심리학자가 되기를 원하는 학생들은 다양한 이유들을 가지고 있다. 많은 사람들이 다른 사람들에게 도움이 되는 것에 관심이 있는 반면에, 어떤 사람들은 인간 행동에 매료되어있다. 어떤 사람들은 건강 쟁점에서 표출되는 심리학과 생물학의 공통문제에 관심을 가지고 있다. 어떤 사람들은 하나의 학문 분야로서 임상심리학에 자연스럽게 끌리는 느낌을 가지고 인간의 고통과 인간관계의 미묘함에 민감하다. 여전히 또 다른 사람들은 주로 사회의 개선에 기여하는 데 주로 관심을 가지고 있다. 많은 사람들이 임상심리학의 이러한 모든 측면들에 관심을 가지고 있다. 임상심리학자가 되기를 원하는 사람들은 자신

의 개인적 문제나 가족 문제를 해결하는 데 주로 관심이 있다고 많은 사람들이 냉소적으로 생각한다. 어떤 연구들은 실제로 심리학자들이 개인 또는 가족의 갈등이나 문제를 해결하기 위해 이 분야에 들어간다고 주장했지만(Elliott & Guy, 1993; Guy, 1987; Sussman, 1992), 다른 연구들은 개인 및 가족 문제와 전문직업으로서의 심리학의 선택 간에는 거의 또는 전혀 관련이 없음을 발견하였다(Murphy & Halgin, 1995; Norcross & Guy, 1989).

수많은 석사수준의 프로그램이 임상심리학에서 이용가능 하더라도, 미국심리학회(APA)는 "심리학자로서 전문적인 실무에 임하기 위한 최소한의 교육 조건으로 박사학위를 인정한다"(APA, 1987b, p. 3). 그러므로 이 장에서는 임상심리학에서 박사학위 취득 단계와 후속적인 박사 후 수련 및 면허 취득에 관하여 논의할 것이다.

임상심리학자로서의 경력은 엄청난 도전과 예견할 수 없는 보상으로 가득하다. 임상심리학자가 되는 길은 대학교, 대학원, 임상 인턴쉽, 박사 후 펠로우쉽, 면허 및 최종 직업과 고급자격증을 포함하는 여러 개의 분명한 단계들로 구분되는 긴 여정이다. 이 장에서는, 이러한 각각의 점진적인 단계들이 검토될 것이다. 비록 대학생들과 같이 시작단계에 있는 사람들에게는 박사 후 수련, 면허 취득, 취업 및 전문자격증에 대한 세부적인 사항들이 필요하지 않을 수 있지만, 이러한 정보들은 수련 과정의 완벽한 안내지도를 제공하기 위하여 이 장에 포함되었다. 당신이 만약 긴 여행을 떠난다면, 정확히 어디로 가고 있는지 이 길을 따라 예상할 수 있는 것이 무엇인지 알고 싶을 것이다.

## 대학교

임상심리학자가 되려는 계획을 가진 대부분의 대학생들은 심리학을 전공하기로 결정할 것이다. 그렇지만 심리학 전공이 분명히 유리하기는 하지만, 경영학, 커뮤니케이션학, 생물학, 사회학 혹은 어떤 다른 전공 학생이 심리학 전공 대학원에 들어올 수 없는 것은 아니다. 일반 심리학, 통계학, 연구 방법론, 성격심리학, 생물심리학, 학습심리학, 인지심리학 및 이상심리학 같은 선수과목은 일반적으로 학부에서 심리학을 전공으로 선택하지 않은 학생들에게 요구되고 강력하게 추천된다(Lawson, 1995; Norcross, Sayette, & Mayne, 2008; Smith, 1985). 부가적인 과정으로 수학과 과학이 또한 권장된다. 전반적으로 임상심리학자가 되고 수준 높은 대학원 프로그램에 입학하는 데 관심이 있는 학생들은 매우 신중하게 대학경험을 해야 한다(표 15.1). 대학 과정 동안에 우수한 성적과 높은 수준의 연구 및 임상경험을 얻는 것이 중요하다. 구체적으로, 학생들은 우수한 평점을 받고, GRE에서 높은 점수를 받아야하고, 약간의 임상경험(예, 노숙자나 매 맞는 여성 쉼터, 자살 예방 전화 서비스, 발달 지체 아동을 위한 학교, 지역 병원의 정신과)과 연구 경험(예, 심리학 실험에 관해 교수 또는 기타 연구자들과의 작업)을 해야 하며, 우수한 추천서를 받아야 한다. 이들 각 요소뿐만 아니라 다른 중요한 대학 경험 측면들이 이 장에서 주목될 것이다.

### 평점(GPA)

일부 특별한 대학원 프로그램에 의해 설정된 것을 제외하고는, 절대적인 기준점은 없지만 일반적으로 평점 3.0이 최저 성적으로 여겨지고, 반면에 대학원 수련 프로그램에서는 일반적으로 3.5 이상이 기대된다.

| 표 15.1 | 대학교 경험에서 중요한 목표 |
|---------|---------------------------|
| **높은 평점** | |
| 높은 GRE 점수 | |
| 양질의 연구 경험 | |
| 양질의 임상 경험 | |
| 우수한 언어 기술 | |
| 우수한 대인관계 기술 | |
| 신뢰성과 믿음성 | |
| 우수한 생산성 | |
| 우수한 추천서 | |
| 높은 동기 | |

모든 임상심리학 대학원 프로그램의 평균 평점은 약 3.5이다(Norcross et al., 2008). 평점이 임상심리학 대학원 수행(Dollinger, 1989), 지능, 심리학자로서 성공 또는 치료적 기술과 반드시 강한 상관이 있는 것은 아니지만 최소한 동기 및 학문분야의 지표를 제공한다. 높은 수준의 동기와 결심은 성공적인 대학원 학생들에게서 발견되는 자질이다. 역설적이게도, 일단 대학원 프로그램에 등록하거나 임상심리학자로서 취업을 하게 되면 평점 그 자체는 이후의 성공에서 상대적으로 중요하지 않게 된다(아주 나쁜 평점을 제외하고). 그렇지만 학부생들에게 평점은 수많은 대학원 지원자들 중에서 변별될 수 있는 하나의 방법이다.

## 대학원 입학 자격시험(GRE)

심리학 대학원에 지원하는 데 관심이 있는 학생들은 일반적으로 4학년 가을 학기 동안에 GRE를 보게 된다. 사실, 임상심리학에서 모든 박사학위 대학원 프로그램의 약 90%가 입학 사정을 위하여 GRE를 요구한다(Norcross et al., 2008; Steinpreis, Queen, & Tennen, 1992). GRE는 ETS(Educational Testing Service, New Jersey주 Princeton)에서 실시하며, 네 가지 점수가 산출된다: 언어 영역, 수리 영역 및 분석 영역이 있으며, 심리학 영역은 따로 실시된다. 언어 영역, 수리 영역 및 분석 영역은 GRE 일반 시험을 구성하는 반면에, 심리학 영역은 많은 GRE 전공 시험들 중 하나이다. GRE 일반 시험과 전공 시험은 상이한 시간에 실시된다. 각 영역은 800점 만점이다. 각 영역의 점수는 평균이 500점이고, 표준편차가 100점이다.

일반적으로, 대학원 프로그램은 언어/수리 점수를 합한 점수에 초점을 두는데, 약 1200점(예, 언어 600, 수리 600)을 일반적인 절단 점수로 보고 있다. 높은 수준의 대학원 프로그램들은 더 높은 점수의 GRE, 심리학 영역에서 더 좋은 점수를 요구한다(즉, 600점 이상). 그렇지만 최근 연구(Norcross et al., 2008)는 임상심리학 대학원 프로그램의 GRE 점수의 평균이 수리 영역에서 581점(표준 편차=46), 언어 영역에서는 580점(표준 편차=48), 분석 영역에서는 579점(표준편차=46), 심리학 전공 시험에서는 587점(표준편차=47)임을 밝혔다. 이 연구에 따르면, GRE점수는 연구지향 PhD 프로그램이, 예를 들면, 실무지향 PhD 또는 PsyD 대학원 프로그램에 비해 더 높은 경향이 있었다. Lawson(1995)은 새로 들어온 심리학 박사과정 학생들의 GRE 평균 점수가 598점(언어), 612점(수리), 633(분석) 및 616(심리학)으로 보고한다. 임상심리학에서 박사학위 대학원 프로그램의 평균 점수는 언어와 수리 점수를 합한 1206점이다. 대부분의 프로그램은 각 영역에서 500점 이하의 점수인 지원자는 거의 고려하지 않는다(Norcross et al., 2008). 많은 학생들은 혼자 공부할 수 있는 GRE 자료를 구하거나, 수행을 최대화시키기 위해 여러 회사(Stanley Kaplan과 같은)에 의해 제공되는 GRE 준비반에 등록한다. 이러한 준비 과정의 비용을 충당할 수 없는 학생들은 수행을 최대화하기 위해서 스스로 또는 친구들과 함께 공부하거나 준비하도록 권장된다. 혼자 공부할 수 있는 많은 준비 교재가 이용 가능하다. GRE가 대부분의 심리학 프로그램에서 요구되기는 하지만, 이 시험은 대학원에서의 수행을 기껏해야 중간 정도로 밖에 예측하지 못한다(Kuncel, Helzlett, & Ones, 2001; Sternberg, 2006; Sternberg & Williams, 1997).

## 연구 경험

임상심리학에서 대부분 높은 수준의 대학원 프로그램은 지원자들이 대학원에 입학하기 전에 약간의 연구 경험을 가질 것을 기대한다. 사실, 조사연구에서 양질의 연구 경험은 대학원 입학에 중요한 것으로 대학원 프로그램 지도자들이 생각하는 변인들 중 상위에 속하는 것이라고 밝혔다(Eddy, Lloyd, & Lubin, 1987). 그렇지만 Lawson(1995)은 업무 및 임상 경험이 임상심리학이나 상담심리학 프로그램의 연구 경험보다 더 높이 평정되는 경향이 있다고 보고되었다. 일반적으로, 병원, 진료소 및 산업체 같은 장면에서 대학교 심리학 교수나 기타 심리학 전문가들과 함께 양질의 연구 프로젝트에 관여하여 일하는 것은 가치가 있다. 양질의 연구를 항상 쉽게 규정할 수 있는 것은 아니다. 전문가들은 종종 다양한 연구 프로젝트의 질과 가치에 대해서 불일치하고 있다. 일반적으로 잘 수련된 전문가들에 의해 수행된 연구, 방법론적으로 엄격하게 수행된 연구 및 전문적인 학자 집단이 기여한 연구-지역적 또는 전국적 전문학술회의에서 발표되었거나 인정된 전문학술지에 출간된-가 양질의 연구로 간주될 수 있다.

학부 수준에서의 연구 경험은 전형적으로 학부 학생들에게 자신의 연구를 도와주도록 하는 심리학 교수진과 함께 일함으로써 얻을 수 있다. 이 연구가 반드시 임상적으로 지향된 것일 필요는 없다. 그보다, 생산적이고 함께 일하기를 좋아하는 교수와 함께 충실한 연구 경험을 얻는 것이 중요하다. 더욱이, 연구 결과를 전문 연구 학술회의나 학생 연구 학술회의에 발표할 기회를 갖거나, 전문학술지에 공동저자로 출판하는 것은 또한 매우 유익하다. 예를 들면, 전국 대부분 지역에서, 매년 봄 학부 심리학 연구 학술대회(예, Greater Boston 학부 심리학 연구 학술회의, 서부 학부 심리학 연구 학술회의)를 개최하는데, 여기에서 학부생들은 그들의 연구를 논문이나 포스터 형태로 다양한 대학의 동료나 교수진에게 발표할 수 있다. 흔히 연구 보조자로 일하는 대학생들은 심리학자나 기타 심리학 전문가들과 함께 하는 작업의 일부로 질문지를 채점하고, 실험실 절차를 통해 피험자를 다루며, 문헌 검토를 할 수 있다.

연구 경험과 밀접한 관련이 있는 컴퓨터, 자료 분석 및 통계 기술 또한 대학 과정 동안에 획득해야 하는 중요한 것이다. 표준 워드프로세스 기술 이외에, 사회 과학을 위한 통계 패키지(Statistical Package for the Social Science, SPSS) 같은 유능한 통계적 패키지를 개발하는 것은 매우 가치가 있다. 비록 임상심리학 경력에 관심이 있는 많은 학생들이 컴퓨터, 수학 및 통계 개념과 활동에 관심이 없을 수 있지만, 이러한 기술은 일반적으로 모든 임상심리학자들이 발전시켜야 할 매우 중요한 것이다. 그들의 전문 경력 가운데 우선적으로 심리치료를 행하기를 희망하는 사람들조차 재정을 관리하고, 치료 성과 및 내담자 만족을 검토하며, 필수적인 논문작업을 완수하고, 최신의 서비스를 유지하기 위하여 훌륭한 연구 소비자가 되기 위해서 이러한 기술들을 이용해야만 한다.

## 임상 경험

대부분의 학부 심리학과 및 대학은 학생들이 임상적 문제의 조짐, 증상 및 언어를 접할 수 있는 임상 장면에서 교외연수나 현장실습을 제공한다. 사실, 2/3 이상의 대학이나 대학교가 심리학 실습 경험을 제공하고 있다(VandeCreek & Fleisher, 1984). 자원봉사 실습의 전형적인 예로는 지역 병원, 지역사회 정신건강 센터, 약물 및 알코올 재활 중간집, 장애 아동을 위한 학교 캠프나 여름 캠프, 노숙자나 매 맞는 여성을 위한 쉼터 및 위기 또는 자살 전화 상담이 있다. 이러한 경험은 학생들에게 임상 전집을 대상으로 하는 경험을 얻게 해줄 뿐만 아니라 임상문제 및 중재에 관한 몇 가지 중요한 초보 기술과 지식을 제공해준다.

학생들은 가치 있는 기회에 대하여 교수나 동료 학생들에게 질문을 할 수 있다. 만약 한 대학이 조직적인 인턴쉽이나 서비스 학습 프로그램을 제공하지 않는다면 학생은 지역사회 서비스 기관에 전화해서 적절하고 유용한 자원봉사나 유급실습 경험을 찾을 수 있다. 병원, 위기 전화, 발달 장애 아동이나 성인을 위한 학교, 매 맞는 여성, 노숙자 및 학대받는 아동을 위한 쉼터들은 훌륭한 출발점이 된다. 지역 United Way(주: 미국의 자선단체)기금 기관과 교회 집단은 또한 학생들이 적절한 자리를 알아보는데 도움이 될 수 있다.

양질의 임상 경험이 무엇인지를 결정하는 것은 때때로 어려운 일이다. 일반적으로, 학생이 다수의 환자들을 대상으로 광범위한 활동들을 관찰할 수 있게 해주며, 임상장면에 있는 전문가에게 자신의 경험을 이야기 할 수 있게 해주는 임상경험은 더욱 양질의 경험이 될 수 있다. 가장 좋은 유형의 임상경험 장소는 단지 무료 노동력을 얻는 데 관심 있는 장소가 아니라 학생의 학습을 고무하고 가치 있게 해주는 곳이다. 예를 들면, 환자들을 대상으로 직접 관찰하거나 일하는 것은 서류정리나 타이핑 같은 사무적인 업무에 너무 많은 시간을 소비하는 것보다 선호된다. 흔히 특정 임상 장면에서 일했던 이전 학생들의 경험을 참조하는 것은 그 경험이 가치 있는지를 결정하는 데 도움이 될 수 있다.

## 언어 기술

GRE의 언어 능력 이상으로, 임상심리학의 분야는 광범위한 언어 기술에 매우 의존하고 있다. 여기에는 쓰기 능력, 발표 능력 그리고 동료 및 내담자들과 직접적이고, 분명하고, 민감하게 언어적 의사소통을 하는 지속적인 능력이 포함된다. 흔히, 교수들은 주로 쓰기 및 말하기 의사소통을 통해서 스스로 표현하는 능력을 토대로 학생의 지적 기술과 사회적 기술을 추론한다. 따라서 쓰기 기술과 말하기 기술을 연마하는 것은 대학 경험의 중요한 요소이다. 덧붙여서, 하나 이상의 언어에 유창하게 되는 것은 언제나 이점이 된다.

## 대인관계 기술

사회적 교류의 영역을 측정하거나 수량화하는 것은 어렵지만, 사회적 교류 영역은 아마도 심리학도로서 그리고 궁극적으로는 전문가로서 지녀야 할 가장 중요한 자질이다. 좋은 대인관계와 사회적 기술, 다른 사람들에 대한 감정이입 및 효과적인 의사소통은 유능한 심리치료자, 자문가, 교수 그리고 전문 임상심리학자가 되는 데 중요하다. 임상심리학에서 직접적이고, 민감하고, 용기를 돋우는 방식으로 다루는 능력은 동료들 및 내담자들과의 관계에서 성공하는데 중요하다. 가치를 두는 유능성, 경험 및 지적 잠재력에 더하여, 대학원, 인턴, 박사 후 과정 및 고용 장면들에서 그들이 단순히 호감을 가지며 상냥하거나 매력적으로 보이는 사람들에게 후한 점수를 준다는 것은 공공연한 비밀이다. 좋은 대인 관계 기술은 동료들과 지도감독자들에게 인정받는 것뿐만 아니라 치료적 동맹 및 효과성에도 중요하게 기여하는 요인이다.

### 신뢰성 및 믿음성

임상심리학 분야는 대부분의 전문 직업과 마찬가지로 일관성 및 거의 실수가 없는 신뢰성을 요구한다. 지각, 보고서 지연, 비효율성, 얼버무림 및 일반적으로 '실수투성이'로 표출되는 비신뢰성은 임상심리학자로서 수련과 취업의 모든 단계에서 매우 문제가 된다. 임상, 교육 및 연구 의무는 이기적이지 않은 관점과 양심적인 수준의 노력 및 헌신을 요구한다. 예를 들어, 심리학 전공 학생들뿐만 아니라 임상심리학자들은 완수하기로 한 것을 완수하고, 도달하기로 동의한 때에 도달하는 신뢰성을 보여주어야만 한다. 심리학자는 다른 사람들로부터 책임 있고, 전문적인 역할을 할 수 있는 사람이라는 신뢰를 얻어야 한다. 이 점은 강조해도 지나치지 않다. 책임감 있는 사람이 되어라!

### 생산성

어떠한 경쟁적인 영역에서든, 효율적으로 일하고, 양질의 결과를 산출하고, 사려 깊고, 정확하게, 중요한 작업을 수행하는 능력 그리고 그러한 작업을 매우 신속하게 행하는 능력은 커다란 장점이다. 예컨대, 연구 생산성은 출판이나 발표 목록에서 가장 분명하게 알 수 있다; 임상 경험과 강의 경험은 다양성과 시간 기록으로 표현된다. 그렇지만 업무의 양보다는 질이 궁극적으로 가장 중요하다. 많은 양질의 논문이 훨씬 더 인상적이다!

### 추천서

대인관계 기술과 마찬가지로, 교수나 지도감독자로부터 강한 지지표를 얻는 것은 앞으로 전도유망한 대학원생으로서 자신의 매력을 고양시키는 더할 나위 없이 좋은 방법이다. 이러한 강한 지지표는 좋은 학업 수행과 긍정적인 관계로부터 나올 뿐만 아니라 한 사람 이상의 교수나 지도감독자와 좋은 사제 관계를 수립하는 데서 나온다. 추천자가 자신이 추천하고 있는 사람을 더 잘 알고, 존중하고, 좋아할수록, 그 추천자는 정보에 근거한 전문적이고 개인적인 어조로 쓰인 추천서를 통해 강한 인상을 줄 수 있다. 추천서는 지원서류의 일부분이지만, 다른 사람에게 지원자에 대한 생생한 정보(자기소개서를 넘어선)를 제공해주는 탁월한 방법이다.

### 동기

동기는 아마도 성공적인 대학 경력의 핵심 요소일 것이다. 동기는 학생이 GRE 공부와 같은 하기 싫은 과제를 하게 해주며, 더 좋아하는 과제에는 열정과 헌신을 더해준다. 바꿔 말해서, 동기는 시험 논문, 지원 등에 의해 부과되는 많은 장애를 극복하게 해주며, 또한 동기는 대학 과정 동안에 수행된 심리학 경험의 깊이와 넓이를 통해 흔히 대학원 지원서에서 명백하게 드러난다. 동기가 높은 많은 학생들은 학문적이거나 대인관계 영역에서의 유의한 취약성에도 불구하고 이러한 상대적인 약점들을 보상하기 위해 자신들의 에너지와 의욕을 활용하여 성공적인 심리학자가 된다.

## 임상심리학 대학원 프로그램에 지원하기

수준 높은 대학원 프로그램은 매우 경쟁적일 수 있기

때문에, 일반적으로 전국의 다양한 지역에 있는 상당히 많은 대학원에 지원함으로써 넓은 그물을 던지는 것이 도움이 된다. 반드시 명성 있는 대학원이 아니더라도 매우 경쟁적일 수 있다. 약 2,400개의 임상심리학 대학원 프로그램이 매년 개설되었는데, APA 인가 임상심리학 박사과정 대학원 프로그램의 입학률은 약 10%이다. 그렇지만 일부 프로그램은 매우 경쟁적이어서, 지원자들 중 2% 미만만을 받아들이는 반면, 어떤 프로그램은 훨씬 덜 경쟁적이어서 지원자들의 60%이상이 받아들여진다(APA, 2008; Norcross, 2009; Norcross et al., 2008). 일반적으로, 대학교에 기반을 둔 대학원 프로그램들은 자유설립전문대학원 보다 더 경쟁적이며 또한 대학교 프로그램은 대부분의 자유설립전문대학원보다 유의하게 덜 비싼 경향이 있다(Norcross, 2009).

어떤 대학원을 지원할지를 결정하기 위해서, 받아들일 수 있는 지리학적 위치뿐만 아니라 프로그램의 유형과 질을 고려하는 것이 중요하다. Norcross와 동료들(2008)의 **임상 및 상담심리학 대학원 프로그램 내부자 지침서**(Insider's Guide to Graduate Program in Clinical and Counseling Psychology)와 APA (2009)에 의해 출판된 심리학 대학원 공부(Graduate Study in Psychology)와 같은 여러 자료들이 관심 있는 대학원 프로그램 목록을 작성하는 데 도움이 될 수 있다. 심리학 교수진 또한 훌륭한 정보원이 될 수 있다. 그렇지만 때로는 수년 동안 수련을 하지 않은 교수진과 그 밖의 사람들이 전국 프로그램의 모든 측면에 최신화되어있지 않을 수도 있지만 오히려 이들에게서만이 정기적이고 지속적인 협력을 할 수 있다는 점을 염두에 두어야 한다. 일단 20~35개의 대학원 프로그램 목록이 작성되면, 이 대학원 프로그램들(보통 온라인 이용)로부터 카탈로그와 지원서를 구해

보는 것이 이 목록을 더 좁혀 가는 데 도움이 될 것이다. 아마도 13~16개 대학원의 최종 목록이 작성되어야 하고, 최종 조언을 위하여 교수들이나 다른 전문가들에 의해 검토되어야 한다. 경쟁적인 대학원과 덜 경쟁적인 '안전한' 대학원의 조합이 고려되어야 한다. 각 지원자가 어떤 프로그램에 지원할 것인가를 결정해야 하지만 전국 평균 지원수는 약 13개이다(Norcross et al., 2008).

철자 오류나 문법 오류를 피하기 위하여 지원양식은 신중하고 정확하게 작성되어야 한다. 대부분의 프로그램들이 지원자들에게 자기 소개서를 쓰게 하고 이력서(curriculum vitae, CV)를 제출하도록 요구하기 때문에, 지원자들은 이러한 작업을 매우 신중하게 처리해야 한다. 일반적으로 자기 소개서를 작성하는 옳거나 그른 방법은 없지만, 가족의 비밀이나 개인적인 문제를 드러내는 것은 일반적으로 권고되지 않는다. 자기소개서는 경력, 지적이거나 서비스 관심 및 목표를 강조하는 개인적인 것보다는 더 전문적인 내용에 초점을 두어야 한다. 자기소개서는 특정 대학원 프로그램에 지원하도록 만든 특별한 이유뿐만 아니라 지원자가 왜 임상심리학 대학원 프로그램에 관심을 갖게 되었는지에 대한 이유를 기술하도록 요구한다. 더욱이, 자기 소개서는 일반적으로 지원자에게 자신의 경력과 교육적 목적을 개관하도록 요구하며 또한 이 특정 프로그램이 이들 목표를 달성하는 데 어떻게 도움이 될 수 있는지를 구체적으로 쓰도록 요구한다. 때때로 그들은 당신이 대학원에서 연구하고자 하는 분야의 교수를 확인하도록 요구한다. 선발에 도움이 될 이들 교수의 현재 또는 이전의 학생들로부터 내부 정보를 얻지 못한다면 이것은 도전이 될 수 있다.

이력서는 학구적 경력에 관한 것이다. 이력서는 지원자의 주소 및 전화번호, 교육 경력(예, 출신 학교 및

취득 학위), 관련 업무 및 자원 경험들 그리고 전문적인 발표나 출판물들(만약 있다면)을 개관한다. 다른 분야의 이력서와는 달리, 이 이력서는 한 페이지로 한정되지는 않는다. 대학생, 대학원 학생 또는 전문가의 이력서가 상당히 다르기는 하지만, 모든 이력서들은 일반적인 원칙들을 따라야 한다. 이력서의 준비는 관련 연구, 교육 및 기타 전문 경력(예, 자원봉사 경력)들을 상세하고 정직하게 기술해야 한다. '교육, 수상경력 및 전문적 활동'과 같은 제목이 사용된다(표 15.2 참조). 완성된 자기 소개서와 이력서에 대한 피드백을 얻기 위해 교수, 직업 상담가 및 여러 친구들에게 검토를 부탁하는 것이 일반적으로 유익하다. 일부 지원 자료가 분실되거나 손실되었을 때를 대비하여 모든 지원 자료를 복사해 두는 것이 현명하다. 웹 기반 지원이 요구되지 않을 경우에는 택배나 등기우편을 이용하는 것이 지원서류가 목적지에 실제로 도착하였는지 확실히 하는 데 도움이 된다. 또한 성적증명서 및 GRE 점수는 일반적으로 원서 마감일 훨씬 이전에 요청할 필요가 있다. 대학원 지원 준비를 위한 훌륭한 지침은 Norcross와 동료들(2008)의 가이드북에서 찾아볼 수 있다.

일단 지원 서류가 발송되고 접수되면 지원자는 회신을 기다려야 한다. 지원자에게 관심 있는 학교는 전화 면접이나 개인 면접을 요구할 수도 있다. 대학원 프로그램의 모든 대표자들에게 항상 전문적이 되는 것이 중요하다. 여기에는 교수진, 비서 및 재학 중인 대학원생들 모두를 포함한다. 심지어 학생들이나 비서 스탭과의 비공식적인 대화 동안에도 지원자의 각 상호작용과 모든 상호작용이 판단되고 평가될 수 있다. 학생들은 자기 집의 자동응답기에 바보스럽거나 '이상한' 메시지를 녹음하는 것을 피하도록 권고된다. 그들은 또한 자신들의 웹 페이지, 블로그, 페이스북 그리고 그들에 대한 다른 정보 자료들을 조심해야만 한다.

현장 면접(on site interview)이나 전화 면접에 초대될 만큼 충분히 운이 좋다면, 그 지원자는 첫 번째 중요한 관문을 통과한 것이다. 대학원 프로그램은 흔히 지원자 중 일부만을 면접하며, 일단 지원자가 이 단계에 도달하게 되면 프로그램에 입학할 가능성이 실제로 증가하게 된다. 면접을 준비하는 동안에 지원자는 수련 프로그램, 교수진의 관심 및 교육적 요구조건들에 익숙해지는 것이 매우 중요하므로, 안내 책자와 프로그램 카탈로그를 주의 깊게 읽어보아야 한다. 일단 현장 면접을 하게 되면 지원자들은 전문가답게 정장을 입어야 할 뿐만 아니라 하루 종일 그리고 교수진, 대학원생 및 스탭들과의 상호작용에서 그 프로그

| **표 15.2** 이력서의 일반 제목과 하위 제목들 |
| --- |
| 일반정보(즉, 성명, 주소, 전화 번호, 이메일 주소, 웹사이트) |
| 교육(즉, 대학교, 학위, 졸업 연도, 전공 분야) |
| 수상경력 |
| 전문회원자격(예, APA 학생 회원) |
| 전문 활동(예, 관련 업무 및 자원 봉사 경력의 기간, 장소, 지도감독자 성명 및 간단한 활동기술) |
| 연구(즉, 지역 또는 전국 학술대회에서의 발표, 출판물) |
| 추천서(예, 3~4명의 전문가 추천인의 이름, 주소, 전화 번호, 이메일 주소) |

램에 대한 높은 수준의 관심, 에너지 및 열정을 보여야 한다. 이들 면접동안에는 결코 비번이거나 비공개로 말하는 것이 아니라는 것을 스스로 명심해야 한다. 각 면접자들의 질문을 사전에 사려 깊게 준비해야 한다. 면접을 준비하고 참여하는 최선의 방법에 대한 부가적인 지침들은 Norcross와 동료들(2008)의 가이드북에서 찾아볼 수 있다.

## 임상심리학 대학원

심리학 대학원 수련 프로그램에는 학점 이수, 임상 수련, 연구 경험 및 강의 경험이 포함된다. 미국과 캐나다에는 약 180개 정도의 인가된 임상심리학 박사 과정 대학원 프로그램이 있는데, 또한 인가되지 않은 프로그램들도 많이 있다. 매년 약 1,200명에게 임상심리학 박사학위가 수여된다(APA, 2008). 임상심리학 대학원은 필수적인 1년의 임상 인턴쉽을 포함해서 학위 취득에 5년이 걸린다. 그렇지만 전국적인 평균은 약 6년에서 8년에 가깝다. 이렇게 시간이 더 걸리는 이유는 일반적으로 학생이 박사학위 논문을 마치는 데 예정했던 시간보다 더 많은 시간이 필요하기 때문이다. 대부분의 대학원 프로그램들에서 박사학위 논문은 심사위원장을 포함한 3명에서 5명의 교수들로 구성된 심사 위원회의 지도감독을 받는 종합적이고 수준 높으며 독창적인 연구의 결과물이다.

임상심리학 대학원에 관심 있는 학생들은 여러 상이한 수련 모형들과 프로그램 유형들 중에서 자신의 욕구와 관심에 가장 적합한 프로그램을 선택할 수 있다. 다음의 선택사항들과 쟁점들 각각을 정보에 근거하여 주의 깊게 고려하는 것이 유익할 것이다.

### PhD 또는 PsyD

임상심리학에서 박사학위를 취득하는 데 관심이 있는 학생들은 두 가지 박사학위 유형 가운데 하나를 선택 할 수 있다: 전통적인 PhD(Doctor of Philosophy) 또는 보다 새로운 PsyD(Doctor of Psychology). 역사적으로, PhD는 박사 수준에서 심리학을 수련한 대학원생들에게 수여되었다. 수련의 가장 일반적인 모형은 과학자–실무자 모형이었고(Raimy, 1950) 여전히 그러한데, 이것은 연구 및 임상실무 모두에 동등하고 통합적인 수련 강조점을 두고 있다. 이 모형은 숙련된 심리치료, 심리 평가 및 자문 서비스를 제공하는 유능한 임상심리학 실무자뿐만 아니라 엄격한 과학적 연구를 수행할 수 있는 유능한 연구자가 되도록 대학원생들을 수련시키고자 하는 것이다. 대부분의 임상심리학 대학원 수련 프로그램은 PhD 학위를 수여하고 있다.

Denver대학교와 같은 여러 대학교들은 PhD 학생들과 PsyD 학생들을 위한 별개의 프로그램을 제공하고 있다. PsyD 학위는 전통적인 PhD에 대한 실용적인 대안으로서 제안되었다. 대학원생의 수련에 연구와 임상 실무를 동등하게 혼합한 과학자–실무자 모형에 비해, 새로운 PsyD 모형은 임상 실무에 훨씬 많은 강조를 두고 연구 기술에 대해서는 최소한의 강조만을 두는 학자–실무자 모형으로 학생들을 수련하고자 하였다. 따라서 PsyD 수련 모형의 목적은 학생들에게 임상심리학 서비스의 실무자(예, 심리치료, 심리평가, 임상자문)가 되도록 준비하는 데 대부분의 대학원 수련 시간을 부여하는 데 있고, 연구자가 되기 위한 전문가 수련에는 최소한의 초점을 둔다. 연구는 일반적으로 PsyD 프로그램에서도 가치가 두어지는 반면에, 이 수련 모형은 대학원생들이 그들의 경력 동안에 실제적으로 연구를 수행하기보다는 실무자와 연구의 소비자가 될 것이라고 가정하고 있다. 대다수의 대학원 수련 프로그램들이 현재 학생들에게 전통적인 PhD 학위를 수여하지만, 점점 더 많은 프로그램들(특히 대학 환경밖에 있는 자유설립 전문대학원)이 PsyD 학위를 수여하고 있다. PsyD 프로그램의 성장은 1973년에 인가된 PsyD 프로그램의 수(1)과 2009년까지 이용 가능한 프로그램(63)을 비교해보면 알 수가 있는데, 매년 임상 심리 박사학위의 절반가량이 수여되고 있다(Norcross, 2009).

현재, PsyD 대학원 프로그램은 PhD 프로그램보다 많아지는 경향이 있는데, 입학경쟁이 더 낮아지는 경향이 있다. PhD 프로그램의 평균 합격률은 약 10%인 반면, PsyD 프로그램은 지원자들의 약 40%를 받아들이고 있다(APA, 2008; Norcross, 2009; Norcross et al., 2008; Peterson, 2003). 그렇지만 연구는 PhD 학생들과 PsyD 학생들이 대학원 자질 시험과 학점에서 그리고 임상 인턴쉽에서 똑같이 잘 수행하고 있음을 보여주었다(Peterson, 2003). 그렇지만 PsyD 수련 프로그램의 질에 대한 염려가 남아있다(McFall, 1991, 2000; Strickland, 1985). 이러한 염려는 일반적으로 이들 프로그램에 입학하는 학생들의 수가 매우 많은 것에 조명되고 있다.

## 일반대학원 대 자유설립 전문대학원

역사적으로 임상심리학 대학원 수련은 미국과 캐나다 전역의 일반 대학원 프로그램의 영역이었다. 그렇지만 1970년대 초반 동안에, 다수의 자유 설립 전문대학원들이 심리학 대학원 학생들을 수련하기 위해서 설립되었다. **자유설립 전문대학원**(freestanding professional schools)은 대학교에 토대를 두거나 부속되어 있지 않다. 이러한 프로그램들은 본래

California 전문 심리학대학원(California School of Professional Psychology, CSPP)의 설립과 함께 California 주에서 시작되었으며 급격히 증가하게 되었다. CSPP(현재는 Alliant대학교로 불린다)는 California에 4개의 캠퍼스를 운영하고 있으며(예, San Francisco, SanDiego, Los Angeles 및 Fresno), 약 5000명의 학생들이 등록되어있다. 이러한 자유 설립 심리학 전문대학원은 어떤 대학교에도 소속되어있지 않고 독립적인 교수진, 직원 및 학생들로 구성된다. 오늘날 자유설립 전문대학원들은 미국 전역에서 찾아볼 수 있다. 현재 임상심리학의 모든 박사학위 중 약 50%가 이러한 대학원에서 수여되고 있다(Norcross, 2009; Peterson, 2003; Stricker & Cummings, 1992). 자유설립 전문대학원들은 대학교에 기반을 두고 있는 프로그램에 비해서 매우 많은 강의 인원수와 더 나이 든 학생들이 재학하고 있는 경향이 있으며, 입학 경쟁률이 더 낮은 경향이 있다. 많은 이들 대학원들이 PsyD 학위를 수여하는 반면에, PhD학위나 둘 다를 수여하는 대학원들도 많이 있다. 더욱이, 많은 자유설립 전문대학원들에는 이차적인 직업으로서 심리학을 고려하고 있는 나이가 많은 학생들이 입학한다. 일반 대학원 프로그램에 비해 자유설립 전문대학원들에서의 재정적 보조 또한 적은 경향이 있는데, 많은 학생들에게 이러한 비싼 등록금은 걸림돌이 되고 있다(Norcross, 2009; Norcross et al., 2008). 끝으로, 인지심리학, 발달심리학, 사회심리학, 학습심리학, 생리심리학 등과 같은 비임상심리학 과목들이 자유 설립 전문대학원에는 설강되어있지 않기 때문에 이 대학원의 학생들은 일반적으로 심리학의 전체 영역을 접할 수 있는 기회를 갖지 못한다.

## 인증

1948년 이래로, APA는 임상심리학 대학원 수련 프로그램을 인증해왔다. 이 학회는 또한 상담심리학, 학교심리학 및 산업/조직심리학과 같은 다른 응용 심리학 분야에서의 프로그램도 인증하고 있다. APA는 **인증**을 위한 구체적인 준거를 작성하고, 모든 인증 준거가 부합되는지를 확인하기 위하여 정규적으로(일반적으로 매 3년에서 5년마다) 대학원 수련 프로그램에 대한 현장 방문을 수행한다. APA가 인증한 어떠한 프로그램이든 수준 높은 대학원수련 경험을 제공한다고 여겨진다.

그렇지만 심리학의 모든 대학원 프로그램들이 APA나 심지어 서부 대학 및 대학원 연합회 같은 지역 인증기관들에 의해서 인증되는 것은 아니다. 지역 인증기관들뿐만 아니라 APA에 의한 인증은 우수한 대학원 교육, 임상 인턴쉽 및 박사 후 수련을 획득하는 기회를 최대화하기 위해서 중요하다. APA 인증은 어떤 주에서도 개업할 수 있는 면허를 취득할 기회뿐만 아니라 적절한 장면에 취업할 수 있는 가능성을 증가시킨다. 사실, APA가 인증 프로그램에서 수련받는 것은 모든 재향군인 병원을 포함한 많은 자리에 취업하기 위한 필요조건이 된다. 더욱이, APA 인증 수련은 ABPP의 전문 자격증을 취득하고, **전국 심리학 건강 서비스 제공자 등록명부**(National Register of Health Service Providers in Psychology)에 포함되기 위한 필요조건이다. 이 전국 등록명부는 흔히 보험회사들이 어떤 심리학자들이 전문적 서비스에 대한 보험 상환을 받을 자격이 있는지를 결정하는 데 사용된다(Sheridan, Matarazzo, & Nelson, 1995). 끝으로, APA는 "1995년부터 면허 응시자는 APA의 인증을 받은 심리학 박사 과정 프로그램을 이수해야 한다."(APA, 1987b, p. 3)고 명시하면서 각 주의 자격

증 이사회에 오직 인가 프로그램의 학생들만이 심리학 개업을 위한 면허를 취득할 수 있도록 해야 한다고 권고하였다. 그렇지만 15년 후에 그 제안들은 마감되었고, 대부분의 주에서는 APA의 권고를 무시하고 있다.

## 수련 교과 과정과 강조점

비록 APA가 모든 인증된 임상심리학 수련 프로그램의 핵심 교과 과정을 개관하고 있기는 하지만, 모든 인증된 대학원 수련 프로그램이 똑같은 것은 아니다. 각 프로그램은 그 프로그램의 교수진과 전통에 근거한 그 자신의 독특한 조망과 교과 과정을 지니고 있다. 모든 사람들이 임상심리학자가 수련되는 방식에 만족하는 것은 아닌데(R. Fox, 1994; Shapiro & Wiggins, 1994), 왜냐하면 임상심리학 대학원 수련 프로그램을 조직하고 구성하는 최상의 방법에 관한 의견의 불일치가 있기 때문이다. 따라서 이러한 의견의 차이는 이용 가능한 수련 프로그램의 다양성에 반영되고 있다. 어떤 프로그램들은 연구 기술과 생산성을 강하게 강조하는 반면(프로그램의 약 35%), 다른 프로그램들은 임상 수련을 강조한다(프로그램의 약 25%). 여전히 다른 프로그램들은 연구와 임상 수련간에 동등한 균형을 제공하는 것에 대해 자부심을 가진다. 어떤 프로그램들은 인지-행동 모형, 정신역동 모형, 인본주의 모형, 가족 체계 모형 또는 다른 모형 같은 일정한 이론적 지향에 대한 임상 수련을 강조하는 반면에, 많은 프로그램들은 다양한 이론적 모형과 조망들을 활용하는 절충적인 수련을 강조한다. 예를 들면, 대학원 수련 운영자들에 대한 최근 조사는 수련 프로그램들의 55%가 인지-행동주의 접근법을 강조하고, 23%가 정신역동적 접근법을 강조하며, 10%가 인본주의-실존주의 지향에 초점을 맞춘다는 사실을 발견하였다(Wisocki, Grebstein, & Hunt, 1994).

| 표 15.3 | 전형적인 대학원 교과목 |
|---|---|

| 1년차 | |
|---|---|
| **가을학기** | **봄 학기** |
| 통계학 | 이상 행동의 생물학적 토대 |
| 정신병리학 | 성격 검사 |
| 연구방법론 | 면접 기법 |
| 지능검사 | 심리학사 및 체계 |
| 다문화 쟁점 | 개인차 |
| 석사학위 논문 연구 | 석사학위 논문 연구 |

| 2년차 | |
|---|---|
| **가을학기** | **봄 학기** |
| 심리검사 | 발달 심리학 |
| 고급 성격심리학 | 다변량 통계학 II |
| 다변량 통계학 I | 사회 심리학 |
| 임상심리치료 | 임상 신경 심리학 |
| 임상실습 | 임상 실습 |
| 석사학위 논문 연구 | 석사학위 논문 연구 |

| 3년차 | |
|---|---|
| **가을학기** | **봄 학기** |
| 고급 인간 학습 및 기억 | 전문가 윤리 |
| 인간의 성 | 선택과목 |
| 박사학위 논문연구 | 박사학위 논문 연구 |
| 임상실습 | 임상 실습 |

| 4년차 | |
|---|---|
| **가을학기** | **봄 학기** |
| 선택과목 | 선택과목 |
| 박사학위 논문 연구 | 박사학위 논문 연구 |

| 5년차 |
|---|
| 전일제 임상 인턴쉽 |

주 : 대학원 프로그램이 5년으로 완료될 수도 있지만, 많은 학생들이 필수요건을 완수하는 데 5년 이상이 걸리기 때문에 높은 수준의 변산성이 존재한다.

또 다른 조사는 49%가 인지 행동 접근법을 강조하고, 28%가 정신 역동적 접근법을 강조하며, 19%가 가족 체계 접근법을 강조한다고 밝혔다(Norcross, Sayette, & Mayne, 2002). 어떤 프로그램들은 매우 엄격한 학위 논문 연구 프로젝트를 요구하는 반면에, 다른 프로그램들은 학위 논문 프로젝트를 쓰기 위하여 이론적 논문이나 사례 연구를 허용한다. 어떤 프로그램들은 일차적으로 연구자 수련에 관심이 있으며, 어떤 프로그램들은 실무자 수련에 관심이 있는 반면에, 또 다른 프로그램들은 학생들의 장래 취업을 위한 구체적인 계획안을 가지고 있지 않다. 개별 프로그램들은 건강 심리학, 아동 임상심리학 또는 다문화 심리학과 같은 영역들에 관한 전문성을 강조할 수 있다.

교과 과정 카탈로그나 지원 자료를 검토하는 것으로 각 프로그램의 수련 강조점을 판단하는 것이 언제나 가능한 것은 아니다. 흔히, 대학원 재학생들, 최근 수련 프로그램의 이수자 또는 현재 교수진에게 이러한 질문을 해서 대답을 듣는 것이 좋다.

대학원 수련 프로그램들은 일반적으로 APA에 의해 제안된 동일한 핵심 교과 과정을 제공한다(표 15.3). 이 핵심 교과 과정은 약 50년 전에 제안된 이래로 유의하게 변화되지 않았다(Shakow, 1947). 여기에는 행동의 생물학적 토대, 행동의 사회적 토대, 개인차 인지 및 학습에 관한 과목뿐만 아니라 전문가 윤리에 관한 과목이 포함된다. 통계학, 연구 방법, 평가, 다문화론 및 정신병리학에 관한 대학원 과목들이 또한 요구된다. 학점 이수에 더하여, 대학원 수련에는 또한 일반적으로 실습과목이나 현장 경험이 포함된다. 이러한 현장경험들은 대학원생들에게 다양한 환자 전집(예, 성인, 아동, 입원환자, 외래환자)에 대한 개인치료 커플치료, 가족치료, 및 집단 심리치료를 제공할 뿐만 아니라 심리 검사(예, 지능, 신경심리, 성격)경험을 얻을 수 있는 기회를 제공해주는 임상 전집을 대상으로 일하도록 해준다. 대학원 수련은 또한 연구 훈련을 제공한다. 전형적으로 석사학위 논문뿐만 아니라 박사학위 논문이 수행되는데, 이것은 학생이 대학원 교수진들의 지도감독 아래서 우수한 연구 프로젝트를 수행하게 해준다. 석사학위 논문은 전형적으로 대학원 연구 2년째 끝 무렵에 완료되고, 박사학위 논문은 4년이나 5년째의 끝 무렵에 완료된다. 박사학위 논문 프로젝트는 학생이 교수진의 지도감독 아래서 종합적 연구를 완성하는 최종적인 연구 경험의 결과물이다. 박사학위 논문은 박사학위를 완성하는 것으로서 흔히 보인다. 그런 후 학생은 일단의 교수진에 의한 구두시험에서 그 프로젝트를 방어한다. 끝으로, 대부분의 대학원 수련 프로그램들은 인턴쉽과 박사학위 완료를 허용하기 이전에 학적적 심리학, 연구 및 임상적 업무에서 학생들의 유능함을 알아보기 위해 종합적인 질 높은 시험을 요구한다. 전형적인 임상 대학원 프로그램은 표 15.3에서 열거한 것과 같은 교과목을 포함한다.

## 임상 인턴쉽

거의 모든 임상심리학 대학원 수련프로그램들은 학생들이 박사학위를 수여받기 이전에 1년 동안 전일제(또는 시간제의 경우 2년) 임상 **인턴쉽**을 이수할 것을 요구한다. 2009년 당시에, 미국과 캐나다에는 459개의 APA 인증 인턴쉽 프로그램이 있었다(Association of Psychology Postdoctoral and Internship Centers[APPIC], 2009). 이러한 수련은 거의 항상 미국 전역에 걸친 병원, 진료소 및 다양한 임상 장면에서, 즉 대학원 수련 프로그램의 외부에서

사진 : Martin M. Antony 제공

# Martin M. Antony, PhD

Plante 박사는 개인 개업을 유지하면서, 심리학 인턴들을 수련하는 Stanford대학교 의과대학의 임상 교수로 있다.

**생년월일** : 1964년 7월 17일

**대학교** : 1987년 Toronto대학교(심리학, BSc)

**대학원 프로그램** : 1994년 New York주립대학교, Albany(심리학, PhD)

**현재의 직업** : Toronto, Ryerson대학교 심리학과 교수 및 대학원 프로그램 감독자

**임상심리학자가 되는 것의 장점과 단점 :**

**장점** : "임상심리학자로서의 나의 업무는 개인적으로 보상이 되고 있는데, 부분적으로는 사람들의 삶에 의미 있는 방식으로 영향을 미칠 수 있는 가능성 때문이다. 또한 임상심리학에서의 경력은 업무 장면과 그날그날의 책임에 관하여 믿을 수 없을 정도의 유연성을 제공한다. 임상심리학자들은 몇 가지만 예를 들면 병원, 지역사회 기관, 대학교, 학교, 교도소, 개인 진료소, 산업체 및 군사 기지를 포함하여 광범위한 영역의 환경에서 일할 수 있다. 임상심리학자의 일상적인 활동은 또한 매우 다양할 수 있는데, 흔히 여기에는 임상 서비스(예, 평가, 치료), 연구, 강의, 지도감독과 수련, 행정, 사업, 프로그램 개발, 글쓰기, 자문, 전문가에 대한 서비스, 미디어 작업 및 기타 다양한 역할이 포함된다. 임상심리학에서 직업의 또 다른 장점에는 심리학자들의 서비스에 대한 적절한 수요가 있는 것으로 보이고, 심리학자들은 그들의 업무로 좋은 급여를 받는다는 사실을 포함한다. 또한 임상심리학자들은 많은 다른 직업에 비교해서 더 큰 자율성을 즐길 수 있다."

**단점** : "실제로, 나는 임상심리학자로 일하면서 어떤 큰 단점을 만난 적은 없다. 나에게 있어서, 주요한 도전은 내가 원하는 모든 것을 하는 것은 불가능하다는 것이다. 매년 해를 보내면서, 흥미롭고 새로운 기회가 계속해서 다가오고, 이를 거절하기 어렵기 때문에 단순히 나의 해야 할 일 목록에서 뒤로 더 밀리는 것 같다. 그렇지만 그것은 아마도 임상심리학자가 되려는 나의 결정에 관해서라기보다는 한계를 설정하는 나의 기꺼이하기에 관해서 더 말하는 것 같다."

**당신의 전문분야와 그것을 선택한 방법** : "내 자신의 일은 주로 불안 장애에 초점을 두고 있는데, 나의 2차적인 관심은 완벽주의와 정신병리간의 관계에 있다. 불안 장애에서의 나의 관심은 우연히 생겼다. 대학교를 졸업하고 난 뒤에, 나는 1년간 학교를 떠났다가 연구 조교로 일하게 되었다. 나는 두 가지 일에 지원하였는데, 하나는 정신 분열증 연구에 대한 작업이었고, 하나는 불안 장애영역이었다. 당시, 나는 정신분열증 관련 업무를 원했지만 그것을 얻지는 못하였다. 나는 결국 불안 장애 진료소에서 자리를 얻게 되었는데, 불안 장애에 대해서 더 많이 배울수록, 나에게 이 분야는 더욱 흥미롭다는 것을 발견하였다. 나는 또한 인지치료와 행동치료에 뒤이어서 사람들이 어떻게 극적으로 변화 되었는지에 대해서 강하게 끌렸다. 나는 불안 장애 영역에서 더 수련 받을 기회를 나에게 제공해주는 대학교에서 대학원 공부를 더 하기로 결정하였다."

**임상심리학자가 되는 것에 관심 있어 하는 학생들을 위한 조언** : "대부분의 임상심리학 프로그램은 지원자들 중 오직 소수만을 받아들이기 때문에, 나의 가장 좋은 조언은 폭넓게 지원하고 당신의 지원에 강한 확신을 가지라는 것이다. 대학원 프로그램이 결정을 할 때 고려하는 요인들 중에는 지원자의 학부 성적,

(계속)

GRE(Graduate Record Exam)점수, 연구 경험, 대인관계 기술(면담과 추천서에 기반을 둔) 그리고 지원자와 예정된 지도 교수의 연구 관심의 일치가 포함된다. 나는 임상심리학 프로그램에 지원하는 데 흥미가 있는 사람들은 누구라도 그들이 지원하는 당시에 필요한 경험을 하는 것을 확실하게 하기 위하여 학부 수련에서 그 과정을 위한 계획을 일찍 시작하기를 권장한다. 지원 과정에 이용 가능한 많은 훌륭한 책들이 있는데, 여기에는 Michael Sayette, Tracy Mayne 및 John Norcross의 『임상 및 상담심리학 대학원 프로그램에 대한 내부자 지침(Insider's Guide to Graduate Programs in Clinical and Counseling Psychology)』(Guilford출판사 출판)을 포함한다. 이 책은 매 2년마다 갱신된다."

**임상심리학의 미래** : "앞으로도 계속해서, 다음 10년 이상 동안 임상심리학 분야에 영향을 미칠 것 같은 수많은 쟁점들이 있을 것이다. 첫째, 미국에서 PsyD 학위를 수여하는 수많은 사립의 자유설립 전문 대학원의 출범과 함께, 박사 수준의 심리학자 졸업생 수에서 급격한 증가가 있어왔다. 갈수록 더, 심리학 분야에서 일하고 있는 사람들은 심리학자들의 공급이 서비스의 수요를 능가하기 시작할 수도 있다고 걱정한다. 둘째, 심리학자들이 살고 있는 이 세계는 끊임없이 변화하고 있다. 인구는 노령화 되고 있고 그리고 문화적 다양성은 점점 더 해지고 있다. 다양한 전집을 대상으로 작업 하도록 수련을 시키는 것은 어느 때보다도 더 중요하며, 심리학 대학원 프로그램에서 최우선으로 두고 지속 해야만 한다. 셋째, 건강진료 비용이 계속 증가하여, 사람들이 심리학자의 서비스를 제공받는 것을 더 어렵게 만든다. 그것은 심리학자들이 미래에 더 비싼 것으로 보일 것이고, 그래서 심리학자들이 자신들을 다른 덜 비싼 정신건강전문가들과 구별하는 방법을 찾는 것이 중요하게 된다는 위험 요소가 있다. 끝으로, 임상심리학자들이 평가와 치료를 위해서 증거-기반 접근을 사용하는 정도에서는 여전히 많은 변동성이 있을 것이다. 건강진료 비용이 증가함에 따라, 자신들의 서비스에 대해 더 책임을 지게 될 심리학자들(그리고 다른 실무자들)에게는 더 많은 압력이 있게 될 것이다. 심리학 수련 프로그램은 교육과정에서 증거-기반 접근을 더 강조할 필요가 있을 것이다."

**전형적인 일과** : "현재, 나는 상이한 많은 역할들을 하고 있다. 첫째, 캐나다 심리학회 회장(2009-2010)으로서, 나는 CPA 이사회를 주제하는데, 여기에는 정기적인 전화, 이메일 및 이사회 미팅을 위한 여행이 포함된다. 둘째, 나는 심리학 교수로서 임상심리학을 강의하고 여러 명의 MA 학생들과 PhD 학생들을 지도감독한다. 셋째, Ryerson 대학교의 심리학과 대학원 수련 감독자로서, 나는 우리의 수련 프로그램이 순조롭게 진행될 수 있도록 해야만 하는 책임이 있다. 넷째, 불안 치료 연구 및 연구 센터의 연구소장으로서(St. Joseph's Healthcare, Hamilton, Ontario), 나는 임상 연구에서 공동으로 협력하고, 임상심리학 실습 학생들과 레지던트들에게 지도감독을 하고 그리고 소수의 심리치료 내담자들을 본다. 끝으로, 나는 정기적으로 미국 전역에서부터, 캐나다, 및 해외의 전문가들에게 수련 워크숍과 기타 발표를 제공하기 위해 여행을 한다. 전형적인 일정은 보통은 내가 지도감독을 하는 학생들과의 몇 차례의 미팅, Ryerson대학교의 나의 행정 책임과 관련된 미팅, 강의 또는 캐나다심리학회 업무와 관련된 미팅을 가진다. 나는 또한 보통은 하루에 수백 통 이상의 이메일을 받는데, 읽고 답장을 하는 데 몇 시간 이상이나 소요될 수 있다. 나는 최소한 하루 또는 이틀은 회의와 수업을 하지 않으려 노력하며, 나는 이 방해받지 않은 시간에 책 또는 과학 논문을 쓰는 데 전념할 수 있도록 한다."

행해진다. 학생들은 모든 대학원 교과과정 연구, 임상실습(즉, 작은, 시간제 지역 인턴쉽 경험) 및 대학원 프로그램의 연구 필수요건을 성공적으로 완수한 후에 인턴쉽에 지원한다. 그러므로 임상 인턴쉽은 일반적으로 박사학위를 획득하기 이전의 결과물이거나 최종 통합 경험이 된다.

많은 학생들이 인턴쉽에 참가하기 전에 박사학위 논문 프로젝트를 완성할 수 없다. 이 학생들은 흔히 자신들의 박사학위 논문을 완료하기 위해서(그리고 교수 심사 위원회 앞에서 방어하기 위해서) 인턴쉽을 마친 후에 대학원 프로그램으로 다시 돌아와야만 한다.

대학원에 지원하기 위한 많은 전략들과 원칙들이 임상 인턴쉽 프로그램에도 응용 가능하다. 많은 수련 현장들은 매우 선별적인데, 탁월한 성적뿐만 아니라 우수한 임상 수련과 경험을 가지고 있는 대학원생들을 찾는다. APA는 약 180개의 대학원 수련 프로그램을 인증한 것처럼, 약 450개의 인턴쉽 프로그램을 인증하고 있다. 인증된 전체 인턴쉽 프로그램의 목록은 심리학박사 후 및 **인턴쉽 센터협회(APPIC)**에 의해 출판되고 제공되며 매년 갱신되는 인턴쉽 주소록에서 찾아볼 수 있다. 이 주소록은 APPIC의 온라인 (www.APPIC.org)을 통해서 얻을 수 있는데 모든 대학원 프로그램들과 인턴쉽 현장들은 그 주소록의 사본을 가지고 있다. 지원서는 각 인턴쉽 기관에 접촉하여 얻을 수 있다. 그 이듬해 7월 1일이나 9월 1일에 시작하는 프로그램에 관심이 있는 사람들은 12월 1일경에 지원서를 제출해야 한다. 모든 인턴쉽 프로그램들은 고유한 선발과정과 면접 과정을 가지고 있다. 그렇지만 인턴쉽 프로그램들은 매년 2월의 정해진 날짜가 되어야 입학이 허가되는데, 매칭프로세스를 통하여 수행된다.

임상 인턴쉽 동안의 활동은 일반적으로 임상 수련에 특히 초점이 주어진다. 다양한 환자 전집을 대상으로 한 심리치료, 심리검사 및 자문이 기대된다. 인턴들은 전형적으로 대부분의 장면에서 다양한 전문가들(예, 의사, 간호사, 사회사업가, 상담가)과 협력하여 일한다. 인턴들은 또한 전형적으로 심리치료, 심리 검사, 전문가 윤리 및 기타 주제에 대한 세미나에 참석한다. 일부 인턴쉽 수련 기관들은 특정 환자 전집(예, 아동, 청소년, 대학생, 성인, 노인)에 전문화되어 있는 반면, 어떤 기관들은 특정한 유형의 전문적인 서비스(예, 검사, 심리치료, 자문, 급성 병원 진료)에 전

문화되어있다. 연구 경험과 수련 또한 인턴쉽 경험의 일부가 될 수 있다. 임상 인턴쉽과 대학원 수련 프로그램의 모든 필수요건(박사학위 논문을 포함하여)을 성공적으로 마치고 나면, 박사학위가 수여된다.

## 박사 후 펠로우쉽

많은 사람들이 생각하는 것과는 달리, 임상심리학자가 되기를 원하는 사람들에게 있어서 박사학위를 취득하는 것이 수련의 끝은 아니다. 대부분의 주들은 면허 시험을 보기 위한 자격을 주기 전에 1년에서 2년의 박사 후 수련을 요구하고 있다. 그렇지만 아홉 개의 주는 이미 보증된 2년의 지도감독 수련을 받은 학생들에게는 박사 후 펠로우쉽 수련 없이 면허를 취득할 수 있도록 허용한다. 임상심리학 개업을 원하는 사람은 누구나 자신이 살고 있는 주 자격증 이사회로부터 개업할 수 있는 면허증을 취득해야만 한다. 개업을 선택하지 않은 일부 심리학자들(예, 전임 교수)은 단과대학이나 대학교에서 그들의 연구를 수행하고 강의를 하기 위해 면허나 **박사 후 펠로우쉽**이 반드시 필요한 것은 아니다. 박사 후 수련의 준거는 각 주마다 다양하다. APA는 일부 박사 후 수련기관에 대한 인증을 제공한다. APA에 속해있는 기관(APPIC)에서는 양질의 수련을 위한 APPIC 지침에 부합되는 박사 후 수련을 제공하는 회원기관들의 목록을 제공하고 있다. 여기에는 약 80개의 프로그램이 포함되어있다.

박사 후 수련은 병원, 진료소, 상담센터, 대학교 및 심지어 개인 개업을 포함하는 광범위하고 다양한 장면에서 행해진다. 박사 후 수련에는 심리치료, 심리검사 및 자문뿐만 아니라 연구, 강의 및 기타 많은 전문적 활동들이 포함될 수 있다. 일부 박사 후 펠로우

쉽(특히 연구 펠로우쉽)은 3년이나 4년 동안 지속된다. APA뿐만 아니라 APPIC와 같은 관련 부속 기관들은 박사 후 수련에 대한 보다 구조적인 준거, 기대 및 인증 절차에 대한 작업을 하고 있다.

끝으로, 일단 박사 후 수련이 성공적으로 끝나게 되면, 심리학자로서 완전히 자격을 갖추기 위해 그리고 독립적인 전문가로서 개업하고 기능하기 위해 면허 시험을 볼 수 있는 자격이 주어진다. 대부분의 주에서 심리학자로서 가능한 면허를 취득하기 전에 4년의 대학 과정, 최소한 4년의 대학원 과정, 1년의 임상 인턴쉽 그리고 최종적으로 1년 이상의 박사 후 수련 과정을 이수해야 한다.

## 전문화

임상심리학은 많은 전문영역을 제공한다. 다양한 전문영역과 하위전문영역들을(예, 소아신경심리학)이 발달하고 인기가 있는 반면, 다른 전문영역들은 한때는 인기가 있었지만 시간이 지남에 따라 관심이 사그라지기도 한다(Norcross et al., 2008; Plante, 1996b; Sayette & Mayne, 1990). 예를 들면, 신경심리학과 건강심리학은 최근 몇 년 동안에 매우 인기 있는 전문분야가 되었다(APA, 1995a, 2001, 2009). 박사 후 수련은 일반적으로 대부분의 집중적인 전문 수련이 행해지는 시기이다. 일부 저자들은 임상심리학 대학원생들이 흔히 너무 이르게 전문화되려고 시도하기 때문에 전문화되기 전에 기본적인 임상심리학 기술들을 적절하게 획득하지 못한다고 경고하였다(Matarazzo, 1987; Plante, 1996b). Matarazzo (1987)는 심리학이 다양하게 구분되는 전문영역들의 집합이라기보다는 많은 응용분야들을 가지고 있는

하나의 분야라는 사실을 염두에 두는 것이 중요하다고 경고하였다. 대표적인 전문 기관(들)을 통해 각 전문영역들은 전형적으로 전문영역에서 유능해지기 위한 구체적인 수련 및 교육 필수요건들에 대한 지침을 제공한다. 예컨대, APA의 제38분과(건강심리학)와 제40분과(신경심리학)는 이러한 전문영역에서의 수련에 관한 지침을 제공하고 있다. 더욱이, ABPP 전문자격증 과정(이 장의 후반에 논의된)은 다양한 전문영역에서 전문 자격증을 주고 있다.

## 자격증 및 면허

**자격증** 및 **면허** 취득절차는 주 심리학 이사회에 의해 주마다 법적으로 제정되어있다. 심리학 이사회의 역할은 전문가가 되기 위한 최소한의 기준을 설정하고, 면허 시험을 수행하고, 또한 전문가의 부당행위로부터 대중을 보호하기 위해 심리학의 실무를 규제하는 것이다.

자격증 법률은 주의 법적 기준에 부합되는 사람만이 대중에게 심리학자로서 자신들을 밝히거나 부르도록 하는 것과 같이 심리학자(psychologist)라는 단어의 사용을 통제하고 있다. 자격증 법률은 심리학자라는 직함이 오용되는 것을 보호하는 반면에, 심리학적 서비스의 실무에 영향을 주지는 않는다.

면허법은 자격증 법률보다 더 제한적이다. 면허법은 심리학자라는 직함을 보호하는 것에 더하여, 심리학적 서비스의 실무를 구성하는 것을 규정하는 데 있어서의 지침과 제한을 제공한다. 거의 모든 면허법은 전문영역이나 하위전문영역(예, 아동 임상심리학, 신경심리학, 임상 건강 심리학, 상담 심리학)에 대한 승인이나 제한 없이 심리학자들을 위한 일반 심리학자

면허를 제공한다. 그러므로, 많은 사람들이 믿는 것과는 달리, 주들은 일반적으로 기타 실무를 행하는 심리학자들(예, 상담심리학자들)과 구분하여 임상심리학자들을 인정하거나 또는 그에 대한 특수한 면허를 발급하지는 않는다. 사실 California 주 같은 많은 주들은 전문 자격증을 발급하지 않기 때문에 대중에게 '임상심리학자' 나 또는 '면허를 받은 임상심리학자'로 광고하는 것을 금하고 있다.

자격증 및 면허취득 과정이 주 수준에서 수행되기 때문에, 각 주는 자체적인 법과 절차들을 개발하였다. 그렇지만 1955년 이래로 APA는 주 면허 발급을 위한 규정과 법규를 여러 주에 제안하였는데 이러한 일단의 지침들은 현재 '주 심리학자 면허 모형 법안(Model Act for State Licensure of Psychologists)' (APA, 1955; 1967; 1987b)이라 불리고 있는데, 주 면허에 대한 규칙과 규제를 개관하고 있다. 이 모형 법안에는 최소한의 교육 필수요건뿐만 아니라 면허 정지와 취소에 관련된 지침들이 포함된다. 주 면허 이사회가 이 모형법안을 사용할 필요는 없지만, 대다수의 주들은 실제로 주 면허법 및 법안을 입안하는 데 이들 법안과 기타 APA 문건을 고려한다.

대부분의 주들이 자격증 법률보다 면허법을 가지고 있기 때문에 여기에서는 면허법에 초점을 맞출 것이다. 첫째, 자격시험을 보기 위해서는 주 심리학 이사회에 지원서를 제출해야만 한다. 이러한 절차들이 주마다 다르기는 하지만, 모든 이사회는 시험 자격에 관한 주 준거에 부합되는지를 확인하기 위해 지원서를 검토한다. 여기에는 지원자가 요구되는 만큼의 지도감독을 받은 박사 전 및 박사 후 경험 그리고 수련과 함께 적절한 심리학 박사학위를 가지고 있는지를 확인하는 것이 포함된다. 일단 주 면허 이사회가 지원서를 검토하고 필수적인 모든 준거에 부합된다고 결정하고 나면, 그 지원자는 필기시험 부분을 치를 수 있게 된다.

## 필기시험

모든 주들은 면허를 위해서 1년에 두 번씩 전국 필기시험(즉, **심리학 전문 실무를 위한 시험, EPPP**)을 동시에 실시한다. 이 시험은 심리학 영역 내의 다양한 관련 영역을 포괄하는 200개의 선다형 문항으로 구성되어있다. 이 시험은 많은 사람들이 흔히 생각하는 것처럼 임상심리학의 실무에만 초점을 두지는 않는다. 검사 구성, 통계학, 사회심리학, 실험심리학, 산업/조직심리학, 발달심리학 및 기타 분야 등에 관한 질문들이 모두 필기 면허 시험에 포함된다. 많은 지원자들은 행동과학 고급 훈련 협회와 같은 몇몇의 독립 사업체에 의해 제공되는 구조화된 준비 과정을 택하기도 한다. 이러한 프로그램들은 녹음 강의, 실무 시험 및 시험에 출제될 가능성이 있는 다양한 영역에 관한 상세한 개관들을 포함하는 학습 자료를 판매한다. 추가 비용을 내면 이 회사들은 또한 집중적인 준비를 위해서 면대면 강좌를 제공한다. 이러한 준비 과정들은 비싸기 때문에 면허를 취득하려는 일부 지원자들은 함께 시험을 보는 동료와 함께 자료를 공동으로 구입하여 비용을 분담하기를 선호한다. 어떤 사람들은 최근에 시험을 본 동료로부터 자료를 빌리기도 한다. 연 2회 실시되는 전국적인 시험은 매번 갱신되고 최신화되지만, 통계학과 같은 심리학의 어떤 분야는 시험 실시 때마다 급격하게 변하지는 않는다. 어떤 사람들은 이러한 시험 자료들을 전혀 이용하지 않는다. 적절한 준비를 한다면, 많은 사람들이 필기시험에 성공적으로 합격할 것이다.

각 주마다 합격 점수 기준은 다르다. 어떤 주들은 합격을 위한 준거로서 정답 문항의 수를 200개 중

150개 등과 같이 정해 놓는 반면에, 다른 주들은 각 시험 시행 때마다 달라지는 전국 중앙치를 합격 준거로 삼는다. 매 시험마다 약 2,200백 명이 미국 전역에서 시험을 치른다. 만일 첫 번째(혹은 그 다음 번) 시도에서 합격하지 못하면 지원자는 이 시험을 다시 치를 수 있다.

## 구두시험

필기시험에 합격하고 나면, 많은 주들은 면허를 취득하기 이전에 구두(때로는 논술)시험을 요구한다. 구두시험은 주마다 다르다. 전형적으로, 심리학 실무와 관련된 법률 쟁점들(비밀 보장의 한계, 미성년자 치료, 아동학대 보고 법률, 비자발적 입원과 같은)에 관한 질문들이 윤리 쟁점들 그리고 가설적인 치료 환자에 대한 진단 및 치료에 관련된 임상적 질문들과 함께 논의된다. 전형적으로 시험 실시에 자원한 면허가 있는 심리학자들인 심사위원들은 전문 실무와 관련된 법률 및 윤리에 대한 지원자의 이해를 평가할 뿐만 아니라 지원자가 독립적인 따라서 지도감독을 받지 않아도 전문가로서 유능하게 활동할 수 있는지를 밝히기 위하여 그들의 임상 기술, 다문화 쟁점에 대한 민감성 그리고 임상적 판단을 면밀히 조사한다.

일단 지원자가 주 면허에 관련된 모든 시험에 성공적으로 합격하면, 이 지원자는 주로부터 자격증을 발급받게 되고, 마침내 독립적인 실무를 행할 수 있는 심리학자로서 대중에게 자신을 밝힐 수 있게 된다. 대부분의 주에서 이 면허는 매년 혹은 2년마다 갱신되어야 한다. 그렇게 하기 위해 이 심리학자는 전형적으로 자신들이 어떠한 중죄도 범하지 않았으며, 윤리 위반으로 문제가 되지 않았음을 입증해야 하고, 일정한 시간의 계속적인 연수 평점(일반적으로 매년 약 20시간)을 성공적으로 이수하였고, 면허세를 지불하였다는 것을 증명할 필요가 있을 것이다. 계속적인 연수로 인정되는 시간과 과정의 유형은 주마다 다양하다. 계속적인 연수의 주제들 중에는 다양한 정신의학적 평가와 치료에 대한 최신 이해, 새로운 평가와 치료기법들의 학습, 다양한 전집의 특정 관심사에 대한 이해 그리고 법적 딜레마와 윤리적 딜레마를 피하는 방법 등이 포함된다.

# 취업

학생/수련생에서 독립적인 전문가로의 전환은 흥분되고 도전적인 것일 수 있다. 대부분의 전문 수련 프로그램들은 놀랍게도 학생들이 이러한 전환에 대비할 수 있게 해 주는 어떤 것도 전혀 하지 않고 있다. 대학원 수련 프로그램들이 대학원생들의 학문적, 임상적 및 연구 수련을 강조하기 때문에, 대학원생들은 일반적으로 경력 개발과 전문적 쟁점들에 대해 거의 관심을 기울이지 않는다(Plante, 1995, 1996b). 더욱이, 대부분의 대학원 프로그램의 많은 학구적 교수진들은 학생들이 비학구적인 경력(예, 개인 개업이나 집단 개업, 면허 취득 및 계속적인 연수 요건, 건강진료관리와 병원 정책을 다루는 것, 상이한 전문분야로부터 광범위하고 다양한 임상가들과 일하는 것)동안에 전형적으로 경험하게 될 많은 전문적 쟁점들에 관여하지 않는다. 그러므로 많은 새로운 임상심리학자들은 취업으로 전환할 준비가 덜 되어있다.

Olson, Downing, Heppner 및 Pinkney(1986)는 많은 신참 심리학자들을 괴롭히는 수많은 근거 없는 믿음들을 보고하였다.

나는 짐을 풀자마자 정착할 수 있을 것이다.

나의 새로운 동료들은 나를 열광적으로 환영하고, 그들의 일원으로 받아들일 것이다.

나는 결코 다시 도제 수련생이 되지 않을 것이다.

나는 내 직업의 다양한 요구들에 쉽게 숙달될 수 있을 것이다.

다른 사람에게 내가 엉터리가 아님을 보여주기 위해 나는 완벽하게 수행해야 한다.

나는 여기까지 오기 위해 열심히 노력했기 때문에, 나의 일을 사랑할 것이다.

임상심리학자가 되는 것에 많은 이점들 중의 하나는 일할 수 있는 광범위한 취업현장들이 있다는 것이다. 많은 심리학자들이 학구적 세계에 들어가고 싶어한다. 어떤 사람들은 대규모 연구대학들을 기대하는 반면, 다른 사람들은 강의에 몰두할 수 있는 소규모 인문대학들을 생각한다. 어떤 사람들은 의료 센터 환경에서 학구적 경력을 원하는 반면, 또 다른 심리학자들은 임상 실무에 관심을 갖는다. 어떤 사람들은 의료 센터, 외래환자 진료소 또는 단독 개업이나 집단 개인 개업을 선호한다. 어떤 사람들은 여전히 행정이나 프로그램 개발에 관련된 경력에 관심이 있다. 많은 새로운 전문가들은 학구적 업무와 임상 실무를 겸하고 싶어 한다. 초임 급여의 중앙치는 전문영역과 직장의 위치에 따라 다양하다. 개인 개업가들과 자문가들은 훨씬 더 많이 벌 수 있다. 적합한 첫 직장을 발견하기 위한 전략은 심리학자가 선택한 직업 방향에 따라 매우 다양해진다(APA, 1997b, 2009; Kilburg, 1991; Sternberg, 2006). 이제 학구적 지위와 임상적 지위를 위한 전략들이 다음에 조명될 것이다.

## 대학 교수직

대학의 전임 정년보장제는 많은 새로운 심리학자들에게 인기 있는 선택이다. 오랫동안 학교에 다녔고 대학과 대학원 교수들에게 영향을 받아왔기 때문에 대학교수란 직업은 많은 사람들에게 매력적이다. 임상심리학에서 박사학위는 PhD 학위 또는 PsyD 학위가 포함될 수 있지만, 대학교에서 정년보장을 받는 것은 일반적으로 PsyD 학위보다는 PhD 학위가 더 선호된다. 정년보장을 받는 것은 또한 경쟁적이며, 획득하기 어려울 수 있다(Brems, Lampman, & Johnson, 1995). 미국심리학회(APA) 모니터(*Monitor on psychology, Chronicle of Higher Education* 및 *American Psychology Society Observer*)는 이러한 직업 광고를 발견할 수 있는 가장 좋은 곳이다. 현직 교수들은 유용하거나 적어도 임박한 좋은 직업에 대한 내부자 견해를 제공할 수 있다. 지원 절차가 끝나고 나면(전형적으로 이력서, 출판된 전문 논문의 사본, 강의 및 연구 관심사를 개관한 첨부서, 추천서 3통을 우편 발송), 지원자들은 직업면접에 선발되기를 기다려야 한다. 전형적으로, 학과들은 직업 면접을 위해서 매우 소수의 우수한 지원자(전형적으로 약 3명 또는 4명)들을 초청한다. 면접은 보통 하루 온종일 또는 이틀 동안 지속되는데, 학과장, 선발 위원회의 교수진 그리고 때때로 학장과 학생 대표자들과의 개별적인 미팅이 포함된다. 부가적으로, 대부분의 지원자들은 한 시간의 '강의(job talk)' 동안 일단의 교수진이나 학생들에게 자신들의 연구를 발표하도록 요구된다. 지원자들은 또한 심리학 과목도 초청 강의를 해 주도록 요구받을 수 있다. 끝으로, 교수진과의 오찬이나 만찬 또한 면접 동안에 기대될 수 있다.

## 임상 실무직

심리학자가 외래환자 진료소, 병원 또는 집단 개인 개업을 주로 찾고 있다면, 지원과 면접 전략은 교수직에 대한 면접 전략과는 매우 달라질 것이다. 전형적으로, 직업 후보자를 전국적으로 찾고자 하는 기관을 위해서는 이들 직업이 APA Monitor on Psychology에 광고되어있다. 모든 임상 기관이 미국 전역의 사람들을 면접하는 데 관심을 가지는 것은 아니므로, APA Monitor on Psychology나 기타 전국적인 출판물에 광고되지는 않을 것이다. 이러한 전국 출판물의 광고비는 비쌀 수 있고, 많은 기관들은 취업 면접을 위해 미국 전역에서 비행기를 타고 오는 직업 후보자를 구하는 데 비용을 쓰는 것에 관심이 없을 수도 있다. 그러므로, 취직자리를 찾는 것은 도전적일 수 있다. 종종 입소문이 취직자리를 찾는 최상의 방법과 기회가 될 수 있다(APA, 1997, 2003d, 2009). 또한 일자리가 있는지를 알아보기 위하여 다양한 병원, 진료소, 집단 개업, 주 심리학회나 카운티 심리학회, 대학원 후 수련 기관 및 동료들과의 접촉이 도움이 될 수도 있다. 일자리는 또한 흔히 지역 전문 협의회에서 공고될 수 있다(예, 주 심리학회). 네트워크가 임상직업을 구하는 데 궁극적인 열쇠가 될 수 있다.

임상 직업 지원은 보통 이력서, 임상 관심과 경험을 개관한 첨부서 및 3통의 추천서를 요구한다. 흔히 평가표본이나 기타 임상 보고서(환자의 정보를 알 수 있는 모든 것은 제외하고)가 요구된다. 모든 서류가 검토되면, 소수의 지원자들이 면접을 위해 선발된다. 면접은 흔히 스탭과 행정가들과의 개별(때로는 집단) 면접이 포함된다. 일부 기관에서는 지원자가 임상 사례 회의나 치료 회진 형식으로 스탭 앞에서 임상 사례 발표를 하도록 요구받는다.

# 미국 전문 심리학 이사회(ABPP) 전문 자격증

박사학위가 수여된 후에, 임상심리학자는 **전문자격증**(diplomate), 즉 고급 수준의 자격증을 취득할 수 있는 자격을 갖추게 된다. **미국전문심리학이사회**(ABPP) 전문 자격증은 심리학의 하위 영역에서 고급 능력을 반영하는 면허 후 자격증이다. 미국 전문 심리학 이사회는 임상심리학, 신경심리학, 상담심리학, 건강심리학, 가족심리학, 행동 치료, 학교심리학, 산업/조직 심리학, 집단치료, 정신분석, 재활심리학 및 법정심리학을 포함하는 다양한 전문영역의 심리학 전문자격증을 위한 인증기관으로서 활동한다. ABPP는 APA와 밀접하게 연계된 독립적인 기구이다. 이는 의과 대학과 레지던트 수련 후에 의사가 전문영역(예, 아동 정신의학, 신경학)의 전문의에 지원하는 의료 전문자격증 모형을 따른 것이다. 이러한 전문가 시험은 의학에서는 매우 일반적인 일이며, 심리학자들에게도 점차적으로 일반적인 일이 되고 있다.

ABPP 전문가 자격증 지원과 시험 과정은 도전적이며, 시간을 투자해야 하고, 값비싼 노력이 요구된다. 그러한 이유는 무엇일까? 첫째, 전문의 자격증 형식을 따른 전문자격증은 전문 실무 영역에 있어서 고급 수준의 전문 능력을 인정한다. 이 자격 과정과 고급 능력에 대한 증명은 매우 수준 높은 기술 및 서비스가 전문가로부터 기대될 수 있다는 것을 시사함으로써 병원, 진료소, 수련 프로그램, 보험회사의 소비자들 및 법정과 같은 심리학 서비스의 대중과 기타 소비자들에게 도움이 된다. ABPP 전문가 자격증은 대학교 의료센터와 같은 일부 고용 장면에서 더 유리해지고 있으며 심지어 요구되고 있다. 예를 들면, Stanford대학교 의과대학에서는 임상 스탭진과 의료 스탭진이 교수 직책으로 승진되기 위해서 전문가 자격증이 요구된다. 그러므로 임상 조교수가 임상 부교수나 임상 정교수 직책으로 승진하기 위해서는 ABPP 전문가 자격증이 필요하다. 군대 병원과 재향군인 병원과 같은 일부 장면에서는 전문가 자격증을 소지한 심리학자들에게 더 높은 급여를 제공한다. 따라서 이러한 장면에서는 매년 수천 달러가 심리학자들의 급여에 추가될 수 있다.

ABPP 전문가 자격증은 또한 다양한 전문가 사회에서 전문가로 인정받기 위해 필요하다. 예를 들면, 전문가 자격증은 많은 신경심리학 관련 장면과 법정심리학 관련 장면에서 거의 필수적이다. 따라서 예를 들면, 법정 증언에서의 신뢰성과 효과성은 ABPP 전문가 자격증을 가짐으로써 증진된다. ABPP 전문 자격증은 또한 많은 주들에서 서로 인정하는 면허가 되고 있다. 그러므로 전문 자격증을 소지한 심리학자들은 그들이 만약 다른 주로 이사하더라도 자격시험 과정을 거칠 필요가 없다. 끝으로, 전문가로서 자신을 두드러지게 하며 성취와 같은 만족감을 획득하는 것은 흔히 전문가 지위를 추구하는 충분한 동기가 된다. APA의 모든 회원들 중 대략 3%가 전문가이고, 심리학자의 자격이 있는 모든 사람들의 약 10%가 전문가이다(APA, 2009). 그러므로 전문자격증 소지자들은 정선된 일단의 심리학자이다. 비록 그 수가 증가하고 있기는 하지만, 대다수의 임상심리학자들은 전문가가 되는 길을 선택하지 않는다.

전문가들은 박사학위를 취득하고 몇 년 후에 여러 개 영역들(임상, 상담, 학교, 가족, 건강, 행동 치료, 신경심리학, 법정, 집단) 중 하나에서 ABPP 전문자격증에 지원할 수 있는 자격을 갖추게 된다. 지원 과정에는 수련 및 고용 배경을 개관한 지원서를 작성하는 것뿐만 아니라 전문자격증이 있거나 APA의 3명 이상의 펠로우 전문가 추천서를 이사회에 제출하는 것이 포함된다. 일단 이러한 자료들이 선별위원회에 의해 검토되고 수용할 만하다고 고려되면, 업적물을 위원회에 제출하도록 요구받는다.

업적물에는 전형적으로 한 시간의 심리치료 회기와 한 시간의 진단 면접이나 검사 회기의 완전한 축어록과 비디오테이프가 포함된다. 게다가 전반적인 평가나 치료 계획의 맥락에서 환자 배경, 진단, 치료 계획 및 표본 회기의 역할에 대한 서면 기술이 요구된다. 그런 후 업적물이 위원회에 의해 검토된다.

과정의 마지막 단계는 구두시험이다. 1997년에 구두시험이 하루 종일에서 반나절로 바뀌었다. 투표권이 없는 의장을 포함한 세 명의 전문가로 구성된 시험위원회가 시험을 실시한다. 시험은: (1) 지원자의 이론적 지향과 전문적 활동에 대한 논의, (2) 지원자의 업적물에 대한 논의와 방어 그리고 (3) 위원회가 제시한 윤리적 삽화에 대한 논의가 포함된다.

## 임상심리학은 나에게 적합한가?

임상심리학자가 되기 위해 갖춰야 할 것은 무엇인가? 이것은 나에게 적합한가? 확실히 추동 및 헌신이 임상심리학자가 되기 위한 긴 수련 프로그램을 이수하는 데 필요하다. 인간행동에 대한 자연스러운 호기심과 관심 그리고 다른 사람들의 삶의 질을 개선하려는 열망 또한 중요한 요인들이다. 직업 선택으로서 임상심리학 분야에 관심을 가지는 사람은 물론 임상심리학이 추구할 만한 좋은 직업인지를 스스로 결정해야 한다(표 15.4). 수련프로그램, 전문영역 및 직업강조점(예, 연구, 교육, 행정, 실무)의 유형에 대한 결정 또한 내려져야 한다. 일반적으로 심리학자들은 자신들

| 표 15.4 | 임상심리학자가 되는 것의 몇 가지 장점과 단점 |
|---|---|
| **장점** | |
| 다양한 범위의 고용 장면 | |
| 다양한 범위의 고용 활동 | |
| 다른 사람을 돕는 데 중요한 역할을 할 수 있는 기회 | |
| 개인적 및 전문적 성장과 만족을 위한 기회 | |
| **단점** | |
| 오랜 수련 과정 | |
| 중간 정도의 급여 | |
| 취업 경쟁의 증가 | |
| 연구 및 수련 기금의 감소 | |

의 직업 선택에 대해서 높은 수준의 만족을 표현한다. 사실, 임상심리학자들의 80~82%는 높은 직무만족도를 보고한다(Norcross et al., 1997b, 2005, 2008;

Plante, Boccaccini, & Andersen, 1998). 이 책은 학생이 정보에 근거하여 결정을 내릴 수 있도록 이 분야에 대한 충분한 배경정보를 제공하고자 하는 희망에서 쓰여졌다.

## 임상심리학의 현재 쟁점에 관한 보다 많은 정보를 얻는 방법

학생들은 임상심리학에 관한 최신의 정보를 어디에서 얻을 수 있는가?

유용한 정보원에는 이 분야에 대한 책(이 책을 포함하여), 대학원 입학 및 다른 수련 경험들에 초점을 둔 책(예, Keith-Spiegal, 1991; Megargee, 1990; Norcross, Sayette, et al., 2008) 그리고 임상심리

| 표 15.5 | 임상심리학의 주요 전문학회 | |
|---|---|---|
| **미국심리학회(American Psychological Association, APA)**<br>750 First Street, NW<br>Washington, DC 20002-4242<br>(202) 336-5500<br>www.apa.org | | **미국전문심리학이사회(American Board of Professional Psychology, ABPP)**<br>600 Market Street, Suite 300  Chapel Hill, NC 27516<br>Phone: (919) 537-8031<br>Fax: (919) 537-8034<br>이메일: office@abpp.org |
| **임상심리학회(Society of Clinical Psychology)**<br>Division 12 Central Office<br>P. O. Box 1082<br>Niwot, CO 80544<br>(303) 652- 3126<br>www.apa.org/divisions/div12 | | **미국임상심리학 아카데미(American Academy of Clinical Psychology)**<br>P.O. Box: 700341<br>San Antonio, TX 78270-0341 Phone: 909-626-5579<br>Fax: 909-626-5579<br>이메일: contact@aacpsy.org |
| **미국심리학회(American Psychological Society, APS)**<br>1133 15th Street, NW, Suite 1000 Washington, DC 20005<br>Phone: (202) 293-9300<br>Fax: (202) 293-9350 | | **National Resister of Health Service Providers in Psychology**<br>1120 G Street, NW, Suite 330  Washington, DC 20005<br>(202) 783- 7663<br>www.nationalregister.com |
| **캐나다심리학회(Canadian Psychological Association)**<br>141 Laurier Avenue West, Suite  702 Ottawa, Ontario K1P 5J3<br>Phone: (613) 237-2144<br>Toll free: (888) 472-0657<br>Fax: (613) 237-1674<br>이메일: cpa@cpa.ca<br>www.cpa.ca | | **영국심리학회(British Psychological Society)**<br>St Andrews House 48 Princess Road East Leicester LE1 7DR<br>Phone: +44 (0)116 254 9568<br>Fax: +44 (0)116 227 1314<br>이메일: enquiries@bps.org.uk<br>www.bps.org.uk |

학자 및 다른 심리학자들의 역할과 활동에 관한 책(예, Kilburg, 1991; Sternberg, 1997, 2006)이 포함된다. 다수의 우수한 전문 학술지, 뉴스레터 및 기타 정기간행물 또한 확실하고도 시기적절한 정보를 제공한다. 여기에는 「Professional Psychology: Research and Practice」, 「Journal of Consulting and Clinical Psychology」, 「National Psychologist」, 「American Psychological Association Monitor on Psychology」, 「American Psychologist」, 「Clinical Psychologist and Clinical Psychology: Science and Practice」 등이 있다. APA와 관련 분과들(예, 제12분과 - 임상심리학) 및 주 심리학회와 카운티 심리학회는 부가적인 정보원들이다. 학생들은 또한 매우 적은 비용으로 학생 회원으로서 APA에 가입할 수 있다. 관심 있는 학생들은 APA(www.apa.org)와 접촉할 수 있고 더 배울 수 있다. 캐나다 학생들은 캐나다 심리학회에 접촉할 수 있다(www.cpa.ca). 끝으로, 임상심리학자들이 개별적으로 관심 있는 사람들에게 도움을 줄 수도 있다. 여러 상이한 정보원들(예, 전문기관, 책, 전문학술지, 그 분야의 전문가, 다양한 수련단계의 학생)로부터 정보를 얻는 것[1]이 권장된다(표 15.5).

## 큰 그림

임상심리학자가 되는 단계적인 과정에 대한 이러한 상세한 기술은 여기에서 묘사한 것처럼 매우 길고도 힘든 것처럼 보일 수 있다. 대학을 마친 후, 면허를 소지한 심리학자가 되기 위해서는 적어도 6년의 전일제 수련이 필요하다. 이러한 긴 과정은 환자 진료, 진단, 강의 및 연구에 대한 심리학자들의 기여에서 탁월하지는 않더라도 유능함을 확실히 하기 위하여 필요한 준비과정이다. 임상심리학자가 되는 것은 대학 등에서 강의를 하고, 연구를 수행하고, 광범위한 전문가들과 기관들에 자문을 제공하고, 자신의 환자들에게 심리치료 및 심리검사를 수행하고, 수많은 전문 현장에서 일하는 것을 가능하게 한다. 과정이 장기간이기는 하지만, 각 단계가 새로운 경험, 보상, 흥미로운 기술 개발 및 궁극적으로 인간의 삶의 질에 기여하도록 설계된 이 분야에서의 개인적 목표와 전문적 목표를 향해 나아가는 계속적인 만족으로 가득 차 있다는 사실을 잊지 않는 것이 중요하다.

임상심리학자가 되는 길이 미래에는 어떻게 변화될 것인가? 지원과 수련 과정이 변화될 가능성이 있다. 예를 들면, 대학원 교과 과정은 다문화주의와 같은 사회에서의 중요한 변화를 수용해야만 한다. 미래에 박사 후 수련은 의무과정이 될 것이고, 계속적으로 교육은 더 엄격해질 것이다. 수련과정은 임상심리학이 의의도 있고 활기차게 남아있기 위해서는 학생과 사회의 변화하는 욕구에 적응해야 한다.

### 요점

1. 임상심리학자가 되는 길은 대학교, 대학원, 임상 인턴쉽, 박사 후 펠로우쉽, 면허 취득 및 최종 취업과 고급자격증 취득(예, 전문자격증)을 포함하는 여러 개의 분명한 단계들로 구분되는 긴 여정이다.

2. 전반적으로, 임상심리학자가 되고 수준 높은 대학원 프로그램에 입학하는 데 관심이 있는 학생들은 매우 신중하게 대학생활을 해야 한다. 대학 과정 동안에

---

[1] 한국 임상심리학회의 홈페이지는 kcp.or.kr이며, 전화는 02-3676-5800이다.

우수한 성적과 높은 수준의 연구 및 임상 경험을 얻는 것이 중요하다. 구체적으로, 학생들은 우수한 평점과 GRE에서 높은 점수를 받아야 하고, 약간의 임상경험과 연구경험을 해야 하며, 우수한 추천서를 받아야 한다.

3. 심리학 대학원 수련 프로그램에는 학점 이수, 임상 수련 및 연구 경험이 포함된다. 미국과 캐나다에는 거의 200개 정도의 인증된 임상심리학 박사 과정 대학원 프로그램이 있으며 또한 인증되지 않은 프로그램들도 많이 있다. 임상심리학 대학원은 일반적으로 필수적인 1년간의 임상 인턴쉽을 포함해서 학위 취득에 5년이 걸린다.

4. 임상심리학에서 박사학위를 취득하는 데 관심이 있는 학생들은 두 가지 박사학위 유형 가운데 하나를 선택할 수 있다: 전통적인 PhD(Doctor of Philosophy) 또는 새로운 PsyD(Doctor of Psychology). 가장 일반적인 수련 모형은 과학자-실무자 모형 즉, Boulder 모형으로 이 모형은 연구와 임상 실무 모두에 동등한 수련 강조점을 두고 있다.

5. PsyD 학위는 임상 실무에 훨씬 더 많은 강조를 두고, 연구 기술에 대해서는 최소한의 강조만을 두는 학자-실무자 모형, 즉 Vail 모형으로 학생들을 수련하고자 한다. 대다수의 대학원 수련 프로그램들이 현재 학생들에게 전통적인 PhD 학위를 수여하지만, 점점 더 많은 프로그램들(특히 자유설립 전문대학원)이 PsyD 학위를 수여하고 있다.

6. 역사적으로, 임상심리학 대학원 수련은 미국과 캐나다 전역의 일반 대학원 프로그램의 영역이었다. 그렇지만 1970년대 초반 동안에 다수의 자유 설립 전문대학원들이 심리학 대학원 학생들을 수련하기 위해서 설립되었다. 현재 임상심리학의 모든 박사학위 중 약 50%가 이러한 대학원에서 수여되고 있다. 자유 설립 대학원들은 대학교에 근거한 프로그램에 비해서 매우 많은 강의 인원수와 더 나이든 학생들이 있는 경향이 있으며 입학 경쟁률이 더 낮은 경향이 있다.

7. 1948년 이래로, APA는 임상심리학 대학원 수련 프로그램을 인증해왔다. 지역 인가 기관들뿐만 아니라 APA에 의한 인증은 우수한 대학원 교육, 임상 인턴쉽 및 박사 후 수련을 획득하는 기회를 최대화하기 위해서 중요하다. APA 인증을 또한 어떤 주에서도 개업할 수 있는 면허를 취득할 기회뿐만 아니라, 적절한 장면에 취업할 수 있는 가능성을 증가시킨다.

8. 모든 인증된 대학원 수련 프로그램이 비슷한 것은 아니다. 각 프로그램은 그 프로그램의 교수진과 전통에 근거한 그 자신만의 성격을 지니고 있다.

9. 거의 모든 임상심리학 대학원 수련 프로그램들은 학생들이 박사학위를 수여 받기 이전에 일 년 동안 전일제(또는 시간제의 경우 2년) 임상 인턴쉽을 이수할 것을 요구한다. 미국과 캐나다에는 약 400개의 APA 인증 인턴쉽 프로그램이 있다. 이러한 수련은 거의 항상 미국 전역에 걸친 병원, 진료소 및 다양한 임상 장면인 대학원 수련 프로그램의 외부에서 행해진다. 임상 인턴쉽 동안의 활동은 다양한 환자 전집을 대상으로 한 심리치료, 심리검사 및 자문과 같은 구체적인 임상 수련에 초점이 두어진다.

10. 대부분의 주들은 면허 시험을 보기 위한 자격을 주기 전에 1년에서 2년의 박사 후 수련을 요구하고 있다. 박사 후 수련은 병원, 진료소, 상담센터, 대학교 및 심지어 개인 개업을 포함하는 광범위한 장면에서 행해진다. 박사 후 수련에는 심리치료, 심리검사 및 자문뿐만 아니라 연구, 강의 및 기타 많은 전문적 활동들이 포함될 수 있다. APA와 APPIC와 같은 관련

소속 기관들은 박사 후 수련에 대한 보다 구조적인 준거, 기대 및 인증 절차에 대한 작업을 하고 있다.

11. 자격증 및 면허취득 과정이 주마다 수행되기 때문에, 각 주는 자체적인 법과 절차들을 개발하였다. 그렇지만 1955년 이래로 APA는 모형법안(Model Act)으로 불리는 지침서를 미국의 각 주에 제공하였는데, 이 지침서는 주 면허증 발급을 위한 규정과 법규를 개관하고 있다.

12. 모든 주들은 면허를 위한 동일한 전국 필기시험(EPPP)을 실시한다. 이 시험은 심리학 영역 내의 다양한 관련 영역을 포괄하는 200개의 선다형 문항으로 구성되어있다. 필기시험에 합격하고 나면, 많은 주들은 면허를 취득하기 이전에 구두(때로는 논술) 시험을 요구한다.

13. 임상심리학자가 되는 것의 많은 이점 중의 하나는 일할 수 있는 광범위하고 다양한 취업 장면이 있다는 것이다. 임상심리학자가 되는 것은 대학 수준에서 강의를 하고, 연구를 수행하고, 광범위한 전문가들과 기관에 자문을 제공하고, 심리치료와 심리검사를 수행하고, 많은 다양한 환경에서 일하는 것을 가능하게 해준다.

14. 박사학위 취득 몇 년 후에, 임상심리학자는 고급 수준의 자격인 전문가가 될 수 있는 자격을 갖추게 된다. ABPP 전문자격증은 심리학 전문영역의 고급 능력을 반영하는 면허 후 자격증이다. 미국 전문 심리학 이사회(ABPP)는 임상심리학과 같은 다양한 전문영역에서의 심리학 전문자격증을 위한 인증기관으로서 활동한다.

## 핵심용어

대학원 입학 자격시험(Graduate Record Examination, GRE)

면허(licensure)

미국전문심리학이사회(American Board of Professional Psychology, ABPP)

박사 후 펠로우쉽(postdoctoral fellowship)

심리학 박사(Doctor of Psychology, PsyD)

심리학 전문 실무 시험(Examination for Professional Practice in Psychology, EPPP)

인증(accreditation)

인턴쉽(internship)

자격증(certification)

자유설립 전문대학원(Free Standing Professional School)

전문자격증(diplomate)

철학 박사(Doctor of Philosophy, PhD)

## 복습

1. 임상심리학에서 우수한 대학원 프로그램에 입학할 수 있는 기회를 증가시키기 위해서 대학 과정 동안에 대학생들은 무엇을 해야만 하는가?

2. PhD 학위와 PsyD 학위의 차이점은 무엇인가?

3. 대학원 수련을 위한 일반대학과 자유설립 전문대학원의 차이점은 무엇인가?

4. 임상심리학자가 되기 위해 대학원에서부터 면허 취득까지는 얼마나 많은 시간이 걸리는가?

5. 대학원 수련 프로그램을 선정하는 데 있어서 인증이 중요한 이유는 무엇인가?

6. 임상심리학 수련을 위해서 최소한으로 규제되고 있는 부분은 무엇인가?

7. ABPP 전문자격증이란 무엇인가?

8. 면허 취득이 중요한 이유는 무엇인가?

9. 임상심리학의 주요 수련 모형에는 무엇이 있는가?

10. 일반적으로 대학교수직과 임상 지위의 지원 과정은

어떻게 다른가?

## 학생들의 실제 질문

1. 대학원을 지원하기 전에 쉬는 시간을 갖는 것을 못마
   땅해하는가?
2. 평점이 낮을 경우, 대학원에 입학할 기회가 있는가?
3. PhD보다 PsyD를 받는다면, 얻을 수 있는 직업에는
   어떤 차이가 있는가?
4. 임상심리학자가 되는 것은 왜 그렇게 오래 걸리는가?

## 웹 자료

www.ets.org

대학원 입학자격시험(GRE)에 대해 더 자세히 알아
보기

www.psywww.com

심리학에 대해 더 자세히 알아보기; 특히 대학과 대
학원생을 위해 설계된 것

http://www.ncspp.info

전문대학원의 심리학 수련 프로그램에 대해 더 자세
히 알아보기

# 용어해설

가족 체계(family system) : 가족의 어떤 한 성원의 문제에는 덜 강조점을 두고 전체적인 가족 체계에 관심을 두는 이론적 지향.

간질(epilepsy) : 발작 장애의 유형.

감정이입(empathy) : 경청하고 있고 이해받고 있다는 느낌을 전달하는 인본주의 용어.

강제적 감금(involuntary commitment) : 입원의 동의 없이 병원에 수용되는 것.

개인 개업(private practice) : 기관에 고용되지 않고 자기 스스로 전문 서비스를 제공하는 것.

객관식 검사(objective testing) : 점수를 전국 규준과 비교하는 고도로 구조화된 검사.

건강심리학(health psychology) : 건강 문제가 발생하는 것을 예방하고 혹은 건강 문제가 있는 사람들이 더 잘 대처하도록 인간 행동의 원리를 활용하는 임상심리학 하위전문영역

건강유지기구(Health Maintenance Organization, HMO) : 하나의 기구 내에서 포괄적인 건강 서비스와 일반적인 정신건강 서비스를 제공하는 기구.

건강진료 관리(managed health care) : 높은 건강진료 비용을 통제하기 위한 조직체와 보험회사의 시도.

건설적 치료 전략(constructive treatment strate-gies) : "효과적인 치료를 더 효과적으로 만들기 위해 추가되어야 할 것은 무엇인가?"라는 질문에 답하기 위한 시도. 건설적 치료 접근은 치료에 다양한 요소들을 추가하여 그 추가가 치료 성과를 향상시키는지를

밝히고자 한다.

검사(testing) : 연구의 내적 타당도와 외적 타당도 모두에 대한 잠재적 위험. 내적 타당도에 대한 위협으로서, 검사는 상이한 시간에 동일한 피험자에게 얻어진 반복 측정치의 사용과 같은, 연구 결과에 있어서 검사 혹은 평가 과정 자체의 영향과 관련되어있다. 외적 타당도에 대한 위협으로서, 검사는 피험자의 반응을 민감하게 하고 변경시킬 수도 있으며 그러므로 종속 측정치에 영향을 줄 수도 있는 질문지나 혹은 기타 평가 도구의 사용을 의미한다.

게슈탈트(gestalt) : 자신의 '여기-지금' 또는 현재 경험에 대해 예리하게 자각하도록 하는 데 초점을 두는 인본주의 접근.

결합(joining) : 회기에서 분리된 관찰자로 행동하기보다는 가족과 결합하여 가족 단위의 한 부분이 되려는 치료자의 시도.

결혼과 가족 치료사(marriage and family therapist) : 상담에 초점을 둔 석사 수준의 결혼, 가족 및 아동 상담 분야 및 면허.

경험적으로 타당화된(지지된) 치료(empirically validated(supported) treatments) : 연구에 의해 효과적인 것으로 밝혀졌고 치료 매뉴얼을 사용한 치료 접근.

고전적 조건형성(classical conditioning) : 조건 자극과 무조건 자극과의 연합을 통해 학습이 발생하고 후속적으로 행동이 발생한다고 주장하는 행동주의 기법.

**공통 요인**(common factor) : 많은 상이한 유형의 치료 접근들에서 치유력이 있으며 공통적인 치료 요소.

**과정 연구 전략**(process research strategy) : "치료의 어떠한 실제 과정이 치료 성과에 영향을 주는가?"라는 질문에 답하려는 시도. 이 연구 접근은 심리치료 과정의 어떤 측면이 긍정적인 치료 성과와 연관되어 있는지 밝히고자 한다.

**과정 전문가**(process specialist) : 성과보다는 과정에 초점을 두고 있는 전문 자문가. 이들은 조직 내의 문제와 갈등을 다루기 위한 전략에 도움을 주는 경향이 있다. 예로는 어떤 조직이 제품회수 후에 언론이나 대중을 가장 잘 다룰 수 있는 방법을 들 수 있다.

**과학자-실무자 모형**(scientist-practitioner model) : 연구와 실무의 균형에 초점을 두는 대학원 수련 모형. Boulder 모형이라고도 한다.

**교육**(teaching) : 다른 사람들에게 정보를 나누어주고 또한 학습시키는 것을 포함하는 임상심리학 활동.

**교육자**(educator) : 자문가가 내담자에게 유용하며 교육을 통해 획득될 수 있는 전문화된 정보를 가지고 있는 것과 같은 유형의 자문 역할.

**구조적**(structural) : 가족 성원들의 적절하고 적응적인 수준의 분화에 초점을 두는 가족 체계 접근.

**구조화된 면접**(structured interview) : 매우 구체적인 질문과 흔히 채점 절차가 포함되는 면접 기법.

**기능적 분석**(functional analysis) : 관심 행동에 선행하고 또한 그 행동으로부터 결과되는 특정 요인을 조사하기 위한 행동주의 용어.

**꾀병**(malingering) : 바라는 어떤 이득을 얻기 위해 질병이 있는 것처럼 가장하는 것.

**난독증**(dyslexia) : 읽기 어려움을 포함하는 학습 장애 유형.

**내담자 중심**(client-centered) : 다른 사람들을 이해하고 돕기 위해 적극적 경청, 감정이입, 일치 및 무조건적 긍정적 존중과 같은 비지시적 기법을 강조하는 인본주의 이론적 지향.

**내담자 중심 사례 자문**(client-centered case consultation) : 특정 환자의 치료나 진료에 책임이 있는 또 다른 심리학자와 같은 동료 전문가에 대한 자문을 포함한다.

**내담자-치료자 변산 전략**(client-therapist variation strategy) : 어떠한 조합이 치료 성과를 최적화시키는지 밝히기 위해 치료자 혹은 환자의 유형을 변경시키는 치료 성과 연구 접근.

**내력**(history) : 연구의 타당도를 위협하는 것으로 연구 결과에 중요한 영향을 미칠 수 있는 실험 상황 외부 사상을 일컫는다.

**내적 타당도에 대한 위협**(threats to internal validity) : 연구의 실험 통제 및 정밀성을 감소시키는 분야.

**노인심리학**(geropsychology) : 노인을 도와주기 위해 인간 행동의 원리를 활용하는 임상심리학 하위전문 영역.

**노출**(exposure) : 두려워하는 상황이나 자극에 점진적으로 또는 한꺼번에 접근하는 것을 의미하는 행동주의 용어.

**뇌 손상**(brain injury) : 인지 기능에 영향을 주는 자동차 사고, 추락, 전쟁 상처, 스포츠 상해, 총기 상처, 폭행 및 기타 비극적 사고로 인한 뇌의 외상.

**뇌전도**(electroencephalography, EEG) : 전기적 뇌파 활동을 평가하는 기법.

**뇌-행동 관계**(brain-behavior relationship) : 뇌가 행동에 어떻게 영향을 주고 또한 행동이 어떻게 뇌에 영향을 주는지에 대한 검사를 강조하는 신경심리학 하위전문분야의 초점.

**다양성**(diversity) : 연령, 성별, 민족성, 성적인 선호, 사회경제적 및 종교적 지향에서의 차이를 일컫는다.

**다중-처치 간섭**(multiple-treatment interference) : 연구의 타당도를 위협하는 것으로 피험자를 여러 처치 조건이나 처치 요인에 노출시켜서 실험자가 어떠한 특정 조건이나 요인을 분리해낼 수 없게 되는 상태.

**대상 관계**(object relation) : 유아를 쾌락을 추구하는 존재라기보다는 관계를 추구하는 존재로 보고, 어머니와의 초기 관계가 자기개념과 이후의 심리적 기능 발달에 대한 틀을 제공한다고 믿는 정신역동 접근.

**대학원 입학 자격시험**(Graduate Record Examination, GRE) : 대학원에 지원하는 데 관심이 있는 사람들을 위한 표준화된 시험.

**Durham 법칙**(Durham rule) : 정신이상의 범주에 '의학적 질병이나 결함'을 추가한 1954년의 법률.

**도구**(instrumentation) : 연구의 타당도를 위협하는 것으로 연구에서 구성개념을 측정하기 위해 사용된 검사 및 측정도구의 영향을 의미.

**도덕적 치료**(moral therapy) : 환자를 가능한 한 인간적으로 치료하고 또한 대인관계의 발달을 고무하는 역사적인 치료. 다양한 민족, 인종, 성별, 성적인 지향 그리고 종교적인 쟁점 및 가치에 관련된 쟁점들에 대한 다문화적인 관심과 민감성.

**라포**(rapport) : 전문가와 내담자 사이에 발달하는 편안한 작업 관계를 기술하는 데 사용하는 용어.

**로샤**(Rorschach) : 심리기능을 평가하기 위해 사용하는 투사적 잉크 반점 검사.

**만성 통증**(chronic pain) : 광범위한 의료적 및 정신과적 상태와 연관된 지속적인 불편감 또는 통증.

**매개적**(parametric) : 치료의 특정 측면을 변화시켜 그 변화가 치료 효과성을 향상시킬 수 있는지를 밝히기 위한 치료 성과 연구 접근.

**M'Naghten 법칙**(M'Naghten rule) : 자신이 무슨 일을 하고 있는지 또는 자신이 하고 있는 일이 나쁜 것인지를 자각하지 못하는 장애로 고통받고 있는 사람은 범죄행위에 책임이 없음을 시사하는 법률 용어.

**메타분석**(meta-analysis) : 전반적인 효과를 밝히기 위해 다양한 연구로부터 나온 자료를 사용하는 통계기법.

**면허**(licensure) : 심리학자가 개업할 수 있고 일반대중에게 서비스를 제공할 수 있도록 허용하는 주 증서 및 등록증.

**명료화**(clarification) : 메시지가 완전히 이해되고 있는지를 확인하기 위하여 질문이 요청되는 면담기법.

**무선화된 임상적 시행**(randomized clinical trial) : 연구의 실행과 보고를 위한 특별하게 동의된 기준에 따라 내담자들을 잘 통제되고 평가된 치료조건과 통제 조건에 무선 할당하는 데 초점을 두는 연구방법.

**무조건적인 긍정적 존중**(unconditional positive regard) : 내담자가 비판 없이 자신의 관심사를 논의할 수 있도록 허용해주는 인본주의 용어.

**문장완성검사**(sentence completion) : 불완전한 문장을 보고 마음속에 제일 먼저 떠오르는 것을 가지고 그 문장을 완성하도록 피험자에게 요청하는 투사적 평가.

**미국심리학회**(American Psychological Association, APA) : 1892년에 설립되었으며, 심리학 내의 모든 전문영역을 대표하는 기구 중 현재 세계에서 가장 큰 심리학자 기구.

**미국심리학회**(American Psychological Society, APS) : 1988년에 창설되었으며, 주로 심리학의 연구 및 과학적 측면에 관심을 보이는 회원들이 포함된다.

**미국전문심리학이사회**(American Board of Professional Psychology, ABPP) : 임상심리학에 포함되는 다양한 전문영역에서 면허 후 심리학 전문 자격을 위해 인증기관.

**Minnesota 다면성격 항목표**(Minnesota ultiphasic Personality Inventory, MMPI) : 대중적인 성격 검사

**밀라노 접근**(Milan approach) : 가족체계에 대한 존중과 수용뿐만 아니라 중립에 높은 가치를 두는 가족 체계 접근.

**Milon 임상 다축 항목표**(Milon Clinical Multiaxial

Inventory, MCMI) : 성격 장애에 대한 DSM-IV 편제에 기반을 둔 대중적인 성격 검사.

바이오피드백(biofeedback) : 스트레스에 대한 심장박동률 및 혈압과 같은 생리적 반응들의 통제를 학습시키기 위해 환자에게 생리적 반응에 대한 정보를 제공하는 행동주의 기법.

박사 후 펠로우쉽(postdoctoral fellowship) : 대부분의 주에서 면허 취득 전에 요구되는 박사학위 이수 후의 수련.

반영(reflection) : 개인이 자신의 느낌을 표현하도록 그리고 더 잘 이해하도록 격려하기 위해 말해지고 있는 느낌을 다시 말해주는 것.

반응성(reactivity) : 연구의 타당도를 위협하는 것으로 실험에 참여하는 것에 대한 피험자의 잠재적 반응을 의미.

발작(seizure) : 강렬한 근육 경련, 완전한 혹은 부분적인 의식 상실 및 때로는 무의식적인 목적적 행동.

방어 기제(defense mechanism) : 불안 및 기타 불편한 정서와 충동에 대처하기 위해 사용하는 전략을 의미하는 정신역동 용어.

배심원 선정(jury selection) : 한쪽 법률 당사자의 이익을 최대화할 수 있는 배심원들을 선택하기 위한 심리학 원리의 이용.

Vail 모형(Vail model) : 임상심리학자들은 일반적으로 실무자와 연구의 소비자임을 시사하는 대학원 수련 모형. 학자-실무자 모형이라고도 한다.

법정심리학(forensic psychology) : 재판 체계와 법률 체계에 정보를 제공하기 위해 인간 행동의 원리를 활용하는 임상심리학 하위전문분야.

Beck 척도(Beck scale) : 정신과 의사인 Aaron Beck이 개발하였으며 우울, 불안, 무희망감 및 자살 생각을 평가하는 일련의 항목표.

병적소질-스트레스(diathesis-stress) : 생물학적 또는 기타 유형의 취약성이 심리사회적 또는 환경적 스트레스와 결합하여 질병이 발생하는 필요조건을 만들어 낸다고 보는 질병 또는 문제의 원인에 대한 조망.

Boston 과정 접근(Boston process approach) : Edith Kaplan이 개발하였으며 뇌-행동 기능의 과정을 이해하기 위해 다양한 검사를 사용하는 신경심리학적 평가 접근.

Boulder 모형(Boulder model) : 콜로라도 주의 Boulder 학술대회에서 개발된 임상심리학 수련 모형으로 과학과 실무 모두에 동등하게 중점을 둔다. 과학자-실무자 모형이라고도 한다.

부연(paraphrasing) : 말해지고 있는 내용을 다시 말해주는 면접 기법.

부인(denial) : 문제가 되는 감정, 사고 또는 행동이 존재하지 않는다고 믿는 방어 기제.

분화(differentiation) : 다른 가족 성원으로부터 더 적응적인 분리와 독립을 발달시키고자 하는 가족 성원의 욕구를 기술하는 가족 체계 용어.

비교 치료 전략(comparative treatment strategy) : 일반적으로 임상적 문제에서 변화를 산출하기 위해 상이한 전략들(예, 정신역동치료 대 행동적 기법)을 비교하는 치료 성과 연구 접근.

Binet 척도(Binet scales) : 1905년에 Alfred Binet가 개발한 최초의 표준화된 지능 검사의 개정판. Stanford-Binet라 불리는 최신판은 1986년에 출간되었다.

비만(obesity) : 일반적으로 기대되는 체중보다 20% 더 나가는 것.

비밀보장(confidentiality) : 심리학자가 환자나 연구 피험자의 정보를 제3자에게 노출하는 것을 제한하는 윤리적, 법적 쟁점.

사고 중지(thought stopping) : 문제적인 생각과 비적응적인 생각을 제거하기 위한 인지기법.

사례 연구(case study) : 한 개인에 대한 심층분석을 수행하는 연구 접근.

사회사업학(social work) : 역사적으로 환자 사례 관리, 환자 옹호 및 최적의 사회 서비스 기관과 이익의 연결에 초점을 두는 일반적으로 석사 수준의 분야.

사회적 학습(social learning) : 행동은 다른 사람의 모델링을 통해 학습된다고 시사하는 인지-행동주의 접근.

상관(correlational) : 2개 이상의 변인 간의 연관 정도를 검토하는 연구 설계.

상담심리학자(counseling psychologist) : 임상심리학과 유사하지만, 일반적으로 주요 정신과적 장애를 가지고 있지 않은 사람에 대한 직업 상담 또는 대학 상담에 역사적으로 초점을 두는 심리학 전문 분야.

생물심리사회적(biopsychosocial) : 생물학적, 심리적 및 사회적 영향들이 상호작용하여 신체 건강과 정신건강 그리고 질환에 기여한다고 시사하는 통합적 조망

생물학적 취약성(biological vulnerability) : 후에 질환에 걸릴 위험을 증가시키는 유전적 혹은 기타 생물학적 요인들.

선발 편파(selection bias) : 연구의 타당도를 위협하는 것으로 연구 피험자를 선정하는 데 있어서의 차별적이고 문제 있는 선발 절차를 일컫는다.

선발 편파의 상호작용(interaction of selection bias) : 한 연구 집단의 참가자들이 어떤 독특한 방식으로 실험조건에 차별적으로 응답했을 수도 있다는 것과 같은 연구 타당도를 위협할 가능성. 예컨대, 시험 불안을 위한 이완 집단에 배정된 피험자들은 연습과 같은 다른 치료 조건에 배정된 피험자들보다 즐기거나 다르게 응답할 수 있다.

성격검사(personality testing) : 성격 양식과 성격 기능을 평가하는 검사.

성숙(maturation) : 연구의 타당도를 위협하는 것으로 실험 결과에 영향을 미칠 수도 있는 시간 경과에 따른 피험자 내의 변화를 일컫는다.

성실성(integrity) : 정직에 초점을 둔 윤리적 표현 및 윤리적 용어 및 원칙.

수련가(trainer) : 자문가가 내담자에게 유용하며 교육을 통해 획득할 수 있는 전문적인 정보를 가지고 있다고 가정하는 자문 역할.

수정주의자(revisionist) : Freud의 이론을 변경하였거나 확장시킨 정신역동 이론가들.

스트레스 관리(stress management) : 스트레스에 더 효과적으로 대처하기 위한 다양한 기법과 전략.

신경성 식욕부진증(anorexia nervosa) : 청소년기 여성 전집의 약 1%에 영향을 주는 자기기아 문제.

신경심리검사(neuropsychological testing) : 인지 기능, 기억, 시각 운동 기술 및 언어 기능과 같은 뇌-행동 관계를 측정하는 평가.

신경심리학(neuropsychology) : 뇌-행동 관계에 초점을 두는 임상심리학 하위전문분야.

신경 영상(neuroimaging) : 내부의 뇌 및 기타 신체 기관과 구조의 사진을 얻는 것이 포함된 기법.

신뢰할 수 있는 변화 지수(reliable change index) : 치료적 변화에 대한 임상적인 유의도를 측정하는 통계

실험설계(experimental design) : 결과의 오차나 편파를 최소화하기 위해 실험을 구성하는 데 사용하는 방법. 각 설계는 특유의 장점과 단점을 가지고 있다.

실험적 탈락(experimental mortality) : 실험에서 피험자가 탈락하는 것.

심리검사(psychological testing) : 성격, 인지, 기분, 학습 및 기타 기술들을 검사하는 평가.

심리성적 발달 단계(psychosexual stage) : 초기 아동기와 청소년기 동안 어느 곳에 에너지가 집중되는지를 검사하는 발달에 대한 정신역동적 접근.

심리치료(psychotherapy) : 사람들이 자신들의 행동, 인지, 정서, 또는 기타 개인적 특성을 참여자가 생각하기에 바람직한 방향으로 변경시키도록 도와주는 목적을 위해 확립된 심리학적 원리로부터 추출된 임상 방법과 대인 태도를 정보에 입각하여 의도적으로 응용하는 것.

**심리치료 성과**(psychotherapy treatment outcome) : 개인(들)이 치료 후에 향상되었는지를 밝히기 위한 심리학적 중재의 결과.

**심리학 박사**(Doctor of Psychology, PsyD) : 임상 실무에 초점을 두는 새로운 박사학위.

**심리학적 임상 과학원**(Academy of Psychological Clinical Science) : 대학원 수련의 임상–과학자 모형을 지지하기 위해 1994년에 창설된 대학원 수련 프로그램 기구.

**심리학 전문 실무 시험**(Examination for Professional Practice in Psychology, EPPP) : 심리학자 면허를 위해 사용하는 전국적인 200문항의 시험.

**16 성격 요인 질문지**(Sixteen Personality Factors Questionnaire, 16PF) : 개인이 중요한 정신과적 장애를 겪고 있지 않다고 가정하는 대중적인 성격 평가 질문지.

**아날로그**(analogue) : 실생활의 임상 상황과 유사한 절차, 피험자 및 측정치를 사용하지만 일반적으로는 실험 조건을 가장 잘 통제할 수 있는 실험실에서 수행되는 연구.

**아동 양육권**(child custody) : 이혼, 죽음 혹은 정신 장애에 뒤따르는 미성년자의 법적 보호자가 누구인지에 대한 법적 결정.

**아동 임상심리학**(child clinical psychology) : 아동 및 그 가족의 문제와 관심사에 초점을 맞추는 하위전문 분야.

**아동 학대 및 방치**(child abuse and neglect) : 아동들을 신체적 또는 정서적 상해의 위험에 놓이게 하는 신체적, 성적인 또는 정서적인 학대.

**아동행동 점검표**(Child Behavior Checklist, CBCL) : 4～18세 아동들의 행동 문제를 평가하기 위해 아동, 부모 및 교사에게 사용하는 대중적인 검사 도구.

**Achenbach 경험 기반 평가 체계**(Achenbach System of Empirically Based Assessment, ASEBA) : ASEBA는 행동 및 정신과적 증상들을 세밀하게 그리고 경험적으로 평가하기 위하여 모든 연령의 아동들과 성인들에게 사용되는 일군의 증상점검평가 질문지이다.

**알츠하이머병**(Alzheimer's disease) : 기억 상실, 잘 아는 사람과 대상에 대한 인식 실패, 조직과 계획에서의 어려움, 의심 및 언어 문제를 포함하는 퇴행성 질병.

**알코올 남용**(alcohol abuse) : 스트레스, 갈등, 또는 직업, 관계, 사회 및 개인적인 기능을 방해하는 기타 쟁점들을 대처하려고 시도하는 지나친 알코올 사용.

**양전자 방출 단층촬영**(Positron Emission Tomography, PET) : 내부 조직을 볼 수 있도록 해주는 감마 광선을 신체에 생성시키기 위해 환자의 혈류에 방사성 동위원소를 주입하는 신경영상 기법의 일종.

**억압**(repression) : 불편한 사고와 감정이 의식으로 나오지 못하게 하는 방어기제를 의미하는 정신역동 용어.

**얽힘**(enmeshment) : 가족 성원의 삶에 비적응적이고 과도하게 관여되어있음을 의미하는 가족체계 용어

**역설적**(paradoxical) : 관심 증상을 더 과장된 형태로 나타내도록 하여 중재 목적과 모순되는 것처럼 보이도록 처방하는 가족 체계 기법.

**역전이**(countertransference) : 치료자가 자신의 욕구, 소망 및 역동을 환자에게 투사함으로써 환자의 전이에 반응하는 정신역동적 개념.

**역조건형성**(counterconditioning) : 환경적 자극에 대한 더 적응적인 반응을 발달시키기 위해 시도하는 행동주의 기법.

**연구**(research) : 연구자와 사회가 관심을 가지고 있는 질문들에 답하기 위해 과학적 방법을 사용하는 것을 포함하는 임상심리학 활동.

**연구 프로그램**(research program) : 한 번에 한 단계의 질문에 대답하려 하는 일련의 실험 연구 또는 조사 연구.

**옹호자**(advocate) : 자문가가 바람직하다고 믿는 어떤

것을 피자문자에게 납득시키고자 하는 자문 접근.

외디푸스 콤플렉스(Oedipal complex) : 아동이 자신과 성별이 반대인 부모는 동경하고 사랑하지만 성별이 같은 부모는 경멸한다는 정신역동 용어.

외적 타당도에 대한 위협(threats to external validity) : 연구의 일반화 가능성을 감소시키는 요인.

요약(summarization) : 여러 요점들을 모아서 일관되고 간략하게 메시지를 검토하기 위해 부연과 반영 모두를 포함시키는 면접 기법.

우선권이 주어지는 진료 제공자 기구(Preferred Provider Organization, PPO) : 보험 계획에 입각하여 할인 가격에 환자를 진료해줄 실무자 목록을 제공하는 진료 관리 기구.

원초아(id) : 모든 원시적 충동을 의미하는 정신역동적 용어.

Wechsler 척도(Wechsler scale) : 개별적으로 실시되는 아동과 성인을 위한 일련의 지능 평가.

유관 관리(contingency management) : 행동 후의 결과를 변경시킴으로써 행동을 변화시키는 데 초점을 두는 행동주의 기법.

유능성(competence) : 심리학자에게 오직 적절한 수준의 수련과 경험만으로 임무를 수행하도록 요구하는 윤리 원칙.

유리(disengagement) : 한 가족 성원이 다른 가족 성원들에 덜 관심을 갖거나 관여하지 않음을 기술하는 가족 체계 용어.

유발 전위(evoked potentials) : 읽을 수 있는 형태로 된 전기적 뇌파.

유사-실험(quasi-experimental) : 윤리적 제한이나 기타 제한점 때문에 실험조건과 통제조건에 무선 할당이 불가능할 때 사용하는 연구 설계.

윤리규약(Ethics Code) : 회원들에게 윤리지침을 제공하기 위해 미국심리학회(혹은 기타 심리학회)에 의해 출간된 윤리 원칙과 기준.

의료진 특권(medical staff privileges) : 병원장면에서 환자를 입원시키고, 치료하며, 퇴원시킬 수 있는 능력.

의사발작(pseudoseizure) : 허위성 발작.

이론적 지향(theoretical orientation) : 평가, 치료, 자문 및 연구에 접근하기 위해 사용하는 철학적 조망.

이야기(narrative) : 가족 성원들이 자신의 문제와 관심사를 자신들의 삶 그리고 다양한 가족 체계 성원들에 관한 일련의 이야기를 통해 개념화시킨다고 하는 가족 체계 접근.

이원론(dualism) : 정신과 신체가 분리되어있고 서로 유의하게 상호작용하거나 영향을 주지 않는다고 생각하는 17세기 관념.

이중 관계(dual relationship) : 심리학자가 심리치료 외부에서 내담자나 환자와 우정, 연인 혹은 사업 파트너 관계를 맺는 것을 의미하는 윤리 용어.

인본주의(humanistic) : 자신의 세계에 대한 각 개인의 지각과 경험을 강조하고 또한 사람들을 능동적이고, 사고하며, 창조적이고, 성장지향적인 존재로 보는 경향이 있는 이론적 접근.

인증(accreditation) : 수련 프로그램이 최소한의 질적 기준에 부합되는지를 확인하기 위하여 교과과정에 대해 기관에서 검토하는 것.

인지-행동주의(cognitive-behavioral) : 정서 문제와 행동 문제를 이해하고, 평가하고, 치료하기 위해 학습, 조건 형성 및 정보 처리의 원리를 사용하는 접근.

인턴쉽(internship) : 임상심리학 박사학위를 취득하기 전에 요구되는 1년간의 전일제 임상 수련.

일치(congruence) : 혹은 진실성, 어떤 사람의 느낌과 행동간에 조화를 일컬음.

임상-과학자 모형(clinical-scientist model) : 경험적 및 과학적 접근에 초점을 둔 대학원 수련 모형.

임상심리학(clinical psychology) : 삶의 과정 동안 경험하는 관계, 정서 및 신체적 자기와 관련된 수많은 문제와 걱정이 있는 사람들을 돕기 위해 인간 행동의 원리에 관하여 알려진 것을 사용하는 학문 분야.

**임상 실무 지침서(clinical practice guideline)** : 특정 장애들을 평가하고 치료하는 방법에 대한 구체적이고 일반적으로 수용되고 편파적이지 않은 권고 사항들.

**임원진 코칭(executive coaching)** : 전문가들이 임원진들을 대상으로 대인관계, 생산성 및 효율성을 향상시키기 위한 전략을 개발하게 할 뿐만 아니라 더 좋은 리더 및 관리자가 되도록 자문하는 매우 새로운 분야. 임원진 코칭은 스트레스 관리, 목표설정 및 인간 행동과 경영에 관련된 기타 주제 및 서비스에 관하여 경영 리더들을 대상으로 자문할 수 있다.

**자격증(certification)** : 심리학자라는 용어의 오용을 통제하기 위한 법적 과정.

**자기 공명 영상(Magnetic Resonance Imaging, MRI)** : 신체의 수분과 지방에 있는 수소의 핵 자기 운동을 분석하는 신경 영상 기법.

**자기-실현(self-actualization)** : 인생에서 더 큰 성장, 평화 및 자기와 타인의 수용을 향해 나아가는 전진 운동을 의미하는 인본주의 용어.

**자기-탐지(self-monitoring)** : 문제가 되는 행동뿐만 아니라 각 행동 발생과 연관된 느낌 및 사고와 같은 기타 중요한 정보를 기록할 수 있는 일기나 기록장의 사용을 포함하는 행동주의 기법.

**자기-효능감(self-efficacy)** : 목표를 성취할 수 있다는 신념을 의미하는 인지적 용어.

**자문(consultation)** : 개인, 집단 및 조직이 더 잘 기능할 수 있도록 인간 행동에 관한 지식을 활용하는 임상심리학 활동.

**자아(ego)** : 우리를 도전적인 세계에 적응하게 해주는 이성적이고 합리적인 성격 측면을 의미하는 정신역동 용어.

**자연관찰(naturalistic observation)** : 문제가 발생하는 환경과 상호작용하는 개인을 관찰하기 위해 환자의 세계 속으로 들어가는 것을 포함한다.

**자유설립 전문대학원(freestanding professional school)** : 대학이나 대학교에 속해 있지 않은 임상심리학 수련 대학원.

**자유 연상(free association)** : 검열 없이 마음에 떠오른 것은 무엇이든지 말하는 것을 일컫는 정신역동 용어.

**재구조화(reframing)** : 새롭고 상이한 관점에서 행동이나 쟁점을 재해석하는 것을 의미하는 가족 체계 용어.

**재향군인(Veterans' Administration)** : 재향 군인들을 평가하고 치료하기 위해 미국 전역에 걸쳐 다수의 병원과 진료소를 관리하는 정부 기관.

**적극적 경청(active listening)** : 무엇이 말해지고 있는지 최대한으로 이해하기 위해 다양한 방법을 사용하는 면접 기법.

**전략적(strategic)** : 임상가가 다른 사람들의 행동을 지시하고 변경시킴으로써 저항과 싸우기 위해 지시적 관여를 활용하는 가족 체계 접근.

**전문가 자문(expert consultation)** : 전문 자문가는 피자문자가 어떤 문제를 해결하는 데 필요한 전문 기술, 지식 또는 경험을 가지고 있는 조언자이다.

**전문자격증(diplomate)** : 수년의 수련 후에 자격 있는 심리학자에게 수여되는 고급 수준의 자격증.

**전문화(specialization)** : 특정 영역에 대한 전문 지식을 갖게 되는 것.

**전이(transference)** : 초기 관계의 역동을 환자의 부모와 유사한, 예를 들어, 권위적인 인물로 표상되는 치료자에게 투사하는 것을 의미하는 정신역동 용어.

**절정 경험(peak experience)** : 실제적으로 자기-실현에 도달한 인생의 순간을 의미하는 인본주의 개념.

**정신과 간호사(psychiatric nurse)** : 외래장면과 입원장면 모두에서 정신과 환자들의 진료에 전문화되어 있는 간호사.

**정신상태 면접(mental status interview)** : 환자의 인지 기능을 신속히 평가하기 위한 일련의 선별 질문.

**정신역동적(psychodynamic)** : 무의식적 갈등, 방어,

초기 아동기 경험, 꿈, 충동 및 환상에 초점을 두는 이론적 접근.

**정신의학(psychiatry)** : 이상 행동에 초점을 두는 의료 전문영역.

**정신이상 변론(insanity defense)** : 만일 자신이 무엇을 하고 있는지 또는 자신이 한 행동이 잘못된 것인지 자각하지 못하게 하는 장애를 겪고 있다면 그 사람들은 자신의 범행에 대하여 책임이 없음을 시사하는 법률 용어.

**정신이상 변론 개정 법안(Insanity Defense Reform Act)** : 어떤 사람이 정신질환이나 정신지체로 인해 범행 당시에 범행이 잘못되었음을 이해할 수 없다면 정신이상의 이유로 무죄가 될 수 있다는 진술.

**조발성 치매(dementia praecox)** : 오늘날의 정신분열증 개념을 일컫는 역사적 용어.

**조작적 조망(operant perspective)** : 모든 행동이 행동의 선행사상(표적 행동이 발생하기 바로 전에 제시된 조건)과 결과(표적 행동 후에 발생한 것)의 기능적 분석을 통해 이해될 수 있다고 주장하는 행동주의 접근.

**종단적(longitudinal)** : 오랜 시간 동안 피험자의 반응을 추적하는 연구 방법.

**주의력 결핍 과잉행동 장애(Attention Deficit Hyperactivity Disorders, ADHD)** : 주의 및 집중을 유지할 수 없는 것뿐만 아니라 충동성, 과활동, 초조 및 변덕스러움을 보이는 장애.

**주제통각검사(Thematic Apperception Test, TAT)** : 피검사자에게 그림을 검토하고 각 그림에 대해 이야기를 하도록 요청하는 투사적 평가.

**증거-기반 실무(Evidence-Based Practice, EBP)** : 내담자들을 위하여 효과적인 평가와 치료를 제공하기 위한 임상적 전문 지식을 수반한 연구 결과를 통합하려는 시도.

**증상 점검표-90-개정판(Symptom Checklist-90-Revised, SCL-90-R)** : 개인이 주요 정신과적 증상이 있는지를 선별하기 위해 사용하는 간략하고 다차원적인 자기-보고 측정.

**지능검사(intellectual testing)** : 인지 능력을 측정하기 위해 사용되는 평가 접근.

**지능지수(Intelligence Quotient, IQ)** : 지적 기능의 검사에서 얻어진 점수를 일컫는 데 사용되는 용어.

**지역 사회-전반중재(community-wide intervention)** : 행동을 변화시키기 위하여 전체 지역사회의 큰 부분을 다루는 시도를 하는 일반적이고 대중적인 연구 접근.

**지역사회 정신건강 운동(Community Mental Health Movement)** : 입원 정신 병원 장면 외부에서 외래 지역사회 정신건강 서비스를 개발하기 위한 1950년대 후반과 1960년대 동안의 시도.

**진상 조사자(fact finder)** : 자기 스스로 일을 행하기에는 전문성, 시간, 에너지 혹은 심리적 민감성이 결핍된 피자문자에게 필요한 정보를 찾아서 그 결과를 전해주는 자문 역할.

**집단 간(between group)** : 2개 이상의 개별적인 피험자 집단을 사용하는 연구 설계로 각 집단은 상이한 유형의 중재를 받거나 혹은 통제 조건의 경우 중재를 받지 않게 된다.

**집단 내(within group)** : 동일한 피험자 집단 내에서 연구 효과를 조사하는 연구 접근.

**처방 특권(prescription privilege)** : 향정신성 약물치료를 처방할 수 있는 능력.

**철저하게 처리하기(working through)** : 새로운 통찰을 일상생활에 동화시키고 병합시키는 것을 의미하는 정신역동 용어.

**철학 박사(Doctor of Philosophy, PhD)** : 연구와 실무의 균형 또는 연구에만 초점을 두는 전통적인 박사학위.

**청소년 기호증자(ephebophilia)** : 사춘기 이후의 미성년자에 관한 성인의 성적인 관심.

**초자아(superego)** : 내면화된 가족, 문화 그리고 사회적 규준 및 관습의 내면화를 나타내는 것.

치료(treatment) : 다른 사람들의 삶을 향상시키게 해 주는 중재 전략을 포함하는 임상심리학 활동.

치료 성과 연구 전략 접근(treatment outcome research strategy approaches) : 치료가 효과가 있는지 그리고 어떻게 효과가 있는지를 밝히기 위한 다양한 연구 방법.

치료적 요인(curative factor) : 증상의 치료나 유의한 감소에 기여하는 심리치료 경험의 요소.

치료 패키지 전략(treatment package strategy) : "치료는 효과가 있는가?"라는 기본적인 질문에 대답하기 위해 시도하는 접근. 이 접근은 특정 치료가 특정 임상 문제 혹은 장애에 효과적인지의 여부를 밝히고자 한다.

치매(dementia) : 지능, 기억, 학습 및 문제-해결 기능에서 유의한 감소를 가져오는 특정 신경학적 상태와 정신과적 상태.

Kaufman 척도(Kaufman scale) : 지적 기능과 성취 기능을 측정하는 인지 검사.

컴퓨터 단층 촬영(Computerized Axial Tomography, CAT) : 뇌에 대한 다중적이고 향상된 컴퓨터 사진을 제공하는 신경영상기법.

통계적 회귀(statistical regression) : 연구의 타당도를 위협하는 것으로 측정치 상의 극단값이 시간 경과에 따라 평균으로 이동하는 경향.

통제된 관찰(controlled observation) : 모의실험 방식에서 관심 행동이 나타나도록 하는 처방된 방식으로 행동을 관찰하려고 시도하는 행동주의 기법.

통찰(insight) : 문제나 걱정에 기여하는 요인들을 이해하는 것.

통합적(integrative) : 평가, 치료, 자문 및 기타 전문 활동에 2개 이상의 접근을 조합하는 것.

투사검사(projective testing) : 구조화되어있지 않거나 잉크 반점이나 그림과 같이 모호한 자극을 제공하는 검사.

투사적 그리기(projective drawing) : 피험자 또는 환자에게 나무, 집, 사람 또는 가족과 같은 사물이나 사람의 그림을 그리게 하고 그것을 해석하는 기법.

편파(bias) : 잠재적인 영향 변인들을 통제함으로써 연구에서의 잠재적 오차를 최소화하려는 시도. 또한 환자나 내담자에게 강요된 관점을 포함한다.

평가(assessment) : 임상질문을 평가하고 답하기 위하여 면접이나 검사와 같은 다양한 기법을 포함하는 임상심리학 활동.

폴리그래프(polygraph) : 심박률 및 혈압과 같은 생리적 활동을 측정하는 기계.

프로그램-중심 행정 자문(program-centered administrative consultation) : 개별 사례보다는 프로그램 또는 체계에 초점을 두는 자문 모형.

Flynn 효과(Flynn effect) : 이전 세대보다 상대적으로 최근 세대에서의 더 높은 IQ 점수를 말하는데, 이는 향상된 건강 및 영양, 교육 및 기술적 진보, 지적 자극의 증가 그리고 아마도 기타 요인들에 기인하는 것 같다.

피자문자-중심 사례 자문(consultee-centered case consultation) : 개별 사례나 내담자에 관련된 문제보다는 피자문자가 겪고 있는 도전이 초점이 되는 자문 모형

피자문자-중심 행정 자문(consultee-centered administrative consultation) : 기관 내에서 행정적 쟁점과 인사 쟁점에 관해 일하는 것을 포함하는 자문 모형.

학교심리학자(school psychologist) : 인간 행동에 관한 지식을 사용하고 학교장면에 그 지식을 응용하는 전문가.

학습 장애(learning disorders) : 학교에서 성공하는 데 중요한 읽기, 쓰기, 산수 및 기타 기술에서의 인지 처리 문제.

학자-실무자 모형(scholar-practitioner model) : 연

구의 소비자인 그렇지만 연구를 수행할 가능성은 별로 없는 실무자 수련에 초점을 두는 대학원 수련 모형. 또한 Vail 모형이라고도 한다.

**합동 양육권(joint custody)** : 이혼한 부모 모두가 자녀의 법적 양육권을 유지하고 있다는 법률 용어.

**해체적(dismantling)** : 치료가 효과적인 것으로 밝혀진 후에 특정 치료 전략의 효과적인 요소를 규명하고자 하는 치료 성과 연구 접근.

**행동 시연(behavioral rehearsal)** : 어떤 사람이 주어진 문제 상황을 어떻게 다룰지를 연습하는 행동주의 기법.

**행동주의(behavioral)** : 인간 행동에 대한 이해와 행동 문제 및 심리 문제의 치료를 위해 학습과 조건형성 이론을 응용하는 것.

**행정(administration)** : 사람과 조직의 관리를 포함하는 임상심리학 활동.

**향정신성 약물치료(psychotropic medication)** : 심리적 기능과 기분을 변경시키기 위해 사용되는 약물치료.

**협력자(collaborator)** : 자문가가 공동 목표를 성취하기 위해 피자문자와 함께 일하는 동등한 파트너라는 것을 시사하는 자문가 역할.

**협력적인 다중현장 연구 프로젝트(collaborative multisite research project)** : 다양한 지역의 연구자와 피험자가 사용하는 일반적이고 대중적인 연구 전략.

**혼합집단(mixed group)** : 상이한 피험자 집단이 상이한 처치 또는 실험 경험을 제시받고(집단 간) 동시에 상이한 실험 단계에서 시간 경과에 따라 피험자의 반응이 평가되는(집단 내) 방식으로 실험이 구성된 연구 설계.

**횡단적(cross-sectional)** : 일정 순간의 행동에 대한 '스냅사진'과 같은 정보를 제공하는 연구 설계.

**후천성 면역 결핍 증후군(Acquired Immune Deficiency Syndrome, AIDS)** : 개인이 면역체계에 영향을 주는 심각하며 생명을 위협하는 질병을 가져올 수도 있는 여러 개의 HIV 바이러스 중 하나에 감염된다.

# 심리학자의 윤리원칙 및 행동규약 (2010)

**부록**

# 서문 및 적용

APA의 심리학자의 윤리원칙 및 행동규약(이하 윤리규약이라 칭함)은 서문, 전문, 다섯 가지 일반원칙 및 구체적 윤리기준으로 구성되어있다. 서문에서는 의도, 조직, 절차적 고려, 및 윤리규약의 적용범위가 논의되었다. 전문과 일반원칙은 심리학 최고의 이상을 향해 나아가도록 심리학자에게 지침이 되어 주는 야심적인 목표들이다. 전문과 일반원칙 그 자체가 강제성 있는 규준은 아니지만, 심리학자는 윤리적인 행동방침에 도달하기 위해서 이를 고려해야 한다. 윤리기준은 심리학자로서의 품행에 대한 강제성 있는 규칙을 설정하고 있다. 대부분의 윤리기준은 광범위하게 쓰였는데, 이는 윤리기준의 적용이 맥락에 매우 의존적일 수 있음에도 불구하고, 다양한 역할을 맡고 있는 심리학자에게 적용하기 위함이다. 윤리기준이 모든 것을 망라하고 있지는 않다. 어떤 품행이 윤리규약에 의해 구체적으로 규정되지 않았다고 해서 그 행동이 반드시 윤리적이라거나 비윤리적이라는 것을 의미하지는 않는다.

이러한 윤리규약은 오직 심리학자들의 교육적, 과학적, 혹은 전문적인 활동들에만 적용된다. 여기에는 임상심리학, 상담심리학 및 학교심리학 실무뿐만 아니라, 연구, 교육, 수련생 지도감독, 평가도구의 개발, 평가 수행, 교육 상담, 조직 자문, 프로그램 설계와 평가 및 행정이 포함된다. 이러한 활동들은 심리학자의 순전히 사적인 품행과 구별될 수 있는데, 이러한 사적인 행동은 윤리규약의 조항에 들어 있지 않다.

APA의 회원자격은 회원들과 학생회원들에게 APA 윤리규약의 기준과 이를 시행하는 규칙과 절차들을 준수하게 한다. 윤리기준에 대한 인식 부족이나 오해가 비윤리적 행위의 책임에 대한 항변이 될 수 없다.

비윤리적인 품행에 대한 호소를 접수하고, 조사하고, 해결하기 위한 절차는 APA 윤리위원회의 최신 규칙과 절차에 기술되어있다. 윤리규약의 기준을 위반한 조처로서 회원에게 제재를 가할 수 있는데, 여기에는 APA 회원자격 박탈이 있으며, 이 조치를 다른 기관이나 개인에게 알릴 수 있다. 윤리규약의 기준 위반에 대한 조처는 또한 APA 이외의 기관에 의해 그 사람이 APA 회원 여부에 관계없이 심리학자나 학생에게 제재를 가할 수 있는데, 여기에는 주 심리학회, 기타 전문가 집단, 심리학 이사회, 기타 주 또는 연방 기관 및 건강 서비스 지불자가 있다. 이외에, APA는 중죄 선고 후에 그 회원에게 소속되어있는 주 심리학회로부터의 회원 자격 제명이나 정지, 혹은 면허정지나 상실의 조처를 취할 수 있다.

윤리규약은 그것을 채택하는 APA와 기타 기관들에 적용될 수 있는 심리학자를 위한 지침과 전문가 품행 기준을 제공하려는 것이다. 윤리규약은 국민 의무의 기본 원리가 아니라, 한 심리학자가 윤리규약 기준을 위반했는지 여부는 그것만으로 법정소송에서 법적으로 책임을 져야 하는지 여부, 계약이 강제성이 있는지 여부, 또는 기타 법률적인 결과가 야기되는지 여부를 밝혀주지는 않는다.

윤리규약의 기준에서 사용된 수식어구(예, 합당한, 적절한, 잠재적인)는 (1) 심리학자 편에서의 전문적인 판단을 인정할 때, (2) 수식어구가 없이 발생할 부정이나 불공평을 제거해 줄 때, (3) 심리학자들이 행하는 광범위한 활동 전반에 적용 가능성을 보장할 때, 혹은 (4) 빠르게 시대에 뒤질 수도 있는 엄중한 규칙을 보호할 때, 기준에 포함되어있다. 윤리규약에서 사용된 바와 같이, 용어 합당한은, 심리학자가 그 당시에 가졌거나 가졌어야만 하는 지식을 가정한다면, 유사한 환경에서 유사한 활동에 종사하는 심리학자들의 널리 행해지고 있는 전문적인 판단을 의미한다.

심리학자는 자신의 전문적인 행동에 관한 의사결정 과정에서, 적용 가능한 법률과 심리학 이사회 조정에 덧붙여 윤리규약을 고려해야만 한다. 윤리규약을 전문업무에 적용함에 있어서, 심리학자는 도움이 될 만한 그 분야 내의 다른 사람들의 자문을 구해야함은 물론이고, 과학적이고 전문적인 심리학 기구가 채택하거나 인증한 자료들과 지침을 고려해야 하며, 그리고 자신의 양심의 명령에 따라 신중을 기해야 한다. 만약 윤리규약이 법이 요구하는 것보다 상위의 품행 기준을 설정하고 있다면, 심리학자는 상위의 윤리기준을 따라야 한다. 만약 심리학자의 윤리적 책임이 법, 규칙, 혹은 기타 법률기관과 갈등을 일으킨다면, 심리학자는 기본적인 인권 원칙을 지키면서, 윤리규약에 대한 자신의 책임을 알아야하고, 책임 있는 태도로 갈등을 해결하기 위한 조처를 취해야한다.

## 전문

심리학자는 과학적이고 전문적인 지식 및 사람들의 자기 이해와 다른 사람들에 대한 이해를 증진시키며, 개인, 조직 및 사회의 조건을 개선시키기 위하여 그러한 지식을 사용하는 데 이바지한다. 심리학자는 인권과 연구, 교육 및 출판에 있어서의 기본적인 질문과 표현의 자유의 중요성을 존중하고 보호한다. 심리학자는 일반대중들이 인간행동에 대한 정보에 근거한 판단과 선택을 발달시키도록 노력한다. 본 윤리규약은 심리학자가 전문적이고 과학적인 업무를 확립할 공통적인 원칙과 기준을 제공한다.

본 윤리규약은 심리학자가 당면하는 대부분의 상황들을 포괄하는 구체적인 기준을 제공하고자 한다.

그것은 목표와 마찬가지로 심리학자가 일하는 대상인 개인과 집단의 복지와 보호, 그리고 이 분야의 윤리기준에 관한 회원, 학생 및 일반 대중의 교육을 포함하고 있다.

심리학자의 업무관련 품행에 대한 윤리기준의 역동성의 발달은 윤리적으로 행동하고, 학생, 지도감독을 받는 수련생, 피고용인 및 동료에게 윤리적 행동을 고무시키고, 그리고 윤리문제에 관하여 다른 사람들에게 자문을 구하기 위해 평생에 걸친 노력을 기울여야 한다.

## 일반원칙

다음은 일반원칙이다. 일반원칙이란, 윤리기준과는 대조적으로, 더 없이 야심적이다. 그 의도는 심리학자들이 전문직에서의 최고의 윤리적 이상을 향해 나아가도록 안내하고 고무하는 것이다. 일반원칙은, 윤리기준과는 달리, 의무를 제시하지도 않으며, 상벌을 부과하는 토대를 마련하고 있지도 않다. 이런 이유들로 일반원칙에 의지한다면 그 의미와 목적을 왜곡하는 것이다.

### 원칙 A : 이롭게 하기와 해를 끼치지 않기

심리학자는 자신들이 업무를 수행하는 사람들을 이롭게 하도록 노력하며, 해를 입히지 않도록 주의한다. 전문적인 활동에서, 심리학자는 자신이 전문적으로 상호작용하는 사람들과 그 외 영향받는 개인들의 복지와 권리, 그리고 연구동물 피험자들의 복지를 보호하도록 노력한다. 심리학자의 의무나 관심사 사이에서 갈등이 발생할 때, 해를 입히는 것을 피하거나, 최소화하는 책임 있는 태도로 이러한 갈등을 해결하려고 노력한다. 심리학자의 과학적이고 전문적인 판단과 활동이 다른 사람들의 삶에 영향을 미칠 수도 있기 때문에, 심리학자는 자신의 영향을 오용하게 할 수도 있는 개인적, 재정적, 사회적, 조직적 혹은 정치적 요인에 대하여 경계하거나 보호해야 한다.

## 원칙 B : 신뢰와 책임

심리학자는 자신들이 업무를 수행하는 사람들과 신뢰 관계를 수립한다. 심리학자는 자신들이 업무를 수행하는 사회와 특정한 공동체에 대한 자신들의 전문적이고 과학적인 책임을 자각한다. 심리학자는 전문적인 품행기준을 지지하고, 자신의 전문적인 역할과 의무를 명확히 하고, 자신의 행동에 대한 적절한 책임을 수용하며, 착취하거나 해를 끼칠 수 있는 이해 충돌을 처리하도록 노력한다. 심리학자는 자신이 업무를 수행하는 사람들에게 최상의 이득이 되도록 봉사하며 필요한 경우, 다른 전문가와 기관에 대하여 자문하고, 의뢰하고, 협력한다. 심리학자는 동료들의 과학적이고 전문적인 품행에 대한 윤리적 응종에 관심을 둔다. 심리학자는 보상이나 개인적인 이득이 거의 또는 전혀 없는 일에 전문적 시간의 일부를 기여하도록 노력한다.

## 원칙 C : 성실성

심리학자는 심리학의 과학, 교육 및 실무에 있어서 정확성, 정직성 및 진실성의 증진을 추구한다. 이러한 활동들을 행함에 있어서, 심리학자는 사실을 절취하고, 속이거나, 사기행위나, 속임수를 쓰거나, 의도적인 허위진술을 하지 않는다. 심리학자는 약속을 지키며, 현명하지 못하거나 불분명한 관여를 피하도록 노력한다. 속임수가 이익을 최대화하고 해를 최소화하도록 윤리적으로 정당화 될 수도 있는 상황에서, 심리

학자는 결과로써 일어나는 어떠한 불신이나 그러한 기법 사용으로 발생하는 기타 해로운 영향을 바로잡기 위하여 필요성, 가능한 결과 및 자신의 책임을 숙고하는 중대한 의무를 지닌다.

## 원칙 D : 공정

심리학자는 공평과 공정이 모든 개인에게 심리학의 공헌에 다가가서 이득을 얻을 수 있도록 해주며, 심리학자에 의해 행하여지고 있는 과정, 절차 및 서비스에서 똑같은 권리를 누릴 수 있게 해준다는 것을 인정한다. 심리학자는 자신들의 잠재적 편파, 능력의 범위 및 자신들의 전문기술의 한계가 불공정한 실무를 하거나 간과하지도 않는다는 것을 보장하도록 하는, 합리적인 판단을 다하며 조심한다.

## 원칙 E : 인간 권리 및 존엄성에 대한 존중

심리학자는 모든 인간의 존엄성과 가치를 존중하며, 사생활, 비밀유지 및 자기결단에 대한 개인의 권리를 존중한다. 심리학자는 그 취약성이 자율적인 의사결정을 해치는 개인이나 공동체의 권리와 복지를 보호하기 위하여 안전장치가 필수적일 수도 있다는 것을 자각한다. 심리학자는 연령, 성별, 성 정체성, 인종, 민족성, 문화, 국적, 종교, 성적 태도, 무능력, 언어 및 사회경제적 지위에 근거한 것들을 포함하여 문화적, 개인적 그리고 역할 차이를 자각하고 존중하며, 또한 그러한 집단 구성원들과 함께 업무를 수행할 때 이 요인들을 고려한다. 심리학자는 자신의 업무에서 그러한 요인들에 근거한 편파의 영향을 제거하려고 노력하며, 알면서도 그러한 편견에 근거한 다른 사람들의 활동에 참여하거나 간과하지 않는다.

# 윤리기준

## 1. 윤리 쟁점을 해결하기

### 1.01 심리학자의 업무의 오용

심리학자는 자신의 업무가 오용되거나 잘못 전달된 것을 알게 되면, 그러한 오용이나 잘못된 전달을 교정하거나 최소화시키는 합리적인 조처를 취한다.

### 1.02 윤리규약과 법, 규칙 혹은 기타 법률기관과의 갈등

심리학자의 윤리적 책임들이 법, 규칙 혹은 기타 법률기관과 갈등을 빚는다면, 심리학자는 갈등의 본질을 명료화하며, 윤리규약에 대한 자신의 서약을 알리고 갈등을 해결하기 위한 합당한 조처를 취한다. 인권을 침해하는 상황에서 이 기준은 정당화되거나 변호될 수 없다.

### 1.03 윤리규약과 조직 요구간의 갈등

만약 심리학자가 소속되어있거나, 업무를 수행하고 있는 기관의 요구사항들이 이 윤리규약과 갈등을 빚으면, 심리학자는 그 갈등의 본질을 명료화하고, 윤리규약에 대한 자신의 서약을 알리고, 그리고 윤리규약의 일반원칙 및 윤리기준과 일치되게 갈등을 해결하는 합당한 조처를 취한다. 인권을 침해하는 상황에서 이 기준은 정당화되거나 변호될 수 없다.

### 1.04 윤리위반의 비공식적인 해결

다른 심리학자가 윤리위반을 범했을 수도 있다고 생각될 때, 심리학자는 만일 비공식적인 해결이 적절해 보이고 그 중재가 관여되었을 수도 있는 어떠한 비밀보호 권리를 침해하지 않는 경우, 그 개인으로 하여금 그 쟁점에 주목하게 함으로써 그 쟁점을 해결하려고 노력한다. (또한 기준 1.02 윤리와 법, 규칙 혹은 기타 법률 기관과의 갈등, 그리고 1.03 윤리규약과 조직요구간의 갈등 참조.)

### 1.05 윤리위반의 보고

만약 명백한 윤리위반이 사실상 개인이나 조직에 해를 입혔거나, 그럴 가능성이 있고, 기준 1.04 윤리위반의 비공식적인 해결 조항의 비공식적인 해결로는 부적절하거나 그런 식으로 잘 해결되지 않는다면, 심리학자는 그 상황에 적절한 차후 조처를 취한다. 이러한 조처에는 주 혹은 전국적인 전문 윤리위원회 또는 주 면허 이사회 혹은 적절한 기관에 의뢰하는 것이 포함된다. 이 기준은 어떤 중재가 비밀 유지 권리를 어길 때나, 전문적인 품행이 문제가 되어있는 다른 심리학자의 업무 검토권을 유지하고 있었을 때는 적용되지 않는다. (또한 기준 1.02 윤리규약과 법, 규칙 혹은 기타 법률기관과의 갈등 참조.)

### 1.06 윤리위원회와의 협력

심리학자는 윤리조사와 시행절차, 그리고 APA나 자신이 소속된 주 심리학회의 결과적인 요구사항에 협력한다. 그렇게 함으로써, 심리학자는 비밀유지 쟁점들을 역점을 두어 다룬다. 협조하지 않는 것 자체가 하나의 윤리위반이다. 그렇지만 소송 결과가 미결중인 윤리호소의 선고유예를 요청하는 것만으로는 비협조를 구성하지 아니한다.

### 1.07 부적당한 호소

심리학자는 증거 없는 주장을 반증하는 사실에 대하여 무모하게 경시하거나 의도적인 무시를 함으로써 윤리호소를 제기하지 않거나 그런 호소의 제기를 조장하지 않는다.

1.08 원고와 피고에 대한 불공평한 차별

심리학자는 개인이 윤리적인 문제를 호소하였거나 당한 것에만 근거하여 그 개인의 고용, 승진, 입학, 정년보장 또는 승진을 거부하지 않는다. 이는 다른 적절한 정보에 대한 처리나 고려에 기반한 행동을 취하는 것을 배제하지 않는다.

## 2. 유능성

2.01 유능성의 범위

(a) 심리학자는 자신의 교육, 훈련, 수련, 지도감독을 받은 경험, 자문, 연구 혹은 전문적 경험에 근거한, 자신의 유능성 범위 내에서만 대상이나 영역에서 서비스를 제공하거나, 교육하거나, 연구를 수행한다.

(b) 심리학 분야의 과학적이거나 전문적인 지식이 연령, 성별, 성 정체성, 인종, 민족, 문화, 국적, 종교, 성적 태도, 무능력, 언어 또는 사회 경제적 지위에 대하여 이해하는 것은 자신의 서비스나 연구의 효과적인 수행에 필수적이라는 것을 확립하는 한, 심리학자는 자신의 서비스의 유능성을 보장하는 데 필요한 수련, 경험, 자문 혹은 지도감독을 받거나 획득하며, 혹은 적절한 의뢰를 하는데, 기준 2.02 위급한 경우에 서비스를 제공하기에서 규정된 것은 제외된다.

(c) 자신에게 새로운 관여하고 있는 집단, 영역, 기법 또는 전문기술로 서비스를 제공하거나, 교육하거나, 연구를 수행하려고 계획하고 있는 심리학자는 관련 교육, 수련, 지도감독을 받은 경험, 자문 또는 연구를 해야 할 의무를 지닌다.

(d) 심리학자가 개인에게 서비스 제공 요청을 받았으나 적절한 정신건강 서비스가 쓰일 수 없거나 그 심리학자가 필요한 능력을 획득하지 못한 경우, 밀접하게 관련된 사전 수련을 받았거나 경험이 있는 심리학자가 그러한 서비스를 제공할 수도 있는데, 그들이 관련 연구, 수련, 자문 또는 연구를 이용할 때 요구되는 유능성을 획득하려는 합리적 노력을 한다면 그 서비스가 거부되지 않도록 보장하기 위해서이다.

(e) 예비수련을 위하여 일반적으로 인정된 기준들이 아직 존재하지 않는 최근에 생겨난 분야들에서도, 심리학자는 자신의 업무 유능성을 보장하고, 내담자들/환자들, 학생들, 수련생들, 연구 참여자들, 조직 내담자들 및 타인들을 상해로부터 보호하기 위한 합리적인 조처를 취한다.

(f) 법정 역할을 수행할 때, 심리학자는 자신의 역할에 대한 사법적 규정이나 행정규정을 상당히 숙지하고 있거나 숙지해야 한다.

2.02 위급한 경우에 서비스를 제공하기

위급한 경우에, 다른 정신건강 서비스가 쓰일 수 없거나, 필요한 수련을 받지 않은 심리학자가 개인에게 서비스를 제공할 때, 심리학자는 그 서비스가 거부되지 않도록 보증하기 위하여 그러한 서비스를 제공할 수도 있다.

2.03 유능성의 유지

심리학자는 자신의 유능성을 발전시키고 유지하기 위하여 지속적인 노력을 기울인다.

2.04 과학적, 전문적 판단의 토대

심리학자의 업무는 이 분야의 확립된 과학적이고 전

문적인 지식에 근거한다. (또한 기준 2.02 e, 유능성의 범위, 그리고 10.01 b, 치료에 관한 동의서, 참조.)

## 2.05 다른 사람들에게 업무 위임

피고용인, 지도감독을 받는 수련생, 또는 연구나 교육 보조자에게 업무를 위임하거나, 해석자 같은 다른 사람의 서비스를 이용하는 심리학자는 다음과 같은 합리적인 조처를 취한다: (1) 서비스를 받는 사람과 다중관계가 있어서 착취나 객관성을 상실할 가능성이 있는 사람에게는 이러한 업무 위임을 피한다. (2) 교육, 수련 또는 경험을 바탕으로 하여 독립적으로 또는 지도감독이 제공되는 수준에서 유능하게 수행할 것으로 여겨지는 사람에게만 그러한 책임을 위임한다. (3) 이러한 사람이 유능하게 이들 서비스를 수행하는지를 확인한다. (또한 기준 2.02, 위급한 경우에 서비스를 제공하기; 4.01, 비밀유지; 9.01, 평가의 토대; 9.02, 평가의 사용; 9.03, 평가의 동의서; 및 9.07, 자격 있는 사람의 평가 참조.)

## 2.06 개인 문제 및 갈등

(a) 심리학자는 자신의 개인적 문제가 자신의 업무관련 활동을 유능한 방식으로 수행하지 못하게 방해할 상당한 가능성이 있다는 것을 알거나 알아야 할 때, 어떤 활동을 착수하는 것을 자제한다.

(b) 심리학자는 자신의 업무와 관련된 적절한 임무들을 수행하는 것을 방해할 수 있는 개인적인 문제들을 자각하게 될 때, 전문적인 자문이나 도움을 구하며, 자신의 업무 관련 임무들을 제한하고, 정지시키고, 혹은 종결 여부를 결정하는 등의 조처를 적절히 취한다. (또한 기준 10.10, 치료 종결하기 참조.)

## 3. 인간관계

### 3.01 불공평한 차별

심리학자는 업무 관련 활동에서, 연령, 성별, 성 정체성, 인종, 민족, 문화, 국적, 종교, 성적 태도, 무능력, 사회경제적 지위, 혹은 법에 의해 금지된 어떤 근거들에 기초한 불공정한 차별을 하지 않는다.

### 3.02 성적 괴롭힘

심리학자는 성적 괴롭힘에 관여하지 않는다. 성적 괴롭힘은 성적 유혹, 신체적 접촉 혹은 본질적으로 성적인 의미가 있는 언어적·비언어적 품행으로, 이는 심리학자의 활동이나 심리학자로서의 역할들과 관련되어 나타나는 것으로, 다음의 어느 하나에 해당된다: (1) 이는 달갑지 않고 무례하고 적대적인 일터나 교육 환경을 만드는 상황에서, 심리학자가 이 사실에 대해 알고 있거나 들은 적이 있을 때, 혹은 (2) 그 맥락에서 이성적인 사람이라면 누구에게나 아주 심하거나 강한 학대라고 여길 때 성적 괴롭힘은 강하거나 심한 일회적 행위로도 구성될 수 있으며, 혹은 지속되거나 만연된 복합 행위들로 구성될 수 있다. (또한 기준 1.08, 원고와 피고에 대한 불공평한 차별 참조.)

### 3.03 기타 괴롭힘

심리학자는 자신의 업무에서 연령, 성별, 성 정체성, 인종, 민족, 문화, 국적, 종교, 성적태도, 무능력, 언어, 또는 사회경제적 지위와 같은 요인들에 근거하여 괴롭히거나 품위를 손상시키는 행동에 고의로 관여하지 않는다.

### 3.04 상해 회피

심리학자는 내담자/환자, 학생, 지도감독을 받는 수련생, 연구 참여자, 조직 내담자 등 함께 일하는 다른 사람들에게 해를 주는 것을 피하고, 예측할 수는 있지만 피할 수 없는 상황에서 해를 최소화하기 위하여 합리적 조처를 취한다.

## 3.05 다중관계

(a) 다중관계는 심리학자가 어떤 사람과 전문적 역할 관계에 있고, (1) 동시에 그 사람과 또 다른 역할 관계에 있을 때, (2) 동시에 심리학자가 전문적 관계를 가지고 있는 그 사람과 어떤 사람이 밀접하게 연관되거나 관계가 있을 때, 혹은 (3) 그 사람 또는 그 사람과 밀접하게 연관되거나 관계가 있는 어떤 사람과 미래에 또 다른 관계를 가지기로 약속할 때 발생한다.

심리학자는 다중관계가 심리학자로서 자신의 기능을 수행하는 데 심리학자의 객관성, 유능성 혹은 효율성을 해치거나, 그렇지 않으면 전문적 관계에 있는 그 사람에게 착취나 해를 입힐 위험이 꽤 있을 것으로 기대 된다면 다중관계를 맺는 것을 자제해야 한다.

상해를 입히거나 착취나 해를 입힐 위험이 꽤 있을 것으로 기대되지 않는 다중관계는 비윤리적이 아니다.

(b) 심리학자가 예측하지 못한 요인들로 인해, 잠재적으로 해로운 다중관계가 야기되었다는 사실을 알게 되면, 심리학자는 그 문제를 해결하기 위해, 그로 인해 영향을 받는 사람들의 최선의 이익을 위해 관심을 기울이고 윤리규약을 최대로 따르도록 합리적인 조처를 취한다.

(c) 심리학자가 법적 절차나 행정 절차에서 하나 이상의 역할을 수행하도록 법적, 기관 정책 혹은 특별한 상황으로 요청 받을 때, 심리학자는 시초에 역할기대와 비밀보존의 한계를 분명히 하며, 그 후에는 변화가

생길 때마다 분명히 한다. (또한 기준 3.04, 상해 회피, 그리고 3.07, 제 삼자의 서비스 요청 참조.)

## 3.06 이해의 갈등

심리학자는 개인적, 과학적, 전문적, 법적, 재정적 혹은 기타 이해나 관계가 (1) 심리학자로서 자신의 기능을 수행하는 데 객관성, 유능성 혹은 효율성을 해치거나, (2) 전문적 관계에 있는 개인이나 조직에 해를 입히거나 착취할 것으로 꽤 기대될 경우에 전문적 역할을 맡는 것을 자제해야 한다.

## 3.07 제삼자의 서비스 요청

제삼자가 요청하는 어떤 사람이나 대상에 대한 서비스를 하기로 심리학자가 동의할 경우, 심리학자는 서비스의 시작부터 관여된 모든 개인이나 조직과의 관계의 본질을 명확히 하려고 노력해야 한다. 이러한 명료화에는 심리학자의 역할(예, 치료자, 자문가, 진단가 또는 전문 증인), 누가 내담자인가의 확인, 제공되는 서비스나 얻어진 정보의 사용 가능성, 그리고 비밀보장이 제한될 수도 있다는 사실 등이 포함된다. (또한 기준 3.05, 다중관계, 그리고 4.02, 비밀 유지의 한계에 대한 논의 참조.)

## 3.08 착취관계

심리학자는 자신이 지도감독하거나 평가하거나 혹은 기타 권위를 행사하는 사람에 대해서 즉, 내담자/환자, 학생, 지도감독을 받는 수련생, 연구 참여자 및 피고용인을 착취하지 않는다. (또한 기준 3.05, 다중관계; 6.04, 치료비 및 재정적 타협; 6.05, 내담자/환자와의 물물교환; 7.07, 학생이나 지도감독을 받는 수련생과의 성 관계; 10.05, 현재 치료 내담자/환자와의 성적 친밀성; 10.06, 현재 치료 내담자/환자의 친

척이나 중요한 타인들과의 성적 친밀성; 10.07, 이전 성적 파트너에 대한 치료; 및 10.08, 이전 치료 내담자/환자와의 성적 친밀성 참조.)

### 3.09 다른 전문가들과의 협력
바람직하고 전문적으로 적절한 경우에, 심리학자는 자신의 내담자/환자에게 효과적으로 적절히 봉사하기 위하여 협력한다.(또한 기준 4.05, 노출 참조.)

### 3.10 동의서
(a) 심리학자가 개인에게나 전송 또는 기타 통신 형식을 통해서 연구를 수행하거나 평가, 치료, 상담 또는 자문 서비스를 제공할 때, 심리학자는 그 개인이 잘 이해할 수 있는 말을 사용해서 동의서를 얻는데, 동의 없이 그러한 활동을 수행하는 것이 법이나 정부규칙으로 권한이 위임되거나 그렇지 않으면 본 윤리규약에 규정되어있을 때는 예외로 한다. (또한 기준 8.02, 연구 동의서; 9.03, 평가 동의서; 및 10.01, 치료 동의서 참조.)

(b) 법적으로 동의서를 받을 능력이 없는 사람의 경우에, 심리학자는 그럼에도 불구하고 (1) 적절한 설명을 해주고, (2) 그 개인의 승인을 구하고, (3) 이러한 사람들의 선취권이나 최상의 권익을 고려하며, (4) 법적으로 권한을 부여받은 사람으로부터 적절한 허락을 얻는데, 그런 대리 동의가 법적으로 허용이 되거나 요청될 때 한한다. 법적으로 권한을 부여받은 사람에 의한 동의가 법적으로 허용되지 않거나 요청되지 않을 때, 심리학자는 그 개인의 권리와 복지를 보호하는 합리적인 조처를 취한다.

(c) 심리학적 서비스가 법원 명령이거나 그렇지 않으면 위임될 때, 심리학자는 그 개인에게 예상되는 서비스의 본질에 대하여 알려주는데, 여기에는 그 서비스가 법원 명령이거나 위임 여부 그리고 비밀 보장의 한계를 진행되기 전에 알려주는 것이 포함된다.

(d) 심리학자는 서면 또는 구두 동의, 허락 및 승인을 적절하게 문서로 남긴다. (또한 기준 8.02, 연구 동의서; 9.03, 평가 동의서; 및 10.01, 치료 동의서 참조.)

### 3.11 조직이나 조직 통해 전달되는 심리학적 서비스
(a) 조직이나 조직을 통해 서비스를 전달하는 심리학자는 미리 내담자 그리고 적절할 때는 그 서비스로 직접 영향을 받는 사람에게 다음에 관한 정보를 미리 제공한다: (1) 서비스의 본질과 목적, (2) 예정된 수혜자, (3) 어느 개인이 내담자인지, (4) 심리학자가 각 개인 그리고 조직과 가지게 될 관계, (5) 제공된 서비스나 획득된 정보의 예상되는 이용, (6) 누가 정보에 접근할 수 있을지, 그리고 (7) 비밀보장의 한계. 가능한 빨리, 심리학자는 적절한 사람에게 그러한 서비스의 결과와 결론에 관한 정보를 제공한다.

(b) 심리학자는 특정한 개인이나 집단에 정보를 제공하는 것이 법에 의해서 또는 조직의 역할에 의해 배제될 경우, 그 서비스를 시작할 때 개인이나 집단에게 잘 알려준다.

### 3.12 심리학적 서비스의 중단
달리 계약으로 망라되어있지 않는 한 심리학자는 자신의 질병, 죽음, 연락이 닿지 않음, 자리 옮김, 혹은 은퇴, 또는 내담자/환자의 이사나 재정적인 어려움과 같은 요인들에 의해 심리학적 서비스가 중단될 경우에, 이후의 서비스를 계획해 주는 합당한 노력을 한다. (또한 기준 6.03 전문적, 과학적 업무에 관한 비밀 기록의 유지, 보급 및 처분 참조.)

## 4. 사생활과 비밀유지

### 4.01 비밀 유지

심리학자는 어떤 매체를 통해서 획득되거나 저장된 비밀정보를 보호할 일차적 의무가 있고, 합당한 예방 조처를 취하는데, 비밀유지의 범위와 한계가 법률에 규정되거나, 기관의 규칙, 혹은 전문적이거나 과학적인 관계에 의해 수립될 수도 있다는 것을 인식한다. (또한 기준 2.05, 다른 사람에게 업무 위임 참조.)

### 4.02 비밀유지의 한계에 대한 논의

(a) 심리학자는 과학적 관계 또는 전문적 관계를 수립한 개인(적절하다면 법적으로 동의서를 받을 능력이 없는 개인과 그들의 법적 대리인 포함) 및 조직과 (1) 비밀유지에 관련된 한계, 그리고 (2) 심리학적 서비스를 통해 생성된 정보의 예상되는 사용에 관하여 논의한다. (또한 기준 3.10, 동의서 참조.)

(b) 적절하지 않거나 금기시 되는 경우를 제외하고는, 비밀유지에 대한 논의가 관계의 시초에 일어나며, 그 후에는 새로운 상황에서 필요할 때 일어난다.

(c) 전송을 통하여 서비스, 제작물, 또는 정보를 제공하는 심리학자는 내담자/환자에게 사생활과 비밀유지의 한계에 대한 위험을 알려준다.

### 4.03 기록

심리학자가 서비스를 제공하는 개인의 음성이나 영상을 기록하기 전에, 심리학자는 그 개인이나 법적 대리인으로부터 허락을 받는다. (또한 기준 8.03, 연구

에서 음성 및 영상 기록 동의서; 8.05, 연구 동의서 받지 않기; 및 8.07 연구에서 속이기 참조.)

### 4.04 사생활 침해의 최소화

(a) 심리학자는 서면 보고서, 구두보고 및 자문에 의사소통을 하는 목적과 밀접한 관련이 있는 정보만을 포함시킨다.

(b) 심리학자는 자신의 업무에서 얻은 비밀정보를 적절한 과학적 목적이나 전문적 목적을 위해서만 그리고 그런 문제들에 명백히 관련된 사람들만을 대상으로 논의한다.

### 4.05 노출

(a) 법률에 의해 금지되지 않는 한, 심리학자는 조직 내담자, 개인 내담자/환자, 또는 내담자/환자를 대신해서 법적으로 권한을 부여받은 사람의 적절한 동의를 얻어 비밀 정보를 노출할 수도 있다.

(b) 심리학자는 법률에 의해 위임되었을 때, 또는 다음과 같은 타당한 목적을 위해 법률에 의해 허가되었을 때에만 개인의 동의 없이 비밀 정보를 노출한다: (1) 필요한 전문적 서비스를 제공하기 위한 경우, (2) 적절한 전문적 자문을 구하기 위한 경우, (3) 내담자/환자, 심리학자 또는 그 밖의 사람들을 상해로부터 보호하기 위한 경우, 또는 (4) 내담자/환자로부터 서비스에 대한 비용을 받기 위한 경우에, 노출은 그 목적을 이루는데 필요한 최소한으로 국한된다. (또한 기준 6.04 e, 치료비 및 재정적 타협 참조.)

### 4.06 자문

동료들에게 자문을 구할 때, (1) 심리학자는 개인이나

조직의 사전동의를 얻지 않았거나 노출을 피할 수 있다면 심리학자는 내담자/환자, 연구참여자, 혹은 비밀유지 관계에 있는 기타 개인이나 조직의 신분을 드러낼 수 있는 비밀 정보를 노출하지 않으며, (2) 자문의 목적을 이루는 데 필요한 정도에서만 정보를 노출한다. (또한 기준 4.01, 비밀을 유지 참조.)

4.07 교육 목적이나 기타 목적을 위한 비밀정보의 사용
심리학자는 자신의 저술이나 강의, 혹은 다른 공공매체에 내담자/환자들, 학생들, 연구 참여자들, 조직 내담자들, 또는 서비스를 받는 기타 수혜자들에 관련된 업무 과정에서 얻은 비밀이 요구되는 개인적인 신상정보를 (1) 그 개인이나 조직을 숨기기 위해 합당한 조처를 취하지 않는 한, (2) 그 개인이나 조직이 서면으로 동의하지 않는 한, 또는 (3) 그렇게 하는 데 법적 권한이 없는 한 노출하지 않는다.

## 5. 광고 및 기타 공적 진술

5.01 거짓 혹은 기만적인 진술의 회피
(a) 공적 진술에는 유료나 무료 광고, 제작물 보증선전, 연구비 지원, 소책자, 인쇄물, 주소록, 개인 이력서, 또는 인쇄나 전송과 같은 대중매체용 논평, 법적 소송에서의 진술, 강의와 구연 발표 및 출판물이 포함된다. 심리학자는 자신의 연구, 실무, 기타 업무 활동 또는 자신이 제휴한 개인이나 조직의 사람들에 관하여 고의로 거짓된, 기만적인 또는 사기성 있는 공적 진술을 하지 않는다.

(b) 심리학자는 다음에 관하여 거짓되거나 기만적이거나 사기성 있는 진술을 하지 않는다: (1) 자신의 수련, 경험, 혹은 유능성; (2) 학위; (3) 자격증; (4) 연구기관이나 학회 가입; (5) 서비스; (6) 서비스의 과학적, 임상적 토대, 그 성과나 성공의 정도; (7) 치료비, 혹은 (8) 출판이나 연구결과.

(c) 심리학자는 다음의 경우에만 자신의 건강 서비스를 위하여 자격증을 주장한다: (1) 지역적으로 인가된 교육기관으로부터 수여된 학위, 혹은 (2) 자신이 개업하고 있는 주로부터 수여된 심리학 면허증.

5.02 타인에 의한 진술
(a) 자신의 전문적 실무, 제작물 또는 활동을 촉진하는 공적 진술을 하기 위하여 타인을 참여시키는 심리학자는 그러한 진술에 대한 전문적 책임을 지닌다.

(b) 심리학자는 신문, 라디오, TV 기타 대중매체의 담당자에게 뉴스로 다루어 준 보답으로 보상을 하지 않는다. (또한 기준 1.01, 심리학자의 업무의 오용 참조.)

(c) 심리학자의 활동에 관계된 유료 광고는 그 자체로 밝히거나, 분명히 인정해야 한다.

5.03 워크숍 및 비학위수여 교육 프로그램
워크숍, 세미나 혹은 그 외의 비학위수여 교육 프로그램들을 기술하는 공고, 카탈로그, 소책자 또는 광고에 책임이 있는 심리학자는 자신이 통제할 수 있는 한 프로그램이 의도되는 대상, 교육목적, 발표자, 비용 등을 정확히 기술하도록 해야 한다.

5.04 언론매체 발표
심리학자가 인쇄, 인터넷 또는 기타 전송을 통해 공적인 조언이나 논평을 할 때, 다음을 보증하기 위하여 주의를 기울인다: (1) 적절한 심리학 문헌과 실무에

따른 자신의 전문지식, 수련 또는 경험을 토대로 한 진술, (2) 본 윤리규약과 일치된 진술, 그리고 (3) 수혜자와 전문적 관계가 수립되었다는 것을 나타내지 않는 진술. (또한 기준 2.04, 과학적, 전문적 판단의 토대 참조.)

### 5.05 답례품

심리학자는 특정 상황 때문에 부당한 압박에 취약한 현재 치료를 받고 있는 내담자/환자, 또는 그 외 사람들로부터 답례품을 요구하지 않는다.

### 5.06 호객행위

심리학자는 특정 상황 때문에 부당한 압박에 취약한 현재나 미래의 치료 내담자/환자, 그 외 사람들에게 상업적인 호객행위에 직접적으로든 대리인을 통해서든 관여하지 않는다. 그렇지만 이러한 금지가 다음의 경우에는 해당되지 않는다: (1) 이미 치료를 받은 내담자/환자에게 도움을 줄 목적으로 적절한 부수적인 접촉을 하려고 시도하는 것이나 (2) 재난 혹은 지역사회 구제 활동 서비스를 제공하는 것.

## 6. 기록 보존과 치료비

### 6.01 전문적, 과학적 업무의 문서화와 기록의 유지

심리학자는 (1) 자신이나 기타 전문가들의 이후의 서비스 제공을 촉진하고, (2) 연구 설계와 분석의 반복을 하게 해주며, (3) 기관의 요구에 부응하며, (4) 청구서 작성과 지불의 정확성을 보장하고, (5) 법률 준수를 보장하기 위하여, 자신의 전문적, 과학적 업무에 관한 기록과 자료를 만들어 그 기록이 자신의 통제하에 둘 만큼 유지, 보급, 저장, 보유, 처분한다. (또한 기준 4.01, 비밀 유지 참조.)

### 6.02 전문적, 과학적 업무에 관한 비밀기록의 유지, 보급 및 처분

(a) 심리학자는 정보가 서면으로 되어있거나 자동화되어있거나 혹은 어떤 다른 매체에 의해 기록된 것이든, 자신의 통제하에 있는 기록의 생성, 저장, 접근, 이전 및 처분에 있어서 비밀을 유지한다. (또한 기준 4.01, 비밀 유지, 그리고 6.01, 전문적, 과학적 업무의 문서화와 기록의 유지 참조.)

(b) 만약 심리학적 서비스의 수혜자에 관한 비밀 정보를 그 수혜자가 허락하지 않는 사람들이 이용할 수 있는 데이터베이스나 기록 시스템에 입력할 경우, 심리학자는 개인 신상의 노출을 피하기 위해 암호나 다른 기법을 사용한다.

(c) 심리학자는 자신의 직책이나 실무를 그만 두는 경우, 기록 및 자료에 대하여 적절한 인계를 하게 하며, 비밀 유지가 보호 되도록 미리 계획을 세운다. (또한 기준 3.12, 심리학적 서비스의 중단, 그리고 10.09, 치료의 중단 참조.)

### 6.03 환자가 치료비를 내지 않는 상황에서 기록문서를 건네주지 않기

심리학자는 치료비를 받지 못했다고 해서 내담자/환자의 위기 치료를 위해 요청되거나 필요로 하는 자신의 통제하에 있는 기록을 건네주지 않을 수는 없다.

### 6.04 치료비 및 재정적 타협

(a) 전문적이거나 과학적인 관계에 있어서 가능한 한 빨리, 심리학자와 심리학적 서비스의 수혜자는 보상과 청구서 작성 합의를 명세화하는 데 동의한다.

(b) 심리학자의 치료비 실무는 법률을 따른다.

(c) 심리학자는 치료비에 대하여 허위 진술하지 않는다.

(d) 심리학자는 재정적인 한계 때문에 서비스의 한계가 예상될 경우, 이 문제를 서비스의 수혜자와 가능한 빨리 논의한다. (또한 기준 10.09, 치료의 중단, 그리고 10.10, 치료종결하기 참조.)

(e) 서비스의 수혜자가 동의했던 서비스에 대한 치료비를 지불하지 않을 경우, 그리고 심리학자가 치료비를 받아내기 위하여 수금회사나 법적인 수단을 이용하려고 계획하는 경우, 심리학자는 먼저 그러한 수단이 취해질 것임을 그 사람에게 먼저 통지하고 신속히 지불할 기회를 준다. (또한 기준 4.05, 노출; 6.03, 환자가 치료비를 내지 않는 상황에서 기록문서를 건네주지 않기; 그리고 10.01, 치료에 관한 동의서 참조.)

## 6.05 내담자/환자와의 물물교환
물물교환이란 심리학적인 서비스의 대가로 내담자/환자로부터 물건, 서비스, 혹은 기타 비금전적인 보상을 받는 것이다. 심리학자는 다음과 같은 경우에만 물물교환에 참여할 수 있다; (1) 임상적으로 금기시되어 있지 않을 때, (2) 결과적인 타협이 착취적이지 않을 때. (또한 기준 3.05, 다중관계, 그리고 6.04, 치료비 및 재정적 타협 참조.)

## 6.06 지불인 및 기금출처에 대한 보고서의 정확성
서비스에 대한 지불인 혹은 연구기금의 출처에 대한 보고서에서, 심리학자는 제공된 서비스나 수행된 연구의 본질, 치료비나 청구액, 또는 지불액 그리고 적절하다면, 제공자의 신분, 결과 및 진단 등을 정확하게 보고하도록 합리적인 조처를 취한다. (또한 기준 4.01, 비밀유지; 4.04, 사생활 침해의 최소화; 그리고 4.05, 노출 참조.)

## 6.07 의뢰 및 치료비
심리학자가 고용주-피고용인 관계 이외의 다른 전문가에게 보수를 지불하거나 보수를 받거나 또는 치료비를 나누는 경우, 각각에 대한 보수는 제공된 서비스(임상, 자문, 행정 등등)에 근거하며, 의뢰 자체에 근거하지 않는다. (또한 기준 3.09, 다른 전문가들과의 협력 참조.)

## 7. 교육 및 수련

### 7.01 교육 및 수련 프로그램 설계
교육 및 수련 프로그램에 책임이 있는 심리학자는 프로그램들이 적절한 지식이나 적당한 경험을 제공하며, 그 프로그램이 요구되는 면허, 자격증, 기타 목적에 필요한 요건을 충족시키게 설계되었다는 것을 보장하는 합당한 조처를 취한다. (또한 기준 5.03, 워크숍 및 비학위수여 교육 프로그램 참조.)

### 7.02 교육 및 수련 프로그램에 대한 기술
교육 및 수련 프로그램에 책임이 있는 심리학자는 프로그램의 내용(필요한 과정 또는 프로그램 관련 상담, 심리치료, 경험 집단, 자문 과제, 또는 공동체 서비스 참여를 포함), 수련 목적 및 목표, 수당 및 이익, 그리고 프로그램의 만족스런 완성을 위해 충족되어야만 하는 요건들에 대한 현재의 정확한 기술이 있는지를 확인하려고 노력한다. 이런 정보는 모든 관심 있는 당사자들에게 즉시 이용 가능해야 한다.

## 7.03 교육에서의 정확성

(a) 심리학자는 교과과정 계획안이 다루어질 피험자 문제, 진행을 평가하기 위한 토대 및 교과과정 경험의 본질에 관하여 정확하도록 보장하는 합리적인 조처를 취한다. 본 기준은 학생들이 교과과정 요건을 충족시킬 수 있는 방법으로 이들 수정을 자각하는 한, 강의하는 사람이 수정을 필요하거나 바람직하다고 고려할 때 교과과정 내용이나 요건을 강의하는 사람이 수정하는 것을 방해하지 않는다. (또한 기준 5.01, 거짓 혹은 기만적인 진술의 회피 참조.)

(b) 교육이나 수련에 관여할 때, 심리학자는 심리학적 정보를 정확하게 제시한다. (또한 기준 2.03, 유능성의 유지 참조.)

## 7.04 학생 개인 정보 노출

심리학자는 성적 내력, 학대나 무관심의 내력, 심리학적 치료 및 부모, 동료, 배우자 또는 중요한 타인들과의 관계에 관하여 교과과정이나 프로그램 관련 활동에서의 개인적 정보를 구두로나 서면으로, 학생이나 지도감독을 받는 수련생에게 노출하도록 요구하지 않는데, 다음의 경우를 예외로 한다: (1) 프로그램이나 수련 시설이 입학 때나 프로그램 자료에 이 요건을 분명히 확인하였을 경우, (2) 학생들의 개인적 문제가 학생 자신들의 수련 또는 전문적으로 관련된 활동을 유능한 방식으로 수행하는 데 방해되고 그 학생이나 타인들에게 위협을 줄 것으로 합당하게 판단될 수 있기 때문에 도움을 평가하거나 구하기 위해 정보가 필요한 경우.

## 7.05 위탁 개인치료 또는 집단치료

(a) 개인 치료나 집단 치료가 프로그램이나 교과과정 요건일 때, 그 프로그램에 책임이 있는 심리학자는 학부 및 대학원 프로그램 학생들에게 그 프로그램에 소속되어있지 않은 실무자로부터 그러한 치료를 선택하는 선택권을 허락한다. (또한 기준 7.02, 교육 및 수련 프로그램에 대한 기술 참조.)

(b) 학생의 학업 수행을 평가하는 데 책임이 있거나 있을 가능성이 있는 교수는 스스로 그러한 치료를 제공하지 않는다. (또한 기준 3.05, 다중관계 참조.)

## 7.06 학생 및 지도감독을 받는 수련생의 수행 평가

(a) 학구적인 관계와 지도감독 관계에서, 심리학자는 학생들과 지도감독을 받는 수련생에게 피드백을 제공하기 위해 적시에 구체적인 과정을 수립한다. 그 과정에 대한 정보는 지도감독을 시작할 때 학생에게 제공된다.

(b) 심리학자는 관련되고 수립된 프로그램 요건에 관한 실제 수행을 기초로 학생들과 지도감독을 받는 사람을 평가한다.

## 7.07 학생 및 지도감독을 받는 수련생과의 성적 관계

심리학자는 자신의 학과, 기관, 또는 수련 센터의 학생이나 지도감독을 받는 수련생, 혹은 심리학자가 평가적인 권한을 행사하거나 그럴 가능성이 있는 사람과 성적 관계에 관여하지 않는다. (또한 기준 3.05, 다중관계 참조.)

# 8. 연구 및 출판

## 8.01 학회의 승인

기관의 승인이 요구될 때, 심리학자는 연구를 수행하기 전에 연구 계획안에 대한 정확한 정보를 제공하고,

승인을 얻는다. 심리학자는 승인된 연구 원안대로 연구를 수행한다.

## 8.02 연구 동의서

(a) 기준 3.10 동의서에서 요구된 것과 같은 동의서를 얻을 때, 심리학자는 참여자들에게 다음에 관하여 알려준다: (1) 연구의 목적, 예상되는 기간 및 절차; (2) 연구에 참여하거나 그만두는 거절할 수 있는 권리; (3) 거부하거나 그만두는 것에 관한 예상될 수 있는 결과; (4) 참여 자발성에 영향을 미칠 수 있을 것으로 예상되는 잠재적 위험, 불편감 또는 해로운 영향과 같은 예상되는 요인들; (5) 어떤 예기되는 연구 이득; (6) 비밀 보장의 한계; (7) 참여에 대한 유인가; 및 (8) 연구와 연구 참여자의 권리에 관한 질문을 받아주는 사람. 심리학자는 참여할 사람들이 질문을 하고 대답을 듣는 기회를 제공한다. (또는 기준 8.03, 연구에서 음성 및 영상기록 동의서; 8.05, 연구동의서 받지 않기; 및 8.07, 연구에서 속이기 참조.)

(b) 실험 처치 사용을 포함하는 중재 연구를 수행하는 심리학자는 연구 시작부터 참여자에게 다음을 분명하게 한다; (1) 실험 처치의 본질; (2) 적절하다면, 통제 집단에게 이용할 수 있거나 또는 이용할 수 없게 될 서비스; (3) 처치 집단과 통제집단에의 배정이 이뤄지게 될 수단; (4) 만약 개인이 연구에 참여하고 싶지 않다거나 연구가 이미 시작되었는데 그만두고 싶어 할 경우 이용할 수 있는 처치 대안; 및 (5) 참여하는 것에 대한 보상이나 금전적인 대가, 적절할 경우 참여 보상금 지불이나 제삼자 지불인을 찾게 될 지 여부를 포함하는 것. (또한 기준 8.02 a, 연구 동의서 참조.)

## 8.03 연구에서 음성 및 영상 기록 동의서

심리학자는 자료수립을 위해 음성이나 영상을 기록하기 전에 연구 참여자로부터 동의서를 받는데, 다음의 경우는 제외된다: (1) 연구가 단지 공공장소에서의 자연 관찰이어서, 그 기록이 개인적 심상이나 해를 끼치는 데 사용될 것으로 예상되지 않을 경우, 혹은 (2) 연구 설계에 속이기가 포함되어있거나, 기록 사용에 대한 동의가 사후 결과보고를 하는 동안 얻어진 경우, (또한 기준 8.07, 연구에서 속이기, 참조.)

## 8.04 내담자/환자, 학생 및 하급자 참여자

(a) 심리학자가 내담자/환자, 학생 또는 하급자 참여자를 대상으로 연구를 수행할 때, 심리학자는 참여를 거부하거나 그만두는 것에 대한 해로운 결과로부터 참여할 사람들을 보호하는 조처를 취한다.

(b) 연구 참여가 수업과목의 필수과정이거나 보너스 학점을 딸 수 있는 기회가 될 때, 참여할 사람들은 공정한 대안적 활동의 선택권을 부여받는다.

## 8.05 연구 동의서 받지 않기

심리학자는 다음 경우에만 동의서를 받지 않을 수도 있다: (1) 연구가 고통을 주거나 해를 끼치지 않을 것으로 합당하게 여겨질 경우인데, 여기에는 다음이 포함된다; (a) 교육 장면에서 수행되는 정상 교육 실무, 교과과정 또는 교실 경영 방법에 대한 연구; (b) 익명의 질문지, 자연 관찰, 또는 기록보관소의 기록 연구에서 반응 노출이 참여자들을 형사나 민사 책임의 위험에 놓이게 하지 않거나, 재정적 지위, 고용 가능성 또는 평판에 손상을 입히지 않으며, 비밀이 보장되는 경우에만; 혹은 (c) 참여자의 고용 가능성에 위험이 없으며, 비밀이 보장되는 조직 장면에서 수행되는 직업이나 조직 효과성에 관련된 요인들의 연구, 혹은: (2) 그렇지 않으면 법률 또는 연방이나 기관의 규칙에 의해 허용되는 경우.

## 8.06 연구 참여에 유인가를 제공하기

(a) 심리학자는 그러한 유인이 참여를 강요할 가능성이 있을 때, 지나치거나 부적절한 재정적 또는 기타 유인가 제공을 피하기 위하여 합당한 노력을 한다.

(b) 연구 참여를 위한 하나의 유인으로서 전문적 서비스를 제공할 때, 심리학자는 위험, 의무 및 한계뿐만 아니라 그 서비스의 본질을 분명히 한다. (또는 기준 6.05, 내담자/환자와의 물물교환 참조.)

## 8.07 연구에서 속이기

(a) 심리학자는 속이기 기법의 사용이 그 연구의 중요한 예상되는 과학적, 교육적, 혹은 응용적 가치에 의해 정당화되며 또한 속임수를 쓰지 않는 효과적인 대안적 절차들이 가능하지 않다고 결정한 경우를 제외하고는 속임수가 포함된 연구를 수행하지 않는다.

(b) 심리학자는 신체적 통증이나 심한 정서적 고통을 일으킬 것으로 꽤 예상되는 연구에 참여할 사람들을 속이지 않는다.

(c) 심리학자는 실험의 설계 및 수행에서 필수적인 어떠한 속임이든 가능한 빨리, 되도록이면 연구 참여가 끝났을 때, 그러나 자료수집이 끝나기 전에, 그리고 참여자들이 자신의 자료를 철회하도록 참여자들에게 설명해야 한다. (또한 기준 8.08, 사후결과보고 참조.)

## 8.08 사후결과보고

(a) 심리학자는 참여자들이 연구의 본질, 결과 및 결론에 대한 적절한 정보를 얻을 수 있는 즉각적인 기회를 제공하며, 또한 심리학자는 참여자들이 가지고 있을지 모르는 심리학자가 자각한 어떤 잘못된 개념들을 바로 잡아 주려는 합당한 조처를 취한다.

(b) 만약 과학적이거나 인간적인 가치가 이런 정보의 지연이나 보류를 정당화한다면, 심리학자는 피해의 위험을 감소시키기 위해 합당한 조처를 취한다.

(c) 연구절차가 참여자들에게 해를 입혔다는 것을 심리학자가 자각하게 될 때, 심리학자는 그 해를 최소화하는 합당한 조처를 취한다.

## 8.09 연구에서 동물의 인도적인 보호와 사용

(a) 심리학자는 현행 연방, 주, 지방의 법률과 규정에 따라서 그리고 전문적 기준에 따라서 동물을 확보하고, 돌보고, 사용하며, 처리한다.

(b) 연구방법을 훈련받고 실험실 동물들을 보살피는 데 경험이 있는 심리학자가 동물이 포함된 모든 절차들을 지도감독하며, 동물들의 안락, 건강, 그리고 인도적 대우를 배려하는 책임을 진다.

(c) 심리학자는 자신의 지도감독 하에서 동물을 사용하는 모든 개인들이 그들 역할의 적절한 범위에서, 연구방법, 그리고 사용하는 종들의 관리, 유지 및 처리에 관한 교육을 받았는지를 확인한다. (또한 기준 2.05, 다른 사람들에게 업무 위임 참조.)

(d) 심리학자들은 동물피험자의 불편감, 감염, 질병

및 통증을 최소화하기 위해 합당한 노력을 해야 한다.

(e) 심리학자는 대안적인 절차가 사용 가능하지 않을 때만, 그리고 그 목적이 과학적, 교육적 또는 응용 가치에 의해 정당화될 때만 동물을 통증, 스트레스, 혹은 박탈 상황에 놓이게 하는 절차를 사용한다.

(f) 심리학자는 적절히 마취된 상태에서 외과적 절차들을 수행하며, 수술 동안과 수술 후에 감염을 피하고 통증을 최소화하는 기법을 따른다.

(g) 어떤 동물의 생명이 종결되는 것이 적절할 때, 심리학자는 통증을 최소화시키기 위한 노력과 함께, 허용된 절차에 따라서 신속하게 처리한다.

## 8.10 연구 결과보고

(a) 심리학자는 자료를 조작하지 않는다. (또한 기준 5.01 a, 거짓 혹은 기만적인 진술의 회피 참조.)

(b) 만약 심리학자가 자신의 출판된 자료에서 중요한 오류를 발견하면, 심리학자는 정정, 취소, 정오표, 혹은 기타 적절한 출판 수단으로 그런 오류를 바로잡기 위한 합당한 조처를 취한다.

## 8.11 표절

심리학자는 비록 다른 연구나 자료출처를 여러 차례 인용했을지라도, 다른 사람의 연구나 자료의 부분을 자신의 것처럼 제시하지 않는다.

## 8.12 출판 업적

(a) 심리학자는 자신이 실제로 수행한 연구나 사실상 공헌한 연구에 대해서만 책임을 지며, 저자로서의 업적을 포함해서 자신의 공로로 인정한다. (또한 기준 8.12b, 출판업적 참조)

(b) 주 저자와 기타 출판 업적들은 관여한 사람들의 상대적 지위에 상관없이 그들의 과학적이거나 전문적인 공헌을 상대적으로 정확하게 반영한다. 단순히 학과장 같은 직책에 있다고 해서 저자로서의 업적을 인정받는 것이 정당화되지는 않는다. 출판을 위한 연구나 저술에 대한 작은 기여는 각주나 서문 등에서 적절하게 고마움을 표한다.

(c) 예외적인 상황을 제외하고는, 실제적으로 어떤 학생의 박사학위 논문을 토대로 한 여러 명의 저자로 된 논문에서는 일반적으로 그 학생이 주 저자가 된다. 지도교수는 가능한 한 빨리 연구와 출판 과정을 전체에 걸쳐서 학생과 출판 업적을 논의한다. (또한 기준 8.12b, 출판 업적 참조.)

## 8.13 연구자료의 이중 출판

심리학자는 원 자료로서 이전에 출판되었던 자료를 출판하지 않는다. 그러나 심리학자가 이에 대한 적절한 승인을 한다면, 자료를 재출판하는 것은 이중 출판이 되지 않는다.

## 8.14 입증을 위한 연구자료 공유

(a) 연구 결과가 발표된 후 참여자의 비밀유지가 보호될 수 있고, 소유한 자료에 관한 법적 권리가 자료의 방출을 금하지 않는 경우, 심리학자는 재분석을 통해 실제적인 주장들을 입증하려고 하고, 그 목적을 위해서만 그런 자료를 사용하려고 하는 다른 유능한 전문가들에게 자신의 결론이 근거한 자료를 건네준다.

(b) 재분석을 통해 실제적인 주장들을 입증하기 위해 다른 심리학자에게서 자료를 요청하는 심리학자는 오직 공표된 목적만을 위해 공유된 자료를 사용할 수 있다. 요청하는 심리학자는 모든 다른 자료사용을 위해 사전에 서면 동의를 얻는다.

### 8.15 심사위원

발표, 출판, 연구보조금, 혹은 연구계획의 심의를 위해 제출된 자료를 심사하는 심리학자는 그것을 제출한 사람들에 대한 정보의 비밀유지와 소유권을 존중한다.

## 9. 평가

### 9.01 평가의 토대

(a) 심리학자의 권고, 보고 및 진단이나 감정 진술 또는 법정 증언에 포함된 의견은 결과를 충분하게 입증할 정보나 기법에 토대를 두고 있다. (또한 기준 2.04, 과학적, 전문적 판단의 토대 참조.)

(b) 9.01 c, 를 제외하고, 심리학자는 자신의 진술이나 결론을 지지할 만한 근거가 되는 개인에 대한 검사를 한 후에만 그 개인의 심리적 특징에 대한 의견을 제공한다. 합당한 노력에도 불구하고 그런 검사가 불가능할 때, 심리학자는 자신의 제한된 정보가 자신의 견해의 신뢰도와 타당도에 미치는 있음직한 영향을 분명히 하고, 또한 자신의 결론이나 권고의 본질과 범위를 적절하게 제한한다. (또한 기준 2.01, 유능성의 범위, 그리고 9.06, 평가 결과의 해석 참조.)

(c) 심리학자가 자료 검토를 하거나 자문이나 지도감독을 제공하는 데 개별조사가 보장되지 않거나 그 견해가 필요하지 않을 때, 심리학자는 이것과 자신의 결

론이나 권고를 토대로 하고 있는 정보의 출처를 설명한다.

### 9.02 평가의 사용

(a) 심리학자는 기법에 대한 연구, 유용성의 증거 및 알맞은 적용에 비추어 적절한 방식이나 목적에 맞게 평가 기법, 면접, 검사 혹은 도구를 실시하고, 개작하고, 채점하고, 해석하거나 사용한다.

(b) 심리학자는 타당도와 신뢰도가 수집된 평가도구를 사용한다. 타당도와 신뢰도가 수집되어있지 않을 경우에, 심리학자는 검사 결과 및 해석의 장점과 한계점을 기술한다.

(c) 심리학자는 개인이 선호하고 잘 하는 언어에 적절한 평가 방법을 사용하는데, 대안적인 언어사용이 평가 문제와 관련이 없는 한 그렇게 한다.

### 9.03 평가 동의서

(a) 심리학자는 기준 3.10에 기술된 바와 같이 평가, 감정 또는 진단 서비스의 동의서를 얻는데, 다음의 경우는 예외로 한다: (1) 검사가 법률이나 정부 규칙으로 위임된 경우; (2) 검사가 일상적인 교육기관 또는 조직 활동(예, 참여자가 취업을 위해 지원할 때 자발적으로 평가에 동의하는 경우)으로서 수행되는 경우; 혹은 (3) 검사의 한 가지 목적이 의사결정 능력을 감정하는 경우. 동의서에는 평가의 본질과 목적, 수수료, 제 삼자의 관여 및 비밀 유지의 한계 그리고 내담자/환자가 질문하고 답변을 듣는 충분한 기회가 포함되어있다.

(b) 심리학자는 동의하기에 의심스러운 능력을 가진

개인이나 법률 또는 정부 규칙으로 검사가 위임된 사람에게 평가받는 사람이 잘 이해할 수 있는 언어를 사용하여 계획된 평가 서비스의 본질과 목적에 관하여 알려준다.

(c) 해석자의 서비스를 이용하는 심리학자는 그 해석을 사용할 내담자/환자로부터 동의서를 얻는데, 검사 결과와 검사 안전성에 대한 비밀이 유지되도록 보장하며, 심리학자의 권고, 보고 및 진단이나 감정 진술 또는 법정 증언에 획득된 자료의 어떤 한계에 대한 논의를 포함시킨다. (또한 기준 2.05, 다른 사람들에게 업무 위임; 4.01, 비밀 유지; 9.01, 평가의 토대; 9.06, 평가 결과의 해석; 및 9.07, 무자격자에 의한 평가 참조.)

### 9.04 검사자료의 방출

(a) 용어 검사자료는 원점수와 척도화된 점수, 검사 질문이나 자극에 대한 내담자/환자 반응, 그리고 검사하는 동안의 내담자/환자 진술과 행동을 일컫는다. 내담자/환자 반응을 포함하고 있는 검사재료의 이 부분은 검사자료의 정의에 포함되어있다. 내담자/환자 방출에 따라서 심리학자는 내담자/환자 또는 방출에서 규정된 다른 사람에게 검사자료를 제공한다. 심리학자는 검사 자료의 실제적인 해, 오용 또는 허위진술로부터 내담자/환자나 다른 사람들을 보호하기 위하여 검사자료 방출을 삼가 할 수도 있는데, 많은 경우 이러한 상황하의 비밀 정보 방출은 법률로 규정되어 있다는 것을 인식한다. (또한 기준 9.11, 검사 안정성 유지 참조.)

(b) 내담자/환자 방출이 없는 경우에, 심리학자는 법률이나 법원 명령이 요구될 때만 검사자료를 제공한다.

### 9.05 검사구성

검사 및 기타 평가 기법을 개발하는 심리학자는 검사 설계, 표준화, 타당화, 편파의 감소나 제거 및 사용 권고를 위해서 적절한 심리측정적 절차와 최신의 과학적, 전문적 지식을 사용한다.

### 9.06 평가 결과의 해석

자동화된 해석을 포함하여, 평가 결과를 해석할 때, 심리학자는 자신의 판단에 영향을 주고, 해석의 정확성을 감소시킬 수도 있는 다양한 검사 요인들, 검사받는 능력, 그리고 상황적, 개인적, 언어적 및 문화적 차이와 같은 평가받고 있는 개인의 기타 특징들뿐만 아니라 평가의 목적도 설명한다. 이들은 해석의 어떤 중요한 한계를 가리키는 것이다. (또한 기준 2.01b와 c, 유능성의 범위, 그리고 3.01, 불공평한 차별 참조.)

### 9.07 무자격자에 의한 평가

심리학자는 무자격자에 의한 심리학적 평가 기법의 사용을 조장하지 않는데, 그러한 사용이 적절한 지도 감독을 수반한 수련 목적으로 수행되는 경우는 예외로 한다. (또한 기준 2.05, 다른 사람들에게 업무 위임 참조.)

### 9.08 진부한 검사와 오래된 검사 결과

(a) 심리학자는 현재의 목적을 위해서 시대에 뒤떨어진 평가나 중재 결정 혹은 자료에 관한 권고나 검사 결과에 의거하지 않는다.

(b) 심리학자는 현재의 목적으로 볼 때, 진부하고 유용하지 않은 검사와 측정치에 의한 결정이나 권고에 따르지 않는다.

9.09 검사 채점 및 해석 서비스

(a) 다른 전문가에게 평가나 채점 서비스를 제공하는 심리학자는 목적, 규준, 타당도, 신뢰도 및 적용할 수 있는 어떤 절차와 특정 자격을 정확히 기술해야 한다.

(b) 심리학자는 프로그램과 절차의 타당도에 대한 증거를 토대로 채점과 해석 서비스(자동화된 서비스 포함)를 선정한다. (또한 기준 2.01 b, 유능성의 범위 참조.)

(c) 심리학자는 검사를 채점하고 해석하거나 자동화된 서비스 또는 기타 서비스들을 사용하건 간에, 평가 도구의 적절한 적용, 해석 및 사용에 대한 적절한 책임을 져야 한다.

9.10 평가의 결과 설명

채점과 해석이 심리학자, 피고용인이나 보조자, 또는 자동화된 서비스나 기타 외부 서비스를 통해 이루어졌는지 여부에 상관없이, 심리학자는, 관계의 본질이 결과 설명에 관한 조항(조직 자문, 사전 고용이나 보안 심사, 법정 감정과 같은)을 차단하는 경우를 제외하고는, 개인이나 지명된 대표자에게 주어진 결과에 대한 설명을 보증하기 위한 합당한 조처를 취하는데, 이러한 사실을 평가받을 개인에게 미리 분명하게 설명해 준다.

9.11 검사 안정성 유지

용어 검사 재료는 요강, 도구, 프로토콜, 그리고 검사 질문이나 자극을 일컫는데, 기준 9.04, 검사자료의 방출에 정의된 검사 자료는 포함되지 않는다. 심리학자는 법률 및 계약 의무와 일치되는 성실성과 안정성을 유지하기 위해 그리고 본 윤리규약 준수를 가능하게 하는 합당한 노력을 한다.

## 10. 치료

10.01 치료에 관한 동의서

(a) 기준 3.10, 동의서에 규정된 바와 같이 치료에 관한 동의서를 얻을 때, 심리학자는 치료 관계에서 가능한 한 빨리 치료의 본질 및 예상되는 경과, 치료비, 제삼자의 관여 및 비밀유지의 한계에 관하여 내담자/환자에게 알려주는데, 내담자/환자가 질문하고 답변을 들을 수 있도록 충분한 시간을 준다. (또한 기준 4.02, 비밀유지의 한계에 대한 논의, 및 6.04, 치료비 및 재정적 타협 참조.)

(b) 치료자가 수련생이고, 제공된 치료에 대한 법적 책임이 지도감독자와 함께 있을 때, 동의서 절차의 일부로서 내담자/환자에게 치료자가 수련 중에 있으며, 지도감독을 받고 있으며, 지도감독자의 이름이 표명된다고 알려준다.

10.02 커플이나 가족이 포함된 치료

(a) 심리학자가 어떤 관계(배우자, 중요한 타인들 혹은 부모와 자식 등)에 있는 몇 명의 사람들에게 서비스를 제공하기로 합의할 때, 심리학자는 처음에 (1) 그 사람들 중에 내담자/환자인지, (2) 심리학자가 각 개인들과 어떤 관계를 맺을 것인지를 분명히 하는 합당한 조처를 취한다. 이러한 명료화에는 심리학자의 역할, 제공되는 서비스나 획득되는 정보가 포함된다. (또한 기준 4.02, 비밀유지의 한계에 대한 논의 참조.)

(b) 갈등적인 역할을 수행하도록 심리학자가 요청될 수도 있다는 것이 분명해지면(가족치료자였다가 이

혼소송에서 한쪽 당사자를 위해 증언을 하는 경우), 그 심리학자는 그 역할을 적절하게 명료화하고 수정하거나, 혹은 철수하는 합당한 조처를 취한다. (또한 기준 3.05c, 다중관계 참조.)

## 10.03 집단 치료
심리학자가 집단 장면에서 여러 명의 사람들에게 서비스를 제공할 때, 심리학자는 처음에 모든 당사자의 역할과 책임 그리고 비밀유지의 한계를 말로 설명한다.

## 10.04 다른 기관에서 서비스를 받고 있는 사람에게 서비스를 제공하기
이미 다른 정신건강서비스를 받고 있는 사람에게 서비스를 제공할 것인지를 결정할 때, 심리학자는 치료쟁점과 잠재적인 내담자/환자의 복지를 주의 깊게 고려한다. 심리학자는 혼동과 갈등의 위험을 최소화시키기 위해서 내담자/환자, 혹은 내담자/환자를 대신하여 법적인 권한을 부여받은 사람과 이런 쟁점에 대해 논의하고, 적절하다면 다른 서비스 제공자의 자문을 구하고 주의 깊고, 민감하게 치료적 쟁점들을 처리한다.

## 10.05 현재 치료 내담자/환자와의 성적 친밀성
심리학자는 현재의 내담자/환자와 성적인 친밀성에 관여하지 않는다.

## 10.06 현재 치료 내담자/환자의 친척이나 중요한 타인과의 성적 친밀성
심리학자는 현재의 내담자/환자의 가까운 친척, 보호자 또는 중요한 타인들과 성적인 친밀성에 관여하지 않는다.

## 10.07 이전 성적 파트너에 대한 치료
심리학자는 자신의 성적 친밀성에 관여했던 사람을 치료 내담자/환자로 받아들이지 않는다.

## 10.08 이전 치료 내담자/환자와의 성적 친밀성
(a) 심리학자는 치료 종결 후 적어도 2년 동안 자신이 치료한 내담자/환자와 성적인 친밀성을 가지지 않는다.

(b) 심리학자는 아주 예외적인 상황을 제외하고는 치료종결 후 2년 후에라도 이전에 치료를 받은 내담자/환자와 성적 친밀성에 관여하지 않는다. 치료를 종결하고, 이전 내담자/환자와 성적인 접촉을 가지지 않고 2년 후에, 그러한 활동에 관여한 심리학자는 그 어떤 측면에서도 환자를 착취하지 않았다는 것을 입증해야만 하는 부담을 가진다. 여기에는 (1) 치료 종결 후 흐른 시간, (2) 치료의 본질, 기간 및 강도, (3) 종결 상황, (4) 내담자/환자의 개인내력, (5) 내담자/환자의 현재 정신상태, (6) 내담자/환자에게 미칠 해로운 영향의 가능성, 그리고 (7) 치료과정 동안, 치료 종결 후 내담자/환자와의 성적 관계나 낭만적 관계의 가능성을 암시하거나 요청하는 치료자의 진술이나 행위 등이 포함된다. (또한 기준 3.05, 다중관계 참조.)

## 10.09 치료의 중단
고용이나 계약관계를 맺을 때, 심리학자는 고용이나 계약 관계가 끝날 경우에 대비해서 내담자/환자의 복지에 대한 최선의 고려와 함께 내담자/환자 진료의 책임에 대해 순리적이고 적절한 해결안을 제공하는 합당한 노력을 한다. (또한 기준 3.12, 심리학적 서비스의 중단 참조.)

## 10.10 치료 종결하기

(a) 내담자/환자가 더 이상 서비스를 필요로 하지 않으며, 계속적인 서비스가 도움이 되지 않을 것 같거나, 오히려 해가 된다는 것이 명백할 때, 심리학자는 치료를 종결한다.

(b) 심리학자는 내담자/환자에 의해서 혹은 내담자/환자와 관계가 있는 또 다른 사람에 의해 위협을 받거나 위험하게 될 때 치료를 종결할 수도 있다.

(c) 내담자/환자 또는 제 삼자 지불인의 행위에 의해 불가능하게 된 경우를 제외하고는, 종결하기 전에 심리학자는 종결 전 상담을 제공하며, 적절하다면 다른 서비스 제공자를 권한다.

## 연혁 및 발효일

미국심리학회(APA)의 대표자 회의는 2002년 8월 21일 회의 동안에 APA 윤리규약의 이 버전을 채택하였다. 이 규약은 2003년 6월 1일에 효력을 발생하였다. 대표자 회의는 윤리규약의 이 버전을 2010년 2월 20일에 개정하였다. 이 개정판은 2010년 6월 1일에 효력을 발생하게 되었다. 이 APA 윤리규약의 취지나 해석에 관한 자세한 질문은 Director, Office of Ethics, American Psychological Association, 750 First St. NE, Washington, DC 20002-4242로 하면 된다. 이 윤리규약에서의 기준은 발효일 당일이나 후에 발생하는 의혹을 사는 행위에 관하여 제기된 호소를 판정하는 데 사용될 것이다. 호소는 그 행위가 발생할 당시에 효력이 있었던 윤리규약에 근거하여 판정될 것이다.

APA가 이전에 출판한 윤리규약은 다음과 같다:

American Psychological Association. (1953). Ethical standards of psychologists. Washington, DC: Author.

American Psychological Association. (1959). Ethical standards of psychologists. *American Psychologist*, 14, 279-282.

American Psychological Association. (1963). Ethical standards of psychologists. *American Psychologist*, 18, 56-60.

American Psychological Association. (1968). Ethical standards of psychologists. *American Psychologist*, 23, 357-361.

American Psychological Association. (1977, March). Ethical standards of psychologists. APA Monitor, 22-23.

American Psychological Association. (1979). Ethical standards of psychologists. Washington, DC: Author.

American Psychological Association. (1981). Ethical principles of psychologists. *American Psychologist*, 36, 633-638.

American Psychological Association. (1990). Ethical principles of psychologists (Amended June 2, 1989). *American Psychologist*, 45, 390-395.

American Psychological Association. (1992). Ethical principles of psychologists and code of conduct. *American Psychologist*, 47, 1597-1611.

American Psychological Association. (2002).

Ethical principles of psychologists and code of conduct. *American Psychologist*, 57, 1060–1073.

APA의 심리학자의 윤리원칙과 행동규약의 사본에 대한 요청은 APA Order Department, 750 First St. NE, Washington, DC 20002-4242, 또는 전화 (202) 336-5510으로 하면 된다.

# 참고문헌

Abma, J. C., & Mott, F. L. (1991). Substance abuse and prenatal care during pregnancy among young women. *Family Planning Perspective, 23,* 117–122.

Academy of Psychological Clinical Science (2009). Mission statement. Retrieved on September 3, 2009, http://acadpsychclinicalscience.org.

Achenbach, T. M. (1991). *Manual for the Child Behavior Checklist/4-18 and 1991 Profile.* Burlington: University of Vermont Department of Psychiatry.

Achenbach, T. M. (1997). *Manual for the Young Adult Self-Report and Young Adult Behavior Checklist.* Burlington: University of Vermont, Department of Psychiatry.

Achenbach, T. M. (2009). *The Achenbach system of empirically based assessment (ASEBA): Development, findings, theory, and applications.* Burlington: University of Vermont, Research Center for Children, Youth, and Families.

Achenbach, T. M., & Rescorla, L. A. (2001). *Manual for ASEBA school-age forms and profiles.* Burlington: University of Vermont, Research Center for Children, Youth, and Families.

Achenbach, T. M., & Rescorla, L. A. (2003). *Manual for ASEBA adult forms & profiles.* Burlington: University of Vermont, Research Center for Children, Youth, & Families.

Achenbach, T. M., & Rescorla, L. A. (2007). *Multicultural supplement to the manual for ASEBA school-age forms & profiles.* Burlington: University of Vermont, Research Center for Children, Youth, & Families.

Addis, M. E. (1997). Evaluating the treatment manuals as a means of disseminating empirically validated psychotherapies. *Clinical Psychology: Science and Practice, 4,* 1–11.

Addis, M. E. (2002). Methods for disseminating research products and increasing evidence-based practice: Promises, obstacles, and future directions. *Clinical Psychology: Science and Practice, 9,* 367–378.

Ader, R., & Cohen, N. (1984). Behavior and the immune system. In W. D. Gentry (Ed.), *Handbook of behavioral medicine* (pp. 117–173). New York: Guilford Press.

Aegisdóttir, S., White, M. J., Spengler, P. M., Maugherman, A. S., Anderson, L. A., Cook, R. S. et al. (2006). The meta-analysis of clinical judgment project: Fifty-six years of accumulated research on clinical versus statistical prediction. *The Counseling Psychologist, 34,* 341–382.

Aglioni, G. (1982). *History and systems.* Berkeley, CA: Association for Advanced Training in the Behavioral Sciences.

Agras, W. S., & Berkowitz, R. (1980). Clinical research in behavior therapy: Halfway there? *Behavior Therapy, 11,* 472–488.

Agras, W. S., Berkowitz, R. I., Arnow, B. A., & Telch, C. F. (1996). Maintenance following a very-low calorie diet. *Journal of Consulting and Clinical Psychology, 64,* 610–613.

Agras, W. S., Telch, C. F., Arnow, B., Eldredge, K., Detzer, M. J., Henderson, J., et al. (1995). Does interpersonal therapy help patients with binge eating disorder who fail to respond to cognitive-behavioral therapy? *Journal of Consulting and Clinical Psychology, 63,* 356–360.

Albee, G. W., & Gullotta, T. P. (Eds.). (1997). *Primary prevention works.* Thousands Oaks, CA: Sage.

Albee, G. W., & Perry, M. (1996). Are we preventing diseases or promoting competencies? *Journal of Mental Health, 5,* 421–422.

Alcoholics Anonymous. (1990). *Comments on AA's triennial surveys.* New York: Alcoholics Anonymous World Services.

Alcoholics Anonymous. (2009). Welcome to Alcoholics Anonymous: Estimates of AA groups and members. New York: Alcoholics Anonymous World Services. Retrieved on September 27, 2009, http://www.aa.org/lang/en/subpage.cfm?page=74.

Allen, G. J., Nelson, W. J., & Sheckley, B. G. (1987). Continuing education activities of Connecticut psychologists. *Professional Psychology: Research and Practice, 18,* 78–80.

Allison, J., Blatt, S. J., & Zimet, C. N. (1968). *The interpretation of psychological tests.* New York: Harper & Row.

American Cancer Society. (1989). *Cancer facts and figures—1989.* Atlanta, GA: Author.

American Cancer Society. (1996). *Cancer facts and figures—1996.* Atlanta, GA: Author.

American Cancer Society. (1997). *Cancer facts and figures—1997.* Atlanta, GA: Author.

American Cancer Society. (2000). Cancer facts and figures—2000. Retrieved October 15, 2009, from www.cancer.org/downloads/STT/F&F00.pdf.

American Cancer Society (2009). *Cancer facts and figures—2009.* Washington, DC: Author.

American Heart Association. (2009). *Heart and stroke statistics—2009.* Dallas, TX: Author.

American Humane Association. (1984). *Highlights of official child abuse and neglect reporting—1982.* Denver, CO: Author.

American Medical Association. (1984). *Proceedings of the house of delegates of the American Medical Association.* Chicago: Author.

American Medical Association. (2001). *The Columbia encyclopedia* (6th ed.). New York: Author.

American Psychiatric Association. (2000). *Diagnostic and statistical manual of mental disorders* (4th ed., Text Rev.). Washington, DC: Author.

American Psychiatric Association. (2003). *APA scope of practice: Psychologists prescribing legislation.* Washington, DC: Author.

American Psychiatric Association. (2010). About the American Psychiatric Association. Retrieved on January 3, 2010, http://www.psych.org/.

American Psychiatric Nurses Association. (2009). *2009 annual report.* Arlington, VA: Author.

American Psychological Association. (1955). Joint report of the APA and CSPA (Conference of State Psychological Associations). *American Psychologist, 10,* 727–756.

American Psychological Association. (1967). A model for state legislation affecting the practice of psychology 1967: Report of the APA Committee on Legislation. *American Psychologist, 22,* 1095–1103.

American Psychological Association. (1981). Specialty guidelines for the delivery of services by clinical psychologists. *American Psychologist, 36,* 640–651.

American Psychological Association. (1985). *Standards for educational and psychological testing.* Washington, DC: Author.

American Psychological Association. (1987a). *Guidelines for computer based tests and interpretations.* Washington, DC: Author.

American Psychological Association. (1987b). Model act for state licensure of psychologists. *American Psychologist, 42,* 696–703.

American Psychological Association. (1990). *Guidelines for providers of psychological services to ethnic, linguistic, and culturally diverse populations.* Washington, DC: Author.

American Psychological Association. (1992a). Ethical principles of psychologists and code of conduct. *American Psychologist, 47,* 1597–1611.

American Psychological Association. (1992b). *Report of the ad hoc task force on psychopharmacology.* Washington, DC: Author.

American Psychological Association. (1993a). *Directory of the American Psychological Association,* 1993 edition. Washington, DC: Author.

American Psychological Association. (1993b). Guidelines for providers of psychological services to ethnic, linguistic, and culturally diverse populations. *American Psychologist, 48,* 45–48.

American Psychological Association. (1995a). *Current major field of APA members by employment status: 1995.* Unpublished manuscript.

American Psychological Association. (1995b). *Graduate study in psychology.* Washington, DC: Author.

American Psychological Association. (1995c). Report of the ethics committee, 1994. *American Psychologist, 50,* 706–713.

American Psychological Association. (1995d). *Report of the task force on the changing gender composition of psychology.* Washington, DC: Author.

American Psychological Association. (1995e). Training in and dissemination of empirically validated psychological treatments: Reports and recommendations. *Clinical Psychologist, 48,* 3–23.

American Psychological Association. (1996). *Recommended postdoctoral training in psychopharmacology for prescription privileges.* Washington, DC: Author.

American Psychological Association. (1997). *1997 doctorate employment survey.* Washington, DC: Author.

American Psychological Association. (1998). Appropriate therapeutic responses to sexual orientation in the proceedings of the American Psychological Association, Incorporated, for the legislative year 1997. *American Psychologist, 53,* 882–939.

American Psychological Association Research Office. (1999). *1999 doctorate employment survey.* Washington, DC: Author.

American Psychological Association. (2000a). *2000 APA directory survey.* Washington, DC: Author.

American Psychological Association Division 44/Committee on Lesbian, Gay, and Bisexual Concerns Joint Task Force on Guidelines for

Psychotherapy with Lesbian, Gay, and Bisexual Clients (2000b). Guidelines for psychotherapy with lesbian, gay, and bisexual clients. *American Psychologist, 55*, 1440–1451.

American Psychological Association. (2002). Report of the ethics committee, 2002. *American Psychologist, 58*, 650–659.

American Psychological Association. (2003a). *2003 doctorate employment survey*. Washington, DC: Author.

American Psychological Association. (2003b). Guidelines on multicultural education, training, research, practice, and organizational change for psychologists. *American Psychologist, 58*, 377–402.

American Psychological Association Presidential Task Force on Evidence-Based Practice. (2006). Evidence-based practice in psychology. *American Psychologist, 61*, 271–285.

American Psychological Association. (2007). Record keeping guidelines. *American Psychologist, 62*, 993–1004.

American Psychological Association. (2008). *2007 salaries in psychology*. Washington, DC: Author.

American Psychological Association. (2008). *Graduate study in psychology*. Washington, DC: Author.

American Psychological Association. (2009a). *Graduate study in psychology*. Washington, DC: Author.

American Psychological Association. (2009b). *2007 doctorate employment survey*. Washington, DC: Author.

American Psychological Association. (2009c). Report of the ethics committee, 2008. *American Psychologist, 64*, 464–473.

American Psychological Association. (2010a). *Directory of the American Psychological Association*. Washington, DC: Author.

American Psychological Association. (2010b). About APA. Retrieved on January 3, 2010, http://www.apa.org/about/.

Anastasi, A., & Urbina, S. (1997). *Psychology testing* (7th ed.). New York: Prentice-Hall.

Anastopoulos, A. D. (1998). A training program for parents of children with attention-deficit/hyperactivity disorder. In J. M. Breismeister & C. E. Schaefer (Eds.), *Handbook of parent training: Parents as co-therapists for children's behavior problems* (pp. 27–60). New York: Wiley.

Anders, G. (1996). *Health against wealth: HMOs and the breakdown of medical trust*. Boston: Houghton Mifflin.

Andersen, B. L. (1992). Psychological interventions for cancer patients to enhance the quality of life. *Journal of Consulting and Clinical Psychology, 60*, 552–568.

Andersen, B. L. (1996). Introduction to the featured section: Psychological and behavioral studies in cancer prevention and control. *Health Psychology, 15*, 411–412.

Andersen, B. L. (2002). Biobehavioral outcomes following psychological interventions for cancer patients. *Journal of Consulting and Clinical Psychology, 70*, 590–610.

Anderson, C. V., Bigler, E. D., & Blatter, D. D. (1995). Frontal lobe lesions, diffuse damage, and neuropsychological functioning in traumatic brain-injured patients. *Journal of Clinical and Experimental Neuropsychology, 17*, 900–908.

Anderson, E. M., & Lambert, M. J. (1995). Short-term dynamically oriented psychotherapy: A review and meta-analysis. *Clinical Psychology Review, 15*, 503–514.

Anderson, N. B., & Jackson, J. S. (1987). Race, ethnicity, and health psychology: The example of essential hypertension. In C. M. Stone, S. M. Weiss, J. D. Matarazzo, N. E. Miller, J. Rodin, C. D. Belar, et al. (Eds.), *Health psychology: A discipline and a profession* (pp. 264–283). Chicago: University of Chicago Press.

Andreasen, N. C. (Ed.). (1989). *Brain imaging: Applications in psychiatry*. Washington, DC: American Psychiatric Association.

Andreasen, N. C., & Black, D. W. (1995). *Introductory textbook of psychiatry* (2nd ed.). Washington, DC: American Psychiatric Association.

Andrews, G., & Harvey, R. (1981). Does psychotherapy benefit neurotic patients? A reanalysis of the Smith, Glass, and Miller data. *Archives of General Psychiatry, 38*, 1203–1208.

Andrews, J. (1991). *The active self in psychotherapy: An integration of therapeutic styles*. Boston: Allyn & Bacon.

Anisman, H. (1984). Vulnerability to depression: Contribution of stress. In R. Post & J. Ballenger (Eds.), *Neurobiology of mood disorders*. Baltimore: Williams & Wilkins.

Annesi, J. J. (2001). Effects of music, television, and combination entertainment system on distraction, exercise adherence, and physical output in adults. *Canadian Journal of Behavioural Science, 33*, 193–202.

Annis, H. M. (1990). Relapse to substance abuse: Empirical findings within a cognitive-social learning approach? *Journal of Psychoactive Drugs, 22*, 117–124.

Anonymous. (1995). Hidden benefits of managed care. *Professional Psychology: Research and Practice, 26,* 235–237.

Ansbacher, H. L. (1951). The history of the leaderless group discussion technique. *Psychological Bulletin, 48,* 383–391.

Antonova, E., Sharma, T., Morris, R., & Kumari, V. (2004). The relationship between brain structure and neurocognition in schizophrenia: A selective review. *Schizophrenia Research, 70,* 117–145.

Apfel, R. J., & Simon, B. (1985). Patient-therapist sexual contact: I. Psychodynamic perspectives on the causes and results. *Psychotherapy and Psychosomatics, 43,* 57–62.

Apple, R. F., & Agras, W. S. (1997). *Overcoming eating disorders: A cognitive-behavioral treatment for bulimia nervosa and binge-eating disorder.* San Antonio, TX: Psychological Corporation.

Arkowitz, H. (1989). The role of theory in psychotherapy integration. *Journal of Integrative and Eclectic Psychotherapy, 8,* 8–16.

Arkowitz, H. (1992). Integrative theories of therapy. In D. K. Freedheim (Ed.), *History of psychotherapy: A century of change* (pp. 261–303). Washington, DC: American Psychological Association.

Arkowitz, H., & Lilienfeld, S. O. (2007). The best medicine? How drugs stack up against talk therapy for the treatment of depression. *Scientific American Mind, 18,* 80–83.

Arling, G. (1976). The elderly widow and her family, neighbors, and friends. *Journal of Marriage and the Family, 38,* 757–768.

Arnkoff, D. B., & Glass, C. R. (1992). Cognitive therapy and psychotherapy integration. In D. K. Freedheim (Ed.), *History of psychotherapy: A century of change* (pp. 657–694). Washington, DC: American Psychological Association.

Aronne, L. J. (2001). Epidemiology, morbidity, and treatment of overweight and obesity. *Journal of Clinical Psychiatry, 62*(Suppl. 23), 13–22.

Asnis, G. M., Hameedi, F. A., Goddard, A. W., Potkin, S. G., Black, D., Jameel, M., et al. (2001). Fluvoxamine in the treatment of panic disorder: A multi-center, double-blind, placebo-controlled study in outpatients. *Psychiatry Research, 103,* 1–14.

Association for Medical School Pharmacology. (1990). *Knowledge objectives in medical pharmacology* (2nd ed.). Washington, DC: Author.

Association of Psychology Postdoctoral and Internship Centers (APPIC). (2009). *APPIC directory.* Washington, DC: Author.

Atkinson, D. R., & Hackett, G. (1998). *Counseling diverse populations* (2nd ed.). Boston: McGraw-Hill.

Auerbach, J. E. (2001). *Personal and executive coaching.* Los Angeles: Executive College Press.

Ax, R. K., Fagan, T. J., Resnick, R. J. (2009). Predoctoral prescriptive authority training: The rationale and a combined model. *Psychological Services. 6,* 85–95.

Bach, A. K., Wincze, J. P., & Barlow, D. H. (2001). Sexual dysfunction. In D. H. Barlow (Ed.), *Clinical handbook of psychological disorders: A step-by-step treatment manual* (3rd ed., pp. 562–608). New York: Guilford Press.

Baekeland, F., & Lundwall, L. (1975). Dropping out of treatment: A critical review. *Psychological Bulletin, 82,* 738–783.

Baird, K. A., & Rupert, P. A. (1987). Clinical management of confidentiality: A survey of psychologists in seven states. *Professional Psychology: Research and Practice, 18,* 347–352.

Bajt, T. R., & Pope, K. S. (1989). Therapist-patient sexual intimacy involving children and adolescents. *American Psychologist, 44,* 555.

Baker, R. W., & Trzepacz, P. T. (2005). Mental status examination. In G. P. Koocher, J. C. Norcross, & S. S. Hill, III (Eds.), *Psychologists' desk reference* (2nd ed., pp. 7–12). New York: Oxford University Press.

Bakker, A., van Balkom, A. J. L. M., Spinhoven, P., Blaauw, B. M. J. W., & van Dyck, R. (1998). Follow-up on the treatment of panic disorder with or without agoraphobia. *Journal of Nervous and Mental Diseases, 186,* 414–419.

Baldessarini, R. J., & Cole, J. O. (1988). Chemotherapy. In A. M. Nicholi, Jr. (Ed.), *The new Harvard guide to psychiatry.* Cambridge, MA: Harvard University Press.

Bandura, A. (1969). *Principles of behavior modification* New York: Holt, Rinehart & Winston.

Bandura, A. (1982). Self-efficacy mechanisms in human agency. *American Psychologist, 37,* 122–147.

Bandura, A. (1986). *Social foundations of thought and action: A social cognitive theory.* Englewood Cliffs, NJ: Prentice-Hall.

Bandura, A. (1989). Human agency in social cognitive theory. *American Psychologist, 33,* 344–358.

Banks, S. M., & Kerns, R. D. (1996). Explaining high rates of depression in chronic pain: A diathesis-stress framework. *Psychological Bulletin, 119,* 95–110.

Barber, J. P., & Crits-Christoph, P. (Eds.). (2000). *Dynamic therapies for psychiatric disorders (Axis I).* New York: Basic Books.

Barker, S. L., Funk, S. C., & Houston, B. K. (1988). Psychological treatment versus nonspecific factors: A meta-analysis of conditions that engender comparable expectations of improvement. *Clinical Psychology Review, 8,* 579–594.

Barkley, R. A. (1989). Attention deficit-hyperactivity disorder. In E. J. Mash & R. A. Barkley (Eds.), *Treatment of childhood disorders* (pp. 39–72). New York: Guilford Press.

Barkley, R. A. (1993). *Hyperactive children: A handbook for diagnosis and treatment.* New York: Guilford Press.

Barkley, R. A. (1996). Attention deficit/hyperactivity disorder. In E. J. Mash & R. A. Barkley (Eds.), *Child psychopathology* (pp. 63–112). New York: Guilford Press.

Barkley, R. A. (1998). *Attention-deficit hyperactivity disorder: A handbook for diagnosis and treatment.* New York: Guilford Press.

Barkley, R. A. (2000). *Taking charge of attention deficit hyperactivity disorder: The complete, authoritative guide for parents* (Rev. ed.). New York: Guilford Press.

Barkley, R. A. (2009). *Attention deficit/hyperactivity disorder in adults: The latest assessment and treatment strategies.* Sudbury, MA: Jones & Bartlett.

Barkley, R. A., Mash, E., Heffernan, K., & Fletcher, J. (2003). *Child psychopathology* (2nd ed.). New York: Guilford Press.

Barkow, J. H. (2006). *Missing the revolution: Darwinism for social scientists.* New York: Oxford University Press.

Barlow, D. H. (1996). Health care policy, psychotherapy research, and the future of psychotherapy. *American Psychologist, 51,* 1050–1058.

Barlow, D. H. (Ed.). (2001). *Clinical handbook of psychological disorders: A step-by-step treatment manual* (3rd ed.). New York: Guilford Press.

Barlow, D. H. (2002). *Anxiety and its disorders: The nature and treatment of anxiety and panic* (2nd ed.). New York: Guilford Press.

Barlow, D. H., & Cerny, J. A. (1988). *Psychological treatment of panic.* New York: Guilford Press.

Barlow, D. H., & Craske, M. G. (2000). *Mastery of your anxiety and panic* (3rd ed.). Albany, NY: Graywind.

Barlow, D. H., Hayes, S. C., & Nelson, R. O. (1984). *The scientist practitioner: Research and accountability in clinical and educational settings.* New York: Pergamon Press.

Barlow, D. H., & Rapee, R. M. (1991). *Mastering stress: A lifestyle approach.* Dallas, TX: American Health.

Barondes, S. H. (2005). *Better than Prozac: Creating the next generation of psychiatric drugs.* New York: Oxford University Press.

Barrett, P. M. Farrell, L., Pina, A. A., Peris. T. S., Piacentini, J. (2008). Evidence-based psychosocial treatments for child and adolescent obsessive–compulsive disorder. *Journal of Clinical Child & Adolescent Psychology, 37,* 131–155.

Barton, W. E. (1991). Toward a model curriculum in mental health administration. *Administration and Policy in Mental Health, 18,* 237–246.

Bateson, G., Jackson, D., Haley, J., & Weakland, J. (1956). Toward a theory of schizophrenia. *Behavioral Science, 1,* 251–264.

Baur, S. (1997). *The intimate hour: Love and sex in psychotherapy.* New York: Houghton Mifflin.

Baxter, L. R., Schwartz, J. M., Bergman, K. S., Szuba, M. P., Guze, B. H., Mazziotta, J. C., et al. (1992). Caudate glucose metabolic rate changes with both drug and behavior therapy for obsessive-compulsive disorder. *Archives of General Psychiatry, 49,* 681–689.

Bay-Hinitz, A. K., Peterson, R. F., & Quilitch, H. R. (1994). Cooperative games: A way to modify aggressive and cooperative behavior in young children. *Journal of Applied Behavior Analysis, 27,* 435–446.

Bayley, N. (1993). *Bayley Scale of Infant Development* (2nd ed.). San Antonio, TX: Psychological Corporation.

Beck, A. T. (1963). Thinking and depression. *Archives of General Psychiatry, 9,* 324–333.

Beck, A. T. (1976). *Cognitive therapy and emotional disorders.* New York: International Universities Press.

Beck, A. T. (1987). *Manual for the Beck Depression Inventory.* San Antonio, TX: Psychological Corporation.

Beck, A. T. (1988). *Manual for the Beck Hopelessness Scale.* San Antonio, TX: Psychological Corporation.

Beck, A. T. (1990). *Manual for the Beck Anxiety Inventory.* San Antonio, TX: Psychological Corporation.

Beck, A. T. (1991). *Manual for the Beck Scale for Suicide Ideation.* San Antonio, TX: Psychological Corporation.

Beck, A. T. (1993). *Manual for the Beck Anxiety Inventory* (2nd ed.). San Antonio, TX: Psychological Corporation.

Beck, A. T., & Alford, B. A. (2009). *Depression: Causes and treatments* (2nd ed.). Philadelphia: University of Pennsylvania Press.

Beck, A. T., Emery, G., & Greenberg, R. L. (1985). *Anxiety disorders and phobias: A cognitive perspective.* New York: Basic Books.

Beck, A. T., Emery, G., & Greenberg, R. L. (2000). *Anxiety disorders and phobias: A cognitive perspective.* New York: Guilford Press.

Beck, A. T., & Freeman, A. (1990). *Cognitive therapy of personality disorders.* New York: Guilford Press.

Beck, A. T., Rush, A. J., Shaw, B. E., & Emery, G. (1979). *Cognitive therapy of depression.* New York: Guilford Press.

Beck, A. T., Steer, R. A., & Brown, G. K. (1996). *Manual for the Beck Depression Inventory—II.* San Antonio, TX: Psychological Corporation.

Beck, J. S., Beck, A. T., & Jolly, J. B. (2005). *Manual for the Beck Youth Inventories* (2nd ed.). San Antonio, TX: Psychological Corporation.

Becker, C. B., Stice, E., Shaw, H., & Woda, S. (2009). Use of empirically supported interventions for psychopathology: Can the participatory approach move us beyond the research-to-practice gap? *Behaviour Research and Therapy, 47,* 265–274.

Becker, R. E., Heimberg, R. G., & Bellack, A. S. (1987). *Social skills training treatment for depression.* New York: Pergamon Press.

Beckham, E. E. (1990). Psychotherapy of depression at the crossroads: Directions for the 1990s. *Clinical Psychology Review, 10,* 207–228.

Beer, M., & Spector, B. (1993). Organizational diagnosis: Its role in organizational learning. *Journal of Counseling and Development, 71,* 642–650.

Beiderman, J., Faraone, S. V., Keenan, K., Bejamin, J., Krifcher, B., Moore, C., et al. (1992). Further evidence for family-genetic risk factors in attention deficit hyperactivity disorder: Patterns of comorbidity in probands and relative in psychiatrically and pediatrically referred samples. *Archives of General Psychiatry, 49,* 728–738.

Belar, C. D. (1995). Collaboration in capitated care: Challenges for psychology. *Professional Psychology: Research and Practice, 26,* 139–146.

Belar, C. D., Bieliauskas, L. A., Larsen, K. G., Mensh, I. N., Poey, K., & Roehike, H. J. (1989). National Conference on Internship Training in Psychology. *American Psychologist, 44,* 60–65.

Bell, C. J., & Nutt, D. J. (1998). Serotonin and panic. *British Journal of Psychiatry, 172,* 465–471.

Bell, J. E. (1961). *Family group therapy* (Public Health Monograph No. 64). Washington, DC: U.S. Government Printing Office.

Bell, P. F., Digman, R. H., & McKenna, J. P. (1995). Should psychologists obtain prescription privileges? A survey of family physicians. *Professional Psychology: Research and Practice, 26,* 371–376.

Bellack, A. S., & Herson, M. (Eds.). (1990). *Handbook of comparative treatments for adult disorders.* New York: Wiley.

Bellak, L. (1992). *The Thematic Apperception Test, the Children's Apperception Test, and the Senior Apperception Technique in Clinical Use* (5th ed.). Odessa, FL: Psychological Assessment Resources.

Belle, D., & Doucet, J. (2003). Poverty, inequality, and discrimination as sources of depression among United States women. *Psychology of Women Quarterly, 27,* 101–113.

Belluck, P. (2005, March 17). Children's life expectancy being cut short by obesity. *New York Times,* pp. A15.

Bem, D. J., & Funder, D. C. (1978). Predicting more of the people more of the time: Assessing the personality of situations. *Psychological Review, 85,* 485–501.

Ben-Porath, Y. S., & Tellegen, A. (2008). *Manual for the Minnesota Multiphasic Personality Inventory-2—Restructured Form (MMPI-2-RF).* Minneapolis, MN: Pearson.

Benedict, J. G., & Phelps, R. (1998). Introduction: Psychology's view of managed care. *Professional Psychology: Research and Practice, 29,* 29–30.

Benjamin, L. S. (2002). *Interpersonal diagnosis and treatment of personality disorders.* New York: Guilford Press.

Bennett-Johnson, S., & Millstein, S. G. (2003). Prevention opportunities in health care settings. *American Psychological Association, 58,* 475–481.

Benton, A. (1991). *Benton Visual Retention Test.* San Antonio, TX: Psychological Corporation.

Bentz, V. J. (1985). Research findings from personality assessment of executives. In H. J. Bernardin & D. A. Bownas (Eds.), *Personality assessment in organizations* (pp. 323–351). New York: Praeger.

Bergen, D. C. (2008). Diagnosing pseudoseizures: Don't hold your breath. *Epilepsy Currents, 8,* 154–155.

Bergin, A. E. (1971). The evaluation of therapeutic outcomes. In A. E. Bergin & S. L. Garfield (Eds.), *Handbook of psychotherapy and behavior change:*

*An empirical analysis* (pp. 217–270). New York: Wiley.

Bergin, A. E., & Garfield, S. L. (1994). Overview, trends, and future issues. In A. E. Bergin & S. L. Garfield (Eds.), *Handbook of psychotherapy and behavior change* (4th ed., pp. 818–824). New York: Wiley.

Bergin, A. E., & Lambert, M. J. (1978). The evaluation of therapeutic outcomes. In A. E. Bergin & S. L. Garfield (Eds.), *Handbook of psychotherapy and behavior change: An empirical analysis* (2nd ed., pp. 143–189). New York: Wiley.

Berk, M., & Parker, G. (2009). The elephant on the couch: Side-effects of psychotherapy. *Australian and New Zealand Journal of Psychiatry, 43,* 787–794.

Berkman, L. F., & Syme, S. L. (1979). Social networks, host resistance, and mortality: A nine-year follow-up study of Alameda County residents. *American Journal of Epidemiology, 109,* 186–204.

Berman, J. S., & Norton, N. C. (1985). Does professional training make a therapist more effective? *Psychological Bulletin, 98,* 401–406.

Bernal, M. E., & Castro, F. G. (1994). Are clinical psychologists prepared for service and research with ethnic minorities: Report of a decade of progress. *American Psychologist, 49,* 797–805.

Berrigan, L. P., & Garfield, S. L. (1981). Relationship of missed psychotherapy appointments to premature termination and social class. *British Journal of Clinical Psychology, 20,* 239–242.

Bersoff, D. N. (1995). *Ethical conflicts in psychology.* Washington, DC: American Psychological Association.

Bersoff, D. N. (2003). *Ethical conflicts in psychology* (3rd ed.). Washington, DC: American Psychological Association.

Bersoff, D. N. (2008). *Ethical conflicts in psychology* (4th ed.). Washington, DC: American Psychological Association.

Bertelsen, B., Harvald, B., & Hauge, M. (1977). A Danish twin study of manic-depressive disorders. *British Journal of Psychiatry, 130,* 330–351.

Bérubé, R. L., & Achenbach, T. M. (2007). *Bibliography of published studies using the ASEBA.* Burlington: University of Vermont, Research Center for Children, Youth, & Families.

Betz, N., & Shullman, S. (1979). Factors related to client return following intake. *Journal of Counseling Psychology, 26,* 542–545.

Beutler, L. E. (1986). Systematic eclectic psychotherapy. In J. C. Norcross (Ed.), *Handbook of eclectic psychotherapy* (pp. 94–131). New York: Brunner/Mazel.

Beutler, L. E. (2002). Proscriptive authority: Moving toward a new clinical psychology? *Clinical Psychologist, 55,* 1–3.

Beutler, L. E. (2009). Making science matter in clinical practice: Redefining psychotherapy. *Clinical Psychology: Science and Practice, 16,* 301–317.

Beutler, L. E., Bonger, B., & Shurkin, J. N. (1998). *A consumer's guide to psychotherapy.* New York: Oxford University Press.

Beutler, L. E., & Fisher, D. (1994). Combined specialty training in counseling, clinical, and school psychology: An idea whose time has returned. *Professional Psychology: Research and Practice, 25,* 62–69.

Beutler, L. E., & Groth-Marnat, G. (Eds.). (2003). *Integrative assessment of adult personality* (2nd ed.). New York: Guilford Press.

Beutler, L. E., & Malik, M. L. (Eds.). (2002). *Rethinking the DSM: A psychological perspective.* Washington, DC: American Psychological Association.

Beutler, L. E., Mohr, D. C., Grawe, K., Engle, D., & MacDonald, R. (1991). Looking for differential treatment effects: Cross-cultural predictions of differential therapeutic efficacy. *Journal of Psychotherapy Integration, 1,* 121–141.

Beutler, L. E., Moleiro, C., & Talebi, H. (2002). How practitioners can systematically use empirical evidence in treatment selection. *Journal of Clinical Psychology, 58,* 1199–1212.

Beutler, L. E., Williams, R. E., Wakefield, P. J., & Entwistle, S. R. (1995). Bridging scientist and practitioner perspectives in clinical psychology. *American Psychologist, 50,* 984–994.

Bevan, W. (1991). Contemporary psychology: A tour inside the onion. *American Psychologist, 46,* 475–483.

Bickman, L. (1987). Graduate education in psychology. *American Psychologist, 42,* 1041–1047.

Bickman, L. (1996). A continuum of care: More is not always better. *American Psychologist, 49,* 689–701.

Biglan, A., Mrazek, P. J., Carnine, D., & Flay, B. R. (2003). The integration of research and practice in the prevention of youth problem behaviors. *American Psychologist, 58,* 433–440.

Binik, Y. M., Cantor, J., Ochs, E., & Meana, M. (1997). From the couch to the keyboard: Psychotherapy in cyberspace. In S. Kiesler (Ed.), *Culture of the Internet* (pp. 71–100). Mahwah, NJ: Erlbaum.

Blackburn, I. M., & Moore, R. G. (1997). Controlled acute and follow up trial of cognitive and pharmacotherapy in outpatients with recurrent depression. *British Journal of Psychiatry, 171*, 328–334.

Blader, J., & Carlson, G. (2007). Increased rates of bipolar disorder diagnoses among U.S. child, adolescent, and adult inpatients, 1996–2004. *Biological Psychiatry, 62*, 107–114.

Blanchard, E. B. (1987). Long-term effects of behavioral treatment of chronic headaches. *Behavior Therapy, 18*, 375–385.

Blascovich, J., & Katkin, E. S. (1993). *Cardiovascular reactivity to psychological stress and disease*. Washington, DC: American Psychological Association.

Blatt, S. J. (1975). The validity of projective techniques and their research and clinical contribution. *Journal of Personality Assessment, 39*, 327–343.

Bloom, B. (1992). Computer-assisted intervention: A review and commentary. *Clinical Psychology Review, 128*, 169–198.

Bloom, B. L. (1981). Focused single-session therapy: Initial development and evaluation. In S. H. Budman (Ed.), *Forms of brief therapy* (pp. 167–216). New York: Guilford Press.

Blouke, P. S. (1997). Musings of a bureaucratic psychologist. *Professional Psychology: Research and Practice, 28*, 326–328.

Blount, A., Schoenbaum, M., Kathol, R., Rollman, B. L., Thomas, M., O'Donohue, W., & Peek, C. J. (2007). The economics of behavioral health services in medical settings: A summary of the evidence. *Professional Psychology: Research and Practice, 38*, 290–297.

Boananno, G. A., & Kaltman, S. (1999). Toward an integrative perspective on bereavement. *Psychological Bulletin, 125*, 760–776.

Bobbitt, B. L. (2006). The importance of managed care: A view of managed care. *Professional Psychology: Research and Practice, 37*, 590–597.

Bogerts, B. (1993). Images in psychiatry: Alois Alzheimer. *American Journal of Psychiatry, 160*, 1868.

Bohart, A. C. (1982). Similarities between cognitive and humanistic approaches in psychotherapy. *Cognitive Therapy and Research, 6*, 245–250.

Boice, R., & Myers, P. E. (1987). Which setting is healthier and happier, academe or private practice? *Professional Psychology: Research and Practice, 18*, 526–529.

Boisvert, C. M., & Faust, D. (2003). Leading researchers' consensus on psychotherapy research findings: Implications for the teaching and conduct of psychotherapy. *Professional Psychology: Research and Practice, 34*, 508–513.

Boll, T. (1981). The Halstead-Reitan Neuropsychological Battery. In S. B. Fisher & T. J. Boll (Eds.), *Handbook of clinical neuropsychology* (Vol. 1, pp. 577–607). New York: Wiley.

Bonica, J. J. (1992). Pain research and therapy: Past and current status and future goals. In C. E. Short & A. van Posnik (Eds.), *Animal pain. Proceedings of the Symposium on Animal Pain and Its Control*, Ithaca, NY, June 25–28, 1990.

Boras, N., & Holt, G. (Eds.) (2007). *Psychiatric and behavioural disorders in intellectual and developmental disabilities* (2nd ed.). New York: Cambridge University Press.

Boring, E. G. (1923, June 6). Intelligence as the tests test it. *New Republic*, 35–37.

Borrell-Carrió, F., Suchman, A. L., & Epstein, R. M. (2004). The biopsychosocial model 25 years later: Principles, practice, and scientific inquiry. *Annals of Family Medicine, 2*, 576–582.

Borys, D. S., & Pope, K. S. (1989). Dual relationships between therapist and client: A national study of psychologists, psychiatrists, and social workers. *Professional Psychology: Research and Practice, 20*, 283–293.

Boscolo, L., Cecchin, G., Hoffman, L., & Penn, P. (1987). *Milan systemic family therapy: Conversations in theory and practice*. New York: Basic Books.

Boswell, D. L., & Litwin, W. J. (1992). Limited prescription privileges for psychologists: A 1 year follow-up. *Professional Psychology: Research and Practice, 23*, 108–113.

Bouchard, C. (1995). Genetics of obesity: An update on molecular markers. *International Journal of Obesity, 19*, S10–S13.

Bouchard, C., & Perusse, L. (1996). Current status of the human obesity gene map. *Obesity Research, 4*, 81–90.

Bouchard, T. J., Jr., & McGue, M. (1990). Genetic and environmental influences on adult personality: An analysis of adopted twins reared apart. *Journal of Personality, 58*, 263–295.

Bouman. T. K. & Emmelkamp, P. M. G. (1996). *Panic disorder and agoraphobia*. New York: Plenum Press.

Bowen, M. (1978). *Family therapy in clinical practice*. New York: Aronson.

Bowling, A. (2009). Predictors of mortality among a national sample of elderly widowed people:

Analysis of 28-year mortality rates. *Age and Ageing, 38,* 527–530.

Bradley, J. D. D., & Golden, C. J. (2001). Biological contributions to the presentation and understanding of attention-deficit/hyperactivity disorder: A review. *Clinical Psychology Review, 21,* 907–929.

Brady, J. P., Davison, G. C., DeWald, P. A., Egan, G., Fadiman, J., Frank, J. D., et al. (1980). Some views of effective principles of psychotherapy. *Cognitive Therapy and Research, 4,* 269–306.

Bratton, S. C. (1998). Training parents to facilitate their child's adjustment to divorce using filial/family of divorce play therapy approach. In J. M. Breismeister & C. E. Schaefer (Eds.), *Handbook of parent training: Parents as co-therapists for children's behavior problems* (pp. 549–572). New York: Wiley.

Bray, G. A. (2008). Lifestyle and pharmacological approaches to weight loss: Efficacy and safety *Journal of Clinical Endocrinology & Metabolism, 93,* 81–88.

Breggin, P. R. (1991). *Toxic psychiatry.* New York: St. Martin's Press.

Brehm, S. S., & Brehm, J. W. (1981). *Psychological reactance: A theory of freedom and control.* New York: Academic Press.

Breismeister, J. M., & Schaefer, C. E. (Eds.). (1998). *Handbook of parent training: Parents as cotherapists for children's behavior problems* (2nd ed.). New York: Wiley.

Breiter, H. C., Rauch, S. L., Kwong, K. K., & Baker, J. R. (1996). Functional magnetic resonance imaging of symptom provocation in obsessive-compulsive disorder. *Archives of General Psychiatry, 53,* 595–606.

Bremner, J. D. (2002). *Does stress damage the brain?* New York: Norton.

Brems, C., Johnson, M. E., & Gallucci, P. (1996). Publication productivity of clinical and counseling psychologists. *Journal of Clinical Psychology, 52,* 711–722.

Brems, C., Lampman, C., & Johnson, M. E. (1995). Preparation of applications for academic positions in psychology. *American Psychologist, 50,* 533–537.

Brennan, P. L., & Moos, R. H. (1990). Life stressor, social resources, and late-life problem drinking. *Psychology and Aging, 5,* 491–501.

Brentar, J., & McNamara, J. R. (1991). The right to prescribe medication: Considerations for professional psychology. *Professional Psychology: Research and Practice, 22,* 179–187.

Breuer, J., & Freud, S. (1957). *Studies in hysteria.* New York: Basic Books. (Original work published 1895.)

Bricklin, B. (1995). *The custody evaluation handbook: Research-based solutions and applications.* New York: Brunner/Mazel.

British Psychological Society. (1993). *Code of conduct for psychologists.* London: Author.

Brody, J. E. (1996, February 28). Good habits outweigh genes as key to a healthy old age. *New York Times,* p. B11.

Brody, N. (1983). Where are the emperor's clothes? *Behavioral and Brain Sciences, 6,* 303–308.

Brody, N. (1997). Intelligence, schooling and society. *American Psychologist, 52,* 1046–1050.

Brookmeyer, R. (1996). AIDS, epidemics, and statistics. *Biometrics, 52,* 781–796.

Brooks-Harris, J. E. (2008). *Integrative multitheoretical psychotherapy.* Florence, KY: Cengage Learning.

Broskowski, A. T. (1995). The evolution of health care: Implications for the training and careers of psychologists. *Professional Psychology: Research and Practice, 26,* 156–162.

Brotemarkle, B. A. (1947). Fifty years of clinical psychology: Clinical psychology 1896–1946. *Journal of Consulting Psychology, 11,* 1–4.

Brous, J. F., & Olendzki, M. C. (1985). The offset effect of mental health treatment on ambulatory medical care utilization and charges. *Archives of General Psychiatry, 42,* 573–580.

Brown, D. (1985). The preservice training and supervision of consultants. *Counseling Psychologist, 13,* 410–425.

Brown, L. S. (1990). Taking account of gender in the clinical assessment interview. *Professional Psychology: Research and Practice, 21,* 12–17.

Brown, R. T. (2003). Introduction: Training in pediatric psychology [Special issue]. *Journal of Pediatric Psychology, 28,* 81–84.

Brown, S. L., Nesse, R. M., Vinokur, A. D., & Smith, D. M. (2003). Providing social support may be more beneficial than receiving it: Results from a prospective study of mortality. *Psychological Science, 14,* 320–327.

Brown, T. A., O'Leary, T. A., & Barlow, D. H. (2001). Cognitive-behavioral treatment of generalized anxiety disorder. In D. H. Barlow (Ed.), *Clinical handbook of psychological disorders: A step-by-step treatment manual (3rd ed., pp. 154–208).* New York: Guilford Press.

Brownell, K. D. (1991a). Dieting and the search for the perfect body: Where physiology and culture collide. *Behavior Therapy, 22,* 1–12.

Brownell, K. D. (1991b). Personal responsibility and control over our bodies: When expectations exceeds reality. *Health Psychology, 10,* 303–310.

Brownell, K. D. (1993). Whether obesity should be treated. *Health Psychology, 12,* 339–341.

Brownell, K. D. (2002). Public policy and the prevention of obesity. In C. G. Fairburn & K. D. Brownell (Eds.), *Eating disorders and obesity: A comprehensive handbook* (2nd ed., pp. 619–623). New York: Guilford Press.

Brownell, K. D., & Jeffery, R. W. (1987). Improving long-term weight loss: Pushing the limits of treatment. *Behavior Therapy, 18,* 353–374.

Brownell, K. D., & Wadden, T. A. (1992). Etiology and treatment of obesity: Understanding a serious, prevalent, and refractory disorder. *Journal of Consulting and Clinical Psychology, 55,* 139–144.

Bruce, M. L., & Kim, K. M. (1992). Differences in the effects of divorce on major depression in men and women. *American Journal of Psychiatry, 149,* 914–917.

Buck, J. N. (1948). The H-T-P technique: A qualitative and quantitative scoring manual. *Journal of Clinical Psychology, 4,* 319–396.

Budney, A. J., & Higgens, S. T. (1998). *A community reinforcement approach: Treating cocaine addiction.* Washington, DC: National Institute on Drug Abuse.

Bugental, J. T. F. (1987). *Psychotherapy and process: The fundamentals of an existential humanistic approach.* Reading, MA: Addison-Wesley.

Buhlungu, S., Daniel, J., Southall, R., & Lutchman, J. (2007). *State of the nation: South Africa 2007.* Capetown: Human Sciences Research Council Press.

Burish, T. G., & Trope, D. M. (1992). Psychological techniques for controlling the adverse side effects of cancer chemotherapy: Findings from a decade of research. *Journal of Pain and Symptom Management, 7,* 287–301.

Burton, R. (1977). *Anatomy of melancholy.* New York: Random House. (Original work published 1621.)

Bushman, B. J., & Anderson, C. A. (2001). Media violence and the American public: Scientific facts versus media misinformation. *American Psychologist, 56,* 477–489.

Buss, D. M. (2003). *The evolution of desire: Strategies of human mating.* New York: Basic Books.

Buss, D. M. (Ed.) (2005). *The handbook of evolutionary psychology.* New York: Wiley.

Butcher, J. N., Dahlstrom, W. G., Graham, J. R., Tellegen, A., & Kraemmer, B. (1989). *Minnesota Multiphasic Personality Inventory (MMPI-2): Manual for administration and scoring.* Minneapolis: University of Minnesota Press.

Butcher, J. N., Williams, C. L., Graham, J. R., Archer, R. P., Tellegen, A., Ben-Porath, Y. S., et al. (1992). *Minnesota Multiphasic Personality Inventory—Adolescent (MMPI-A): Manual for administration and scoring.* Minneapolis: University of Minnesota Press.

California Medical Association (2008, June 26). California HMO profits exceed $4B, study finds. *Medical News Today.* Author.

Callahan, R. J., McGreevy, M. A., Cirincione, C., & Stedman, H. J. (1992). Measuring the effects of the guilty but mentally ill (GBMI) verdict: Georgia's 1982 GBMI reform. *Law and Human Behavior, 16,* 447–462.

Camino, L. (2000). *Treating sexually abused boys: A practical guide for therapists and counselors.* San Francisco: Jossey-Bass.

Campbell, D. T., & Stanley, J. C. (2002). *Experimental and quasi-experimental designs for research.* New York: Houghton Mifflin.

Campbell, L., Vasquez, M., Behnke, S., & Kinscherff, R. (2009). *APA ethics code commentary and case illustrations.* Washington, DC: American Psychological Association.

Canadian Psychological Association. (2000). *Canadian code of ethics for psychologists.* Toronto, Ottawa, Canada: Author.

Canter, M. B., Bennett, B. E., Jones, S. E., & Nagy, T. F. (1994). *Ethics for psychologists: A commentary on the APA ethics code.* Washington, DC: American Psychological Association.

Cantor, D. W., & Fuentes, M. A. (2008). Psychology's response to managed care. *Professional Psychology: Research and Practice, 39,* 638–645.

Caplan, G. (1970). *The theory and practice of mental health consultation.* New York: Basic Books.

Caplan, G., & Caplan, R. B. (1993). *Mental health consultation and collaboration.* San Francisco: Jossey-Bass.

Caracci, G. (2006). Urban mental health: An international survey. *International Journal of Mental Health, 35,* 39–45.

Cardemil, E. V., & Battle, C. (2003). Guess who's coming to therapy? Getting comfortable with conversations about race and ethnicity in psychotherapy. *Professional Psychology: Research and Practice, 34,* 278–286.

Cardon, L. R., Smith, S. D., Fulker, D. W., Kimberling, W. J., Pennington, B. F., & DeFries, J. C.

(1994). Quantitative trait locus for reading disability on chromosome 6. *Science, 266,* 276–279.

Carmody, T. P., & Matarazzo, J. D. (1991). Health psychology. In M. Hersen, A. E. Kazdin, & A. S. Bellack (Eds.), *The clinical psychology handbook* (2nd ed.). New York: Pergamon Press.

Carpenter, P. J., & Range, L. M. (1982). Predicting psychotherapy duration from therapists' sex, professional affiliation, democratic values, and community mental health ideology. *Journal of Clinical Psychology, 38,* 90–91.

Carroll, K. M. (1998). *A cognitive-behavioral approach: Treating cocaine addiction.* Washington, DC: National Institute on Drug Abuse.

Carter, B. D., Bendell, D., & Matarazzo, J. D. (1985). Behavioral health: Focus on preventive child health behavior. In A. R. Zeiner, D. Bendell, & C. E. Walker (Eds.), *Health psychology: Treatment and research issues* (pp. 1–61). New York: Plenum Press.

Casey, R. J., & Berman, J. S. (1985). The outcome of psychotherapy with children. *Psychological Bulletin, 98,* 388–400.

Cash, T. F. & Grant, J. R. (1996). Cognitive-behavioral treatment of body-image disturbances. In V. B. Van Hasselt & M. Hersen (Eds.), *Sourcebook of psychological treatment manuals for adult disorders* (pp. 567–614), New York: Plenum Press.

Casswell, S., & Thamarangsi, T. (2009). Reducing harm from alcohol: Call to action. *The Lancet, 373,* 2247–2257.

Castle, L., Aubert, R. E., Verbrugge, R. R., Khalid, M., & Epstein, R. S. (2007). Trends in medication treatment for ADHD. *Journal of Attentional Disorders, 10,* 335–342.

Castonguay, L. G., & Beutler, L. E. (2006). *Principles of therapeutic change that work.* New York: Oxford University Press.

Castonguay, L. G., Reid, J. J., Jr., Halperin, G. S., & Goldfried, M. R. (2003). Psychotherapy integration. In G. Stricker & T. Widiger (Eds.), *Handbook of psychology: Clinical psychology* (pp. 327–366). New York: Wiley.

Cattell, R. B. (1963). Theory of fluid and crystallized intelligence: A critical experiment. *Journal of Educational Psychology, 54,* 1–22.

Cattell, R. B. (1971). *Abilities: Their structure, growth, and action.* Boston: Houghton Mifflin.

Cattell, R. B. (1979). Are culture-fair intelligence tests possible and necessary. *Journal of Research and Development in Education, 12,* 3–13.

Cattell, R. B., Cattell, A. K., & Cattell, H. E. P. (2002). *Sixteen Personality Factors Questionnaire* (5th ed.). Champaign, IL: Institute for Personality and Ability Testing.

Center for the Advancement of Health. (2001). *Targeting the at-risk drinker with screening and advice.* Washington, DC: Author.

Center for Disease Control. (2000). *11 leading causes of death, United States: 1998, all races, both sexes.* Washington, DC: Office of Statistics and Programming, National Center for Injury Prevention and Control.

Centers for Disease Control and Prevention. (2001). Statistics from the World Health Organization and the Centers for Disease Control. *AIDS, 6,* 1229–1233.

Centers for Disease Control and Prevention (2007). *HIV/AIDS: Basic statistics.* Washington, DC: Author.

Centers for Disease Control and Prevention (2008a). Smoking-attributable mortality: Years of potential life lost, and productivity losses—United States, 2000–2004. *Morbidity and Mortality Weekly Report, 57,* 1226–1228.

Centers for Disease Control and Prevention. (2008b). Youth Risk Behavior Surveillance—United States, 2007. *Morbidity and Mortality Surveillance Summary, 57,* 1–131.

Centers for Disease Control and Prevention (2009). *National vital statistics reports. Deaths: Final data for 2006.* Washington, DC: Author.

Centers for Medicare and Medicaid Services (2009). *2007 National Health Care Expenditures Data.* Author.

Cepeda-Benito, A. (1993). Meta-analytical review of the efficacy of nicotine chewing gum in smoking treatment programs. *Journal of Consulting and Clinical Psychology, 61,* 822–830.

Chafel, J. A., & Hadley, K. (2001). Poverty and the well being of children and families. In C. E. Walker & M. C. Roberts (Eds.), *Handbook of child clinical psychology* (pp. 48–71). New York: Wiley.

Chalk, R., Frankel, M. S., & Chafer, S. B. (1980). *AAAS professional ethics project.* Washington, DC: American Association for the Advancement of Science.

Chambless, C. H. (2000). *Psychology and managed care: Reconciling research and policy.* Boston: Allyn & Bacon.

Chambless, D. L. (1996). In defense of dissemination of empirically supported psychological interventions. *Clinical Psychology: Science and Practice, 3,* 230–235.

Chambless, D. L. (2002). Beware the dodo bird: The dangers of overgeneralization. *Clinical Psychology: Science and Practice, 9,* 13–16.

Chambless, D. L., & Hollon, S. D. (1998). Defining empirically supported therapies. *Journal of Consulting and Clinical Psychology, 66,* 7–18.

Chambless, D. L., & Ollendick, T. H. (2001). *Empirically supported psychological interventions, controversies and evidence: Annual review of psychology.* Washington, DC: American Psychological Association.

Chambless, D. L., Sanderson, W. C., Shoham, V., Johnson, S. B., Pope, K. S., Crits-Christoph, P., et al. (1996). An update on empirically validated therapies. *Clinical Psychologist, 49,* 5–18.

Champion, D. P., Kiel, D. H., & McLendon, J. A. (1990, February). Choosing a consulting role. *Training and Development Journal,* 66–69.

Charney, D. S., Nagy, L. M., Bremner, J. D., Goddard, A. W., Yehuda, R., & Southwick, S. M. (2000). Neurobiologic mechanisms of human anxiety. In B. S. Fogel (Ed.), *Synopsis of neuropsychiatry* (pp. 273–288). Philadelphia: Lippincott Williams & Wilkins.

Chassin, L., Presson, C. C., Rose, J. S., & Sherman, S. J. (1996). The natural history of cigarette smoking from adolescence to adulthood: Demographic predictors of continuity and change. *Health Psychology, 15,* 478–484.

Chesney, M. A. (1993). Health psychology in the 21st century: Acquired immunodeficiency syndrome as a harbinger of things to come. *Health Psychology, 12,* 259–268.

Chethik, M. (2000). *Techniques for child therapy: Psychodynamic strategies.* New York: Guilford Press.

Chida, Y., & Steptoe, A. (2009). The association of anger and hostility with future coronary heart disease: A meta-analytic review of prospective evidence. *Journal of the American College of Cardiology, 53,* 936–946.

Chorpita, B. F. (2002). Treatment manuals for the real world: Where do we build them? *Clinical Psychology: Science and Practice, 9,* 431–433.

Chou, R., & Huffman, L.H. (2007). Nonpharmacological therapies for acute and chronic low back pain: A review of the evidence for an American Pain Society/American College of Physicians clinical practice guideline. *Annals of Internal Medicine, 147,* 492–504.

Ciarrocchi, J. W. (2002). *Counseling for the problem gambler: A self-regulation manual for individual and family therapy.* San Diego: Academic Press.

Clark, D. M. (1988). A cognitive model of panic attacks. In S. Rachman & J. D. Maser (Eds.), *Panic: Psychological perspectives* (pp. 71–89). Hillsdale, NJ: Erlbaum.

Clark, D. M., & Salkovskis, P. M. (1996). *Treatment manual of focused cognitive therapy.* Unpublished manuscript, Oxford University.

Clarke, G., Lynch, F., Spofford, M., & DeBar, L. (2006). Trends influencing future delivery of mental health services in large healthcare systems. *Clinical Psychology: Science and Practice, 13,* 287–292.

Clarke, W. V. (1956). The construction of an industrial selection personality test. *Journal of Psychology, 41,* 379–394.

Clarkin, J. F., & Hull, J. W. (1991). The brief psychotherapies. In M. Hersen, A. E. Kazdin, & A. S. Bellack (Eds.), *The clinical psychology handbook* (2nd ed., pp. 780–796). New York: Pergamon Press.

Classen, C., Koopman, C., Angell, K., & Spiegel, D. (1996). Coping styles associated with psychological adjustment to advanced breast cancer. *Health Psychology, 15,* 434–437.

Clay, R. A. (2000). Psychotherapy is cost effective. *APA Monitor on Psychology, 31,* 12–13.

Clayton, S., & Bongar, B. (1994). The use of consultation in psychological practice: Ethical, legal, and clinical consideration. *Ethics and Behavior, 4,* 43–57.

Clement, P. W. (1996). Evaluation in private practice. *Clinical Psychology: Science and Practice, 3,* 146–159.

Coates, T. J., & Thoresen, C. E. (1981). Treating obesity in children and adolescents: Is there any hope. In J. M. Ferguson & C. B. Taylor (Eds.), *The comprehensive handbook of behavioral medicine* (Vol. 2, pp. 204–231). New York: Spectrum.

Coelho, C. M., Waters, A. M., Hine, T. J., & Wallis, G. (2009). The use of virtual reality in acrophobia research and treatment. *Journal of Anxiety Disorders, 23,* 563–574.

Cohen, R. (2009). Genetics of obesity syndromes. *Medicine & Science in Sports & Exercise, 41,* 736.

Cohen, R. Y., Stunkard, A., & Felix, M. R. J. (1986). Measuring community change in disease prevention and health promotion. *Preventive Medicine, 15,* 411–421.

Cohen, S. (1988). Psychosocial models of the role of social support in the etiology of physical disease. *Health Psychology, 7,* 269–297.

Cohen, S., Tyrrell, D. A. J., & Smith, A. P. (1993). Negative life events, perceived stress, negative affect, and susceptibility to the common cold. *Journal of Personality and Social Psychology, 64,* 131–140.

Coiro, M. J. (2001). Depression symptoms among women receiving welfare. *Women and Health, 32,* 1–23.

Cole, N. S. (1981). Bias in testing. *American Psychologist, 36,* 1067–1077.

Collins, F. S. (1999). Shattuck lecture: Medical and societal consequences of the human genome project. *New England Journal of Medicine, 341,* 28–37.

Colson, D., Lewis, L., & Horowitz, L. (1985). Negative outcome in psychotherapy and psychoanalysis. In D. T. Mays & C. M. Franks (Eds.), *Negative outcome in psychotherapy and what to do about it* (pp. 59–75). New York: Springer.

Committee on Environmental Health (2005). Lead exposure in children: Prevention, detection, and management. *Pediatrics, 116,* 1036–1046.

Committee on Ethical Guidelines for Forensic Psychologists. (1991). Specialty guidelines for forensic psychologists. *Law and Human Behavior, 15,* 655–665.

Conger, J. (1975). Proceedings of the American Psychological Association for the year 1974: Minutes of the annual meeting of the council of representatives. *American Psychologist, 30,* 620–651.

Conger, R. D., & Donnellan, M. B. (2007). An interactionist perspective on the socioeconomic context of human development. *Annual Review of Psychology, 58,* 175–199.

Conners, C. K. (2000). *Conners' Rating Scales— Revised: Technical manual.* North Tonawanda, NY: Multi-Health Systems.

Conners, C. K. (2007). *Conners' Rating Scales— Revised: Administration manual.* North Tonawanda, NY: Multi-Health Revised Systems.

Conoley, J. C., & Conoley, C. W. (1992). *School consultation: Practice and training* (2nd ed.). Boston: Allyn & Bacon.

*Consumer Reports.* (1998, November). Mental health: Does therapy help?, pp. 734–739.

*Consumer Reports.* (2003, October). HMO or PPO: Picking a managed health care plan. *pp. 658–670.*

Contrada, R. J., & Krantz, D. S. (1988). Stress, reactivity, and Type A behavior: Current status and future directions. *Annals of Behavioral Medicine, 10,* 64–70.

Conwell, Y., Pearson, L., & DeRenzo, E. G. (1996). Indirect self-destructive behavior among elderly patients in nursing homes: A research

agenda. *American Journal of Geriatric Psychiatry, 4,* 152–163.

Conyne, R., & O'Neal, J. (1992). Closing the gap between consultation training and practice. In R. Conyne & J. O. O'Neal (Eds.), *Organizational consultation: A casebook* (pp. 1–16). Newbury Park, CA: Sage.

Cooke, G. (1984). Forensic psychology. In R. G. Corsini (Ed.), *Encyclopedia of psychology* (Vol. 2, pp. 898–910). New York: Wiley.

Cooper, B. (2003). Evidence-based mental health policy: A critical appraisal. *British Journal of Psychiatry, 183,* 105–113.

Cooper, N. A., & Clum, G. A. (1989). Imaginal flooding as a supplementary treatment for PTSD in combat veterans: A controlled study. *Behavior Therapy, 20,* 381–392.

Cooper, Z., & Fairburn, C. C. (2009). Management of bulimia nervosa and other binge eating problems. *Advances in Psychiatric Treatment, 15,* 129–136.

Corbet, J., Trimble, M., & Nicol, T. (1985). Behavioral and cognitive impairment in children with epilepsy: The long-term effects of anticonvulsant therapy. *Journal of the American Academy of Child Psychiatry, 24,* 17–23.

Corey, G., Corey, M. S., & Callanan, P. (1993). *Issues and ethics in the helping professions* (4th ed.). Pacific Grove, CA: Brooks/Cole.

Cormer, J. S., & Kendall, P. C. (2007). Terrorism: The psychological impact on youth. *Clinical Psychology: Research and Practice, 14,* 179–212.

Cormier, S., Nurius, P.S., & Osborn, C. J. (2008). *Interviewing and change strategies for helpers: Fundamental skills and cognitive behavioral interventions.* Pacific Grove, CA: Brooks/Cole.

Cornes, C. L., & Frank, E. (1994). Interpersonal psychotherapy for depression. *Clinical Psychologist, 47,* 9–10.

Corr, P. J., & Matthews, G. (Eds.). (2009). *The Cambridge handbook of personality psychology.* New York: Cambridge University Press.

Corrigan, N., & Nielson, D. (1993). Toward the development of uniform reporting standards for managed care organizations: The Health Plan Employer Data and Information Set (Version 2.0). *Journal of Quality Improvement, 19,* 566–575.

Costa, P., & McCrae, R. (1985). *NEO-Personality Inventory manual.* Odessa, FL: Psychological Assessment Resources.

Costa, P., & McCrae, R. (1989). *NEO-PI/NEO-FFI manual supplement.* Odessa, FL: Psychological Assessment Resources.

Costa, P., & McCrae, R. (1992). *Revised NEO-Personality Inventory (NEO-PI-R) and NEO Five Factor Inventory (NEO-FFI): Professional manual.* Odessa, FL: Psychological Assessment Resources.

Costa, P. T., Jr., & McCrae, R. R. (in press). The Revised NEO Personality Inventory. In S. R. Briggs, J. Cheek, & E. Donahue (Eds.), *Handbook of adult personality inventories.* New York: Plenum.

Craighead, L. W., Stunkard, A. J., & O'Brien, R. (1981). Behavior therapy and pharmacotherapy for obesity. *Archives of General Psychiatry, 38,* 763–768.

Craighead, W. E. (1990). There's a place for us: All of us. *Behavior Therapy, 21,* 3–23.

Cranston, C., Ulrey, G., Hansen, R., Hudler, M., Marshall, R., & Wuori, D. (1988). Interprofessional collaboration: Who is doing it? Who isn't? *Journal of Developmental and Behavioral Pediatrics, 9,* 134–139.

Craske, M. G., & Barlow, D. H. (2001). Panic disorder and agoraphobia. In D. H. Barlow (Ed.), *Clinical handbook of psychological disorders: A step-by-step treatment manual (3rd ed., p. 1–59).*

Crits-Christoph, P. (1996). The dissemination of efficacious psychological treatments. *Clinical Psychology: Science and Practice, 3,* 260–263.

Crits-Christoph, P., Baranackie, K., Kurcias, J. S., Beck, A. T., Carroll, K., Perry, K., et al. (1991). Meta-analysis of therapist effects in psychotherapy outcome studies. *Psychotherapy Research, 1,* 81–91.

Crits-Christoph, P., Chambless, D., Frank, E., Brody, C., & Karp, L. F. (1995). Training in empirically validated treatments: What are clinical psychology students learning? *Professional Psychology: Research and Practice, 26,* 514–522.

Crits-Christoph, P., & Mintz, J. (1991). Implications of therapist effects for the design and analysis of comparative studies of psychotherapies. *Journal of Consulting and Clinical Psychology, 59,* 20–26.

Cronbach, L. J. (1956). Assessment of individual differences. *Annual Review of Psychology, 7,* 173–196.

Crosby-Currie, C. A. (1996). Children's involvement in contested custody cases: Practices and experiences of legal and mental health professionals. *Law and Human Behavior, 20,* 289–311.

Cuellar, I., Arnold, B., & Maldonado, R. (1995). Acculturation Rating Scale for Mexican Americans: II. A revision of the original ARSMA scale. *Hispanic Journal of Behavioral Sciences, 17,* 275–304.

Cuipers, P., van Straten, A., & Warmerdam, L. (2007). Behavioral activation treatments of depression: A meta-analysis. *Clinical Psychology Review, 27,* 318–326.

Cullen, E. A. (1998). Legislative wrap-up: 1997 state prescription privilege activities. *California Psychologist, 31,* 8–9.

Cullen, E. A., & Newman, R. (1997). In pursuit of prescription privileges. *Professional Psychology: Research and Practice, 28,* 101–106.

Cummings, C., Gordon, J., & Marlatt, G. A. (1980). Relapse: Prevention and prediction. In W. Miller (Ed.), *The addictive behaviors* (pp. 203–218). Oxford, England: Pergamon Press.

Cummings, N. A. (1977). The anatomy of psychotherapy under national health insurance. *American Psychologist, 32,* 71–78.

Cummings, N. A. (1984). The future of clinical psychology in the United States. *Clinical Psychologist, 37,* 19–20.

Cummings, N. A. (1995). Impact of managed care on employment and training: A primer for survival. *Professional Psychology: Research and Practice, 26,* 10–15.

Cummings, N. A., O'Donohue, W. T., & Ferguson, K. E. (2003). *Behavioral health as primary care: Beyond efficacy to effectiveness.* Reno, NV: Context Press.

Daldrup, R. J., Beutler, L. E., Engle, D., & Greenberg, L. S. (1998). *Focused expressive psychotherapy: Freeing the overcontrolled patient.* New York: Guilford Press.

Daley, D. C., Mercer, D., & Carpenter, G. (1997). *Drug counseling for cocaine addiction: The collaborative cocaine treatment study model.* National Institute of Health publication. No. 02-4381, USA, 124 p.p. Available online at: http://www.drugabuse.gov/pdf/Manual4.pdf

Daley, D. C., Mercer, D. E., & Carpenter, G. (1998). *Drug counseling for cocaine addition: The collaborative cocaine treatment study model.* Washington, DC: National Institute on Drug Abuse.

Damsa, C., Kosel, M. Moussally, J. (2009). Current status of brain imaging in anxiety disorders. *Current Opinion in Psychiatry. 22,* 96–110.

Das, J. P., & Naglieri, J. A. (1997). *Manual for the cognitive assessment system.* New York: Riverside.

Davenport, D. S., & Woolley, K. K. (1997). Innovative brief pithy psychotherapy: A contribution from corporate managed mental health care. *Professional Psychology: Research and Practice, 28,* 197–200.

Davidson, R. J. (2000a). Affective style, psychopathology, and resilience: Brain mechanisms and plasticity. *American Psychologist, 55,* 1196–1214.

Davidson, R. J. (2000b). Award for distinguished scientific contributions. *American Psychologist, 55,* 1193–1196.

Davidson, K., & Scott, J. (2009). Does therapists competence matter in delivering psychological therapy? *Psychiatric Bulletin, 33,* 121–123.

Davison, G. C., & Lazarus, A. A. (1994). Clinical innovation and evaluation: Integrating practice with inquiry. *Clinical Psychology: Science and Practice, 1,* 157–168.

Dawes, R. M. (1979). The robust beauty of improper linear models in decision making. *American Psychologist, 34,* 571–582.

Dawes, R. M. (1994). *House of cards: Psychology and psychotherapy built on myth.* New York: Free Press.

Deakin, J. F. W., & Graeff, F. G. (1991). Critique: 5-HT and mechanisms of defense. *Journal of Psychopharmacology, 5,* 305–315.

De Angelis, T. (1989). Suit opens doors to analysis training. *APA Monitor, 20,* 16.

De Angelis, T. (1994). Experts see little impact from insanity plea ruling. *APA Monitor, 25,* 28.

Deary, I. J., Spinath, F. M., & Bates, T. C. (2006). Genetics of intelligence. *European Journal of Human Genetics, 14,* 690–700.

Deci, E. L., & Ryan, R. M. (Eds.). (2002). *Handbook of self-determination theory research.* Rochester, NY: University of Rochester Press.

De Dominico, G. S. (2000). *Sand tray world play: A comprehensive guide to the use of the sand tray in psychotherapeutic and transformational settings.* Oakland, CA: Vision Quest Images.

Deisz, R., Doueck, H. J., & George, N. (1996). Reasonable cause: A qualitative study of mandated reporting. *Child Abuse and Neglect, 20,* 275–287.

DeLeon, P. H. (1993). Legislative issues. *Independent Practitioner, 13,* 170–172.

DeLeon, P. H. (2003). What will the 21st century bring? *International Journal of Stress Management, 10,* 5–15.

DeLeon, P. H., Dunivin, D. L., & Newman, R. (2002). The tide rises. *Clinical Psychology: Science and Practice, 9,* 249–255.

DeLeon, P. H., Fox, R. E., & Graham, S. R. (1991). Prescription privileges: Psychology's next frontier? *American Psychologist, 46,* 384–393.

DeLeon, P. H., & Wiggins, J. G. (1996). Prescription privileges for psychologists. *American Psychologist, 51,* 225–229.

Delis, D. C., Kaplan, E., & Kramer, J. H. (2001). *Manual for the Delis-Kaplan executive function system (D-KEFS).* San Antonio, TX: Psychological Corporation.

Delis, D. C., Kramer, J., Kaplan, E., & Ober, B. A. (1987). *California Verbal Learning Test.* San Antonio, TX: Psychological Corporation.

Delis, D. C., Kramer, J., Kaplan, E., & Ober, B. A. (1994). *California Verbal Learning Test—Children's version.* San Antonio, TX: Psychological Corporation.

Delis, D. C., Kramer, J. H., Kaplan, E., & Ober, B. A. (2000). *Manual for the California Verbal Learning Test* (3rd ed.). San Antonio, TX: Psychological Corporation.

DeNelsky, G. Y. (1991). Prescription privileges for psychologists: The case against. *Professional Psychology: Research and Practice, 22,* 188–193.

DeNelsky, G. Y. (1996). The case against prescription privileges for psychologists. *American Psychologist, 51,* 207–212.

Denmark, F. L. (1994). Engendering psychology: 101st annual conference of the American Psychological Association distinguished contribution to psychology in the public interest award address. *American Psychologist, 49,* 329–334.

Derogatis, L. R. (1982). *Manual for the Brief Symptom Inventory.* Riderwood, MD: Clinical Psychometric Research.

Derogatis, L. R. (1994). *SCL-90-R administration, scoring and procedures manual—II for the revised version and other instruments of the psychopathology rating scale series* (2nd ed.). Riderwood, MD: Clinical Psychometric Research.

Desmond, D. W., & Tatemichi, T. K. (1998). Vascular dementia. In M. F. Folstein (Ed.), *Neurobiology of primary dementia* (pp. 167–190). Washington, DC: American Psychiatric Press.

Deutsch, C. J. (1985). A survey of therapists' personal problems and treatment. *Professional Psychology: Research and Practice, 16,* 305–315.

Devanand, D. P., Dwork, A. J., Hutchinson, E. R., Blowig, T. G., & Sackheim, H. A. (1994). Does ECT alter brain structure? *American Journal of Psychiatry, 151,* 957–970.

Devanand, D. P., & Sackheim, H. A. (1995). Does ECT alter brain structure?: Reply. *American Journal of Psychiatry, 152,* 1403.

Dick, L. P., Gallagher-Thompson, D., & Thompson, L. W. (1996). Cognitive-behavioral therapy. In R. T. Woods (Ed.), *Handbook of the clinical psychology of ageing* (pp. 509–544). New York: Wiley.

Digman, J. M. (1990). Personality structure: Emergence of the five-factor model. *Annual Review of Psychology, 41,* 417–470.

Diller, L. H., Tanner, J. L., & Weil, J. (1996). Etiology of ADHD: Nature or nurture? *American Journal of Psychiatry, 153,* 451–452.

Dimsdale, J. (2009). Psychological stress and cardiovascular disease. *Journal of the American College of Cardiology, 51,* 1237–1246.

DiNitto, D. M., Busch-Armendariz, N. B., Bender, K., Woo, H., Tackett-Gibson, M., Dyer, J. (2008). Testing telephone and web surveys for studying men's sexual assault perpetration behaviors. *Journal of Interpersonal Violence, 23,* 1483–1493.

Dishman, R. K. (1982). Compliance/adherence in health-related exercise? *Psychosomatic Medicine, 49,* 375–382.

Dittmann, M. (2003). Geropsychologists are badly needed. *APA Monitor on Psychology, 34,* 51.

Dleis, D. C., Kaplan, E., & Kramer, J. H. (2001). *Manual for the Delis-Kaplan Executive Function System (D-KEFS).* San Antonio, TX: Psychological Corporation.

Dobson, K. S., & Block, L. (1988). Historical and philosophical bases of cognitive-behavioral therapies. In K. S. Dobson (Ed.), *Handbook of cognitive-behavioral therapies* (pp. 3–38). New York: Guilford Press.

Dodd, J. A. (1970). A retrospective analysis of variables related to duration of treatment in a university psychiatric clinic. *Journal of Nervous and Mental Diseases, 151,* 75–85.

Dollard, J., & Miller, N. (1950). *Personality and psychotherapy: An analysis in terms of learning, thinking, and culture.* New York: McGraw- Hill.

Dollinger, S. J. (1989). Predictive validity of the Graduate Record Examination in a clinical psychology program. *Professional Psychology: Research and Practice, 20,* 56–58.

Dorgan, C., & Editue, A. (1995). *Statistical record of health and medicine: 1995.* Detroit, MI: Orale Research.

Dougherty, A. M. (1990). *Consultation: Practice and perspectives.* Pacific Grove, CA: Brooks/Cole.

Dougherty, A. M. (2004). *Consultation: Practice and perspectives in school and community settings* (4th ed.). Pacific Grove, CA: Brooks/Cole.

Dubin, S. S. (1972). Obsolescence or lifelong education: A choice for the professional. *American Psychologist, 27,* 486–496.

Dugas, M. J. (2002). Generalized anxiety disorder. In M. Hersen (Ed.), *Clinical behavior therapy: Adults and children* (pp. 125–143). New York: John Wiley & Sons.

Duncan, B. L., Miller, S. D., Wampold, B. E., & Hubble, M. A. (2009). *The heart and soul of change, second edition: Delivering what works in therapy.* Washington, DC: American Psychological Association.

Dunkin, J. J., & Anderson-Hanley, C. (1998). Dementia caregiver burden: A review of the literature and guidelines for assessment and intervention. *Neurology, 51,* S53–S60.

Dunn, L. M., & Dunn, L. M. (2007). *Peabody Picture Vocabulary Test—Fourth Edition: Manual.* Circles Pines, MN: American Guidance Service.

Dush, D. M., Hirt, M. L., & Schroeder, H. E. (1989). Self-statement modification in the treatment of child behavior disorders: A meta-analysis. *Psychological Bulletin, 106,* 97–106.

Dustin, D., & Ehly, S. (1984). Skills for effective consultation. *School Counselor, 32,* 23–29.

Dykens, E. M., & Hodapp, R. M. (1997). Treatment issues in genetic mental retardation syndromes. *Professional Psychology: Research and Practice, 28,* 263–270.

Eaker, E. D., Pinsky, J., & Castelli, W. P. (1992). Myocardial infarction and coronary death among women: Psychosocial predictors from a 20-year follow-up of women in the Framingham study. *American Journal of Epidemiology, 135,* 854–864.

Eamon, M. K., & Zuehl, R. M. (2001). Maternal depression and physical punishment as mediators of the effect of poverty on socioemotional problem of children in single-mother families. *American Journal of Orthopsychiatry, 71,* 218–226.

Eastwood, S., & Bisson, J. I. (2008). Management of factitious disorders: A systematic review. *Psychotherapy and Psychosomatics, 77,* 209–218.

Eaton, W. W., Holzer, C. E., Von Korff, M., Anthony, J. C., Helzer, J. E., George, L., et al. (1984). The design of the epidemiologic catchment area surveys. *Archives of General Psychiatry, 41,* 942–948.

Ebigno, P. O. (1986). A cross sectional study of somatic complaints of Nigerian females using the Enugu Somatization Scale. *Culture, Medicine, and Psychiatry, 10,* 167–186.

Economic Report of the President. (1998). *Economic report of the President: Transmitted to the congress February 1998 together with the annual report of the Council of Economic Development.* Washington, DC: U.S. Government Printing Office.

Eddy, B., Lloyd, P. J., & Lubin, B. (1987). Enhancing the application to doctoral professional programs: Suggestions from a national survey. *Teaching of Psychology, 14,* 160–163.

Edelbrock, H. P., & Costello, A. J. (1984). Structured psychiatric interviews for children and adolescents. In G. Goldstein & M. Herson (Eds.), *Handbook of psychological assessment* (pp. 276–290). Elmsford, NY: Pergamon Press.

Edelson, M. (1994). Can psychotherapy research answer this psychotherapist's questions. In P. F. Tally, H. H. Strupp, & S. F. Butler (Eds.), *Psychotherapy research and practice: Bridging the gap* (pp. 124–142). New York: Basic Books.

Edwards, A. J. (1994). *When memory fails: Helping the Alzheimer's and dementia patient.* New York: Plenum Press.

Edwards, A. L. (1959). *Edwards Personal Preference Schedule.* New York: Psychological Corporation.

Edwards, M. C., Schultz, E. G., & Long, N. (1995). The role of the family in the assessment of attention deficit hyperactivity disorder. *Clinical Psychology Review, 15*, 375–394.

Eells, T. D. (1995). Relational therapy for grief disorders. In J. P. Barber & P. Crits-Christoph (Eds.), *Dynamic therapies for psychiatric disorders (Axis I)* (pp. 386–xx). New York: Basic Books.

Eidelson, R. J., & Eidelson, J. I. (2003). Dangerous ideas: Five beliefs that propel groups toward conflict. *American Psychologist, 58*, 182–192.

Eisen, A. R., Engler, L. B., & Geyer, B. (1998). Parent training for separation anxiety. In J. M. Breismeister & C. E. Schaefer (Eds.), *Handbook of parent training: Parents as co-therapists for children's behavior problems* (pp. 205–224). New York: Wiley.

Eisenberg, L. (1968). The interaction of biological and experiential factors in schizophrenia. In D. Rosenthal & S. S. Kety (Eds.), *The transmission of schizophrenia* (pp. 403–409). Oxford, England: Pergamon Press.

Ekstrand, M. L., & Coates, T. J. (1990). Maintenance of safer sexual behaviors and predictors of risky sex: The San Francisco men's health study. *American Journal of Public Health, 80*, 973–977.

Elkin, I. (1994). The NIMH Treatment of depression collaborative research program: Where we began and where we are. In A. E. Bergin & S. L. Garfield (Eds.), *Handbook of psychotherapy and behavior change* (4th ed., pp. 114–139). New York: Wiley.

Elkin, I., Parloff, M. B., Hadley, S. W., & Autry, J. H. (1985). NIMH treatment of depression collaborative research program: Background and research plan. *Archives of General Psychiatry, 42*, 305–316.

Elkin, I., Shea, M. T., Watkins, J. T., Imber, S. D., Sotsky, S. M., Collins, J. F., et al. (1989). National Institute of Mental Health treatment of depression collaborative research program: General effectiveness of treatments. *Archives of General Psychiatry, 46*, 971–982.

Ellenberg, J., Hirtz, D., & Nelson, K. (1986). Do seizures in children cause intellectual deterioration? *New England Journal of Medicine, 314*, 1085–1088.

Elliott, D. M., & Guy, J. D. (1993). Mental health professionals versus non-mental-health professionals: Childhood trauma and adult functioning. *Professional Psychology: Research and Practice, 24*, 83–90.

Ellis, A. (1962). *Reason and emotion in psychotherapy.* New York: Stuart.

Ellis, A. (1977). *Sex without guilt.* Hollywood: Wilshire.

Ellis, A. (1980). Rational-emotive therapy and cognitive behavior therapy: Similarities and differences. *Cognitive Therapy and Research, 4*, 325–340.

Ellis, A., & Grieger, R. (Eds.). (1977). *Handbook of rational-emotive therapy.* New York: Springer.

Ellis, E. M. (2000). Rationale and goal of the custody evaluation. In E. M. Ellis (Ed.), *Divorce wars.* Washington, DC: American Psychological Association.

Ellison, P. T., & Gray, P. B. (Eds.) (2009). *Endocrinology of social relationships.* Boston: Harvard University Press.

Ellsworth, R. B. (1981). *CAAP Scale: The measurement of child and adolescent adjustment.* Palo Alto, CA: Consulting Psychologists Press.

Emery, R. E., & Laumann-Billings, L. (1998). An overview of the nature, causes, and consequences of abusive family relationships: Towards differentiating maltreatment and violence. *American Psychologist, 53*, 121–135.

Engel, G. L. (1977). The need for a new medical model: A challenge for biomedicine. *Science, 196*, 129–136.

Engel, G. L. (1980). The clinical application of the biopsychosocial model. *American Journal of Psychiatry, 137*, 535–544 .

Engel, J., & Pedley, T. A. (2007). *Epilepsy: A comprehensive textbook* (2nd ed.). Philadelphia: Lippincott, Williams, & Wilkins.

Enright, M. F., Resnick, R., DeLeon, P. H., Sciara, A. D., & Tanney, M. F. (1990). The practice of psychology in hospital settings. *American Psychologist, 45*, 1059–1065.

Epstein, G. N., Steingarten, J., Weinstein, H. D., & Nashel, H. M. (1977). Panel report: Impact of law on the practice of psychotherapy. *Journal of Psychiatry and Law, 5*, 7–40.

Epstein, N. B., & Baucom, D. H. (2002). *Enhanced cognitive-behavioral therapy for couples: A contextual approach*. Washington, DC: American Psychological Association.

Epstein, S. (1979). The stability of behavior: I. On predicting most of the people much of the time. *Journal of Personality and Social Psychology, 37*, 1097–1126.

Erikson, M. H. (1980). *The collected papers of Milton H. Erickson on hypnosis*. New York: Irvington.

Erickson, S. K., Lilienfeld, S. O., & Vitacco, M. J. (2007). Failing the burden of proof: The science and ethics of projective tests in custody evaluations. *Family Court Review, 45*, 185–192.

Evans, G. D., & Murphy, M. J. (1997). The practicality of predoctoral prescription training for psychologists: A survey of directors of clinical training. *Professional Psychology: Research and Practice, 28*, 113–117.

Everett, C. A., & Everett, S. V. (1999). *Family therapy for ADHD: Treating children, adolescents, and adults*. New York: Guilford Press.

Exner, J. E. (1974). *The Rorschach: A comprehensive system*. New York: Wiley.

Exner, J. E. (1976). Projective techniques. In I. B. Weiner (Ed.), *Clinical methods in psychology* (pp. 61–121). New York: Wiley.

Exner, J. E. (1986). *The Rorschach: A comprehensive system: Vol. 1. Basic foundations* (2nd ed.). New York: Wiley.

Exner, J. E. (1993). *The Rorschach: A comprehensive system: Vol. 1. Basic foundations* (3rd ed.). New York: Wiley.

Exner, J. E. (1997). The future of Rorschach in personality assessment. *Journal of Personality Assessment, 68*, 37–46.

Exner, J. E. (2003). *The Rorschach: A comprehensive system: Vol. 1. Basic foundations* (4th ed.). New York: Wiley.

Exner, J. E., & Erdberg, P. (2005). *The Rorschach: Advanced interpretation*. Hoboken, NJ: Wiley.

Exner, J. E., & Weiner, I. (1995). *The Rorschach: A comprehensive system: Assessment of children and adolescents* (Vol. 3, 2nd ed.). New York: Wiley.

Eysenck, H. J. (1952). The effects of psychotherapy: An evaluation. *Journal of Consulting Psychology, 16*, 319–324.

Eysenck, H. J. (1958). Personality tests: 1950–1955. In G. W. T. H. Fleming & A. Walk (Eds.), *Recent progress in psychiatry* (Vol. 3, pp. 118–159). New York: Grove Press.

Eysenck, H. J. (1960). *Handbook of abnormal psychology: An experimental approach*. London: Pitman.

Eysenck, H. J. (1970). A mish-mash of theories. *International Journal of Psychiatry, 9*, 140–146.

Eysenck, H. J. (1978). An exercise in meta-silliness. *American Psychologist, 33*, 517.

Eysenck, H. J. (1983). Special review by M. L. Smith, G. V. Glass, & T. I. Miller: The benefits of psychotherapy. *Behaviour Research and Therapy, 21*, 315–320.

Eysenck, H. J., & Eysenck, S. B. G. (1975). *Manual for the Eysenck Personality Questionnaire*. San Diego, CA: Educational and Individual Testing Service.

Fairbairn, W. R. D. (1954). *An object relations theory of the personality*. New York: Basic Books.

Fairburn, C. G., & Brownell, K. D. (Eds.). (2002). *Eating disorders and obesity: A comprehensive handbook* (2nd ed.). New York: Guilford Press.

Falsetti, S. A., & Resnick, H. S. (2001). Posttraumatic stress disorder. In W. J. Lyddon & J. V. Jones, Jr. (Eds.), *Empirically supported cognitive therapies: current and future applications*. New York: Springer.

Farrell, A. D., Complair, P. S., & McCullough, L. (1987). Identification of target complaints by computer interview: Evaluation of the computerized assessment system for psychotherapy evaluation and research. *Journal of Consulting and Clinical Psychology, 55*, 691–700.

Farrugia, D., & Fetter, H. (2009). Chronic pain: Biological understanding and treatment suggestions for mental health counselors. *Journal of Mental Health Counseling, 31*, 189–200.

Faust, D. (1986). Research on human judgment and its application to clinical practice. *Professional Psychology: Research and Practice, 17*, 420–430.

Faust, J., Runyon, M. K., & Kenny, M. C. (1995). Family variables associated with the onset and impact of intrafamilial childhood sexual abuse. *Clinical Psychology Review, 15*, 443–456.

Fava, G. A., Rafanelli, C., Remi, J., Yates, W. R., Troughton, E. P., & Steward, M. A. (1998). Prevention of recurrent depression with cognitive behavioral therapy: Preliminary findings. *Archive of General Psychiatry, 55*, 816–820.

Fava, G. A., & Sonino, N. (2008). The biopsychosocial model thirty years later. *Psychotherapy and Psychosomatics, 77*, 1–2.

Fava, L., & Morton, J. (2009). Causal models of panic disorder theories. *Clinical Psychology Reviews*, in press.

Feather, B. W., & Rhoads, J. M. (1972). Psychodynamic behavior therapy: I. Theory and rationale. *Archives of General Psychiatry, 26*, 496–502.

Federal Trade Commission. (2000). *Marketing violent entertainment to children: A review of self-regulation and industry practices in the motion picture, music* recording, and electronic game industries—Appendix B. Washington, DC: Author.

Feighner, J. P., Brown, S. L., & Oliver, J. E. (1973). Electrosleep therapy. *Journal of Nervous and Mental Disease, 157,* 121–128.

Feldman, J. M., & Kazdin, A. E. (1995). Parent management training for oppositional and conduct problem children. *Clinical Psychologist, 48,* 3–5.

Fensterheim, H., & Raw, S. D. (1996). Psychotherapy research is not psychotherapy practice. *Clinical Psychology: Science and Practice, 3,* 168–171.

Ferguson, R. J. & Mittenberg, W. (1996). Cognitive-behavioral treatment of postconcussion syndrome: A therapist's manual. In V. B. Van Hasselt & M. Hersen (Eds.), *Sourcebook of psychological treatment manuals for adult disorders* (pp. 615–656), New York: Plenum Press.

Feske, U., & Chambless, D. L. (1995). Cognitive behavioral versus exposure only treatment for social phobia: A meta-analysis. *Behavior Therapy, 26,* 695–720.

Fields, B. W., & Fristad, M. A. (2009). Assessment of childhood bipolar. *Clinical Psychology: Science and Practice, 16,* 166–181.

Fiester, A. R., & Rudestam, K. E. (1975). A multivariate analysis of the early dropout process. *Journal of Consulting and Clinical Psychology, 43,* 528–535.

Fink, P. J. (1986). Dealing with psychiatry's stigma. *Hospital and Community Psychiatry, 37,* 814–818.

Fink, P. J. (2003). A beautiful mind and insulin coma: Social constraints on psychiatric diagnosis and treatment. *Harvard Review of Psychiatry, 11,* 284–290.

Finkel, M. J., Ragnar, D. S., Bandele, A., & Schaefer, V. (2003). Diversity training in graduate school: An exploratory evaluation of the Safe Zone Project. *Professional Psychology: Research and Practice, 34,* 555–561.

Finkelhor, D., Hotaling, G., Lewis, I. A., & Smith, C. (1990). Sexual abuse in a national survey of adult men and women: Prevalence, characteristics, and risk factors. *Child Abuse and Neglect, 14,* 19–28.

Finney, J. W., & Moos, R. H. (1991). The long-term course of treated alcoholism: I. Mortality, relapse, and remission rates and comparisons with community controls. *Journal of Studies on Alcoholism, 52,* 44–54.

Fiore, T. A., Becker, E. A., & Nero, R. C. (1993). Educational interventions for students with attention deficit disorder. *Exceptional Children, 60,* 163–173.

First, M. B., Gibbon, M., Spitzer, R. L., Williams, J. B., & Benjamin, L. (1997). *Structured clinical interview for DSM-IV axis II personality disorders (SCID-II).* Washington, DC: American Psychiatric Press.

First, M. B., Spitzer, R. L., Gibbon, M., & Williams, J. B. (1997). *Structured clinical interview for DSM-IV axis I disorders (SCID-I), clinical version.* Washington, DC: American Psychiatric Press.

First, M. B., Spitzer, R.L., Gibbon M., & Williams, J.B.W. (2002). Structured clinical interview for DSM-IV-TR axis I disorders, research version, patient edition. (SCID-I/P) New York: Biometrics Research.

Fischbach, G. D. (1992). Mind and brain. *Scientific American, 267,* 48–57.

Fisher, H. E. (1995). *Anatomy of love: A natural history of mating, marriage and why we stray.* New York: Ballantine Books.

Fisher, H. E. (2004). *Why we love: The nature of and chemistry of romance.* New York: Holt.

Fitzgibbon, M. L., Stolley, M. R., Avellone, M. E., Sugerman, S., & Chavez, N. (1996). Involving parents in cancer risk reduction: A program for Hispanic American families. *Health Psychology, 15,* 413–422.

Fleck, S. (1995). Dehumanizing developments in American psychiatry in recent decades. *Journal of Nervous and Mental Diseases, 183,* 195–203.

Flynn, J. R. (1984). The mean IQ of Americans: Massive gains 1932 to 1978. *Psychological Bulletin, 95,* 29–51.

Flynn, J. R. (1987). Massive IQ gains in 14 nations: What IQ tests really measure. *Psychological Bulletin, 101,* 171–191.

Flynn, J. R. (2007). *What is intelligence?: Beyond the Flynn Effect.* New York: Cambridge University Press.

Foa, E. B. (1996). The efficacy of behavioral therapy with obsessive-compulsives. *Clinical Psychologist, 49,* 19–22.

Foa, E. B., Dancu, C. V., Hembree, E. A., Jaycox, L. H., Meadows, E. A., & Street, G. P. (1999). A comparison of exposure therapy, stress inoculation training, and their combination for reducing posttraumatic stress disorder in female assault victims. *Journal of Consulting and Clinical Psychology, 67,* 194–200.

Foa, E. B., & Franklin, E. (2001). Obsessive-compulsive disorder. In D. H. Barlow (Ed.), *Clinical handbook of psychological disorders: A step-by- step treatment manual* (3rd ed., pp. 209–263). New York: Guilford Press.

Foa, E. B., & Steketee, G. (1977). Emergent fears during treatment of three obsessive compulsives: Symptom substitution or deconditioning? *Journal of Behaviour Therapy and Experimental Psychiatry, 8*, 353–358.

Fordyce, W. E. (1988). Pain and suffering: A reappraisal. *American Psychologist, 43*, 276–283.

Forer, B. R. (1957). *The Forer Structured Sentence Completion Test.* Los Angeles: Western Psychological Service.

Forsyth, D. R., & Corazzini, J. G. (2000). Groups as change agents. In C. R. Snyder & R. E. Ingram (Eds.), *Handbook of psychological change: Psychotherapy processes and practices for the 21st century* (pp. 309–336). New York: Wiley.

Fouse, B., & Wheeler, M. (1997). *A treasure chest of behavioral strategies for individuals with autism.* Arlington, TX: Future Horizons.

Fowers, B. J., & Richardson, F. C. (1996). Why is multiculturalism good? *American Psychologist, 51*, 609–621.

Fox, B. H. (1988). Psychogenic factors in cancer, especially its incidence. In S. Maes, D. Spielberger, P. B. Defares, & I. G. Sarason (Eds.), *Topics in health psychology* (pp. 37–55). New York: Wiley.

Fox, R. E. (1994). Training professional psychologists for the twenty-first century. *American Psychologist, 49*, 200–206.

Fox, R. E., DeLeon, P. H., Newman, R., Sammons, M. T., Dunivin, D. L., & Baker, D. C. (2009). Prescriptive authority and psychology: A status report. *American Psychologist. 64*, 257–268.

Fox, R. E., Schwelitz, F. D., & Barclay, A. G. (1992). A proposed curriculum for psychopharmacology training for professional psychologists. *Professional Psychology: Research and Practice, 23*, 216–219.

Frank, G. (1984). The Boulder model: History, rationale, and critique. *Professional Psychology: Research and Practice, 15*, 417–435.

Frank, J. D. (1961). *Persuasion and healing.* Baltimore: Johns Hopkins University Press.

Frank, J. D. (1982). Therapeutic components shared by all psychotherapies. In J. H. Harvey & M. M. Parks (Eds.), *The Master Lecture Series: Vol. 1. Psychotherapy research and behavior change* (pp. 5–38, 73–122). Washington, DC: American Psychological Association.

Frank, J. D. (1993). *Persuasion and healing* (3rd ed.). Baltimore: Johns Hopkins University Press.

Frank, L. K. (1948). *Projective methods.* Springfield, IL: Charles C Thomas.

Frankl, V. (1963). *Man's search for meaning.* New York: Washington Square Press.

Frankl, V. (1965). *The doctor and the soul.* New York: Knopf.

Franklin, M. E., & Foa, E. B. (2008). Obsessive-compulsive disorder. In D. H. Barlow (Ed). *Clinical handbook of psychological disorders: A step-by-step treatment manual* (4th ed., (pp. 164–215). New York: Guilford Press.

Franklin, M. E., Rynn, M., March, J. S., & Foa, E. B. (2002). Obsessive-compulsive disorder. In M. Hersen (Ed.), *Clinical behavior therapy: Adults and children* (pp. 276–303). New York: Wiley.

Fraser, J. S. (1996). All that glitters is not always gold: Medical offset effects and managed behavioral health care. *Professional Psychology: Research and Practice, 27*, 335–344.

Frederick/Schneiders, Inc. (1990, December). *Survey of American Psychological Association members.* Washington, DC: Author.

Fredrickson, M., & Matthews, K. A. (1990). Cardiovascular responses to behavioral stress and hypertension: A meta-analytic review. *Annals of Behavioral Medicine, 12*, 30–39.

Freedman, R. R. (1993). Raynaud's disease and phenomenon. In R. J. Gatchel & E. B. Blanchard (Eds.), *Psychophysiological disorders.* Washington, DC: American Psychological Association.

Freeman, A., & Reinecke, M. A. (1993). *Cognitive therapy of suicidal behavior: A manual for treatment.* New York: Springer.

French, S. A., Hennrikus, D. J., & Jeffery, R. W. (1996). Smoking status, dietary intake, and physical activity in a sample of working adults. *Health Psychology, 15*, 448–454.

Freud, S. (1959). The question of lay analysis. In J. Strachey (Ed. & Trans.), *The standard edition of the complete psychological works of Sigmund Freud* (Vol. 20, pp. 89–125). London: Hogarth Press. (Original work published 1926.)

Freud, S. (1963). Introductory lectures in psychoanalysis. In J. Strachey (Ed. & Trans.), *The standard edition of the complete psychological works of Sigmund Freud* (Vol. 16, pp. 241–489). London: Hogarth Press. (Original work published 1917.)

Freud, S. (1964). New introductory lectures on psychoanalysis. In J. Strachey (Ed. & Trans.), *The standard edition of the complete psychological works of Sigmund Freud* (Vol. 22, pp. 1–182). London: Hogarth Press. (Original work published 1933.)

Frick, P. J., Strauss, C. C., Lahey, B. B., & Christ, M. A. G. (1993). Behavior disorders of children. In P. B. Sutker & H. E. Adams (Eds.), *Comprehensive handbook of psychopathology* (2nd ed., pp. 765–789). New York: Plenum Press.

Friedman, H. S., Tucker, J. S., Schwartz, J. E., Tomlinson-Keasey, C., Martin, L. R., Wingard, D. L., et al. (1995). Psychosocial and behavioral predictors of longevity: The aging and death of the "termites." *American Psychologist, 50,* 69–78.

Fuqua, D., & Kupius, D. (1993). Conceptual models in organizational consultation. *Journal of Counseling and Development, 71,* 607–618.

Gabbard, G. O. (1994). Reconsidering the American Psychological Association's policy on sex with former patients: Is it justifiable? *Professional Psychology: Research and Practice, 25,* 329–335.

Gallagher-Thompson, D., Hanley-Peterson, P., & Thompson, L. W. (1990). Maintenance of gains versus relapse following brief psychotherapy for depression. *Journal of Consulting and Clinical Psychology, 58,* 371–374.

Gallessich, J. (1982). *The profession and practice of consultation.* San Francisco: Jossey-Bass.

Garb, H. N. (1988). Comment on "The study of clinical judgment: An ecological approach." *Clinical Psychology Review, 8,* 441–444.

Garb, H. N. (1989). Clinical judgment, clinical training, and professional experience. *Psychological Bulletin, 105,* 387–396.

Garb, H. N. (1997). Race bias, social class bias, and gender bias in clinical judgement. *Clinical Psychology: Science and Practice, 4,* 99–120.

Garbarino, J., & Stocking, S. H. (1980). *Protecting children from abuse and neglect.* San Francisco: Jossey-Bass.

Gardner, H. (1983). *Frames of mind: The theory of multiple intelligences.* New York: Basic Books.

Gardner, H. (1986). The waning of intelligence tests. In R. J. Sternberg & D. K. Detterman (Eds.), *What is intelligence?* Norwood, NJ: Ablex.

Gardner, H. (1994). *Creating minds.* New York: Basic Books.

Gardner, H. (2006). *Multiple intelligences: New horizons in theory and practice.* New York: Basic Books.

Garfield, S. L. (1986). Research on client variables in psychotherapy. In S. L. Garfield & A. E. Bergin (Eds.), *Handbook of psychotherapy and behavior change* (3rd ed., pp. 213–256). New York: Wiley.

Garfield, S. L. (1993). Methodological problems in clinical diagnosis. In P. B. Sutker & H. E. Adams (Eds.), *Comprehensive handbook of psychopathology* (2nd ed., pp. 27–46). New York: Plenum Press.

Garfield, S. L. (1994). Eclecticism and integration in psychotherapy: Developments and issues. *Clinical Psychology: Science and Practice, 1,* 123–137.

Garfield, S. L. (1996). Some problems associated with "validated" forms of psychotherapy. *Clinical Psychology: Science and Practice, 3,* 218–229.

Garfield, S. L. (1998). Some comments on empirically supported treatments. *Journal of Consulting and Clinical Psychology, 66,* 113–120.

Garfield, S. L., & Bergin, A. E. (Eds.). (1986). *Handbook of psychotherapy and behavior change* (3rd ed.). New York: Wiley.

Garfield, S. L., & Bergin, A. E. (1994). Introduction and historical overview. In A. E. Bergin & S. L. Garfield (Eds.), *Handbook of psychotherapy and behavior change* (4th ed.). New York: Wiley.

Garfield, S. L., & Kurtz, R. (1974). A survey of clinical psychologists: Characteristics, activities, and orientations. *Clinical Psychologist, 28,* 7–10.

Garfield, S. L., & Kurtz, R. (1976). Clinical psychologists in the 70s. *American Psychologist, 31,* 1–9.

Gaston, L. (1995). Dynamic therapy for post-traumatic stress disorder. In J. P. Barber and P. Crits-Christoph (Eds.), *Dynamic Therapies for psychiatric Disorders (Axis I)* (pp. 161–192). New York: Basic Books.

Gatchel, R. J., & Blanchard, E. B. (Eds.). (1993). *Psychophysiological disorders.* Washington, DC: American Psychological Association.

Gerrard, M., Gibbons, F. X., & Bushman, B. J. (1996). Relation between perceived vulnerability to HIV and precautionary sexual behavior. *Psychological Bulletin, 119,* 390–409.

Gershon, E. S. (1990). Genetics. In F. K. Goodwin & K. R. Jamison (Eds.), *Manic-depressive illness* (pp. 373–401). New York: Oxford University Press.

Gibbs, W. W. (1996). Gaining on fat. *Scientific American, 275,* 88–94.

Giecek, T. S. (2000). *Teaching economics as if people mattered: A high school curriculum guide to the new economy.* Boston: United for a Fair Economy.

Gill, M. M. (1984). Psychoanalytic, psychodynamic, cognitive behavior, and behavior therapies compared. In H. Arkowitz & S. B. Messer (Eds.), *Psychoanalytic therapy and behavior therapy: Is integration possible?* (pp. 179–188). New York: Plenum Press.

Gillies, L. A. (2001). Interpersonal psychotherapy for depression and other disorders. In D. H. Barlow (Ed.), *Clinical handbook of psychological disorders: A step-by-step treatment manual (3rd ed., pp. 309–331).* New York: Guilford Press.

Glantz, K., Durlach, N. I., Barnett, R. C., & Aviles, W. A. (1996). Virtual reality (VR) for psychotherapy: From the physical to the social environment. *Psychotherapy, 33,* 464–473.

Glaser, R., & Thorpe, J. (1986). Unethical intimacy: A survey of sexual contact and advances between psychology educators and female graduate students. *American Psychologist, 41,* 43–51.

Glasser, W. (2003). *Warning: Psychiatry can be hazardous to your mental health.* New York: HarperCollins.

Goldberg, I. D., Krantz, G., & Locke, B. Z. (1970). Effect of a short-term outpatient psychiatric therapy benefit on the utilization of medical services in a prepaid group practice medical program. *Medical Care, 8,* 419–428.

Goldberg, P. A. (1965). A review of sentence completion methods in personality assessment. *Journal of Projective Techniques and Personality Assessment, 29,* 12–45.

Golden, C. J., Hammeke, T. A., & Purisch, A. D. (1980). *The Luria-Nebraska Neuropsychological Battery.* Los Angeles: Western Psychological Services.

Goldensohn, E., Glaser, G., & Goldberg, M. (1984). Epilepsy. In L. Rowland (Ed.), *Meritt's textbook of neurology* (pp. 629–649). Philadelphia: Lea & Febiger.

Goldfarb, L. A. (1987). Sexual abuse antecedent to anorexia nervosa, bulimia, and compulsive overeating: Three case reports. *International Journal of Eating Disorders, 6,* 675–680.

Goldfarb, L. A., Dykens, E., & Gerrard, M. (1985). The Goldfarb Fear of Fat Scale. *Journal of Personality Assessment, 49,* 329–332.

Goldfried, M. R. (1991). Research issues in psychotherapy integration. *Journal of Psychotherapy Integration, 1,* 5–25.

Goldfried, M. R. (1993). Commentary on how the field of psychopathology can facilitate psychotherapy integration: What can the field of psychotherapy offer to psychotherapy integration? [Special issue]. *Journal of Psychotherapy Integrations, 3,* 353–360.

Goldfried, M. R., Greenberg, L. S., & Marmar, C. (1990). Individual psychotherapy: Process and outcome. In M. R. Rosenzweig & L. W. Porter (Eds.), *Annual review of psychology.* Palo Alto, CA: Annual Reviews.

Goldfried, M. R., & Wolfe, B. E. (1996). Psychotherapy practice and research: Repairing a strained alliance. *American Psychologist, 51,* 1007–1016.

Goleman, D. (1995). *Emotional intelligence: Why it can matter more than IQ.* New York: Bantam Books.

Goleman, D. (2006). *Emotional intelligence: 10th anniversary edition: Why it can matter more than IQ.* New York: Bantam.

Goleman, D. (2007). *Social Intelligence: The new science of human relationships.* New York: Bantam.

Gonzalez, J. C. (1998). Measures of acculturation. In G. P. Koocher, J. C. Norcross, & S. S. Hill, III (Eds.), *Psychologists' desk reference* (pp. 70–73). New York: Oxford University Press.

Goodglass, H. (1986). The flexible battery in neuropsychological assessment. In T. Incagnoli, G. Goldstein, & C. J. Golden (Eds.), *Clinical applications of neuropsychological test batteries* (pp. 121–134). New York: Plenum Press.

Goodheart, C. D., & Markham, B. (1992). The feminization of psychology: Implications for psychotherapy. *Psychotherapy, 29,* 130–138.

Goodman, A. (2008). Neurobiology of addiction: An integrative review. *Biochemical Pharmacology, 75,* 266–322.

Goodwin, D. W. (1986). Heredity and alcoholism. *Annals of Behavioral Medicine, 8,* 3–6.

Goos, L., Ezzatian, P., & Schachar, R. (2007). Parent-of-origin effects in attention-deficit hyperactivity disorder. *Psychiatry Research, 149,* 1.

Gottesman, I. I. (1991). *Schizophrenia genesis: The origins of madness.* New York: Freeman.

Gottesman, I. I., & Erlenmeyer-Kimling, L. (2001). Family and twin strategies as a head start in defining prodromes and endophenotypes for hypothetical early-interventions in schizophrenia. *Schizophrenic Research, 51,* 93–102.

Gottesman, I. I., & Prescott, C. A. (1989). Abuses of the MacAndrew MMPI Alcoholism Scale: A critical review. *Clinical Psychology Review, 9,* 223–242.

Gough, H. G. (1962). Clinical versus statistical prediction in psychology. In L. Postman (Ed.), *Psychology in the making: Histories of selected research problems* (pp. 90–123). New York: Knopf.

Gough, H. G. (1984). A managerial potential scale for the California Psychological Inventory. *Journal of Applied Psychology, 69,* 233–240.

Graeff, F. G., & Del-Ben, C. M. (2008). Neurobiology of panic disorder: From animal models to brain neuroimaging. *Neuroscience & Biobehavioral Reviews, 32,* 1326–1335.

Graham, J. (2008, October 13). $700 billion: What we waste on health care every year. *Chicago Tribune,* A13.

Graham, J. R. (2006). *MMPI-2: Assessing personality and psychopathology* (4th ed.). New York: Oxford University Press.

Grant, D. A., & Berg, E. A. (1993). *Wisconsin Card Sorting Test*. Odessa, FL: Psychological Assessment Resources.

Grantham, R. J. (1973). Effects of counselor sex, race, and language style on black students in initial interviews. *Journal of Counseling Psychology, 20*, 553–559.

Gray, J. A. (1982). *The neuropsychology of anxiety.* New York: Oxford University Press.

Gray, J. A. (1991). Fear, panic, and anxiety: What's in a name? *Psychological Inquiry, 2*, 72–96.

Greenberg, L. S. & Johnson, S. M. (1988). *Emotionally focused therapy for couples.* New York: Guilford.

Greenberg, L. S., & Johnson, S. M. (1998). *Emotionally focused therapy for couples.* New York: Guilford Press.

Greenblatt, M. (1985). Mental health consultation. In H. I. Kaplan & B. J. Sadock (Eds.), *Comprehensive textbook of psychiatry* (4th ed., pp. 1897–1899). Baltimore: Williams & Wilkins.

Greene, B. (1993). Human diversity in clinical psychology: Lesbian and gay sexual orientations. *Clinical Psychologist, 46*, 74–82.

Greenfield, P. M. (1997). You can't take it with you: Why ability assessments don't cross cultures. *American Psychologist, 52*, 1115–1124.

Greenough, W. T., Withers, G. S., & Wallace, C. S. (1990). Morphological changes in the nervous system arising from behavioral experience: What is the evidence that they are involved in learning and memory. In L. R. Squire & E. Lindenlaub (Eds.), *The biology of memory, Symposia Medica Hoescht* (pp. 159–183). Stuttgart/New York: Schattauer Verlag.

Greist, J. H. (1990). Treatment of obsessive-compulsive disorder: Psychotherapies, drugs, and other somatic treatments. *Journal of Clinical Psychiatry, 51*, 44–50.

Grencavage, L. M., & Norcross, J. C. (1990). Where are the commonalities among the therapeutic common factors? *Professional Psychology: Research and Practice, 21*, 372–378.

Grisso, T., & Appelbaum, P. S. (1992). Is it unethical to offer predictions of future violence? *Law and Human Behavior, 16*, 621–633.

Grove, W. M., Zald, D. H., Lebow, B. S., Snitz, B. E., & Nelson, C. (2000). Clinical versus mechanical prediction: A meta-analysis. *Psychological Assessment, 12*, 19–30.

Grusky, O., Thompson, W. A., & Tillipman, H. (1991). Clinical versus administrative backgrounds for mental health administrators. *Administration and Policy in Mental Health, 18*, 271–278.

Guilford, J. P. (1967). *The nature of human intelligence.* New York: McGraw-Hill.

Guilford, J. P. (1979). Intelligence isn't what it used to be: What to do about it. *Journal of Research and Development in Education, 12*, 33–46.

Guilford, J. P. (1985). The structure-of-intellect model. In B. B. Wolman (Ed.), *Handbook of intelligence* (pp. 225–266). New York: Wiley.

Guion, R. M. (2008). Employment tests and discriminatory hiring. *Industrial Relations: A Journal of Economy and Society, 5*, 20–37.

Gumaer, J. (1984). *Counseling and therapy for children.* New York: Free Press.

Gump, B. B., Matthews, K. A., & Raikkonen, K. (1999). Modeling relationships among socioeconomic status, hostility, cardiovascular reactivity, and left ventricular mass in African American and White children. *Health Psychology, 18*, 140–150.

Gunn, W. B., & Blount, A. (2009). Primary care mental health: A new frontier for psychology. *Journal of Clinical Psychology, 65*, 235252.

Guy, J. D. (1987). *The personal life of the psychotherapist.* New York: Wiley.

Haas, L. J., Benedict, J. G., & Kobos, J. C. (1996). Psychotherapy by telephone: Risks and benefits for psychologists and consumers. *Professional Psychology: Research and Practice, 27*, 154–160.

Hale, R. L. (1991). Intellectual assessment. In M. Hersen, A. E. Kazdin, & A. S. Bellack (Eds.), *The clinical psychology handbook* (2nd ed.). New York: Pergamon Press.

Haley, J. (1973). *Uncommon therapy.* New York: Norton.

Haley, J. (1976). *Problem solving therapy: New strategies for effective family therapy.* San Francisco: Jossey-Bass.

Haley, J. (1987). *Problem-solving therapy* (3rd ed.). San Francisco: Jossey-Bass.

Hall, C. C. I. (1997). Cultural malpractice: The growing obsolescence of psychology with the changing U.S. population. *American Psychologist, 52*, 642–651.

Hall, S. M., Munoz, R. F., Reus, V. I., & Sees, K. L. (1993). Nicotine, negative affect, and depression. *Journal of Consulting and Clinical Psychology, 61*, 761–767.

Halpern, D. F. (2008). Careers in psychology: Combining work and family. *Educational Psychology Review, 20*, 57–64.

Halstead, W. C. (1947). *Brain and intelligence: A quantitative study of the frontal lobes.* Chicago: University of Chicago Press.

Ham, L. S., & Hope, D. A. (2003). College students and problematic drinking: A review of the literature. *Clinical Psychology Review, 23,* 719–759.

Hanesian, H., Paez, P., & Williams, D. T. (1988). The Neurologically impaired child and adolescent. In C. J. Kestenbaum & D. T. Williams (Eds.), *Handbook of clinical assessment of children and adolescents* (Vol. 1, pp. 415–445). New York: New York University Press.

Hanna, D. (1988). *Designing organizations for high performance.* Reading, MA: Addison-Wesley.

Hans, V. P. (1986). An analysis of public attitudes toward the insanity defense. *Criminology, 4,* 393–415.

Hansen, J., Himes, B., & Meier, S. (1990). *Consultation: Concepts and practices.* Englewood Cliffs, NJ: Prentice-Hall.

Hansen, M. J., Enright, R. D., Baskin, T. W., & Klatt, J. (2009). A palliative care intervention in forgiveness therapy for elderly terminally ill cancer patients. *Journal of Palliative Care, 25,* 51–60.

Harris, D. B. (1972). Review of the DAP. In O. K. Buros (Ed.), *The seventh mental measurement yearbook* (pp. 401–405). Highland Park, NJ: Gryphon Press.

Harris, M. (1998). *Trauma recovery and empowerment: A clinician's guide for working with women in groups.* New York: Free Press.

Hathaway, S. R. (1943). *The Minnesota Multiphasic Personality Inventory.* Minneapolis: University of Minnesota Press.

Hatsukami, D., Jensen, J., Allen, S., & Grillo, M. (1996). Effects of behavioral and pharmacological treatment on smokeless tobacco users. *Journal of Consulting and Clinical Psychology, 64,* 153–161.

Hattie, J. A., Sharpley, C. F., & Rogers, H. F. (1984). Comparative effectiveness of professional and paraprofessional helpers. *Psychological Bulletin, 95,* 534–541.

Hauser, W., Annegers, J., & Anderson, V. (1983). Epidemiology and genetics of epilepsy. *Research in Nervous and Mental Disorders, 61,* 267–294.

Havens, L. (1994). Some suggestions for making research more applicable to clinical practice. In P. F. Tally, H. H. Strupp, & S. F. Butler (Eds.), *Psychotherapy research and practice: Bridging the gap* (pp. 88–98). New York: Basic Books.

Havik, O. E., & VandenBos, G. R. (1996). Limitations of manualized psychotherapy for everyday clinical practice. *Clinical Psychology: Science and Practice, 3,* 264–267.

Hawkins, R. M. F. (2001). A systematic meta-review of hypnosis as an empirically supported treatment for pain. *Pain-Reviews, 8,* 47–73.

Hawkins, R. P. (1987). Selection of target behaviors. In R. O. Nelson & S. C. Hayes (Eds.), *Conceptual foundations of behavioral assessment* (pp. 311–385). New York: Guilford Press.

Hayes, S. (1996). Creating the empirical clinician. *Clinical Psychology: Science and Practice, 3,* 179–181.

Hayes, S. C. (2002). Getting to dissemination. *Clinical Psychology: Science and Practice, 9,* 410–415.

Hayes, S. C. (2008). Climbing our hills: A beginning conversation on the comparison of acceptance and commitment therapy and traditional cognitive behavioral therapy. *Clinical Psychology: Science and Practice, 15,* 286–295.

Hayes, S. C., & Chang, G. (2002). Invasion of the body snatchers: Prescription privileges, professional schools, and the drive to create a new behavioral health profession. *Clinical Psychology: Science and Practice, 9,* 264–269.

Hayes, S. C., Follette, W. C., Dawes, R. D., & Grady, K. (Eds.). (1995). *Scientific standards of psychological practice: Issues and recommendations.* Reno, NV: Context Press.

Hayes, S. C., & Heiby, E. (1996). Psychology's drug problem: Do we need a fix or should we just say no? *American Psychologist, 51,* 198–206.

Hayes, S. C., & Smith, S. (2005). *Get out of your mind and into your life: The new acceptance and commitment therapy.* Oakland, CA: New Harbinger.

Hayes, S. C., Strosahl, K. D., & Wilson, K. G. (1999). *Acceptance and commitment therapy: An experiential approach to behavior change.* New York: Guilford Press.

Haynes, S. G., Feinleib, M., & Kannel, W. B. (1980). The relationship of psychosocial factors to coronary heart disease in the Framingham study: III. Eight-year incidence of coronary heart disease. *American Journal of Epidemiology, 111,* 37–58.

Hays, K. F., & Brown, C. H. (2004). *You're on! Consulting for peak performance.* Washington, DC: APA Books.

Hayward, C., Gotlib, I. H., Schraedley, P. K., & Litt, I. F. (1999). Ethnic differences in the association between pubertal status and symptoms of depression in adolescent girls. *Journal of Adolescent Health, 25,* 143–149.

Hayward, P., Wardle, J., & Higgitt, A. (1989). Benzodiazepine research: Current findings and practical consequences. *British Journal of Psychiatry, 28,* 307–327.

Hazell, P. (2007). Pharmacological management of attention-deficit hyperactivity disorder in adolescents: Special considerations. *CNS Drugs, 21,* 37–46.

Heaton, R. K. (1988). Introduction to special series. *Journal of Consulting and Clinical Psychology, 56,* 787–788.

Heiby, E. M. (2002). It is time for a moratorium on legislation enabling prescription privileges for psychologists. *Clinical Psychology: Science and Practice, 9,* 256–258.

Helms, J. E. (1992). Why is there no study of cultural equivalence in standardized cognitive ability testing? *American Psychologist, 47,* 1083–1101.

Herbert, D. L., Nelson, R. O., & Herbert, J. D. (1988). Effects of psychodiagnostic labels, depression, severity, and instructions on assessment. *Professional Psychology: Research and Practice, 19,* 496–502.

Herrnstein, R. J., & Murray, C. (1994). *The bell curve: Intelligence and class structure in American life.* New York: Free Press.

Hersen, M. (Ed.). (2002). *Clinical behavior therapy: Adults and children.* New York: Wiley.

Hersen, M. (2003). *Comprehensive handbook of psychological assessment.* New York: Wiley.

Herz, M., & Marder, S. (2002). *Schizophrenia: Comprehensive treatment and management.* New York: Lippincott Williams & Wilkins.

Herzog, D. B. (1988). Eating disorders. In A. M. Nicoli, Jr. (Ed.), *The new Harvard guide to psychiatry* (pp. 434–445). Boston: Harvard University Press.

Hibbs, E. D., & Jensen, P. S. (Eds.). (1996). *Psychosocial treatments for child and adolescent disorders: Empirically based strategies for clinical practice.* Washington, DC: American Psychological Association.

Higgins, S. T., Budney, A. J., & Sigmon, S. C. (2001). Cocaine dependence. In D. H. Barlow (Ed.), *Clinical handbook of psychological disorders: A step-by-step treatment manual (3rd ed., pp. 434–469).* New York: Guilford Press.

Hildreth, C. J. (2009). Combat injuries in Iraq and Afghanistan help rewrite the book on war surgery. *Journal of the American Medical Association, 301,* 1866–1867.

Himelein, M. J., & Putnam, A. J. (2001). Work activities of clinical psychologists: Do they practice what they teach? *Professional Psychology: Practice and Research, 32,* 537–542.

Hinshaw, S. P. (2003). Attention deficit hyperactivity disorder. In J. J. Ponzetti (Ed.), *The encyclopedia of neurological sciences* (Vol. 2, pp. 393–412). San Diego, CA: Academic Press.

Hodapp, R. M., & Dykens, E. M. (2007). Behavioural phenotypes: Growing understanding of psychiatric disorders in individuals with intellectual disabilities. In N. Boras & G. Holt (Eds.), *Psychiatric and behavioural disorders in intellectual and developmental disabilities* (2nd ed., pp. 202–214). New York: Cambridge University Press.

Hoffman, L. W. (1990). *Old scapes, new maps: A training program for psychotherapy supervisors.* Cambridge, MA: Milusik Press.

Hoffman, B. M., Papas, R. K., Chatkoff, D. K., & Kerns, R. D. (2007). Meta-analysis of psychological interventions for chronic low back pain. *Health Psychology, 26,* 1–9.

Hofmann, S. G., & Tompson, M. C. (Eds.). (2002). *Treating chronic and severe mental disorders: A handbook of empirically supported interventions.* New York: Guilford Press.

Hogan, R., Hogan, J., & Roberts, B. W. (1996). Personality measurement and employment decisions: Questions and answers. *American Psychologist, 51,* 469–477.

Hogarty, G. E. (2002). *Personal therapy for schizophrenia and related disorders: A guide to individualized treatment.* New York: Guilford Press.

Holder, H. D., Saltz, R. F., Grube, J. W., Voas, R. B., Gruenewald, P. J., & Treno, A. J. (1997). A community prevention trial to reduce alcohol-involved accidental injury and death: Overview. *Addiction, 92*(Suppl. 2), S155–S171.

Hollon, S. D. (1996). The efficacy and effectiveness of psychotherapy relative to medications. *American Psychologist, 51,* 1025–1030.

Hollon, S. D. (2006). Randomized clinical trials. In J. C. Norcross, L. E. Beutler, & R. Levant (Eds.), *Evidence-based practice in mental health* (pp. 96–105). Washington, DC: American Psychological Association.

Hollon, S. D., & Beck, A. T. (1994). Cognitive and cognitive-behavioral therapies. In A. E. Bergin & S. L. Garfield (Eds.), *Handbook of psychotherapy and behavior change* (4th ed., pp. 428–466). New York: Wiley.

Holloway, L. D. (2004). Louisiana grants prescriptive authority. *Monitor on Psychology, 35,* 5.

Holroyd, J., & Brodsky, A. (1977). Psychologists' attitudes and practices regarding erotic and nonerotic physical contact with clients. *American Psychologist, 32,* 843–849.

Holtzman, W. H. (1975). New developments in Holtzman Inkblot Technique. In P. McReynolds (Ed.), *Advances in psychological assessment* (Vol. 3, pp. 243–260). San Francisco: Jossey-Bass.

Holtzman, W. H., Thorpe, J. W., Swartz, J. D., & Herron, E. W. (1961). *Inkblot perception and personality: Holzman Inkblot Technique*. Austin, TX: University of Texas Press.

Horgan, J. (1996). Why Freud isn't dead. *Scientific American, 275*, 106–111.

Horowitz, M. J. (1974). Microanalysis of working through in psychotherapy. *American Journal of Psychiatry, 131*, 1208–1212.

Horowitz, M. J. (1988). *Introduction to psychodynamics: A new synthesis*. New York: Basic Books.

Horowitz, M. J., Marmar, C., Krupnick, J., Wilner, N., Kaltreider, N., & Wallerstein, R. (1984). *Personality styles and brief psychotherapy*. New York: Basic Books.

Horvath, A. O., & Symonds, B. D. (1991). Relationship between working alliance and outcome in psychotherapy: A meta-analysis. *Journal of Counseling Psychology, 38*, 139–149.

Horvath, P. (1988). Placebos and common factors in two decades of psychotherapy research. *Psychological Bulletin, 104*, 214–225.

House, J. A., Robbins, C., & Metzner, H. L. (1982). The association of social relationships and activities with mortality: Prospective evidence from the Tecumseh Community Health Study. *American Journal of Epidemiology, 116*, 123–140.

House, J. S., Landis, K. R., & Umberson, D. (1988). Social relationships and health. *Science, 241*, 540–545.

Howard, K. I., Kopta, S. M., Krause, M. S., & Orlinsky, D. E. (1986). The dose-effect relationship in psychotherapy. *American Psychologist, 41*, 159–164.

Howard, K. I., Moras, K., Brill, P. L., & Martinovich, Z. (1996). Evaluation of psychotherapy: Efficacy, effectiveness, and patient progress. *American Psychologist, 51*, 1059–1064.

Howard, M., & McCabe, J. B. (1990). Helping teenagers postpone sexual involvement. *Family Planning Perspective, 22*, 21–26.

Hsu, C., Chou, P., Hwang, K., & Lin, S. (2008). Impact of obesity on young healthy male adults. *Nutrition, Metabolism and Cardiovascular Diseases, 18*, 19–20.

Hsu, L. K. G. (1990). *Eating disorders*. New York: Guilford Press.

Hubert, N., Wachs, T. D., Peters-Martin, P., & Gandour, M. (1982). The study of early temperament: Measurement and conceptual issues. *Child Development, 53*, 571–600.

Huesmann, L. R., Moise-Titus, J., Podolski, C. L., & Eron, L. D. (2003). Longitudinal relations between children's exposure to TV violence and their aggressive and violent behavior in young adulthood: 1977–1992. *Developmental Psychology, 39*, 201–221.

Hughes, J. R. (1993). Pharmacotherapy for smoking cessation: Unvalidated assumptions, anomalies, and suggestions for future research. *Journal of Consulting and Clinical Psychology, 61*, 751–760.

Humphreys, K., & Moos, R. H. (2007). Encouraging post-treatment self-help group involvement to reduce demand for continuing care services: Two-year clinical and utilization outcomes. *Focus, 5*, 193–198.

Hunsley, J. (2009). Advancing the role of assessment in evidence-based psychological practice. *Clinical Psychology: Science and Practice, 16*, 202–205.

Hynd, G. W., & Semrud-Clikeman, M. (1989). Dyslexia and brain morphology. *Psychological Bulletin, 106*, 447–482.

Iacono, W. G. (2008). Accuracy of polygraph techniques: Problems using confessions to determine ground truth. *Physiology & Behavior, 95*, 24–26.

Ikels, C. (1991). Aging and disability in China: Cultural issues in measurement and interpretation. *Social Science Medicine, 32*, 649–665.

In-Albon, T., & Schneider, S. (2007). Psychotherapy of childhood anxiety disorders: A meta-analysis department of clinical child and adolescent psychology. *Psychotherapy and Psychosomatics, 76*, 15–24.

Ingram, R. E., Hayes, A., & Scott, W. (2000). Empirically supported treatments: A critical analysis. In C. R. Snyder & R. E. Ingram (Eds.), *Handbook of psychological change: Psycho therapy processes, practices for the 21st century* (pp. 40–60). New York: Wiley.

Ingram, R. E., Kendall, P. C., & Chen, A. H. (1991). Cognitive-behavioral interventions. In C. R. Snyder & D. R. Forsyth (Eds.), *Handbook of social and clinical psychology: The health perspective* (pp. 509–522). New York: Pergamon Press.

Ingram, R. E., & Scott, W. D. (1990). Cognitive behavior therapy. In A. S. Bellack, M. Hersen, & A. E. Kazdin (Eds.), *International handbook of behavior modification and therapy* (2nd ed., pp. 53–65). New York: Plenum Press.

Insel, T. R. (Ed.). (1984). *New findings in obsessive-compulsive disorder*. Washington, DC: American Psychiatric Press.

Insel, T. R. (1992). Toward a neuroanatomy of obsessive-compulsive disorder. *Archives of General Psychiatry, 49*, 739–744.

Insel, T. R., Champoux, M., Scanlan, J. M., & Suomi, S. J. (1986, May). *Rearing condition and response to anxiogenic drug.* Paper presented at the annual meeting of the American Psychiatric Association, Washington, DC.

Institute for the Future. (2000). *Health and healthcare 2010: The forecast, the challenge.* San Francisco: Jossey-Bass.

Institute of Medicine. (2001). *Health and behavior: The interplay of biological, behavioral, and societal influences.* Washington, DC: National Academy Press.

Institute of Medicine. (2008). *Knowing what works in health care: A road map for the nation.* Washington, DC: National Academy Press.

International Human Genome Sequencing Consortium. (2001, February 15). Initial sequencing and analysis of the human genome. *Nature, 409*, 860–921.

Jablensky, A. (2000). Epidemiology of schizophrenia: The global burden of disease and disability. *European Archives of Psychiatry and Clinical Neuroscience, 250*, 274–285.

Jacobson, N. S. (1984). A component analysis of behavioral marital therapy: The relative effectiveness of behavior exchange and communication/problem-solving training. *Journal of Consulting and Clinical Psychology, 52*, 295–305.

Jacobson, N. S. (1985). Family therapy outcome research: Potential pitfalls and prospects. *Journal of Marital and Family Therapy, 11*, 149–158.

Jacobson, N. S., & Gurman, A. S. (Eds.). (1995). *Clinical handbook of couple therapy.* New York: Guilford Press.

Jacobson, N. S., & Margolin, G. (1979). *Marital therapy: Strategies based on social learning and behavior exchange principles.* New York: Brunner/Mazel.

Jacobson, N. S., & Revenstorf, D. (1988). Statistics for assessing the clinical significance of psychotherapy techniques: Issues, problems, and new developments. *Behavioral Assessment, 10*, 133–145.

Jacobson, N. S., & Truax, P. (1991). Clinical significance: A statistic approach to defining meaningful change in psychotherapy research. *Journal of Consulting and Clinical Psychology, 59*, 12–19.

James, W. (1890). *Principles of psychology.* New York: Holt.

Jamison, R. N., & Virts, K. L. (1990). The influence of family support on chronic pain. *Behaviour Research and Therapy, 28*, 283–287.

Jeffery, R. W. (1988). Dietary risk and their modification in cardiovascular disease. *Journal of Consulting and Clinical Psychology, 56*, 350–357.

Jehu, D. (1979). *Sexual dysfunction: A behavioural approach to causation, assessment, and treatment.* New York: Wiley.

Jenkins, C. D. (1988). Epidemiology of cardiovascular diseases. *Journal of Consulting and Clinical Psychology, 56*, 324–332.

Jerome, L. W., & Zaylor, C. (2000). Cyberspace: Creating a therapeutic environment for telehealth applications. *Professional Psychology: Research and Practice, 31*, 478–483.

Joëls, M. (2009). Stress, the hippocampus, and epilepsy. *Epilepsia, 50*, 586–597.

John Jay College of Criminal Justice (2004). *The nature and scope of the problem of sexual abuse of minors by Catholic priests and deacons in the United States.* New York: Author.

Johnson, M. O., & Remien, R. H. (2003). Adherence to research protocols in a clinical context: Challenges and recommendations from behavioral intervention trails. *American Journal of Psychotherapy, 57*, 348–360.

Johnson, N. G. (2003). Psychology and health research, practice, and policy. *American Psychologist, 58*, 670–677.

*Joint statement on the impact of entertainment violence on children: Congressional public health summit.* (2000, July 26). Washington, DC: U.S. Senate.

Jones, B. P., & Butters, N. (1991). Neuropsychological assessment. In M. Hersen, A. E. Kazdin, & A. S. Bellack (Eds.), *The clinical psychology handbook* (2nd ed., pp. 406–429). New York: Pergamon Press.

Jones, M. C. (1924). The elimination of children's fears. *Journal of Experimental Psychology, 7*, 383–390.

Jones, M. L., Ulicny, G. R., Czyzewski, M. J., & Plante, T. G. (1987). Employment in care-giving jobs for mentally disabled young adults: A feasibility study. *Journal of Employment Counseling, 24*(9), 122–129.

Jones, S. L. (1994). A constructive relationship for religion with the science and profession of psychology: Perhaps the boldest model yet. *American Psychologist, 49*, 184–199.

Jorgensen, R. S., Johnson, B. T., Kolodziej, M. E., & Schreer, G. E. (1996). Elevated blood pressure and personality: A meta-analytic review. *Psychological Bulletin, 120,* 293–320.

Jorm, A. F. (1989). Modifiability of trait anxiety and neuroticism: A meta-analysis of the literature. *Australian and New Zealand Journal of Psychiatry, 23,* 21–29.

Jucker, M., Beyreuther, K., Haass, C., Nitsch, R., & Christen, Y. (Eds.). (2006). *Alzheimer: 100 years and beyond.* Berlin: Springer.

Julien, R. M. (2007). *A primer of drug action* (11th ed.). New York: Worth.

Kagan, J., Reznick, J. S., & Snidman, N. (1988). Biological bases of childhood shyness. *Science, 240,* 167–171.

Kahn, M. W., & Heiman, E. (1978). Factors associated with length of treatment in a barrio-neighborhood mental health service. *International Journal of Social Psychiatry, 24,* 259–262.

Kaiser, J. (2008). DNA sequencing: A plan to capture human diversity in 1000 genomes. *Science, 319,* 395.

Kalat, J. W. (2008). *Biological psychology* (10th ed.). Belmont, CA: Wadsworth.

Kamps, D. M., Barbetta, P. M., Leonard, B. R., & Delquadri, J. (1994). Class-wide peer tutoring: An integration strategy to improve reading skills and promote peer interactions among students with autism and general education peers. *Journal of Applied Behavior Analysis, 27,* 49–61.

Kane, J. M. (2008). Relapse prevention in patients with schizophrenia. *Journal of Clinical Psychiatry, 69,* 11.

Kaplan, E., Fein, D. C., Kramer, J. H., Delis, D., & Morris, R. (1999). *Manual for the WISC-III as a process instrument (WISC-III PI).* San Antonio, TX: Psychological Corporation.

Kaplan, E., Fein, D., Morris, R., & Delis, D. C. (1991). *WAIS-R as a neuropsychological instrument.* San Antonio, TX: Psychological Corporation.

Kaplan, G. A., & Reynolds, P. (1988). Depression and cancer mortality and morbidity: Prospective evidence from the Alameda County study. *Journal of Behavioral Medicine, 11,* 1–13.

Karasu, T. B. (1986). Specificity versus non-specificity. *American Journal of Psychiatry, 143,* 687–695.

Karg, R. S., & Wiens, A. N. (1998). Improving diagnostic and clinical interviewing. In G. P. Koocher, J. C. Norcross, & S. S. Hill, III (Eds.), *Psychologists' desk reference* (pp. 11–14). New York: Oxford University Press.

Karon, B. P. (1995). Provision of psychotherapy under managed health care: A growing crisis and national nightmare. *Professional Psychology: Research and Practice, 26,* 5–9.

Kaskutas, L. A. (2009). Alcoholics Anonymous effectiveness: Faith meets science. *Journal of Addictive Diseases, 28,* 145–157.

Katz, R. L. (1980). Human relations skills can be sharpened. In Paths towards personal progress: Leaders are made not born. *Harvard Business Review,* 82–93.

Katzman, R. (1993). Education and the prevalence of dementia and Alzheimer's disease. *Neurology, 43,* 13–20.

Katzman, R. (2008). Bottom of Form The prevalence and malignancy of Alzheimer disease: A major killer. *Alzheimer's & Dementia, 4,* 378–380

Kaufman, A. S., & Kaufman, N. L. (1990). *Kaufman Brief Intelligence Test (K-BIT): Administrative and scoring manual.* Circles Pines, MN: American Guidance Service.

Kaufman, A. S., & Kaufman, N. L. (1993). *Kaufman Adolescent and Adult Intelligence Test (KAIT): Administrative and scoring manual.* Circles Pines, MN: American Guidance Service.

Kaufman, A. S., & Kaufman, N. L. (1994). *Kaufman Short Neuropsychological Assessment Procedure (K-SNAP): Administrative and scoring manual.* Circles Pines, MN: American Guidance Service.

Kaufman, A. S., & Kaufman, N. L. (2004). *Kaufman Assessment Battery for Children (K-ABC): II. Administrative and scoring manual* (2nd ed.). Circles Pines, MN: American Guidance Service.

Kaye, W. H., Fudge, J. L., & Paulus, M. (2009). New insights into symptoms and neurocircuit function of anorexia nervosa. *Nature Reviews Neuroscience, 10,* 573–584.

Kazdin, A. E. (1991). Treatment research: The investigation and evaluation of psychotherapy. In M. Hersen, A. E. Kazdin, & A. S. Bellack (Eds.), *The clinical psychology handbook* (2nd ed.). New York: Pergamon Press.

Kazdin, A. E. (1994). Methodology, design, and evaluation in psychotherapy research. In A. E. Bergin & S. L. Garfield (Eds.), *Handbook of psychotherapy and behavior change* (4th ed.). New York: Wiley.

Kazdin, A. E., & Bass, D. (1989). Power to detect differences between alternative treatments in comparative psychotherapy outcome research. *Journal of Consulting and Clinical Psychology, 57,* 138–147.

Kazdin, A. E., & Weisz, J. R. (1998). Identifying and developing empirically supported child and adolescent treatments. *Journal of Consulting and Clinical Psychology, 66,* 19–36.

Kazdin, A. E., & Weisz, J. R. (Eds.). (2003). *Evidence-based psychotherapies for children and adolescents.* New York: Guilford Press.

Kazdin, A. E., & Wilson, G. T. (1978). *Evaluation of behavior therapy: Issues, evidence, and research strategies.* Cambridge, MA: Ballinger.

Keefe, F. J., Dunsmore, J., & Burnett, R. (1992). Behavioral and cognitive-behavioral approaches to chronic pain: Recent advances and future directions [Special issue]. *Journal of Consulting and Clinical Psychology, 60,* 528–536.

Keith-Spiegal, P. (1991). *The complete guide to graduate school admission: Psychology and related fields.* Hillsdale, NJ: Erlbaum.

Keith-Spiegal, P. (1994). The 1992 ethics: Boon or bane? *Professional Psychology: Research and Practice, 25,* 315–316.

Kelly, E. B. (2009). *The encyclopedia of attention deficit hyperactivity disorders.* New York: Macmillan.

Kelly, J. A., & Kalichman, S. C. (1995). Increased attention to human sexuality can improve HIV-AIDS prevention efforts: Key research issues and directions. *Journal of Consulting and Clinical Psychology, 63,* 907–918.

Kelly, J. A., St. Lawrence, J. S., Hood, H. V., & Brasfield, T. L. (1989). Behavioral intervention to reduce AIDS risk activities. *Journal of Consulting and Clinical Psychology, 57,* 60–67.

Kelly, J. F. (2003). Self-help for substance-use disorders: History, effectiveness, knowledge gaps, and research opportunities. *Clinical Psychology Review, 23,* 639–665.

Kelly, T. A. (1997). A wake-up call: The experience of a mental health commissioner in times of change. *Professional Psychology: Research and Practice, 28,* 317–322.

Kemp, S. (1990). *Medieval psychology.* New York: Greenwood Press.

Kendall, P. C., & Bemis, K. M. (1983). Thought and action in psychotherapy: The cognitive behavioral approaches. In M. Hersen, A. E. Kazdin, & A. S. Bellak (Eds.), *The clinical psychology handbook* (pp. 565–592). Elmsford, NY: Pergamon Press.

Kendall, P. C., & Braswell, L. (1985). *Cognitive behavioral therapy with impulsive children.* New York: Guilford Press.

Kendall, P. C., Holmbeck, G., & Verduin, T. (2004). Methodological, design, and evaluation in psychotherapy research. In M. J. Lambert (Ed.), *Bergin and Garfield's handbook of psychotherapy and behavior change* (5th ed., pp. 16–43). New York: Wiley.

Kendall, P. C., & Norton-Ford, J. D. (1982). Therapy outcome research methods. In P. C. Kendall & J. N. Butcher (Eds.), *Handbook of research methods in clinical psychology* (pp. 429–460). New York: Wiley.

Kendziora, K., & O'Leary, S. G. (1993). Dysfunctional parenting as a focus for prevention and treatment of child behavior problems. In H. Ollendick & R. J. Prinz (Eds.), *Advances in child clinical psychology* (Vol. 15, pp. 175–206). New York: Plenum Press.

Kenrick, D. T., & Funder, D. C. (1988). Profiting from controversy: Lessons from the person-situation debate. *American Psychologist, 43,* 23–34.

Kernberg, O. (1973). Summary and conclusion of "Psychotherapy and psychoanalysis: Final report of the Menninger Foundation's psychotherapy research project." *International Journal of Psychiatry, 11,* 62–77.

Kernberg, O. (1975). *Borderline conditions and pathological narcissism.* New York: Aronson.

Kernberg, O. (1976). *Object relations theory and clinical psychoanalysis.* New York: Aronson.

Kernberg, O. (1984). *Severe personality disorders: Psychotherapeutic strategies.* New Haven, CT: Yale University Press.

Kessler, D., Lewis, G., Kaur, S., Wiles, N., King, M., Weich, S., Sharp, D., Araya, R., Hollinghurst, S., & Peters, T. (2009). Therapist-delivered internet psychotherapy for depression in primary care: A randomised controlled trial. *The Lancet, 374,* 628–634.

Keys, C. L. M., & Haidt, J. (2003). *Flourishing: Positive psychology and the life well-lived.* Washington, DC: APA Books.

Kiecolt-Glaser, J. K., McGuire, L., Robles, T. F., & Glaser, R. (2002). Emotions, morbidity, and mortality: New perspectives from psychoneuroimmunology. *Annual Review of Psychology, 53,* 83–107.

Kiesler, C. A., & Morton, T. L. (1987). Responsible public policy in a rapidly changing world. *Clinical Psychologist, 40,* 28–31.

Kiesler, C. A., & Morton, T. L. (1988). Psychology and public policy in the "health care revolution." *American Psychologist, 43,* 993–1003.

Kiesler, C. A., & Zaro, J. (1981). The development of psychology as a profession in the United States. *International Review of Applied Psychology, 30,* 341–353.

Kilburg, R. R. (1991). *How to manage your career in psychology*. Washington, DC: American Psychological Association.

Kim-Cohen, J. (2007). Resilience and developmental psychopathology. *Child and Adolescent Psychiatric Clinics of North America, 16*, 271–283.

King, D. A., & Markus, H. E. (2000). Mood disorders in older adults. In S. K. Whitebourne (Ed.), *Psychopathology in later adulthood* (pp. 141–172). New York: Wiley.

Kirk, S. A., & Kutchins, H. (1992). *The selling of DSM: The rhetoric of science in psychiatry*. New York: Aldine de Gruyter.

Kirmayer, L. J. (2001). Cultural variations in the clinical presentation of depression and anxiety: Implications for diagnosis and treatment. *Journal of Clinical Psychiatry, 62*(Suppl. 13), 22–28.

Kirsch, I. (1990). *Changing expectations: A key to effective psychotherapy*. Pacific Grove, CA: Brooks/Cole.

Kirschner, D. A., & Kirschner, S. (1986). *Comprehensive family therapy: An integration of systemic and psychodynamic treatment models*. New York: Brunner/Mazel.

Kite, M. E., Russo, N. F., Brehm, S. S., Fouad, N. A., Iijima Hall, C. C., Hyde, J. S., et al. (2001). Women psychologists in academe: Mixed progress, unwarranted complacency. *American Psychologist, 56*, 1080–1098.

Klausner, R. D. (1998). Foreword. In K. Offit (Ed.), *Clinical cancer genetics: Risk counseling and management* (pp. ix–x). New York: Wiley-Liss.

Klein, M. (1952). Some theoretical conclusions regarding the emotional life of the infant. In M. Klein (Ed.), *Envy and gratitude and other works, 1946–1963* (pp. 61–93). New York: Delta.

Klein, R. G. (1995). The role of methylphenidate in psychiatry. *Archives of General Psychiatry, 52*, 429–433.

Klein, R. G. (1996). Comments on expanding the clinical role of psychologists. *American Psychologist, 51*, 216–218.

Kleinke, C. L. (1994). *Common principles of psychotherapy*. Pacific Grove, CA: Brooks/Cole.

Klerman, G. L., Weissman, M. M., Rounsaville, B. J., & Chevron, E. S. (1984). *Interpersonal psychotherapy of depression*. New York: Basic Books.

Klosko, J. S., Barlow, D. H., Tassinari, R., & Cerny, J. A. (1990). A comparison of alprazolam and behavior therapy in treatment of panic disorder. *Journal of Consulting and Clinical Psychology, 58*, 77–84.

Kluft, R. P. (1995). Psychodynamic psychotherapy of multiple personality disorder and allied forms of dissociative disorder not otherwise specified. In J. P. Barber & P. Crits-Christoph (Eds.), *Dynamic therapies for psychiatric disorders (Axis I)* (pp. 332–385). New York: Basic Books.

Klusman, L. E. (1998). Military health care providers' views on prescribing privileges for psychologists. *Professional Psychology: Research and Practice, 29*, 223–229.

Kobasa, S. C. (1982). The hardy personality: Toward a social psychology of stress and health. In G. S. Sanders & J. Suls (Eds.), *Social psychology of health and illness* (pp. 3–32). Hillsdale, NJ: Erlbaum.

Kohout, J. L., Wicherski, M. M., Popanz, T. J., & Pion, G. M. (1990). *1989 salaries in psychology: Report of the 1989 APA Salary Survey*. Washington, DC: American Psychological Association.

Kohut, H. (1971). *The analysis of the self*. New York: International Universities Press.

Kohut, H. (1977). *The restoration of the self*. New York: International Universities Press.

Kohut, H. (1984). *How does analysis cure?* Chicago: University of Chicago Press.

Kolb, B., & Whishaw, I. Q. (2008). *Fundamentals of human neuropsychology* (6th ed.). New York: Worth.

Kolko, D. J., Kazdin, A. E., & Meyer, E. C. (1985). Aggression and psychopathology in childhood fire-setters: Parent and child report. *Journal of Consulting and Clinical Psychology, 53*, 377–385.

Kombarakaran, F. A., Yang, J. A., Baker, M. N., & Fernandes, P. B. (2008). Executive coaching: It works! *Consulting Psychology Journal: Practice and Research, 60*, 78–90.

Kongstvedt, P. R. (2008). *Managed care: What it is and how it works* (3rd ed.). Sudbury, MA: Jones & Bartlett.

Koocher, G. P. (1994). The commerce of professional psychology and the new ethics code. *Professional Psychology: Research and Practice, 25*, 355–361.

Koocher, G. P., & Keith-Spiegal, P. (1998). *Ethics in psychology*. New York: Oxford University Press.

Koocher, G. P., & Keith-Spiegel, P. (2008). *Ethics in Psychology and the Mental Health Professions: Standards and Cases* (3rd Edition). NY: Oxford University Press.

Kopelman, P. G. (2000, April 6). Obesity as a medical problem. *Nature, 404*, 635–643.

Koran, L. M., Thienemann, M. L., & Davenport, R. (1996). Quality of life for patients with obsessive-compulsive disorder. *American Journal of Psychiatry, 153*, 783–788.

Korczyn, A. D., Kahana, E., & Galper, Y. (1991). Epidemiology of dementia in Ashkelon, Israel. *Neuroepidemiology, 10*, 100.

Koretz, G. (2001, January 15). Extra pounds, slimmer wages. *Business Week*, p. 28.

Korman, M. (Ed.). (1976). *Levels and patterns of professional training in psychology*. Washington, DC: American Psychological Association.

Kort, E. J., Paneth, N., & Vande Woude, G. F. (2009). The decline in U.S. cancer mortality in people born since 1925. *Cancer Research, 69*, 6500–6505.

Koss, M. P. (1993). Rape: Scope, impact, interventions, and public policy responses. *American Psychologist, 48*, 1062–1069.

Koss, M. P. (2000). Blame, shame, and community: Justice responses to violence against women. *American Psychologist, 55*, 1332–1343.

Kovacs, A. (1996, March/April). Advice to the new professional. *National Psychologist, 5*, 14.

Kovacs, M. (1985). The Children's Depression Inventory (CDI). *Psychopharmacology Bulletin, 21*, 995–998.

Kozak, M. J. & Foa, E. B. (1996). Obsessive-compulsive disorder. In V. B. Van Hasselt & M. Hersen (Eds.), *Sourcebook of psychological treatment manuals for adult disorders* (pp. 65–122), New York: Plenum Press.

Kramer, P. D. (1993). *Listening to Prozac*. New York: Viking Press.

Krantz, D. S., Contrada, R. J., Hill, D. R., & Friedler, E. (1988). Environmental stress and biobehavioral antecedents of coronary heart disease. *Journal of Consulting and Clinical Psychology, 56*, 333–341.

Krasner, L., & Ulmann, L. P. (Eds.). (1965). *Research in behavior modification: New developments and implications*. New York: Holt, Rinehart & Winston.

Krishman, K. R., Doraiswamy, P. M., Ventkataraman, S., Reed, D., & Richie, J. C. (1991). Current concepts in hypothalamic pituitary adrenal axis regulation. In J. A. McCubbin, P. G. Kaufmann, & C. B. Nemeroff (Eds.), *Stress, neuropeptides, and systemic disease* (pp. 19–35). San Diego, CA: Academic Press.

Kuncel, N. R., Hezlett, S. A., & Ones, D. S. (2001). A comprehensive meta-analysis of the predictive validity of the graduate record examinations: Implications for graduate student selection and performance. *Psychological Bulletin, 127*, 162–181.

Kurpius, D. (1985). Consultation interventions: Successes, failures, and proposals. *Counseling Psychologist, 13*, 368–389.

Kurpius, D., Fuqua, D., & Rozecki, T. (1993). The consulting process: A multidimensional approach. *Journal of Counseling and Development, 71*, 601–606.

Kurpius, D. J., & Lewis, J. E. (1988). Introduction to consultation: An intervention for advocacy and outreach. In D. J. Kurpius & D. Brown (Eds.), *Handbook of consultation: An intervention for advocacy and outreach* (pp. 1–4). Alexandria, VA: American Association for Counseling and Development.

Lafferty, P., Beutler, L. E., & Crago, M. (1991). Differences between more and less effective psychotherapists: A study of select therapist variables. *Journal of Consulting and Clinical Psychology, 57*, 76–80.

LaFromboise, T. D. (1988). American Indian mental health policy. *American Psychologist, 43*, 388–397.

La Greca, A. M. (2007). Understanding the psychological impact of terrorism on youth: Moving beyond posttraumatic stress disorder. *Clinical Psychology: Research and Practice, 14*, 219–223.

Lakin, M. (1994). Morality in group and family therapies: Multiperson therapies and the 1992 Ethics Code. *Professional Psychology: Research and Practice, 25*, 344–348.

Laliotis, D. A., & Grayson, J. H. (1985). Psychologist heal thyself: What is available for the impaired psychologist? *American Psychologist, 40*, 84–96.

Lally, S. J. (2003). What tests are acceptable for use in forensic evaluations? A survey of experts. *Professional Psychology: Research and Practice, 34*, 491–498.

Lam, D. J. (1991). The Tao of clinical psychology: Shifting from a medical to a biopsychosocial paradigm. *Bulletin of the Hong Kong Psychological Society, 26*, 107–113.

Lamb, H. R., & Weinberger, L. E. (Eds.). (2001). *Deinstitutionalization: Promise and problems*. San Francisco: Jossey-Bass.

Lamberg, L. (2008). Empirically supported treatments improve care of adolescents with depression *Journal of the American Medical Association, 300*, 269–270.

Lambert, K. G., & Kinsley, C. H. (2005). *Clinical neuroscience: Neurobiological foundations of mental health*. New York: Worth.

Lambert, L. E., & Wertheimer, M. (1988). Is diagnostic ability related to relevant training and experience? *Professional Psychology: Research and Practice, 19,* 50–52.

Lambert, M. J. (1986). Implications of psychotherapy outcome research for eclectic psychotherapy. In J. C. Norcross (Ed.), *Handbook of eclectic psychotherapy* (pp. 436–462). New York: Brunner/Mazel.

Lambert, M. J. (1992). Psychotherapy outcome research: Implications for integrative and eclectic therapists. In J. C. Norcross & M. R. Goldfried (Eds.), *Handbook of psychotherapy integration* (pp. 94–129). New York: Basic Books.

Lambert, M. J. (2005). Early response in psychotherapy: Further evidence for the importance of common factors rather than placebo effects. *Journal of Clinical Psychology, 61,* 855–869.

Lambert, M. J., & Bergin, A. E. (1994). The effectiveness of psychotherapy. In A. E. Bergin & S. L. Garfield (Eds.), *Handbook of psychotherapy and behavior change* (4th ed., pp. 143–189). New York: Wiley.

Lambert, M. J., Bergin, A. E., & Garfield, S. L. (2004). Introduction and historical overview. In M. J. Lambert (Ed.), *Bergin and Garfield's handbook of psychotherapy and behavior change* (5th ed., pp. 3–15). New York: Wiley.

Lambert, M. J., & Ogles, B. M. (1988). Treatment manuals: Problems and promise. *Journal of Integrative and Eclectic Psychotherapy, 7,* 187–205.

Lambert, M. J., & Ogles, B. M. (2004). The efficacy and effectiveness of psychotherapy. In M. J. Lambert (Ed.), *Bergin and Garfield's handbook of psychotherapy and behavior change* (5th ed., pp. 139–193). New York: Wiley.

Lambert, M. J., & Okishi, J. C. (1997). The effects of the individual psychotherapist and implications for future research. *Clinical Psychology: Science and Practice, 4,* 66–75.

Lambert, M. J., Shapiro, D. A., & Bergin, A. E. (1986). The effectiveness of psychotherapy. In S. L. Garfield & A. E. Bergin (Eds.), *Handbook of psychotherapy and behavior change* (3rd ed., pp. 157–211). New York: Wiley.

Lambert, M. J., Whipple, J. L., Hawkins, E. J., Vermeersch, D. A., Nielsen, S. L., & Smart, D. W. (2003). Is it time for clinicians to routinely track patient outcome? A meta-analysis. *Clinical Psychology: Science and Practice, 10,* 288–301.

Lambert, N., (1993). *AAMR Adaptive Behavior Scales—School* (2nd ed.). Monterey, CA: Publishers Test Service.

Landman, J. T., & Dawes, R. (1982). Psychotherapy outcome: Smith Glass's conclusions stand up under scrutiny. *American Psychologist, 37,* 504–516.

Landon, T. M., & Barlow, D. H. (2004). Cognitive-behavioral treatment for panic disorder: Current status. Journal of *Psychiatric Practice, 10,* 211–226.

Landreth, G. L. (1991). *Play therapy: The art of the relationship.* Muncie, IN: Accelerated Development.

Landrine, H. (1992). Clinical implications of cultural differences: The referential versus indexical self. *Clinical Psychology Review, 12,* 401–415.

Langlois, J. A., Rutland-Brown, W., & Thomas, K. E. (2006). Traumatic brain injury in the United States: Emergency department visits, hospitalizations, and deaths. Atlanta (GA): Centers for Disease Control and Prevention, National Center for Injury Prevention and Control.

Lanyon, B. P., & Lanyon, R. I. (1980). *Incomplete sentence task: Manual.* Chicago: Stoelting.

Laor, I. (2001). Brief psychoanalytic psychotherapy: The impact of its fundamentals on the therapeutic process. *British Journal of Psychotherapy, 18,* 169–183.

Larkin, K. T. & Zayfert, C. (1996). Anger management training with essential hypertensive patients. In V. B. Van Hasselt & M. Hersen (Eds.), *Sourcebook of psychological treatment manuals for adult disorders* (pp. 689–716), New York: Plenum Press.

La Roche, M., & Christopher, M. S. (2008). Culture and empirically supported treatments: On the road to a collision? *Culture & Psychology, 14,* 333–356.

Larsen, K. G., Belar, C. D., Bieliauskas, L. A., Klepac, R. K., Stigall, T. T., & Zimet, C. N. (1993). *Proceedings from the national conference on postdoctoral training in professional psychology.* Washington, DC: Association of Psychology Postdoctoral and Internship Centers.

La Rue, A. (1992). *Aging and neuropsychological assessment.* New York: Plenum Press.

Lawson, T. J. (1995). Gaining admission into graduate programs in psychology: An update. *Teaching of Psychology, 22,* 225–227.

Layman, M. J., & McNamara, J. R. (1997). Remediation for ethics violations: Focus on psychotherapists' sexual contact with clients. *Professional Psychology: Research and Practice, 28,* 281–292.

Lazarus, A. A. (1971). *Behavior therapy and beyond.* New York: McGraw-Hill.

Lazarus, A. A. (1981). *The practice of multimodal therapy.* New York: McGraw-Hill.

Lazarus, A. A. (Ed.). (1985). *Casebook of multimodal therapy*. New York: Guilford Press.

Lazarus, A. A. (1986). Multimodal therapy. In J. C. Norcross (Ed.), *Handbook of eclectic psychotherapy* (pp. 286–326). New York: Guilford Press.

Lazarus, A. A. (1989). *The practice of multimodal therapy*. Baltimore: Johns Hopkins University Press.

Lazarus, A. A. (1995). Integration and clinical verisimilitude. *Clinical Psychology: Science and Practice, 2*, 399–402.

Lazarus, A. A. (1996). The utility and futility of combining treatments in psychotherapy. *Clinical Psychology: Science and Practice, 3*, 59–68.

Lazarus, A. (2005). Multimodal therapy. In J. C. Norcross, & M. R. Goldfried (Eds.). *Handbook of psychotherapy integration* (2nd ed., pp. 105–120). New York: Oxford University Press.

Lebow, J. L. (1984). On the value of integrating approaches to family therapy. *Journal of Marital and Family Therapy, 10*, 127–138.

Lebow, J. L. (2008). *Twenty-first century psychotherapies: Contemporary approaches to theory and practice*. New York: Wiley.

Lechnyr, R. (1992). Cost savings and effectiveness of mental health services. *Journal of the Oregon Psychological Association, 38*, 8–12.

Lee, C. K. (1992). Alcoholism in Korea. In J. Helzer & G. Canino (Eds.), *Alcoholism—North America, Europe and Asia: A coordinated analysis of population data from ten regions* (pp. 247–262). London: Oxford University Press.

Leichsenring, F., & Rabung, S. (2008). Effectiveness of long-term psychodynamic psychotherapy: A meta-analysis. *Journal of the American Medical Association, 300*, 1551–1565.

Leichsenring, F., & Rabung, S. (2008). Effectiveness of long-term psychodynamic psychotherapy: A meta-analysis. *Journal of the American Medical Association, 300*, 1551–1565.

Levant, R. F., & Hasan, N. T. (2008). Evidence-based practice in psychology. *Professional Psychology: Research and Practice, 39*, 658–662.

Levine, M. (2003a). *A mind at a time: America's top learning expert shows how every child can succeed*. New York: Simon & Schuster.

Levine, M. (2003b). *The myth of laziness: America's top learning expert shows how kids—and parents—can become more productive*. New York: Simon & Schuster.

Levy, L. (1962). The skew in clinical psychology. *American Psychologist, 29*, 441–449.

Levy, L. H. (1984). The metamorphosis of clinical psychology: Towards a new charter as human services psychology. *American Psychologist, 39*, 486–494.

Levy, S. M. (1983). Host differences in neoplastic risk: Behavioral and social contributions to disease. *Health Psychology, 2*, 21–44.

Lewinsohn, P. M., Antonuccio, D. O., Steinmetz, J. L., & Teri, L. (1984). *The coping with depression course: A psychoeducational intervention for unipolar depression*. Eugene, OR: Castalia.

Lewinsohn, P. M., & Shaffer, M. (1971). Use of home observations as an integral part of the treatment of depression: Preliminary report and case studies. *Journal of Consulting and Clinical Psychology, 37*, 87–94.

Levinson, D. F. (2006). The genetics of depression: A review. *Biological Psychiatry, 60*, 84–92.

Lewis, G., David, A., Andreasson, S., & Allsbeck, P. (1992). Schizophrenia and city life. *Lancet, 340*, 137–140.

Lewis, J. F., & Mercer, J. R. (1978). The System of Multicultural Pluralistic Assessment (SOMPA). In W. A. Coulter & H. W. Morrow (Eds.), *Adaptive behavior: Concepts and measurement* (pp. 185–212). Orlando, FL: Grune & Stratton.

Lewis, O. (1969). A Puerto Rican boy. In J. C. Finney (Ed.), *Culture, change, mental health, and poverty*. New York: Simon & Schuster.

Lex, B. W. (1985). Alcohol problems in special populations. In J. H. Mendelson & N. K. Mello (Eds.), *The diagnosis and treatment of alcoholism* (2nd ed., pp. 89–187). New York: McGraw-Hill.

Lezak, M. D. (1995). *Neuropsychological assessment* (3rd ed.). New York: Oxford University Press.

Lezak, M. D., Howieson, D. B., & Loring, D. W. (2004). *Neuropsychological assessment* (4th ed.). New York: Oxford.

Li, X., Wicherski, M., & Kohout, J. L. (2008). *Salaries in Psychology 2007, Report of the 2007 APA Salary Survey*. Washington, DC: American Psychological Association.

Li, W., & Zinbarg, R. E. (2007). Anxiety sensitivity and panic attacks: A 1-year longitudinal study. *Behavior Modification, 31*, 145–161.

Liberman, B. L. (1978). The role of mastery in psychotherapy: Maintenance of improvement and prescriptive change. In J. D. Frank, R. Hoehn-Saric, S. D. Imber, B. L. Liberman, & A. A. Stone (Eds.), *Effective ingredients of successful psychotherapy* (pp. 1–34). New York: Brunner/Mazel.

Lilienfeld, S. (2007). Psychological treatments that cause harm. *Perspectives on Psychological Science, 2,* 53–70.

Lilienfeld, S. O., & Arkowitz, H. A., (2006). EMDR: Taking a closer look. *Scientific American Mind, 17,* 80–81.

Lilienfeld, S. O., Lynn, S. J., & Lohr, J. M. (Eds.). (2004). *Science and pseudoscience in clinical psychology.* New York: Guilford Press.

Lilienfeld, S. O., Wood, J. M., & Garb, H. N. (2000). The scientific status of protective techniques. *Psychological Science in the Public Interest, 1,* 27–66.

Linehan, M. M. (1993). *Cognitive-behavioral treatment of borderline personality disorder.* New York: Guilford Press.

Linehan, M. M., Cochran, B. N., & Kehrer, C. A. (2001). Dialectical behavior therapy for borderline personality disorder. In D. H. Barlow (Ed.), *Clinical handbook of psychological disorders: A step-by-step treatment manual (3rd ed., pp. 609–630).* New York: Guilford Press.

Linkins, R. W., & Comstock, G. W. (1988). Depressed mood and development of cancer. *American Journal of Epidemiology, 128,* 894.

Lippitt, G., & Lippitt, R. (1994). *The consulting process in action* (4th ed.). La Jolla, CA: University Associates.

Lipsey, M., & Wilson, D. (1993). The efficacy of psychological, educational, and behavioral treatment: Confirmation from meta-analysis. *American Psychologist, 48,* 1181–1209.

Lisansky-Gomberg, E. S. (2000). Substance abuse disorders. In S. K. Whitebourne (Ed.), *Psychotherapy in later adulthood* (pp. 277–289). New York: Wiley.

Litwin, W. J., Boswell, D. L., & Kraft, W. A. (1991). Medical staff membership and clinical privileges: A survey of hospital-affiliated psychologists. *Professional Psychology: Research and Practice, 22,* 322–327.

Loehlin, J. C. (1992). *Genes and environment in personality development.* Newbury Park, CA: Sage.

Loftus, E. F., & Pickrell, J. E. (1995). The information of false memories. *Psychiatric Annals, 25,* 720–725.

London, P. (1988). Metamorphosis in psychotherapy: Slouching toward integration. *Journal of Integrative and Eclectic Psychotherapy, 7,* 3–12.

Lopez, S. R., Grover, K. P., Holland, D., Johnson, M. J., Kain, C. D., Kanel, K., et al. (1989). Development of culturally sensitive psychotherapists. *Professional Psychology: Research and Practice, 20,* 369–376.

Lorion, R. P. (1996). Applying our medicine to the psychopharmacology debate. *American Psychologist, 51,* 219–224.

Lowe, J. R., & Widiger, T. A. (2009). Clinicians' judgments of clinical utility: A comparison of the DSM-IV with dimensional models of general personality. *Journal of Personality Disorders, 23,* 211–229.

Lubin, B., Larsen, R. M., Matarazzo, J. D., & Seever, M. (1985). Psychological test usage patterns in five professional settings. *American Psychologist, 40,* 857–861.

Luborsky, L., & Barber, J. P. (1993). Benefits of adherence to psychotherapy manuals and where to get them. In N. E. Miller, L. Luborsky, J. P. Barber, & J. P. Docherty (Eds.), *Psychodynamic treatment research.* New York: Basic Books.

Luborsky, L., & DeRubeis, R. J. (1984). The use of psychotherapy treatment manuals—a small revolution in psychotherapy research style. *Clinical Psychology Review, 4,* 5–14.

Luborsky, L., Mark, D., Hole, A. V., Popp, C., Goldsmith, B., & Cacciola, J. (1995). Supportive-expressive dynamic psychotherapy of depression: A time-limited version. In J. P. Barber & P. Crits-Christoph (Eds.), *Dynamic therapies for psychiatric disorders (Axis I)* (pp. 13–42). New York: Basic Books.

Luborsky, L., Rosenthal, R., Diguer, L., Andrusyna, T. P., Berman, J. S., Levitt, J. T., et al. (2002). The dodo bird verdict is alive and well—mostly. *Clinical Psychology: Science and Practice, 9,* 2–12.

Luborsky, L., Singer, B., & Luborsky, L. (1975). Comparative studies of psychotherapy. *Archives of General Psychiatry, 32,* 995–1008.

Luborsky, L., Woody, G. E., Hole, A. V., & Velleco, A. (1995). Supportive-expressive dynamic psychotherapy for treatment of opiate drug dependence. In J. P. Barber & P. Crits-Christoph (Eds.), *Dynamic therapies for psychiatric disorders (Axis I)* (pp. 294–331). New York: Basic Books.

Luskin, F. (2002). *Forgive for good.* San Francisco: HarperCollins.

Lykken, D. T. (1991). *Science, lies and controversy: An epitaph for the polygraph.* Invited address upon receipt of the Senior Career award for Distinguished Contribution to Psychology in the Public Interest, American Psychological Association.

Lyons, L. C., & Woods, P. J. (1991). The efficacy of rational-emotive therapy: A quantitative review of the outcome research. *Clinical Psychology Review, 11,* 357–369.

Maccoby, E. E. (2000). Parenting and its effects on children: On reading and misreading behavior genetics. *Annual Review of Psychology, 51,* 1–27.

MacDonald, G. (1996). Inferences in therapy: Processes and hazards. *Professional Psychology: Research and Practice, 27,* 600–603.

Machover, K. (1949). *Personality projection in the drawing of the human figure.* Springfield, IL: Charles C. Thomas.

MacKinnon, D. W. (1944). The structure of personality. In J. McVicker Hunt (Ed.), *Personality and the behavior disorders* (Vol. 1, pp. 3–48). New York: Ronald Press.

Magnusson, D. (1981). *Toward a psychology of situations: An interactional perspective.* Hillsdale, NJ: Erlbaum.

Maher, B. A., & Maher, W. B. (1985a). Psychopathology: I. From ancient times to the eighteenth century. In G. A. Kimble & K. Schlesinger (Eds.), *Topics in the history of psychology* (pp. 251–294). Hillsdale, NJ: Erlbaum.

Maher, B. A., & Maher, W. B. (1985b). Psychopathology: II. From the eighteenth century to modern times. In G. A. Kimble & K. Schlesinger (Eds.), *Topics in the history of psychology* (pp. 295–329). Hillsdale, NJ: Erlbaum.

Maheu, M. M., & Gordon, B. L. (2000). The Internet versus the telephone: What is telehealth anyway? *Professional Psychology: Research and Practice, 31,* 484–489.

Mahler, M. (1952). On child psychosis and schizophrenia: Autistic and symbiotic infantile psychoses. *Psychoanalytic Study of the Child, 7,* 206–305.

Mahoney, D. J., & Restak, R. M. (1998). *The longevity strategy: How to live to 100 using the brain-body connection.* New York: Wiley.

Mahoney, M. J. (1974). *Cognition and behavior modification.* Cambridge, MA: Ballinger.

Mahoney, M. J. (1988). The cognitive sciences and psychotherapy: Patterns in developing relationships. In K. S. Dobson (Ed.), *Handbook of cognitive-behavioral therapies* (pp. 357–386). New York: Guilford Press.

Malenfant, D., Catton, M., & Pope, J. E. (2009). The efficacy of complementary and alternative medicine in the treatment of Raynaud's phenomenon: A literature review and meta-analysis. *Rheumatology, 48,* 791–795.

Maltby, N., Kirsch, I., Mayers, M., & Allen, G. J. (2002). Virtual reality exposure therapy for the treatment of fear of flying: A controlled investigation. *Journal of Consulting and Clinical Psychology, 70,* 1112–1118.

Manne, S. L., & Glassman, M. (2000). Perceived control, coping efficacy, and avoidance coping as mediators between spouses' unsupportive behaviors and cancer patients' psychological distress. *Health Psychology, 19,* 155–164.

March, J. S. (2006). *Talking back to OCD: The program that helps kids and teens say ''no way''-- and parents say ''way to go.''* New York: Guilford Press.

March, J. S., & Mule, K. (1996). Banishing OCD: Cognitive-behavioral psychotherapy for obsessivecompulsive disorders. In E.D. Hibbs and P.S. Jensen (Eds.), *Psychosocial treatments for child and adolescent disorders: Empirically based strategies for clinical practice* (pp. 83–102). Washington, DC: American Psychological Association.

March, J. S., & Mulle, K. (1998). *OCD in children and adolescents: A cognitive-behavioral treatment manual.* New York: Guilford Press.

Mariotto, M. J., & Paul, G. L. (1974). A multimethod validation of the Inpatient Multidimensional Psychiatric Scale with chronically institutionalized patients. *Journal of Consulting and Clinical Psychology, 42,* 497–508.

Markowitz, J. C. (2008). How ''supportive'' is Internet-based supportive psychotherapy? *American Journal of Psychiatry, 165,* 534.

Marlatt, G. A., & Donovan, D. M. (Eds.). (2008). *Relapse prevention: Maintenance strategies in the treatment of addictive behaviors.* New York: Guilford Press.

Marlatt, G. A., & Gordon, J. R. (Eds.). (1985). *Relapse prevention: Maintenance strategies in the treatment of addictive behaviors.* New York: Guilford Press.

Marshall, W. L. & Eccles, A. (1996). Cognitive-behavioral treatments of sex offenders. In V. B. Van Hasselt & M. Hersen (Eds.), *Sourcebook of psychological treatment manuals for adult disorders* (pp. 295–332), New York: Plenum Press.

Martin, E. M., Lu, W. C., Helmick, K., French, L., Warden, D. L. (2008). Traumatic brain injuries sustained in the Afghanistan and Iraq wars. *Journal of Trauma Nursing, 15,* 94–99.

Martin, P. R. (1993). *Psychological management of chronic headaches.* New York: Guilford Press.

Martin, S. (1995, September). APA to pursue prescription privileges. *APA Monitor,* p. 6.

Mash, E. J., & Barkley, R. A. (Eds.). (1989). *Treatment of childhood disorders.* New York: Guilford Press.

Maslow, A. H. (1954). *Motivation and personality*. New York: Harper.

Maslow, A. H. (1971). *The farther reaches of human nature*. New York: Viking Press.

Masten, A. S. (2001). Ordinary magic: Resilience processes in development. *American Psychologist, 56*, 227–238.

Masterpasqua, F. (2009). Psychology and epigenetics. *Review of General Psychology, 13*, 194–201.

Masterson, J. L. (1981). *The narcissistic and borderline disorders: An integrated developmental approach*. New York: Brunner/Mazel.

Matarazzo, J. D. (1980). Behavioral health and behavioral medicine: Frontiers for a new health psychology. *American Psychologist, 35*, 807–817.

Matarazzo, J. D. (1982). Behavioral health's challenge to academic, scientific, and professional psychology. *American Psychologist, 37*, 1–14.

Matarazzo, J. D. (1984). Behavioral immunogens and pathogens in health and illness. In B. L. Hammonds & C. J. Scheirer (Eds.), *Psychology and health: The master lecture series* (Vol. 3, pp. 9–43). Washington, DC: American Psychological Association.

Matarazzo, J. D. (1987). There is only one psychology, no specialties, but many applications. *American Psychologist, 42*, 893–903.

Matarazzo, J. D. (1992). Psychological testing and assessment in the 21st century. *American Psychologist, 47*, 1007–1018.

Matt, G. E. (1989). Decision rules for selecting effect sizes in meta-analysis: A review and reanalysis of psychotherapy outcome studies. *Psychological Bulletin, 105*, 106–115.

Matthews, J. (1983). *The effective use of management consultants in higher education*. Boulder, CO: National Center for Higher Education Management Services.

Matthews, J. (1995, December 28). *CEOs feeling flush: HMO execs cut costs and salaries by not their own*. Washington, DC: Washington Post.

Matthews, K. A., Woodall, K. L., & Allen, M. T. (1993). Cardiovascular reactivity to stress predicts future blood pressure status. *Hypertension, 22*(4), 479–485.

Max, W. (1993). The economic impact of Alzheimer's disease. *Neurology, 43*, S6–S10.

May, R. (1977). *The meaning of anxiety*. New York: Norton.

May, R., Angel, E., & Ellenberger, H. (Eds.). (1958). *Existence: A new dimension in psychiatry and psychology*. New York: Basic Books.

Mays, D. T., & Frank, C. M. (1980). Getting worse: Psychotherapy or no treatment. The jury should still be out. *Professional Psychology, 11*, 78–92.

Mays, D. T., & Frank, C. M. (1985). *Negative outcome in psychotherapy and what to do about it*. New York: Springer.

Mazziotta, J. C. (1996). Mapping mental illness: A new era. *Archives of General Psychiatry, 53*, 574–576.

McArthur, D. S., & Roberts, G. E. (1982). *Roberts Apperception Test for Children: Manual*. Los Angeles: Western Psychological Services.

McCagh, J., Fisk, J., & Baker, G. (2009). Epilepsy, psychosocial and cognitive functioning *Epilepsy Research, 86*, 1–14.

McCall, R. B. (1988). Science and the press: Like oil and water? *American Psychologist, 43*, 87–94.

McCall, R. B., & Garriger, M. S. (1993). A meta-analysis of infant habituation and recognition memory performance as predictors of later IQ. *Child Development, 64*, 57–79.

McCaul, K. D., Branstetter, A. D., Schroeder, D. M., & Glasgow, R. E. (1996). What is the relationship between breast cancer risk and mammography screening? A meta-analytic review. *Health Psychology, 15*, 423–429.

McConaghy, N. (1996). Treatment of sexual dysfunctions. In V. B. Van Hasselt & M. Hersen (Eds.), *Sourcebook of psychological treatment manuals for adult disorders* (pp. 333–374), New York: Plenum Press.

McConnell, H. W., & Snyder, P. J. (Eds.). (1997). *Psychiatric comorbidity in epilepsy: Basic mechanisms, diagnosis, and treatment*. Washington, DC: American Psychiatric Press.

McCrady, B. S. (2001). Alcohol disorders. In D. H. Barlow (Ed.), *Clinical handbook of psychological disorders: A step-by-step treatment manual (3rd ed., pp. 376–433)*. New York: Guilford Press.

McCrae, R. R., & Costa, P. T. (2003). *Personality in adulthood* (2nd ed.). New York: Guilford Press.

McDaniel, S. H. (1995). Collaboration between psychologists and family physicians: Implementing the biopsychosocial model. *Professional Psychology: Research and Practice, 26*, 117–122.

McDevitt, S. (1996). The impact of news media on child abuse reporting. *Child Abuse and Neglect, 20*, 261–274.

McFall, R. M. (1991). Manifesto for a science of clinical psychology. *Clinical Psychologist, 44*, 75–88.

McFall, R. M. (2000). Elaborate reflections on a simple manifesto. *Applied and Preventative Psychology, 9*, 5–21.

McFarlane, W. R. (2002). *Multifamily groups in the treatment of severe psychiatric disorders*. New York: Guilford Press.

McGinnis, J. M. (1984). Occupant protection as a priority in national efforts to promote health. *Health Education Quarterly, 11,* 127–131.

McGinnis, M., Richmond, J. B., Brandt, E. N., Windom, R. E., & Mason, J. O. (1992). Health progress in the United States: Results of the 1990 objectives for the nation. *Journal of the American Medical Association, 268,* 2545–2552.

McGlashan, T. H. (1986). The chestnut lodge follow-up study. *Archives of General Psychiatry, 43,* 20–30.

McGrath, E. (1995). Are we trading our souls for a sound bite? *APA Monitor, 24,* 5.

McGregor, B. A., & Antoni, M. H. (2009). Psychological intervention and health outcomes among women treated for breast cancer: A review of stress pathways and biological mediators. *Brain, Behavior, and Immunity, 23,* 159–166.

McGue, M., & Lykken, D. T. (1992). Genetic influence on risk of divorce. *Psychological Science, 3,* 368–373.

McGuffin, P., Katz, R., & Bebbington, P. (1988). The Camberwell Collaborative Depression Study: III. Depression and adversity in the relatives of depressed probands. *British Journal of Psychiatry, 152,* 775–782.

McKim, W. A. (1991). *Drugs and behavior: An introduction to behavioral pharmacology* (2nd ed.). Englewood Cliffs, NJ: Prentice-Hall.

McLeod, J. D., Kessler, R. C., & Landis, K. R. (1992). Speed of recovery from major depressive episodes in a community sample of married men and women. *Journal of Abnormal Psychology, 101,* 277–286.

McNally, R. J. (2001). The cognitive psychology of repressed and recovered memories of childhood sexual abuse: Clinical implications. *Psychiatric Annals, 31,* 509–514.

McNeill, B. W., May, R. J., & Lee, V. E. (1987). Perceptions of counselor source characteristics by premature and successful terminators. *Journal of Counseling Psychology, 34,* 86–89.

McReynolds, P. (1987). Lightner Witmer: Little-known founder of clinical psychology. *American Psychologist, 42,* 849–858.

Meehl, P. E. (1954). *Clinical versus statistical prediction*. Minneapolis: University of Minnesota Press.

Meehl, P. E. (1962). Schizotaxia, schizotypy, schizophrenia. *American Psychologist, 17,* 827–838.

Meehl, P. E. (1965). Seer over sign: The first good example. *Journal of Experimental Research in Personality, 1,* 27–32.

Meehl, P. E. (1997). Credentialed persons, credentialed knowledge. *Clinical Psychology: Science and Practice, 4,* 91–98.

Megargee, E. J. (1990). *A guide to obtaining a psychology internship*. Muncie, IN: Accelerated Development.

Meichenbaum, D. H. (1977). *Cognitive-behavior modification*. New York: Plenum Press.

Melchert, T. P. (2007). Strengthening the scientific foundations of professional psychology: Time for the next steps. *Professional Psychology: Research and Practice, 38,* 34–43.

Mercado, A. C., Carroll, L. J., Cassidy, J. D., & Cote, P. (2000). Coping with neck and low back pain in the general population. *Health Psychology, 19,* 333–338.

Mercer, D. E., & Woody, G. E. (1998). *An individual drug counseling approach to treat cocaine addiction: The collaborative cocaine treatment study model*. Washington, DC: National Institute on Drug Abuse.

Mercer, J. R., & Lewis, J. F. (1979). *System of multicultural pluralistic assessment*. Cleveland: Psychological Corporation.

Mermelstein, H. T., & Holland, J. C. (1991). Psychotherapy by telephone: A therapeutic tool for cancer patients. *Psychosomatics, 32,* 407–412.

Messer, S. B. (2001). Introduction to the special issue on assimilative integration. *Journal of Psychotherapy Integration, 11,* 1–4.

Messer, S. B. (2004). Evidence-based practice: Beyond empirically supported treatments. *Professional Psychology: Research and Practice, 35,* 580–588.

Messer, S. B. (2008). Unification in psychotherapy: A commentary. *Journal of Psychotherapy Integration, 18,* 363–366.

Messer, S. B., & Wampold, B. E. (2002). Let's face facts: Common factors are more potent than specific therapy ingredients. *Clinical Psychology: Science and Practice, 9,* 21–25.

Meyers, R. J., Dominguez, T. P., & Smith, J. E. (1996). Community reinforcement training with families of alcoholics. In V. B. Van Hasselt & M. Hersen (Eds.), *Sourcebook of psychological treatment manuals for adult disorders* (pp. 257–294), New York: Plenum Press.

Meyer, A. J., Maccoby, M., & Farquhar, J. W. (1980). Reply to Kasl and Levethal et al. *Journal of Consulting and Clinical Psychology, 48,* 159–163.

Meyer, A. J., Nash, J. D., McAlister, A. L., Maccoby, M., & Farquhar, J. W. (1980). Skills training in a cardiovascular health education campaign. *Journal of Consulting and Clinical Psychology, 2*, 129–142.

Micallef, J., & Blin, O. (2001). Neurobiology and clinical pharmacology of obsessive-compulsive disorder. *Clinical Neuropharmacology, 24*, 191–207.

Michels, R. (1995). Dehumanizing developments in American psychiatry. *Journal of Nervous and Mental Diseases, 183*, 204–205.

Miklowitz, D. J. (2001). Bipolar disorder. In D. H. Barlow (Ed.), *Clinical handbook of psychological disorders: A step-by-step treatment manual (3rd ed., pp. 1523–561)*. New York: Guilford Press.

Milberg, W., Hebben, N., & Kaplan, E. (1986). The Boston process approach to neuropsychological assessment. In I. Grant & K. M. Adams (Eds.), *Neuropsychological assessment of neuropsychiatric disorders* (pp. 65–86). New York: Oxford University Press.

Miller, J. G. (1946). Clinical psychology in the Veterans Administration. *American Psychologist, 1*, 181–189.

Miller, J. G. (1978). *Living systems*. New York: McGraw-Hill.

Miller, N. E. (1969). Learning of visceral and glandular responses. *Science, 163*, 434–445.

Miller, N. E. (1987). Education for a lifetime of learning. In G. C. Stone, S. M. Weiss, J. D. Matarazzo, N. E. Miller, J. Rodin, C. D. Belar, et al. (Eds.), *Health psychology: A discipline and a profession* (pp. 3–14). Chicago: University of Chicago Press.

Miller, T., & Swartz, L. (1990). Clinical psychology in general hospital settings: Issues in interprofessional relationships. *Professional Psychology: Research and Practice, 21*, 48–53.

Miller, T. Q., Smith, T. W., Turner, C. W., Guijarro, M. L., & Hallet, A. J. (1996). A meta-analytic review of research on hostility and physical health. *Psychological Bulletin, 119*, 322–348.

Miller V. L., & Martin A.M. (2008). The Human Genome Project: Implications for families. *Health and Social Work, 33*, 73–76.

Miller, W. R., & DiPlato, M. (1983). Treatment of nightmares via relaxation and desensitization: A controlled evaluation. *Journal of Consulting and Clinical Psychology, 51*, 870–877.

Millon, T. (1981). *Disorders of personality: DSM-III, Axis II*. New York: Wiley.

Millon, T. (1987). *Manual for the Millon Clinical Multiaxial Inventory—II*. Minneapolis, MN: NCS Assessments.

Millon, T., Antoni, M., Millon, C., Minor, S., & Grossman, S. (2001). *Manual for the Millon Behavioral Medicine Diagnostic*. Minneapolis, MN: NCS Assessments.

Millon, T., Millon, C., & Davis, R. (1982). *Manual for the Millon Adolescent Personality Inventory*. Minneapolis, MN: NCS Assessments.

Millon, T., Millon, C., Davis, R., & Grossman, S. (1993). *Manual for the Millon Adolescent Clinical Inventory*. Minneapolis, MN: NCS Assessments.

Millon, T., Millon, C., Davis, R., & Grossman, S. (2001). *Manual for the Millon Pre-Adolescent Clinical Inventory*. Minneapolis, MN: NCS Assessments.

Millon, T., Millon, C., Davis, R., & Grossman, S. (2008). *Manual for the Millon Clinical Inventory-III*. Minneapolis, MN: Pearson.

Minuchin, S. (1974). *Families and family therapy*. Cambridge, MA: Harvard University Press.

Minuchin, S., & Fishman, H. C. (1981). *Family therapy techniques*. Cambridge, MA: Harvard University Press.

Mischel, W. (1968). *Personality and assessment*. New York: Wiley.

Mischel, W. (1973). Toward a cognitive social learning reconceptualization of personality. *Psychological Review, 80*, 252–283.

Mischel, W. (1986). *Introduction to personality* (4th ed.). New York: Holt, Rinehart and Winston.

Mjoseth, J. (1998, February). New diagnostic system could benefit psychologists. *APA Monitor, 29*.

Moghaddam, F. M., & Marsella, A. J. (2004). *Understanding terrorism: Psychosocial roots, consequences, and interventions*. Washington, DC: APA Books.

Mogul, K. M. (1982). Overview: The sex of the therapist. *American Journal of Psychiatry, 139*, 1–11.

Mohr, D. C. (1995). Negative outcome in psychotherapy: A critical review. *Clinical Psychology: Science and Practice, 2*, 1–27.

Mohr, D. C., Beutler, L. E., Engle, D., Shoham-Salomon, V., Bergan, J., Kaszniak, A. W., et al. (1990). Identification of patients at risk for nonresponse and negative outcome in psychotherapy. *Journal of Consulting and Clinical Psychology, 58*, 622–628.

Moleiro, C. & Beutler, L. (2009). Clinically significant change in psychotherapy for depressive disorders. *Journal of Affective Disorders, 115*, 220–224.

Molyneaux, D., & Lane, V. (1982). *Effective interviewing: Techniques and analysis*. Boston: Allyn & Bacon.

Mora, G. (1985). History of psychiatry. In H. Kaplan & B. J. Sadock (Eds.), *Comprehensive textbook of psychiatry* (Vol. 4, pp. 1034–2054). Baltimore: Williams & Wilkins.

Moras, K. (1993). The use of treatment manuals to train psychotherapists: Observations and recommendations. *Psychotherapy, 30*, 581–586.

Morris, D., & Turnbull, P. (2007). A survey-based exploration of the impact of dyslexia on career progression of UK registered nurses. *Journal of Nursing Management, 15*, 97–106.

Morrison, T., & Morrison, M. (1995). A meta-analytic assessment of the predictive validity of the quantitative and verbal components of the Graduate Record Examination with graduate grade point average representing the criterion of graduate success. *Educational and Psychological Measurement, 55*, 309–316.

Mukherjee, D., Levin, R. L., & Heller, W. (2006). The cognitive, emotional, and social sequelae of stroke: Psychological and ethical concerns in post-stroke adaptation. *Topics in Stroke Rehabilitation, 13*, 26–35.

Mungas, D., Reed, B. R., Crane, P.K.L., Haan, M. N., & Gonzalez, H. (2004). Spanish and English Neuropsychological Assessment Scales (SENAS): Further development and psychometric characteristics. *Psychological Assessment, 16*, 347–359.

Murase, K. (1977). Minorities: Asian-American. *Encyclopedia of Social Work, 2*, 953–960.

Murphy, K. (2000, May 8). An "epidemic" of sleeplessness. *BusinessWeek*, pp. 161–162.

Murphy, M. J., Cramer, D., & Lillie, F. J. (1984). The relationship between curative factors perceived by patients in their psychotherapy and treatment outcome: An exploratory study. *British Journal of Medical Psychology, 57*, 187–192.

Murphy, M. J., DeBernardo, C. R., & Shoemaker, W. E. (1998). Impact of managed care on independent practice and professional ethics: A survey of independent practitioners. *Professional Psychology: Research and Practice, 29*, 43–51.

Murphy, R. A., & Halgin, R. P. (1995). Influences on the career choice of psychotherapists. *Professional Psychology: Research and Practice, 26*, 422–426.

Murray, H. A. (1938). *Explorations in personality*. New York: Oxford University Press.

Murray, H. A. (1943). *Thematic Appreception Test*. Cambridge, MA: Harvard University Press.

Murray, H. A., & Bellak, L. (1942). *Thematic Apperception Test*. Cambridge, MA: Harvard University Press.

Murray, J. P. (2008). Media violence: The effects are both real and strong. *American Behavioral Scientist, 51*, 1212–1230.

Murphy, L., Parnass, P., Mitchell, D. L., Hallett, R., Cayley, P. & Seagram, S. (2009). Client satisfaction and outcome comparisons of online and face-to-face counselling methods. *British Journal of Social Work, 39*, 627–640.

Myers, D. (2000). *The American paradox: Spiritual hunger in a land of plenty*. New Haven, CT: Yale University Press.

Myers, P. I., & Hammil, D. D. (1990). *Learning disabilities: Basic concepts, assessment practices, and instructional strategies* (4th ed.). Austin, TX: ProEd.

Myles, B., Bock, S., & Simpson, R. (2001). *Manual for the Asperger Syndrome Diagnostic Scale*. Austin, TX: ProEd.

Naglieri, J. A., & Bardos, A. N. (1997). *Manual for the general ability measure for adults*. Minnetonka, MN: NCS Assessments.

Nagy, T. (1987, November). Electronic ethics. *APA Monitor*, p. 3.

Nash, J. M. (2003, August 25). Obesity goes global. *Time*, pp. 53–54.

Nathan, P. E. (1993). Alcoholism: Psychopathology, etiology, and treatment. In P. B. Sutker & H. E. Adams (Eds.), *Comprehensive handbook of psychopathology* (pp. 451–476). New York: Plenum Press.

Nathan, P. E. (1996). Validated forms of psychotherapy may lead to better-validated psychotherapy. *Clinical Psychology: Science and Practice, 3*, 251–255.

Nathan, P. E., & Gorman, J. M. (2002). *A guide to treatments that work* (2nd ed.). New York: Oxford University Press.

Nathan, P. E., & Gorman, J. M. (Eds.) (2007). *A guide to treatments that work* (3rd ed.). New York: Oxford.

Nation, M., Crusto, C., Wandersman, A., Kumpfer, K. L., Seybolt, D., Morrisey-Kane, E., et al. (2003). What works in prevention: Principles of effective prevention programs. *American Psychologist, 58*, 449–456.

National Advisory Mental Health Council. (1995). Basic behavioral science research for mental health: A national investment. *American Psychologist, 50*, 485–495.

National Association of Social Workers. (2010). *NASW membership demographics*. Washington, DC: National Association of Social Workers.

National Center for Education Statistics. (1993). *1993 national study of postsecondary faculty*. Washington, DC: Author.

National Center for Health Statistics. (1992). *Vital statistics of the United States, 1992*. Washington, DC: Government Printing Office.

National Center for Health Statistics. (1993). *Health U.S. 1992*. Hyattsville, MD: U.S. Public Health Service.

National Center for Health Statistics. (1996). *Health, United States, 1995*. Hyattsville, MD: U.S. Public Health Service.

National Center for Health Statistics. (1999). *Healthy People 2000 Review 1998–99*. Hyattsville, MD: U.S. Public Health Service.

National Center for Health Statistics. (2001). Health expenditures. Retrieved July 5, 2009, from http://www.cfc.gov/nchs/fastats/hexpense.htm.

National Center for Health Statistics. (2002). *Health United States, 2002, with urban and rural health chartbook*. Hyattsville, MD: Author.

National Center for Health Statistics. (2006). *Health, United States, 2006, with chartbook on trends in the health of Americans*. Hyattsville, MD: Author.

National Committee for Quality Assurance (2009). *HEDIS: Healthcare effectiveness data and information set*. Washington, DC: Author.

National Institute for Health and Clinical Excellence. (2007). *Depression: Management of depression in primary and secondary care. Quick reference guide (amended)*. London: Author.

National Institute on Alcohol Abuse and Alcoholism. (2000). 10th special report to the U.S. Congress on alcohol and health. Retrieved November 6, 2009, from http://silk.nih.gov/silk/niaaa1 /publication/10report/10-order.htm.

National Institute on Alcohol Abuse and Alcoholism. (2004). Estimated economic coats of alcohol abuse in the United States, 1992 and 1998. Retrieved October 11, 2009, from http://www.niaaa.nih.gov/resources/databaseresources/quickfacts/economicdata/cost8.htm.

National Institute of Allergy and Infectious Diseases. (1999, December). HIV/AIDS statistics, NIAID FACT sheet. Retrieved November 6, 2009, from http://www.niaid.nih.gov/factsheets /aidsstat.htm.

National Institutes of Health. (1992). *Methods for voluntary weight loss and control* [Technology Assessment Conference Statement, March 30–April 1, 1992]. Bethesda, MD: National Institutes of Health.

National Institutes of Health. (2004). *Research funding: Grant application and review and funding policies*. Washington, DC: Author.

National Mental Health Association. (1986). *The prevention of mental-emotional disabilities: Report of the commission on prevention*. Alexandria, VA: Author.

National Organization on Disability. (1998). *Americans with disabilities still face sharp gaps in securing jobs, education, transportation, and in many areas of daily life* (Louis Harris Survey). Washington, DC: Author.

National Organization on Disability. (2009). Mission statement. Retrieved October 12, 2009, http://www.nod.org/index.cfm?fuseaction=Page.ViewPage&PageID=1580.

National Science Foundation. (1994). *Women, minorities, and persons with disabilities in science and engineering: 1994*(NSF 94-333). Arlington, VA: Author.

*National Television Violence Study*. (Vol. 3). (1998). Santa Barbara: University of California, Center for Communication and Social Policy.

Ndetei, D. M., & Singh, A. (1983). Hallucinations in Kenyan schizophrenic patients. *Acta Psychiatrica Scandinavica, 67*, 144–147.

Neisser, U., Boodoo, G., Bouchard, T. J., Boykin, A. W., Ceci, S. J., Halpern, D. F., et al. (1996). Intelligence: Knowns and unknowns. *American Psychologist, 51*, 77–101.

Nelson, G., Lord, J., & Ochocka, J. (2001). *Shifting the paradigm in community mental health: Towards empowerment and community*. Toronto, Ontario, Canada: University of Toronto Press.

Nemeroff, C. B., & Schatzberg, A. F. (2007). Pharmacological treatments for unipolar depression. In P. E. Nathan and J. M. Gorman (Eds.), *A guide to treatments that work* (3rd ed., pp. 271–288). New York: Oxford.

Newcombe, F. (1996). Very late outcome after focal wartime brain wounds. *Journal of Clinical and Experimental Neuropsychology, 18*, 1–23.

Newman, M. G., & Borkovec, T. D. (1995). Cognitive-behavioral treatment for generalized anxiety disorder. *Clinical Psychologist, 48*, 5–7.

Newman, R., & Taylor, G. (1996, June). Practitioner survey results offer comprehensive view of psychology practice. *Practitioner Update, 4*, 1–4.

Nezu, A. M. (1996). What are we doing to our patients and should we care if anyone else knows? *Clinical Psychology: Science and Practice,* 3, 160–163.

Ngo, K. (2009, January 12). How many people die from cancer each year? Retrieved September 10, 2009, from http://ezinearticles.com/?How-Many -People-Die-From-Cancer-Each-Year?&id=187 2925.

Nguyen, T. D., Attkisson, C. C., & Stegner, B. L. (1983). Assessment of patient satisfaction: Development and refinement of a Service Evaluation Questionnaire. *Evaluation and Program Planning,* 6, 299–313.

Nicholls, D., & Viner, R. (2009). Childhood risk factors for lifetime anorexia nervosa by age 30 years in a national birth cohort. *Journal of the American Academy of Child & Adolescent Psychiatry,* 48, 791–799.

Nicholson, H., Foote, C., & Grigerick, S. (2009). Deleterious effects of psychotherapy and counseling in the schools. *Psychology in the Schools, 46,* 232–237.

Nicholson, R. A., & Berman, J. S. (1983). Is follow-up necessary in evaluating psychotherapy? *Psychological Bulletin,* 93, 261–278.

Nickelson, D. W. (1995). The future of professional psychology in a changing health care marketplace: A conversation with Russ Newman. *Professional Psychology: Research and Practice,* 26, 366–370.

Nietzel, M. T., Berstein, D. A., & Milich, R. (1991). *Introduction to clinical psychology* (3rd ed.). Englewood Cliffs, NJ: Prentice-Hall.

Nietzel, M. T., Russell, R. L., Hemmings, K. A., & Gretter, M. L. (1987). Clinical significance of psychotherapy for unipolar depression: A meta-analytic approach to social comparison. *Journal of Consulting and Clinical Psychology,* 55, 156–161.

Nolen-Hoeksema, S. (2002). Gender differences in depression. In I. H. Gotlib & C. L. Hammen (Eds.), *Handbook of depression* (pp. 492–509). New York: Guilford Press.

Nolen-Hoeksema, S., & Hilt, L. (2008). Gender differences in depression. In I. H. Gotlib & C. L. Hammen (Eds.), *Handbook of depression* (2nd ed., pp. 386–404). New York: Guilford Press.

Nolen-Hoeksema, S., & Puryear Keita, G. (2003). Women and depression: Introduction. *Psychology of Women Quarterly,* 27, 89–90.

Norcross, J. C. (1990). An eclectic definition of psychotherapy. In J. K. Zeig & W. M. Munion (Eds.), *What is psychotherapy? Contemporary perspectives* (pp. 218–220). San Francisco, CA: Jossey-Bass.

Norcross, J. C. (1995). Dispelling the DoDo bird verdict and exclusivity myth in psychotherapy. *Psychotherapy,* 32, 500–504.

Norcross, J. C. (2001). Purposes, processes and products of the task force on empirically supported therapy relationships. *Psychotherapy: Theory, Research, Practice, Training.* 38, 345–356.

Norcross, J. C. (2002). *Psychotherapy relationships that work: Therapist contributions and responsiveness to patients.* London: Oxford University Press.

Norcross, J. C. (2009). The Integration of science and practice: The case of division 12 and PsyD psychologists. *The Clinical psychologist,* 62, 1–4.

Norcross, J. C., Beutler, L. E., & Levant R. (Eds.), (2006). *Evidence-based practice in mental health.* Washington, DC: American Psychological Association.

Norcross, J. C., & Goldfried, M. R. (Eds.). (1992). *Handbook of psychotherapy integration.* New York: Basic Books.

Norcross, J. C., & Goldfried, M. R. (Eds.). (2005). *Handbook of psychotherapy integration* (2nd ed.). New York: Oxford University Press.

Norcross, J. C., & Guy, J. D. (1989). Ten therapists: The process of becoming and being. In W. Dryden & L. Spurling (Eds.), *On becoming a psychotherapist* (pp. 215–239). London: Tavistock/ Routledge.

Norcross, J. C., Hanych, J. M., & Terranova, R. D. (1996). Graduate study in psychology: 1992–1993. *American Psychologist,* 51, 631–643.

Norcross, J. C., Hedges, M., & Castle, P. H. (2002). Psychologists conducting psychotherapy in 2001: A study of the division 29 membership. *Psychotherapy: Theory, Research, Practice, Training,* 39, 97–102.

Norcross, J. C., Karg, R. S., & Prochaska, J. O. (1997a). Clinical psychologists in the 1990's: Part I. *Clinical Psychologist,* 50, 4–9.

Norcross, J. C., Karg, R. S., & Prochaska, J. O. (1997b). Clinical psychologists in the 1990's: Part II. *Clinical Psychologist,* 50, 4–11.

Norcross, J. C., Karpiak, C. P., & Santoro, S. M. (2005). Clinical psychologists across the years: The division of clinical psychology from 1960 to 2003. *Journal of Clinical Psychology, 61,* 1467–1483.

Norcross, J. C., & Prochaska, J. O. (1988). A study of eclectic (and integrative) views revisited. *Professional Psychology: Research and Practice, 19,* 170–174.

Norcross, J. C., Prochaska, J. O., & Gallagher, K. M. (1989). Clinical psychologists in the

1980s: I. Demographics, affiliations, and satisfactions. *Clinical Psychologist, 42,* 29–39.

Norcross, J. C., Sayette, M. A., & Mayne, T. J. (2002). *Insider's guide to graduate programs in clinical psychology: 2002/2003 edition.* New York: Guilford Press.

Norcross, J. C., Sayette, M. A., & Mayne, T. J. (2008). *Insider's guide to graduate programs in clinical psychology: 2008/2009 edition.* New York: Guilford Press.

Norcross, J. C., Strausser-Kirtland, D., & Missar, C. D. (1988). The processes and outcomes of psychotherapists' personal treatment experiences. *Psychotherapy, 25,* 36–43.

Nurnberger, J. I., & Gershon, E. S. (1992). Genetics. In E. S. Paykel (Ed.), *Handbook of affective disorders* (pp. 126–145). New York: Guilford Press.

Nuttall, J. (2002). Imperatives and perspectives of psychotherapy integration. *International Journal of Psychotherapy, 7,* 249–264.

O'Brien, M., & Houston, G. (2000). *Integrative therapy: A practitioner's guide.* Thousand Oaks, CA: Sage.

Ockene, J. K. (Ed.). (1986). *The pharmacologic treatment of tobacco dependence: Proceedings of the World Congress, November 4–5, 1985.* Cambridge, MA: Harvard University, Institute for the Study of Smoking Behavior and Policy.

Ockene, J. K., Emmoms, K. M., Mermelstein, R. J., Perkins, K. A., Bonollo, D. S., Voorhees, C. C., et al. (2000). Relapse and maintenance issues for smoking cessation. *Health Psychology, 19,* 17–31.

O'Connor, K. J. (2000). *The play therapy primer.* New York: Wiley.

Ogles, B. M., Lambert, M. J., & Sawyer, J. D. (1995). Clinical significance of the National Institute of Mental Health Treatment of Depression Collaborative Research Program data. *Journal of Consulting and Clinical Psychology, 63,* 321–326.

O'Leary, A. (1992). Self-efficacy and health: Behavioral and stress-physiological mediation. *Cognitive Therapy and Research, 16,* 229–245.

O'Leary, K. D., & Becker, W. C. (1967). Behavior modification of an adjustment class: A token reinforcement program. *Exceptional Children, 33,* 637–642.

O'Leary, K. D., & Wilson, G. T. (1987). *Behavior therapy: Application and outcome.* Englewood Cliffs, NJ: Prentice-Hall.

Olson, S. K., Downing, N. E., Heppner, P. P., & Pinkney, J. (1986). Is there life after graduate school? Coping with the transition to postdoctoral employment. *Professional Psychology: Research and Practice, 17,* 415–419.

Orlinsky, D. E., & Howard, K. I. (1986). Process and outcome in psychotherapy. In A. E. Bergin & S. L. Garfield (Eds.), *Handbook of psychotherapy and behavior change* (3rd ed., pp. 283–330). New York: Wiley.

Ornberg, B., & Zalewski, C. (1994). Assessment of adolescents with the Rorschach: A critical review. *Assessment, 1,* 209–217.

OSS Assessment Staff. (1948). *Assessment of men: Selection of personnel for the office of strategic services.* New York: Rinehart.

Otero, S. (2009). Psychopathology and psychological adjustment in children and adolescents with epilepsy. *World Journal of Pediatrics, 5,* 12–17.

Otto, M. W. & Reilly-Harrington, N. (2002). Cognitive-behavioral therapy for the management of bipolar disorder. In S. G. Hofmann & M. C. Tompson (Eds.), *Treating chronic and severe mental disorders: A handbook of empirically supported interventions,* (pp. 116–130). New York: Guilford Press.

Otto, R. K., & Heilbrun, K. (2002). The practice of forensic psychology: A look toward the future in the light of the past. *American Psychologist, 57,* 5–19.

Overall, J. E., & Pfefferbaum, B. (1962). The Brief Psychiatric Rating Scale for Children. *Psychopharmacology Bulletin, 18,* 10–16.

Padesky, C. A., & Greenberger, D. (1995). *The clinician's guide to mind over mood.* New York: Guilford Press.

Pandina, R. J. (1986). Methods, problems, and trends in studies of adolescent drinking practices. *Annals of Behavioral Medicine, 8,* 20–26.

Paolantonio, P. (1990). *Relapse prevention training manual.* Unpublished manuscript.

Papolos, D., & Papolos, J. (1999). *The bipolar child.* New York: Broadway Books.

Papolos, D., & Papolos, J. (2002). *The bipolar child* (2nd ed.). New York: Broadway Books.

Papolos, D., & Papolos, J. (2006). *The bipolar child* (3rd ed.). New York: Broadway Books.

Pargament, K. I., Falgout, K., Ensing, D. S., Reilly, B., Silverman, M., Van Haitsma, K., et al. (1991). The congregation development program: Data-based consultation with churches and synagogues. *Professional Psychology: Research and Practice, 22,* 393–404.

Parker, K. C. H. (1983). A meta-analysis of the reliability and validity of the Rorschach. *Journal of Personality Assessment, 47,* 227–231.

Parker, K. C. H., Hanson, R. K., & Hunsley, J. (1988). MMPI, Rorschach, and WAIS: A meta-analytic comparison of reliability, stability, and validity. *Psychological Bulletin, 103*, 367–373.

Pate, W. (2004). Survey reveals employment trends for medical school psychologists. *Monitor on Psychology, 35*, 11.

Patterson, G. R. (1977). Naturalistic observation in clinical assessment. *Journal of Abnormal Child Psychology, 5*, 307–322.

Pavuluri, M. N., Birmaher, B., & Naylor, M. W. (2005). Pediatric bipolar disorder: A review of the past 10 years. *Journal of the American Academy of Child & Adolescent Psychiatry, 44*, 846–871.

Payton, C. R. (1994). Implications of the 1992 Ethics Code for diverse groups. *Professional Psychology: Research and Practice, 25*, 317–320.

Peck, C. P., & Ash, E. (1964). Training in the Veterans Administration. In L. Blank & H. P. David (Eds.), *Sourcebook for training in clinical psychology* (pp. 61–81). New York: Springer.

Pelham, W. E. (1993). Pharmacotherapy for children with attention-deficit hyperactivity disorder. *School Psychology Review, 22*, 199–227.

Peltier, B. (2010). *The psychology of executive coaching: Theory and application* (2nd ed.). New York: Routledge.

Pennebaker, J. W. (1990). *Opening up: The healing power of confidence in others*. New York: Morrow.

Pennington, B. F., & Smith, S. D. (1988). Genetic influences on learning disabilities: An update. *Journal of Consulting and Clinical Psychology, 56*, 817–823.

Perls, F. S. (1947). *Ego, hunger and aggression: A revision of Freud's theory and method*. New York: Random House.

Perls, F. S. (1969). *Gestalt therapy verbatim*. Lafayette, CA: Real People Press.

Perucca, P., Gilliam, F. G., & Schmitz, B. (2009). Epilepsy treatment as a predeterminant of psychosocial ill health. *Epilepsy & Behavior, 15*, S46–S50.

Petegnief, V., Saura, J., De Gregorio-Rocasolano, N., & Paul, S. M. (2001). Neuronal injury-induced expression and release of apolipoprotein E in mixed neuron/GLIA co-cultures: Nuclear factor KB inhibitors reduce basal and lesion-induced secretion of apoplipoprotein E. *Neuroscience, 104*, 223–234.

Peterson, D. R. (1968). The doctor of psychology program at the University of Illinois. *American Psychologist, 23*, 511–516.

Peterson, D. R. (2003). Unintended consequences: Ventures and misadventures in the education of professional psychologists. *American Psychologist, 58*, 791–800.

Peterson, D. R., & Baron, A. (1975). Status of the University of Illinois doctor of psychology program, 1974. *Professional Psychology, 6*, 88–95.

Phelps, R. (1996, February). Preliminary practitioner survey results enhance APA's understanding of health care environment. *Practitioner Focus, 9*, 5.

Phelps, R., Eisman, E. J., & Kohout, J. (1998). Psychological practice and managed care: Results of the CAPP practitioner survey. *Professional Psychology: Research and Practice, 29*, 31–36.

Phillips, E. L., & Fagan, P. J. (1982, August). *Attrition: Focus on the intake and first therapy interviews*. Paper presented at the 90th annual convention of the American Psychological Association, Washington, DC.

Piaget, J. (1952). *The origins of intelligence in children*. New York: International Universities Press.

Piaget, J. (1970). *Science of education and the psychology of the child*. New York: Orion.

Piaget, J. (1972). Intellectual evolution from adolescence to adulthood. *Human Development, 15*, 1–12.

Pike, K. M., & Rodin, J. (1991). Mothers, daughters, and disordered eating. *Journal of Abnormal Psychology, 100*, 1–7.

Pilkonis, P. A., Imber, S. D., Lewis, P., & Rubinsky, P. (1984). A comparative outcome study of individual, group, and cojoint psychotherapy. *Archives of General Psychiatry, 41*, 431–437.

Pillay, A. L. (1990). The increasing demand for clinical psychological consultations in the smaller general hospital. *South African Journal of Psychology, 20*, 163–169.

Pimental, P. A., Stout, C. E., Hoover, M. C., & Kamen, G. B. (1997). Changing psychologists opinions about prescriptive authority: A little information goes a long way. *Professional Psychology: Research and Practice, 28*, 123–127.

Pinker, S. (2003). *The blank slate: The modern denial of human nature*. New York: Penguin Books.

Pion, G. M., Mednick, M. T., Astin, H. S., Hall, C. C. I., Kenkel, M. B., Keita, G. P., et al. (1996). The shifting gender composition of psychology: Trends and implications for the discipline. *American Psychologist, 51*, 509–528.

Piotrowski, C., & Keller, J. W. (1989). Psychological testing in outpatient mental health facilities: A national study. *Professional Psychology: Research and Practice, 20*, 423–425.

Piper, W. E., Rosie, J. S., Joyce, A. S., & Azim, H. F. A. (1996). *Time-limited day treatment for personality disorders: Integration of research and practice in a group program.* Washington, DC: American Psychological Association.

Plante, T. G. (1988). Postdoctoral training in clinical psychology: As amorphous as an inkblot. *Professional Psychology: Research and Practice, 19*, 251–253.

Plante, T. G. (1995). Training child clinical predoctoral interns and postdoctoral fellows in ethics and professional issues: An experiential model. *Professional Psychology: Research and Practice, 26*, 616–619.

Plante, T. G. (1996a). Catholic priests who sexually abuse minors: Why do we hear so much yet know so little? *Pastoral Psychology, 44*, 305–310.

Plante, T. G. (1996b). Ten principles of success for psychology trainees embarking on their careers. *Professional Psychology: Research and Practice, 27*, 304–307.

Plante, T. G. (1999). A collaborative relationship between professional psychology and the Roman Catholic Church: A case example and suggested principles for success. *Professional Psychology: Research and Practice, 30*, 541–546.

Plante, T. G. (2004a). *Do the right thing: Living ethically in an unethical world.* Oakland, CA: New Harbinger.

Plante, T. G. (2004b). *Sin against the innocents: Sexual abuse by priests and the role of the Catholic Church.* Westport, CT: Praeger.

Plante, T. G. (2009). *Spiritual practices in psychotherapy: Thirteen tools for enhancing psychological health.* Washington, DC: American Psychological Association.

Plante, T. G., Aldridge, A., Bogden, R., & Hanelin, C. (2003a). Might virtual reality promote the mood benefits of exercise? *Computers in Human Behavior, 19*, 495–509.

Plante, T. G., Aldridge, A., Su, D., Bogden, R., Khan, K., & Belo, M. (2003b). Mood improvements associated with virtual exercise. *International Journal of Stress Management*, 203–216.

Plante, T. G., Boccaccini, M., & Andersen, E. (1998). Attitudes concerning professional issues impacting psychotherapy practice among members of the American Board of Professional Psychology. *Psychotherapy, 35*, 34–42.

Plante, T. G., Couchman, C., & Diaz, A. (1995). Measuring mental health treatment outcome and client satisfaction among children and families. *Journal of Mental Health Administration, 22*, 261–269.

Plante, T. G., Couchman, C., & Hoffman, C. (1998). Measuring treatment outcome and client satisfaction among children and families: A case report. *Professional Psychology: Research and Practice, 29*, 52–55.

Plante, T. G., Goldfarb, L. P., & Wadley, V. (1993). Are stress and coping associated with aptitude and achievement testing performance among children? A preliminary investigation. *Journal of School Psychology, 31*, 259–266.

Plante, T. G., Lantis, A., & Checa, G. (1997). The influence of gender, hypertension risk, and aerobic fitness on cardiovascular responses to laboratory induced stress. *International Journal of Stress Management, 4*, 89–99.

Plante, T. G., Manual, G. M., & Bryant, C. (1996). Defensiveness and cognitive functioning among sexual offending Roman Catholic priests. *Pastoral Psychology, 45*, 129–139.

Plante, T. G., Pinder, S. L., & Howe, D. (1988). Introducing the living with illness group: A specialized treatment for patients with chronic schizophrenic conditions. *Group, 12*, 198–204.

Plante, T. G., & Sherman, A. S. (Eds.). (2001). *Faith and health: Psychological perspectives.* New York: Guilford Press.

Plante, T. G., & Sykora, C. (1994). Are stress and coping associated with WISC-III performance among children? *Journal of Clinical Psychology, 50*, 759–762.

Plante, T. G., & Thoresen, C. E. (Eds.) (2007). *Spirit, science and health: How the spiritual mind fuels physical wellness.* Westport, CT: Praeger/Greenwood.

Plaud, J. J., & Gaither, G. A. (1996). Behavioral momentum: Implications and development from reinforcement theories. *Behavior Modification, 20*, 183–201.

Plomin, R. (1990). The role of inheritance in behavior. *Science, 248*, 183–188.

Plomin, R., & Crabbe, J. (2000). DNA. *Psychological Bulletin, 126*, 806–828.

Plomin, R., DeFries, J. C., McClearn, G. E., & McGuffin, P. (2008). *Behavioral genetics.* NY: Worth.

Polivy, J., & Herman, C. P. (2002). Causes of eating disorders. *Annual Review of Psychology, 53*, 187–213.

Pomerleau, O. F., & Pomerleau, C. S. (1977). *Break the smoking habit.* Champaign, IL: Research Press.

Pomerleau, O. F., & Pomerleau, C. S. (Eds.). (1988). *Nicotine replacement: A critical evaluation.* New York: Alan, R. Liss.

Popanz, T. (1991). *Graduate training in psychopharmacology, substance abuse, and basic science: 1980–1990.* Washington, DC: American Psychological Association.

Pope, K. S. (1991). Ethical and legal issues in clinical practice. In M. Hersen, A. E. Kazdin, & A. S. Bellack (Eds.), *The clinical psychology handbook* (2nd ed., pp. 115–127). New York: Pergamon Press.

Pope, K. S. (1994). *Sexual involvement with therapists: Patient assessment, subsequent therapy, forensics.* Washington, DC: American Psychological Association.

Pope, K. S. (1998). Sexual feelings, actions, and dilemmas in psychotherapy. In G. P. Koocher, J. C. Norcross, & S. S. Hill, III (Eds.), *Psychologists' desk reference* (pp. 450–456). New York: Oxford University Press.

Pope, K. S. (2007). *Ethics in psychotherapy and counseling: A practical guide.* San Francisco: Jossey-Bass.

Pope, K. S., & Bajt, T. R. (1988). When laws and values conflict: A dilemma for psychologists. *American Psychologist, 43,* 828.

Pope, K. S., Keith-Spiegel, P., & Tabachnick, B. G. (1986). Sexual attraction to clients: The human therapist and the (sometimes) inhuman training system. *American Psychologist, 41,* 147–158.

Pope, K. S., Tabachnick, B. G., & Keith-Spiegel, P. (1987). Ethics of practice: The beliefs and behaviors of psychologists as therapists. *American Psychologist, 42,* 993–1006.

Pope, K. S., Vasquez, M. J. T. (2005). How to survive and thrive as a therapist: Information, ideas, and resources for psychologists in practice. Washington, DC: American Psychological Association.

Pope, K. S., & Vetter, V. A. (1992). Ethical dilemmas encountered by members of the APA: A national survey. *American Psychologist, 47,* 397–411.

Posner, M. I., & Rothbart, M. K. (2007). Temperament and learning. In M. I. Posner & M. K. Rothbart (Eds.). *Educating the human brain* (pp. 121–146). Washington, DC: American Psychological Association.

Post, J (2007). *The mind of the terrorist: The psychology of terrorism from the IRA to Al-Qaeda.* New York: Palgrave Macmillan.

Powers, M. B., & Emmelkamp, P. M. G. (2008). Virtual reality exposure therapy for anxiety disorders: A meta-analysis. *Journal of Anxiety Disorders, 22,* 561–569.

Powers, T. J., Shapiro, E. S., & DuPaul, G. J. (2003). Preparing psychologists to link systems of care in managing and preventing children's health problems. *Journal of Pediatric Psychology, 28,* 147–156.

Pratt, S. & Mueser, K. T. (2002). Social skills training for schizophrenia. In S. G. Hofmann & M. C. Tompson (Eds.), *Treating chronic and severe mental disorders: A handbook of empirically supported interventions,* (pp. 18–52). New York: Guilford Press.

Presley, C. A., & Meilman, P. W. (1992). *Alcohol and drugs on American college campuses: A report to college presidents.* Carbondale: Southern Illinois University Press.

Price, R. A. (1987). Genetics of human obesity. *Annals of Behavioral Medicine, 9,* 9–14.

Prochaska, J. O. (1984). *Systems of psychotherapy: A transtheorectical analysis* (2nd ed.). Homewood, IL: Dorsey.

Prochaska, J. O. (1995). Common problems: Common solutions. *Clinical Psychology: Science and Practice, 2,* 101–105.

Prochaska, J. O. (2000). Change at differing stages. In C. R. Snyder & R. E. Ingram (Eds.), *Handbook of psychological change: Psychotherapy processes and practices for the 21st century* (pp. 109–127). New York: Wiley.

Prochaska, J. O. (2008). Decision making in the transtheoretical model of behavior change. *Medical Decision Making, 28,* 845–849.

Prochaska, J. O., & Norcross, J. C. (2002). Stages of change. In J. C. Norcross (Ed.), *Psychotherapy relationships that work: Therapist contributions and responsiveness to patients* (pp. 303–313). London: Oxford University Press.

Prochaska, J. O., & Norcross, J. C. (2007). *Systems of psychotherapy: A transtheorectical analysis* (6th ed.). Belmont, CA: Brooks/Cole.

Prochaska, J. O., Velicer, W. F., DiClemente, C. C., & Fava, J. (1988). Measuring processes of change: Applications to the cessation of smoking. *Journal of Consulting and Clinical Psychology, 56,* 520–528.

Pyszczynski, T., Solomon, S., & Greenberg, J. (2003). *In the wake of 9/11: The psychology of terror.* Washington, DC: APA Books.

Rabasca, L. (1999). The role of psychologist at U.S. medical schools is being marginalized, study finds. *APA Monitor on Psychology 30,* 12–13.

Rabin, A. S., Kaslow, N. J., & Rehm, L. P. (1985). Factors influencing continuation in a behavioral therapy. *Behaviour Research and Therapy, 23,* 695–698.

Rachman, S. J., & Wilson, G. T. (1980). *The effects of psychological therapy* (2nd ed.). New York: Pergamon Press.

Raimy, V. C. (Ed.). (1950). *Training in clinical psychology.* New York: Prentice-Hall.

Rappoport, A. (2002). How psychotherapy works: The concepts of control-mastery theory. *Bulletin of the American Academy of Clinical Psychology, 8,* 10–14.

Raven, J. C. (1993). *Raven's progressive matrices.* Enberg, England: Author.

Raven, J., Raven, J. C., & Court, J. H. (2003). *Manual for Raven's Progressive Matrices and Vocabulary Scales. Section 1: General Overview.* San Antonio, TX: Harcourt Assessment.

Raymer, R., & Poppen, R. (1985). Behavioral relaxation training with hyperactive children. *Journal of Behavior Therapy and Experimental Psychiatry, 16,* 309–316.

Read, J. B., Larsen, C., & Robinson, C. J. (2009). Emerging models of psychological treatment: The path to prescriptive authority. *Journal of Contemporary Psychotherapy, 39,* 121–126.

Redmond, W. H. (1999). Trends in adolescent cigarette use: The diffusion of daily smoking. *Journal of Behavioral Medicine, 22,* 379–395.

Reed, T. E., & Jensen, A. R. (1991). Arm nerve conduction velocity (NCV), brain NCV, reaction time, and intelligence. *Intelligence, 15,* 33–47.

Regier, D. A., Myers, J. K., Kramer, M., Robins, L. N., Blazer, D. G., Hough, R. L., et al. (1984). The NIMH epidemiologic catchment area program. *Archives of General Psychiatry, 41,* 934–941.

Rehm, L. P. (1997). Continuing education for empirically supported treatments. *Clinical Psychologist, 50,* 2–3.

Reiman, E. M., Fusselman, M. J., Fox, P. T., & Raichle, M. E. (1989). Neuroanatomical correlates of anticipatory anxiety. *Science, 243,* 1071–1074.

Reisman, J. M. (1976). *A history of clinical psychology.* New York: Irvington.

Reisner, A. D. (2003). The electroconvulsive therapy controversy: Evidence and ethics. *Neuropsychology Review, 13,* 199–219.

Reitan, R. M., & Davison, L. A. (1974). *Clinical neuropsychology: Current status and applications* (pp. 19–46). Washington, DC: V. H. Winston & Sons.

Rende, R., & Plomin, R. (1992). Diathesis-stress models of psychopathology: A quantitative genetic perspective. *Applied & Preventive Psychology, 1,* 177–182.

Renzetti, C. M. (2008). Violence against women: Prevention, relationships, and coping behavior. *Violence Against Women, 14,* 867–869.

Report of the INS—Division 40 Task Force on Education, Accreditation, and Credentialing. (1987). *Clinical Neuropsychologist, 1,* 29–34.

Resick, P. A. & Calhoun, K. S. (2001). Posttraumatic stress disorder. In D. H. Barlow (Ed.), *Clinical handbook of psychological disorders: A step-by-step treatment manual (3rd ed., pp. 123–178).* New York: Guilford Press.

Resnick, R. J., & DeLeon, P. H. (1995). The future of health care reform: Implications of 1994 elections. *Professional Psychology: Research and Practice, 26,* 3–4.

Resnick, R. J., & Norcross, J. C. (2002). Prescription privileges for psychologists: Scared to death? *Clinical Psychologist: Science and Practice, 9,* 270–274.

Reynolds, C. R. (1982). The problem of bias in psychological assessment. In C. R. Reynolds & T. B. Gutkin (Eds.), *A handbook for school psychology* (pp. 178–208). New York: Wiley.

Reynolds, W. M. (2002). Childhood depression. In M. Hersen (Ed.). *Clinical behavior therapy: Adults and children* (pp. 256–275). New York: John Wiley.

Rice, C. E. (1997). Scenarios: The scientist-practitioner split and the future of psychology. *American Psychologist, 52,* 1173–1181.

Riggs, D. S., & Foa, E. B. (1993). Obsessive-compulsive disorder. In D. H. Barlow (Ed.), *Clinical handbook of psychological disorders* (2nd ed.). New York: Guilford Press.

Riley, K. P., Snowdon, D. A., Saunders, A. M., Roses, A. D., Mortimer, J. A., & Nanayakkara, N. (2000). Cognitive function and apolipoprotein in very old adults: Findings from the Nun Study. *Journal of Gerontology, 55B,* S69–S75.

Risch, N., Herrell, R., Lehner, T., Liang, K. Y., Eaves, L., Hoh, J., Griem, A., Kovacs, M., Ott, J., & Merikangas, J. R. (2009). Interaction between the serotonin transporter gene (*5-HTTLPR*), stressful life events, and risk of depression: A meta-analysis. *Journal of the American Medical Association, 301,* 2462–2471.

Ritterband, L. M., Gonder-Frederick, L. A., Cox, D. J., Clifton, A. D., West, R. W., & Borowitz, S. M. (2003). Internet interventions. In review, in use, and into the future. *Professional Psychology: Research and Practice, 34,* 527–534.

Riva, M. T., & Cornish, J. A. E. (1995). Group supervision practices at psychology predoctoral internship programs: A national survey. *Professional Psychology: Research and Practice, 26,* 523–525.

Rivas-Vazquez, R. A., Rice, J., & Kalman, D. (2003). Pharmacotherapy of obesity and eating disorders. *Professional Psychology: Research and Practice, 34,* 562–566.

Roach, C. N. & Gross, A. M. (2002). Conduct disorder. In M. Hersen (Ed.), *Clinical behavior therapy: Adults and children* (pp. 383–399). New York: Wiley.

Roan, S. (1992, November 24). Calling for help. *Los Angeles Times,* pp. E1, E6.

Robins, L. N., Helzer, J. E., Croughan, J., & Ratcliff, K. S. (1994). The National Institute of Mental Health Diagnostic Interview Schedule. In J. E. Mezzich, M. R. Jorge, & I. M. Salloum (Eds.), *Psychiatric epidemiology: Assessment concepts and methods* (pp. 227–248). Baltimore: Johns Hopkins University Press.

Roberts, G. E. (2005). *The Robert's Apperception test for Children* (2nd ed.). Los Angeles: Western Psychological Services.

Roberts, M. C., & Steele, R. G. (2009). *Handbook of pediatric psychology* (4th ed.). New York: Guilford Press.

Rodenburg, R., Benjamin, A., de Roos, C., Meijer, A. M., & Stams, G. J. (2009). Efficacy of EMDR in children: A meta-analysis. *Clinical Psychology Review, 29,* 599–606.

Rodnick, E. H. (1985). Clinical psychology. In H. I. Kaplan & B. J. Sadock. *Comprehensive textbook of psychiatry* (4th ed., pp. 1929–1935). Baltimore: Williams & Wilkins.

Rodolfa, E., Hall, T., Holms, V., Davena, A., Komatz, D., Antunez, M., et al. (1994). The management of sexual feelings in therapy. *Professional Psychology: Research and Practice, 25,* 168–172.

Rodrigue, J. R. (1994). Beyond the individual child: Innovative systems approaches to service delivery in pediatric psychology. *Journal of Child Clinical Psychology, 23,* 32–39.

Roe, A., Gustad, J. W., Moore, B. V., Ross, S., & Skodak, M. (Eds.). (1959). *Graduate education in psychology.* Washington, DC: American Psychological Association.

Rogers, C. R. (1951). *Client-centered therapy.* Boston: Houghton Mifflin.

Rogers, C. R. (1954). *Psychotherapy and personality change.* Chicago: University of Chicago Press.

Rogers, C. R. (1961). *On becoming a person.* Boston: Houghton Mifflin.

Rogler, L. H. (1999). Methodological sources of cultural insensitivity in mental health research. *American Psychologist, 54,* 424–433.

Roid, G.H. (2003). Stanford Binet Intelligence Scales 5th Edition: Examiner's Manual. Riverside Publishing, Itaska, Illinois

Romans, J. S. C., Boswell, D. L., Carlozzi, A. F., & Ferguson, D. B. (1995). Training and supervision practices in clinical, counseling, and school psychology programs. *Professional Psychology: Research and Practice, 26,* 407–412.

Rorschach, H. (1942). *Psychodiagnostics: A diagnostic test based on perception.* New York: Grune & Stratton. (Original work published 1921.)

Rorschach, H. (1951). *Rorschach technique.* New York: Grune & Stratton.

Rorschach, H. (1998). *Psychodiagnostics: A diagnostic test based on perception* (10th ed.). Cambridge, MA: Hogrefe.

Rosenberg, S., Hickie, I. B., & Mendoza, J. (2009). National mental health reform: Less talk, more action. *The Medical Journal of Australia, 190,* 193–195.

Rosenhan, D. L., & Seligman, M. E. (1989). *Abnormal psychology* (2nd ed.). New York: Norton.

Rosenthal, R. (1987). Pygmalion effects: Existence, magnitude, and social importance. *Educational Researcher, 16,* 37–41.

Rosowsky, E., Casciani, J. M., & Arnold, M. (Eds.) (2009). *Geropsychology and long term care: A practitioner's guide.* New York: Springer.

Rosselló & Bernal (1996). Adapting cognitive-behavioral and interpersonal treatments for depressed Puerto Rican adolescents. In E. Hibbs & P. Jensen (Eds.), *Psychosocial treatments for children and adolescent disorders: Empirically based approaches* (pp. 187–218). Washington, DC, USA: American Psychological Association.

Roth, M. (1996). The panic-agoraphobic syndrome: A paradigm of the activity group of disorders and its implications for psychiatric practice and theory. *American Journal of Psychiatry, 153,* 111–124.

Roth, A., & Fonagy, P. (2005). *What works for whom? A critical review of psychotherapy research* (2nd ed.). New York: Guilford Press.

Rotherman-Borus, M. J., Goldstein, A. M., & Elkavich, A. S. (2002). Treatment of suicidality: A family intervention for adolescent suicide attempters. In S. G. Hofmann & M. C. Tompson (Eds.), *Treating chronic and severe mental disorders: A handbook of empirically supported interventions,* (pp. 191–212). New York: Guilford Press.

Rotter, J. B. (1954). *Social learning and clinical psychology.* Englewood Cliffs, NJ: Prentice-Hall.

Rotter, J. B., & Rafferty, J. E. (1950). *The Rotter Incomplete Sentences Test.* New York: Psychological Corporation.

Rounsaville, B. J., O'Malley, S., Foley, S., & Weissman, M. W. (1988). Role of manual-guided training in the conduct and efficacy of interpersonal psychotherapy for depression. *Journal of Consulting and Clinical Psychology, 56,* 681–688.

Roy-Byrne, P. P., & Crowley, D. S. (2007). Pharmacological treatments for panic disorder, generalized anxiety disorder, specific phobia, and social anxiety disorder. In P. E. Nathan and J. M. Gorman (Eds.), *A guide to treatments that work* (3rd ed., pp. 395–430). New York: Oxford.

Roysircar, G., Sandhu, D. S., & Bibbins, V. E., Sr. (2003). *Multicultural competencies: A guidebook of practices.* Alexandria, VA: Association for Multicultural Counseling and Development.

Rubin, H. R., Gandek, B., Rogers, W. H., Kosinski, M., McHorney, C. A., & Ware, J. E. (1993). Patients' rating of outpatient visits in different practice settings: Results from the Medical Outcomes Study. *Journal of the American Medical Association, 270,* 835–840.

Rubin, R. T. (1982). Koro (Shook Yang): A culture-bound psychogenic syndrome. In C. T. H. Friedmann & R. A. Fauger (Eds.), *Extraordinary disorders of human behavior* (pp. 155–172). New York: Plenum Press.

Rudolph, K. D., Dennig, M. D., & Weisz, J. R. (1995). Determinants and consequences of children's coping in medical setting: Conceptualization, review, and critique. *Psychological Bulletin, 118,* 328–357.

Rupert, P. A., & Baird, K. A. (2004). Managed care and the independent practice of psychology. *Professional Psychology: Research and Practice, 35,* 18–193.

Russell, O. (Ed.). (1997). *Seminars in the psychiatry of learning disabilities.* Washington, DC: American Psychiatric Press.

Russell, R. K., & Petrie, T. A. (1994). Issues in training effective supervisors. *Applied and Preventive Psychology, 3,* 27–42.

Ryle, A. (2005). Cognitive analytic therapy. In J. C. Norcross, & M. R. Goldfried (Eds.). *Handbook of psychotherapy integration* (2nd ed.), pp. 196–220. New York: Oxford University Press.

Sackett, P. R. & Lievens, F. (2008). Personnel selection. *Annual Review of Psychology, 59,* 419–450.

Sachs, J. S. (1983). Negative factors in brief psychotherapy: An empirical assessment. *Journal of Consulting and Clinical Psychology, 51,* 557–564.

Sadock, B. J., Sadock, V. A., Ruiz, P. (2009). *Kaplan and Sadock's comprehensive textbook of psychiatry* (9th ed.). New York: Lippincott Williams & Wilkins.

Saeman, H. (1996a). Psychologists cheer as top psychiatrist jeers managed care. *National Psychologist, 5*(3), 1–4.

Saeman, H. (1996b). Psychologists frustrated with managed care, economic issues, but plan to "hang tough," survey reveals. *National Psychologist, 5*(2), 1–2.

Salvio, M., Beutler, L. E., Wood, J. M., & Engle, D. (1992). The strength of the therapeutic alliance in three treatments for depression. *Psychotherapy Research, 2,* 31–36.

Sammons, M. T., & Brown, A. B. (1997). The department of defense psychopharmacology demonstration project: An evolving program for postdoctoral education in psychology. *Professional Psychology: Research and Practice, 28,* 107–112.

Sammons, M. T., Gorny, S. W., Zinner, E. S., & Allen, R. P. (2000). Prescriptive authority for psychologists: A consensus of support. *Professional Psychology: Research and Practice, 31,* 604–609.

Sanchez, P. N., & Kahn, M. W. (1991). Differentiating medical from psychosocial disorders: How do medically and nonmedically trained clinicians differ? *Professional Psychology: Research and Practice, 22,* 124–126.

Sanders, M. J. (1995). Symptom coaching: Factitious disorder by proxy with older children. *Clinical Psychology Review, 15,* 423–442.

Sanderson, C. A. (2004). *Health psychology.* New York: Wiley.

Sanderson, W. C. (1994). Introduction to series on empirically validated psychological treatments. *Clinical Psychologist, 47,* 9.

Sanderson, W. C., & Woody, S. (1995). Manuals for empirically validated treatments. *Clinical Psychologist, 48,* 7–12.

Sandoval, J. (1989). The WISC-R and internal evidence of test bias with minority groups. *Journal of Counseling and Clinical Psychology, 47,* 919–927.

Sanford, N. (1953). Clinical method: Psychotherapy. *Annual Review of Psychology, 4,* 317–342.

Sansone, R. A. & Johnson, C. (1995). Treating the eating disorder patient with borderline personality disorder: Theory and technique. In J. P. Barber & P. Crits-Christoph (Eds.), *Dynamic therapies for psychiatric disorders (Axis I)* (pp. 230–266). New York: Basic Books.

Sapolsky, R. M. (1990, January). Stress in the wild. *Scientific American,* 116–123.

Sapolsky, R. M., & Meaney, M. J. (1986). Maturation of the adrenal stress response: Neuroendocrine control mechanisms and the stress hyporesponsive period. *Brain Research Review, 11,* 65–76.

Sapara, A., Cooke, M., Fannon, D., Francis, A., Buchanan, R., Anilkumar, A., Barkataki, I., Aasen, I., Kuipers, E., & Kumari, V. (2007). Prefrontal cortex and insight in schizophrenia: A volumetric MRI study. *Schizophrenia Research, 89,* 22–34.

Satir, V. (1967). *Conjoint family therapy.* Palo Alto, CA: Science and Behavior Books.

Satir, V. (1972). *Peoplemaking.* Palo Alto, CA: Science and Behavior Books.

Sattler, J. M. (1988). *Assessment of children* (3rd ed.). San Diego: Author.

Sattler, J. M. (1992). Assessment of children's intelligence. In C. E. Walker & M. C. Roberts (Eds.), *Handbook of clinical child psychology* (pp. 85–100). New York: Wiley.

Sattler, J. M. (2008). *Assessment of children, cognitive foundations* (5th ed.). San Diego, CA: Author.

Sayette, M. A., & Mayne, T. J. (1990). Survey of current clinical and research trends in clinical psychology. *American Psychologist, 45,* 1263–1266.

Schacter, D. L. (1999). The seven sins of memory. *American Psychologist, 54,* 182–203.

Schein, E. H. (1988). *Process consultation: Lessons for managers and consultants* (Vol. 2). Reading, MA: Addison-Wesley.

Scherg, H. (1987). Psychosocial factors and disease bias in breast cancer patients. *Psychosomatic Medicine, 49,* 302–312.

Scheufele, P. M. (2000). Effects of progressive relaxation and classical music on measurements of attention, relaxation, and stress responses. *Journal of Behavioral Medicine, 23,* 207–228.

Schiele, J. H. (1991). An epistemological perspective on intelligence assessment of African-American children. *Journal of Black Psychology, 17,* 23–36.

Schindler, N. J., & Talen, M. R. (1994). Focus supervision: Management format for supervision practices. *Professional Psychology: Research and Practice, 25,* 304–306.

Schindler-Rainman, E. (1985). Invited commentary: The modern consultant—a renaissance person. *Consultation, 4,* 264–267.

Schmidt, F., & Taylor, T. K. (2002). Putting empirically supported treatment into practice: Lessons learned in a children's mental health center. *Professional-Psychology: Research and Practice, 33,* 483–489.

Schenck-Gustafsson, K. (2009). Risk factors for cardiovascular disease in women. *Maturitas, 63,* 186–190.

Schneider, I. (1987). The theory and practice of movie psychiatry. *American Journal of Psychiatry, 144,* 996–1002.

Schneider, S. F. (1996). Random thoughts on leaving the fray. *American Psychologist, 51,* 715–721.

Schofield, W. (1952). Research in clinical psychology: 1951. *Journal of Clinical Psychology, 8,* 255–261.

Schofield, W. (1964). *Psychotherapy: The purchase of friendship.* Englewood Cliffs, NJ: Prentice- Hall.

Scholing, A., Emmelkamp, P. M. G., & Van Oppen, P. (1996). Cognitive-behavioral treatment of social phobia. In V. B. Van Hasselt & M. Hersen (Eds.), *Sourcebook of psychological treatment manuals for adult disorders* (pp. 123–178), New York: Plenum Press.

Schum, J. L., Jorgensen, R. S., Verhaeghen, P., Savro, M., & Thibodeau, R. (2003). Trait anger, anger expression, and ambulatory blood pressure: A meta analytic review. *Journal of Behavioral Medicine, 26,* 395–415.

Schwartz, G. E. (1982). Testing the biopsychosocial model: The ultimate challenge facing behavioral medicine? *Journal of Consulting and Clinical Psychology, 50,* 1040–1053.

Schwartz, G. E. (1984). Psychobiology of health: A new synthesis. In B. L. Hammonds & C. J. Scheirer (Eds.), *Psychology and health: The master lecture series* (Vol. 3, pp. 149–193). Washington, DC: American Psychological Association.

Schwartz, G. E. (1991). The data are always friendly: A systems approach to psychotherapy integration. *Journal of Psychotherapy Integration, 1,* 55–69.

Schwartz, G. E., & Beatty, J. (1977). *Biofeedback: Theory and research.* New York: Academic Press.

Schwartz, G. E., & Weiss, S. M. (1978a). Behavioral medicine revisited: An amended definition. *Journal of Behavioral Medicine, 1,* 249–251.

Schwartz, J. L. (1987). *Review and evaluation of smoking cessation methods: The United States and Canada, 1978–1985*. Washington, DC: Division of Cancer Prevention and Control, National Cancer Institute.

Schwartzman, J. B., & Glaus, K. D. (2000). Depression and coronary heart disease in women: Implications for clinical practice and research. *Professional Psychology: Research and Practice, 31*, 48–57.

Scogin, F., Floyd, M., & Forde, L. (2000). Anxiety in older adults. In S. K. Whitbourne (Ed.), *Psychopathology in later adulthood: Wiley series on adulthood and aging* (pp. 117–140). New York: Wiley.

Scott, A. I. F. (1995). Does ECT alter brain structure? *American Journal of Psychiatry, 152*, 1403.

Scriven, M. (1967). The methodology of evaluation. In R. Tyler, R. Gagne, & M. Scriven (Eds.), *Perspectives of curriculum evaluation* (American Educational Research Association Monograph Series on Curriculum Evaluation) (pp. 39–83). Chicago: Rand McNally.

Searles, J. S. (1985). A methodological and empirical critique of psychotherapy outcome meta-analysis. *Behaviour Research and Therapy, 23*, 453–463.

Seeman, M., Seeman, A. Z., & Budros, A. (1988). Powerlessness, work, and community: A longitudinal study of alienation and alcohol use. *Journal of Health and Social Behavior, 29*, 185–198.

Seeman, T. (2001). How do others get under our skin? Social relationships and health. In C. D. Ryff & B. H. Singer (Eds.), *Emotion, social relationships, and health: Series in affective science* (pp. 189–210). London: Oxford University Press.

Segal, Z. V., & Ingram, R. E. (1994). Mood priming and construct activation in tests of cognitive vulnerability to unipolar depression. *Clinical Psychology Review, 14*, 663–695.

Seligman, M. E. P. (1975). *Helplessness: On depression, development and death*. San Francisco: Freeman.

Seligman, M. E. P. (1994). *What you can change and what you can't*. New York: Knopf.

Seligman, M. E. P. (1995). The effectiveness of psychotherapy: The *Consumer Reports* study. *American Psychologist, 50*, 965–974.

Seligman, M. E. P. (1996). Science as an ally of practice. *American Psychologist, 51*, 1072–1079.

Seligman, M. E. P. (2006). *Learned happiness: How to change your mind and your life*. NY: Vintage.

Seligman, M. E. P., & Csikszentmihalyi, M. (2000). Positive psychology: An introduction. *American Psychologist, 55*, 5–14.

Seligman, M. E. P., Ernst, R. M., Gillham, J., Reivich, K., Linkins, M. (2009). Positive education: positive psychology and classroom interventions. *Oxford Review of Education, 35*, 293–311.

Seligman, M. E. P., Peterson, C., Kaslow, N. J., Tanenbaum, R. L., Alloy, L. B., & Abramson, L. Y. (1984). Explanatory style and depressive symptoms among school children. *Journal of Abnormal Psychology, 93*, 235–238.

Sells, S. P. (1998). *Treating the tough adolescent: A family-based, step-by-step guide*. New York: Guilford Press.

Selvini Palazzoli, M., Boscolo, L., Cecchin, G., & Prata, G. (1980). Hypothesizing-circularity-neutrality: Three guidelines for the conductor of the session. *Family Process, 19*, 73–85.

Settles, I. H., Cortina, L. M., Malley, J., & Stewart, A. J. (2006). The climate for women in academic science: The good, the bad, and the changeable. *Psychology of Women Quarterly, 30*, 47–58.

Shadish, W. R., Navarro, A. M., Matt, G. E., & Phillips, G. (2000). The effects of psychological therapies under clinically representative conditions: A meta-analysis. *Psychological Bulletin, 126*, 512–529.

Shakow, D. (1947). Recommended graduate training program in clinical psychology. *American Psychologist, 2*, 539–558.

Shakow, D. (1976). What is clinical psychology? *American Psychologist, 31*, 553–560.

Shakow, D. (1978). Clinical psychology seen some 50 years later. *American Psychologist, 33*, 148–158.

Shapiro, A. E., & Wiggins, J. G. (1994). A PsyD degree for every practitioner: Truth in labeling. *American Psychologist, 49*, 207–210.

Shapiro, D. L. (1984). *Psychological evaluation and expert testimony: A practical guide to forensic work*. New York: Van Nostrand Reinhold.

Shapiro, D. L., & Shapiro, D. (1982). Meta-analysis of comparative therapy outcome studies: A replication and refinement. *Psychological Bulletin, 92*, 581–604.

Shapiro, E. S., & Lentz, F. E. (1991). Vocational-technical programs: Follow-up of students with learning disabilities. *Exceptional Children, 58*, 47–59.

Shapiro, F. (1989). Efficacy of the eye movement desensitization procedure in the treatment of traumatic memories. *Journal of Traumatic Stress, 2*, 199–223.

Shapiro, F. (2001). *Eye movement desensitization and reprocessing: Basic principles, protocols, and procedures* (2nd ed.). New York: Guilford Press.

Shapiro, F. (2002). *EMDR as an integrative psychotherapy approach: Experts of diverse orientations explore the paradigm prism.* Washington, DC: American Psychological Association.

Sharif, Z., Bradford, D., Stroup, S., & Lieberman, J. (2007). Pharmacological treatment of schizophrenia In P. E. Nathan and J. M. Gorman (Eds.), *A guide to treatments that work* (3rd ed., pp. 203–242). New York: Oxford.

Sharow, D. (1947). Recommended graduate training program in clinical psychology. *American Psychologist, 2,* 539–558.

Sheldon, K. M., Joiner, T. E., Pettit, J. W., & Williams, G. (2003). Reconciling humanistic ideals and scientific clinical practice. *Clinical Psychology: Science and Practice, 10,* 302–315.

Sheldon, K. M., & King, L. (2001). Why positive psychology is necessary. *American Psychologist, 56,* 216–217.

Shell, E. R. (2002). *The hungry gene: The inside story of the obesity industry.* New York: Grove Press.

Shemberg, K. M., & Leventhal, D. B. (1981). Attitudes of internship directors toward preinternship training and clinical training models. *Professional Psychology, 12,* 639–646.

Sheridan, E. P., Matarazzo, J. D., & Nelson, P. D. (1995). Accreditation of psychology's graduate professional education and training programs: An historical perspective. *Professional Psychology: Research and Practice, 26,* 386–392.

Shi, L., & Singh, D. A. (2007). *Delivering health care in America: A systems approach* (4th ed.). Sudbury, MA: Jones & Bartlett.

Shipman, K., & Taussig, H. (2009). Mental health treatment of child abuse and neglect: The promise of evidence-based practice. *Pediatric Clinics of North America, 56,* 417–428.

Shneidman, E. S. (1951). *Thematic test analysis.* New York: Grune & Stratton.

Sholomskas, D. E., Barlow, D. H., Cohen, J., Gorman, J., Moras, K., Papp, L., et al. (1990). *Drug/behavior treatment of panic: Study design.* Paper presented at the annual meeting of the American Psychiatric Association, New York.

Shore, M. F. (1993). Thoughts on twenty years of mental health administration. *Administration and Policy in Mental Health, 21,* 117–121.

Shorter, E. A. (1994). *From the mind into the body: The cultural origins of psychosomatic symptoms.* New York: Free Press.

Shuster, E. A. (1996). Epilepsy in women. *Mayo Clinic Proceedings, 71,* 991–999.

Sieber, J. E. (1982). Ethical dilemmas in social research. In J. E. Sieber (Ed.), *The ethics of social research: Survey and experiments.* New York: Springer-Verlag.

Silverman, W. H. (1996). Cookbooks, manuals, and paint-by-numbers: Psychotherapy in the 90s. *Psychotherapy, 33,* 207–215.

Silverman, W. K., & Nelles, W. B. (1988). The Anxiety Disorders Interview Schedule for Children. *Journal of the American Academy of Child and Adolescent Psychiatry, 27,* 772–778.

Singer, M. T., & Lalich, J. (1996). *Crazy therapies: What are they? Do they work?* San Francisco: Jossey-Bass.

Skinner, B. F. (1948). *Walden two.* New York: Macmillan.

Skinner, B. F. (1953). *Science and human behavior.* New York: Macmillan.

Sklar, L. S., & Anisman, H. (1981). Stress and cancer. *Psychological Bulletin, 89,* 369–406.

Skrzypulec, V., Tobor, E., Drosdzol, A., & Nowosielski, K. (2009). Biopsychosocial functioning of women after mastectomy. *Journal of Clinical Nursing, 18,* 613–619.

Sleek, S. (1997, August). Providing therapy from a distance. *APA Monitor, 28,* 1, 38.

Sloane, R. B., Staples, F. R., Cristol, A. H., Yorkston, N. J., & Whipple, K. (1975). *Psychotherapy versus behavior therapy.* Cambridge, MA: Harvard University Press.

Smith, B. S. (1992). *Attitudes toward prescribing privileges among clinical graduate students.* Unpublished doctoral research project, Indiana State University.

Smith, M. L. (1982). What research says about the effectiveness of psychotherapy. *Hospital and Community Psychiatry, 33,* 457–461.

Smith, M. L., & Glass, G. V. (1977). Meta-analysis of psychotherapy outcome studies. *American Psychologist, 32,* 752–760.

Smith, M. L., Glass, G. V., & Miller, T. (1980). *The benefits of psychotherapy.* Baltimore: John Hopkins University Press.

Smith, R. A. (1985). Advising beginning psychology majors for graduate school. *Teaching of Psychology, 12,* 194–198.

Smith, T. W., Turner, C. W., Ford, M. H., Hunt, S. C., Barlow, G. K., Stults, B. M., et al. (1987). Blood pressure reactivity in adult male twins. *Health Psychology, 6,* 209–220.

Smith-Spark, J., & Fisk, J. (2007). Working memory functioning in developmental dyslexia. *Memory, 15*, 34–56.

Smucker, M. R., & Dancu, C. V. (1999). *Cognitive-behavioral treatment for adult survivors of childhood trauma: Imagery rescripting and reprocessing.* Northvale, NJ: Aronson.

Smyer, M. A., Balster, R. L., Egli, D., Johnson, D. L., Kilbey, M. M., Leith, N. J., et al. (1993). Summary of the report of the ad hoc task force on psychopharmacology of the American Psychological Association. *Professional Psychology: Research and Practice, 24*, 394–403.

Snepp, F. P., & Peterson, D. R. (1988). Evaluative comparison of PsyD and PhD students be clinical internship supervisors. *Professional Psychology: Research and Practice, 19*, 180–193.

Snow, D., & Amalu, J. (2009). Older adults and substance abuse. *Journal of Addictions Nursing, 20*, 153–157.

Snyder, C. R., & Ingram, R. E. (2000). Psychotherapy: Questions for an evolving field. In C. R. Snyder & R. E. Ingram (Eds.), *Handbook of psychological change: Psychotherapy processes and practices for the 21st century* (pp. 707–726). New York: Wiley.

Snyder, C. R., McDermott, D. S., Leibowitz, R. Q., & Cheavens, J. (2000). The role of female clinical psychologist in changing the field of psychotherapy. In C. R. Snyder & R. E. Ingram (Eds.), *Handbook of psychological change: Psychotherapy processes and practices for the 21st century* (pp. 640–659). New York: Wiley.

Sonne, J. L. (1994). Multiple relationships: Does the new ethics code answer the right questions? *Professional Psychology: Research and Practice, 25*, 336–343.

Sopchak, A. L., Sopchak, A. M., & Kohlbrenner, R. J. (1993). *Interpersonal relatedness from projective drawings: Applicability in diagnostic and therapeutic practice.* Springfield, IL: Charles C Thomas.

Sparrow, S. S., Balla, D. A., & Cicchetti, D. V. (2005). *Vineland Adaptive Behavior Scales, Second Edition: Manual.* Circles Pines, MN: American Guidance Service.

Spaulding, W. D., Johnson, D. L., & Coursey, R. D. (2001). Combined treatments and rehabilitation of schizophrenia. In M. T. Sammons & N. B. Schmidt (Eds.), *Combined treatment for mental disorders* (pp. 161–190). Washington, DC: American Psychological Association.

Spearman, C. (1927). *The abilities of man.* New York: Macmillan.

Speer, D. C., & Newman, F. L. (1996). Mental health services outcome evaluation. *Clinical Psychology: Science and Practice, 3*, 105–129.

Spengler, P. M., White, M. J., Aegisdottir, S., Maugherman, A. S., Anderson, L. A., Cook, R. S. et al. (2009). The meta-analysis of clinical judgment project: Effects of experience on judgment accuracy. *The Counseling Psychologist, 37*, 350–399.

Sperry, L. (1999). *Cognitive behavior therapy of DSM-IV personality disorders: Highly effective interventions for the most common personality disorders.* Edwards Brothers.

Spiegal, D. (1990). Can psychotherapy prolong cancer survival? *Psychosomatics, 31*, 361–366.

Spiegal, D. (1992). Effects of psychosocial support on patients with metastatic breast cancer. *Journal of Psychosocial Oncology, 10*, 113–120.

Spiegal, D. (1998). Efficacy studies of alprazolam in panic disorder. *Psychopharmacology Bulletin, 43*, 191–195.

Spiegal, D., Bloom, J. R., Kraemer, H. C., & Gottheil, E. (1989, October 14). Effects of psychosocial treatment on survival of patients with metastatic breast cancer. *Lancet*, 888–891.

Spitzer, R. L., Williams, J. B. W., Gibbon, M., & First, M. B. (1990). *Structured clinical interview for DSM-III-R (SCID).* Washington, DC: American Psychiatric Press.

Spoont, M. R. (1992). Modulatory role of serotonin in neural information processing: Implications for human psychopathology. *Psychological Bulletin, 112*, 330–350.

Spreen, O. (1988). Prognosis of learning disability. *Journal of Consulting and Clinical Psychology, 56*, 836–842.

Sprenkle, D. H., David, S. D., & Lebow, J. L. (2009). *Common factors in couple and family therapy: The overlooked foundation for effective practice.* New York: Guilford Press.

Stahl, S. M. (1998). Basic psychopharmacology of antidepressants: Part 1. Antidepressants have seven distinct mechanisms of action. *Journal of Clinical Psychiatry, 59*(Suppl. 4), 5–14.

Stahl, S. M. (2002). *Essential psychopharmacology of antipsychotics and mood stabilizers.* Cambridge: Cambridge University Press.

Stake, J. E., & Oliver, J. (1991). Sexual contact and touching between therapist and client: A survey of psychologists' attitudes and behavior. *Professional Psychology: Research and Practice, 22*, 297–307.

Stamps, R. F., & Barach, P. M. (2001). *The therapist's internet handbook: More than 1300 web sites and resources for mental health professionals.* New York: Norton.

Stanley, M. A. & Mouton, S. G. (1996). Trichotillomania treatment manual. In V. B. Van Hasselt & M. Hersen (Eds.), *Sourcebook of psychological treatment manuals for adult disorders* (pp. 657–688), New York: Plenum Press.

Stanley, M. A., & Novy, D. M. (2000). Cognitive-behavior therapy for generalized anxiety late in life: An evaluation overview. *Journal of Anxiety Disorders, 14,* 191–207.

Starkstein, S. E., & Robinson, R. G. (1988). Lateralized emotional response following stroke. In M. Kinsbourne (Ed.), *Cerebral hemisphere function in depression.* Washington, DC: American Psychiatric Press.

Stasiewicz, P. R. & Bradizza, C. M. (2002). Alcohol abuse. In M. Hersen (Ed.), *Clinical behavior therapy: Adults and children* (pp. 181–197). New York: Wiley.

Stears, J. C., & Spitz, M. C. (1996). The imaging of epilepsy. *Seminars in Ultrasound, 17,* 221–250.

Stein, D. M., & Lambert, M. J. (1984). On the relationship between therapist experience and psychotherapy outcome. *Clinical Psychology Review, 4,* 1–16.

Steinpreis, R., Queen, L., & Tennen, H. (1992). The education of clinical psychologists: A survey of training directors. *Clinical Psychologist, 45,* 87–94.

Stern, J. (2003). Integration in psychotherapy: Models and methods. *Psychoanalytic-Psychotherapy, 17,* 175–177.

Sternberg, R. J. (1996). *Successful intelligence: How practical and creative intelligence determines success in life.* New York: Simon & Schuster.

Sternberg, R. J. (1997). The concept of intelligence and its role in lifelong learning and success. *American Psychologist, 52,* 1030–1037.

Sternberg, R. J. (2003). It's time for prescription privileges. *APA Monitor on Psychology, 34,* 5.

Sternberg, R. J. (Ed.). (2006). *Career paths in psychology: Where your degree can take you* (2nd ed.). Washington, DC: American Psychological Association.

Sternberg, R. J. (2008). *Cognitive psychology* (5th ed.). Belmont, CA: Wadsworth.

Sternberg, R. J., & Kaye, D. B. (1982). Intelligence. In H. E. Mitzel, J. H. Best, & H. E. Rabinowitz (Eds.), *Encyclopedia of educational research* (5th ed., pp. 924–933). New York: Free Press.

Sternberg, R. J., & Williams, W. M. (1997). Does the Graduate Record Examination predict meaningful success in the graduate training of psychologists? A case study. *American Psychologist, 52,* 630–641.

Stewart, S. H. (1996). Alcohol abuse in individuals exposed to trauma: A critical review. *Psychological Bulletin, 120,* 83–112.

Stiles, W. B., Shapiro, D. A., & Elliott, R. (1986). Are all psychotherapies equivalent? *American Psychologist, 41,* 165–180.

Stith, S. M., Liu, T., Davies, L. C., Boykin, E. L., Alder, M. C., Harris, J. M., Som, A., McPherson, M., & Dees, J.E.M.E.G. (2009). Risk factors in child maltreatment: A meta-analytic review of the literature. *Aggression and Violent Behavior, 14,* 13–29.

Stockman, A. F. (1990). Dual relationships in rural mental health practice: An ethical dilemma. *Journal of Rural Community Psychology, 11,* 31–45.

Stoll, B. A. (1996). Obesity, social class and Western diet: A link to breast cancer prognosis. *European Journal of Cancer, 32A,* 1293–1295.

Stone, M. H. (1985). Negative outcome in borderline states. In D. T. Mays & C. M. Franks (Eds.), *Negative outcome in psychotherapy and what to do about it* (pp. 145–170). New York: Springer.

Stone, M. H. (1990). Treatment of borderline patients: A pragmatic approach. *Psychiatric Clinics of North America, 13,* 265–285.

Storandt, M (2008). Cognitive deficits in the early stages of Alzheimer's disease. *Current Directions in Psychological Science, 17,* 198–202.

Stricker, G. (2000). The scientist-practitioner model: Gandhi was right again. *American Psychologist, 55,* 253–254.

Stricker, G., & Cummings, N. A. (1992). The professional school movement. In D. K. Freedheim (Ed.), *History of psychotherapy* (pp. 801–828). Washington, DC: American Psychological Association.

Stricker, G., & Trierweiler, S. J. (1995). The local clinical scientist: A bridge between science and practice. *American Psychologist, 50,* 995–1002.

Strickland, B. R. (1985). Over the Boulder(s) and through the Vail. *Clinical Psychologist, 38,* 52–56.

Striegal-Moore, R. H. (2000). The epidemiology of eating disorders. *European Disorders Review, 8,* 344–346.

Striegal-Moore, R. H., Silberstein, L. R., & Rodin, J. (1986). Toward an understanding of risk factors for bulimia. *American Psychologist, 3,* 246–263.

Striegal-Moore, R. H., Silberstein, L. R., & Rodin, J. (1993). The social self in bulimia nervosa: Public self-consciousness, social anxiety, and perceived fraudulence. *Journal of Abnormal Psychology, 102*, 297–303.

Strober, M., & Humphrey, L. L. (1987). Familial contributions to the etiology and course of anorexia nervosa and bulimia: Eating disorders [Special issue]. *Journal of Consulting and Clinical Psychology, 55*, 654–659.

Strother, C. R. (1956). *Psychology and mental health.* Washington, DC: American Psychological Association.

Strupp, H. H. (1963). The outcome problem in psychotherapy revisited. *Psychotherapy: Theory, Research, and Practice, 1*, 1–13.

Strupp, H. H. (1980). Success and failure in time-limited psychotherapy: Further evidence (Comparison 4). *Archives of General Psychiatry, 37*, 947–954.

Strupp, H. H. (1992). The future of psychodynamic psychotherapy. *Psychotherapy, 29*, 21–27.

Strupp, H. H. (1995). The psychotherapist's skill revisited. *Clinical Psychology: Science and Practice, 2*, 70–74.

Strupp, H. H., & Anderson, T. (1997). On the limitations of therapy manuals. *Clinical Psychology: Science and Practice, 4*, 76–82.

Strupp, H. H., & Binder, J. L. (1984). *Psychotherapy in a new key: A guide to time-limited dynamic therapy.* New York: Basic Books.

Sue, D. W., & Sue, D. (2003). *Counseling the culturally diverse: Theory and practice* (4th ed.). New York: Wiley.

Sue, D., & Sue, D. M. (2008). *Foundations of counseling and psychotherapy: Evidence-based practices for a diverse society.* New York: Wiley.

Sue, S. (1983). Ethnic minority issues in psychology: A reexamination. *American Psychologist, 38*, 583–592.

Sue, S. (1988). Psychotherapeutic services for ethnic minorities. *American Psychologist, 43*, 301–308.

Sue, S., Fujino, D. C., Hu, L. T., Takeuchi, D. T., & Zane, N. W. S. (1991). Community mental health services for ethnic minority groups: A test of the cultural responsiveness hypothesis. *Journal of Counseling Psychology, 59*, 533–540.

Sue, S., McKinney, H. L., & Allen, D. B. (1976). Predictors of the duration of therapy for clients in the community mental health system. *Community Mental Health Journal, 12*, 365–375.

Sue, S., Zane, N., & Young, K. (1994). Research on psychotherapy with culturally diverse populations. In A. E. Bergin & S. L. Garfield (Eds.), *Handbook of psychotherapy and behavior change* (4th ed., pp. 783–817). New York: Wiley.

Suinn, R., Ahuna, C., & Khoo, G. (1992). The Suinn-Lew Asian Self-Identity Acculturation Scale: Concurrent and factorial validation. *Education and Psychological Measurement, 52*, 1041–1046.

Suinn, R. M., & Oskamp, S. (1969). *The predictive validity of projective measures: A fifteen-year evaluative review of the research.* Springfield, IL: Charles Thomas.

Sullivan, P. F., Neale, M. C., & Kendler, S. K. (2000). Genetic epidemiology of major depression: Review and meta-analysis. *American Journal of Psychiatry, 157*, 1552–1562.

Sultzer, D. L., Levin, H. S., Mahler, M. E., High, W. M., & Cummings, J. L. (1993). A comparison of psychiatric symptoms in vascular dementia and Alzheimer's disease. *American Journal of Psychiatry, 150*, 1806–1812.

Sussman, M. B. (1992). *A curious calling: Unconscious motivations for practicing psychotherapy.* Northvale, NJ: Aronson.

Suzuki, L. A., & Valencia, R. R. (1997). Race-ethnicity and measured intelligence: Educational implications. *American Psychologist, 52*, 1103–1114.

Svartberg, M., & Stiles, T. C. (1991). Comparative effects of short-term psychodynamic psychotherapy: A meta-analysis. *Journal of Consulting and Clinical Psychology, 59*, 704–714.

Swanson, J. M., McBurenett, K., Wigal, T., Pfiffner, L. J., Lerner, M. A., Williams, L., et al. (1993). Effect of stimulant medication on children with attention deficit disorder: A "review of reviews." *Exceptional Children, 60*, 154–162.

Swartz, J. D. (1978). Review of the TAT. In O. K. Buros (Ed.), *The eighth mental measurements handbook* (pp. 1127–1130). Highland Park, NJ: Gryphon Press.

Swartz, H. A., Markowitz, J. C., & Frank, E. (2002). Interpersonal psychotherapy for unipolar and bipolar disorders. In S. G. Hofmann & M. C. Tompson (Eds.), *Treating chronic and severe mental disorders: A handbook of empirically supported interventions,* (pp. 131–158). New York: Guilford Press.

Sweet, J. J., Rozensky, R. H., & Tovian, S. M. (Eds.). (1991). *Handbook of clinical psychology in medical settings.* New York: Plenum Press.

Szapocznik, J., Kurtines, W. M., & Fernandez, T. (1980). Bicultural involvement and adjustment in Hispanic-American youths. *International Journal of Intercultural Relations, 4*, 353–365.

Tageson, W. C. (1982). *Humanistic psychology: A synthesis*. Homewood, IL: Dorsey Press.

Talley, P. F., Strupp, H. H., & Butler, S. F. (Eds.). (1994). *Psychotherapy research and practice: Bridging the gap*. New York: Basic Books.

Tamaskar, P., & McGinnis, R. A. (2002). Declining student Interest in psychiatry. *Journal of the American Medical Association, 287*, 1859.

Task Force on Promotion and Dissemination of Psychological Procedures. (1995). Training in and dissemination of empirically validated psychological treatments: Report and recommendations. *Clinical Psychologist, 48*, 3–23.

Taube, C. A., Burns, B. J., & Kessler, L. (1984). Patients of psychiatrists and psychologists in office-based practice: 1980. *American Psychologist, 39*, 1435–1447.

Tausig, J. E., & Freeman, E. W. (1988). The next best thing to being there: Conducting the clinical research interview by telephone. *American Journal of Orthopsychiatry, 58*, 418–427.

Taylor, C. B., Agras, W. S., Losch, M., Plante, T. G., & Burnett, K. (1991). Improving the effectiveness of computer-assisted weight loss. *Behavior Therapy, 22*, 229–236.

Taylor, J. E., & Harvey, S. T. (2009). Effects of psychotherapy with people who have been sexually assaulted: A meta-analysis. *Aggression and Violent Behavior, 14*, 273–285.

Taylor, S. E. (2009). *Health psychology* (7th ed.). New York: McGraw-Hill.

Taylor, S. E., & Stanton, A. L. (2007). Coping resources, coping processes, and mental health. *Annual Review of Clinical Psychology, 3*, 377–401.

Teachman, B. A., Woody, S. R. , & Magee, J. C. (2006). Implicit and explicit appraisals of the importance of intrusive thoughts. *Behavior Research and Therapy, 44*, 785–805.

Temoshok, L. (1987). Personality, coping style, emotion and cancer: Towards an integrative model. *Cancer Surveys, 6*, 545–567.

Teyber, E., & McClure, F. (2000). Therapist variables. In C. R. Snyder & R. E. Ingram (Eds.), *Handbook of psychological change: Psychotherapy processes and practices for the 21st century* (pp. 62–87). New York: Wiley.

Tharp, R. G. (1991). Cultural diversity and treatment of children. *Journal of Consulting and Clinical Psychology, 59*, 799–812.

Thase, M. (1996). Cognitive behavior therapy manual for depressed inpatients individual. In V. B. Van Hasselt & M. Hersen (Eds.), *Sourcebook of psychological treatment manuals for adult disorders* (pp. 201–232), New York: Plenum Press.

Thase, M. E (2009). Neurobiological aspects of depression. In I. H. Gotlib & C. L. Hammen (Eds.), *Handbook of depression* (2nd ed., pp. 187–217). New York: Guilford Press.

Thase, M. E., & Denko, T. (2008). Pharmacotherapy of mood disorders. *Annual Review of Clinical Psychology, 4*, 53–91.

Thomas, V. L., & Gostin, L. O. (2009). The Americans with Disabilities Act: Shattered aspirations and new hope. *Journal of the American Medical Association, 301*, 95–97.

Thoresen, C. E., & Powell, L. H. (1992). Type A behavior pattern: New perspectives on theory, assessment and intervention [Special issues: Behavioral medicine: An update for the 1990s]. *Journal of Consulting and Clinical Psychology, 60*, 595–604.

Thorndike, R. L., Hagen, E. P., & Sattler, J. M. (1986). *The Stanford-Binet Intelligence Scale: Technical manual* (4th ed.). Chicago: Riverside.

Thurstone, L. L. (1931). Multiple factor analysis. *Psychological Review, 38*, 406–427.

Thurstone, L. L. (1938). *Primary mental abilities*. Chicago: University of Chicago Press.

Tjaden, P., & Thoennes, N. (2000). Prevalence and consequences of male-to-female and female-to-male intimate partner violence as measured by the National Violence against Women Survey. *Violence and Victims, 15*, 427–441.

Tobias, L. L. (1990). *Psychological consultation to management: A clinician's perspective*. New York: Brunner/Mazel.

Tolmach, J. (1985). "There ain't nobody on my side": A new day treatment program for black urban youth. *Journal of Clinical Child Psychology, 14*, 214–219.

Tomkins, S. S. (1947). *The thematic apperception test*. New York: Grune & Stratton.

Trevisaw, M. S. (1996). Review of the Draw-a- Person: Screening procedures for emotional disturbance. *Measurement and Evaluation in Counseling and Development, 28*, 225–228.

Trickett, E. J., Watts, R. J., & Birman, D. (Eds.). (1994). *Human diversity: Perspectives on people in context*. San Francisco: Jossey-Boss.

Trimble, M. (1985). Psychosomatic aspects of epilepsy. *Advances in Psychosomatic Medicine, 13*, 133–150.

Truax, C. B., & Mitchell, K. M. (1971). Research on certain therapist interpersonal skills in relation to process and outcome. In A. E. Bergin & S. L. Garfield (Eds.), *Handbook of psychotherapy and behavior change* (pp. 299–344). New York: Wiley.

Trull, T. J., & Widiger, T. A. (1997). *Manual for the Structured Interview for the Five-Factor Model of Personality (SIFFM)*. Odessa, FL: Psychological Assessment Resources.

Tsai, J. L., & Chentsova-Dutton, Y. (2002). Understanding depression across cultures. In I. H. Gotlib & C. L. Hammen (Eds.), *Handbook of depression* (pp. 467–491). New York: Guilford Press.

Tucker, L., & Lubin, W. (1994). *National survey of psychologists. Report from Division 39, American Psychological Association*. Washington, DC: American Psychological Association.

Tuokko, H., Kristjansson, E., & Miller, J. (1995). Neuropsychological detection of dementia: An overview of the neuropsychological component of the Canadian Study of Health and Aging. *Journal of Clinical and Experimental Neuropsychology, 17*, 352–373.

Turk, D. C., & Fernandez, E. (1990). On the putative uniqueness of cancer pain: Do psychological principles apply? *Behavioural Research and Therapy, 28*, 1–13.

Turk, C. L., Heimberg, R. G., & Hope, D. A. (2001). Social anxiety disorder. In D. H. Barlow (Ed.), *Clinical handbook of psychological disorders: A step-by-step treatment manual (3rd ed., pp. 114–153).* New York: Guilford Press.

Turnbull, W. W. (1979). Intelligence testing in the year 2000. *Intelligence, 3*, 275–282.

Turner, S. M., & Beidel, D. C. (1988). *Treating obsessive-compulsive disorder*. New York: Pergamon Press.

Turner, S. M., DeMars, S. T., Fox, H. R., & Reed, G. M. (2001). APA's guidelines for test user qualifications: An executive summary. *American Psychologist, 56*, 1099–1113.

United Kingdom Department of Health. (2001). *Treatment choice in psychological therapies and counselling: Evidence based clinical practice guidelines*. London: Author.

U. S. Bureau of Labor Statistics. (2009). *Occupational outlook handbook, 2008–09 edition*. Washington, DC: Author.

U.S. Census Bureau. (1995). *Statistical abstract of the United States* (115th ed.). Washington, DC: Author.

U.S. Census Bureau. (2000). *Census of population and housing summary* (Tape File 1C, CD-ROM). Washington, DC: Government Printing Office.

U. S. Census Bureau. (2006). Current population survey (CPS) reports: Families and living arrangements. Retrieved on July 26, 2009, from http://www.census.gov/population/www/socdemo/hh-fam.html.

U.S. Census Bureau (2008a). Income, poverty, and health insurance coverage in the U. S.: 2007. Washington, DC: Author.

U.S. Census Bureau. (2008b). 2008 Population estimates. Retrieved October 23, 2009, http://factfinder.census.gov/servlet/GCTTable?_bm=y&-geo_id=01000US&-_box_head_nbr=GCT-T4-R&-ds_name=PEP_2008_EST&-format=U-40Sc.

U.S. Census Bureau. (2010). U.S. POPclock Projection. Retrieved September 9, 2009, http://www.census.gov/population/www/popclockus.html.

U.S. Department of Health and Human Services. (1983). *The health consequences of smoking: Cardiovascular disease. A report to the Surgeon General* (DHHS Publication No. PHS 84-50204). Washington, DC: Office on Smoking and Health, Author.

U.S. Department of Health and Human Services. (1985a). *Health: United States, 1985* (DHHS Publication No. PHS 86-1232). Washington, DC: Author.

U.S. Department of Health and Human Services. (1985b). *Preventing lead poisoning in young children. Second revision of the statement by the Centers for Disease Control*. Washington, DC: U.S. Government Printing Office.

U.S. Department of Health and Human Services. (1990). *Healthy people 2000*. Washington, DC: Author.

U.S. Department of Health and Human Services (2007). *Federal Register*. Announcement of Establishment of the Secretary's Advisory Committee on National Health Promotion and Disease Prevention Objectives for 2020 and Solicitation of Nominations for Membership, 72, 161.

U.S. Department of Health and Human Services (2008). *Child Maltreatment 2007*. Washington, DC: Author.

U.S. Department of Health and Human Services, Health Resources and Services Administration, Maternal and Child Health Bureau. (2001). Child health USA, 2001. Washington, DC: U.S. Government Printing Office. Retrieved July 7, 2003, from http://www.mchirc.net/CH-USA.htm.

U.S. Surgeon General. (1994). *Preventing tobacco use among young people.* Washington, DC: U.S. Government Printing Office.

Valenstein, R. S. (2002). *Blaming the brain: The truth about drugs and mental health.* New York: Free Press.

Van Brunt, D. L., Riedel, B. W., & Lichstein, K. L. (1996). Insomnia. In V. B. Van Hasselt & M. Hersen (Eds.), *Sourcebook of psychological treatment manuals for adult disorders* (pp. 539–566), New York: Plenum Press.

van Dam, R. M., Li, T., Spiegelman, D., Franco, O. H., & Hu, F. B. (2008). Combined impact of lifestyle factors on mortality: prospective cohort study in US women. *British Medical Journal, 337*, 729–745.

VandeCreek, L., & Fleisher, M. (1984). The role of practicum in undergraduate psychology curriculum. *Teaching of Psychology, 11*, 9–14.

VandenBos, G. R. (1993). The U.S. mental health policy: Proactive evolution in the midst of health care reform. *American Psychologist, 48*, 283–290.

VandenBos, G. R. (1996). Outcome assessment of psychotherapy. *American Psychologist, 51*, 1005–1006.

VandenBos, G. R., & DeLeon, P. H. (1988). The use of psychotherapy to improve physical health. *Psychotherapy, 25*, 335–343.

Van Hasselt, V. B., & Hersen, M. (1996). *Sourcebook of psychological treatment manuals for adult disorders.* New York: Plenum Press.

van Os, J., Hanssen, M., Bijl, R. V., & Vollebergh, W. (2001). Prevalence of psychotic disorder and community level of psychotic symptoms. *Archives of General Psychiatry, 58*, 475–482.

Vasquez, M. J. T. (1994). Implications of the 1992 ethics code for the practice of individual psychotherapy. *Professional Psychology: Research and Practice, 25*, 321–328.

Vaugh, M., & Beech, H. R. (1985). Which obessionals fail to change. In D. T. Mays & C. M. Franks (Eds.), *Negative outcome in psychotherapy and what to do about it* (pp. 192–209). New York: Springer.

Vernon, P. E. (1950). The validation of civil service selection board procedures. *Occupational Psychology, 24*, 75–95.

Victoroff, M. S. (2002). Psychologists prescribing: Not such a crazy idea. *Managed Care Magazine, 12*, 3–4.

Vink, D., Aartsen, M., & Schoevers, R. (2008). Risk factors for anxiety and depression in the elderly: A review *Journal of Affective Disorders, 106*, 29–44.

Von Itallie, T. B. (1985). Health implications of overweight and obesity in the United States. *Annals of Internal Medicine, 103*, 983–988.

Voth, H. M., & Orth, M. H. (1973). *Psychotherapy and the role of the environment.* New York: Behavioral Press.

Wachtel, P. L. (1975). Behavior therapy and the facilitation of psychoanalytic exploration. *Psychotherapy: Theory, Research, and Practice, 12*, 68–72.

Wachtel, P. L. (1977). *Psychoanalysis and behavior therapy: Toward an integration.* New York: Basic Books.

Wachtel, P. L. (1982). What can dynamic therapies contribute to behavior therapy? *Behavior Therapy, 13*, 594–609.

Wachtel, P. L. (1984). On theory, practice, and the nature of integration. In H. Arkowitz & S. R. Messer (Eds.), *Psychoanalytic therapy and behavior therapy: Is integration possible?* (pp. 31–52). New York: Plenum Press.

Wachtel, P. L. (1987). *Action and insight.* New York: Guilford Press.

Wachtel, P. L. (2002). Termination of therapy: An effort at integration. *Journal of Psychotherapy Integration, 12*, 373–383.

Wachtel, P. L (2008). Psychotherapy and psychotherapy integration: An international perspective. *Journal of Psychotherapy Integration, 18*, 66–69.

Wadden, T. A., Sternberg, J. A., Letizia, K. A., Stunkard, A. J., & Foster, G. D. (1989). Treatment of obesity by very low calorie diet, behavior therapy, and their combination: A five-year perspective. *International Journal of Obesity, 13*, 39–46.

Wade, N. G., & Meyer, J. E. (2009). Comparison of brief group interventions to promote forgiveness: A pilot outcome study. *International Journal of Group Psychotherapy, 59*, 199–220.

Wagner, M. (1990, April). The school programs and school performance of secondary students classified as learning disabled: Findings from the National Longitudinal Transition study of special education students. Paper presented at *Division G, American Educational Research Association Annual Meeting,* Boston.

Wakefield, P. J., Williams, R. E., Yost, E. B., & Patterson, K. M. (1996). *Couple therapy for alcoholism: A cognitive-behavioral treatment manual.* New York: Guilford Press.

Wald, M. L. (2001). Low seat belt use linked to teenage death rates. *New York Times*, p. A12.

Wallace, W. A., & Hall, D. L. (1996). *Psychological consultation: Perspectives and applications*. Pacific Grove, CA: Brooks/Cole.

Wallach, H. S., Safir, M. P., & Bar-Zvi, M. (2009). Virtual reality cognitive behavior therapy for public speaking anxiety: A randomized clinical trial. *Behavior Modification, 33,* 314–338.

Walker, E. F. & Tessner, K. (2008). Schizophrenia. *Perspectives on Psychological Science, 3,* 30–37.

Wampold, B. E. (2001). *The great psychotherapy debate: Models, methods, and findings*. Mahwah, NJ: Erlbaum.

Wan, K. W. (2008). Mental health and poverty. *The Journal of the Royal Society for the Promotion of Health, 128,* 108–109.

Wandersman, A., Poppen, P. J., & Ricks, D. F. (Eds.). (1976). *Humanism and behaviorism: Dialogue and growth*. Elmsford, NY: Pergamon Press.

Wang, S. S., Wadden, T. A., Womble, L. G., & Noras, C. A. (2003). What consumers want to know about commercial weight-loss programs: A pilot investigation. *Obesity Research, 11,* 48–53.

Ward, T., Hudson, S. M., & Keenan, T. R. (2001). The assessment and treatment of sexual offenders against children. In C. R. Hollin (Ed.), *Handbook of offender assessment and treatment* (pp. 349–361). New York: Wiley.

Warwick, H. M. C., & Salkovskis, P. M. (2001). Cognitive-behavioral treatment of hypochondriasis. In V. Starcevic & D. R. Lipsitt (Eds.), *Hypochondriasis: Modern perspectives on an ancient malady* (pp. 314–328). Oxford, England: Oxford University Press.

Waschbusch, D. A. (2002). A meta-analytic examination of comorbid hyperactive-impulsive attention problems. *Psychological Bulletin, 128,* 118–150.

Watkins, C. E. (1992). Reflections on the preparation of psychotherapy supervisors. *Journal of Clinical Psychology, 48,* 145–147.

Watson, J. B., & Rayner, R. (1920). Conditioned emotional reactions. *Journal of Experimental Psychology, 3,* 1–14.

Watzlawick, P., Weakland, J., & Fisch, R. (1974). *Change: Principles of problem formation and problem resolution*. New York: Norton.

Wechsler, D. (1981). *Wechsler Adult Intelligence Scale—Revised*. San Antonio, TX: Psychological Corporation.

Wechsler, D. (1997a). *Wechsler Adult Intelligence Scale* (3rd ed.). San Antonio, TX: Psychological Corporation.

Wechsler, D. (1997b). *Wechsler Memory Scale* (3rd ed.). San Antonio, TX: Psychological Corporation.

Wechsler, D. (2002). *Wechsler Preschool and Primary Scale of Intelligence-III*. San Antonio, TX: Psychological Corporation.

Wechsler, D. (2003). *Wechsler Intelligence Scale for Children* (4th ed.). San Antonio, TX: Psychological Corporation.

Wechsler, D. (2008). *Wechsler Adult Intelligence Scale* (4th ed.). Minneapolis, MN: Pearson Assessments.

Wechsler, H., Seibring, M., Liu. I. C., & Ahl, M. (2004). Colleges respond to student binge drinking: Reducing student demand or limiting access. *Journal of American College Health, 52,* 159–168.

Weiderhold, B. K., & Weiderhold, M. D. (2000). Lessons learned from 600 virtual reality sessions. *CyberPsychology and Behavior, 3,* 393–400.

Weinberger, J. (1995). Common factors aren't so common: The common factors dilemma. *Clinical Psychology: Science and Practice, 2,* 45–69.

Weiner, I. B. (1975). *Principles of psychotherapy*. New York: Wiley.

Weiner, I. B. (1996). Some observations on the validity of the Rorschach Inkblot method. *Psychological Assessment, 8,* 206–213.

Weiner, I. B. (2003). *Principles of Rorschach interpretation*. Mahwah, N.J.: Lawrence Erlbaum.

Weiner, I. B., & Hess, A. K. (Eds.). (2006). *The handbook of forensic psychology* (3rd ed.). Hoboken, NJ: Wiley.

Weiner, J. P., & de Lissovoy, G. (1993). Razing a Tower of Babel: A taxonomy for managed care and health insurance plans. *Journal of Health, Politics, Policy, and Law, 18,* 75–103.

Weinhardt, L. S., Carey, M. P., Carey, K. B., Maisto, S. A., & Gordon, C. M. (2001). The relation of alcohol use to sexual HIV risk behavior among adults with a severe and persistent mental illness. *Journal of Consulting and Clinical Psychology, 69,* 77–84.

Weiss, L. & Wolchik, S. (1998). New beginnings: An empirically-based intervention program for divorced mothers to help their children adjust to divorce. In J. M. Breismeister & C. E. Schaefer (Eds.), *Handbook of parent training: Parents as co-therapists for children's behavior problems* (pp. 445–478). New York: Wiley.

Weissberg, R. P., Kumpfer, K. L., & Seligman, M. E. P. (2003). Prevention that works for children and youth: An introduction. *American Psychologist, 58,* 425–432.

Weisz, J. R., & Gray, J. S. (2008). Evidence-based psychotherapy for children and adolescents: Data from the present and a model for the future. *Child & Adolescent Mental Health, 13,* 54–65.

Weisz, J. R., Weiss, B., Alicke, M. D., & Klotz, M. L. (1987). Effectiveness of psychotherapy with children and adolescents: A meta-analysis for clinicians. *Journal of Consulting and Clinical Psychology, 55,* 542–549.

Welch, S. S. (2001). A review of the literature on the epidemiology of parasuicide in the general population. *Psychiatric Services, 52,* 368–375.

Weller, E. B., & Weller, R. A. (1988). Neuroendrocrine changes in affectively ill children and adolescents. *Endocrinology and Metabolism Clinics of North America, 17,* 41–53.

Wellner, A. S. (2001). Americans with disabilities. *Forecast, 21,* 1–2.

Welsh, R. S. (2003). Prescription privileges: Pro or con. *Clinical Psychology: Science and Practice, 10,* 371–372.

West, S. G., & Graziano, W. G. (1989). Long-term stability and change in personality: An introduction. *Journal of Personality, 57,* 175–193.

Weston, D. (2000). Integrative psychotherapy: Integrating psychological and cognitive-behavioral theory and technique. In C. R. Snyder & R. E. Ingram (Eds.), *Handbook of psychological change: Psychotherapy processes and practices for the 21st century* (pp. 217–242). New York: Wiley.

Whalen, C. K., Henker, B., & Hinshaw, S. P. (1985). Cognitive-behavioral therapies for hyperactive children: Premises, problems, and prospects. *Journal of Abnormal Child Psychology, 13,* 391–410.

Wheeler, J. G., Christensen, A., & Jacobson, N. S. (2001). Couple distress. In D. H. Barlow (Ed.), *Clinical handbook of psychological disorders: A step-by-step treatment manual (3rd ed., pp. 609–630).* New York: Guilford Press.

Whitaker, C., & Keith, D. (1981). Symbolic experiential family therapy. In A. Gurman & D. Kniskern (Eds.), *Handbook of family therapy* (pp. 187–225). New York: Brunner/Mazel.

White, J. (2000). *Treating anxiety and stress: A group psycho-educational approach using brief CBT.* New York: Wiley.

White, M. (1986). Negative explanation, restraint, and double description: A template for family therapy. *Family Process, 25,* 169–184.

White, M., & Epston, D. (1990). *Narrative means to therapeutic ends.* New York: Brunner/Mazel.

Whitehurst, T., Ridolfi, M. E., & Gunderson, J. (2002). Multiple family group treatment for borderline personality disorder. In S. G. Hofmann & M. C. Tompson (Eds.), *Treating chronic and severe mental disorders: A handbook of empirically supported interventions,* (pp. 343–363). New York: Guilford Press.

Wright, M. E., & Wright, B. A. (1987). *Clinical practice of hypnotherapy.* New York: Guilford Press.

Wicherski, M., Michalski, D., & Kohout, J. (2009). *2007 doctorate employment survey.* Washington, DC: American Psychological Association.

Widiger, T. A., & Clark, L. A. (2000). Toward *DSM-V* and the classification of psychopathology. *Psychological Bulletin, 126,* 946–963.

Wiens, A. N. (1989). Structured clinical interviews for adults. In G. Goldstein & M. Herson (Eds.), *Handbook of psychological assessment* (pp. 309–328). Elmsford, NY: Pergamon Press.

Wiggins, J. S., & Pincus, A. L. (1989). Conceptions of personality disorders and dimensions of personality. *Psychological Assessment, 1,* 305–316.

Wilens, T. E., Biederman, J., & Spencer, T. J. (2002). Attention deficit/hyperactivity disorder across the lifespan. *Annual Review of Medicine, 53,* 113–131.

Wilfley, D. E., Agras, W. S., Telch, C. F., Rossiter, E. M., Schneider, J. A., Cole, A. G., et al. (1993). Group cognitive-behavioral therapy and group interpersonal therapy for the nonpurging bulimic: A controlled comparison. *Journal of Consulting and Clinical Psychology, 61,* 296–305.

Wilkinson, G. S., & Robertson, G. J. (2006). *Wide Range Achievement Test 4 professional manual.* Lutz, FL: Psychological Assessment Resources.

Williams, D. (1982). The treatment of seizures: Special psychotherapeutic and psychobiological techniques. In H. Sands (Ed.), *Epilepsy: A handbook for the mental health professional* (pp. 58–74). New York: Brunner/Mazel.

Williams, D., & Mostofsky, D. (1982). Psychogenic seizures in childhood and adolescence. In T. Riley & A. Roy (Eds.), *Pseudoseizures* (pp. 169–184). Baltimore: Williams & Wilkins.

Williams, L. M. (1995). Recovered memories of abuse in women with documented child sexual victimization histories. *Journal of Traumatic Stress, 8,* 649–673.

Williams, P., & David, D. C. (2002). *Therapist as life coach: Transforming your practice.* New York: Norton.

Williamson, G. M. (2000). Extending the activity restriction model of depressed affect: Evidence from a sample of breast cancer patients. *Health Psychology, 19*, 339–347.

Williamson, D. A., Champagne, C. M., Jackman, L. P., & Varnado, P. J. (1996). Lifestyle Change: A Program for Long-Term Behavioral Weight Management. In V. B. Van Hasselt & M. Hersen (Eds.), *Sourcebook of psychological treatment manuals for adult disorders* (pp. 423–488), New York: Plenum Press.

Willis, D. (1995). Psychological impact of child abuse and neglect. *Journal of Clinical Child Psychology, 24*, 2–4.

Wilson, D. S., & Wilson, E. O. (2007). Rethinking the theoretical foundation of sociobiology. *The Quarterly Review of Biology, 82*, 327–348.

Wilson, E. O. (1978). *On human nature.* Cambridge, MA: Harvard University Press.

Wilson, E. O. (1983). Sociobiology and human beings. *Psychohistory Review, 11*, 5–14.

Wilson, E. O. (1991). Animal communication. In W. S. Y. Wang (Ed.), *The emergence of language: Development and evolution: Readings from Scientific American magazine* (pp. 3–15). New York: Freeman.

Wilson, E. O. (2003). *The future of life.* New York: Vintage.

Wilson, G. T. (1981). Some comments on clinical research. *Behavioral Assessment, 3*, 217–226.

Wilson, G. T. (1996). Empirically validated treatments: Reality and resistance. *Clinical Psychology: Science and Practice, 3*, 241–244.

Wilson, G. T. (1997). Cognitive behavioral treatment of bulimia nervosa. *Clinical Psychologist, 50*, 10–12.

Wilson, G. T., & Frank, C. M. (Eds.). (1982). *Contemporary behavior therapy: Conceptual and empirical foundations.* New York: Guilford Press.

Wilson, G. T., & Pike, K. M. (2001). Eating disorders. In D. H. Barlow (Ed.), *Clinical handbook of psychological disorders: A step-by-step treatment manual* (3rd ed., pp. 332–375). New York: Guilford.

Wilson, G. T., & Rachman, S. (1983). Meta-analysis and the evaluations of psychotherapy outcome: Limitations and liabilities. *Journal of Consulting and Clinical Psychology, 51*, 54–64.

Wilson, J. L., Armoutliev, E., Yakunina, E., & Werth, J. L. (2009). Practicing psychologists' reflections on evidence-based practice in psychology. *Professional Psychology: Research and Practice, 40*, 403–409.

Windle, C. (1952). Psychological tests in psychopathological prognosis. *Psychological Bulletin, 49*, 451–482.

Winker, M. A. (1994). Tacrine for Alzheimer's disease: Which patient, what dose? *Journal of the American Medical Association, 271*, 1023–1024.

Wisocki, P. A., Grebstein, L. C., & Hunt, J. B. (1994). Directors of clinical training: An insider's perspective. *Professional Psychology: Research and Practice, 25*, 482–488.

Wolfe, D. A., Aragona, J., Kaufman, K., & Sandler, J. (1980). The importance of adjudication in the treatment of child abuse: Some preliminary findings. *Child Abuse and Neglect, 4*, 127–135.

Wolff, E. N. (1998). Recent trends in the size distribution of household wealth. *Journal of Economic Perspectives, 12*, 3.

Wolfson (1998). Working with Parents on Developing Efficacious Sleep/Wake Habits for Infants and Young Children. In J. M. Breismeister & C. E. Schaefer (Eds.), *Handbook of parent training: Parents as co-therapists for children's behavior problems* (pp. 347–383). New York: Wiley.

Wolpe, J. (1958). *Psychotherapy by reciprocal inhibition.* Stanford, CA: Stanford University Press.

Wolpe, J., & Lazarus, A. A. (1966). *Behavior therapy techniques: A guide to treatment of neuroses.* New York: Pergamon Press.

Wong, S. E. & Liberman, R. P. (1996). Biobehavioral treatment and rehabilitation for persons with schizophrenia. In V. B. Van Hasselt & M. Hersen (Eds.), *Sourcebook of psychological treatment manuals for adult disorders* (pp. 233–256), New York: Plenum Press.

Wood, B. J., Klein, S., Cross, H. J., Lammers, C. J., & Elliott, J. K. (1985). Impaired practitioners: Psychologists' opinions about prevalence, and proposals for intervention. *Professional Psychology: Research and Practice, 16*, 843–850.

Wood, J. M., Lilienfeld, S. O., Garb, H. N., & Nezworski, M. T. (2000). The Rorschach test in clinical diagnosis: A critical review, with a backward look at Garfield (1947). *Journal of Clinical Psychology, 56*, 395–430.

Wood, J., Nezworski, M. T., Lilienfeld, S. O., Garb, H. N. (2003). *What's wrong with the Rorschach?* San Francisco: Jossey-Bass.

Woodcock, R. W., McGrew, K. S., & Mather, N (2001). *Manual for the Woodcock-Johnson Tests of Cognitive Abilities (WJ III).* Rolling Meadows, IL: Riverside.

World Health Organization (2006). *AIDS epidemic update.* Washington, DC: Author.

Wright, M. E. & Wright, B. A. (1987). *Clinical practice of hypnotherapy*. New York: Guilford.

Wrightsman, L. (2001). *Forensic psychology*. Belmont, CA: Wadsworth.

Wurtzel, E. (1995). *Prozac nation*. New York: Riverhead.

Yalom, I. D. (1980). *Existential psychotherapy*. New York: Basic Books.

Yalom, I. D. (1985). *The theory and practice of group psychotherapy* (3rd ed.). New York: Basic Books.

Yalom, I. D., & Lieberman, M. A. (1971). A study of encounter group casualties. *Archives of General Psychiatry, 25*, 16–30.

Yamamoto, J., Silva, A., Sasao, T., Wang, C., & Nguyen, L. (1993). Alcoholism in Peru. *American Journal of Psychiatry, 150*, 1059–1062.

Yates, B. T. (1994). Toward the incorporation of costs, cost-effectiveness analysis, and cost-benefit analysis into clinical research. *Journal of Consulting and Clinical Psychology, 62*, 729–736.

Yost, E. B., Beutler, L. E., Corbishley, M. A., & Allender, J. R. (1986). *Group cognitive therapy: A treatment approach for depressed older adults*. Elmsford, NY: Pergamon Press.

Young, J. E., Weinberger, A. D., & Beck, A. T. (2001). Cognitive therapy for depression. In D. H. Barlow (Ed.), *Clinical handbook of psychological disorders: A step-by-step treatment manual (3rd ed., pp. 264–308)*. New York: Guilford Press.

Young, M. E., & Fristad, M. A. (2007). Evidence based treatments for bipolar disorder in children and adolescents. *Journal of Contemporary Psychotherapy, 37*, 157–164.

Young, M. E., & Long, L. L. (1998). *Counseling and therapy for couples*. Pacific Grove, CA: Brooks/Cole.

Young, S., Toone, B., & Tyson, C. (2003). Comorbidity and psychosocial profile of adults with attention deficit hyperactivity disorder. *Personality and Individual Differences, 35*, 743–755.

Zametkin, A. J., Nordahl, T., Gross, M., King, A. C., Semple, W. E., Rumsey, J., et al. (1990). Cerebral glucose metabolism in adults with hyperactivity of childhood onset. *New England Journal of Medicine, 323*, 1361–1366.

Zane, N., Nagayma Hall, G. C., Sue, S., Young, K., & Nunez, J. (2004). Research on psychotherapy with culturally diverse populations. In M. J. Lambert (Ed.), *Bergin and Garfield's handbook of psychotherapy and behavior change* (5th ed., pp. 767–804). New York: Wiley.

Zhang, L.-F., & Sternberg, R. J. (Eds.). (2009). *Perspectives on the nature of intellectual styles*. New York: Springer.

Zhang, X. R., Proenca, M., Barone, M., Leopold, L., & Friedman, J. M. (1994). Positional cloning of the mouse obese gene and its human homologue. *Nature, 372*, 425–432.

Zhu, S. H., Stretch, V., Balabanis, M., Rosbrook, B., Sadler, G., & Pierce, L. P. (1996). Telephone counseling for smoking cessation: Effects of single-session and multiple-session interventions. *Journal of Consulting and Clinical Psychology, 64*, 202–211.

Zimet, C. N., & Throne, F. M. (1965). *Preconference materials*. Conference on the Professional preparation of Clinical Psychologists. Washington, DC: American Psychological Association.

Ziskin, J., & Faust, D. (1988). *Coping with psychiatric and psychological testimony* (Vols. 1–3, 4th ed.). Marina Del Rey, CA: Law and Psychology Press.

Zubin, J. (1954). Failures of the Rorschach technique. *Journal of Projective Techniques, 18*, 303–315.

Zubin, J., & Spring, B. (1977). Vulnerability: A new view of schizophrenia. *Journal of Abnormal Psychology, 86*, 103–126.

Zucker, R. A., & Gomberg, E. S. L. (1986). Etiology of alcoholism reconsidered: The case for a biopsychosocial process. *American Psychologist, 41*, 783–793.

Zur, O. (2007). *Boundaries in psychotherapy: Ethical and clinical explorations*. Washington, DC: American Psychological Association.

# 찾아보기

## 역자 소개

손정락 E-mail: jrson@jbnu.ac.kr

손정락은 성균관대학교 심리학과를 졸업하고 동 대학원에서 임상심리학 전공으로 석사학위와 박사학위를 받았다. 현재는 전북대학교 심리학과에서 임상심리학, 건강심리학, 성격심리학 분야의 강의와 연구를 하고 있으며, 그동안에 미국 Duke대학교 심리학과에 Visiting Professor로도 다녀왔다.

전문분야에서 임상심리전문가, 정신보건임상심리사 1급(보건복지부), 건강심리전문가, 중독심리전문가, 명상심리전문가 등으로 활동하고 있다. 또한 한국건강심리학회장(2001~2005), 한국건강심리학회의 명상심리연구회장(2008~2010), 그리고 한국심리학회 회장(2010~2011)을 역임하고, 현재 한국건강심리학회 고문, 한국임상심리학회의 행동의학연구회장으로 활동하고 있다.

주요 저서 및 역서로는 『인간의 마음과 행동』, 『현대임상심리학』, 『건강심리학』, 『성격심리학』, 『바이오피드백과 스포츠과학』, 『스트레스 과학의 이해』, 『자기에게로 가는 여행: 성격심리이론에 따른 체험 워크북』, 『긴장이완과 스트레스 감소 워크북』, 『우울증 치유를 위한 마음챙김과 수용 워크북: 우울증을 딛고 살 만한 가치 있는 인생을 창조하기 위해 수용 전념 치료(ACT)를 활용하기』, 『뇌 기반 학습』 등이 있다.